专利复审和无效审查决定选编丛书

# 专利复审和无效审查决定选编

# （2005）

## 机　械（上）

国家知识产权局专利复审委员会　编

知识产权出版社

**内容提要**

本书汇集了专利复审委员会2005年作出的54个机械专利复审审查决定和208个机械专利无效审查决定及相关审查决定和司法判决（根据法律规定需要保密的除外），比较全面地反映了专利复审委员会的审查工作和人民法院专利行政案件审理工作取得的进展，有利于当事人及广大公众对专利复审委员会的审查工作进行监督。

**责任编辑**：王　欣
**封面设计**：段维东　　**责任校对**：董志英
**文字编辑**：倪江云　　**责任出版**：卢运霞

**图书在版编目（CIP）数据**

专利复审和无效审查决定选编．2005．机械（上）/国家知识产权局专利复审委员会编．—北京：知识产权出版社，2009.12
ISBN 978－7－80247－354－6
Ⅰ．专…　Ⅱ．国…　Ⅲ．机械－专利－判决－法律文书－汇编－中国－2005　Ⅳ．D923.42
中国版本图书馆CIP数据核字（2009）第220362号

专利复审和无效审查决定选编丛书
**专利复审和无效审查决定选编（2005）**
机　　械（上）
国家知识产权局专利复审委员会　编

出版发行：知识产权出版社
社　　址：北京市海淀区马甸南村1号　　邮　　编：100088
网　　址：http://www.ipph.cn　　邮　　箱：bjb@cnipr.com
发行电话：010－82000860转8101/8102　　传　　真：010－82005070/82000893
责编电话：010－82000887　82000860转8116　　责编邮箱：wangxin@cnipr.com
印　　刷：知识产权出版社电子制印中心　　经　　销：新华书店及相关销售网点
开　　本：880mm×1230mm　1/16　　总 印 张：90.5
版　　次：2010年3月第1版　　印　　次：2010年3月第1次印刷
总 字 数：2480千字　　总 定 价：182.00元（全二册）
**ISBN 978－7－80247－354－6/D·673（2388）**

# 本书编委会

# 前　言

适逢《国家知识产权战略纲要》颁布之时，《专利复审和无效审查决定选编（2005）》出版了。

随着经济全球化和我国国民经济的飞速发展，专利制度在经济活动中的作用和地位越来越突出，国民的专利意识也在不断增强。目前，我国专利申请总量超过400万件，每年专利复审与无效宣告请求案件约5000件。作为专利复审和无效宣告请求案件审查的专属机构，专利复审委员会每年都要作出数以千计的审查决定。与之相对应，人民法院每年要作出数百篇司法判决。每一篇审查决定和判决书都凝聚着审查员和审判人员的心血和智慧，通过审查员和审判人员结合具体案情的创造性劳动，生硬的法律条文变得鲜活和丰满，形成一笔宝贵的精神财富和公共资源，并不断有专利代理机构、专利代理人以及审查员希望专利复审委员会能够结集出版专利复审和无效审查决定，作为学习和工作时的重要参考资料。

除根据法律规定需要保密的外，本选编汇集了专利复审委员会2005年作出的所有审查决定，包括针对相应审查决定的司法判决，以便读者了解审查决定的法律状态并对照阅读和分析。本选编按照技术专业领域将分为8卷，共13分册：机械（上、下）、电学（上、下）、通信、医药、化学、材料（上、下）、光电、外观设计（上、中、下）。因此，本选编比较全面地反映了专利复审委员会的审查工作和人民法院专利行政案件审理工作取得的进展。

我们相信，本选编对专利工作者具有一定借鉴和指导作用，也有利于当事人及广大公众对专利复审委员会的审查工作进行监督。本选编将为推动专利复审委员会的发展，促进专利代理业务水平的提高，为《国家知识产权战略纲要》又快又好地实施尽微薄之力。

本书编委会
2008年8月

# 目　录

## 复审请求审查决定


001 汽车制动安全阀案
复审请求审查决定（第 5370 号） …… 3

002 双机功能液压传动板料折弯机案
复审请求审查决定（第 5371 号） …… 9

003 四体活塞一心弧线往复式内燃机案
复审请求审查决定（第 5372 号） …… 12

004 火箭弹的猛炸药高增程弹筒案
复审请求审查决定（第 5373 号） …… 15

005 鸽子的驯养方法案
复审请求审查决定（第 5374 号） …… 18
北京市第一中级人民法院行政判决书 （2005）一中行初字第 413 号 …… 20
北京市高级人民法院行政判决书 （2006）高行终字第 38 号 …… 22

006 粘结式陶瓷切粒刀案
复审请求审查决定（第 5376 号） …… 26

007 用于将一种物质涂敷到一条材料带上的装置案
复审请求审查决定（第 5388 号） …… 29

008 自行车中轴变速器及中轴变速自行车案
复审请求审查决定（第 5389 号） …… 34

009 钢、铁、合金钢及有色金属冶炼热锻技术案
复审请求审查决定（第 5390 号） …… 37

010 齿带传动装置或链式传动装置案
复审请求审查决定（第 5514 号） …… 40

011 泵的叶轮和方法案
复审请求审查决定（第 5621 号） …… 44

012 无舵点喷轮案
复审请求审查决定（第 5622 号） …… 47

013 炁机技术案
复审请求审查决定（第 5665 号） …… 51

014 用于工程车辆的轴转动控制器与油缸案
复审请求审查决定（第 5666 号） …… 54

015 常温保存汤圆案
复审请求审查决定（第 5670 号） …… 59

016 带卷绕补偿的卷起式车窗遮阳帘案
复审请求审查决定（第 5675 号） …… 62

017 动力放大方法案
复审请求审查决定（第 5677 号） …… 66

018 土力发电和水土保持案
复审请求审查决定（第 5680 号） …… 69
北京市第一中级人民法院行政判决书 （2005）一中行初字第 568 号 …… 74
北京市高级人民法院行政判决书 （2006）高行终字第 104 号 …… 80

019 至少有一个在汽缸中引导的工作活塞的内燃机工作方法案
复审请求审查决定（第 5792 号） …… 87

020 能真实反映持证人专业水平的资质证书案
复审请求审查决定（第 5858 号） …… 90

021 无驾驶员的如自由导航式负重运输车案
复审请求审查决定（第 5973 号） …… 93

022 一种新型的磁浮列车的升力系统的补充装置案
复审请求审查决定（第 5974 号） …… 97

023 一种采油机钢缆提升带的驱动装置案
复审请求审查决定（第 6085 号） …… 100

024 涂装钢板的加工方法案
复审请求审查决定（第 6117 号） …… 103

025 摩托车的车架结构案
复审请求审查决定（第 6119 号） …… 107

026 流体动力机案
复审请求审查决定（第 6133 号） …… 110

027 用于密封式压缩机的阀盖连接结构案
复审请求审查决定（第 6169 号） …… 112

028 喷水悬浮高速船案
复审请求审查决定（第 6229 号） …… 115

029 锁眼缝纫机的进给台驱动装置案
复审请求审查决定（第 6230 号） …… 117

030 可自动清洁过滤棉的滤水器案
复审请求审查决定（第6231号） …… 121
031 一种用于钢管的皮尔格冷轧的工具设计方法案
复审请求审查决定（第6248号） …… 124
032 搭载发动机停止起动控制装置的车辆案
复审请求审查决定（第6289号） …… 126
033 电动车辆案
复审请求审查决定（第6406号） …… 128
034 背负式大喷量高效手动喷雾器案
复审请求审查决定（第6409号） …… 131
035 活页印刷出版技术在广告业务中的应用方法案
复审请求审查决定（第6446号） …… 134
北京市第一中级人民法院行政判决书 （2006）一中行初字第91号 …… 137
036 包装物品的方法以及条状包装材料案
复审请求审查决定（第6511号） …… 140
037 超高压单极电警棍案
复审请求审查决定（第6514号） …… 143
038 一种固体真空容器表面负压力的解决方法案
复审请求审查决定（第6515号） …… 146
039 墨盒及其制造方法案
复审请求审查决定（第6563号） …… 149
040 电动自行车案
复审请求审查决定（第6615号） …… 155
041 悬挂杯组件案
复审请求审查决定（第6622号） …… 159
042 无级变速器案
复审请求审查决定（第6715号） …… 163
043 具有向供给洗涤剂容器的水施加磁场的装置的洗衣机案
复审请求审查决定（第6717号） …… 166
044 环锯案
复审请求审查决定（第6732号） …… 170
045 车辆的主液压缸装置案
复审请求审查决定（第6744号） …… 173

046 砂光机磨削主轴自动调心法及套轴承座总成案
复审请求审查决定（第 6804 号） …… 176
047 具有蚀刻背面的磷硅酸盐玻璃层的全集成热喷墨打印头案
复审请求审查决定（第 6978 号） …… 179
048 热头能量控制仪器案
复审请求审查决定（第 7001 号） …… 183
049 少排量制式发动机案
复审请求审查决定（第 7002 号） …… 186
050 控制一个作用于驱动单元和变速装置之间的转矩传递系统的装置和方法案
复审请求审查决定（第 7136 号） …… 188
051 车辆倒车装置案
复审请求审查决定（第 7234 号） …… 192
052 金属壳制造方法案
复审请求审查决定（第 7557 号） …… 195
053 泵轴案
复审请求审查决定（第 7603 号） …… 197
054 可再生猫砂及其制备方法和用途案
复审请求审查决定（第 7674 号） …… 200

## 无效宣告请求审查决定

001 后视镜与影像组合的结构案
无效宣告请求审查决定（第 6614 号） …… 205
002 结构改良的防盗螺栓案
无效宣告请求审查决定（第 6662 号） …… 208
003 自动脱料装置案
无效宣告请求审查决定（第 6666 号） …… 212
004 发泡塑覆保温金属管的制造方法案
无效宣告请求审查决定（第 6700 号） …… 215
005 针织横机上的双孔纱嘴案
无效宣告请求审查决定（第 6707 号） …… 218
北京市第一中级人民法院行政判决书 （2005）一中行初字第 475 号 …… 221
北京市高级人民法院行政判决书 （2005）高行终字第 462 号 …… 225

006 真空保存罐改良式安全装置案
无效宣告请求审查决定（第 6723 号） …… 230
007 轮胎模加工专用电火花成型机案
无效宣告请求审查决定（第 6736 号） …… 233
008 高速度高精度高耐用度铰刀案
无效宣告请求审查决定（第 6756 号） …… 238
009 自锁式钻夹头案
无效宣告请求审查决定（第 6758 号） …… 243
北京市第一中级人民法院行政判决书 （2005）一中行初字第 454 号 …… 247
北京市高级人民法院行政判决书 （2006）高行终字第 149 号 …… 252
010 环形装订夹案
无效宣告请求审查决定（第 6759 号） …… 258
011 一种防盗螺栓连接副案
无效宣告请求审查决定（第 6779 号） …… 263
012 机畜力施肥精密播种机案
无效宣告请求审查决定（第 6780 号） …… 266
北京市第一中级人民法院行政判决书 （2005）一中行初字第 219 号 …… 269
北京市高级人民法院行政判决书 （2005）高行终字第 429 号 …… 273
013 糖果包装盒案
无效宣告请求审查决定（第 6781 号） …… 278
014 防腐箱体、槽体构件案
无效宣告请求审查决定（第 6796 号） …… 280
015 棘轮扳手案
无效宣告请求审查决定（第 6805 号） …… 285
016 客车车门上用的转臂与门连接机构案
无效宣告请求审查决定（第 6808 号） …… 290
017 一种颗粒状或粉状食品包装盒案
无效宣告请求审查决定（第 6814 号） …… 293
018 全螺纹锁紧螺母案
无效宣告请求审查决定（第 6815 号） …… 297
019 一种卷皮机案
无效宣告请求审查决定（第 6817 号） …… 300
020 检测工具台案
无效宣告请求审查决定（第 6830 号） …… 303

021 新型防潮木制品案
无效宣告请求审查决定（第6836号）………………………… 308

022 带磁套筒案
无效宣告请求审查决定（第6838号）………………………… 311

023 液压举升式电动自行垃圾中转站案
无效宣告请求审查决定（第6839号）………………………… 315

024 一种深松犁具和采用该犁具的联合整地机案
无效宣告请求审查决定（第6844号）………………………… 320
北京市第一中级人民法院行政裁定书 （2005）一中行初字第543号……… 326

025 柔性打磨轮案
无效宣告请求审查决定（第6846号）………………………… 327

026 防碎缓冲装置案
无效宣告请求审查决定（第6852号）………………………… 330

027 一种储存钻头的容器案
无效宣告请求审查决定（第6855号）………………………… 333

028 木工扁形钻案
无效宣告请求审查决定（第6873号）………………………… 336

029 插销式防卸防松螺母案
无效宣告请求审查决定（第6879号）………………………… 340
北京市第一中级人民法院行政判决书 （2005）一中行初字第569号……… 343

030 包装盒盒盖案
无效宣告请求审查决定（第6881号）………………………… 347

031 广告拉手案
无效宣告请求审查决定（第6893号）………………………… 350
北京市第一中级人民法院行政判决书 （2005）一中行初字第496号……… 353

032 包装箱案
无效宣告请求审查决定（第6908号）………………………… 358
北京市第一中级人民法院行政判决书 （2005）一中行初字第414号……… 363
北京市高级人民法院行政判决书 （2006）高行终字第83号 ……………… 368

033 开启方便的易拉罐案
无效宣告请求审查决定（第6914号）………………………… 373

034 大小滚珠式碟片自动平衡装置案
无效宣告请求审查决定（第6916号）………………………… 377

035 纱管绒案
无效宣告请求审查决定（第 6919 号） …… 381
北京市第一中级人民法院行政判决书 （2005）一中行初字第 417 号 …… 383
北京市高级人民法院行政判决书 （2006）高行终字第 105 号 …… 387

036 智能烟草异物剔除装置视频柜案
无效宣告请求审查决定（第 6922 号） …… 393

037 旋转式吸管瓶盖案
无效宣告请求审查决定（第 6931 号） …… 397
北京市第一中级人民法院行政判决书 （2005）一中行初字第 453 号 …… 401
北京市第一中级人民法院行政裁定书 （2005）一中行初字第 535 号 …… 406
北京市高级人民法院行政判决书 （2005）高行终字第 464 号 …… 407

038 一种带状料轮转印刷机案
无效宣告请求审查决定（第 6936 号） …… 414

039 机械密封轴承保护器案
无效宣告请求审查决定（第 6939 号） …… 419

040 摩托车后传动链轮的滑动轮装置案
无效宣告请求审查决定（第 6944 号） …… 422

041 三乙胺冷芯盒射芯机案
无效宣告请求审查决定（第 6948 号） …… 425

042 一种汽车用离合器从动盘案
无效宣告请求审查决定（第 6950 号） …… 430

043 新型摩托车活塞案
无效宣告请求审查决定（第 6953 号） …… 434

044 单层喷雾装置案
无效宣告请求审查决定（第 6961 号） …… 438

045 一种汽轮机检修主轴用盘车装置案
无效宣告请求审查决定（第 6962 号） …… 442
北京市第一中级人民法院行政裁定书 （2005）一中行初字第 605 号 …… 445

046 低地板机坪旅客车案
无效宣告请求审查决定（第 6964 号） …… 447

047 一种汽车防盗器案
无效宣告请求审查决定（第 6971 号） …… 449

048 多功能狗圈案
无效宣告请求审查决定（第 6972 号） …… 452
北京市第一中级人民法院行政判决书 （2005）一中行初字第 562 号 …… 456

北京市高级人民法院行政判决书 （2006）高行终字第99号 …… 460

049 减压阀案
无效宣告请求审查决定（第6973号） …… 466
北京市第一中级人民法院行政判决书 （2005）一中行初字第685号 …… 470

050 带有龙骨的草支座案
无效宣告请求审查决定（第6991号） …… 476

051 滚轮案
无效宣告请求审查决定（第6992号） …… 480

052 壁画式水族箱案
无效宣告请求审查决定（第6998号） …… 483
北京市第一中级人民法院行政判决书 （2005）一中行初字第666号 …… 487
北京市高级人民法院行政判决书 （2006）高行终字第174号 …… 493

053 智能烟草异物剔除装置输送机案
无效宣告请求审查决定（第7002号） …… 499

054 智能烟草异物剔除装置案
无效宣告请求审查决定（第7003号） …… 503

055 套塑料管链条案
无效宣告请求审查决定（第7019号） …… 506

056 防伪包装袋案
无效宣告请求审查决定（第7022号） …… 510

057 一种纺纱装置案
无效宣告请求审查决定（第7023号） …… 513

058 风冷式摩托车发动机四气门汽缸头案
无效宣告请求审查决定（第7024号） …… 516

059 注气采油不动井口阀门案
无效宣告请求审查决定（第7030号） …… 518

060 一种草支垫案
无效宣告请求审查决定（第7034号） …… 520

061 瓷砖玻璃钻案
无效宣告请求审查决定（第7035号） …… 524

062 卷烟用热收缩包装复合膜案
无效宣告请求审查决定（第7044号） …… 527

063 果蔬周转箱案
无效宣告请求审查决定（第7052号） …… 533

北京市第一中级人民法院行政判决书 （2005）一中行初字第 698 号 （2005）一中行初字第 797 号 ………………………… 537
北京市高级人民法院行政判决书 （2006）高行终字第 43 号 ………………………… 544

064 改进的折叠式自行车案
无效宣告请求审查决定（第 7055 号） ………………………… 549

065 多层聚对苯二甲酸乙二醇酯啤酒瓶案
无效宣告请求审查决定（第 7073 号） ………………………… 553

066 矿用提升绞车无级调速装置案
无效宣告请求审查决定（第 7076 号） ………………………… 556

067 汽油发动机一体化点火器案
无效宣告请求审查决定（第 7078 号） ………………………… 560
北京市第一中级人民法院行政判决书 （2005）一中行初字第 770 号………………………… 565
北京市高级人民法院行政判决书 （2006）高行终字第 190 号………………………… 574

068 空压机案
无效宣告请求审查决定（第 7084 号） ………………………… 580
北京市第一中级人民法院行政裁定书 （2005）一中行初字第 860 号………………………… 583

069 柴油机起动齿轮轴坯案
无效宣告请求审查决定（第 7085 号） ………………………… 585
北京市第一中级人民法院行政判决书 （2005）一中行初字第 1130 号 ………………………… 588
北京市高级人民法院行政判决书 （2006）高行终字第 369 号………………………… 592

070 在网面的基材上直接打孔的装置案
无效宣告请求审查决定（第 7090 号） ………………………… 597

071 漏粪地板案
无效宣告请求审查决定（第 7091 号） ………………………… 601
北京市第一中级人民法院行政判决书 （2005）一中行初字第 805 号………………………… 603

072 一种饮水机水龙头案
无效宣告请求审查决定（第 7113 号） ………………………… 608

073 精播锄草组合式多功能作业机案
无效宣告请求审查决定（第 7124 号） ………………………… 612
北京市第一中级人民法院行政判决书 （2005）一中行初字第 875 号………………………… 615
北京市高级人民法院行政判决书 （2006）高行终字第 151 号………………………… 620

074 立式装袋打孔机案
无效宣告请求审查决定（第 7126 号） ………………………… 626

075 熔体过滤器滤室上板的封浆装置案
无效宣告请求审查决定（第 7127 号） ………………………… 630

北京市第一中级人民法院行政裁定书 （2005）一中行初字第818号 …… 633

076 带激光对准装置的电圆锯案
无效宣告请求审查决定（第7128号） …… 635

077 限位伸缩接头案
无效宣告请求审查决定（第7131号） …… 639

078 乘坐型水田作业机案
无效宣告请求审查决定（第7137号） …… 645

079 单缸四冲程摩托车汽油发动机平衡减振机构案
无效宣告请求审查决定（第7139号） …… 652

080 多用快速棘爪扳手案
无效宣告请求审查决定（第7141号） …… 657
北京市第一中级人民法院行政判决书 （2005）一中行初字第695号 …… 660
北京市高级人民法院行政判决书 （2006）高行终字第109号 …… 664

081 陀螺形挡渣塞案
无效宣告请求审查决定（第7142号） …… 668

082 大型载重卡车右前视镜案
无效宣告请求审查决定（第7143号） …… 673

083 表面带有图案的鞋带头束结胶套的加工方法案
无效宣告请求审查决定（第7144号） …… 677

084 弹力棉案
无效宣告请求审查决定（第7149号） …… 681

085 短电弧切削设备用的阴极装置及电源电路案
无效宣告请求审查决定（第7152号） …… 684

086 活塞式油井抽气泵案
无效宣告请求审查决定（第7157号） …… 691

087 蚕桑树的培管方法案
无效宣告请求审查决定（第7185号） …… 695

088 限矩离心耦合器花键套案
无效宣告请求审查决定（第7188号） …… 699
北京市第一中级人民法院行政裁定书 （2005）一中行初字第838号 …… 702

089 机车引擎的汽缸头及摇臂固定承座改良构造案
无效宣告请求审查决定（第7193号） …… 704

# 复审请求审查决定

# 汽车制动安全阀案

## 复审请求审查决定（第5370号）

**决　定　号**　第5370号

**决　定　日**　2004年12月24日

**发明创造名称**　汽车制动安全阀

**国际分类号**　B60T 15/00　B60T 17/00

**复审请求人**　童喜庆

**申　请　号**　02136348. X

**申　请　日**　2002年8月1日

**公　开　日**　2003年1月22日

**合议组组长**　吴亚琼

**主　审　员**　崔　峥

**参　审　员**　黄玉平

**法律依据**　专利法第二十六条第三款

**决定要点**

如果所属技术领域的技术人员能够根据发明专利申请文件的说明书和附图所记载的内容并利用本领域的常规技术理解该发明进而实现之，则应当认为说明书已对发明作出了清楚、完整的说明。

如果一项发明中的某个技术特征的具体表现形式并不影响本领域技术人员实现该发明，即使说明书中未对该技术特征的具体表现形式进行阐述，也不能认为说明书未对发明作出清楚、完整的说明并导致所属技术领域的技术人员不能实现该发明。

### 一、案由

本复审请求案涉及申请号为02136348. X、名称为“汽车制动安全阀”的发明专利申请，其申请人为童喜庆。本申请的申请日为2002年8月1日，公开日为2003年1月22日。

本发明专利申请于申请日提交的权利要求书包括如下5项权利要求：

“1. 一种汽车制动安全阀，由壳体、阀门、进出气道、叶轮室、回位器和传动控制机构组成，其特征在于：

一壳体，其下中部设有叶轮室，一底盖与叶轮室外的壳体螺接，在壳体的左端设有制动进气道，并与叶轮室相通，再与制动出气道联通，在制动进气道略上方设有储气进气道并贯通储气出气道；

一阀门设置在壳体左端制动进气道和储气进气道交叉处，其中部上下方设有十字形两通孔，上方通孔与储气进出气道匹配联通，并在壳体旁设一放气孔，下方通孔与制动进气道匹配联通，在壳体顶部阀门旁设有阀门定位螺钉；

一叶轮轴，其下部联接有叶轮，装置在叶轮室中，叶轮轴用轴承与壳体紧密装合，叶轮轴一端延伸穿过壳体，其延伸段靠近壳体处，装有一小齿轮，在小齿轮两侧的壳体上，螺接两定位滑杆，定位滑杆的另端与上盖螺接固紧，而延伸段端部与上盖螺接固紧；

一联动控制机构，由一鞍形滑套托架装置在叶轮轴小齿轮上部，一具有内螺纹的滑套组件，套装在叶轮轴上，一顶升拉杆的顶部为半圆形环，其两端设有滑动孔，滑动孔穿套在定位滑杆上，其下端设有销孔与摇臂用连接销连接，摇臂的另端亦用连接销与摇臂固定架连接，摇臂固定架与壳体螺接组成，在摇臂下部联动一阀门定位销，后端设有定位弹簧；

一回位器，装置在壳体右方，其带有齿圈的外壳体的齿圈与叶轮轴上的小齿轮啮合，其内部装有回位弹簧。

2. 据权利要求1所述的汽车制动安全阀，其特征在于：所述的阀门，由一圆锥状的阀门杆，其中部上下方设有十字形两通孔，下端顶部设有内螺纹孔，一撑紧弹簧，一具有中方孔的压盖、一固紧螺钉组成。

3. 据权利要求1所述的汽车制动安全阀，其特征在于：所述的滑套组件，由一具有内螺纹的滑套体，其顶端有一凸缘，外周缘有四条凸柱，一撑紧弹簧、一上齿圈、一定位双面齿圈、一下齿圈组成。

4. 根据权利要求1所述的汽车制动安全阀，其特征在于：所述的回位器，由一带有圆盘的定位轴，其纵向设有一直槽，其上、下端均有外螺纹，下端与壳体螺接，一带有齿圈的外壳体，其齿圈与叶轮轴上的小齿轮啮合，一分隔垫圈，套装在定位轴上，一内套，套置在外壳体内，一回位弹簧，其一端嵌入定位轴的直槽内，另端嵌入内套凹槽内，一带单向齿轮内套盖，一分隔垫圈，一内套扣环，扣卡在内套凹槽内，一外壳盖，其上装有两推齿钢皮，用螺钉与外壳盖螺接固紧，一壳盖扣环，卡入外壳体的凹槽内，最后用垫圈和螺帽与定位轴上端螺接固紧组成。

5. 根据权利要求1所述的汽车制动安全阀，其特征在于：在壳体顶部装有行程开关和蜂鸣器。”

国家知识产权局专利局原实质审查部门于2003年8月29日发出第一次审查意见通知书，认为本发明专利申请权利要求1~5不符合专利法实施细则第二十条第一款的规定，而且，本申请说明书未清楚地说明整个制动安全阀如何进行工作，阀门定位销（5）如何起作用，阀门（4）如何进行转动以关闭气源以及阀门（4）转动后如何回位，因此不符合专利法第二十六条第三款的规定。

申请人于2003年10月14日提交了意见陈述书和新修改的权利要求书、说明书和说明书摘要，并结合新修改的权利要求书和说明书进行了相应的解释和说明。其中，修改的权利要求书如下：

“1. 一种汽车制动安全阀，由壳体、阀门、进出气道、叶轮室、回位器和传动控制机构组成，其特征在于：

一壳体，其下中部设有叶轮室，一底盖与叶轮室外的壳体螺接，在壳体的左端设有制动进气道，并与叶轮室相通，再与制动出气道联通，在制动进气道略上方设有储气进气道并贯通储气出气道；

一阀门设置在壳体左端制动进气道和储气进气道交叉处，其中部上下方设有十字形两通孔，上方通孔与储气进出气道匹配联通，并在壳体旁设一放气孔，下方通孔与制动进气道匹配联通，在壳体顶部阀门旁设有阀门定位螺钉；

一上部具有外螺纹的叶轮轴，其下部联接有叶轮，装置在叶轮室中，叶轮轴用轴承与壳体紧密装合，叶轮轴一端延伸穿过壳体竖立在上盖内，与上盖有一间距，其延伸段靠近壳体处，装有一小齿轮，在小齿轮两侧的壳体上，螺接两定位滑杆，定位滑杆的另端与上盖螺接固紧；

一联动控制机构，由一鞍形滑套托架装置在叶轮轴小齿轮上部，一具有内螺纹的滑套组件，螺接在叶轮轴上部外螺纹上，一顶升拉杆的顶部为半圆形环，其两端设有滑动孔，滑动孔穿套在定位滑杆上，其下端设有销孔与摇臂用连接销连接，摇臂的另端亦用连接销与摇臂固定架连接，摇臂固定架与壳体螺接组成，在摇臂下部联动一阀门定位销，后端设有定位弹簧；

一回位器，装置在壳体右方，其带有齿圈的外壳体的齿圈与叶轮轴上的小齿轮啮合，其内部装有回位弹簧。

2. 根据权利要求1所述的汽车制动安全阀，其特征在于：所述的阀门，由一圆锥状的阀门杆，其中部上下方设有十字形两通孔，上部另侧设有定位孔，下端顶部设有内螺纹孔，一撑紧弹簧，一具有中方孔的压盖、一固紧螺钉组成。

3. 根据权利要求1所述的汽车制动安全阀，其特征在于：所述的滑套组件，由一具有内螺纹的滑套体，其顶端有一凸缘，外周缘有四条凸柱，一撑紧弹簧、一上齿圈、一定位双面齿圈、一下齿圈组成，其中定位双面齿圈两端设有连接定位孔，套装在两定位滑杆上。

4. 根据权利要求1所述的汽车制动安全阀，其特征在于：所述的回位器，由一带有圆盘的定位轴，其纵向设有一直槽，其上、下端均有外螺纹，下端与壳体螺接，一带有齿圈的外壳体，其齿圈与叶轮轴上的小齿轮啮合，一分隔垫圈，套装在定位轴上，一内套，套置在外壳体内，一回位弹簧，其一端嵌入定位轴的直槽内，另端嵌入内套凹楷内，一带单向齿轮内套盖，一分隔垫圈，一内套扣环，扣卡在内套凹槽内，一外壳盖，其上装有两推齿钢皮，用螺钉与外壳盖螺接固紧，一壳盖扣环，卡入外壳体的凹槽内，最后用垫圈和螺帽与定位轴上端螺接固紧组成。

5. 根据权利要求1所述的汽车制动安全阀，其特征在于：在壳体顶部装有行程开关和蜂鸣器。”

国家知识产权局专利局原实质审查部门于2003年11月28日发出第二次审查意见通知书，其中认为：在申请人于2003年10月14日提交的权利要求书和说明书中，权利要求2中加入的技术特征“阀门杆上部另侧设有定位孔”以及说明书中加入的技术特征“其前端顶抵入阀门杆上侧的定位孔内，将阀门4定位，定位销5中部向上设有一凸缘与摇臂8左端的拨爪靠接在定位销5凸缘左侧；压缩定位弹簧右移，定位销脱离阀门杆定位孔”超出了原说明书和权利要求书记载的范围，不符合专利法第三十三条的规定。

申请人又于2003年12月25日提交了意见陈述书和新修改的权利要求书和说明书，将上述第二次审查意见通知书中所指出的超范围的技术特征予以删除。

国家知识产权局专利局原实质审查部门于2004年3月5日发出驳回决定，以申请人于2003年10月14日提交的说明书第1~4页、权利要求第1项及说明书摘要、于2003年12月25日提交的说明书第5~6页和权利要求第2~5项以及申请日提交的附图第1~5页为基础驳回了本发明专利申请。其理由是本发明专利申请的说明书“未清楚地说明阀门定位销（5）如何起作用，阀门（4）如何进行转动以关闭气源，致使所属技术领域的技术人员无法理解整个装置如何运作”来实现本发明，因此不符合专利法第二十六条第三款的规定。

申请人（下称复审请求人）对上述驳回决定不服，于2004年5月19日向专利复审委员会提出复审请求，并提交了经修改的权利要求书和说明书。复审请求人在新修改的说明书第5页第12~14行中加入了“其前端顶抵入阀门杆上侧的定位孔内，将阀门4定位，定位销5中部向上设有一凸缘与摇臂8左端的拨爪靠接在定位销5凸缘左侧”，并在第6页第8行和第9行中加入了“压缩定位弹簧右移，定位销脱离阀门杆定位孔”的技术内容，而且认为：即使不补入上述技术内容，根据原说明书第4页倒数第2行至第5页第7行中的描述和附图所示，所属技术领域的技术人员也完全可以理解并实现本发明。复审请求人提交的新修改的权利要求书如下：

“1. 一种汽车制动安全阀，由壳体、阀门、进出气道、叶轮室、回位器和传动控制机构组成，其特征在于：

一壳体，其下中部设有叶轮室，一底盖与叶轮室外的壳体螺接，在壳体的左端设有制动进气道，并与叶轮室相通，再与制动出气道联通，在制动进气道略上方设有储气进气道并贯通储气出气道；

一阀门设置在壳体左端制动进气道和储气进气道交叉处，其中部上下方设有十字形两通孔，上方通孔与储气进出气道匹配联通，并在壳体旁设一放气孔，下方通孔与制动进气道匹配联通，在壳体顶部阀门旁设有阀门定位螺钉；

一上部具有外螺纹的叶轮轴，其下部联接有叶轮，装置在叶轮室中，叶轮轴用轴承与壳体紧密装合，叶轮轴一端延伸穿过壳体竖立在上盖内，与上盖有一间距，其延伸段靠近壳体处，装有一小齿轮，在小齿轮两侧的壳体上，螺接两定位滑杆，定位滑杆的另端与上盖螺接固紧；

一联动控制机构，由一鞍形滑套托架装置在叶轮轴小齿轮上部，一具有内螺纹的滑套组件，螺接在叶轮轴上部外螺纹上，一顶升拉杆的顶部为半圆形环，其两端设有滑动孔，滑动孔穿套在定位滑杆上，其下端设有销孔与摇臂用连接销连接，摇臂的另端亦用连接销与摇臂固定架连接，摇臂固定架与壳体螺接组成，在摇臂下部联动一阀门定位销，后端设有定位弹簧；

一回位器，装置在壳体右方，其带有齿圈的外壳体的齿圈与叶轮轴上的小齿轮啮合，其内部装有回位弹簧。

2. 根据权利要求1所述的汽车制动安全阀，其特征在于：所述的阀门，由一圆锥状的阀门杆，其中部上下方设有十字形两通孔，下端顶部设有内螺纹孔，一撑紧弹簧，一具有中方孔的压盖、一固紧螺钉组成。

3. 根据权利要求1所述的汽车制动安全阀，其特征在于：所述的滑套组件，由一具有内螺纹的滑套体，其顶端有一凸缘，外周缘有四条凸柱，一撑紧弹簧、一上齿圈、一定位双面齿圈、一下齿圈组成，其中定位双面齿圈两端设有连接定位孔，套装在两定位滑杆上。

4. 根据权利要求1所述的汽车制动安全阀，其特征在于：所述的回位器，由一带有圆盘的定位轴，其纵向设有一直槽，其上、下端均有外螺纹，下端与壳体螺接，一带有齿圈的外壳体，其齿圈与叶轮轴上的小齿轮啮合，一分隔垫圈，套装在定位轴上，一内套，套置在外壳体内，一回位弹簧，其一端嵌入定位轴的直槽内，另端嵌入内套凹楷内，一带单向齿轮内套盖，一分隔垫圈，一内套扣环，扣卡在内套凹槽内，一外壳盖，其上装有两推齿钢皮，用螺钉与外壳盖螺接固紧，一壳盖扣环，卡入外壳体的凹槽内，最后用垫圈和螺帽与定位轴上端螺接固紧组成。

5. 根据权利要求1所述的汽车制动安全阀，其特征在于：在壳体顶部装有行程开关和蜂鸣器。”

专利复审委员会于2004年5月31日依法受理了该复审请求，同时成立合议组对本案进行审理。

合议组于2004年11月5日向复审请求人发出复审通知书，其中指出：在复审请求人于2004年5月19日提出复审请求时提交的修改文本中，说明书第5页第12~14行中的“其前端顶抵入阀门杆上侧的定位孔内，将阀门4定位，定位销5中部向上设有一凸缘与摇臂8左端的拨爪靠接在定位销5凸缘左侧”以及说明书第6页第8行和第9行中的“压缩定位弹簧右移，定位销脱离阀门杆定位孔”既未明确地记载在原说明书（包括附图）和权利要求书中，也不能由原说明书（包括附图）和权利要求书所记载的内容直接、毫无疑义和惟一地导出，因此超出了原说明书和权利要求书记载的范围，不符合专利法第三十三条的规定。

复审请求人于2004年11月30日提交了意见陈述书，并修改了说明书，将上述复审通知书中所指出的超范围的技术内容予以删除。

专利复审委员会本案合议组在上述程序的基础上认为本案事实已经清楚，并作出如下决定。

**二、决定的理由**

1. 合议组审查了复审请求人于2004年11月30日提交的修改文本，认为该修改文本未超出原说明书和权利要求书记载的范围，符合专利法第三十三条的规定。因此，本复审决定所依据的文本为复审请求人于2004年5月19日提交的权利要求第1~5项和说明书第1~4页，2004年11月30日提交的说明书第 5 页和第 6 页、申请日提交的附图第 1 ~ 5 页以及于 2003 年 10 月 14 日提交的说明书摘要。

2. 在国家知识产权局专利局原实质审查部门所作的驳回决定中，其基本意见如下：

本发明专利申请的说明书"未清楚地说明阀门定位销（5）如何起作用，阀门（4）如何进行转动以关闭气源，致使所属技术领域的技术人员无法理解整个装置如何运作"来实现本发明，因此不符合专利法第二十六条第三款的规定。

3. 合议组的相应意见如下：

本发明的目的是提供一种汽车制动安全阀，该阀在制动气室皮碗损坏后，由复合泵的撑簧气室的制动系统负责制动以达到制动安全的目的。

根据说明书第 4 页第 11 ~ 23 行及附图 1 ~ 3 所示，该制动安全阀由壳体 1、阀门 4、制动进出气道 26、储气进气道 27、制动出气道 18、储气出气道 25、叶轮室 21、回位器 16 和传动升降机构组成。其中，如图 3 所示，阀门 4 由阀门杆 41、撑紧弹簧 42、压盖 43 和螺钉 44 组成，阀门杆 41 为圆锥形，在其中部设有两个上下间隔互不相通且呈十字交叉的通孔，上方通孔与储气进出气道连通，而下方通孔与制动进出气道连通。

另外，根据说明书第 5 页第 4 ~ 12 行的描述和附图所示，安全阀内设有"一联动控制机构，用以改变阀门 4 的制动气源，由一鞍型滑套托架装置在叶轮轴 12 的小齿轮 24 上部，一具有内螺纹的滑套 14 组件，套装在叶轮轴 12 上，随叶轮轴 12 转动而上下滑动，一顶升拉杆 10 的顶部为半圆形环，其两端设有滑动孔，滑动孔穿套在定位滑杆 13 上，其下端设有销孔与摇臂 8 用连接销 9 连接，摇臂 8 的另端亦用连接销 9 与摇臂固定架 7 连接，摇臂固定架 7 与壳体 1 螺接组成，在摇臂 8 下部联动一阀门定位销 5，后端设有定位弹簧。"由此可见，本发明的安全阀通过联动控制机构进行控制，更具体地说，是通过联动控制机构中的阀门定位销 5 来进行控制。

而根据说明书第 2 页倒数第 2 行至第 3 页第 1 行和第 6 页第 1 ~ 6 行的文字描述及附图 1 和附图 2 所示，工作时，当制动气源通过制动进气道 26 并经阀门杆中部的下方通孔进入叶轮室 21，使叶轮 211 旋转并带动叶轮轴 12 旋转，从而带动叶轮轴 12 上的小齿轮 24 转动和使滑套 14 沿叶轮轴上的外螺纹上升，小齿轮 24 的转动进而带动回位器 16 的大齿圈转动使回位弹簧 165 收紧。根据前述的安全阀结构，显然，制动结束后，在回位器 16 的作用下，滑套 14 还可沿叶轮轴上的外螺纹下降而复位。也就是，在制动皮碗未损坏时，滑套 14 应在设定的行程范围内上下移动。在制动皮碗损坏后，制动时，被泄气流就会进入叶轮室 21，推动叶轮 211 继续旋转并带动叶轮轴 12 继续旋转，促使滑套 14 越过预设的行程继续沿叶轮轴上的外螺纹上升，这样，就会顶碰顶升拉杆 10 向上运动，并由顶升拉杆 10 带动摇臂 8 和摇臂固定架 7 运动，从而带动与摇臂 8 和摇臂固定架 7 呈联动关系的阀门定位销 5 运动，使阀门旋转一角度，从而关闭气道，不使损坏的皮碗继续泄漏。

因此，本案之焦点在于：说明书中是否已清楚地描述了阀门定位销 5 是如何来控制阀门 4 的关闭。

首先，根据说明书第 2 页第 1 ~ 3 行和第 4 页第 22 ~ 23 行的文字描述以及附图 3 所示，阀门 4 由阀门杆 41、撑紧弹簧 42、压盖 43 和螺钉 44 组成。另外，从图 1 示出的阀门 4 装配后的结构中，可清楚地看出撑紧弹簧 42 套在阀门杆 41 上，并通过压盖 43 和螺钉 44 压紧。对于所属技术领域的技术人员来说，根据阀 4 的上述结构以及所属技术领域的技术常识，应当得出，上述撑紧弹簧 42 应当是促使阀门杆 41 转动的作用元件，当然，为了使阀门杆可在撑紧弹簧 42 的作用下进行转动，显然，当该撑紧弹簧 42 在收紧状态下进行释放时，应当可产生回转力。在正常工作状态下，撑紧弹簧 42 收紧，且阀门杆通过其他元件施加外力使其保持不转动。如果没有其他元件的外力阻碍，在撑紧弹簧

42 的弹性恢复力作用下，阀门杆 41 就可进行旋转。

其次，阀门定位销 5 既然是用于控制阀门 4 的启闭，而且其技术名称本身还包含有“定位”的含义。可见上述施加外力使阀门杆 41 不转动的其他元件就是该阀门定位销 5。也就是说，阀门定位销 5 可控制阀门杆的位置。就本发明而言，就应当是可控制阀门杆沿其转动轴线周向的位置，即旋转的角度位置。

因此，在正常工作状态下，阀门定位销限定了阀门杆 41 的周向位置，并防止其转动，这时，阀门 4 中的撑紧弹簧 42 的弹性恢复力不能得以释放而使阀门杆 41 转动。而在制动皮碗损坏后，制动时，被泄气流通过叶轮 211、叶轮轴 12、滑套 14、顶升拉杆 10、摇臂 8 和摇臂固定架 7 使阀门定位销 5 运动，一旦阀门定位销 5 对阀门杆 41 的定位作用消失，在撑紧弹簧 42 的弹性恢复力作用下，阀门杆 41 就可进行转动，从而关闭气道，不使损坏的皮碗继续泄漏，从而实现本发明的目的。因此，说明书已清楚地描述了阀门定位销 5 是如何来控制阀门 4 的关闭。

至于阀门定位销与阀门杆的具体连接关系，其具体方式如何并不影响所属技术领域的技术人员实现本发明，在本发明说明书已具体地说明了采用“销”的形式，而且该“销”可对阀门杆的周向角度位置进行控制的情况下，所属技术领域的技术人员可根据其所知晓的所属技术领域的技术常识，采用所属技术领域公知的各种结构来实现。

综上所述，上述国家知识产权局专利局原实质审查部门所作驳回决定中的意见不能成立。

**三、决定**

撤销国家知识产权局专利局实质审查部门于 2004 年 3 月 5 日对本申请作出的驳回决定。由国家知识产权局专利局原实质审查部门在复审请求人于 2004 年 5 月 19 日提交的权利要求第 1 ~5 项和说明书第 1 ~4 页，2004 年 11 月 30 日提交的说明书第 5 页和第 6 页、申请日提交的附图第 1 ~5 页以及于 2003 年 10 月 14 日提交的说明书摘要的基础上对本发明专利申请继续进行审查。

# 双机功能液压传动板料折弯机案

## 复审请求审查决定（第5371号）

**决　定　号**　第5371号

**决　定　日**　2004年12月14日

**发明创造名称**　双机功能液压传动板料折弯机

**国际分类号**　B21D 5/00

**复审请求人**　吕亚舜

**申　请　号**　00125307.7

**申　请　日**　2000年9月21日

**公　开　日**　2001年2月28日

**合议组组长**　吴亚琼

**主　审　员**　宋鸣镝

**参　审　员**　黄玉平

**法律依据**　专利法第二十六条第三款

**决定要点**

本申请的说明书中针对现有技术中的折弯机所存在的技术问题清楚地说明了解决该技术问题所采用的技术方案，同时也示出了该折弯机的一些具体结构，并进一步说明了该折弯机的工作程序和技术效果。因此本申请的说明书对本发明作出了清楚、完整的说明，本领域的技术人员能够实现本发明，本申请的说明书符合专利法第二十六条第三款的规定。

**一、案由**

本复审请求案涉及申请日为2000年9月21日、名称为“双机功能液压传动板料折弯机”的发明专利申请，其申请号为00125307.7，申请人是吕亚舜。

申请人于2000年11月29日提出了实质审查请求，并随该实质审查请求书一起提交了申请日前与本发明有关的参考资料图片。

在对本申请进行实质审查时，国家知识产权局专利局原实质审查部门于2003年6月6日发出了第一次审查意见通知书，其所针对的文本是申请人于申请日提交的原始文件的权利要求1~6项和说明书第1~2页。原审查部门在第一次审查意见通知书中指出：本申请的说明书未对发明作出清楚、完整的说明，致使所属技术领域的技术人员不能实现该发明，不符合专利法第二十六条第三款的规定。公开不充分主要表现在：说明书中未给出液压传动折弯机的具体结构，未对所谓“双机功能结构机架”的结构特征作任何描述，“机架体”指的是什么部件不清楚，其“正面”、“背面”所指的是何部位在说明书中没有说明，而“折弯工作功能机构”的结构以及其与折弯机的关系在说明书中也没有描述，并且由于该申请没有附图，所以无法从附图中获得设备的结构特征。

申请人于2003年9月29日提交了答复第一次审查意见通知书的意见陈述书及本技术领域背景技

术图片1页。申请人认为：本申请说明书中的机架体、机架体正面、背面、折弯工作功能机构、双机功能结构机架等描述，在折弯机制造领域中包含有内在特定结构特征，是这一技术领域的技术术语，具有一定的内涵和概念。并且申请人在所附的背景技术图片中指出了机架体、机架体正面、机架体背面，并且指明了折弯工作功能机构是由工作台、上工作滑块和液压缸组成。基于以上意见陈述和背景技术图片，申请人认为本申请的说明书符合专利法第二十六条第三款的规定。

2004年1月9日，国家知识产权局专利局实质审查部门针对申请人于申请日提交的权利要求1~6项和说明书第1~2页为基础，以该专利申请的说明书未对发明作出清楚、完整的说明，不符合专利法第二十六条第三款为由驳回了该申请。

驳回决定认为：已知的折弯机具有多种形式，在结构上相互之间存在很大差异，且折弯机各部分的名称也不统一，而申请人所提到的"机架体"、"折弯工作功能机构"、"双机功能结构机架"更不是标准的规范用语。对于该观点，驳回决定中还列举出公开号为CN1072357A的专利申请作为例证，该申请中公开了一种"液压操作弯板机"，其结构与申请人所提供的技术图片资料中给出的结构不同，并且没有有关"机架体"、"折弯工作功能机构"、"双机功能结构机架"的技术术语。由此可见，折弯机并非像申请人所理解的那样，仅有一种模式，而是存在许多结构各异、差别显著的方案。驳回决定中同时还指出，由于申请人在原始提交的申请文件中没有附图，并且未对上述技术术语进行详细说明，而申请人于2000年11月29日和2003年9月29日两次提交的图片资料并非申请文本的一部分，不能作为审查的依据。

申请人吕亚舜（下称复审请求人）不服上述驳回决定，于2004年4月8日向专利复审委员会提出复审请求。复审请求人指出：首先，实质审查部门未提供公开号为CN1072357A的液压操作弯板机的相关技术说明书资料，并且液压操作弯板机与双机功能液压传动板料折弯机不是一个种类，未采用相同的结构方式，其用途也不相同，因而没有使用相同的技术术语，复审请求人认为不能由此证明本申请说明书中的技术术语不规范。其次，使用例如双机功能结构机架体、机架体正面和背面等新的技术术语来描述一项新的技术，应当是顺理成章、合乎情理的，不能认为是不规范用语，专利法也没有规定发明申请文件必须要有附图。再次，复审请求人于2000年11月29日和2003年9月29日两次提交的图片资料是背景技术资料，这符合专利法第三十六条的规定。最后，液压传动板料折弯机由几大部分组成，其中机架体部分和折弯工作功能机构部分是其重要的组成部分，这些是本领域的基础知识，是本领域现有技术中的公知常识，并且复审请求人在背景技术图片中示出了这两个部分。

经形式审查合格，专利复审委员会于2004年5月24日受理了此复审请求，并向原实质审查部门发出前置审查通知书。

在前置审查意见书中，原实质审查部门针对复审请求人于申请日提交的权利要求书和说明书进行了审查，并认为，该申请仍然不符合专利法第二十六条第三款的规定，没有对发明作出清楚、完整的说明。

针对该复审请求，专利复审委员会组成合议组对本复审请求案进行了审理，经过合议，合议组认为本案事实已经清楚，可以作出复审决定。

**二、决定的理由**

本复审决定所依据的文本为复审请求人于申请日2000年9月21日提交的权利要求第1~6项和说明书第1~2页。

专利法第二十六条第三款规定：说明书应当对发明或者实用新型作出清楚、完整的说明，以所属技术领域的技术人员能够实现为准。

本领域的普通技术人员在阅读说明书之后，可以对"机架体"、"机架体的正面"、"机架体的背面”和“折弯工作功能机构”这些技术特征从字面上作出如下理解：所谓“机架体”就是指在折弯机机床中起到支撑框架作用的本体部分；所谓“机架体的正面”是指在操作者操作机床时，机架体所面对操作者的一面；而“机架体的背面”则是指与“机架体的正面”相对的一面；所谓“折弯工作功能机构”是指折弯机中能够实现折弯功能的机构。并且这些技术特征都是现有技术中的技术特征，这从说明书第1页第3~4行“目前国内外已广为应用的多种各式同步结构液压传动板料折弯机械，基本的主要特征，在机架体的正面设有单一折弯工作功能的机构，这一传统结构的设计模式是相同的”中可以看出。同时作为补充说明，在复审请求人所提交的背景技术图片资料中也示出了上述这些技术特征，因此，本领域的普通技术人员在阅读说明书之后，可以清楚地了解申请日之前的现有技术状况。

复审请求人在说明书第1页第12~17行中指出了上述现有技术所存在的技术问题，即现有技术中的折弯机的辅助前导性准备工作时间较长，而折弯工作时间较短，在该折弯机处于等待工作状态时，电动机和液压泵仍然处于运转状态，此时所消耗的电能较大，从而导致油温升高，这不利于折弯机的操作。

本发明专利申请的主题是“双机功能液压传动板料折弯机”，它所采用的技术方案是：采用双机功能结构机架体的设计方案，并在机架体的正面背面设有折弯工作功能机构，共用一个动力液压传动系统（参见说明书第1页最后1行至第2页第1行）。本领域的普通技术人员可以理解出，本申请的主题是这样一种折弯机，即一台折弯机具有两台折弯机的功能，这是通过在其机架体上的正面和背面均安装折弯工作功能机构（即在一个机架体上安装两个折弯工作功能机构）而实现的，但其只采用一个动力系统。

说明书第2页第4~7行对折弯机的后挡料装置作了进一步说明，其具体是采用桥式结构，并且对导向光杠、主调节丝杠和同步丝杠的位置也进行了说明。说明书第2页第11~17行对该折弯机的工作程序进行了说明。即一个工作面进入折弯程序后，另一个工作面则位于等待位置，其不能启动进入到折弯程序中；而当两个工作面都位于等待位置时，则可以启动任何一个工作面使其进入到折弯程序中。因此这就保证了这两个工作面不能同时进入折弯程序。说明书第2页第18~26行给出了该折弯机的技术效果，该折弯机具有结构紧凑、操作方便和节约材料的特点，使用该折弯机可以节约能源、提高工效，并且可以显著地降低制造成本。

由此可见，该说明书中已经清楚地说明了现有技术中的折弯机所存在的技术问题，并且给出了解决该技术问题所采用的技术方案，同时也给出了该技术方案中的折弯机的一些具体结构，并进一步说明了该折弯机的工作程序，最后说明了使用该折弯机所带来的技术效果。因此本申请的说明书已经对本发明作出了清楚、完整的说明，本领域的技术人员在阅读说明书之后能够再现本发明。

综上所述，本案合议组认为本申请的说明书符合专利法第二十六条第三款的规定，复审请求人的复审请求理由成立。

基于上述理由，本案合议组作出如下决定。

**三、决定**

撤销国家知识产权局专利局原实质审查部门于2004年1月9日针对00125307.7号发明专利申请所作出的驳回决定，以复审请求人于申请日2000年9月21日提交的权利要求第1~6项和说明书第1~2页为基础，由原实质审查部门继续进行审查程序。

# 四体活塞一心弧线往复式内燃机案

## 复审请求审查决定（第5372号）

**决　定　号**　第5372号
**决　定　日**　2004年12月9日
**发明创造名称**　四体活塞一心弧线往复式内燃机
**国际分类号**　F01C 9/00
**复审请求人**　周广义
**申　请　号**　02106363. X
**申　请　日**　2002年3月2日
**公　开　日**　2002年9月18日
**合议组组长**　黄玉平
**主　审　员**　宋鸣镝
**参　审　员**　陈海平

**法律依据**　专利法第二十六条第三款
**决定要点**

本申请的说明书中清楚地记载了本发明的核心内容，即将汽缸和活塞作环形布置，使活塞进行弧线往复运动，同时将四个活塞连接成具有一个旋转中心的整体，在以心轴为旋转中心的约束下，活塞对汽缸壁不产生侧向力，故可进行无间隙传动。同时从说明书附图中也可以清楚地看出本发明的具体结构，而未作明确描述的结构均为常规技术。因此，本申请的说明书已经对本发明作出了清楚、完整的说明，使得本领域的技术人员能够实现本发明，本申请的说明书符合专利法第二十六条第三款的规定。

**一、案由**

本复审请求案涉及申请日为2002年3月2日、名称为“四体活塞一心弧线往复式内燃机”的发明专利申请，其申请号为02106363. X，申请人是周广义。

应申请人于申请日提出的实质审查请求，国家知识产权局专利局实质审查部门对本申请进行了实质审查，于2003年7月25日发出了第一次审查意见通知书，其所针对的文本是申请人于申请日提交的原始文件的权利要求书、说明书和说明书附图。国家知识产权局专利局实质审查部门在第一次审查意见通知书中指出：本申请的说明书未对发明作出清楚、完整的说明，致使所属技术领域的技术人员不能实现该发明，不符合专利法第二十六条第三款的规定。公开不充分主要表现在：虽然说明书针对现有技术提出了一定的任务和/或设想，而且给出了实现所述任务和/或设想的解决手段或技术方案，但对所属技术领域的技术人员来说，该手段或技术方案是笼统的、含糊不清的，本领域的技术人员根据说明书记载的内容无法具体实施。

申请人于2003年11月25日提交了答复第一次审查意见通知书的意见陈述书。申请人认为：本申请以“首先抵消然后输出”为理论依据，在申请号为98125929.4（公开号为CN1230629A）的专利申请的基础上，对其作出了进一步的改进和完善，将原有四缸对置、直线往复运动的内燃机的汽缸和活塞进行了适当的弯曲，使活塞的运动由直线往复运动改为弧线往复运动，同时将四个活塞固定连接在一起，使这四个活塞成为一个整体，并围绕同一个中心进行弧线往复运动，以达到无侧向力和无间隙的传动形式，从而实现体轻价廉、低耗耐用的实用效果。而其余技术均为现有技术。因此，申请人认为，在这些现有技术的基础上，本领域的技术人员通过阅读理解本申请所提供的技术方案，无需创造性思维即可实现本发明。基于以上意见陈述，申请人认为本申请的说明书符合专利法第二十六条第三款的规定。

2004年1月9日，国家知识产权局专利局实质审查部门以申请人于申请日提交的权利要求书、说明书和说明书附图为基础，认为该专利申请的说明书未对发明作出清楚、完整的说明，不符合专利法第二十六条第三款为由驳回了该申请。

驳回决定中阐述了两点理由：第一，无论是改进性发明还是创新性发明，都要符合专利法第二十六条第三款的规定，而本申请即使结合申请人所提供的现有技术，也无法清楚地理解其如何去做才能实现该发明；第二，申请人此次所作的修改仅仅是复制第一次审查意见通知书中的文字，没有增加新的内容，具体内容同上。

本专利申请的申请人周广义（下称复审请求人）不服上述驳回决定，于2004年4月23日向专利复审委员会提出复审请求。复审请求人指出：本申请是在申请号为98125929.4的专利申请的基础上作出的局部简单改进，而在申请号为98125929.4的专利申请的审理中，审查部门以其不具备创造性将其驳回，而本申请的改进仅仅是把双体活塞适当弯曲使其成弧线运动，其他均采用的是现有技术，实质审查部门却以本申请无法实现为由予以驳回，复审请求人对此表示无法理解。复审请求人还指出：本申请的核心是将汽缸和活塞设置成“如同从空心的圆环上截取的一段”和“如同从圆环上截取的一段”的特殊几何形状，从而使活塞进行弧线往复运动，同时四个活塞通过两个丁字桥与心轴连接而成为具有一个旋转中心的整体，这就消除了多余和不实用的滑移联动，在心轴的约束下，活塞对汽缸不产生侧向力以无间隙进行传动，汽缸由两块隔板隔成独立的工作系统，它们按照一定顺序依次做功对外输出动力。至此，本发明的目的得以实现。复审请求人同时还指出：在驳回决定中，实质审查部门仅仅给出了结论性的意见“该技术方案是笼统的、含糊不清的”，而没有具体指出“什么地方笼统”和“哪些部分含糊不清”，缺少具体的实况和细节，就断然作出了驳回决定。

经形式审查合格，专利复审委员会于2004年5月31日受理了此复审请求，并向原实质审查部门发出前置审查通知书。

在前置审查意见书中，原实质审查部门针对复审请求人于申请日提交的权利要求书、说明书和说明书附图进行了审查，并认为，该申请仍然不符合专利法第二十六条第三款的规定，因此坚持原驳回决定，具体理由参见驳回决定。

针对该复审请求，专利复审委员会组成合议组对本复审请求案进行了审理，合议组认为本案事实已经清楚，可以作出复审决定。

**二、决定的理由**

本复审决定所依据的文本为复审请求人于申请日2002年3月2日提交的权利要求书、说明书和说明书附图。

1. 审查指南第二部分第八章第6.1.4.2节有关驳回的理由中第（2）项规定：以令人信服的事实和理由作为驳回的依据，而且对于这些事实和理由，已经给了申请人一次发表意见和/或修改申请的机会。不得引用新提出的对比文件等作为驳回的证据。

国家知识产权局专利局原实质审查部门在驳回决定中仅仅给出了所依据的法律条款和结论性意见，即“该专利申请不符合专利法第二十六条第三款的规定，其说明书未对发明作出清楚、完整的说明，其中所采用的技术手段或技术方案是笼统的、含糊不清的”。然而在驳回决定中既没有给出具体的事实，即哪些地方是笼统的和含糊不清的，也没有进行具体分析以给出令人信服的理由，即具体分析这些地方为什么是笼统的和含糊不清的。因此本案合议组认为，原实质审查部门在作出驳回决定时，事实认定不清楚，缺少必要的理由分析。

2. 根据专利法第二十六条第三款的规定，说明书应当对发明或者实用新型作出清楚、完整的说明，以所属技术领域的技术人员能够实现为准；必要的时候，应当有附图。说明书摘要应当简要说明发明或者实用新型的技术要点。

本领域的普通技术人员在阅读说明书和说明书附图之后，可以清楚地看出，本申请的发明点在于汽缸和活塞的位置布置上，本申请将汽缸和活塞以环形进行布置，并将汽缸和活塞的形状设置成“如同从空心的圆环上截取的一段”和“如同从圆环上截取的一段”，这样使得活塞可以进行弧线往复运动，同时将四个活塞连接成具有一个旋转中心的整体，在以心轴为旋转中心的约束下，作用在活塞上的力是沿切线方向的，其对汽缸壁不产生侧向力，从而可进行无间隙传动。同时，从说明书附图中也可以清楚地看出本发明的具体结构，而至于如何将摆臂的摆动转化为曲轴的旋转运动、每一个工作缸如何进行“吸气、压缩、爆炸和排气”四个冲程的工作循环、如何设置进排气门等均属于本领域的技术人员所熟知的一般现有技术。因此，本申请的说明书已经对本发明解决技术问题所采取的技术手段和技术方案作出了清楚、完整的说明，本领域的技术人员在阅读说明书之后能够再现本发明。

综上所述，本案合议组认为本申请的说明书符合专利法第二十六条第三款的规定。

**三、决定**

撤销国家知识产权局专利局原实质审查部门于 2004 年 1 月 9 日针对 02106363. X 号专利申请所作出的驳回决定，以复审请求人于申请日 2002 年 3 月 2 日提交的权利要求书、说明书和说明书附图为基础，由原实质审查部门继续进行审查程序。

# 火箭弹的猛炸药高增程弹筒案

## 复审请求审查决定（第5373号）

**决　定　号**　第5373号
**决　定　日**　2004年12月31日
**发明创造名称**　火箭弹的猛炸药高增程弹筒
**国际分类号**　F42B 15/10
**复审请求人**　施仲伟
**申　请　号**　00134916.3
**申　请　日**　2000年12月9日
**公　开　日**　2002年7月17日
**合议组组长**　于　萍
**主　审　员**　崔　峥
**参　审　员**　杨克菲

**法律依据**　专利法第二十六条第三款
**决定要点**

如果一项发明中的某个技术特征的具体表现形式并不影响本领域技术人员实现该发明，即使说明书中未对该技术特征的具体表现形式进行阐述，也不能认为说明书未对发明作出清楚、完整的说明并导致所属技术领域的技术人员不能实现该发明。

**一、案由**

本复审请求案涉及申请号为00134916.3、名称为“火箭弹的猛炸药高增程弹筒”的发明专利申请，其申请人为施仲伟。本申请的申请日为2000年12月9日，公开日为2002年7月17日。

国家知识产权局专利局原实质审查部门于2003年7月4日发出第一次审查意见通知书，认为本发明专利申请不符合专利法第二十六条第三款的规定。

申请人于2003年7月12日和15日两次提交了内容相同的意见陈述书进行答复，提出了相应的反对意见。

国家知识产权局专利局原实质审查部门于2003年10月10日发出驳回决定，驳回了本发明专利申请。其理由是本发明专利申请的说明书未对发明作出清楚、完整的说明，致使所属技术领域的技术人员不能实现该发明，不符合专利法第二十六条第三款的规定。驳回所依据的文本为申请人于申请日提交的权利要求第1~2项、说明书第2页、附图第1页和说明书摘要以及于2001年7月17日提交的说明书第1页。其中，权利要求书如下：

“1. 一种火箭弹的猛炸药高增程弹筒，其特征是：圆柱形的弹筒内装有猛炸药和时差击发装置，装嵌于外有翼片的战斗部和常规推力药发射喷气发动器之间。

2. 根据权利要求1所述火箭弹的猛炸药高增程弹筒，其特征是适宜装置于任何外壳有翼片的战斗部之后，如火箭弹、枪榴弹、鱼雷等，并可以与控制系统相结合增加精度。”

申请人（下称复审请求人）对上述驳回决定不服，于2003年11月10日向专利复审委员会提出了复审请求，同时提交了202研究所科研处刘千里于1999年11月18日给复审请求人的回函作为旁证。

专利复审委员会于2004年3月2日依法受理了该复审请求。

复审请求人又于2004年11月8日提交了与本发明专利申请主题内容相同并在美国获得授权的美国专利US6796242B2作为旁证。

专利复审委员会本案合议组在上述程序的基础上经过合议审查对本案作出如下决定。

**二、决定的理由**

专利法第二十六条第三款规定：说明书应当对发明或者实用新型作出清楚、完整的说明，以所属技术领域的技术人员能够实现为准。

在国家知识产权局专利局原实质审查部门所作的驳回决定中，其基本意见如下：

本申请的说明书未对发明作出清楚、完整的说明，致使所属技术领域的技术人员不能实现该发明，公开不充分主要表现在：猛炸药的品种、药量、弹筒内延时击发的方法、弹筒层数、弹体制造材料等具体的选择上。因此不符合专利法第二十六条第三款的规定。

合议组的相应意见如下：本发明专利申请的目的是提供一种火箭弹的猛炸药高增程弹筒，利用弹筒内猛炸药在高空中爆轰所产生的爆轰波作为推力进一步推动战斗部前进。根据本发明的说明书文字及附图所示，该猛炸药高增程弹筒是一个圆柱形的封闭结构，内装有猛炸药例如TNT、黑索金等，并设置有时差击发装置。该猛炸药高增程弹筒设置在带有翼片的战斗部和喷气发动器之间。发射时，喷气发动器可将战斗部和猛炸药高增程弹筒一起发射到预定高度的空中，并启动猛炸药高增程弹筒内的时差击发装置使猛炸药爆轰，通过爆轰波使战斗部、弹筒和喷气发动器三者相互分离，而战斗部在爆轰波的巨大推力作用下依靠翼片或安装在其中的制导装置继续前进。

首先，对于猛炸药的品种，说明书中已明确地说明可采用TNT和黑索金，而且它们均为本领域已知的猛炸药品种。因此，并不存在说明书未对其充分公开这一事实。

其次，在本申请说明书已阐述了利用弹筒内猛炸药在高空中爆轰所产生的爆轰波使战斗部、弹筒和喷气发动器三者相互分离并将爆轰波作为推力进一步推动战斗部前进这一技术方案的情况下，本领域技术人员显然应理解到，对于本发明而言，猛炸药的药量、弹筒层数以及弹体的材料应当满足的条件是：在爆轰时，既要保证能够使战斗部、弹筒和喷气发动器三者相互分离并推动战斗部前进到达预定的射程，又要保证不会对战斗部造成任何功能性的损害。而如何具体确定猛炸药的药量、弹筒层数和弹体制造材料来达到上述的条件，进而实现本发明利用弹筒内猛炸药在高空中爆轰所产生的爆轰波作为推力进一步推动战斗部前进这一发明目的，对于所属技术领域的普通技术人员来说，这属于其常规设计的范畴。更何况，在本申请说明书第1页第4自然段中还以举例的方式明确给出了猛炸药的药量参数。

再者，对于本发明而言，重要的是：在喷气发动器将战斗部和猛炸药高增程弹筒一起发射到空中的预定高度位置之后，再由时差击发装置控制引爆猛炸药。也就是说，只要在弹筒中设置了时差击发装置使得喷气发动器、战斗部和猛炸药高增程弹筒到达预定高度后，再使猛炸药爆轰，即可实现本发明。而具体采用哪一种延时击发方式对实现本发明并不重要，也就是说，可采用所属技术领域所公知的任何一种延时击发方式来实现本发明。

综上所述，猛炸药的品种、药量、弹筒内延时击发的方法、弹筒层数、弹体制造材料的具体选择并不影响所属技术领域的技术人员实现本发明。即使说明书中未对其进行具体阐述，也不会导致所属技术领域的技术人员不能实现本发明。因此，上述国家知识产权局专利局原实质审查部门所作驳回决定中的意见不能成立。

**三、决定**

撤销国家知识产权局专利局原实质审查部门于2003年10月10日对本申请作出的驳回决定。由国家知识产权局专利局原实质审查部门在驳回决定所依据的文本的基础上对本发明专利申请继续进行审查。

# 鸽子的驯养方法案

## 复审请求审查决定（第5374号）

**决　定　号**　第5374号
**决　定　日**　2004年12月31日
**发明创造名称**　鸽子的驯养方法
**国际分类号**　A01K 67/02
**复审请求人**　黄吉林
**申　请　号**　02111388.2
**申　请　日**　2002年4月15日
**公　开　日**　2002年10月23日
**合议组组长**　魏　屹
**主　审　员**　崔　峥
**参　审　员**　于　萍

**法律依据**　专利法第二十五条第一款第（二）项
**决定要点**

本发明没有采用技术手段，也没有利用自然的法则，完全依赖于人的经验、识别和判断能力，也就是必须通过人的思维运动作为媒介才能间接地作用于自然产生结果。因此属于专利法第二十五条第一款第（二）项规定的智力活动的规则和方法范围，因而不能被授予专利权。

**一、案由**

本复审请求案涉及申请号为02111388.2、名称为“鸽子的驯养方法”的发明专利申请，其申请人为黄吉林。本申请的申请日为2002年4月15日，公开日为2002年10月23日。本发明专利申请包括如下4项权利要求：

“1. 一种鸽子的驯养方法，是在距观赏点2公里以上的地方设置鸽子饲养地，在饲养地建鸽舍，首先将鸽子在饲养地喂养至熟悉饲养地，然后将鸽子空腹带到观赏点，让鸽子在观赏点进食，进食后，鸽子会自然地回到熟悉的饲养地；重复将鸽子空腹带到观赏点，直至鸽子自己会到观赏点进食为止。

2. 如权利要求1所述的一种鸽子的驯养方法，其特征是：饲养地距观赏点的距离以2～4公里为最佳。

3. 如权利要求1所述的一种鸽子的驯养方法，其特征是：首先将鸽子在饲养地喂养至熟悉饲养地的时间是二至三个月。

4. 如权利要求1所述的一种鸽子的驯养方法，其特征是：重复将鸽子空腹带到观赏点，直至鸽子自己会到观赏点进食为止需要的时间是一个月之内。”

国家知识产权局专利局原实质审查部门于2003年8月22日发出第一次审查意见通知书，认为本发明专利申请权利要求1~4属于专利法第二十五条第一款第（二）项规定的智力活动的规则和方法的范围，因而不能授予专利权。

申请人于2003年11月14日提交了意见陈述书进行答复，提出了相应的反对意见，认为本发明专利申请权利要求1~4不属于智力活动的规则和方法。

国家知识产权局专利局原实质审查部门于2004年4月9日发出驳回决定，驳回了本发明专利申请，其理由是：本申请的发明目的是提供一种鸽子的驯养方法，能够使各自的饲养地和观赏点分开，而在实施过程中必须通过人的推理、分析和判断才能确定鸽子是否已经熟悉了饲养地和观赏点。因此，权利要求1~4属于专利法第二十五条第一款第（二）项所述的智力活动的规则和方法的范围，不能被授予专利权。

申请人（下称复审请求人）对上述驳回决定不服，于2004年6月5日向专利复审委员会提出复审请求，并认为“通过7~21天的驯养，鸽子是自然而然地到指定的地方觅食，我本人也不用去的，所以可以证明这不是属于智力活动的规则和方法。”

专利复审委员会依法于2004年7月9日受理了该复审请求，并于2004年9月13日成立合议组对该复审请求进行审理。

合议组经过审查认为：权利要求1~4属于专利法第二十五条第一款第（二）项所述的智力活动的规则和方法范围，不能被授予专利权，原驳回决定所依据的法律正确，并于2004年11月2日发出复审通知书将合议组的上述意见通知复审请求人。

复审请求人于2004年11月17日提交了意见陈述书对上述复审通知书进行答复，并坚持认为：权利要求1~4的鸽子驯养方法不属于智力活动的规则和方法。

专利复审委员会本案合议组在上述程序的基础上对本案作出如下决定。

**二、决定的理由**

根据专利法第二十五条的规定，智力活动的规则和方法不授予专利权。

国家知识产权局专利局原实质审查部门在驳回决定中认为：

本申请的发明目的是提供一种鸽子的驯养方法，能够使各自的饲养地和观赏点分开，而在实施过程中必须通过人的推理、分析和判断才能确定鸽子是否已经熟悉了饲养地和观赏点。因此，权利要求1~4属于专利法第二十五条第一款第（二）项所述的智力活动的规则和方法的范围，不能被授予专利权。

复审请求人认为：所谓的智力活动的规则和方法，它起到最大作用的是人给予的指导，而我是通过7~21天的驯养，鸽子是自然而然地到指定的地方觅食，我本人也不用去的，所以可以证明不是属于智力活动的规则和方法。

合议组的意见如下：

根据本发明专利申请说明书第1页第3段的文字描述，本发明的目的是提供一种鸽子的驯养方法，把鸽子的饲养地与观赏点分开，以解决鸽子的粪便和鸽子脱落的羽毛对广场、公园等景点造成污染。

上述目的是通过权利要求1所限定的解决方案来实现的，然而，在实施该方案时，“将鸽子在饲养地喂养至熟悉饲养地”、“将鸽子空腹带到观赏点，让鸽子在观赏点进食”、“在进食后，鸽子会自然回到熟悉的饲养地”以及“重复将鸽子空腹带到观赏点，直至鸽子自己会到观赏地进食”，这些都是利用了鸽子天生具有一定的记忆力以及饥饿时进行觅食这一动物的本能。同时，实现上述过程还强烈地依赖于鸽子对饲养者行为所作出的反应和饲养者对鸽子所作反应的识别和判断能力，也就是强烈地依赖于鸽子与饲养者之间的相互感知能力，同时必须依赖饲养者的经验、识别和判断能力才能确定鸽子是否熟悉了饲养地和观赏点。因此，该解决方案没有采用技术手段，也没有利用自然的法则，完全依赖于人的经验、识别和判断能力，也就是必须通过人的思维运动作为媒介才能间接地作用于自然产生结果。因此，权利要求1属于专利法第二十五条第一款第（二）项规定的智力活动的规则和方法范围，因而不能被授予专利权。

同理，从属权利要求2~4也属于专利法第二十五条第一款第（二）项规定的智力活动的规则和方法范围，也不能被授予专利权。

**三、决定**

维持国家知识产权局专利局实质审查部门于2004年4月9日对本申请作出的驳回决定。

如对本复审请求审查决定不服，根据专利法第四十一条第二款的规定，复审请求人可以自收到本决定之日起三个月内向北京市第一中级人民法院起诉。

## 北京市第一中级人民法院
## 行政判决书

（2005）一中行初字第413号

原告黄吉林，男，1957年2月28日出生，汉族，户籍所在地浙江省宁波市江东区中山东路531弄14号405室。

被告国家知识产权局专利复审委员会，住所地北京市海淀区蓟门桥西土城路6号。

法定代表人王景川，主任。

委托代理人崔峥，男，国家知识产权局专利复审委员会审查员。

委托代理人崔国振，男，国家知识产权局专利复审委员会审查员。

原告黄吉林不服被告国家知识产权局专利复审委员会作出的复审请求审查决定，于2005年3月28日向本院提起行政诉讼。本院受理后，向被告送达了起诉状副本及应诉通知书。本院依法组成合议庭，于2005年5月24日公开开庭审理了本案。原告黄吉林，被告的委托代理人崔峥、崔国振到庭参加了诉讼，本案现已审理终结。

2004年12月31日，被告依据《中华人民共和国专利法》（下称《专利法》）第二十五条第一款第（二）项的规定，作出第5374号复审请求审查决定（下称第5374号决定），驳回了原告关于名称为“鸽子的驯养方法”发明专利申请的复审请求（下称本发明）。

被告于2005年4月11日向本院提供了被诉具体行政行为的证据、依据：1. 第02111388.2号发明专利申请文本即《发明专利申请公开说明书》，用以证明该具体行政行为所审查的基准文件；2. 第5374号复审请求审查决定，即被诉具体行政行为。

原告诉称，被告的审查员没有实践基础，也没有大范围地了解情况和进行实地考察，就得出了本发明没有利用技术手段和自然法则，而完全依赖于人的经验及识别和判断能力，经过人的思维才能间接地作用于自然的结论，出现了与原告作为第一线的饲养者所进行的实际饲养情况全然不同的结果。原告在庭审中进一步强调，本发明并不依赖于人为动作才能实现，被告理解为只有原告在现场的时候鸽子才能够实现本发明的技术特征，是错误的。同时，本发明对国家和社会有很大益处，对环境的改善及防止疾病都有积极作用。原告还指出，原告在复审请求中对鸽子放养距离及驯养时间作出修改，但未被采纳。综上，请求法院撤销第5374号决定，责令被告重新审理。原告当庭提交有关鸽子放养录像片段的光盘。

被告辩称，本发明的鸽子驯养方法，其方案完全依赖于人的经验、识别和判断能力，必须通过人的思维运动作为媒介才能间接地作用于自然产生结果，属于《专利法》第二十五条第一款第（二）项规定的智力活动的规则和方法范围，因而不能被授予专利权。理由已在第5374号复审决定中予以详细阐述。而且该决定也完全符合《审查指南》第二部分第一章第3.2节的相关规定，并无不当。综上所述，第5374号复审决定认定事实清楚、适用法律正确、审理程序合法、审查结论正确，原告的诉讼理由不能成立，请求法院驳回原告请求，维持第5374号决定。

经庭审质证，被告提交的证据与本案具有关联性，且合法、真实，能够证明本案的基本事实，本院经审查予以采纳；原告提交的光盘未在复审阶段作为证据使用，且与本案所审理的具体行政行为没有关联性，本院不予接受。根据上述有效证据及各方当事人在庭审中无争议的陈述，本院确认如下事实：

第5374号决定涉及名称为"鸽子的驯养方法"的发明专利申请，即本发明，申请号为02111388.2，申请日为2002年4月15日，公开日为2002年10月23日。申请人为原告黄吉林。本发明公告摘要中称本发明在于把鸽子的饲养地与观赏点分开，解决了鸽子的粪便以及鸽子脱落的羽毛造成广场、公园或风景旅游点污染的问题，污染情况至少减少三分之二。申请人同时提出四项权利要求：

"1. 一种鸽子的驯养方法，是在距观赏点2公里以上的地方设置鸽子饲养地，在饲养地建鸽舍，首先将鸽子在饲养地喂养至熟悉饲养地，然后将鸽子空腹带到观赏点，让鸽子在观赏点进食，进食后，鸽子会自然地回到熟悉的饲养地；重复将鸽子空腹带到观赏点，直至鸽子自己会到观赏点进食为止。

2. 如权利要求1所述的一种鸽子的驯养方法，其特征是：饲养地距观赏点的距离以2~4公里为最佳。

3. 如权利要求1所述的一种鸽子的驯养方法，其特征是：首先将鸽子在饲养地喂养至熟悉饲养地的时间是二至三个月。

4. 如权利要求1所述的一种鸽子的驯养方法，其特征是：重复将鸽子空腹带到观赏点，直至鸽子自己会到观赏点进食为止需要的时间是一个月之内。"

国家知识产权局专利局（下称专利局）实质审查部门于2004年4月9日以本发明的权利要求1~4属于《专利法》第二十五条第一款第（二）项所述的智力活动的规则和方法范围，因而不能被授予专利权为由，驳回了本发明专利申请。原告不服，于2004年6月5日向被告提出复审请求，并认为"通过7~21天的驯养，鸽子是自然而然地到指定的地方觅食，我本人也不用去的，所以可以证明不是属于智力活动的规则和方法"。经形式审查合格后，被告受理了该复审请求，并成立合议组对此案进行复审。

被告经审查认为，根据本发明专利申请说明书的文字描述，本发明的目的是提供一种鸽子的驯养方法，把鸽子的饲养地与观赏点分开，以解决鸽子的粪便和鸽子脱落的羽毛对广场、公园等景点造成污染的问题。上述目的是通过权利要求1所限定的解决方案来实现的，然而，在实施该方案时，"将鸽子在饲养地喂养至熟悉饲养地"、"将鸽子空腹带到观赏点，让鸽子在观赏点进食"、"在进食后，鸽子会自然地回到熟悉的饲养地"以及"重复将鸽子空腹带到观赏点，直至鸽子自己会到观赏地进食"，这些都是利用了鸽子天生具有一定的记忆力以及饥饿时进行觅食这一动物的本能。同时，实现上述过程还强烈地依赖于鸽子对饲养者行为所作出的反应和饲养者对鸽子所作反应的识别和判断能力，也就是强烈地依赖于鸽子与饲养者之间的相互感知能力，同时必须依赖饲养者的经验及识别和判断能力才能确定鸽子是否熟悉了饲养地和观赏点。该解决方案没有采用技术手段，也没有利用自然的法则，完全依赖于人的经验及识别和判断能力，也就是必须通过人的思维运动作为媒介才能间接地作用于自然产生结果。因此，权利要求1属于《专利法》第二十五条第一款第（二）项规定的智力活动的规则和方法范围，因而不能被授予专利权。同理，从属权利要求2～4也属于《专利法》第二十五条第一款第（二）项规定的智力活动的规则和方法范围，也不能被授予专利权。综上，被告作出第5374号决定，维持专利局实质审查部门对本发明作出的驳回决定。原告不服，诉至本院。

本院认为，依据《专利法》第二十五条第一款第（二）项规定，对智力活动的规则和方法，不授予专利权。《中华人民共和国专利法实施细则》第二条规定：专利法所称发明，是指对产品、方法或者其改进所提出的新的技术方案；《审查指南》第二部分第一章第3.2节进一步指出："智力活动仅是指导人们对信息进行思维、识别、判断和记忆的规则和方法，由于其没有采取技术手段或者利用自然法则，也未解决技术问题和产生技术效果，因而不构成技术方案。因此，指导人们进行这类活动的规则和方法不能被授予专利权"。本案中，原告在公开文本中所要求保护的权利要求是一种鸽子的驯养方法，而本发明完全依赖于人的经验及识别和判断能力，必须通过人的思维运动作为媒介才能间接地作用于自然产生结果。本发明没有采用技术手段，也没有利用自然的法则，也未解决技术问题和产生技术效果，因而不构成技术方案，属于《专利法》第二十五条第一款第（二）项规定的智力活动的规则和方法范围，因而不能被授予专利权。虽然原告强调本发明对国家及社会有积极意义，但此并非授予专利权的法定条件。关于原告曾在复审意见书中修改权利要求一节，不仅其未正式提交权利要求书的替换页，且其所作修改不能改变本发明作为智力活动的规则和方法的属性，故对判断第5374号决定的正确与否不产生实际影响。综上，第5374号决定认定事实清楚，适用法律正确，审查程序合法，本院应予维持。原告的起诉理由缺乏事实及法律依据，其诉讼请求本院不予支持。依照《中华人民共和国行政诉讼法》第五十四条第（一）项的规定，判决如下：

维持被告国家知识产权局专利复审委员会于2004年12月31日作出的第5374号复审请求审查决定。

案件受理费1000元，由原告黄吉林负担（已交纳）。

如不服本判决，在判决书送达之日起十五日内向本院递交上诉状，并按对方当事人的人数提出副本，预交上诉案件受理费1000元，上诉于北京市高级人民法院。上诉人在接到人民法院预交诉讼费用的通知后七日内未预交，又不提出缓交申请的，按自动撤回上诉处理。

审 判 长 吴 月
审 判 员 刘景文
代理审判员 梁 菲
二〇〇五年六月二十日
书 记 员 刘井玉

# 北京市高级人民法院
# 行政判决书

（2006）高行终字第38号

上诉人（一审原告）黄吉林，男，1957年2月28日出生，汉族，住浙江省宁波市江东区中山东路531弄14号405室。

被上诉人（一审被告）中华人民共和国国家知识产权局专利复审委员会，住所地北京市海淀区北四环西路9号。

法定代表人廖涛，副主任。

委托代理人崔国振，国家知识产权局专利复审委员会审查员。

委托代理人高雪，国家知识产权局专利复审委员会审查员。

上诉人黄吉林因专利复审决定一案，不服北京市第一中级人民法院（2005）一中行初字第413号行政判决，向本院提起上诉。本院依法组成合议庭，对案件进行了审理。本案现已审理终结。

北京市第一中级人民法院判决认定，黄吉林所要求保护的权利要求是一种鸽子的驯养方法，而本申请完全依赖于人的经验及识别和判断能力，必须通过人的思维运动作为媒介才能间接地作用于自然产生结果。本申请没有采用技术手段，也没有利用自然的法则，也未解决技术问题和产生技术效果，因而不构成技术方案，属于《中华人民共和国专利法》（下称《专利法》）第二十五条第一款第（二）项规定的智力活动的规则和方法范围，因而不能被授予专利权。虽然黄吉林强调本申请对国家及社会有积极意义，但此并非授予专利权的法定条件。关于黄吉林曾在复审意见书中修改权利要求一节，不仅其未正式提交权利要求书的替换页，且其所作修改不能改变本申请作为智力活动的规则和方法的属性，故对判断第5374号复审请求审查决定的正确与否不产生实际影响。综上，第5374号复审请求审查决定认定事实清楚，适用法律正确，审查程序合法，法院应予维持。黄吉林的起诉理由缺乏事实及法律依据，其诉讼请求法院不予支持。依照《中华人民共和国行政诉讼法》第五十四条第（一）项的规定，判决维持专利复审委员会第5374号复审请求审查决定。

黄吉林不服一审法院判决，向本院提起上诉。上诉人黄吉林认为，专利复审委员会对《专利法》第二十五条第一款第（二）项规定理解有误。本申请对国家和社会有很大益处。鸽子是无方向可定，无目标可找，更无要求可言，而通过本申请的驯养方法，能达到数量可控、时间可控、地点可控、疾病可防治。只有对鸽子的领会、理解，才能认识此项技术的作用。故一审判决错误，请求撤销一审判决，撤销复审请求审查决定。

被上诉人专利复审委员会答辩认为，本申请的鸽子驯养方法的解决方案没有采用技术手段，也没有利用自然的法则，其技术方案完全依赖于人的经验及识别和判断能力，必须通过人的思维运动作为媒介才能间接地作用于自然产生的结果，因此属于《专利法》第二十五条第一款第（二）项规定的智力活动规则和方法范围。第5374号复审请求审查决定和一审判决认定事实清楚，适用法律正确，审理程序合法，请求予以维持。

经审理查明：本申请是名称为“鸽子的驯养方法”的发明专利申请，其申请号为02111388.2，申请日为2002年4月15日，公开日为2002年10月23日，申请人为黄吉林。本申请说明书记载，其发明目的是提供一种鸽子的驯养方法，把鸽子的饲养地与观赏点分开，以解决鸽子的粪便和鸽子脱落的羽毛对广场、公园或风景旅游点污染的问题。本申请权利要求书有4项权利要求：

“1. 一种鸽子的驯养方法，是在距观赏点2公里以上的地方设置鸽子饲养地，在饲养地建鸽舍，首先将鸽子在饲养地喂养至熟悉饲养地，然后将鸽子空腹带到观赏点，让鸽子在观赏点进食，进食后，鸽子会自然地回到熟悉的饲养地；重复将鸽子空腹带到观赏点，直至鸽子自己会到观赏点进食为止。

2. 如权利要求1所述的一种鸽子的驯养方法，其特征是：饲养地距观赏点的距离以2～4公里为最佳。

3. 如权利要求1所述的一种鸽子的驯养方法，其特征是：首先将鸽子在饲养地喂养至熟悉饲养地的时间是二至三个月。

4. 如权利要求1所述的一种鸽子的驯养方法，其特征是：重复将鸽子空腹带到观赏点，直至鸽子自己会到观赏点进食为止需要的时间是一个月之内。”

2004年4月9日，中华人民共和国国家知识产权局专利局（下称专利局）实质审查部门决定驳回本申请，理由是：本申请的发明目的是提供一种鸽子的驯养方法，能够使鸽子的饲养地与观赏点分开，而在实施过程中必须通过人的推理、分析和判断才能确定和判断鸽子是否熟悉了饲养地和观赏点，因此，本申请权利要求1~4属于《专利法》第二十五条第一款第（二）项所述的智力活动的规则和方法的范围，不能被授予专利权。

黄吉林不服，于2004年6月5日向专利复审委员会提出复审请求，认为“通过7~21天的驯养，鸽子是自然而然地到指定的地方觅食，我本人也不用去的，所以可以证明这不是属于智力活动的规则和方法”。经形式审查合格后，专利复审委员会受理了该复审请求，并成立合议组进行复审。

专利复审委员会经审查认为，本申请的发明目的是通过权利要求1所限定的解决方案来实现的。然而，在实施该方案时，“将鸽子在饲养地喂养至熟悉饲养地”、“将鸽子空腹带到观赏点，让鸽子在观赏点进食”、“在进食后，鸽子会自然地回到熟悉的饲养地”以及“重复将鸽子空腹带到观赏点，直至鸽子自己会到观赏地进食”，这些都是利用了鸽子天生具有一定的记忆力以及饥饿时进行觅食这一动物的本能。同时，实现上述过程还强烈地依赖于鸽子对饲养者行为所作出的反应和饲养者对鸽子所作反应的识别和判断能力，也就是强烈地依赖于鸽子与饲养者之间的相互感知能力，同时必须依赖饲养者的经验及识别和判断能力才能确定鸽子是否熟悉了饲养地和观赏点。该解决方案没有采用技术手段，也没有利用自然的法则，完全依赖于人的经验及识别和判断能力，也就是必须通过人的思维运动作为媒介才能间接地作用于自然产生结果。因此，权利要求1属于《专利法》第二十五条第一款第（二）项规定的智力活动的规则和方法的范围，因而不能被授予专利权。同理，从属权利要求2~4也不能被授予专利权。2004年12月31日，专利复审委员会作出第5374号复审请求审查决定，维持专利局实质审查部门的驳回决定。

黄吉林不服，于2005年3月28日向北京市第一中级人民法院提起行政诉讼。

一审法院审理期间，专利复审委员会就其行为的合法性提交了下列证据：1. 第02111388.2号发明专利申请文本即《发明专利申请公开说明书》；2. 第5374号复审请求审查决定。上述证据经一审法院法庭质证和本院审查，其来源合法，内容真实，可以作为定案的根据。

本院认为，只有符合专利法规定的法定条件的发明创造，才能依法取得专利权，受到专利法的保护。本案中，本申请的发明目的是通过权利要求1所限定的解决方案来实现，但该解决方案没有采用技术手段，也没有利用自然的法则，而是利用鸽子的动物本能，并依赖于鸽子与饲养者之间的相互感知能力，依赖于饲养者的经验及识别和判断能力来确定鸽子是否熟悉了饲养地和观赏点。该解决方案是以人的思维运动作为媒介间接地作用于自然产生结果。因此，权利要求1属于《专利法》第二十五条第一款第（二）项规定的智力活动的规则和方法的范围。同理，从属权利要求2~4亦属于《专利法》第二十五条第一款第（二）项规定的范围。专利复审委员会基于上述理由认定本申请权利要求1~4不能授予专利权符合法律规定。

综上，专利复审委员会所作第5374号复审请求审查决定认定事实清楚，行政程序合法，适用法律正确，一审判决维持正确。上诉人黄吉林的上诉理由不能成立，本院不予支持。依照《中华人民共和国行政诉讼法》第六十一条第（一）项之规定，判决如下：

驳回上诉，维持一审判决。

二审案件受理费人民币1000元，由上诉人黄吉林负担（已交纳）。

本判决为终审判决。

审　判　长　任全胜
代理审判员　景　滔
代理审判员　朱海宏
二〇〇六年五月六日
书　记　员　王　芳

006

# 粘结式陶瓷切粒刀案

## 复审请求审查决定（第5376号）

**决　定　号**　第5376号
**决　定　日**　2005年1月4日
**发明创造名称**　粘结式陶瓷切粒刀
**国际分类号**　B26D 1/00
**复审请求人**　肖友谊
**申　请　号**　02115282.9
**申　请　日**　2002年5月28日
**公　开　日**　2002年11月20日
**合议组组长**　吴亚琼
**主　审　员**　陈　勇
**参　审　员**　黄玉平

**法律依据**　专利法实施细则第十三条第一款
**决定要点**

复审请求人在复审程序中提交了“放弃专利权声明”的专用表格，克服了驳回决定所指出的缺陷。因此，撤销原驳回决定，由原实质审查部门继续进行审查。

### 一、案由

本复审请求案涉及申请号为02115282.9、名称为“粘结式陶瓷切粒刀”、申请日为2002年5月28日的发明专利申请，其申请人为肖友谊。

针对该发明专利申请，国家知识产权局专利局原实质审查部门于2003年7月18日发出了第一次审查意见通知书，指出同一申请人提出的相同主题的实用新型专利申请已经获得授权（专利号ZL02227802.8），所以本申请的权利要求1~9不符合专利法实施细则第十三条第一款的规定。申请人在2003年9月27日针对第一次审查意见通知书进行了意见陈述并且提交了新的修改文本，其中对权利要求书部分的修改为：将数字之间的连接符号由“~”修改为“—”。国家知识产权局专利局原实质审查部门仍然认为本申请的权利要求1~9不符合专利法实施细则第十三条第一款的规定。基于此，根据专利法实施细则第五十三条的规定于2004年1月9日作出驳回决定。驳回决定所依据的文本为申请日提交的说明书摘要、摘要附图和说明书附图第1~2页以及2003年9月27日提交的说明书第1~5页和权利要求第1~9项。其中权利要求书为：

“1. 一种粘结式陶瓷切粒刀，包括陶瓷刀体和不锈钢芯轴，在陶瓷刀体上开有多个陶瓷孔，其特征在于：不锈钢芯轴上加工的螺纹孔相对陶瓷孔为偏心结构，在陶瓷孔内壁开有凹槽，不锈钢芯轴的外表面加工有滚花，每一个陶瓷孔内通过粘结剂粘接固定不锈钢芯轴，粘结剂填充在不锈钢芯轴滚花后外径与陶瓷孔内径双边间隙之间和凹槽内。

2. 根据权利要求1所述粘结式陶瓷切粒刀，其特征在于：所述不锈钢芯轴上开有与陶瓷孔内壁上凹槽相通的钢珠放入孔，通过钢珠放入孔下落到位后的钢珠一部分卡接在陶瓷孔内壁上的凹槽内，另一部分卡接在不锈钢芯轴内，钢珠放入孔和凹槽用粘结剂填充。

3. 根据权利要求1或2所述粘结式陶瓷切粒刀，其特征在于：所述凹槽是两个左右对称的月牙形凹槽。

4. 根据权利要求1或2所述粘结式陶瓷切粒刀，其特征在于：所述不锈钢芯轴上螺纹孔的中心线与陶瓷孔的中心线之间的偏心量为0.6~1.2mm。

5. 根据权利要求1或2所述粘结式陶瓷切粒刀，其特征在于：所述不锈钢芯轴的滚花间距0.6~1.2mm。

6. 根据权利要求1或2所述粘结式陶瓷切粒刀，其特征在于：不锈钢芯轴滚花后外径与陶瓷孔内径双边间隙为0.25~0.60mm。

7. 根据权利要求1或2所述粘结式陶瓷切粒刀，其特征在于：粘结剂采用环氧树脂与固化剂配比而成，环氧树脂与固化剂配比1:0.65~0.85。

8. 根据权利要求2所述粘结式陶瓷切粒刀，其特征在于：不锈钢芯轴的外沿上钢珠放入孔为‘L’形，‘L’形孔的下端出口与陶瓷孔内壁上凹槽相通。

9. 根据权利要求8所述粘结式陶瓷切粒刀，其特征在于：陶瓷孔内壁上凹槽是宽度1.0~2.5mm、深度1.0~1.5mm的月牙形，钢珠直径0.8~2.0mm。”

申请人（下称复审请求人）对上述驳回决定不服，于2004年3月11日向专利复审委员会提出了复审请求。复审请求人认为：其在答复第一次审查意见通知书时已经对权利要求书和说明书进行了修改，这是要求取得发明专利权的明确表示；并且其不知道所作出的修改为“非实质性的修改”，理应给予复审请求人一次在修改后的发明专利与实用新型专利之间作出选择的机会。

专利复审委员会对复审请求人的该复审请求经形式审查后，予以受理，并依法成立了本案合议组。合议组对该案进行审查后，于2004年11月15日向复审请求人发出了复审通知书，提出以下的复审意见：

1. 由于在第一次审查意见通知书中，国家知识产权局专利局实质审查部门已经将该申请不符合专利法及其实施细则有关规定的证据和理由告知过复审请求人，并且给予复审请求人一次陈述意见和修改申请文件的机会，之后国家知识产权局专利局实质审查部门以同样的证据和理由作出了驳回决定，因此完全符合听证原则。

2. 合议组认为，目前审查文本中的权利要求1~9确实与同一申请人提出的相同主题的实用新型专利ZL02227802.8的权利要求1~9的保护范围一致，因此不符合专利法实施细则第十三条第一款的规定。所以复审请求人应当在本申请和该实用新型专利之间进行选择，放弃已获得的实用新型专利权或者撤回本申请。复审请求人若选择放弃上述实用新型专利权，则应当在答复本通知书的同时附交放弃其专利权的书面声明一式两份；或者对本申请的权利要求书进行修改，以便使两者的保护范围实质上不相同。

复审请求人于2004年11月26日向专利复审委员会提交了意见陈述书和“放弃专利权声明”的专用表格，声明放弃专利号为02227802.8的实用新型专利。

至此，合议组认为本案事实已经清楚，可以作出复审决定。

**二、决定的理由**

专利法实施细则第十三条第一款规定：同样的发明创造只能被授予一项专利。

复审请求人于2004年11月26日向专利复审委员会提交了意见陈述书和“放弃专利权声明”的

专用表格，声明放弃专利号为02227802.8的实用新型专利。所以已经不存在与本发明专利申请的权利要求1~9相同主题的实用新型专利，即克服了原驳回决定中指出的不符合专利法实施细则第十三条第一款的缺陷，因此本申请不再属于专利法实施细则第五十三条中所规定的予以驳回的情形。

基于以上理由，本案合议组特作出以下决定。

**三、决定**

撤销国家知识产权局专利局原实质审查部门于2004年1月9日针对02115282.9号专利申请作出的驳回决定，由原实质审查部门继续对本申请进行审查。

# 用于将一种物质涂敷到一条材料带上的装置案

## 复审请求审查决定（第5388号）

**决 定 号** 第5388号
**决 定 日** 2004年12月23日
**发明创造名称** 用于将一种物质涂敷到一条材料带上的装置
**国际分类号** B05C 1/08　A24C 5/47
**复审请求人** 豪尼机械制造股份公司
**申 请 号** 98807846.5
**申 请 日** 1998年7月23日
**公 开 日** 2000年9月6日
**合议组组长** 于　萍
**主 审 员** 郭震宇
**参 审 员** 杨克菲

**法律依据** 专利法第二十二条第三款
**决定要点**

本案专利申请的权利要求与对比文件公开的现有技术之间的区别属于所属技术领域的常规技术手段，则权利要求请求保护的技术方案相对于对比文件不具有实质性特点和显著的进步，因此不符合专利法第二十二条第三款有关创造性的规定。

### 一、案由

本复审请求案涉及申请日为1998年7月23日、申请号为98807846.5号、发明名称为“用于将一种物质涂敷到一条材料带上的装置”的发明专利申请，其申请人为豪尼机械制造股份公司（下称复审请求人）。

国家知识产权局专利局实质审查部门于2002年7月26日发出了第一次审查意见通知书，认为该申请的权利要求1、2和权利要求3的技术方案已被对比文件1公开，不具备专利法第二十二条第二款规定的新颖性；权利要求4、5、6、7和权利要求8的技术方案相对于对比文件1不具有突出的实质性特点和显著的进步，不具备专利法第二十二条第三款规定的创造性。通知书中引用了一篇对比文件：

对比文件1：美国专利文献US4252527，公开日为1981年2月24日。

复审请求人于2002年12月10日提交了意见陈述书，认为对比文件1中的叶轮以规律间隔地短暂地压向涂胶辊而不是一直保持接触，它的作用是作为循环冲头将周期性的胶水区压到材料带上，与本发明的原理和结构有所区别，权利要求1~8相对于对比文件1具备新颖性和创造性，符合专利法第二十二条第二款、第三款的规定。复审请求人同时提交了修改的申请文件，修改仅涉及说明书中存在着引用权利要求的语句，不涉及本案发明的技术方案，即请求人未对权利要求书进行修改。

针对上述修改的申请文本，国家知识产权局专利局原实质审查部门于2003年7月11日驳回了该申请，驳回的理由是：该申请的权利要求1、2和权利要求3不符合专利法第二十二条第二款有关新颖性的规定，权利要求4~8不具备专利法第二十二条第三款有关创造性的规定。

驳回决定所针对的权利要求书如下：

“1. 一种装置，用来将一种可流动的物质（2）涂敷到一条移动的材料带（11）上，特别是用来将胶水涂敷到一条纸带上，它配有一个旋转的涂胶辊（7），该涂胶辊在其圆周面上带有从一储存容器（1）中蘸取出来的一胶水层；还具有一个涂胶区（9），在该涂胶区内材料带（11）与涂胶辊（7）处于转移胶水的接触之中；还配有一个将涂胶区（9）内的材料带（11）压在涂胶辊（7）上的压紧装置（13，23），其特征在于：压紧装置（13，23）比材料带（11）窄。

2. 如权利要求1中所述的装置，其特征在于：压紧装置（13，23）具有一个带有间隙（22）的压紧表面，在此间隙内该压紧装置不接触到材料带（11）。

3. 如权利要求2中所述的装置，其特征在于：间隙（22）的形状和布置都是预定同一个被转移到材料带（11）上的胶水涂敷层样式相一致的。

4. 如权利要求1~3的任一项中所述的装置，其特征在于：压紧装置（13，23）以一个大约为0.5bar的压紧力压紧在材料带（11）和涂胶辊（7）上。

5. 如权利要求1~4的任一项中所述的装置，其特征在于：配置了一个反压辊（13）作为压紧装置。

6. 如权利要求5中所述的装置，其特征在于：反压辊（13）的圆周面具有径向的环形间隙（22）。

7. 如权利要求5或6中所述的装置，其特征在于：反压辊（13）具有一种弹性的圆周表面。

8. 如权利要求1~4的任一项中所述的装置，其特征在于：配置了一个用弹簧片或弹性塑料做的固定的压紧元件（23），以之用作为压紧装置。”

复审请求人不服上述驳回决定，于2003年10月9日向专利复审委员会提出了对该申请进行复审的请求。复审请求人强调了对比文件1公开的是一种用于形成过滤嘴部分的装置，其叶轮是将周期性的胶水区压到材料带上，与本发明的原理和结构均存在着区别，因而权利要求1、2和权利要求3相对于对比文件1具备专利法第二十二条第二款规定的新颖性。

经形式审查合格后，专利复审委员会于2003年11月12日受理了上述无效宣告请求，向复审请求人发出了复审请求受理通知书，同时成立合议组对本案进行审查。

专利复审委员会于2004年10月19日向复审请求人发出了复审通知书，合议组在复审通知书中结合对比文件1对本案专利申请的新颖性和创造性进行了评价，指出本案专利申请的权利要求与对比文件1相比，不具备专利法第二十二条第二款、第三款规定的新颖性和创造性，因此拟驳回复审请求，维持专利局实质审查部门作出的驳回决定。

复审请求人于2004年11月20日向复审委员会提交了意见陈述书和修改的申请文件，其提交的权利要求书的修改文本如下：

“1. 一种装置，用来将一种可流动的物质（2）连续地涂敷到一条移动的材料带（11）上，特别是用来将胶水连续地涂敷到一条纸带上，它配有一个旋转的涂胶辊（7），该涂胶辊在其圆周面上带有从一储存容器（1）中蘸取出来的一胶水层；还具有一个涂胶区（9），在该涂胶区内材料带（11）与涂胶辊（7）处于转移胶水的接触之中；还配有一个将涂胶区（9）内的材料带（11）压在涂胶辊（7）上的压紧装置（13，23），其特征在于：压紧装置（13，23）比材料带（11）窄。

2. 如权利要求1中所述的装置，其特征在于：压紧装置（13，23）具有一个带有间隙（22）的压紧表面，在此间隙内该压紧装置不接触到材料带（11）。

3. 如权利要求2中所述的装置，其特征在于：间隙（22）的形状和布置都是预定同一个被转移到材料带（11）上的胶水涂敷层样式相一致的。

4. 如权利要求1~3的任一项中所述的装置，其特征在于：压紧装置（13，23）以一个大约为0.5bar的压紧力压紧在材料带（11）和涂胶辊（7）上。

5. 如权利要求1~4的任一项中所述的装置，其特征在于：配置了一个反压辊（13）作为压紧装置。

6. 如权利要求5中所述的装置，其特征在于：反压辊（13）的圆周面具有径向的环形间隙（22）。

7. 如权利要求5或6中所述的装置，其特征在于：反压辊（13）具有一种弹性的圆周表面。

8. 如权利要求1~4的任一项中所述的装置，其特征在于：配置了一个用弹簧片或弹性塑料做的固定的压紧元件（23），以之用作为压紧装置。”

在上述程序的基础上，合议组经合议作出本决定。

**二、决定的理由**

复审请求人于2002年12月10日和2004年11月20日分别提交的说明书和权利要求书的修改文本均未超出原说明书和权利要求书记载的范围，符合专利法第三十三条及专利法实施细则第六十条的规定，可以作为复审请求的审查文本。

本案专利申请涉及一种胶水涂敷装置，权利要求1的技术方案为“一种装置，用来将一种可流动的物质（2）连续地涂敷到一条移动的材料带（11）上，特别是用来将胶水连续地涂敷到一条纸带上，它配有一个旋转的涂胶辊（7），该涂胶辊在其圆周面上带有从一储存容器（1）中蘸取出来的一胶水层；还具有一个涂胶区（9），在该涂胶区内材料带（11）与涂胶辊（7）处于转移胶水的接触之中；还配有一个将涂胶区（9）内的材料带（11）压在涂胶辊（7）上的压紧装置（13，23），其特征在于：压紧装置（13，23）比材料带（11）窄。”

对比文件1（US4252527）也公开了一种胶水涂敷装置，其中（见对比文件1的说明书第6栏第39行至第7栏第48行及附图5、6），披露了以下技术特征：该胶水涂敷装置用来将胶水涂敷到一条移动的纸带上，它配有一个旋转的涂胶辊（见对比文件1的附图标记48），该涂胶辊的圆周面上带有从一储存容器（见对比文件1的附图标记37）中蘸取出来的一胶水层（见对比文件1的说明书第6栏第52行至第56行及附图5）；在纸带（见对比文件1的附图标记22，相当于本案专利申请中的材料带）和涂胶辊的接触处有一涂胶区（见说明书第7栏第37行至第41行及附图6）；在涂胶区内将纸带压在涂胶辊上的压紧辊（见对比文件1的说明书第6栏第63行至第7栏第10行及附图标记49，相当于本案申请中的压紧装置），该压紧辊比纸带窄（见对比文件1的附图6）。

本案专利申请的权利要求1与对比文件1公开的胶水涂敷装置之间的区别仅在于本案专利申请的胶水涂敷装置用于将胶水连续地涂敷到一条移动的纸带上，而对比文件1公开的胶水涂敷装置中的压紧装置为一个绕固定轴旋转的异型（准三角形）压紧辊，其与旋转的涂胶辊相互作用——间歇式接触，从而将胶水以一定间隔的胶水涂敷层样式涂敷到一条移动的纸带上。

通过连续转动的涂胶辊和压紧辊之间的持续接触将胶水连续地涂敷到一条移动的纸带上，以形成连续的胶水涂敷层样式属于本技术领域的常规技术手段。对于本领域的技术人员来说，在实际应用中有在纸带上连续涂敷胶水的需求时，在对比文件1公开的胶水涂敷装置的基础上，将其中的异型（准三角形）压紧辊替换为圆形压紧辊，使其与涂胶辊相互作用，即可实现连续涂胶的目的，这是显而易见的，而且没有意料不到的技术效果，因此合议组认为本案专利申请的权利要求1相对于对比文件1不具有突出的实质性特点和显著的进步，不具备专利法第二十二条第三款规定的创造性。

权利要求2的附加技术特征已在对比文件1中被公开（见对比文件1的说明书第6栏第58行至第62行及附图5、6）了，对比文件1中的压紧辊在其圆周面上具有与轴线平行的轴向间隙，在此间隙内压紧辊不与纸带接触，其作用是为了形成具有横向间隙的胶水涂敷层样式。很显然，对比文件1已经给出了在压紧辊上设置间隙的压紧表面，以使胶水不涂到不需要涂敷胶水的区域的技术启示，从而在压紧辊的压紧表面上设置一定形状的间隙以得到具有相应间隙形状的胶水涂敷层样式是容易想到的。因此，当其引用的权利要求1不具备创造性时，权利要求2的技术方案也不具有突出的实质性特点和显著的进步，不符合专利法第二十二条第三款有关创造性的规定。

权利要求3的附加技术特征已在对比文件1中被公开（见对比文件1的说明书第6栏第58行至第62行及附图5、6），对比文件1中的压紧辊的圆周面上的间隙的设置方式与被转移到纸带上的相互间隔的胶水涂敷层样式是一致的，并且其作用是形成与间隙一致的胶水涂敷层样式，与本案发明相同。因此，当其引用的权利要求2不具备创造性时，权利要求3的技术方案也不具有突出的实质性特点和显著的进步，不符合专利法第二十二条第三款有关创造性的规定。

权利要求4的附加技术特征属于本技术领域的公知常识，压紧装置以一定的压力压紧材料带和涂胶辊是使两者在涂敷胶水时接触可靠的常用手段，并且压力大小的选择对于本领域的技术人员来说也是显而易见的。因此，当其引用的权利要求1、2或权利要求3不具备创造性时，权利要求4的技术方案也不具有突出的实质性特点和显著的进步，不符合专利法第二十二条第三款有关创造性的规定。

权利要求5的附加技术特征已在对比文件1中被公开（见对比文件1的附图标记49），对比文件1中的压紧辊也是一反向压紧辊，并且其作用是将纸带压紧在涂胶辊上，与本案发明相同。因此，当其引用的权利要求1、2、3或4不具备创造性时，权利要求5的技术方案也不具有突出的实质性特点和显著的进步，不符合专利法第二十二条第三款有关创造性的规定。

权利要求6的附加技术特征为："反压辊（13）的圆周面具有径向的环形间隙（22）"。对比文件1公开了通过在压紧辊的圆周面设置轴向间隙来得到相互间隔的胶水涂敷层样式的技术方案，即现有技术已经给出了在压紧辊的圆周面上设置一定形状的间隙来得到与之相应的胶水涂敷层样式的启示。对于本领域的技术人员来说，为了得到具有纵向间隙的胶水涂敷层式样，将间隙设置为径向的环形间隙是显而易见的。因此，当其引用的权利要求5不具备创造性时，权利要求6的技术方案也不具有突出的实质性特点和显著的进步，不符合专利法第二十二条第三款有关创造性的规定。

权利要求7的附加技术特征属于本技术领域的公知常识，具有弹性圆周表面的反向压紧辊是压紧装置的常用方式之一，对于本领域的技术人员来说是显而易见的。因此，当其引用的权利要求5或权利要求6不具备创造性时，权利要求7的技术方案也不具有突出的实质性特点和显著的进步，不符合专利法第二十二条第三款有关创造性的规定。

权利要求8的附加技术特征属于本技术领域的公知常识，用弹簧片或弹性塑料等弹性材料制作的固定压紧元件也是压紧装置的常用方式之一，对于本领域的技术人员来说是显而易见的。因此，当其引用的权利要求1、2、3或权利要求4不具备创造性时，权利要求8的技术方案也不具有突出的实质性特点和显著的进步，不符合专利法第二十二条第三款有关创造性的规定。

复审请求人认为，本案专利申请的权利要求1限定的是一种将流动物质连续地涂敷到一条移动的材料带上，而对比文件1公开的胶水涂敷装置是周期性地将胶水涂敷在材料带上，因而本案专利申请的权利要求1与对比文件1公开的胶水涂敷装置在原理和结构上存在着区别。对此，合议组认为，权利要求1的胶水涂敷装置是通过连续转动的涂胶辊和绕固定轴旋转的压紧辊之间的持续接触来连续涂敷胶水的，对比文件1公开的胶水涂敷装置也是通过连续转动的涂胶辊和绕固定轴旋转的压紧辊的接触来涂敷胶水的，其胶水涂敷层样式中的间隔是通过压紧辊圆周上设置的间隙来得到的。故，权利要求 1 与对比文件 1 公开的胶水涂敷装置的压紧辊在结构虽有一些区别，但在涂敷胶水的原理上是基本相同的，并且使用圆形压紧辊来连续涂敷胶水是本技术领域的常规技术手段，因此权利要求 1 相对于对比文件 1 不具有突出的实质性特点和显著的进步。

综上所述，本案专利申请的独立权利要求 1 及其从属权利要求 2 ~ 8 均不具备专利法第二十二条第三款规定的创造性。

**三、决定**

驳回复审请求，维持国家知识产权局专利局实质审查部门于 2003 年 7 月 11 日对本案专利申请作出的驳回决定。

复审请求人如对本复审决定不服，可于收到本决定之日起三个月之内向北京市第一中级人民法院起诉。

# 自行车中轴变速器及中轴变速自行车案

## 复审请求审查决定（第5389号）

**决　定　号**　第5389号
**决　定　日**　2005年1月7日
**发明创造名称**　自行车中轴变速器及中轴变速自行车
**国 际 分 类 号**　B62M 9/06　F16H 9/24
**复 审 请 求 人**　张志强
**申　请　号**　98123205.1
**申　请　日**　1998年12月2日
**公　开　日**　2000年6月7日
**合 议 组 组 长**　吴亚琼
**主　审　员**　郭震宇
**参　审　员**　杨克菲

**法 律 依 据**　专利法第三十一条第一款
**决 定 要 点**
在复审程序中修改的申请文件消除了驳回决定中指出的单一性缺陷，并且修改符合专利法第三十三条和专利法实施细则第六十条第一款的规定。

**一、案由**

本复审请求案涉及申请日为1998年12月2日、申请号为98123205.1号、发明名称为“自行车中轴变速器及中轴变速自行车”的发明专利申请，其申请人为张志强。

国家知识产权局专利局实质审查部门于2001年9月21日发出了第一次审查意见通知书，认为该申请的说明书未对发明作出清楚、完整的说明，致使所属技术领域的技术人员不能实现该发明，不符合专利法第二十六条第三款的规定；权利要求1、3、4的技术方案不属于一个总的发明构思，没有相同或相应的特定技术特征，不具备专利法第三十一条规定的单一性。

申请人于2002年3月13日提交了意见陈述书和修改的申请文本，其中权利要求书的修改文本如下：

“1. 一种至少由驱动盘、随动盘、扇形齿盘、托链架、掣子和离合簧片构成的自行车中轴变速器，其特征在于：

（1）扇形齿盘的齿数为2个或3个，齿与齿的排列呈阶梯状且前高后低，各齿间夹角不等；

（2）托链架的托架为带有凹槽的毂辘状结构，毂辘的凹槽底圆与毂辘的轴孔不同心，其轴孔带有锥度或呈内六至十二角的轴孔或呈若干个内的轴孔，带有拔销锥度的螺母或带有六至十二角的轴的掣子或带有若干个角的轴的掣子与带有锥度的轴孔或带有内六至十二角的轴孔或带有若干个内角的轴孔相配合，托架通过拔销螺母以任意角度紧固在掣子上或套在一端带有六至十二角的掣子轴上或套在带有若干个角的掣子轴上；

（3）位于驱动盘上的离合簧片为单片构成，其一端为挂档定位钩齿，在随动盘的档位端部设有减速撞击片。

2. 根据权利要求 1 所述的自行车中轴变速器，其特征是：一端带有六角至若干角的掣子的轴端内部制有丝扣。

3. 一种自行车中轴变速器的节距调整方法，其特征是：位于驱动盘直滑槽和位于随动盘圆弧滑槽上的托链架的轴孔为偏心结构，通过旋转或调整托链架的托架，使其绕轴孔内的拔销螺母旋转或绕掣子的轴调整，即可实现链轮节距的调整。

4. 一种中轴变速自行车，它包括自行车，其特征是：自行车中轴变速器采用权利要求 1 所记载的技术方案。”

针对上述修改的申请文本，国家知识产权局专利局原实质审查部门于 2003 年 4 月 11 日驳回了该申请，驳回的理由是：该申请的独立权利要求 3 和独立权利要求 1 和独立权利要求 4 所要求保护的技术方案相互之间不属于一个总的发明构思，不符合专利法第三十一条第一款规定的单一性。

申请人（下称复审请求人）不服上述驳回决定，于 2003 年 6 月 24 日向专利复审委员会提出了对该申请进行复审的请求，并同时提交了修改的申请文本。

经形式审查合格后，专利复审委员会于 2003 年 9 月 16 日受理了上述无效宣告请求，向复审请求人发出了复审请求受理通知书，同时成立合议组对本案进行审查。

复审请求人于 2004 年 11 月 23 日向专利复审委员会提交了意见陈述书和修改的权利要求书及说明书。

复审请求人于 2004 年 12 月 24 日再次向专利复审委员会提交了意见陈述书和修改的权利要求书，该权利要求书的修改文本如下：

“1. 自行车中轴变速器，包括随动盘（2）、扇形齿盘（8）、托链架（10）、掣子（11）和离合簧片（3）构成，其特征在于：

A. 扇形齿盘（8）的齿数为 2 个或 3 个，且齿的排列呈阶梯状前齿高后齿低，各齿间的夹角不等；

B. 托链架（10）的托架（12）为带有凹槽的毂辘状结构，毂辘的凹槽底圆与毂辘的轴孔不同心，其轴孔带有锥度或内六至十二角的轴孔或呈若干个内角，带有拔销锥度的螺母或带有六至十二角的轴的掣子或带有若干个角的轴的掣子与带有锥度或内六至十二角的轴孔或呈若干个内角的轴孔相配合，托架通过拔销螺母以任意角度紧固在掣子上，或套在一端带有六至十二角的掣子轴上或带有若干个角的掣子轴上；

C. 位于驱动盘（1）上的离合簧片（3）为单片构成，其一端为挂档定位钩齿（5），在随动盘（2）的档位端部设有减速撞击片（4）。

2. 根据权利要求 1 所述的自行车中轴变速器，其特征是：一段带有六角至若干角的掣子的轴端内部制有丝扣。

3. 一种具有中轴变速器的自行车，其特征在于：自行车的中轴处装有权利要求 1 所记载的中轴变速器。”

在上述程序的基础上，合议组经合议作出本决定。

**二、决定的理由**

复审请求人于 2004 年 11 月 23 日提交的修改的说明书及 2004 年 12 月 24 日提交的修改的权利要求书未超出原说明书和权利要求书记载的范围，符合专利法第三十三条及专利法实施细则第六十条的规定，可以作为复审请求的审查文本。

在上述修改的权利要求书中，复审请求人删除了原权利要求3，消除了原驳回决定中指出的权利要求3与权利要求1、4之间的单一性缺陷。

**三、决定**

撤销国家知识产权局专利局实质审查部门于2003年4月11日作出的驳回决定，以复审请求人于2004年11月23日提交的说明书及2004年12月24日提交的权利要求书为基础继续进行审查程序。

# 钢、铁、合金钢及有色金属冶炼热锻技术案

## 复审请求审查决定（第5390号）

**决　定　号**　第5390号
**决　定　日**　2005年1月10日
**发明创造名称**　钢、铁、合金钢及有色金属冶炼热锻技术
**国际分类号**　B22D 27/08　B22D 1/00
**复审请求人**　庞　淼
**申　请　号**　02100294.0
**申　请　日**　2002年1月18日
**公　开　日**　2002年11月6日
**合议组组长**　黄玉平
**主　审　员**　崔　峥
**参　审　员**　陈海平

**法律依据**　专利法第二十二条第三款
**决定要点**

如果一项发明与现有技术相比，其改进仅在于改变了现有技术中某个技术特征的具体数值范围，且该数值范围的变化不能使发明产生预料不到的技术效果，则该发明不具备创造性。

**一、案由**

本复审请求案涉及申请号为02100294.0、名称为“钢、铁、合金钢及有色金属冶炼热锻技术”的发明专利申请。其申请人为庞淼，申请日为2002年1月18日，公开日为2002年11月6日。

本发明专利申请于申请日提交的权利要求书如下：

“1. 一种钢、铁、合金钢及有色金属冶炼热锻技术，它是待金属冶炼成溶液，对其施加外力，达到共振，并持续5～20min后再转工序。当将金属熔液直接浇注时，金属液体结晶凝固，给以振动力，直到完成浇注工艺。”

国家知识产权局专利局原实质审查部门于2003年6月13日发出第一次审查意见通知书，其中认为：“权利要求1实际上包含了两个技术方案，即一是先对金属溶液施加振动力，使结晶的树枝晶破碎，晶粒细化，持续5～20min，再进入下一个工序，如浇注等；二是直接将金属熔液浇注到铸型中，再对金属熔液施加振动力，使型壁上先结晶的树枝晶脱落、破碎，使最后形成的铸件的晶粒细化。”权利要求1所要求保护的第一技术方案相对于CN1277081A（下称对比文件1）不具备专利法第二十二条第三款规定的创造性。权利要求1所要求保护的第二技术方案相对于SU1202700A（下称对比文件2）不具备专利法第二十二条第二款规定的新颖性。

申请人于2003年8月25日提交了意见陈述书，由于该意见陈述书存在形式缺陷，申请人分别于2003年11月2日和2004年3月5日对该意见陈述书进行了补正。在意见陈述书中，申请人同意删去本申请权利要求 1 中的第二技术方案，但认为对比文件 1 是申请人本人于 1999 年的申请，与本申请“是一回事，不应成为对比文件进行核查”，本申请权利要求 1 中的第一技术方案具备新颖性、创造性和实用性，符合专利法第二十二条的规定。

国家知识产权局专利局原实质审查部门于 2004 年 4 月 16 日发出驳回决定，驳回了本发明专利申请，其理由是本申请权利要求 1 所要求保护的第一技术方案与对比文件 1 的区别仅在于持续时间不同，而此不同受到各方面因素的影响，本领域技术人员可根据实际情况进行确定，不需要付出创造性的劳动，因此不具备专利法第二十二条第三款规定的创造性。权利要求 1 所要求保护的第二技术方案相对于对比文件 2 不具备专利法第二十二条第二款规定的新颖性。

申请人（下称复审请求人）对上述驳回决定不服，于 2004 年 6 月 21 日向专利复审委员会提出了复审请求。在复审请求书中，复审请求人同意删去本申请权利要求 1 中的第二技术方案，但对其中的第一技术方案不具备创造性提出了不同的意见，其认为持续时间的不同是非显而易见的，本申请权利要求 1 中的第一技术方案具备新颖性、创造性和实用性，符合专利法第二十二条的规定。

专利复审委员会于 2004 年 7 月 5 日依法受理了该复审请求，同时成立合议组对本案进行审理。

合议组于 2004 年 10 月 29 日向复审请求人发出复审通知书，指出，本申请权利要求 1 实质上包含了两个并列的技术方案，即：

技术方案一：一种钢、铁、合金钢及有色金属冶炼热锻技术，它是待金属冶炼成溶液，对其施加外力，达到共振，并持续 5 ~ 20min 后再转工序。

技术方案二：一种钢、铁、合金钢及有色金属冶炼热锻技术，当将金属熔液直接浇注时，金属液体结晶凝固，给以振动力，直到完成浇注工艺。

对比文件 1 的公开日为 2000 年 12 月 20 日，早于本发明专利申请之申请日 2002 年 1 月 18 日。因此，对比文件 1 已构成本发明专利申请的现有技术，可以用于评价本发明专利申请权利要求所限定技术方案的创造性。上述技术方案一与对比文件 1 所公开的技术方案相比，其区别仅在于：共振持续时间不同，在对比文件 1 所公开的技术方案中，持续时间为 20 ~ 30min，而在本专利申请的上述技术方案一中，持续时间为 5 ~ 20min。但这一区别并没有产生本技术领域普通技术人员所预料不到的技术效果，更何况技术方案一中的共振持续时间还与对比文件 1 所述技术方案的共振持续时间两者数值接近。因此，本专利申请的技术方案一相对于对比文件 1 所公开的技术方案不具有突出的实质性特点和显著的进步，因而不具备专利法第二十二条第三款规定的创造性。

复审请求人于 2004 年 11 月 29 日提交了意见陈述书，并提交了新的修改文本，其中包括权利要求书、说明书、附图、说明书摘要以及摘要附图。其修改后的权利要求书如下：

“1. 一种钢、铁、合金钢及有色金属冶炼热锻技术，它是待金属冶炼成溶液，对其施加外力，达到共振，并持续 5 ~ 20min 后再转入下道工序。”

在意见陈述书中，复审请求人声称其对“两种振动方案即共振时间为 5 ~ 20min 和 20 ~ 30min 同原铸造工艺进行比较”做了对比试验，“共振 20 ~ 30min 与原工艺相比，废品率变化不大；共振 5 ~ 20min 与原工艺相比，废品率减少 68%”，并声称“20min 是共振的一个临界点，每次共振到 20min，铁水开始出现沸腾现象。因此使铁水产生共振但不超过 20min 将明显有助于产品质量的提高。”因此“持续时间的差别，特别是在铁水共振的情况下，将直接影响到金属的内部质量，因而在本项技术中，时间上的差别是一个非常关键的因素”，因此修改后的权利要求 1 具备创造性。

专利复审委员会本案合议组在上述程序的基础上认为本案事实已经清楚，并作出如下决定。

**二、决定的理由**

合议组审查了复审请求人于 2004 年 11 月 29 日提交的修改文本，认为该修改文本未超出原说明书和权利要求书记载的范围，符合专利法第三十三条的规定。因此，本复审决定所依据的文本为复审请求人于2004年11月29日提交的权利要求第1项、说明书第1页、附图第1页、说明书摘要以及摘要附图。

专利法第二十二条第三款规定：创造性，是指同申请日以前已有的技术相比，该发明有突出的实质性特点和显著的进步。

对比文件1的公开日为2000年12月20日，早于本发明专利申请之申请日2002年1月18日。因此，对比文件1已构成本发明专利申请的现有技术，可以用于评价本发明专利申请权利要求1所限定技术方案的创造性。

对比文件1公开了一种钢、铁、合金钢及有色金属冶炼热锻技术，它是将钢、铁、合金钢及有色金属经过常规冶炼，在浇注成型前，把金属熔液放入热锻容器中，对其施加振动力，使金属熔液产生共振，并持续20~30min，然后再去浇注（参见对比文件1的权利要求1及说明书摘要）。

显然，权利要求1与对比文件1所公开的技术方案相比，其区别仅在于：共振持续时间不同，在对比文件1所公开的技术方案中持续时间为20~30min，而在权利要求1中持续时间为5~20min。

因此，权利要求1是否具备创造性的关键在于：上述持续时间的改变是否使权利要求1的技术方案产生了所属技术领域的普通技术人员所预料不到的技术效果。

首先，根据本发明专利申请说明书第1页第4段的文字描述，本发明的目的是通过对金属溶液施加振动力给以振动能量使之达到共振状态，从而使金属溶液温度和成分均匀，并使晶格产生滑移，使晶粒细化，组织均匀密实。同时使渣滓上浮，气体逸出，从而提高金属材料的机械性能，这与对比文件1所述技术方案之目的是完全相同的（参见对比文件1说明书第1页第5段的相应描述）。但从本专利申请说明书以及权利要求书所记载的内容中不能看出这种共振持续时间的缩短会导致金属的晶粒组织和机械性能得到改善，从而使本专利申请的权利要求1所限定的技术方案相对于对比文件1所公开的技术方案产生所属技术领域普通技术人员所预料不到的技术效果，而且该权利要求1中的共振持续时间与对比文件1所述技术方案的共振持续时间之间还存在有共同值。

其次，对金属溶液所施加的振动能量的大小显然对实现本发明“使晶格产生滑移，使晶粒细化，组织均匀密实，并使渣滓上浮，气体逸出，从而提高金属材料的机械性能”之目的起着至关重要的作用，也直接影响到铸件产品的质量。而所给振动能量的大小，不仅取决于共振的持续时间，而且还取决于共振的频率和强度等多方面的因素，特别是对于不同种类或不同量的金属熔液，要达到本发明目的所需的振动能量显然也应当是不同的。因此，在本申请的权利要求和说明书对这些因素和条件都未做具体说明和限定的情况下，就得出持续时间为20min是一个临界点，“共振20~30min与原工艺相比，废品率变化不大；共振5~20min与原工艺相比，废品率减少68%”的结论缺乏事实根据。因此，合议组对复审请求人在2004年11月29日提交的意见陈述书中关于权利要求1所限定的共振持续时间为5~20min的技术方案与对比文件1所公开的共振持续时间为20~30min的技术方案相比可带来预料不到的技术效果的主张不予支持。

综上所述，本专利申请权利要求1所限定的技术方案相对于对比文件1所公开的技术方案不具有突出的实质性特点和显著的进步，因而不具备专利法第二十二条第三款规定的创造性。

**三、决定**

维持国家知识产权局专利局实质审查部门于2004年4月16日对本申请作出的驳回决定。

如对本复审请求审查决定不服，根据专利法第四十一条第二款的规定，复审请求人可以自收到本决定之日起三个月内向北京市第一中级人民法院起诉。

# 齿带传动装置或链式传动装置案

## 复审请求审查决定（第5514号）

决　　定　　号　第5514号
决　　定　　日　2005年1月25日
发明创造名称　齿带传动装置或链式传动装置
国 际 分 类 号　F16H 7/02、7/06
复 审 请 求 人　大众汽车有限公司
申　　请　　号　97199978.3
优　先　权　日　1996年11月22日
申　　请　　日　1997年11月5日
进入国家阶段日期　1999年5月21日
公　　开　　日　1999年12月15日
合 议 组 组 长　于　萍
主　　审　　员　连书勇
参　　审　　员　陈海平

法　律　依　据　专利法第二十六条第四款　专利法实施细则第二十条第一款
决　定　要　点

对于权利要求中的某一技术特征，如果所属领域技术人员能够明确理解它的含义及适用范围，则应该认为权利要求的保护范围是清楚的。

对于从属权利要求所限定的具体实施方式，即使说明书中没有给出相关的详细的技术手段，但只要所属领域技术人员在说明书的基础上结合常规的设计手段能够得出这样的技术方案，则这样的权利要求能够得到说明书的支持。

一、案由

本复审请求案涉及申请号为97199978.3、发明名称为“齿带传动装置或链式传动装置”的发明专利申请。该申请的优先权日为1996年11月22日，申请日为1997年11月5日，进入中国国家阶段日期为1999年5月21日，申请人是大众汽车有限公司。

在针对上述申请（下称本申请）的实质审查过程中，国家知识产权局专利局实质审查部门于2002年2月8日发出了第一次审查意见通知书，其中主要指出：本申请的权利要求1不符合专利法第二十六条第四款的规定，权利要求11、21不符合专利法实施细则第二十条第一款的规定，权利要求13~20不符合专利法实施细则第二十一条第二款的规定。

2002年6月24日，申请人提交了权利要求书和说明书的替换页，同时针对修改后的文本陈述了其符合专利法及其实施细则相关规定的理由。

2002年8月2日，国家知识产权局专利局实质审查部门发出了第二次审查意见通知书，其中主要指出，权利要求15、17不符合专利法第二十六条第四款的规定，权利要求1、3、4、12、19不符合专利法实施细则第二十条第一款的规定。

2002年10月17日，申请人提交了权利要求书和说明书第1~5页的替换页，同时针对修改后的文本陈述了其符合专利法及其实施细则相关规定的理由。

2002年11月29日，国家知识产权局专利局实质审查部门发出了第三次审查意见通知书，其中主要指出，权利要求13、15不符合专利法第二十六条第四款的规定，权利要求1~12、14、16不符合专利法实施细则第二十条第一款的规定。

2003年4月14日，申请人提交了权利要求书的替换页和说明书第2~3页的替换页，同时针对修改后的文本陈述了其符合专利法及其实施细则相关规定的理由。

2003年7月11日，国家知识产权局专利局实质审查部门作出驳回决定，驳回的理由是权利要求13、15不符合专利法第二十六条第四款的规定，权利要求1不符合专利法实施细则第二十条第一款的规定。驳回决定所针对的申请文件是：进入中国国家阶段时提交的说明书摘要和摘要附图，2003年4月14日提交的权利要求第1~16项，2002年10月17日提交的说明书第1、4、5页，2003年4月14日提交的说明书第2~3页、进入中国国家阶段时提交的说明书附图第1~2页。其中的权利要求书包括独立权利要求1及从属权利要求2~16，驳回决定所涉及的权利要求1、13、15如下：

"1. 齿带传动装置或链式传动装置，包括多个组成部分，即具有至少一个齿轮（10），和与该齿轮啮合的至少一条齿带（14）或链条，

其中，该齿轮（10）的至少一个齿轮齿（24，26）和齿带（14）的至少一个齿带齿或链条的至少一个链节中的至少一个特定齿或链节，具有一种与其余的齿或链节的齿面几何构形是不一致的齿面几何构形（18，20），

其特征在于：该具不一致齿面几何构形（18，20）的特定齿或链节，涉及出现从传动装置外部产生的负荷高峰在装配时如此定位，使得该具不一致齿面几何构形（18，20）的特定齿或链节在负荷高峰值出现的瞬间时处于开始啮合或结束啮合的状态。"

"13. 如以上权利要求1~4的一项中所述的齿带传动装置或链式传动装置，其特征在于，该齿带传动装置或链式传动装置是一种用于与在传动机组中的燃料喷射系统连接的传动装置。"

"15. 如以上权利要求1~4的一项中所述的齿带传动装置或链式传动装置，其特征在于，该齿带传动装置或链式传动装置是一种用于与自行车驱动装置的驱动连接的传动装置。"

驳回决定指出：(1) 在权利要求1中，确定"负荷高峰值出现的瞬间"的技术方案不清楚，因此不符合专利法实施细则第二十条第一款的规定。(2) 权利要求13中包含了燃料喷射系统不被曲轴驱动的情况，这种情况下其"负荷高峰值出现的瞬间"如何确定，在说明书中没有清楚完整的说明。权利要求15中需要确定自行车传动装置的负荷峰值，但说明书中没有给出这样的技术方案。因此，权利要求13、15不符合专利法第二十六条第四款的规定。

申请人（下称复审请求人）对上述驳回决定不服，于2003年10月25日向专利复审委员会提出了复审请求。复审请求人在提出复审请求时提交了权利要求书的替换页，其中仅对独立权利要求1做了修改。

修改后的独立权利要求1如下：

"1. 齿带传动装置或链式传动装置，包括多个组成部分，即具有至少一个齿轮（10），和与该齿轮啮合的至少一条齿带（14）或链条，

其中，该齿轮（10）的至少一个齿轮齿（24，26）和齿带（14）的至少一个齿带齿或链条的至少一个链节中的至少一个特定齿或链节，具有一种与其余的齿或链节的齿面几何构形是不一致的齿面

几何构形（18，20），

其特征在于：该具不一致齿面几何构形（18，20）的特定齿或链节，涉及出现从传动装置外部产生的负荷高峰在装配时如此定位，使得该具不一致齿面几何构形（18，20）的特定齿或链节在负荷高峰值出现的瞬间时处于与啮合部件成开始啮合或结束啮合的状态。”

经形式审查合格后，专利复审委员会受理了该复审请求并成立了合议组进行审查。经合议，合议组认为本案事实已经清楚，可以作出决定。

**二、决定的理由**

复审请求人在提出复审请求时提交的权利要求书修改文本，符合专利法第三十三条及专利法实施细则第六十条的规定，可以作为本复审请求的审查依据。

1. 关于权利要求 1 是否清楚的问题

专利法实施细则第二十条第一款规定：权利要求书应当说明发明或者实用新型的技术特征，清楚、简要地表述请求保护的范围。

本申请的权利要求 1 请求保护的是“齿带传动装置或链式传动装置”，其中记载了技术特征“使得该具不一致齿面几何构形（18，20）的特定齿或链节在负荷高峰值出现的瞬间时处于与啮合部件成开始啮合或结束啮合的状态”。对于“负荷高峰值出现的瞬间”，由于权利要求 1 中已经限定“涉及出现从传动装置外部产生的负荷高峰在装配时如此定位”，所以负荷高峰来源于传动装置的外部，其或者与原动机有关、或者与工作负荷有关。对于所属领域技术人员来说，上述“负荷高峰值出现的瞬间”的含义不存在含糊不清之处，不会造成权利要求的保护范围不清楚。关于如何确定“负荷高峰值出现的瞬间”，并不是本申请的侧重之处。由与权利要求 1 中所说的特定齿或链节的布置是相对固定的，所属领域技术人员可以理解，这样的传动装置适用于具有循环重复的高峰负荷的情况，这种循环重复的高峰负荷或者来源于原动机、或者来源于负载，而随机的负荷变化并不是本申请所针对的情况。事实上，当所属领域技术人员决定将本申请的技术方案具体应用于某种机器设备时，必然已经了解该机器设备具有循环重复的高峰负荷，并且能够确定负荷高峰出现的瞬间。本申请的目的在于针对具有循环重复的高峰负荷的机器设备提供一种有关传动装置的技术手段，不在于列举哪些机器设备具有循环重复的高峰负荷以及如何确定高峰负荷出现的瞬间。对于已有的具有循环重复的高峰负荷的机器设备，所属领域技术人员通过常规的计算或测试手段可以获得高峰负荷出现的瞬间。

所以，权利要求 1 是清楚的，符合专利法实施细则第二十条第一款的规定。

2. 关于权利要求 13 和权利要求 15 是否以说明书为依据的问题

专利法第二十六条第四款规定：权利要求书应当以说明书为依据，说明要求专利保护的范围。权利要求书应当以说明书为依据，是指权利要求应当得到说明书的支持。

从属权利要求 13 引用权利要求 1 ~4 之一，其附加技术特征限定了“该齿带传动装置或链式传动装置是一种用于与在传动机组中的燃料喷射系统连接的传动装置”。

从属权利要求 15 引用权利要求 1 ~4 之一，其附加技术特征限定了“该齿带传动装置或链式传动装置是一种用于与自行车驱动装置的驱动连接的传动装置”。

权利要求 13 并没有限定燃料喷射系统是被曲轴驱动的，但这并不必然导致高峰负荷出现的瞬间无法确定。如果燃料喷射系统是被曲轴驱动的，则可能会通过曲轴将原动机的高峰负荷引入传动装置；如果燃料喷射系统不是被曲轴驱动的，则作为负荷的燃料喷射系统本身也可能存在循环重复的负荷高峰。所属领域技术人员在实施权利要求 13 的技术方案时，必然是针对那些具有循环重复的负荷高峰的情况。例如，在往复式内燃机中，燃料喷射系统有时用凸轮轴驱动油泵的柱塞或者用凸轮轴驱动喷油器，这种情况下，作为负荷的燃料喷射系统本身就存在循环重复的负荷高峰。

对于权利要求15所限定的用于自行车的传动装置来说，由于其原动力来源于人，因此其负荷峰值的出现确实与人的因素有关，但是，设计者所考虑的应该是人的正常的身材范围，自行车的车把、车座、脚蹬子等与人体接触的部位也是依据正常人的身材范围进行设计的。对于自行车的链轮与链条来说，其峰值负荷的出现与施加给链轮的扭矩峰值有关。由于链轮是被带有脚蹬子的曲柄驱动的，并且正常骑行时人的用力基本是均匀的，因此当施力方向与曲柄垂直时链轮获得的扭矩最大，该扭矩峰值在骑车人驱动曲柄的每一个循环中出现。对于每一个具体的人来说，其用力方向与曲柄垂直的时刻可能略有差异，但设计者仍可以针对正常身材范围的人来确定一个范围，使得最大扭矩出现的时刻在此范围之内，并依此范围设置所说的具不一致齿面几何构形的特定齿或链节，该特定齿或链节可以不止一个。对于骑车人根据路况的变化（例如上坡）所采取的在一段时间内人为加力等引起的负荷变化，其所引起的是负荷幅值的整体变化，骑车人驱动曲柄的每一个循环中，由驱动力引起的负荷峰值出现的时刻依然在预定的范围内。

由以上分析可知，尽管本申请的说明书中没有针对权利要求13和权利要求15给出具体的确定负荷峰值时刻的手段，但所属领域技术人员在理解说明书的基础上，结合常规的设计手段即可得到这样的技术方案。所以，权利要求13和权利要求15能够得到说明书的支持。

**三、决定**

撤销国家知识产权局专利局实质审查部门于2003年7月11日对97199978.3号发明专利申请作出的驳回决定，由原实质审查部门在下列申请文件的基础上继续审查：复审请求人于2003年10月25日提交的权利要求第1～16项，2002年10月17日提交的说明书第1、4、5页，2003年4月14日提交的说明书第2～3页，进入中国国家阶段时提交的说明书附图第1～2页。

# 泵的叶轮和方法案

## 复审请求审查决定（第5621号）

决　　定　　号　第5621号
决　　定　　日　2005年2月5日
发明创造名称　泵的叶轮和方法
国 际 分 类 号　F04D 29/18、1/04、29/28
复 审 请 求 人　沃尔曼国际有限公司
申　　请　　号　98808551.8
申　　请　　日　1998年8月24日
进入国家阶段日期　2000年2月25日
公　　布　　日　2000年9月27日
合 议 组 组 长　陈海平
主　　审　　员　黄玉平
参　　审　　员　崔　峥

**法 律 依 据**　专利法第二十二条第三款
**决 定 要 点**

判断现有技术中是否存在某种技术启示时，不仅要看其是否披露了某一申请的技术方案中的技术特征，还要看两者是否能实现相同的目的（即解决相同的技术问题）或者具有相同的作用，如果两者所要达到的目的与作用明显不同，尽管具有相同的技术特征，也不能认定该现有技术已给出了相应的技术启示。

### 一、案由

本复审请求涉及申请日为1998年8月24日、名称为“泵的叶轮和方法”、申请号为98808551.8的发明专利申请，其申请人是沃尔曼国际有限公司。

经实质审查后，国家知识产权局专利局实质审查部门于2004年5月14日驳回了上述专利申请，驳回的理由为本专利申请不符合专利法第二十二条规定的创造性。驳回决定所依据的对比文件是：

CN1111727A，公开日为1995年11月15日（下称对比文件1）。

驳回决定所依据的文本是2004年4月6日提交的说明书和权利要求书，进入中国国家阶段时提交的附图以及2000年2月25日提交的说明书摘要。驳回决定所针对的权利要求书如下：

“1. 一种修改泵叶轮以便达到所选择的操作性能参数的方法，该叶轮包括一个前护罩和一个后护罩，这些护罩有间隔，以便在它们之间形成多个通道，这些通道被多个叶轮叶片分隔，每个叶片有一个延伸在前护罩与后护罩之间的边缘，叶轮的外径为D，该方法包括把叶轮各个叶片的外缘加以修整的步骤，以便使前护罩的外径D1小于后护罩的外径D2。

2. 根据权利要求1所述的方法，其特征在于：包括修整外周边缘，使得各叶片从后护罩的外径

D2 至前护罩的外径 D1 向内倾斜的步骤。

3. 根据权利要求 1 或 2 所述的方法，其特征在于：D1/D2 的比率的范围在 1.0 ~ 0.85 之间，包括 0.85。

4. 根据权利要求 1 所述的方法，其特征在于：泵的叶轮是用于废气脱硫所用的泵。

5. 一种混流泵叶轮，包括一个外缘为 D1 的前护罩和一个外缘为 D2 的后护罩，这些护罩有间隔，以便在它们之间形成多个通道，这些通道被多个叶轮叶片分隔，每个叶片有一个延伸在前护罩与后护罩之间的外缘，其特征在于：前护罩的外径 D1 小于后护罩的外径 D2。

6. 根据权利要求 5 所述的叶轮，其特征在于：D1/D2 的比率的范围在 1.0 ~ 0.85 之间，包括 0.85。

7. 根据权利要求 5 或 6 所述的叶轮，其特征在于：外周边缘被修整，以便从后护罩的外径 D2 至前护罩的外径 D1 向内倾斜。

8. 根据权利要求 5 ~ 7 所述的叶轮，其特征在于：叶轮是用于废气脱硫所用的泵。”

在驳回决定中，国家知识产权局专利局实质审查部门指出：权利要求 1 虽然从其主题名称看是一种方法的权利要求，但实际上其绝大部分特征涉及的都是叶轮的结构特征，惟一带有“步骤”的特征是“该方法包括把叶轮各个叶片的外缘加以修整的步骤，以便使前护罩的外径 D1 小于后护罩的外径 D2”，但该步骤如何实现或者说如何具体进行修整，在权利要求 1 中并没有限定。因此，只要具有权利要求 1 中所限定的结构特征的叶轮都可以说是以权利要求 1 所述的方法加工而成的。而对比文件 1 公开了这样一种具有权利要求 1 所限定的所有结构特征的叶轮。所以，权利要求 1 不具备创造性。

申请人（下称复审请求人）对上述驳回决定不服，于 2004 年 8 月 9 日向专利复审委员会提出了复审请求，同时提交了经修改的权利要求书、说明书及说明书摘要。其请求的理由是：（1）在新提交的权利要求 1 中明确限定叶轮叶片的修整是在一个单一的步骤中完成的。本发明的基础在于叶片的修整不仅要使前护罩的外径小于后护罩的外径，而且也要使叶轮对于给定的流动速率产生一个选择的压差，这一点在原说明书中有明确的说明。换言之，修整泥浆原叶轮的主要目的是在一个给定的流动速率上实现选择的压力水头。本发明的方法实现了这一点，同时保持可能的最高效率。如原说明书所述，当泥浆泵产生高于规定的水头时，通过修整泵的叶轮叶片可降低水头，使最后测出的水头减少到允许的范围内以符合验收标准。（2）然而对比文件 1 中根本没有提出其中所述风扇或叶轮必须符合上述标准，也根本没有提出其中所述的叶片由于任何原因需要加以修整。综上，经修改的权利要求 1 具备创造性。

经修改的权利要求书如下：

“1. 一种使修整泥浆泵叶轮造成的效率损失最小化的方法，该叶轮包括一个前护罩和一个后护罩，这些护罩有间隔，以便在它们之间形成多个通道，这些通道被多个叶轮叶片分隔，每个叶片有一个延伸在前护罩与后护罩之间的外缘，所述方法包括下述步骤：修整叶轮各个叶片的外缘，以便使前护罩的外径 D1 小于后护罩的外径 D2，并使叶轮对于给定的流动速率产生一个选择的压力水头。

2. 根据权利要求 1 所述的方法，其特征在于：所述叶片被修整直至 D1/D2 的比率的范围在 0.85 ~ 1.0 之间。”

在上述工作的基础上，本案合议组认为本案事实已清楚，可以依法作出复审决定。

**二、决定的理由**

1. 本决定所依据的文本

复审请求人于 2004 年 8 月 9 日提交了经修改的权利要求书、说明书和说明书摘要，合议组经审查认为上述修改符合专利法第三十三条的规定，现合议组以复审请求人于 2004 年 8 月 9 日提交的修改文本为基础作出本决定。

2. 关于本申请的创造性

专利法第二十二条第三款的规定：创造性，是指同申请日以前已有的技术相比，该发明有突出的实质性特点和显著的进步，该实用新型有实质性特点和进步。

由本申请的说明书可知，本申请修整原叶轮的主要目的是在一个给定的流动速率上实现选择的压力水头，以便当泥浆产生高于规定的水头时，通过修整泵的叶轮叶片可降低水头，从而使最后测出的水头减少到允许的范围内以符合验收标准。其相应的技术解决方案是修整叶轮各个叶片的外缘，以便使前护罩的外径 D1 小于后护罩的外径 D2，并使叶轮对于给定的流动速率产生一个选择的压力水头。

对比文件 1 涉及一种离心泵，并具体披露了以下技术内容（参见说明书第 19 页倒数第 4 行至第 20 页及附图 9）：叶轮包括叶轮主罩 9a（即出口侧护罩，对应于本申请的后护罩 14）、前罩 9b（即入口侧护罩，对应于本申请的前护罩 12）以及在两罩之间延伸的叶片。叶轮主罩 9a 的外直径大于前罩 9b 的外直径。在具有多级的情况下，对于至少一个叶轮而言，使主罩的外直径大于前罩的外直径，而对于其余叶轮而言，则使主罩的外直径小于前罩的外直径，这样能够减小由于主罩和前罩在沿转动方向的投影面积不同而出现的轴向推力。

将本申请权利要求 1 所要求保护的技术方案与对比文件 1 公开的技术内容相比较可知，尽管对比文件 1 公开了本申请权利要求 1 中有关泵叶轮的结构技术特征，而且两者前护罩的外径都小于后护罩的外径，但两者所要达到的目的及作用却不同。在本申请的权利要求 1 中明确记载了“把叶轮各个叶片的外缘加以修整的步骤，以便使前护罩的外径 D1 小于后护罩的外径 D2，并使叶轮对于给定的流动速率产生一个选择的压力水头”的技术内容，“外径 D1 小于后护罩的外径 D2”的设置目的是为了使叶轮对于给定的流动速率产生一个选择的压力水头，即通过修整泵的叶轮叶片可降低水头，从而使最后测出的水头减少到允许的范围内以符合验收标准。而对比文件 1 中，主罩的外直径大于前罩的外直径的至少一个叶轮与主罩的外直径小于前罩的外直径的其余叶轮相互配合，其相互配合的目的是要减小由于主罩和前罩在沿转动方向的投影面积不同而出现的轴向推力。显然对比文件 1 与本申请中有关前护罩的外径小于后护罩的外径的设置目的及所起的作用不同，即该对比文件 1 并未披露本申请权利要求 1 中“修整叶轮各个叶片的外缘，以便使前护罩的外径 D1 小于后护罩的外径 D2，并使叶轮对于给定的流动速率产生一个选择的压力水头”这一技术内容，同时也未给出相应的技术启示。因而，本申请之权利要求 1 所限定的技术方案相对于对比文件 1 具有突出的实质性特点和显著的进步，具备专利法第二十二条第三款所规定的创造性。

在权利要求 1 具备创造性的前提下，其从属权利要求 2 同样具备创造性。

对于专利局实质审查部门在驳回决定中提出的“‘该方法包括把叶轮各个叶片的外缘加以修整的步骤，以便使前护罩的外径 D1 小于后护罩的外径 D2’但该步骤如何实现或者说如何具体进行修整，在权利要求 1 中并没有限定”的观点，合议组认为：对于将两个部件的外缘修整成使其一个部件的外缘直径小于另一部件的外缘直径这一工艺来说，其属于一般的机械加工技术，对于所属领域的技术人员来说可以依据常规技术且根据具体需要即可作出，尽管权利要求 1 中并没有进一步限定修整步骤或者指出如何具体进行修整，但不会因此而导致所属技术领域的技术人员无法实现本专利的技术方案。故合议组对上述观点不予支持。

**三、决定**

撤销国家知识产权局专利局实质审查部门于 2004 年 5 月 14 日对本发明专利申请作出的驳回决定。在复审请求人于 2004 年 8 月 9 日提交的修改文本的基础上，由实质原审查部门继续进行审查程序。

# 无舵点喷轮案

## 复审请求审查决定（第5622号）

**决　定　号**　第5622号
**决　定　日**　2005年2月4日
**发明创造名称**　无舵点喷轮
**国际分类号**　B63H 23/26　B63H 5/07　B63H 25/46
**复审请求人**　潘成旭
**申　请　号**　00101519.2
**申　请　日**　2000年1月8日
**公　开　日**　2001年7月18日
**合议组组长**　杨克非
**主　审　员**　崔　峥
**参　审　员**　徐媛媛

**法律依据**　专利法第二十二条第四款
**决定要点**

不能由于一项发明在某些方面可能存在负面的影响，就将其积极的一面也一并予以抹杀而只强调其不利的一面，并由此而认为其不能产生积极效果，进而得出其不具备实用性的结论。

**一、案由**

本复审请求案涉及申请号为00101519.2、名称为“无舵点喷轮”的发明专利申请。其申请人为潘成旭。本申请的申请日为2000年1月8日，公开日为2001年7月18日。

申请人应国家知识产权局专利局初审部门的要求于2000年4月15日对本申请进行了补正，其补正后的权利要求书如下：

“1. 一种无舵点喷轮，在船体（1）内设有由发动机（4）驱动回转的螺旋桨（8）及冷却用水箱（2），其特征在于所述的船体头部呈箭形，重量前重后轻配置，重心在船锥P点垂直向上延伸的重心线（12）上，船体下部为倒三角形，后部两侧各有一个尾翼（13）；船体内设有连接船锥P点并与侧壁固定的呈‘S’形水管（3），引水管由三通连接向后方两侧对称延伸并沿着两侧壁固定的喷水管（6），两侧喷水管上设置对称成对的螺旋桨（8），螺旋桨由发动机驱动的液压高压泵（5）提供回转动力，回油进入油箱（11），喷水管尾部由三通闸阀（10）连接向外弯曲成夹角为β的弧形转向管（9），转向管的上翘角为α并与尾翼固定。

2. 如权利要求1所求的无舵点喷轮，其特征在于所述的液压高压泵（5）与油箱（11）之间设有动力切断阀（7）。

3. 如权利要求1所述的无舵点喷轮，其特征在于所述的螺旋桨（8）以设置2～3对为佳。

4. 如权利要求1所述的无舵点喷轮，其特征在于所述的转向管（9）的上翘角α为10°～30°。

5. 如权利要求 1 所述的无舵点喷轮，其特征在于所述的转向管（9）是向外弯曲成夹角 β 为50°～70°的弧管。”

国家知识产权局专利局原实质审查部门针对上述文本于 2002 年 9 月 27 日发出第一次审查意见通知书，认为本发明专利申请“没有对 P 点的位置作任何说明，因此权利要求书中对重心位置的限定也就不能清楚地确定出来”，因此本申请说明书未对发明作出清楚、完整的说明，致使所属技术领域的技术人员不能实现该发明，因而不符合专利法第二十六条第三款的规定。另外，本发明“P 点的位置基本上在船的船艏附近”，“为保持船舶能以基本水平的姿态浮在水面上，必然要求在船艏部分有较大的型宽或型深，这样就会导致船型的形状阻力和表面阻力增加，显然这样的船型不可能实现申请人在发明目的中所要达到的阻力小、船速高的发明目的。这样的技术方案明显脱离社会需要，缺乏有益效果”，因此权利要求 1～5 不具备专利法第二十二条第四款规定的实用性。

申请人于 2002 年 11 月 8 日提交了意见陈述书进行答复，提出了相应的反对意见，认为在说明书中根本不需要说明 P 点的具体位置，P 点的位置基本上在船艏附近，只要使船静泊于水面上时不至于倾翻即可。而且，“只要推力足够大，船前进时前部受到的阻力是要分解的，一部分转化成船向上的升力，船的整体与水的接触面积将要逐渐缩小，从而达到船在水中运行时的摩擦力变小的目的”。

国家知识产权局专利局原实质审查部门于 2003 年 4 月 18 日发出驳回决定以申请人于 2000 年 4 月 15 日提交的权利要求第 1～5 项、说明书第 1～2 页、附图第 1～2 页和说明书摘要为基础驳回了本发明专利申请，其理由是“按照申请的申请文件的描述所给出的船体形状，为保持船舶能以基本水平的姿态浮在水面上，必然要求在船艏部分有较大的型宽或型深，这样就会导致船型的形状阻力和表面阻力增加，显然这样的船型不可能实现申请人在发明目的中所要达到的阻力小、船速高的发明目的”。而且，“通读申请文件的全文也看不出申请的无舵点喷轮如何在推力足够大时，使船前部所受到的水阻力分解。更找不出能够使阻力转化成将船向上的升力的技术方案。因此，申请文件中所给出的技术方案不可能具有申请人所述的效果”。因此，本专利申请权利要求 1～5 不具备实用性，不符合专利法第二十二条第四款的规定。

申请人（下称复审请求人）对上述驳回决定不服，于2003 年6 月11 日向专利复审委员会提出了复审请求，并认为“只要推力足够大，船的推力方向和船前部受到的水的阻力方向的力的合力方向是向上的，从而使船的前部上翘，而推力力矩的支点为 P 点，方向向前从而可以在船前部上翘的同时使船的整体抬升。又为了不使船立于 P 点前倾，特在船后部设计了尾翼，在船行使下受风的上拉下压的作用下，使船的纵轴线与水平面保持水平。”

专利复审委员会于 2004 年 4 月 15 日依法受理了该复审请求，并成立合议组对本案进行审查，作出如下决定。

**二、决定的理由**

专利法第二十二条第四款规定：实用性，是指该发明或者实用新型能够制造或者使用，并且能够产生积极效果。

本发明专利申请权利要求 1 请求保护一种无舵点喷轮，在船体（1）内设有由发动机（4）驱动回转的螺旋桨（8）及冷却用水箱（2），所述的船体头部呈箭形，重量前重后轻配置，重心在船锥 P 点垂直向上延伸的重心线（12）上，船体下部为倒三角形，后部两侧各有一个尾翼（13）；船体内设有连接船锥 P 点并与侧壁固定的呈“S”形水管（3），引水管由三通连接向后方两侧对称延伸并沿着两侧壁固定的喷水管（6），两侧喷水管上对称设置成对的螺旋桨（8），螺旋桨由发动机驱动的液压高压泵（5）提供回转动力，回油进入油箱（11），喷水管尾部由三通闸阀（10）连接向外弯曲成夹

角为 β 的弧形转向管（9），转向管的上翘角为 α 并与尾翼固定。

鉴于原驳回决定中未对本发明能够制造和使用提出质疑，而且，按照本发明权利要求 1 所述的技术方案，本领域技术人员也没有任何理由怀疑其不能够被制造和使用。因此，合议组对此不再详细进行评述。

因此，合议组认为，判断本发明专利申请权利要求 1 是否具备实用性的关键在于：权利要求 1 所述的技术方案是否能够产生积极的技术效果。

国家知识产权局专利局原实质审查部门认为：按照申请的申请文件的描述所给出的船体形状，为保持船舶能以基本水平的姿态浮在水面上，必然要求在船艏部分有较大的型宽或型深，这样就会导致船型的形状阻力和表面阻力增加，显然这样的船型不可能实现申请人在发明目的中所要达到的阻力小、船速高的发明目的。

合议组认为：专利法第二十二条第四款中“能够产生积极技术效果”是指发明专利申请在提出申请之日，其产生的经济、技术和社会的效果是所属技术领域的技术人员能够预料到的。这些效果应当是积极的和有益的。但是，不能由于发明在某些方面可能存在负面的影响，就将其积极的一面也一并予以抹杀只强调其不利的一面，并由此而认为其不能产生积极效果，进而得出其不具备实用性的结论。如果这样，那么将可能导致不会有可以获得专利权的发明创造存在，这显然也与专利法的立法宗旨相违背。

根据本发明专利申请说明书背景技术部分的描述，现有技术的船舶“采用尾部一点推力，方向性不强，一旦高速就会产生翘头现象，另外与水的接触面积过大，在滑动摩擦下，水对船底的阻力过大”。另外，其“结构复杂、造价高且船速受船体形状限制而无法提速”。因此，“本发明的目的在于克服现有技术的缺陷而提供一种结构简单、造价低、船阻力小、转向灵活、船速高的无舵点喷轮”（参见本发明说明书第 1 页第 10 ~ 11 行）。

权利要求 1 请求保护的无舵点喷轮采用了喷水推进方式，在船的两侧对称设置喷水管，通过设置在船体内的发动机和液压高压泵提供动力驱动螺旋桨回转，并通过螺旋桨使喷水管中的水向后喷出驱动船前进。而且，船的转向是利用设置在喷水管尾部的弧形转向管，通过阀门来进行控制。从而避免采用现有技术中结构复杂的机械传动机构，因此，其结构相对简单，当然造价相对就较低。

另外，在权利要求 1 所限定的技术方案中还对现有技术中的船体形状进行了改进，船体头部呈箭形，重量前重后轻配置，重心在船锥 P 点垂直向上延伸的重心线上，船体下部为倒三角形，后部两侧各有一个尾翼。通过这种船形构造来解决现有技术中船舶高速行驶时产生的翘头现象。

当然，重心位于船体的前部，应当是以船不能发生倾翻为前提的。至于由此会造成静泊于水面上时船体不能保持水平的问题，并不会影响权利要求 1 所限定的无舵点喷轮作为一艘船所应具备的基本正常功能——浮于水面并可航行。而解决静泊时船体不能保持水平的问题，则是本发明之后的发明创造所要解决的问题。事实上，这一问题的解决可采用多种的技术手段，而并非像驳回决定中所声称的那样“必然要求在船艏部分有较大的型宽或型深”。即使通过“在船艏部分有较大的型宽或型深”来使船体保持水平，并由此而“导致船型的形状阻力和表面阻力增加”，从而影响船速的提高，也不能以此为由而对本发明所具有的积极效果例如结构简单、造价低和有助于克服行驶时的翘头现象等视而不见，而一味地强调其不利的一面并进而得出本发明不能产生积极效果和不具备实用性的结论。

综上所述，本发明专利申请权利要求 1 所要求保护的技术方案具备实用性，相应地，其从属权利要求 2 ~ 5 亦具备实用性。因此，上述国家知识产权局专利局原实质审查部门所作驳回决定中的意见不能成立。

三、决定

撤销国家知识产权局专利局实质审查部门于2003年4月18日对本申请作出的驳回决定。由国家知识产权局专利局原实质审查部门在驳回决定所依据的文本的基础上对本发明专利申请继续进行审查。

# 炁机技术案

## 复审请求审查决定（第5665号）

决　定　号　第5665号
决　定　日　2005年2月17日
发明创造名称　炁机技术
国际分类号　F03G 7/10
复审请求人　杨全林
申　请　号　00101703.9
申　请　日　2000年1月12日
公　开　日　2001年7月18日
合议组组长　魏　屹
主　审　员　陈　勇
参　审　员　于　萍

法律依据　专利法第三十三条、第二十六条第三款
决定要点

在说明书中增加原说明书和权利要求书未提及同时也不能由它们直接导出的内容不符合专利法第三十三条的规定。

在说明书中没有清楚具体地记载为了实现发明目的而必需的炁体物质的采集方法以及工艺条件和设备，则该申请不符合专利法第二十六条第三款的规定。

### 一、案由

本案涉及申请号为00101703.9、名称为“炁机技术”、申请日为2000年1月12日的发明专利申请，其申请人为杨全林。

针对00101703.9号发明专利申请，国家知识产权局专利局原实质审查部门于2004年4月9日作出驳回决定。其认为：该申请请求保护的是一种永动机，“根据说明书所述，该装置一旦进入工作状态之后，没有任何其他能源来提供能量，因此，这是一种属于永动机性质的‘发明’，明显违背了有关‘能量守恒定律’的自然法则。由此可知，上述权利要求所要求保护的方案是不可能实现的，因而不具备实用性。”因此，该申请不符合专利法第二十二条第四款的规定。驳回决定所依据的文本为申请日提交的说明书摘要、摘要附图和说明书第1~2页以及2004年2月22日提交的权利要求第1~4项。其中权利要求书为：

“1. 一种能源的应用技术，其特征是用炁体生产炁机。

2. 根据权利要求1所述的方法，其特征是在高温、高压、强电磁场等条件下，将炁体点燃变成炁子。

3. 根据权利要求1所述的方法，其特征是用炁机作为动力机，制造永动机、飞碟、永动车船等工具。

4. 根据权利要求 1 所述的方法，其特征是用炁机作为能源机，生产任何形式的能量。”

申请人（下称复审请求人）对上述驳回决定不服，于 2004 年 5 月 10 日向专利复审委员会提出复审请求。复审请求人认为：炁体经过压缩可以变成炁子，炁机是负载炁子的机器，炁子可以将炁体转化为炁流也即引力能和斥力能，而且这种转化过程是永恒不息的。

专利复审委员会对复审请求人的该复审请求经形式审查后，予以受理，并依法成立了本案合议组。合议组对该案进行审查后，于 2004 年 10 月 26 日向复审请求人发出了复审通知书，提出以下的复审意见：

本申请的发明目的是提供飞碟的制造技术，包含“炁机的制造”和“炁机的应用”。但是在本申请说明书中根本没有说明人类如何才能够采集或者制造出炁体这种物质，也没有具体说明使用什么样的装置以及在什么样的工艺条件下才能利用这种物质并且将其转换为有用的能量，所以本申请的说明书未对发明作出清楚、完整的说明，致使所属技术领域的技术人员不能实现该发明，因此不符合专利法第二十六条第三款的规定。

复审请求人于 2004 年 11 月 12 日针对上述复审意见向专利复审委员会提交了意见陈述书，认为说明书已经讲明了用炁体制造炁机的方法以及炁机的用途，符合专利法第二十六条的有关规定，并且同时提交了补正书和新修改的说明书，其中说明书第 1 页增加了下述内容“在‘真空’中有虚物（非质点物质，命名未炁体）存在，虚物炁体就是场能物质。太空是纯炁体的海洋……我们可以用空气提纯炁体，更好的方法是把太空中的纯炁体送到地面使用。”另外，复审请求人还认为：在复审过程中合议组又引入了不同于驳回决定中的另一理由来评述该专利申请不合适。

针对复审请求人的该次陈述和修改后的说明书，合议组于 2004 年 12 月 23 日再次发出复审通知书，提出以下的复审意见：

1. 在复审请求人 2004 年 11 月 12 日提交的修改的说明书中，第 1 页第 17 ~ 27 行的下述内容“在‘真空’中有虚物（非质点物质，命名未炁体）存在，虚物炁体就是场能物质。太空是纯炁体的海洋……我们可以用空气提纯炁体，更好的方法是把太空中的纯炁体送到地面使用。”既未明确地记载在原说明书和权利要求书中，也不能由原说明书和权利要求书所记载的内容直接导出。因此超出了原说明书和权利要求书记载的范围，不符合专利法第三十三条的规定，不能被接受。如果复审请求人仍然坚持目前的文本或者下次提交的文本出现新的超出原始申请文件记载范围的问题，那么合议组将依据专利法第三十三条的规定驳回复审请求。退一步讲，即使按照目前新提交的文本，说明书仍然没有说明人类如何才能够采集或者制造出炁体，也没有具体说明使用什么样的装置以及在什么样的工艺条件下才能利用这种物质并且将其转换为有用的能量，所以也不符合专利法第二十六条第三款的规定。

2. 专利法第二十六条第三款规定的“说明书应当对发明或者实用新型作出清楚、完整的说明，以所属技术领域的技术人员能够实现为准”。是任何一份专利申请均应满足的要求。对于本申请中存在的、驳回决定没有明确提出的这一问题，在复审程序中合议组可以依职权进行审查。另外，复审请求人在意见陈述中并没有说明本专利申请符合专利法第二十六条第三款规定的充分理由。

之后，复审请求人于 2005 年 1 月 11 日向专利复审委员会提交了意见陈述书，认为 2004 年 11 月 12 日提交的修改的说明书只是增加了便于理解的非技术性内容，并没有超出原说明书的记载范围；而且声明如果这样做不符合规定，就使用原说明书。并且认为原说明书已经符合专利法第二十六条的规定。

至此，合议组认为本案事实已经清楚，可以作出复审决定。

**二、决定的理由**

合议组认为：复审请求人于2005年1月11日向专利复审委员会提交了意见陈述书，其认为上次修改的说明书只是增加了便于理解的非技术性内容，并且没有提交新的修改文本，也就是说复审请求人仍然坚持2004年11月12日修改的说明书。因此本复审决定所依据的文本为申请日提交的说明书摘要、摘要附图和2004年11月12日提交的说明书第1~2页以及2004年2月22日提交的权利要求第1~4项。

专利法第三十三条规定：申请人可以对其专利申请文件进行修改，但是，对发明和实用新型专利申请文件的修改不得超出原说明书和权利要求书记载的范围。

如上所述，在复审请求人2004年11月12日提交的修改的说明书中，第1页第17~27行的下述内容“在‘真空’中有虚物（非质点物质，命名未炁体）存在，虚物炁体就是场能物质。太空是纯炁体的海洋……我们可以用空气提纯炁体，更好的方法是把太空中的纯炁体送到地面使用。”既未明确地记载在原说明书和权利要求书中，也不能由原说明书和权利要求书所记载的内容直接导出，显然超出了原说明书和权利要求书记载的范围，因此不符合专利法第三十三条的规定，所以合议组以此驳回该复审请求。

鉴于复审请求人在2005年1月11日提交的意见陈述书中的表述，也即可以退回到原说明书，合议组认为，即使复审请求人退回到原说明书，那么仍将不符合专利法第二十六条第三款的规定。

专利法第二十六条第三款规定：说明书应当对发明作出清楚、完整的说明，以所属技术领域的技术人员能够实现为准。

在原始提交的说明中记载的本申请的发明目的是提供飞碟的制造技术，包含“炁机的制造”和“炁机的应用”。但是在本申请说明书中根本没有说明人类如何才能够采集或者制造出炁体这种物质，也没有具体说明使用什么样的装置以及在什么样的工艺条件下才能利用这种物质并且将其转换为有用的能量，所以本申请的说明书未对发明作出清楚、完整的说明，致使所属技术领域的技术人员不能实现该发明，因此不符合专利法第二十六条第三款的规定。

复审请求人认为：炁体可以在以后的市面上买到，并且在高温、高压和强电磁场下、在简化的内燃机内能够生成炁子。合议组认为，从上面复审请求人的陈述中可以看出：目前人们仍然无法得到炁体，并且复审请求人自己认为的一些工艺条件和设备也仅仅是模糊不清的一些概念，并不是所属技术领域的技术人员看到后就明了的常识，所以也不知如何去实施。这也恰恰说明本申请未作出清楚、完整的说明，不符合专利法第二十六条第三款的规定。

**三、决定**

驳回复审请求，维持国家知识产权局专利局原实质审查部门于2004年4月9日作出驳回决定。

复审请求人如对本复审决定不服，可以根据专利法第四十一条第二款的规定，自收到本复审决定之日起三个月内向北京市第一中级法院起诉。

014

# 用于工程车辆的轴转动控制器与油缸案

## 复审请求审查决定（第5666号）

**决　定　号**　第5666号
**决　定　日**　2005年2月21日
**发明创造名称**　用于工程车辆的轴转动控制器与油缸
**国际分类号**　B66F 9/06　F15B 15/14
**复审请求人**　株式会社丰田自动织机制作所
**申　请　号**　98103382.2
**申　请　日**　1998年7月22日
**公　布　日**　1999年1月27日
**合议组组长**　于　萍
**主　审　员**　连书勇
**参　审　员**　盛　昭

**法律依据**　专利法第二十二条第三款
**决定要点**
权利要求所限定的技术方案的获得相对于对比文件及公知常识所构成的现有技术来说是显而易见的，不具有突出的实质性特点和显著的进步，因而不具备创造性。

**一、案由**

本复审请求案涉及申请号为98103382.2、发明名称为“用于工程车辆的轴转动控制器与油缸”的发明专利申请。其申请日为1998年7月22日，申请人是株式会社丰田自动织机制作所。

在针对上述申请（下称本申请）的实质审查过程中，国家知识产权局专利局实质审查部门于2002年12月6日发出了第一次审查意见通知书，指出本申请的权利要求1～7不具备创造性，不符合专利法第二十二条第三款的规定。通知书中引用了两篇对比文件：

对比文件1：公开号为“特开平6－191251”的日本公开特许公报，公开日为1994年7月12日；

对比文件2：公开号为“昭58－183307”的日本公开特许公报，公开日为1983年10月26日。

申请人于2003年4月16日提交了意见陈述书，并提交了权利要求书的修改文本，以修改后的权利要求1～5替换原权利要求1～7。申请人在意见陈述书中陈述了本申请具备创造性的理由。

2003年6月13日，国家知识产权局专利局实质审查部门作出驳回决定，驳回的理由是本申请不符合专利法第二十二条第三款的规定。驳回决定所针对的申请文件是申请日提交的说明书摘要和摘要附图，申请日提交的说明书第1～6页，申请日提交的说明书附图第1～2页，2003年4月16日提交的权利要求第1～5项。其中的权利要求书内容如下：

“1. 一种在一个工程车架与一个由车架转动地支承的车轴之间的液压油缸，以调节该车轴相对该车架的转动，该液压油缸包括：

一个带有纵向轴线的油缸壳，该油缸壳包括一个圆柱筒、一个头部件和一个导向件，该圆柱筒具有一个第一端和相对的第二端，该头部件连接于该第二端，其中该导向件通过螺纹连接于该头部件；

一个位于圆柱筒内的可运动活塞，以限定在圆柱筒内的第一液压腔和第二液压腔，活塞具有一个暴露于第一液压腔的第一表面和一个暴露于第二液压腔的第二表面，第一表面具有与第二表面相等的面积；

一个活塞杆，从第一表面伸出、延伸穿过该第一液压腔和从突出于圆柱筒的第一端，该活塞杆连接于车轴和车架中的一个，并该导向件连接于车轴和车架中的另一个；

一个导向杆，从第二表面伸出、延伸穿过该第二液压腔而进入导向件的内部，该活塞杆具有与导向件相等的面积。

2. 权利要求的液压油缸，其特征在于，一个使第一液压腔与第二液压腔连接的液压通道，当在第一液压腔和第二液压腔之间的液体运动允许时，允许活塞杆的运动，并当在第一液压腔和第二液压腔之间的液体运动停止时，禁止活塞杆的运动，以及当活塞杆的运动被禁止时，阻止车轴的转动。

3. 权利要求 2 的液压油缸，其特征在于，一个阀位于该液压通道中，用于选择地允许或禁止在第一液压腔与第二液压腔之间的液体运动。

4. 权利要求 3 的液压油缸，其特征在于，该阀为一种电磁控制阀，在阀消磁时关闭该液压通道。

5. 权利要求 3 的液压油缸，其特征在于，包括一个在液压通道中的蓄能器。"

申请人（下称复审请求人）对上述驳回决定不服，于 2003 年 9 月 27 日向专利复审委员会提出复审请求。复审请求人在提出复审请求时对权利要求书进行了修改。其修改后的权利要求书如下：

"1. 一种在一个工程车架与一个由车架转动地支承的车轴之间的液压油缸，以调节该车轴相对该车架的转动，该液压油缸包括：

一个带有纵向轴线的油缸壳，该油缸壳包括一个圆柱筒、一个头部件和一个导向件，该圆柱筒具有一个第一端和相对的第二端，该头部件连接于该第二端，其中该导向件通过螺纹连接于该头部件；

一个位于圆柱筒内的可运动活塞，以限定在圆柱筒内的第一液压腔和第二液压腔，活塞具有一个暴露于第一液压腔的第一表面和一个暴露于第二液压腔的第二表面，第一表面具有与第二表面相等的面积；

一个活塞杆，从第一表面伸出、延伸穿过该第一液压腔和从突出于圆柱筒的第一端，该活塞杆连接于车轴和车架中的一个，并该导向件连接于车轴和车架中的另一个；

一个导向杆，从第二表面伸出、延伸穿过该第二液压腔而进入导向件的内部，该活塞杆具有与导向件相等的面积；

一个阀位于该液压通道中，用于选择地允许或禁止在第一液压腔与第二液压腔之间的液体运动；和

一个在液压通道中的蓄能器。

2. 权利要求的液压油缸，其特征在于，一个使第一液压腔与第二液压腔连接的液压通道，当在第一液压腔和第二液压腔之间的液体运动允许时，允许活塞杆的运动，并当在第一液压腔和第二液压腔之间的液体运动停止时，禁止活塞杆的运动；以及当活塞杆的运动被禁止时，阻止车轴的转动。

3. 权利要求 2 的液压油缸，其特征在于，该阀为一种电磁控制阀，在阀消磁时关闭该液压通道。"

经形式审查合格后，专利复审委员会受理了该复审请求并成立了合议组进行审查。经合议，合议组于 2004 年 7 月 13 日发出了复审通知书，提出如下审查意见：权利要求 1 ~ 3 相对于对比文件 1 和对比文件 2 以及公知常识的结合不具备创造性。

2004年8月28日，复审请求人陈述了意见，并对权利要求书进行了修改。其修改后的权利要求书如下：

“1. 一种在一个工程车架与一个由车架转动地支承的车轴之间的液压油缸，以调节该车轴相对该车架的转动，该液压油缸包括：

一个带有纵向轴线的油缸壳，该油缸壳包括一个圆柱筒、一个头部件和一个导向件，该圆柱筒具有一个第一端和相对的第二端，该头部件连接于该第二端，其中该导向件通过螺纹连接于该头部件；

一个位于圆柱筒内的可运动活塞，以限定在圆柱筒内的第一液压腔和第二液压腔，活塞具有一个暴露于第一液压腔的第一表面和一个暴露于第二液压腔的第二表面，第一表面具有与第二表面相等的面积；

一个活塞杆，从第一表面伸出、延伸穿过该第一液压腔和从圆柱筒的第一端突出，该活塞杆连接于车轴和车架中的一个，并该导向件连接于车轴和车架中的另一个；

一个导向杆，从第二表面伸出、延伸穿过该第二液压腔而进入导向件的内部，该活塞杆具有与导向杆相等的面积；

一个控制阀位于液压通道中，用于根据该工程车的行驶状态和载货状态中的至少之一，有选择地允许或禁止在第一液压腔与第二液压腔之间的液体运动；和

一个在液压通道中的蓄能器。

2. 如权利要求1的液压油缸，其特征在于，一个使第一液压腔与第二液压腔连接的液压通道，当在第一液压腔和第二液压腔之间的液体运动允许时，允许活塞杆的运动，并当在第一液压腔和第二液压腔之间的液体运动停止时，禁止活塞杆的运动，以及当活塞杆的运动被禁止时，阻止车轴的转动。

3. 如权利要求2的液压油缸，其特征在于，该阀为一种电磁控制阀，在阀消磁时关闭该液压通道。”

修改后的权利要求1主要在倒数第2段中加入了技术特征“用于根据该工程车的行驶状态和载货状态中的至少之一”。复审请求人认为，在修改后的权利要求1中，液压线路具有一个控制阀和蓄能器，控制器根据安装在叉车上的货物的提升量、工程车的转向角度和速度来转换该控制阀，车轴的锁定和解除锁定是有效地根据工程车的行驶状态和载货状态来进行，故与对比文件具有明显的区别。

至此，合议组认为本案事实已经清楚，可以作出审查决定。

**二、决定的理由**

复审请求人在2004年8月28日提交的权利要求书修改文本，符合专利法第三十三条及专利法实施细则第六十条的规定，可以作为本复审请求的审查依据，所以本决定以复审请求人在2004年8月28日提交的权利要求书、申请日提交的说明书及其附图作为审查基础。

专利法第二十二条第三款规定：创造性，是指同申请日以前已有的技术相比，该发明有突出的实质性特点和显著的进步，该实用新型有实质性特点和进步。

对比文件1和对比文件2均为本申请的申请日前公开的出版物，对本申请属于已有技术。

对比文件1公开了一种工程车辆的悬架系统，其中含有一液压油缸20；从对比文件1的附图2中可以看出，该液压油缸20包括：

一个带有纵向轴线的油缸壳，该油缸壳包括一个圆柱筒21，该圆柱筒21具有上下相对的两端（相当于权利要求1中描述的一个第一端和相对的第二端），圆柱筒21上端连接有一部件（相当于权利要求1中描述的连接于圆柱筒第二端的一个头部件16），在该头部件与标号201的液压缸上端之间有一筒状部件（相当于权利要求1中描述的导向件17）；

一个位于圆柱筒21内的可运动活塞22，以限定在圆柱筒内的上液压腔211和下液压腔212（相当于权利要求1中的第二液压腔和第一液压腔），活塞具有一个暴露于上液压腔的表面和一个暴露于下液压腔的表面，两表面具有相等的面积；

一个活塞杆23，从活塞下表面伸出、延伸穿过下液压腔并从圆柱筒的下端突出，该活塞杆23连接于第一连接装置31的外延部分（参见对比文件1说明书第4栏第32~37行）；

一个上杆214（相当于权利要求1中的导向杆），从活塞上表面伸出、延伸穿过上液压腔而进入导向件的内部，该上杆214具有与活塞杆相等的面积，并且该导向件连接于车架54（参见对比文件1说明书第4栏第32~37行）；

一个阀25位于液压通道中，其根据加速度传感器40的信号，选择地允许或禁止在上液压腔211与下液压腔212之间的液体运动（参见对比文件1说明书第4栏第38行至第6栏第23行）。加速度传感器40所测得的信号是由车身的倾斜力引起的，车身的倾斜显然与车辆的行驶状态和载货状态有关。因此，阀25根据加速度传感器40的信号进行控制，相当于根据车辆的行驶状态和载货状态进行控制。所以，对于复审请求人在2004年8月28日的意见陈述中强调的控制阀根据该工程车的行驶状态和载货状态中的至少之一进行控制属于明显区别的主张，合议组不能认同。

经过具体对比可知，权利要求1的下述特征没有被对比文件1公开：（1）液压油缸位于车轴与车架之间，以调节该车轴相对该车架的转动；（2）导向件通过螺纹连接于头部件；（3）有一个在液压通道中的蓄能器。

对于特征（1），其显然已在对比文件2中公开。对比文件2中的液压油缸30装于叉车的车架1与车轴3之间，所要解决的技术问题也同样是调节该车轴相对该车架的转动。在对比文件2的教导下，为解决相同的技术问题，所属领域技术人员将对比文件1所公开的油缸装于车架与车轴之间是显而易见的。

特征（2）显然属于机械领域的公知常识。螺纹联接是一种常见的连接方式，其可以调节连接长度的技术效果也是可以预知的。

对于特征（3），其显然属于液压机械领域的公知常识。蓄能器作为一种液压元件，其作用是储存液体压力能，工作需要时向系统补充能量，这是众所周知的。

可见，权利要求1与对比文件1和对比文件2以及公知常识所构成的现有技术相比，不具有突出的实质性特点和显著的进步，不符合专利法第二十二条第三款有关创造性的规定。

从属权利要求2引用权利要求1，其附加技术特征对液压通道进行了限定，但该技术特征也已经在对比文件1中公开。对比文件1中的液压通道213与权利要求2的附加技术特征描述的液压通道相同。所以，当权利要求2引用的权利要求1不具备创造性时，权利要求2也不具有突出的实质性特点和显著的进步，不符合专利法第二十二条第三款有关创造性的规定。

从属权利要求3引用权利要求2，其附加技术特征将阀限定为常闭电磁阀。在对比文件1中，阀25也是一种电磁阀（参见说明书第4栏第44行），在此基础上，具体选择电磁阀采用常开方式还是常闭方式仅属于一种常规选择，每种方式所产生的技术效果也是可以预知的。所以，当权利要求3引用的权利要求2不具备创造性时，权利要求3也不具有突出的实质性特点和显著的进步，不符合专利法第二十二条第三款有关创造性的规定。

综上所述，权利要求1~3相对于对比文件1和对比文件2以及公知常识的结合不具备创造性，不符合专利法第二十二条第三款的规定。

**三、决定**

维持国家知识产权局专利局实质审查部门于2003年6月13日对98103382.2号发明专利申请作

出的驳回决定。

如果复审请求人对本复审决定不服，可依据专利法第四十一条第二款的规定，在收到本决定之日起三个月内向北京市第一中级人民法院起诉。

# 常温保存汤圆案

## 复审请求审查决定（第5670号）

**决　定　号**　第5670号
**决　定　日**　2005年2月18日
**发明创造名称**　常温保存汤圆
**国际分类号**　B65D 81/02、81/20　A23L 1/01
**复审请求人**　张月琴
**申　请　号**　01120125.8
**申　请　日**　2001年7月5日
**公　布　日**　2003年2月5日
**合议组组长**　于　萍
**主　审　员**　连书勇
**参　审　员**　黄玉平

**法律依据**　专利法第三十三条、第二十二条第三款　专利法实施细则第二十条第一款
**决定要点**

复审请求人在复审程序中对权利要求书进行了修改。修改后的权利要求所限定的方法与原驳回决定所引用的对比文件所公开的方法明显不同，并且该对比文件也没有给出任何启示使得本领域技术人员能够获得本申请权利要求所限定的方法。因此，修改后的权利要求相对于该对比文件具备创造性。

**一、案由**

本复审请求案涉及申请号为01120125.8、发明名称为“常温保存汤圆”的发明专利申请，其申请日为2001年7月5日，申请人是张月琴。

在针对上述申请（下称本申请）的实质审查过程中，国家知识产权局专利局实质审查部门于2003年7月11日发出了第一次审查意见通知书，指出本申请的权利要求1~3不具备创造性，不符合专利法第二十二条第三款的规定。通知书中引用了一篇对比文件，即：

对比文件1：公开号为CN1105530A的发明专利申请公开说明书，公开日为1995年7月26日。

申请人于2003年8月5日提交了意见陈述书，在意见陈述书中陈述了本申请具备创造性的理由。

2003年10月10日，国家知识产权局专利局实质审查部门作出驳回决定，驳回的理由是本申请不符合专利法第二十二条第三款的规定。驳回决定所针对的文件是：2002年1月18日提交的说明书摘要，2002年1月18日提交的说明书第1~2页，2002年1月21日提交的说明书第3页，2002年1月18日提交的权利要求第1~3项。

申请人（下称复审请求人）对上述驳回决定不服，于2004年1月7日向专利复审委员会提出了复审请求。复审请求人在提出复审请求时没有对申请文件进行修改，因此其复审请求审查的文本即为驳回决定所针对的文本。其权利要求书如下：

“1. 一种常温保存汤圆，其特征在于：塑料袋真空常温保存汤圆。

2. 根据权利要求 1 所述，其特征在于：用本方法生产塑料薄膜包装熟汤圆。

3. 根据权利要求 1 所述，其特征在于：本方法可推广至所有面食食品。”

经形式审查合格后，专利复审委员会受理了该复审请求并成立了合议组进行审查。经合议，合议组于 2004 年 9 月 22 日发出了复审通知书，提出如下审查意见：

（1）复审请求人在实质审查阶段提交的修改文件中，2002 年 1 月 18 日提交的说明书第1 ~ 2 页和 2002 年 1 月 21 日提交的说明书第 3 页都存在修改超范围的问题，不符合专利法第三十三条的规定。

（2）权利要求 1 不具备创造性，不符合专利法第二十二条第三款的规定。

（3）权利要求 2 和权利要求 3 的保护范围不清楚，不符合专利法实施细则第二十条第一款的规定。

2004 年 10 月 24 日，复审请求人提交了意见陈述书，表示“说明书中的所有修改超范围的部分全部恢复为原始申请文件的说明书”，同时还提交了权利要求书的修改替换页。

2005 年 1 月 27 日，复审请求人再次提交意见陈述书，表示“把说明书恢复为原始申请文件”，同时对权利要求书作了进一步的修改。

修改后的权利要求书如下：

“1. 一种常温保存汤圆的制作方法，包括下面步骤：

先用塑料薄膜把汤圆分个包上，塑料薄膜上方开口，并留有余地，然后把它们分个装入用薄金属作的无底小容器，此容器上下一样粗，形状不限，略高于汤圆，然后放入笼里蒸熟，待蒸熟后打开笼盖，关火，然后逐个把高出的薄膜紧贴汤圆折叠，盖住汤圆，并连同金属容器，一起逐个倒置入另一较大较厚的塑料袋，此较大塑料袋底端封口，放这些装汤圆的小金属容器时要互相紧贴，直至水平把塑料袋装满，此塑料袋放入另一无底的薄金属模具，此模具粗细与塑料袋接近，不能粗于塑料袋，上下一样粗，形状不限，高度不低于汤圆高度，再把小容器抽出，然后把大塑料袋抽真空，并封住上口，置入蒸笼里进行高温灭菌，待冷却后取掉模具，整个塑料袋真空包装，高温灭菌汤圆就出来了。

2. 权利要求 1 所述的方法，适用于所有因软不易成型，以及在加热时变软，膨胀而不易成型的食品。”

至此，复审请求人请求审查的文本是 2005 年 1 月 27 日提交的权利要求书和其请求恢复到原始说明书的说明书。合议组在此基础上进行了审查，认为本案事实已经清楚，可以作出审查决定。

**二、决定的理由**

1. 关于审查文本

专利法第三十三条规定：申请人可以对其专利申请文件进行修改，但是，对发明和实用新型专利申请文件的修改不得超出原说明书和权利要求书记载的范围，对外观设计专利申请文件的修改不得超出原图片或者照片表示的范围。

针对复审通知书中指出的说明书修改超范围的问题，复审请求人已经于 2005 年 1 月 27 日提出将说明书恢复为原始申请文件，自然克服了修改超范围的问题，并且，其于 2005 年 1 月 27 日提交的权利要求书修改文本也符合专利法第三十三条及专利法实施细则第六十条的规定，可以接受。本决定以复审请求人 2005 年 1 月 27 日提交的权利要求书、申请日提交的说明书为审查基础。

2. 关于权利要求的保护范围是否清楚的问题

专利法实施细则第二十条第一款规定：权利要求书应当说明发明或者实用新型的技术特征，清楚、简要地表述请求保护的范围。

针对复审通知书中指出的权利要求 2 和权利要求 3 的类型不清楚以及其中的“本方法”含糊不

清的问题，复审请求人已经对权利要求书进行了修改。修改后的权利要求1和权利要求2类型清楚，均为方法权利要求，并且清楚地记载了方法步骤，克服了复审通知书中指出的权利要求中的不清楚的问题。

3. 关于权利要求的创造性问题

专利法第二十二条第三款规定：创造性，是指同申请日以前已有的技术相比，该发明具有突出的实质性特点和显著的进步，该实用新型具有实质性特点和进步。

对比文件1是在本申请的申请日之前公开的现有技术，其公开的是一种速食水饺及其生产工艺，其将常规制成的水饺装入复合材料包装袋中后进行真空包装，然后进行高压、高温熟化灭菌，其保存期常温下可达一年。

针对复审通知书中指出的权利要求1相对于对比文件1不具备创造性的问题，复审请求人修改了权利要求。修改后的权利要求1请求保护的是“一种常温保存汤圆的制作方法”，并记载了该方法的具体步骤。修改后的权利要求1与对比文件1的区别不仅在于食品种类的区别，更重要的在于方法本身的显著区别。对比文件1中对水饺的熟化和灭菌是在一次加热过程中完成的，并且是在抽真空之后。本申请权利要求1中对汤圆的熟化和灭菌是在两次加热过程中完成的，熟化是在抽真空之前，灭菌是在抽真空之后，并且制作过程中还伴随有小模具和大模具的使用，这样就解决了汤圆这种加热时易膨胀变形的食品的真空常温保存问题。可见，对比文件1公开的方法与本申请权利要求1的方法明显不同，并且也没有给出任何启示使得本领域技术人员能够获得本申请权利要求1的方法。因此，权利要求1相对于对比文件1具有突出的实质性特点和显著的进步，符合专利法第二十二条第三款有关创造性的规定。

修改后的权利要求2请求保护的是权利要求1所述的方法在所有因软不易成型以及在加热时变软、膨胀而不易成型的食品上的应用，除了食品对象之外，其具有权利要求1所述方法的全部技术特征。因此，权利要求2相对于对比文件1也具有突出的实质性特点和显著的进步，符合专利法第二十二条第三款有关创造性的规定。

综上所述，本申请的修改后的权利要求书克服了原驳回决定指出的权利要求不具备创造性的缺陷，也克服了复审通知书中指出的其他缺陷。

**三、决定**

撤销国家知识产权局专利局实质审查部门2003年10月10日对01120125.8号发明专利申请作出的驳回决定，由原实质审查部门在复审请求人于2005年1月27日提交的权利要求书和申请日提交的说明书的基础上继续进行审批程序。

# 带卷绕补偿的卷起式车窗遮阳帘案

## 复审请求审查决定（第5675号）

**决　定　号**　第5675号
**决　定　日**　2005年2月22日
**发明创造名称**　带卷绕补偿的卷起式车窗遮阳帘
**国际分类号**　B60J 3/00　E06B 9/40
**复审请求人**　博斯股份有限两合公司
**申　请　号**　01139301.7
**申　请　日**　2001年11月22日
**优 先 权 日**　2000年11月22日
**公　开　日**　2002年6月19日
**合议组组长**　陈海平
**主　审　员**　宋鸣镝
**参　审　员**　魏　屹

**法律依据**　专利法第二十二条第三款
**决定要点**

如果对比文件与专利申请的技术方案所要解决的是不同的技术问题，它们所采用的也是不同的技术手段，并且还有某个技术特征未在对比文件中公开，同时该技术特征也不是本领域中的公知常识，那么可以认定包含该技术特征的技术方案相对于这些对比文件来说具备创造性。

### 一、案由

本复审请求案涉及申请日为2001年11月22日、优先权日为2000年11月22日、名称为“带卷绕补偿的卷起式车窗遮阳帘”的发明专利申请（下称本申请），其申请号为01139301.7，申请人是博斯股份有限两合公司。

经实质审查，国家知识产权局专利局实质审查部门于2004年2月27日驳回了本申请，驳回的理由是本发明不符合专利法第二十二条第三款关于创造性的规定。实质审查中所引用的对比文件为：对比文件1（US-5201810A，公开日为1993年4月13日）和对比文件2（EP-0775605A1，公开日为1997年5月28日）。驳回决定所针对的权利要求书是申请人于2003年9月30日提交的修改文本，其中包括独立权利要求1和从属权利要求2~17，独立权利要求1全文如下：

“1. 一种用于调节通过车窗进入汽车内部的光线的卷起式车窗遮阳帘（12），特别是后窗的卷起式遮阳帘，具有至少一个以可转动方式支承的卷轴（23）；具有至少一个车窗遮阳帘幅面料（35），其沿卷轴（23）的一个边缘固定，与前者平行的边缘与相关的牵引杆（37）相连，且它具有纵向侧边缘，其中在该车窗遮阳帘幅面料的展开的过程中，该牵引杆（37）相对于卷轴（23）具有一标准位置，它是车窗遮阳帘幅面料（35）的位置的函数，且其中不出现横向张力；具有至少一对导向装置（13），各自在展开的车窗遮阳帘幅面料（35）侧边侧向延伸，且各自包含至少一个导槽（19），其中导引牵引杆（37）的端部；具有一驱动机构（45），其有第一和第二驱动件（56、57），它们布置为第一驱动件（56）的工作端与牵引杆（37）的一端一起作用，且第二驱动件（57）的工作端与牵引杆（37）的另一端一起作用，和具有补偿装置（22、66、71），配备它们是为了至少减小由于驱动件（56、57）脱离标准位置所造成的牵引杆（37）的位移。”

驳回决定的主要观点是：对比文件1公开了车窗遮阳帘中“具有卷轴、幅面、导向装置和驱动装置”的技术特征，对比文件2公开了车窗遮阳帘中“具有补偿装置”的技术特征，对比文件1和对比文件2公开了权利要求1中的全部技术特征，因此该独立权利要求1不具备创造性；从属权利要求2和从属权利要求5～12中的技术特征要么是本发明所要实现的功能，要么是被对比文件1或对比文件2所公开，因此从属权利要求2和从属权利要求5～12也不具备创造性。

申请人博斯股份有限两合公司（下称复审请求人）不服上述驳回决定，于2004年6月14日向专利复审委员会提出了复审请求。复审请求人在复审请求中认为：本申请的权利要求1～17所请求保护的技术方案相对于对比文件1和对比文件2具备创造性，符合专利法第二十二条第三款的规定。复审请求人在复审请求时未对申请文本作任何修改。

经形式审查合格，专利复审委员会于2004年6月29日受理了此复审请求，并成立合议组对此案进行审查。

经过合议，合议组认为本案事实已经清楚，可以作出复审决定。

**二、决定的理由**

本复审决定所针对的文本是申请人于2003年9月30日提交的权利要求第1～17项、说明书第1～10页和于申请日提交的说明书附图第1～6页。

专利法第二十二条第三款规定：创造性，是指同申请日以前已有的技术相比，该发明有突出的实质性特点和显著的进步，该实用新型有实质性特点和进步。

发明是否具有突出的实质性特点，是指该发明相对于现有技术，对所属技术领域的技术人员来说，是否是非显而易见的；发明是否具有显著的进步，是指该发明与最接近的现有技术相比是否能够产生有益的技术效果。

在本案中，对比文件1（US5201810A）为美国专利文献，其公开日为1993年4月13日，对比文件2（EP0775605A1）为欧洲专利文献，其公开日为1997年5月28日。它们的公开日均早于本案专利申请的优先权日，它们属于公开出版物，并且合议组已经核实了它们的真实性，它们可以作为评价本案专利申请创造性的现有技术。

1. 关于本申请的权利要求1的创造性

本申请的权利要求1全文如下：

“1. 一种用于调节通过车窗进入汽车内部的光线的卷起式车窗遮阳帘（12），特别是后窗的卷起式遮阳帘，具有至少一个以可转动方式支承的卷轴（23）；具有至少一个车窗遮阳帘幅面料（35），其沿卷轴（23）的一个边缘固定，与前者平行的边缘与相关的牵引杆（37）相连，且它具有纵向侧边缘，其中在该车窗遮阳帘幅面料的展开的过程中，该牵引杆（37）相对于卷轴（23）具有一标准位置，它是车窗遮阳帘幅面料（35）的位置的函数，且其中不出现横向张力；具有至少一对导向装置（13），各自在展开的车窗遮阳帘幅面料（35）侧边侧向延伸，且各自包含至少一个导槽（19），其中导引牵引杆（37）的端部；具有一驱动机构（45），其有第一和第二驱动件（56、57），它们布置为第一驱动件（56）的工作端与牵引杆（37）的一端一起作用，且第二驱动件（57）的工作端与牵引杆（37）的另一端一起作用，和具有补偿装置（22、66、71），配备它们是为了至少减小由于驱动件（56、57）脱离标准位置所造成的牵引杆（37）的位移。”

本申请属于“卷起式车窗遮阳帘”这一技术领域，其所要解决的技术问题是：准确调节导引车窗遮阳帘幅面料牵引杆端部的导轨中的插入件十分困难，因而使得车窗遮阳帘牵引杆的运动很难准确平行于卷起式遮阳帘，这样将会使得该车窗遮阳帘的幅面料拉斜，造成在展开的车窗遮阳帘的幅面料上出现斜向延伸的波纹的现象（参见本申请说明书第1页第10~16行）。本申请权利要求1中的技术特征“具有补偿装置（22、66、71），配备它们是为了至少减小由于驱动件（56、57）脱离标准位置所造成的牵引杆（37）的位移”正是解决上述现有技术中所存在的技术问题的技术特征，具有该补偿装置，可以自动地消除或减小牵引杆脱离相应的标准位置的错位，使得在车窗遮阳帘幅面料上不造成明显的波纹形成（参见本申请说明书第2页第11~13行），可见包含该技术特征的权利要求1所请求保护的技术方案能够产生有益的技术效果。

对比文件1公开了一种辊子形的汽车后风挡遮板（参见对比文件1的附图1~6和说明书第3栏45行至第4栏68行，相当于本申请中的卷起式遮阳帘），该后风挡遮板包含弹簧加载的牵引器（参见附图标记11，相当于本申请中的卷轴）和卷绕在该牵引器上的屏幕层（参见附图标记12，相当于本申请中的车窗遮阳帘幅面料），屏幕层的一个边缘固定在牵引器上，另一个边缘与拉杆（参见附图标记13，相当于本申请中的牵引杆）相连接，在屏幕层的展开过程中，拉杆基本平行于牵引器（相当于本申请中的标准位置）；该后风挡遮板还包含一对管状导向件（参见附图标记14，相当于本申请中的导向装置），它们在屏幕层的侧边侧向延伸，其上具有滑块（参见附图标记17，该滑块与本申请中的导槽虽然是不同的结构形式，但对于所起到的导向作用来看，它们却是本领域中惯用手段的直接置换）导引拉杆的端部；该后风挡遮板还包含驱动装置（参见附图标记15，相当于本申请中的驱动机构），其具有一对柔性框架件（参见附图标记18a和18b，相当于本申请中的第一和第二驱动件），该柔性框架件通过滑块分别作用于拉杆的两端上。对比文件1所公开的该汽车后风挡遮板与本申请权利要求1所请求保护的卷起式车窗遮阳帘相比，其区别在于没有减小由于驱动件脱离标准位置所造成的牵引杆位移的补偿装置。

对比文件1与本申请同属于“卷起式车窗遮阳帘”这一技术领域，但其所要解决的技术问题是：当使用正形屏幕层来遮挡具有弧形边界或弧形车窗框架的车窗时，由于车窗的边缘通常情况下不是直的，因而刚性拉杆不能自行调节来适应车窗的边缘，这样就在车窗的边缘和拉杆之间产生有未被屏幕层遮挡的间隙。如果在汽车后风挡玻璃的上边缘和辊子形的拉杆之间存在有间隙，将会有阳光穿过这里的间隙而射到乘客车厢中，从而不能有效地遮挡阳光（参见对比文件1的说明书第1栏第56~68行）。在该对比文件1中，解决上述技术问题所采取的技术手段是：在展开屏幕层行程的末尾时，通过限制可伸缩的拉杆进一步收缩的程度，使得拉杆产生弯曲变形，从而来适应车窗上边缘的弯曲形状，以达到有效地遮挡阳光的目的。

对比文件2公开了一种遮阳板窗帘（参见对比文件2说明书的第3栏第38~53行、第4栏第24~32行和附图1~6），该窗帘包含一个壳盒（参见附图标记1），从该壳盒中引出有一个帘布（参见附图标记2，相当于本申请中的车窗遮阳帘幅面料），在帘布的引出端部设置有一个拉紧杆（参见附图标记3，相当于本申请中的牵引杆），该壳盒还包含一个支承件（参见附图标记4）以及设置在壳盒内部的由马达（参见附图标记5）驱动的圆柱体（参见附图标记5a，相当于本申请中的卷轴），所述帘布卷绕在该圆柱体上，由脚座连杆（参见附图标记7）和头部连杆（参见附图标记8）组成的回转连接杆（参见附图标记6）以铰接的形式将拉紧杆和支承件连结起来，脚座连杆围绕轴（参见附图标记9）铰接到支承件上，而头部连杆则围绕轴（参见附图标记10）铰接到拉紧杆上，其中的铰接轴（9）是这样设置的：铰接轴（9）由枢轴（参见附图标记11、15）支承，该枢轴围绕轴（参见附图标记12、12a、14）可转动地安装在支承件上，轴（12、12a、14）与铰接轴（9）垂直相交，此外支承件还包含一个凸轮（参见附图标记13、13a），在展开帘布行程的末尾时，该凸轮与脚座连杆相接触。对比文件2所公开的该遮阳板窗帘与本申请权利要求1所请求保护的卷起式车窗遮阳帘相比，其区别在于窗帘的展开机构不同，并且也没有减小由于驱动件脱离标准位置所造成的牵引杆位移的补偿装置。

对比文件2与本申请同属于“卷起式车窗遮阳帘”这一技术领域，但其所要解决的技术问题是：在遮阳窗帘展开的位置状态下，遮阳窗帘应尽可能地贴合其遮光车窗的弯曲形状，而在现有技术中采用具有弯曲拉杆的窗帘时，壳盒的出口缝隙较大并且帘布的应力也较大，而在另一种现有技术中采用具有特殊形状的窗帘时，取出窗帘的作用力和拉杆的弯曲力均较大，这将导致一些机构的过早磨损。此外，由于窗帘遮光罩、拉杆与车窗的接触不仅仅发生在展开结束时，这将造成有较大的噪声和摩擦（参见对比文件2说明书的第1栏第20～53行）。在该对比文件2中，解决上述技术问题所采取的技术手段是：在展开帘布行程的末尾时，凸轮与脚座连杆相接触，这使得回转连接杆相对于支承件发生旋转，并使得拉紧杆产生弯曲变形，从而实现仅在展开结束时帘布、拉紧杆与车窗相接触的目的。

由此可见，对比文件1、对比文件2与本申请所要解决的是不同的技术问题，它们采用的是不同的技术手段，并且在对比文件1和对比文件2中均没有减小由于驱动件脱离标准位置所造成的牵引杆位移的补偿装置，即对比文件1和对比文件2中均没有公开本申请权利要求1中的“具有补偿装置（22、66、71），配备它们是为了至少减小由于驱动件（56、57）脱离标准位置所造成的牵引杆（37）的位移”这一技术特征，故原驳回决定中对“对比文件2公开了车窗遮阳帘中‘具有补偿装置’的技术特征”事实的认定不正确。因此，对比文件1或对比文件2或它们的结合均不能破坏本申请的权利要求1的创造性，即本申请的权利要求1具备创造性。

2. 关于本申请的从属权利要求2～17的创造性

本申请的权利要求2～17分别直接或间接从属于权利要求1，在权利要求1具备创造性的前提下，从属权利要求2～17同样具备创造性。

**三、决定**

撤销国家知识产权局专利局原实质审查部门于2004年2月27日针对01139301.7号专利申请所作出的驳回决定，以复审请求人于2003年9月30日提交的权利要求第1～17项、说明书第1～10页和于申请日2001年11月22日提交的说明书附图第1～6页为基础，由原实质审查部门继续进行审查程序。

017

# 动力放大方法案

## 复审请求审查决定（第5677号）

**决 定 号** 第5677号
**决 定 日** 2005年2月22日
**发明创造名称** 动力放大方法
**国际分类号** F15D 1/00
**复审请求人** 吴南生
**申 请 号** 00130803.3
**申 请 日** 2000年11月17日
**公 开 日** 2001年4月25日
**合议组组长** 陈海平
**主 审 员** 陈 勇
**参 审 员** 魏 屹

**法律依据** 专利法第二十二条第四款
**决定要点**
明显违反能量守恒定律的技术方案不具备实用性。

### 一、案由

本复审请求涉及申请号为00130803.3、名称为“动力放大方法”的发明专利申请，其申请人为吴南生。本申请的申请日为2000年11月17日，公开日为2001年4月25日。本申请的权利要求书如下：

1. 一种动力放大方法，其特征在于：它是在管道或通道里流动的如液体或气体等的流体，在流过特定几何形状的管道或者通道时，在该特定几何形状的管道或者通道的出口能实现动力放大；该特定几何形状的管道或者通道是入口端横截面积大、出口端横截面积小、其侧面为如锥体侧面那样的倾斜侧面，其横截面为中间或其他部分有一小孔洞，外面为圆形或其他几何形状的环形状，其纵截面图为梯形，梯形的两腰可以为光滑曲线，其侧面倾斜角为α角，倾斜角可以各处不一样，该特定几何形状的管道或通道在出口处的动力放大关系，即定量建立起流体由S面流入，经倾斜侧面，由S′面流出的动力放大倍数；考虑稳定流动情况且不计摩擦力，设S面处流体的压强为P，S′面处流体的压强为P′，S′面处的压力来源于两部分：一部分为由S面的压力直接传递过来的压力PS′，另一部分为压力P（S－S′）沿平行倾斜面的分压力P（S－S′）cosα；即S′面处的压力F′为

$$F' = PS' + P(S-S')\cos\alpha = PS\cos\alpha + PS'(1-\cos\alpha) = F\cos\alpha + PS'(1-\cos\alpha) \quad (1)$$

式（1）中F＝PS为S面处的压力；

S′面的压强 $P' = \frac{F'}{S'} = P\frac{S}{S'}\cos\alpha + P(1-\cos\alpha)$ (2)

对于稳定流动的流体来说，有 SV = S′V′（V 和 V′分别为 S 面处和 S′面处的流速）；以 $V' = \frac{S}{S'}V$ 乘以式（1）的两边得：

$$F'V' = F\frac{S}{S'}V\cos\alpha + P\frac{S}{S'}VS'(1-\cos\alpha)$$

$$W' = W\frac{S}{S'}\cos\alpha + W(1-\cos\alpha)$$

$$= W\left[\frac{S}{S'}\cos\alpha + (1-\cos\alpha)\right] \quad (3)$$

式（3）中 W′ = F′V′为 S′面处流体的功率 - 称为输出功率；W = FV 为 S 面处流体的功率 - 称为输入功率；$\frac{S}{S'}\cos\alpha + (1-\cos\alpha)$ 称为动力放大因子；可以证明：两个这种特定几何形状的动力装置并联所产生的动力为每个动力装置产生的单个动力之和；两个这种特定几何形状的动力装置串联所生产的动力放大因子为这两个动力放大装置产生的动力放大因子之乘积。

国家知识产权局专利局原实质审查部门在发出第一次审查意见通知书后，于 2003 年 11 月 21 日作出驳回决定。驳回的理由是：“本申请记载的内容违背了能量守恒定律的自然法则，致使该权利要求 1 要求保护的技术方案不能实现，因此不符合专利法第二十二条第四款关于实用性的规定”。

申请人（下称复审请求人）对上述驳回决定不服，于 2004 年 1 月 1 日向专利复审委员会提出复审请求，由于复审请求人在提出复审请求时没有对申请文件进行修改，故目前的审查文本即为驳回决定所依据的文本，即申请日提交的说明书摘要、摘要附图、说明书第 1 ~5 页和附图第 1 ~3 页以及权利要求第 1 项。专利复审委员会依法于 2004 年 5 月 24 日受理了该复审请求，并成立合议组对本案进行审查。

经初步审理，合议组认为原驳回决定中驳回该申请所依据的法律条款是正确的，并于 2004 年 11 月 5 日发出复审通知书将合议组的上述意见通知复审请求人。

复审请求人于 2004 年 11 月 21 日针对上述复审通知书提交了意见陈述书并进行了答复，坚持认为：动能可以放大，本申请符合专利法第二十二条第四款的规定，并且提交了《江西省计量测试研究院测试报告》和《动力放大方法专利可行性研究报告》；并于 2004 年 11 月 25 日提交了一张《动力放大装置》的图纸。

合议组经审查认为本申请事实已经清楚，可以对本案作出复审决定。

**二、决定的理由**

专利法第二十二条第四款规定：实用性，是指该发明或者实用新型能够制造或者使用，并且能够产生积极效果。

审查指南第二部分第五章第 3. 2. 2 节规定：具有实用性的发明或者实用新型专利申请应当符合自然规律。违背自然规律的发明或者实用新型专利申请是不能实施的，因此，不具备实用性。

本申请涉及一种动力放大方法，复审请求人在说明书和权利要求 1 所述的技术方案中，认为管道或通道里流动的流体，在流过特定几何形状的管道或者通道时，在该特定几何形状的管道或者通道的出口实现动力放大，也就是出口处的流体功率大于入口处的流体功率，即输出功率大于输入功率。专利复审委员会本案合议组认为：根据能量守恒定律，在稳定流动且不计摩擦力的理想状态下，管道出口的流体功率应该等于入口的流体功率；而在实际工况下，由于流体在管道内流动时会与管壁发生摩擦以及流体内部损耗等因素的存在，流体在出口处的功率应该小于入口处的功率。因此，本申请记载的内容显然违背了能量守恒定律，不能被实施，因此不具备实用性，不符合专利法第二十二条第四款的规定。

**三、决定**

维持国家知识产权局专利局原实质审查部门于2003年11月21日对本申请作出的驳回决定。

如对本复审请求审查决定不服，根据专利法第四十一条第二款的规定，复审请求人可以自收到本决定之日起三个月内向北京市第一中级人民法院起诉。

# 土力发电和水土保持案

## 复审请求审查决定（第5680号）

**决　定　号**　第5680号
**决　定　日**　2005年2月24日
**发明创造名称**　土力发电和水土保持
**国际分类号**　F03G 3/04
**复审请求人**　马瑞志
**申　请　号**　00100881.1
**申　请　日**　2000年2月18日
**公　开　日**　2000年8月23日
**合议组组长**　陈海平
**主　审　员**　崔　峥
**参　审　员**　魏　屹

**法律依据**　专利法第二十二条第三款
**决定要点**

如果所属技术领域的技术人员在现有技术的启示和教导下，根据其所知晓的技术常识并按常规方式对现有技术所公开的技术方案进行具有预计效果的改变和/或等同替代从而得出本发明的技术方案，则该发明不具备创造性。

**一、案由**

本复审请求涉及申请号为00100881.1、名称为“土力发电和水土保持”的发明专利申请。申请人为马瑞志。本申请的申请日为2000年2月18日，公开日为2000年8月23日。

本发明专利申请于申请日提交的权利要求书如下：

“1. 一种土力发电和水土保持的方法，其特征在于：在黄土或其他土质碎屑沉积物分布地区，在侵蚀残余地形的边坡或陡壁上安置装有土轮机系统的发电机1，并在土轮机转轮2的上方和下方分别安设上土流装置3和下土流装置4，利用人工或机械连续不断地将上土流装置3顶端以上的黄土或其他土质碎屑沉积物挖掘下来，让其通过上土流装置3向下流动降落，当土流流到上土流装置3的下端出口时，土流便冲击土轮机系统转轮2上的叶片5，使转轮2发生持续转动，从而带动发电机1的转子转动以发出电能，然后，土流沿着下土流装置4流动或降落到低洼处，在发电过程中或随后，将上挖方区7及下堆方区8整理成平整的或其他形状的生产生活用地。

2. 按照权利要求1所述的方法，其特征在于将所述的发电机1换成其他类型靠轴轮系统转动而做功的机械装置来直接进行生产。”

国家知识产权局专利局原实质审查部门于2003年7月11日发出第一次审查意见通知书，指出本发明专利申请权利要求1和权利要求2相对于对比文件1（CA2219063A，公开日为1998年1月24

日）不具备专利法第二十二条第三款规定的创造性。

申请人于2003年11月7日提交了意见陈述书，认为：本发明专利申请权利要求1所要求保护的技术方案与对比文件1所公开的技术内容具有两点相同之处，（1）都是利用高处物质碎屑降落时产生的动能做功。（2）都是使碎屑物质冲击转轮机的叶片来推动中心工作轴转动，从而带动关联机器工作。但对比文件1的发明名称为“重力马达”，且说明书中只字未提该重力马达与发电有任何关系。而且，两者的具体技术方案有根本差别：①利用的物料类型不同，对比文件1所公开的重力马达装置只能使用碎石和砂、砾等一类无粘滞性的物料，不能使用黄土；②物料的利用方式不同，对比文件1所公开的重力马达装置只能使碎屑物料沿竖直管道30、34做自由落体式降落，而权利要求1中的上土流装置可沿山坡布置，使土流在其上流动降落，它可以按需要做得任意长；③发明意义和效果不同，权利要求1的土流做功路程长，远大于对比文件1，前者冲击土轮机叶片的瞬时动能是后者的许多倍。另外，本申请权利要求1所要求保护的技术方案对治理和改造黄土高原部分恶劣环境有重大创新意义。因此，本发明专利申请权利要求1和权利要求2具有突出的实质性特点和显著的进步，具备创造性。

国家知识产权局专利局原实质审查部门于2004年2月13日发出驳回决定，驳回了本发明专利申请，其理由是：本发明专利申请权利要求1与对比文件1所公开的技术内容相比，其区别仅在于“利用该系统进行发电，且在发电过程中或随后，将上挖方区及下堆方区整理成平整的或其他形状的生产生活用地”，然而这种区别是一种公知常识。另外，对比文件1中重力马达所使用的碎石、沙砾等为土屑的一种形式。因此，在对比文件1的基础上结合上述公知常识以获得权利要求1所要求保护的技术方案，对所属技术领域的技术人员来说是显而易见的，因此，权利要求1不具备专利法第二十二条第三款规定的创造性。从属权利要求2限定部分的附加技术特征亦为本领域的公知技术，因此，权利要求2也不具备专利法第二十二条第三款规定的创造性。

申请人（下称复审请求人）对上述驳回决定不服，于2004年5月12日向专利复审委员会提出了复审请求。在复审请求书中，复审请求人认为：对比文件1并没有公开本发明专利申请权利要求1中的“土力发电方法”、“土轮机系统”、“上土流装置”和“下土流装置”，而且，黄土与碎石、沙砾不同，对比文件1的重力马达装置不能使用黄土。另外，驳回决定没有遵循听证原则。

专利复审委员会于2004年5月31日依法受理了该复审请求，同时成立合议组对本案进行审理。

合议组于2004年12月6日向复审请求人发出复审通知书，指出：

对比文件1公开了一种重力马达（20），参见对比文件1的附图1~3和附图6及说明书第2页第23行至第3页第20行以及说明书第4页第5~15行中相应的文字说明。该重力马达可将位于一定高度的物料碎屑（39）所具有的势能转换为动能。该马达包括螺旋输送装置（22）、分配管（23）、料斗（26）、第一溜槽（30）、第二溜槽（34）、设置在支承结构（40）上并带有叶片（36）的转轮（38）、转子（46）和输出齿轮（48）。工作时，通过输入输送机（21）输送来物料碎屑（39），并使物料碎屑（39）落入重力马达的螺旋输送装置（22），并经分配管（23）、料斗（26）、第一溜槽（30）和第二溜槽（34）落在叶片（36）上，从而带动叶片旋转，并通过转轮（38）带动转子（46）旋转，并进而带动输出齿轮（48）旋转，输出齿轮（48）与机器设备例如发电机相连，从而可带动该机器设备例如发电机进行工作。而从叶片落下的物料碎屑（39）落在输出输送机（50）上，并由输出输送机（50）输送走。

在对比文件1中，重力马达（20）中的螺旋输送装置（22）、分配管（23）、料斗（26）、第一溜槽（30）和第二溜槽（34）用于在重力马达内对物料碎屑进行输送和引导，它们共同构成了物料碎屑（39）落到转轮叶片上的输送导引装置。

因此，对比文件 1 中的重力马达（20）相当于本专利申请权利要求 1 中的土轮机系统，而对比文件 1 中的输入输送机（21）、输出输送机（50）、转轮（38）、叶片（36）、与输出齿轮（48）相连的发电机则分别相当于本专利申请权利要求 1 中的上土流装置（3）、下土流装置（4）、转轮（2）、叶片（5）和发电机（1）。

因此，本专利申请权利要求 1 所限定的技术方案与对比文件 1 所公开的上述技术方案相比，其区别仅在于：两者采用的工作介质也就是物料的类型不同。另外，在权利要求 1 中，将整个系统沿侵蚀残余地形的边坡或陡壁进行布置，并在发电过程中或随后，将上挖方区和下堆方区整理成平整的或其他的生产生活用地。

虽然，在对比文件 1 中，采用物料碎屑例如矿物碎屑作为工作介质，但显然作为一种丰富并且廉价的资源的黄土或其他土质碎屑，在对比文件 1 没有排斥将黄土或其他土质碎屑作为物料碎屑的情况下，本领域技术人员没有任何理由会不选择将其作为工作介质，也就是，会自然而然地去考虑选择它作为工作介质。另外，复审请求人在 2003 年 11 月 7 日提交的意见陈述书和 2004 年 5 月 12 日提交的复审请求书中认为由于黄土具有潮湿性和粘滞性，容易在重力马达中发生滞留和堵塞，因此对比文件 1 中的重力马达不能采用黄土或其他土质碎屑作为工作介质。但在对比文件 1 说明书第 7 页第 1 ~ 3 行中，就明确说明为了使物料碎屑在工作过程中不产生太多的尘土，可提高物料碎屑的湿度。因此，对比文件 1 的重力马达不能采用黄土或其他土质碎屑作为工作介质的观点不能成立。

另外，在对比文件 1 已公开了可利用物料碎屑通过上述重力马达将物料碎屑的势能转换为动能并带动发电机进行发电的技术教导下，将对比文件 1 所公开的上述重力马达系统沿物料碎屑丰富、易取的侵蚀残余地形的边坡或陡壁进行布置，在边坡或陡壁的高处取料，同时将用过的物料碎屑顺势填入到低洼地区，并整理成平整的土地，对于本领域技术人员来说，根据其所应具有的本技术领域的普通常识以及生活常识，作出这种安排，并不需要付出创造性的劳动，因此，本专利申请权利要求 1 所限定的技术方案相对于对比文件 1 所公开的技术方案不具有突出的实质性特点和显著的进步，因而不具备专利法第二十二条第三款规定的创造性。

从属权利要求 2 进一步限定了转轮（2）可与其他的轴轮系统相连，带动轴轮系统做功来进行生产，显然这也已被对比文件 1 所公开。因此，在权利要求 1 不具备创造性的情况下，该权利要求也不具备专利法第二十二条第三款规定的创造性。

另外，复审请求人在 2003 年 11 月 7 日提交的意见陈述书中认为：由于本专利申请权利要求 1 的土流做功路程远大于对比文件 1，所以前者冲击土轮机叶片的瞬时动能是后者的许多倍。该观点也不能成立，因为根据能量守恒定律，土流冲击叶片的瞬时动能应等于土流从高处（向下流动的起始点）到叶片处的势能减少量，也就是与高处（向下流动的起始点）到叶片处的垂直高度有关，而与其路程的长短无关。另外，考虑到摩擦会损失能量，因此，在垂直高度一定的情况下，流动的路程越长，则土流冲击叶片的瞬时动能应越小。

复审请求人于 2005 年 1 月 10 日提交了意见陈述书，其主要观点为：（1）对比文件 1 中的输入输送机（21）、输出输送机（50）不同于本专利申请权利要求 1 中的上土流装置（3）、下土流装置（4）；（2）“只有干燥的黄土（自然界中少见，没有利用价值），才有可能成为对比文件 1 所述装置可以采用的工作介质”，“对比文件 1 没有使用、不能使用、也根本没有考虑要使用黄土作为工作介质”；（3）“权利要求 1 中的上土流装置可沿山坡布置，它可以按需要做得任意长，做功路程远大于对比文件 1，所以前者冲击土轮机叶片的瞬时动能是后者的许多倍”；（4）物料的利用方式不同，对比文件 1 所公开的重力马达装置“使物料碎屑做自由落体式降落来实现能量转换”，“不可能解决使黄土沿侵蚀残余地形的边坡或陡壁向下流动降落的技术问题”；（5）发明的技术领域、意义和效果不同；(6)“原驳回决定没有遵循听证原则”。

在上述程序的基础上，合议组认为本案事实已经清楚，可以作出本决定。

**二、决定的理由**

1. 关于听证原则

国家知识产权局专利局原实质审查部门于2004年2月13日发出驳回决定之前，于2003年7月11日以第一次审查意见通知书的形式已将驳回决定所涉及的事实、证据、理由及法律依据通知了复审请求人，并给予其陈述意见的机会。因此，原驳回决定是在遵循听证原则的基础上作出的。

2. 关于创造性

专利法第二十二条第三款规定：创造性，是指同申请日以前已有的技术相比，该发明具有突出的实质性特点和显著的进步。

对比文件1的公开日为1998年1月24日，早于本发明专利申请之申请日2000年2月18日。因此，对比文件1已构成本发明专利申请的现有技术，可以用于评价本发明专利申请权利要求1和权利要求2所限定技术方案的创造性。

本发明的目的是提供一种土力发电和水土保持方法，其利用从上挖方区挖出的土的重力，带动土轮机转轮旋转，从而带动发电机转子转动进行发电，同时使土流落到低洼处，也就是下堆方区，并将上挖方区和下堆方区整理成平整的或其他的生产生活用地。

对比文件1公开了一种重力马达（20），该重力马达可将位于一定高度的物料碎屑（39）所具有的势能转换为动能。该马达包括螺旋输送装置（22）、分配管（23）、料斗（26）、第一溜槽（30）、第二溜槽（34）、设置在支承结构（40）上并带有叶片（36）的转轮（38）、转子（46）和输出齿轮（48）。工作时，通过输入输送机（21）输送来物料碎屑（39），并使物料碎屑（39）落入重力马达的螺旋输送装置（22），并经分配管（23）、料斗（26）、第一溜槽（30）和第二溜槽（34）落在叶片（36）上，从而带动叶片旋转，并通过转轮（38）带动转子（46）旋转，并进而带动输出齿轮（48）旋转，输出齿轮（48）与机器设备例如发电机相连，从而可带动该机器设备例如发电机进行工作。而从叶片落下的物料碎屑（39）落在输出输送机（50）上，并由输出输送机（50）输送走（参见对比文件1的附图1~3和附图6及说明书第2页第23行至第3页第20行以及说明书第4页第5~15行中相应的文字说明）。

在对比文件1中，重力马达（20）中的螺旋输送装置（22）、分配管（23）、料斗（26）、第一溜槽（30）和第二溜槽（34）用于在重力马达内对物料碎屑进行输送和引导，它们共同构成了物料碎屑（39）落到转轮叶片上的输送导引装置。而且，对比文件1说明书第6页第16~21行也明确说明可省去料斗（26）、第一溜槽（30）和第二溜槽（34）以便使物料碎屑直接从分配管（23）落下。

因此，对比文件1中的重力马达（20）相当于本专利申请权利要求1中的土轮机系统。而且，虽然在对比文件1的权利要求书中保护一种重力马达，但是纵观对比文件1的说明书，在对比文件1中同时也公开了一种利用该重力马达进行发电的方法。因此，对比文件1与本发明属于同一技术领域。

另外，由于本发明专利申请的权利要求1以及说明书均未对“上土流装置”和“下土流装置”的结构进行任何具体的限定和说明，仅仅是在说明书中说明上土流装置和下土流装置由支架12固定，可“用人工或机械方法将土均匀而连续地送入上土流装置3中，让其快速流动和（或）降落”，“土流从转轮2上落下以后，沿着下土流装置4继续流动和（或）降落到坡脚或壁底的低洼处”。因此，权利要求1中的“上土流装置”和“下土流装置”应理解为分别位于土轮机转轮2的上方和下方用于使土沿其流动和（或）降落的装置。而不能将其理解为“溜槽”。因此，对比文件1中的输入输送机（21）和输出输送机（50）实质上相当于本专利申请权利要求 1 中的上土流装置（3）和下土流装置（4）。

因此，本专利申请权利要求 1 所限定的技术方案与对比文件 1 所公开的上述技术方案相比，其区别仅在于：两者采用的工作介质也就是物料的类型不同。另外，在权利要求 1 中，将整个系统沿侵蚀残余地形的边坡或陡壁进行布置，并在发电过程中或随后，将上挖方区和下堆方区整理成平整的或其他的生产生活用地。

虽然，在对比文件 1 中，采用物料碎屑例如矿物碎屑作为工作介质，但显然作为一种丰富并且廉价的资源的黄土或其他土质碎屑，在对比文件 1 没有排除将黄土或其他土质碎屑作为物料碎屑的情况下，本领域技术人员没有任何理由会不选用其作为工作介质，也就是会自然而然地去考虑选择它作为工作介质。另外，复审请求人认为由于黄土具有潮湿性和粘滞性，容易在重力马达中发生滞留和堵塞，因此对比文件 1 中的重力马达不能采用黄土或其他土质碎屑作为工作介质。但在对比文件 1 说明书第 7 页第 1 ~ 3 行中，就明确说明为了使物料碎屑在工作过程中不产生太多的尘土，可提高物料碎屑的湿度。而且，即使湿度和粘滞性较大，按照对比文件 1 说明书第 6 页第 16 ~ 21 行中所述，通过省去料斗（26）、第一溜槽（30）和第二溜槽（34）使物料碎屑直接从分配管（23）落下，就可较为容易地解决这一问题。另外，复审请求人在 2005 年 1 月 10 日所提交的意见陈述书中认为“只有干燥的黄土（自然界中少见，没有利用价值），才有可能成为对比文件 1 所述装置可以采用的工作介质”。但需要指出的是，在本发明专利申请权利要求 1 中，只是将工作介质限定为“黄土或其他土质碎屑沉积物”，而并未对黄土是否是干燥的或潮湿的进行任何的限定。而且，事实上，在自然界中，由于干旱缺水，缺少植被而形成的黄土裸露、干燥异常的地貌并不罕见，特别是在黄土高原地区，例如陕北，可以说是其主要的地貌特征。因此，对比文件 1 的重力马达不能采用黄土或其他土质碎屑作为工作介质的观点不能成立。

另外，对比文件 1 说明书第 5 页第 6 ~ 8 行也明确地说明重力马达可在物料碎屑位于一定高度位置的地方例如山坡上使用，在此教导和启示下，将对比文件 1 所公开的上述重力马达系统沿物料碎屑丰富、易取的侵蚀残余地形的边坡或陡壁进行布置，在边坡或陡壁的高处取料，同时将用过的物料碎屑顺势填入到低洼地区，并整理成平整的土地，对于本领域技术人员来说，根据其所应具有的本技术领域的普通常识以及生活常识作出这种安排并不需要付出创造性的劳动。而且，在此情况下，输入输送机和输出输送机则自然是沿着边坡或陡壁倾斜布置，输送机上的物料碎屑也必然会在重力作用下沿着输送机向下流动。因此，物料碎屑的绝对速度应当是其向下流动的速度与输送机运行速度之和。另外，即使将权利要求 1 中的“上土流装置”和“下土流装置”理解为“溜槽”，而利用溜槽来输送物料，亦属于公知的技术手段。在对比文件 1 已揭示了将重力马达系统沿山坡布置的情况下，采用溜槽来代替对比文件 1 中的输送机，对于所属技术领域的技术人员来说也是显而易见的，不需要付出创造性的劳动。因此，复审请求人关于物料碎屑的利用方式不同以及土流冲击土轮机叶片的瞬时动能大于对比文件 1 并导致本发明专利申请的效果优于对比文件 1 的观点亦不能成立。

综上所述，本专利申请权利要求 1 所限定的技术方案相对于对比文件 1 所公开的技术方案不具有突出的实质性特点和显著的进步，因而不具备专利法第二十二条第三款规定的创造性。

从属权利要求 2 进一步限定了转轮（2）可与其他的轴轮系统相连，带动轴轮系统做功来进行生产，显然这也已被对比文件 1 所公开。因此，在权利要求 1 不具备创造性的情况下，该权利要求也不具备专利法第二十二条第三款规定的创造性。

**三、决定**

维持国家知识产权局专利局实质审查部门于 2004 年 2 月 13 日对本申请作出的驳回决定。

如对本复审请求审查决定不服，根据专利法第四十一条第二款的规定，复审请求人可以自收到本决定之日起三个月内向北京市第一中级人民法院起诉。

## 北京市第一中级人民法院<br>行政判决书

（2005）一中行初字第568号

原告马瑞志，男，汉族，61岁，北京大学地球与空间科学学院教授，住北京市海淀区蓝旗营小区5号楼1504室。

委托代理人倪亚范，女，中国纺织工业设计院退休高级工程师，住址同上。

被告国家知识产权局专利复审委员会，住所地北京市海淀区北四环西路9号银谷大厦10～12层。

法定代表人廖涛，副主任。

委托代理人崔峥，男，国家知识产权局专利复审委员会机械申诉处审查员。

委托代理人郭健国，男，国家知识产权局专利复审委员会行政诉讼处审查员。

原告马瑞志不服被告国家知识产权局专利复审委员会（下称专利复审委）作出的第5680号专利复审请求审查决定（下称复审决定），向本院提起行政诉讼。本院受理后，依法组成合议庭，于2005年7月4日和同年10月17日两次开庭审理。原告马瑞志与其委托代理人倪亚范，被告专利复审委的委托代理人崔峥、郭健国到庭参加了诉讼。现本案已审理终结。

被告专利复审委于2005年2月24日依据《中华人民共和国专利法》（下称《专利法》）第二十二条第三款的规定作出复审决定：维持中华人民共和国国家知识产权局专利局实质审查部门于2004年2月13日作出的驳回决定。理由是：本专利申请权利要求1所限定的技术方案相对于对比文件1（即CA2219063A，公开日为1998年1月24日）所公开的技术方案不具有突出的实质性特点和显著的进步，因此不具备创造性。

原告马瑞志不服，诉称：

第一，“一通”（即第一次审查意见通知书）和驳回决定都是在违背案件基本事实的基础上作出的。专利局实质审查部门根本没有如实总结对比文件1的技术特征，而是以权利要求1自己要求保护的技术方案来冒充对比文件1已经公开的技术特征，并反过来否定申请文件权利要求1的创造性。这种做法说明实质审查部门严重违背了“以事实为依据”的基本法律原则，而是将个人的主观意愿强加在客观事实之上。

第二，被告在整个复审程序中始终拒绝对驳回决定和复审请求书所依据的主要理由进行审查。按照复审程序的法律规定，驳回决定和原告的复审请求书是被告审查时所依据的基础文本。但被告却采取“有告不理”的错误做法，一再拒绝就复审请求向原告作出说明和答复意见。被告在“案由”部分的记载内容违反了《审查指南》中“应当客观、真实，与案件中的相应记载相一致”的规定，以及复审程序的合法原则。

第三，被告的复审决定明显违反“避免审级损失原则”。被告在极力拒绝对基础文本所记载的内容进行审查的同时，却对在先审级的诸多未处理事项擅自进行超前处理。在此基础上，被告所作的复审决定已经不是对驳回决定和原告的复审请求之间的争议的公正评判，其大部分内容都是被告自作自评的新创文本，相当于由被告代替专利局实质审查部门重新完成一次将错就错的实质审查。由此可见，被告的复审工作严重违反了避免审级损失原则。

第四，本发明权利要求 1 所要保护的技术方案与对比文件所公开的技术内容相比具有突出的实质性特点和显著的进步，因而具备创造性。首先，本申请权利要求 1 与对比文件 1 之间存在明显的区别特征，其中包括：1. 利用的物料类型不同；2. 物料的利用方式不同；3. 驳回决定确认有区别特征。其次，权利要求 1 取得了预料不到的技术效果。本发明开拓性地提出了土力发电这个全新技术方法，为黄土高原尚未被人们认识的黄土重力能资源的开发利用提供了一种先进、实用的技术手段，其意义不亚于新发现了一个储能巨大的能源矿山。而且通过发电和造地这个技术杠杆作用，在发电产生巨大的经济效益同时，还将原来的穷山恶水改造成优质可利用土地，并进而解决了人们祖祖辈辈一直渴望解决、但始终未能获得成功的水土保持技术难题。有如此重大的有益效果，即使是将权利要求 1 仅仅看成是对比文件 1 的转用型发明，也毫无疑问地具有突出的实质性特点和显著的进步，因而具备创造性。被告的观点均不具备事实和科学依据，也违反了"避免审级损失原则"和"听证原则"。

综上，被告的复审决定是在违反复审工作的法定程序和相关法律原则的情况下作出的，请求法院依法行使监督职责，予以撤销。

被告专利复审委针对原告的起诉内容，答辩意见如下：

第一，关于在实质审查过程中的第一次审查意见通知书和驳回决定是否是在违背基本事实基础上作出的。根据《专利法》第四十一条的规定，专利申请人只能针对专利复审委员会的复审决定提起行政诉讼。专利局实质审查部门在发明专利申请实质审查过程中对发明专利申请发出的审查意见通知书和审查决定都不属于专利行政诉讼的范畴。因此，专利局实质审查部门针对本申请在实质审查过程中所发出的第一次审查意见通知书和驳回决定都不应属于本案的审理范围。

第二，关于我委在整个复审程序中是否始终拒绝对驳回决定和复审请求书所依据的主要理由进行审查。首先，本决定"案由"部分的第 2 点和第 4 点是对实质审查过程的"一通"和驳回决定相关内容的概括，概括的内容完全与"一通"和驳回决定的内容相符。其次，本决定案由部分的第 5 点是对原告复审请求书中复审理由的总结，其内容也完全与原告的复审请求书的内容相符。因此，原告的主张没有事实根据，复审决定在"案由"部分的撰写完全符合《审查指南》的相关规定，并无不当。

第三，本决定是否违反了"避免审级损失原则"。复审决定所依据的理由本申请权利要求 1 和权利要求 2 相对于对比文件 1 不具备创造性在实质审查程序中已由专利局进行过审查，因此我委并未违反"避免审级损失原则"。

第四，本决定是否对本申请创造性的认定不当，是否违反了"听证原则"。针对本申请的创造性，我委已经在复审决定中给出了清楚、明确而又详细的阐述，本申请权利要求 1 和权利要求 2 相对于对比文件 1 不具备创造性，在此不再详述。另外，我委在复审程序中，已于 2004 年 12 月 6 日以复审通知书的形式将复审决定所依据的事实、理由、证据和法律依据通知了原告，履行了听证的义务，并未违反听证原则。

综上所述，我委作出的复审决定认定事实清楚、适用法律正确、审理程序合法，审查结论正确，原告的诉讼理由不成立，请求法院判决驳回原告的诉讼请求，维持复审决定。

在法定期限内，被告向本院提交了证据，用于证明被诉复审决定合法：1. 本申请的公开文本；2. 对比文件 1；3. 第一次审查意见通知书；4. 驳回决定；5. 原告的复审请求书；6. 复审通知书；7. 原告在复审程序中提交的意见陈述书。

在开庭审理之前，原告向本院提供了 14 份证据，用以支持其诉讼主张：1. 第一次审查意见通知书；2. 在实质审查阶段中，2003 年 11 月 7 日的意见陈述书；3. 驳回决定；4. 复审请求书；5. 对比文件权利要求书及附图（法文）；6. 对比文件权利要求书中文译本；7. 发明专利申请公开说明书；8. 前置审查说明书；9. 英文版的对比文件（是复审阶段使用的）；10. 复审通知书；11. 2005 年 1 月 10 日的意见陈述书；12. 复审决定书；13. 雅虎网页搜索的内容共两页。

在开庭审理中，原告提出被告没有提交对比文件 1 的翻译件。经本院许可，被告在第一次开庭后向本院提供了复审决定使用的对比文件 1 的翻译件。经询问，原告明确表示被告的翻译内容与复审决定使用的内容一致，不要求指定翻译机构对对比文件 1 重新翻译。在第二次开庭质证中，原告认为被告的翻译件断章取义，翻译内容不完整，缺前后情景，与对比文件 1 有比较大的差距。为此，原告也向本院提供了其对对比文件 1 的翻译件，用于支持其主张。被告对原告的翻译件内容没有异议。

经庭审质证，原告对被告的上述证据的真实性没有异议。被告对原告证据的质证意见是：认可原告的证据 1 ~ 7、10 ~ 12；证据 6 不是复审决定的依据；证据 8 是内部审查程序，不能说明复审决定有问题；证据 9 原告的陈述有误，我委在实质审查过程中用的是对比文件 1；不认可证据 13 的形式。

经审查，本院认为被告的证据、原告的证据 1 ~ 12 以及双方提交的翻译件能够作为本案的证据，本院予以确认；原告的证据 13 是原告从互联网上搜索的内容，缺乏证明该证据来源合法以及内容真实的证据，本院不予确认。

根据上述有效证据以及当事人无争议的陈述，本院确认事实如下：

本案涉及的发明专利申请号为 00100881. 1，名称为“土力发电和水土保持”，申请人为马瑞志，申请日为 2000 年 2 月 18 日，公开日为 2000 年 8 月 23 日。原告在申请日提交的权利要求书如下：

“1. 一种土力发电和水土保持的方法，其特征在于：在黄土或其他土质碎屑沉积物分布地区，在侵蚀残余地形的边坡或陡壁上安置装有土轮机系统的发电机 1，并在土轮机转轮 2 的上方和下方分别安设上土流装置 3 和下土流装置 4，利用人工或机械连续不断地将上土流装置 3 顶端以上的黄土或其他土质碎屑沉积物挖掘下来，让其通过上土流装置 3 向下流动降落，当土流流到上土流装置 3 的下端出口时，土流便冲击土轮机系统转轮 2 上的叶片 5，使转轮 2 发生持续转动，从而带动发电机 1 的转子转动以发出电能，然后，土流沿着下土流装置 4 流动或降落到低洼处，在发电过程中或随后，将上挖方区 7 及下堆方区 8 整理成平整的或其他形状的生产生活用地。

2. 按照权利要求 1 所述的方法，其特征在于：将所述的发电机 1 换成其他类型靠轴轮系统转动而做功的机械装置来直接进行生产。”

专利局的审查员于 2003 年 7 月 11 日在“一通”中指出本申请的权利要求 1 和权利要求 2 相对于对比文件 1 不具备《专利法》第二十二条第三款规定的创造性。原告于同年 11 月 7 日提交了意见陈述书，认为：对比文件 1 的发明名称为“重力马达”，且说明书中只字未提该重力马达与发电有任何关系。两者的具体技术方案在利用的物料类型、物料的利用方式、发明意义和效果方面存在根本差别。而且，本申请权利要求 1 所要求保护的技术方案对治理和改造黄土高原部分恶劣环境有重大创新意义。因此，本发明专利申请权利要求 1 和权利要求 2 具有突出的实质性特点和显著的进步，具备创造性。

专利局的审查员于 2004 年 2 月 13 日发出驳回决定，驳回了本发明专利申请。其理由是：本发明专利申请权利要求 1 与对比文件 1 所公开的技术内容相比，其区别仅在于“利用该系统进行发电，且在发电过程中或随后，将上挖方区及下堆方区整理成平整的或其他形状的生产生活用地”，然而这种区别是一种公知常识。另外，对比文件 1 中重力马达所使用的碎石、沙砾等为土屑的一种形式。在对比文件 1 的基础上结合上述公知常识以获得权利要求 1 所要求保护的技术方案，对所属技术领域的技术人员来说是显而易见的，权利要求 1 不具备《专利法》第二十二条第三款规定的创造性。从属权利要求 2 限定部分的附加技术特征亦为本领域的公知技术，也不具备《专利法》第二十二条第三款规定的创造性。

原告不服，于同年5月12日申请被告复审，提出以下意见：对比文件1并没有公开本发明专利申请权利要求1中的“土力发电方法”、“土轮机系统”、“上土流装置”和“下土流装置”，而且，黄土与碎石、沙砾不同，对比文件1的重力马达装置不能使用黄土。另外，驳回决定没有遵循“听证原则”。

同年5月31日，被告依法受理并成立合议组对本案进行审理，并于同年12月6日向原告发出复审通知书，指出了以下内容：

1. 对比文件1中的重力马达（20）相当于本专利申请权利要求1中的土轮机系统；对比文件1中的输入输送机（21）、输出输送机（50）、转轮（38）、叶片（36）、与输出齿轮（48）相连的发电机则分别相当于本专利申请权利要求1中的上土流装置（3）、下土流装置（4）、转轮（2）、叶片（5）和发电机（1）。

2. 本申请权利要求1所限定的技术方案与对比文件1所公开的上述技术方案相比，其区别仅在于：两者采用的工作介质也就是物料的类型不同，另外，在权利要求1中，将整个系统沿侵蚀残余地形的边坡或陡壁进行布置，并在发电过程中或随后，将上挖方区和下堆方区整理成平整的或其他的生产生活用地。

3. 虽然在对比文件1中，采用物料碎屑例如矿物碎屑作为工作介质，但显然作为一种丰富并且廉价的资源的黄土或其他土质碎屑，在对比文件1没有排斥将黄土或其他土质碎屑作为物料碎屑的情况下，本领域技术人员会自然而然地去考虑选择它作为工作介质。另外，原告在2003年11月7日提交的意见陈述书和2004年5月12日提交的复审请求书中认为由于黄土具有潮湿性和粘滞性，容易在重力马达中发生滞留和堵塞，因此对比文件1中的重力马达不能采用黄土或其他土质碎屑作为工作介质。但在对比文件1说明书第7页第1~3行中，就明确说明为了使物料碎屑在工作过程中不产生太多的尘土，可提高物料碎屑的湿度。因此，对比文件1的重力马达不能采用黄土或其他土质碎屑作为工作介质的观点不能成立。

4. 在对比文件1已公开了可利用物料碎屑通过上述重力马达将物料碎屑的势能转换为动能并带动发电机进行发电的技术教导下，将对比文件1所公开的上述重力马达系统沿物料碎屑丰富、易取的侵蚀残余地形的边坡或陡壁进行布置，在边坡或陡壁的高处取料，同时将用过的物料碎屑顺势填入到低洼地区，并整理成平整的土地。对于本领域技术人员来说，根据其所应具有的本技术领域的普通常识以及生活常识，作出这种安排，并不需要付出创造性的劳动。本申请权利要求1所限定的技术方案相对于对比文件1所公开的技术方案不具有突出的实质性特点和显著的进步，因而不具备《专利法》第二十二条第三款规定的创造性。从属权利要求2进一步限定的转轮（2）可与其他的轴轮系统相连，带动轴轮系统做功来进行生产的内容也已被对比文件1所公开，因此也不具备创造性。

5. 根据能量守恒定律，原告主张的“由于本专利申请权利要求1的土流做功路程远大于对比文件1，所以前者冲击土轮机叶片的瞬时动能是后者的许多倍”的观点也不能成立。

原告收到后，于2005年1月10日向被告提交了意见陈述书，内容如下：

1. 对比文件1中的输入输送机（21）、输出输送机（50）不同于本专利申请权利要求1中的上土流装置（3）、下土流装置（4）；

2. 只有干燥的黄土才有可能成为对比文件1所述装置可以采用的工作介质，对比文件1没有使用、不能使用、也根本没有考虑要使用黄土作为工作介质；

3. 权利要求1中的上土流装置可沿山坡布置，它可以按需要做得任意长，做功路程远大于对比文件1，所以前者冲击土轮机叶片的瞬时动能是后者的许多倍；

4. 物料的利用方式不同，对比文件1所公开的重力马达装置使物料碎屑做自由落体式降落来实现能量转换，不可能解决使黄土沿侵蚀残余地形的边坡或陡壁向下流动降落的技术问题；

5. 发明的技术领域、意义和效果不同；

6. 驳回决定没有遵循“听证原则”。

在上述程序的基础上，被告认为本案事实已经清楚，于2005年2月24日作出复审决定，并于同日向原告邮寄送达。原告不服，在法定期限内向本院提起行政诉讼，请求撤销复审决定。

本院认为：根据《专利法》第三十八条和《中华人民共和国专利法实施细则》（下称《专利法实施细则》）第五十三条的规定，被告负有受理专利申请人不服驳回决定的复审请求，对驳回决定进行审查，并作出复审决定的职责。本案是基于原告不服复审决定提起的行政诉讼，所以本院应根据《中华人民共和国行政诉讼法》第五条的规定，对被诉的复审决定进行合法性审查，而非直接对“一通”和驳回决定进行审查。

根据原告的陈述以及被告提交的证据，能够认定专利局在作出驳回决定之前，已经在“一通”中将驳回决定所涉及的事实、证据、理由及法律依据通知了原告，证明专利局已经给予原告陈述意见的机会。所以，被告认定驳回决定遵循了“听证原则”的结论正确。同时，被告根据原告的复审请求对驳回决定进行审查后，在作出复审决定之前，在复审通知书中，向原告指出的相关内容没有超越驳回决定的内容，所以，被告没有违反《审查指南》第四部分第二章规定的“避免审级损失原则”。

关于复审决定的案由部分的撰写内容是否符合规定的问题。被告在复审决定的“案由”部分，按照时间顺序记载了以下内容：1. 本申请的公开文本；2. “一通”的内容；3. 原告在专利局审查阶段的意见陈述；4. 驳回决定的内容；5. 原告的复审请求的提出及理由；6. 被告受理后组成合议组，发出复审通知书，告知对其不利的内容；7. 原告在复审阶段的意见陈述内容。上述内容符合《审查指南》第四部分第一章第9.2节的规定。因此，原告认为“被告始终拒绝对驳回决定和复审请求书的主要理由进行审查”的主张缺乏事实根据；其认为被告在复审决定“案由”部分记载的内容违反《审查指南》指出的“应当客观、真实，与案件中的相应记载相一致”内容的主张亦缺乏事实根据。

对专利的创造性进行审查时，应当以《专利法》第二十二条、《专利法实施细则》及《审查指南》的相关内容为根据。

首先，在确定对比文件1是否为本申请的现有技术方面，原告对被告认定的对比文件1的真实性没有争议。被告根据本申请的发明目的及权利要求1，确定“对比文件1中的重力马达相当于本专利申请权利要求1中的土轮机系统。而且，虽然在对比文件1的权利要求书中保护的是一种重力马达，但是在对比文件1的说明书中同时也公开了一种利用该重力马达进行发电的方法”，从而认定对比文件1与本申请属于同一技术领域的结论正确，符合《审查指南》第四部分第六章第2.2节的规定。

其次，对于本申请的技术方案与对比文件1进行比较方面，应当以本领域普通技术人员为判断主体，对本申请的权利要求内容是否显而易见以及能否带来意想不到的技术效果方面进行审查。

虽然，在本申请的说明书中有“上土流装置和下土流装置由支架固定”，可“用人工或机械方法将土均匀而连续地送入上土流装置3中，让其快速流动和（或）降落”，“土流从转轮2上落下以后，沿着下土流装置4继续流动和（或）降落到坡脚或壁底的低洼处”的内容，但是在权利要求1中没有对“上土流装置”和“下土流装置”的结构进行限定和说明。所以，被告认定的以下内容正确：权利要求1中的“上土流装置”和“下土流装置”应理解为分别位于土轮机转轮的上方和下方用于使土沿其流动和（或）降落的装置。而不能将其理解为“溜槽”。对比文件1中的输入输送机和输出输送机实质上相当于本申请权利要求1中的“上土流装置”和“下土流装置”。

由于本申请和对比文件1采用的工作介质不同，即本申请采用黄土或者土质碎屑沉淀物，而对比文件1采用的是物料碎屑。被告认为在对比文件1中没有排除将黄土或其他土质碎屑作为物料碎屑的情况下，本领域的技术人员没有理由不选择本申请中的黄土作为工作介质的结论正确。同时，被告还指出了对比文件1的说明书中也记载有“为了使物料碎屑在工作过程中不产生太多的尘土，可提高物料碎屑的湿度”的内容，对于黄土的湿度和粘滞性较大，在对比文件1的说明书（第6页第16～21行）中记载有“通过省去料斗、第一溜槽和第二溜槽使物料碎屑直接从分配管落下，就可较为容易地解决这一问题”的内容。据此，被告认为原告主张“对比文件1的重力马达不能采用黄土或其他土质碎屑作为工作介质的观点不能成立”的结论事实清楚。

对于本申请与对比文件1的另一个区别技术特征，即：将整个系统沿侵蚀残余地形的边坡或陡壁进行布置，在发电过程中或随后，将上挖方区及下堆方区整理成平整或其他生产生活用地的技术方案。被告认为，“对比文件1的说明书（第5页第6～8行）明确说明重力马达可在物料碎屑位于一定高度位置的地方使用”，所以将对比文件1重力马达系统沿物料碎屑丰富、易取的侵蚀残余地形的边坡或陡壁进行布置，在边坡或陡壁的高处取料，同时将用过的物料碎屑顺势填入到低洼地区，并整理成平整的土地，对于本领域技术人员来说不需要付出创造性的劳动。同时，被告还认为输入输送机和输出输送机则自然是沿着边坡或陡壁倾斜布置，输送机上的物料碎屑也必然会在重力作用下沿着输送机向下流动、物料碎屑的绝对速度应当是其向下流动的速度与输送机运行速度之和、利用溜槽来输送物料，亦属于公知的技术手段。所以，在对比文件1已揭示了将重力马达系统沿山坡布置的情况下，被告认定采用溜槽来代替对比文件1中的输送机，对于所属技术领域的技术人员来说也是显而易见的，不需要付出创造性的劳动。所以，被告对原告主张的“关于物料碎屑的利用方式不同以及土流冲击土轮机叶片的瞬时动能大于对比文件1并导致本发明专利申请的效果优于对比文件1的观点”不予支持的事实清楚。

因此，被告认定本申请权利要求1所限定的技术方案相对于对比文件1所公开的技术方案不具有突出的实质性特点和显著的进步，从而认定本申请不具备《专利法》第二十二条第三款规定的创造性的结论符合《审查指南》第二部分第四章第3.2.1节的规定。

由于本申请的权利要求2进一步限定的“转轮可与其他的轴轮系统相连，带动轴轮系统做功来进行生产”的技术特征已经被对比文件1所公开，所以，被告认为在权利要求1不具备创造性的情况下，权利要求2也不具备创造性的结论正确。

综上，被告以本专利申请权利要求1所限定的技术方案相对于对比文件1所公开的技术方案不具有突出的实质性特点和显著的进步为由，认定本申请不具备创造性的事实清楚，程序合法，适用法律正确，本院应予维持。原告的诉讼主张缺乏事实根据，本院不予支持。依照《专利法》第二十二条第三款、《中华人民共和国行政诉讼法》第五十四条第（一）项，判决如下：

维持国家知识产权局专利复审委员会于2005年2月24日作出的第5680号复审请求审查决定。

案件受理费1000元，由原告马瑞志负担（已交纳）。

如不服本判决，当事人可在判决书送达之日起十五日内，向本院递交上诉状，并按对方当事人的人数提出副本，及预交上诉案件受理费1000元，上诉于北京市高级人民法院。

审　判　长　饶亚东
审　判　员　李纪红
代理审判员　张靛卿
二○○五年十二月一日
书　记　员　司品华
书　记　员　王　丽

# 北京市高级人民法院
# 行政判决书

（2006）高行终字第104号

上诉人（一审原告）马瑞志，男，61岁，北京大学地球与空间科学学院教授，住北京市海淀区蓝旗营小区5号楼1504室。

委托代理人倪亚范，女，58岁，中国纺织工业设计院退休高级工程师，住址同上。

被上诉人（一审被告）国家知识产权局专利复审委员会，住所地北京市海淀区北四环西路9号银谷大厦10~12层。

法定代表人廖涛，副主任。

委托代理人郭健国，男，国家知识产权局专利复审委员会行政诉讼处审查员。

委托代理人王丽颖，女，国家知识产权局专利复审委员会行政诉讼处审查员。

上诉人马瑞志因专利复申请求审查决定一案，不服北京市第一中级人民法院（2005）一中行初字第568号行政判决，向本院提起上诉。本院依法组成合议庭，于2006年3月28日公开开庭进行了审理。上诉人马瑞志及其委托代理人倪亚范，被上诉人国家知识产权局专利复审委员会（下称专利复审委）的委托代理人郭健国、王丽颖到庭参加了诉讼。本案现已审理终结。

北京市第一中级人民法院（2005）一中行初字第568号行政判决认定，专利局在作出驳回决定之前，已经在第一次审查意见通知书中将驳回决定所涉及的事实、证据、理由及法律依据通知了马瑞志，证明专利局实质审查部门已经给予马瑞志陈述意见的机会。专利复审委认定驳回决定遵循了“听证原则”的结论正确。同时，专利复审委根据马瑞志的复审请求对驳回决定进行审查后，在作出复审决定之前，在复审通知书中向马瑞志指出的相关内容没有超越驳回决定的内容，所以，专利复审委没有违反《审查指南》第四部分第二章规定的“避免审级损失原则”。

专利复审委在复审决定的“案由”部分，按照时间顺序记载的内容符合《审查指南》第四部分第一章第9.2节的规定。因此，马瑞志认为“专利复审委始终拒绝对驳回决定和复审请求书的主要理由进行审查”的主张缺乏事实依据；马瑞志认为专利复审委在复审决定“案由”部分记载的内容违反《审查指南》指出的“应当客观、真实，与案件中的相应记载相一致”内容的主张缺乏事实依据。

专利复审委根据本申请的发明目的及权利要求1，确定对比文件1中的重力马达相当于本专利申请权利要求1中的土轮机系统。虽然对比文件1的权利要求书中保护的是一种重力马达，但是在对比文件1的说明书中同时也公开了一种利用该重力马达进行发电的方法，从而认定对比文件1与本申请属于同一技术领域的结论正确，符合《审查指南》第四部分第六章第2.2节的规定。

专利复审委通过对本申请的技术方案与对比文件1进行比较后认定，本申请权利要求1中的“上土流装置”和“下土流装置”应理解为分别位于土轮机转轮的上方和下方用于使土沿其流动和（或）降落的装置，而不能将其理解为“溜槽”。对比文件1中输入输送机和输出输送机实质上相当于本申请权利要求1中的“上土流装置”和“下上流装置”的结论正确。

专利复审委通过对本申请和对比文件1采用的工作介质进行比较后认定，在对比文件1没有排除将黄土或其他土质碎屑作为物料碎屑的情况下，本领域的技术人员没有理由不选择本申请中的黄土作为工作介质的结论正确。同时，专利复审委认为马瑞志主张“对比文件1的重力马达不能采用黄土或其他土质碎屑作为工作介质的观点不能成立”的结论事实清楚。

对于本申请与对比文件1的另一个区别技术特征，专利复审委认为，“对比文件1说明书（第5页第6~8行）明确说明重力马达可在物料碎屑位于一定高度位置的地方使用”。所以将对比文件1重力马达系统沿物料碎屑丰富、易取的侵蚀残余地形的边坡或陡壁进行布置，在边坡或陡壁的高处取料，同时将用过的物料碎屑顺势填入到低洼地区，并整理成平整的土地，对于本领域技术人员来说不需要付出创造性的劳动。同时，专利复审委还认为输入输送机和输出输送机则自然是沿着边坡或陡壁倾斜布置，输送机上的物料碎屑也必然会在重力作用下沿着输送机向下流动、物料碎屑的绝对速度应当是其向下流动的速度与输送机运行速度之和、利用溜槽来输送物料，亦属于公知的技术手段。所以，在对比文件1已揭示了将重力马达系统沿山坡布置的情况下，专利复审委认定采用溜槽来代替对比文件1中的输送机，对于所属技术领域的技术人员来说也是显而易见的，不需要付出创造性的劳动。所以，专利复审委对马瑞志主张的“关于物料碎屑的利用方式不同以及土流冲击土轮机叶片的瞬时动能大于对比文件1并导致本发明专利申请的效果优于对比文件1的观点”不予支持的事实清楚。

因此，专利复审委认定本申请权利要求1所限定的技术方案相对于对比文件1所公开的技术方案不具有突出的实质性特点和显著进步，从而认定本申请不具备《专利法》第二十二条第三款规定的创造性的结论符合《审查指南》第二部分第四章第3.2.1节的规定。

由于本申请的权利要求2进一步限定的“转轮可与其他的轴轮系统相连，带动轴轮系统做功来进行生产”的技术特征已经被对比文件1所公开，所以，专利复审委认为在权利要求1不具备创造性的情况下，权利要求2也不具备创造性的结论正确。

综上，专利复审委以本专利申请权利要求1所限定的技术方案不具有突出的实质性特点和显著进步为由，认定本申请不具备创造性的事实清楚，程序合法，适用法律正确，本院予以支持。依照《专利法》第二十二条第三款、《中华人民共和国行政诉讼法》第五十四条第（一）项之规定，判决维持了国家知识产权局专利复审委员会于2005年2月24日作出的第5680号复审请求审查决定。

上诉人马瑞志对上述判决不服，于2005年12月15日向本院提起上诉。

上诉人马瑞志诉称：1. 合议庭组成人员违反法定程序。一审法院在合议庭组成人员通知书中称“本案由行政庭饶亚东担任审判长，与张靛卿、强刚华组成合议庭，由司品华担任法庭记录”，但在第一次开庭审理时，却突然宣布“因本院工作调整，合议庭成员由原来的强刚华变为李纪红”，并在第二次开庭时又临时更换了书记员，一审法院更换合议庭成员并没有通知当事人，违反了最高人民法院《关于人民法院合议庭工作的若干规定》。2. 专利复审委没有履行举证责任。一审判决列举了专利复审委提交的7项证据，其中唯独没有被诉决定这项最主要的证据。依照法律规定，专利复审委没有提交全部证据，应视为被诉具体行政行为没有相应的证据，应当承担败诉的后果。3. 一审判决和被诉决定一样，都拒绝审查本案争议的焦点问题。本案争议的焦点并不是本专利是否具备创造性，而是专利局的审查行为和专利复审委的复审行为是否合法。专利局在实审程序中根本没有如实地总结对比文件1的技术特征，而是以申请文件权利要求1自己要求保护的技术方案来冒充对比文件1已经公开的技术特征，并反过来否定申请文件权利要求1的创造性。这一审查行为严重违反了《专利法》第二十一条规定的“客观、公正、准确、及时”的法律原则。另外，一审判决以只“对被诉的复审决定进行合法性审查，而非直接对专利局的第一次审查意见通知书和驳回决定进行审查”为由，拒绝对驳回决定是否合法进行审查，不仅违背以事实为依据的法律精神也不符合惯常的思维判断逻辑。

一审判决还以复审决定在案由部分按照时间顺序记载了7项内容为由认定“马瑞志认为‘专利复

审委始终拒绝对驳回决定和复审请求书的主要理由进行审查’的主张缺乏事实依据”正是一审判决拒绝查清本案争议的焦点事实，恣意作出错误的认定。4. 一审判决既没有否定马瑞志举证的事实，也没有举出一项支持其结论的具体证据和事实，便认定专利复审委没有违反“避免审级损失原则”。5. 一审判决认定的事实不支持其判决结论。其理由和证据本身要么是出于对对比文件1所述内容的错误理解，要么是违背公知常识和科学原理。综上，一审判决认定事实不清，适用法律、法规错误，请求二审法院撤销一审判决，撤销第5680号复审决定书。

专利复审委辩称：1. 复审决定案由部分的第2点和第4点是对实质审查过程的第一次审查意见通知书和驳回决定相关内容的概括，概括的内容完全与第一次审查意见通知书和驳回决定的内容相符；复审决定案由部分的第5点是对上诉人复审请求书中复审理由的总结，其内容也完全与上诉人提交的复审请求书的内容相符。因此，马瑞志的主张没有事实根据，复审决定案由部分的撰写完全符合《审查指南》的相关规定，并无不当。2. 复审决定所依据的理由，本申请权利要求1和权利要求2相对于对比文件1（CA2219063A）不具备创造性在实质审查程序中已由专利局进行过审查，因此并未违反“避免审级损失原则”。综上，一审判决认定事实清楚、适用法律正确、审判程序合法，马瑞志的上诉理由不能成立。请求二审法院驳回上诉，维持一审判决。

经审理查明，2000年2月18日，上诉人马瑞志向国家知识产权局专利局提出了一种名称为“土力发电和水土保持”的发明专利申请，申请号为00100881.1，公开日为2000年8月23日。马瑞志在申请日提交的权利要求书如下：

“1. 一种土力发电和水土保持的方法，其特征在于：在黄土或其他土质碎屑沉积物分布地区，在侵蚀残余地形的边坡或陡壁上安置装有土轮机系统的发电机1，并在土轮机转轮2的上方和下方分别安设上土流装置3和下土流装置4，利用人工或机械连续不断地将上土流装置3顶端以上的黄土或其他土质碎屑沉积物挖掘下来，让其通过上土流装置3向下流动降落，当土流流到上土流装置3的下端出口时，土流便冲击土轮机系统转轮2上的叶片5，使转轮2发生持续转动，从而带动发电机1的转子转动以发出电能，然后，土流沿着下土流装置4流动或降落到低洼处。在发电过程中或随后，将上挖方区7及下堆方区8整理成平整的或其他形状的生产生活用地。

2. 按照权利要求1所述的方法，其特征在于将所述的发动机1换成其他类型靠轮轴系统转动而做功的机械装置来直接进行生产”。

专利局将本申请与对比文件1进行对比后，于2003年7月11日向马瑞志发出第一次审查意见通知书。该通知书认为“本申请的权利要求1和权利要求2相对于对比文件1不具备《专利法》第二十二条第三款规定的创造性”，同时认为“说明书中也没有记载其他任何可以授予专利权的实质内容，因而即使申请人对权利要求进行重新组合/或根据说明书记载的内容作进一步的限定，本申请也不具备被授予专利权的前景。如果申请人不能在本通知书规定的答复期限内提出表明本申请具备新颖性和创造性的充分理由，本申请将被驳回”。

马瑞志于2003年11月7日向专利局提交了意见陈述书，认为：对比文件1的发明为“重力马达”，且说明书中只字未提该重力马达与发电机有任何关系。两者的具体技术方案在利用的物料类型、物料的利用方式、发明意义和效果方面存在根本差别。而且，本申请权利要求1所要保护的技术方案对治理和改造黄土高原部分恶劣环境有重大创新意义。因此，本发明专利申请权利要求1和权利要求2具有突出的实质性特点和显著的进步，具备创造性。

专利局经审查后认为，马瑞志的陈述意见仍然不符合《专利法》第二十二条第三款的规定，于2004年2月13日向马瑞志发出驳回决定。理由是：本发明专利申请权利要求1与对比文件1所公开的技术内容相比，其区别仅在于“利用该系统进行发电，且在发电过程中或随后，将上挖方区及下堆方区整理成平整的或其他形状的生产生活用地”，然而这种区别是一种公知常识。另外，对比文件1中重力马达所使用的碎石、沙砾等为土屑的一种形式。在对比文件1的基础上结合上述公知常识以获得权利要求1所要保护的技术方案，对所属技术领域的技术人员来说是显而易见的，权利要求1不具备《专利法》第二十二条第三款规定的创造性。从属权利要求2限定部分的附加技术特征亦为本领域的公知技术，不具备《专利法》第二十二条第三款规定的创造性。

马瑞志不服，于2004年5月12日向专利复审委申请复审。提出以下意见：对比文件1并没有公开本发明专利申请权利要求1中的“土力发电方法”、“土轮机系统”、“上土流装置”和“下土流装置”，而且，黄土与碎石、沙砾不同，对比文件1的重力马达装置不能使用黄土。另外，驳回决定没有遵循“听证原则”。

2004年5月31日，专利复审委依法受理并成立合议组对本案进行审理，根据对比文件1公开的技术方案，于同年12月6日向马瑞志发出复审通知书，指出了以下内容：

1. 对比文件1中的重力马达（20）相当于本专利申请权利要求1中的土轮机系统；对比文件1中的输入输送机（21）、输出输送机（50）、转轮（38）、叶片（36）与输出齿轮（48）相连的发电机则分别相当于本专利申请权利要求1中的上土流装置（3）、下土流装置（4）、转轮（2）、叶片（5）和发电机（1）。

2. 本申请权利要求1所限定的技术方案与对比文件1所公开的上述技术方案相比，其区别仅在于：两者采用的工作介质也就是物料的类型不同，另外，在权利要求1中，将整个系统沿侵蚀残余地形的边坡或陡壁进行布置，并在发电过程中或随后，将上挖方区和下堆方区整理成于整的或其他的生产生活用地。

虽然在对比文件1中，采用物料碎屑例如矿物碎屑作为工作介质，但显然作为一种丰富并且廉价的资源的黄土或其他土质碎屑，在对比文件1没有排斥将黄土或其他土质碎屑作为物料碎屑的情况下，本领域技术人员会自然而然地去考虑选择它作为工作介质。另外，马瑞志在2003年11月7日提交的意见陈述书和2004年5月12日复审请求书中认为，由于黄土具有潮湿性和粘滞性，容易在重力马达中发生滞留和堵塞，因此，对本文件1中的重力马达不能采用黄土或其他土质碎屑作为工作介质。但在对比文件1说明书第7页第1~3行上，就明确说明为了使物料碎屑在工作过程中不产生太多的尘土，可提高物料碎屑的湿度。因此，对比文件1的重力马达不能采用黄土或其他土质碎屑作为工作介质的观点不能成立。

3. 在对比文件1已公开了可利用物料碎屑通过上述重力马达将物料碎屑的势能转换为动能并带动发电机进行发电的技术教导下，将对比文件1所公开的上述重力马达系统沿物料碎屑丰富、易取的侵蚀残余地形的边坡或陡壁进行布置，在边坡或陡壁的高处取料，同时将用过的物料碎屑顺势填入到低洼地区，并整理成平整的土地，对于本领域技术人员来说，根据其所应具有的本技术领域的普通常识以及生活常识，作出这种安排并不需要付出创造性的劳动。本申请权利要求1所限定的技术方案相对于对比文件1所公开的技术方案不具有突出的实质性特点和显著的进步，因而不具备《专利法》第二十二条第三款规定的创造性。

4. 从属权利要求2进一步限定的转轮（2）可与其他的轮轴系统相连，带动轮轴系统做功来进行生产的内容也已被对比文件1所公开，在权利要求1不具备创造性的情况下，该权利要求也不具备《专利法》第二十二条第三款规定的创造性。

5. 根据能量守恒定律，马瑞志主张的“由于本专利申请权利要求1的土流做功路程远大于对比文件1，所以前者冲击土轮机叶片的瞬时动能是后者的许多倍”的观点也不能成立。

马瑞志收到该复审通知书后，于2005年1月10日向专利复审委提交了意见陈述书，内容如下：

1. 对比文件1中的输入输送机（21）、输出输送机（50）不同于本专利申请权利要求1中的上土流装置（3）、下土流装置（4）；

2. 只有干燥的黄土才有可能成为对比文件1所属装置可以采用的工作介质，对比文件1没有使用、不能使用、也根本没有考虑要使用黄土作为工作介质；

3. 权利要求1中的上土流装置可沿山坡布置，它可以按需要做得任意长，做功路程远大于对比文件1，所以前者冲击土轮机叶片的瞬时动能是后者的许多倍；

4. 物料的利用方式不同，对比文件1所公开的重力马达装置使物料碎屑做自由落体式降落来实现能量转换，不可能解决使黄土沿侵蚀残余地形的边坡或陡壁向下流动降落的技术问题；

5. 发明的技术领域、意义和效果不同；

6. 驳回决定没有遵循"听证原则"。

专利复审委经审查后认为，马瑞志的陈述意见仍然不符合《专利法》第二十二条第三款的规定，并认为本案事实已经清楚，于2005年2月24日作出第5680号复审决定。该委认为，本专利申请权利要求1所限定的技术方案相对于对比文件1所公开的技术方案不具有突出的实质性特点和显著的进步，因而不具备《专利法》第二十二条第三款规定的创造性。权利要求2进一步限定了转轮（2）可与其他的轴轮系统相连，带动轴轮系统做功来进行生产，显然这已被对比文件1所公开。因此，在权利要求1不具备创造性的情况下，该权利要求也不具备《专利法》第二十二条第三款规定的创造性。

一、二审期间，专利复审委提交了以下证据：1. 本申请的公开文本；2. 对比文件1；3.《第一次审查意见通知书》；4. 驳回决定；5. 马瑞志的复审请求书；6. 复审通知书；7. 马瑞志在复审程序中提交的意见陈述书。

一审期间，马瑞志提交了以下证据：1. 第一次审查意见通知书；2. 2003年11月7日的意见陈述书；3. 驳回决定；4. 复审请求书；5. 对比文件权利要求书及附图（法文）；6. 对比文件权利要求书中文译本；7. 发明专利申请公开说明书；8. 前置审查说明书；9. 英文版的对比文件（复审阶段使用）；10. 复审通知书；11. 2005年1月10日的意见陈述书；12. 复审决定书；13. 雅虎网页搜索的内容共两页。

一审庭审质证中，马瑞志对专利复审委提交的证据的真实性没有异议。专利复审委认可马瑞志的证据1~7、10~12，但认为证据6不是其作出复审决定的依据；证据8是内部审查程序，不能说明复审决定有问题；证据9马瑞志的陈述有误，其在实质性审查阶段使用的是对比文件1；不认可证据13的形式。

经庭审质证及合议庭审查认为，专利复审委提交的证据内容真实，来源合法，能够反映本案的事实，本院予以确认。马瑞志提交的证据1~12及双方当事人提交的对比文件的翻译件，能够证明本案的事实，本院予以确认；马瑞志提交的证据13是从互联网上搜索的内容，其真实性无法判断，本院不予采信。

本院认为，授予专利权的发明应当具备创造性，《专利法》第二十二条第三项明确规定，"创造性是指同申请日以前已有的技术相比，该发明有突出的实质性特点和显著的进步"。本案中已有的技术是对比文件1（即CA2219063A，公开日为1998年1月24日）所公开的技术方案。对比文件1公开了一种重力马达（20），该重力马达可将位于一定高度的物料碎屑（39）所具有的势能转换为动能。该重力马达包括螺旋输送装置（22）、分配管（23）、料斗（26）、第一溜槽（30）、第二溜槽（34）、设置在支架结构（40）上并带有叶片（36）的转轮（38）、转子（46）和输出齿轮（48）。工作时，通过输入输送机（21）输送来物料碎屑（39），并使物料碎屑（39）落入重力马达的螺旋输送装置（22），并经分配管（23）、料斗（26）、第一溜槽（30）和第二溜槽（34）落在叶片（36）上，从而带动叶片旋转，并通过转轮（38）带动转子（46）旋转，并进而带动输出齿轮（48）旋转，输出齿轮（48）与机器设备例如发电机相连，从而可带动该机器设备例如发电机进行工作。而从叶片上落下的物料碎屑（39）落在输出输送机（50）上，并由输出输送机（50）输送走。该担保文件说明书中也明确说明了可省去料斗（26）、第一溜槽（30）和第二溜槽（34）以便使物料碎屑直接从分配管（23）落下。

专利复审委根据本申请的发明目的及权利要求 1 与对比文件 1 进行比对之后确定对比文件 1 中的重力马达相当于本申请权利要求 1 中的土轮机系统。从而认定对比文件 1 与本申请属于同一技术领域符合《审查指南》第四部分第六章第 2.2 节的规定。虽然，本申请说明书中有“上土流装置和下土流装置由支架固定”，可“用人工或机械方法将土均匀而连续地送入上土流装置中，让其快速流动和（降落）”等内容，但是在本申请权利要求 1 中并没有对“上土流装置和下土流装置”的结构进行限定和说明，因此，专利复审委认定本申请权利要求 1 中的“上土流装置”和“下土流装置”应理解为分别位于土轮机转轮的上方和下方用于使土沿其流动和（或）降落的装置，而不能将其理解为“溜槽”。对比文件 1 中的输入输送机和输出输送机实质上相当于本申请权利要求 1 中的“上土流装置”和“下土流装置”是正确的。

由于本申请采用的工作介质是黄土或者其他土质碎屑沉淀物，对比文件 1 采用的工作介质是物料碎屑，专利复审委认为在对比文件 1 中没有排除黄土或其他土质碎屑作为物料碎屑的情况下，本领域的技术人员没有理由不选择本申请中的黄土作为工作介质的结论并无不当。同时，专利复审委根据对比文件 1 说明书中记载的“为了使物料碎屑在工作过程中不产生太多的尘土，可提高物料碎屑的湿度”及“通过省去料斗、第一溜槽和第二溜槽使物料碎屑直接从分配管落下，就可较为容易地解决黄土的湿度和粘滞性较大的问题”。因此，马瑞志主张的对比文件 1 中的重力马达不能采用黄土或其他土质碎屑作为工作介质的观点不能成立。

由于本申请的另一个区别技术特征是将整个系统沿侵蚀残余地形的边坡或陡壁进行布置，在发电过程中或随后，将上挖方区及下堆方区整理成平整或其他生产生活用地的技术方案。而对比文件 1 的说明书中明确说明重力马达系统沿物料碎屑丰富、易取的侵蚀残余地形的边坡或陡壁进行布置，在边坡或陡壁的高处取料，同时将用过的物料碎屑顺势填入到低洼地区，并整理成平整的土地，对于本领域技术人员来说根据其所应具有的本技术领域的普通常识以及生活常识作出这种安排并不需要付出创造性的劳动。同时，专利复审委还认为，即使将本申请权利要求 1 中的“上土流装置”和“下土流装置”理解为“溜槽”，而利用溜槽来输送物料，亦属于公知的技术手段。在对比文件 1 已揭示了将重力马达系统沿山坡布置的情况下，采用溜槽来代替对比文件 1 中输送机，对于所属技术领域的技术人员来说也是显而易见的，不需要付出创造性的劳动。因此，马瑞志主张物料碎屑的利用方式不同以及土流冲击土轮机叶片的瞬时动能大于对比文件 1 并导致本申请的效果优于对比文件 1 的观点亦不能成立的结论是正确的。

从卷宗材料和当事人陈述的情况来看，专利局在第一次审查意见通知书中将驳回决定所涉及的事实、证据、理由及所要依据的法律已经通知了马瑞志，说明专利局已经给了马瑞志陈述意见的机会，马瑞志也进行了陈述，专利局的审查程序合法。专利复审委根据马瑞志的复审请求对驳回决定进行审查后，在作出复审决定之前，在复审通知书中，向马瑞志指出的相关内容并没有超出驳回决定的内容，因此，专利复审委没有违反“避免审级损失原则”。马瑞志关于专利复审委违反了《审查指南》第四部分第二章规定的“避免审级损失原则”的主张，本院不予支持。

一审法院在对专利复审委作出的第 5680 号复审请求审查决定的合法性进行审查的基础上作出的判决，符合《行政诉讼法》第五条“人民法院审理行政案件，对具体行政行为是否合法进行审查”

的规定，马瑞志以“一审法院拒绝审查作为本案争议焦点的驳回决定的合法性，不仅违背以事实为依据的法律精神，也不符合惯常的思维判断逻辑”的主张缺乏法律依据。

专利复审委在本案一、二审中提交的其作出具体行政行为的7项证据和法律依据，被本院及一审法院均予以确认，因此，马瑞志以专利复审委没有提交被诉决定作为证据使用，没有履行举证责任的主张，本院不予支持。

一审法院在向诉讼当事人发出合议庭组成人员通知书后，由于工作调整，经庭长批准更换了合议庭成员，符合最高人民法院《关于人民法院合议庭工作的若干规定》第三条的规定。一审法院在更换合议庭成员后没有及时通知诉讼当事人的作法属于程序上的瑕疵，但在庭审中对当事人进行了宣布，马瑞志没有提回避申请，一审法院程序上的瑕疵，并没有影响马瑞志的实体权利和程序权利，其以“合议庭成员变更既不属于合法事由，也未向其出示院长或庭长的批准决定，更没有及时通知当事人”属合议庭组成违反法定程序的主张，本院不予支持。

综上，专利复审委作出的第5680号复审请求审查决定认定事实清楚，适用法律正确，程序合法，一审法院判决维持符合《行政诉讼法》的规定。马瑞志的上诉主张不能成立，本院不予支持。依据《行政诉讼法》第六十一条第（一）的规定，判决如下：

驳回上诉，维持一审判决。

二审案件受理费1000元，由上诉人马瑞志负担（已交纳）。

本判决为终审判决。

审　判　长　张学磊
代理审判员　赵宇晖
代理审判员　任全胜
二〇〇六年四月十九日
书　记　员　程钰玮

# 至少有一个在汽缸中引导的工作活塞的内燃机工作方法案

## 复审请求审查决定（第5792号）

**决　　定　　号**　第5792号
**决　　定　　日**　2005年3月8日
**发明创造名称**　至少有一个在汽缸中引导的工作活塞的内燃机工作方法
**国际分类号**　F02D 13/02　F02B 75/02
**复审请求人**　大众汽车有限公司
**申　　请　　号**　00814032.4
**申　　请　　日**　2000年9月22日
**进入国家阶段日期**　2002年4月19日
**公　　开　　日**　2002年11月6日
**合议组组长**　杨克菲
**主　　审　　员**　冯　涛
**参　　审　　员**　陈海平

**法　律　依　据**　专利法第三十三条
**决　定　要　点**

在判断专利申请文件的修改是否超出原说明书和权利要求书的记载范围时，应将整个说明书作为一个整体来考虑，也就是从说明书及说明书附图所公开的技术实质内容上去考虑，而不仅仅从字面上进行对照。

**一、案由**

本复审请求案涉及申请日为2000年9月22日、进入中国国家阶段的日期为2002年4月19日、公开日为2002年11月6日、发明名称为“至少有一个在汽缸中引导的工作活塞的内燃机工作方法”的00814032.4号发明专利申请（下称本申请），申请人为大众汽车有限公司（下称复审请求人）。

应复审请求人的请求，国家知识产权局专利局实质审查部门对本申请进行了实质审查，于2003年8月1日发出了第一次审查意见通知书，指出国际初步审查报告附件的中文译文中修改后的权利要求书和说明书不符合专利法第三十三条的规定，同时指出进入中国国家阶段时提交的国际申请文件译文的说明书中描述的“特定的部分负荷”没有具体公开，不符合专利法第二十六条第三款的规定。

针对第一次审查意见通知书，复审请求人于2003年11月20日陈述了意见，修改了权利要求书，并将上述的“特定的部分负荷”修改为“特定的部分负荷压缩比”。

国家知识产权局专利局实质审查部门于2003年12月26日发出了第二次审查意见通知书，指出上述的“特定的部分负荷压缩比”超出原说明书和权利要求书记载的范围，仍不符合专利法第三十三条的规定，并据此再次指出说明书不符合专利法第二十六条第三款的规定。

针对第二次审查意见通知书，复审请求人于2004年3月9日陈述了意见，并再次修改了权利要求书，其中仍存在“特定部分负荷压缩比”的描述。

国家知识产权局专利局实质审查部门于2004年4月16日作出驳回决定，以复审请求人于2004年3月9日提交的权利要求书不符合专利法第三十三条为由驳回了本申请。

驳回决定所针对的文本是：进入中国国家阶段时提交的说明书第1~5页，附图第1~8页；2004年3月9日提交的共1页权利要求书；进入中国国家阶段时提交的说明书摘要及附图。

针对上述驳回决定，复审请求人于2004年7月30日向专利复审委员会提出复审请求，其中对“特定的部分负荷压缩比”等描述进行了意见陈述，并同时提交了经修改的权利要求书第1~2页，其中修改的权利要求1为：

“1. 至少有一个在汽缸中引导的工作活塞的内燃机工作方法，该内燃机至少有一个具有可弯关闭时刻的进气门，关闭和开启汽缸的进气口；并且至少有一个具有可变开启时刻和不变关闭时刻的排气门，关闭和开启汽缸的排气口，其特征在于，内燃机具有一个几何压缩比，该几何压缩比对于部分负荷时的效率是最佳的并且高于全负荷时抗爆震所允许的全负荷的压缩比，内燃机在部分负荷时以所述几何压缩比工作，在全负荷时通过进气门和排气门的配气相位调节将压缩比降到全负荷的压缩比。”

在形式审查合格后，专利复审委员会受理了该复审请求，于2004年8月30日向复审请求人发出了复审请求受理通知书。在此基础上，专利复审委员会依法成立合议组，对本案进行审查。合议组认为，本案事实已经清楚，可以作出审查决定。

**二、决定的理由**

专利法第三十三条规定：申请人可以对其专利申请文件进行修改，但是对发明和实用新型专利申请文件的修改不得超出原说明书和权利要求书记载的范围。

具体来说，在判断专利申请文件的修改是否超出原说明书和权利要求书的记载范围时，应将整个说明书作为一个整体来考虑，也就是从说明书及说明书附图所公开的技术实质内容上去考虑，而不仅仅从字面上进行对照。

专利法第二十六条第三款规定：说明书应当对发明作出清楚、完整的说明，以所属技术领域的技术人员能够实现为准。

在判定说明书是否满足专利法第二十六条第三款规定时，应当注意分析发明的实质，如果专利申请文字描述存在缺陷，但结合说明书文字描述和附图并不影响本领域技术人员对该发明内容的准确理解，则该发明不属于不符合专利法第二十六条第三款规定的范畴。

合议组认为：首先，国际公开文本译为中文文本时的权利要求1和说明书的相应部分存在译文错误，原权利要求1的最后一句话中“该几何压缩比在特定的部分负荷时被提高”应译为“该几何压缩比被提高到一个特定部分负荷压缩比”，因此不存在驳回决定中指出的超范围问题，并且实际上并不存在“特定的部分负荷”的概念，因此也就不需要对其进行具体公开，即也不存在实质审查程序中由此指出的公开不充分的问题。

然后，从说明书的整体来考虑，本发明的实质在于：为避免已有技术的在部分负荷时的效率损失，提高部分负荷时的压缩比，并通过进排气门配气相位的调节在满负荷时降低压缩比，使内燃机在部分负荷和满负荷时均以最佳的压缩比工作。因此说明书对发明作出了清楚、完整的说明，使得所属技术领域的技术人员可以根据说明书的记载来实现该发明，并且从说明书的记载能够理解和得到目前请求的权利要求1的技术方案，因此上述修改没有超出原说明书和权利要求书的记载范围，即符合专利法第三十三条的规定。

**三、决定**

撤销2004年4月16日由国家知识产权局专利局实质审查部门所作的驳回决定。在复审请求人于2004年7月30日提交的权利要求第1~2页，进入中国国家阶段时提交的说明书第1~5页、附图第1~8页、说明书摘要及摘要附图的基础上，由原实质审查部门对本案继续进行审查。

# 能真实反映持证人专业水平的资质证书案

## 复审请求审查决定（第5858号）

**决　定　号** 第5858号
**决　定　日** 2005年3月10日
**发明创造名称** 能真实反映持证人专业水平的资质证书
**国际分类号** B42D 15/00
**复审请求人** 林章建
**申　请　号** 02102764.1
**申　请　日** 2002年1月25日
**合议组组长** 吴亚琼
**主　审　员** 徐媛媛
**参　审　员** 黄玉平

**法律依据** 专利法第二十五条
**决定要点**

本申请通过将行业（学科）尽量细分之人的思维活动所产生的结果来客观地指导用人单位了解一个人的专业技术和水平，它仅仅提供了一种对信息进行识别的方法，并没有采用技术手段或者利用自然法则，属于专利法第二十五条第一款第（二）项所述的智力活动的规则和方法的范围之列，不能授予专利权。

### 一、案由

本复审请求案涉及国家知识产权局于2002年1月25日受理的发明专利申请，其申请号为02102764.1，发明名称为“行业（学科）细分后的学历（资质）证书”，申请人为林章建。2004年11月9日，申请人将发明名称修改为“能真实反映持证人专业水平的资质证书”。

经初步审查后，国家知识产权局于2002年6月7日对该申请作出了驳回决定，驳回理由是：本申请属于专利法第二十五条第（二）项规定的范围。

驳回决定的依据是原始提交的说明书和权利要求书。

在驳回决定中，初审程序中的审查员指出：本申请无论从权利要求书还是说明书都没有采用技术手段或利用自然规则，而仅仅是通过人的思维活动来指导用人单位客观地了解一个人的专业技术和专业水平，其归根到底属于智力活动的规则和方法范畴，因此予以驳回。

申请人（下称复审请求人）对上述驳回决定不服，于2002年7月6日向专利复审委员会提出复审请求。复审请求的理由是：初审程序中的审查员对专利法第二十五条第（二）项中“智力活动的规则和方法”的理解有误，制造方法相对的客体是有形态、有体积的物质，规则和方法相对的客体是无形态、无体积的智力活动。本申请是有形物质的客体，而不是无形的智力活动，不能列入专利法第二十五条第（二）项所限制的范围内。复审请求人在提出复审请求时未对申请文本进行修改。

复审请求人于2003年7月11日以及8月2日两次提交了意见陈述书，坚持认为本申请不属专利法第二十五条第（二）项中“智力活动的规则和方法”之列，其主要观点同复审请求书中的观点。

专利复审委员会依法成立了合议组审理本案，并于2004年10月25日向复审请求人发出了复审通知书，通知书中指出：本申请对于现有技术的贡献仅仅在于将证书上的行业（学科）细分，而这种细分的行业（学科）是人为规定的，是通过人的思维活动产生的，并没有因为本申请而发生任何改变，本申请仅仅是通过这种思维活动的结果来客观地指导用人单位了解一个人的专业技术和水平，它仅仅提供了一种对信息进行识别的方法，并没有采用技术手段或者利用自然法则，属于专利法第二十五条第一款第（二）项所述的智力活动的规则和方法的范围。此外，通知书中还就复审请求人提出复审请求时的观点进行了相应的评述。

2004年11月9日，复审请求人针对上述复审通知书进行了意见陈述，仍坚持认为本申请不属于专利法第二十五条第（二）项所限制的范围。其观点归纳如下：本申请所要求保护的资质证书能够真实地反映持证人的专业水平，而要达到这一目的就必须将学科（行业）细分，这两者的必然关系显然属于自然法则。本申请是教学基因重大变革的一种产品，其反过来能够促进教学改革的发展，进而导致教育体系的变化。复审请求人在进行意见陈述的同时还对其申请文本进行了修改，将发明名称改为“能真实反映持证人专业水平的资质证书”。将说明书第1页第3段中“本发明是公开一种行业（学科）细分后的学历（资质）证书，该证书能够真实、准确地反映持证人的专业技术和专业水平”改为“本发明是公开一种学科（行业）尽量细分后的学历（资质）证书，细分到该证书能够真实、准确地反映持证人的专业技术和专业水平”。将权利要求书中“其主要特征在于证书中的行业（学科）的名称（3）是经过细分的行业（学科）的具体名称”改为“其主要特征在于证书中的行业（学科）的名称（3）是经过尽量细分的行业（学科）的具体名称，细分到能够完整真实地反映持证人的专业知识和专业水平”。

在上述工作的基础上，合议组认为本案事实已经清楚，可以作出本复审请求审查决定。

**二、决定的理由**

专利法第三十三条规定：申请人可以对其专利申请文件进行修改，但是，对发明和实用新型专利申请文件的修改不得超出原说明书和权利要求书记载的范围……

复审请求人对申请文本的修改主要体现在进一步强调通过将行业（学科）之尽量细分这一方法来实现真实、准确地反映持证人的专业技术和水平的功能。这一修改和本申请说明书中所述的解决方法是相一致的，而且较原始申请的文本无任何实质性的变化。复审请求人对申请文本所作的修改符合专利法第三十三条的规定，可以被允许。鉴于此，合议组下面将以复审请求人在答复复审通知书时对申请文本所作的修改作为审查基础。

根据专利法第二十五条规定，对下列各项，不授予专利权：

（一）科学发现；

（二）智力活动的规则和方法

……

审查指南第二部分第一章第3.2节规定：智力活动，是指人的思维运动，它源于人的思维，经过推理、分析和判断产生出抽象的结果，或者必须经过人的思维运动作为媒介才能间接地作用于自然产生结果，它仅是指导人们对信息进行思维、识别、判断和记忆的规则和方法，由于其没有采用技术手段或者利用自然法则，也未能解决技术问题和产生技术效果，因而不构成技术方案……指导人们进行这类活动的规则和方法不能被授予专利权。

本申请涉及一种能真实反映持证人专业水平的资质证书，通过阅读说明书可知，该申请针对现有学历证书均以学系的划分作为证书的主体内容，无法体现持证人真正的专业技术知识和水平而进行的改进，其相应的解决方法是证书中的行业的名称是经过尽量细化的行业的具体名称，其中细化的程度足以能够真实、准确地反映持证人的专业技术和专业水平。即本申请对于现有技术的贡献仅仅在于将证书上的行业（学科）尽量细分。对此，合议组认为，这种尽量细分的行业（学科）是人为规定的，是通过人的思维活动产生的，并没有因为本申请而发生任何改变，本申请仅仅是通过这种思维活动的结果来客观地指导用人单位了解一个人的专业技术和水平，它仅仅提供了一种对信息进行识别的方法，并没有采用技术手段或者利用自然法则，其属于专利法第二十五条第一款第（二）项所述的智力活动的规则和方法的范围，不能授予专利权。

**三、决定**

驳回对02102764.1号发明专利申请的复审请求，维持原驳回决定。

复审请求人如对本复审决定不服，可根据专利法第四十一条第二款的规定，在收到本决定之日起三个月内向北京市第一中级人民法院起诉。

# 无驾驶员的如自由导航式负重运输车案

## 复审请求审查决定（第5973号）

**决　定　号**　第5973号
**决　定　日**　2005年3月29日
**发明创造名称**　无驾驶员的如自由导航式负重运输车
**国际分类号**　B60P 1/00
**复审请求人**　斯玛特兰斯普兰有限公司
**申　请　号**　98122826.7
**申　请　日**　1998年11月11日
**公　布　日**　1999年7月7日
**合议组组长**　黄玉平
**主　审　员**　武树辰
**参　审　员**　杨克菲

**法律依据**　专利法第二十二条第三款
**决定要点**

对比文件均未公开本申请权利要求所要求保护的技术方案中有关“支座”的技术特征，并且权利要求所要求保护的技术方案具有突出的实质性特点和显著的进步，根据现有技术，本领域的普通技术人员不能显而易见地得出该技术方案，则该权利要求具备创造性。

**一、案由**

本复审请求案涉及的是申请日为1998年11月11日、申请号为98122826.7、名称为“无驾驶员的如自由导航式负重运输车”的发明专利申请，申请人为斯玛特兰斯普兰有限公司。

国家知识产权局专利局实质审查部门依法对申请进行了实质审查，并于2002年4月26日发出了第一次审查意见通知书，该通知书中引用了两篇对比文件：

对比文件1：US4566032，公开日为1986年1月21日；

对本文件2：US5211527，公开日为1993年5月18日。

该通知书同时指出：（1）对比文件1和对比文件2已经披露了权利要求1的全部技术特征，因此权利要求1不具有突出的实质性特点和显著的进步，因而不具备创造性；（2）权利要求2限定部分的附加技术特征已经被对比文件1所公开，因此权利要求2所要求保护的技术方案也不具备创造性；（3）权利要求3限定部分的附加技术特征已经被对比文件2所公开，因此权利要求3所要求保护的技术方案也不具备创造性；（4）还指出说明书中存在的不清楚问题。

针对上述审查意见通知书，申请人于2002年8月29日提交了意见陈述书和修改文本，对权利要求1作了修改，删除权利要求2和权利要求3，修改了说明书中的不清楚的语句并修改了发明名称。

申请人在意见陈述书中指出了新修改的权利要求1与对比文件1和对比文件2的区别点在于“支

座”且强调了本发明所采用的支座所带来的效果，即，本发明所采用的支座不仅能够达到运输车的抗倾覆的安全性或稳定性，而且由此也能够使运输车的重量尽可能地轻，从而减少了运输车移动时的能量消耗。因此新的权利要求1相对于对比文件1和对比文件2具备创造性。

针对前次审查意见通知书所针对的申请文件以及上述意见陈述书中所附的经修改的申请文件替换页，国家知识产权局专利局实质审查部门于2003年3月14日发出了第二次审查意见通知书，指出新修改的权利要求1特征部分的技术特征属于在起重领域已经广泛应用的公知常识，因此在对比文件1和对比文件2的基础上结合上述公知常识获得权利要求1所要求保护的技术方案，对所属技术领域的技术人员来说是显而易见的，因此新修改的权利要求1不具有突出的实质性特点和显著的进步，因而不具备创造性。

针对第二次审查意见通知书，申请人于2003年7月18日提交了意见陈述书，但没有修改申请文件。申请人在该意见陈述书中指出，新的权利要求1的前序部分包含了属于现有技术的技术特征，然而特征部分的技术特征“支座设置在侧立柱内，并能够随负重物的移出而同时下降或上升”并没有被对比文件1或对比文件2公开，因此新的权利要求1所要求保护的技术方案具备创造性。

专利局实质审查部门于2003年10月10日驳回了该申请，驳回决定中认为权利要求1不符合专利法第二十二条第三款的规定，驳回所针对的文本是：2002年8月29日提交的权利要求第1项，说明书第1~2页；申请日提交的说明书第3页，附图第1~3页，说明书摘要，摘要附图。其中，驳回所针对的权利要求1为：

“1. 一种无驾驶员的自由导航式负重物运输车，该运输车具有一个借助于升降缸（11）可升降的承重工具（7），该运输车用于运送金属带卷和重纸卷，该承重工具（7）可升降地安装在一个可在车底盘（6）内移动的支架（10）上，所述承重工具在接收和转送负重物时从支架（10）内移入一个比车底盘（6）突出的位置，其特征在于，设置在车底盘（6）的侧立柱（22）内的支座（23）随负重物（5）的移出而同时竖直下降并在放下负重物后提升到其在车底盘（6）中的初始位置。”

具体驳回理由：

1. 权利要求1特征部分的技术特征，属于在起重领域已经广泛应用的公知常识，由于所申请的运输车是用于企业中的自动工作装置，是要在不同工作位置重复搬运工作，所以当运输车卸载后回到装载位置之前，支架必然要回到初始位置，以便于下一个工作循环。根据对比文件2第3栏3~44行的描述可知，其支架也存在这样的工作过程。因此在对比文件1和对比文件2的基础上结合上述公知常识以获得权利要求1所要求保护的技术方案，对所属技术领域的技术人员来说是显而易见的，因此权利要求1不具备创造性；

2. 关于申请人在第二次意见陈述书中提到的对比文件1和对比文件2中都没有公开支座，专利局实质审查部门认为在起重领域使用支座来抗倾覆是已经广泛使用的公知常识，可以在很多起重机械中看到。至于支座无论在侧立柱的内部还是外部，其所起的作用是一样的，随着重物的移出而同时下降或上升只是简单的机械联动问题，无法使本发明具备创造性。并作出驳回本申请的决定。

申请人（下称复审请求人）对上述驳回决定不服，于2004年1月17日向专利复审委员会请求复审，且没有进行修改，请求复审的理由是：驳回决定的内容和驳回理由不恰当，具体为：（1）本发明所采用的“支座”已构成了其与对比文件1和对比文件2的区别，并陈述了这种区别所带来的效果；（2）对比文件1或对比文件2中并没有公开本发明的“支座”，也并没有公开“支座设置在侧立柱内，并能随负重物的移出而同时下降或上升”（3）随负重物的移出而同时下降或上升支座并不是简单的机械联动问题。

经形式审查，该复审请求符合有关规定，予以受理。

原实质审查部门对本复审请求进行了前置审查，坚持原驳回决定。

专利复审委员会组成合议组，对本案的复审请求进行了审理。

经合议，合议组认为该案事实清楚，可以作出复审决定。

**二、决定的理由**

本申请涉及一种无驾驶员的自由导航式负重运输车，本申请的发明目的是“提供一种结构紧凑轻巧且降低能耗的适当类型的无驾驶员式运输车，它能够确保维持单位负重物传送点的预定最大地面负荷”，具体的技术方案是在车底盘的侧立柱内设置支座，该支座随负重物的移出而同时竖直下降，并在放下负重物后提升到其在车底盘中的初始位置。

本复审决定所针对文本是：2002 年 8 月 29 日提交的权利要求第 1 项，说明书第 1 ~ 2 页；申请日提交的说明书第 3 页，附图第 1 ~ 3 页，说明书摘要，摘要附图。其中，复审决定所针对的权利要求书具体如下：

“1. 一种无驾驶员的自由导航式负重物运输车，该运输车具有一个借助于升降缸（11）可升降的承重工具（7），该运输车用于运送金属带卷和重纸卷，该承重工具（7）可升降地安装在一个可在车底盘（6）内移动的支架（10）上，所述承重工具在接收和转送负重物时从支架（10）内移入一个比车底盘（6）突出的位置，其特征在于，设置在车底盘（6）的侧立柱（22）内的支座（23）随负重物（5）的移出而同时竖直下降并在放下负重物后提升到其在车底盘（6）中的初始位置。”

对比文件 1 公开了一种光学制导的装载运输车辆，它利用电子摄像机和控制器来实现车辆的自动行驶，在该对比文件的实施例中具体公开了一种“伸出型（reach-type）”叉式装载车，这种车辆采用叉铲作为承重工具，所述叉铲安装在车底盘之上，并能够被升高或降低；对比文件 2 公开了一种装载输送装置，该输送装置采用叉铲 29 作为承重工具，该叉铲被安装在可在车底盘内移动的支架上，该叉铲被移出输送装置或收回输送装置，以便装载或卸载货物。由此可见对比文件 1 和对比文件 2 都没有公开权利要求 1 特征部分的特征：“设置在车底盘的侧立柱内的支座随负重物的移出而同时竖直下降并在放下负重物后提升到其在车底盘中的初始位置”，而且也没有涉及解决运输车辆的防倾覆以及减轻车体重量的问题。

在认真分析了权利要求 1 所要求保护的技术方案与对比文件 1 和对比文件 2 所公开的技术方案之后，合议组认为权利要求 1 所要求保护的技术方案与现有技术相比存在两个区别特征：（1）设置在车底盘的侧立柱内的支座；（2）支座随负重物的移出而同时竖直下降并在放下负重物后提升到其在车底盘中的初始位置。

根据上述区别特征，可以得知本申请实际要解决的技术问题是：防止运输车在装卸货物时发生倾覆，增强其稳定性和减轻车体重量。

然而对比文件中既没有涉及上述技术问题，也没有给出采用按照上述工作方式工作的支座来解决上述问题的任何技术启示，因此，对于本领域普通技术人员来说，根据对比文件 1 中的自动行驶叉式装载车以及对比文件 2 的装载输送装置而得到采用如本申请权利要求 1 中所限定的支座来防止车辆倾覆和减轻车体重量的技术方案需要付出创造性的劳动。而且，对于本申请权利要求 1 的技术方案，由于其采用了按照上述工作方式工作的支座，不仅能够达到运输车足够的抗倾覆的安全性或稳定性，而且由此也能够使运输车的重量尽可能地轻，从而减少了运输车移动的能量消耗，同时解决了传统的配备有足够配重的运输车因相应较大和较重结构所带来的附加质量、高能量支出以及对地面强度和硬度要求高的缺陷。因此，本申请权利要求 1 的技术方案具有突出的实质性特点和显著的进步，符合专利法第二十二条第三款规定的创造性。

基于上述分析，原实质审查部门做出的该案不具备创造性的结论不能成立。

根据上述事实和理由，本案合议组特作出本决定。

**三、决定**

撤销专利局实质审查部门于2003年10月10日对该申请作出的驳回决定，由原实质审查部门依据申请人于2002年8月29日提交的权利要求1，说明书第1～2页，申请日提交的说明书第3页，附图第1～3页，说明书摘要以及摘要附图继续进行审查程序。

# 一种新型的磁浮列车的升力系统的补充装置案

## 复审请求审查决定（第5974号）

**决 定 号** 第5974号
**决 定 日** 2005年3月28日
**发明创造名称** 一种新型的磁浮列车的升力系统的补充装置
**国际分类号** B61B 13/08　B60L 13/04
**复审请求人** 王光宇
**申 请 号** 01108765. X
**申 请 日** 2001年8月22日
**公 开 日** 2002年10月23日
**合议组组长** 陈海平
**主 审 员** 杨克非
**参 审 员** 郭健国

**法律依据** 专利法第二十二条第三款、第三十三条
**决定要点**

复审请求人主动放弃了修改超范围的文本，驳回决定中所指出的不符合专利法第三十三条的缺陷不再存在。

本申请的权利要求相对于对比文件的结合具有区别技术特征，该区别技术特征能够带来有益效果，因此该权利要求具备创造性。

### 一、案由

本复审请求案涉及申请日为2001年8月22日、申请号为01108765. X的发明专利申请，其名称为“一种新型的磁浮列车的升力系统的补充装置”，申请人为王光宇。

该申请人在2001年12月1日提出实质审查请求时提交了修改文件，并于2002年11月27日再次提交了补正书，要求对申请文件中的个别行进行修改。

国家知识产权局专利局实质审查部门于2003年8月1日发出第一次审查意见通知书，认为申请人提交的修改文本超出了原始说明书和权利要求书记载的范围，不符合专利法第三十三条的规定，不能被接受，并针对申请人于申请日提交的申请文本作出了本申请的权利要求1相对于两份对比文件（CN1249248A和US5343811A）不具备创造性的审查意见。

申请人于2003年9月10日针对上述审查意见通知书提交了意见陈述书，认为其两次提交的修改文本没有超出原始说明书和权利要求公开的范围，符合专利法第三十三条的规定，而且本申请的权利要求1相对于专利局实质审查部门提供的两份对比文件具备创造性。

国家知识产权局专利局原实质审查部门于2003年12月12日以本申请不符合专利法第三十三条及第二十二条第三款的规定为由驳回了该申请，该驳回决定所针对的文本是2001年12月1日提交的说明书第1~2页、权利要求第1项及2002年12月9日（实际应为2002年11月27日）提交的补正和申请日提交的说明书附图、说明书摘要及摘要附图，所依据的对比文件为：

对比文件1：公开日为2000年4月5日、公开号为CN1249248A的中国发明专利申请公开说明书；

对比文件2：公开日为1994年9月6日、公开号为US5343811A的美国专利说明书。

申请人（下称复审请求人）于2004年2月9日针对上述驳回决定提出复审请求，其复审理由是不服国家知识产权局专利局实质审查部门的驳回决定，认为复审请求人于2001年8月22日提交的申请文件的权利要求1具备创造性。

复审委员会受理了上述复审请求后，成立了合议组对本案进行审查。

复审委员会本案合议组分别于2004年4月22日、2004年5月24日、2004年6月1日、2004年6月24日和2004年6月25日收到复审请求人的意见陈述书，其中具体陈述了本申请权利要求1具备创造性的理由。

复审委员会本案合议组于2004年9月7日向复审请求人发出了复审通知书，在该通知书中合议组提出的审查意见如下：复审请求人已主动克服了驳回决定中指出的本申请不符合专利法第三十三条规定的缺陷，对于不符合专利法第二十二条第三款的驳回理由，合议组认为本领域普通技术人员在得知对比文件1和对比文件2的基础上结合本领域技术人员的公知常识，可以很容易地得出本申请的权利要求1的技术方案，而且其所产生的技术效果均是相应的技术特征所必然带来的技术效果，本申请的权利要求1不具有突出的实质性特点和显著的技术进步，不具备专利法第二十二条第三款所规定的创造性。

复审请求人于2004年9月30日针对上述复审通知书提交了意见陈述书，其中复审请求人认为对比文件1和对比文件2的升力体是块状的永磁铁，升力导轨是块状的扁钢，而本申请的升力体是由很多强度足够的薄而窄的稀土永磁升力体片装成的稀土永磁升力体片列刷，升力导轨是由很多硅钢片叠装成的片状的扁钢装成轨缝横向并列的轨缝栅；为了提高单位质量的铁磁性材料的升力而将块状的升力体做成薄而窄的片状在对比文件中均没有公开，是有创造性的。

本案合议组在上述工作的基础上，对本案再次进行了合议审查，并作出审查决定。

**二、决定的理由**

1. 关于专利法第三十三条

复审请求人在提出复审请求时，已经主动退回到申请日提交的文本，因此驳回决定中指出的修改超范围，不符合专利法第三十三条的驳回缺陷已经克服，合议组审查的基础是针对申请日提交的申请文本。

2. 关于专利法第二十二条第三款

申请日提交的本申请的权利要求1为：

“一种新型的磁浮列车的升力系统的补充装置，是申请号为99114692.1和申请号为00112720.9的‘一种新型的磁浮列车’的升力系统的补充装置，该升力系统补充装置的特征在于：为了尽量增大单位质量的稀土永磁升力体在升力导轨空缝中产生的升力，在强度足够的前提下，每块稀土永磁升力体应尽量做得薄而窄——做成薄而窄的稀土永磁升力体片，片宽顺轨道纵向单路装成一个稀土永磁升力体片列（1′），一个稀土永磁升力体片列（1′），对应插在一条由硅钢片做成的扁钢（2′）组成的轨缝中，若干列稀土永磁升力体片列，横向并列装成稀土永磁升力体片列阵（片列刷）（1″），轨缝数等于稀土永磁升力体片列阵列数的由扁钢（2′）组成的若干轨缝，横向并列，装成轨缝栅（2″），稀土永磁升力体片列刷（片列阵）插在轨缝栅里，在稀土永磁升力体片列刷（片列阵）与轨缝栅之间，形成非排斥形永磁升力磁垫，这就最大限度地开发出了单位质量的稀土永磁升力体在升力导轨空缝中产生的升力，实验证明，用这种（片列刷插轨缝栅）的方法能使每1两（50g）稀土永磁升力体产生46.7两力~54.53两力（即2337g力~2726.5g力）的升力，从而最大限度地减少了单一永磁式磁浮列车稀土永磁铁的用量和车造价。本升力系统补充装置，是‘一种新型的磁浮列车’的最佳升力系统。”

对比文件1涉及一种新型的磁浮列车，其中公开的磁浮列车的升力系统由升力导轨和升力体组成，升力导轨由两块纵向平行安装的扁钢组成，升力体由可充磁的稀土永磁体组成，升力体与扁钢之间的磁力使升力体悬浮在导轨空缝中（参见该对比文件的说明书第1页倒数第7行至第2页第1行以及附图1所示）。将对比文件1公开的现有技术与本申请的权利要求1所公开的技术方案进行比较可以看出，其区别在于：将现有技术中的升力体做成薄而窄的稀土永磁升力体片，若干列稀土永磁升力体片列，横向并列装成稀土永磁升力体片列阵（片列刷），由硅钢片做成的扁钢（2′）组成的轨缝横向并列，装成轨缝栅，在稀土永磁升力体片列刷（片列阵）与轨缝栅之间，形成非排斥形永磁升力磁垫。

对比文件2也公开了一种磁悬浮列车的升力系统，并具体公开了横向并列设置铁磁性材料及磁铁以在其间形成非排斥升力磁垫，进而增加磁悬浮力的实施例（参见该对比文件的说明书第5栏第47行至第6栏第7行以及附图9和附图12所示）。

将对比文件1和对比文件2结合与本申请权利要求1所限定的技术方案进行比较可以看出，其区别在于本申请的升力体做成薄而窄的片状，而对比文件中均为块状，本申请的扁钢由硅钢片制成，而对比文件中没有具体描述组成导轨的扁钢是否由硅钢片制成。由于上述对比文件中不存在得出上述区别技术特征的技术启示，本领域普通技术人员在对比文件1和对比文件2的基础上无法得出本申请的权利要求1的技术方案，而且上述区别特征能够提高单位质量的铁磁性材料的升力，带来有益的技术效果。因此，本申请的权利要求1具有突出的实质性特点和显著的技术进步，具备专利法第二十二条第三款所规定的创造性。

综上所述，合议组认为，请求人在申请日提交的申请文本的权利要求1相对于上述对比文件1和对比文件2的结合具备创造性。

**三、决定**

撤销2003年12月12日由国家知识产权局专利局原实质审查部门所作出的驳回决定。在复审请求人于申请日提交的申请文件的基础上，由原实质审查部门继续进行审批程序。

# 一种采油机钢缆提升带的驱动装置案

## 复审请求审查决定（第6085号）

**决 定 号** 第6085号
**决 定 日** 2005年4月11日
**发明创造名称** 一种采油机钢缆提升带的驱动装置
**国际分类号** F04B 47/02
**复审请求人** 卢 旭 李 莹
**申 请 号** 01101868.2
**申 请 日** 2001年2月16日
**公 布 日** 2002年9月18日
**合议组组长** 魏 屹
**主 审 员** 武树辰
**参 审 员** 黄玉平

**法律依据** 专利法第二十二条第三款
**决定要点**

如果对比文件没有公开一份申请的权利要求的所有技术特征，也没有给出关于该权利要求所要求保护的技术方案的任何启示，而且该权利要求所要求保护的技术方案与最接近现有技术相比具有更好的技术效果，即具有显著的技术进步，则该权利要求具备创造性。

### 一、案由

本复审请求案涉及的是申请日为2001年2月16日、名称为“一种采油机钢缆提升带的驱动装置”、申请号为01101868.2的发明专利申请，申请人是卢旭、李莹。

国家知识产权局专利局实质审查部门依法对申请进行了实质审查，并于2003年10月24日发出了第一次审查意见通知书，该通知书中引用了一篇对比文件：

对比文件1：授权公告号为CN2140978Y的中国实用新型专利说明书，授权公告日为1993年8月25日。

该通知书同时指出对比文件1已经公开了权利要求1的大部分特征，该权利要求所要求保护的技术方案与该对比文件所公开的技术内容相比，区别仅在于：该权利要求中的主驱动轮包括三个滚筒，两个缠绕前传动钢缆提升带的滚筒和一个位于中间、缠绕后传动钢缆提升带的滚筒，然而这种区别是一种公知常识，因此权利要求1不具有突出的实质性特点和显著的进步，因而不具备创造性。

针对上述审查意见通知书，申请人于2004年2月24日提交了意见陈述书并且未对申请文本作出修改，申请人在意见陈述书中指出：权利要求1所要求保护的技术方案与对比文件1的区别点在于对比文件1中采用2个轮子，而本发明采用5个轮子，而且本发明与对比文件1所针对的技术问题不同，所达到的技术效果也不同。因此由对比文件1和公知常识结合，即可得到本发明的结论是不妥的，本发明符合专利法第二十二条第三款有关创造性的规定。

国家知识产权专利局实质审查部门于2004年4月16日驳回了该申请，驳回决定中认为权利要求1不符合专利法第二十二条第三款的规定，驳回所针对的文本为申请人于申请日提交的文本，其中的权利要求书内容如下：

"1. 一种采油机钢缆提升带的驱动装置，它包括：驱动电机、电机减速机、主驱动轮和钢缆提升带；其特征在于：主驱动轮由位于中间的后传动钢缆提升带缠绕的滚筒和位于两侧的前传动钢缆提升带缠绕的同轴滚筒组成；所述两个前传动钢缆提升带分别通过固定在采油机上平台，并且位于井口上方的两个前随动轮导向支撑后与抽油杆相连接；所述后传动钢缆提升带通过固定在采油机上平台后方的后随动轮导向支撑后，与配重箱相连接。"

具体驳回理由：

权利要求1不具备创造性，不符合专利法第二十二条第三款的规定。独立权利要求1与对比文件1的区别点仅在于：该权利要求中的主驱动轮包括三个滚筒，两个缠绕前传动钢缆提升带的滚筒和一个位于中间、缠绕后传动钢缆提升带的滚筒。对比文件1中的主驱动轮本身就是一个滚筒，技术人员在设计时可以将滚筒分段，也就是形成三个如该权利要求所述的滚筒，并增加相应的前随动轮，也就得到了该权利要求所述的技术方案。因此这种区别是一种公知常识，而且本发明的发明点在于为避免驱动轮直接通过钢缆提升带带动抽油杆的抽油运动，减小对驱动轮的挤压和摩擦，而分别设置了前后随动轮，但对比文件1也公开了这一发明点，因此在对比文件1的基础上结合上述公知常识以获得该权利要求所要求保护的技术方案，对所属技术领域的技术人员来说是显而易见的，因此独立权利要求1不具有突出的实质性特点和显著的进步，因而不具备创造性。

申请人（下称复审请求人）对上述驳回决定不服，于2004年7月30日向专利复审委员会请求复审，且没有对申请文本进行修改，请求复审的理由是：本发明的技术方案与对比文件1及现有技术相比，具有突出的实质性特点和显著的进步，因此具备创造性。具体理由为：（1）本发明与对比文件1所要解决的技术问题不同；（2）本发明与对比文件1的区别特征是非常显著的，并具体指出了四个区别点；（3）本发明技术方案是非显而易见的；（4）本发明具有显著的技术进步。

经形式审查，该复审请求符合有关规定，予以受理。

专利复审委员会组成合议组，对本案的复审请求进行了审理。

合议组认为该案事实清楚，可以作出决定。

**二、决定的理由**

本复审决定所针对的权利要求书是复审请求人于申请日提交的权利要求书，其中权利要求具体如下：

"1. 一种采油机钢缆提升带的驱动装置，它包括：驱动电机、电机减速机、主驱动轮和钢缆提升带；其特征在于：主驱动轮由位于中间的后传动钢缆提升带缠绕的滚筒和位于两侧的前传动钢缆提升带缠绕的同轴滚筒组成；所述两个前传动钢缆提升带分别通过固定在采油机上平台，并且位于井口上方的两个前随动轮导向支撑后与抽油杆相连接；所述后传动钢缆提升带通过固定在采油机上平台后方的后随动轮导向支撑后，与配重箱相连接。"

对比文件1公开了一种长冲程均平衡抽油机，这种抽油机的驱动装置包括：驱动电机、减速器3、滚筒6（相当于本申请的主驱动轮）和钢丝绳胶带8（相当于本申请的钢缆提升带），滚筒6上正向绕钢丝绳胶带8通过舵轮7与光杆10连接，滚筒6反向绕钢丝绳胶带8′通过装在井架11上的小舵轮14与平衡重12（相当于本申请的配重箱）连接。由此可知，该对比文件所公开的抽油机中，驱动装置采用一个主驱动滚筒，一个舵轮7（相当于本申请的前随动轮）和一个小舵轮14（相当于本申请的后随动轮），而且钢丝绳胶带 8（相当于本申请的钢缆提升带）相应地缠绕在这三个滚筒（或轮）上。

权利要求 1 所要求保护的技术方案与对比文件 1 的技术方案相比存在以下四个区别点：

1. 本申请的主驱动轮由位于中间的滚筒和位于两侧的滚筒共三个滚筒组成，且这三个滚筒同轴设置，而对比文件中的主驱动轮仅由一个滚筒组成；

2. 本申请的后传动钢缆提升带缠绕在中间的滚筒上，两条前传动钢缆提升带分别缠绕在两侧的滚筒上，而对比文件中具有正向钢丝绳和反向钢丝绳，且具体缠绕方式并未公开；

3. 本申请的两条前传动钢缆提升带分别通过固定在采油机上平台，并且位于井口上方的两个前随动轮导向支撑后与抽油杆相连接，而对比文件中的正向钢丝绳仅通过一个大舵轮支撑后与抽油杆相连接；

4. 本申请的一条后钢缆提升带缠绕在主驱动轮位于中间的滚筒以及一个后随动轮上，而对比文件的反向钢丝绳缠绕在主驱动滚筒和一个小舵轮上。

本申请实际要解决的技术问题是：克服系统运行不均衡问题，对采油过程中的驱动运行力矩、悬点载荷、配重载荷、应力、摩擦力进行均衡匹配。

然而对比文件 1 所要解决的是传统的油梁式抽油机的冲程、扭矩平衡效果问题，与本发明实际所要解决的技术问题不同，而且也没有给出采用由同轴设置的三个滚筒组成的主驱动轮，两个前随动轮和一个后随动轮以及相应的钢缆提升带的缠绕方式的技术方案来解决上述问题的任何技术启示。因此，对于本领域普通技术人员来说，根据对比文件 1 中的长冲程均平衡抽油机的三轮设计而得到本申请权利要求 1 的采用由同轴设置的三个滚筒组成的主驱动轮，两个前随动轮和一个后随动轮以及相应的钢缆提升带的缠绕方式的技术方案需要付出创造性的劳动。而且，本申请权利要求 1 的技术方案由于采用了同轴的三个分开的滚筒，使得前向、后向传动钢缆分开缠绕在不同的滚筒上，并且通过两个前向传动钢缆通过随动轮与抽油杆连接，因此这种方案能够实现以下技术效果，即能够解决竖式采油机驱动系统不均衡问题，提高运行中的力矩、系统运行的均衡性，能够对采油过程中的驱动运行力矩、悬点载荷、配重载荷、应力、摩擦力进行均衡匹配，减小了摩擦力，并提高了抽油杆的对中效果，保证了系统的平衡状态，最终使得采油机运行更可靠、安全、节能、高效。因此，本申请权利要求 1 的技术方案具有突出的实质性特点和显著的进步，符合专利法第二十二条第三款规定的创造性。

综上所述，由于权利要求 1 与对比文件 1 相比，在主动轮包括的滚筒个数及位置关系、相应的传动钢缆缠绕方式以及随动轮设置方案上存在差异，正是由于这种差异能够带来采油过程中的驱动运行力矩、悬点载荷、配重载荷、应力、摩擦力的均衡匹配，减小摩擦力，提高抽油杆的对中效果，保证系统的平衡状态，以及提高系统运行效率的技术效果。因此，应认为权利要求 1 符合专利法第二十二条第三款有关创造性的规定，即具有突出的实质性特点和显著的进步。

基于上述分析，原实质审查部门做出的该申请不具备创造性的结论不能成立。

根据上述事实和理由，本案合议组特作出本决定。

**三、决定**

撤销国家知识产权局专利局实质审查部门于 2004 年 4 月 16 日对申请号为 01101868.2 的发明专利申请的驳回决定，由原实质审查部门依据申请人于申请日提交的权利要求 1，说明书第 1 ~ 2 页，附图第 1 ~ 4 页，说明书摘要，摘要附图继续进行审查程序。

# 涂装钢板的加工方法案

## 复审请求审查决定（第6117号）

**决 定 号** 第6117号
**决 定 日** 2005年4月18日
**发明创造名称** 涂装钢板的加工方法
**国际分类号** B21D 5/00 B21D 51/18 B05D 3/00
**复审请求人** 东芝株式会社
**申 请 号** 00105352.3
**申 请 日** 2000年3月30日
**优先权日** 1999年8月2日
**公 开 日** 2001年2月7日
**合议组组长** 杨克非
**主 审 员** 崔 峥
**参 审 员** 白剑锋

**法律依据** 专利法第二十二条第二款
**决定要点**

本发明独立权利要求所限定的技术方案不同于对比文件所公开的技术方案，两者的发明目的和技术效果也不同，故本发明独立权利要求相对于对比文件具备新颖性。

**一、案由**

本复审请求案涉及申请号为00105352.3、名称为“涂装钢板的加工方法”的发明专利申请，申请人为东芝株式会社。本申请的申请日为2000年3月30日，优先权日为1999年8月2日。

经实质审查，国家知识产权局专利局实质审查部门于2004年4月2日发出驳回决定，以申请人于申请日提交的申请文件为基础驳回了本发明专利申请。其理由是：对比文件1（JP51－8654A，公开日为1976年3月18日）已公开了本发明专利申请权利要求1的全部技术特征，且该对比文件所公开的技术方案与权利要求1所要求保护的技术方案属于同一技术领域，并能产生相同的技术效果，因此，权利要求1不具备专利法第二十二条第二款规定的新颖性。从属权利要求2限定部分的附加技术特征也同样被对比文件1公开，因此也不具备专利法第二十二条第二款规定的新颖性。从属权利要求3～6限定部分的附加技术特征为所属技术领域的公知常识，因而其所分别要求保护的技术方案对所属技术领域的技术人员来说是显而易见的，因此权利要求3～6不具备专利法第二十二条第三款规定的创造性。驳回决定所依据的权利要求书如下：

“1. 一种涂装钢板的加工方法，其特征在于，包括对涂装钢板进行弯曲加工的弯曲加工工序，以及至少对涂装钢板中的弯曲加工部分进行加热的加热工序。

2. 如权利要求1所述的涂装钢板的加工方法，其特征还在于，前述加热工序是将整个涂装钢板投入炉子中进行加热。

3. 如权利要求 1 所述的涂装钢板的加工方法，其特征还在于，前述加热工序是利用高频加热手段对前述涂装钢板中的弯曲加工部分进行加热。

4. 如权利要求 1 所述的涂装钢板的加工方法，其特征还在于，前述加热工序是利用红外线加热装置对前述涂装钢板中的弯曲加工部分进行加热。

5. 如权利要求 1 所述的涂装钢板的加工方法，其特征还在于，前述加热工序是对前述涂装钢板中的弯曲加工部分吹热风而对该部分进行加热。

6. 如权利要求 1 所述的涂装钢板的加工方法，其特征还在于，前述加热工序是在前述涂装钢板中的弯曲加工部分洒上热水而对该部分进行加热。

7. 如权利要求 1 所述的涂装钢板的加工方法，其特征还在于，包括通过对前述涂装钢板进行弯曲加工而制造冰箱外壳的制造工序，以及在前述外壳和内箱间发泡填充聚氨酯泡沫而形成隔热箱体的工序；为发泡填充前述聚氨酯泡沫而对前述外壳进行预热时，同时进行前述加热工序。

8. 如权利要求 1 ~ 7 的任一项所述的涂装钢板的加工方法，其特征还在于，前述涂装钢板是在以冷轧钢板为基底的钢板上进行涂膜后形成的钢板。

9. 如权利要求 1 ~ 7 的任一项所述的涂装钢板的加工方法，其特征还在于，前述涂装钢板是在以锌钢板为基底的钢板上进行涂膜后形成的钢板。”

申请人（下称复审请求人）对上述驳回决定不服，于 2004 年 6 月 22 日向专利复审委员会提出了复审请求，由于存在形式缺陷，复审请求人于 2004 年 8 月 10 日提交了补正的复审请求书。复审请求人认为：虽然对比文件 1 和本发明的技术方案中均有加热步骤，但两者的目的不同，导致两者所采用的具体技术手段也不同，对比文件 1 并没有公开或提示本发明的技术构思，不能破坏本发明专利申请权利要求 1 的新颖性和创造性。为此，复审请求人修改了权利要求书，其中将权利要求 1 中的“涂装钢板”明确限定为“预先经过涂装的涂装钢板”。新修改的权利要求书如下：

“1. 一种涂装钢板的加工方法，其特征在于，包括对预先经过涂装的涂装钢板进行弯曲加工的弯曲加工工序，以及至少对涂装钢板中的弯曲加工部分用加热器进行加热的加热工序。

2. 如权利要求 1 所述的涂装钢板的加工方法，其特征还在于，前述加热工序是将整个涂装钢板投入炉子中进行加热。

3. 如权利要求 1 所述的涂装钢板的加工方法，其特征还在于，前述加热工序是利用高频加热手段对前述涂装钢板中的弯曲加工部分进行加热。

4. 如权利要求 1 所述的涂装钢板的加工方法，其特征还在于，前述加热工序是利用红外线加热装置对前述涂装钢板中的弯曲加工部分进行加热。

5. 如权利要求 1 所述的涂装钢板的加工方法，其特征还在于，前述加热工序是对前述涂装钢板中的弯曲加工部分吹热风而对该部分进行加热。

6. 如权利要求 1 所述的涂装钢板的加工方法，其特征还在于，具备通过对前述涂装钢板进行弯曲加工而制造冰箱外壳的制造工序，以及在前述外壳和内箱间发泡填充聚氨酯泡沫而形成隔热箱体的工序；为发泡填充前述聚氨酯泡沫而对前述外壳进行预热时，同时进行前述加热工序。

7. 如权利要求 1 ~ 6 的任一项所述的涂装钢板的加工方法，其特征还在于，前述涂装钢板是在以冷轧钢板为基底的钢板上进行涂膜后形成的钢板。

8. 如权利要求 1 ~ 6 的任一项所述的涂装钢板的加工方法，其特征还在于，前述涂装钢板是在以锌钢板为基底的钢板上进行涂膜后形成的钢板。”

经形式审查合格，专利复审委员会于 2004 年 8 月 24 日依法受理了该复审请求，同时成立合议组对本案进行审理。合议组经合议审查，现作出如下决定。

**二、决定的理由**

1. 关于审查文本

合议组审查了复审请求人于2004年6月22日提交的修改文本，认为该修改文本符合专利法第三十三条和专利法实施细则第六十条的规定。因此，本复审决定所依据的文本为复审请求人于2004年6月22日提交的权利要求1~8项和申请日提交的说明书第1~5页、附图第1~3页、说明书摘要及摘要附图。

2. 关于新颖性

专利法第二十二条第二款规定：新颖性，是指在申请日以前没有同样的发明或者实用新型在国内外出版物上公开发表过、在国内公开使用过或者以其他方式为公众所知，也没有同样的发明或者实用新型由他人向国务院专利行政部门提出过申请并且记载在申请日以后公布的专利申请文件中。

驳回决定中引用的对比文件1的公开日为1976年3月18日，早于本发明专利申请之优先权日1999年8月2日。因此，对比文件1已构成本发明专利申请的现有技术。

本发明权利要求1请求保护一种涂装钢板的加工方法，其包括对预先经过涂装的涂装钢板进行弯曲加工的弯曲加工工序，以及至少对涂装钢板中的弯曲加工部分用加热器进行加热的加热工序。在权利要求1中，是对预先经过涂装的涂装钢板进行钣金加工，也就是说，在钣金加工之前，钢板上的涂膜已被烘烤过并已成为涂装钢板，并在钣金加工之后进行加热，以消除钣金加工时所产生的残余应力，防止钣金加工部分的涂膜发生劣化。

而对比文件1公开了一种涂装钢板的加工方法，其首先将钢板上的涂膜预烘烤，使涂膜呈柔软状态（即使用手指按压也不会留下指纹的程度），然后通过钣金加工将带有涂膜的涂装钢板弯曲成规定的形状，再在加热炉中进行烘烤（参见对比文件1的第1栏第14~16行、第2栏第1~10行以及第27~33行的文字说明）。在对比文件1中，是对具有柔软涂膜的钢板进行钣金加工，也就是说，在钣金加工之前，钢板上的涂膜还处于柔软状态，还没有成为涂装钢板，钣金加工之后进行加热，使具有柔软涂膜的钢板经过烘烤而最终形成涂装钢板，同时通过烘烤使涂膜再熔融从而消除钣金加工时所产生的裂纹。

将本发明权利要求1所限定的技术方案与对比文件1所公开的技术方案进行对比，可以发现，（1）两者钣金加工的对象不同，在本发明权利要求1中，是预先经过涂装的涂装钢板；而在对比文件1中，是涂膜呈柔软状态的钢板；（2）两者工艺步骤不同，在本发明权利要求1中，存在着钣金加工和加热两个步骤；而在对比文件1中，存在着预烘烤、钣金加工和加热烘烤三个步骤；（3）两者最后的加热步骤的目的不同，在本发明权利要求1中，目的是消除钣金加工时所产生的残余应力，防止钣金加工部分的涂膜发生劣化；而在对比文件1中，目的是使具有柔软涂膜的钢板经过加热烘烤而最终形成涂装钢板，同时通过加热烘烤使涂膜再熔融从而消除钣金加工时所产生的裂纹。

因此，本发明权利要求1所限定的技术方案不同于对比文件1所公开的技术方案，其发明目的和技术效果也不相同。本发明权利要求1相对于对比文件1具备新颖性。

国家知识产权局专利局原实质审查部门在驳回决定中认为，对比文件1已公开了本发明专利申请权利要求1的全部技术特征，且该对比文件所公开的技术方案与权利要求1所要求保护的技术方案能产生相同的技术效果，因此权利要求1不具备专利法第二十二条第二款规定的新颖性。

合议组认为，根据以上对本发明权利要求1和对比文件1的分析可知，驳回决定中的上述结论对事实的认定有误，理应予以纠正，故将本案发回国家知识产权局专利局原实质审查部门，由原实质审查部门对本发明专利申请继续进行审查并重新作出结论。另外，为了避免审级损失，合议组在此对本发明权利要求 1 的创造性不作评述。

**三、决定**

撤销国家知识产权局专利局实质审查部门于 2004 年 4 月 2 日对本申请作出的驳回决定。由国家知识产权局专利局原实质审查部门在本发明专利申请的申请人于 2004 年 6 月 22 日提交的新修改的权利要求书、申请日提交的说明书第 1 ~ 5 页、附图第 1 ~ 3 页、说明书摘要及摘要附图的基础上对本发明专利申请继续进行审查。

# 摩托车的车架结构案

## 复审请求审查决定（第6119号）

**决　定　号**　第6119号
**决　定　日**　2005年4月19日
**发明创造名称**　摩托车的车架结构
**国际分类号**　B62K 11/04
**复审请求人**　本田技研工业株式会社
**申　请　号**　97117644.2
**申　请　日**　1997年8月22日
**公　布　日**　1998年3月18日
**合议组组长**　陈海平
**主　审　员**　武树辰
**参　审　员**　陈　勇

**法律依据**　专利法第二十二条第三款
**决定要点**

专利法第二十二条第三款所称已有的技术，是指申请日（有优先权的，指优先权日）前在国内外出版物上公开发表、在国内公开使用或者以其他方式为公众所知的技术，即现有技术。在优先权日之后公开的技术不能用作评价一项权利要求创造性的已有技术。

### 一、案由

本复审请求案涉及的是申请日为1997年8月22日、名称为“摩托车的车架结构”、申请号为97117644.2的发明专利申请，申请人是本田技研工业株式会社。

经实质审查，国家知识产权局专利局实质审查部门于2003年5月9日驳回了本申请，驳回的理由是权利要求1不符合专利法第二十二条第三款的规定，实质审查中所引用的对比文件如下：

对比文件1：日本公开实用新案公报JP昭58－161779U，公开日为1983年10月27日；

对比文件2：英国专利说明书GB498696A，公开日为1939年1月12日；

对比文件3：日本公开特许公报JP昭59－7719A，公开日为1984年1月14日；

对比文件4：美国专利说明书US5480001，授权公开日为1996年1月2日；

对比文件5：美国专利说明书US4427087，授权公开日为1984年1月24日。

驳回决定所针对的权利要求书为申请人于2002年11月27日提交的文本（下称文本1），该权利要求书如下：

“1. 一种摩托车车架，它是单炮架型车架，是使主管从头管向后方延伸，将中心管从该主管的后部垂下，将下管从头管垂下，使底管从该下管的下部向后方延伸，将该底管的后部与中心管的下部接合，其特征在于，上述主管、中心管、下管及底管是方管，使中心管的横向宽度大于主管横向宽度；跨越主管地安装燃料箱，使底管的横向宽度比下管横向宽度大，从安装在由炮架型车架的各管围成的空间内的发动机延伸出的排气管通过下管的侧方，在位于车宽中心的中心管上设置用于支承摆动臂的支承托架。”

具体驳回理由：

文本1中的权利要求1所要求保护的技术方案与对比文件1所公开的内容相比，其区别在于，权利要求1中的主管、中心管、下管和底管都是方管，并构成一种单梁式车架；另外权利要求1还拼凑进一些现有技术的特征，如跨越主管地安装燃料箱、排气管通过下管的侧方以及中心管上设置摆动臂的支承托架。对比文件2揭示了一种用方形管材制成的单梁式车架，对比文件2与本申请领域相同，方形管单梁结构的作用相同，因而给出了将其与对比文件1结合的启示，又由于对比文件1中的并行的两根中心管构成的中心管结构是比单根的主管的横向宽度宽的，因此教导本领域技术人员在选择单梁方管结构时，应将单梁式中心管制成横向宽度比主管的横向宽度宽，单梁式底管的横向宽度比下管的横向宽度宽；这样的结合对本领域技术人员是显而易见的。而关于权利要求1中拼凑进的一些现有技术的特征，对比文件4、5可以提供相关佐证：对比文件4记载了一种摩托车，其中燃料箱跨越主管安装，而且位于车宽中心的中心管上设置有用于支撑摆动臂的支撑托架。对比文件5则记载了一种摩托车，其发动机位于车架各管围成的空间内，排气管通过车架下管的侧方。因此，权利要求1请求保护的技术方案相对于对比文件1、2、4、5没有突出的实质性特点和显著的进步，不符合专利法第二十二条第三款有关创造性的规定。

申请人（下称复审请求人）对上述驳回决定不服，于2003年8月14日向专利复审委员会请求复审，之后又于2003年9月16日提交了修改的权利要求书（下称文本2）并陈述了新修改的权利要求书具备创造性的理由，修改的权利要求书如下：

“1. 一种摩托车车架，它是单炮架型车架，是使主管从头管向后方延伸，将中心管从该主管的后部垂下，将下管从头管垂下，使底管从该下管的下部向后方延伸，将该底管的后部与中心管的下部接合，其特征在于，上述主管、中心管、下管及底管是方管，使中心管的横向宽度大于主管横向宽度；跨越主管地安装燃料箱，使底管的横向宽度比下管横向宽度大，从安装在由炮架型车架的各管围成的空间内的发动机延伸出的排气管通过下管的侧方，在位于车宽中心的中心管上设置用于支承摆动臂的支承托架；

通过使前后被两分开的槽形半体彼此对接而成的接头连接上述下管和上述底管；

上述摩托车车架还具有安装在接头上的、用于安装发动机吊架的管状支柱。”

请求复审的主要理由如下：

在文本2的权利要求1中，添加了“通过使前后被两分开的槽形半体彼此对接而成的接头连接上述下管和上述底管；上述摩托车车架具有安装在接头上的、用于安装发动机吊架的管状支柱”的技术特征。然而对比文件1~5中都没有公开上述技术特征，由于权利要求1具有上述技术特征，它可以产生如下技术效果，即，它可以自由地接合互相不同径的下管和底管，另外，在将立柱安装在车架上时，也不需要在下管和底管上开设立柱的安装孔。因此，文本2的权利要求1相对于对比文件1~5具有突出的实质性特点和显著的进步，具备创造性。

经形式审查，该复审请求符合有关规定，专利复审委员会受理了本复审请求。

原实质审查部门对本复审请求进行了前置审查，实质审查部门又引用了新的对比文件6，对比文件6是公开日为1997年4月2日的欧洲专利说明书EP0765800A1，实质审查部门认为：对比文件6附图8及说明书记载的第二个实施方式，披露了下管与底管分成前后槽形半体，形成接头；接头侧向开通孔，用于安装发动机吊架（附图10中明确示出）的技术方案，并认为权利要求1是现有技术的拼凑。

专利复审委员会组成合议组对本案的复审请求进行了审理。

合议组认为本案事实已经清楚，可以作出决定。

**二、决定的理由**

复审请求人于2003年9月16日提交的文本2没有超出原说明书和权利要求书记载的范围，符合专利法第三十三条的规定，本决定是在文本2的基础上作出的。

专利法第二十二条第三款规定：创造性，是指同申请日以前已有的技术相比，该发明有突出的实质性特点和显著的进步，该实用新型有实质性特点和进步。

专利法实施细则第三十条规定：专利法第二十二条第三款所称已有的技术，是指申请日（有优先权的，指优先权日）前在国内外出版物上公开发表、在国内公开使用或者以其他方式为公众所知的技术，即现有技术。

经核实，本申请的优先权日为1996年8月30日，因此，按照专利法及其实施细则的规定，可以用来评价文本2中的权利要求1的创造性的已有技术应当是在1996年8月30日之前在国内外出版物上公开发表、在国内公开使用或者以其他方式为公众所知的技术。然而原实质审查部门在前置审查中新引入的对比文件6的公开日为1997年4月2日，在本申请的优先权日之后，因此对比文件6不能用作评价文本2权利要求1的创造性的已有技术。

在文本2的权利要求1中新增加了下述技术特征“通过使前后被两分开的槽形半体彼此对接而成的接头连接上述下管和上述底管；上述摩托车车架具有安装在接头上的、用于安装发动机吊架的管状支柱”，这些技术特征在对比文件1~5中都没有被公开，由于权利要求1具有上述技术特征，它可以产生意料不到的技术效果，即可以自由地接合互相不同径的下管和底管；另外在将立柱安装在车架上时，也不需要在下管和底管上开设立柱的安装孔；而且，在没有证据支持的情况下，不能认为权利要求1所要求保护的技术方案是现有技术的简单拼凑。

因此，文本2的权利要求1相对于对比文件1~5具有突出的实质性特点和显著的进步，具备专利法第二十二条第三款规定的创造性。

根据上述事实和理由，本案合议组作出本决定。

**三、决定**

撤销国家知识产权局专利局实质审查部门于2003年5月9日对申请号为97117644.2的发明专利申请所作的驳回决定，由原实质审查部门在复审请求人于2003年9月16日提交的权利要求书的基础上继续进行审查程序。

# 流体动力机案

## 复审请求审查决定（第6133号）

**决　定　号**　第6133号
**决　定　日**　2005年4月18日
**发明创造名称**　流体动力机
**国 际 分 类 号**　B63H 1/14　B64C 11/00
**复 审 请 求 人**　刘洪成
**申　请　号**　02102222.4
**申　请　日**　2002年1月3日
**公　开　日**　2003年7月16日
**合 议 组 组 长**　杨克菲
**主　审　员**　祁铁军
**参　审　员**　陈 勇

**法 律 依 据**　专利法第二十六条第三款
**决 定 要 点**

在判定说明书是否满足专利法第二十六条第三款规定时，应当注意，确定本领域普通技术人员所应有的技术水平；分析发明的本质，并判断本领域技术人员在理解发明本质的前提下，能否利用常规技术水平来判断技术方案能否实现，而不应当仅仅依据在申请文件中所记载的某些文字的字面含义来加以判断。

### 一、案由

本复审请求案涉及国家知识产权局专利局实质审查部门于2002年1月3日受理的、申请号为02102222.4、发明名称为“流体动力机”的发明专利申请，申请人为刘洪成。

经实质审查，国家知识产权局专利局实质审查部门于2004年7月9日作出驳回上述专利申请的决定。驳回决定所针对的文本是申请日提交的原始说明书及权利要求。决定的理由是，该申请的说明书未对发明作出清楚、完整的说明，致使所属技术领域的技术人员不能实现该发明，不符合专利法第二十六条第三款规定。

申请人（下称复审请求人）对该驳回决定不服，于2004年9月27日向专利复审委员会提出复审请求。复审请求人认为：a. 用机械方式固定机器部件，就是指在满足机械部件的功能作用下的固定装配，这是所属技术领域的通用说法；b. “转体（2）经传动轴（3）”指的是转体（2）与传动轴（3）用机械手段相固定，即满足同时转动的静配合，“转体（2）经传动轴（3）用机械方式与机体（1）固定”指的是转体（2）与传动轴（3）静配合后，传动轴（3）与机体（1）用机械手段进行动配合。

经形式审查合格后，专利复审委员会于2004年11月16日依法受理了上述复审请求并组成合议组对该复审请求进行审理。经合议审理，合议组认为本案事实已经清楚，可以作出复审决定。

**二、决定的理由**

专利法第二十六条第三款规定：说明书应当对发明或者实用新型作出清楚、完整的说明，以所属技术领域的技术人员能够实现为准。在判定说明书是否满足专利法第二十六条第三款规定时，应当注意：第一，确定本领域普通技术人员所应有的技术水平；第二，分析发明的本质，并判断本领域技术人员在理解发明本质的前提下，能否利用常规技术水平来判断技术方案能否实现，而不应当仅仅依据在申请文件中所记载的某些文字的字面含义来加以判断。

本申请涉及一种流体动力机。在说明书中，复审请求人对流体动力机的结构和各个部件之间的连接关系作出了描述。该流体动力机主要包括：圆形机体1、圆形转体2、传动轴3、密封4、真空室5、排水叶片6、轴承座7、抽气或排水孔8和原动机9，其中转体2位于机体1内，转体2经传动轴3用机械方式与机体1固定，转体2的边缘与机体1之间设有密封4，以在转体2与机体1之间形成真空室5，在转体2靠近真空室5的一侧有排水叶片6，机体1上还设有抽气或排水孔8，传动轴3的一端经轴承座7与原动机9相连，另一端与机体1相连（详见本申请说明书及附图所示）。

此外，复审请求人还在说明书中对流体动力机的工作原理作出了描述：“根据伯努利原理，转体在高速运转时，其外表面与流体有一相对运动，转体转速增大，流体作用于转体的压强减小；机体外表面与流体相对静止，流体作用于机体的压强就大，由此转体与机体的外表面就产生了压强差，即产生了流体动力。”由此可知，本发明的本质就在于通过在转体与机体之间产生相对运动来达到产生流体动力的目的。

驳回决定中认为，“既然转体（2）经传动轴（3）用机械方式与机体（1）固定，就不可能存在转体在高速运转时，其外表面与流体有一相对运动，而机体外表面与流体相对静止的情形”。合议组认为，尽管复审请求人在说明书中提到“转体（2）经传动轴（3）用机械方式与机体（1）固定”，但是根据本领域技术人员的常规技术水平，要使转体2与机体1之间产生相对运动，可以采用本领域公知的技术手段来实现，其中一种非常简单的技术手段可以是：将转体2与传动轴3固定连接在一起并在原动机的输出动力作用下一起转动，而传动轴3例如可通过轴承等部件以可转动的方式与机体1相连接，由此来保证在操作过程中使转体2与机体1之间产生相对运动。由此，对于说明书中提到的“固定”这种连接关系，本领域技术人员可以根据其所具有的普通技术知识及所要解决的技术问题很容易地将其理解为：在转体（2）与机体（1）之间存在动配合式的活动连接关系，在转体（2）与传动轴（3）之间存在静配合式的固定连接关系。

因此，本领域技术人员根据说明书的描述能够清楚地理解各个部件的作用或功能，而且，还可以清楚理解各个部件之间连接关系，不存在超越其常规技术水平的困难。即，本申请说明书已对发明作出了清楚、完整的说明，符合专利法第二十六条第三款的规定。

**三、决定**

撤销国家知识产权局专利局原实质审查部门于2004年7月9日对上述申请作出的驳回决定。在原始申请文本的基础上由原实质审查部门对上述申请进行后续的审批程序。

# 用于密封式压缩机的阀盖连接结构案

## 复审请求审查决定（第6169号）

**决　定　号**　第6169号
**决　定　日**　2005年4月21日
**发明创造名称**　用于密封式压缩机的阀盖连接结构
**国际分类号**　F04B 53/10
**复审请求人**　LG电子株式会社
**申　请　号**　97120312.1
**申　请　日**　1997年12月4日
**公　开　日**　1998年8月12日
**合议组组长**　陈海平
**主　审　员**　冯　涛
**参　审　员**　宋鸣镝

**法律依据**　专利法第二十二条第三款
**决定要点**

如果涉案专利权利要求与对比文件相比，其技术方案之间有明显不同之处，并带来了明显的技术效果，而且该技术方案不是本领域技术人员从所述的对比文件中容易得出的，则该权利要求所述的技术方案具备创造性。

**一、案由**

本复审请求案涉及申请日为1997年12月4日，优先权日为1996年12月6日，公开日为1998年8月12日、发明名称为“用于密封式压缩机的阀盖连接结构”的97120312.1号发明专利申请（下称复审本申请），申请人为LG电子株式会社（下称复审请求人）。

本申请于申请日提交的权利要求书如下：

“1. 一种用于密封式压缩机的阀盖连接结构，其中，在将阀盖放置于汽缸的吸气阀、阀端和排气阀上之后，用多个连接螺钉连接阀盖，该结构包含：

多个连接螺钉，它们相对于阀盖的垂直中心线沿不同旋向拧上。

2. 如权利要求1所述的结构，其特征在于，所述连接螺钉包括多个沿右旋方向亦即顺时针方向拧上的右侧螺钉，和多个沿左旋方向亦即逆时针方向拧上的左侧螺钉。”

应复审请求人的请求，专利局实质审查部门对本申请进行了实质审查，于2003年3月28日发出了第一次审查意见通知书，指出权利要求1缺乏必要技术特征，不符合专利法实施细则第二十一条第二款的规定。

针对第一次审查意见通知书，复审请求人于2003年8月12日陈述了意见，并对权利要求书进行了修改。其修改后的权利要求书如下：

“1. 一种用于密封式压缩机的阀盖连接结构，其中，在将阀盖放置于汽缸的吸气阀、阀端和排气阀上之后，用多个连接螺钉连接阀盖，其特征在于，所述多个连接螺钉相对于阀盖的垂直中心线沿不同旋向拧上，所述连接螺钉包括：

沿右旋方向亦即顺时针方向拧上的右侧螺钉，和

沿左旋方向亦即逆时针方向拧上的左侧螺钉。”

专利局实质审查部门于2003年12月12日发出了第二次审查意见通知书，进行了补充检索，指出修改后的权利要求1相对于对比文件1或对比文件2或对比文件3不具备创造性，其中：

对比文件1：CN86209050U，公开日为1987年11月11日；

对比文件2：JP61－188121，公开日为1986年8月21日；

对比文件3：US4786201，公开日为1988年11月22日。

复审请求人于2004年2月27日陈述意见，对权利要求再次进行了修改，认为修改后的权利要求1相对于对比文件1或对比文件2或对比文件3具备创造性。

专利局实质审查部门于2004年6月11日作出驳回决定，驳回的理由是本申请不具备专利法第二十二条第三款规定的创造性，驳回所针对的文本是2004年2月27日提交的权利要求1和说明书第1～3页，1997年12月4日提交的说明书附图第1～2页，其中权利要求书如下：

“1. 一种用于密封式压缩机的阀盖连接结构，其中，在将阀盖放置于汽缸的吸气阀、阀端和排气阀上之后，用多个连接螺钉连接阀盖，其特征在于，所述多个连接螺钉相对于阀盖的垂直中心线沿不同旋向拧上，所述连接螺钉包括：

沿右旋方向亦即顺时针方向拧上的右侧螺钉，和

沿左旋方向亦即逆时针方向拧上的左侧螺钉；

其中，右侧连接螺钉和左侧连接螺钉在其位置上和数量上都是对称的。”

针对上述驳回决定，复审请求人于2004年9月17日向专利复审委员会提出复审请求，其认为本申请权利要求1相对于引用的对比文件具备创造性，符合专利法第二十二条第三款的规定。复审请求人在复审请求时未对申请文本作出任何修改。

在形式审查合格后，专利复审委员会受理了该复审请求，并依法成立合议组，对本案进行审查。经过合议，合议组认为，本案事实已经清楚，可以作出审查决定。

**二、决定的理由**

本复审决定所针对的文本是：2004年2月27日提交的权利要求1和说明书第1～3页，1997年12月4日提交的说明书附图第1～2页。

对比文件1、2和对比文件3均为专利文献，它们属于公开出版物，其公开日均早于本申请的优先权日，合议组核实了它们的真实性，认为它们可以作为评价本申请创造性的现有技术。

本申请技术方案中左旋和右旋螺纹的作用在于连接时抵消两旋向的力，防止阀盖倾斜，从而使密封式压缩机的阀盖连接更准确和牢固可靠。

对比文件1公开了一种无螺纹管道连接快速接头，并具体公开了以下的技术特征（参见说明书第4～5页及附图1）：接头1有一个接口孔2；接口孔2内套有密封圈4和钢环5；接口孔2内壁两侧各有一个紧定螺丝7和8，紧定螺丝7是左旋的，紧定螺丝8是右旋的，两者头部均为锥形并开有纵向缝10；外径与钢环5内径匹配的管道12；拧紧螺丝7、8把钢环5和管道12紧紧推压在密封圈4上，管道12卡紧在接口孔内。

对比文件1技术方案中的左旋和右旋螺纹的作用在于使管道和钢环向密封圈紧压，并最终通过紧定螺丝的头部为锥形和开有纵开缝而牢固定位，显然与本申请的技术方案不同，本领域技术人员通过

该对比文件难于得到本申请的权利要求1所要求保护的技术方案。

对比文件2公开了一种注塑机的模具夹紧机构，其公开了以下技术特征（参见说明书第5栏和附图1~3及说明书摘要）：固定到可移动盘10的一对外螺纹件即一个左旋螺纹件24和一个右旋螺纹件22分别拧入螺母件28和26；螺母件由固定盘14可旋转地支承。当夹紧模具时，可动盘几乎不承受旋转力。

虽然在该对比文件中存在着一个左旋螺纹件和一个右旋螺纹件，并达到了使可动盘不承受旋转力的效果，但其用于一种模具的夹紧机构，而本申请涉及密封式压缩机领域，因此仅凭技术领域相差较远的该篇对比文件本领域技术人员难于想象到把其应用于密封承受压力的致冷剂的密封式压缩机的阀盖连接结构。

对比文件3公开了一种在模块之间的固定连接装置，并具体公开了以下的技术特征（参见说明书第3栏和图4~5）：通过位于夹紧螺母件13两端的螺栓部分12a、12b上的螺母14a、14b连接两模块10a、10b，螺栓部分12a、12b旋向相反。

对比文件3技术方案中设置左旋和右旋螺纹是为了达到使螺母14a、14b运动方向相反的目的，显然与本申请中的作用不同，因此难以从该对比文件直接推导出本申请的技术方案。

专利局实质审查部门在驳回决定中认为，通过螺钉组的对称反向装配的方式已很常见，并通过以上三篇对比文件作为证据支持。然而综上所述，这种对称反向装配方式的目的与本发明技术方案是不同的，不能启示或教导本领域技术人员得到本发明权利要求1的技术方案，因此权利要求1相对于对比文件1或对比文件2或对比文件3具备创造性。

**三、决定**

撤销2004年6月11日由国家知识产权局专利局实质审查部门所作出的驳回决定，在复审请求人于2004年2月27日提交的权利要求第1项、说明书第1~3页和于申请日提交的说明书附图第1~2页的基础上，由原实质审查部门对本案继续进行审查。

# 喷水悬浮高速船案

## 复审请求审查决定（第6229号）

**决　定　号**　第6229号
**决　定　日**　2005年4月29日
**发明创造名称**　喷水悬浮高速船
**国际分类号**　B60V 3/06
**复审请求人**　林德全
**申　请　号**　01107906.1
**申　请　日**　2001年3月20日
**公　开　日**　2002年10月23日
**合议组组长**　陈海平
**主　审　员**　祁轶军
**参　审　员**　崔　峥

**法律依据**　专利法第二十二条第三款
**决定要点**

对于本申请的独立权利要求与对比文件的区别技术特征，对比文件未给出任何的技术启示，而且也并非是本领域技术人员的常规技术手段。因此，本申请独立权利要求所限定的技术方案相对于该对比文件所公开的技术方案是非显而易见的，具备创造性。

### 一、案由

本复审请求案涉及的是申请日为2001年3月20日、申请号为01107906.1.发明名称为“喷水悬浮高速船”的发明专利申请，申请人为林德全。

经实质审查，国家知识产权局专利局实质审查部门于2004年4月9日以权利要求1~4不具备创造性，不符合专利法第二十二条第三款的规定为由，作出了驳回决定。驳回决定所依据的文本为申请日提交的原始文本，驳回决定所针对的权利要求书全文如下：

“1. 一种喷水悬浮高速船，包括船体、螺旋桨推进装置，其特征在于：船体将水吸入并通过一装置把水向下喷射，当喷射水流受到的反作用力与船舶的重力平衡时，船舶就悬浮在水面上航行。

2. 根据权利要求1所述的一种喷水悬浮高速船，其特征在于：对于小型普通船舶只安装一个螺旋桨，喷水装置在船体的两侧和尾部中间。

3. 根据权利要求1所述的一种喷水悬浮高速船，其特征在于：对于中型或特殊用途的船舶可安装三个螺旋桨，喷射装置在船体的两侧。

4. 根据权利要求1所述的一种喷水悬浮高速船，其特征在于：船舶可向后喷射水流，推进船舶航行。”

针对上述权利要求作出的驳回决定所依据的现有技术为：对比文件1（CN1036370A，公开日为

1989 年 10 月 18 日）。

申请人（下称复审请求人）不服该驳回决定，于 2004 年 7 月 24 日向专利复审委员会提出了复审请求。复审请求人在复审请求书中认为：权利要求 1 ~ 4 所要求保护的技术方案相对于对比文件 1 具有突出的实质性特点和显著的进步，具备创造性。

经形式审查合格后，专利复审委员会于 2004 年 8 月 30 日依法受理了上述复审请求并组成合议组对该复审请求进行审理。经合议审理，合议组认为本案事实已经清楚，可以依法作出复审决定。

**二、决定的理由**

专利法第二十二条第三款规定：创造性，是指同申请日以前已有的技术相比，该发明有突出的实质性特点和显著的进步。

在本案中，对比文件 1（CN1036370A，公开日为 1989 年 10 月 18 日）是在本案的专利申请日以前公开的出版物，可以作为评价本专利申请之创造性的已有技术。

对比文件 1 公开了一种超比重浮力船，其主要包括船底 1、螺旋桨 7、电动机 5、喷水管 14 和空气舵 13，其中，船底 1 由固定的船底板 2、活动的船底板 3 以及网状支架 4 组成，船底 1 的网状支架 4 上安装电动机 5，在电动机 5 的转轴 6 上安装螺旋桨 7。当超比重浮力船将要起航时，开动燃气轮机 - 发电机 12，然后带动电动机 5，螺旋桨 7 随着电动机 5 的转动而转动，这时螺旋桨 7 给水一个向下的推力，而水给螺旋桨一个向上的举力（反作用力），在举力的作用下，船体被托出水面，仅仅只有螺旋桨 7 浸没在水中，船体不再受到海水、江水的制约，这时船只通过喷水管 14 在喷水推进下将会高速、平稳地航行。

原实质审查部门在驳回决定中认为，本申请独立权利要求 1 所要求保护的技术方案与对比文件 1 所公开的技术内容相比，其区别仅在于用“喷射推水”代替了“螺旋桨推水”，而且这种替代是所属技术领域中的常用手段，其效果实质上相同。在该对比文件的基础上经过上述替换得到该权利要求所要求保护的技术方案，对所述技术领域的技术人员而言是显而易见的，并没有产生预料不到的效果。

合议组认为，尽管由本申请独立权利要求 1 限定的技术方案与该对比文件 1 所公开的内容相比，其区别主要在于推水方式不同：权利要求 1 采用喷水推水，而对比文件 1 采用螺旋桨推水，但推水方式的不同，又导致其结构不同，因此这是两种不同的技术方案，其分别基于不同的技术构思。另外，对比文件 1 中并没有给出可以用喷水推水替代螺旋桨推水及通过喷射推水使喷射水流受到的反作用力与船舶重力平衡、从而使船舶悬浮在水面上的技术启示，故该权利要求 1 的技术方案不属于本领域技术人员的常规技术手段或简单的结构替换。由此，对于本领域技术人员而言，该权利要求 1 所述的技术方案并非是显而易见的。

因此，独立权利要求 1 相对于对比文件 1 具备创造性，符合专利法第二十二条第三款的规定。

权利要求 2 ~ 4 作为独立权利要求 1 的从属权利要求，对独立权利要求 1 的技术方案作出了进一步的限定，在独立权利要求 1 具备创造性的情况下，从属权利要求 2 ~ 4 也具备创造性。

**三、决定**

撤销国家知识产权局专利局原实质审查部门于 2004 年 4 月 9 日对 01107906.1 号发明专利申请所作出的驳回决定，由原实质审查部门在驳回决定所依据的文本的基础上继续进行审查程序。

# 锁眼缝纫机的进给台驱动装置案

## 复审请求审查决定（第6230号）

**决　定　号**　第6230号
**决　定　日**　2005年4月22日
**发明创造名称**　锁眼缝纫机的进给台驱动装置
**国际分类号**　D05B 3/06
**复审请求人**　重机公司
**申　请　号**　00106984.5
**申　请　日**　2000年4月26日
**公　开　日**　2000年11月1日
**合议组组长**　于　萍
**主　审　员**　武树辰
**参　审　员**　徐媛媛

**法律依据**　专利法实施细则第二十一条第二款
**决定要点**

如果一项权利要求中所记载的技术特征的总和足以构成发明或者实用新型的技术方案，使之区别于背景技术中所述的其他技术方案，而且该技术方案能够解决发明或实用新型所要解决的技术问题，则该权利要求不缺少必要技术特征。

**一、案由**

本复审请求案涉及的是申请日为2000年4月26日、名称为“锁眼缝纫机的进给台驱动装置”、申请号为00106984.5的发明专利申请，申请人是重机公司。

经实质审查，国家知识产权局专利局实质审查部门于2002年10月11日驳回了本申请。驳回的理由是独立权利要求1不符合专利法第二十二条第二款的规定，独立权利要求2不符合专利法实施细则第二十一条第二款的规定。驳回决定中所引用的对比文件如下：

对比文件1：日本专利公开特许公报平4-26437A，公开日为1992年1月29日。

驳回决定所针对的权利要求书为申请人于2002年9月3日提交的文本（下称文本1），该权利要求书如下：

“1. 一种锁眼缝纫机的进给台驱动装置，使设置在锁眼缝纫机台板部上的用于支承被缝制物的进给台相对于落针点沿纵横方向移动，其特征是，包括：

进给台驱动装置，该进给驱动装置具有使所述进给台沿纵横方向移动的纵向用驱动马达和横向用驱动马达；

所述进给台驱动装置配置在所述进给台的后方。

2. 一种锁眼缝纫机的进给台驱动装置，具备设置在锁眼缝纫机台板部上的使用于支承被缝制物的进给台相对于落针点沿纵横方向移动的进给台驱动装置，在该进给台驱动装置上设置有至少通过安装于纵向用驱动马达上的齿轮和安装于所述进给台上的齿条部的啮合，使所述进给台沿纵向作直线移动的纵向移动机构，其特征是，包括：

通过安装于横向用驱动马达上的齿轮和安装于所述进给台上的作成圆弧状的圆弧齿轮条部的啮合，使所述进给台沿横向作圆弧移动的横向移动机构。

3. 根据权利要求2所述缝纫机的进给台驱动装置，其特征是，所述进给台驱动装置配置在进给台的后方。

4. 根据权利要求2或3所述的锁眼缝纫机的进给台驱动装置，其特征是，所述进给台可沿纵向移动地支承在进给台支承部上；横向移动机构具有固定在缝纫机机架上的横向用驱动马达和可围绕垂直轴摆动地设置的摆动臂，在该摆动臂的一端部设置有与安装于所述横向用驱动马达上的齿轮啮合的圆弧状齿轮条部，在所述摆动臂的另一端部可自由转动地连接着上述进给台支承部；所述纵向移动机构包括：固定在所述缝纫机机架上的纵向用驱动马达；形成与安装于所述纵向用驱动马达上的齿轮啮合的齿条部的纵向进给轴；以及容许部件，该容许部件通过使其一端部可自由转动地连接在所述纵向进给轴上，另一端部可自由转动地连接在数进给台上，允许所述进给台向横向转动地摆动。”

具体驳回理由：

1. 对比文件1已经完全披露了文本1中的独立权利要求1所要求保护的技术方案，且对比文件1与该权利要求请求保护的技术方案属于同一技术领域，并能产生相同的技术效果。因此，文本1中的独立权利要求1所要求保护的技术方案不符合专利法第二十二条第二款有关新颖性的规定。

2. 文本1中的独立权利要求2的技术方案所要解决的技术问题是提供一种很容易调整使进给台沿纵横方向移动的进给台驱动机构中的齿侧间隙的锁眼缝纫机的进给台驱动装置。该权利要求缺少解决上述问题的必要技术特征，不符合专利法实施细则第二十一条第二款的规定。为解决上述技术特征，从属权利要求4中的技术特征“所述进给台可沿纵向移动地支承在进给台支承部上；横向移动机构具有固定在缝纫机机架上的横向用驱动马达和可围绕垂直轴摆动地设置的摆动臂，在该摆动臂的一端部设置有与安装于所述横向用驱动马达上的齿轮啮合的圆弧状齿轮条部，在所述摆动臂的另一端部可自由转动地连接着上述进给台支承部；所述纵向移动机构包括：固定在所述缝纫机机架上的纵向用驱动马达；形成与安装于所述纵向用驱动马达上的齿轮啮合的齿条部的纵向进给轴”是必不可少的技术特征。

申请人（下称复审请求人）对上述驳回决定不服，于2003年1月24日向专利复审委员会请求复审，同时提交了修改的权利要求书（下称文本2）。

修改的权利要求书如下：

“1. 一种锁眼缝纫机的进给台驱动装置，包括使进给台沿纵横方向移动的进给台驱动装置，所述进给台驱动装置构成使所述进给台沿纵向移动的纵向移动机构和使所述进给台沿横向移动的横向移动机构，所述进给台驱动装置配置在所述进给台的后方，使设置在锁眼缝纫机台板部上的用于支承被缝制物的进给台相对于落针点沿纵横方向移动，其特征是，所述纵向移动机构是使进给台沿纵向直线移动的机构，所述横向移动机构是使进给台沿横向圆弧移动的机构，所述纵向移动机构和所述横向移动机构配置成缝纫机的臂部夹在所述纵向移动机构和所述横向移动机构之间。

2. 根据权利要求1所述的锁眼缝纫机的进给台驱动装置，所述纵向移动机构由安装在纵向驱动用马达上的第1齿轮和与所述第1齿轮相啮合、安装在所述进给台上的齿条构成，所述横向移动机构由安装在横向驱动用马达上的第2齿轮和与所述第2齿轮相啮合、安装在所述进给台上的呈圆弧状的齿条部构成。

3. 根据权利要求 2 所述缝纫机的进给台驱动装置，其特征是，所述进给台驱动装置配置在进给台的后方。

4. 根据权利要求 2 或 3 所述的锁眼缝纫机的进给台驱动装置，其特征是，

所述进给台可沿纵向移动地支承在进给台支承部上；

横向移动机构具有固定在缝纫机机架上的横向用驱动马达和可围绕垂直轴摆动地设置的摆动臂，在该摆动臂的一端部设置有与安装于所述横向用驱动马达上的齿轮啮合的圆弧状齿轮条部，在所述摆动臂的另一端部可自由转动地连接着上述进给台支承部；

所述纵向移动机构包括：固定在所述缝纫机机架上的纵向用驱动马达；形成与安装于所述纵向用驱动马达上的齿轮啮合的齿条部的纵向进给轴；以及容许部件，该容许部件通过使其一端部可自由转动地连接在所述纵向进给轴上，另一端部可自由转动地连接在数进给台上，允许所述进给台向横向转动地摆动。”

复审请求的理由：

文本 2 的独立权利要求 1 中，对纵向移动机构和横向移动机构及其配置方式进行了进一步限定，将其配置成缝纫机的臂部介于纵向移动机构和横向移动机构之间，而对比文件 1 中则是将横向移动机构和纵向移动机构配置在缝纫机臂部的一侧。文本 2 的从属权利要求 2 对纵向移动机构和横向移动机构进行了进一步限定。修改后的权利要求书未超出原申请文件的范围，且相对于对比文件具备新颖性和创造性，满足专利法及其实施细则有关专利性的规定。

经形式审查合格后，专利复审委员会受理了该复审请求，并将该复审请求转至原实质审查部门进行前置审查。

原实质审查部门对本复审请求进行了前置审查，认为：由说明书中所记载的现有技术中存在的问题可知，本申请的改进点在于“纵向移动机构”和“横向移动机构”的结构，而文本 2 的独立权利要求 1 新增加的特征中仅对纵向移动机构和横向移动机构的位置作了限定，而没有进一步限定“纵向移动机构”和“横向移动机构”的结构特征。因此，在驳回决定驳回理由部分第 2 项中所述的“纵向移动机构”和“横向移动机构”的结构特征是解决上述技术问题必不可少的技术特征，因此文本 2 的权利要求 1 仍不符合专利法实施细则第二十一条第二款的规定。

专利复审委员会组成合议组，对本案的复审请求进行了审理，并作出如下决定。

**二、决定的理由**

复审请求人于 2003 年 1 月 24 日提交的文本 2 没有超出原说明书和权利要求书记载的范围，符合专利法第三十三条的规定，故本决定是针对文本 2 作出的。

首先，关于驳回决定中的第一项驳回理由，即文本 1 的权利要求 1 相对于对比文件 1 不具备新颖性的问题，由于复审请求人在提出复审请求时已修改了权利要求书，提交了文本 2，上述驳回理由所涉及的权利要求已被复审请求人放弃，故原驳回决定的第一项驳回理由已不存在。

其次，关于文本 2 的独立权利要求 1 缺少必要技术特征的问题。专利法实施细则第二十一条第二款规定：独立权利要求应当从整体上反映发明或者实用新型的技术方案，记载解决技术问题的必要技术特征。

审查指南第二部分第二章第 3.1.2 节指出：“必要技术特征是指，发明或者实用新型为解决其技术问题所必不可少的技术特征，其总和足以构成发明或者实用新型的技术方案，使之区别于背景技术中所述的其他技术方案。”在理解发明的技术问题时，不能简单地将其理解成说明书中申请人所声称的目的，而应当在理解发明与背景技术的技术方案的基础上，将其理解为本发明实际所要解决的技术问题，也就是客观存在的技术问题。

在理解本发明与背景技术的技术方案的基础上，本发明实际要解决的技术问题是：由于横向移动机构和纵向移动机构都位于缝纫机臂部的同一侧，因此难于调节横纵移动机构的齿侧间隙。本发明的发明点并不在于横向移动机构和纵向移动机构的结构本身，而在于横向移动机构与纵向移动机构的配置方式。

对比文件1中的技术方案是将横向移动机构和纵向移动机构配置在缝纫机臂部的同一侧，因而由于空间的限制难于调节齿侧间隙。然而文本2的独立权利要求1中对横向移动机构和纵向移动机构的配置方式进行了进一步限定，指出纵向移动机构和横向移动机构配置成使缝纫机的臂部夹在所述纵向移动机构和所述横向移动机构之间，也就是说，纵向移动机构与横向移动机构位于缝纫机臂部的两侧，这样，由于可以在缝纫机臂部两侧的两个彼此隔开的位置上调节横向移动机构和纵向移动机构的齿侧间隙，因此调节齿侧间隙变得更容易。

由此可见，文本2独立权利要求1中所包含的技术特征其总和足以构成发明的技术方案，并使之区别于背景技术中所述的其他技术方案，且该技术方案能够解决发明所要解决的技术问题，因此文本2的独立权利要求1并不缺少解决技术问题的必要技术特征，符合专利法实施细则第二十一条第二款的规定。

根据上述事实和理由，本案合议组作出本决定。

**三、决定**

撤销专利局实质审查部门于2002年10月11日对申请号为00106984.5的发明专利申请所作的驳回决定，以复审请求人于2003年1月24日提交的权利要求书为基础，由原实质审查部门继续进行审查程序。

# 可自动清洁过滤棉的滤水器案

## 复审请求审查决定（第6231号）

**决　定　号**　第6231号
**决　定　日**　2005年5月12日
**发明创造名称**　可自动清洁过滤棉的滤水器
**国际分类号**　A01K 63/04　B01D 24/46
**复审请求人**　盈翠珠宝金行有限公司
**申　请　号**　02130457.2
**优先权日**　2002年4月4日
**申　请　日**　2002年8月20日
**公　开　日**　2003年10月15日
**合议组组长**　魏　屹
**主　审　员**　武树辰
**参　审　员**　崔　峥

**法律依据**　专利法第二十二条第三款
**决定要点**

如果驳回决定是以申请人放弃的申请文本或者不要求保护的技术方案为依据，则应当撤销该驳回决定，由原实质审查部门继续进行审查程序。

### 一、案由

本复审请求案涉及的是申请日为2002年8月20日、优先权日为2002年4月4日、名称为“可自动清洁过滤棉的滤水器”、申请号为02130457.2的发明专利申请，申请人是盈翠珠宝金行有限公司。

申请人于申请日提交的申请文本（下称文本1）为：说明书第1~5页，权利要求1~10，附图第1~4页，说明书摘要，摘要附图。

文本1的权利要求书包括1项独立权利要求和9项从属权利要求，其独立权利要求的内容如下：

“1. 一种可自动清洁过滤棉的滤水器，主要包括有一外壳体、过滤棉和抽水泵，所述外壳体包括一个可被开启以便于放置所述过滤棉的端盖，其特征在于，外壳体包括一个进水口和一个或一个以上的出水口，并在外壳体内部设有一个能够对设在其内部的过滤棉进行类似洗衣机原理清洗的清洗装置，清洗装置与设在外壳体外侧的马达相连接。”

申请人于2002年9月17日提出实质审查请求，同时提交了申请文件替换页：说明书摘要，权利要求1~10，说明书第1~5页，其中本次提交的权利要求1~10与申请日提交的权利要求1~10完全相同。

国家知识产权局专利局实质审查部门于2004年6月4日发出了第一次审查意见通知书。该通知书所针对的文本（下称文本2）是：申请日提交的附图第1~4页，摘要附图，2002年9月17日提交的说明书摘要，权利要求1~10，说明书第1~5页。在该通知书中指出，本申请不符合专利法第二十二条第三款有关创造性的规定，其具体理由是："权利要求1~3相对于对比文件1不具备创造性，权利要求4~10相对于对比文件1和对比文件2的结合不具备创造性"。

该通知书所引用的对比文件为：

对比文件1：日本公开特许公报平3-60706号，公开日为1991年3月15日；

对比文件2：日本特许公报平4-22603号，公开日为1992年4月20日。

针对上述审查意见通知书，申请人于2004年8月20日提交了意见陈述书，并没有修改申请文件，申请人在意见陈述书中论述了本申请具备创造性的理由。

国家知识产权局专利局实质审查部门于2004年9月24日驳回了本申请，驳回决定所针对的文本是申请日提交的文本（文本1），即申请日提交的说明书第1~5页，权利要求1~10，附图第1~4页，说明书摘要，摘要附图。驳回的理由是权利要求1~10不具备专利法第二十二条第三款规定的创造性。

申请人（下称复审请求人）对上述驳回决定不服，于2004年11月17日向专利复审委员会提出复审请求，并论述了权利要求书1~10具备创造性的理由，但并未修改申请文件。

经形式审查合格，专利复审委员会于2004年12月16日依法受理了该复审请求，同时组成合议组对本案进行审理。

合议组经合议审查，认为本案事实已经清楚，可以作出决定。

**二、决定的理由**

首先，关于驳回决定所针对的文本的问题：

经查明，复审请求人于2002年9月17日提出实质审查请求的同时修改了申请文件，其修改时机符合专利法实施细则第五十一条的规定，而且修改文本没有超出原说明书和权利要求书记载的范围，符合专利法第三十三条的规定，理应以此作为审查的基础。因此，应当认为复审请求人已经放弃了申请日提交的申请文本（文本1），而要求以文本2为基础进行实质审查。另外，此后在实质审查过程中，复审请求人再未修改过申请文件，故最后的实质审查结论也应在文本2的基础上作出。

然而，原实质审查部门仍然以申请人已经放弃了的文本1为基础作出驳回决定，因此，原实质审查部门的审查违反了法定程序，理应予以纠正。

其次，考虑到两个文本的权利要求书相同，为节约程序，合议组对文本2权利要求1的创造性提出如下意见：

对比文件1中公开了一种养鱼业的海水过滤装置和过滤材料再生方法，其实现滤材再生的方法是将颗粒状滤材放置在过滤器体中，通过将海水换成淡水再静置一段时间对滤材进行清洗，从而使其获得再生。文本2的独立权利要求1与对比文件1相比，其区别技术特征在于，在该权利要求1中，在外壳体内部设有一个可对其内部的过滤棉进行类似洗衣机原理清洗并与外壳体外侧马达相连的清洗装置，然而对比文件1既未公开上述区别技术特征，也未给出将可对其内部的过滤棉进行类似洗衣机原理清洗并与外壳体外侧马达相连的清洗装置设置在外壳体内的任何技术启示。因此文本2的独立权利要求1所要求保护的技术方案相对于对比文件1是非显而易见的，因而具备专利法第二十二条第三款所规定的创造性。

根据上述事实和理由，本案合议组作出本决定。

**三、决定**

撤销国家知识产权局专利局实质审查部门于2004年9月24日对申请号为02130457.2的发明专

利申请所作的驳回决定，由原实质审查部门在复审请求人于申请日提交的附图第1～4页、摘要附图、2002年9月17日提交的说明书摘要、权利要求1～10、说明书第1～5页的基础上继续进行审查程序。

031

# 一种用于钢管的皮尔格冷轧的工具设计方法案

## 复审请求审查决定（第6248号）

**决　定　号**　第6248号
**决　定　日**　2005年5月19日
**发明创造名称**　一种用于钢管的皮尔格冷轧的工具设计方法
**国际分类号**　B21B 21/02
**复审请求人**　“切佩茨基机械加工厂”股份公司
**申　请　号**　99803312.X
**优先权日**　1998年12月25日
**申　请　日**　1999年7月5日
**公　开　日**　2001年4月18日
**合议组组长**　白剑锋
**主　审　员**　祁铁军
**参　审　员**　崔　峥

**法律依据**　专利法第二十六条第三款
**决定要点**

在判定说明书是否满足专利法第二十六条第三款的规定时，应当注意，确定本领域普通技术人员所应有的技术水平；分析发明的本质，并判断本领域技术人员在理解发明本质的前提下，能否借助于说明书并利用其所应具有的本领域常规技术手段来实现本发明。

### 一、案由

本复审请求案涉及申请日为1999年7月5日、优先权日为1998年12月25日、进入中国国家阶段的日期为2000年8月25日、申请号为99803312.X、发明名称为“一种用于钢管的皮尔格冷轧的工具设计方法”的发明专利申请，申请人为“切佩茨基机械加工厂”股份公司。

经实质审查，国家知识产权局专利局实质审查部门于2004年7月9日作出驳回上述专利申请的决定。驳回决定所针对的文本是2004年4月9日提交的权利要求1~3项，进入中国国家阶段时提交的说明书第1~7页、说明书附图第1页及说明书摘要。驳回的理由是：该申请的说明书未对发明作出清楚、完整的说明，致使所属技术领域的技术人员不能实现该发明，不符合专利法第二十六条第三款的规定。

申请人（下称复审请求人）对该驳回决定不服，于2004年10月25日向专利复审委员会提出复审请求。请求人认为：a. 样条函数及样条函数的建立方式均属于公知的现有技术；b. 因子K与所轧制材料的物理机械性能例如弹性模量、屈服强度、摩擦因子以及轧制机制、壁厚的变形速率和管的内径、输送的体积等有关，而且确定经验公式中常数因子K的数值手段在本发明的技术领域内是公知的。

经形式审查合格后，专利复审委员会于2004年11月15日依法受理了上述复审请求并组成合议组对该复审请求进行审理。经合议审理，合议组认为本案事实已经清楚，可以作出复审决定。

**二、决定的理由**

专利法第二十六条第三款规定：说明书应当对发明或者实用新型作出清楚、完整的说明，以所属技术领域的技术人员能够实现为准。

合议组认为，在判定说明书是否满足专利法第二十六条第三款规定时，应当注意，第一，确定本领域普通技术人员所应有的技术水平；第二，分析发明的本质，并判断本领域技术人员在理解发明本质的前提下，能否借助于说明书并利用其所应具有的本领域常规技术手段来实现本发明。

本申请涉及一种用于钢管的皮尔格冷轧工具的设计方法。在说明书中，复审请求人对皮尔格冷轧工具的设计方法作出了描述，根据数学计算将外部工具的展开部分和内部工具的外形设计成曲线形式，其中外部工具和内部工具的外形曲线由不同样条函数的形值点的几何位置来表示。

此外，说明书以实施例的方式描述了形值点序列的计算值所依据的公式及公式中各参数或因子（包括K因子）的具体含义（详见本申请的说明书及附图）。由此可知，本发明的本质就在于：将皮尔格冷轧工具的外部工具之脊部的展开部分和内部工具的孔型设计成能够利用样条函数的形值点序列表示出来的结构形式，从而达到提高表面质量、机械性能稳定并减少管缺陷的目的。

驳回决定中认为："本发明涉及一种皮尔格冷轧工具的设计方法，该设计方法主要依赖于建立一种样条函数，本发明没有说明如何建立这样的样条函数，而且Kt、K因子属于不确定因子，本说明书中没有清楚说明这些因子是如何确定的，而且这些因子的确定对于本领域普通技术人员而言不是显而易见的，无法从现有的技术中推导出来。"

合议组认为：首先，样条函数或B样条函数及其建立方法属于一种已有的常规数学计算方法（例如，参见由西安交通大学出版社于1985年5月第1版出版、1987年10月第2次印刷的《计算方法》一书），这种常规计算方法应当在本发明的优先权日前为本领域普通技术人员所知晓，即，普通技术人员可以根据实际需要，利用常规的数学计算方法建立具体的样条函数；其次，Kt和K因子与所轧制材料的物理机械性能及轧制机制等因素有关，这在本申请的说明书中已有阐述，而且可以通过试验方法根据材料和轧制条件来确定经验公式中的常数因子Kt、K的取值，这在本领域内是公知的，对于本领域技术人员而言是显而易见的。

基于此，本领域技术人员根据说明书的描述能够清楚地理解这种皮尔格冷轧工具的设计方法，不存在超越其常规技术水平的困难。即，本申请说明书已对发明作出了清楚、完整的说明，符合专利法第二十六条第三款的规定。

**三、决定**

撤销国家知识产权局专利局原实质审查部门于2004年7月9日对本申请作出的驳回决定。在驳回决定所依据的文本的基础上，由原实质审查部门对本专利申请继续进行审查。

## 搭载发动机停止起动控制装置的车辆案

## 复审请求审查决定（第6289号）

**决 定 号** 第6289号
**决 定 日** 2005年5月20日
**发明创造名称** 搭载发动机停止起动控制装置的车辆
**国际分类号** F02D 29/02 B60Q 1/08
**复审请求人** 本田技研工业株式会社
**申 请 号** 99104506.8
**优 先 权 日** 1998年3月31日
**申 请 日** 1999年3月30日
**公 开 日** 1999年10月6日
**合议组组长** 陈海平
**主 审 员** 冯 涛
**参 审 员** 宋鸣镝

**法 律 依 据** 专利法实施细则第六十二条第二款
**决 定 要 点**

复审请求时提交的修改后的申请文件已克服了驳回决定中指出的缺陷，由原实质审查部门继续进行审批程序。

**一、案由**

本复审请求案涉及申请日为1999年3月30日、优先权日为1998年3月31日、公开日为1999年10月6日、发明名称为“搭载发动机停止起动控制装置的车辆”的99104506.8号发明专利申请（下称本申请），申请人为本田技研工业株式会社（下称请求人）。

应请求人的请求，专利局实质审查部门对本申请进行了实质审查，于2003年7月11日发出了第一次审查意见通知书，指出权利要求1和权利要求2不符合专利法实施细则第十三条第一款的规定。

针对第一次审查意见通知书，请求人于2003年11月26日陈述了意见，对申请文件进行了修改，在权利要求1、2中增添了“具有油门开度检测机构，当检测到预定开度以上的油门开度时，再一次使上述继电器机构导通”的技术特征。

国家知识产权局专利局实质审查部门于2004年5月21日作出驳回决定，以请求人于2003年11月26日提交的权利要求1和权利要求2仍不符合专利法第十三条第一款为由驳回了本申请。

驳回决定所针对的文本是：2003年11月26日提交的权利要求1~8，说明书第1~15页和说明书附图第3、第6~9页及申请日提交的说明书附图第1、2、4、5页。

针对上述驳回决定，请求人于2004年9月2日向专利复审委员会提出复审请求，并修改了权利要求书，删除了于2003年11月26日所提交的权利要求书中的权利要求1、2，并对权利要求3~8的编号及引用关系作了相应的修改，形成新的权利要求 1 ~6。

在形式审查合格后，专利复审委员会受理了该复审请求，并依法成立合议组，对本案进行审查。合议组认为，本案事实已经清楚，可以作出审查决定。

**二、决定的理由**

经审理，复审委员会本案合议组意见如下：

鉴于请求人在复审请求时删除了驳回决定所针对的权利要求 1 和权利要求 2，因此该文本已克服了驳回决定所指出的“权利要求 1 和权利要求 2 不符合专利法实施细则第十三条第一款规定”的缺陷。

**三、决定**

撤销 2004 年 5 月 21 日由国家知识产权局专利局实质审查部门所作的驳回决定。在复审请求人于 2004 年 9 月 2 日提交的权利要求 1 ~6，2003 年 11 月 26 日提交的说明书第 1 ~15 页和附图第 3、第 6 ~9 页，申请日提交的说明书附图第 1、2、4、5 页的基础上，由原实质审查部门对本案继续进行审查。

# 电动车辆案

## 复审请求审查决定（第6406号）

**决　定　号**　第6406号
**决　定　日**　2005年6月3日
**发明创造名称**　电动车辆
**国际分类号**　B62M 23/02　B60L 15/00
**复审请求人**　本田技研工业株式会社
**申　请　号**　01141232.1
**优先权日**　2000年10月10日
**申　请　日**　2001年10月10日
**公　开　日**　2002年5月1日
**合议组组长**　陈海平
**主　审　员**　祁轶军
**参　审　员**　崔　峥

**法律依据**　专利法第二十二条第三款
**决定要点**

判断发明的一项权利要求不具备创造性的前提是，权利要求所限定的技术方案与现有技术相比不具有突出的实质性特点和显著的进步。具体讲，应当用证据说明权利要求中未被对比文件包括的区别特征是技术人员无须付出创造性劳动即可导出，或者用证据说明该区别特征的引入并未给权利要求中的技术方案带来优于现有技术的技术效果，否则不能说明其无创造性。

### 一、案由

本复审请求案涉及的是优先权日为2000年10月10日、申请日为2001年10月10日、申请号为01141232.1、发明名称为“电动车辆”的发明专利申请（下称本申请），申请人为本田技研工业株式会社。

经实质审查，国家知识产权局专利局实质审查部门于2003年6月20日以本申请权利要求第1~4项不具备创造性，不符合专利法第二十二条第三款的规定为由，作出了驳回决定。驳回决定所依据的文本为申请日提交的说明书第1~7页，2003年4月30日提交的权利要求第1~4项，申请日提交的附图第1~9页，申请日提交的说明书摘要及摘要附图。

驳回决定所针对的权利要求书全文如下：

“1. 一种电动车辆，在以马达为驱动源使用的电动车辆中，其特征在于，在将所述马达的旋转传递至驱动轮的动力部件的壳体内部配置有控制所述马达转动的控制器，同时具有对所述控制器供给电力的感应型开关；将所述开关设于所述动力部件的壳体内部。

2. 如权利要求1所述的电动车辆，其特征在于，具有搭载于车辆上的电气件驱动用输入输出绝缘型电源变换器，该电源变换器设于所述动力部件壳体内部。

3. 如权利要求 1 所述的电动车辆，其特征在于，它具有检测马达的输出要求大小的加速度开度传感器，该加速度开度传感器设于所述动力部件的壳体内部。

4. 如权利要求 1 所述的电动车辆，其特征在于，上述感应型开关与所述对应的壳体外的钥匙对应地被开闭。”

驳回决定所依据的现有技术为：

对比文件 1：JP 特开平 8－175462A，公开日为 1996 年 7 月 9 日；

对比文件 2：US6073717A，公开日为 2000 年 6 月 13 日。

申请人（下称复审请求人）不服该驳回决定，于 2003 年 9 月 29 日向专利复审委员会提出了复审请求，同时对权利要求书作出了修改。复审请求人在复审请求书中认为：修改后的权利要求 1 所要求保护的技术方案相对于对比文件 1 和对比文件 2 具有突出的实质性特点和显著的进步，具备创造性。

修改后的权利要求书全文如下：

“1. 一种电动车辆，在以马达为驱动源使用的电动车辆中，其特征在于，在将所述马达的旋转传递至驱动轮的动力部件的壳体内部配置有控制所述马达转动的控制器，同时具有对所述控制器供给电力的感应型开关；上述感应型开关设在上述壳体内部，并在对应的外部的钥匙接近了上述壳体时对上述控制器供给电力。

2. 如权利要求 1 所述的电动车辆，其特征在于，具有搭载于车辆上的电气件驱动用输入输出绝缘型电源变换器，该电源变换器设于所述动力部件的壳体内部。

3. 如权利要求 1 所述的电动车辆，其特征在于，它具有检测马达的输出要求大小的加速器开度传感器，该加速器开度传感器设于所述动力部件的壳体内部。”

经形式审查合格后，专利复审委员会于 2003 年 11 月 12 日依法受理了上述复审请求并组成合议组对该复审请求进行审理。经合议审理，合议组认为本案事实已经清楚，可以依法作出复审决定。

**二、决定的理由**

合议组审查了复审请求人于 2003 年 9 月 29 日提交的修改文本，该修改文本没有超出原始说明书和权利要求书记载的范围，符合专利法第三十三条的规定。因此，本复审决定所依据的文本为复审请求人于 2003 年 9 月 29 日提交的权利要求第 1～3 项和申请日提交的说明书第 1～7 页、附图第 1～9 页、说明书摘要及摘要附图。

专利法第二十二条第三款规定：创造性，是指同申请日以前已有的技术相比，该发明有突出的实质性特点和显著的进步。

判断发明的一项权利要求不具备创造性的前提是，权利要求所限定的技术方案与现有技术相比不具有突出的实质性特点和显著的进步。具体讲，应当用证据说明权利要求中未被对比文件包括的区别技术特征是技术人员无须付出创造性劳动即可导出，或者用证据说明该区别特征的引入并未给权利要求中的技术方案带来优于现有技术的技术效果，否则不能说明其无创造性。

在本案中，对比文件 1（JP 特开平 8－175462A，公开日为 1996 年 7 月 9 日）和对比文件 2（US6073717A，公开日为 2000 年 6 月 13 日）均为在本专利申请的优先权日以前公开的出版物，可以作为评价本专利申请之创造性的已有技术。

本案原实质审查部门所作驳回决定所针对的本申请独立权利要求 1 全文为：“1. 一种电动车辆，在以马达为驱动源使用的电动车辆中，其特征在于，在将所述马达的旋转传递至驱动轮的动力部件的壳体内部配置有控制所述马达转动的控制器，同时具有对所述控制器供给电力的感应型开关；将所述开关设于所述动力部件的壳体内部。”而对比文件 1 公开了“在以马达为驱动源使用的电动车辆中，在动力部件的壳体内部配置有控制器”；对比文件2公开了“在电动车辆的动力部件的壳体内部配置有感应型速度传感器”。原实质审查部门在驳回决定中认为，在对比文件1的基础上结合对比文件2得出本申请独立权利要求1所要求保护的技术方案对本领域技术人员来说是显而易见的，而且两者的结合没有产生预料不到的技术效果。因此该独立权利要求1不具有突出的实质性特点和显著的进步，因而不具备创造性。

复审请求人在提出复审请求时提交的新修改的独立权利要求1全文为：“1. 一种电动车辆，在以马达为驱动源使用的电动车辆中，其特征在于，在将所述马达的旋转传递至驱动轮的动力部件的壳体内部配置有控制所述马达转动的控制器，同时具有对所述控制器供给电力的感应型开关；上述感应型开关设在上述壳体内部，并在对应的外部的钥匙接近了上述壳体时对上述控制器供给电力。”

由于在对比文件1和对比文件2中均没有公开通过外部的钥匙接近壳体而使壳体内的感应型开关接通的技术特征，而且也未给出相应的技术启示来引导本领域技术人员在不付出创造性劳动的前提下将该区别技术特征从该已有技术中直接导出。仅依据对比文件1和对比文件2，尚不能表明或者说明该区别特征的引入并未给权利要求中的技术方案带来优于现有技术的技术效果。在上述本申请原实质审查部门所作驳回决定中对本申请创造性的评价中也未涉及上述区别技术特征，故合议组决定由本申请原实质审查部门在本申请的最新文本的基础上对本申请继续进行审查。

**三、决定**

撤销国家知识产权局专利局原实质审查部门于2003年6月20日对01141231.1号发明专利申请所作出的驳回决定，由原实质审查部门在复审请求人于申请日提交的说明书第1~7页、说明书附图第1~9页、说明书摘要及摘要附图，2003年9月29日提交的权利要求第1~3项的基础上继续进行审查程序。

# 背负式大喷量高效手动喷雾器案

## 复审请求审查决定（第6409号）

**决　定　号**　第6409号
**决　定　日**　2005年6月7日
**发明创造名称**　背负式大喷量高效手动喷雾器
**国际分类号**　B05B 9/04
**复审请求人**　余四艳
**申　请　号**　00131294.4
**申　请　日**　2000年12月20日
**公　开　日**　2002年7月24日
**合议组组长**　杨克菲
**主　审　员**　冯　涛
**参　审　员**　魏　屹

**法律依据**　专利法第三十三条
**决定要点**

对于可从原始申请文件的附图中直接明确导出的无歧义的内容应允许补入原申请文件，这样的补入不导致不符合专利法第三十三条的规定。

**一、案由**

本复审请求案涉及申请日为2000年12月20日、公开日为2002年7月24日、发明名称为“背负式大喷量高效手动喷雾器”的00131294.4号发明专利申请（下称本申请），申请人为余四艳（下称复审请求人）。

应复审请求人的请求，国家知识产权局专利局原实质审查部门对本申请进行了实质审查，于2002年12月20日发出了第一次审查意见通知书，指出权利要求1~7、9不符合专利法第二十条第一款的规定和其他形式问题。

针对第一次审查意见通知书，请求人于2003年3月11日陈述了意见，提交修改的权利要求书第1~4页，说明书第2~5页，说明书附图2-36。

国家知识产权局专利局原实质审查部门于2003年10月10日发出第二次审查意见通知书，指出修改的权利要求1、4、6和权利要求9仍不符合专利法第二十条第一款的规定和其他形式问题。

复审请求人于2003年11月12日陈述意见，提交修改的权利要求书第1~3页，说明书第1~6页。

国家知识产权局专利局原实质审查部门于2004年1月30日发出第三次审查意见通知书，指出权利要求书和说明书的修改不符合专利法第三十三条的规定。

复审请求人于2004年2月6日陈述了意见，提交修改的权利要求书第1~3页，说明书第1~

5页。

原实质审查部门于2004年7月9日作出驳回决定，以复审请求人于2004年2月6日提交的权利要求书和说明书仍不符合专利法第三十三条为由驳回了本申请。驳回决定中认为：申请人提交修改后的申请文件中的下述内容“由束颈和束头组成的喇叭口，束颈的外径不大于专用螺帽圆孔（61）的直径，束头的外径不大于专用螺帽内螺纹内径”（权利要求10）和“由束颈和束头组成的嗽叭口”（说明书第4页第17行）既未明确记载在原说明书和权利要求书中，也不能由原说明书和权利要求书所记载的内容直接导出，因此超出了原说明书和权利要求书记载的范围，不符合专利法第三十三条的规定。

驳回决定所针对的文本是：2004年2月6日提交的权利要求书第1页和第3页和说明书第1~5页，2003年3月11日提交的权利要求书第2页、附图2-36，申请日提交的说明书附图1、说明书摘要和摘要附图。

针对上述驳回决定，请求人于2004年8月20日向专利复审委员会提出复审请求，未对申请文件进行修改。

在形式审查合格后，专利复审委员会受理了该复审请求，并依法成立合议组，对本案进行审查。合议组认为，本案事实已经清楚，可以作出审查决定。

**二、决定的理由**

1. 关于审查文本

在实质审查程序中，复审请求人对申请文件共进行了三次修改。如上所述可知，驳回决定所针对的文本中的权利要求书第2页的提交日应为2003年11月12日，故原实质审查部门驳回决定中认定的文本有误，但鉴于原实质审查部门认定的超范围的内容未涉及权利要求书第2页，不影响对本申请修改文本是否超范围的判断，因此为了节约程序，合议组仍对超范围的驳回事实和理由予以评述。

2. 关于专利法第三十三条

专利法第三十三条规定：申请人可以对其专利申请文件进行修改，但是，对发明和实用新型专利申请文件的修改不得超出原说明书和权利要求书记载的范围。

对于可从原始申请文件的附图中直接明确导出的无歧义的内容应允许补入原申请文件，这样的补入不导致不符合专利法第三十三条的规定。

原实质审查部门在驳回决定中指出超范围内容如下：

（1）由束颈和束头组成的喇叭口，束颈的外径不大于专用螺帽圆孔（61）的直径，束头的外径不大于专用螺帽内螺纹内径（权利要求10）。

（2）由束颈和束头组成的喇叭口60（说明书第4页第17行）。

合议组认为，“束颈”和“束头”并非是本领域中具有固定含义的术语，对该两术语的含义的理解仍要根据附图所示。由原始申请文件的说明书第4页第1段和图9可知，将原申请文件中的“带喇叭口的井套60”改为“由束颈和束头组成的喇叭口60”，是请求人对原没有给出名称的附图所示部分分别以“束颈”和“束头”命名，是本领域技术人员能够从图9中明显得到的无歧义的另一种提法，没有扩大原始公开范围，即可理解为由附图可直接明确导出的内容，这样的修改应不属于不符合专利法第三十三条规定的情形。

关于余下的内容“束颈的外径不大于专用螺帽圆孔（61）的直径，束头的外径不大于专用螺帽内螺纹内径”也是本领域技术人员从原始申请文件的图4中可直接明显导出的常规的装配关系，因此它的加入不导致不符合专利法第三十三条的规定。

复审请求人于2004年2月6日提交的修改文本没有超出原说明书和权利要求书记载的范围，符合专利法第三十三条的规定。

**三、决定**

撤销2004年7月9日由专利局实质审查部门所作的驳回决定。在复审请求人于2004年2月6日提交的权利要求书第1页、第3页和说明书第1～5页，2003年11月12日提交的权利要求书第2页，2003年3月11日提交的附图2－36，申请日提交的附图1的基础上，由原实质审查部门对本案继续进行审查。

035

# 活页印刷出版技术在广告业务中的应用方法案

## 复审请求审查决定（第6446号）

**决　定　号**　第6446号

**决　定　日**　2005年6月10日

**发明创造名称**　活页印刷出版技术在广告业务中的应用方法

**国际分类号**　B42F 3/00　B42F 7/04

**复审请求人**　郑　涛

**申　请　号**　99112342.5

**申　请　日**　1999年7月27日

**公　开　日**　2000年10月11日

**合议组组长**　杨克菲

**主　审　员**　宋鸣镝

**参　审　员**　徐媛媛

**法律依据**　专利法第二十五条

**决定要点**

通过识别、判断和选择一些标记来对事实进行确认的方法属于专利法所规定的“智力活动”的范畴，因为该种方法是通过执行人为的规定即可实现的。

### 一、案由

本复审请求案涉及申请日为1999年7月27日、公开日为2000年10月11日、名称为“活页印刷出版技术在广告业务中的应用方法”的发明专利申请（下称本申请），其申请号为99112342.5，申请人为郑涛。

经实质审查，国家知识产权局专利局实质审查部门于2004年1月9日驳回了本申请，驳回的理由是本申请的权利要求1和权利要求2所请求保护的范围属于专利法第二十五条第一款第（二）项所规定的智力活动的规则和方法。该驳回决定所针对的权利要求书是申请人于2003年7月2日提交的修改文本，其中包括独立权利要求1和从属权利要求2。其权利要求书如下：

“1. 活页印刷出版技术在广告业务中的应用方法，其特征在于：由广告经营者定期或不定期地、连续不断地向广告诉求对象（受众）编辑、印发活页广告夹和相匹配的活页广告，由广告诉求对象（受众）打开活页广告夹上设有的可开闭的活页连接机构，将收到的活页广告按性质、类别和顺序不断地重新进行组合装订，淘汰过时的活页广告，补充、换装新的活页广告，如此连续不断地循环进行。

2. 根据权利要求1所述的活页印刷出版技术在广告业务中的应用方法，其特征在于：所述的活页广告在形式上由一页二面的单页活页单元或经装订、折叠形成的二页以上的多页活页单元构成，在内容上由按性质、类别、顺序排列页码的广告活页单元和按性质、类别、顺序编排的目录活页单元构成。”

驳回决定的主要观点是：申请人所提交的权利要求书中没有与利用自然规律相关的特征，其中的特征所限定的内容是指导人们进行思维和判断以及经营管理的方法，属于专利法第二十五条第一款规定的范围。并且申请人也没有提出任何具有说服力的理由来说明本发明的方法与利用自然规律有关。

申请人（下称复审请求人）不服上述驳回决定，于 2004 年 4 月 7 日向专利复审委员会提出了复审请求。复审请求人在复审请求中认为：本发明所指的活页广告是一种新的广告媒体，是在广告业务中应用活页印刷出版技术生产制造的一种新的广告产品，是生产制造这种新产品的具体方法，是一种满足广告受众需求的全新技术解决方案，既不是指导人们进行思维和判断的方法，也不是企业经营管理的方法。因此本申请不属于智力活动的规则和方法，故符合专利法第二十五条的有关规定。复审请求人在提交复审请求书时未对其申请文本作任何修改。

经形式审查合格后，专利复审委员会受理了上述复审请求，并于 2004 年 5 月 17 日向复审请求人发出了复审请求受理通知书，同时依法成立合议组对本案进行审理。

合议组经过合议，于 2005 年 3 月 22 日向复审请求人发出复审通知书，在该复审通知书中指出：本申请的权利要求 1 和权利要求 2 所分别请求保护的范围属于专利法第二十五条规定的不授予专利权的范围，并要求复审请求人在指定期限内进行意见陈述。

针对上述复审通知书，复审请求人于 2005 年 4 月 30 日提交了意见陈述书。复审请求人认为：本申请权利要求 1 的内容是对传统书面印刷广告提出的一个编辑、印制、发布、维护全过程完整的全新解决方案，并非单纯的智力活动，也并非纯系抽象思维的方案，具有非常显著的技术特点；任何发明创造成果在使用过程中都需要人们进行思维、识别、判断和记忆，这并不等同于发明成果本身就属于智力活动的规则和方法。

在上述程序的基础上，合议组认为本案事实已经清楚，可以依法作出如下复审决定。

**二、决定的理由**

本复审决定所依据的文本为驳回决定所依据的文本，即复审请求人于 2003 年 7 月 2 日提交的权利要求第 1 ~ 2 项和于申请日 1999 年 7 月 27 日提交的说明书第 1 ~ 2 页、说明书附图第 1 页。

专利法第二十五条规定：对下列各项，不授予专利权，（一）科学发现；（二）智力活动的规则和方法；（三）疾病的诊断和治疗方法；（四）动物和植物品种；（五）用原子核变换方法获得的物质。

对上款第四项所列产品的生产方法，可以依照本法规定授予专利权。

审查指南第二部分第一章第 3.2 节有关智力活动的规则和方法中第（2）项中规定：“如果一项发明就整体而言并不是一种智力活动的规则和方法，但是发明的一部分属于智力活动的规则和方法，则不应当完全排除其获得专利权的可能性，需要具体分析，按下述两种情况区别对待：

（i）如果发明对于现有技术的贡献仅仅在于属于智力活动的规则和方法部分，则应将该发明视为智力活动的规则和方法，不授予其专利权；（ii）如果发明对于现有技术的贡献不在于或不仅仅在于属于智力活动的规则和方法部分，则不能依据专利法第二十五条第一款第（二）项拒绝授予其专利权。”

国家知识产权局专利局实质审查部门在实质审查中引用的对比文件（即中国实用新型 93218381.6 号专利说明书，授权公告日为 1994 年 6 月 8 日）是与本申请最接近的现有技术，其中公开了一种多用途分类活页夹（参见该对比文件的附图 1 ~ 2 和说明书第 1 页第 14 行至第 2 页第 15 行），该活页夹在表皮的内侧中间固定有一个金属孔夹（参见附图标记 2，相当于本申请权利要求 1 中的活页广告夹上设有的可开闭的活页连接机构），金属孔夹内安放多组穿孔分类导卡，导卡间分类安放活页笔记纸、活页名片插页、活页文件袋或经穿孔的资料（相当于本申请权利要求 2 中的单页活页单元或多页活页单元），形成专门的分类活页笔记本、名片册、文件资料册或几者的综合体。

本申请的权利要求1所请求保护的是活页印刷出版技术在广告业务中的应用方法。从整体上看，该权利要求1既包含有结构特征又包含有属于智力活动的规则和方法部分的特征。其与对比文件所公开的内容相比，区别在于活页单元中所记载的内容以及该活页出版物的使用方式不同，即本申请权利要求1所请求保护的技术方案对上述现有技术作出的贡献在于以下区别技术特征："由广告经营者定期或不定期地、连续不断地向广告诉求对象（受众）编辑、印发活页广告夹和相匹配的活页广告，由广告诉求对象（受众）将收到的活页广告按性质、类别和顺序不断地重新进行组合装订，淘汰过时的活页广告，补充、换装新的活页广告，如此连续不断地循环进行。"

在上述区别技术特征中，多长时间为定期、多长时间为不定期，都需要由广告经营者（即人）来判断；选择定期、不定期还是连续不断的方式，也需要由广告经营者根据广告诉求对象的需求来选择（即人为选择）；而如何进行编辑、印发什么样的内容，更需要借助于广告经营者的思维运动来实现。同时，如何确定活页广告的性质、如何区分活页广告的类别，需要由广告诉求对象（即人）来分析和判断；拟按照什么样的顺序进行重新组合装订，也需要由广告诉求对象（即人）来确定；判断哪些活页广告是过时的，补充、换装哪些新的活页广告，更需要由广告诉求对象（即人）根据其自身的需求来确定。这些技术特征要受到人们的识别能力、记忆力以及主观动机等多方面因素的影响，它们都是源于人的思维，经过推理、分析和判断产生出抽象的结果，仅仅是指导人们对信息进行思维、识别、判断和记忆的规则和方法。因此，这些技术特征属于智力活动的规则和方法。

权利要求1中所包含的技术特征"活页广告夹上设有可开闭的活页连接机构"虽然是一个结构特征，但是该技术特征已经被对比文件所公开，其并非是对现有技术作出贡献的技术特征。因此，权利要求1所请求保护的技术方案对于现有技术的贡献仅仅在于属于智力活动的规则和方法部分，本申请权利要求1属于专利法第二十五条规定的不授予专利权的范围。

同样，本申请的权利要求2所包含的结构特征"所述的活页广告在形式上由一页两面的单页活页单元或经装订、折叠形成的二页以上的多页活页单元构成"已经被对比文件所公开，即该特征不能构成本申请对现有技术的贡献，而构成本申请对现有技术之贡献的下列技术特征"在内容上由按性质、类别、顺序排列页码的广告活页单元和按性质、类别、顺序编排的目录活页单元构成"明显属于智力活动的规则和方法。因此，本申请权利要求2属于专利法第二十五条规定的不授予专利权的范围。

对于复审请求人在复审请求及意见陈述书中的观点，合议组认为：发明或者实用新型专利权的保护范围以其权利要求的内容为准，本申请权利要求1和权利要求2所分别请求保护的技术方案并非生产制造这种活页广告的方法，而是该活页广告的使用方法。同时，复审请求人亦认可任何发明创造成果在使用过程中都需要人们进行思维、识别、判断和记忆。鉴于本申请权利要求1和权利要求2中记载了属于智力活动的规则和方法部分的该使用方法的特征，而且本申请权利要求1和权利要求2所分别请求保护的技术方案对于现有技术的贡献仅仅在于属于智力活动的规则和方法部分的该使用方法的特征。因此，包含这样特征的技术方案虽然具有一定的效果，但其不属于专利法所保护的对象。此外，虽然复审请求人认为发明成果本身不属于智力活动的规则和方法，但是本申请权利要求1和权利要求2所记载的内容不仅仅是发明成果本身，而且还包括该发明成果的使用方法。故合议组对复审请求人在复审请求及意见陈述书中的上述主张不予支持。

**三、决定**

复审请求人的复审请求不能成立，维持国家知识产权局专利局实质审查部门针对99112342.5号发明专利申请于2004年1月9日作出的驳回决定。

复审请求人如对本复审决定不服，可以根据专利法第四十一条的规定，自收到本决定之日起三个月内向北京市第一中级人民法院起诉。

# 北京市第一中级人民法院
# 行政判决书

（2006）一中行初字第91号

原告郑涛，男，1961年4月29日出生，汉族，中国共产党烟台市委员会台湾工作办公室科长，住山东省烟台市芝罘区红旗里5-12号。

被告国家知识产权局专利复审委员会，住所地北京市海淀区北四环西路9号银谷大厦。

法定代表人廖涛，副主任。

委托代理人宋鸣镝，男，国家知识产权局专利复审委员会机械申诉处审查员。

委托代理人耿博，男，国家知识产权局专利复审委员会行政诉讼处审查员。

原告郑涛不服被告国家知识产权局专利复审委员会作出的第6446号复审请求审查决定（下称被诉决定），向本院提起行政诉讼。本院受理后，依法组成合议庭，于2006年2月22日公开开庭审理了本案，原告及被告的委托代理人宋鸣镝、耿博到庭参加了诉讼。本案现已审理终结。

2005年6月10日，被告依据原告于2003年7月2日提交的权利要求第1、第2项和原告于申请日提交的说明书第1~2页、说明书附图第1页，经审查，认定申请号为99112342.5、名称为“活页印刷出版技术在广告业务中的应用方法”的发明专利申请（下称本申请）权利要求1、权利要求2属于《中华人民共和国专利法》（下称《专利法》）第二十五条规定的不授予专利权的范围，并据此作出被诉决定，维持国家知识产权局专利局（下称专利局）实质审查部门于2004年1月9日对本申请作出的驳回决定。其主要理由如下：

一、本申请的权利要求1所包含的结构特征即“活页广告夹上设有可开闭的活页连接机构”已被对比文件（中国实用新型93218381.6号专利说明书，授权公告日为1994年6月8日）所公开，权利要求1与对比文件的区别技术特征为：“由广告经营者定期或不定期地、连续不断地向广告诉求对象（受众）编辑、印发活页广告夹和相匹配的活页广告，由广告诉求对象（受众）将收到的活页广告按性质、类别和顺序不断地重新进行组合装订，淘汰过时的活页广告，补充、换装新的活页广告，如此连续不断地循环进行”。这些技术特征要受到人们的识别能力、记忆力以及主观动机等多方面因素的影响，它们都是源于人的思维，经过推理、分析和判断产生出抽象的结果，仅仅是指导人们对信息进行思维、识别、判断和记忆的规则和方法，因此，属于智力活动的规则和方法。权利要求1请求保护的技术方案对于现有技术的贡献仅仅在于属于智力活动的规则和方法部分，故属于《专利法》第二十五条规定的不授予专利权的范围。

二、本申请的权利要求2所包含的结构特征即“所述的活页广告在形式上由一页两面的单页活页单元或经装订、折叠形成的二页以上的多页活页单元构成”已经被对比文件所公开，构成本申请对现有技术之贡献的下列技术特征“在内容上由按性质、类别、顺序排列页码的广告活页单元和按性质、类别、顺序编排的目录活页单元构成”明显属于智力活动的规则和方法。因此权利要求2亦属于《专利法》第二十五条规定的不授予专利权的范围。

原告诉称：书面印刷广告是广告经营者按照一定方法制造并向广告诉求对象（受众）提供的一种产品。本申请权利要求1的内容是对书面印刷广告产品的制造方法提出的新的技术解决方案，它将传统的书面印刷广告改进为活页装订的书面印刷广告，在传统的书面印刷广告编辑、印制、发布的技术工艺过程中增加了维护环节，使其编辑、印制、发布和维护各环节形成不断滚动循环的过程，从而对传统书面印刷广告提出了一个完整的技术改进办法和全新技术解决方案，符合国家专利法规所称的发明的相关规定，具有良好的社会效益和经济效益，应当授予原告该发明专利权。请求法院撤销被诉决定，由被告对原告该专利要求予以审查。

被告辩称：本申请的权利要求1和权利要求2所分别请求保护的技术方案对于现有技术的贡献仅仅在于属于智力活动的规则和方法部分，均属于《专利法》第二十五条规定的不授予专利权的范围。被诉决定认定事实清楚，适用法律正确，审理程序合法，审查结论正确，原告的诉讼理由不能成立，请求法院驳回原告的诉讼请求，维持被诉决定。

在法定期限内，被告为证明被诉决定合法，向本院提供了本申请公开说明书、2003年7月2日的权利要求书替换页、对比文件、复审通知书。

原告在法定期限内向本院提交了以下证据：1. 本申请发明请求书；2. 2003年6月28日及2005年4月30日提交的两份意见陈述书；3. 向被告提交的立案申请；4. 专利号为ZL98122165.3的发明专利证书；5. 人民网上下载的题为“美日用专利挤压中国企业”的文章。证据1~3用以证明其提出了发明申请，并且符合《专利法》的相关规定；证据4用以证明该发明专利的原理与本申请是一样的，本申请也应当被授予专利权；证据5用以证明被告在审查过程中应该更倾向于保护本国的专利申请。

经庭审质证，原告对被告的证据不持异议，被告对原告的证据1~3不持异议，认为原告的证据4、证据5与本案无关联性。

经审查本院认为，被告的全部证据及原告的证据1~3与本案有关联且真实合法，本院予以确认；原告的证据4、证据5与本案不具有关联性，本院不予采信。

根据上述有效证据及庭审中当事人无争议的陈述，本院认定事实如下：

本申请的申请日为1999年7月27日，申请人为原告。2003年7月2日，原告向专利局提交了修改文本。

修改后的权利要求书如下：

“1. 活页印刷出版技术在广告业务中的应用方法，其特征在于：由广告经营者定期或不定期地、连续不断地向广告诉求对象（受众）编辑、印发活页广告夹和相匹配的活页广告，由广告诉求对象（受众）打开活页广告夹上设有的可开闭的活页连接机构，将收到的活页广告按性质、类别和顺序不断地重新进行组合装订，淘汰过时的活页广告，补充、换装新的活页广告，如此连续不断地循环进行。

2. 根据权利要求1所述的活页印刷出版技术在广告业务中的应用方法，其特征在于：所述的活页广告在形式上由一页二面的单页活页单元或经装订、折叠形成的二页以上的多页活页单元构成，在内容上由按性质、类别、顺序排列页码的广告活页单元和按性质、类别、顺序编排的目录活页单元构成。

经实质审查，专利局实质审查部门认为本申请的权利要求1、权利要求2所请求保护的范围属于《专利法》第二十五条第一款第（二）项所规定的智力活动的规则和方法，并于2004年1月9日作出驳回本申请的决定。

原告不服，以本申请不属于智力活动的规则和方法为由，于同年4月7日向被告提出复审请求。被告予以受理并成立合议组对该案进行审查。2005年3月22日，被告向原告发出复审通知书，指出本申请的权利要求1和权利要求2分别请求保护的范围属于《专利法》第二十五条规定的不授予专利权的范围，并要求原告在指定期限内进行意见陈述。

同年4月30日，原告提交了意见陈述书，认为本申请权利要求1的内容是对传统书面印刷广告提出的一个编辑、印制、发布、维护全过程完整的全新解决方案，并非单纯的智力活动，也并非纯系抽象思维的方案，具有非常显著的技术特点；任何发明创造成果在使用过程中都需要人们进行思维、识别、判断和记忆，这并不等同于发明成果本身就属于智力活动的规则和方法。

在上述程序的基础上，被告于2005年6月10日作出被诉决定，并于同年6月13日向原告邮寄送达。原告不服，在法定期限内向本院提起行政诉讼。

在开庭审理中，原告对被告的审查程序、被诉决定中关于本申请权利要求1、2中的结构特征已被对比文件公开及二者的区别技术特征的认定不持异议。

本院认为：由于原告对被告的审查程序及被诉决定中关于本申请权利要求1、2的结构特征已被对比文件公开及二者的区别技术特征的认定不持异议，经书面审理，本院对被告审查程序的合法性，及被诉决定对区别技术特征等的认定予以确认。

根据《专利法》第二十五条第（二）项的规定，对智力活动的规则和方法不授予专利权。《审查指南》第二部分第一章第3.2节进一步明确：智力活动是指人的思维运动，它源于人的思维，经过推理、分析和判断产生出抽象的结果，或者必须经过人的思维运动作为媒介才能间接地作用于自然产生结果，它仅是指导人们对信息进行思维、识别、判断和记忆的规则和方法，由于其没有采用技术手段或者利用自然法则，也未解决技术问题和产生技术效果，因而不构成技术方案。当发明的一部分属于智力活动的规则和方法，应当根据不同情况区别对待，如果发明对于现有技术的贡献仅仅在于属于智力活动的规则和方法部分，则应将该发明视为智力活动的规则和方法，不授予其专利权。

由于本申请的权利要求1、权利要求2中的结构特征已被对比文件公开，其与对比文件的区别技术特征分别为："由广告经营者定期或不定期地、连续不断地向广告诉求对象（受众）编辑、印发活页广告夹和相匹配的活页广告，由广告诉求对象（受众）将收到的活页广告按性质、类别和顺序不断地重新进行组合装订，淘汰过时的活页广告，补充、换装新的活页广告，如此连续不断地循环进行。""在内容上由按性质、类别、顺序排列页码的广告活页单元和按性质、类别、顺序编排的目录活页单元构成。"权利要求1的区别技术特征均是指导广告经营者和广告诉求对象（受众）分别对编辑、印发和装订、更新活页广告进行思维、识别、判断的规则和方法，权利要求2的区别技术特征亦是源于人的思维，需经过人的分析和判断才能产生结果。这些区别技术特征中既未采用技术手段或者利用自然法则，也未解决技术问题和产生技术效果，不构成技术方案。被告据此认定本申请对现有技术的贡献仅仅在于属于智力活动的规则和方法部分，不应授予专利权正确。

综上，被诉决定认定事实清楚，程序合法，适用法律正确，本院应予维持。原告的诉讼理由缺乏事实及法律依据，其诉讼请求本院不予支持。依照《中华人民共和国行政诉讼法》第五十四条第（一）项，判决如下：

维持国家知识产权局专利复审委员会于2005年6月10日作出的第6446号复审请求审查决定。

案件受理费1000元，由原告郑涛负担（已交纳）。

如不服本判决，可在判决书送达之日起十五日内，向本院递交上诉状，并按对方当事人的人数提出副本，上诉于北京市高级人民法院。

审 判 长　饶亚东
代理审判员　张靛卿
代理审判员　司品华
二〇〇六年三月二十七日
书 记 员　李轶萌

# 包装物品的方法以及条状包装材料案

## 复审请求审查决定（第6511号）

**决　定　号**　第6511号
**决　定　日**　2005年6月8日
**发明创造名称**　包装物品的方法以及条状包装材料
**国 际 分 类 号**　B65D 65/02　A61F 13/15
**复 审 请 求 人**　德国胡塔玛基股份有限两合公司胡塔玛基福希海姆分公司
**申　请　号**　00815271.3
**优 先 权 日**　1999年11月2日
**申　请　日**　2000年10月24日
**公　开　日**　2003年1月8日
**合 议 组 组 长**　杨克菲
**主　审　员**　冯　涛
**参　审　员**　陈　勇

**法 律 依 据**　专利法第二十二条第三款
**决 定 要 点**

驳回决定中在评价权利要求的创造性时，认定的公知常识没有给出具体出处，无法确定其即为本申请优先权日之前的公知常识，因此驳回决定对本申请权利要求不具备创造性的认定缺乏证据支持，驳回决定应予以撤销。

**一、案由**

本复审请求案涉及申请日为2000年10月24日、优先权日为1999年11月2日、发明名称为“包装物品的方法以及条状包装材料”的00815271.3号发明专利申请（下称本申请），申请人为德国胡塔玛基股份有限两合公司胡塔玛基福希海姆分公司（下称请求人）。

国家知识产权局专利局实质审查部门于2004年7月9日作出驳回决定，以请求人于2004年6月3日提交的权利要求1~26不符合专利法第二十二条第三款为由驳回了本申请。驳回决定所依据的证据为：

对比文件1：GB2298627A，公开日为1996年9月11日；

对比文件2：US5333753A，公开日为1994年8月2日；

对比文件3：JP9220255A，公开日为1997年8月26日。

驳回决定所针对的文本是：2004年6月3日提交的权利要求第1~26项和说明书第1~11页及进入中国国家阶段时提交的说明书附图第1~8页。其中驳回决定所针对的权利要求书中的独立权利要求1、2、14为：

“1. 借助一种部分含有防粘物的包装材料包装至少局部含有自粘贴物品的方法，其中，把所述物品的自粘的段放在包装材料设有防粘物的段上，接着用包装材料覆盖所述物品，其特征在于，采用一段设有防粘物的包装材料去覆盖所述物品，将该包装材料沿着一条纵线折叠到其自身上，从而把物品盖住，在包装材料中已经放入或放上物品后，再分开成单个包装，其中，单个包装的隔开是通过所谓的压摺进行的。”

“2. 借助一种部分含有防粘物的包装材料包装至少局部含有自粘贴物品的方法，其中，把所述物品的自粘的段放在包装材料设有防粘物的段上，接着用包装材料覆盖所述物品，其特征在于，采用另一种包装材料去覆盖所述物品，在包装材料中已经放入或放上物品后，再分开成单个包装，其中，单个包装的隔开是通过所谓的压摺进行的。”

“14. 如上述权利要求之一所述的方法中使用的至少几乎四面包装一侧至少局部带有粘贴剂的所要包装的物品（4，24，34）的条状包装材料（1，21，31，41，51），其特征在于，在包装材料（1，21，31，41，51）向着粘贴剂的壁段上设有防粘段，在其旁边设有不含粘贴材料的段。”

针对上述驳回决定，请求人于2004 年10 月25 日向专利复审委员会提出复审请求，未对申请文件进行修改，请求的理由是权利要求第1 ~26 项符合专利法第二十二条的规定。

在形式审查合格后，专利复审委员会受理了该复审请求，并依法成立合议组，对本案进行审查。经过合议审查，合议组认为，本案事实已经清楚，可以作出审查决定。

**二、决定的理由**

本复审决定所针对的文本是：2004 年6 月3 日提交的权利要求第1 ~26 项和说明书第1 ~11 页及进入中国国家阶段时提交的说明书附图第1 ~8 页。

上述文本符合专利法第三十三条及专利法实施细则第六十条的规定，可以接受。

专利法第二十二条第三款规定：创造性是指同申请日以前的已有技术相比，该发明有突出的实质性特点和显著的进步。

在评价权利要求的创造性时，认定的公知常识应给出具体出处，应能够确定其即为申请的优先权日之前的公知常识。

对比文件1 公开了一种用于卫生巾的包装结构，并具体公开了以下的技术特征：“把所述物品（10）的自粘的段（16）放在包装材料（20）设有防粘物的段（21）上，接着用包装材料（20）覆盖所述物品（10），采用一段设有防粘物（21）的包装材料（20）去覆盖所述物品（10），将该包装材料沿着一条纵线折叠到其自身上，从而把物品盖住，在包装材料中已经放入或放上物品后，再分开成单个包装”（参见对比文件1 的图5 ~6 和说明书第32 页第14 ~23 行）。

权利要求1 所要求保护的技术方案与对比文件1 所公开的技术内容相比，区别在于：“单个包装的隔开是通过所谓的压摺进行的”。

权利要求2 所要求保护的技术方案与对比文件1 所公开的技术内容相比，区别在于：①采用另一包装材料去覆盖所述物品；②单个包装的隔开是通过所谓的压摺进行的。

对比文件2 公开了一种手指创可贴包装，上述区别点①已在对比文件2 中公开（参见对比文件2 图1 ~3 和说明书第2 栏第34 ~59 行），且它们属于相同或相近技术领域。因此，权利要求2 的技术方案与对比文件1 和对比文件2 所公开的技术内容结合相比，区别同样在于：“单个包装的隔开是通过所谓的压摺进行的”。

专利局实质审查部门在驳回决定中认为，这种区别是一种包装常识，如在儿童食品中的许多小袋包装中，这些小袋连成一串，而每个小袋之间就是通过压摺进行的。在对比文件1 或对比文件1 和对比文件2 的基础上结合上述常识以获得权利要求1 和权利要求2 所要求保护的技术方案，对所属技术领域的技术人员来说是显而易见的，因此权利要求1 和权利要求2 不具有突出的实质性特点和显著的进步，因而不具备创造性。

对于上述观点，合议组认为，首先原实质审查部门在驳回决定中没有给出关于上述包装常识即儿童食品中的连成一串的许多小袋之间是通过压摺隔开的具体出处，没有时间性，无法证实其即为本申请优先权日之前的包装常识，不具有说明力；其次，儿童食品中的连成一串的许多小袋之间的隔开与本发明的隔开不同，儿童食品的隔开需要牢固密封且不易撕开，而本发明的隔开是易撕开的密封，所以不能认定儿童食品包装的隔开就是与本发明相同的压摺。综上所述，国家知识产权局专利局实质审查部门对于上述公知常识的认定得不到证据的支持，因此，仅凭目前的证据，权利要求1和权利要求2不具备创造性的观点不能成立，而权利要求3～13为权利要求1或2的从属权利要求，则权利要求3～13不具备创造性的观点也不能成立。

独立权利要求14限定的是采用权利要求1～13所述方法的包装材料，其包含有权利要求1和权利要求2相对于对比文件1、2的区别技术特征，即“单个包装的隔开是通过所谓的压摺进行的”。因此驳回决定中对权利要求14创造性的认定也是缺乏证据支持的，权利要求14具备创造性。权利要求15～26直接或间接从属于权利要求14，在权利要求14具备创造性的前提下，权利要求15～26也具备创造性。

**三、决定**

撤销2004年7月9日由国家知识产权局专利局实质审查部门所作出的驳回决定，在复审请求人于2004年6月3日提交的权利要求第1～26项、说明书第1～11页和进入中国国家阶段时提交的说明书附图第1～8页的基础上，由原实质审查部门对本案继续进行审查。

# 超高压单极电警棍案

## 复审请求审查决定（第6514号）

**决　定　号**　第6514号
**决　定　日**　2005年6月21日
**发明创造名称**　超高压单极电警棍
**国际分类号**　F41B 15/04
**复审请求人**　金　珂
**申　请　号**　02111788.8
**申　请　日**　2002年5月23日
**公　开　日**　2003年8月13日
**合议组组长**　于　萍
**主　审　员**　李金光
**参　审　员**　黄玉平

**法律依据**　专利法第二十六条第三款
**决定要点**

说明书应当明确记载发明或者实用新型所要解决的技术问题、解决问题的技术方案和相应技术效果以及所属领域技术人员理解并再现发明或实用新型所需的相应技术内容，凡是所属技术领域的技术人员不能从现有技术中直接、惟一得出的有关内容都应当在原说明书或权利要求书中描述，但说明书中是否记载所属领域公知的专业常识，并不影响所属领域技术人员对申请内容的理解。

**一、案由**

本复审请求案涉及申请日为2002年5月23日、公开日为2003年8月13日、发明名称为“超高压单极电警棍”的第02111788.8号发明专利申请（下称本申请），申请人为金珂。

应申请人于2003年5月3日提出的实审请求，国家知识产权局专利局实质审查部门对本申请进行了实质审查，于2003年12月19日发出了第一次审查意见通知书，指出申请人于2003年10月18日提交的权利要求书第1~3项、说明书第1~2页、2003年2月8日提交的说明书摘要构成的文本中，说明书的内容只是一种构思，整个文本未记载技术手段，不符合专利法第二十六条第三款的规定。

针对第一次审查意见通知书，申请人于2004年1月20日陈述了意见，认为说明书没有必要对公知技术进行详细说明。

原审查部门于2004年5月14日作出驳回决定，以申请人于2003年10月18日提交的权利要求书第1~3项、说明书第1~2页、2003年2月8日提交的说明书摘要构成的文本不符合专利法第二十六条第三款规定为由驳回了本申请，具体理由是整个申请文件中没有记载任何使所属技术领域的技术人员能够实现发明的技术手段。

申请人（下称复审请求人）对上述驳回决定不服，于2004年8月1日向专利复审委员会提出复审请求，其复审理由是申请发明的说明书即使不对公知技术进行详细说明也足以使所属领域技术人员实现发明，复审请求人未提交新的修改替换页。

在形式审查合格后，专利复审委员受理了该复审请求，于2004年8月17日向复审请求人发出了复审请求受理通知书，同时将复审请求转交原实质审查部门进行了前置审查，在前置审查意见书中，原实质审查部门坚持原驳回意见。

在此基础上，专利复审委员会依法成立合议组，对本案进行审查。经合议组审查，于2005年4月5日发出复审通知书，指出本申请驳回决定所针对文本超出了原始文本的记载范围，不符合专利法第三十三条的规定，复审请求人应当提交符合专利法第三十三条规定且克服驳回决定所指出缺陷的修改文件。

复审请求人于2005年5月17日提交了意见陈述书和修改的说明书第1~3页以及附件《普通物理学》第二册第58页和第4页复印件，其中在修改的说明书背景技术部分描述了普通电警棍的结构、范德格拉夫起电机工作原理、开关式自动控制举例；并于2005年5月26日再次提交意见陈述书和修改的说明书第1~2页以及附件《普通物理学》第二册第58页、第56页、第4页复印件和本申请原公开文本说明书第1页复印件，其中修改的说明书背景技术部分参照附件《普通物理学》第二册第58页图示以及第56页、第4页文字记载说明了范德格拉夫起电机工作原理及相应推论。

经合议组合议，认为本案事实已经清楚，可以作出审查决定。

**二、决定理由**

1. 本决定所依据的审查文本

复审请求人于2005年5月26日提交了修改的文本，合议组经过审查认为该修改文本主要是在背景技术部分依据1982年出版的《普通物理学》第二册第58页图示以及第56页、第4页文字记载对范德格拉夫起电机工作原理进行了描述，说明书修改文本符合专利法第三十三条的规定，故本决定以该修改文本作为审查基础。

2. 关于专利法第二十六条第三款

专利法第二十六条第三款规定：说明书应当对发明或实用新型作出清楚、完整的说明，以所属技术领域的技术人员能够实现为准。具体地说，说明书应当明确记载发明或者实用新型所要解决的技术问题、解决问题的技术方案和相应技术效果以及所属领域技术人员理解并再现发明或实用新型所需的相应技术内容，凡是所属技术领域的技术人员不能从现有技术中直接、惟一得出的有关内容都应当在原说明书或权利要求书中描述，但说明书中是否记载所属领域公知的专业常识，并不影响所属领域技术人员对申请内容的理解，并实施申请所述的发明。

复审请求人于2005年5月26日提交的说明书中，在不超出原始申请文件记载范围的情况下，清楚记载了本申请所属技术领域、背景技术、发明内容、技术细节、使用注意事项、对照现有技术的优点以及附图说明，并说明了有关部件的来源等。虽然该说明书背景技术中没有记载普通电警棍、静电高压探测以及开关式控制的工作原理，但这些技术内容是所属技术领域普通技术人员公知的专业常识。由于所属技术领域的技术人员知晓申请日之前发明或实用新型所属技术领域所有的普通技术知识，能够获知该领域中所有的现有技术，并且具有应用申请日前常规实验的手段和能力，所以，公知技术内容记载与否并不影响所属技术领域技术人员对申请内容的理解。另外，该说明书文字中具体列举出了主要部件应选择的类型及有关部件的特性，尽管没有直接描述相应各部件的具体位置，但所属领域的技术人员根据附图以及修改后说明书文字记载完全可以直接地明确申请发明电警棍中各部件间的连接关系，从而再现本申请发明的电警棍。此外，因本申请的电警棍上蓄电体蓄电量可以超过普通电警棍相应部件的蓄电量，本申请的电警棍作用效果必然高于普通电警棍的作用效果。

基于上述事实和理由，合议组认为，复审请求人于2005年5月26日提交的说明书克服了驳回决定所指出的缺陷和复审通知书所指出的缺陷，因此，该说明书符合专利法第二十六条第三款的规定。

**三、决定**

撤销国家知识产权局专利局实质审查部门于2004年5月14日作出的驳回02111788.8号发明专利申请的决定，由原实质审查部门在复审请求人于2005年5月26日提交的说明书第1～2页、2003年10月18日提交的权利要求第1～3项以及2003年2月8日提交的说明书摘要的基础上，继续进行审查程序。

复审请求人对本决定不服的，可以根据专利法第四十一条第二款的规定，自收到本决定之日起三个月内向北京市第一中级人民法院起诉。

# 一种固体真空容器表面负压力的解决方法案

## 复审请求审查决定（第6515号）

**决 定 号** 第6515号
**决 定 日** 2005年6月15日
**发明创造名称** 一种固体真空容器表面负压力的解决方法
**国际分类号** B65D 81/20
**复审请求人** 张燕婴
**申 请 号** 02103981.X
**申 请 日** 2002年3月5日
**公 开 日** 2003年9月17日
**合议组组长** 黄玉平
**主 审 员** 李金光
**参 审 员** 杨克菲

**法律依据** 专利法第二十二条第三款
**决定要点**

与现有技术相比，只要申请所要求保护的技术方案具有非显而易见性和有益的技术效果，则该技术方案所限定的发明符合专利法第二十二条第三款规定的创造性。

### 一、案由

本复审请求案涉及申请日为2002年3月5日、公开日为2003年9月17日、发明名称为“一种固体真空容器表面负压力的解决方法”的第02103981.X号发明专利申请（下称本申请），申请人为张燕婴。

应申请人的请求，国家知识产权局专利局实质审查部门对本申请进行了实质审查，于2004年7月2日发出了第一次审查意见通知书，相应审查文本包括申请人于2002年7月22日提交的说明书第1页、附图第1页以及申请日提交的权利要求书第1页和说明书摘要及摘要附图，在第一次审查意见通知书中审查部门指出本申请的权利要求第1～2项相对对比文件CN2406951Y公开的技术内容不符合专利法第二十二条第三款规定的创造性以及专利法实施细则第二十二条第一款的规定，说明书不符合专利法实施细则第十八条第一款、二款的规定。

其中权利要求书的具体内容如下：

“1. 用橡皮膜或其他弹性膜，受压膨胀的特性，达到容器内外压力的平衡。

2. 用气球膨胀的方法，达到真空容器内外压力的平衡。”

针对第一次审查意见通知书，申请人于2004年7月12日陈述了意见，并提交了修改的权利要求书第1页、说明书第1～2页和说明书附图第1页。

具体权利要求书如下：

“1. 为了解决固体真空容器表面负压力的问题，用橡皮膜或其他弹性膜，受压膨胀的特性，达到真空容器内外压力的平衡，从而解决固体真空容器表面负压力。

2. 为了解决固体真空容器表面负压力的问题，用气球膨胀的方法，达到真空容器内外压力的平衡，从而解决固体真空容器表面负压力。”

原实质审查部门于2004年9月10日作出驳回决定，以申请人于2004年7月12日提交的权利要求第1~2项、说明书第1~2页、说明书附图第1页以及申请日提交的说明书摘要和摘要附图构成的文本中的权利要求1~2相对对比文件CN2406951Y公开的技术内容不符合专利法第二十二条第三款规定的创造性为由驳回了本申请。

申请人（下称复审请求人）对上述驳回决定不服，于2004年10月8日向专利复审委员会提出复审请求，其复审理由是原驳回决定证据不足，并提交了驳回文本中权利要求书、说明书及其附图的复印件，未提交任何修改文本。

在形式审查合格后，专利复审委员受理了该复审请求，于2004年12月1日向复审请求人发出了复审请求受理通知书，同时请原实质审查部门对本案进行了前置审查，在前置审查意见书中，原实质审查部门坚持原驳回意见。

专利复审委员组成的合议组经合议审查后于2005年3月24日发出的复审通知书指出，复审请求人于2004年7月12日提交的说明书不符合专利法第三十三条的规定，权利要求书未克服驳回决定所指出的缺陷。

针对上述复审通知书，复审请求人于2005年5月12日陈述了意见，并提交了修改的权利要求书第1页、说明书第1页和说明书附图第1页。

其中修改的权利要求书如下：

“1. 为了解决固体真空容器表面负压力的问题，用气球膨胀的方法，在容器表面负压0.01bar（巴）条件下，使真空容器内负压达到0.1bar（巴），从而解决固体真空容器表面负压力。”

经复审请求人陈述意见，专利复审委员本案合议组对复审请求人修改文本审查后，认为本案事实清楚，可以作出复审决定。

**二、决定理由**

1. 本决定所依据的审查文本

复审请求人2005年5月12日提交了修改文本，经合议组审查，该修改文本符合专利法第三十三条的规定，故本决定以该修改文本作为审查基础。

2. 关于创造性

专利法第二十二条第三款规定：创造性，是指同申请日以前已有的技术相比，该发明有突出的实质性特点和显著的进步，该实用新型有实质性特点和进步。也就是说，只要申请的发明与现有技术相比具有非显而易见性和有益的技术效果，则认为该发明符合专利法第二十二条第三款规定的创造性。

对比文件CN2406951Y公开的容器用弹性膜作为容器的真空状态指示膜，这种容器盖上或大容器顶上有真空指示膜（参见该对比文件摘要及附图1）。但该对比文件未公开如下技术内容：用气球膨胀的方法解决固体真空容器表面负压力，在容器表面负压0.01bar条件下，使真空容器内负压达到0.1bar。根据上述对比文件公开的技术内容，所属技术领域的技术人员无法得出权利要求1记载的技术方案，且该对比文件中未给出任何技术启示。因此，权利要求1记载的技术方案具有非显而易见性。由于该技术方案还可以使普通容器不加固就能成为真空容器，即该技术方案也具有有益的技术效果，因此，该申请的权利要求1符合专利法第二十二条第三款规定的创造性。

合议组认为，本申请复审请求人答复复审通知书时提交的修改文件克服了原驳回决定指出的缺陷以及复审通知书指出的缺陷。

**三、决定**

撤销国家知识产权局专利局实质审查部门于2004年9月10日作出的驳回第02103981.X号发明专利申请的决定，并以复审请求人于2005年5月12日提交的权利要求第1项、说明书第1页、说明书附图第1页以及申请日提交的说明书摘要和摘要附图为基础，继续进行审查程序。

复审请求人对本决定不服的，可以根据专利法第四十一条第二款的规定，自收到本决定之日起三个月内向北京市第一中级人民法院起诉。

# 墨盒及其制造方法案

## 复审请求审查决定（第6563号）

**决　定　号**　第6563号
**决　定　日**　2005年6月21日
**发明创造名称**　墨盒及其制造方法
**国 际 分 类 号**　B41J 2/175
**复 审 请 求 人**　精工爱普生株式会社
**申　请　号**　02142460.8
**申　请　日**　2002年9月19日
**公　开　日**　2003年3月26日
**合 议 组 组 长**　于　萍
**主　审　员**　武树辰
**参　审　员**　徐媛媛

**法 律 依 据**　专利法第二十二条第三款
**决 定 要 点**

如果一项权利要求经修改后相对于对比文件具有区别技术特征，而且该区别技术特征使得该权利要求所要求保护的技术方案与最接近现有技术相比具有有益的技术效果，即具有突出的实质性特点和显著的技术进步，则经修改后的权利要求具备创造性。

### 一、案由

本复审请求案涉及的是申请日为2002年9月19日、名称为“墨盒及其制造方法”、申请号为02142460.8的发明专利申请，申请人为精工爱普生株式会社。

国家知识产权局专利局实质审查部门依法对本申请进行了实质审查，并于2004年3月5日发出驳回决定，其所依据的已有技术如下：

对比文件1：文献号：US6113230A，公开日：2000年9月5日；

对本文件2：文献号：JP特开平8－207302A，公开日：1996年8月13日；

对本文件3：文献号：US5488401A，公开日：1996年1月30日。

驳回决定所针对的文本为申请人于2002年9月19日提交的摘要附图，说明书附图第1～5、第8～11、第19页；2003年5月13日提交的说明书附图第6、7、12～18、20页；2004年2月2日提交的说明书第1～14页，权利要求第1～15项，说明书摘要。其中的权利要求书如下：

“1. 一种通过喷墨记录装置的供墨针向喷墨记录装置供应墨水的墨盒，包括：

容器主体，该容器主体包括其上设置了供墨表面，所述供墨针插入至所述供墨通道中，其中所述容器主体垂直于所述供墨表面的侧表面的高度至少大于所述供墨表面的一个宽度，并且其中一个所述侧表面是在所述宽度方向上敞开的敞开表面；

盖元件，其密封所述容器主体的所述敞开表面；

渗透元件，其容纳在由所述容器主体和所述盖元件形成的空间中；

其特征在于，所述墨盒还包括所述供墨通道附近平行于所述供墨表面设置的压力接触部分，所述渗透元件的一部分与该压力接触部分压力接触。

2. 根据权利要求 1 所述的墨盒，其特征在于，供墨通道上端面设置为压力接触部分。

3. 根据权利要求 1 所述的墨盒，其特征在于，所述压力接触部分设置成单独件的形式。

4. 根据权利要求 1 ~ 3 中任一项所述的墨盒，其特征在于，其中所述压力接触部分在其与所述供墨通道相应的位置具有过滤器，来自于所述渗透元件的墨水通过该过滤器。

5. 根据权利要求 1 ~ 3 中任一项所述的墨盒，其特征在于，还包括肋片，所述肋片设置在由所述容器主体和所述盖元件形成的空间内部，并且在其宽度方向上增强所述墨盒。

6. 根据权利要求 5 所述的墨盒，其特征在于，其中所述渗透元件具有能够避开并包围所述肋片的形状。

7. 根据权利要求 5 所述的墨盒，其特征在于，其中所述肋片与所述容器主体或所述盖元件制成一体。

8. 根据权利要求 5 所述的墨盒，其特征在于，其中所述肋片平行或垂直于所述供墨表面设置。

9. 根据权利要求 5 所述的墨盒，其特征在于，其中设置了多个所述肋片。

10. 根据权利要求 6 所述的墨盒，其特征在于，其中所述渗透元件在其与所述肋片相应的部分上具有切口。

11. 根据权利要求 6 所述的墨盒，其特征在于，其中所述渗透元件在其与所述肋片相应的部分上被分为多个元件。

12. 根据权利要求 1 所述的墨盒，其特征在于，所述渗透原件布置在所述空间内，从而其在所述供墨通道附近的部分比它的其余部分受到更多的压缩。

13. 一种制造通过喷墨记录装置的供墨针向喷墨记录装置供应墨水的墨盒的方法，包括如下步骤：

一体地制成容器主体，所述容器主体包括其上设置了供墨通道的供墨表面，所述供墨针插入至所述供墨通道中，其中所述容器主体垂直于所述供墨表面的侧表面的高度至少大于所述供墨表面的一个宽度，并且其中一个所述侧表面是在所述宽度方向上敞开的敞开表面；

将渗透元件从所述敞开表面插入至所述容器主体中；

用盖元件将插入了所述渗透元件的所述容器主体的所述敞开表面密封；

其特征在于，在所述插入步骤中，所述渗透元件接近所述供墨表面的部分被从所述敞开表面的倾斜上部朝着所述供墨表面挤压，并且随后整个渗透元件被从所述敞开表面插入至所述容器主体中。

14. 根据权利要求 13 所述的制造方法，其特征在于，其中在所述挤压步骤中，所述渗透元件接近所述供墨表面的部分被压靠到在所述供墨通道的附近平行于所述供墨表面设置的压力接触部分上。

15. 根据权利要求 13 所述的制造方法，其特征在于，其中在所述密封步骤中，所述盖元件被振动焊接至所述容器主体上。”

驳回理由是：本申请的权利要求 1、4 ~ 5、7 ~ 9、13 ~ 15 不具备创造性，具体是权利要求 1、4 ~ 5、7 ~ 9 相对于对比文件 1 和对比文件 3 的结合不具备创造性，权利要求 13、15 在对比文件 1 的基础上结合公知常识不具备创造性，权利要求 14 在对比文件 1 的基础上结合对比文件 3 和公知常识不具备创造性。

申请人（下称复审请求人）不服上述驳回决定，于 2004 年 6 月 7 日向专利复审委员会提出复审请求，其复审请求的理由是：本发明权利要求相对于对比文件 1 ~ 3 具有区别技术特征，所述区别技术特征为本发明带来了有益的技术效果，从而具备创造性。在提出复审请求时，请求人未对权利要求书作出任何修改。

经形式审查合格后，专利复审委员会受理了上述复审请求，并成立合议组进行审查。

经审查，合议组于 2005 年 3 月 15 日向复审请求人发出了复审通知书，在该通知书中指出：本申请权利要求 1 ~ 5、7 ~ 9、12 ~ 15 不具备专利法第二十二条第三款规定的创造性。具体理由如下：

权利要求 1 不具备专利法第二十二条第三款规定的创造性。对比文件 1（US6113230A）公开了一种墨盒 1、100，也可称作是通过喷墨记录装置的供墨针向喷墨记录装置供应墨水的墨盒，因为，参见对比文件 1 的附图 22，其中的附图标记“100A”和“100B”标识错误，比照图 1、20 和 21 可知，它们实际上应分别为“100B”和“100C”，虽然在图 22 中，并没有标识出“供墨口 100A，与喷墨头的供墨管连接以用于供应墨水”（参见说明书第 12 栏第 57 ~ 59 行及附图 20 ~ 22），但是参照图 20 ~ 22 可知，渗透元件 102 右侧的容器开口部即为供墨口 100A，沿着图 22 中的竖直点画线方向将墨盒 1 插入滑座内，当将墨盒 1 推入滑座中时，供墨管（或称为供墨针）2102 插入该供墨口 100A 内，从而为喷墨记录装置供墨，虽然附图标记 2102 所对应的特征在对比文件 1 的说明书中并未具体描述，但本领域普通技术人员通过附图即可得知，因此对比文件 1 实际上已经公开了特征“墨盒 1 通过喷墨记录装置的供墨针 2102 供应墨水，供墨针 2102 插入到容器主体上设置的供墨口 100A 内”。

对比文件 1 具体公开了以下的技术特征：墨盒（对比文件 1 中的附图标记 1）通过喷墨记录装置（附图标记 2101）的供墨针（附图标记 2102）向喷墨记录装置供应墨水（附图标记 105），该墨盒包括一容器主体（附图标记 2），该容器主体包括其上设置了供墨通道（附图标记 100A）的供墨表面，供墨针 2102 插入到所述供墨通道（100A）中，容器主体垂直于所述供墨表面的侧表面的高度至少大于所述供墨表面的一个宽度，且其中一个所述侧表面是在所述宽度方向上敞开的敞开表面（即面对盖 3 的一个侧面）；盖元件（附图标记 3），其密封容器主体的所述敞开表面；渗透元件（附图标记 102），其容纳在由容器主体和盖元件形成的空间内（参见对比文件 1 的说明书第 12 栏第 54 行 ~ 第 13 栏第 26 行及附图 20 ~ 22）。

该权利要求与对比文件 1 的区别在于：所述墨盒还包括在所述供墨通道附近平行于所述供墨表面设置的压力接触部分，所述渗透元件的一部分与该压力接触部分压力接触。因此，可以确定该权利要求所要求保护的技术方案实际要解决的技术问题是：使墨盒中的墨水集中在供墨通道附近，从而降低墨盒的残墨量，提高墨水的利用率。

对比文件 3 也公开了一种墨盒，该墨盒（附图标记 100）包括在供墨通道（附图标记 53）附近平行于供墨表面（附图标记 52）设置的过滤器（附图标记 55），该过滤器与渗透元件（附图标记 64）的一部分在供墨通道上方压力接触（参见对比文件 3 的说明书摘要及摘要附图），很显然，在该对比文件 3 的摘要附图中可以看出，渗透元件（64）在过滤器（55）的挤压下在靠近供墨通道处形成以密集的点来表示的压缩部分。这里还需要说明，所谓压力接触部分，只要是一个部件并与渗透元件压力接触即可，虽然对比文件 3 中附图标记 55 所对应的特征是过滤器，但由于该过滤器与渗透元件的一部分压力接触，因此它也可以被认为是压力接触部分。

本领域普通技术人员根据对本文件 3 中公开的上述内容完全可以得到启示：在供墨通道附近设置压力接触部分，使其与渗透元件压力接触，从而使渗透元件靠近供墨通道的部分孔径变小，毛细力变强。这一点虽然在该对比文件中并未直接记载，但是本领域普通技术人员根据对比文件第 10 栏第5 ~ 10 行的描述及本领域的公知常识，并结合附图 9B 可以感悟到，之所以使渗透元件与供墨通道压力接触，就是为了使渗透元件中的孔的大小排列从远离供墨通道到接近供墨通道逐渐变小，从而使渗透元件中越接近供墨通道的部位毛细力越大，使墨水能够不断地向供墨通道集中，保证流畅地供墨，并降低墨盒内的残墨量。很显然，对比文件3给出了可以采用在供墨通道附近设置压力接触部分，使其与渗透元件压力接触的技术措施来解决本发明所要解决的技术问题，使墨盒中的墨水集中在供墨通道附近，从而降低墨盒的残墨量，提高墨水的利用率的启示。因此在对比文件1的基础上结合对比文件3得出该权利要求所要求保护的技术方案，对本领域普通技术人员来说是显而易见的。因此该权利要求所要求保护的技术方案不具有突出的实质性特点和显著的进步，因而不具备创造性。

独立权利要求13不具备专利法第二十二条第三款规定的创造性。可参见上文对权利要求1的评述，对比文件1也公开了一种制造通过喷墨记录装置的供墨针向喷墨记录装置供应墨水的墨盒的方法，并具体公开了以下特征“一体地制成容器主体，容器主体包括其上设置了供墨通道的供墨表面，供墨针插入所述供墨通道中，容器主体中垂直于供墨表面的侧表面的高度大于供墨表面的至少一个宽度，且其中一个侧表面是在宽度方向上敞开的敞开表面；将渗透元件从敞开表面插入至容器主体中；用盖元件密封已插入了渗透元件的容器主体的敞开表面”（参见同1），权利要求13所要求保护的技术方案与对比文件1所公开的技术内容相比，其区别仅在于“在插入步骤中，渗透元件接近供墨表面的部分被从敞开表面的倾斜上部朝着供墨表面挤压，并且随后整个渗透元件被从敞开表面插入至所述容器主体中”，然而这种区别是一种公知常识，这种将比内部空间的容积大的渗透元件从敞开表面插入容器主体中的方法是本领域普通技术人员在组装墨盒时经常采用的技术手段，在对比文件1的基础上结合上述公知常识以获得权利要求13所要求保护的技术方案，对所属技术领域普通技术人员来说是显而易见的。因此，独立权利要求13不具备突出的实质性特点和显著的进步，因而不具备创造性。

另外，从属权利要求2~5、7~9、12、14、15相对于对比文件1和对比文件3也不具备专利法第二十二条第三款规定的创造性。

复审请求人于2005年5月24日提交了意见陈述书，修改了权利要求书和说明书，并在意见陈述书中陈述了经修改的权利要求1~13相对于对比文件1~3具备新颖性和创造性的理由。

经修改的权利要求书如下：

“1. 一种通过喷墨记录装置的供墨针向喷墨记录装置供应墨水的墨盒，包括：

容器主体，该容器主体包括其上设置了供墨表面，所述供墨针插入至所述供墨通道中，其中所述容器主体垂直于所述供墨表面的侧表面的高度至少大于所述供墨表面的一个宽度，并且其中一个所述侧表面是在所述宽度方向上敞开的敞开表面；

盖元件，其密封所述容器主体的所述敞开表面；

渗透元件，其容纳在由所述容器主体和所述盖元件形成的空间中；

在所述供墨通道附近平行于所述供墨表面设置的压力接触部分，所述渗透元件的一部分与该压力接触部分压力接触，及

肋片，所述肋片设置在由所述容器主体和所述盖元件形成的空间内部，并且在墨盒的宽度方向上增强所述墨盒，其特征在于，所述渗透元件具有能够避开并包围所述肋片的形状。

2. 根据权利要求1所述的墨盒，其特征在于，供墨通道上端面设置为压力接触部分。

3. 根据权利要求1所述的墨盒，其特征在于，所述压力接触部分设置成单独件的形式。

4. 根据权利要求1~3中任一项所述的墨盒，其特征在于，其中所述压力接触部分在其与所述供墨通道相应的位置具有过滤器，来自于所述渗透元件的墨水通过该过滤器。

5. 根据权利要求1所述的墨盒，其特征在于，其中所述肋片与所述容器主体或所述盖元件制成一体。

6. 根据权利要求 1 所述的墨盒，其特征在于，其中所述肋片平行或垂直于所述供墨表面设置。

7. 根据权利要求 1 所述的墨盒，其特征在于，其中设置了多个所述肋片。

8. 根据权利要求 1 所述的墨盒，其特征在于，其中所述渗透元件在其与所述肋片相应的部分上具有切口。

9. 根据权利要求 1 所述的墨盒，其特征在于，其中所述渗透元件在其与所述肋片相应的部分上被分为多个元件。

10. 根据权利要求 1 所述的墨盒，其特征在于，所述渗透原件布置在所述空间内，从而其在所述供墨通道附近的部分比它的其余部分受到更多的压缩。

11. 一种制造通过喷墨记录装置的供墨针向喷墨记录装置供应墨水的墨盒的方法，包括如下步骤：

一体地制成容器主体，所述容器主体包括其上设置了供墨通道的供墨表面，所述供墨针插入至所述供墨通道中，其中所述容器主体垂直于所述供墨表面的侧表面的高度至少大于所述供墨表面的一个宽度，并且其中一个所述侧表面是在所述宽度方向上敞开的敞开表面；

将渗透元件从所述敞开表面插入至所述容器主体中；

用盖元件将插入了所述渗透元件的所述容器主体的所述敞开表面密封；

在由所述容器主体和所述盖元件形成的空间内部设置肋片，以便在墨盒的宽度方向上增强所述墨盒，并且所述渗透元件具有能够避开并包围所述肋片的形状，

其中在所述插入步骤中，所述渗透元件接近所述供墨表面的部分被从所述敞开表面的倾斜上部朝着所述供墨表面挤压，并且随后整个渗透元件被从所述敞开表面插入至所述容器主体中。

12. 根据权利要求 11 所述的制造方法，其特征在于，其中在所述挤压步骤中，所述渗透元件接近所述供墨表面的部分被压靠到在所述供墨通道的附近平行于所述供墨表面设置的压力接触部分上。

13. 根据权利要求 11 所述的制造方法，其特征在于，其中在所述密封步骤中，所述盖元件被振动焊接至所述容器主体上。”

合议组经合议后认为，本案事实已经清楚，可以依法作出复审决定。

**二、决定的理由**

复审请求人于 2005 年 5 月 24 日提交的权利要求 1 ~ 13，其中，复审请求人将原权利要求 5 和权利要求 6 的附加技术特征分别并入了原独立权利要求 1 和权利要求 13，从而得到了新的独立权利要求 1 和权利要求 11。该修改符合专利法第三十三条以及实施细则第六十条的规定，可以接受作为本复审请求的审查基础。

经修改的独立权利要求 1 所要求保护的技术方案与对比文件 1 的技术方案相比存在以下三个区别点：

1. 在所述供墨通道附近平行于所述供墨表面设置的压力接触部分，所述渗透元件的一部分与该压力接触部分压力接触；

2. 肋片，所述肋片设置在由所述容器主体和所述盖元件形成的空间内部，并且在墨盒的宽度方向上增强所述墨盒；

3. 所述渗透元件具有能够避开并包围所述肋片的形状。

虽然区别点 1 已经被对比文件 3 所公开，但区别点 2、3 中关于肋片的技术特征并未在任何一篇对比文件中公开，而且正是由于设置了肋片，为墨盒内部提供了增强结构，从而使高度大于宽度的墨盒在宽度方向上的机械强度增强。另外，由于渗透元件具有能够避开并包围所述肋片的形状，因此可以使墨水在墨盒中顺畅地流动，并防止了墨水不必要地聚集在肋片的周围。

因此，合议组认为经修改的独立权利要求 1 相对于对比文件 1、3 具有突出的实质性特点和显著的进步，因而符合专利法第二十二条第三款有关创造性的规定。

类似地，由于经修改的独立权利要求 11 相对于对比文件 1 和对比文件 3 而言，其区别之处也在于上述区别点 2 和 3，因此经修改的权利要求 11 也具有突出的实质性特点和显著的进步，因而符合专利法第二十二条第三款有关创造性的规定。

由于经修改的独立权利要求 1 和权利要求 11 分别具备创造性，因此经修改的从属权利要求 2 ~ 10、12 ~ 13 也具有突出的实质性特点和显著的进步，符合专利法第二十二条第三款有关创造性的规定。

如上所述，由于复审请求人在答复复审通知书时对权利要求书所作的修改克服了驳回决定所指出的缺陷，本案合议组特作出本决定。

**三、决定**

撤销国家知识产权局专利局实质审查部门于 2004 年 3 月 5 日对申请号为 02142460. 8 的发明专利申请的驳回决定，由原实质审查部门以复审请求人在复审程序中 2005 年 5 月 24 日提交的权利要求书为基础，继续进行审查程序。

# 电动自行车案

## 复审请求审查决定（第6615号）

**决　定　号**　第6615号
**决　定　日**　2005年7月5日
**发明创造名称**　电动自行车
**国际分类号**　B62M 23/02
**复审请求人**　本田技研工业株式会社
**申　请　号**　01110903.3
**优先权日**　2000年3月1日
**申　请　日**　2001年2月28日
**公　开　日**　2002年9月5日
**合议组组长**　陈海平
**主　审　员**　祁轶军
**参　审　员**　白剑锋

**法律依据**　专利法第二十二条第三款
**决定要点**

判断发明的一项权利要求不具备创造性的前提是，权利要求所限定的技术方案与现有技术相比不具有突出的实质性特点和显著的进步。具体讲，应当用证据说明权利要求中未被对比文件包括的区别特征是技术人员无须付出创造性劳动即可导出或者用证据说明该区别特征的引入并未给权利要求中的技术方案带来优于现有技术的技术效果，否则不能说明其无创造性。

### 一、案由

本复审请求案涉及的是优先权日为2000年3月1日、申请日为2001年2月28日、申请号为01110903.3、发明名称为“电动自行车”的发明专利申请（下称本申请），申请人为本田技研工业株式会社。

经实质审查，国家知识产权局专利局实质审查部门于2004年1月9日以本申请权利要求1~7不具备创造性，不符合专利法第二十二条第三款的规定为由，作出了驳回决定。驳回决定所依据的文本为2003年5月22日提交的说明书第1~3页、申请日提交的说明书第4~13页，2003年12月9日提交的权利要求第1~7项，申请日提交的附图第1~9页、说明书摘要及摘要附图。

驳回决定所针对的权利要求书全文如下：

“1. 一种电动自行车，包含响应于骑车人进行的自行进操纵而产生自行进动力的驱动电机、被连接在该驱动电机和驱动轮之间的有级变速箱、检测上述变速箱中的齿轮级的齿轮判别部及检测车速的单元，其特征在于：

具备自行进动力确定单元，它根据上述自行进操纵的操作量、变速箱的齿轮级以及车速，确定使上述驱动电机产生的自行进动力。

2. 如权利要求1所述的电动自行车，其特征在于：

具备，

曲柄踏板；

输出轴，传递上述驱动电机产生的驱动力；

旋转体，被连接在上述曲柄踏板和输出轴之间，被传递从曲柄踏板输入的蹬踏力以及被输入到输出轴上的驱动力从而转动，而由于自身的转动使上述曲柄轴不转动；

曲柄传感器，检测上述转动体的转动速度；

上述车速是根据由上述曲柄传感器检测出的转动体的转动速度而求得。

3. 如权利要求1所述的电动自行车，其特征在于：具备检测上述驱动电机的转动速度的转动传感器，上述车速是根据上述驱动电机的转速以及变速箱的齿轮级检测出。

4. 如权利要求1所述的自行车，其特征在于：具备检测上述驱动电机的转动速度的转动传感器，上述变速箱的齿轮级是根据上述驱动电机的转动速度以及车速判定。

5. 如权利要求1所述的自行车，其特征在于：上述自行进动力确定单元具有变换表，它以上述自行进操纵的操作量以及车速作为参数，把使上述驱动电机产生的自行进动力按上述变速箱的每一齿轮级给出。

6. 如权利要求1所述的自行车，其特征在于：

上述自行进动力确定单元包含：

变换表，它以上述自行进操纵的操作量以及车速作为参数，给出使上述驱动电机产生的自行进动力；

修正单元，根据车速以及变速箱的齿轮级修正由上述变换表给出的自行进动力。

7. 如权利要求5或权利要求6所述的自行车，其特征在于：上述驱动电机的自行进动力是通过改变提供给该驱动电机的交流励磁电流的占空比来控制，在上述变换表中登记有与预定的自行进动力对应的交流励磁电流的占空比。”

驳回决定所依据的现有技术包括：

对比文件1：CN2347880Y，公开日为1999年11月10日；

对比文件2：CN1210213A，公开日为1999年3月10日；

对比文件4：CN1125667A，公开日为1996年7月3日；

对比文件5：CN1145314A，公开日为1997年3月19日；

对比文件6：CN1172052A，公开日为1998年2月4日。

驳回决定认为：对比文件1公开了“一种电动自行车，该电动自行车包括响应人力操纵辅助电机，并具有检测车速的单元，其可以根据检测到的车速以及变速级操纵电机输出辅助动力”；对比文件2公开了“一种自行车用变速控制装置，其同样是检测车速以及齿轮级来变速”。在对比文件1的基础上结合对比文件2或对比文件4得出本申请独立权利要求1所要求保护的技术方案对本领域技术人员来说是显而易见的，而且两者的结合没有产生预料不到的技术效果，因此该独立权利要求1不具有突出的实质性特点和显著的进步，因而不具备创造性。

申请人（下称复审请求人）不服该驳回决定，于2004年4月26日向专利复审委员会提出了复审请求。复审请求人在复审请求书中认为：独立权利要求1所要求保护的技术方案相对于对比文件1和对比文件2的组合及对比文件1和对比文件4的组合具备创造性。

经形式审查合格后，专利复审委员会于2004年5月24日依法受理了上述复审请求并组成合议组对该复审请求进行审理。合议组于2005年4月8日向复审请求人发出口头审理通知书，定于2005年5月19日在复审委员会进行口头审理。口头审理如期举行，在口头审理过程中，复审请求人的代理人充分阐述了本专利相对于对比文件具备创造性的理由。复审请求人的代理人当庭表示对变更后的合议组成员无回避请求。至此，经合议审理，合议组认为本案事实已经清楚，可以依法作出复审决定。

**二、决定的理由**

本复审决定所依据的文本为驳回决定所依据的文本，即2003年5月22日提交的说明书第1~3页、申请日提交的说明书第4~13页，2003年12月9日提交的权利要求第1~7项，申请日提交的附图第1~9页、说明书摘要及摘要附图。

专利法第二十二条第三款规定：创造性，是指同申请日以前已有的技术相比，该发明具有突出的实质性特点和显著的进步。

判断发明的一项权利要求不具备创造性的前提是，权利要求所限定的技术方案与现有技术相比不具有突出的实质性特点和显著的进步。具体讲，应当用证据说明权利要求中未被对比文件包括的区别技术特征是技术人员无须付出创造性劳动即可导出或者用证据说明该区别特征的引入并未给权利要求中的技术方案带来优于现有技术的技术效果，否则不能说明其无创造性。

在本案中，对比文件1（CN2347880Y，公开日为1999年11月10日）、对比文件2（CN1210213A，公开日为1999年3月10日）、对比文件4（CN1125667A，公开日为1996年7月3日）、对比文件5（CN1145314A，公开日为1997年3月19日）和对比文件6（CN1172052A，公开日为1998年2月4日）均为在本专利申请的优先权日以前公开的出版物，可以作为评价本专利申请之创造性的已有技术。

驳回决定所针对的本发明独立权利要求1为：

“1. 一种电动自行车，包含响应于骑车人进行的自行进操纵而产生自行进动力的驱动电机、被连接在该驱动电机和驱动轮之间的有级变速箱、检测上述变速箱中的齿轮级的齿轮判别部及检测车速的单元，其特征在于：

具备自行进动力确定单元，它根据上述自行进操纵的操作量、变速箱的齿轮级以及车速，确定使上述驱动电机产生的自行进动力。”

针对本申请的驳回决定认为：对比文件1公开了“一种电动自行车，该电动自行车包括响应人力操纵辅助电机，并具有检测车速的单元，其可以根据检测到的车速以及变速级操纵电机输出辅助动力”；对比文件2公开了“一种自行车用变速控制装置，其同样是检测车速以及齿轮级来变速”。该驳回决定认为，在对比文件1的基础上结合对比文件2或对比文件4得出本申请独立权利要求1所要求保护的技术方案对本领域技术人员来说是显而易见的，而且两者的结合没有产生预料不到的技术效果，因此该独立权利要求1不具有突出的实质性特点和显著的进步，因而不具备创造性。

本案合议组认为：对比文件1公开了一种电动自行车，该电动自行车包括可根据骑车人的操纵而产生辅助动力的驱动电机、用于检测车速的检测单元和档位判别机构（相当于齿轮级判别机构）等部件，而且可根据节流操作量、车速、齿轮级来驱动电机。由权利要求1限定的技术方案与对比文件1所公开的技术内容相比其区别实质上在于：电机与驱动轮之间还设置有变速箱。

对比文件2公开了一种自行车用变速控制装置，该装置包括车速检测器、齿轮级判别部分、设置在驱动轮上的有级变速箱、电机等部件，而且能够利用电机来改变变速箱的齿轮级。但对比文件2中提及的电机并未直接参与自行车的驱动，而仅仅是在变速过程中参与变速操作，就是说，该电机仅仅是变速机构的一个组成部分。对比文件2也未给出相应的技术启示来引导本领域技术人员在不付出创造性劳动的前提下从已有技术中直接推导出由权利要求1所限定的技术方案。而且，由权利要求1所限定的技术方案在换档感觉方面产生了优于现有技术的技术效果。

对比文件 4 公开了一种以电脑控制使自行车自动变速的装置，该装置包括设置在驱动轮上的有级变速箱并可通过电机的工作来改变该变速箱的齿轮级。但该对比文件 4 中提及的电机也没有直接参与自行车的驱动，只在改变齿轮级的过程中起作用。而且该对比文件也同样没有给出相应的技术启示来引导本领域技术人员根据对比文件 1 在不付出创造性劳动的前提下直接推导出由权利要求 1 所限定的技术方案。

因此，仅依据对比文件 1 和对比文件 2 或对比文件 1 和对比文件 4 的组合，尚不能说明或表明权利要求 1 不具备专利法第二十二条第三款所规定的创造性。

**三、决定**

撤销国家知识产权局专利局原实质审查部门于 2004 年 1 月 9 日对 01110903.3 号发明专利申请所作出的驳回决定，由原实质审查部门在复审请求人于 2003 年 5 月 22 日提交的说明书第 1 ~ 3 页、申请日提交的说明书第 4 ~ 13 页，2003 年 12 月 9 日提交的权利要求第 1 ~ 7 项，申请日提交的附图第 1 ~ 9 页、说明书摘要及摘要附图的基础上继续进行审查程序。

# 悬挂杯组件案

## 复审请求审查决定（第6622号）

**决　定　号**　第6622号
**决　定　日**　2005年7月25日
**发明创造名称**　悬挂杯组件
**国际分类号**　B60R 11/02
**复审请求人**　摩托罗拉公司
**申　请　号**　00104085.5
**申　请　日**　2000年3月17日
**公　开　日**　2000年9月27日
**合议组组长**　陈海平
**主　审　员**　冯　涛
**参　审　员**　杨克菲

**法律依据**　专利法第二十二条第三款
**决定要点**

在需要对比文件结合来评判一项权利要求的创造性时，可以以一篇对比文件为最接近的对比文件，看另一篇对比文件中是否给出了权利要求与前一对比文件的技术方案的区别技术特征与前一对比文件结合而解决发明技术问题的启示。如果区别点仅为本领域的常规技术，即其为本领域技术人员很容易想到和做出的，则不需要另一篇对比文件的启示。

**一、案由**

本复审请求案涉及申请日为2000年3月17日、公开日为2000年9月27日、发明名称为“悬挂杯组件”的00104085.5号发明专利申请（下称本申请），申请人为摩托罗拉公司（下称复审请求人）。

国家知识产权局专利局实质审查部门于2004年1月9日作出驳回决定，以本申请不符合专利法第二十二条第三款的规定为由予以驳回。驳回所依据的证据是：

对比文件1：US4617430，公开日为1986年10月14日；

对比文件3：GB2120346A，公开日为1983年11月30日。

驳回决定所针对的文本是：复审请求人于2002年10月21日提交的权利要求第1～11项，申请日提交的说明书第1～6页和说明书附图第1～3页。其中的权利要求书如下：

“1. 一种悬挂杯组件，其特征在于：

一种托架，用来可拆除地保持一个无线电电话机；

一个支架，用来附加到一个安装表面上；

一个球窝节，用来把托架连接到支座上，在球窝节的球中有一个第一孔，并且在球窝节的窝中有

一个第二孔；及

一个紧固件，用来穿过第一孔和第二孔并且压紧球窝节，该托架具有一个开口，穿过该开口能够接近紧固件的驱动端。

2. 根据权利要求1所述的悬挂杯组件，其特征在于：把球连接到支座上。

3. 根据权利要求1所述的悬挂杯组件，其特征在于：把窝连接到托架上。

4. 根据权利要求1所述的悬挂杯组件，紧固件的特征在于：

一个螺纹紧固件；及

一个螺母。

5. 根据权利要求4所述的悬挂杯组件，其特征在于：螺母是圆顶形的。

6. 根据权利要求5所述的悬挂杯组件，其特征在于：螺母包括一个用来接收螺纹紧固件的螺纹孔。

7. 根据权利要求1所述的悬挂杯组件，一个螺母可与该紧固件啮合以压紧球窝节，该螺母具有一个齿可与球窝节的一部分啮合。

8. 一种悬挂杯组件，其特征在于：

一个托架，带有架体和一个球窝节的窝；

一个在托架架体中的第一孔，穿过窝延伸；

一个固定件，带有球窝节的一个球；

一个在球中的第二孔；

一个螺纹紧固件，用来插入在第一孔和第二孔中；及

一个螺纹螺母，用来与螺纹紧固件啮合，以压紧球窝节，该螺纹螺母具有一个齿可与球窝节的一部分啮合。

9. 根据权利要求8所述的悬挂杯组件，其特征在于：第二孔具有比第一孔大的直径。

10. 根据权利要求8所述的悬挂杯组件，其特征在于：架体带用一个当把螺纹紧固件插入在第一孔中时用来接收螺纹紧固件头部的凹坑。

11. 根据权利要求8所述的悬挂杯组件，其中螺纹螺母的特征在于：

当拧紧螺纹紧固件时，一个齿用来与球的凹入表面啮合和相对于支座把托架保持在一个固定位置。”

针对上述驳回决定，复审请求人于2004年4月9日向专利复审委员会提出复审请求，认为上述权利要求1~11相对于引用的对比文件1和对比文件3具备创造性，复审请求人未提交任何修改文本。

在形式审查合格后，专利复审委员会受理了该复审请求，依法成立合议组，对本案进行审查，并于2005年3月16日发出复审通知书，其中指出上述权利要求1~11相对于对比文件1及对比文件1与对比文件3的结合不具备创造性。复审请求人于2005年4月26日陈述意见，坚持认为本申请的权利要求1~11具备创造性，且未提交任何修改文本。

合议组经合议审查认为，本案事实已经清楚，可以作出审查决定。

**二、决定的理由**

本复审决定所针对的文本是：复审请求人于2002年10月21日提交的权利要求第1~11项，申请日提交的说明书第1~6页和说明书附图第1~3页。

专利法第二十二条第三款规定：创造性是指同申请日以前已有的技术相比，该发明有突出的实质性特点和显著的进步。

具体来讲，在需要对比文件结合来评判一项权利要求的创造性时，可以一篇对比文件为最接近的对比文件，看另一份对比文件中是否给出了权利要求与前一对比文件的技术方案的区别技术特征与前一对比文件结合而解决发明技术问题的启示。如果区别点仅为本领域的常规技术，即其为本领域技术人员很容易想到和做出的，则不需要另一份对比文件的启示。

对比文件1公开了一种旋转装置，适用于将无线电手机等方便地定位在汽车上，并具体公开了如下技术特征：用于保持无线电手机的托架83，用来附加到一个安装表面上的支架30，用来把托架连接到支座上的一个球窝节，在球窝节的球中有一个第一孔，并且在球窝节的窝中有一个第二孔，用来穿过第一孔和第二孔并且压紧球窝节的紧固件50、40。权利要求1相对于对比文件1的区别技术特征是："该托架具有一个开口，穿过该开口能够接近紧固件的驱动端"。然而本领域技术人员为了避免拆卸托架而达到直接接近紧固件的驱动端的目的，在不影响托架的安装和使用的情况下，在托架上设置一个开口是本领域技术人员不花费创造性的劳动就容易想到和做出的，因而权利要求1不具备创造性。

复审请求人在意见陈述书中认为，合议组的上述结论不能得到对比文件的支持，对比文件1不具有当前权利要求1所述的本发明的发明动机，其中无须随后松动螺钉50。

对于上述观点，合议组认为，首先，复审请求人对对比文件1的理解有偏差，对比文件1第3栏第35~44行只公开了如下内容：一旦选定希望的位置，充分地紧固锁紧螺钉50以便于随后相对于空座30牢固地固定安装表面的位置。变化地，锁紧螺钉50只紧固得使进一步的调整运动困难。由上述原文翻译可知，在以后需要进一步调整该位置时也需再次松开锁紧螺钉50。因此，对比文件1中的锁紧螺钉50在存在需要调整的情况下也并非"无须随后松动"；其次，为了便于接近紧固件的驱动端而设置开口属于本领域的常规技术，不需要在对比文件1中有本发明的动机作诱导或从其他对比文件中获得启示，而只需要本领域技术人员的知识就可以想到和做出。

权利要求8相对于对比文件1的区别技术特征是："螺纹螺母具有一个齿可与球窝节的一部分啮合"。对比文件3公开了一种螺纹紧固件，并具体公开了如下技术特征：螺纹紧固件在接触面上具有反滑动皱状结构（相当于本发明中的"齿"），用于抵抗由于振动易产生的松动。对比文件3的作用在于启示本领域技术人员：为防止螺纹紧固件由于振动等原因产生松动而在接触表面上设置反滑动皱状结构（即本发明中的"齿"）。由此，本领域技术人员很容易想到：在对比文件1的圆顶形螺母的与球窝节接触的表面上设置类似的结构可以达到同样的目的。并且，复审请求人在复审请求书中所提及的"圆顶形螺母件……同时提供大范围的全方向可调节性"的效果是由于球窝连接导致的，此作用在对比文件1中显然已公开。因此在对比文件1的基础上结合对比文件3得出该权利要求所要求保护的技术方案，对所述技术领域的技术人员来说是显而易见的，而且两者的结合没有产生预料不到的技术效果，因此该权利要求所要求保护的技术方案不具有突出的实质性特点和显著的进步，因而权利要求8不具备创造性；同理，从属权利要求7和权利要求11也不具备创造性。

复审请求人在意见陈述书中认为，在现有技术中必须有建议在具体的申请中使用该通用方案（对比文件3的技术方案）的讲解，在对比文件1和对比文件3中都未建议过使用具有一个齿的螺纹螺母来防止球窝节滑动的技术方案，对比文件1根本没意识到关节滑动的问题。

对于上述观点，合议组认为，将螺纹紧固件的防松手段应用于其适合的各种装置和部件的相应处对本领域技术人员来讲是容易直接想到和做出的，不需要在具体申请中有进一步的启示或教导，即对比文件3启示了本领域技术人员这样的螺纹紧固件防松结构，而本领域技术人员不需要被教导以这样的结构可以具体应用在何处。虽然在对比文件1根本没意识到关节滑动的问题，然而当螺纹紧固件使用在有振动存在的情况下时，相应地采取防松措施是本领域技术人员所容易想到的。

从属权利要求 2~6 的附加技术特征已在对比文件 1 中公开，因而不具备创造性。从属权利要求 9~10 的附加技术特征也已在对比文件 1 中公开，因而也不具备创造性。

综上所述，复审请求人于 2002 年 10 月 21 日提交的权利要求第 1~11 项不具备专利法第二十二条第三款规定的创造性。

**三、决定**

驳回本复审请求。维持国家知识产权局专利局实质审查部门于 2004 年 1 月 9 日对 00104085.5 号发明专利申请作出的驳回决定。

如复审请求人对本决定不服，可以根据专利法第四十三条第二款的规定，自收到本决定之日起三个月内向北京市第一中级人民法院起诉。

## 无级变速器案

### 复审请求审查决定（第6715号）

**决 定 号** 第6715号
**决 定 日** 2005年8月1日
**发明创造名称** 无级变速器
**国际分类号** B60K 41/12 B60K 41/16
**复审请求人** 高志杰
**申 请 号** 01141854.0
**申 请 日** 2001年9月21日
**公 开 日** 2002年4月3日
**合议组组长** 杨克菲
**主 审 员** 冯 涛
**参 审 员** 陈 勇

**法律依据** 专利法第二十二条第三款
**决定要点**

一项权利要求是否具备创造性，要以其权利要求限定的技术方案内容为准，并且判断的主体——本领域技术人员是一个假想的人，他知晓本领域所有的公知常识，因此不能以一个具体的申请人作为本领域技术人员来判断公知常识。

**一、案由**

本复审请求案涉及申请日为2001年9月21日、申请号为01141854.0的发明专利申请，其发明名称为“无级变速器”。

国家知识产权局专利局实质审查部门于2004年7月23日以该申请不符合专利法第二十二条第三款的规定为由，将其驳回。上述驳回决定中引用的对比文件为公开日为1986年9月17日的发明专利申请CN85100727A（下称对比文件3），驳回决定所针对的文本为申请人于2001年9月21日提交的权利要求第1项、说明书第1~2页及说明书附图第1~2页，其中的权利要求1如下：

“1. 一种无级变速器，它包括箱体、液压齿轮，由齿轮泵以行星结构对称布置的泵体，泵体上有进油道和出油道，在出油道侧有油量控制阀孔，此孔装油量控制阀，控制阀由箱体外的变速操纵杆通过滑动连接装置操纵，太阳轮与泵体分别与输入轴、输出轴相连接，在进油道侧有液压油导流体，以将箱体底部的液压油导入泵体中。”

申请人（下称复审请求人）对上述驳回决定不服，于2004年9月20日向专利复审委员会提出复审请求，请求的理由是本申请的权利要求1相对于对比文件3具备创造性，复审请求人未提交任何修改文本。

专利复审委员会依法受理了上述复审请求，并成立合议组对此案进行审查，于2005年6月10日发出复审通知书，指出本申请的的权利要求相对于对比文件 3 不具备创造性。

复审请求人于 2005 年 7 月 8 日提交了意见陈述书，坚持认为本申请的权利要求 1 符合专利法第二十二条第三款的规定，未提交任何修改文本。

至此，本案合议组经合议审查认为，本案事实已经清楚，可以作出复审决定。

**二、决定的理由**

本复审决定所针对的文本是请求人于 2001 年 9 月 21 日提交的权利要求第 1 项、说明书第 1～2 页及说明书附图第 1～2 页。

对比文件 3 的公开日为 1986 年 9 月 17 日，是本申请申请日之前的已有技术，可以作为评判本申请是否具备创造性的证据。

专利法第二十二条第三款规定：创造性是指同申请日以前已有的技术相比，该发明有突出的实质性特点和显著的进步。

具体来讲，一项权利要求是否具备创造性，要以其权利要求限定的技术方案内容为准，并且判断的主体——本领域技术人员是一个假想的人，他知晓本领域的所有公知常识，因此不能以一个具体的申请人作为本领域技术人员来判断公知常识。

对比文件 3 公开了一种液压直接传动无级减速器，并具体公开了以下技术特征：箱体、液压齿轮、行星结构对称布置的齿轮泵的泵体 3，泵体上有进油道 B 和出油道 C，出油道经管道到达 D 腔，D 腔内的调压阀 6 控制排油口 F，进而控制齿轮泵内的液压，调压阀 6 由箱体外的变速操纵杆通过滑动连接装置操纵，太阳轮和泵体 3 分别与输入轴 1 和动力输出轴 4 相连（参见该对比文件的说明书第 4 页倒数第 1 段至第 5 页及附图）。

本申请权利要求 1 请求保护的技术方案与对比文件 3 公开的技术内容相比，其区别在于：(1) 油量控制阀的位置；(2) 进油道侧有液压油导流体。

对于区别点 (1)，合议组认为，本申请和对比文件 3 的发明实质均在于通过控制齿轮泵出油道的排出量来控制泵内油压，利用液压油的压力变化达到无级调节与泵体相连的输出轴的速度的目的。为了通过出油道的排出量达到控制泵内油压的目的，对比文件 3 将控制阀设置在出油道汇集的 D 腔内，而本领域技术人员可将控制阀设置在出油通路的任意合适位置上，如本申请的出油道侧的油量控制阀孔中，这属于本领域的常规技术设计，不同位置的油量控制阀效果实质上相同。

对于区别点 (2)，合议组认为，对比文件 3 中未提及进油道侧有液压油导流体，因为它把进油口浸没在油液中，如果进油口没有浸没在油液中，本领域技术人员很容易想到为齿轮泵的进油道设置导流体，当属常规设计之列，同时由本专利的说明书也无法看出上述区别之处能够带来任何意想不到的效果。因此权利要求 1 相对于对比文件 3 不具有突出的实质性特点和显著的进步，不具备创造性。

复审请求人在提出复审请求时认为：(1) 进油道侧的液压油导流体在对比文件中未公开；(2) 变速器和减速器是两种结构和使用方法完全不同的机械。变速器可以将速度进行适应性的改变，而减速器是降低输出转速的机械；在车辆上的安装位置也不相同，变速器与发动机安装在一起，而减速器与车桥连在一起，此两项技术的应用是不同的。

对于观点 (1)，合议组认为，一项权利要求中的所有技术特征并不一定都要在对比文件中公开，如果本领域技术人员在一篇对比文件的基础上结合本领域的公知常识不花费创造性的劳动即可得出该权利要求的技术方案，则该权利要求不具备创造性。在齿轮泵的进油口没有浸没在油液中时设置导流体是本领域技术人员容易做出的常规结构设计，即为本领域的公知常识，因此在对比文件 3 的基础上结合上述公知常识得出权利要求 1 所要求保护的技术方案是显而易见的。

对于观点 (2)，合议组认为，本申请的无级变速器在 0～1:1 之间任意无级变换，而对比文件 3

的无级减速器也可在此范围内任意无级变换，二者在原理和调速范围方面是相同的，如上所述在结构上有简单差别，但实质上相同，只是名称不同；如说明书所述二者都应用在车辆上，而其在车辆上的安装位置都是用于替换汽车齿轮变速器，因此二者使用方法和应用范围也是相同的。

故合议组对复审请求人的上述观点不予支持。

复审请求人在答复复审通知书时认为：（1）对比文件3完成变速功能需要受控与自控同时工作，结构复杂且制造成本及难度增加；（2）区别技术特征“进油道侧有液压油导流体”不属于本领域的公知常识；（3）如果对比文件3是用于替换汽车齿轮变速器，将与其发明名称“液压直接传动无级减速器原理”相矛盾。

对于上述观点，合议组认为：对比文件3中的“受控与自控”指的是阀门，而在本申请的权利要求书中并未对阀门的控制方式给予限定，只限定了“控制阀由箱体外的变速操纵杆通过滑动连接装置操纵”，而评价一项权利要求的创造性时，是针对权利要求所限定的技术方案的内容来说的，上述技术特征已在对比文件3中公开。

对比文件3的进油口浸没在油液中，没有必要设置导流体，对比文件3的申请人是一个具体人，并不能代表本领域技术人员，其没有选择进油口不浸没在油液中而设置导流体的设计，并不意味着该技术特征不是本领域的公知常识；当需要箱体的油液面低的情况下，设置导流体引流应是本领域技术人员容易做出的泵装置的常规结构设计。

对比文件3的应用与其发明名称之间并不存在矛盾，因为虽然对比文件3的发明名称是“液压直接传动无级减速器原理”，但是通过阅读其说明书可知，其原理与本申请完全相同，同样能够实现从0～1的任意无级增速和从1～0的任意无级减速，即其能够实现变速器的功能。本领域技术人员将其应用于任何需要变速的装置上是容易想到的，因此该篇对比文件可以作为已有技术来评判本申请权利要求的创造性。

综上所述，复审请求人于2001年9月21日提交的权利要求1不具备专利法第二十二条第三款规定的创造性。

**三、决定**

驳回本复审请求。维持专利局于2004年7月23日对01141854.0号发明专利申请作出的驳回决定。

如复审请求人对本决定不服，可以根据专利法第四十三条第二款的规定，自收到本决定之日起三个月内向北京市第一中级人民法院起诉。

# 具有向供给洗涤剂容器的水施加磁场的装置的洗衣机案

## 复审请求审查决定（第6717号）

**决 定 号** 第6717号
**决 定 日** 2005年8月4日
**发明创造名称** 具有向供给洗涤剂容器的水施加磁场的装置的洗衣机
**国际分类号** D06F 39/08　C02F 1/48
**复审请求人** 三星电子株式会社
**申 请 号** 99101235.6
**申 请 日** 1999年1月20日
**公 开 日** 1999年9月8日
**合议组组长** 杨克菲
**主 审 员** 武树辰
**参 审 员** 陈 勇

**法律依据** 专利法第二十二条第三款
**决定要点**

如果已有技术中并未给出将一项权利要求与最接近现有技术的区别技术特征应用到最接近现有技术以解决其存在的技术问题（即发明实际解决的技术问题）的技术启示，而且该权利要求所要求保护的技术方案与最接近现有技术相比具有有益效果，则该权利要求具备创造性。

### 一、案由

本复审请求案涉及的是申请日为1999年1月20日、名称为“具有向供给洗涤剂容器的水施加磁场的装置的洗衣机”、申请号为99101235.6的发明专利申请。申请人是三星电子株式会社。

经实质审查，国家知识产权局专利局实质审查部门于2004年12月24日驳回了本申请，驳回的理由是本申请不符合专利法第二十二条第三款的规定。驳回决定中涉及的对比文件为：

对比文件1：CN2125599U，公告日为1992年12月23日；

对比文件2：CN1132808A，公开日为1996年10月9日。

驳回决定所针对的文本为2003年12月30日提交的权利要求第2～4项，说明书第1～5页，2004年11月25日提交的权利要求1，和1999年1月20日提交的说明书附图第1～8页，说明书摘要及摘要附图。

驳回决定中的驳回理由是：

在洗衣机上设置洗涤剂容器是已有技术，参见对比文件2；而对比文件1公开了为了节省洗涤剂用量而对洗涤剂注入磁化水的方案，该对比文件的第三种方案是将注水嘴设置成一个磁化水装置，向洗涤桶供给磁化水，将对比文件1的第三种方案（由注水嘴供应磁化水）与对比文件2相结合，就得到了本申请独立权利要求1的技术方案，即将磁化水供给洗涤剂容器。因此，独立权利要求1不具备创造性，不符合专利法第二十二条第三款的规定。

申请人（下称复审请求人）对上述驳回决定不服，于2005年3月22日向专利复审委员会请求复审，且没有对申请文本进行修改。请求复审的理由是：本申请权利要求1所要求保护的洗衣机还包括将磁铁外罩固定到洗涤剂容器上的机构，从而便于有效地溶解盛放在洗涤剂容器中的洗涤剂，如原说明书所述，水被磁场施加装置磁化后，其中的金属杂质将被消除。于是，洗涤剂的溶解效率将提高，从而使得洗涤效率提高。此外，由于没有洗涤剂残留在洗涤剂容器中，漂洗程序的效率也就提高。而对比文件1和对比文件2的组合可以得出具有磁体装置和洗涤剂容器的洗衣机，但是它们没有公开或教导使用磁体有效地溶解盛放在洗涤剂容器中的洗涤剂。磁铁放置的位置不同，其所起的作用和效果均不同。对比文件1和对比文件2或其结合显然没有充分溶解残留在洗涤剂容器中的洗涤剂的作用。因此权利要求1的技术方案与对比文件或其组合相比，结构不同，目的和作用不同，产生的效果也不同，因此权利要求1相对于对比文件具有突出的实质性特点和显著的进步，具备创造性。其他权利要求都是权利要求1的从属权利要求，因此也具备创造性。

经形式审查，该复审请求符合专利法及其实施细则的有关规定，予以受理。

专利复审委员会依法组成本案合议组，对本案的复审请求进行了审理。

合议组经过合议审查认为该案事实清楚，可以作出决定。

**二、决定的理由**

原实质审查部门在驳回决定中认定的驳回文本为：2003年12月30日提交的权利要求第2~4项，说明书第1~5页，2004年11月25日提交的权利要求1，和1999年1月20日提交的说明书附图第1~8页，说明书摘要及摘要附图。而实际上复审请求人仅在答复第一次审查意见通知书时（2003年12月30日）提交了修改文本，其后未提交任何修改文本，因此实质审查部门在驳回决定中对文本的认定确系笔误，驳回决定针对的文本应该是2003年12月30日提交的权利要求第1~4项，说明书第1~5页，1999年1月20日提交的说明书附图第1~8页，说明书摘要及摘要附图，本复审决定所针对的文本即为上述文本。其中独立权利要求1的内容是：

"1. 一种洗衣机，包括：

一个容纳衣物的洗衣筒；

一个用来盛放向洗衣筒供给洗涤剂的洗涤剂容器；以及

一个向供给洗涤剂容器的水施加一磁场的装置；

其特征在于，磁场施加装置包括：

一块永久磁铁；以及

一个用来盛放永久磁铁的磁铁外罩，在外罩的中心部位有一水通道，水通过此通道输入到洗涤剂容器中；

该洗衣机还包括将磁铁外罩固定到洗涤剂容器上的机构。"

根据专利法第二十二条第三款的规定，创造性，是指同申请日以前已有的技术相比，该发明有突出的实质性特点和显著的进步。

在评价发明是否具备创造性时，不仅要考虑发明技术解决方案本身，而且还要考虑发明要解决的技术问题和所产生的技术效果，将其作为一个整体来看待。

在判断一项发明专利申请的权利要求所限定的技术方案相对于已有技术是否具备创造性时，首先应将权利要求中所述的技术方案和已有技术中最接近的技术方案进行比较，找出它们之间的区别技术特征，然后根据该区别特征所能达到的技术效果确定发明实际解决的技术问题，从最接近的已有技术和发明实际解决的技术问题出发，判断要求保护的发明对所属技术领域的普通技术人员来说是否显而易见，即，已有技术中是否给出了将这些区别技术特征应用到最接近现有技术以解决其存在的技术问题（即发明实际解决的技术问题）的启示。这种启示会使所属技术领域普通技术人员在面对所述技术问题时，改进该最接近现有技术并获得要求保护的发明，如果存在这种启示，则发明就是显而易见的，即不具有突出的实质性特点；如果不存在这种启示，则发明就是非显而易见的，即具有突出的实质性特点。另外，评价创造性还需考虑发明是否具有显著的进步，在评价发明是否具有显著的进步时，主要应当考虑发明是否具有有益的技术效果，如果具有有益的技术效果，则应认为具有显著的进步；如果不具有有益的技术效果，则应认为不具有显著的进步。

本申请的技术方案是提供一种具有向供给洗涤剂容器的水施加磁场的装置的洗衣机，这种磁场施加装置能够固定到洗涤剂容器上，从而便于有效地溶解盛放在洗涤剂容器中的洗涤剂。由于水被磁场施加装置磁化后，其中的金属杂质将被消除。从而洗涤剂的溶解效率将提高，使得洗涤效率提高。此外，由于没有洗涤剂残留在洗涤剂容器中，漂洗程序的效率也就提高了。

对比文件1公开了一种磁化水洗衣机，在该对比文件与本申请较接近的一个技术方案中公开了：在洗衣机的进水管前接磁水器，该磁水器能将进入洗衣机中的水磁化。

权利要求1所要求保护的技术方案与对比文件1的技术方案相比存在以下区别：

1. 本申请的洗衣机包括一个用来盛放向洗衣筒供给洗涤剂的洗涤剂容器，而对比文件1的洗衣机并没有这种洗涤剂容器；

2. 本申请的洗衣机具有将磁场施加装置固定到洗涤剂容器上的机构，从而该磁场施加装置能够向供给洗涤剂容器的水施加一磁场，而对比文件1中的磁水器（相当于磁场施加装置）是接在自来水管与洗衣机进水管之间的，因此该磁水器仅能够向供给洗衣筒的水施加一磁场；

3. 本申请的磁场施加装置与对比文件1中的磁水器（相当于磁场施加装置）的结构和安装位置均不同。

因此，本申请实际解决的技术问题是：（1）设置洗涤剂容器；（2）提高洗涤剂容器中的洗涤剂的溶解效率，从而提高洗涤效率和漂洗效率。

对比文件2公开了带有洗涤剂冲入装置的洗衣机，虽然对比文件2中的洗涤剂冲入装置相当于本申请中的洗涤剂容器，但仅给出了在现有洗衣机上设置洗涤剂容器的技术启示，而没有给出通过向供给洗涤剂容器的水施加磁场来提高洗涤剂容器中的洗涤剂的溶解效率的技术启示。

在对比文件1中指出：自来水经磁水器后进入洗衣筒内，再经洗衣筒或波轮的转动形成旋转磁场，其磁场强度高，均匀性能好，水能充分磁化，变成真正的磁化水，能使抵抗力极强的大肠杆菌几乎全部杀死，在消毒杀菌、防止疾病的传播扩散及节约洗涤剂用量和用水方面起着积极的效果。可见对比文件1仅给出了采用磁水器可以节约洗涤剂用量和用水的启示，而并未给出向供给洗涤剂容器的水施加磁场，由于水磁化后，其中的金属杂质被消除，于是，盛放在洗涤剂容器中的洗涤剂溶解效率被提高的技术启示。

因此可以得知，已有技术中并不存在将磁场施加装置固定到洗涤剂容器上，从而该磁场施加装置能够向供给洗涤剂容器的水施加一磁场，以解决提高洗涤剂容器中的洗涤剂的溶解效率的技术问题的技术启示。因此本申请权利要求1所要求保护的技术方案相对于已有技术而言是非显而易见的，因此具有突出的实质性特点。

另外，如本申请说明书第2页第13~15行所述："水被磁场施加装置磁化后，其中的金属杂质将被消除。于是，洗涤剂的溶解效率将提高，从而使得洗涤效率提高，此外，由于没有洗涤剂残留在洗涤剂容器中，漂洗程序的效率也就提高。"因此，由于磁化装置安装的位置不同，其所起到的作用和效果也不同，本申请的洗衣机相对于已有技术的洗衣机而言存在两个有益的技术效果：其一是能够提高洗涤剂的溶解效率，从而提高洗涤效率；其二是由于没有洗涤剂残留在洗涤剂容器中，从而提高漂洗程序的效率。因此本申请的洗衣机相对于已有技术而言具有显著的进步。

综上所述，权利要求 1 所要求保护的技术方案与已有技术相比具有突出的实质性特点和显著的进步。因此符合专利法第二十二条第三款有关创造性的规定。

由于权利要求 2 ~4 都是权利要求 1 的从属权利要求，因此，在权利要求 1 具备创造性的情况下，权利要求 2 ~4 也具备专利法第二十二条第三款规定的创造性。

**三、决定**

撤销国家知识产权局专利局实质审查部门于 2004 年 12 月 24 日对申请号为 99101235. 6 的发明专利申请的驳回决定，由原实质审查部门依据复审请求人于 2003 年 12 月 30 日提交的权利要求书和说明书以及申请日提交的说明书附图、说明书摘要、摘要附图继续进行审查程序。

044

# 环 锯 案

## 复审请求审查决定（第6732号）

**决　　定　　号**　第6732号
**决　　定　　日**　2005年8月9日
**发明创造名称**　环　锯
**国 际 分 类 号**　B28D 1/08
**复 审 请 求 人**　庄有土
**申　　请　　号**　97111342.4
**申　　请　　日**　1997年5月23日
**公　　开　　日**　1998年12月2日
**合 议 组 组 长**　于　萍
**主　　审　　员**　陈　勇
**参　　审　　员**　杨克非

**法 律 依 据**　专利法第三十三条
**决 定 要 点**

在修改文本的说明书中增加原说明书和权利要求书未提及同时也不能由它们直接导出的内容不符合专利法第三十三条的规定。

说明书摘要的内容不属于发明或者实用新型原始公开的内容，不能作为以后修改说明书或者权利要求书的根据。

**一、案由**

本复审请求案涉及1998年12月2日公开的申请号为97111342.4、名称为“环锯”、申请日为1997年5月23日的发明专利申请，申请人（下称复审请求人）为庄有土。

国家知识产权局专利局实质审查部门于2004年1月9日以该申请不符合专利法第二十六条第三款的规定为由驳回了该申请。驳回决定所依据的文本为申请日提交的说明书摘要、摘要附图和说明书第1页、说明书附图第1页以及2003年7月29日提交的权利要求第1~2项。

驳回决定认为，本申请的说明书没有清楚具体地说明环锯的柔性薄环的柔度究竟为多少，才能使刀具在切割石材受到大的作用力的情况下，不致变形以实现切割作业。因此，本领域普通技术人员无法根据说明书所记载的内容实现该发明。所以，该申请的说明书没有满足专利法第二十六条第三款“说明书应当对发明或者实用新型作出清楚、完整的说明，以所属技术领域的技术人员能够实现为准”的规定。

复审请求人对上述驳回决定不服，于2004年1月31日向专利复审委员会提出了复审请求。复审请求人认为，在说明书中的“环锯工作时柔性薄环维持其精确的圆柱状”已经对“柔度”作出了合理的限定，因此认为说明书的公开已经充分，符合专利法第二十六条第三款的有关规定。

专利复审委员会对复审请求人的上述复审请求经形式审查合格后，予以受理，并依法成立了本案合议组。合议组对本案进行审查后，于2004年12月1日向复审请求人发出了复审通知书，提出以下的复审意见：

本发明的目的是提供一种环锯，其为端面镶有切割刀块的柔性薄环，其在数对滚轮带动下高速旋转从而切割石材。然而，在说明书中并没有公开该柔性薄环的具体特性和尺寸，即其究竟应该具有怎样的柔度和厚度以及宽度，才能使其在上述的工作条件下旋转且切割出圆弧形的石材。而且，复审请求人在答复专利局原实质审查部门2003年7月18日发出的第二次审查意见通知书时，认为对比文件1（CN2145694Y）中公开的环形柔性锯条太软，不可能切割出圆弧形石材。那么，究竟什么样的柔性锯条才可以切割出圆弧形的石材呢？也就是说复审请求人所声称的环锯究竟与现有技术的环形带锯条在性质上有什么区别？对于这一问题，从复审请求人自己撰写的说明书中并没有给出清楚的说明。因此，本申请的说明书未对发明作出清楚、完整的说明，致使所属技术领域技术人员不能实现该发明，故不符合专利法第二十六条第三款的规定。

复审请求人于2005年1月3日针对上述复审通知书向专利复审委员会提交了意见陈述书和新修改的说明书替换页。合议组经过审查，针对复审请求人的该次陈述和修改后的说明书，合议组于2005年3月9日再次发出复审通知书，提出以下的复审意见：

根据专利法第三十三条的规定，申请人可以对其专利申请文件进行修改，但是，对发明和实用新型专利申请文件的修改不得超出原说明书和权利要求书记载的范围。然而，在复审请求人2005年1月3日提交的修改后的说明书中，第1页中存在诸多未记载在原说明书和权利要求书中的内容，例如：第1页第22~23行的“截取桶锯的锯桶端部的一段作刀具，这一段包括薄钢环基体及其端部的金刚石刀块”；该页第24~25行的“环锯也不需要锯桶底板……可锯割长度大于3m的超长石材圆弧板”；该页第31~33行的“环锯基体的一端焊有金刚石刀块……巨大的离心力和数对传动轮的多点支撑使环锯得到较高的动态刚度”；该页第34~35行的“除基体的宽度尺寸外，环锯的所有尺寸都与桶锯的锯桶相同，包括基体的厚度，金刚石刀块的尺寸和分布”以及第36~37行的“环锯基体的宽度尺寸要根据基体的直径大小和线速度高低而定……尽可能取最小值”。同时，上述这些内容也不能由原说明书和权利要求书所记载的内容直接导出，因此超出了原说明书和权利要求书记载的范围，不符合专利法第三十三条的规定，不能被接受。

另外，复审请求人在新修改的说明书中加入了“背景技术”这一部分的内容。根据专利法实施细则第十八条第一款和审查指南第二部分第二章第2.2.3节的规定，“发明或者实用新型说明书的背景技术部分应当写明对发明或者实用新型的理解、检索、审查有用的背景技术，并且引证反映这些背景技术的文件……引证专利文件的，至少要写明专利文件的国别、公开号，最好包括公开日期；引证非专利文件的，要写明这些文件的详细出处”，而目前复审请求人添加的上述“背景技术”的内容，复审请求人自己认为其为现有技术，但是没有具体引证这些内容的具体的出处，因此不符合上述规定。合议组告知复审请求人：如果复审请求人认为这些内容为现有技术，则应该按照上述规定提供具体的出处，因为只有说明具体的出处，才能证实其为现有技术。否则合议组不能认为其为现有技术，其内容仍然属于超出原始申请文件记载的内容，同样不符合专利法第三十三条的规定。

如果复审请求人仍然坚持目前的文本或者下次提交的文本出现新的超出原始申请文件记载范围的问题，那么合议组将依据专利法第三十三条的规定驳回复审请求。

针对专利复审委员会2005年3月9日发出的复审通知书，复审请求人于2005年4月9日向专利复审委员会提交了意见陈述书，同时提交了再次修改的说明书替换页。

至此，合议组经过合议，认为本案事实已经清楚，可以作出复审决定。

**二、决定的理由**

在复审请求人2005年4月9日向专利复审委员会提交意见陈述书的同时提交了再次修改的说明书替换页，因此本复审决定所依据的文本为：申请日提交的说明书摘要、摘要附图、说明书附图第1页和2003年7月29日提交的权利要求第1~2项，以及2005年4月9日提交的说明书第1页。

专利法第三十三条规定：申请人可以对其专利申请文件进行修改，但是，对发明和实用新型专利申请文件的修改不得超出原说明书和权利要求书记载的范围。

在复审请求人2005年4月9日提交的修改的说明书中仍然存在超出原说明书和权利要求书记载范围的内容，例如：第1页第23~24行的“说明书附图已清楚地示出：环锯基体厚度约为其直径的1%，这样的基体厚度已能可靠地焊接金刚石刀块”。合议组认为，根据审查指南第二部分的相关规定，说明书附图的作用在于使人能够直观地、形象化地理解发明的每个技术特征和整体技术方案，但是在修改申请文件时，不允许增加通过测量附图得出的尺寸参数技术特征。上述的修改内容并不能由说明书附图直接地、毫无疑义地导出，因此超出了原说明书和权利要求书记载的范围；还有，第1页第28行的“带锯是不能用于锯割长度大于3m的石材圆弧柱面的”，以及第1页第29~30行的“环锯的特征是……具有可靠地焊接金刚石刀块厚度的薄钢环”，这些内容既未明确地记载在原说明书和权利要求书中，也不能由原说明书和权利要求书所记载的内容直接导出。

另外，根据审查指南第二部分第二章第2.4节的规定，说明书摘要的内容不属于发明或者实用新型原始公开的内容，不能作为以后修改说明书或者权利要求书的根据，也不能用来解释专利权的保护范围。然而，在复审请求人2005年4月9日提交的修改的说明书中存在多处依据说明书摘要部分而作出的修改，例如：第1页第1行中的“金刚石刀具”，第1页第16行的“环锯采用焊接金刚石刀块的结构”，第1页第31行的“能锯割长度大于3m的石材圆弧柱面的金刚石刀具”等，这些内容仅仅记载在申请日提交的说明书摘要中，而未记载在原说明书和权利要求书中，并且不能由原说明书和权利要求书所记载的内容直接导出。

通过上面的分析可知，复审请求人2005年4月9日提交的修改的说明书显然超出了原说明书和权利要求书记载的范围，故不符合专利法第三十三条的规定。因此，合议组以此理由驳回该复审请求。

**三、决定**

驳回复审请求，维持国家知识产权局专利局原实质审查部门于2004年1月9日针对97111342.4号发明专利申请作出的驳回决定。

复审请求人如对本复审决定不服，可以根据专利法第四十一条第二款的规定，自收到本复审决定之日起三个月内向北京市第一中级人民法院起诉。

# 车辆的主液压缸装置案

## 复审请求审查决定（第6744号）

**决　定　号**　第6744号
**决　定　日**　2005年8月12日
**发明创造名称**　车辆的主液压缸装置
**国际分类号**　B60T 17/04　B62K 23/04
**复审请求人**　本田技研工业株式会社
**申　请　号**　00124077.3
**申　请　日**　2000年8月25日
**公　开　日**　2001年3月7日
**合议组组长**　徐媛媛
**主　审　员**　冯　涛
**参　审　员**　魏　屹

**法律依据**　专利法第二十二条第三款
**决定要点**

如果一项权利要求所要求保护的技术方案与最接近的对比文件所披露的技术方案相比，其区别技术特征在该篇对比文件的其他实施例中有教导或启示，从而使本领域技术人员很容易得到该权利要求所要求保护的技术方案，则该权利要求不具备创造性。

### 一、案由

本复审请求案涉及申请日为2000年8月25日、申请号为00124077.3的发明专利申请，其名称为“车辆的主液压缸装置”，申请人是本田技研工业株式会社。

国家知识产权局专利局实质审查部门于2004年1月16日以该申请不符合专利法第二十二条第三款的规定为由，将其驳回。其驳回决定所针对的文本为申请人2003年12月2日提交的权利要求第1页和说明书第1~5页及申请日提交的说明书附图第1~2页。上述驳回决定中引用的对比文件是：

公开日为1991年9月24日的美国专利US5050381（下称对比文件1）；

公开日为1987年1月13日的美国专利US4635442（下称对比文件2）。

针对上述驳回决定，申请人（下称复审请求人）于2004年4月20日向专利复审委员会提出复审请求，同时提交了经修改的权利要求书。其修改后的权利要求书如下：

“1. 一种车辆的主液压缸装置，包括主液压缸（4）和操作杆（24），上述主液压缸（4）的缸体（5）安装于转向用操作手柄（2）的把套（3）附近，上述操作杆（24）通过枢轴（25）支承于缸体（5）上，且通过上述把套（3）一侧的回转来推动主液压缸（4）的活塞（10），其特征在于：

将上述缸体（5）配置成其轴线（Y）位于上述操纵手柄（2）的轴线（X）的下方，且该缸体（5）与包含上述操纵手柄（2）的轴线（X）的铅垂面（V）大致垂直；

在上述操作杆的端部上一体地形成止动臂，通过该止动臂与缸体的车体中心侧的侧面相接触，来限定上述操作杆及活塞的后退极限位置；

形成于缸体（5）一侧、并与液压腔相连通的输出口（20）与配置在缸体（5）的下面的液压导管（22）的一端相连；

在缸体（5）的上部一体地形成储油室（15），并形成分别开口至缸孔（5a）的溢油孔（16）和供油孔（17）。”

复审请求人认为：权利要求1中新加入的技术特征“形成于缸体（5）一侧、并与液压腔相连通的输出口（20）与配置在缸体（5）的下面的液压导管（22）的一端相连；在缸体（5）的上部一体地形成储油室（15），并形成分别开口至缸孔（5a）的溢油孔（16）和供油孔（17）。”在对比文件1和对比文件2中均没有公开和暗示，并且上述技术特征能够带来使操纵手柄设置空间较小和使由于开孔导致的缸体强度的降低保证在最小限度的效果，故认为权利要求1所要求保护的技术方案与对比文件1和对比文件2相比具有突出的实质性特点和显著的进步，因而具备创造性。

专利复审委员会依法受理了上述复审请求，同时成立合议组对此案进行审查，于2005年3月23日发出复审通知书，指出修改后的权利要求1相对于对比文件1仍不具备创造性。

对此，复审请求人于2005年4月19日进行了意见陈述，其观点如下：区别技术特征“在上述操作杆的端部上一体地形成止动臂，通过该止动臂与缸体的车体中心侧的侧面相接触，来限定上述操作杆及活塞的后退极限位置”在对比文件1中未公开和暗示，该特征还可以实现减小主液压缸的设置空间的技术效果，故认为权利要求1所要求保护的技术方案与对比文件1相比具有突出的实质性特点和显著的进步，因而具备创造性。复审请求人在此次意见陈述中未对其文本作出任何修改。

在上述工作的基础上，合议组认为本案事实清楚，可以作出审查决定。

**二、决定的理由**

复审请求人在提出复审请求时对权利要求书作了修改，经审查，合议组认为，上述修改符合专利法第三十三条的规定，故以此文本作为审查基础。

专利法第二十二条第三款规定：创造性，是指同申请日以前已有的技术相比，该发明有突出的实质性特点和显著的进步，该实用新型具有实质性特点和进步。

经审理，复审委员会本案合议组意见如下：

对比文件1公开了一种用于车辆的具有可调整杠杆的主液压缸，并具体披露了以下的技术特征（参见对比文件1说明书第3~5栏及图1、2和图6）：具有主液压缸25和操作杆31，主液压缸的缸体25b安装于转向用操纵手柄20的把套21附近，操纵杆通过向把套一侧的回转来推动主液压缸的活塞28，缸体的轴线位于操纵手柄的轴线的下方，且缸体与包含操纵手柄的轴线的铅垂面大致垂直，形成于缸体一侧并与液压腔相连通的输出口与液压导管的一端相连，在缸体上部形成储油室29，并形成分别开口至缸孔的溢油孔和供油孔。

本申请之独立权利要求1所要求保护的技术方案与对比文件1所披露的上述技术内容的区别之处在于：①操作杆通过枢轴支承于缸体上；②在上述操作杆的端部上一体地形成止动臂，通过该止动臂与缸体的车体中心侧的侧面相接触，来限定上述操作杆及活塞的后退极限位置；③液压导管配置在缸体的下面；④储油室在缸体的上部一体地形成。对于区别技术特征①和②，合议组认为，对比文件1的另一具体实施例中公开了上述特征（参见图6），虽然在该实施例中主液压缸的布置与本专利不同，但是该实施例给出了可以利用特征①和②所述的结构的技术启示；区别特征③则是本领域技术人员根据实际情况容易作出的常规技术选择，这种选择不需要付出创造性的劳动，同时由本专利说明书也无法看出上述区别之处能够带来任何意想不到的效果；至于区别特征④则是本领域技术人员通过结构与分析计算并考虑成本和加工等因素即可确定的，当属常规设计之列，同时由本专利的说明书也无法看出上述区别之处能够带来任何意想不到的效果。因此权利要求 1 相对于对比文件 1 不具有突出的实质性特点和显著的进步，不具备创造性。

复审请求人在提出复审请求时认为：由于将储油室和液压导管分别配置在缸体的上方和下方，因此可以将它们大部分收纳在缸体的宽度范围内，可以使操纵手柄的设置空间较小；由于将开口至缸体的输出口以及溢油孔和供油孔分别配置在缸体周向的上方和下方，因此使由于开孔导致的缸体强度的降低保证在最小的限度。对于上述观点，合议组认为：为了达到操作手柄的设置空间较小的目的，并且在不影响安装和使用的情况下，本领域技术人员很容易想到将储油室和液压导管设置在缸体的尽量不会再延长操作手柄的两个方向上（即缸体的上下方并且使其大部分收纳在缸体的宽度范围内），以便使各部件设置合理紧凑，即液压导管及储油室的设置位置是本领域技术人员容易作出的常规技术设计。至于输出口、溢流孔和供油孔的位置设置对缸体强度的影响是本领域技术人员通过结构强度分析而可得出的。故合议组对复审请求人的上述观点不予支持。

复审请求人在答复复审通知书时认为，对比文件 1 图 6 中公开的仅仅是：主液压缸的缸体轴线沿操作手柄配置，止动臂与上述缸体的侧面相接触，而接触面沿操作手柄的轴线方向延伸。而在本发明中，主液压缸的缸体轴线与包含操作手柄的轴线在内的铅垂面相垂直，通过操作杆的止动臂与上述缸体的车体中心侧的侧面、即沿车体前后方向延伸的面相接触，操作杆及活塞的后退极限位置得到限定，从而接触面的长度不会影响到主液压缸的操作手柄轴线方向的尺寸，从而可相对于对比文件 1 的设置方式减小主液压缸的设置空间，因此上述区别特征②在对比文件 1 中未公开和暗示，而该特征是本发明的必要技术特征，从而权利要求 1 与对比文件 1 相比具有实质性的区别技术特征，具有突出的实质性的特点；该特征还可以实现减小主液压缸的设置空间的技术效果，从而具有显著进步；因此权利要求 1 所要求保护的技术方案具备创造性。

对于上述观点，合议组认为，解决本发明技术问题的关键在于将主液压缸的缸体配置成其轴线位于操纵手柄的轴线下方，且该缸体与包含操纵手柄的轴线的铅垂面大致垂直，上述技术特征如上所述已被对比文件 1 公开。虽然披露上述区别技术特征②的对比文件 1 的图 6 中公开的是主液压缸的缸体轴线沿操纵手柄配置的情况，但本领域技术人员很容易想到将其中涉及区别技术特征②的结构设计应用于对比文件 1 的图 1 所示的主液压缸的缸体与包含操纵手柄的轴线的铅垂面大致垂直的技术方案中去，这种应用不需要花费本领域技术人员创造性的劳动，也不会产生意想不到的技术效果，因而合议组对复审请求人的上述观点不予支持。

**三、决定**

驳回本复审请求，维持国家知识产权局专利局实质审查部门 2004 年 1 月 16 日对 00124077.3 号发明专利申请作出的驳回决定。

如复审请求人对本决定不服，可以根据专利法第四十三条第二款的规定，自收到本决定之日起三个月内向北京市第一中级人民法院起诉。

# 砂光机磨削主轴自动调心法及套轴承座总成案

## 复审请求审查决定（第6804号）

**决　　定　　号**　第6804号
**决　　定　　日**　2005年9月13日
**发明创造名称**　砂光机磨削主轴自动调心法及套轴承座总成
**国 际 分 类 号**　F16C 23/04
**复 审 请 求 人**　陈祥生
**申　　请　　号**　02121411.5
**申　　请　　日**　2002年6月20日
**公　　开　　日**　2003年1月1日
**合 议 组 组 长**　陈海平
**主　　审　　员**　祁轶军
**参　　审　　员**　宋鸣镝

**法 律 依 据**　专利法第二十二条第三款
**决 定 要 点**

复审程序中，复审请求人修改了权利要求书。根据避免审级损失的原则，应由原实质审查部门在新的权利要求书的基础上继续进行审批。

**一、案由**

本复审请求案涉及的是国家知识产权局专利局实质审查部门于2002年6月20日受理的、申请号为02121411.5、发明名称为“砂光机磨削主轴自动调心法及套轴承座总成”的发明专利申请，申请人为陈祥生。

经实质审查，国家知识产权局专利局实质审查部门于2004年9月10日以本专利申请不具备专利法第二十二条第三款所规定的创造性为由驳回了上述专利申请。驳回决定所针对的文本为：申请日提交的权利要求第1～5项、说明书第1～3页、说明书附图第1～2页及说明书摘要和摘要附图。

该权利要求书全文如下：

“1. 一种砂光机磨削主轴自动调心法，其特征是：位于砂光机磨削主轴上的套轴承座总成中的轴承套与轴承座构成的万向结构在砂光机磨削主轴自身运行的作用下，自动调整砂光机磨削主轴的同心度。

2. 一种砂光机磨削主轴自动调心套轴承座总成，它包括轴承座（1）及轴承（3），其特征是：轴承座（1）与轴承（3）之间设有轴承套（2）。

3. 根据权利要求2所述的砂光机磨削主轴自动调心套轴承座总成，其特征是：轴承座（1）的内径面呈内球面，轴承套（2）的外径面呈外球面，外球面的轴承套（2）与内球面的轴承套（1）相吻合且在砂光机磨削主轴（6）的作用下自动调心。

4. 根据权利要求2或3所述的砂光机磨削主轴自动调心套轴承座总成，其特征是：轴承套（2）内径面与轴承（3）外径面呈过盈配合。

5. 根据权利要求2或3所述的砂光机磨削主轴自动调心套轴承座总成，其特征是：轴承座（1）内径面的两侧开有孔卡（4），孔卡（4）内置有卡簧圈（5）。”

驳回决定所引用的对比文件为：对比文件1为CN2084126U，公开日为1991年9月4日。

申请人（下称复审请求人）对该驳回决定不服，于2004年12月14日向专利复审委员会提出了复审请求，其请求的理由归纳如下：a. 本申请采用的是滚动旋转调心机构，而对比文件1采用的是滑动摩擦旋转调心机构；b. 本申请与对比文件1所公开的技术方案在结构形状及结构构成方面存在区别；c. 本申请与对比文件1所公开的技术方案在技术效果方面存在区别；d. 本申请与对比文件1的设计目的不同。

复审请求人在提出复审请求时，没有对申请文件作出修改。

经形式审查合格后，专利复审委员会于2005年2月18日依法受理了上述复审请求并成立合议组对该复审请求进行审理。

经审查，复审委员会本案合议组于2005年7月1日向复审请求人发出了复审通知书并认为：与对比文件1所公开的技术内容相比，由权利要求1~5所限定的技术方案不具备专利法第二十二条第三款所规定的创造性。

复审请求人于2005年8月3日提交了意见陈述书并对权利要求书作出了修改。修改后的权利要求如下：

“1. 一种砂光机磨削主轴自动调心套轴承座总成，它包括轴承座（1）及深沟轴承（3），其特征是：轴承座（1）的内径面呈内球面，轴承座（1）与深沟轴承（3）之间设有轴承套（2），轴承套（2）的外径面呈外球面且与轴承座（1）的内球面相吻合，轴承套（2）内径与深沟轴承（3）外圈呈过盈配合，深沟轴承（3）内圈与砂光机磨削主轴（6）呈过盈配合且在砂光机磨削主轴（6）的作用下自动调心。

2. 根据权利要求1所述的砂光机磨削主轴自动调心套轴承座总成，其特征是：轴承座（1）内径面的两侧开有孔卡（4），孔卡（4）内置有卡簧圈（5）。”

复审请求人于2005年8月9日再次提交了意见陈述书和经过重新修改的权利要求书并称该意见陈述书用于取代2005年8月3日发出的意见陈述书，该重新修改后的权利要求书如下：

“1. 一种砂光机磨削主轴自动调心套轴承座总成，它包括轴承座（1）及滚动轴承（3），其特征是：轴承座（1）的内径面呈内球面，轴承座（1）与滚动轴承（3）之间设有轴承套（2），轴承套（2）的外径面呈外球面且与轴承座（1）的内球面相吻合，轴承套（2）内径与滚动轴承（3）外圈呈过盈配合，滚动轴承（3）内圈与砂光机磨削主轴（6）呈过盈配合且在砂光机磨削主轴（6）的作用下自动调心。

2. 根据权利要求1所述的砂光机磨削主轴自动调心套轴承座总成，其特征是：轴承座（1）内径面的两侧开有孔卡（4），孔卡（4）内置有卡簧圈（5）。”

在此基础上，合议组认为本案事实已经清楚，可以依法作出复审决定。

**二、决定的理由**

合议组认为，复审请求人所提交的新权利要求1和新权利要求2的技术方案与驳回决定涉及的权利要求1~5的技术方案不同，因此，原驳回决定所针对的对象已经发生变化，而对于这些新的技术方案，在实质审查程序中没有加以评述。根据审查指南第四部分第二章第3.1节“避免审级损失原则”的规定，在先审级未处理的事项在后审级不予审理，故合议组对新修改的权利要求书不予评述，由原实质审查部门对本发明专利申请继续进行审批。

**三、决定**

撤销国家知识产权局专利局原实质审查部门于2004年9月10日对02121411.5号发明专利申请所作出的驳回决定，由原实质审查部门在复审请求人于申请日提交的说明书第1~3页、说明书附图第1~3页、说明书摘要及摘要附图，2005年8月9日提交的权利要求第1~2项的基础上继续进行审查程序。

# 具有蚀刻背面的磷硅酸盐玻璃层的全集成热喷墨打印头案

## 复审请求审查决定（第6978号）

**决　定　号**　第6978号
**决　定　日**　2005年9月30日
**发明创造名称**　具有蚀刻背面的磷硅酸盐玻璃层的全集成热喷墨打印头
**国际分类号**　B41J 2/14
**复审请求人**　惠普公司
**申　请　号**　00108727.4
**申　请　日**　2000年5月26日
**公　开　日**　2001年3月7日
**优先权日**　1999年8月27日
**合议组组长**　杨克菲
**主　审　员**　杨　玲
**参　审　员**　宋鸣镝

**法律依据**　专利法第二十二条第三款
**决定要点**

认定权利要求与对比文件的区别技术特征时，应当将权利要求的技术方案作为一个整体与对比文件的技术方案进行对比，只要是对比文件中没有记载的技术特征都应当是区别技术特征，而不能将上述没有记载的技术特征进行抽象概括以至于省略了某些技术特征。

即使对比文件2中记载了权利要求中的未被对比文件1披露的技术特征，但是，如果该技术特征在对比文件2中所起的与其在权利要求中的相同的作用是所属技术领域的技术人员在看到对比文件2时并不能得知的，那么对比文件2就没有给出与对比文件1进行结合的技术启示。

### 一、案由

本复审请求案涉及申请号为00108727.4、名称为“具有蚀刻背面的磷硅酸盐玻璃层的全集成热喷墨打印头”的发明专利申请（下称本申请），该申请的申请人为惠普公司、申请日为2000年5月26日、优先权日为1999年8月27日、公开日为2001年3月7日。

国家知识产权局专利局原实质审查部门于2004年12月31日驳回了该申请，认为权利要求1、2、6、10相对于对比文件1不具备新颖性，权利要求3~5、7~9、11相对于对比文件1和对比文件2不具备创造性。其中，对比文件1为美国专利文献US4894664A，公开日为1990年1月16日；对比文件2为美国专利文献US5710070A，公开日为1998年1月20日。该驳回决定所针对的文本是申请人于2004年8月16日提交的权利要求第1~11项，说明书第1~12页，申请日提交的附图第1~10

页、说明书摘要和摘要附图。

申请人（下称复审请求人）不服上述驳回决定，于2005年4月15日向专利复审委员会提出了复审请求，并提交了修改后的权利要求书替换页。其中修改包括权利要求第1～8项，具体修改为：在新独立权利要求1、5、8中将“第一材料层”具体限定为“磷硅酸盐玻璃层”，即将原从属权利要求3、7、11的附加技术特征加入到原独立权利要求1、6、10中，并删除原权利要求3、7、11。

该修改后的权利要求书全文如下：

“1. 一种打印装置，包括：

一个打印头，该打印头包括：

一个打印头基片（20）；

设置在所述基片（20）的第一表面上的若干薄膜层（24，40－50），所述层中的至少一个形成多个喷墨元件（24），所说层（42）之一包括磷硅酸盐玻璃，所说层之一包括一在该磷硅酸盐玻璃层（42）之上的保护层，所述薄膜层（24，40－50）具有输墨孔（26）；

所述基片（20）带有至少一个开口（36），所述开口提供一个从所述基片的第二表面、通过所述基片（20）并到达设在所述薄膜层上的所述输墨孔（26）的油墨通道（38）；

该磷硅酸盐玻璃层（42）从输墨孔（26）被蚀刻回，使其由保护层（46）保护而免受任何进入输墨孔（26）的流体的侵害，所述保护材料层被蚀刻回，从而所述多个薄膜层中的至少一个具有一个大于所述第一材料层的长度。

2. 如权利要求1的装置，其特征在于，还包括一个设在所述薄膜层（24，40－50）上的有孔层（28），所述有孔层形成若干喷墨腔（30），在每一个喷墨腔里面有一喷墨元件（24，62），所述有孔层还为每一个喷墨腔（30）界定一个喷口（34）。

3. 如权利要求1或2的装置，其特征在于，所说薄膜层（24，40－50）包括：一层场氧化物层（40），之上形成有所说的磷硅酸盐玻璃层（42）；一电阻层（24）；以及所说保护层（46）覆盖在上述电阻层和磷硅酸盐玻璃层之上。

4. 如权利要求1或2的装置，其特征在于，其中，所说薄膜层（24，40－50）包括一层场氧化物层（40），之上形成有所说的磷硅酸盐玻璃层（42），当在所说的基片（20）中形成该至少一个开口（36）时，该场氧化物层（40）形成一蚀刻阻挡层。

5. 一种生产打印装置的方法，包括：

提供一个打印头基片（20）；

在所述基片（20）的第一表面形成若干薄膜层（24，40－50），所述层中的至少一层上形成若干喷墨元件（24），所说层（42）之一包括磷硅酸盐玻璃；

去除所说磷硅酸盐玻璃层（42）的一部分，使得所说磷硅酸盐玻璃层的长度小于所说多个薄膜层的另一层的长度；

在所说第一材料之上方沉积一保护层（46），以保护所说磷硅酸盐玻璃层（42）不受任何进入所说输墨孔（26）的侵害，所说保护层同时覆盖着保护层和其长度大于所述磷硅酸盐玻璃层的所说多个薄膜层的另一层的所述部分；

形成通过所述薄膜层（24，40－50）的输墨孔（26）；和

在所述基片（20）上形成至少一个开口（36），提供一个从所述基片的第二表面、通过所述基片（20）并到达设在所述薄膜层（24，40－50）上的输墨孔（26）的油墨通道。

6. 如权利要求5的方法，其特征在于，形成多个薄膜层（24，40－50）的步骤包括在所说的磷硅酸盐玻璃层（42）形成一电阻层（24）。

7. 如权利要求5的方法，其特征在于，所说形成多个薄膜层（24，40－50）的步骤包括形成一层场氧化物层（40），之上形成有所说的磷硅酸盐玻璃层（42），当在所说的基片（20）中进行形成该至少一个开口（36）的步骤时，该场氧化物层（40）形成一蚀刻阻挡层。

8. 一种打印方法，包括：

输送油墨（38）通过打印头基片（20）上的至少一个开口（36），并通过设在所述基片（20）上的薄膜层（24，40－50）上的输墨孔（26），由所述薄膜层中的至少一个形成若干喷墨元件（24）；

引导该流经所说至少一个开口（36）的油墨（38）流过薄膜层（24，40－50），并流入喷墨腔（30），这种引导包括引导该油墨流过并与覆盖磷硅酸盐玻璃层（42）的一层或多层相接触，其中磷硅酸盐玻璃层（42）的一边缘从所说输墨孔（26）回撤，并由一保护层（46）保护，使得油墨（38）不与磷硅酸盐玻璃层（42）接触；以及

给所述喷墨元件（24）供能，以便通过相关的喷口（34）排出油墨。"

经形式审查合格后，专利复审委员会受理了上述复审请求，并于2005年5月25日向复审请求人发出了复审请求受理通知书，同时将本申请送交国家知识产权局专利局原实质审查部门进行前置审查。

在前置审查中，原实质审查部门坚持原驳回决定，认为权利要求1～8相对于对比文件1和对比文件2仍然不具备创造性，并强调权利要求1与对比文件1的区别仅仅在于"保护层覆盖的层中其中一层是磷硅酸盐玻璃层"，而对比文件2给出了这样的启示。

专利复审委员会依法成立合议组对本案进行审理，合议组经过合议认为本案事实已经清楚，可以依法作出如下复审决定。

**二、决定的理由**

1. 复审请求人在提出复审请求时提交的新修改的权利要求书符合专利法第三十三条以及专利法实施细则第六十条的规定，因此，本复审决定所针对的文本是：复审请求人于2005年4月15日提交的权利要求第1～8项，2004年8月16日提交的说明书第1～12页，申请日提交的附图第1～10页、说明书摘要及摘要附图。

2. 专利法第二十二条第三款规定：创造性，是指同申请日以前已有的技术相比，该发明有突出的实质性特点和显著的进步，该实用新型有实质性特点和进步。

3. 对比文件1（参见该对比文件的附图3和说明书第2栏第46行至第3栏第51行）中公开了一种打印装置，包括一个打印头，该打印头包括：一个打印头基片10；设置在所述基片的第一表面上的若干薄膜层，从下至上依次为绝缘隔热层21、电阻层15、传导层23、保护层25，电阻层15上形成多个喷墨元件，电阻层15和传导层23各自包括一种材料，保护层25覆盖在被蚀刻回的电阻层15和传导层23上；所述薄膜层具有输墨孔；所述基片带有至少一个开口11，所述开口提供一个从所述基片的第二表面、通过所述基片并到达设在所述薄膜层上的所述输墨孔的油墨通道；电阻层15和传导层23被蚀刻回，从而所述多个薄膜层中的至少一个具有大于所述电阻层15和传导层23的长度。

对比文件2中（参见该对比文件的附图7和说明书第2栏第21行至第3栏第24行、第4栏第45～53行）公开了一种打印头，该打印头包括：一个打印头基片10；设置在基片的第一表面上的若干薄膜层，从下至上依次为场氧化物层20、作为绝缘层的磷硅酸盐玻璃层24、电阻层26、27、金属层28、保护层30，保护层覆盖了其下所有层。

合议组认为：认定权利要求与对比文件的区别技术特征时，应当将权利要求的技术方案作为一个整体与对比文件的技术方案进行对比，只要是对比文件中没有记载的技术特征都应当是区别技术特征，而不能将上述没有记载的技术特征进行抽象概括以至于省略了某些技术特征。

即使对比文件2中记载了权利要求中的未被对比文件1披露的技术特征，但是，如果该技术特征在对比文件2中所起的与其在权利要求中的相同的作用是所属技术领域的技术人员在看到对比文件2时并不能得知的。那么对比文件2就没有给出与对比文件1进行结合的技术启示。

对比文件1中的保护层25并不是覆盖在采用$SiO_2$为材料的绝缘隔热层21上，而是覆盖在被蚀刻回的电阻层15和传导层23上；虽然对比文件1中也具有绝缘层21，但其主要作用是绝缘隔热，所以其大面积覆盖在其下层上而未被保护层所覆盖，从而其暴露在输墨孔的流体中。因此，权利要求1与对比文件1的区别就不仅仅在于“保护层覆盖的层中其中一层是磷硅酸盐玻璃层”，而且还在于“采用磷硅酸盐玻璃层作为绝缘层、且保护磷硅酸盐玻璃层免受进入输墨孔的流体的侵害”。

对比文件2中虽然公开了磷硅酸盐玻璃层作为绝缘层、保护层覆盖在其上，但保护层并未直接覆盖在磷硅酸盐玻璃层上，而是直接覆盖在电阻层和金属层上，该保护层的主要目的是为了保护电阻层和金属层，而顺带保护了作为绝缘层的磷硅酸盐玻璃层，且对比文件2的多层膜中并没有输墨孔，所以磷硅酸盐玻璃层也不存在被来自输墨孔的流体侵害的可能；则对比文件2只是客观上存在“磷硅酸盐玻璃层被保护”，本领域的技术人员看到对比文件2时主观上并不能得到“将保护层用于保护磷硅酸盐玻璃层以使其免受进入输墨孔的流体的侵害”的技术启示。因此，在对比文件2没有给出这样的启示的情况下，权利要求1应当具备创造性。

从属权利要求2~4是对独立权利要求1的进一步限定，因此，它们也具备创造性。

独立权利要求5、8是与产品独立权利要求1相对应的方法权利要求，基于与权利要求1类似的理由，权利要求5、8也具备创造性，权利要求5的从属权利要求6、7也具备创造性。

**三、决定**

撤销国家知识产权局专利局实质审查部门于2004年12月31日作出的驳回决定，由原实质审查部门在下述文件的基础上继续进行审查程序：复审请求人于2005年4月15日提交的权利要求第1~8项，2004年8月16日提交的说明书第1~12页，申请日提交的附图第1~10页、说明书摘要及摘要附图。

# 热头能量控制仪器案

## 复审请求审查决定（第7001号）

**决　定　号**　第7001号
**决　定　日**　2005年10月12日
**发明创造名称**　热头能量控制仪器
**国际分类号**　B41C 1/04
**复审请求人**　理想科学工业株式会社
**申　请　号**　02127688.9
**申　请　日**　2002年8月8日
**公　开　日**　2003年3月12日
**合议组组长**　魏　屹
**主　审　员**　冯　涛
**参　审　员**　黄玉平

**法律依据**　专利法第二十二条第三款
**决定要点**

权利要求所要求保护的上位的、功能性描述的技术方案是本领域技术人员根据对比文件的启示容易得到的，没有产生意想不到的技术效果，因而权利要求限定的技术方案不具备创造性。

### 一、案由

本复审请求案涉及申请日为2002年8月8日、优先权日为2001年8月8日、公开日为2003年3月12日、发明名称为“热头能量控制仪器”的02127688.9号发明专利申请（下称本申请），申请人为理想科学工业株式会社（下称请求人）。

国家知识产权局专利局实质审查部门于2004年5月14日以该申请不符合专利法第二十二条第三款的规定为由，将其驳回。驳回决定所依据的对比文件是公开日为2000年4月18日的美国专利说明书US6050183（下称对比文件1），驳回决定所针对的文本是请求人于2004年3月22日提交的说明书第1~4页，申请日提交的权利要求第1~3项和说明书附图第1~5页。

针对上述驳回决定，复审请求人于2004年8月16日向专利复审委员会提出复审请求，同时提交了经修改的权利要求书，并认为修改后的权利要求1相对于对比文件1具备创造性。其中的独立权利要求1如下：

“1. 当基于图像数据给模板材料打孔时，控制施加到热头的能量的热头能量控制仪器，该仪器包括：在即将对热头施加能量时测量表示模板材料平滑度的特征值的测量装置，和当由该测量装置的特征值所表示的模板材料平滑度变得较低时，提高施加到热头的能量的能量调节装置。”

在形式审查合格后，专利复审委员会受理了该复审请求，并依法成立合议组，对此案进行审查。本案合议组经合议审查于2005年4月13日发出复审通知书，指出权利要求1仍不具备创造性。复审请求人于2005年6月8日提交了答复复审通知书的意见陈述书，并修改了权利要求书，其中的权利要求1如下：

"1. 当基于图像数据给模板材料打孔时，控制施加到热头的能量的热头能量控制仪器，该仪器包括：

用于测量表示模板材料平滑度的特征值的测量装置，和

用于调整被施加到热头上的能量的能量调节装置，

在即将对热头施加能量时，该测量装置测量模板材料平滑度的特征值，并且所述能量调节装置根据所测量的平滑度的特征值实施所述能量调节。"

合议组经合议审查认为，本案事实已经清楚，可以作出审查决定。

**二、决定的理由**

专利法第二十二条第三款规定：创造性，是指同申请日以前已有的技术相比，该发明有突出的实质性特点和显著的进步。

经合议审查，本案合议组意见如下：

复审请求人于2005年6月8日修改的权利要求符合专利法第三十三条的规定，并以此文本进行审查。

对比文件1公开了一种热敏模板及其制造和使用方法，并具体披露了以下技术内容（参见对比文件1说明书第1栏第20~27行和第36~38行及第3栏第15~24行）：热敏模板的平滑度高需要的热头能量小，平滑度低需要增加热头能量，测量模板平滑度的方法和装置。权利要求1中的技术特征"热头和热头能量调节装置"虽然在对比文件1中没有明确公开，但是本领域技术人员从对比文件1中可以明显得知当基于图像数据给模板材料打孔时必然存在上述装置才能实现打孔和对热头能量的调节，即上述技术特征已经在对比文件1中隐含公开了。

权利要求1所要求保护的技术方案与对比文件1所披露的技术内容之间的区别在于：在即将对热头施加能量时，测量装置测量表示模板材料平滑度的特征值，并且能量调节装置根据所测量的平滑度的特征值实施所述的能量调节。

合议组认为，上述区别的实质仅是根据平滑度的测量值来控制热头能量的思想，并未写明实现这种控制的具体技术方案，而这种思想在对比文件1中已有明确启示，且"在即将对热头施加能量时"的限定不能起到实质性的作用，因为测量必然是"在即将对热头施加能量时"。因此，权利要求1这种上位的、功能性描述的技术方案是本领域技术人员根据对比文件1的启示即平滑度对需要的热头能量的影响容易得到的，没有产生意想不到的技术效果，因而权利要求1限定的技术方案不具备创造性。

复审请求人在答复复审通知书时认为：本申请对平滑度的测量和对能量的调节是连续或者是实时进行的，因此即使在传送过程中模板材料的平滑度发生变化，也可以进行正常的打孔，它就像一个对所施加能量进行控制的反馈控制系统来持续地使热头处于最佳条件。

对于上述观点，合议组经合议认为，权利要求1所限定的技术方案并不能反映请求人所坚持的上述特点，即复审请求人并未将反映本发明实质性特点的实现热头能量实时控制的具体技术方案写入权利要求1，而这种简单的功能性描述的技术方案是本领域技术人员容易做出的，故合议组对复审请求人的上述观点不予支持。

综上所述，权利要求1不符合专利法第二十二条第三款规定的创造性。

**三、决定**

驳回本复审请求，维持国家知识产权局专利局实质审查部门于2004年5月14日对02127688.9

号发明专利申请作出的驳回决定。

如请求人对本决定不服，可以根据专利法第四十三条第二款的规定，自收到本决定之日起三个月内向北京市第一中级人民法院起诉。

049

# 少排量制式发动机案

## 复审请求审查决定（第7002号）

**决　定　号**　第7002号
**决　定　日**　2005年10月17日
**发明创造名称**　少排量制式发动机
**国际分类号**　F01L 1/352
**复审请求人**　王晓东
**申　请　号**　02114670.5
**申　请　日**　2002年7月3日
**公　开　日**　2003年1月1日
**合议组组长**　杨克菲
**主　审　员**　杨　玲
**参　审　员**　冯　涛

**法律依据**　专利法第二十二条第二款、第三款
**决定要点**

本领域的技术人员不能由对比文件显而易见地得到修改后的权利要求所要求保护的技术方案，且该技术方案能产生有益的技术效果，故该权利要求具备新颖性和创造性。

### 一、案由

本复审请求案涉及申请人于2002年7月3日向国家知识产权局专利局实质审查部门提出的申请号为02114670.5、名称为“少排量制式发动机”的发明专利申请。

国家知识产权局专利局原实质审查部门于2004年8月27日以该申请不符合专利法第二十二条第二款规定的新颖性为由驳回了该申请，该驳回决定所针对的文本是申请日提交的说明书第1~3页、权利要求第1~5项、说明书附图第1页、说明书摘要及摘要附图。

驳回决定所依据的证据是：1. 国防工业出版社出版的《船舶柴油机原理》（下称对比文件1）的版权页、第234、第247、第248页，公开日是1980年9月；2. 国防工业出版社出版的《船舶柴油机设计》（下称对比文件2）的版权页、第10章第1页，公开日是1980年10月。

申请人（下称复审请求人）于2004年10月14日针对上述驳回决定提出复审请求，其复审理由是不服国家知识产权局专利局实质审查部门的驳回决定，认为复审请求人于申请日提交的申请文件的权利要求第1~5项具备新颖性和创造性，但未对申请文件作出任何修改。

经形式审查合格，专利复审委员会于2005年7月1日受理了上述复审请求，并依法成立合议组审理该复审请求。

合议组于2005年8月29日发出复审通知书，认为权利要求1和权利要求2相对于对比文件1不具备新颖性、权利要求3~5相对于对比文件1和对比文件2不具备创造性，同时指出说明书中记载

的表现其发明点之所在的“进气阀在下止点前关闭”或“K值小于1”在权利要求1中并没有体现出来。

复审请求人于2005年9月9日提交了意见陈述书，并提交了权利要求书的替换页，其中将“设计初始位置进气门必须在下止点前完全关闭，对应于s′行程的汽缸容积$v_1'$为设计工作排量”加入到权利要求1中。

新修改的独立权利要求1如下：

“1. 一种少排量制式发动机，包括汽缸总成（1）、活塞总成（2）、曲轴连杆机构（3）及配气相位装置（4），其特征是：设计初始位置进气门必须在下止点前完全关闭，对应于s′行程的汽缸容积$v_1'$为设计工作排量，且$v_1'$小于活塞全行程容积$v_1$。”

至此，合议组认为本案事实已经清楚，可以依法作出如下复审决定。

**二、决定的理由**

本决定以复审请求人于2005年9月9日提交的权利要求第1～5项，申请日提交的说明书第1～3页、说明书附图第1页、说明书摘要及摘要附图为基础。

对比文件1公开了一种发动机，包括汽缸、活塞、曲轴连杆机构和配气相位装置，进气门在下止点后关闭，其工作排量小于活塞全行程容积；但是，对比文件1没有公开权利要求1中的技术特征“设计初始位置进气门必须在下止点前完全关闭”。上述技术特征在本发明中起到了有利于燃料的充分燃烧和减少废气污染的作用，因此，权利要求1相对于对比文件1具备新颖性和创造性。

对比文件2公开了发动机的配气机构（即配气相位装置）的机构组成，其中也没有公开权利要求1与对比文件1的上述区别技术特征——设计初始位置进气门必须在下止点前完全关闭，即使将对比文件1和对比文件2相结合，也不能得出权利要求1所要求保护的技术方案，故权利要求1相对于对比文件1、对比文件2具备新颖性和创造性。

权利要求2～5是权利要求1的从属权利要求，在权利要求1具备新颖性和创造性的前提下，它们也都具备专利法第二十二条第二款、第三款所规定的新颖性和创造性。

**三、决定**

撤销专利局实质审查部门于2004年8月27日作出的驳回决定，由原实质审查部门在下述文件的基础上继续进行审查程序：复审请求人于2005年9月9日提交的权利要求第1～5项，申请日提交的说明书第1～3页、说明书附图第1页、说明书摘要及摘要附图。

# 控制一个作用于驱动单元和变速装置之间的转矩传递系统的装置和方法案

## 复审请求审查决定（第7136号）

**决　定　号**　第7136号
**决　定　日**　2005年11月3日
**发明创造名称**　控制一个作用于驱动单元和变速装置之间的转矩传递系统的装置和方法
**国际分类号**　F16H 59/70
**复审请求人**　卢克驱动系统有限公司
**申　请　号**　95191767.6
**优先权日**　1994年12月24日
**申　请　日**　1995年12月22日
**公　开　日**　1997年7月2日
**合议组组长**　杨克菲
**主　审　员**　武树辰
**参　审　员**　崔　峥

**法律依据**　专利法实施细则第二十条第一款
**决定要点**

如果一项权利要求经修改后能够说明发明或者实用新型的技术特征，清楚地表述请求保护的范围，即其所限定的保护范围能够准确界定，则该经修改后的权利要求符合专利法实施细则第二十条第一款的规定。

### 一、案由

本复审请求案涉及申请号为95191767.6、名称为“控制一个作用于驱动单元和变速装置之间的转矩传递系统的装置和方法”的发明专利申请（下称本申请），其申请人为卢克驱动系统有限公司，申请日为1995年12月22日，最早的优先权日为1994年12月24日。

国家知识产权局专利局实质审查部门依法对本申请进行了实质审查，并于2003年9月19日发出驳回决定。驳回决定所针对的申请文件为进入中国国家阶段时提交的国际申请文件文本的说明书第1~46页，附图第1~24页和摘要附图；2003年8月1日提交的权利要求第1~83项和说明书摘要。驳回理由是本申请的权利要求1和权利要求63不具备单一性，不符合专利法第三十一条的规定；权利要求8、9、41、42、62含义不清楚，不符合专利法实施细则第二十条第一款的规定。

申请人（下称复审请求人）不服上述驳回决定，于2003年12月30日向专利复审委员会提出复审请求，并提交了经修改的权利要求1~62（下称文本1），在复审请求书中陈述了文本1的权利要求符合专利法及其实施细则有关规定的理由。

文本 1 的独立权利要求 1 如下：

“1. 用于运行一个机动车的转矩传递系统的装置，所述的转矩传递系统可以是离合器，所述装置具有一个带换档变位机构的变速传动装置和一个用于转换该变速装置档位而设置的操作装置和一个与操作装置相连接的变速装置侧的调节机构，具有一个中央控制单元，它接收并处理系统数值和传感器的测量信号并且根据至少一个信号并借助一个反应器实现对转矩传递系统的控制，其特征在于：

至少一个传感器直接或间接地连接在操作装置上，至少一个传感器直接或间接地连接在变速装置侧的调节机构上，这些传感器检测操作装置和调节机构的位置，其中，该至少一个在操作装置上连接的传感器检测该操作装置就空间上说的至少一维行程，可以是换档行程或选择行程，至少一个传递装置将调节机构在换档行程和选择行程方向上的两维运动转换为至少一个可运动装置的一维运动，所述至少一个通过传递装置连接在调节机构上的传感器检测上述可运动装置的作为调节机构运动的函数的该一维运动。”

经形式审查合格后，专利复审委员会受理了上述复审请求，并成立合议组进行审查。

经审查，本案合议组于 2005 年 6 月 29 日向复审请求人发出了复审通知书，在该通知书中指出：文本 1 的权利要求 1、9、41、42、62 的保护范围不清楚，不符合专利法实施细则第二十条第一款的规定。具体理由如下：

文本 1 的权利要求 1 中存在以下限定方式，即“至少一个传感器直接或间接地连接在变速装置侧的调节机构上”（特征 1）以及“所述至少一个通过传递装置连接在调节机构上的传感器检测上述可运动装置的作为调节机构运动的函数的该一维运动”（特征 2），特征 1 和特征 2 的限定方式互相矛盾，特征 1 指出所述至少一个传感器可以直接连接在调节机构上，也可以间接连接在调节机构上，而特征 2 指出所述至少一个传感器是通过传递装置连接在调节机构上的，也就是间接地连接在调节机构上的，因此导致该权利要求保护范围不能准确界定，不符合专利法实施细则第二十条第一款的规定（参见审查指南第二部分第二章第 3. 2. 2 节）。复审请求人还应当明确：“所述至少一个通过传递装置连接在调节机构上的传感器”就是经上述修改的“间接地连接在变速装置侧的调节机构上的至少一个传感器”。

另外，经修改的权利要求 9 作为权利要求 1 的从属权利要求，其附加技术特征为“检测所述操作装置位置的传感器是一个传感器和检测所述调节机构位置的传感器是两个传感器，其中，每个传感器检测该调节机构的一个一维运动”，该权利要求中也存在不清楚之处，即不明确“检测所述调节机构位置的两个传感器”是否是通过传递装置连接在调节机构上的，因此，该权利要求不符合专利法实施细则第二十条第一款的规定。

相同的道理，经修改的权利要求 41、42 中也不明确“连接在调节机构上的两个传感器”是否是通过传递装置连接在调节机构上的，因此也不符合专利法实施细则第二十条第一款的规定。

经修改的权利要求 62 中也存在不清楚之处，即该权利要求中的限定方式“所述传感器装置与调节机构对应设置”，并不明确这种“对应设置”是否意味着传感器装置是通过传递装置连接在调节机构上。因此权利要求 62 也不符合专利法实施细则第二十条第一款的规定。

复审请求人于 2005 年 8 月 12 日提交了意见陈述书，并修改了权利要求书。复审请求人在意见陈述书中陈述了经修改的权利要求 1 ~ 63（下称文本 2）符合专利法实施细则第二十条第一款的规定的理由。

文本 2 的独立权利要求 1 如下：

“1. 用于运行一个机动车的转矩传递系统的装置，所述的转矩传递系统可以是离合器，所述装置具有一个带换档变位机构的变速传动装置和一个用于转换该变速装置档位而设置的操作装置和一个与操作装置相连接的变速装置侧的调节机构，具有一个中央控制单元，它接收并处理系统数值和传感器的测量信号并且根据至少一个信号并借助一个反应器实现对转矩传递系统的控制，其特征在于：

至少一个传感器直接或间接地连接在操作装置上，至少一个传感器间接地连接在变速装置侧的调节机构上，这些传感器检测操作装置和调节机构的位置，其中，该至少一个在操作装置上连接的传感器检测该操作装置就空间上说的至少一维行程，可以是换档行程或选择行程，至少一个传递装置将调节机构在换档行程和选择行程方向上的两维运动转换为至少一个可运动装置的一维运动，所述至少一个通过传递装置连接在调节机构上的传感器检测上述可运动装置的作为调节机构运动的函数的该一维运动。”

合议组经合议后认为，本案事实已经清楚，可以依法作出复审决定。

**二、决定的理由**

复审请求人于2005年8月12日提交了经修改的权利要求1~63（文本2），其中，复审请求人对文本1的权利要求1进行了修改，将“至少一个传感器直接或间接地连接在变速装置侧的调节机构上”修改为“至少一个传感器间接地连接在变速装置侧的调节机构上”。文本2的独立权利要求1如下：

“1. 用于运行一个机动车的转矩传递系统的装置，所述的转矩传递系统可以是离合器，所述装置具有一个带换档变位机构的变速传动装置和一个用于转换该变速装置档位而设置的操作装置和一个与操作装置相连接的变速装置侧的调节机构，具有一个中央控制单元，它接收并处理系统数值和传感器的测量信号并且根据至少一个信号并借助一个反应器实现对转矩传递系统的控制，其特征在于：

至少一个传感器直接或间接地连接在操作装置上，至少一个传感器间接地连接在变速装置侧的调节机构上，这些传感器检测操作装置和调节机构的位置，其中，该至少一个在操作装置上连接的传感器检测该操作装置就空间上说的至少一维行程，可以是换档行程或选择行程，至少一个传递装置将调节机构在换档行程和选择行程方向上的两维运动转换为至少一个可运动装置的一维运动，所述至少一个通过传递装置连接在调节机构上的传感器检测上述可运动装置的作为调节机构运动的函数的该一维运动”。

另外，将文本1的权利要求1删除的特征限定为文本2的从属权利要求63，即：

“63. 按权利要求1所述的装置，其特征在于：还包括至少一个直接地连接在变速装置侧的调节机构上的传感器”。合议组认为，上述的修改符合专利法第三十三条以及专利法实施细则第六十条的规定，可以接受作为本复审请求的审查基础。并且，复审请求人提交的文本2中删除了驳回决定所针对的文本的权利要求63~83，克服了该文本中权利要求1、63不具备单一性不符合专利法第三十一条的驳回缺陷。

另外，对于文本2的独立权利要求1而言，由于复审请求人将“至少一个传感器直接或间接地连接在变速装置侧的调节机构上”修改为“至少一个传感器间接地连接在变速装置侧的调节机构上”，因此经修改后的限定方式可以与下文的限定方式“所述至少一个通过传递装置连接在调节机构上的传感器检测上述可运动装置的作为调节机构运动的函数的该一维运动”相互对应，而且还明确了“所述至少一个通过传递装置连接在调节机构上的传感器”就是经上述修改的“间接地连接在变速装置侧的调节机构上的至少一个传感器”。因此通过这种修改，文本2的权利要求1的保护范围能够准确界定，符合专利法实施细则第二十条第一款的规定。

对于文本2的从属权利要求9而言，其附加技术特征为“所述检测所述操作装置位置的传感器是一个传感器和检测所述调节机构位置的传感器是两个传感器，其中，每个传感器检测该调节机构的一个一维运动”。由于上述对权利要求1的修改，已经能够明确“检测所述调节机构位置的两个传感器”就是通过传递装置连接在调节机构上的，因此文本 2 的权利要求 9 符合专利法实施细则第二十条第一款的规定。

类似地，对于文本 2 的从属权利要求 41、42 而言，由于上述对权利要求 1 的修改，已经能够明确“连接在调节机构上的两个传感器”就是通过传递装置连接在调节机构上的，因此也符合专利法实施细则第二十条第一款的规定。

另外，对于文本 2 的从属权利要求 62 而言，由于上述对权利要求 1 的修改，已经能够明确该权利要求中的限定方式“所述传感器装置与调节机构对应设置”中的“对应设置”即意味着传感器装置是通过传递装置连接在调节机构上的，因此也符合专利法实施细则第二十条第一款的规定。

在文本 2 中新增加的权利要求 63 是权利要求 1 的从属权利要求，该权利要求所要求保护的范围是清楚的，因此符合专利法实施细则第二十条第一款的规定。

由于文本 2 的权利要求 1、9、41、42、62、63 的保护范围能够准确界定，因此符合专利法实施细则第二十条第一款的规定。

综上，由于复审请求人在答复复审通知书时对权利要求书所作的修改克服了驳回决定所指出的缺陷，本案合议组特作出本决定。

**三、决定**

撤销国家知识产权局专利局实质审查部门于 2003 年 9 月 19 日对申请号为 95191767.6 的发明专利申请作出的驳回决定，由原实质审查部门以复审请求人于 2005 年 8 月 12 日提交的权利要求书和进入中国国家阶段时提交的国际申请文件的文本的说明书第 1 ~46 页、附图第 1 ~24 页为基础，继续进行审查程序。

051

# 车辆倒车装置案

## 复审请求审查决定（第7234号）

**决　定　号**　第7234号
**决　定　日**　2005年11月21日
**发明创造名称**　车辆倒车装置
**国际分类号**　B62M 25/08　B62K 11/14
**复审请求人**　本田技研工业株式会社
**申　请　号**　01111306.5
**优先权日**　2000年3月10日
**申　请　日**　2001年3月9日
**公　开　日**　2001年10月31日
**合议组组长**　陈海平
**主　审　员**　祁铁军
**参　审　员**　宋鸣镝

**法律依据**　专利法实施细则第二十一条第二款
**决定要点**

修改后的独立权利要求1所限定的技术方案已经能够实现本专利申请所要达到的发明目的并与背景技术中所述的其他技术方案相区别，故符合专利法实施细则第二十一条第二款的规定。

### 一、案由

本复审请求案涉及的是优先权日为2000年3月10日、申请日为2001年3月9日、公开日为2001年10月31日、申请号为01111306.5、发明名称为“车辆倒车装置”的发明专利申请，申请人为本田技研工业株式会社。

经实质审查，国家知识产权局专利局实质审查部门于2004年8月6日以独立权利要求1缺少解决技术问题的必要技术特征，不符合专利法实施细则第二十一条第二款的规定为由作出了驳回决定。驳回决定所依据的文本为申请日提交的原始说明书附图第1~4页、摘要附图和2004年6月23日提交的权利要求第1~4项、说明书第1~7页及说明书摘要。驳回决定所针对的权利要求书全文如下：

“1. 一种带手把车辆用倒车装置，通过引擎用的起动电机的驱动力来使靠该引擎被驱动的带手把车辆后退，其特征在于包括：

第1开关，以引擎起动以及带手把车辆后退时能够共用的方式设置于与带手把车辆的转向把套相邻配置的开关面板上；切换单元，择一地切换引擎起动模式和带手把车辆后退模式，上述切换单元由以下部分组成：致动器，把上述起动电机的输出侧择一地连接到引擎起动侧以及带手把车辆后退侧的齿轮上；

第2开关，用于使上述致动器动作，其中，上述第1开关和第2开关是相邻配置的。

2. 如权利要求 1 所述的带手把车辆用倒车装置，其特征在于：第 2 开关相对第 1 开关位于距转向把套远的位置上。

3. 如权利要求 1 或 2 所述的带手把车辆用倒车装置，其特征在于：构成为在上述第 2 开关操作后的预定时间内不接收上述第 1 开关操作。

4. 如权利要求 2 所述的带手把车辆用倒车装置，其特征在于：上述开关面板上设置有安装了上述第 1 开关的第 1 板面和安装了上述第 2 开关的第 2 板面，并且设置阶梯使得上述两个面板中的上述第 2 板面接近骑手一侧。”

申请人（下称复审请求人）不服该驳回决定，于 2004 年 11 月 22 日向专利复审委员会提出了复审请求，并提交了经过修改的权利要求书。复审请求人在复审请求书中认为：修改后的独立权利要求 1 克服了缺少解决技术问题的必要技术特征的缺陷，符合专利法实施细则第二十一条第二款的规定。

经形式审查合格后，专利复审委员会于 2004 年 12 月 14 日依法受理了上述复审请求并组成合议组对该复审请求进行审理。

复审请求人于 2005 年 10 月 21 日向专利复审委员会提交了意见陈述书及经过主动修改的权利要求书、说明书和说明书摘要。

经合议审理，合议组认为本案事实已经清楚，可以依法作出复审决定。

**二、决定的理由**

专利法实施细则第二十一条第二款规定：独立权利要求应当从整体上反映发明或者实用新型的技术方案，记载解决技术问题的必要技术特征。

审查指南第二部分第二章第 3.1.2 节规定：必要技术特征是指，发明或者实用新型为解决其技术问题所不可缺少的技术特征，其总和足以构成发明或者实用新型的技术方案，使之区别于背景技术中所述的其他技术方案。

合议组审查了复审请求人于 2005 年 10 月 21 日提交的权利要求书修改文本，经审查，其上述修改文本未超出原始说明书、权利要求书及附图所记载的范围，符合专利法第三十三条的规定。因此，本复审决定所依据的文本为 2005 年 10 月 21 日提交的权利要求第 1 ~ 4 项、说明书第 1 ~ 7 页及说明书摘要，2001 年 3 月 9 日提交的原始说明书附图及摘要附图。其中，复审请求人于 2005 年 10 月 21 日所提交的新修改的权利要求书全文如下：

“1. 一种带把手的车辆用倒车装置，通过引擎用的起动电机的驱动力来使靠该引擎被驱动的车辆后退，其特征在于包括：

第 1 开关，以在引擎起动以及车辆后退时能够共用的方式设置于与车辆把手的转向把套相邻配置的开关面板上；以及

切换单元，择一地切换引擎起动模式和车辆后退模式，

上述切换单元由以下部分组成：

致动器，把上述起动电机的输出侧择一地连接到引擎起动侧以及车辆后退侧的齿轮上；以及

第 2 开关，用于使上述致动器动作，

其中，上述第 1 开关和第 2 开关是相邻配置的。

2. 如权利要求 1 所述的带把手的车辆用倒车装置，其特征在于：第 2 开关相对第 1 开关位于距转向把套远的位置上。

3. 如权利要求 1 或 2 所述的带把手的车辆用倒车装置，其特征在于：构成为在操作上述第 2 开关后的预定时间内不接受上述第 1 开关操作。

4. 如权利要求 2 所述的带把手的车辆用倒车装置，其特征在于：上述开关面板上设置有安装了

上述第1开关的第1板面和安装了上述第2开关的第2板面，并且设置台阶使得上述两个面板中的上述第2板面接近骑手一侧。”

原实质审查部门在驳回决定中认为：本申请所要解决的技术问题是克服现有技术中摩托车倒车操作复杂、骑车倒车时必须将手离开车把的缺陷，进而提供一种可以通过简单的操作驱动车辆后退的车辆用倒车装置；而本申请独立权利要求1缺少解决技术问题的必要技术特征，不符合专利法实施细则第二十一条第二款的规定，要解决前述技术问题，必须限定车辆为摩托车。

合议组认为：本申请所要解决的技术问题是克服现有技术中大型两轮摩托车和休闲用三轮车倒车操作复杂、骑车倒车时必须将手离开车把的缺陷，提供一种可以通过简单的操作驱动车辆后退的车辆用倒车装置。本领域技术人员根据本申请说明书所记载的技术内容已经可以预见到本申请所涉及的倒车装置不仅能够应用到两轮摩托车和休闲用三轮车上，而且可以根据具体的设计要求和使用条件而应用到其他带有把手的车辆上，从而通过简单的操作来解决现有技术中所存在的倒车操作复杂的技术问题。新修改的独立权利要求1已经将用于切换引擎起动和车辆后退用的第1开关限定为“设置于与车辆把手的转向把套相邻配置的开关面板上”，同时将用于操作致动器的第2开关的位置限定为“与第1开关相邻配置”，故驾驶员在切换引擎起动和车辆后退以及倒车时，均无须将手离开把手，从而实现操作简单的目的。因此，新修改的独立权利要求1所限定的技术方案已经记载了解决其技术问题的必要技术特征，已经能够实现本申请所要达到的发明目的并与背景技术中所述的其他技术方案相区别，故符合专利法实施细则第二十一条第二款的规定。

**三、决定**

撤销国家知识产权局专利局原实质审查部门于2004年8月6日对01111306.5号发明专利申请所作出的驳回决定，由原实质审查部门在复审请求人于2005年10月21日提交的权利要求第1~4项、说明书第1~7页、说明书摘要及2001年3月9日提交的原始说明书附图及摘要附图的基础上继续进行审查程序。

# 金属壳制造方法案

## 复审请求审查决定（第7557号）

**决　定　号**　第7557号
**决　定　日**　2005年12月12日
**发明创造名称**　金属壳制造方法
**国际分类号**　B21C 37/08
**复审请求人**　昌德机电（天津）有限公司
**申　请　号**　01120277.7
**申　请　日**　2001年7月13日
**公　开　日**　2002年5月8日
**合议组组长**　杨克菲
**主　审　员**　王丽颖
**参　审　员**　冯　涛

**法律依据**　专利法第二十二条第三款
**决定要点**

仅仅根据本申请背景技术部分记载的技术内容，无法惟一得出其中所记载的技术内容必定是专利法意义上的已有技术。

**一、案由**

本复审请求案涉及的是国家知识产权局专利局实质审查部门于2001年7月13日受理的名称为“金属壳制造方法”的发明专利申请。申请号为01120277.7、申请人为昌德机电（天津）有限公司、申请日为2001年7月13日。

2004年8月27日，国家知识产权局专利局原实质审查部门经过实质审查，对上述专利申请作出驳回决定。决定的理由是：对本领域普通技术人员来说，将对比文件1与对比文件2以及本申请说明书背景技术部分的内容相结合从而得到权利要求1请求保护的技术方案是显而易见的，因而该权利要求不符合专利法第二十二条第三款有关创造性的规定。从属权利要求2也不具备创造性。

驳回决定所针对的文本是申请日提交的申请文件，其中的独立权利要求1为：

“1. 一种金属壳制造方法，其特征在于制作工序是：

（1）用切割机将已卷好的金属板顺其长度方向切割成宽度为所需导管周长的金属板条并卷成卷；（2）将切割好的金属板条以其长度为轴，用导管压型机将其压成圆管形状；（3）采用高频感应焊接方法焊接圆管缝口，并再通过矫正模具将焊完缝口的长管定型成长金属导管成品；（4）根据所需尺寸，将长金属管切割成金属壳成品。”

2004年12月10日，申请人（下称复审请求人）针对上述驳回决定向专利复审委员会提出复审请求。

经形式审查合格，专利复审委员会于2005年1月25日受理了此复审请求。

针对该复审请求，专利复审委员会组成合议组对本复审请求案进行了审理，合议组认为本案事实已经清楚，可以作出复审决定。

**二、决定的理由**

专利法第二十二条第三款规定：创造性，是指同申请日以前已有的技术相比，该发明有突出的实质性特点和显著的进步。

专利法实施细则第三十条的规定：专利法第二十二条第三款所称已有的技术，是指申请日前在国内外出版物上公开发表、在国内公开使用或者以其他方式为公众所知的技术，即现有技术。

驳回决定中在评价权利要求1的创造性时认为，权利要求1与对比文件1的区别是："用切割机将已卷好的金属板顺其长度方向切割成宽度为所需导管周长的金属条并卷成卷；采用高频感应焊接方法焊接圆管缝口"。在对比文件2中已经公开了高频感应焊接方法对圆管缝口进行焊接。至于技术特征"用切割机将已卷好的金属板顺其长度方向切割成宽度为所需导管周长的金属条并卷成卷"，在本申请说明书的背景技术部分（见说明书第1页第4~5行）已经公开了。对本领域普通技术人员来说，将对比文件1与对比文件2以及本申请说明书背景技术部分的内容相结合从而得到权利要求1请求保护的技术方案是显而易见的，因而本申请不符合专利法第二十二条第三款有关创造性的规定。

合议组认为：对比文件1公开了一种制造滑动轴承的方法，其中披露了如下技术特征（见说明书第10页第7自然段至第11页第2自然段及附图5）：一系列管成型滚轧台（相当于本专利的导管压型机）把长板条滚成一个近似的圆柱127，通过成模型131（相当于本专利的矫正模具）把近似的圆柱127形成成品管结构，用切割机构133把成型的管切成一定长度。对比文件2公开了一种焊接钢管的制造方法，其中公开了如下技术特征（见说明书第4页第8~13行及附图5）：一边连续地运送钢带，一边使钢带的两侧边端部相对而形成圆筒状，向钢带的两侧边端部供给高频电流，预热至材料的融点以下温度，进行焊接。对比文件2中公开了用高频感应焊接方法对圆管缝口进行焊接的方法。可见，将对比文件1与对比文件2结合，仅公开了权利要求1的制作工序中的第（2）、（3）、（4）；权利要求1中的第（1）步工序并未在对比文件1和对比文件2中公开。由于权利要求1要求保护的是一种制造方法，并具体限定了该方法的制作工序，因此对于本领域技术人员来说，根据对比文件1和对比文件2中所披露的技术内容，从而得到权利要求1所限定的技术方案是需要付出创造性劳动的。因此，权利要求1具备创造性。在权利要求1相对于对比文件1和对比文件2的结合具备创造性的前提下，其从属权利要求2也具备创造性。

而仅仅根据本申请背景技术部分记载的技术内容，并不能惟一得出其中所记载的技术内容必定是专利法意义上的已有技术。因而驳回决定中认为本专利权利要求1相对于对比文件1、对比文件2以及本申请背景技术部分记载的技术内容的结合不具备创造性的理由缺少必要的证据支持。

基于上述理由，本案合议组作出如下决定。

**三、决定**

撤销原驳回决定。由原实质审查部门在复审请求人于申请日提交的申请文本的基础上继续审查。

# 泵轴案

## 复审请求审查决定（第7603号）

**决　定　号**　第7603号
**决　定　日**　2005年12月14日
**发明创造名称**　泵　轴
**国际分类号**　F04D 29/04
**复审请求人**　安德里茨—专利管理有限公司
**申　请　号**　98104448.4
**申　请　日**　1998年2月13日
**公　开　日**　1998年8月19日
**合议组组长**　陈海平
**主　审　员**　冯　涛
**参　审　员**　宋鸣镝

**法律依据**　专利法第二十二条第三款
**决定要点**

如权利要求所要求保护的技术方案是本领域技术人员在对比文件的启示下不必花费创造性的劳动就容易想到和做到的，则该权利要求不具备创造性。

**一、案由**

本复审请求案涉及申请日为1998年2月13日、优先权日为1997年2月14日、发明名称为“泵轴”的发明专利申请（下称本申请），其申请号是98104448.4、申请人是安德里茨—专利管理有限公司（下称复审请求人）。

经实质审查，国家知识产权局专利局实质审查部门以不具备创造性为理由于2004年10月15日驳回了本申请。驳回决定所依据的对比文件是：公开日为1981年11月4日的GB2074662（下称对比文件1）以及公开日为1996年2月27日的US5494413（下称对比文件2）。驳回决定所针对的文本是申请人于2004年8月27日提交的权利要求第1~3项和说明书第1~3页及申请日提交的说明书附图第1~4页。

复审请求人对上述驳回决定不服，于2005年1月29日向专利复审委员会提出复审请求，同时修改了权利要求书，复审请求人认为本申请经修改后的权利要求1~3相对于对比文件1和对比文件2具备创造性。

该修改后的权利要求书如下：

“1. 一种用于原子能电站主冷却液泵的带有叶轮的泵轴，其特征在于，该叶轮（12）被结合在该泵轴（11）中，该叶轮/轴组件（10）由一个单个锻造毛坯制成，所述锻造毛坯的圆柱形部分具有一个用于制成轴部分的较小直径。

2. 如权利要求1所述的泵轴，其特征在于，该轴（11）具有一个用于非破坏性试验的保养中心孔（14）。

3. 如权利要求2所述的泵轴，其特征在于，该中心孔（14）的轴向延伸部分超出轮毂处的肩部（15）的位置。”

在形式审查合格后，专利复审委员会受理了该复审请求，并依法成立合议组，对本案进行审查；合议组于2005年9月27日发出复审通知书，指出修改后的权利要求1~3仍不具备创造性；2005年11月9日复审请求人进行了陈述意见认为权利要求1~3相对于现有技术具备新颖性和创造性。

至此，合议组认为，本案事实已经清楚，可以作出审查决定。

**二、决定的理由**

经审理，复审委员会本案合议组意见如下：

上述修改文本符合专利法第三十三条的规定，故以此文本作为审查基础。

1. 关于独立权利要求1的创造性

根据专利法第二十二条第三款的规定：创造性，是指同申请日以前已有的技术相比，该发明具有突出的实质性特点和显著的进步。

对比文件1公开了一种用于离心泵的旋转叶轮，并具体公开了以下技术特征（参见该对比文件的说明书第1页第71~73行）：叶轮11由轴16驱动，轴16与叶轮形成一体。

本申请之独立权利要求1所要求保护的技术方案与对比文件1的区别之处在于：①用于原子能电站主冷却液泵；②叶轮和轴由一个单个锻造毛坯制成；③锻造毛坯的圆柱形部分具有一个用于制成轴部分的较小直径。

对于上述区别技术特征，合议组认为：①本申请的说明书中仅描述了用于原子能电站的主冷却液泵必须能够经受住高温并且必须确保没有任何松动的零件进入原子能电站主回路中，并未进一步说明用于原子能电站的主冷却液泵与一般的泵的任何其他实质性区别，因此复审请求人的主张为能经受高温且确保无松动零件的可用于冷却液的泵即可用作原子能电站的主冷却液泵。而对比文件1中的泵的叶轮和轴一体形成，一体形成显然不会有任何松动的零件，因此本领域技术人员很容易想到原子能电站的主冷却液泵的泵轴可以采用一体形成的形式。同时，在机械领域中，一体形成通常使用锻造和铸造等方法，众所周知，锻造成形的特点在于耐高温、强度高和无应力等。由于原子能电站的主冷却液泵需要在极高的安全操作情况下运转，而通过改变加工手段来提高其机械性能是机械领域技术人员容易想到的，因此用锻造方法一体形成原子能电站的主冷却液泵的叶轮和轴不需要本领域技术人员付出创造性的劳动。②锻造形成是机械领域的一体形成的常规技术手段，“叶轮和轴由一个单个锻造毛坯制成”或“锻造毛坯的圆柱形部分具有一个用于制成轴部分的较小直径”是本领域技术人员的常规技术选择，这样选择可使成形件的各种性能更好，加工余量少则可提高工作效率和节省材料，这些技术特征的增加不需要本领域技术人员付出创造性的劳动。

因此，在对比文件1的基础上结合本领域公知常识得到权利要求1所要求保护的技术方案是本领域技术人员容易作出的，该权利要求所要求保护的技术方案没有突出的实质性特点和显著的进步，不具备创造性。

复审请求人在答复复审通知书时认为：普通的冷却液泵不能用作原子能电站的主冷却液泵，切削加工泵轴的方法是通常的冷却液泵所采用的，锻造技术在本申请之前一直未用于泵；对比文件1的泵不适用于原子能电站的主冷却液泵。

对于上述观点，合议组认为：

①虽然普通的冷却液泵不能用作原子能电站的主冷却液泵，但本申请权利要求1中要求保护的是

用于原子能电站的主冷却液泵的带有叶轮的泵轴，而不是主冷却液泵，则泵轴能够适用于原子能电站的主冷却液泵即可。②即使锻造技术从未用于泵轴，但是正像复审请求人所说的，普通的泵在满足使用的情况下使用分离的轴和叶轮螺纹连接或焊接更为省事和便宜，而在要求高的运转情况下，相应地改变所能采用的常规的加工技术手段来提高其机械性能是本领域技术人员的必然选择，为了满足使用情况的需要改用锻造的方法一体形成泵轴是本领域技术人员容易想到的，不需要现有技术的具体启示。③对比文件 1 只需要启示本领域技术人员原子能电站的主冷却液泵的泵轴可以一体形成，并不意味着要使用对比文件 1 的泵作为原子能电站的主冷却液泵。本申请的权利要求 1 中也只是要求保护用于原子能电站的主冷却液泵的泵轴，因此，对比文件 1 只需要能够启示本领域技术人员得到适用于原子能电站的主冷却液泵的泵轴即可。

故合议组对复审请求人的上述观点不予支持。

2. 关于从属权利要求的创造性

从属权利要求 2 和从属权利要求 3 的附加部分的技术特征虽然在对比文件 1 和对比文件 2 中均未公开，但用超声波检查部件使用情况是本领域的常规技术手段，当用超声波进行非破坏性试验时根据被检测轴件的实际尺寸与形状以及要检查的部位决定是否设置中心孔导引试验头和设计该孔的长度是本领域技术人员容易做到的，因此在权利要求 1 不具备创造性的前提下，从属权利要求 2 和从属权利要求 3 也不具备创造性。

复审请求人在答复复审通知书时认为：在泵轴上设置中心孔的位置与现有技术不同。

对此，合议组认为，设置中心孔是为了在叶轮部分的轴部分和叶轮部分上的叶轮叶片的肩部之间的过渡部分进行超声波非破坏性试验时导引试验头，本领域技术人员在对其进行设计时必然要考虑便于检测（不需要拆卸）和对泵轴构件本身强度影响的问题，上述权利要求 2 和权利要求 3 限定部分中所述的技术手段是本领域技术人员不需要付出创造性的劳动即容易做到的，故合议组对复审请求人的上述观点不予支持。

**三、决定**

驳回本复审请求，维持国家知识产权局专利局实质审查部门于 2004 年 10 月 15 日作出的驳回本申请的决定。

复审请求人如不服，可根据专利法第四十一条第二款规定，在收到本决定之日起三个月内向北京市第一中级人民法院起诉。

# 可再生猫砂及其制备方法和用途案

## 复审请求审查决定（第7674号）

**决　定　号**　第7674号
**决　定　日**　2005年12月21日
**发明创造名称**　可再生猫砂及其制备方法和用途
**国际分类号**　A01K 1/015
**复审请求人**　李永兆
**申　请　号**　02105778.8
**申　请　日**　2002年4月17日
**公　开　日**　2003年10月29日
**合议组组长**　白剑锋
**主　审　员**　祁铁军
**参　审　员**　魏　屹

**法律依据**　专利法第二十二条第三款
**决定要点**

判断发明的一项权利要求不具备创造性的前提是，权利要求所限定的技术方案与现有技术相比不具有突出的实质性特点和显著的进步。具体讲，应当用证据说明权利要求中未被对比文件包括的区别特征是技术人员无须付出创造性劳动即可导出或者用证据说明该区别特征的引入并未给权利要求中的技术方案带来优于现有技术的技术效果，否则不能说明其无创造性。

### 一、案由

本复审请求案涉及申请人为李永兆、申请日为2002年4月17日、公开日为2003年10月29日、名称为“可再生猫砂及其制备方法和用途”、申请号为02105778.8的发明专利申请。

经实质审查后，国家知识产权局专利局实质审查部门于2004年9月10日驳回了上述专利申请，驳回的理由为本专利申请不符合专利法第二十二条第三款所规定的创造性。所依据的对比文件是：

对比文件1：公开号为EP0066116A的欧洲专利申请说明书，公开日期为1982年12月8日；

对比文件2：公开号为特开平6－46704A的日本专利申请说明书，公开日期为1994年2月22日。

驳回决定所依据的文本是申请日（2002年4月17日）提交的原始文本，其中包括3个独立权利要求和7个从属权利要求，独立权利要求如下：

“1. 一种猫砂，它包括由具有纳米级微孔结构的粒状硅胶结合而成的胶块，并含有孔径大于100nm的微米级大孔结构。”

“7. 如权利要求1～6中任一项中所述的猫砂的制备方法，包括如下步骤：

（a）将具有纳米级孔结构的粒状硅胶与粘结剂相互混合；

（b）干燥（a）中所得的混合物；

（c）将（b）中所得的混合物粉碎造粒得到胶块。”

“10. 如权利要求1～6中任一项所述的猫砂在宠物粪便处理中的应用。”

原实质审查部门在驳回决定中认为：本申请独立权利要求1所要求保护的技术方案与对比文件1所公开的技术内容相比不具有突出的实质性特点和显著的进步，不具备创造性；本申请独立权利要求7和独立权利要求10所要求保护的技术方案与对比文件2所公开的技术内容相比不具有突出的实质性特点和显著的进步，不具备创造性。

申请人（下称复审请求人）对驳回决定不服，于2004年12月6日向专利复审委员会提出了复审请求并对独立权利要求1作出了修改。修改后的权利要求1如下：

“1. 一种猫砂，它包括由具有纳米级微孔结构的粒状硅胶结合而成的胶块，并含有孔径不小于500nm的微米级大孔结构。”

专利复审委员会于2005年1月4日发出复审请求受理通知书并依法成立了合议组对本案进行审查。

经审查，专利复审委员会本案合议组于2005年5月17日向复审请求人发出了复审通知书并指出：复审请求人对权利要求1所作的修改，超出了原始申请文件所公开的内容，不符合专利法第三十三条的规定。

复审请求人针对本案合议组于2005年5月17日发出的复审通知书于2005年5月23日向合议组提交了意见陈述书并明确表示放弃对权利要求1所作的修改，请求合议组在申请日提交的原始权利要求书的基础上对本案进行审查。

在此基础上，合议组认为本案事实已经清楚，可以依法作出复审决定。

**二、决定的理由**

本复审决定所依据的文本为申请日提交的原始申请文本。

专利法第二十二条第三款规定：创造性，是指同申请日以前已有的技术相比，该发明具有突出的实质性特点和显著的进步。

判断发明的一项权利要求不具备创造性的前提是，权利要求所限定的技术方案与现有技术相比不具有突出的实质性特点和显著的进步。具体讲，应当用证据说明权利要求中未被对比文件包括的区别技术特征是技术人员无须付出创造性劳动即可导出或者用证据说明该区别特征的引入并未给权利要求中的技术方案带来优于现有技术的技术效果，否则不能说明其无创造性。

在本案中，作为专利文献的对比文件1（公开号为EP0066116A的欧洲专利申请说明书，公开日期为1982年12月8日）和对比文件2（公开号为特开平6－46704A的日本专利申请说明书，公开日期为1994年2月22日）均为在本案的专利申请日以前公开的出版物，因此根据专利法第二十二条第三款及审查指南的有关规定，对比文件1和对比文件2均可以作为评价本专利申请之创造性的已有技术。

对比文件1公开了一种动物粪便的铺垫材料，这种铺垫材料由孔径小于500nm的多孔材料例如硅酸钙制成。

对比文件2公开了一种动物粪便处理剂，该处理剂由颗粒直径为0.2～2.0mm（即200～2000μm）的硅石颗粒、颗粒直径≤200μm的沸石粉末和颗粒直径≤200μm的粘土粉末构成，而且沸石粉末和粘土粉末附着在被用作芯体的硅石颗粒13的表面上，附着有沸石粉末与粘土粉末的硅石颗粒被加工成直径为1～8mm的球形。这种动物粪便处理剂的制造方法包括下述步骤：将多孔的硅酸颗粒、粉末状沸石和粉末状粘土进送到一个滚动的制粒机中；将硅酸颗粒用作芯体并将粉末状沸石和粘土附着在该芯体的表面上；然后将该混合物在烘干机中烘干，最终形成直径为1～8mm的球形颗粒。

原实质审查部门在驳回决定中认为，本申请独立权利要求1所要求保护的技术方案与对比文件1所公开的技术内容相比，其区别仅在于“该权利要求所选用的材料是具有纳米级微孔结构的粒状硅胶”，但该区别技术特征是所属技术领域中的常用技术手段，在该对比文件1的基础上接合上述公知常识得到该权利要求1所要求保护的技术方案，对所述技术领域的技术人员而言是显而易见的，没有产生预料不到的效果。

合议组认为，尽管由本申请独立权利要求1限定的技术方案与该对比文件1所公开的内容相比，其区别主要在于：在权利要求1限定的技术方案中，其所采用的材料是具有纳米级微孔结构的粒状硅胶，但该区别技术特征并未在对比文件1中公开，也不能从对比文件1中直接、惟一地推导出来，而且由于采用这种具有纳米级微孔结构的粒状硅胶制成的猫砂又在结构上不同于对比文件1所公开的动物粪便铺垫材料。因此，权利要求1限定的包括有该区别技术特征的技术方案与对比文件1所公开的技术方案是两种分别基于不同技术构思的不同的技术方案。此外，对比文件1中并没有给出采用这种具有纳米级微孔结构的粒状硅胶来制造猫砂可以使猫砂的吸附量高、不易炸裂和可以反复再生的技术启示，同时也没有证据表明该区别技术特征属于本领域技术人员的公知常识。由此，对于本领域技术人员而言，该权利要求1所述的技术方案相对对比文件1所公开的技术内容并非是显而易见的。

因此，仅依据对比文件1所公开的技术内容尚不足以证明或表明独立权利要求1不具备创造性。

权利要求2～6作为独立权利要求1或独立权利要求2的从属权利要求，其分别对独立权利要求1和独立权利要求2的技术方案作出了进一步的限定，在独立权利要求1具备创造性的情况下，从属权利要求2～6也具备创造性。

原实质审查部门在驳回决定中认为，本申请独立权利要求7所要求保护的技术方案与对比文件2所公开的技术内容相比，其区别仅在于该权利要求限定的技术方案采用了“将纳米级孔结构的粒状硅胶与粘结剂相互混合”这一步骤，但该区别技术特征没有给该权利要求带来任何突出的实质性特点和显著的进步，不具备创造性。

合议组认为，尽管由本申请独立权利要求7限定的技术方案与该对比文件2所公开的内容相比，其区别主要在于：在权利要求7限定的技术方案中，采用了“将纳米级孔结构的粒状硅胶与粘结剂相互混合”这一步骤，但该区别技术特征并未在对比文件2中公开，也不能从对比文件2中直接、惟一地推导出来，而且原实质审查部门没有提供相应的证据来证明或表明该区别技术特征是本领域技术人员的公知常识。此外，采用包括有该步骤的方法所制成的猫砂具有吸附量高、不易炸裂和能够再生使用的技术效果。由此，对于本领域技术人员而言，该权利要求7所限定的技术方案相对对比文件2所公开的技术内容并非是显而易见的。

权利要求8～9作为独立权利要求7或独立权利要求8的从属权利要求，其分别对独立权利要求7和独立权利要求8的技术方案作出了进一步的限定，在独立权利要求7具备创造性的情况下，从属权利要求8～9也具备创造性。

因此，仅依据对比文件2所公开的技术内容尚不足以证明或表明权利要求7～9不具备创造性。

独立权利要求10涉及如权利要求1～6之一所限定的猫砂在宠物粪便处理中的应用，在权利要求1～6具备创造性的前提下，该权利要求也具备创造性。

**三、决定**

撤销国家知识产权局专利局原实质审查部门于2004年9月10日对02105778.8号发明专利申请所作出的驳回决定，由原实质审查部门在原始申请文本的基础上继续进行审查程序。

# 无效宣告请求审查决定

# 后视镜与影像组合的结构案

## 无效宣告请求审查决定（第6614号）

**决　定　号**　第6614号
**决　定　日**　2004年12月1日
**发明创造名称**　后视镜与影像组合的结构
**国际分类号**　B60R 1/02　B60Q 1/22
**无效请求人**　美华迈迪亚科技（深圳）有限公司
**专利权人**　旺达国际有限公司
**专　利　号**　00246374.1
**申　请　日**　2000年8月11日
**授权公告日**　2001年6月20日
**合议组组长**　于　萍
**主　审　员**　徐媛媛
**参　审　员**　黄玉平

**法律依据**　专利法第二十二条第三款
**决定要点**

本专利权利要求1所要求保护的技术方案相对于请求人提供的证据1及证据2具有区别之处，该区别之处能够带来一定的技术效果，同时证据1及证据2又未就区别之处给出任何技术启示或教导，故本专利权利要求1相对于请求人提供的证据1及证据2具备创造性。

**一、案由**

本无效宣告请求案涉及国家知识产权局专利局2001年6月20日授权公告的、名称为“后视镜与影像组合的结构”的实用新型专利，其专利号为00246374.1，申请日为2000年8月11日，专利权人是旺达国际有限公司。授权公告的权利要求书如下：

“1. 一种后视镜与影像组合的结构，包括后视镜镜面、挡板、液晶荧幕、电路板、排线、信号线、电源线、后视镜本体，L形夹板及弹簧，其特征是：后视镜本体左侧及右侧设有可分别置入液晶荧幕及电路板的凹槽，电路板由排线进行传输，且后视镜本体上设有挡板，并与后视镜面结合，后视镜本体下方，设有接收信号使用的信号线及电源线。

2. 如权利要求1所述的后视镜与影像组合的结构，其特征是：后视镜本体中央处设有凹槽，而凹槽内设有方孔，并由方孔向后视镜本体上方左侧及右侧分别延设有小方孔，由后视镜本体上方中央处向下设有凸形板并连接于后视镜本体下方的底板，使与凹槽两侧分别形成滑动滑槽，另配合凸形板的厚度，在凹槽的两侧分别设有凸块，又在后视镜本体左、右的活动槽的上方处，分别设有圈片，且配合该活动滑槽的相对位置，在后视镜本体上方左、右分别凸设有固定夹板。

3. 如权利要求1所述的后视镜与影像组合的结构，其特征是：后视镜面镀有一层铬或一层水银。

4. 如权利要求1所述的后视镜与影像组合的结构，其特征是：挡板一侧设有方槽孔，其大小及位置与所置入的液晶荧幕大小及位置相对应。”

针对上述专利权，美华迈迪亚科技（深圳）有限公司（下称请求人）于2004年3月5日向专利复审委员会提出了无效宣告请求，其理由是本实用新型专利不符合专利法第二十二条第二款、第三款有关新颖性和创造性的规定。与此同时，请求提供了如下证据：

证据1：专利号为96215974.3的中国实用新型专利说明书复印件，授权公告日为1998年3月11日；

证据2：专利号为94227685.X的中国实用新型专利说明书复印件，授权公告日为1994年11月30日。

请求人认为：本领域的普通技术人员在证据1及证据2的基础上结合所属领域的常规技术手段即可得到本专利权利要求1所要求保护的技术方案，故本专利的权利要求1相对于证据1及2不具备创造性。从属权利要求2~4限定部分的技术特征或为证据2所披露，或是所属领域的常识技术，同时未带来意想不到的技术效果，故在权利要求1不具备创造性的前提下，权利要求2~4同样不具备创造性。

专利复审委员会经形式审查合格后，于2004年3月23日发出了无效宣告请求受理通知书，同时将宣告专利权无效请求书以及有关文件副本转给专利权人（下称被请求人），要求被请求人在指定期限进行意见陈述。同时成立合议组对本案进行审理。

专利复审委员会本案合议组于2004年9月23日向被请求人以及请求人发出了无效宣告请求口头审理通知书，定于2004年11月24日举行口头审理。

针对无效宣告请求受理通知书，被请求人于2004年10月8日进行了意见陈述。被请求人认为：证据1及证据2未公开本专利之权利要求1中诸如“挡板”、“电路板”、“排线”等技术特征及其连接关系，同时也未给出任何技术启示，而这些未披露的技术特征又具有一定的技术效果，故本专利的权利要求1相对于证据1或证据2具备新颖性和创造性。本专利权利要求2中利用凹槽和凸形板形成活动滑槽，结构简单，并且能够进一步加强底板的强度，降低壁厚，进而减少重量和体积，而证据1及证据2均未披露同样的结构或功能效果启示，故无法破坏权利要求2的创造性。权利要求4的结构同样在证据1及证据2中未披露，而其又具有最大限度地减少由于设置液晶荧幕可能造成的对后视镜镜面的影像的影响，故同样具有创造性。请求人于2004年11月23日面取了被请求人的意见陈述。

口头审理如期举行，被请求人以及请求人对合议组成员无回避请求，并对对方出庭人员身份和资格无异议。请求人放弃了本专利不符合专利法第二十二条第二款有关新颖性的无效宣告请求的理由，认为证据1是与本专利最接近的对比文件。被请求人对证据1及证据2的真实性无异议，认为本专利中的“挡板”除了阻挡视线看见后端混乱的结构，同时可以避免镜子背后的阻挡层降低液晶屏的显示效果，此外也可避免证据1局部反射局部透视而影响整体的反射效果；本专利中的“L形夹板”不仅能使得被夹物不产生垂直移动，而且还能防止其产生水平移动，夹持更牢固，在震动的汽车上使用效果更突出。另外，请求人明确表示对2004年11月23日面取的被请求人的意见陈述不再进行书面意见陈述。

在上述工作的基础上，合议组认为本案事实已经清楚，可以依法作出审查决定。

**二、决定的理由**

证据1及证据2是专利文献，属公开出版物，被请求人对该证据的真实性无异议，同时上述证据的授权公告日均早于本专利的申请日，故证据1及证据2构成本专利的现有技术，可以用于评价本专利的创造性。

专利法第二十二条规定：创造性，是指同申请日以前已有的技术相比，该实用新型具有实质性特点和进步。

证据1涉及一种透视反射镜，并具体披露了以下内容（具体参见说明书第2页第9行至第4页第2行以及附图4）：一装设有镜片的壳体，在半透明镜片的内侧装设具有显示内容的光显示器件，光显示器件的亮、暗由外接开关控制，该光显示器是具有发光和显示作用的电子显示器。通过控制镜内发光与否，就可以改变后视镜的功能，即镜内无光时，是普通的后视镜；镜内有光时，就可以看到镜内的信息。

证据2涉及一种内辅助后视镜的固定装置，并具体披露了以下内容（具体参见说明书第3页第12～第24行以及附图5、6）：所述固定装置包括固定夹臂及活动夹臂，弹簧扣接于活动夹臂之挂钩以及固定板本体之连接柱之间。

将本专利之权利要求1与证据1及证据2所披露的内容相比，其至少存在以下区别之处：在本专利中，后视镜本体上设有挡板，挡板与后视镜镜面相结合，而在证据1中，对应于本专利之后视镜镜面的半透明镜片的后方未设置挡板，证据2则根本未涉及后视镜与之相关的结构。针对上述区别之处，被请求人认为，本专利中的“挡板”除了阻挡视线，使后端混乱的结构不能看见；同时可以避免镜子背后的阻挡层，以防降低液晶屏的显示效果；此外，也可避免证据1局部反射、局部透视而影响整体的反射效果及加工的复杂。请求人认为，证据1在镜子主体上镀有的膜能够起到和“挡板”相同的作用。对此，合议组认为，按照光学常识，如果一镜面既具有反射功能，又具有透视功能，则其必然是一半反半透的镜面。对于半反半透的镜面而言，随着光线强弱的变化，势必会导致观察者看见镜面背后的结构，进而当该镜面用做普通反光镜时会影响使用效果。本专利中采用的挡板克服了这一问题，其能够阻隔内部的电路而避免内部结构曝露于外，在不影响液晶荧幕之透视效果的同时，最大限度地改善了镜面作为反射镜时的视觉效果，因此具有一定的有益效果。证据1中镜子主体上镀有的膜只是起到使镜子既可反光又可透光的作用，其明显与本专利中挡板的作用不等同。鉴于本专利之权利要求1所要求保护的技术方案与证据1及证据2存在区别之处，而区别之处又具有一定的有益效果，同时证据1及证据2又未就此给出任何技术启示或教导，故本专利之权利要求1相对于证据1及证据2具备创造性。

权利要求2～4从属于权利要求1，在权利要求1具备创造性的前提下，权利要求2～4同样具备创造性。

**三、决定**

维持00246374.1号实用新型专利权有效。

一方当事人对本决定不服的，可以根据专利法第四十六条第二款的规定，在收到本决定之日起三个月内向北京市第一中级人民法院起诉。根据该款的规定，一方当事人起诉后，另一方当事人可以作为第三人参加诉讼。

# 结构改良的防盗螺栓案

## 无效宣告请求审查决定（第6662号）

**决 定 号** 第6662号
**决 定 日** 2004年12月7日
**发明创造名称** 结构改良的防盗螺栓
**国际分类号** F16B 41/00
**无效请求人** 张式沂
**专利权人** 耀宏工业股份有限公司
**专 利 号** 02243099.7
**申 请 日** 2002年8月1日
**授权公告日** 2003年8月6日
**合议组组长** 魏 屹
**主 审 员** 徐媛媛
**参 审 员** 崔 峥

**法律依据** 专利法第二十二条第二款、第三款
**决定要点**

虽然本专利权利要求1所要求保护的技术方案相对于请求人提供的证据1具有区别之处，而该区别之处属上位概念和下位概念的关系，故本专利权利要求1相对于请求人提供的证据1不具备新颖性。

在请求人认为某一技术特征是公知常识但未就此举证时，如果合议组结合所属领域的常识技术不能必然地导出该特征是公知常识，则对请求人的这一主张不予支持。

### 一、案由

本无效宣告请求案涉及国家知识产权局专利局2003年8月6日授权公告的、名称为“结构改良的防盗螺栓”的实用新型专利，其专利号为02243099.7，申请日为2002年8月1日，专利权人是耀宏工业股份有限公司（下称被请求人）。

授权公告的权利要求书如下：

“1. 一种结构改良的防盗螺栓，其主要是由螺栓、垫片、螺帽所组成，其中螺栓具有螺栓头及螺栓轴，其特征在于：

该螺栓的螺栓头呈六边形，其每一侧边的内缘设有等角度排列、具一边高一边低呈斜锥面的楔形斜面，且各楔形斜面连续相接，使前一缺口的斜锥面最浅处恰好为下一缺口的斜锥面最深处，而各楔形斜面衔接处形成具高低落差的挡面；

该垫片呈扁圆型，其直径约等同于螺栓头的最大直径，中央设有穿孔，孔径略大于螺栓轴轴径；于垫片的其中一面形成有与螺栓头各楔形斜面相对应契合的连续斜面，使前一斜面的最薄处恰好为下一斜面的最厚处，于各衔接处形成具高低落差的承面，另外，该垫片另一面设有数条等分设置的尖嵌条，该尖嵌条具一立面及一斜面，斜面的锥斜方向与垫片的连续斜面的锥斜方向相同；

螺帽呈六边形，其每一侧边的内缘具有与垫片的连续斜面相对造型的楔形斜面，各楔形斜面衔接处同样形成具高低落差的挡面。

2. 如权利要求 1 所述的一种结构改良的防盗螺栓，其特征在于：该垫片的外缘及相对的连续斜面间，设有数个相对应的缺口。

3. 如权利要求 1 所述的一种结构改良的防盗螺栓，其特征在于：该垫片的外形可做成与螺栓头或螺帽外形相同的六角形。

4. 如权利要求 1 所述的一种结构改良的防盗螺栓，其特征在于：该垫片底端的尖嵌条亦可以等分的方式设置。

5. 如权利要求 1 所述的一种结构改良的防盗螺栓，其特征在于：该垫片底端的尖嵌条可为双斜面。

6. 如权利要求 1 所述的一种结构改良的防盗螺栓，其特征在于：该垫片可令穿孔的内缘部分向上提升，而高于垫片外缘一适当高度，使连续斜面及尖嵌条向中心呈拱起状。”

针对上述专利权，张式沂（下称请求人）于 2004 年 3 月 10 日向专利复审委员会提出了无效宣告请求，其理由是本实用新型专利不符合专利法第二十二条第二款、第三款有关新颖性和创造性的规定以及专利法实施细则第二条的相关规定。与此同时，请求人提供了如下证据：

证据 1：专利号为 00222433. X 的中国实用新型专利说明书复印件，授权公告日为 2001 年 3 月 14 日。

请求人认为，本专利与证据 1 的发明主题和发明目的相同，同时，本专利权利要求中所体现的对螺栓、螺母以及垫圈的改进之处均在证据 1 中有所披露，故本专利权利要求所要求保护的技术方案相对于证据 1 不具备新颖性和创造性。

专利复审委员会经形式审查合格后，于 2004 年 3 月 23 日发出了无效宣告请求受理通知书，同时将宣告专利权无效请求书以及有关文件副本转给专利权人（下称被请求人），要求被请求人在指定期限进行意见陈述，并成立合议组对本案进行审理。

对此，被请求人在指定期限未进行任何意见陈述。

专利复审委员会本案合议组于 2004 年 9 月 23 日向被请求人以及请求人发出了无效宣告请求口头审理通知书，定于 2004 年 12 月 2 日举行口头审理。

口头审理如期举行，被请求人未参加口头审理。在口头审理过程中，请求人放弃了本专利不符合专利法实施细则第二条的无效宣告请求的理由，同时结合证据 1 就其认为本专利不符合专利法第二十二条第二款、第三款的规定进行了相应的意见陈述。

在上述工作的基础上，合议组认为本案事实已经清楚，可以依法作出审查决定。

**二、决定的理由**

证据 1 是专利文献，属于公开出版物，同时该证据的授权公告日早于本专利的申请日，故证据 1 可以用于评价本专利的新颖性和创造性。

专利法第二十二条规定：新颖性，是指在申请日以前没有同样的发明或实用新型在国内外出版物上公开发表过、在国内公开使用过或者以其他方式为公众所知，也没有同样的发明或实用新型由他人向国务院专利行政部门提出过申请并且记载在申请日以后公布的专利申请文件中。

专利法第二十二条规定：创造性，是指同申请日以前已有的技术相比，该实用新型具有实质性特点和进步。

证据1涉及一种防松螺栓螺母及垫圈，并具体披露了以下内容（具体参见说明书第1页倒数第1行至说明书第3页第26行，附图1～5）：一种防松螺栓，由螺栓、垫圈（对应于本专利的垫片）、螺母（对应于本专利的螺帽）所组成。其中螺栓具有螺栓头及螺栓轴，其中螺栓的螺栓头为六边形，其每一侧的内缘设有等角度排列的、一边高一边低呈斜锥面的楔形斜面，且每个楔形斜面连续相接，前一缺口的斜锥面的最浅处为下一缺口的斜锥面的最深处，各楔形斜面衔接处形成具有高低落差的挡面。所述垫圈呈扁圆形，其直径约等同于螺栓头的最大直径，中央设有穿孔，其中与螺栓头接触的一面具有和螺栓头各楔形斜面相扣啮合的楔形斜齿（对应于本专利中的连续斜面），前一斜齿的最薄处为下一斜齿的最厚处，各衔接处形成具有高低落差的面，该垫圈之另一面具有6个呈60度放射状的斜尖条（对应于本专利中的尖嵌条），所述斜尖条具有一立面以及一斜面，斜面的锥斜方向与垫圈之楔形斜齿的锥斜方向相同。所述螺母呈六边形，其每一侧边的内缘具有与垫圈的楔形斜面相对应的楔形斜齿（对应于本专利中的楔形斜面），各楔形斜齿衔接处形成高低落差的挡面。

将本专利的权利要求1与证据1相比，两者仅存在以下区别之处：在本专利中，垫片上设置数个尖嵌条，而在证据1中，垫片上设置6个斜尖条。对此，合议组认为，“数个”与“6个”属上位概念和下位概念的关系，根据审查指南第二部分第三章第3.2.2节的规定可知，下位概念的公开使采用上位概念限定的发明或实用新型专利申请丧失新颖性。此外需指出的是，虽然证据1中未明确披露“垫片的孔径略大于螺栓轴轴径”这一技术特征，但是该特征是垫片得以装配于螺栓上所必须具备的结构。另外，通过阅读本专利的说明书可知，该特征对实现本专利的发明目的不起任何实质性的作用。再者，虽然本专利的发明目的是提供一种防盗螺栓，而证据1的发明目的是防止螺栓螺母紧固结构松脱，两者由字面上看目的有所不同，但是通过阅读本专利的说明书可知，本专利之“防盗”这一发明目的同样也是基于现有的螺栓螺母紧固结构存在的易松脱，无法长久保持稳定结合的状态而提出的，故本专利和证据1的发明目的实质上相同。鉴于本专利和证据1所属技术领域、所要解决的技术问题和技术方案实质上相同，因此本专利的权利要求1相对于证据1不具备新颖性。

权利要求2从属于权利要求1，其限定部分的技术特征是“该垫片的外缘及相对的连续斜面间，设有数个相对应的缺口”。上述特征在证据1中未被披露，证据1就特征也未给出任何技术启示或教导。另外，由本专利的说明书中可知，在需要拆卸螺栓时，所述缺口可用于放置特殊套筒，即拆卸工具，即该特征能够带来一定的技术效果。故权利要求2相对于证据1具备新颖性和创造性。请求人认为该限定部分的技术特征是本领域的常识技术。合议组认为，首先，请求人未就该特征是公知常识予以举证。另外，上述技术特征是基于一种特殊的螺栓螺母结构的拆卸而设置的，本领域的普通技术人员不能必然地推出其属于公知常识之列。故合议组对请求人的这一主张不予支持。

权利要求3从属于权利要求1，其限定部分的技术特征是“该垫片的外形可做成与螺栓头或螺帽外形相同的六角形”。虽然证据1中未披露该特征，但是垫片的外形是所属领域的技术人员根据不同的需求可具体选择的，属常规设计范畴。此外，由本专利的说明书也无法看出该特征能够带来意想不到的技术效果。故在权利要求1不具备新颖性的前提下，权利要求3不具备创造性。

权利要求4从属于权利要求1，其限定部分的技术特征是“该垫片底端的尖嵌条亦可以等分的方式设置”。该特征已被证据1所披露（具体参见证据1说明书第2页第11～12行以及附图3）。此外由本专利的说明书也无法看出该特征能够带来其他意想不到的技术效果。故在权利要求1不具备新颖性的前提下，权利要求4同样不具备新颖性。

权利要求5从属于权利要求1，其限定部分的技术特征是“该垫片底端的尖嵌条可为双斜面”。虽然证据1中未披露该特征，而只是指出斜尖条具有一立面以及一斜面。但是合议组认为，尖嵌条上的两个面只是起到使所述垫片在压力的作用下能够嵌入所述工件并进而防止螺栓松动的作用，故本领域的普通技术人员在证据1的基础上完全可以想到尖斜条采用双斜面这一技术方案。因为双斜面与一立面、一斜面相比，其并不影响尖嵌条嵌入工件，差异仅在于防松动的效果有所不同，而这种不同通过最基本的力学分析即可得出。故在权利要求1不具备新颖性的前提下，权利要求5不具备创造性。

权利要求6从属于权利要求1，其限定部分的技术特征是“该垫片可令穿孔的内缘部分向上提升，而高于垫片外缘一适当高度，使连续斜面及尖嵌条向中心呈拱起状”。证据1未披露该特征，也未就该特征给出任何技术启示或教导。此外，由本专利的说明书第4页第19~23行又可看出，该特征具有一定的有益效果。故权利要求6相对于证据1具备新颖性和创造性。

**三、决定**

宣告02243099.7号实用新型专利的权利要求1、3~5无效，在权利要求2及权利要求6的基础上维持专利权继续有效。

一方当事人对本决定不服的，可以根据专利法第四十六条第二款的规定，在收到本决定之日起三个月内向北京市第一中级人民法院起诉。根据该款的规定，一方当事人起诉后，另一方当事人可以作为第三人参加诉讼。

# 自动脱料装置案

## 无效宣告请求审查决定（第6666号）

**决　定　号**　第6666号
**决　定　日**　2004年12月8日
**发明创造名称**　自动脱料装置
**国际分类号**　B23Q 7/00
**无效请求人**　张家祥
**专利权人**　力嵩机械有限公司
**专　利　号**　02239105.3
**申　请　日**　2002年6月19日
**授权公告日**　2003年5月21日
**合议组组长**　黄玉平
**主　审　员**　耿　博
**参　审　员**　陈海平

**法律依据**　专利法第二十二条
**决定要点**

当一专利所要求保护的技术方案相对于现有技术的区别仅在于采用了一些本领域的常规技术手段或可相互替代的技术手段，并且采用该技术手段后并没有能够使所要保护的技术方案取得意想不到的技术效果时，应当认定该技术方案不具备创造性。

**一、案由**

本无效宣告请求案涉及的是专利号为02239105.3、名称为“自动脱料装置”的实用新型专利，该专利的申请日为2002年6月19日，授权公告日为2003年5月21日，专利权人为力嵩机械有限公司。该专利授权的权利要求书如下：

“1. 一种自动脱料装置，包括：一底座，该底座中央则设有进行下直线方向的往复移动的一致动装置；一框体，设置于该底座上，并在框体内设有一间板，该间板中央则开设有一开口；一升降板体，设置于该间板上方，该升降板体固定于该致动机构上，随着该致动机构的作用而作上下直线方向的升降动作；一定位梢板，固设于该升降板体上方，该定位梢板上设有与印刷电路板的固定孔相配合的复数定位梢；及一置放板，盖设于该框体上方，该置放板上设有与定位梢位置相配合的定位梢孔，使得该定位梢在该定位梢孔内上下移动。

2. 如权利要求1所述的自动脱料装置，其特征在于，该间板下方适当处设有相对称的复数线性轴承，该线性轴承内配合设有一导杆，且该导杆上端分别穿设于该间板上的导孔并定位于该升降板体下方。

3. 如权利要求1所述的自动脱料装置，其特征在于，致动装置由空压机构成。

4. 如权利要求 1 所述的自动脱料装置，其特征在于，该定位梢主要是呈 T 形态样，且分为一直径较大的固定端部及一直径较小的定位端部，该定位端部是配合印刷电路板上固定孔孔径的大小而设置，该固定端部固定于该定位梢板的穿孔上。

5. 如权利要求 4 所述的自动脱料装置，其中该固定端部的直径大小是以固定尺寸所设置。”

张家祥（下称请求人）针对上述专利权（下称本专利）于 2003 年 9 月 19 日向专利复审委员会提出了无效宣告请求，其理由是本专利不符合专利法第二十二条有关新颖性、创造性的规定。请求人同时提交了如下附件：

附件 1：本专利的授权公告文本；

附件 2：申请号为 090202226 的中国台湾专利公报，公告日为 2002 年 3 月 21 日；

附件 3：申请号为 090202226 的中国台湾专利公告文本，公告日为 2002 年 3 月 21 日。

请求人认为通过附件 2、附件 3 可以证明在本专利的申请日之前已有与之相同的技术方案被公开，因此本专利不具备新颖性和创造性。

经形式审查合格后，专利复审委员会受理了上述无效宣告请求，并将无效宣告请求书及附件副本转给了专利权人（下称被请求人），同时依法成立合议组对此案进行审查。

被请求人在指定的期限内没有答复。

2004 年 9 月 15 日合议组向双方当事人发出口头审理通知书，定于 2004 年 11 月 10 日在专利复审委员会进行口头审理。

口头审理在 2004 年 11 月 10 日如期举行，请求人出席了此次口头审理，被请求人缺席了本次口头审理。请求人结合其提交的附件 2、附件 3 向合议组详细阐述了本专利不具备新颖性和创造性的理由。

至此，合议组认为本案的事实已经清楚，可以作出审查决定。

**二、决定的理由**

1. 相关法律规定

专利法第二十二条第三款规定：创造性，是指同申请日以前已有的技术相比，该发明有突出的实质性特点和显著的进步，该实用新型有实质性特点和进步。

2. 证据的认定

请求人提交的附件 2 经合议组核实，可以确认其真实性；并且附件 2 的公告日期在本专利的申请日之前，所以附件 2 可以作为评价本专利是否具备创造性的现有技术。

3. 本专利是否具备创造性

本专利和附件 2 的技术领域相同，所要解决的技术问题即发明目的也相同，都是“利用活塞杆的升降动作使定位梢穿过定位梢孔，供定位印刷电路板，或使定位梢脱离印刷电路板，供卸取印刷电路板”。

合议组认为，附件 2 公开了本专利权利要求 1 的如下技术特征：升降缸 20（相当于本专利的致动装置）固定于底座上，该升降缸能进行下直线方向的往复移动；固定板 211（相当于本专利的升降板）固定于汽缸 20 上方，并随着该汽缸的作用而作上下直线方向的升降动作；模板 22（相当于本专利的定位梢板）固定在固定板 211 上，该模板上设有与印刷电路板的固定孔相配合的复数定位梢。承料板 10（相当于本专利的置放板）设置在模板 22 的上方，该承料板上设有与定位梢位置相配合的定位梢孔，使得该定位梢在该定位梢孔内上下移动（参见附件 2 的权利要求书及其附图）。由此可见，附件 2 没有公开本专利的技术特征为“一框体设置在底座上，一间板设置在框体内，中央设有一开口”。合议组认为，框体是一个支撑置放板的固定件，虽然在附件 2 中没有明确地公开，但是在此采用该构件用来支撑置放板属于本领域技术人员所采用的常规技术手段。而在框体上设置“一中央开口的间板”的目的，是通过在轴承上设有的导杆穿过间板上的导孔，以便在导杆上下移动时该导孔能够对导杆起到定位导移的作用，避免升降板受到致动装置带动时产生的偏斜。合议组认为，为了避免一往复直线运动的物体产生偏斜而将其通过定位孔加以定位导移，这属于本领域技术人员为解决这一问题所采用的常规技术手段。这两个技术手段是本领域的技术人员无须花费创造性劳动即可实现的，所以本领域的技术人员能够通过附件 2 公开的内容得到实现本专利权利要求 1 所要求保护的技术方案启示，并且采用该技术方案同现有技术相比并未取得意想不到的技术效果，即权利要求 1 的技术方案不具有实质性特点和进步，不具备创造性。

附件 2 的附图 3 公开了在固定板下面设置有对称的线性轴承（2 个）。合议组认为附件 2 的附图 3 所示的实施例中在此设置对称的线性轴承的目的同本专利一样，均是起到防止升降板在升降过程中出现偏斜情形。而在“线性轴承内配合设有一导杆，且该导杆上端分别穿设于该间板上的导孔并定位于该升降板体下方”这些技术特征均属于本领域技术人员为解决此类问题通常采用的技术手段，所以附件 2 已经给出了实现权利要求 2 所要求保护技术方案的技术启示。由于权利要求 2 是权利要求 1 的从属权利要求，在权利要求 1 不具备创造性的基础上，其从属权利要求 2 也不具备创造性。

在附件 2 中公开了致动装置是由汽缸构成，而权利要求 3 所采用的致动装置为空压机。合议组认为在此选用不同的致动装置这属于本领域技术人员的常规选择，本专利选用空压机作为致动装置相对于现有技术中选用汽缸并没有取得意想不到的技术效果，所以在权利要求 1 不具备创造性的基础上，其从属权利要求 3 也不具备创造性。

权利要求 4 的附加技术特征是“将定位梢设置成 T 形，直径较大的为固定端，固定于定位梢板的穿孔上，直径较小的是定位端，是配合印刷电路板上的固定孔孔径大小来设置”。这均属于本领域技术人员为解决该技术问题所采用的常规技术手段，在采用该技术手段没有取得意想不到的技术效果的情况下，该技术方案不具有实质性特点和进步。所以在权利要求 1 不具备创造性的基础上，其从属权利要求 4 也不具备创造性。

权利要求 5 的附加技术特征是“将 T 形定位梢的固定端部的直径大小是以固定尺寸所设置”。这属于本领域技术人员的公知常识，所以在权利要求 4 不具备创造性的基础上，其从属权利要求 5 也不具备创造性。

综上所述，本专利的权利要求 1 ~5 所要求保护的技术方案相对于现有技术均没有实质性特点和进步，不具备创造性。

**三、决定**

宣告 02239105.3 号实用新型专利权全部无效。

当事人对本决定不服的，可以根据专利法第四十六条第二款的规定，自收到本决定之日起三个月内向北京市第一中级人民法院起诉。根据该款的规定，一方当事人起诉后，另一方当事人应当作为第三人参加诉讼。

# 发泡塑覆保温金属管的制造方法案

## 无效宣告请求审查决定（第6700号）

**决 定 号** 第6700号
**决 定 日** 2004年12月13日
**发明创造名称** 发泡塑覆保温金属管的制造方法
**国际分类号** F16L 9/147　B29C 47/02
**无效请求人** 钜电（昆山）科技管线有限公司
**专利权人** 上海宝洋塑业有限公司
**专 利 号** 00115382. X
**申 请 日** 2000年4月13日
**授权公告日** 2002年12月4日
**合议组组长** 于　萍
**主 审 员** 徐媛媛
**参 审 员** 黄玉平

**法律依据** 专利法第二十二条第二款、第三款
**决定要点**

本专利之权利要求1所要求保护的技术方案相对于请求人提供的证据1具有区别之处，证据1未就区别之处给出任何技术启示或教导，同时本领域的普通技术人员结合所属领域的常识技术根据证据1披露的相关内容又无法必然地得到本专利相应的技术解决方案。此外，上述区别之处又具有一定的有益效果。故本专利之权利要求1相对于请求人提供的证据1具备新颖性和创造性。

**一、案由**

本无效宣告请求案涉及国家知识产权局专利局2002年12月4日授权公告的、名称为“发泡塑覆保温金属管的制造方法”的发明专利，其专利号为00115382. X，申请日为2000年4月13日，变更后的专利权人是上海宝洋塑业有限公司。

授权公告的权利要求书如下：

“1. 一种发泡塑覆保温金属管的制造方法，包括下列步骤：

1 >金属管（1）表面处理，清除泥、尘、油污；

2 >塑料泡体层原料配制，在挤塑机中混合、加热熔化、发泡；

3 >塑料保护层原料配制，在挤塑机中混合、加热熔化；

4 >金属管（1）预热；

5 >挤塑机将熔化的塑料泡体挤出并与金属管的表面挤压复合一塑料泡体层（2）；

6 >挤塑机将熔化的保护层塑料挤出，并与发泡体层塑料共挤复合成一层塑料保护层（3）；

7 >冷却定型；

其特征在于：上述工艺中的第4、第5、第6步是在一复合机头中一次完成的。

2. 根据权利要求1所述的发泡塑覆保温金属管的制造方法，其特征在于：所说的复合模具是由前锁母（01）、芯棒（02）、模具母体（03）、发泡机颈（04）、大口模（05）、后锁母（06）、芯层棒（07）、套体（08）、小口模（09）、护层机颈（013）和加热器（015）通过锁紧螺钉（011）和外调节螺钉（012）、内调节螺钉（014）连接组成，在模具母体（03）、发泡机颈（04）、芯层棒（07）和大口模（05）之间构成发泡体流道（S1），在套体（08）、护层机颈（013）和大口模（05）之间构成护层流道（S2）。

3. 根据权利要求1或权利要求2所述的发泡塑覆保温金属管的制造方法，其特征在于：所说的金属管（1）在加热器（015）的预热下，熔化并发泡的塑料泡体由挤塑机通过发泡机颈（04）挤压下导入发泡体流道（S1），在模口与金属管（1）的表面挤压复合，熔化的保护层塑料由挤塑机通过护层机颈（013）的挤压下经护层流道（S2）挤出，在模口与发泡层塑料共挤复合，一次成型具有金属管（1）、塑料泡体层（2）和塑料保护层（3）的发泡塑覆保温金属管。

4. 根据权利要求3所述的发泡塑覆保温金属管的制造方法，其特征在于：所述的塑料泡体层（2）的主体原料可以是聚氯乙烯、聚苯乙烯、聚乙烯、聚氨酯、聚丙烯或丙烯腈·丁二烯·苯乙烯共聚物，或乙烯·醋酸乙烯共聚物。

5. 根据权利要求3所述的发泡塑覆保温金属管的制造方法，其特征在于：所述的塑料保护层（3）的主体原料可以是聚氯乙烯、聚苯乙烯、聚乙烯、聚氨酯、聚丙烯或丙烯腈·丁二烯·苯乙烯共聚物，或乙烯·醋酸乙烯共聚物。”

针对上述专利权，钜电（昆山）科技管线有限公司（下称请求人）于2004年5月15日向专利复审委员会提出了无效宣告请求，其理由是本实用新型专利不符合专利法第二十二条第二款、第三款有关新颖性和创造性的规定。与此同时，请求人提供了如下证据：

证据1：《电线电缆押出技术——理论与实际》相关页复印件共14页，温天达编著；

证据2：专利号为96212391.9的中国实用新型专利说明书复印件，授权公告日为1997年3月19日；

证据3：古河电工产品样本复印件共4页。

请求人认为，本专利权利要求所要求保护的技术方案在证据1及证据2中已有详细描述，同时证据3也能够证明该技术已应用于实践中，故本专利不具备专利法所规定的新颖性和创造性。此外，请求人提交了口头审理请求书，以澄清相关技术事实和根据为由要求专利复审委员会对本无效宣告请求案进行口头审理。

专利复审委员会经形式审查合格后，于2004年6月7日发出了无效宣告请求受理通知书，同时将宣告专利权无效请求书以及有关文件副本转给专利权人（下称被请求人），要求被请求人在指定期限进行意见陈述。同时成立合议组对本案进行审理。

针对无效宣告请求受理通知书，被请求人于2004年7月12日进行了意见陈述，认为证据1描述的是电线电缆押出技术，其中未给出本发明对金属管预热、将发泡体保温层挤出、外保护层挤出，在复合机头中一次同时完成对金属管进行包覆的制造方法，与本专利有质的差别。证据2只描述了保温管的结构，而未涉及本专利的制造方法。证据3同样未涉及本专利的制造方法。故本专利相对于请求人提供的证据1~3具备新颖性和创造性。合议组于2004年10月14日将被请求人的意见陈述转送请求人，要求其在一个月内进行意见陈述。对此，请求人在指定期限未进行任何意见陈述。

专利复审委员会本案合议组于2004年9月23日向被请求人以及请求人发出了无效宣告请求口头审理通知书，定于2004年12月9日举行口头审理。

2004 年 10 月 6 日，请求人提交了无效宣告请求口头审理通知书回执，表示参加 2004 年 12 月 9 日举行的口头审理。

口头审理如期举行，被请求人以及请求人均缺席。

在上述工作的基础上，合议组认为本案事实已经清楚，可以依法作出审查决定。

**二、决定的理由**

证据 1 是《电线电缆押出技术——理论与实际》相关页复印件；证据 3 是古河电工产品样本复印件。请求人未向合议组提交上述证据的原件，而复印件本身无法律效力，不足以证明其是真实可靠的，故合议组对证据 1 及证据 3 不予采信。

证据 2 专利文献，属公开出版物，合议组对该证据进行了核实，同时该证据的授权公告日早于本专利的申请日，故证据 2 可作为评价本专利新颖性创造性的现有技术。

专利法第二十二条第二款规定：新颖性，是指在申请日以前没有同样的发明或实用新型在国内外出版物上公开发表过、在国内公开使用过或者以其他方式为公众所知，也没有同样的发明或实用新型由他人向国务院专利行政部门提出过申请并且记载在申请日以后公布的专利申请文件中。

专利法第二十二条第三款规定：创造性，是指同申请日以前已有的技术相比，该发明具有突出的实质性特点和显著的进步。

证据 1 涉及一种保温管，并具体披露了以下技术特征（参见说明书第 2 页第 9 ~ 21 行，附图3 ~ 7）：在一中空内管 1（对应于本专利的金属管）外部包覆一封闭的塑胶发泡保温层套管 2（对应于本专利的塑料泡体层），在塑胶发泡保温层管 2 的外表面包覆有一封闭的塑胶保护层 3（对应于本专利的塑料保护层）。由 ABS 工程塑胶制成内管 1，在内管 1 成型后，立刻再输送到保温层管及保护层的模具中，以使内管 1 的外表面被保温层管套 2 及表面保护层 3 包覆。将证据 1 与本专利之权利要求 1 所要求保护的技术方案相比，两者至少存在以下区别之处：在本专利中，权利要求 1 中的步骤4 > 至步骤 6 >，即金属管的预热，熔化之塑料发泡体对所述金属管的包覆以及熔化之保护层塑料与所述发泡体层的复合是在一复合机头中一次成型的。而证据 1 只是指出内管输送至保温层管及保护层的模具中，而未对金属管的预热及保温管、保护层的包覆是在同一复合机头中完成的给予任何描述，同时本领域的普通技术人员即使结合所属领域的常识技术而仅根据上述内容也不能得到这一启示。同时，由本专利的说明书可看出，上述区别之处又具有提高工程进度、降低劳动强度的有益效果。综上所述，本专利的权利要求 1 相对于请求人提供的证据 1 具有实质性特点和进步，具备新颖性和创造性。

从属权利要求 2 ~ 5 直接或间接从属于权利要求 1，在权利要求 1 具备新颖性和创造性的前提下，权利要求 2 ~ 5 同样具备新颖性和创造性。

**三、决定**

维持 00115382. X 号发明专利权有效。

一方当事人对本决定不服的，可以根据专利法第四十六条第二款的规定，在收到本决定之日起三个月内向北京市第一中级人民法院起诉。根据该款的规定，一方当事人起诉后，另一方当事人可以作为第三人参加诉讼。

# 针织横机上的双孔纱嘴案

## 无效宣告请求审查决定（第6707号）

**决　定　号**　第6707号
**决　定　日**　2004年12月15日
**发明创造名称**　针织横机上的双孔纱嘴
**国际分类号**　D04B 15/26
**无效请求人**　张朝阳
**专利权人**　林良金
**专　利　号**　01232843. X
**申　请　日**　2001年8月7日
**授权公告日**　2002年5月8日
**合议组组长**　于　萍
**主　审　员**　黄玉平
**参　审　员**　徐媛媛

**法律依据**　专利法第二十二条第二款、第三款
**决定要点**

对于某一部件使用的相关术语的理解不应脱离该部件所属技术领域以及该部件的功能或作用。在判断现有技术中的某一部件与一项专利中使用了不同术语的某一部件是否属于相同的部件时，应当看两者所属技术领域、结构以及功能或作用是否相同作为判断标准。如果两者应用领域、结构以及功能或作用相同，即使是使用了不同的术语，则两者仍属于同一部件，即现有技术中的该部件已导致所述专利中的某一部件的公开。

**一、案由**

本无效宣告请求案涉及国家知识产权局专利局于2002年5月8日授权公告的、名称为“针织横机上的双孔纱嘴”的实用新型专利，其专利号为01232843. X，申请日为2001年8月7日，专利权人是林良金。该专利授权公告的权利要求书如下：

“1. 一种针织横机上的双孔纱嘴，包括有本体（1）、纱孔（4）及安装孔（5），所述纱孔（4）设在本体（1）上，其特征在于所述本体上设有凹槽（3），弧形漏斗（2）通过凹槽（3）安装在本体（1）上，所述弧形漏斗（2）与本体（1）之间形成弧形纱孔（6）。

2. 如权利要求1所述的一种针织横机上的双孔纱嘴，其特征在于所述凹槽（3）在本体（1）上呈左右对称。”

针对上述实用新型专利权（下称本专利），张朝阳（下称请求人）于2004年6月12日向专利复审委员会提出了无效宣告请求，其理由是本专利不符合专利法第二十二条第二款有关创造性的规定，请求宣告该专利权全部无效。请求人同时提交如下附件作为证据：

证据1：授权公告号为CN2435414Y的中国实用新型专利说明书复印件，授权公告日为2001年6月20日（下称对比文件1）。

请求人认为，对比文件1已披露了本专利权利要求1的全部技术内容，且两者都是为了克服现有技术中存在的在制作双孔纱嘴（双导纱梭嘴）时由于使用焊接而导致毛刺，进而容易产生断纱的缺陷。故本专利的权利要求1相对于对比文件1不具备创造性。

经形式审查合格后，专利复审委员会于2004年8月2日依法受理了该无效宣告请求，并将无效宣告请求书以及相关文件副本转给了专利权人（下称被请求人），要求被请求人在指定期限内进行意见陈述。同时依法成立合议组对本案进行审查。

针对上述无效宣告请求，被请求人于2004年8月23日提交了意见陈述书，其主要观点如下：(1) 本专利与对比文件1最显著的区别特征是对比文件1的输纱管具有输纱内管和输纱外管，而本专利只有纱孔，没有输纱内管和外管，孔与管是完全不同的两个概念；(2) 对比文件1中在位于输纱内管处固定杆端部两侧各设有一凹槽，而本专利中虽然在本体上也设有凹槽，但该凹槽是安装弧形漏斗用的。因此本专利与对比文件尽管使用领域和使用功能相同，但它们的结构形式和实施方式是不同的，故本专利符合专利法第二十二条第三款有关创造性的规定。

专利复审委员会本案合议组于2004年10月15日向双方当事人发出了口头审理通知书，定于2004年12月1日在专利复审委员会举行本案的口头审理，同时将被请求人于2004年8月23日提交的意见陈述书转给了请求人。

口头审理如期举行，双方当事人均参加了口头审理。双方当事人对对方出庭人员的身份和资格无异议，并对合议组成员无回避请求。在口头审理中，被请求人表示对对比文件1的真实性无异议。请求人及被请求人就本专利相对于对比文件1是否具备创造性充分陈述了意见。请求人坚持认为本专利与对比文件1的区别只是部件的称谓不同而已，两者技术方案是相同的，故本专利不具备创造性。被请求人则认为本专利的技术方案中的部件与对比文件中的相应部件其作用、功能和效果虽然相同，但技术方案不同，因此本专利具备创造性。

在上述工作的基础上，合议组认为本案事实已经清楚，可以依法作出审查决定。

**二、决定的理由**

1. 证据认定

对比文件1是专利文献，属于公开出版物，被请求人对该对比文件的真实性无异议，且其授权公告日早于本专利的申请日，故对比文件1可以作为评价本专利是否具备创造性的已有技术。

2. 关于本专利的创造性

专利法第二十二条第三款规定：创造性，是指同申请日以前已有的技术相比，该发明有突出的实质性特点和显著的进步，该实用新型有实质性特点和进步。

由本专利的说明书可知，本专利针对现有技术中针织横机上的双孔纱嘴在制造过程中由于使用焊接技术将弧形漏斗焊接于本体上形成纱孔，而导致焊接处的表面粗糙，容易造成断纱这一问题，其相应的技术解决方案为“本体上设有凹槽，弧形漏斗通过凹槽安装在本体上”。

对比文件1涉及一种针织横机的双导纱梭嘴，其中披露了以下技术特征（参见该对比文件1的说明书第2页第12~20行，附图1~3）：该针织横机的双导纱梭嘴包括固定杆1输纱内管2和输纱外管3（对应于本专利的弧形漏斗）组成，所述输纱内管2和固定杆1是一整体（对应于本专利的本体）。输纱内管2具有管腔4（对应于本专利的纱孔（4）），输纱外管3具有管腔5（对应于本专利的纱孔（5））。所述位于输纱内管2处的固定杆1端部的两侧面各有一道凹槽6。所述输纱外管3管壁轴向缺口的两斜边7分别嵌入凹槽6中。此外，从该对比文件的附图1中可以清楚地看出，其固定杆上也设有安装孔。由该对比文件的说明书可知，其所要解决的技术问题是：解决现有技术中由于使用焊接技术而导致产生毛刺与焊接残渣，从而使羊毛针织生产中易出现刮线、断纱等问题。

由此可见，对比文件1已公开了本专利权利要求1的全部技术特征，即对比文件1公开与本专利权利要求1完全相同的技术方案。鉴于本专利与对比文件1所属技术领域相同，且两者所要解决的技术问题及所带来的技术效果均相同，故本专利权利要求1相对于对比文件1既不具备新颖性，更不具备创造性。

被请求人认为，本专利与对比文件1两者产品结构是不同的，本专利涉及双孔纱嘴，而对比文件1涉及双导纱梭嘴。从其名称来看，两者产品功能也是不同的。另外，对比文件1的输纱管具有输纱内管和输纱外管，而本专利只有纱孔和弧形纱孔，没有输纱内管和外管，孔与管是完全不同的两个概念，故本专利具备创造性。另外，需要指出的是，在口头审理中，被请求人强调本专利的技术方案中的部件与对比文件中的相应部件其作用、功能和效果虽然相同，但称谓的不同造成两者技术方案不同，因此本专利具备创造性。

对此，合议组认为，权利要求所要求保护的技术方案与对比文件所披露的内容是否相同应依据技术领域、技术方案的构成以及技术效果这几方面进行综合判断，不能因为作用、功能及效果完全相同之部件因使用了不同的技术术语而认为其导致技术方案的变化。而对于某一部件使用的相关术语的理解不应脱离记载该部件的所属领域以及该部件的功能或作用。在判断现有技术中的某一部件与一项专利中使用不同术语的某一部件是否属于相同的部件时，应当看两者所属领域、结构以及功能或作用是否相同作为判断标准，如果两者应用领域、结构以及功能或作用相同，即使是使用了不同的术语，两者仍属于同一部件，即现有技术中的该部件已导致所述专利中的某一部件的公开。本专利涉及针织横机上的双孔纱嘴，而对比文件涉及针织横机的双导纱梭嘴。但它们均是用在针织横机上，都是对纱线起导向、定位作用的，是所属技术领域的技术人员能够直接地判断出来的。因此，两者所属技术领域及主题均相同。另外，本专利中使用了术语“纱孔”和“弧形纱孔”，由说明书可知，“纱孔”和“弧形纱孔”均是用作纱线在其中通过的导向通道。而由对比文件1的说明书可知，“输纱内管具有的管腔”以及“输纱外管具有的管腔”也都是用做纱线的导向通道。显然，它们与本专利中的“纱孔”和“弧形纱孔”的作用是相同的。而且被请求人也认可两者作用及效果相同。因此，合议组认为，虽然对比文件与本专利中对某一部件使用了不同的术语，但它们均属相同技术领域，且结构与作用均相同，实属对同一部件的不同称谓而已，这种不同不足以对技术方案有任何实质的影响，故合议组对被请求人这一主张不予支持。

本专利权利要求2的附加技术特征是：所述凹槽（3）在本体（1）上呈左右对称。该附加特征同样被对比文件1所公开，具体参见该附件的附图3，其凹槽在固定杆1端部的两侧面也是左右对称的，故在其所引用的权利要求1不具备新颖性时，该权利要求2同样不具备新颖性和创造性。

**三、决定**

宣告01232843. X号实用新型专利权全部无效。

当事人对本决定不服的，可以根据专利法第四十六条第二款的规定，自收到本决定通知书之日起三个月内向北京市第一中级人民法院起诉。根据该款的规定，一方当事人起诉后，另一方当事人应当作为第三人参加诉讼。

# 北京市第一中级人民法院
# 行政判决书

（2005）一中行初字第475号

原告林良金，男，汉族，1963年5月23日出生，住浙江省瑞安市莘塍镇周田湾。

委托代理人朱黎光，北京金之桥知识产权代理有限公司专利代理人。

委托代理人沈锦华，北京金之桥知识产权代理有限公司专利代理人。

被告国家知识产权局专利复审委员会，住所地北京市海淀区北四环西路9号银谷大厦10～12层。

法定代表人廖涛，副主任。

委托代理人耿博，国家知识产权局专利复审委员会行政诉讼处审查员。

委托代理人王丽颖，国家知识产权局专利复审委员会行政诉讼处审查员。

第三人张朝强，男，汉族，1946年10月2日出生，住广东省汕头市丹霞庄西15幢1402房。

委托代理人张光远，男，汉族，1974年6月12日出生，广东汕头市潮南区太阳兴不锈制品实业有限公司经理，住广东省汕头市丹霞庄西15幢1402房。

原告林良金不服被告国家知识产权局专利复审委员会（简称专利复审委员会）2004年12月15日作出的第6707号无效宣告请求审查决定（简称第6707号决定），于法定期限内向本院提起诉讼。本院于2005年4月21日受理本案后，依法组成合议庭，并按照法律有关规定通知张朝强作为第三人参加诉讼，于2005年9月5日公开开庭进行了审理。原告林良金的委托代理人沈锦华，被告专利复审委员会的委托代理人耿博、王丽颖到庭参加了诉讼。第三人张朝强经本院合法传唤未到庭参加诉讼。本案现已审理终结。

专利复审委员会第6707号决定系就张朝强针对林良金享有的名称为“针织横机上的双孔纱嘴”的第01232843.X号实用新型专利（下称本专利）所提出的无效宣告请求作出的。专利复审委员会在该决定中认定：对比文件1涉及一种针织横机的双导纱梭嘴，其中披露了以下技术特征：该针织横机的双导纱梭嘴包括固定杆1、输纱内管2和输纱外管3（对应于本专利的弧形漏斗）组成，所述输纱内管2和固定杆1是一整体（对应于本专利的本体）。输纱内管2具有管腔4（对应于本专利的纱孔（4）），输纱外管3具有管腔5（对应于本专利的纱孔（6））。所述位于输纱内管2处的固定杆1端部的两侧面各有一道凹槽6。所述输纱外管3管壁轴向缺口的两斜边7分别嵌入凹槽6中。此外，从该对比文件的附图1中可以清楚地看出，其固定杆上也设有安装孔。由该对比文件的说明书可知，其所要解决的技术问题是：现有技术中由于使用焊接技术而导致产生毛刺与焊接残渣，从而使羊毛针织生产中易出现刮线、断纱等问题。由此可见，对比文件1已公开了本专利权利要求1的全部技术特征，即对比文件1公开了与本专利权利要求1完全相同的技术方案，鉴于本专利与对比文件1所属技术领域相同，且两者所要解决的技术问题及所带来的技术效果均相同，故本专利权利要求1相对于对比文件1既不具备新颖性，更不具备创造性。本专利权利要求2的附加技术特征同样被对比文件1所公开，具体参见该附件的附图3，其凹槽在固定杆1端部的两侧面也是左右对称的，故在其所引用的权利要求1不具备新颖性时，该权利要求2同样不具备新颖性和创造性。专利复审委员会据此作出了宣告本专利权全部无效的第6707号决定。

林良金不服，在法定期限内向本院提起行政诉讼。其诉称：一、由决定记载内容可知，第三人仅针对本专利权利要求1的创造性提出了无效宣告请求，并未针对权利要求2提出无效宣告请求，并且第三人并未提出权利要求1或权利要求2不具备新颖性的无效理由。根据《审查指南》规定的请求原则，被告应当仅针对权利要求1是否具备创造性进行审理。即使被告有依职权进行审理的权力，被告亦应当按照《审查指南》的规定给予决定中不利的当事人陈述意见的机会。但在无效宣告审查程序中，被告既没有通知当事人要扩大审理，也没有给原告对于扩大审理范围陈述意见的机会，其程序明显有误。二、对比文件的附图1中确实显示有孔，但是否是“安装”孔并无文字记载或功能介绍。在该孔作用不能唯一确定的情况下，被告认定该孔为安装孔没有事实依据。此外，仅从对比文件附图3上不能得出该对比文件公开了本专利权利要求2中凹槽在本体上左右对称的技术特征的结论。故被告认定事实有误。综上，原告请求法院判决撤销第6707号决定。

被告专利复审委员会辩称：一、第三人提交的请求书中载明“无效宣告请求的理由是本专利不符合专利法第二十二条第三款的规定，其范围是权利要求1、2”。故第三人是针对权利要求1、2不符合创造性规定提出的无效宣告请求。二、按照《审查指南》的规定，一件发明专利申请是否具备创造性，只有在该发明具备新颖性的条件下才予以考虑。《审查指南》同时规定，实用新型的创造性审查应当参照此原则。故在权利要求1相对于对比文件1已不具备新颖性的情况下，就可以得出有意义的审查结论，没有必要再对创造性予以评述。并且如果一件专利所要保护的技术方案不具备新颖性，则也不具备创造性。此外，在整个审查过程中被告已经充分听取了双方当事人的意见陈述，没有剥夺原告陈述意见的机会。三、根据《审查指南》的有关规定，本领域技术人员可以认定附图中明显看出的技术特征。对比文件的附图1中是否是“安装孔”以及凹槽是否左右对称是本领域技术人员可以根据自身掌握的知识及对现有技术的了解并结合该对比文件的具体情况作出认定的。综上所述，被告在第6707号决定中认定事实清楚、适用法律正确、审理程序合法，原告的诉讼理由不能成立，请求法院驳回原告的诉讼请求，维持第6707号决定。

第三人张朝强未提交书面意见陈述，亦未出庭陈述意见。

本院经审理查明：

“针织横机上的双孔纱嘴”实用新型专利（即本专利）由林良金于2001年8月7日向国家知识产权局专利局提出申请，于2002年5月8日被授权公告，专利号为：01232843. X。本专利授权公告的权利要求书内容如下：

“1. 一种针织横机上的双孔纱嘴，包括有本体（1）、纱孔（4）及安装孔（5），所述纱孔（4）设在本体（1）上，其特征在于所述本体上设有凹槽（3），弧形漏斗（2）通过凹槽（3）安装在本体（1）上，所述弧形漏斗（2）与本体（1）之间形成弧形纱孔（6）。

2. 如权利要求1所述的针织横机上的双孔纱嘴，其特征在于所述凹槽（3）在本体（1）上呈左右对称。”

在本专利说明书中记载了如下内容：“在现有技术中，针织横机上的纱嘴一般是由本体和纱嘴组成，其纱孔是由弧形漏斗用电焊焊接在本体上并经过高温热处理的，所以在其焊接处的表面非常粗糙，该纱嘴在工作过程中容易造成断线现象，其工作效率不高，由于产品精度较高，造成焊接困难……本实用新型结构科学合理，加工容易，只需将弧形纱孔部件的两翼安装在凹槽内即可，提高了产品制造的工作效率……因弧形漏斗2是一刚性材料，卡在凹槽3中牢固可靠，消除了原来用电焊焊接时的表面粗糙度，同时其制作工艺也相当简单，只需将弧形纱孔部件的两翼安装在凹槽内即可，提高了产品制造的工作效率，其连接处光滑，纱线通过纱孔6时，不易断线……”

2004年6月12日，张朝强就本专利向专利复审委员会提出无效宣告请求。在其提交的《专利权无效宣告请求书》上，张朝强提出的无效宣告请求的理由为专利法第二十二条第三款，范围为权利要求1、权利要求2。其同时提交了以下证据作为对比文件：

对比文件1：授权公告号为CN2435414Y的中国实用新型专利说明书复印件，其授权公告日为2001年6月20日。该对比文件1公开了一种针织横机的双导纱梭嘴，其中披露了以下技术特征：该针织横机的双导纱梭嘴由固定杆1和输纱管两部分组成；所述输纱管是由输纱内管2和输纱外管3组成，所述输纱内管2和固定杆1是一整体。输纱内管2具有管腔4，输纱外管3具有管腔5。所述位于输纱内管2处的固定杆1端部的两侧面各有一道凹槽6。所述输纱外管3管壁轴向缺口的两斜边7分别嵌入凹槽6中。此外，从该对比文件的附图1中可以清楚地看出，其固定杆上也设有一孔。从该对比文件附图3可以看出固定杆1端部的两侧面各有一凹槽，附图5所示与凹槽配合连接的输纱外管沿中心线左右对称。该对比文件的说明书还记载了如下内容：现有技术的双导纱梭嘴在加工制造时，须经过焊接工序，即把输纱内管和输纱外管分别焊接在固定杆上，或者将输纱内管和固定杆冲制成一整体后，再焊接上输纱外管。这种双导纱梭嘴的加工量较大，成本较高，而且焊接过程中输纱管腔内会产生毛刺、焊接残渣，或内外弧度不匀称的问题，在使用时会造成纱线的起毛或断裂。本实用新型的目的是提供一种针织横机的双导纱梭嘴，其具有工艺简单、成本低，且输纱管内不会产生毛刺、凸点，可大大降低纱线的起毛或断裂。

2004年12月15日，专利复审委员会针对张朝强的无效宣告请求作出第6707号决定。在该决定案由部分记载了如下内容："张朝阳（下称请求人）于2004年6月12日向专利复审委员会提出了无效宣告请求，其理由是本专利不符合专利法第二十二条第二款有关创造性的规定，请求宣告该专利权全部无效……请求人认为，对比文件1已披露了本专利权利要求1的全部技术内容，且两者都是为了克服现有技术中存在的在制作双孔纱嘴（双导纱梭嘴）时由于使用焊接而导致毛刺，进而容易产生断纱的缺陷。故本专利的权利要求1相对于对比文件1不具备创造性。"

上述事实，有本专利公报、第6707号决定、《专利权无效宣告请求书》、对比文件1及当事人陈述等证据在案佐证。

本院认为：

一、关于被告作出第6707号决定是否违反法定程序

《审查指南》规定，在无效宣告程序中，合议组通常仅针对当事人提出的无效宣告请求的范围、理由和提交的证据进行审查。就本案而言，由第三人提交的《专利权无效宣告请求书》上记载的内容可知，张朝强提出无效宣告请求的理由为专利法第二十二条第三款，范围为权利要求1、权利要求2。在被告作出的第6707号决定中的案由部分也记载了第三人"请求宣告该专利权全部无效"。因此，第三人提出的无效宣告请求既包括权利要求1，也包括权利要求2，即第三人针对权利要求2提出了无效宣告请求。专利复审委员会就权利要求2的专利性进行审查，并没有超出无效宣告请求的范围，没有违反请求原则。原告仅以被告在第6707号决定中对第三人的主要意见进行概括时所记载的"本专利的权利要求1相对于对比文件1不具备创造性"为由，主张第三人的无效宣告请求仅针对权利要求1，没有事实依据，本院不予支持。

《审查指南》在规定了请求原则的同时，还规定了依职权调查原则：必要时，特别是在因专利权存在请求人未提及的缺陷而使合议组不能针对请求人提出的无效宣告理由得到有意义的审查结论的情况下，合议组可以依职权对请求人未提及的理由进行审查。在本案中，适用依职权调查原则的关键在于，本专利是否存在第三人未提及的缺陷，并且该缺陷会导致被告不能针对第三人提出的本专利不具备创造性的理由得出有意义的审查结论。

《审查指南》在发明创造性的审查原则和基准中规定：一件发明专利申请是否具备创造性，只有在该发明具备新颖性的条件下才予以考虑。在实用新型创造性的审查上，《审查指南》明确规定可以参考有关发明创造性的审查原则和基准。由上述规定可知，一件实用新型专利是否具备创造性，也只

有在其具备新颖性的条件下才予以考虑。虽然第三人并未提出本专利不具备新颖性的无效宣告理由，但由于新颖性审查是创造性审查的前提，被告在审查本专利相对于对比文件1是否具备创造性时，必须先就本专利是否具备新颖性进行审查，因此，被告就本专利的新颖性进行审查有法律依据，原告就此所提异议不能成立，本院不予支持。

正由于新颖性审查是创造性审查的前提，在被告对本专利是否具备创造性进行审查时，原告和第三人必然会就本专利与对比文件所属的技术领域、所要解决的技术问题、技术方案以及预期效果等各方面是否存在区别陈述意见。尤其是在第三人于无效宣告程序中仅提供了一份对比文件，且强调对比文件1已披露了本专利权利要求1的全部技术内容，对比文件1与本专利所属的技术领域相同，所要解决的技术问题亦相同的情况下，原告理应在该行政程序中对于第三人的上述主张陈述意见，这些意见同样属于对于新颖性的意见。因此，被告没有必要另行给予原告针对本专利是否具备新颖性陈述意见的机会，原告关于被告没有给予其陈述意见机会的主张不能成立，本院不予支持。

二、本专利是否具备新颖性和创造性

根据专利法第二十二条第二款的规定，具备新颖性的实用新型专利申请应当是不同于现有技术，而且也不同于在申请日以前由他人向专利局提出过申请并且记载在申请日以后公布的专利申请文件中的发明或者实用新型的新的技术方案。在判断本专利是否具备新颖性时，应审查本专利与对比文件1在技术领域、所要解决的技术问题和技术方案上是否实质上相同，预期效果是否相同。

由于本专利与对比文件所涉及的均为针织横机上的双导纱梭嘴，由本专利以及对比文件1的说明书可知，二者所要解决的主要技术问题均为：现有技术中由于使用焊接技术而导致产生毛刺与焊接残渣，从而使羊毛针织生产中易出现刮线、断纱等问题。针对被告的认定，原告仅提出对比文件1没有公开本专利权利要求1中的“安装孔”，并未提出其他异议，因此，判断本专利权利要求1是否具备新颖性的关键在于对比文件1是否公开了安装孔这一技术特征。

在判断对比文件是否公开了相关技术内容时，应当基于所属领域的技术人员的知识和能力进行评价。相对于本案而言，所属领域的技术人员应当了解针织横机及与之连接的纱嘴的基本结构及惯常连接方式。虽然对比文件1中没有关于安装孔的文字记载，但从该对比文件的附图1和附图2可明显看出固定杆上的长孔系用于与针织横机的连接固定，与本专利安装孔的作用相同，可以认定该孔即为安装孔。因此，本专利权利要求1中的安装孔的特征可以从对比文件1的附图1和附图2中明显看出，已被对比文件1公开。继而本专利权利要求1的全部技术特征均为对比文件1所公开。原告关于“安装孔”这一特征没有为对比文件1公开的主张没有事实根据，本院不予支持。

在本专利权利要求1与对比文件1在技术领域、所要解决的技术问题、技术方案均相同的情况下，其预期效果也必然相同，权利要求1与对比文件1的技术内容完全相同，不具备新颖性。

同样，基于所属领域的技术人员的知识和能力，结合对比文件1附图3和附图5，其可以明显看出凹槽在固定杆1端部的两侧面是左右对称的，可见，本专利权利要求2的附加技术特征凹槽（3）在本体（1）上呈左右对称亦为对比文件1公开。故在其所引用的权利要求1不具备新颖性时，该权利要求2同样不具备新颖性。

在权利要求1和权利要求2不具备新颖性的前提下，两权利要求当然也不具备创造性。专利复审委员会以此为由宣告本专利权全部无效具备事实和法律依据，是正确的。

综上，被告作出的第6707号决定程序合法，证据充分，适用法律正确，应予维持。原告林良金请求撤销该决定的理由不能成立，本院不予支持。依照《中华人民共和国行政诉讼法》第五十四条第（一）项之规定，本院判决如下：

维持被告国家知识产权局专利复审委员会作出的第6707号无效宣告请求审查决定。

案件受理费1000元，由原告林良金负担（已交纳）。

如不服本判决，各方当事人可于本判决送达之日起十五日内，向本院提交上诉状及其副本，并交纳上诉案件受理费1000元（开户行：中国工商银行北京市分行黄楼支行，户名：北京市第一中级人民法院，账号：144537－48），上诉于北京市高级人民法院。

审 判 长 姜 颖
代理审判员 江建中
代理审判员 刘晓军
二〇〇五年九月二十日
书 记 员 陈 勇

## 北京市高级人民法院
## 行政判决书

（2005）高行终字第462号

上诉人（原审原告）林良金，男，汉族，1963年5月23日出生，住浙江省瑞安市莘塍镇周田湾。

被上诉人（原审被告）国家知识产权局专利复审委员会，住所地北京市海淀区北四环西路9号银谷大厦10～12层。

法定代表人廖涛，副主任。

委托代理人耿博，国家知识产权局专利复审委员会审查员。

委托代理人王丽颖，国家知识产权局专利复审委员会审查员。

原审第三人张朝强，男，汉族，1946年10月2日出生，住广东省汕头市丹霞庄西15幢1402房。

上诉人林良金因专利权无效行政纠纷一案，不服北京市第一中级人民法院于2005年9月20日作出的（2005）一中行初字第475号行政判决，向本院提出上诉。本院于2005年11月23日受理本案后，依法组成合议庭进行了书面审理。本案现已审理终结。

林良金系第01232843.X号名称为“针织横机上的双孔纱嘴”的实用新型专利（下称本专利）的专利权人。2004年6月12日，张朝强就本专利向国家知识产权局专利复审委员会（下称专利复审委员会）提出无效宣告请求，理由是本专利全部权利要求不符合专利法第二十二条第三款有关创造性的规定。2004年12月15日，专利复审委员会作出第6707号无效宣告请求审查决定（下称第6707号决定），宣告本专利全部无效。林良金不服第6707号决定，在法定期限内向北京市第一中级人民法院提起诉讼。

北京市第一中级人民法院经审理认为：

一、关于专利复审委员会作出第6707号决定是否违反法定程序。由张朝强提交的《专利权无效宣告请求书》上记载的内容可知，张朝强提出无效宣告请求的理由为本专利不符合专利法第二十二条第三款的规定，范围为权利要求1、权利要求2。在专利复审委员会作出的第6707号决定中的案由部分也记载了张朝强“请求宣告该专利权全部无效”。因此，张朝强提出的无效宣告请求既包括权利要求1，也包括权利要求2，即张朝强针对权利要求2提出了无效宣告请求。专利复审委员会就权利要求2的专利性进行审查，并没有超出无效宣告请求的范周，没有违反请求原则。一件实用新型专利是否具备创造性，只有在其具备新颖性的条件下才予以考虑。虽然张朝强并未提出本专利不具备新颖性的无效宣告理由，但由于新颖性审查是创造性审查的前提，专利复审委员会在审查本专利相对于对比文件1是否具备创造性时，必须先就本专利是否具备新颖性进行审查，因此，专利复审委员会就本专利的新颖性进行审查有法律依据。由于新颖性审查是创造性审查的前提，在专利复审委员会对本专利是否具备创造性进行审查时，林良金和张朝强必然会就本专利与对比文件所属的技术领域、所要解决的技术问题、技术方案以及预期效果等各方面是否存在区别陈述意见。因此，专利复审委员会没有必要另行给予林良金针对本专利是否具备新颖性陈述意见的机会。

二、本专利是否具备新颖性和创造性。由于本专利与对比文件所涉及的均为针织横机上的双导纱梭嘴，由本专利以及对比文件1的说明书可知，二者所要解决的主要技术问题均为：现有技术中由于使用焊接技术而导致产生毛刺与焊接残渣，从而使羊毛针织生产中出现易刮线、断纱等问题。针对专利复审委员会的认定，林良金仅提出对比文件1没有公开本专利权利要求1中的“安装孔”，并未提出其他异议，因此，判断本专利权利要求1是否具备新颖性的关键在于对比文件1是否公开了安装孔这一技术特征。

本案中，所属领域的技术人员应当了解针织横机及与之连接的纱嘴的基本结构及惯常连接方式。虽然对比文件1中没有关于安装孔的文字记载，但从该对比文件的附图1和2可明显看出固定杆上的长孔系用于与针织横机的连接固定，与本专利安装孔的作用相同，可以认定该孔即为安装孔。在本专利权利要求1与对比文件1在技术领域、所要解决的技术问题、技术方案均相同的情况下，其预期效果也必然相同，权利要求1与对比文件1的技术内容完全相同，不具备新颖性。同样，基于所属领域的技术人员的知识和能力，结合对比文件1附图3和附图5，其可以明显看出凹槽在固定杆1端部的两侧面是左右对称的，可见，本专利权利要求2的附加技术特征凹槽（3）在本体（1）上呈左右对称亦为对比文件1公开。故在其所引用的权利要求1不具备新颖性时，该权利要求2同样不具备新颖性。

在权利要求1和权利要求2不具备新颖性的前提下，两权利要求当然也不具备创造性。专利复审委员会以此为由宣告本专利权全部无效具备事实和法律依据是正确的。

综上，北京市第一中级人民法院依照《中华人民共和国行政诉讼法》第五十四条第（一）项之规定，判决：维持国家知识产权局专利复审委员会作出的第6707号无效宣告请求审查决定。

林良金不服原审判决，向本院提起上诉，理由是：1. 原审第三人张朝强仅针对本专利权利要求1的创造性提出了无效宣告请求，并未针对权利要求2提出无效宣告请求，张朝强也没有以新颖性为理由对权利要求1或权利要求2提出无效请求。根据《审查指南》规定的请求原则，被上诉人应当仅针对权利要求1是否具备创造性进行审理。即使被上诉人有依职权进行审理的权力，其亦应当按照《审查指南》的规定给予决定中不利的当事人陈述意见的机会。但在无效宣告审查程序中，被上诉人既没有通知当事人要扩大审理，也没有给林良金对于扩大审理范围陈述意见的机会。此外，原审虽然确定了张朝强曾在请求书中记载了创造性针对权利要求1和权利要求2的内容，但还需要有具体的无效理由被上诉人才能进行审理，上诉人才能进行有效的答辩。因此，被上诉人程序明显有误。2. 上诉人认为新颖性和创造性的审查并不需要依序进行，被上诉人认为的创造性审查的前提是审查新颖性的审查程序是错误的。3. 在决定中被上诉人认定：“从该对比文件的附图1中可以清楚地看出，其固定杆上也设有安装孔。”对比文件的附图1中确实显示有孔，但是否是“安装孔”并无文字记载或功能介绍。在该孔作用不能惟一确定的情况下，被上诉人认定该孔为安装孔没有事实依据。综上，被上诉人审理程序和认定事实有误，原审法院没有给出能令人信服的解释和说明，请求二审法院判决撤销被上诉人第6707号决定和原审判决。专利复审委员会、张朝强服从原审判决。

经审理查明：

林良金于2001年8月7日向国家知识产权局专利局提出名称为“针织横机上的双孔纱嘴”的实用新型专利申请，该申请于2002年5月8日被授权公告，专利号为：01232843.X，专利权人为林良金。本专利授权公告的权利要求书内容如下：

“1. 一种针织横机上的双孔纱嘴，包括有本体（1）、纱孔（4）及安装孔（5），所述纱孔（4）设在本体（1）上，其特征在于所述本体上设有凹槽（3），弧形漏斗（2）通过凹槽（3）安装在本体（1）上，所述弧形漏斗（2）与本体（1）之间形成弧形纱孔（6）。

2. 如权利要求1所述的针织横机上的双孔纱嘴，其特征在于所述凹槽（3）在本体（1）上呈左右对称。”

在本专利说明书中记载了如下内容：“在现有技术中，针织横机上的纱嘴一般是由本体和纱嘴组成，其纱孔是由弧形漏斗用电焊焊接在本体上并经过高温热处理的，所以在其焊接处的表面非常粗糙，该纱嘴在工作过程中容易造成断线现象，其工作效率不高，由于产品精度较高，造成焊接困难……本实用新型结构科学合理，加工容易，只需将弧形纱孔部件的两翼安装在凹槽内即可，提高了产品制造的工作效率……因弧形漏斗2是一刚性材料，卡在凹槽3中牢固可靠，消除了原来用电焊焊接时的表面粗糙度，同时其制作工艺也相当简单，只需将弧形纱孔部件的两翼安装在凹槽内即可，提高了产品制造的工作效率，其连接处光滑，纱线通过纱孔6时，不易断线……”

2004年6月12日，张朝强就本专利向专利复审委员会提出无效宣告请求。在其提交的专利权无效宣告请求书中，张朝强提出的无效宣告请求的理由为本专利不符合专利法第二十二条第三款的规定，范围为权利要求1、权利要求2。其同时提交了对比文件1作为证据：对比文件为授权公告号为CN2435414Y的中国实用新型专利说明书复印件，其授权公告日为2001年6月20日。该对比文件1公开了一种针织横机的双导纱梭嘴，其中披露了以下技术特征：该针织横机的双导纱梭嘴由固定杆1和输纱管两部分组成；所述输纱管由输纱内管2和输纱外管3组成，所述输纱内管2和固定杆1是一整体。输纱内管2具有管腔4，输纱外管3具有管腔5。所述位于输纱内管2处的固定杆1端部的两侧面各有一道凹槽6。所述输纱外管3管壁轴向缺口的两斜边7分别嵌入凹槽6中。此外，从该对比文件的附图1中可以清楚地看出，其固定杆上也设有一孔。从该对比文件附图3可以看出固定杆1端部的两侧面各有一凹槽，附图5所示与凹槽配合连接的输纱外管沿中心线左右对称。该对比文件的说明书还记载了如下内容：现有技术的双导纱梭嘴在加工制造时，须经过焊接工序，即把输纱内管和输纱外管分别焊接在固定杆上，或者将输纱内管和固定杆冲制成一整体后，再焊接上输纱外管。这种双导纱梭嘴的加工量较大，成本较高，而且焊接过程中输纱管腔内会产生毛刺、焊接残渣，或内外弧度不匀称的问题，在使用时会造成纱线的起毛或断裂。本实用新型的目的是提供一种针织横机的双导纱梭嘴，其具有工艺简单、成本低，且输纱管内不会产生毛刺、凸点，可大大降低纱线的起毛或断裂。

2004年12月15日，专利复审委员会针对张朝强的无效宣告请求作出第6707号决定。在该决定案由部分记载了如下内容：“张朝阳（下称请求人）于2004年6月12日向专利复审委员会提出了无效宣告请求，其理由是本专利不符合专利法第二十二条第二款有关创造性的规定，请求宣告该专利权全部无效……请求人认为，对比文件1已披露了本专利权利要求1的全部技术内容，且两者都是为了克服现有技术中存在的在制作双孔纱嘴（双导纱梭嘴）时由于使用焊接而导致毛刺，进而容易产生断纱的缺陷。故本专利的权利要求1相对于对比文件1不具备创造性。”

专利复审委员会承认第6707号决定中此处关于原审第三人的姓名出现文字错误，应为张朝强。原审中各方当事人均予认可，本院不持异议。

专利复审委员会在决定中认定：对比文件1涉及一种针织横机的双导纱梭嘴，其中披露了以下技术特征：该针织横机的双导纱梭嘴包括固定杆1、输纱内管2和输纱外管3（对应于本专利的弧形漏斗），所述输纱内管2和固定杆1是一整体（对应于本专利的本体）。输纱内管2具有管腔4（对应于本专利的纱孔（4）），输纱外管3具有管腔5（对应于本专利的纱孔（6））。所述位于输纱内管2处的固定杆1端部的两侧面各有一道凹槽6。所述输纱外管3管壁轴向缺口的两斜边7分别嵌入凹槽6中。此外，从该对比文件的附图1中可以清楚地看出，其固定杆上也设有安装孔。由该对比文件的说明书可知，其所要解决的技术问题是：现有技术中由于使用焊接技术而导致产生毛刺与焊接残渣，从而使羊毛针织生产中易出现刮线、断纱等问题。由此可见，对比文件1已公开了本专利权利要求1的全部技术特征，即对比文件1公开了与本专利权利要求1完全相同的技术方案，鉴于本专利与对比文件1所属技术领域相同，且两者所要解决的技术问题及所带来的技术效果均相同，故本专利权利要求1相对于对比文件1既不具备新颖性，更不具备创造性。本专利权利要求2的附加技术特征同样被对比文件1所公开，具体参见该附件的附图3，其凹槽在固定杆1端部的两侧面也是左右对称的，故在其所引用的权利要求1不具备新颖性时，该权利要求2同样不具备新颖性和创造性。专利复审委员会据此作出了宣告本专利权全部无效的第6707号决定。

上述事实，有本专利公报、第6707号决定、专利权无效宣告请求书、对比文件1及当事人陈述等证据在案佐证。

本院认为，针对上诉人林良金的上诉请求，本案二审审理的焦点为被上诉人作出第6707号决定是否违反法定程序以及该决定中关于安装孔的认定是否有误两个问题。

一、关于被上诉人作出第6707号决定是否违反法定程序

首先，根据《审查指南》的规定，在无效宣告程序中，合议组通常仅针对当事人提出的无效宣告请求的范围、理由和提交的证据进行审查。本案中，原审第三人张朝强提交的专利权无效宣告请求书中明确记载了无效宣告请求的理由为专利法第二十二条第三款，范围为权利要求1、权利要求2，并且被上诉人作出的第6707号决定的案由部分也明确记载了原审第三人“请求宣告该专利权全部无效”的内容。因此，被上诉人就权利要求2的专利性进行审查并没有超出无效宣告请求的范围，没有违反请求原则。上诉人就此提出的异议不能成立，原审法院不予支持并无不妥，本院予以维持。

其次，根据《审查指南》的规定，实用新型专利是否具备创造性只有在其具备新颖性的条件下才予以考虑。此外，《审查指南》规定了专利复审委员会依职权调查的原则，即在必要时，特别是在因专利权存在请求人未提及的缺陷而使合议组不能针对请求人提出的无效宣告理由得到有意义的审查结论的情况下，合议组可以依职权对请求人未提及的理由进行审查。本案中，虽然原审第三人并未提出本专利不具备新颖性的无效宣告理由，但是，一方面，由于新颖性审查是创造性审查的前提，被上诉人在审查本专利相对于对比文件1是否具备创造性时，必须先就本专利是否具备新颖性进行审查；另一方面，如果在被上诉人根据原审第三人提交的对比文件1已经能够认定本专利的权利要求不具备新颖性的情况下，就可以得出有意义的审查结论，即本专利不符合专利法规定的授权条件，则不需要对创造性进行评述。因此，被上诉人对本专利新颖性的审查符合《审查指南》的规定，上诉人认为被上诉人对本专利新颖性的审查超出其职权范围的主张以及在审查过程中无须考虑新颖性和创造性的次序的主张不能成立，原审法院不予支持是正确的，本院应予维持。

最后，由于新颖性审查是创造性审查的前提，且被上诉人已经就本专利的新颖性进行审查，所以，上诉人和原审第三人也必然会就本专利与对比文件所属的技术领域、所要解决的技术问题、技术方案以及预期效果等各方面是否存在区别陈述意见。上诉人在行政程序中已经有机会就本专利是否具备新颖性进行了有效的答辩和陈述，其关于被上诉人没有给予陈述意见机会的主张不能成立，原审法院对此不予支持是正确的，本院予以维持。

二、被上诉人决定中关于安装孔的事实认定是否有误

根据专利法第二十二条第二款的规定，具备新颖性的实用新型专利申请应当是不同于现有技术，而且也不同于在申请日以前由他人向专利局提出过申请并且记载在申请日以后公布的专利申请文件中的发明或者实用新型的新的技术方案。在判断本专利是否具备新颖性时，应审查本专利与对比文件1在技术领域、所要解决的技术问题和技术方案上是否实质上相同，预期效果是否相同。本案中，本专利与对比文件1在技术领域、所要解决的技术问题上均相同，所取得的技术效果也相同，上诉人仅提出对比文件1的技术方案没有公开本专利权利要求1中的“安装孔”，因此，对比文件1是否公开了本专利权利要求1中的“安装孔”是本案新颖性判断的关键。

本院认为，尽管《审查指南》在新颖性审查相关内容中没有明确规定判断主体，但从我国专利体系的整体来看，对于发明和实用新型专利而言判断主体也应是所属领域的技术人员。因此，在判断对比文件是否公开了相关技术内容时，应当基于所属领域的技术人员的知识和能力进行评价。本案中，所属领域的技术人员应当了解针织横机及与之连接的纱嘴的基本结构及惯常连接方式。虽然对比文件1中没有关于安装孔的文字记载，但从该对比文件的附图1和附图2可明显看出固定杆上的长孔系用于与针织横机的连接固定，与本专利安装孔的作用相同，故可以认定该孔即为安装孔。原审法院及被上诉人关于对比文件1已经公开本专利权利要求1中的“安装孔”的认定是正确的，上诉人的主张没有事实根据，本院不予支持。

综上，原审判决认定事实清楚，适用法律正确，应予维持。林良金的上诉理由不能成立，对其上诉请求，本院不予支持。依照《中华人民共和国行政诉讼法》第六十一条第（一）项之规定，本院判决如下：

驳回上诉，维持原判。

一审、二审案件受理费各1000元，均由林良金负担（已交纳）。

本判决为终审判决。

审　判　长　刘继祥
审　判　员　孙苏理
代理审判员　焦　彦
二〇〇六年二月二十七日
书　记　员　毕　怡

# 真空保存罐改良式安全装置案

## 无效宣告请求审查决定（第6723号）

**决　定　号**　第6723号
**决　定　日**　2004年12月16日
**发明创造名称**　真空保存罐改良式安全装置
**国际分类号**　B65D 81/20　B65B 31/04
**无效请求人**　郑本久
**专利权人**　陈信育　柳彩莲
**专　利　号**　00216559.7
**申　请　日**　2000年2月24日
**授权公告日**　2001年1月3日
**合议组组长**　盛　昭
**主　审　员**　杨克菲
**参　审　员**　魏　屹

**法律依据**　专利法第二十二条第二款
**决定要点**

本专利的权利要求所限定的技术方案与对比文件公开的技术内容涉及相同的技术领域、解决相同的技术问题，所采取的技术手段也完全相同，且能达到完全相同的技术效果，因此本专利权利要求所限定的技术方案不具备新颖性。

**一、案由**

本无效宣告请求案涉及的是专利号为00216559.7、名称为“真空保存罐改良式安全装置”的实用新型专利，该专利的申请日为2000年2月24日，授权公告日为2001年1月3日，专利权人为陈信育、柳彩莲。

该专利授权公告的权利要求书如下：

“1. 一种真空保存罐改良式安全装置，由罐体、内层密封盖及外层覆盖组成，密封盖上设有抽气唧管及抽气件，在一侧设有一泄气孔及泄气阀件，在覆盖对应位置设有一预留孔，其特征在于：内层密封盖（30）适当位置设有一气孔柱（35），在气孔柱（35）套有一弹簧（37）及一伸缩式胶套（36），在外层覆盖（40）对应气孔柱（35）及胶套（36）的部位设另一预留孔（42）。

2. 根据权利要求1所述的真空保存罐改良式安全装置，其特征是：外层覆盖（40）的适当位置设有一标注有月份及日期的号码环（43），号码环（43）和覆盖（40）间保有适当间隙，在号码环（43）上嵌设两可移位的标记件（44，44′），两标记件（44，44′）可分别作月份及日期的标示。

3. 根据权利要求1所述的真空保存罐改良式安全装置，其特征是：伸缩式胶套（36）顶部衔覆有一硬质护盖（361），在覆盖（40）对应的预留孔（42）内缘形成一对护盖（361）上升限位的适当挡缘（421）。

4. 根据权利要求1所述的真空保存罐改良式安全装置，其特征是：套在气孔柱（35）和胶套（36）间的弹簧（37）张力强度和罐内真空压力相符。

5. 根据权利要求2所述的真空保存罐改良式安全装置，其特征是：号码环（43）的月份及日期标示间具有挡肋（431）作为两标记件（44，44′）的分隔，并在每一月份及日期标记数字对应部位设有微突卡制点（432）。

6. 根据权利要求1所述的真空保存罐改良式安全装置，其特征是：内层密封盖（30）的抽气构件为提高抽气速度的双并式的二抽气唧管（31，31′）及二抽气件（32，32′）。”

郑本久（下称请求人）针对上述专利权（下称本专利）于2003年10月9日向专利复审委员会提出了无效宣告请求，其理由是本专利不符合专利法第二十二条第二款、第三款有关新颖性和创造性的规定，并提交了如下附件作为证据：

附件1：公开日为1997年9月21日、公告编号为316584的中国台湾专利公报复印件，共4页（下称对比文件）。

经审查，上述无效宣告请求符合专利法及其实施细则规定的形式要求，专利复审委员会予以受理，并将无效宣告请求书及附件副本转给了专利权人（下称被请求人），同时成立合议组对此案进行审查。

被请求人未在指定期限内针对上述无效宣告请求书及附件副本作出答复。

复审委员会本案合议组经过合议审查于2004年8月31日向双方当事人发出合议组成员告知通知书。双方当事人未在该通知书指定的期限内对本案合议组成员提出回避请求。

本案合议组经过合议，认为本案的事实已经清楚，可以作出审查决定。

**二、决定的理由**

根据专利法第二十二条第一款、第二款的规定，授予专利权的发明和实用新型，应当具备新颖性、创造性和实用性。新颖性，是指在申请日以前没有同样的发明或者实用新型在国内外出版物上公开发表过、在国内公开使用过或者以其他方式为公众所知，也没有同样的发明或者实用新型由他人向国务院专利行政部门提出过申请并且记载在申请日以后公布的专利申请文件中。创造性，是指同申请日以前已有的技术相比，该发明有突出的实质性特点和显著的进步，该实用新型有实质性特点和进步。

请求人提交的作为证据的对比文件为专利文件，属于公开出版物，合议组已经核实其真实性，其公开日在本专利的申请日之前，构成了本专利申请日之前的已有技术，故该对比文件可以用来评价本专利的权利要求的新颖性和创造性。

对比文件也公开了一种真空保存罐的改良式安全装置，根据该对比文件的第1页第1栏第1行至第17行示出的该对比文件的权利要求1所述，该装置的组成主要包括罐体、内层密封盖及外层覆盖三部分，在密封盖上设有抽气唧管及抽气件用于抽出罐体内的空气，在一侧设有一泄气孔及泄气阀件，并在覆盖对应位置设有一预留孔，使用者可由预留孔将泄气阀件下压以解除罐体内的真空状态，该内层密封盖的适当位置增设有一气孔柱，在气孔柱套有一弹簧及一伸缩式胶套，在该外层覆盖对应气孔柱及胶套的部位设另一预留孔，利用该胶套配合弹簧作用而随着罐体内部空气压力状态所产生的压缩或伸张可改变胶套与其预留孔的相对关系，据此对罐体内的真空状态作出判断。上述文字描述的技术内容还在该对比文件的第3、第4页的与本专利完全相同的附图3、4和附图5中示出。可见上述对比文件中已经公开了与本专利权利要求1完全相同的技术方案，且对比文件与本专利属于相同的技术领域、采取了相同的技术手段、解决相同的技术问题，并能产生完全相同的技术效果。因此，本专利权利要求 1 不符合专利法第二十二条第二款的规定，不具备新颖性。

对比文件的第 1 页第 1 栏第 18 行至第 2 栏第 6 行示出了其权利要求 2，该权利要求 2 是从属于其权利要求 1 的，其中还公开了在外层覆盖的适当位置设有一标注有月份和日期的号码环，并且号码环与覆盖间保有适当间隙，用来在号码环上嵌设两可移位的标记件，用该两标记件可分别作月份和日期的标示，以明白地标示出保存的日期，使使用者很容易地知道罐内物品的保存时间。可见本专利权利要求 2 的技术方案在该对比文件中也已公开，因此本专利权利要求 2 也不具备新颖性。

对比文件的第 1 页第 2 栏第 7 行至第 12 行示出了其权利要求 3，该权利要求 3 在其从属的权利要求 1 的基础上增加了该伸缩式胶套顶部衔覆有一硬质护盖，并于覆盖对应的预留孔内缘形成一适当的挡缘，用以形成护盖的上升限位，避免其突出于预留孔外部。可见本专利权利要求 3 的技术方案在该对比文件中也已公开，因此本专利权利要求 3 也不具备新颖性。

对比文件的第 1 页第 2 栏第 13 行至第 17 行示出了其权利要求 4，该权利要求 4 在其从属的权利要求 1 的基础上增加了该套在气孔柱与胶套间的弹簧的张力强度大致与罐内真空状态时的真空压力相符。可见本专利权利要求 4 的技术方案在该对比文件中也已公开，因此本专利权利要求 4 也不具备新颖性。

对比文件的第 1 页第 2 栏第 18 行至第 2 页第 3 栏第 5 行示出了其权利要求 5，该权利要求 5 在从属于其权利要求 2 的情形下，在该对比文件的权利要求 2 的基础上增加了该号码环的月份与日期标示间具有挡肋作为两标记件的分隔，且在每一月份及日期标记数字对应部位设有微突卡制点，用以适度定位标记件的正确位置以避免其滑移而产生判读上的误差，据以明白标示出保存的日期。可见本专利权利要求 5 的技术方案在该对比文件中也已公开，因此本专利权利要求 5 也不具备新颖性。

对比文件的第 2 页第 3 栏第 6 行至第 10 行示出了其权利要求 6，该权利要求 6 在其从属的权利要求 1 的基础上增加了该内层密封盖的抽气构件为双并式的二抽气唧管及二抽气件，据以增进其抽气速度。也就是本专利权利要求 6 的技术方案在该对比文件中也已公开，因此本专利权利要求 6 也不具备新颖性。

综上所述，合议组认为本专利的权利要求 1 ~6 不具备专利法第二十二条第二款所规定的新颖性。

**三、决定**

宣告 00216559. 7 号实用新型专利权全部无效。

当事人对本决定不服的，可以根据专利法第四十六条第二款的规定，自收到本决定之日起三个月内向北京市第一中级人民法院起诉。根据该款的规定，一方当事人起诉后，另一方当事人应当作为第三人参加诉讼。

# 轮胎模加工专用电火花成型机案

## 无效宣告请求审查决定（第6736号）

**决　定　号**　第6736号
**决　定　日**　2004年12月21日
**发明创造名称**　轮胎模加工专用电火花成型机
**国际分类号**　B23H 9/00
**无效请求人**　孙建平
**专利权人**　冯民堂
**专　利　号**　99245745.9
**申　请　日**　1999年9月23日
**授权公告日**　2000年8月30日
**合议组组长**　魏　屹
**主　审　员**　徐媛媛
**参　审　员**　耿　博

**法律依据**　专利法第二十二条第二款、第三款
**决定要点**

本专利之权利要求1与请求人提供证据相比在轮胎模及主轴头之相对位置关系的确定方面采用了不同的技术解决方案，请求人提供的证据未就本专利之相应的技术方案给出任何技术启示或教导，同时，该技术方案又能够带来一定的技术效果，故本专利之权利要求1相对于请求人提供的证据具备新颖性和创造性。

**一、案由**

本无效宣告请求案涉及国家知识产权局专利局2000年8月30日授权公告的、名称为“轮胎模加工专用电火花成型机”的实用新型专利，其专利号为99245745.9，申请日为1999年9月23日，专利权人是冯民堂。

授权公告的权利要求书如下：

“1. 一种专门用于轮胎模加工的轮胎模加工专用电火花成型机，包括主轴头、床身和与床身固连的立柱，其特征在于：所述主轴头（1）通过其后面的轴与横臂（12）上相应的孔构成转动连接，实现所述主轴头的转动，横臂（12）通过十字滑块（10）与立柱（9）滑动连接，所述床身（5）通过转轴（6）与回转工作台（4）构成转动连接，通过转动手轮（7）实现回转工作台的转动。

2. 根据权利要求1所述的轮胎模加工专用电火花成型机，其特征在于：所述回转工作台（4）是通过转轴（6）和蜗轮蜗杆付（图中未画出）与手轮（7）连接的。”

针对上述专利权，孙建平（下称请求人）于2004年4月16日向专利复审委员会提出了无效宣告请求，其理由是本实用新型专利不符合专利法第二十二条第二款、第三款有关新颖性和创造性的规定。与此同时，请求人提供了如下证据：

证据1：中华人民共和国国家知识产权局实用新型专利检索报告复印件；

证据2：专利号为US4471200的美国专利说明书复印件，授权公告日为1984年9月11日；

证据3：专利号为US4409457的美国专利说明书复印件，授权公告日为1983年10月11日；

证据4：专利号为92239385.0的中国实用新型专利说明书复印件，授权公告日为1993年10月6日；

证据5：专利号为91226878.6的中国实用新型专利申请说明书复印件，公告日为1992年4月15日。

请求人认为：证据2、证据3、证据4与证据2或证据3的结合，以及证据5与证据2或证据3的结合可以破坏本专利的创造性。同时，证据1证明经国家知识产权局专利局审查员的检索，证据2及证据3能够破坏本专利的创造性。

专利复审委员会经形式审查合格后，于2004年5月19日发出了无效宣告请求受理通知书，同时将宣告专利权无效请求书以及有关文件副本转给专利权人（下称被请求人），要求被请求人在指定期限进行意见陈述。此外，还向请求人发出了外文证据处理通知书，要求其在指定期限对外文证据2及证据3提交所使用部分的中文译文。同时成立合议组对本案进行审理。

2004年5月15日，请求人补充提交了证据2及证据3所使用部分的中文译文以及如下两份新证据：

证据6：CN85108782A中国发明专利申请公开说明书复印件，公开日为1986年10月8日；

证据7：CN85109147A中国发明专利申请公开说明书复印件，公开日为1986年10月29日。

请求人认为，本专利权利要求1所要求保护的技术方案与证据2或证据3之间的区别之处有二：一是本专利用横臂通过十字滑块与立柱滑动连接代替了升降工作台通过螺杆18实现与立柱19的滑动连接；二是本专利限定了用手轮实现回转工作台的转动。本专利权利要求1所要求保护的技术方案与证据4的区别之处在于横臂与立柱的连接方式，本专利用可以上下、前后移动的十字滑块替代了安装在枢座上可前后移动的滑道以及安装在工作台上可前后移动的滑道。上述区别之处属本领域的常用手段和公知常识，同时，证据5披露了通过十字交叉的滑道实现主轴头在两个方向的自由滑动，即本专利之十字滑块这一技术特征，故证据5与证据2、证据3、证据4中任意一篇的结合均破坏本专利权利要求1的创造性。此外，证据6及证据7均披露了主轴头通过横臂和十字滑块与立柱滑动连接这一技术特征，其与本专利的区别之处仅在于十字滑块的安装方向不同，但这种不同对所属领域技术人员是不需创造性的劳动可直接得出的，故证据6或证据7与证据2、证据3、证据4中任意一篇的结合也破坏本专利权利要求1的创造性。权利要求2限定部分的技术特征在证据4中公开，同时该特征也是所属领域的常识技术，故权利要求2同样不具备创造性。

针对无效宣告请求受理通知书，被请求人于2004年6月19日进行了相应的意见陈述。被请求人对证据1的形式及来源的合法性提出异议。同时指出证据2及证据3属域外形成证据，未按相关规定办理公证认证手续。此外，被请求人认为，证据4及证据5在第5812号无效宣告请求审查决定中已明确阐明不足以破坏本专利的创造性。即使考虑证据2及证据3，本专利权利要求1及权利要求2所要求保护的技术方案与其仍具有区别之处，同时区别之处又具有一定的技术效果。故本专利相对于请求人提供的证据1~5具备创造性。

专利复审委员会本案合议组于2004年9月23日向被请求人以及请求人发出了无效宣告请求口头审理通知书，定于2004年12月14日举行口头审理。同时将请求人提交的证据2和证据3所使用部分的中文译文以及补交提交的证据6及证据7转送被请求人，将被请求人的意见陈述转送请求人，同时要求双方当事人在一个月内答复。

口头审理如期举行，双方当事人均参加了口头审理，被请求人以及请求人对合议组成员无回避请求，对对方出庭人员身份和资格无异议。在口头审理过程中，请求人明确其无效宣告请求的理由为本专利不符合专利法第二十二条第二款、第三款的规定；认为证据2及证据3均破坏本专利权利要求1及权利要求2的新颖性；证据3是本专利最接近的现有技术，其与证据4、证据6及证据7中任意一篇的组合均可以使得本专利之权利要求1及权利要求2不具备创造性。被请求人对证据2~7的真实性无异议，对证据2及证据3所使用部分的中文译文无异议。双方当事人结合证据就其各自的观点进行了充分的意见陈述。

在上述工作的基础上，合议组认为本案事实已经清楚，可以依法作出审查决定。

**二、决定的理由**

1. 证据认定

证据1是中华人民共和国国家知识产权局实用新型专利检索报告，该证据不是行政决定，不具有法律效力，其中对本专利新颖性和创造性的评述对本无效宣告审查决定无任何约束，故合议组对该证据不予采信。

证据2~7是专利文献，属公开出版物，被请求人对上述证据的真实性无异议，同时上述证据的授权公告日（公开日/公告日）均早于本专利的申请日，故证据2~7构成本专利的现有技术，可以用于评价本专利的新颖性和创造性。此外，鉴于请求人就外文证据2及证据3提交了所使用部分的中文译文，而且被请求人对上述中文译文未提出异议，故合议组在此以请求人所提交的证据2及证据3之中文译文的内容评价本专利的新颖性和创造性。

2. 关于本专利的新颖性和创造性

本专利所要解决的技术问题是，现有轮胎模加工用电火花成型机之主轴头只能直线运动而不能转动，需在现有水平工作台上安装一个倾斜的回转工作台，费工费时，而且加工找正时需同时调整主轴头及工作台，找正很困难。其相应的技术解决方案是，工作台设计成圆盘回转式，轮胎模直接安装在工作台上，工作台的回转带动轮胎模转动以实现对轮胎模的分度加工。主轴头可在垂直面转动，以实现对不同层次花纹的找正加工；此外，主轴头可相对于立柱和横臂上下、左右移动，以实现对不同规格轮胎模的加工，即通过主轴头实现轮胎模的找正。上述技术解决方案在权利要求1中体现为：a. 所述主轴头（1）通过其后面的轴与横臂（12）上相应的孔构成转动连接；b. 横臂（12）通过十字滑块（10）与立柱（9）滑动连接；c. 所述床身（5）通过转轴（6）与回转工作台（4）构成转动连接，通过转动手轮（7）实现回转工作台的转动。

（1）关于本专利的新颖性

专利法第二十二条第二款规定：新颖性，是指在申请日以前没有同样的发明或实用新型在国内外出版物上公开发表过、在国内公开使用过或者以其他方式为公众所知，也没有同样的发明或实用新型由他人向国务院专利行政部门提出过申请并且记载在申请日以后公布的专利申请文件中。

请求人认为证据2及证据3均破坏本专利权利要求1及权利要求2的新颖性。需要指出的是，请求人就本专利的新颖性仅提出上述的对比方式，故依据审查指南第四部分第三章第3.1节请求原则的相关规定，合议组在此仅以上述对比方式评述本专利的新颖性。

证据3涉及一种用电蚀机器加工金属轮胎模具的系统，所述系统包括一电腐蚀机（对应于本专利的电火花成型机），所述电腐蚀机包括工作头座15（对应于本专利的主轴头）、底座25（对应于本专利的床身）和与底座固连的立柱19，与升降工作台17（对应于本专利的横臂）相连的驱动装置16可以带动工作头座沿 $\alpha$ 方向转动，升降工作台安装在立柱19上，通过螺杆18沿图中Z向上下移动，工作台旋转机构 22 使得工作台 21 沿图中 θ 方向转动，该机构可以是脉动马达和压力装置，位于底座上方的工作台移动装置包括使得工作台沿 X 方向移动的第一平台 21 以及使得工作台沿 Y 方向移动的第二平台 24。通过调整升降工作台 17 在 Z 向的高度，沿 θ 方向旋转工作台 21、并在 X 和 Y 方向移动工作台 21，放置于工作台 21 上的加工工件与加工工具的相对位置得以确定（具体参见证据 3 中文译文第 12 ~ 14 页以及附图 5A、附图 5B）。通过上述的描述可知，本专利权利要求 1 所要求保护的技术方案与证据 3 存在以下区别之处：

①在本专利中，横臂通过十字滑块与立柱滑动连接；而在证据 3 中，升降工作台通过螺杆与立柱可上下移动地连接。②在本专利中，床身通过转轴与回转工作台转动连接，通过手轮实现回转工作台的转动；而在证据 3 中，工作台通过工作台旋转机构及工作台移动装置间接与底座相连。③在本专利中，所述主轴头通过其后面的轴与横臂上相应的孔转动连接，而在证据 3 中，与升降工作台相连的驱动装置使得所述工作头座转动。

鉴于本专利权利要求 1 与证据 3 存在上述区别之处，故本专利之权利要求 1 相对于证据 3 具备新颖性。请求人认为，本专利之“十字滑块”滑动连接方式与证据 3 之“螺杆”滑动连接方式属惯用手段的直接替换。合议组认为，本专利之“十字滑块”滑动连接方式实现的是两个方向的移动，而证据 3 之“螺杆”滑动连接方式实现的只是一个方向的移动，故两种滑动连接方式显然不属所属技术领域的惯用手段的直接置换，故合议组对请求人的这一主张不予支持。

权利要求 2 从属于权利要求 1，在权利要求 1 具备新颖性的情况下，权利要求 2 同样具备新颖性。

证据 2 涉及用两个阶段电腐蚀加工轮胎模具的方法，通过阅读其相应的中文译文可知，其与证据 3 披露的与本专利相关的内容相同，只是相应部件所采用的附图标记有所不同。对此，请求人也予以认可。故在本专利权利要求 1 及权利要求 2 相对于证据 3 具备新颖性的情况下，其相对于证据 2 同样具备新颖性。

(2) 关于本专利的创造性

专利法第二十二条第三款规定：创造性，是指同申请日以前已有的技术相比，该发明具有突出的实质性特点和显著的进步，该实用新型具有实质性特点和进步。

请求人认为证据 4、证据 6 及证据 7 中的任意一篇与证据 3 的组合破坏本专利的创造性，同时证据 3 是本专利最接近的对比文件。需要指出的是，请求人就本专利的创造性仅提出上述的对比方式，故依据审查指南第四部分第三章第 3. 1 节请求原则的相关规定，合议组在此仅以上述对比方式评述本专利的创造性。

由前面新颖性的评述中对证据 3 所披露相关内容的描述可以看出，证据 3 与本专利采用了不同的技术解决方案，在本专利中，轮胎模（加工工件）与主轴头相对位置的确定，即轮胎模的加工找正仅通过对主轴头的调整即可实现；而在证据 3 中，加工工件的找正通过工作头座及工作台的协同调整实现。

证据 4 涉及一种电火花加工机，其中所述加工机包括主轴头部 25、工作台母部 210（对应于本专利的床身）和与母部固定连接的机座 10（对应于本专利的立柱），主轴头部通过其后面的枢合元件 24 与枢座 23 成可转动的连接，允许该头部上扬、下倾并固定于一角度，枢座通过滑道 200 与机座成滑动连接，工作台 21 可沿上下、左右、前后三个方向直线运动，在工作台顶部装有辅助工作台 30，该辅助工作台具有斜度调整装置 33 以及由伺服电机控制的转盘 34，通过斜度调整装置调整转盘上预定接受加工的工作物的斜度，使该放电头可借助其头部的前倾后仰及前后位移调整、工作台的上下高度调整、再通过辅助工作台通过斜度调整装置将其转盘作斜度调整的整体配合使用，而使得放电头可对固定于该转盘上的工作物精确地按多种角度进行加工（具体参见证据 4 说明书第 7 ~ 9 页以及附图

2、附图3及附图5）。即在证据4中，工作物（对应于本专利之轮胎模）的找正是通过对主轴头、工作台及辅助工作台上斜度调整装置的共同调整而得以实现的。

由此可见，即使将证据3与证据4结合，其仍与本专利在轮胎模及主轴头之相对位置关系的确定方面采用了不同的技术解决方案。本专利仅通过对主轴头的调整而进行两者相对位置关系的确定，而证据3及证据4均通过对主轴头（工作头座）以及工作台（辅助工作台）的共同调整而进行两者相对位置关系的确定。而正如前面所述，上述本专利之技术解决方案在权利要求1所要求保护的技术方案中通过三方面的特征加以体现，故本专利之权利要求1所要求保护的技术方案与证据3及证据4的组合在这三个方面仍存在区别之处，证据3及证据4的组合未就区别之处给出任何技术启示或教导，同时区别之处又具有一定的技术效果，故本专利之权利要求1相对于证据3及证据4的组合具备创造性。

证据6及证据7均涉及一种电火花腐蚀加工机床，其中所述机床具有一个机床直柱1，上面有十字型中间托板7和一根横梁8，在横梁的端面放置工作头9。请求人认为，上述证据6及证据7中的中间托板7对应于本专利的十字滑块，故其与证据3的结合破坏本专利权利要求1的创造性。对此，合议组认为，首先，如上所述，证据3与本专利在轮胎模及主轴头之相对位置关系的确定方面采用了不同的技术解决方案，不同的技术解决方案导致了本专利之权利要求1与证据3在横臂与立柱、床身与工作台的连接方式上存在区别之处，同时证据3又未就本专利所采用之相应的技术解决方案给出任何技术启示或教导。因此，虽然证据6及证据7均给出了工作头（对应于本专利之主轴头）通过十字型中间托板（对应于本专利之十字滑块）移动的技术教导，但是其与证据3没有结合的技术启示点。而通过本专利之说明书可看出，上述区别之处又具有一定的技术效果，进而可实现本专利的发明目的，故本专利之权利要求1相对于证据3、证据6的组合以及证据3、证据7的组合具备创造性。

权利要求2从属于权利要求1，在权利要求1具备创造性的前提下，权利要求2同样具备创造性。

**三、决定**

维持99245745.9号实用新型专利权有效。

一方当事人对本决定不服的，可以根据专利法第四十六条第二款的规定，在收到本决定之日起三个月内向北京市第一中级人民法院起诉。根据该款的规定，一方当事人起诉后，另一方当事人可以作为第三人参加诉讼。

# 高速度高精度高耐用度铰刀案

## 无效宣告请求审查决定（第6756号）

**决　定　号**　第6756号
**决　定　日**　2004年12月21日
**发明创造名称**　高速度高精度高耐用度铰刀
**国际分类号**　B23D 77/00
**无效请求人**　北京市科石堪机床工具公司
**专利权人**　董日吾
**专　利　号**　98123110.1
**申　请　日**　1998年12月3日
**授权公告日**　2002年7月17日
**合议组组长**　魏　屹
**主　审　员**　耿　博
**参　审　员**　徐媛媛

**法律依据**　专利法第二十二条　专利法第二十六条第三款、第四款　专利法实施细则第二十一条第二款

**决定要点**

无正当理由未出席口头审理接受质证的证人证言不得单独作为定案的依据。当事人的陈述可以作为认定案件事实的依据。

当一权利要求中的技术特征组成的技术方案能够区别于背景技术中所述的其他技术方案，并能够解决其技术问题时，应当认为该权利要求并不缺少必要的技术特征。

**一、案由**

本无效宣告请求案涉及的是专利号为98123110.1、名称为“高速度高精度高耐用度铰刀”的发明专利，该专利的申请日为1998年12月3日，授权公告日为2002年7月17日，专利权人为董日吾。

该专利授权公告的权利要求书如下：

“1. 一种铰刀，其特征是：其每个刃齿工作部分的前端一段为切削段，后段为防振段，切削段的长度为1～6mm，其刃带圆柱棱的宽度为0.1～0.8mm，防振段的圆柱棱宽于切削段刃带的圆柱棱，其值为0.5～6mm。”

北京市科石堪机床工具公司（下称请求人）针对上述专利权（下称本专利）于2003年11月19日向专利复审委员会提出了无效宣告请求，其理由是本专利不符合专利法第二十二条第二款有关新颖性的规定。请求人同时提交了如下证据：

证据1：中华人民共和国吉林省长春市公证处出具的公证书（2003）长证民字第4776号。

请求人认为通过证据1可以证明在本专利申请日之前已有与之相同的产品通过销售而公开，因此本专利丧失了新颖性。

经形式审查合格后，专利复审委员会受理了上述无效宣告请求，并将无效宣告请求书及证据的副本转给了专利权人（下称被请求人），同时依法成立合议组对此案进行审查。

请求人于2003年12月17日向专利复审委员会提交了意见陈述书及如下两份证据：

证据2：公开号为CN861056147A的中国发明专利申请公开说明书复印件，公开日为1988年2月17日；

证据3：《制造技术与机床》1994年第6期第17~18页复印件。

请求人认为由于本专利的权利要求书中未包含有包括“圆棱柱的数量、在外径圆周的分布条件、被加工金属孔的深度与圆棱柱的切削段数据关系”等铰刀的必要技术特征，故本专利的权利要求书不符合专利法实施细则第二十一条第二款的规定。同时，说明书中也未对这些技术特征进行说明，故本专利的说明书不符合专利法第二十六条第三款的规定，另外，本专利相对于证据2、证据3也不具备创造性。

被请求人于2004年2月11日向专利复审委员会提交了意见陈述书。被请求人认为，请求人提交的证人证言是没有证明力的，因为这些说法没有相关的证据加以印证，属于证人的主观臆断。在“精深孔高速铰刀”一文及申请号为86105614的中国专利申请说明书中均没有公开本专利权利要求中“切削段的长度为1~6mm，其刃带圆柱棱的宽度为0.1~0.8mm，防振段的圆柱棱宽于切削段刃带的圆柱棱，其值为0.5~6mm”的技术特征，即没有公开“在同一把刀上，前段圆柱刃带宽度窄，后一段宽”的技术特点，因此本专利相对于请求人提交的这些证据具备新颖性和创造性。

2004年9月15日，合议组分别将上述双方当事人的意见陈述书及补充提交的证据转送给了对方当事人，并向双方当事人发出口头审理通知书，定于2004年11月11日在专利复审委员会进行口头审理。

被请求人于2004年10月18日向专利复审委员会提交了意见陈述书。被请求人认为请求人提供的发票是自开的，该发票上的货品是请求人于2003年11月自行生产的。请求人提供证据证明在1998年底以前请求人及其委托生产的北京市第一机床厂未生产同本专利所要求保护的技术方案相同的铰刀，是在1999年开始试制，2000年才开始批量生产的。证据2、证据3与本专利的技术特征风马牛不相及，不能破坏其创造性。被请求人同时提交如下附件作为反证：

附件1：原北京市第一机床厂工具处副处长许永昌出具的证人证言。

口头审理如期举行，双方当事人均出席了此次口头审理。合议组当庭将被请求人于2004年10月18日提交的意见陈述书及附件转交给请求人。双方当事人结合请求人提交的证据就本专利是否具备新颖性和创造性充分向合议组陈述了意见。

请求人于2004年11月16日向专利复审委员会提交了意见陈述书，请求人强调证据1中出具证言的证人未出庭作证的原因是由于其职务重要，且路程遥远，如果本案合议组认为有必要，请求人可以提供证人出庭作证。

至此，合议组认为本案的事实已经清楚，可以作出审查决定。

**二、决定的理由**

1. 证据的认定

证据1是吉林省长春市公证处出具的（2003）长证民字第4776号公证书；证据2是中国发明专利申请公开说明书，公开号为CN861056147A；证据3是《制造技术与机床》1994年第6期（17~18页）。被请求人对这三份证据的真实性没有异议，所以合议组对这三份证据的真实性予以认可。

2. 关于本专利的说明书是否符合专利法第二十六条第三款

专利法第二十六条第三款规定：说明书应当对发明或者实用新型作出清楚、完整的说明，以所属技术领域的技术人员能够实现为准；必要的时候，应当有附图。摘要应当简要说明发明或者实用新型的技术要点。

请求人认为，本专利的技术方案相对于现有技术是在刃齿的切削段后面设置防振段。但后段防振段在被加工的金属孔中，起着某种支撑、稳定和防振作用的话，至少还需要3个条件作为保证：（1）“圆柱棱”的数量条件：至少应该是2个或2个以上，（2）“圆柱棱”在铰刀外径圆周上的分布条件：应该是对称或基本对称，（3）被加工金属孔的深度与“圆柱棱”切削段，即前段长度的数据关系的条件。本专利的说明书由于缺少这些内容，致使本领域的技术人员不能实现该技术方案，故不符合专利法第二十六条第三款的规定。

合议组认为：由本专利的说明书附图3可以看出，作为后段防振段的圆柱棱的数量为4个，并且该圆柱棱在棱刀外径圆周上是对称分布的。由于附图是说明书的一个组成部分，附图的作用在于用图形补充说明书文字部分的描述，使人能够直观地、形象化地理解该专利的每个技术特征和整体技术方案。所以可以认为本专利的说明书中已经公开了以上两个技术特征。在本专利的说明书中虽没有明确公开“被加工金属孔的深度与‘圆柱棱’切削段，即前段长度的数据关系的条件”，但这属于本领域技术人员在实际应用中的常规选择，本领域的技术人员是可以根据实际情况去选择应用由于被加工金属孔的深度的不同而选用切削段的长度不同。综上所述，由于本专利的说明书附图公开了作为防振段的圆棱柱的数量及分布关系，本领域的技术人员可以根据实际情况去选择应用由于被加工金属孔的深度的不同而选用切削段的长度不同。所以本领域的技术人员能够根据说明书及附图所公开的技术内容实现该技术方案，即本专利的说明书符合专利法第二十六条第三款的规定。

3. 关于权利要求书是否符合专利法实施细则第二十一条第二款的规定

专利法实施细则第二十一条第二款规定：独立权利要求应当从整体上反映发明或者实用新型的技术方案，记载解决技术问题的必要技术特征。

请求人认为，如果为解决其所要解决的技术问题而构成一完整的技术方案的话，除了本专利的权利要求书中的技术特征之外，还应包含有“防振段圆柱棱的数量、在铰刀外径圆周上的分布条件及被加工金属孔的深度与‘圆柱棱’切削段的数据关系的条件”等技术特征。由于本专利的权利要求书缺少这些技术特征而不能构成一完整的技术方案，不能解决所要解决的技术问题，并且其保护范围也无法确定，故也不符合专利法实施细则第二十一条第二款的规定。

合议组认为：必要技术特征是指，发明或者实用新型为解决其技术问题所不可缺少的技术特征，其总和足以构成发明或者实用新型的技术方案，使之区别于背景技术中所述的其他技术方案。在本案中，本专利的技术方案是相对于现有技术中存在的“普通铰刀在高速切削时极易产生周期振动而导致的耐用度低，铰出的孔的精度差；以及如图1、图2所示的铰刀切削刃与支撑块数目不等——通常由于切削刃的数量少于支撑块，从而导致铰刀的耐用度降低，走刀量小的缺点”而作出的改进。而本专利作出的改进主要在于“每个刃齿工作部分的前端一段为切削段，后段为防振段”。这样本专利的权利要求包含的所有技术特征，即“一种铰刀，其特征是其每个刃齿工作部分的前端一段为切削段，后段为防振段，切削段的长度为1～6mm，其刃带圆柱棱的宽度为0.1～0.8mm，防振段的圆柱棱宽于切削段刃带的圆柱棱，其值为0.5～6mm”所限定的技术方案，能够区别于背景技术中所述的其他技术方案，并且采用该技术方案可以解决其技术问题，所以应当认为该权利要求并不缺少解决问题的必要技术特征。故本专利符合专利法实施细则第二十一条第二款的规定。请求人的主张以上技术特征并不是本专利的必要技术特征，属于本领域技术人员的常识，本专利的权利要求书中不将其加入其中，并不会影响该权利要求构成一完整的技术方案，如将其加入，则会导致该权利要求保护范围的缩小。所以合议组对请求人的以上主张不予支持。

4. 关于本专利是否具备新颖性

请求人认为：通过证据1可以证明在本专利的申请日之前已有与本专利结构相同的产品通过销售而公开，故本专利相对于证据1不具备新颖性。

我国专利法第二十二条规定：新颖性，是指在申请日以前没有同样的发明或者实用新型在国内外出版物上公开发表过、在国内公开使用过或者以其他方式为公众所知，也没有同样的发明或者实用新型由他人向国务院专利行政部门提出过申请并且记载在申请日以后公布的专利申请文件中。

合议组认为：证据1是吉林省长春市公证处出具的（2003）长证民字第4776号公证书；其包含有3个附件，附件1：1998年8月21日的NO. 06231362《北京增值税专用发票》复印件；附件2：借用并封存在档案中的物品照片一张；附件3：一汽大众汽车有限公司出具的《证明》复印件。根据该证据的证明效力，可以确认附件1所附发票的复印件与原件相符；附件2所附的物品照片与请求人从一汽大众公司借出的物品相一致，附件3所附一汽大众公司出具的《证明》的复印件与原件相符。由于通过附件1的发票无法知道该销售物品的结构，而通过观察附件2的照片（由于其模糊不清）也无法确定该所示产品的结构。并且在口头审理时请求人表示附件1中发票涉及的销售物品由于使用而没有保存至今（被公证时），附件2照片所示的刀具是在发票的销售日期之后生产的，但通过附件3的证言可以证明两者是完全一样的，即可以认定附件2的照片所示的产品并不是附件1中发票所销售的产品；附件3是一汽大众汽车有限公司出具的证明。由于该证明属于一种事后的对该事情的追忆，按照我国现行的法律规定应当有具有记忆力的自然人（即该单位负责人）在其上签字盖章并对其真实性负责。而该附件由于没有单位负责人的签字盖章而不符合法律规定的形式要件。由于出具该证明的单位（一汽大众汽车有限公司）和申请人之间发生过产品买卖行为，可以认定两者属于具有利害关系人。并且该单位负责人没有出席口头审理接受质证，也没有其他证据可以和该证言证明的内容相印证。

综上所述，由于附件2照片所示的产品不是附件1销售发票中涉及的产品，是事后销售的产品，并且通过附件2的照片中也无法清楚地确认所示产品的结构，即无法和本专利要求保护的技术方案相比较。而意图证明附件2中照片所示的产品同附件1发票涉及的产品结构一致的证明由于不符合法律要求的形式要件，出具证明的单位同请求人之间存在着利害关系，出具证明的单位负责人未出席口头审理接受质证，也没有其他证据可以和该证言证明的内容相印证，所以无法认定附件3中证明的内容是对客观情况的如实反映。即证据1中的三个附件不能组成一完整的证据链支持请求人的以上主张，不能破坏本专利的新颖性。

5. 关于本专利是否具备创造性

请求人认为证据2、证据3公开了本专利权利要求1所要求保护技术方案的全部技术特征，故本专利相对于证据2、证据3不具备创造性。

根据专利法第二十二条第三款的规定，创造性是指同申请日以前已有的技术相比，该发明有突出的实质性特点和显著的进步，该实用新型有实质性特点和进步。

合议组认为：由于证据2、证据3的公开时间早于本专利申请日，故证据2、3可用于评价本专利的创造性。证据2是为了解决铰刀在加工深而精密的圆柱小孔时不易达到精度及光洁度的缺陷，而对铰刀作出的改进。该铰刀是由工作部和柄部组成，在上述两者之间还设一颈部，并且在工作部中设一段圆柱部，在切削锥刃部后面有一刃带部；证据3是为了解决铰刀在加工时的排屑问题而对其结构作出的改进，该铰刀的结构是由刀头、刀颈和刀柄三部分组成，其中铰刀采用的是较大的前角和后角，切削刃部分选用了大主偏角，修光刃部分选用了较小的主偏角，刀刃的校准部分较长，刀齿较少，容屑空间较大。通过以上可以看出，两份证据所要解决的技术问题和本专利均不同，且均没有公开本专利权利要求 1 中的“每个刃齿工作部分的前端一段为切削段，后段为防振段”的技术特征，也没有给出实现权利要求 1 所要求保护的技术方案的技术启示或教导。由于本专利所采用的技术方案可以解决其技术问题，实现其技术效果，所以相对于现有技术具有突出的实质性特点和显著的进步，具备创造性。

综上所述，请求人的以上无效理由均不能成立，合议组对请求人的以上无效主张不予支持。

**三、决定**

维持 98123110.1 号发明专利权有效。

当事人对本决定不服的，可以根据专利法第四十六条第二款的规定，自收到本决定之日起三个月内向北京市第一中级人民法院起诉。根据该款的规定，一方当事人起诉后，另一方当事人应当作为第三人参加诉讼。

# 自锁式钻夹头案

## 无效宣告请求审查决定（第6758号）

决　定　号　第6758号

决　定　日　2004年12月15日

发明创造名称　自锁式钻夹头

国际分类号　B23B 45/14

无效请求人　三鸥集团有限公司

专利权人　山东威达机械股份有限公司

专　利　号　98221060.4

申　请　日　1998年5月8日

授权公告日　1999年7月14日

合议组组长　吴亚琼

主　审　员　徐媛媛

参　审　员　魏　屹

法律依据　专利法第二十二条第三款　专利法第二十六条第四款　专利法实施细则第二十一条第二款

决定要点

本专利之权利要求1与请求人提供的证据的区别之处属针对同一技术构思之不同的技术解决方案。证据中未就本专利之技术解决方案给出任何技术启示或教导，本领域普通技术人员根据证据中披露的技术方案得到本专利之相应的技术解决方案并非显而易见，故本专利权利要求1相对于请求人提供的证据具备创造性。

### 一、案由

本无效宣告请求案涉及国家知识产权局专利局1999年7月14日授权公告的、名称为“自锁式钻夹头”的实用新型专利，其专利号为98221060.4，申请日为1998年5月8日，专利权人是山东威达机械股份有限公司。

授权公告的权利要求书如下：

“1. 一种自锁式钻夹头，设有钻体、夹爪、轴承垫、轴承、丝母、丝母套、前套、挡盖，其特征在于：前套一端设有轴向牙齿，钻体后端设有后套和固定座，后套与前套相对应的一端设有轴向牙齿，后套内壁设有横向隔离板，横向隔离板上设有导向孔和定位孔，固定座与钻体过盈连接，固定座上设有固定爪，固定爪插在后套横向隔离板上的定位孔内。

2. 根据权利要求1所述的一种自锁式钻夹头，其特征在于：所说的钻体后端、后套内壁的横向隔离板与固定座之间设有弹簧。

3. 根据权利要求1或权利要求2所述的一种自锁式钻夹头，其特征在于：所说的后套内壁设有定位凹槽，固定座的固定爪上设有凸起筋。”

针对上述专利权，三鸥集团有限公司（下称请求人）于2004年3月22日向专利复审委员会提出了无效宣告请求，其理由是本实用新型专利不符合专利法第二十二条第三款、专利法第二十六条第四款、专利法实施细则第二十一条第二款以及专利法实施细则第二条第三款的规定。与此同时，请求人提供了如下证据：

证据1：申请号为95190832.4的中国发明专利申请公开说明书复印件，公开日为1996年10月30日；

证据2：US5183274美国专利说明书复印件，授权公告日为1993年2月2日；

证据3：DE19606795A1德国专利申请公开说明书复印件，公开日为1997年9月18日。

请求人认为：（1）本专利权利要求1相对于证据1~3的任意组合或单独相对于证据2或证据3无创造性。权利要求1缺少前套和后套啮合时保持其啮合状态的结构特征，而且仅罗列出各部件而未描述其相应的连接关系，该技术方案不完整，缺少解决本专利技术问题的必要技术特征，故不符合专利法实施细则第二十一条第二款的规定。权利要求1前序部分罗列的技术特征未得到说明书的支持，不能证明在缺乏连接关系特征的情况下，该技术方案能够解决本专利的技术问题，故权利要求1不符合专利法第二十六条第四款的规定。（2）本专利权利要求2相对于证据1和证据3、证据2和证据3、或单独相对于证据3无创造性。此外，在权利要求1未得到说明书支持的情况下，从属于其的权利要求2同样未得到说明书的支持，不符合专利法第二十六条第四款的规定。（3）本专利权利要求3相对于证据1~3或证据2、3的组合无创造性。同时由于权利要求1或权利要求2未得到说明书的支持，故从属于权利要求1或权利要求2的权利要求3同样未得到说明书的支持，不符合专利法第二十六条第四款的规定。

专利复审委员会经形式审查合格后，于2004年3月23日发出了无效宣告请求受理通知书，同时将宣告专利权无效请求书以及有关文件副本转给专利权人（下称被请求人），要求被请求人在指定期限进行意见陈述。同时成立合议组对本案进行审理。

2004年4月19日，请求人再次进行了意见陈述并补充提交了如下两份证据：

证据4：DE4106129A1德国专利申请公开说明书复印件及其所使用部分的中文译文，公开日为1992年9月3日；

证据5：US5431419美国专利说明书复印件，授权公告日为1995年7月11日。

请求人认为，证据4披露了通过前后套的轴向齿啮合，实现钻夹头的自锁。在后套中也设有横向隔离板和弹簧以及起定位作用的槽和凸筋。证据5公开了相对于本专利之固定爪的部件以起到锁紧前后套之啮合齿的作用。因此，证据4、证据5与证据1的组合或证据5与证据1的组合同样破坏本专利权利要求1~3的创造性。

针对专利复审委员会2004年3月23日发出的无效宣告请求受理通知书，被请求人于2005年5月8日进行了相应的意见陈述，其认为：（1）本专利权利要求1所要求保护的技术方案足以实现本专利的发明目的，是一个完整的技术方案，符合专利法第二十六条第四款以及专利法实施细则第二十一条第二款的规定。（2）本专利将后套设计成后套和固定座两个独立的部件，并在内壁设有横向隔离板作为定位装置，从而实现了后套的轴向滑移，达到前套和后套能锁紧锁定的功能，具有一定的有益效果。证据1~3均未披露本专利权利要求所要求保护技术方案中的技术特征，同时也未给出任何技术启示，故不足以破坏本专利的创造性。

专利复审委员会本案合议组于2004年9月23日向被请求人以及请求人发出了无效宣告请求口头审理通知书，定于2004年12月7日举行口头审理。同时将被请求人的意见陈述转送请求人，要求其在指定期限进行意见陈述。另外，合议组向请求人发出了外文证据处理通知书，要求其对证据2、证据3及证据5在10日内补交所使用部分的中文译文，同时告知请求人，期满未补交的，该外文证据视为未提交。

2004年10月14日，合议组将请求人于2004年4月19日补充提交的证据及相应的意见陈述转送被请求人，要求其在指定期限进行意见陈述。

2004年10月14日，请求人向合议组补交了证据2所使用部分的中文译文。合议组于2004年10月25日将请求人补交的证据2所使用部分的中文译文转送被请求人，要求其在指定期限进行意见陈述。

针对合议组2004年9月23日发出的转送文件通知书，请求人于2004年11月8日进行了相应的意见陈述，仍坚持认为其提供的证据已公开了本专利权利要求所要求保护的技术方案中的全部技术特征以及本专利权利要求1不能完成发明目的，未得到说明书的支持。

口头审理如期举行，被请求人以及请求人对合议组成员无回避请求，对对方出庭人员身份和资格无异议。合议组当庭将请求人于2004年11月8日提交的意见陈述转送被请求人。

在口头审理过程中，合议组当庭告知请求人，鉴于其未提交证据3及证据5所使用部分的中文译文，故证据3及证据5视为未提交。请求人放弃了本专利不符合专利法实施细则第二条第三款的无效宣告请求的理由；明确了本专利之权利要求书不符合专利法第二十六条第四款的具体事实为，权利要求1前序部分未描述所罗列部件相应的连接关系，属上位概念的概括，故得不到说明书的支持；认为证据4是本专利最接近的对比文件，其与证据2的组合破坏本专利权利要求1的创造性。被请求人对证据1、证据2及证据4的真实性无异议，对证据2及证据4所使用部分的中文译文无异议。被请求人以及请求人就其各自的观点进行了充分的意见陈述。另外，被请求人明确表示对当庭转送的请求人的意见陈述不再进行书面意见陈述。

在上述工作的基础上，合议组认为本案事实已经清楚，可以依法作出审查决定。

**二、决定的理由**

1. 关于本专利是否符合专利法实施细则第二十一条第二款的规定

专利法实施细则第二十一条第二款规定：独立权利要求应当从整体上反映发明或实用新型的技术方案，记载为解决技术问题的必要技术特征。

请求人认为，本专利之权利要求1缺少前套和后套啮合时保持其啮合状态的结构特征，而该特征又是实现本专利发明目的的必要技术特征。此外，本专利之权利要求1之前序部分采取了罗列部件的撰写方式，而未描述各部件之间相应的连接关系，技术方案不完整。故本专利之权利要求1不符合专利法实施细则第二十一条第二款的规定。

合议组认为，通过阅读本专利的说明书可知，本专利针对现有技术中由于振动或冲击造成前套不正常之被动转动而引起的钻夹头松动的问题，其相应的技术解决方案是使得前套与后套通过其上轴向牙齿的啮合而实现前套的自锁。由此可见，实现前套自锁的结构是实现本专利发明目的的必要技术特征。另外，在本专利中，前套相对于钻体是不可轴向移动的，为了使得前套能够与后套之间的轴向牙齿分离以便于对前套的操纵，后套不像现有技术中那样固定于钻体上，而是可相对于所述钻体发生（上下）相对运动。基于此，考虑到所述钻夹头的松动是由于前套之被动转动而非轴向运动引起的，故在前套与后套啮合的情况下，限制后套的轴向运动也是实现本专利发明目的的必要技术特征，否则即使两者啮合，冲击或振动同样会造成前套带动后套一起转动，进而造成钻夹头松动。由本专利之权利要求1可以看出，上述两个必要技术特征均有所体现，即前套以及后套上相应的轴向牙齿实现了前套的自锁，固定爪穿过横向隔离板上的定位孔限制了所述后套的周向移动。

请求人认为前套和后套啮合时保持其啮合状态的结构特征，即使得后套轴向定位的结构特征也是实现本专利发明目的的必要技术特征。

合议组认为，判断一个技术特征是否构成必要技术特征要结合一项专利所要解决的技术问题进行综合的判断。就本专利而言，钻具工作时，其主要通过切削实现对工件的加工。被切削材料反作用扭矩的不均匀导致钻具的扭转振动，进而造成对前套的扭转冲击，这种扭转冲击引起前套被动转动从而导致钻夹头的松动。本专利即是针对这一问题而提出的一种技术解决方案。另外，虽然在钻具的工作过程中，随着钻具沿轴向的前进，其必然还要承受轴向的反作用力，而这一轴向反作用力带来的轴向冲击又是引起后套相对于前套串动的动力因素，但是由于该轴向力并非切削力，故其相对于扭转冲击而言较小，即轴向冲击必须达到一定的程度方可使得前套及后套齿啮合的状态松脱。另外，加之钻具在使用过程中各种客观因素的存在，如前套及后套、后套与固定夹之间客观存在的摩擦，齿所选取的长度等等，轴向冲击带来的后套之轴向串动并不必然会导致前套及后套齿啮合状态的松脱。由此可见，在本专利所采用的后套相对于前套及钻体可相对运动的结构中，后套的轴向定位显然不是实现本专利发明目的的必要技术特征。当然，合议组并不否认，从工程应用的角度而言，采用后套之轴向定位结构是最佳的，但是其出发点是基于工程应用对可靠性的要求，而这一点从专利的角度看，其只应理解为本专利所采用技术方案之一最佳实施方式。故合议组对请求人的这一主张不予支持。

就权利要求 1 前序部分的技术特征而言，虽然只是罗列了钻夹头包括钻体等部件，而未对所列部件的连接关系予以描述，但是由本专利说明书公开的内容可知，上述部件的连接关系不是解决本专利技术问题必不可少的技术特征，即其不是必要技术特征。此外，说明书背景技术部分也对上述部件的连接关系进行了描述。再者，上述部件的连接关系对所属领域的技术人员而言也应当是公知的，这一点本专利说明书也可得以印证（参见说明书第 2 页第 4 ~6 行）。

综上所述，合议组认为本专利之权利要求 1 符合专利法实施细则第二十一条第二款的规定。

2. 关于本专利是否符合专利法第二十六条第四款的规定

专利法第二十六条第四款规定：权利要求书应当以说明书为依据，说明要求专利保护的范围。

请求人认为，本专利之权利要求 1 前序部分对钻体等部件的罗列属上位的概括，未得到说明书的支持，故本专利之权利要求 1 及其从属权利要求 2、权利要求 3 不符合专利法第二十六条第四款的规定。

合议组认为，首先，通过阅读本专利的说明书可知，权利要求 1 前序部分的技术特征在本专利的说明书中有明确的文字记载，即权利要求 1 在表述形式上得到了说明书的支持。另外，虽然本专利之权利要求 1 未对所列各部件之间的连接关系予以描述，但是上述部件的连接关系对所属领域的技术人员而言是公知的，而且本专利说明书也明确指出上述部件的连接关系属现有技术（参见说明书第 2 页第 4 ~6 行），本领域的普通技术人员根据权利要求 1 前序部分所罗列的各部件很容易想到其相应的连接关系。此外上述部件的连接关系对解决本专利的技术问题不起任何实质性的作用。即权利要求 1 在实质上也得到了说明书的支持。故本专利权利要求 1 符合专利法第二十六条第四款的规定。相应的，权利要求 2 及权利要求 3 同样符合专利法第二十六条第四款的规定。

3. 关于本专利的创造性

证据 1、证据 2 及证据 4 是专利文献，属公开出版物，被请求人对该证据的真实性无异议，同时上述证据的授权公告日（公开日）均早于本专利的申请日，故证据 1、证据 2 及证据 4 构成本专利的现有技术，可以用于评价本专利的创造性。此外，请求人提交了证据 2 及证据 4 所使用部分的中文译文，而且被请求人对上述中文译文未提出异议，故合议组在下面将以请求人所提交的证据 2 及证据 4 之中文译文的内容评价本专利的创造性。另外需要指出的是，证据 3 及证据 5 属外文证据，合议组于 2004 年 9 月 23 日向请求人发出了外文证据处理通知书，要求其在 10 日内补交所使用部分的中文译文。对此，请求人逾期未补交上述证据的中文译文。根据审查指南的相关规定，上述证据视为未提交。故合议组对证据3及证据5不予考虑。

专利法第二十二条第二款规定：创造性，是指同申请日以前已有的技术相比，该发明具有突出的实质性特点和显著的进步，该实用新型具有实质性特点和进步。

请求人认为证据2及证据4的组合破坏本专利权利要求1的创造性。根据审查指南第四部分第三章第3.1节请求原则的相关规定，合议组在此仅就证据2及证据4的结合能否破坏本专利之权利要求的创造性予以评述。

证据4公开了一种钻夹头，所述钻夹头包括钻体1、夹爪3、轴承垫、轴承、丝母2′、前套2、挡盖，前套一端设有齿14（对应于本专利的轴向细齿），钻体后端设有后套，后套与前套相对应的一端设有与齿14啮合的齿13，后套内壁设有横向隔离板，横向隔离板上具有定位执行机构17，定位执行机构包括一凸起，该凸起与在钻体1上形成的键槽19相配合，以限制后套的转动（参见证据4中文译文及附图1~7）。

证据2公开了一种工具夹紧装置，所述夹紧装置包括钻体1、夹爪2、轴承垫、轴承、螺母套4（对应于本专利的丝母）、箍圈20（对应于本专利的丝母套）、旋转套2（对应于本专利的前套），旋转套后端外表面具有细齿12（对应于本专利的轴向细齿），钻体后端固设有啮合套6（对应于本专利的后套），啮合套上端内表面设有与细齿14啮合的细齿13，以防旋转套相对于啮合套转动，旋转套上具有轴向滑动定位结构9（参见证据2中文译文及附图1~8）。

将本专利权利要求1与证据2及证据4的组合相比，其区别在于：防止后套轴向转动的具体结构不同。本专利通过固定于钻体上的固定爪插入位于后套之横向隔离板上的定位孔而实现后套的轴向定位；而在证据4中，通过后套上的凸起与钻体上形成的键槽之间的配合实现后套的轴向定位，在证据2中，啮合套与钻体固定装配，从而得以轴向定位。合议组认为，本专利提供了一种与证据4及证据2不同的解决轴向定位的具体结构，证据4及证据2对此未给出任何技术启示或教导。对本领域的技术人员而言，根据证据4及证据2所披露的轴向定位的结构得到本专利之轴向定位的具体结构并非是显而易见的。同时，由本专利的说明书可知，本专利解决周向定位的具体结构能够带来一定的技术效果。故本专利的权利要求1相对于证据2及证据4的组合具备创造性。

在权利要求1具备创造性的前提下，直接或间接从属于权利要求1的权利要求2及权利要求3同样具备创造性。

**三、决定**

维持98221060.4号实用新型专利权有效。

一方当事人对本决定不服的，可以根据专利法第四十六条第二款的规定，在收到本决定之日起三个月内向北京市第一中级人民法院起诉。根据该款的规定，一方当事人起诉后，另一方当事人可以作为第三人参加诉讼。

## 北京市第一中级人民法院
## 行政判决书

（2005）一中行初字第454号

原告浙江三鸥机械股份有限公司，住所地浙江省台州市路桥区路南永长路高科技园区内。

法定代表人周文华，董事长。

委托代理人刘晓春，浙江杭州金通专利事务所有限公司专利代理人。

被告国家知识产权局专利复审委员会，住所地北京市海淀区西四环9号银谷大夏10~12层。

法定代表人廖涛，副主任。

委托代理人王颖，女，国家知识产权局专利复审委员会审查员。

委托代理人王丽颖，女，国家知识产权局专利复审委员会审查员。

第三人山东威达机械股份有限公司，住所地山东省文登市苘山镇中韩路2号。

法定代表人杨桂模，董事长。

委托代理人苗峻，女，40岁，汉族，济南舜源专利事务所有限公司职员，住山东省济南市历下区燕子山小区南区2号楼3单元602号。

委托代理人蔡鸣泉，男，山东威达机械股份有限公司职员。

原告浙江三鸥机械股份有限公司（下称三鸥公司）因专利无效宣告审查决定一案向本院提起行政诉讼。本院于2004年4月13日受理后，依法组成合议庭，并依法通知山东威达机械股份有限公司（下称威达公司）作为第三人参加诉讼。本院于2004年5月23日公开开庭审理了本案。原告三鸥公司的委托代理人刘晓春，被告国家知识产权局专利复审委员会（下称复审委）的委托代理人王颖、王丽颖，第三人威达公司的委托代理人苗峻、蔡鸣泉到庭参加诉讼。本案现已审理终结。

2005年12月15日，经对三鸥集团有限公司（三鸥公司更名前的名称）针对第98221060.4号专利（下称本专利）提出的无效宣告请求进行审查，复审委作出第6758号无效宣告请求审查决定（下称第6758号决定）如下：

1. 关于本专利是否符合《中华人民共和国专利法实施细则》（下称《专利法实施细则》）第二十一条第二款的规定

通过阅读本专利的说明书可知，本专利针对现有技术中由于振动或冲击造成前套不正常之被动转动而引起的钻夹头松动的问题，其相应的技术解决方案是使得前套与后套通过其上轴向牙齿的啮合而实现前套的自锁。由此可见，实现前套自锁的结构是实现本专利发明目的的必要技术特征。另外，在本专利中，前套相对于钻体是不可轴向移动的，为了使得前套能够与后套之间的轴向牙齿分离以便于对前套的操纵，后套不像现有技术中那样固定于钻体上，而是可相对于所述钻体发生（上下）相对运动。基于此，考虑到所述钻夹头的松动是由于前套之被动转动而非轴向运动引起的，故在前套与后套啮合的情况下，限制后套的轴向运动也是实现本专利发明目的的必要技术特征，否则即使两者啮合，冲击或振动同样会造成前套带动后套一起转动进而造成钻夹头松动。由本专利之权利要求1可以看出，上述两个必要技术特征均有所体现，即前套以及后套上相应的轴向牙齿实现了前套的自锁，固定爪穿过横向隔离板上的定位孔限制了所述后套的轴向移动。

请求人认为前套和后套啮合时保持其啮合状态的结构特征，即使得后套轴向定位的结构特征也是实现本专利发明目的的必要技术特征。

合议组认为，判断一个技术特征是否构成必要技术特征要结合一项专利所要解决的技术问题进行综合的判断。就本专利而言，钻具工作时，其主要通过切削实现对工件的加工。被切削材料反作用扭矩的不均匀导致钻具的扭转振动，进而造成对前套的扭转冲击，这种扭转冲击引起前套被动转动从而导致钻夹头的松动。本专利即是针对这一问题而提出的一种技术解决方案。另外，虽然在钻具的工作过程中，随着钻具沿轴向的前进，其必然还要承受轴向的反作用力，而这一轴向反作用力带来的轴向冲击又是引起后套相对于前套串动的动力因素，但是由于该轴向力并非切削力，故其相对于扭转冲击而言较小，即轴向冲击必须达到一定的程度方可使得前套及后套齿啮合的状态松脱。另外，加之钻具在使用过程中各种客观因素的存在，如前套及后套、后套与固定夹之间客观存在的摩擦，齿所选取的长度等等，轴向冲击带来的后套之轴向串动并不必然会导致前套及后套齿啮合状态的松脱。

由此可见，在本专利所采用的后套相对于前套及钻体可相对运动的结构中，后套的轴向定位显然不是实现本专利发明目的的必要技术特征。当然，合议组并不否认，从工程应用的角度而言，采用后套之轴向定位结构是最佳的，但是其出发点是基于工程应用对可靠性的要求，而这一点从专利的角度看，其只应理解为本专利所采用技术方案之一最佳实施方式。

就权利要求1前序部分的技术特征而言，虽然只是罗列了钻夹头包括钻体等部件，而未对所列部件的连接关系予以描述，但是由本专利说明书公开的内容可知，上述部件的连接关系不是解决本专利技术问题必不可少的技术特征，即其不是必要技术特征。此外说明书背景技术部分也对上述部件的连接关系进行了描述。再者，上述部件的连接关系对所属领域的技术人员而言也应当是公知的，这一点本专利说明书也可得以印证（参见说明书第2页第4~6行）。

综上所述，本专利之权利要求1符合《专利法实施细则》第二十一条第二款的规定。

2. 关于本专利是否符合《中华人民共和国专利法》（下称《专利法》）第二十六条第四款的规定

首先，通过阅读本专利的说明书可知，权利要求1前序部分的技术特征在本专利的说明书中有明确的文字记载，即权利要求1在表述形式上得到了说明书的支持。另外，虽然本专利之权利要求1未对所列各部件之间的连接关系予以描述，但是上述部件的连接关系对所属领域的技术人员而言是公知的，而且本专利说明书也明确指出上述部件的连接关系属现有技术（参见说明书第2页第4~6行），本领域的普通技术人员根据权利要求1前序部分所罗列的各部件很容易想到其相应的连接关系。此外上述部件的连接关系对解决本专利的技术问题不起任何实质性的作用。即权利要求1在实质上也得到了说明书的支持。故本专利权利要求1符合《专利法》第二十六条第四款的规定，相应的，权利要求2及权利要求3同样符合《专利法》第二十六条第四款的规定。

3. 关于本专利的创造性

证据1、证据2及证据4是专利文献，属公开出版物，被请求人对该证据的真实性无异议，同时上述证据的授权公告日（公开日）均早于本专利的申请日，故证据1、证据2及证据4构成本专利的现有技术，可以用于评价本专利的创造性。此外，请求人提交了证据2及证据4所使用部分的中文译文，而且被请求人对上述中文译文未提出异议，故合议组在下面将以请求人所提交的证据2及证据4之中文译文的内容评价本专利的创造性。另外，需要指出的是，证据3及证据5属外文证据，合议组于2004年9月23日向请求人发出了外文证据处理通知书，要求其在10日内补交所使用部分的中文译文。对此，请求人逾期未补交上述证据的中文译文。根据《审查指南》的相关规定，上述证据视为未提交。故合议组对证据3及证据5不予考虑。

请求人认为证据2及证据4的组合破坏本专利权利要求1的创造性。根据《审查指南》第四部分第三章第3.1节请求原则的相关规定，合议组在此仅就证据2及证据4的结合能否破坏本专利之权利要求的创造性予以评述。

将本专利权利要求1与证据2及证据4的组合相比，其区别在于：防止后套轴向转动的具体结构不同。本专利通过固定于钻体上的固定爪插入位于后套之横向隔离板上的定位孔而实现后套的轴向定位；而在证据4中，通过后套上的凸起与钻体上形成的键槽之间的配合实现后套的轴向定位，在证据2中，啮合套与钻体固定装配，从而得以轴向定位。合议组认为，本专利提供了一种与证据4及证据2不同的解决轴向定位的具体结构，证据4及证据2对此未给出任何技术启示或教导。对本领域的技术人员而言，根据证据4及证据2所披露的轴向定位的结构得到本专利之轴向定位的具体结构并非是显而易见的。同时由本专利的说明书可知，本专利解决轴向定位的具体结构能够带来一定的技术效果。故本专利的权利要求1相对于证据2及证据4的组合具备创造性。

在权利要求1具备创造性的前提下，直接或间接从属于权利要求1的权利要求2及权利要求3同样具备创造性。

依据上述理由，复审委的第6758号决定宣告维持本专利有效。

原告三鸥公司诉称，后套的轴向定位结构是解决本专利所要解决的技术问题的必要技术特征，在不具备轴向定位结构的情况下，后套无法保持它与前套的啮合状态，也就无法实现前套的自锁，无法解决本专利所要解决的技术问题。三欧公司在行政程序中提交的证据证明，一些利用前后套牙齿啮合解决自锁问题的专利均将后套的轴向定位作为必要技术特征写入权利要求中。因此，本专利不符合《专利法实施细则》第二十一条第二款的规定，应当被宣布无效。专利复审委对本专利独立权利要求的必要技术特征认定有误，对本专利所要解决的技术问题认定不清。这种由于事实认定不清而导致的错误同样存在于对本专利是否符合《专利法》第二十二条的审查中。在行政程序中，专利权人与三欧公司的辩论焦点一直是独立权利要求中有没有后套的轴向定位结构。"后套的轴向定位结构不是独立权利要求的必要技术特征"是被告在未得到双方当事人主张的支持下，主动引入本案的事实认定，被告没有就此给三欧公司对新事实陈述意见的机会。综上，被告事实认定错误，程序不公，请求法院撤销第6758号决定。

被告专利复审委辩称，关于后套的轴向定位是否是实现本专利发明目的的必要技术特征的问题，专利复审委坚持第6758号决定中的观点及理由。需要指出的是，原告在行政程序中提交的证据中的其他专利是否将后套轴向定位结构写入独立权利要求与本案没有必然的联系。综上，专利复审委的第6758号决定认定事实清楚、适用法律法规正确、审理程序合法，请求法院依法驳回原告的诉讼请求，维持第6758号决定。

第三人威达公司认为，第6758号决定事实清楚、适用法律正确，请求法院予以维持。

经审理查明，本专利为国家知识产权局专利局于1999年7月14日授权公告的、名称为"自锁式钻夹头"的实用新型专利，其申请日为1998年5月8日，专利权人为威达公司。

授权公告的权利要求书如下：

"1. 一种自锁式钻夹头，设有钻体、夹爪、轴承垫、轴承、丝母、丝母套、前套、挡盖，其特征在于：前套一端设有轴向牙齿，钻体后端设有后套和固定座，后套与前套相对应的一端设有轴向牙齿，后套内壁设有横向隔离板，横向隔离板上设有导向孔和定位孔，固定座与钻体过盈连接，固定座上设有固定爪，固定爪插在后套横向隔离板上的定位孔内。

2. 根据权利要求1所述的一种自锁式钻夹头，其特征在于：所说的钻体后端、后套内壁的横向隔离板与固定座之间设有弹簧。

3. 根据权利要求1或权利要求2所述的一种自锁式钻夹头，其特征在于：所说的后套内壁设有定位凹槽，固定座的固定爪上设有凸起筋。"

本专利说明书记载，本专利的目的是为了克服现有技术的不足，提供一种具有自锁功能、工作效率高、使用安全、结构合理的自锁式钻夹头。

针对上述专利权，三鸥公司于2004年3月22日向复审委提出了无效宣告请求，理由是本专利不符合《专利法》第二十二条第三款、第二十六条第四款、《专利法实施细则》第二十一条第二款以及第二条第三款的规定。三鸥公司先后向复审委提供了5份证据。

2004年12月7日，复审委召集三鸥公司及威达公司举行口头审理，合议组当庭告知三鸥公司，鉴于其未提交证据3及证据5所使用部分的中文译文，故证据3及证据5视为未提交。三鸥公司放弃了本专利不符合《专利法实施细则》第二条第三款的无效宣告请求的理由；明确了本专利之权利要求书不符合《专利法》第二十六条第四款的具体事实为，权利要求1前序部分未描述所罗列部件相应的连接关系，属上位概念的概括，故得不到说明书的支持；认为证据4是本专利最接近的对比文件，其与证据2的组合破坏本专利权利要求1的创造性。威达公司对证据1、证据2及证据4的真实性无异议，对证据2及证据4所使用部分的中文译文无异议。

另查，三鸥公司提交的证据4为DE4106129A1德国专利申请公开说明书复印件及其所使用部分的中文译文，公开日为1992年9月3日。证据4公开了一种钻夹头，所述钻夹头包括钻体1、夹爪3、轴承垫、轴承、丝母2′、前套2、挡盖，前套一端设有齿14（对应于本专利的轴向细齿），钻体后端设有后套，后套与前套相对应的一端设有与齿14啮合的齿13，后套内壁设有横向隔离板，横向隔离板上具有定位执行机构17，定位执行机构包括一凸起，该凸起与在钻体1上形成的键槽19相配合，以限制后套的转动。

三鸥公司提交的证据2为US5183274美国专利说明书复印件，授权公告日为1993年2月2日。证据2公开了一种工具夹紧装置，所述夹紧装置包括钻体1、夹爪2、轴承垫、轴承、螺母套4（对应于本专利的丝母）、箍圈20（对应于本专利的丝母套）、旋转套2（对应于本专利的前套），旋转套后端外表面具有细齿12（对应于本专利的轴向细齿），钻体后端固设有啮合套6（对应于本专利的后套），啮合套上端内表面设有与细齿14啮合的细齿13，以防旋转套相对于啮合套转动，旋转套上具有轴向滑动定位结构9。

上述事实，有经庭审质证的当事人提交的证据及当事人陈述在案佐证。被告在答辩期内向法院提交了以下证据材料用以证明第6758号决定的合法性：一、本专利说明书；二、三鸥公司在行政程序中提交的证据2；三、三鸥公司在行政程序中提交的证据4。经审查，本院对上述证据予以认证。三鸥公司当庭向法院提交行政程序中的证据2的权利要求的中文译文，用以证明本专利所要解决的技术问题必须要具备“后套的轴向定位结构”是机械常识。威达公司当庭向法院提交了申请号为95190832.4的发明专利申请公开说明书，用以证明轴向定位系统不是公知常识。经审查本院认为，某项特定专利的权利要求书或说明书的内容并不能直接证明公知常识的问题，因此对三鸥公司及威达公司的证据材料不予采纳。

本院认为，本案的焦点在于：后套的轴向定位结构是否是解决本专利所要解决的技术问题的必要技术特征，本专利是否符合《专利法实施细则》第二十一条第二款的规定；本专利是否具备创造性；复审委是否违反相关的程序性规定，损害了当事人的权利。

《专利法实施细则》第二十一条第二款规定：独立权利要求应当从整体上反映发明或实用新型的技术方案，记载为解决技术问题的必要技术特征。本专利中，为防止工作中出现前套的不正常之被动转动而造成钻夹头的松动，能够实现前套自锁的结构是本专利的必要技术特征。同时，为防止冲击或振动造成前套带动后套一起转动从而造成钻夹头松动，限制后套的轴向运动的结构也是本专利的必要技术特征。在本专利的独立权利要求中，已经记载了上述的必要技术特征。实现前套自锁的结构是前套以及后套上相应的轴向牙齿，限制后套的轴向运动的结构是固定爪穿过横向隔离板上的定位孔。本专利的独立权利要求已经记载了为解决技术问题的必要技术特征，构成一个完整的技术方案。虽然在钻具工作时，存在着轴向的作用力，但轴向冲击必须达到一定程度才能使得前后套之间松脱。同时，考虑到前套及后套、后套与固定夹之间客观存在的摩擦等因素，因此在本专利中，后套的轴向定位不是实现本专利发明目的的必要技术特征。其他专利是否将该技术特征作为必要技术特征与本案没有必然的联系。本专利符合《专利法实施细则》第二十一条第二款的规定。

根据《专利法》第二十二条的规定，实用新型的创造性是指同申请日以前已有的技术相比，该实用新型具有实质性特点和进步。将本专利独立权利要求与证据2及证据4相比，其区别特征在于本专利提供了一种与证据4及证据2不同的解决定位的具体结构，本领域的普通技术人员不经创造性劳动，根据证据4及证据2的启示无法得出本专利独立权利要求所保护的技术方案，该技术方案相对于证据4及证据2并非显而易见。同时该技术方案显然存在《专利法》所要求的进步。因此，本专利的权利要求1具备创造性。在独立权利要求具备创造性的前提下，作为从属权利要求的权利要求2及权利要求3也具备创造性。

在行政程序中，在无效请求人提出本专利不符合《专利法实施细则》第二十一条第二款理由的情况下，复审委有权且应当依法审查请求人主张专利权利要求漏列的某项必要技术特征是否确实应为必要技术特征。本案中，在三鸥公司主张本专利权利要求没有记载后套的轴向定位结构这一必要技术特征的前提下，复审委对该结构是否属于必要技术特征进行审查，并没有相对于三鸥公司无效理由及事实引入新的事实。复审委没有违反请求原则，也没有剥夺三鸥公司陈述意见的机会。

综上，被告的第6758号决定证据确凿，适用法律法规正确，符合法定程序，本院应予维持。原告的诉讼请求没有依据，本院不予支持。依照《中华人民共和国行政诉讼法》第五十四条第（一）项之规定，判决如下：

维持被告中华人民共和国国家知识产权局专利复审委员会第6758号无效请求审查决定。

本案诉讼费1000元，由原告浙江三鸥机械股份有限公司负担（已交纳）。

如不服本判决，可在本判决书送达之日起十五日内，向本院递交上诉状，并按对方当事人人数提出副本，预交上诉案件受理费1000元，上诉于北京市高级人民法院。

审 判 长　娄宇红
代理审判员　何君慧
代理审判员　胡华峰
二〇〇五年九月二十日
书 记 员　毛天鹏

## 北京市高级人民法院
## 行政判决书

（2006）高行终字第149号

上诉人（一审原告）浙江三鸥机械股份有限公司，住所地浙江省台州市路桥区路南永长路高科技园区。

法定代表人周文华，董事长。

委托代理人刘晓春，浙江杭州金通专利事务所有限公司专利代理人。

被上诉人（一审被告）国家知识产权局专利复审委员会，住所地北京市海淀区北四环西路9号银谷大厦10~12层。

法定代表人廖涛，副主任。

委托代理人王颖，女，国家知识产权局专利复审委员会审查员。

委托代理人王丽颖，女，国家知识产权局专利复审委员会审查员。

被上诉人（一审第三人）山东威达机械股份有限公司，住所地山东省文登市苘山镇中韩路2号。

法定代表人杨桂模，董事长。

委托代理人苗峻，女，40岁，汉族，济南舜源专利事务所有限公司职员，住山东省济南市历下区燕子山小区南区2号楼3单元602号。

上诉人浙江三鸥机械股份有限公司因专利无效宣告审查决定一案，不服北京市第一中级人民法院（2005）一中行初字第454号行政判决，向本院提起上诉。本院依法组成合议庭公开开庭审理了本案。上诉人浙江三鸥机械股份有限公司（下称三鸥公司）的委托代理人刘晓春，被上诉人中华人民共和国国家知识产权局专利复审委员会（下称专利复审委）的委托代理人王丽颖，山东威达机械股份有限公司（下称威达公司）的委托代理人苗峻出庭参加了诉讼。本案现已审理终结。

北京市第一中级人民法院（2005）一中行初字第454号行政判决认定，本专利中，为防止工作中出现前套的不正常之被动转动而造成钻夹头的松动，能够实现前套自锁的结构是本专利的必要技术特征。同时，为防止冲击或振动造成前套带动后套一起转动从而造成钻夹头松动，限制后套的轴向运动的结构也是本专利的必要技术特征。在本专利的独立权利要求中，已经记载了上述的必要技术特征。实现前套自锁的结构是前套以及后套上相应的轴向牙齿，限制后套的轴向运动的结构是固定爪穿过横向隔离板上的定位孔。本专利的独立权利要求已经记载了为解决技术问题的必要技术特征，构成一个完整的技术方案。虽然在钻具工作时，存在着轴向的作用力，但轴向冲击必须达到一定程度才能使得前后套之间松脱。同时，考虑到前套及后套、后套与固定夹之间客观存在的摩擦等因素，因此在本专利中，后套的轴向定位不是实现本专利发明目的的必要技术特征。其他专利是否将该技术特征作为必要技术特征与本案没有必然的联系。本专利符合《中华人民共和国专利法实施细则》（下称《专利法实施细则》）第二十一条第二款的规定。

将本专利独立权利要求与证据2（US5183274美国专利说明书复印件，授权公告日为1993年2月2日，下称证据2）及证据4（DE4106129A1德国专利申请公开说明书复印件及其所使用部分的中文译文，公开日为1992年9月3日，下称证据4）相比，其区别特征在于本专利提供了一种与证据4及证据2不同的解决定位的具体结构，本领域的普通技术人员不经创造性劳动，根据证据4及证据2的启示无法得出本专利独立权利要求所保护的技术方案，该技术方案相对于证据4及证据2并非显而易见。同时该技术方案显然存在《中华人民共和国专利法》（下称《专利法》）所要求的进步。因此，本专利的权利要求1具备创造性。在独立权利要求具备创造性的前提下，作为从属权利要求的权利要求2及权利要求3也具备创造性。

在行政程序中，在无效请求人提出本专利不符合《专利法实施细则》第二十一条第二款理由的情况下，专利复审委有权且应当依法审查请求人主张专利权利要求漏列的某项必要技术特征是否确实应为必要技术特征。本案中，在三鸥公司主张本专利权利要求没有记载后套的轴向定位结构这一必要技术特征的前提下，专利复审委对该结构是否属于必要技术特征进行审查，并没有相对于三鸥公司无效理由及事实引入新的事实。专利复审委没有违反请求原则，也没有剥夺三鸥公司陈述意见的机会。

综上，被告作出的第6758号无效宣告请求审查决定（下称第6758号决定）证据确凿，适用法律法规正确，符合法定程序，应予维持。原告的诉讼请求没有依据，本院不予支持。依照《中华人民共和国行政诉讼法》第五十四条第（一）项之规定，判决如下：维持被告中华人民共和国国家知识产权局专利复审委员会第6758号决定。

三鸥公司不服一审判决，提出上诉。诉称，后套的轴向定位结构是解决本专利所要解决的技术问题的必要技术特征，被上诉人专利复审委在行政程序中对该问题未查清，作出了专利中后套的轴向定位结构不是必要技术特征的错误认定，并因此作出本专利符合《专利法实施细则》第二十一条第二款的规定的错误决定。被上诉人专利复审委在行政程序中遗漏了上诉人在无效程序中提供的证据2的重要特征，并由此作出了本专利具有创造性的错误决定。在行政程序中，被上诉人专利复审委在未得到双方当事人主张的前提下，主动引入新事实，没有就此给上诉人对新事实陈述意见的机会。该新事实直接关系到本专利是否符合《专利法实施细则》第二十一条第二款的规定。综上，一审判决在事实和证据认定上，存在错误和遗漏，被上诉人专利复审委作出的第6758号决定错误。故请求二审法院依法撤销（2005）一中行初字第454号行政判决书，撤销被上诉人专利复审委作出的第6758号决定；判令被上诉人专利复审委承担本案的一、二审诉讼案件受理费。

被上诉人专利复审委答辩认为，关于本专利是否符合《专利法实施细则》第二十一条第二款的规定，并仍然坚持无效决定中的意见。在无效案件的审查过程中，没有违反请求原则，也没有剥夺上诉人陈述意见的机会。综上，专利复审委第6758号无效决定以及（2005）一中行初字第454号行政判决认定事实清楚，适用法律法规正确，审理程序合法，上诉人的上诉理由没有事实和法律依据，请求二审法院依法判决维持专利复审委第6758号决定以及（2005）一中行初字第454号行政判决。

被上诉人威达公司未提交书面答辩意见。

经审理查明，本专利为国家知识产权局专利局于1999年7月14日授权公告的、名称为"自锁式钻夹头"的实用新型专利，其专利号为98221060.4，申请日为1998年5月8日，专利权人为威达公司。授权公告的权利要求书如下：

"1. 一种自锁式钻夹头，设有钻体、夹爪、轴承垫、轴承、丝母、丝母套、前套、挡盖，其特征在于：前套一端设有轴向牙齿，钻体后端设有后套和固定座，后套与前套相对应的一端设有轴向牙齿，后套内壁设有横向隔离板，横向隔离板上设有导向孔和定位孔，固定座与钻体过盈连接，固定座上设有固定爪，固定爪插在后套横向隔离板上的定位孔内。

2. 根据权利要求1所述的一种自锁式钻夹头，其特征在于：所说的钻体后端、后套内壁的横向隔离板与固定座之间设有弹簧。

3. 根据权利要求1或权利要求2所述的一种自锁式钻夹头，其特征在于：所说的后套内壁设有定位凹槽，固定座的固定爪上设有凸起筋。"

本专利说明书记载，本专利的目的是为了克服现有技术的不足，提供一种具有自锁功能、工作效率高、使用安全、结构合理的自锁式钻夹头。

针对上述专利权，三鸥公司以本专利不符合《专利法》第二十二条第三款、第二十六条第四款、《专利法实施细则》第二十一条第二款以及第二条第三款的规定为由，于2004年3月22日向专利复审委提出了无效宣告请求。三鸥公司向专利复审委先后提供了5份证据：证据1，申请号为95190832.4的中国发明专利申请公开说明书复印件，公开日为1996年10月30日；证据2；证据3，DE19606795A1德国专利申请公开说明书复印件，公开日为1997年9月18日；证据4；证据5，US5431419美国专利说明书复印件，授权公告日为1995年7月11日。专利复审委于2004年9月23日向三鸥公司发出了外文证据处理通知书，要求其在10日内补交所使用部分的中文译文。对此，三鸥公司逾期未补交上述证据3、证据5的中文译文。

2004年12月7日，专利复审委召集三鸥公司及威达公司举行口头审理，合议组当庭告知三鸥公司，鉴于其未提交证据3及证据5所使用部分的中文译文，故证据3及证据5视为未提交。三鸥公司放弃了本专利不符合《专利法实施细则》第二条第三款的无效宣告请求的理由；明确了本专利之权利要求书不符合《专利法》第二十六条第四款的具体事实为，权利要求1前序部分未描述所罗列部件相应的连接关系，属上位概念的概括，故得不到说明书的支持；认为证据4是本专利最接近的对比文件，其与证据2的组合破坏本专利权利要求1的创造性。威达公司对证据1、证据2及证据4的真实性无异议，对证据2及证据4所使用部分的中文译文无异议。

2004年12月15日，经对三鸥集团有限公司（三鸥公司更名前的名称）针对本专利提出的无效宣告请求进行审查，专利复审委作出第6758号决定如下：

1. 关于本专利是否符合《专利法实施细则》第二十一条第二款的规定

通过阅读本专利的说明书可知，本专利针对现有技术中由于振动或冲击造成前套不正常之被动转动而引起的钻夹头松动的问题，其相应的技术解决方案是使得前套与后套通过其上轴向牙齿的啮合而实现前套的自锁，由此可见，实现前套自锁的结构是实现本专利发明目的的必要技术特征。另外，在本专利中，前套相对于钻体是不可轴向移动的，为了使得前套能够与后套之间的轴向牙齿分离以便于对前套的操纵，后套不像现有技术中那样固定于钻体上，而是可相对于所述钻体发生（上下）相对运动。基于此，考虑到所述钻夹头的松动是由于前套之被动转动而非轴向运动引起的，故在前套与后套啮合的情况下，限制后套的轴向运动也是实现本专利发明目的的必要技术特征，否则即使两者啮合，冲击或振动同样会造成前套带动后套一起转动进而造成钻夹头松动。由本专利之权利要求1可以看出，上述两个必要技术特征均有所体现，即前套以及后套上相应的轴向牙齿实现了前套的自锁，固定爪穿过横向隔离板上的定位孔限制了所述后套的轴向移动。请求人认为前套和后套啮合时保持其啮合状态的结构特征，即，使得后套轴向定位的结构特征也是实现本专利发明目的的必要技术特征。

合议组认为，判断一个技术特征是否构成必要技术特征要结合一项专利所要解决的技术问题进行综合的判断。就本专利而言，钻具工作时，其主要通过切削实现对工件的加工。被切削材料反作用扭矩的不均匀导致钻具的扭转振动，进而造成对前套的扭转冲击，这种扭转冲击引起前套被动转动从而导致钻夹头的松动。本专利即是针对这一问题而提出的一种技术解决方案。另外，虽然在钻具的工作过程中，随着钻具沿轴向的前进，其必然还要承受轴向的反作用力，而这一轴向反作用力带来的轴向冲击又是引起后套相对于前套串动的动力因素，但是由于该轴向力并非切削力，故其相对于扭转冲击而言较小，即轴向冲击必须达到一定的程度方可使得前套及后套齿啮合的状态松脱。另外，加之钻具在使用过程中各种客观因素的存在，如前套及后套、后套与固定夹之间客观存在的摩擦，齿所选取的长度等等，轴向冲击带来的后套之轴向串动并不必然会导致前套及后套齿啮合状态的松脱。由此可见，在本专利所采用的后套相对于前套及钻体可相对运动的结构中，后套的轴向定位显然不是实现本专利发明目的的必要技术特征。当然，合议组并不否认，从工程应用的角度而言，采用后套之轴向定位结构是最佳的，但是其出发点是基于工程应用对可靠性的要求，而这一点从专利的角度看，其只应理解为本专利所采用技术方案之一最佳实施方式。

综上所述，本专利之权利要求1符合《专利法实施细则》第二十一条第二款的规定。

2. 关于本专利是否符合《专利法》第二十六条第四款的规定

通过阅读本专利的说明书可知，权利要求1前序部分的技术特征在本专利的说明书中有明确的文字记载，即权利要求1在表述形式上得到了说明书的支持，权利要求1在实质上也得到了说明书的支持。故本专利权利要求1符合《专利法》第二十六条第四款的规定，相应的，权利要求2及权利要求3同样符合《专利法》第二十六条第四款的规定。

3. 关于本专利的创造性

证据1、证据2及证据4是专利文献，属公开出版物，被请求人对该证据的真实性无异议，同时上述证据的授权公告日（公开日）均早于本专利的申请日，故证据1、证据2及证据4构成本专利的现有技术，可以用于评价本专利的创造性。此外，请求人提交了证据2及证据4所使用部分的中文译文，而且被请求人对上述中文译文未提出异议，故合议组在下面将以请求人所提交的证据2及证据4之中文译文的内容评价本专利的创造性。

请求人认为证据2及证据4的组合破坏本专利权利要求1的创造性。根据《审查指南》第四部分第三章第3.1节请求原则的相关规定，合议组在此仅就证据2及证据4的结合能否破坏本专利之权利要求的创造性予以评述。将本专利权利要求1与证据2及证据4的组合相比，其区别在于：防止后套轴向转动的具体结构不同。本专利通过固定于钻体上的固定爪插入位于后套之横向隔离板上的定位孔而实现后套的轴向定位；而在证据4中，通过后套上的凸起与钻体上形成的键槽之间的配合实现后套的轴向定位，在证据2中，啮合套与钻体固定装配，从而得以轴向定位。合议组认为，本专利提供了一种与证据4及证据2不同的解决轴向定位的具体结构，证据4及证据2对此未给出任何技术启示或教导，对本领域的技术人员而言，根据证据4及证据2所披露的轴向定位的结构得到本专利之轴向定位的具体结构并非是显而易见的。同时由本专利的说明书可知，本专利解决轴向定位的具体结构能够带来一定的技术效果。故本专利的权利要求1相对于证据2及证据4的组合具备创造性。在权利要求1具备创造性的前提下，直接或间接从属于权利要求1的权利要求2及权利要求3同样具备创造性。

依据上述理由，专利复审委作出第6758号决定，宣告维持本专利有效。三鸥公司不服该无效宣告请求审查决定，于2005年4月11日诉至一审法院。

一审、二审法院审理期间，被上诉人专利复审委向法院提交了以下证据材料用以证明第6758号决定的合法性：1. 本专利说明书；2. 第6758号决定；3. 证据2；4. 证据4。被上诉人威达公司向法院提交了申请号为95190832.4的发明专利申请公开说明书，用以证明轴向定位系统不是公知常识。上诉人三鸥公司向法院提交了证据2的权利要求的中文译文，用以证明本专利所要解决的技术问题必须要具备“后套的轴向定位结构”，是机械常识。上述证据，经本院审查核实，可以作为认定本案事实的根据。

本院认为，《专利法实施细则》第二十二条第二款规定：独立权利要求应当从整体上反映发明或实用新型的技术方案，记载为解决技术问题的必要技术特征。判断一个技术特征是否构成必要技术特征要结合一项专利所要解决的技术问题进行综合判断。本专利中，实现前套自锁的结构与限制后套轴向运动的结构是实现本专利发明目的的两个必要技术特征。本专利的独立权利要求已经记载了为解决技术问题的必要技术特征，构成一个完整的技术方案。虽然在钻具工作过程中，存在轴向的反作用力，但轴向冲击相对扭转冲击较小，轴向冲击必须达到一定程度才能使得前后套的啮合状态松脱。同时，考虑到前后套、后套与固定夹之间客观存在的摩擦，以及齿所选取的长度等因素，轴向冲击带来的后套之轴线串动并不必然会导致前后套的啮合状态松脱。因此在本专利中，后套的轴向定位结构不是实现本专利发明目的的必要技术特征。

《专利法》第二十二条规定：实用新型的创造性是指同申请日以前已有技术相比，该实用新型具有实质性特点和进步。在本案中，将本专利权利要求1与证据2及证据4的组合相比，其区别在于本专利提供了一种与证据2及证据4不同的解决轴向定位的具体结构，证据2及证据4对此未给出技术启示，本领域的技术人员不经过创造性劳动无法得出本专利独立权利要求所保护的技术方案。因此，本专利的权利要求1相对于证据2及证据4的组合具备创造性。在权利要求1具备创造性的前提下，作为从属于权利要求1的权利要求2及权利要求3同样具备创造性。

《审查指南》第四部分第三章第3.1节无效宣告请求的审查的请求原则规定，在无效宣告程序中，合议组通常仅针对当事人提出的无效宣告请求的范围、理由和提交的证据进行审查。在无效宣告程序中，被上诉人专利复审委针对上诉人三鸥公司提出的无效宣告请求的范围、理由和提交的证据，有权进行审查并作出判断。在本案中，针对上诉人三鸥公司提出的本专利权利要求没有记载后套轴向定位结构这一必要技术特征的主张，被上诉人专利复审委对此进行审查是其在无效宣告程序中的职权判断，并没有相对于三鸥公司无效请求的范围、理由及事实引入新的事实，没有违反请求原则，也没有剥夺三鸥公司陈述意见的机会，因此行政程序并无不当。

综上，被上诉人专利复审委作出的6758号决定，认定事实清楚，适用法律正确，审查程序合法。一审判决维持被上诉人专利复审委作出的第6758号决定，认定事实清楚，适用法律正确，程序合法，本院应予维持。上诉人三鸥公司的诉讼请求缺乏事实及法律依据，本院不予支持。依据《中华人民共和国行政诉讼法》第六十一条第（一）项的规定，判决如下：

驳回上诉，维持一审判决。

二审案件受理费1000元，由上诉人浙江三鸥机械股份有限公司负担（已交纳）。

本判决为终审判决。

审　判　长　程　琥

审　判　员　朱世宽

审　判　员　王　燕

二〇〇六年十月十一日

书　记　员　马　军

# 环形装订夹案

## 无效宣告请求审查决定（第6759号）

**决　定　号**　第6759号
**决　定　日**　2004年12月23日
**发明创造名称**　环形装订夹
**国际分类号**　B42F 13/20
**无效请求人**　深圳市宝安区西乡镇流塘冠全球文具制造厂
**专利权人**　国际文具制造厂有限公司
**专　利　号**　96109618.7
**申　请　日**　1996年8月30日
**授权公告日**　2001年3月14日
**合议组组长**　于　萍
**主　审　员**　徐媛媛
**参　审　员**　吴亚琼

**法律依据**　专利法第二十二条第二款、第三款
**决定要点**

由于终审法院作出的行政判决书中认定本专利权利要求1~30所要求保护的技术方案相对于对比文件1及对比文件2具备创造性，因此受终审法院该生效判决的约束，本案合议组在重新作出的无效宣告请求审查决定时根据该行政判决书中对本专利权利要求1~30创造性的认定，认定本专利权利要求1~30所要求保护的技术方案具备创造性。

**一、案由**

本无效宣告请求案涉及的是专利号为96109618.7、名称为“环形装订夹”的发明专利，该专利的申请日为1996年8月30日，授权公告日为2001年3月14日，专利权人为国际文具制造厂有限公司。该专利授权公告时包括30个权利要求，其中的独立权利要求如下：

“1. 一种适于固定在一基件上的环形装订夹，所述装订夹包括：

一个刚性的整体式上部结构；

一个由所述上部结构支承着的可枢转的下部结构；

多个安装到所述下部结构上的环件；以及

至少一个用于将所述环形装订夹固定在所述基件上的整体式固定装置，所述至少一个固定装置包括：

一个直接与该上部结构啮合用于将所述固定装置固定在所述上部结构上的固定部；和

多个用于将所述环形装订夹固定在该基件上的固定件，至少有75%的所述固定件相对于该固定部的纵轴线向外伸出。”

“16. 一种将上述环形装订夹固定在一个基件的整体式铆钉，该铆钉包括一个用于固定在该装订夹上的固定部和多个用于将该装订夹固定在该基件上的固定件，其特征在于，至少75%的所述固定件相对于该固定部的纵轴线向外伸出。”

针对上述专利权（下称本专利），深圳市宝安区西乡镇流塘冠全球文具制造厂（下称请求人）于2002年1月9日向专利复审委员会提出了无效宣告请求，其理由是本专利不符合专利法第二十二条第二款、第三款的规定，并同时提交了两份证据：

证据1：US5160209美国专利说明书复印件，授权公告日为1992年11月3日（下称对比文件1）；

证据2：US1709955美国专利说明书复印件，授权公开日为1929年4月23日（下称对比文件2）。

经审查，上述无效宣告请求符合专利法及其实施细则规定的形式要求，专利复审委员会依法受理了该无效宣告请求，并将无效宣告请求书及附件副本转给了专利权人（下称被请求人），同时成立合议组对此案进行审查。

经过文件转送和口头审理等中间程序，专利复审委员会于2002年5月29日作出第3758号无效宣告请求审查决定，宣告本专利权利要求1~30全部无效。该决定中认定本专利权利要求1~30相对于对比文件1和对比文件2具备新颖性，但是相对于对比文件1不具备创造性。其中关于独立权利要求1及16新颖性及创造性的具体认定如下：

基于对比文件1和对比文件2是专利文献，属于公开出版物，且其授权公告日均早于本专利的申请日，构成了本专利的已有技术，可以作为评价本专利新颖性和创造性的对比文件。

1. 对于权利要求1

（1）关于新颖性

请求人认为对比文件1和对比文件2均公开了本专利权利要求1的技术方案，使该权利要求不具备新颖性。合议组认为，对比文件1所述的扣件机构（原文中为“fastener assembly”）中的确公开了与权利要求1中的环形装订夹相当的纸张保持硬件（“paper retaining hardware”）14和扣件（“fastener”）16和18的组合。具体而言，如图1和图6所示，其中环支撑板44为一个刚性的整体式上部结构；图6中的位于环支撑板44下方并将杆56包围起来的部件为由所述上部结构支承着的可枢转的下部结构；三个卡环46即为安装到所述下部结构上的环件；图2~5示出的包含一个锚板54和一个杆56的扣件即为将环形装订夹固定在基件32上的整体式固定装置，在对比文件1中已经公开“在第一种体现形式中，锚板54和杆56作为一个整体配件”（见对比文件1译文第6页第9~10行；原文第6栏第66行）；本专利的权利要求1中有关固定部的限定为：直接与该上部结构啮合，用于将所述固定装置固定在所述上部结构上。《现代汉语词典》中有关“啮合”的注释为“上下牙齿咬紧；像上下牙齿那样咬紧”；有关“直接”的注释为“不经过中间事物的（跟‘间接’相对）”。对比文件1中的杆56与环支撑板44啮合用于将该扣件固定在环支撑板44上，但杆56是经过衬套或眼孔52与环支撑板44咬合的。如图6所示，虽然对比文件1中公开了“每个扣件的杆56最好穿过环硬件上的喇叭形眼孔52”（见对比文件1译文第8页第23~24行，原文第10栏第49~51行），给出了可以不设置眼孔52的暗示，但由于该对比文件1中没有给出相应的实施例，所以合议组认为不能据此认定对比文件1中的杆56是与环支撑板44直接啮合的；连接叉齿62用于将环形装订夹固定在基件32上，该叉齿即为权利要求1中所述的固定件；对比文件1中也没有明确公开“至少有75%的固定件相对于固定部的纵轴线向外伸出”。

合议组认为，对比文件2公开了一种固定在活页簿的书脊上的固定装置，没有公开环形装订夹的上部结构、下部结构及环件。

综上所述，对比文件1和对比文件2均没有公开与本专利权利要求1所述的技术方案相同的技术方案，因此本专利的权利要求1分别相对于对比文件1和对比文件2具备专利法第二十二条第二款所规定的新颖性。

（2）关于创造性

如上所述，本专利权利要求1与对比文件1的区别在于：固定装置的固定部与上部结构直接啮合以及至少有75%的固定件相对于固定部的纵轴线向外伸出。对比文件1中的杆56（即固定部）经过衬套或眼孔52与环支撑板44（即上部结构）啮合，衬套或眼孔52的作用是定位，本专利不设置衬套或眼孔52而将固定装置与装订夹的上部及下部结构连接在一起。但对比文件1的说明书中写明“每个扣件的杆56最好穿过环硬件上的喇叭形眼孔52”（见对比文件1译文第8页第23～24行，原文第10栏第49～51行），因此虽然对比文件1中未直接给出不设置衬套或眼孔的技术方案，但已经给出可以不设置衬套或眼孔的暗示；至于“至少有75%的固定件相对于固定部的纵轴线向外伸出”，本专利的说明书中只给出所有的固定件相对于固定部的纵轴线向外伸出的情形，说明书中没有给出小于总数的100%而大于总数的75%的固定件相对于固定部的纵轴线向外伸出的实施例，也没有对此解决方案的技术效果进行过说明。在对比文件1中，所有的叉齿62都沿各自的开口处的纵轴线向外伸出，而且有一部分叉齿62相对于杆56的纵轴线向外伸出，如对比文件1中的图4和图5所示。本领域技术人员根据这样的技术启示而得出至少有75%的固定件相对于固定部的纵轴线向外伸出是无需付出创造性劳动的。

另外，从对比文件1的图1、图6和图3及图5所示可以推断出对比文件1的扣件的每个开口处至少有四个叉齿，每个叉齿的伸出方向都不相同，如果有一个叉齿朝着杆56的纵轴线的方向伸出，则其他至少三个叉齿必将背离该纵轴线向外伸出，如此则可以得出至少有75%的固定件相对于固定部的纵轴线向外伸出。因此，虽然本专利的权利要求1与对比文件1所公开的技术方案相比存在着区别，但本领域技术人员根据对比文件1的技术启示可以实现本专利权利要求1的技术方案，也就是说，本专利的权利要求1与对比文件1所公开的技术方案相比没有突出的实质性特点和显著的技术进步，所以不具备专利法第二十二条第三款所规定的创造性。

2. 对于权利要求16

（1）关于新颖性

请求人认为对比文件1和对比文件2均公开了本专利权利要求16的技术方案，使该权利要求也不具备新颖性。合议组认为，对比文件1所述的扣件机构（原文中为“fastener assembly”）中公开了与权利要求16中的整体式铆钉相当的扣件（“fastener”）16和18。具体而言，图1～7示出的包含一个锚板54和一个杆56的扣件即为将环形装订夹固定在基件32上的整体式固定装置，杆56是固定在装订夹的环支撑板44上的固定部，连接叉齿62用于将环形装订夹固定在基件32上，即为权利要求16中所述的固定件，但对比文件1中没有直接公开“至少75%的所述固定件相对于该固定部的纵轴线向外伸出”这一技术特征。

合议组认为，对比文件2公开了一种固定在活页簿的书脊上的固定装置，但也没有公开“至少75%的所述固定件相对于该固定部的纵轴线向外伸出”这一技术特征。

综上所述，对比文件1和对比文件2均没有公开与本专利权利要求16所述的技术方案相同的技术方案，因此本专利的权利要求16分别相对于对比文件1和对比文件2具备专利法第二十二条第二款所规定的新颖性。

（2）关于创造性

如上所述，本专利权利要求 16 与对比文件 1 的区别仅在于“至少 75% 的所述固定件相对于该固定部的纵轴线向外伸出”。基于上述相同的理由，本领域技术人员根据对比文件 1 的技术启示而得出上述技术特征是无需付出创造性劳动的。因此，虽然本专利的权利要求 16 与对比文件 1 所公开的技术方案相比存在着区别，但本领域技术人员根据对比文件 1 的技术启示可以实现本专利权利要求 16 所述的技术方案，也就是本专利的权利要求 16 与对比文件 1 所公开的技术方案相比没有突出的实质性特点和显著的技术进步，所以不具备专利法第二十二条第三款所规定的创造性。

被请求人对专利复审委员会作出的第 3758 号无效宣告请求审查决定不服，在法定期限内向北京市第一中级人民法院提起行政诉讼，认为专利复审委员会在无效程序中，事实认定有误，请求法院撤销第 3758 号无效宣告请求审查决定，维持本专利权有效。

对此，北京市第一中级人民法院于 2003 年 11 月 4 日作出（2002）一中行初字第 368 号行政判决书，认为本领域普通技术人员不能显而易见地根据对比文件 1 的技术启示实现本案专利权利要求 1 和 16 的全部技术方案。专利复审委员会认为本案专利权利要求 1 和 16 没有突出的实质性特点和显著的技术进步，不具备创造性是错误的。判决如下：撤销国家知识产权局专利复审委员会作出的第 3758 号无效宣告请求审查决定。

被告（即专利复审委员会）、第三人（即请求人）对北京市第一中级人民法院作出的一中行初字（2002）第 368 号行政判决书不服，在法定期限内向北京市高级人民法院提起行政诉讼，请求撤销原审判决，维持专利复审委员会作出的第 3758 号无效宣告请求审查决定。

对此，北京市高级人民法院于 2004 年 5 月 27 日作出（2004）高行终字第 4 号行政判决书。该判决书就本专利权利要求 1 ~ 30 相对于对比文件 1 及对比文件 2 的创造性作出了如下认定：本专利权利要求 1 和对比文件 1 存在如下一个区别技术特征，本案专利权利要求 1 中，至少 75% 的固定件相对于固定部的纵轴轴线向外伸出，而对比文件 1 中，仅仅有不到 75% 的固定件相对于杆的纵轴轴线向外伸出。从本案专利附图中可以看出，本案专利的每个固定装置均包括一个固定部和多个围绕该固定部的纵轴线向外伸出的固定件，这些固定件构成围绕固定部纵轴线的一组固定件。对比文件 1 中相应的结构包括一个杆和多组叉齿，每组叉齿沿各自的开口处的纵轴线向外伸出，而相对于固定部的纵轴线，则向外伸出的叉齿数量不足 75%。因此，两者的结构是不同的，本案专利中固定装置的结构可以更加容易且简便地把装订夹安装到封皮上。由于本案专利中只有一组固定件，所以权利要求 1 限定的固定件向外伸出的数量不少于 75%，这样才能保证连接的强度，实现发明的目的。本案专利说明书记载：“有利的是，至少占总数 75% 的该固定件可以相对于该固定体的纵轴线向外伸出。适合的是，该固定件可以全部相对于该固定体的纵轴线向外伸出。”也就是说，固定件全部外伸，可以达到最佳技术效果，而至少 75% 外伸亦能实现发明的目的。故相对于对比文件 1，本案专利权利要求 1 具有突出的实质性特点和显著的进步。对比文件 2 也未给出相应的技术启示，本领域的普通技术人员要想得到本案专利权利要求 1 的技术方案，需要付出创造性的劳动。同理，本案专利权利要求 16 相对于对比文件 1 和 2 也具有突出的实质性特点和显著的进步。作为权利要求 1 的从属权利要求 2 ~ 15，以及权利要求 16 的从属权利要求 17 ~ 30，也具备创造性。判决如下：驳回上诉，维持原判。

基于上述判决为终审判决，即生效判决，故专利复审委员会重新成立合议组，对上述无效宣告请求重新进行审查。

合议组于 2004 年 9 月 23 日向被请求人以及请求人发出合议组成员告知通知书。同时告知双方当事人如对合议组成员有回避请求的，请于收到本通知之日起 7 日内提交书面请求书，并且说明理由，逾期未答复，视为无回避请求。

对此，被请求人以及请求人在指定的期限内均未提交任何书面请求书。

在上述程序的基础上，合议组作出本审查决定。

**二、决定的理由**

1. 关于本专利权利要求 1～30 的新颖性

在被法院撤销的第 3758 号无效宣告请求审查决定中已经认定本专利的权利要求 1～30 相对于对比文件 1 和对比文件 2 具备新颖性，同时该认定未被法院否定，故合议组对本专利权利要求 1～30 的新颖性不再重新审查，即本专利权利要求 1～30 相对于对比文件 1 和对比文件 2 具备新颖性。

2. 关于本专利权利要求 1～30 的创造性

由于北京市高级人民法院于 2004 年 5 月 27 日作出的（2004）高行终字第 4 号行政判决书中认定本专利权利要求 1～30 相对于对比文件 1 及对比文件 2 即请求人提供的所有证据具备创造性，而且该判决为终审判决，即生效判决，因此受该生效判决的约束，本案合议组根据该行政判决书中对本专利权利要求 1～30 创造性的认定，认定本专利权利要求 1～30 所要求保护的技术方案相对于对比文件 1 及对比文件 2 具备创造性。

**三、决定**

维持 96109618.9 号发明专利专利权有效。

当事人对本决定不服的，可以根据专利法第四十六条第二款的规定，自收到本决定之日起三个月内向北京市第一中级人民法院起诉。根据该款的规定，一方当事人起诉后，另一方当事人应当作为第三人参加诉讼。

011

# 一种防盗螺栓连接副案

## 无效宣告请求审查决定（第6779号）

**决 定 号** 第6779号
**决 定 日** 2004年12月21日
**发明创造名称** 一种防盗螺栓连接副
**国际分类号** F16B 41/00
**无效请求人** 南京江标集团有限责任公司
**专利权人** 程在中
**专 利 号** 96232194.X
**申 请 日** 1996年6月26日
**授权公告日** 1997年10月8日
**合议组组长** 魏 屹
**主 审 员** 陈 勇
**参 审 员** 于 萍

**法律依据** 专利法第二十二条第三款 专利法第二十六条第三款、第四款
**决定要点**

对比文件仅公开了独立权利要求中的一部分技术特征，而另一部分技术特征没有被公开，也不能从现有技术中得到启示，而且这些特征使得权利要求所记载的技术方案与现有技术方案相比具有进步性，故不能否定本案专利的创造性。

专利说明书中省略了公知常识性的描述，并不能认为是缺乏技术手段，也不能认为本专利不符合专利法第二十六条第三款和第四款的规定。

### 一、案由

本无效宣告请求案涉及国家知识产权局专利局1997年10月8日授权公告的第96232194.X号实用新型专利（下称本案专利），其名称为“一种防盗螺栓连接副”，申请日为1996年6月26日，专利权人为程在中（下称被请求人）。

授权公告的权利要求书内容如下：

“1. 一种防盗螺栓连接副，包括螺栓（1）和螺帽（2），其特征是所述螺栓（1）的头颈部设有凸牙（4），所述螺帽（2）的上端面外圈有在其轴向上延长的护沿（5），同时设置圆柱体并帽（3），所述并帽（3）沉入螺帽护沿（5）内，并帽（3）周边上有均匀分布的凹槽（6）。”

针对上述实用新型专利权，南京江标集团有限责任公司（下称请求人）于2004年3月12日向专利复审委员会提出了宣告专利权无效的请求。请求宣告无效的理由是：本专利不符合中国专利法第二十二条第三款以及专利法第二十六条第三款和第四款的规定。请求人同时提交了以下2份附件作为对比文件：

附件2（下称对比文件1）：ZL95241762.6号中国实用新型专利说明书的复印件，授权公告日为1996年5月15日；

附件3（下称对比文件2）：1994年版《紧固件基础国家标准汇编》的封面、版权页及第70、第71和第274页的复印件，出版日期为1995年4月，出版社为中国标准出版社。

请求人认为：对比文件1公开了本案专利权利要求1中的“螺帽的上端面外圈有在其轴向延长的护沿”和“圆柱体并帽沉入螺帽护沿内”两个技术特征，对比文件2公开了“在螺栓的根部即头颈部设有凸牙”这一技术特征，而“并帽周边上有均匀分布的凹槽”这一特征属于本领域技术人员的普通常识，因此本领域技术人员结合对比文件1和附件2以及普通技术常识，得到本案专利权利要求1所述的技术方案是显而易见的，因而该权利要求不具备创造性。申请人同时认为，在本案专利的说明书中没有记载凸牙的形状和长度、宽度等具体特征，所以说明书没有清楚、完整地说明该实用新型，不符合专利法第二十六条第三款的规定，同时本案专利的权利要求1也得不到说明书的支持，不符合专利法第二十六条第四款的规定。

经形式审查合格后，专利复审委员会受理了上述无效宣告请求，向请求人和被请求人发出了无效宣告请求受理通知书，并将上述无效宣告请求书及所附对比文件副本转送给被请求人，同时依法成立合议组对本案进行审查。

针对上述无效宣告请求，被请求人于2004年4月17日提交了意见陈述书，认为本案专利保护的技术方案与请求人提交的对比文件的技术方案有着明显的区别，因此无效宣告请求人提出的无效理由不成立。

专利复审委员会于2004年10月9日向双方当事人发出口头审理通知书，定于2004年11月24日在专利复审委员会举行口头审理，同时将本案合议组成员告知了双方当事人，并将被请求人在2004年4月17日提交的意见陈述书副本转送给请求人。

无效宣告请求人于2004年11月9日提交了口审回执，表示参加口头审理。被请求人于2004年10月17日提交了口审回执和江苏省南京市中级人民法院（2004）宁民三初字第12号民事判决书，并表示参加口头审理；后被请求人又于2004年10月19日寄信给专利复审委员会，表示因为身体原因不能参加2004年11月24日的口头审理。

口头审理如期举行，仅请求人一方参加了口头审理。请求人对合议组成员无回避请求。请求人当庭提交了对比文件2的原件，经合议组核实，其复印件与原件相符。

在上述程序的基础上，合议组认为本案事实已经清楚，可以依法作出如下审查决定。

**二、决定的理由**

1. 关于专利法第二十六条第三款和第四款

专利法第二十六条第三款规定：说明书应当对发明或者实用新型作出清楚、完整的说明，以所属技术领域的技术人员能够实现为准；必要的时候，应当有附图。摘要应当简要说明发明或者实用新型的技术要点。

专利法第二十六条第四款规定：权利要求书应当以说明书为依据，说明要求专利保护的范围。

请求人认为：本案专利的权利要求1只公开了螺栓的头颈部设有凸牙这一技术特征，却没有具体描述凸牙的形状和长度、宽度等特征，说明书的实施例部分只是公开了在螺栓的头颈部设有对称的两只凸牙这一技术特征，仍旧没有凸牙的形状和长度、宽度等技术特征。请求人认为，并非所有形状的凸牙，无论其形状怎样、其宽度及长度如何，均能起到说明书中所声称的作用。因此认为本案专利的说明书不符合专利法第二十六条第三款的规定，权利要求1不符合专利法第二十六条第四款的规定。

合议组认为：根据说明书文字的描述，特别是“凸牙”这一名称本身所反映的结构特征以及对凸牙功能的描述，即“只要拧紧螺帽，凸牙便楔入被连接件孔内，使螺栓不能再转动”，并结合说明书附图1～3中公开的凸牙的具体形状和布置位置。对于本领域技术人员来讲，借助其具有的普通专业知识，在不需要创造性劳动的情况下就可以再现该实用新型的技术方案。本案专利说明书中对于本领域中常识性知识的省略，并不能被认为是缺乏技术手段。因此，本案专利的说明书已经对该实用新型作出清楚、完整的说明，符合专利法第二十六条第三款的规定。同时，权利要求1所限定的技术方案在说明书中有明确的记载，并且如上面分析的那样，其表述的范围在本领域技术人员看来是清楚的，且本领域技术人员根据说明书的描述并结合本领域的公知常识完全可以得到说明书实施例以外的其他等同方式，而且显然会排除请求人在无效宣告请求书中所说的并不能起到所述作用的其他技术方案，如对比文件2第274页图示的根部带有一圈凸台的螺栓形式，因此该权利要求得到了说明书的支持，符合专利法第二十六条第四款的规定。

2. 关于创造性

专利法第二十二条第三款规定：创造性，是指同申请日以前已有的技术相比，该发明有突出的实质性特点和显著的进步，该实用新型有实质性特点和进步。

请求人提供的对比文件1和对比文件2均为公开出版物，且公开日均早于本案专利的申请日，其中所公开的内容构成了本案专利的已有技术，可以用来评述本案专利的创造性。

合议组认为，请求人提供的上述两篇对比文件中，与该实用新型主题最接近的文件为对比文件1。其公开了一种锁紧型防盗螺母，并具体公开了本案专利权利要求1中的以下技术特征“螺帽的上端面外圈在其轴向上设有延长的护沿，同时设有圆柱体并帽，所述并帽沉入螺帽护沿内”。但是并未公开本案专利的权利要求1中“所述螺栓的头颈部设有凸牙”这一特征，并且根据本案专利说明书的记载，这一特征的作用就是：在拧紧过程中凸牙楔入被连接件的孔内，使螺栓不会发生转动，从而更好地实现紧固。至于对比文件2第70～71页的GB3098.1－82和第274页的GB5779.1－86所绘出的图形，其中在杆部和螺栓头之间的过渡部分为圆弧形和凸台的形状。根据本领域技术人员的理解，由于这样的形状并不存在锋利的部分，所以不能被认为是凸牙；并且这些过渡部分的作用仅仅是加工工艺上的需要，并不产生本案专利说明书中所记载的凸牙的作用。对比文件1和对比文件2均没有公开“所述螺栓的头颈部设有凸牙”这一特征，也不存在相应的技术启示，而本案专利权利要求1所述的技术方案具有“在拧紧过程中凸牙楔入被连接件的孔内，使螺栓不会发生转动，从而更好地实现紧固”的效果，故本案专利的权利要求1相对于对比文件1或对比文件2或者它们的结合具有实质性特点和进步，具备专利法第二十二条第三款规定的创造性。

因此，合议组认为请求人提出的全部无效理由均不能成立，本专利应予维持。

**三、决定**

维持96232194.X号的实用新型专利权有效。

当事人对本决定不服的，可以根据专利法第四十六条第二款的规定，自收到本决定之日起三个月内向北京市第一中级人民法院起诉。根据该款的规定，一方当事人起诉后，另一方当事人应当作为第三人参加诉讼。

# 机畜力施肥精密播种机案

## 无效宣告请求审查决定（第6780号）

**决　定　号**　第6780号
**决　定　日**　2004年12月24日
**发明创造名称**　机畜力施肥精密播种机
**国际分类号**　A01C 7/06　A01C 7/20
**无效请求人**　吴瀛洲
**专 利 权 人**　郭宝仁　赵恺胜
**专　利　号**　01225109.7
**申　请　日**　2001年6月1日
**授权公告日**　2002年8月28日
**合议组组长**　吴亚琼
**主　审　员**　崔　峥
**参　审　员**　黄玉平

**法律依据**　专利法第二十二条第二款、第五十六条第一款
**决定要点**

如果一份作为证据的印刷品本身没有表明其具体的公开出版时间，则其不能构成专利法意义上的出版物，而且在没有其他佐证证明该证据所记载的技术内容在涉案专利的申请日之前已在国内公开使用或者以其他方式为公众所知的情况下，该证据上记载的技术内容不能作为涉案专利的现有技术。

**一、案由**

本无效宣告请求案涉及申请日为2001年6月1日、授权公告日为2002年8月28日、名称为"机畜力施肥精密播种机"的01225109.7号实用新型专利，专利权人为郭宝仁、赵恺胜（下称被请求人）。

授权公告的权利要求书如下：

"1. 一种机畜力施肥精密播种机，其特征在于：该农机具由施肥机构、播种机构、开沟机构、复盖机构所组成；

其播种机构的结构，是设在机架的上部的种子料斗，通过驱动轮轴上的链轮，链条带动锥齿轮，在锥齿轮轴上设有圆筒挡盖，在挡盖上装有转动的空心筒和塑料筒套，筒上设有通孔；在转动空心筒内，设有固定空心筒，其上部设有通孔，其下部设有三叉管，由塑料管与播种铧后部连接；

施肥机构的结构，是在圆筒形的施肥筒中间穿设一轴，在其轴上装有肥料搅拌器，由锥齿轮带动，设在机架后上部，在肥料筒底设有通孔，通孔与施肥铧后部有塑料管连接；

开沟机构的结构，是在铧的上部设有臂与机架连接，其臂上设有调节螺钉。

2. 根据权利要求1所述的机畜力施肥精密播种机，其特征在于：所述的复盖机构的结构，是用两个半轮组成镇压轮，由一个半轮周边带有尖三角形及上凹形。”

针对上述专利权，吴瀛洲（下称请求人）于2004年3月13日向专利复审委员会提出了无效宣告请求，其理由是本实用新型专利权利要求1中的播（排）种机构不具备新颖性。请求人同时提交了如下证据：

证据1：声称申请号为92100231.9的中国发明专利申请文件的权利要求书和说明书附图复印件（未显示有公开日期）。

请求人在无效请求书中将证据1与本专利进行了对比，认为本专利是对证据1的剽窃。

经形式审查合格，专利复审委员会于2004年3月30日受理了上述无效宣告请求并将无效宣告请求书及证据副本转给了被请求人。

请求人又于2004年4月7日向专利复审委员会提交了对上述无效宣告请求所增加的无效理由和补充证据，其增加的理由是本实用新型专利不具备新颖性和创造性。请求人提交了如下补充证据：

证据2：大宁县华康农机修造有限公司的畜力播种机使用说明书；

证据3：大宁县农机修造厂的昕水牌播种机广告宣传单。

被请求人于2004年4月27日提交了意见陈述书并随附有“山西省高级人民法院民事判决书”复印件。

专利复审委员会本案合议组于2004年10月8日向双方当事人发出了口头审理通知书，定于2004年11月25日举行口头审理，并将请求人于2004年4月7日提交的对上述无效宣告请求所增加的无效理由和补充证据的副本转给了被请求人，同时将被请求人于2004年4月27日提交的意见陈述书及其附件转给了请求人。

请求人于2004年10月19日向专利复审委员会提交了无效宣告请求口头审理通知书回执，并同时提交了意见陈述书，进一步阐明了根据证据1本专利的排种器丧失新颖性，根据证据2和证据3本专利播种机底盘（含排肥器）丧失新颖性的理由。

口头审理如期举行，双方当事人均出席了本次口头审理。合议组当庭将请求人于2004年10月19日提交的意见陈述书转给被请求人。在口头审理过程中，请求人明确其无效宣告理由为本专利的权利要求1、权利要求2不具备新颖性。被请求人对证据1、证据2和证据3的真实性无异议，但认为证据2和证据3的具体公开时间不清楚。

口头审理后，请求人又于2004年11月27日提交了意见陈述书进一步阐明了其观点。

在上述程序的基础上，合议组认为事实已经清楚，作出了本决定。

**二、决定的理由**

1. 证据认定

经查，证据1的公开日为1993年1月27日，早于本专利的申请日2001年6月1日。因此，可以作为现有技术来评价本专利权利要求1和权利要求2的新颖性。

审查指南第二部分第三章第2.1.3.1节规定：专利法意义上的出版物是指记载有技术或设计内容的独立存在的有形传播载体，并且应当表明其发表者或出版者以及公开发表或出版的时间。

在证据2和证据3中，都没有表明其具体的公开出版时间。因此，其不能构成专利法意义上的出版物，另外，在没有其他佐证存在的情况下，也不能证明证据2和证据3所记载的技术内容在本专利申请日之前已在国内公开使用或者以其他的方式为公众所知。因此，合议组对证据2和证据3不予采信，证据2和证据3上记载的技术内容不能作为本专利的现有技术来评价本专利权利要求1和权利要求2是否具备新颖性。

2. 关于本专利的新颖性

专利法第二十二条第二款规定：新颖性，是指在申请日以前没有同样的发明或者实用新型在国内外出版物上公开发表过、在国内公开使用过或者以其他方式为公众所知，也没有同样的发明或者实用新型由他人向国务院专利行政部门提出过申请并且记载在申请日以后公布的专利申请文件中。

专利法第五十六条第一款规定：发明或者实用新型专利权的保护范围以其权利要求的内容为准，说明书及附图可以用于解释权利要求。

因此，在判断新颖性时，应当将发明或实用新型专利申请各项权利要求所限定的完整技术方案分别与每一项现有技术单独地进行对比，如果其技术领域、所要解决的技术问题和技术方案实质上相同、预期效果相同，则认为两者为同样的发明或实用新型。否则，则不能判定两者为同样的发明或实用新型。也就是说，该发明或实用新型权利要求所限定的技术方案相对于该现有技术具备新颖性。

本专利权利要求1保护一种机畜力施肥精密播种机，其包括施肥机构、播种机构、开沟机构和复盖机构。其中，播种机构的结构是设在机架上部的种子料斗（2），通过驱动轮轴上的链轮（21），链条（8）带动锥齿轮，在锥齿轮轴上设有圆筒挡盖（18），在挡盖（18）上装有转动的空心筒（16）和塑料筒套（17），筒上设有通孔；在转动空心筒内，设有固定空心筒（15），其上部设有通孔，其下部设有三叉管（24），由塑料管（22）与播种铧（10）后部连接。施肥机构的结构是在圆筒形的施肥筒（5）中间穿设一轴，在其轴上装有肥料搅拌器（13），由锥齿轮带动，设在机架后上部，在肥料筒底设有通孔，通孔与施肥铧（11）后部有塑料管连接。开沟机构的结构是在铧的上部设有臂与机架连接，其臂上设有调节螺钉。

而证据1公开了一种排种器，其具有一个立式焊合在分上下两层的刚性排种管（6）上的排种盘（1），盘中心有一根悬臂轴。盘外壁与轴之间形成一个环型槽（7）。在其环型槽底端面，顺时针方向9～10点处，有一个通往盘外，上达排种管上层的输入孔（3）。在其轴圆周面，顺时针方向12点处，到轴内侧端面，有一个通往盘外，下达排种管下层的输出孔（4）。排种器还具有一个与排种盘活动配合的排种盖（8）。排种盖外能封闭环型槽，内能带动一个在圆周面上，以给定数据，打出斜孔（5）的型孔环（2），同步顺时针方向旋转于排种盘（1）轴上。参见证据1的权利要求1和附图。

首先，证据1公开的并不是一种施肥播种机，其所公开的排种器只对应于本专利权利要求1所限定的机畜力施肥精密播种机中的播种机构，其中的排种盘悬臂轴、型孔环（2）和排种盖（8）分别相当于本专利权利要求1中的固定空心筒（15）、转动空心筒（16）和圆筒挡盖（18）。但显然证据1既没有公开本专利权利要求1中的“播种机构的塑料筒套（17）和三叉管（24）”，也没有公开“圆筒挡盖（18）设置在锥齿轮轴上并通过驱动轮轴上的链轮（21）和链条（8）进行驱动”，而且也没有公开“三叉管（24）通过塑料管（22）与播种铧（10）后部连接”。而正是由于具有这些特征，才使得本专利权利要求1所限定的机畜力施肥精密播种机可播种不同的种子，并可同时播种三行种子。

其次，证据1更没有公开本专利权利要求1中的施肥机构、开沟机构、复盖机构及施肥机构和开沟机构的有关具体结构。显然，正是由于具有施肥机构、开沟机构和复盖机构，本专利权利要求1所限定的机畜力施肥精密播种机才具备了播种与施肥同步进行这样的技术效果。

因此，本专利权利要求1所限定的技术方案与证据1所公开的技术方案不同。本专利权利要求1相对于证据1具备专利法第二十二条第二款规定的新颖性。

本专利权利要求2是权利要求1的从属权利要求，其进一步对权利要求1中的复盖机构的具体结构进行了限定，在权利要求1具备新颖性的情况下，该权利要求也具备专利法第二十二条第二款规定的新颖性。

**三、决定**

维持01225109.7号实用新型专利权有效。

当事人对本决定不服的，可以根据专利法第四十六条第二款的规定，自收到本决定之日起三个月内向北京市第一中级人民法院起诉。根据该款的规定，一方当事人起诉后，另一方当事人应当作为第三人参加诉讼。

## 北京市第一中级人民法院<br>行政判决书

（2005）一中行初字第219号

原告吴瀛洲，男，汉族，1949年3月7日出生，山西省寿阳县经贸局退休干部，住山西省寿阳县朝阳街161号。

被告国家知识产权局专利复审委员会，住所地北京市海淀区西四环西路7号银谷大夏10～12层。

法定代表人王景川，主任。

委托代理人崔峥，男，国家知识产权局专利复审委员会审查员。

委托代理人王颖，女，国家知识产权局专利复审委员会审查员。

第三人赵恺胜，男，汉族，1952年8月3日出生，山西省寿阳县农机局干部，住山西省寿阳县农业局宿舍。

第三人兼赵恺胜的委托代理人郭宝仁，男，汉族，1949年1月25日出生，山西省寿阳县第一中学退休工人，住山西省寿阳县第一中学33号宿舍楼。

原告吴瀛洲不服中华人民共和国国家知识产权局专利复审委员会作出的专利行政裁决，于2004年2月2日向本院提起行政诉讼。本院受理后，依法组成合议庭，并依据《中华人民共和国行政诉讼法》第二十七条的规定通知赵恺胜、郭宝仁作为本案第三人参加诉讼，于2005年3月28日公开开庭审理了本案。原告吴瀛洲，被告的委托代理人崔峥、王颖，第三人兼赵恺胜的委托代理人郭宝仁到庭参加了诉讼。本案现已审理终结。

2005年1月7日，被告作出第6780号无效宣告请求审查决定（下称6780号无效决定），依据《中华人民共和国专利法》（下称《专利法》）第二十二条第二款、第五十六条第一款的规定，维持01225109.7号实用新型专利权（下称本专利）有效。

原告诉称：本专利所属排种器，是对原告92100231.9号专利谷物点播机（下称对比文件）所属排种器发明专利的剽窃。本专利所属底盘，是对山西省大宁县播种机的照搬。本专利的申请文件存在权利要求书和说明书不一致、名称不规范、分类不科学、要素缺失和机理描述的错误，不符合《专利法》第二十六条的要求，属不当授权。本专利要素缺失，无法制造使用，不具备实用性。本专利系直接仿造，不具备创造性。因有在先对比文件，故本专利不具备新颖性，应当依《专利法》第二十二条等规定宣告无效。原告提供的附件2（即大宁县华康农机修造有限公司的畜力播种机使用说明书）、附件3（即大宁县农机修造厂的昕水牌播种机广告宣传单）属于群众举报、专家反映，不负详细提供正式文字材料之责，被告应当主动核查，不应不予采信。原告的证据确凿，理由充足，审查决定错误，违背了《专利法》第二十二条、第二十六条、第五十六条和第六十七条的规定，请求法院依法撤销6780号无效决定。

被告辩称：1. 原告在无效宣告请求审查过程中，并未提及实用性和创造性的无效理由，只是以该专利不具备新颖性为理由提出无效宣告请求。因此，在6780号无效决定中也未涉及实用性和创造性的无效理由，这两项理由也不应是本案的审理范围。2. 附件2、附件3本身都没有表明其具体的公开出版时间，不能构成专利法意义上的出版物。另外，在没有其他佐证存在的情况下，也不能证明附件2、附件3所记载的技术内容在本专利申请日之前已在国内公开使用或者以其他的方式为公众所知。因此，对附件2、附件3不予采信并无不当。3. 根据《专利法》第五十六条第一款的规定，在判断新颖性时，应当将发明或实用新型专利的各项权利要求所限定的完整技术方案分别与每一项现有技术单独地进行对比。如果其技术领域、所要解决的技术问题和技术方案实质上相同、预期效果相同，则认为两者为同样的发明或实用新型。否则，不能判定两者为同样的发明或实用新型。上述审查原则符合《审查指南》第二部分第三章第3.1节的规定。因此，6780号无效决定对本专利新颖性的评价并无不当。6780号无效决定认定事实清楚、适用法律正确、审理程序合法，审查结论正确，原告的诉讼理由不能成立，请法院驳回原告的请求，维持6780号无效决定。

两个第三人同意被告意见，请求法院驳回原告的诉讼请求，维持6780号无效决定。

本院经审理查明：本专利是一种名称为“机畜力施肥精密播种机”的实用新型专利，申请日为2001年6月1日、授权公告日为2002年8月28日。本专利的专利权人为本案第三人郭宝仁、赵恺胜。

授权公告的权利要求书如下：

“1. 一种机畜力施肥精密播种机，其特征在于：该农机具由施肥机构、播种机构、开沟机构、复盖机构所组成；

其播种机构的结构，是设在机架的上部的种子料斗，通过驱动轮轴上的链轮，链条带动锥齿轮，在锥齿轮轴上设有圆筒挡盖，在挡盖上装有转动的空心筒和塑料筒套，筒上设有通孔；在转动空心筒内，设有固定空心筒，其上部设有通孔，其下部设有三叉管，由塑料管与播种铧后部连接；

施肥机构的结构，是在圆筒形的施肥筒中间穿设一轴，在其轴上装有肥料搅拌器，由锥齿轮带动，设在机架后上部，在肥料筒底设有通孔，通孔与施肥铧后部有塑料管连接；

开沟机构的结构，是在铧的上部设有臂与机架连接，其臂上设有调节螺钉。

2. 根据权利要求1所述的机畜力施肥精密播种机，其特征在于：所述的复盖机构的结构，是用两个半轮组成镇压轮，由一个半轮周边带有尖三角形及上凹形。”

原告针对本专利于2004年3月13日向被告提出无效宣告请求，其理由是本专利权利要求1中的播（排）种机构不具备新颖性，并同时提交了如下附件：

附件1（即对比文件）：申请号为92100231.9的中国发明专利申请文件的权利要求书和说明书附图复印件。

经形式审查合格，被告于2004年3月30日受理了上述无效宣告请求并将无效宣告请求书及附件副本转给了被请求人。

原告又于2004年4月7日向被告提交了对上述无效宣告请求所增加的无效理由和补充附件，其增加的理由是本实用新型专利不具备新颖性和创造性。原告补充提交了附件2、附件3。

第三人于2004年4月27日提交了意见陈述书并随附有“山西省高级人民法院民事判决书”的复印件。

被告进行了相关转文程序后，于2004年11月25日举行了口头审理。在口头审理过程中，原告明确其无效宣告理由为本专利的权利要求1、权利要求2不具备新颖性。第三人对附件1、附件2和附件3的真实性无异议，但认为附件2、附件3的具体公开时间不清楚。

被告经审查作出如下认定：

1. 对比文件的公开日为1993年1月27日，早于本专利的申请日2001年6月1日。因此，可以作为现有技术来评价本专利权利要求1和权利要求2的新颖性。在附件2、附件3中，都没有表明其具体的公开出版时间，因此，其不能构成专利法意义上的出版物。另外，在没有其他佐证的情况下，也不能证明附件2、附件3所记载的技术内容在本专利申请日之前已在国内公开使用或者以其他的方式为公众所知。因此，被告对附件2、附件3不予采信，附件2、附件3上记载的技术内容不能作为本专利的现有技术来评价本专利权利要求1和权利要求2是否具备新颖性。

2. 关于本专利的新颖性：本专利权利要求1保护一种机畜力施肥精密播种机，其包括施肥机构、播种机构、开沟机构和复盖机构。其中，播种机构的结构是设在机架上部的种子料斗（2），通过驱动轮轴上的链轮（21），链条（8）带动锥齿轮，在锥齿轮轴上设有圆筒挡盖（18），在挡盖（18）上装有转动的空心筒（16）和塑料筒套（17），筒上设有通孔；在转动空心筒内，设有固定空心筒（15），其上部设有通孔，其下部设有三叉管（24），由塑料管（22）与播种铧（10）后部连接。施肥机构的结构是在圆筒形的施肥筒（5）中间穿设一轴，在其轴上装有肥料搅拌器（13），由锥齿轮带动，设在机架后上部，在肥料筒底设有通孔，通孔与施肥铧（11）后部有塑料管连接。开沟机构的结构是在铧的上部设有臂与机架连接，其臂上设有调节螺钉。

而对比文件公开了一种排种器，其具有一个立式焊合在分上下两层的刚性排种管（6）上的排种盘（1），盘中心有一根悬臂轴。盘外壁与轴之间形成一个环形槽（7）。在其环形槽底端面，顺时针方向9~10点处，有一个通往盘外，上达排种管上层的输入孔（3）。在其轴圆周面，顺时针方向12点处，到轴内侧端面，有一个通往盘外，下达排种管下层的输出孔（4）。排种器还具有一个与排种盘活动配合的排种盖（8）。排种盖外能封闭环形槽，内能带动一个在圆周面上，以给定数据，打出斜孔（5）的型孔环（2），同步顺时针方向旋转于排种盘（1）轴上。参见对比文件的权利要求1和附图。

首先，对比文件公开的并不是一种施肥播种机，其所公开的排种器只对应于本专利权利要求1所限定的机畜力施肥精密播种机中的播种机构，其中的排种盘悬臂轴、环型孔（2）和排种盖（8）分别相当于本专利权利要求1中的固定空心筒（15）、转动空心筒（16）和圆筒挡盖（18）。但显然对比文件既没有公开本专利权利要求1中的“播种机构的塑料筒套（17）和三叉管（24）”，也没有公开“圆筒挡盖（18）设置在锥齿轮轴上并通过驱动轮轴上的链轮（21）和链条（8）进行驱动”，而且也没有公开“三叉管（24）通过塑料管（22）与播种铧（10）后部连接”。而正是由于具有这些特征，才使得本专利权利要求1所限定的机畜力施肥精密播种机可播种不同的种子，并可同时播种三行种子。

其次，对比文件更没有公开本专利权利要求1中的施肥机构、开沟机构、复盖机构及施肥机构和开沟机构的有关具体结构。显然，正是由于具有施肥机构、开沟机构和复盖机构，本专利权利要求1所限定的机畜力施肥精密播种机才具备了播种与施肥同步进行这样的技术效果。

因此，本专利权利要求1所限定的技术方案与对比文件所公开的技术方案不同。因此，本专利权利要求1相对于对比文件具备《专利法》第二十二条第二款规定的新颖性。

本专利权利要求2是权利要求1的从属权利要求，其进一步对权利要求1中的复盖机构的具体结构进行了限定，在权利要求1具备新颖性的情况下，该权利要求也具备《专利法》第二十二条第二款规定的新颖性。

据此，被告于2005年1月7日作出6780号无效决定，维持本专利权有效。

原告收到该无效决定后，于2004年2月2日向本院提起了行政诉讼。

上述事实有下列证据及各方当事人在庭审中无争议的陈述在案佐证，包括：

被告向本院提交的证据：1. 6780号无效决定书；2. 本专利文件；3. 无效宣告请求书及对比文件的权利要求书和说明书附图复印件；4. 被告于2004年4月12日收到的原告补充意见陈述；5. 即附件2；6. 即附件3；7. 原告于2004年10月19日提交的意见陈述书；8. 口头审理记录表。

原告向本院提交的证据：1. 6780号无效决定书；2. 对比文件；3. 本专利文件。

第三人未向本院提交证据。

经庭审质证及合议庭评议，本院认为原、被告提交的证据真实、来源合法，且与本案有关联性，本院均予确认。

本院认为，根据《审查指南》第四部分第三章第3.1节关于“请求原则”的规定，“在无效宣告程序中，合议组通常仅针对当事人提出的无效宣告请求的范围、理由和提交的证据进行审查”。原告在被告主持的口头审理过程中，明确表示仅以本专利不具备新颖性为理由提出无效宣告请求。因此，6780号无效决定未涉及原告在提起本案诉讼时提出的关于本专利不符合《专利法》第二十六条第三款、第四款的规定和本专利不具备实用性、创造性的理由并无不当。

原告在被告的审查程序中提交的附件2、附件3本身都没有表明其具体的公开出版时间，也无其他证据佐证附件2、附件3所记载的技术内容在本专利申请日之前已在国内公开使用或者以其他的方式为公众所知。因此，被告对原告在行政审查程序中提交的附件2、附件3不予采信并无不当。原告认为被告应当主动核查上述附件的诉讼意见缺乏法律依据，本院不予支持。

被告在判断本专利是否具备新颖性时，将本专利的各项权利要求所限定的完整技术方案与现有技术进行对比，而后判断本专利权利要求所限定的技术方案相对于该现有技术是否具备新颖性。被告的上述审查方法符合《专利法》第二十二条、第五十六条的规定，原告认为被告的审查基准有误的诉讼意见缺乏法律依据，本院不予支持。

关于本专利与对比文件相比是否具备新颖性的问题，本院经审查认为，本专利权利要求1保护的是一种机畜力施肥精密播种机，包括施肥机构、播种机构、开沟机构和复盖机构。而对比文件公开的并非一种施肥播种机，其所公开的仅为一种排种器，该排种器只对应于本专利权利要求1所限定的技术方案中的播种机构。经对比，对比文件所限定的技术方案没有公开本专利权利要求1中的“播种机构的塑料筒套（17）和三叉管（24）”、“圆筒挡盖（18）设置在锥齿轮轴上并通过驱动轮轴上的链轮（21）和链条（8）进行驱动”以及“三叉管（24）通过塑料管（22）与播种铧（10）后部连接”的技术方案。此外，对比文件亦未公开本专利权利要求1中的施肥机构、开沟机构和复盖机构。因此，被告以本专利权利要求1所限定的技术方案与对比文件所公开的技术方案不同为由，认定本专利权利要求1相对于对比文件具备新颖性的结论正确。

本专利权利要求2是权利要求1的从属权利要求，其进一步对权利要求1中的复盖机构的具体结构进行了限定，在权利要求1具备新颖性的情况下，被告认定该权利要求也同样具备新颖性的结论正确。

此外，原告关于被告存在违反《专利法》第六十七条情况的诉讼主张不属本案审查范畴，本院不予审查。

综上，6780号无效决定认定事实清楚、适用法律正确、程序合法，本院应予维持。原告的诉讼请求缺乏事实和法律依据，本院不予支持。据此，依照《中华人民共和国行政诉讼法》第五十四条第（一）项，判决如下：

维持被告中华人民共和国国家知识产权局专利复审委员会于二〇〇五年一月七日作出的第6780号无效宣告请求审查决定。

案件受理费1000元，由原告吴瀛洲负担（已交纳）。

如不服本判决，当事人可在判决书送达之日起十五日内，向本院递交上诉状，并按对方当事人的人数提出副本，上诉于北京市高级人民法院。上诉人在接到人民法院预交诉讼费用通知后七日内未预交又不提出缓交申请的，按自动撤回上诉处理。

审　判　长　饶亚东
代理审判员　强刚华
代理审判员　张靛卿
二〇〇五年七月二十一日
书　记　员　王　丽

# 北京市高级人民法院
# 行政判决书

（2005）高行终字第429号

上诉人（一审原告）吴瀛洲，男，汉族，1949年3月7日出生，山西省寿阳县经委退休干部，住山西省寿阳县朝阳街161号。

被上诉人（一审被告）国家知识产权局专利复审委员会，住所地北京市海淀区北四环西路9号银谷大厦10~12层。

法定代表人廖涛，副主任。

委托代理人王丽颖，女，国家知识产权局专利复审委员会行政诉讼处审查员。

委托代理人王颖，女，国家知识产权局专利复审委员会行政诉讼处审查员。

被上诉人（一审第三人）赵恺胜，男，汉族，1952年8月3日出生，山西省寿阳县农机局干部，住山西省寿阳县农业局宿舍。

被上诉人（一审第三人）兼赵恺胜的委托代理人郭宝仁，男，汉族，1949年1月25日出生，山西省寿阳县第一中学退休工人，住山西省寿阳县第一中学33号宿舍楼。

上诉人吴瀛洲因专利宣告无效请求审查决定一案，不服北京市第一中级人民法院（2005）一中行初字第219号行政判决书，向本院提起上诉。本院依法组成合议庭，依法进行了审理。本案现已审理终结。

北京市第一中级人民法院判决认为，本专利权利要求1保护的是一种机畜力施肥精密播种机，包括施肥机构、播种机构、开沟机构和复盖机构。而92100231.9号谷物点播机（下称对比文件）公开的并非一种施肥播种机，其所公开的仅为一种排种器，该排种器只对应于本专利权利要求1所限定的技术方案中的播种机构。经对比，对比文件所限定的技术方案没有公开本专利权利要求1中的“播种机构的塑料筒套（17）和三叉管（24）”、“圆筒挡盖（18）设置在锥齿轮轴上并通过驱动轮轴上的链轮（21）和链条（8）进行驱动”以及“三叉管（24）通过塑料管（22）与播种铧（10）后部连接”的技术方案。此外，对比文件亦未公开本专利权利要求1中的施肥机构、开沟机构和复盖机构。因此，专利复审委以本专利权利要求1所限定的技术方案与对比文件所公开的技术方案不同为由，认定本专利权利要求1相对于对比文件具备新颖性的结论正确。本专利权利要求2是权利要求1的从属权利要求，其进一步对权利要求1中的复盖机构的具体结构进行了限定，在权利要求1具备新颖性的情况下，专利复审委认定该权利要求也同样具备新颖性的结论正确。专利复审委作出的第6780号无效宣告请求审查决定认定事实清楚、适用法律正确、程序合法，吴瀛洲的诉讼请求缺乏事实和法律依据。依据《中华人民共和国行政诉讼法》第五十四条第（一）项之规定，判决维持专利复审委第6780号无效宣告请求审查决定。

上诉人吴瀛洲不服一审判决，向本院提起上诉称，被上诉人郭宝仁、赵恺胜所获得的01225109.7机畜力施肥精密播种机实用新型专利，是对原告92100231.9号专利谷物点播机所属排种器发明专利的剽窃。本专利所属底盘，是对山西省大宁县播种机的照搬。本专利在撰写专利文件中采取改变名称、增加特征的措施，但仍属"仅仅是简单的文字交换"。因有在先对比文件，故本专利不具备新颖性，应当依《中华人民共和国专利法》（下称《专利法》）第二十二条等规定宣告无效。上诉人提供的大宁县华康农机修造有限公司的畜力播种机使用说明书，并非新闻出版意义上的出版物。本身无所谓公开与出版时间。且说明书中获奖的奖证，说明本专利的底盘特征已经在先使用。被上诉人应当主动核查，不应不予采信。上诉人的证据确凿，理由充足，专利复审委的审查决定及一审判决错误，请求依法撤销第6780号无效宣告请求审查决定和（2005）一中行初字第219号行政判决书；责成专利复审委依法宣告01225109.7号实用新型专利无效；由专利复审委和郭宝仁共同承担无效申请费、一审受理费、二审上诉受理费及其他相关费用。

被上诉人专利复审委辩称：1. 上诉人在无效宣告请求审查过程中，并未以《专利法》第二十六条第三款和第四款、实用性、创造性作为无效理由，只是以本专利不具备新颖性为理由提出无效宣告请求。因此，在第6780号无效宣告请求审查决定中也未涉及上诉人在一审诉讼时提出的上述理由。2. 上诉人在无效程序中提交的产品使用说明书和广告宣传单即附件2、附件3无法证明其上记载的技术内容在本专利申请日之前已在国内公开使用或者以其他方式为公众所知，因此无法对其予以采信。关于本专利的新颖性，无效决定作了清楚、详细的论述。请求依法维持专利复审委第6780号无效宣告请求审查决定以及（2005）一中行初字第219号行政判决书。

被上诉人郭宝仁、赵恺胜同意被上诉人专利复审委的意见，请求法院维持第6780号无效宣告请求审查决定和（2005）一中行初字第219号行政判决书。

本院经审理查明：本专利是一种名称为"机畜力施肥精密播种机"的实用新型专利，申请日为2001年6月1日、授权公告日为2002年8月28日。本专利的专利权人为本案被上诉人郭宝仁、赵恺胜。授权公告的权利要求书如下：

"1. 一种机畜力施肥精密播种机，其特征在于：该农机具由施肥机构、播种机构、开沟机构、复盖机构所组成；

其播种机构的结构，是设在机架的上部的种子料斗，通过驱动轮轴上的链轮，链条带动锥齿轮，在锥齿轮轴上设有圆筒挡盖，在挡盖上装有转动的空心筒和塑料筒套，筒上设有通孔；在转动空心筒内，设有固定空心筒，其上部设有通孔，其下部设有三叉管，由塑料管与播种铧后部连接；

施肥机构的结构，是在圆筒形的施肥筒中间穿设一轴，在其轴上装有肥料搅拌器，由锥齿轮带动，设在机架后上部，在肥料筒底设有通孔，通孔与施肥铧后部有塑料管连接；

开沟机构的结构，是在铧的上部设有臂与机架连接，其臂上设有调节螺钉。

2. 根据权利要求1所述的机畜力施肥精密播种机，其特征在于：所述的复盖机构的结构，是用两个半轮组成镇压轮，由一个半轮周边带有尖三角形及上凹形。"

上诉人针对本专利于2004年3月13日向被上诉人专利复审委提出无效宣告请求，其理由是本专利权利要求1中的播（排）种机构不具备新颖性，同时提交了附件1（即对比文件）作为证据。经形式审查合格，被上诉人专利复审委于2004年3月30日受理了上述无效宣告请求并将无效宣告请求书及证据副本转给了被请求人。上诉人又于2004年4月7日向专利复审委提交了对上述无效宣告请求所增加的无效理由和补充证据，其增加的理由是本实用新型专利不具备新颖性和创造性。原告补充提交了附件 2（大宁县华康农机修造有限公司的畜力播种机使用说明书）、附件 3（大宁县农机修造厂的昕水牌播种机广告宣传单）作为证据。被上诉人郭宝仁、赵恺胜于 2004 年 4 月 27 日提交了意见陈述书并随附有“山西省高级人民法院民事判决书”的复印件。

专利复审委进行了相关转文程序后，于 2004 年 11 月 25 日举行了口头审理。在口头审理过程中，上诉人明确其无效宣告理由为本专利的权利要求 1、权利要求 2 不具备新颖性。被上诉人郭宝仁、赵恺胜对上诉人提交的附件 1、附件 2、附件 3 的真实性无异议，但认为附件 2、附件 3 的具体公开时间不清楚。

专利复审委经审查认为，对比文件的公开日为 1993 年 1 月 27 日，早于本专利的申请日 2001 年 6 月 1 日。因此，可以作为现有技术来评价本专利权利要求 1 和权利要求 2 的新颖性。在附件 2、附件 3 中，都没有表明其具体的公开出版时间，因此，其不能构成专利法意义上的出版物。另外，在没有其他佐证的情况下，也不能证明附件 2、附件 3 所记载的技术内容在本专利申请日之前已在国内公开使用或者以其他的方式为公众所知。因此，专利复审委对附件 2、附件 3 不予采信，附件 2、附件 3 上记载的技术内容不能作为本专利的现有技术来评价本专利权利要求 1 和权利要求 2 是否具备新颖性。

关于本专利新颖性的问题，专利复审委认为，本专利权利要求 1 保护一种机畜力施肥精密播种机，其包括施肥机构、播种机构、开沟机构和复盖机构。其中，播种机构的结构是设在机架上部的种子料斗（2），通过驱动轮轴上的链轮（21），链条（8）带动锥齿轮，在锥齿轮轴上设有圆筒挡盖（18），在挡盖（18）上装有转动的空心筒（16）和塑料筒套（17），筒上设有通孔；在转动空心筒内，设有固定空心筒（15），其上部设有通孔，其下部设有三叉管（24），由塑料管（22）与播种铧（10）后部连接。施肥机构的结构是在圆筒形的施肥筒（5）中间穿设一轴，在其轴上装有肥料搅拌器（13），由锥齿轮带动，设在机架后上部，在肥料筒底设有通孔，通孔与施肥铧（11）后部有塑料管连接。开沟机构的结构是在铧的上部设有臂与机架连接，其臂上设有调节螺钉。

而对比文件公开了一种排种器，其具有一个立式焊合在分上下两层的刚性排种管（6）上的排种盘（1），盘中心有一根悬臂轴。盘外壁与轴之间形成一个环型槽（7）。在其环型槽底端面，顺时针方向 9 ~ 10 点处，有一个通往盘外，上达排种管上层的输入孔（3）。在其轴圆周面，顺时针方向 12 点处，到轴内侧端面，有一个通往盘外，下达排种管下层的输出孔（4）。排种器还具有一个与排种盘活动配合的排种盖（8）。排种盖外能封闭环型槽，内能带动一个在圆周面上，以给定数据，打出斜孔（5）的型孔环（2），同步顺时针方向旋转于排种盘（1）轴上。参见对比文件的权利要求 1 和附图。

首先，对比文件公开的并不是一种施肥播种机，其所公开的排种器只对应于本专利权利要求 1 所限定的机畜力施肥精密播种机中的播种机构，其中的排种盘悬臂轴、型孔环（2）和排种盖（8）分别相当于本专利权利要求 1 中的固定空心筒（15）、转动空心筒（16）和圆筒挡盖（18）。但显然对比文件既没有公开本专利权利要求 1 中的“播种机构的塑料筒套（17）和三叉管（24）”，也没有公开“圆筒挡盖（18）设置在锥齿轮轴上并通过驱动轮轴上的链轮（21）和链条（8）进行驱动”，而且也没有公开“三叉管（24）通过塑料管（22）与播种铧（10）后部连接”。而正是由于具有这些特征，才使得本专利权利要求 1 所限定的机畜力施肥精密播种机可播种不同的种子，并可同时播种三行种子。

其次，对比文件更没有公开本专利权利要求 1 中的施肥机构、开沟机构、复盖机构及施肥机构和开沟机构的有关具体结构。显然，正是由于具有施肥机构、开沟机构和复盖机构，本专利权利要求 1

所限定的机畜力施肥精密播种机才具备了播种与施肥同步进行这样的技术效果。

因此，本专利权利要求 1 所限定的技术方案与对比文件所公开的技术方案不同，本专利权利要求 1 相对于对比文件具备《专利法》第二十二条第二款规定的新颖性。

本专利权利要求 2 是权利要求 1 的从属权利要求，其进一步对权利要求 1 中的复盖机构的具体结构进行了限定，在权利要求 1 具备新颖性的情况下，该权利要求也具备《专利法》第二十二条第二款规定的新颖性。

专利复审委于 2005 年 1 月 7 日作出了第 6780 号无效宣告请求审查决定，维持本专利有效。

上诉人收到该无效决定后，于 2004 年 2 月 2 日以无效决定违背《专利法》第二十二条、第二十六条、第五十六条、第六十七条的规定为由，向北京市第一中级人民法院提起了行政诉讼。

在一审诉讼中，专利复审委在法定的举证期限内向一审法院提交了本专利文件、无效宣告请求书及对比文件的权利要求书和说明书附图复印件等证据。

上诉人向一审法院提交的证据有：1. 第 6780 号无效决定书；2. 对比文件；3. 本专利文件。

被上诉人郭宝仁、赵恺胜未向一审法院提交证据。

上述证据已随案移送本院，经本院审查核实，一审法院对本案当事人提交的上述证据的审查认定无误，本院予以确认。上诉人在二审期间提交的 2005 年 12 月 9 日的证明不属于最高人民法院《关于行政诉讼证据若干问题的规定》第五十二条规定的新证据，本院不予采纳。

本院认为，参照《审查指南》关于“请求原则”的规定：“在无效宣告程序中，合议组通常仅针对当事人提出的无效宣告请求的范围、理由和提交的证据进行审查”。上诉人在专利复审委主持的口头审理过程中，明确表示仅以本专利不具备新颖性为理由提出无效宣告请求。因此，第 6780 号无效宣告请求审查决定未涉及上诉人一审诉讼时提出的关于本专利不符合《专利法》第二十六条第三、第四款的规定和本专利不具备实用性、创造性的理由并无不当。

“专利法意义上的出版物是指记载有技术或者设计内容的独立存在的有形传播载体，并且应当表明其发表者或出版者以及公开发表或出版时间。”上诉人在行政程序中提交的附件 2、附件 3 本身都没有表明其具体的公开出版时间，附件 2、附件 3 不是专利法意义上的出版物，其不能证明本专利在申请日之前已经被出版物公开。上诉人亦未提供其他证据佐证附件 2、附件 3 所记载的技术内容在本专利申请日之前已在国内公开使用或者以其他的方式为公众所知。因此，专利复审委对上诉人在行政审查程序中提交的附件 2、附件 3 不予采信并无不当。上诉人认为专利复审委应当主动核查上述附件中所记载的奖证的诉讼意见缺乏法律依据，本院不予支持。

专利复审委在判断本专利是否具备新颖性时，将本专利的各项权利要求所限定的完整技术方案与现有技术进行对比，而后判断本专利权利要求所限定的技术方案相对于该现有技术是否具备新颖性。被告的上述审查方法并无不当。

关于本专利与对比文件相比是否具备新颖性的问题，本院经审查认为，本专利权利要求 1 保护的是一种机畜力施肥精密播种机，包括施肥机构、播种机构、开沟机构和复盖机构。而对比文件公开的并非一种施肥播种机，其所公开的仅为一种排种器，该排种器只对应于本专利权利要求 1 所限定的技术方案中的播种机构。经对比，对比文件所限定的技术方案没有公开本专利权利要求 1 中的“播种机构的塑料筒套（17）和三叉管（24）”、“圆筒挡盖（18）设置在锥齿轮轴上并通过驱动轮轴上的链轮（21）和链条（8）进行驱动”以及“三叉管（24）通过塑料管（22）与播种铧（10）后部连接”的技术方案。此外，对比文件亦未公开本专利权利要求 1 中的施肥机构、开沟机构和复盖机构。因此，专利复审委以本专利权利要求 1 所限定的技术方案与对比文件所公开的技术方案不同为由，认定本专利权利要求 1 相对于对比文件具备新颖性的结论正确。本专利权利要求 2 是权利要求 1 的从属权利要求，其进一步对权利要求 1 中的复盖机构的具体结构进行了限定，在权利要求 1 具备新颖性的情况下，专利复审委认定该权利要求也同样具备新颖性的结论正确。

上诉人未在一审程序中提出由被上诉人赔偿误工费等费用的诉讼请求，且在二审程序中提出时未提交证据予以证明，上诉人的该项上诉请求于法无据，本院不予支持。

综上，专利复审委作出的第 6780 号无效宣告请求审查决定认定事实清楚、适用法律正确、程序合法。一审诉讼中，上诉人经过法庭辩论已经阐述其观点，(2005) 一中行初字第 219 号行政判决书予以维持正确。据此，依照《中华人民共和国行政诉讼法》第六十一条第（一）项之规定，判决如下：

驳回上诉人吴瀛洲各项上诉请求，维持一审判决。

本案二审案件受理费 1000 元，由上诉人吴瀛洲负担（已交纳）。

本判决为终审判决。

审　判　长　辛尚民
代理审判员　任全胜
代理审判员　朱海宏
二〇〇五年十二月二十日
书　记　员　王　芳

# 糖果包装盒案

## 无效宣告请求审查决定（第6781号）

**决　定　号**　第6781号
**决　定　日**　2004年12月21日
**发明创造名称**　糖果包装盒
**国际分类号**　B65D 85/60
**无效请求人**　海宁市丁桥天润食品厂
**专利权人**　祝利章
**专　利　号**　01274423.9
**申　请　日**　2001年12月22日
**授权公告日**　2003年1月1日
**合议组组长**　杨克菲
**主　审　员**　宋鸣镝
**参　审　员**　吴亚琼

**法律依据**　专利法第二十二条第二款、第三款
**决定要点**

如果对比文件的申请日早于本专利的申请日，其公开日晚于本专利的申请日，而对比文件是一项外观设计专利，其不能构成损害本专利新颖性的抵触申请，并且对比文件也不是专利法意义上的现有技术，因此，不能使用该对比文件来评价本专利的创造性。

**一、案由**

本无效宣告请求案涉及申请日为2001年12月22日，授权公告日为2003年1月1日，名称为“糖果包装盒”的实用新型专利（下称本专利），其专利号为01274423.9，专利权人为祝利章（下称被请求人）。

授权公告的权利要求书如下：

“1. 一种糖果包装盒，由纸或其他可以折叠的材料制成封闭的盒体，其特征在于：盒体的上下端分别是两个用来吊系绳线的圆形或方形攀；盒体的上部为带若干凹面的球冠形，中部为多棱柱形，下部与上部形状相同且对称。

2. 如权利要求1所述的灯笼形糖果包装盒，其特征在于：所述盒体上部的球冠面上均匀分布着六个凹面，中部为六棱柱形。”

针对上述实用新型专利权，海宁市丁桥天润食品厂（下称请求人）于2004年2月4日向专利复审委员会提出了宣告专利权无效的请求。请求宣告无效的理由是：本专利不具备专利法第二十二条第三款规定的创造性。请求人同时提交了以下1份附件作为对比文件：

附件1（下称对比文件1）：中国外观设计专利ZL01345248.7（公开号为3254216）的授权公告

文本的复印件，其申请日为2001年10月22日，公开日为2002年9月11日。

经形式审查合格后，专利复审委员会受理了上述无效宣告请求，向请求人和被请求人发出了无效宣告请求受理通知书，并将上述无效宣告请求书及其所附对比文件1的副本转送给被请求人，同时依法成立合议组对本案进行审查。

针对上述无效宣告请求，被请求人于2004年3月22日提交了意见陈述书，被请求人认为：（1）本专利为实用新型专利，对比文件1为外观设计专利，它们属于两种不同类型的发明创造，不具有可比性；（2）对比文件1的授权公告日在本专利的申请日之后，对比文件1不是专利法意义上的已有技术，用它不能否定本专利的创造性；（3）请求人没有提供任何证据来证明本专利所采用的技术方案在申请日之前已被包装行业所广泛采用。因此，本专利所保护的技术方案具备创造性，符合专利法第二十二条第三款的规定。

专利复审委员会于2004年10月8日向双方当事人发出合议组成员告知通知书，将本案合议组成员告知了双方当事人；同时向请求人发出转送文件通知书，将被请求人于2004年3月22日提交的意见陈述书副本转送给请求人。

双方当事人在规定的期限内均未提出回避请求，同时，请求人在规定的期限内也未对上述通知书进行答复。

在上述程序的基础上，合议组认为本案事实已经清楚，可以依法作出如下审查决定。

**二、决定的理由**

专利法第二十二条第二款规定：新颖性是指在申请日以前没有同样的发明或者实用新型在国内外出版物上公开发表过、在国内公开使用过或者以其他方式为公众所知，也没有同样的发明或者实用新型由他人向国务院专利行政部门提出过申请并且记载在申请日以后公布的专利申请文件中。

专利法第二十二条第三款规定：创造性是指同申请日以前已有的技术相比，该发明有突出的实质性特点和显著的进步，该实用新型有实质性特点和进步。

请求人提交的对比文件1为中国专利文件，合议组已核实其真实性，其申请日早于本专利的申请日，公开日晚于本专利的申请日，而对比文件1是一项外观设计专利，而不是发明或者实用新型专利。因此，对比文件1不是与本专利同样的发明或者实用新型专利，不能构成损害本专利新颖性的抵触申请。

同时，对比文件1的公开日晚于本专利的申请日，在本专利申请之时，对比文件1尚未公开，公众在本专利申请日以前无法得知对比文件1的技术内容。因此，该对比文件1不是专利法意义上的现有技术。

因此，合议组认为不能使用对比文件1来评价本专利的新颖性和创造性，本专利的权利要求1和权利要求2具备专利法第二十二条第二款规定的新颖性和第二十二条第三款规定的创造性。

**三、决定**

维持01274423.9号实用新型专利权有效。

当事人对本决定不服的，可以根据专利法第四十六条第二款的规定，自收到本决定之日起三个月内向北京市第一中级人民法院起诉。根据该款的规定，一方当事人起诉后，另一方当事人应当作为第三人参加诉讼。

# 防腐箱体、槽体构件案

## 无效宣告请求审查决定（第6796号）

**决　定　号**　第6796号
**决　定　日**　2005年1月21日
**发明创造名称**　防腐箱体、槽体构件
**国际分类号**　B65D 65/38
**无效请求人**　河北京冀防爆电器仪表有限公司
**专利权人**　徐怀书
**专　利　号**　99259014.0
**申　请　日**　1999年12月31日
**授权公告日**　2000年10月11日
**合议组组长**　陈海平
**主　审　员**　崔　峥
**参　审　员**　魏　屹

**法律依据**　专利法第二十二条第二款、第三款、第四款
**决定要点**

如果本领域技术人员没有任何理由怀疑本专利不能够制造和使用，也没有任何理由怀疑其技术效果不是积极的和有益的。则合议组对请求人所提出的本专利不具备实用性的主张不予支持。

一份作为证据的设计图纸中所标明的日期仅仅是图纸的设计日期，在缺少其他佐证的情况下，无法确认图纸中所用材料或产品的销售和使用时间。

如果不能确认一件取自工程现场的样品的销售和使用时间是位于本专利申请日之前，则不能将该样品所反映出的技术信息作为现有技术来评判本专利的新颖性和创造性。

**一、案由**

本无效宣告请求案涉及申请日为1999年12月31日、授权公告日为2000年10月11日、名称为“防腐箱体、槽体构件”的99259014.0号实用新型专利，专利权人为徐怀书（下称被请求人）。

授权公告的权利要求书如下：

“1. 一种防腐箱体、槽体构件，其特征在于：箱体的内、外侧均设有一层软质复合环氧树脂，软质复合环氧树脂外设硬质树脂，硬质树脂外设有表面处理层。”

针对上述专利权，河北京冀防爆电器仪表有限公司（下称请求人）于2004年4月9日向专利复审委员会提出了无效宣告请求，同时提交了如下证据：

证据1：CN2069060U实用新型专利申请说明书复印件，授权公告日为1991年1月9日；

证据2：CN2106948U实用新型专利申请说明书复印件，授权公告日为1992年6月10日；

证据3：签订于1992年3月20日的工矿产品订货合同复印件；

证据4：签订于1997年9月10日的工矿产品购销合同复印件。

请求人在无效请求书中认为本专利权利要求1分别相对于证据3和证据4不具备新颖性，分别相对于证据1和证据2不具备创造性。

经形式审查合格，专利复审委员会于2004年4月12日受理了上述无效宣告请求并将无效宣告请求书及证据副本转给了被请求人，同时成立合议组对上述无效宣告请求进行审查。

请求人又于2004年5月8日向专利复审委员会提交了如下补充证据：

证据5：吉林市公证处出具的编号为（2004）吉证字第1134号公证书复印件；

证据6：签订于1995年9月27日的工矿产品购销合同复印件；

证据7：签订于1994年4月12日的工矿产品购销合同复印件；

证据8：签订于1994年8月1日的工矿产品购销合同复印件；

证据9：签订于1995年9月1日的工矿产品购销合同复印件。

并结合上述补充证据阐述了其无效理由，认为根据证据5和证据6本专利不具备新颖性，根据证据5~9本专利不具备创造性，同时请求人还认为本专利“在箱体的内外侧面涂上粘合剂后，再涂硬质树脂是根本不能实现的”，因而不具备实用性。

被请求人针对请求人于2004年4月9日提出的无效请求于2004年5月11日提交了意见陈述书认为本专利具备新颖性和创造性，并提交了国家知识产权局出具的“实用新型专利检索报告”复印件作为反证。

专利复审委员会本案合议组于2004年10月15日向双方当事人发出了口头审理通知书，定于2005年1月6日举行口头审理，并将请求人于2004年5月8日提交的补充证据的副本及相应的无效理由转给了被请求人，同时将被请求人于2004年5月11日提交的意见陈述书及其附件转给了请求人。

被请求人又于2004年11月22日向专利复审委员会提交了意见陈述书，针对请求人于2004年5月8日提交的证据及无效理由进行了相应的反驳。

口头审理如期举行，双方当事人均出席了本次口头审理。合议组当庭将被请求人于2004年11月22日提交的意见陈述书转给请求人。在口头审理过程中，双方进行了充分的辩论。请求人放弃了证据4，并当庭出示了证据3、证据5~9的原件。被请求人对证据1和证据2的真实性无异议，并承认证据3、证据5~9的复印件与原件相符。请求人还当庭出示了证据5最后一页照片所示的由公证员取自吉林化学工业股份有限公司炼油厂30万吨乙烯分支管带工程现场并封存的复合环氧玻璃钢电缆槽板（桥架）的样品，封存样品的封条完整无损，被请求人认可该封存样品与证据5中的照片一致，双方当庭进行拆封，查看了样品。样品未标明型号。

在上述程序的基础上，合议组认为事实已经清楚，可以作出本决定。

**二、决定的理由**

1. 证据认定

证据4已被请求人放弃，故合议组不再予以考虑。

证据1和证据2为中国实用新型专利说明书，属于公开出版物，其公开日分别为1991年1月9日和1992年6月10日，早于本专利的申请日。因此，可以作为现有技术来评价本专利权利要求1的创造性。

对于证据3、证据5~9，请求人在口头审理过程中当庭出示了其原件，而被请求人亦承认其复印件与原件相符。故合议组予以采信。

2. 关于本专利的实用性

专利法第二十二条第四款规定：实用性，是指该发明或者实用新型能够制造或者使用，并且能够产生积极效果。

请求人认为本专利“在箱体的内外侧面涂上粘合剂后，再涂硬质树脂是根本不能实现的”，因而不具备实用性。

合议组认为：本专利权利要求1保护一种防腐箱体、槽体构件，由本专利说明书可知，它是在箱体、槽体的金属构件的内、外表面涂附一层软质复合环氧树脂，以软质复合环氧树脂作为粘合剂将硬质树脂粘结在金属构件的内外表面上，并对硬质树脂外表面进行磨光、喷漆处理，形成表面处理层。对于本领域普通技术人员来说，在没有任何证据表明硬质树脂不能通过软质复合环氧树脂粘合剂粘结在金属构件表面上的情况下，没有任何理由怀疑本专利的防腐箱体和槽体构件不能够制造和使用，也没有任何理由怀疑其技术效果不是积极的和有益的。因此，合议组对请求人所提出的本专利不具备实用性的主张不予支持。

3. 关于本专利的新颖性和创造性

专利法第二十二条第二款规定：新颖性，是指在申请日以前没有同样的发明或者实用新型在国内外出版物上公开发表过、在国内公开使用过或者以其他方式为公众所知，也没有同样的发明或者实用新型由他人向国务院专利行政部门提出过申请并且记载在申请日以后公布的专利申请文件中。

专利法第二十二条第三款规定：创造性，是指同申请日以前已有的技术相比，该发明有突出的实质性特点和显著的进步，该实用新型有实质性特点和进步。

（1）对于证据3、证据5~9

首先，证据3、证据7~9分别为四份单独的产品订货或购销合同，合同本身只表明了所订购的产品的名称和型号，而没有记载任何相关的技术内容。因此，虽然证据3、证据7~9的合同签订日期早于本专利的申请日，但仅由其本身也不能证明本专利的防腐箱体、槽体构件已在本专利申请日之前由于公开销售和使用而丧失新颖性，而且，由于合同中所订购的产品的技术信息是未知的，当然也无法将合同中所订购的产品与本专利进行对比来评判本专利的新颖性和创造性。另外，从证据3、证据7~9合同本身所表明的内容看，亦不能表明它们与证据5和证据6之间具有关联性。因此，它们与证据5和证据6不能构成有效的证据链。

其次，证据5是吉林化学工业股份有限公司炼油厂“30万吨乙烯分支管带电气施工图”和“30万吨乙烯分支管带工程所采用的复合环氧玻璃钢电缆槽板（桥架）”的现场勘验取样的照片的公证书。公证书中提供了该工程的部分施工图共计13页，其中，标称为“企业档案”的封面1页，“资料图纸目录”2页，“说明书”3页，“设备材料表”3页以及“总变至柴油高压室进线电缆及其他”图纸4页。

在“设备材料表”第2页，序号为42的一栏中标明的材料的名称和规格为“特制不燃玻璃钢防腐复合高压电缆桥架 BRF－02－TGLQF－T－450/4 h＝860 l＝2000 带盖板接地线必须模具加工”，数量为820块，并在备注栏中标明生产厂为“跃华防腐防爆电器厂”。而在“总变至柴油高压室进线电缆及其他”图纸的设备材料表的第8和第9栏中标明的名称均为“特制不燃玻璃钢防晒复合高压电缆桥架”，且在备注栏中均标明生产厂为“跃华防腐防爆电器厂”，但在第8栏中标明的型号规格为“BRF－02－TGLQJ－01－450/4 h＝860 l＝2000 带接地 Φ16”，数量为820块，而在第9栏中标明的型号规格为“BRF－02－TGLQJ－T－450/4 h＝860 l＝2000”，数量为30块。由此可见，在“30万吨乙烯分支管带工程”中至少采用了由“跃华防腐防爆电器厂”生产的三种不同型号的复合玻璃钢电缆桥架。证据5中照片所示的样品未标明型号。而且，由于设计图纸中也未记载有任何反映该工程所用复合玻璃钢电缆桥架的技术信息，因此也无法根据样品本身所反映出的技术信息推断出该样品的具体型号。

虽然该图纸在“企业档案”封面的“编制日期”一栏中标明为1995年7月26日，在“资料图纸目录”和“设备材料表”中“日期”一栏均标明为1995年7月25日，“设计阶段”一栏均标明为“施工”，而且在“总变至柴油高压室进线电缆及其他”图纸明细表中标明设计日期为1995年7月24日，“设计阶段”一栏标明为“施工”。但是，该图纸为设计图纸，其上所标明的日期为设计日期，其本身并不能反映出工程的实际施工日期以及图纸中所列材料的实际采购和销售的时间，当然也不能反映出证据5中照片所示样品的实际采购和销售时间。因此，单独由证据5并不能证明该样品在本专利的申请日之前已在国内公开销售和使用，不能将该样品所反映出的技术信息作为现有技术与本专利进行对比来评判本专利的新颖性和创造性。

再者，证据6是“冀州市跃华防腐防爆电器厂”与“吉化股份有限公司炼油厂”于1995年9月27日签订的产品购销合同。合同中，产品的名称和规格型号为“复合玻璃钢槽板BRF－02－TGLQF－T－450/4 l＝2000 h＝860”，数量为276块，并注明有“交货期：十月二十五日前”以及“分支管带工程”字样。由此可见，证据6的购销双方与证据5中的使用方和供货方一致，证据6的产品型号与证据5中图纸“设备材料表”第2页序号为42的材料的型号一致。而且由证据6合同中所标明的“分支管带工程”字样基本可推断出证据6与证据5所针对的是同一工程。因此，可认定证据5和证据6具有关联性。

但是，由于证据6本身也未记载任何相关的技术内容，因此仅由证据6本身并不能证明本专利已在其申请日之前由于公开销售和使用而丧失新颖性。

另外，证据5和证据6两者构成证据链只能印证出在本专利申请日之前“冀州市跃华防腐防爆电器厂”和“吉化股份有限公司炼油厂”分别销售和购买了名称和规格型号为“复合玻璃钢槽板BRF－02－TGLQF－T－450/4 l＝2000 h＝860”的产品。但并不能印证出证据5中工程的实际施工时间位于本专利的申请日之前。而且，由于在“30万吨乙烯分支管带工程”中至少采用了由“跃华防腐防爆电器厂”生产的三种不同型号的复合玻璃钢电缆桥架，而且无法确认证据5中照片所示样品的型号。因此，不能证明该样品就是证据6合同中的产品，因而不能证明该样品在本专利的申请日之前已在国内公开销售和使用，因此不能将该样品所反映出的技术信息作为现有技术与本专利进行对比来评判本专利的新颖性和创造性。

（2）对于证据1和证据2

证据1公开了一种防腐塑钢复合管道，该复合管道由内表面层（4）、金属层（5）和外表面层（6）构成。其中，内和外表面层均由LLDPE塑料、HDPE塑料和其他助剂的混合改性材料构成，而且内和外表面层均是通过将塑料原料和金属管放入到模具中，经旋转成型机旋转、加热熔融，然后进行冷却，从而使内和外表面层分别与管道的内和外表面复合成一体（参见证据1的权利要求1、说明书第2页最后一个自然段以及附图3）。

证据2公开了一种耐高温防腐供热管道，该管道的内壁涂有瓷釉涂料（6），外壁缠涂有氰凝（2），然后依次有石棉隔热层（3）、聚氨酯保温层（1）和沾有玻璃钢的玻璃纤维保护层（5）（参见证据2的权利要求1、说明书第1和第2页及附图）。

显然，证据1和证据2都未公开本专利箱体的内、外侧均为三层结构，分别是一层用作粘合剂的软质复合环氧树脂层、一层硬质树脂层和一层表面处理层。而且上述的区别技术特征也并非是本领域的公知技术。因此，权利要求1的技术方案相对于证据1、证据2以及它们的结合是非显而易见的，具有实质性的特点和进步，因而具备创造性。

三、决定

维持 99259014.0 号实用新型专利权有效。

当事人对本决定不服的，可以根据专利法第四十六条第二款的规定，自收到本决定之日起三个月内向北京市第一中级人民法院起诉。根据该款的规定，一方当事人起诉后，另一方当事人应当作为第三人参加诉讼。

# 棘轮扳手案

## 无效宣告请求审查决定（第6805号）

**决　定　号**　第6805号
**决　定　日**　2004年12月11日
**发明创造名称**　棘轮扳手
**国际分类号**　B25B 13/46
**无效请求人**　黄贤明
**专利权人**　沈红民
**专　利　号**　01246050.8
**申　请　日**　2001年6月18日
**授权公告日**　2002年4月17日
**合议组组长**　蒋　彤
**主　审　员**　何怀燕
**参　审　员**　张宗任

**法律依据**　专利法第二十二条第二款、第三款
**决定要点**

如果一份证据的两个技术方案都单独披露了本专利权利要求的全部技术特征，则权利要求的技术方案相对于该证据的两个技术方案都不具备新颖性，也由此不具备创造性；如果同一技术领域的两份证据不需要花费创造性劳动而结合就可得出本专利权利要求的技术方案，则该权利要求的技术方案相对于两份证据的结合不具备创造性。

**一、案由**

本无效宣告请求案涉及国家知识产权局专利局于2002年4月17日授权公告的01246050.8号、名称为“棘轮扳手”的实用新型专利权（下称本专利），其申请日为2001年6月18日，专利权人为沈红民（下称被请求人）。

授权公告的权利要求书如下：

“1. 一种棘轮扳手，包括扳体及安装在扳体一端头部的棘套及棘爪，其特征在于：在扳体头部设有一弹簧，该弹簧一端固定在扳体头部上，另一端固定在棘爪上。

2. 如权利要求1所述的棘轮扳手，其特征在于：在棘套的外周还设有一卡簧。

3. 如权利要求1或2所述的棘轮扳手，其特征在于：在所述的扳体的另一端设有开口呆扳手。”

针对本专利权，黄贤明（下称请求人）于2003年11月21日向专利复审委员会提出无效宣告请求，其理由是本专利权利要求不具备新颖性和创造性，不符合专利法第二十二条关于新颖性、创造性的规定。请求人同时提交了下列证据：

证据1：申请号为99204855.9的中国实用新型专利授权文本，其授权公告日为2000年1月

26 日；

证据 2：申请号为 00133618.5 的中国发明专利公开文本，其公开日为 2001 年 5 月 9 日。

经形式审查合格，专利复审委员会受理了上述请求，并于 2003 年 12 月 12 日向双方当事人发出无效宣告请求受理通知书，同时将专利权无效宣告请求书及其附件清单中所列副本转送给了被请求人，要求其在指定的期限内答复。

专利复审委员会于 2004 年 1 月 16 日收到被请求人递交的意见陈述书。被请求人认为：（1）证据 1 中的弹簧 88 是固定在棘齿块 87 右下方的圆柱销上，而不是固定在棘齿块 87 上，因而没有公开特征"弹簧一端固定在扳体头部上，另一端固定在棘爪上"；请求人误以为只有一个棘齿块 87，其实棘齿块 87 必须是由两个零件组成，否则无法固定弹簧 88，棘齿块 87 在很小不到 3 立方毫米的空间中打孔固定圆柱销，制造难度大，棘齿块 87（棘爪 3）是棘轮扳手的核心，本专利的棘齿块是一体的，请求人提供的证据中棘齿块是由两个零件组成的，强度比本专利的低，制造成本比本专利的高，这充分说明本专利的结构核心部分与请求人提供的证据所揭示的结构完全不同，从而本专利权利要求 1 具备新颖性和创造性；（2）从证据 1 的环扣 82 来看，看不出其如何固定棘轮 83，从证据 1 的说明书第 1 页中"以环扣 82 固定一棘轮 83"来看没有公开本专利权利要求 2 中的特征"在棘套的外周还设有卡簧"，从而本专利权利要求 2 具备新颖性和创造性；（3）本专利的权利要求 3 包含两个技术方案，所述的扳体的另一端设有开口呆扳手的技术特征没有被证据 1 公开，考虑到棘轮扳手是组装而成的扳手，扭力一定不及一体的普通二用扳手，所以在设计过程中一头是带棘轮的，一头是带开口呆扳手，用户在遇到高强度作业时可以先用呆扳手一头扭松，然后再用带棘轮的一头，这样使用的范围更广泛。而证据 2 没有提及棘轮扳手，没有公开棘论扳手另一端设有开口呆扳手这个特征，附图中看不出是普通的二用扳手还是棘轮扳手或其他工具，也没有提及这一技术方案的有益效果，从而本专利权利要求 3 具备新颖性和创造性。

专利复审委员会成立本案合议组，于 2004 年 7 月 15 日向双方当事人发出了口头审理通知书，定于 2004 年 8 月 25 日进行口头审理，并将 2004 年 1 月 16 日收到的被请求人的意见陈述书随口头审理通知书一并转送给了请求人。

2004 年 7 月 20 日，专利复审委员会因故需推迟原定口头审理时间，又向双方当事人发出无效宣告请求审查通知书和新的无效宣告请求口头审理通知书，通知双方当事人原定 2004 年 8 月 25 日的口头审理延期到 2004 年 9 月 7 日进行。

合议组于 2004 年 8 月 9 日收到被请求人的无效宣告请求口头审理通知书回执，表示参加 2004 年 9 月 7 日的口头审理；请求人于 2004 年 9 月 7 日参加口头审理同时递交了无效宣告请求口头审理通知书回执。

口头审理于 2004 年 9 月 7 日举行，请求人、被请求人参加了口头审理。请求人明确了证据 1 作为本专利最接近的对比文件以及权利要求 1 和权利要求 2 相对于证据 1 不具备新颖性和创造性、权利要求 3 相对于证据 1 和权利要求 2 的结合不具备创造性。请求人在口头审理过程中指出，除了坚持原有意见之外，证据 1 的图 1 和图 2 也公开了权利要求 1 的技术方案，导致权利要求 1 不具备新颖性和创造性，证据 1 的图 1 中弹片 13 公开了权利要求 2 的卡簧，导致权利要求 2 不具备新颖性和创造性。被请求人在口头审理过程中指出，请求人提出的证据 1 的图 1 和图 2 公开了权利要求 1 的技术方案，使其不具备新颖性和创造性；证据 1 的图 1 中弹片 13 公开了权利要求 2 的卡簧，使其不具备新颖性和创造性。这些都是在口头审理中第一次提出的事实，需要在口头审理之后作出书面意见陈述。

合议组当庭决定给予被请求人自口头审理之日起一个月内针对其认为的请求人在口头审理中第一次提出的事实提交相关的书面意见陈述的机会，逾期不提交视为其放弃对证据 1 的图 1 和图 2 涉及的有关实事进行说明的权利。

合议组于2004年10月12日收到了被请求人针对证据1的图1和图2涉及的有关事实进行说明的意见陈述书。

在上述工作的基础上，合议组认为本案事实已经清楚，在此基础上依法作出本审查决定。

**二、决定的理由**

1. 文本认定

被请求人未对权利要求作任何修改，根据专利法及其实施细则和审查指南的规定，合议组无效宣告审查以2002年4月17日授权公告的文本作为审查的文本基础。

2. 关于现有技术

请求人提交了两份证据，其中证据1的授权公告日是2000年1月26日，证据2的公开日是2001年5月9日。由于本专利的申请日是2001年6月18日，因此这两份证据的公开日期都在本专利的申请日之前，可以作为评价本专利的新颖性、创造性的现有技术。

3. 新颖性

专利法第二十二条第二款规定：新颖性，是指在申请日以前没有同样的发明或者实用新型在国内外出版物上公开发表过、在国内公开使用过或者以其他方式为公众所知，也没有同样的发明或者实用新型由他人向国务院专利行政部门提出过申请并且记载在申请日以后公布的专利申请文件中。

本专利的目的是提供一种不需人工操作棘爪的棘轮扳手，只需要在使用时手握扳体左右来回旋转即可把螺母旋紧，若要旋松螺母，只需将扳手反面安放即可，从而提高工作效率。其权利要求1所限定的技术方案包括如下技术特征：

（1）一种棘轮扳手，包括扳体及安装在扳体一端头部的棘套及棘爪；

（2）在扳体头部设有一弹簧，该弹簧一端固定在扳体头部上，另一端固定在棘爪上。

证据1公开了一种改良的棘轮扳手，与权利要求1所要求保护的棘轮扳手属于同一技术领域，证据1具体披露如下技术特征（参看证据1的说明书第1~3页，图1、2、5、6）：已有的棘轮扳手包括扳手主体80（即扳体）以及安装在扳手主体80一端头部的棘轮83（即棘套）和棘齿块87（即棘爪），其结构如附图5、附图6所示。相应于上述特征（1），在该扳手主体80的该头部的孔86上设有一弹簧88（即弹簧），该弹簧88一端固定在扳手主体80的该头部的孔86上，其另一端固定在棘齿块87上，其结构如图6所示。相应于上述特征（2），因而该已有的棘轮扳手的技术方案已经披露了本专利权利要求1的全部技术特征；同样，其描述的改良后的棘轮扳手也披露了本专利权利要求1的全部技术特征，其包括扳手本体10，在扳手本体10的一端头部安装有棘轮14和棘齿块15，在该头部设有一弹簧17，其一端固定在扳手本体10的头部的槽12上，其另一端固定在棘齿块15上，结构如图1、2所示。

由此可见，证据1公开的已有棘轮扳手和改良棘轮扳手，与本专利的权利要求1属于同一技术领域、且各自分别披露了本专利权利要求1的全部技术特征，即本专利权利要求1分别与证据1中的已有扳手、改良扳手的技术方案实质上相同，能解决相同的技术问题、达到相同的预期效果。因此，证据1公开的两种棘轮扳手都与本专利权利要求1的棘轮扳手为同样的实用新型，即本专利权利要求1的技术方案相对于证据1不具备专利法第二十二条第二款规定的新颖性。

被请求人在意见陈述中指出，从证据1的附图5、附图6所揭示的结构来分析，弹簧88是固定在棘齿块87右下方的圆柱销上，而不是固定在棘齿块87上；从证据1的图1、图2所揭示的结构来分析，弹簧17与其他部件之间不是固定连接关系，而是松散的直接接触连接关系，这样连接效果不佳，影响弹簧的恢复与拉伸，从而没有公开本专利上述特征（2）中的“弹簧一端固定在扳体头部上，另一端固定在棘爪上”。

合议组认为：首先，在证据1中并没有描述过使用“圆柱销”固定弹簧一端的内容，即使在棘齿块上做有圆柱销来固定弹簧，这是把弹簧“固定”在棘齿块上的一种具体方式，而“一端固定在棘爪上”的技术特征描述不能体现出具体的固定方式。由于具体（下位）概念限定的技术特征的公开导致一般（上位）概念限定的技术特征被公开，因而证据1中已有的棘轮扳手的结构已公开了本专利上述特征（2）。并且，证据1的图1、图2所示的改良的棘轮扳手的技术方案可以看出，该弹簧17固定在棘齿块15上的一端是没有使用所谓的圆柱销的；第二，弹簧与所接触的部件之间的固定方式有多种形式，可以是两头或者一头焊接在其他组成部件上，也可以是弹簧两端与相关部件相抵接触的固定方式，比如证据1的图1、图2，还可以是弹簧的一端顶或卡在相关部件的突起上作固定如证据1的图6等等，而本专利的权利要求1以及说明书都没有任何关于如何固定弹簧的具体手段的说明。由于具体（下位）概念限定的技术特征的公开导致一般（上位）概念限定的技术特征被公开，则弹簧17的抵接固定方式已经披露了上述技术特征。因此，被请求人的理由不能被接受。

被请求人在意见陈述中指出，证据1中棘齿块87必须是由两个零件组成的，否则无法固定弹簧88，棘齿块87在很小的不到3$mm^3$的空间中要打孔固定圆柱销制造难度大，而棘齿块87（棘爪3）是该棘轮扳手的核心，本专利中的棘齿块构造是一体的，而证据1中的棘齿块是由两个零件组成的，即被请求人认为的棘齿块87和其右下方的圆柱销，所以它的强度比本专利的低、制造成本高，充分说明本专利的结构（核心部分）与证据1揭示的结构完全不同。

合议组认为：证据1中已有的棘轮扳手的结构中，没有描述过棘齿块87必须是两个零件，从附图5和附图6中可见，而该棘齿块87是一体成型的块状结构上稍微形成一个突起，在零件块上形成齿状结构与构造一个突起是所属技术领域中的同类型的常规加工手段，并不需要如被请求人所述的在不到3$mm^3$的空间中“打孔固定圆柱销”，从而不会导致成本增加和造成棘齿块的强度降低，另外，本专利的权利要求1也没有关于其棘爪3必须是一体结构的确切的文字描述，因此被请求人认为证据1的已有的棘轮扳手的结构（尤其是核心部分的结构）与本专利的完全不相同的理由是不能成立的；并且，证据1的图1、图2所示的改良的棘轮扳手的技术方案中可以看出，棘齿块15是一个零件。因此，被请求人的理由不能被接受。

本专利的权利要求2引用权利要求1，附加技术特征是“在棘套的外周还设有一卡簧”。该技术特征在证据1的已有棘轮扳手和改良棘轮扳手的技术方案中，都已经被披露（参见证据1的说明书第1页第2和第3段，第2页最后一段到第3页第1段，图1、2、5、6）：已有的棘轮扳手结构中具有一扣环82固定一棘轮83，改良的新棘轮扳手结构中具有一环形的弹片13卡扣一棘轮14，其中环扣82和环形弹片13正是权利要求2所述的棘套外周所设的卡簧，仅仅是文字表述上与之不同。因此，当本专利权利要求1相对于证据1不具备新颖性时，引用它的权利要求2的全部技术特征也分别被证据1的已有棘轮扳手和改良棘轮扳手各自单独披露，所以权利要求2也不具备专利法第二十二条第二款规定的新颖性。

被请求人在意见陈述中指出，从证据1的图1、2、5的扣环82和环形弹片13来看，不能看出扣环82如何固定棘轮83、环形弹片13如何固定棘轮14，证据1的说明书第1、第2页描述的“以一扣环82固定一棘轮83”、“以一环形的弹片13卡扣一棘轮14”并没有公开本专利权利要求2的附加技术特征“在棘套的外周还设有一卡簧”。

合议组认为：根据证据1的图1、2、5的立体分解图以及证据1的说明书第2页第29行的“以一环形的弹片13卡扣一棘轮14”来看，所属领域技术人员能够清楚地判断出扣环82、环形弹片13都是设在棘轮的外周。根据证据1的图1、2、5以及本专利的图3卡簧结构比较来看，扣环82、环形弹片 13 的结构特征和该卡簧完全相同，其功能也完全一致，因此被请求人陈述的理由是不能成立的。

本专利的权利要求 3 引用权利要求 1 或权利要求 2，其进一步限定的附加技术特征是“在所述的扳体的另一端设有开口呆扳手”。该技术特征在证据 1 中没有任何描述，因此该权利要求 3 的技术方案与证据 1 的两种技术方案都不是完全相同的，即具备专利法第二十二条第二款规定的新颖性。

4. 创造性

专利法第二十二条第三款规定：创造性，是指同申请日以前已有的技术相比，该发明有突出的实质性特点和显著的进步，该实用新型有实质性特点和进步。

本专利权利要求 1 和权利要求 2 由于如上所述不具备新颖性，因此也不具备专利法第二十二条第三款规定的创造性。

本专利权利要求 3 引用权利要求 1 或权利要求 2，其进一步限定的附加技术特征是“在所述的扳体的另一端设有开口呆扳手”。在证据 2 的图 1 到图 5 所表示的扳手可以看出，扳手的扳体一端是开口呆扳手，另一端是棘轮扳手（参见证据2 的说明书第4 页第3 段，第5 页第2 段，图1 至图5）：如其图 4、图 5 用于显示其工具架的试用功能的情况，可以清楚看出，本体上设有转动件 32，结合扳手 11 一端以便试用，转动件 32 转动时发出咔嗒声。所属领域技术人员根据上述内容结合公知常识可以毫无疑义地得出该扳手 11 试用的一端为棘轮扳手，另一端明显是开口呆扳手。在权利要求 1 和权利要求 2 相对于对比文件 1 都不具备新颖性和创造性的前提下，为了解决将棘轮扳手和开口呆扳手结合在一个扳体上的技术问题，采用证据 2 披露的条状扳体一端设计为棘轮扳手，另一端设计为开口呆扳手的技术启示，得到权利要求 3 的两个技术方案，这对于所属领域技术人员来说是显而易见的，不需要花费创造性劳动的。因此，权利要求 3 相对于证据 1 和证据 2 不具有实质性特点和进步，不具备专利法第二十二条第三款规定的创造性。

**三、决定**

宣告第 01246050.8 号实用新型专利权全部无效。

当事人对本决定不服的，可以根据专利法第四十六条第二款的规定，自收到本决定之日起三个月内向北京市第一中级人民法院起诉。根据该款的规定，一方当事人起诉后，另一方当事人应当作为第三人参加诉讼。

# 客车车门上用的转臂与门连接机构案

## 无效宣告请求审查决定（第6808号）

**决　定　号**　第6808号
**决　定　日**　2005年1月26日
**发明创造名称**　客车车门上用的转臂与门连接机构
**国际分类号**　B60J 5/06
**无效请求人**　淮安市惠民汽车配件制造有限公司
**专利权人**　江苏金屋控制系统有限公司
**专　利　号**　02220073.8
**申　请　日**　2002年4月22日
**授权公告日**　2003年3月5日
**合议组组长**　杨克菲
**主　审　员**　陈海平
**参　审　员**　黄玉平

**法律依据**　专利法第二十二条第三款、第四款　专利法第二十六条第三款　专利法实施细则第二十一条第二款

**决定要点**

以专利不具备创造性为理由所提出的无效宣告请求，通常需要得到相应证据的支持。

### 一、案由

江苏金屋控制系统有限公司（下称专利权人）于2002年4月22日向国家知识产权局专利局提交了名称为“客车车门上用的转臂与门连接机构”的实用新型专利申请，其申请号为02220073.8。该专利申请于2003年3月5日公告授权（下称本专利）。

授权公告的权利要求书如下：

“1. 客车车门上用的转臂与门连接机构，其特征是它有门板（2），在门板（2）上开有一个凹槽（5），在凹槽（5）内设置一个转臂轴（4），转臂轴（4）与转臂（3）相接，转臂（3）与门轴（1）相接，密封条（6）贴装在转臂（3）上。”

针对上述专利权，淮安市惠民汽车配件制造有限公司（下称请求人）于2004年1月7日向专利复审委员会提出了无效宣告请求，其理由是本专利不符合专利法第二十二条中关于实用性和创造性的规定、第二十六条第三款的规定以及专利法实施细则第二十一条第二款的规定。

经形式审查合格，专利复审委员会于2004年2月11日受理了上述无效宣告请求并通知了专利权人。

专利权人于2004年3月23日提交意见陈述书，陈述对上述无效宣告请求的反对意见并提交了若干反证。专利权人又于2004年7月23日提交意见陈述书，要求对本案进行口头审理。

专利复审委员会本案合议组于2004年9月16日向双方当事人发出了口头审理通知书，并同时将专利权人于2004年3月23日与2004年7月23日提交的意见陈述书转给请求人。

口头审理于2004年11月2日按期举行，双方当事人出席了本次口头审理。

在上述程序的基础上，专利复审委员会本案合议组作出审查决定。

**二、决定的理由**

本专利的独立权利要求1全文如下：

“1. 客车车门上用的转臂与门连接机构，其特征是它有门板（2），在门板（2）上开有一个凹槽（5），在凹槽（5）内设置一个转臂轴（4），转臂轴（4）与转臂（3）相接，转臂（3）与门轴（1）相接，密封条（6）贴装在转臂（3）上。”

在口头审理程序中，请求人对其要求宣告本专利无效所依据的理由和相应的事实认定如下：

本专利缺少门与门框之间的导向机构，故不符合专利法第二十二条第四款、第二十六条第三款以及专利法实施细则第二十一条第二款的规定。另外，权利要求1中只有一个凹槽，缺少必要技术特征。权利要求1与现有技术的区别仅在于“密封条”，故不具备创造性。

专利权人认为在本专利中除转臂与门之间的连接机构外，其余结构特征均属于现有技术。

合议组的相应意见如下：

1. 关于实用性

专利法第二十二条第四款规定：实用性，是指该发明或者实用新型能够制造或者使用，并且能够产生积极效果。

专利法第二十六条第三款规定：说明书应当对发明或者实用新型作出清楚、完整的说明，以所属技术领域的技术人员能够实现为准；必要的时候，应当有附图。摘要应当简要说明发明或者实用新型的技术要点。

专利法实施细则第二十一条第二款规定：独立权利要求应当从整体上反映发明或者实用新型的技术方案，记载解决技术问题的必要技术特征。

由于本专利的技术主题是“客车车门上用的转臂与门连接机构”，故在本专利中，上述请求人所述的在权利要求中所未记载的“门与门框之间的导向机构”（也包括请求人在“专利权无效宣告请求书”中所述的“转臂上的密封条又是如何解决门框、板间的密封问题的”等问题所涉及的一些不在“客车车门上用的转臂与门连接机构”这一结构件范围内的其他结构）不在本实用新型所要解决的技术问题范围之内，不是本专利权利要求1限定的保护客体针对其所要解决的技术问题所需的技术特征，而是其本技术领域的技术人员在实施本专利技术方案时在现有技术方案的基础上进行选用或设计的，无须在本专利的权利要求中逐一加以描述。

对于上述请求人提出的“权利要求1中只有一个凹槽，缺少必要技术特征”的主张，合议组认为：对于作为本专利的技术主题“客车车门上用的转臂与门连接机构”来说，每个“连接机构”中仅包括有一个凹槽（从本专利说明书附图中可清楚看出），故本专利权利要求1将凹槽数量限定为一个没有使得该独立权利要求缺少必要技术特征。

综上所述，请求人认为本专利不符合专利法第二十二条第四款、第二十六条第三款以及专利法实施细则第二十一条第二款的规定的理由不能成立。

2. 关于创造性

专利法第二十二条第三款规定：创造性，是指同申请日以前已有的技术相比，该发明有突出的实质性特点和显著的进步，该实用新型有实质性特点和进步。

请求人认为，本专利权利要求1与现有技术的区别仅在于“密封条”，故不具备创造性。

但是请求人对其提出的除“密封条”之外本专利权利要求1的其他技术特征均为现有技术的主张没有提出相应的证据进行支持，故对于请求人的上述主张合议组不能予以认定。

**三、决定**

维持02220073.8号实用新型专利权有效。

当事人对本决定不服的，可以根据专利法第四十六条第二款的规定，自收到本决定之日起三个月内向北京市第一中级人民法院起诉。根据该款的规定，一方当事人起诉后，另一方当事人应当作为第三人参加诉讼。

# 一种颗粒状或粉状食品包装盒案

## 无效宣告请求审查决定（第6814号）

**决　定　号**　第6814号
**决　定　日**　2005年1月18日
**发明创造名称**　一种颗粒状或粉状食品包装盒
**国际分类号**　B65D 6/40　B65D 8/02
**无效请求人**　广东东泰乳业有限公司
**专利权人**　亨氏联合有限公司
**专　利　号**　00228347.6
**申　请　日**　2000年6月2日
**授权公告日**　2001年5月2日
**合议组组长**　陈海平
**主　审　员**　耿　博
**参　审　员**　杨克菲

**法律依据**　专利法第二十二条
**决定要点**

对于一方当事人提交的物证原物，另一方当事人提出异议但没有足以反驳的相反证据的，应当确认其证明力。

在没有相反证据的情况下，同一厂家生产的同一型号的产品的结构应当认为相同。

**一、案由**

本无效宣告请求案涉及国家知识产权局专利局2001年5月2日授权公告的、名称为"一种颗粒状或粉状食品包装盒"的实用新型专利，其申请号为00228347.6，申请日为2000年6月2日，专利权人是亨氏联合有限公司。

该专利授权公告的权利要求书如下：

"1. 一种颗粒状或粉状食品包装盒，由盒体（1）和倒口（2）构成，其特征在于倒口（2）在盒体（1）的一侧上方，由连成一体的基片（3）和左右各一片翼片（4）以及活动窗（5）组成，活动窗（5）的基部与盒体（1）相连并与基片（3）贴合在一起，活动窗（5）的宽度和高度分别略小于基片（3）的宽度和高度，翼片（4）呈三角形，其在上的边呈圆弧形，左右两翼片（4）之间的距离与活动窗（5）两侧边的距离相配合，连成一体的基片（3）和翼片（4）用硬质材料制造。

2. 根据权利要求1所述的包装盒，其特征在于包装盒的形状可以是圆筒形或长方柱形。

3. 根据权利要求1所述的包装盒，其特征在于包装盒的盒体（1）可以用纸板或塑料板或金属板制造，连成一体的基片（3）和翼片（4）可以用铝片制造。"

针对上述专利权，广东东泰乳业有限公司（下称请求人）于2003年10月8日向专利复审委员会提出了无效宣告请求，其理由是本专利的权利要求1~3不符合专利法二十二条有关新颖性和创造性的规定；权利要求3是对材料特征的限定，不属于实用新型保护的范围，不符合专利法实施细则第二条第二款的规定。并提供如下证据：

证据1：其上生产日期为1999年11月10日的亨氏蛋黄营养米粉产品照片复印件1页；

证据2：其上生产日期为2000年1月20日的亨氏蔬菜营养米粉产品照片复印件1页；

证据3：其上生产日期为2000年2月14日的亨氏高蛋白营养米粉产品照片复印件1页；

证据4：广东省增值税专用发票，NO.00216247复印件1页；

证据5：亨氏联合有限公司增值税专用发票对应的发票号为NO.00216247销货清单复印件1页；

证据6：广东省增值税专用发票，NO.00215356复印件1页；

证据7：亨氏联合有限公司增值税专用发票对应的发票号为NO. 00215356销货清单复印件1页；

证据8：授权公告号为CN3107411D的外观设计专利公报，授权公告日为1999年4月14日；

证据9：授权公告号为CN3107414D的外观设计专利公报，授权公告日为1999年4月14日；

证据10：授权公告号为CN3107417D的外观设计专利公报，授权公告日为1999年4月14日；

证据11：本专利的授权公告文本。

专利复审委员会经形式审查合格后，于2003年10月28日发出了无效宣告请求受理通知书，并将无效宣告请求书以及有关文件副本转送给专利权人，要求专利权人在指定期限进行答复。同时成立合议组对本案进行审理。

针对本无效宣告请求，亨氏联合有限公司（下称被请求人）于2003年12月10日进行了意见陈述，被请求人的观点归纳如下：（1）证据1~3的食品包装盒产品的生产日期均为打印的方式，无法证明其真实性；（2）证据4~7是专利权人向海南省海口琼顺贸易有限公司出具的增值税专用发票及销货清单，而不是如请求人提到的证据1~3的产品是购自海南省海口琼顺贸易有限公司的证据；并且该证据中最晚的销售时间为1999年9月23日，在证据1~3中产品最早的生产日期为1999年11月10日，这些证据所表明的销售时间在生产时间之前，可见该组发票的销售行为并不是针对以上产品，两者之间存在矛盾；（3）证据8~10是专利权人申请的三份外观设计专利，而本专利是实用新型专利，两者之间不存在任何对应或关联关系。所以请求人提交的以上证据均不能支持其无效请求的主张，权利要求3不符合专利法实施细则第二条第二款的主张是、对专利法理解的误解，所以请求人的以上无效请求均不能成立，请求驳回请求人的无效宣告请求，维持本专利有效，被请求人同时提交了如下附件：

附件1：专利复审委员作出的第4230号无效宣告请求审查决定书复印件。

合议组于2004年11月2日向双方当事人再次发出了口头审理通知书，定于2005年1月4日在专利复审委员会进行口头审理。

专利复审委员会本案合议组于2004年9月15日将被请求人提交的意见陈述书及附件的副本转文给请求人，并向双方当事人发出了口头审理通知书，定于2004年11月3日在专利复审委员会进行口头审理。后该次口头审理因故未如期举行。

请求人于2004年11月26日向专利复审委员会提交了意见陈述书，请求人认为：其提交的证据1~10环环相扣，足以说明本专利最迟在1999年7月27日之前已由被请求人公开销售，证据1~3标示的生产日期在本专利的申请日之前，被请求人认为其打印的生产日期与实际生产日期不符，应当举证予以证明，在证据4~7中是被请求人向海南省海口琼顺贸易有限公司销货的凭证，被请求人如果否认其销售产品的外包装并非是证据1~3所示的结构，应当拿出相反的证据予以否定。请求人并同时补充提交了如下证据：

证据 12：广东省增值税专用发票 NO. 01200857 复印件 1 页；

证据 13：亨氏联合有限公司增值税专用发票对应的发票号为 NO. 01200857 销货清单复印件 1 页；

口头审理如期举行。双方当事人均参加了口头审理。合议组当庭告知请求人于 2004 年 11 月 26 日补充提交的证据 12、证据 13 因超过一个月的举证期限而不能接受。并将请求人该次提交的意见陈述及证据当庭转文给被请求人。请求人当庭出示了证据 1 ~3 中照片所示产品的原物。出示了证据4 ~7，证据 12，证据 13 的原件。被请求人认为证据 4 ~7 的原件与复印件一致，实物与照片相符，但对发票与销售清单之间具有关联性持有异议，并认为实物有变造的嫌疑。而被请求人认为证据 1 实物所示的结构与本专利的权利要求 1 ~3 所要求保护的技术方案基本相同。

在上述工作的基础上，合议组认为事实已经清楚，可以作出审查决定。

**二、决定的理由**

1. 证据的认定

专利法实施细则第六十六条规定：在专利复审委员会受理无效宣告请求后，请求人可以在提出无效宣告请求之日起一个月内增加理由或者补充证据。逾期增加理由或者补充证据的，专利复审委员会可以不予考虑。同时，审查指南第四部分第三章第 3. 1 节规定：对请求人在提出无效宣告请求之日起一个月后提交的用于证明在提出无效宣告请求之日起一个月内未举证主张的具体事实的新证据，合议组不予考虑。

请求人认为虽然证据 12、证据 13 的提出日距提出无效宣告请求之日超过一个月，但是证据 12、13 所能证明的销售行为与证据 1 ~3 所示的产品是相关联的，合议组应当采信该证据。对此，合议组认为，首先证据 12、13 的举证时间是在提出无效宣告请求之日起一个月后，且这两份证据所能证明的被请求人于 2000 年 2 月 18 日向海南省海口市琼顺贸易有限公司销售一批亨氏产品的行为并不是证据 1 ~3 所示产品被销售的事实行为，也不属于证据 4、5，6、7 结合证明的销售行为，所以该证据所能证明的销售行为的具体事实未在一个月的举证期内举证主张过，应当属于逾期提交的新证据，所以合议组对这两份证据不予考虑。

证据 1 ~3 是被请求人生产的包装盒实物，被请求人认为请求人出示的该包装盒上打印日期的年份是用两位数表示，而该厂出产的包装盒的年份是用四位数表示，且这种包装盒上的生产日期是可以随意打印上去的；并且该包装盒的倒口处制作工艺略显粗糙，所以该包装盒不是被请求人生产的产品，是请求人自己变造的。请求人则强调这些产品均是被请求人生产的产品，如果其对真实性表示怀疑的话，应当拿出证据来予以反驳，并且该包装盒就是被请求人自己生产的产品，如果存在相反的证据，请求人很容易提供。而被请求人至今未能拿出证据予以反驳该证据的真实性，所以对被请求人的以上主张应当不予支持。

合议组认为：请求人提交的证据 1 ~3 这三份包装盒的实物印刷的字迹清晰，色彩鲜明，包装完整，其上显示是由被请求人生产的。被请求人虽然对这些证据的真实性表示了异议，并主张“该包装盒上的生产日期可以随意打印，生产日期标示的年份应当是四位数，该类包装盒的倒口处加工应当更精细”，但没有提供出相反证据予以支持。由于请求人提交的这些证据均是被请求人生产的，被请求人对这些证据的真实性予以否定则很容易举出证据予以反驳，但被请求人一直未能举出相反的证据，所以合议组对其主张不予支持，认定这三份证据的真实性。

证据 4 ~7 是广东省增值税专用发票及增值税专用发票销货清单，请求人在口头审理时出示了这些证据的原件，经核实，原件与复印件相符，被请求人也对其原件的真实性表示认可。所以合议组对这些证据的真实性予以认定。

证据 8 ~10 是外观设计专利公报，合议组经核实，可以确认这三份证据的真实性。

2. 本专利相对于现有技术是否具备新颖性

通过证据 4 的销售发票可以认定在 1999 年 9 月 23 日由被请求人销售给海口市琼顺贸易有限公司的亨氏产品一批这一事实。证据 5 是和证据 4 对应的销货清单，通过该证据可以显示出证据 4 销售的亨氏产品一批中有蛋黄营养米粉，其产品编号是 F1204A。而证据 1 即是由亨氏联合有限公司生产的蛋黄营养米粉包装盒，在该包装盒的底面上印刷有产品标准号“Q/Heize 1204 - 1998”，能够与证据5中的产品编号相对应。合议组认为，在通常情况下，同一厂家生产的同一型号的产品的结构应当是相同的，并且被请求人也一直未能举证证明蛋黄营养米粉包装盒的结构在不同时期存在着不同。所以，在没有相反证据的情况下，可以认定证据 4 ~ 5 销售时的蛋黄营养米粉的包装盒的结构与证据 1 所示产品的包装盒的结构相同。即如证据 1 所示的产品结构的包装盒在本专利的申请日之前已经通过销售而被公开。

合议组通过观察证据 1 蛋黄营养米粉包装盒的结构，可以看到该包装盒上设置有一倒口，倒口在盒体的一侧上方，由连成一体的基片和左右各一片翼片以及活动窗组成，活动窗的基部与盒体相连并与基片贴合在一起，活动窗的宽度和高度分别略小于基片的宽度和高度，翼片呈三角形，其在上的边呈圆弧形，左右两翼片之间的距离与活动窗两侧边的距离相配合，连成一体的基片和翼片用铝质材料制成。由此可见权利要求 1 所要求保护的技术方案和证据 1 所公开的结构相比，其区别之处仅在于权利要求 1 所要求保护的基片和翼片的材料是由“硬质材料”制成，而证据 1 中相应位置处选用的材料是“铝片”。这两者只属于上位概念与下位概念的区别，证据 1 中选用的材料是权利要求 1 所要求保护材料的下位概念，可以破坏其新颖性。

综上所述，本专利相对于证据 1 不具备新颖性。

权利要求 2 是权利要求 1 的从属权利要求，其附加技术特征为“包装盒的形状可以是圆筒形或长方柱形”，而证据 1 所示的产品包装盒的结构是长方柱形，可见权利要求 2 的附加技术特征已被证据 1 所公开，所以在权利要求 1 不具备新颖性的基础上，其从属权利要求 2 是不具备新颖性的。

权利要求 3 是权利要求 1 的从属权利要求，其附加技术特征为“包装盒的盒体（1）可以用纸板或塑料板或金属板制造，连成一体的基片（3）和翼片（4）可以用铝片制造”。证据 1 所示的产品包装盒的盒体是由纸板制成的，基片和翼片是由铝片制成的，可见权利要求 3 的附加技术特征已被证据 1 所公开，所以在权利要求 1 不具备新颖性的基础上，其从属权利要求 3 是不具备新颖性的。

综上所述，权利要求 1 ~ 3 相对于证据 1、4、5 所形成的证据链不具备新颖性。鉴于该案已经得出有意义的审查结论，所以合议组对双方当事人提交的其他证据及其他主张不再予以评述。

**三、决定**

宣告 00228347.6 号实用新型专利权无效。

当事人对本决定不服的，可以根据专利法第四十六条第二款的规定，自收到本决定之日起三个月内向北京市第一中级人民法院起诉。根据该款的规定，一方当事人起诉后，另一方当事人应当作为第三人参加起诉。

# 全螺纹锁紧螺母案

## 无效宣告请求审查决定（第6815号）

**决　定　号**　第6815号
**决　定　日**　2005年1月25日
**发明创造名称**　全螺纹锁紧螺母
**国际分类号**　F16B 39/30
**无效请求人**　上海底特精密紧固件有限公司
**专利权人**　张永华　胡　军
**专　利　号**　01247290.5
**申　请　日**　2001年8月15日
**授权公告日**　2002年6月12日
**合议组组长**　于　萍
**主　审　员**　郭健国
**参　审　员**　魏　屹

**法律依据**　专利法第二十二条第二款
**决定要点**

若已有技术与本专利所属的技术领域、所要解决的技术问题、技术方案和预期效果完全相同，则本专利不具备新颖性。

### 一、案由

本无效宣告请求案涉及国家知识产权局专利局于2002年6月12日授权公告的01247290.5号实用新型专利，名称为“全螺纹锁紧螺母”，申请日为2001年8月15日，专利权人为张永华、胡军。

授权公告的权利要求书如下：

“1. 全螺纹锁紧螺母，具有一个带有内螺纹的螺母本体，其特征是在所述的每一圈内螺纹的与外螺纹的上外端部相对的位置处设置有一斜螺旋面。”

针对本专利权，上海底特精密紧固件有限公司（下称请求人）于2003年8月22日向专利复审委员会提出无效宣告请求，其理由是本实用新型专利不具备新颖性，不符合专利法第二十二条的规定。请求人同时提交了下列证据：

证据1：美国US 4171012号专利文献及相应中文译文，公开日为1979年10月16日；

证据2：MILLTARY SPECIFICATION（军工产品技术规范）原文及中文译文复印件；

证据3：美国施必劳公司的产品目录（英文原文）复印件；

证据4：美国麻省学院和美国劳伦斯实验室的报告（英文）复印件；

证据5：美国施必劳防松螺母技术报告复印件；

证据6：SPIRALOCK公司经销商销售合同复印件；

证据7：施必劳公司的发货记录及有关发票复印件；

证据8：上海施必劳公司成立的资料及有关图纸复印件；

证据9：美国施必劳公司简史复印件；

证据10：发货产品合格证及现场处理记录复印件。

经形式审查合格，专利复审委员会于2003年10月14日受理了上述请求，并于同日将宣告专利权无效请求书及其他有关文件副本转送给了专利权人张永华、胡军（下称被请求人），要求其在指定的期限内答复。并成立合议组对上述无效宣告请求进行审查。

在规定的期限内，被请求人没有提交答复意见。

2004年7月8日，专利复审委员会向双方当事人发出了口头审理通知书，定于2004年8月16日进行口头审理。

请求人寄交了口头审理回执，表示参加口头审理。

口头审理如期举行，被请求人未出席口头审理。在口审过程中，合议组把有关合议组成员变更的情况向请求人进行了说明，请求人对变更后的合议组成员没有回避请求；请求人放弃证据3、4；请求人出示了证据5、6、7、8、9、10的原件。

本案合议组于2004年8月16日向被请求人寄送了合议组成员告知通知书，在规定的期限内被请求人没有提出对变更后合议组成员的回避请求。

本案合议组在此基础上，认为事实已经清楚，可以依法作出如下结论。

**二、决定的理由**

1. 关于证据

请求人请求宣告本实用新型专利无效的理由是本实用新型不具备新颖性，其提交的证据共10份。

其中证据1所述的美国US 4171012号专利文献及相应中文译文，被请求人未进行任何意见陈述，应视为对该证据的中文译文没有异议，经合议组核实，对该证据的中文译文及原文的真实性予以认可。该证据1中的US 4171012号美国专利说明书，属于公开出版物，且公开日期早于本专利的申请日，构成本专利的已有技术，可用于评价本专利的新颖性。

证据2为MILLTARY SPECIFICATION（军工产品技术规范）原文及中文译文复印件，请求人未提供该证据的原件，亦未指出其合法来源，合议组无法核实真实性，对该证据不予采信。

请求人提交证据5~10的原件，经合议组核实，其提交的复印件与原件相符。

请求人在口审过程中放弃了证据3、4，对这两份证据合议组不再评述。

2. 关于新颖性

根据专利法第二十二条第二款的规定，授予专利权的实用新型应当具备新颖性，新颖性是指在申请日以前没有同样的发明或实用新型在国内外出版物上公开发表过、在国内公开使用过或者以其他方式为公众所知，也没有同样的发明或实用新型由他人向国务院专利行政部门提出过申请并且记载在申请日以后公布的专利申请文件中。

本专利请求保护的技术方案是“全螺纹锁紧螺母，具有一个带有内螺纹的螺母本体，其特征是在所述的每一圈内螺纹的与外螺纹的上外端部相对的位置处设置有一斜螺旋面”。证据1公开了一种锁定螺纹设计，其中在译文的第4页第10~11行记载：其倾斜面位于阴螺纹部件（螺母）上，而不是像图9~11所示的那样位于阳螺纹上。同页的第27~28行也记载：曲线166表示在图12所示的螺纹结构上所进行的试验，螺栓带有标准螺纹，螺母带有前述的斜面126。上述文字内容结合附图可以看出证据1中的斜面126也是位于内螺纹与外螺纹的上外端部相对的位置处，证据1公开的技术内容与本专利的技术方案实质上完全相同；另外，二者都属于螺母，故而技术领域也是相同的；又都能够起到提高防松能力的技术效果；加之所要解决的技术问题相同，本专利不符合专利法第二十二条第二款规定的新颖性。

**三、决定**

宣告第01247290.5号实用新型专利权全部无效。

当事人对本决定不服的，可以根据专利法第四十六条第二款的规定，自收到本决定之日起三个月内向北京市第一中级人民法院起诉。根据该款的规定，一方当事人起诉后，另一方当事人应当作为第三人参加诉讼。

019

# 一种卷皮机案

## 无效宣告请求审查决定（第6817号）

决 定 号 第6817号
决 定 日 2005年1月27日
发明创造名称 一种卷皮机
国际分类号 C14B 9/00
无效请求人 温州市茂达宠物用品有限公司
专利权人 周青标
专 利 号 02220994.8
申 请 日 2002年6月1日
授权公告日 2003年5月28日
合议组组长 黄玉平
主 审 员 陈海平
参 审 员 杨克菲

法律依据 专利法第二十六条第三款、第四款 专利法第二十二条第二款、第三款 专利法实施细则第二十条第一款

决定要点

如请求人所提交的证据间缺乏关联性，则不能构成证据链，即这些证据不能作为组合证据使用。

### 一、案由

周青标（下称专利权人）于2002年6月1日向国家知识产权局专利局提交了名称为“一种卷皮机”的实用新型专利申请，其申请号为02220994.8，该专利申请于2003年5月28日公告授权（下称本专利）。

授权公告的权利要求书如下：

“1. 一种卷皮机，包括机架、电动机及传动机构，其特征在于：所述卷皮机设有一个或一个以上的卷皮转轴（9），卷皮转轴（9）上动配合套设有挂钩固定盘（10），挂钩（2）固定其上，挂钩固定盘（10）与卷皮转轴（9）之间构成离合结构。

2. 根据权利要求1所述的卷皮机，其特征在于：所述离合结构包括一个固定在卷皮转轴（9）端部的传动盘（11）、分离弹簧（12）和橡胶环（13），挂钩固定盘（10）邻近传动盘（11）而设并留有前后滑动空间，分离弹簧（12）动配合套设在传动盘（11）与挂钩固定盘（10）之间的卷皮转轴（9）上，橡胶环（13）动配合套设在分离弹簧（12）外，分离弹簧（12）的自由长度大于橡胶环（13）的厚度。”

针对上述专利权，温州市茂达宠物用品有限公司（下称请求人）于2004年6月18日向专利复审委员会提出了无效宣告请求，其理由是本专利不符合专利法第二十六条第三款、第四款，第二十二条

第二款、第三款；专利法实施细则第二条第二款、第二十条第一款，第二十一条第二款的规定。

请求人同时提交了下述作为证据的附件：

附件1：（2003）浙平证内字第2067号公证书（复印件6页）；

附件2："工矿产品购销合同"1份，附产品照片1张（复印件2页）；

附件3：李信刷出具"证明"1份，附"领借凭证"1张、照片1张（复印件3页）；

附件4：朱梓义出具"证明"1份，附"领借凭证"1张、照片1张（复印件3页）；

附件5：曾善标出具"证明"1份，附"领借凭证"1张、照片1张（复印件3页）；

附件6：李信峰出具"证明"1份，附收据1张、照片1张（复印件3页）。

经形式审查合格，专利复审委员会于2004年6月29日受理了上述无效宣告请求，并将无效宣告请求书及其附件的副本转送给专利权人，同时成立合议组对本案进行审查。

专利权人于2004年7月14日提交意见陈述书，陈述对上述无效宣告请求的反对意见。

专利复审委员会本案合议组于2004年10月11日向双方当事人发出了口头审理通知书，并将专利权人于2004年7月14日提交意见陈述书的副本转给了请求人。

口头审理于2004年11月29日按期举行，双方当事人出席了本次口头审理。在口头审理过程中请求人当庭放弃以专利法实施细则第二条第二款作为无效理由，专利权人对上述附件1～6的真实性无异议，双方当事人对有关本案的事实和理由进行了陈述和辩论。

在上述程序的基础上，专利复审委员会本案合议组作出审查决定。

**二、决定的理由**

请求人认为：本专利权利要求1中限定了"机架、电动机及传动机构"，但并没有说明各结构之间的连接关系，而这些连接关系是实现本专利发明目的的必要技术特征，本领域技术人员根据权利要求书及说明书记载的内容，想得出其间的连接关系仍需要创造性劳动。因此权利要求1不符合专利法实施细则第二十条第一款、第二十一条第二款，专利法第二十六条第三款、第四款的规定。

本专利权利要求2的技术特征"分离弹簧（12）动配合套设在传动盘（11）与挂钩固定盘（10）之间的卷皮转轴（9）上，橡胶环（13）动配合套设在分离弹簧（12）外"中的"动配合"不是本领域的专业术语，导致本领域技术人员不能清楚地得知其权利要求要保护的范围。在本专利说明书中也没有清楚地对"动配合"作出惟一的解释，本领域技术人员根据说明书公开的内容不能再现本专利的技术方案。因此，本专利不符合专利法实施细则第二十条第一款，专利法第二十六条第三款、第四款的规定。

合议组的相应意见如下：

专利法第二十六条第三款中规定：说明书应当对发明或者实用新型作出清楚、完整的说明，以所属技术领域的技术人员能够实现为准；必要的时候，应当有附图。

专利法第二十六条第四款规定：权利要求书应当以说明书为依据，说明要求专利保护的范围。

专利法实施细则第二十条第一款规定：权利要求书应当说明发明或者实用新型的技术特征，清楚、简要地表述请求保护的范围。

专利法实施细则第二十一条第二款规定：独立权利要求应当从整体上反映发明或者实用新型的技术方案，记载解决技术问题的必要技术特征。

本专利说明书与权利要求书中虽然没有对"机架、电动机及传动机构"之间的连接关系以及"动配合"作出进一步的描述，但本领域技术人员对上述"连接关系"如何设计及零件以"动配合"方式相配时其间间隙量的选取都是熟知的，即虽然在本专利说明书与权利要求书中并未作出上述"进一步的描述"，但不会使得本领域技术人员不能根据本专利说明书及权利要求书中所记载的内容结合公知技术常识实现本专利的技术方案，即不会影响本专利说明书对本实用新型说明的清楚、完整性，同时也可知本专利权利要求书以本专利说明书为依据对本实用新型的保护范围的表述是清楚、简要的。同时，如上所述，“机架、电动机及传动机构”之间的具体连接关系是可由本技术领域的技术人员在本领域公知技术常识的基础上进行设计或选用，这些具体连接关系不属于解决本专利所要解决的技术问题的必要技术特征，在本专利权利要求1不记载这些技术内容也不会导致无法实现本专利的权利要求1所限定的技术方案。

因此，本专利的权利要求1、权利要求2均符合上述专利法及其实施细则中的相应规定。

专利法第二十二条第二款、第三款规定：新颖性，是指在申请日以前没有同样的发明或者实用新型在国内外出版物上公开发表过、在国内公开使用过或者以其他方式为公众所知，也没有同样的发明或者实用新型由他人向国务院专利行政部门提出过申请并且记载在申请日以后公布的专利申请文件中。

创造性，是指同申请日以前已有的技术相比，该发明有突出的实质性特点和显著的进步，该实用新型有实质性特点和进步。

本专利的独立权利要求1为：

“1. 一种卷皮机，包括机架、电动机及传动机构，其特征在于：所述卷皮机设有一个或一个以上的卷皮转轴（9），卷皮转轴（9）上动配合套设有挂钩固定盘（10），挂钩（2）固定其上，挂钩固定盘（10）与卷皮转轴（9）之间构成离合结构。”

请求人认为：在其所提交的证据中，附件1可以破坏本专利的新颖性和创造性，附件1分别与附件2~6组合可以破坏本专利的创造性。专利权人认可上述附件本身真实性，但认为这些证据之间的关联性不能成立。

合议组的相应意见如下：在附件1中所述事实已经由正式公证程序加以认定，其所附图片的播出时间为2001年12月12日，早于本专利的申请日，故可以作为评判本专利新颖性与创造性的现有技术。但从上述图片中不能一一对应且清楚地认定出所示的“温州华辉皮件有限公司”的机器中是否具有本专利权利要求1中所描述的产品中的全部技术特征（例如是否包含有权利要求1中所述的“离合结构”），也无法认定该机器是否具有解决本专利所要解决的技术问题的功能。故附件1不能够否定本专利的新颖性与创造性。

在附件2~6中虽然也均涉及“温州华辉皮件有限公司”购置的“皮卷机”，但是尚不能据以认定附件1中所摄的机器即为附件2~6中所涉及的“皮卷机”之一或结构与其相同，即不能认定附件1与附件2~6之间的关联性，故附件1与附件2~6中任一件之间均不足以构成证据链，因而附件1不能与附件2~6中任一件组合起来评判本专利权利要求1的创造性。

在上述请求人所提交的各项证据均不能否定本专利的独立权利要求1的新颖性与创造性的前提下，这些证据也不能否定本专利的从属权利要求2的新颖性和创造性。

**三、决定**

维持02220994.8号实用新型专利权有效。

当事人对本决定不服的，可以根据专利法第四十六条第二款的规定，自收到本决定之日起三个月内向北京市第一中级人民法院起诉。根据该款的规定，一方当事人起诉后，另一方当事人应当作为第三人参加诉讼。

# 检测工具台案

## 无效宣告请求审查决定（第6830号）

**决　　定　　号**　第6830号
**决　　定　　日**　2005年1月21日
**发明创造名称**　检测工具台
**国 际 分 类 号**　B25H 1/00　H01R 43/00
**无 效 请 求 人**　陈东汉
**专 利 权 人**　吴志成　杨昌国
**专　　利　　号**　01226641.8
**申　　请　　日**　2001年6月12日
**授 权 公 告 日**　2002年5月8日
**合 议 组 组 长**　杨克菲
**主　　审　　员**　崔　峥
**参　　审　　员**　徐媛媛

**法 律 依 据**　专利法第二十二条第二款、第三款
**决 定 要 点**

对于在中华人民共和国领域外形成的证据，如果未按照有关的规定办理相应的公证认证手续而无法确认其真实性，合议组对其不予采信。

如果涉案专利的一项权利要求的全部技术特征已被一份在其申请日之前公开的现有技术证据公开，且两者属于同一技术领域，并可产生相同的技术效果，则该权利要求不具备新颖性。

请求人认为某技术特征为本领域的公知技术，但缺乏相应的证据支持，故合议组对其主张不予支持。

### 一、案由

本无效宣告请求案涉及申请日为2001年6月12日、授权公告日为2002年5月8日、名称为“检测工具台”的01226641.8号实用新型专利，专利权人为吴志成、杨昌国（下称被请求人）。

该专利授权公告的权利要求书如下：

“1. 一种检测工具台，是用以检测具有若干待测点的待测物，可将电讯号传输至检测机进行判读；其特征在于：该检测工具台主要包括：

针板，其上密布有纵横交错排列的网格状贯通针孔；

若干弹性元件，其第一端点导引探针，第二端点焊封于导线的上端点，导线下端点电接于检测机，弹性元件是有选择地嵌卡于待测点的相应针孔内，并能在针孔内自由伸缩；

夹板，其上对应于待测物的若干待测点位置设有贯通夹孔；

若干探针，其第一端点有选择地刺穿设于夹板的夹孔内，在弹性元件第一端点导引下，可直接电接于导线的上端点，第二端点穿过夹板的夹孔并凸出夹板，待测物的待测点抵压于其上。

2. 根据权利要求1所述的检测工具台，其特征在于：所述待测物可为印刷电路板、半导体封装元件或集成芯片。

3. 根据权利要求1所述的检测工具台，其特征在于：所述针板是由上针板、中针板及下针板组成，中针板的中针孔较上、下针板的上针孔、下针孔均大，弹性元件嵌卡在上下针孔之间的中针孔内。

4. 根据权利要求1所述的检测工具台，其特征在于：所述夹板设有上夹板、柔性板及下夹板，柔性板夹固在上下夹板之间，探针刺穿柔性板夹卡于上下夹孔内。

5. 根据权利要求1所述的检测工具台，其特征在于：所述夹板上方适当高度处设置有顶板，顶板上对应于待测物的若干待测点钻设有若干通孔，探针必须穿过该通孔凸伸出顶板。

6. 根据权利要求1所述的检测工具台，其特征在于：所述探针为铜针体，其表面镀镍。

7. 根据权利要求1所述的检测工具台，其特征在于：所述弹性元件的第一端点设有托抵部。

8. 根据权利要求1所述的检测工具台，其特征在于：所述探针，待测点抵压其第二端点，其第一端点在弹性元件托抵部导引下，能有效地电接导线的上端点。

9. 根据权利要求1所述的检测工具台，其特征在于：所述下针板底部是指在未嵌卡有弹性元件的底部可插设强化针板的支撑柱。

10. 根据权利要求1所述的检测工具台，其特征在于：所述针板上的针孔及夹板的上下夹板上之夹孔的孔间距为1.27mm或1.27mm以下。

11. 根据权利要求1所述的检测工具台，其特征在于：所述探针的长度为36~50mm。”

针对上述专利权，陈东汉（下称请求人）于2004年2月26日向专利复审委员会提出了无效宣告请求，其理由是本专利权利要求1~11不具备新颖性和创造性。请求人同时提交了如下证据：

证据1.1：第390440号中国台湾专利公报复印件（公开日为2000年5月11日）；

证据1.2：第390440号中国台湾专利说明书公告本复印件；

证据2.1：第416525号中国台湾专利公报复印件（公开日为2000年12月21日）；

证据2.2：第416525号中国台湾专利说明书公告本复印件；

证据3.1：第378756号中国台湾专利公报复印件（公开日为2000年1月1日）；

证据3.2：第378756号中国台湾专利说明书公告本复印件；

证据4.1：第509326号中国台湾专利公报复印件（公开日为2002年11月1日）；

证据4.2：第509326号中国台湾专利说明书公告本复印件；

证据5：授权公告号为CN1110706C的中国发明专利说明书复印件（申请日为1999年9月23日，授权公告日为2003年6月4日）。

经形式审查合格，专利复审委员会于2004年3月23日受理了上述无效宣告请求并将无效宣告请求书及证据副本转给了被请求人，同时成立合议组对本案进行审查。对此，被请求人没有在规定的期限内陈述意见。

专利复审委员会本案合议组于2004年10月21日向双方当事人发出了口头审理通知书，定于2005年1月10日举行口头审理。

口头审理如期举行，请求人出席了本次口头审理，而被请求人未出席本次口头审理。在口头审理过程中，请求人明确其无效宣告理由为本专利的权利要求1~11不具备新颖性和创造性，并结合其所提交的证据陈述了本专利的权利要求1~11不具备新颖性和创造性的理由。其中，对于从属权利要求3，请求人认为上述证据均未公开其附加技术特征，但认为其附加技术特征属于公知技术，故而从属权利要求3不具备创造性。同时，合议组当庭告知请求人证据1.2、证据2.2、证据3.2和证据4.2是中国台湾专利说明书公告本，属于在台湾地区内形成的证据，由于请求人未办理相应的公证认证手续，无法确认其真实性，故而不予采信。

在上述程序的基础上，合议组认为事实已经清楚，作出了本决定。

**二、决定的理由**

1. 证据认定

证据1.2、证据2.2、证据3.2和证据4.2是中国台湾专利说明书公告本，是在台湾地区内形成的证据，由于请求人未办理相应的公证认证手续，无法确认其真实性，故而不予采信。

证据4.1为中国台湾专利公报，其公开日位于本专利的申请日之后，故而不能作为现有技术来评价本专利的新颖性和创造性。

证据1.1、证据2.1、证据3.1和证据5属于专利文献，为公开出版物，合议组经查证已确认其真实性。其中，证据1.1、证据2.1和证据3.1的公开日均早于本专利的申请日，故而可以作为现有技术来评价本专利的新颖性和创造性。证据5为中国发明专利说明书，其申请日位于本专利的申请日之前，而授权公告日位于本专利的申请日之后，故只可用于评价本专利的新颖性。

2. 关于本专利的新颖性和创造性

专利法第二十二条第二款规定：新颖性，是指在申请日以前没有同样的发明或者实用新型在国内外出版物上公开发表过、在国内公开使用过或者以其他方式为公众所知，也没有同样的发明或者实用新型由他人向国务院专利行政部门提出过申请并且记载在申请日以后公布的专利申请文件中。

专利法第二十二条第三款规定：创造性，是指同申请日以前已有的技术相比，该发明有突出的实质性特点和显著的进步，该实用新型有实质性特点和进步。

本专利权利要求1保护一种检测工具台，该工具台用于检测具有若干待测点的待测物，可将电讯号传输至检测机进行判读；其包括：

针板，其上密布有纵横交错排列的网格状贯通针孔；

若干弹性元件，其第一端点导引探针，第二端点焊封于导线的上端点，导线下端点电接于检测机，弹性元件是有选择地嵌卡于待测点的相应针孔内，并能在针孔内自由伸缩；

夹板，其上对应于待测物的若干待测点位置设有贯通夹孔；

若干探针，其第一端点有选择地刺穿设于夹板的夹孔内，在弹性元件第一端点导引下，可直接电接于导线的上端点，第二端点穿过夹板的夹孔并凸出夹板，待测物的待测点抵压于其上。

而证据3.1公开了一种用于检测电路板的复合式治具（相当于本专利的检测工具台），其可将电讯号传输至电路测试机进行检测，该治具包括密布有纵横交错排列的网格状贯通针孔的针板（13）、对应于若干待测点位置设有贯通夹孔的夹板（6）、若干弹簧（51）和若干探针（4），其中，弹簧（51）的上端点导引探针（4），其下端点与电线（52）连接导通，电线通过铜棒（53）与电路测试机电连接，弹簧有选择地嵌卡在待测点的相应针孔内，并能在针孔内自由伸缩，探针（4）的下端点有选择地穿设在夹板的夹孔内，并在弹簧（51）上端点的导引下可直接与电线（52）电连接，探针（4）的上端点穿过夹板（6）的夹孔并凸出于夹板（6），待测电路板的待测点抵压于其上（参见证据3.1的权利要求1和权利要求3及附图6、附图9和附图10）。由此可见，证据3.1已公开了权利要求1的全部技术特征，两者技术方案相同，属于同一技术领域，并可产生相同的技术效果。因此，权利要求1不具备新颖性。

从属权利要求2限定部分的附加技术特征为“所述待测物可为印刷电路板、半导体封装元件或集成芯片”，证据3.1中的待测物为印刷电路板。因此，当该权利要求限定为“所述待测物可为印刷电路板”时，不具备新颖性。而当其限定为“所述待测物可为半导体封装元件或集成芯片”时，由于半导体封装元件和集成芯片均为本技术领域中与印刷电路板类似的公知元件。在证据3.1已公开了待测物为印刷电路板的情况下，该技术方案对于本领域技术人员来说是显而易见的，因而不具备创造性。

从属权利要求3限定部分的附加技术特征为“所述针板是由上针板、中针板及下针板组成，中针板的中针孔较上、下针板的上针孔、下针孔均大，弹性元件嵌卡在上下针孔之间的中针孔内”。其中，“中针板的中针孔较上、下针板的上针孔、下针孔均大，弹性元件嵌卡在上下针孔之间的中针孔内”在证据1.1、证据2.1、证据3.1和证据5中均未明确或暗含地公开了该特征，因此，该权利要求相对于证据1.1、证据2.1、证据3.1和证据5中的任意一篇都具备新颖性。另外，请求人认为该特征为公知技术，但缺乏相应的证据支持，故合议组对其主张不予支持。因此，该权利要求所限定的技术方案相对于证据1.1、证据2.1和证据3.1以及它们之间任意的组合都是非显而易见的，具有实质性的特点和进步，因而具备创造性。

从属权利要求4限定部分的附加技术特征为“所述夹板设有上夹板、柔性板及下夹板，柔性板夹固在上下夹板之间，探针刺穿柔性板夹卡于上下夹孔内”，其已由证据3.1的权利要求2所公开。因此，在其引用的权利要求1不具备新颖性的情况下，该权利要求也不具备新颖性。

从属权利要求5限定部分的附加技术特征为“所述夹板上方适当高度处设置有顶板，顶板上对应于待测物的若干待测点钻设有若干通孔，探针必须穿过该通孔凸伸出顶板”，其已由证据3.1的权利要求2和附图10所公开。因此，在其引用的权利要求1不具备新颖性的情况下，该权利要求也不具备新颖性。

从属权利要求6限定部分的附加技术特征为“所述探针为铜针体，其表面镀镍”。铜是本领域公知并常用的导电材料，表面镀镍以提高耐磨性亦为本领域的公知技术。因此，在其引用的权利要求1不具备新颖性的情况下，该权利要求不具有实质性特点和进步，因而不具备创造性。

从属权利要求7限定部分的附加技术特征为“所述弹性元件的第一端点设有托抵部”。但在本专利说明书和附图中均未对该托抵部的具体结构进行相应的描述，而根据本专利说明书第5页第17、18行的描述，该托抵部是用于支承和导引探针，因此，“托抵部”应理解为一个“用于支承和导引探针的部分”。显然，在证据3.1已公开了利用弹簧（51）的上端点来支承和导引探针的情况下，在弹簧的上端点设置一个专门用于支承和导引探针的部分，对于本领域技术人员来说是显而易见的，这样的技术方案不具有实质性的特点和进步，因而不具备创造性。

从属权利要求8限定部分的附加技术特征为“所述探针，待测点抵压其第二端点，其第一端点在弹性元件托抵部导引下，能有效地电接导线的上端点”。显然，证据3.1已公开了待测点抵压探针的上端点，而探针的下端点在弹簧的支承和导引下与电线的上端点电连接（参见证据3.1的附图10）。另外，根据上面对“托抵部”的评述，显然，该权利要求的技术方案也不具有实质性的特点和进步，也不具备创造性。

从属权利要求9限定部分的附加技术特征为“所述下针板底部是指在未嵌卡有弹性元件的底部可插设强化针板的支撑柱”。证据1.1也公开了一种用于测试电路板的治具，也就是一种用于检测电路板的检测工具台，在其附图4-6和权利要求2中就公开了利用设置在针板底部的支撑柱（9）来强化针板。证据1.1、证据3.1与本专利均属于同一技术领域，且这些特征在本专利中所起的作用与其在证据1.1中所起的作用相同。因此，在证据3.1的基础上结合证据1.1而得出该权利要求所要求保护的技术方案，对本领域的技术人员来说是显而易见的，而且它们的结合没有产生预料不到的效果，因此该权利要求所要求保护的技术方案不具有实质性特点和进步，因而不具备创造性。

从属权利要求10和从属权利要求11限定部分的附加技术特征分别为“所述针板上的针孔及夹板的上下夹板上之夹孔的孔间距为1.27mm或1.27mm以下”和“所述探针的长度为36～50mm”。证据2.1也公开了一种用于测试电路板的治具，也就是一种用于检测电路板的检测工具台，在其附图3和附图4及权利要求1和权利要求2中就公开了针板的针孔和夹板的夹孔的孔间距为1.27mm，探针的长度为36～50mm。另外，为了适应更高密度待测点的检测需要，将孔间距设置为1.27mm以下，同样也是显而易见的，不需要付出创造性劳动。而且，证据2.1、证据3.1与本专利均属于同一技术领域，涉及相同的技术主题，因此权利要求10和权利要求11所要求保护的技术方案相对于证据3.1与证据2.1的结合不具有实质性特点和进步，因而不具备创造性。

**三、决定**

宣告01226641.8号实用新型专利权利要求1、2、4～11无效，在权利要求3的基础上继续维持该专利有效。

当事人对本决定不服的，可以根据专利法第四十六条第二款的规定，自收到本决定之日起三个月内向北京市第一中级人民法院起诉。根据该款的规定，一方当事人起诉后，另一方当事人应当作为第三人参加诉讼。

# 新型防潮木制品案

## 无效宣告请求审查决定（第6836号）

**决　定　号**　第6836号
**决　定　日**　2005年2月3日
**发明创造名称**　新型防潮木制品
**国际分类号**　B27M 3/06
**无效请求人**　陶德龙
**专利权人**　徐　衡
**专　利　号**　01270033.9
**申　请　日**　2001年11月1日
**授权公告日**　2002年7月17日
**合议组组长**　徐媛媛
**主　审　员**　杨克菲
**参　审　员**　宋鸣镝

**法律依据**　专利法第二十二条第二款
**决定要点**

虽然本专利与对比文件属于相同的技术领域，解决相同的技术问题，但它们采取的技术手段是不同的，这样的对比文件不能使本专利丧失新颖性。

**一、案由**

本无效宣告请求案涉及的是专利号为01270033.9、名称为“新型防潮木制品”的实用新型专利，该专利的申请日为2001年11月1日，授权公告日为2002年7月17日，专利权人为徐衡。

该专利授权公告的权利要求书如下：

“1. 一种新型防潮木制品，包括有一木制板，其特征在于：所述木制板在其底面上贴合有防潮粘胶带。

2. 根据权利要求1中所述的新型防潮木制品，其特征在于：所述木制板在其四侧面上设有凸起或凹槽。

3. 根据权利要求1或2中所述的新型防潮木制品，其特征在于：所述木制板在其侧面上贴合有防潮粘胶带。

4. 根据权利要求1或2中所述的新型防潮木制品，其特征在于：所述木制板在其底部设有多条相互平行、可减少木制板伸缩以及防止变形的主坑槽。

5. 根据权利要求2中所述的新型防潮木制品，其特征在于：所述木制板在其四个侧面中的两个侧面上设有凸起，并在该设有凸起的两侧面上贴合有一层防潮粘胶带。

6. 根据权利要求2中所述的新型防潮木制品，其特征在于：所述木制板在其四个侧面中的两个侧面上设有凹槽，并在该设有凹槽的两侧面上贴合有一层防潮粘胶带。

7. 根据权利要求1或2中所述的新型防潮木制品，其特征在于：所述方形木制板在其四个侧面上均贴合有一层防潮粘胶带。

8. 根据权利要求1、2、5、6中任一项所述的新型防潮木制品，其特征在于：所述防潮粘胶带为水胶带、油胶带、布基胶带或撕不烂胶带。

9. 根据权利要求3中所述的新型防潮木制品，其特征在于：所述防潮粘胶带为水胶带、油胶带、布基胶带、撕不烂胶带、防水胶带或阻燃胶带。

10. 根据权利要求4中所述的新型防潮木制品，其特征在于：所述防潮粘胶带为水胶带、油胶带、布基胶带、撕不烂胶带、防水胶带或阻燃胶带。”

陶德龙（下称请求人）针对上述专利权（下称本专利）于2003年10月17日向专利复审委员会提出了无效宣告请求，其理由是本专利不符合专利法第二十二条第二款有关新颖性的规定。请求人同时提交了如下证据：

证据1：授权公告号为CN2469105Y、授权公告日为2002年1月2日的实用新型专利说明书复印件。

请求人认为本专利权利要求书中的全部技术特征均与上述证据中所公开的技术特征相同，故要求宣告本专利的权利要求1~10全部无效。

经审查，上述无效宣告请求符合专利法及其实施细则规定的形式要求，专利复审委员会予以受理，并将无效宣告请求书及附件副本转给了专利权人（下称被请求人），同时成立合议组对此案进行审查。

被请求人于2004年3月30日针对上述无效宣告请求书及附件副本作出答复，在其提交的意见陈述书中，被请求人认为，请求人按照具体技术特征是否在先记载判断新颖性的方式不正确，而应看技术方案是否在先记载，请求人提供的证据中没有记载本专利权利要求所述的技术方案，本专利具备新颖性。

专利复审委员会本案合议组于2004年10月27日将被请求人的上述意见陈述书的副本转给了请求人，同时向双方当事人发出口头审理通知书，定于2004年12月17日在专利复审委员会举行口头审理。

口头审理如期举行，双方当事人均出席了口头审理。口审中，被请求人对请求人提供的证据的真实性无异议，双方当事人结合证据就本专利是否具备新颖性充分陈述了各自的意见。

在上述工作的基础上，本案合议组经过合议，认为本案的事实已经清楚，可以作出审查决定。

**二、决定的理由**

根据专利法第二十二条的规定，授予专利权的发明和实用新型，应当具备新颖性、创造性和实用性。

新颖性，是指在申请日以前没有同样的发明或者实用新型在国内外出版物上公开发表过、在国内公开使用过或者以其他方式为公众所知，也没有同样的发明或者实用新型由他人向国务院专利行政部门提出过申请并且记载在申请日以后公布的专利申请文件中。

请求人提交的证据1（下称对比文件）为专利文件，属于公开出版物，被请求人对其真实性亦无异议，该对比文件的申请日为2001年2月23日，在本专利的申请日之前，而其授权公告日为2002年1月2日，在本专利的申请日之后，根据审查指南第二部分第三章第2.2节的相关规定，该对比文件只能用来评价本专利的权利要求的新颖性。

本专利涉及一种防潮木制品，本专利通过在木制板的底面、侧面贴合防潮粘胶带来解决现有技术中木制板受潮气影响而发生变形、起拱等的技术问题。在本专利独立权利要求1要求保护的技术方案中，该新型防潮木制品，包括有一木制板，所述木制板在其底面上贴合有防潮粘胶带。

对比文件公开了一种防潮实木地板，该防潮实木地板是通过在地板基块的下底面及侧面用防水胶粘合一层防潮层来解决实木地板遇潮易变形的问题，其中的防潮层可用铝塑复合膜、铜塑复合膜、塑料薄膜及防潮纸。

对比本专利权利要求1要求保护的技术方案与对比文件中公开的技术内容，可以看出，两者属于相同的技术领域，解决相同的技术问题，但它们采取的技术手段是不同的。本专利是在木制板的底面上贴合防潮粘胶带，而对比文件则是用防水胶粘合一层铝塑复合膜、铜塑复合膜、塑料薄膜或防潮纸，即本专利权利要求1中的技术特征“所述木制板在其底面上贴合有防潮粘胶带”在对比文件中没有公开。而且，上述这两种技术手段亦不属于所属技术领域的惯用手段的直接置换，因此本专利权利要求1具备专利法第二十二条第二款所规定的新颖性。

本专利的权利要求2~10直接或间接引用权利要求1，它们限定部分的附加技术特征分别对其引用的技术方案进行了进一步的限定，在本专利的权利要求1具备新颖性的前提下，权利要求2~10也同样具备新颖性。

综上所述，合议组认为本专利的权利要求1~10具备专利法第二十二条第二款所规定的新颖性。

**三、决定**

维持01270033.9号实用新型专利权有效。

当事人对本决定不服的，可以根据专利法第四十六条第二款的规定，自收到本决定之日起三个月内向北京市第一中级人民法院起诉。根据该款的规定，一方当事人起诉后，另一方当事人应当作为第三人参加诉讼。

# 带磁套筒案

## 无效宣告请求审查决定（第6838号）

**决　定　号** 第6838号
**决　定　日** 2004年12月28日
**发明创造名称** 带磁套筒
**国际分类号** B25B 13/06
**无效请求人** 陈昆镇
**专利权人** 唐亚风
**专　利　号** 02235707.6
**申　请　日** 2002年5月15日
**授权公告日** 2003年4月2日
**合议组组长** 钱　芸
**主　审　员** 朱　骥
**参　审　员** 张美菊

**法律依据** 专利法第二十二条第三款
**决定要点**

若实用新型专利权利要求请求保护的技术方案与一份证据所公开的技术方案相比其区别仅仅是常用技术手段或者是可以通过常规手段得到的，并且该区别并未给请求保护的技术方案带来任何预料不到的技术效果，则该权利要求不具备创造性。

### 一、案由

本无效宣告请求案涉及国家知识产权局专利局于2003年4月2日授权公告的02235707.6号实用新型专利，名称为“带磁套筒”，申请日为2002年5月15日，专利权人为唐亚风。

授权公告的权利要求书如下：

“1. 一种带磁套筒，由套筒和套筒柄组成，套筒内壁是边长为圆弧形的正六边形，其特征在于：套筒主体内部有磁铁嵌入主体内底部凹口，套筒柄是截面为等六边形或等六边形的角柄，角柄中段呈凹形环槽状，凹形环槽的横截面为圆形，纵截面为弧形。

2. 根据权利要求1所述的带磁套筒，其特征在于：所述套筒角柄六边形的边是直边或圆弧边。

3. 根据权利要求1或2所述的带磁套筒，其特征在于：所述套筒角柄的长度为25～30mm，六角边对边距离尺寸为6.35～11.12mm，即1/4英寸至7/16英寸。

4. 根据权利要求1所述的带磁套筒，其特征在于：所述凹形环槽的底径5mm，弧形半径4.8mm。”

针对上述专利权，陈昆镇（下称请求人）于2003年10月20日向专利复审委员会提出无效宣告请求，其理由是本实用新型专利的权利要求1～4不符合专利法第二十二条第二款、第三款的规定；权利要求3、权利要求4不符合专利法实施细则第二条第二款的规定。请求人同时提交了下列证据：

证据1：台湾专利公告号为414133、名称为“磁性套筒”的专利公报及说明书公告文本复印件，其公告日为2000年12月1日；

证据2：台湾专利公告号为397740、名称为“附有磁铁之套筒”的专利公报及说明书公告文本复印件，其公告日为2000年7月11日；

证据3：2001年2月出版的“Trade Sources Hardware & Auto Accessories”杂志封面和第35页复印件。

证据4：2002年3月出版的“TAIWAN Hardware”杂志封面和其中一页的复印件。

经形式审查合格，专利复审委员会受理了上述无效宣告请求，并于2003年11月20日将宣告专利权无效请求书及其附件清单中所列的附件副本转送给了专利权人（下称被请求人）。

被请求人于2004年1月19日提交了意见陈述书，在意见陈述书中，被请求人陈述了授权的权利要求1~4相对于证据1~4具备新颖性和创造性的理由，其认为本专利符合专利法和专利法实施细则的规定。被请求人没有对授权文本进行修改。

2004年7月2日，专利复审委员会本案合议组向双方当事人发出了口头审理通知书，定于2004年9月1日进行口头审理，并将被请求人2004年1月19日提交的意见陈述书一并转送给了请求人。

口头审理如期举行，被请求方未参加口头审理。

本专利在授权公告后未进行修改，因此口头审理以授权公告的权利要求书为准。针对本专利授权公告的权利要求书，请求人当庭明确无效宣告请求的理由和范围是：

（1）权利要求1、权利要求2不具备新颖性和创造性，其中分别引用证据1、证据2、证据3、证据4；

（2）权利要求3、权利要求4不具备创造性，其中认为权利要求3、权利要求4的附加技术特征为公知常识。

请求人当庭仅出示了证据3、证据4的原件及证据4的公证书原件，未提交证据3的公证、认证书和证据4的认证书，合议组给请求人自口审之日起一周期限提交证据3的公证、认证书和证据4的认证书，并告知请求人逾期不提交视为不再提交。请求人在口审过程中就无效请求的理由和范围进行了相应的陈述。

口头审理后，请求人于2004年9月2日提交了一份北京市公证员协会向国家知识产权局转送海基会寄来陈昆镇的认证书副本的信函的复印件（共1页）。

合议组经合议后，认为本案事实已经清楚，现依法作出如下审查决定。

**二、决定的理由**

1. 关于审查的基础

由于本案在无效宣告请求程序中被请求人未对文件进行修改，因此无效宣告以授权公告的权利要求书作为审查的基础。

2. 关于证据

证据1：中国台湾专利公告号为414133、名称为“磁性套筒”的专利公报及说明书公告文本复印件，其公告日为2000年12月1日，早于本专利的申请日，并且被请求人未对该证据的真实性提出异议，故该证据可以用于评价本专利的新颖性和创造性。

3. 关于创造性

合议组认为：证据1是与本案最接近的现有技术，证据1也涉及一种磁性套筒，其中具体披露了下述技术特征：这种带磁套筒10一端供套设螺丝（即是本专利的套筒），另一端可连接手工具及电动工具（相当于套筒柄），供套设螺丝端底部则设有一凹座11，磁性元件20呈短棒状，其磁场有效范围保持于套筒直径范围内（见说明书第4页第5~10行及其附图），其中的凹座11就相当于权利要求1中的凹口，磁性元件20即是权利要求1中的磁铁。从说明书附图1、附图2中还可以直接看出：套筒具有套筒柄，套筒主体内部有磁铁嵌入主体内底部凹口，套筒内壁是边长为圆弧形的正六边形，套筒柄中段呈凹形环槽状，凹形环槽的横截面为圆形，纵截面为弧形。

与证据1相比，权利要求1的区别技术特征为：套筒柄是截面为等六边形的角柄。

上述区别技术特征所要解决的技术问题是防止套筒在卡具中发生相对转动，从证据1的说明书附图1中可以直接看出该套筒柄至少具有四个外表面，虽然证据1中没有明确说明该套筒柄截面为等六边形，但是本领域普通技术人员都知晓把一五金工具的手柄做成非圆柱形例如等六边形等八边形的外形可以增强其被把持或夹持的稳定性，并且能起到防随意滑脱和转动的作用。可见，本领域普通技术人员在证据1的基础上得到权利要求1的技术方案是不需花费创造性劳动的，并且权利要求1的技术方案相对于证据1来说并未产生预料不到的技术效果。因此权利要求1的技术方案相对于证据1来说不具有实质性特点和进步，不符合专利法第二十二条第三款有关创造性的规定。

从属权利要求2的附加技术特征为：所述套筒角柄六边形的边是直边或圆弧边。从证据1的附图1中可以直接看出，把手嵌合部非圆柱形三个侧面的边是直边，而把与把手嵌合的部位做成直边或者圆弧边是本领域技术人员的常用技术手段，作为五金工具来说是可以根据实际需要进行选择的。并且，本专利中并没有描述套筒角柄六边形的边是直边与圆弧边有何区别，起到什么特殊的作用，上述限定也没有使得该带磁套筒的结构产生任何预料不到的技术效果。因此，在权利要求1不具备创造性的情况下，其从属权利要求2的技术方案也不具有实质性特点和进步，不符合专利法第二十二条第三款有关创造性的规定。

权利要求3、4的附加技术特征分别为：所述套筒角柄的长度为25~30mm，六角边对边距离尺寸为6.35~11.12mm，即1/4英寸至7/16英寸；所述凹形环槽的底径5mm，弧形半径4.8mm。该附加技术特征限定了套筒角柄的长度、六角边对边距离尺寸、凹形环槽的底径和弧形半径的具体尺寸，而上述对套筒部件尺寸的限定是五金工具中的常用规格尺寸，是本领域普通技术人员可以通过常规手段得到的，并且上述限定并没有使得该带磁套筒的结构产生任何预料不到的技术效果。因此在权利要求1、权利要求2都不具备创造性的情况下，其从属权利要求3、权利要求4的技术方案不具有实质性特点和进步，不符合专利法第二十二条第三款有关创造性的规定。

被请求人在其意见陈述中认为本专利中的“套筒与套筒柄的结构、形状技术参数、套筒柄的形状、长度、各部位比例，套筒柄上凹形环槽的部位、形状、深浅、各截面的形状”这些技术特征并不是显而易见的，它们在证据1、证据2中都没有涉及，因此本专利的权利要求1~4相对于对比文件1、对比文件2具备创造性。合议组认为：权利要求1、权利要求2的技术方案与证据1相比其区别都是本领域普通技术人员的常用技术手段，不具有实质性特点和进步，而权利要求3、4中的关于套筒的形状技术参数、套筒柄的形状、长度、各个部分比例等对尺寸的限定虽然没有被证据1所披露，但是这些限定也都是本领域普通技术人员的常用技术手段，上述数据可以根据已知的规格尺寸根据实际情况进行选择，并且从本专利中无法看出具体尺寸的限定给本专利带来任何预料不到的技术效果。因此，合议组不能认同被请求人的理由。

由于本专利权利要求1~4相对于证据1不具备创造性，导致本专利权无效，因此对于证据3、4的真实性不再进行查证，对于证据2是否能破坏权利要求1~4的新颖性和创造性也不再进行评述。

**三、决定**

宣告第 02235707.6 号实用新型专利的权利要求 1～4 全部无效。

当事人对本决定不服的，可以根据专利法第四十六条第二款的规定，自收到本决定之日起三个月内向北京市第一中级人民法院起诉。根据该款的规定，一方当事人起诉后，另一方当事人应当作为第三人参加诉讼。

# 液压举升式电动自行垃圾中转站案

## 无效宣告请求审查决定（第6839号）

**决　定　号**　第6839号
**决　定　日**　2005年1月20日
**发明创造名称**　液压举升式电动自行垃圾中转站
**国际分类号**　B65F 9/00
**无效请求人**　泰安市东方环卫设备厂
**专利权人**　卢传功
**专　利　号**　00248877.9
**申　请　日**　2000年10月17日
**授权公告日**　2001年9月26日
**合议组组长**　于　萍
**主　审　员**　徐媛媛
**参　审　员**　黄玉平

**法律依据**　专利法第二十二条第二款、第三款
**决定要点**

本专利权利要求所要求保护的技术方案相对于请求人提供证据虽然具有区别之处，但是该区别之处是所属领域的技术人员结合所属领域的常识技术即可得到的，而无须付出创造性的劳动。同时，由本专利的说明书又无法看出所述区别之处能够带来意想不到的技术效果，故本专利权利要求所要求保护的技术方案相对于请求人提供的证据不具备创造性。

**一、案由**

本无效宣告请求案涉及国家知识产权局专利局2001年9月26日授权公告的、名称为“液压举升式电动自行垃圾中转站”的实用新型专利，其专利号为00248877.9，申请日为2000年10月17日，专利权人是卢传功。

授权公告的权利要求书如下：

“1. 液压举升式电动自行垃圾中转站，包括机坑、液压升降机及电动自行垃圾箱，其特征在于：电动自行垃圾箱设置在液压升降机的上部，液压升降机设置在机坑之中。

2. 根据权利要求1所述的液压举升式电动自行垃圾中转站，其特征在于：液压升降机是由主升降机架、副升降机架、液压油缸及提升钢丝绳构成，液压油缸的顶部与主升降机架的底部相接，副升降机架设置在主液压升降机架的上部，主升降机架通过支撑滚轮与机坑的内壁相接，副升降机架通过导向轮与主升降机架相接，副升降机架两侧的顶部设置有提升滑轮，提升钢丝绳的一端与机坑的内壁相固定，另一端绕过提升滑轮与副升降机架的下部相接。

3. 根据权利要求1所述的液压举升式电动自行垃圾中转站，其特征在于：电动自行垃圾箱是由箱体、行走轮、电机及减速机构成，电机的动力输出轴与减速机的动力输入轴相接，减速机的动力输出轴通过链轮链条与固定在行走轮上的链轮相接，行走轮与行走轮之间通过链轮、链条相连接。”

针对上述专利权，泰安市东方环卫设备厂（下称请求人）于2004年3月17日向专利复审委员会提出了无效宣告请求，其理由是本实用新型专利不符合专利法第二十二条第二款、第三款有关新颖性和创造性的规定。与此同时，请求提供了如下证据：

证据1：专利号为00213301.6的中国实用新型专利说明书复印件，申请日为2000年1月20日，授权公告日为2000年12月13日；

证据2：专利号为98222067.7的中国实用新型专利说明书复印件，授权公告日为1999年5月26日；

证据3：专利号为98220560.7的中国实用新型专利说明书复印件，授权公告日为1999年12月22日；

证据4：专利号为94241298.2的中国实用新型专利说明书复印件，授权公告日为1996年7月3日；

证据5：专利号为96227693.6的中国实用新型专利说明书复印件，授权公告日为1998年4月15日。

请求人认为：证据1~3均披露了本专利权利要求1所要求保护的技术方案，同时证据1还披露了本专利权利要求3所要求保护的技术方案，故权利要求1及权利要求3不具备新颖性。证据2使用了一个液压升降机，证据3使用了两个液压升降机，证据4更详细地描述了套筒式升降机的工作原理和连接方式。本专利权利要求2中虽然没有描述固定在机坑内的最外层套筒，但是其用机坑的描述替代了最外层套筒的作用，而且作用原理和连接方式没有发生任何变化，因此本专利的权利要求2所描述的液压升降机与现有技术相比不具备创造性。

专利复审委员会经形式审查合格后，于2004年3月18日发出了无效宣告请求受理通知书，同时将宣告专利权无效请求书以及有关文件副本转给专利权人（下称被请求人），要求被请求人在指定期限进行意见陈述。同时成立合议组对本案进行审理。

对此，被请求人于2004年4月16日进行了意见陈述，其认为：（1）本专利权利要求1所要求保护的技术方案中的各部件之间的相对位置关系与证据1~3均存在区别之处，故其相对于证据1~3具备新颖性。（2）本专利之权利要求3所述的技术方案与证据3采用了不同的动力驱动行走方式，故本专利之权利要求3相对于证据1同样具备新颖性。（3）本专利之权利要求2所要求保护的技术方案与证据2~5的技术特征不同，其明显具备创造性。

专利复审委员会本案合议组于2004年9月23日向被请求人以及请求人发出了无效宣告请求口头审理通知书，定于2004年11月30日举行口头审理。同时将被请求人的意见陈述转送请求人，要求请求人在一个月内答复。

口头审理如期举行，被请求人以及请求人对合议组成员无回避请求，对对方出庭人员身份和资格无异议。被请求人对证据1~5的真实性无异议。请求人明确了其认为本专利不具备新颖性和创造性的对比方式，即证据1或证据5破坏本专利权利要求1的新颖性。证据2或证据3破坏本专利权利要求2的新颖性，其组合加上证据5及证据4破坏本专利权利要求2的创造性，其中证据4用于补充证据5。证据1破坏本专利权利要求3的新颖性，证据5破坏本专利权利要求3的新颖性和创造性。

2004年12月4日，被请求人补充提交了意见陈述，其中认为，（1）本专利权利要求1对液压举升式电动自行垃圾中转站的整体结构进行了描述，其与证据1~5所披露的内容均不相关，就整体结构看其明显具备新颖性和创造性。（2）本专利权利要求2对液压升降机的结构和运行进行了描述，其通过两级升降机架的提升原理达到了事半功倍的提升效果，证据5中的滑动采用了动滑轮，而本专利却采用了能够起安全稳定作用的定滑轮，故本专利权利要求2具备创造性。(3) 本专利权利要求3对垃圾箱的运行原理进行了描述，即动力通过链轮链条与行走轮相连，行走轮之间又通过链轮链条相互连接，证据1对此无相关的描述，故本专利之权利要求3具备新颖性和创造性。

在上述工作的基础上，合议组认为本案事实已经清楚，可以依法作出审查决定。

**二、决定的理由**

1. 证据认定

证据1~5是专利文献，属于公开出版物，被请求人对该证据的真实性无异议。其中证据1的申请日早于本专利的申请日，授权公告日晚于本专利的申请日，故根据专利法第二十二条第二款以及审查指南第二部分第三章第2.2节的规定，该证据只能用于评价本专利的新颖性。证据2~5的授权公告日均早于本专利的申请日，故证据2~5可以用于评价本专利的新颖性和创造性。

2. 关于本专利的新颖性和创造性

专利法第二十二条第二款规定：新颖性，是指在申请日以前没有同样的发明或实用新型在国内外出版物上公开发表过、在国内公开使用过或者以其他方式为公众所知，也没有同样的发明或实用新型由他人向国务院专利行政部门提出过申请并且记载在申请日以后公布的专利申请文件中。

专利法第二十二条第三款规定：创造性，是指同申请日以前已有的技术相比，该发明具有突出的实质性特点和显著的进步，该实用新型具有实质性特点和进步。

（1）本专利权利要求1的新颖性

请求人认为证据1或证据5破坏本专利权利要求1的新颖性。

证据1涉及一种可消毒落地式垃圾中转站，其中该中转站包括机坑、垃圾箱2放在活动平台6上，活动平台装在升降平台架12的上面，通过驱动位于机坑中的升降液压缸10和水平液压缸11（对应于本专利的液压升降机），升降平台架能够升降，垃圾箱的下部装有垃圾箱电动行走机构1（参见证据1说明书第2页第1行至第3页第7行、权利要求1以及附图1）。通过上述描述可以看出，证据1已披露了本专利权利要求1所要求保护的技术方案，鉴于两者所属技术领域、技术方案实质相同，预期效果相同，故本专利权利要求1相对于证据1不具备新颖性。

（2）本专利权利要求2及权利要求3的新颖性和创造性

请求人认为，证据2和证据3破坏本专利权利要求2的新颖性，其组合加上证据5及证据4破坏本专利权利要求2的创造性，其中证据4用于补充证据5。证据1破坏本专利权利要求3的新颖性，证据5破坏本专利权利要求3的新颖性和创造性。

本专利权利要求2所要求保护的技术方案如下：

液压举升式电动自行垃圾中转站，包括机坑、液压升降机及电动自行垃圾箱，电动自行垃圾箱设置在液压升降机的上部，液压升降机设置在机坑之中，其特征在于：液压升降机是由主升降机架、副升降机架、液压油缸及提升钢丝绳构成，液压油缸的顶部与主升降机架的底部相接，副升降机架设置在主液压升降机架的上部，主升降机架通过支撑滚轮与机坑的内壁相接，副升降机架通过导向轮与主升降机架相接，副升降机架两侧的顶部设置有提升滑轮，提升钢丝绳的一端与机坑的内壁相固定，另一端绕过提升滑轮与副升降机架的下部相接。

证据2涉及一种旋转式地下全封闭垃圾箱，其中所述液压升降装置（对应于本专利的液压升降机）位于地槽（对应于本专利的机坑）中，电动垃圾箱11位于液压升降装置侧面的上部，其中所述液压升降装置包括伸缩方缸6（对应于本专利的主升降机架）、伸缩方缸7（对应于本专利的副升降机架）、液压油缸14以及提升链轮链条等组成，液压油缸14的顶部与伸缩方缸6铰接，伸缩方缸7

设置于伸缩方缸6的上部，且两者均位于座落于地槽中的伸缩方缸缸体1的内腔中心位置处，伸缩方缸7两侧之伸缩方缸6的顶部设置有链轮3（对应于本专利的提升滑轮），板式链条2的一端固定于缸体1的外壁，另一端绕过位于伸缩方缸6上的链轮3，液压油通过液压控制管路15使双作用液压缸14工作推动伸缩方缸6上升，经板式链条2带动伸缩方缸7上升（即板式链条2的另一端必然固定在伸缩方缸7上靠下的部位。参见证据2说明书第2页第12行至第3页最后一行，附图1及附图2）。

证据5涉及一种垃圾集装垂升平移转运装置，所述装置包括电动自行垃圾集装箱11（对应于本专利的垃圾箱）、托架4（对应于本专利之主升降机架）、垂直升降轨道1、平移轨道6、液压缸7（对应于本专利的液压升降机）、电机12、传动轴23、主动滚轮14以及被动滚轮15。垃圾箱11位于液压缸7的上部。托架4位于由垂直升降轨道1、底架2以及防雨棚3构成的框架中，液压缸7位于托架4之中心部，托架4的四个角焊接有滑车5，滑车5上装有滑车滚轮27，滑车滚轮27位于垂直轨道1的槽中，受垂直轨道1以及滑车5的作用，在液压缸7升降时，托架4可平稳地升降。垃圾箱11包括箱体、主被动滚轮14，15（对应于本专利之行走轮）、电机12及减速箱13（对应于本专利之减速机构），电机12的动力输出与减速箱13的动力输入轴相连，减速箱13的轴与传动轴23连接，主动滚轮23固定于传动轴23上，垃圾箱11之底前部安装两个被动滚轮15，主被动滚轮均卡在位于托架4上之平移轨道6上。使用时，整个装置的下部位于一具有一定深度的水泥坑（对应于本专利之机坑）中（参见证据5说明书第3页倒数第2行至第6页第3行，附图1及附图3）。

由上述的描述可以看出，本专利之权利要求2所要求保护的技术方案与证据2存在以下区别之处：a. 垃圾箱和液压升降装置的相对位置关系不同。在本专利中，垃圾箱位于液压升降装置的上方，而在证据2中，垃圾箱位于液压升降装置的侧面。b. 具体的提升结构不同。本专利采用滑轮－钢绳提升结构，而证据2采用链轮－链条提升结构。c. 本专利对主升降机架与机坑、副升降机架与主升降机架之间的导向结构进行了限定，而证据2对此未予披露。

对于区别特征a，首先，垃圾箱与其相应的升降装置的具体位置关系是本领域的技术人员根据具体的需求及实际情况而具体选择的；其次，证据5也给出了垃圾箱直接位于升降装置上方的这一教导。对于区别特征b，合议组认为，滑轮－钢绳提升结构及链轮－链条提升结构基于相同的原理工作，本领域的普通技术人员在证据2所给出的滑轮－钢绳提升结构的基础上，很容易即可想到其他的提升结构，诸如本专利所采用的链轮链条提升结构等，而无需付出创造性的劳动。同时由本专利说明书披露的内容无法看出所述滑动－钢绳提升结构能够带来诸如被请求人在意见陈述书中所述的不同于其他提升结构之意想不到的技术效果。对于区别特征c，首先需说明的是，在此“支撑滚轮”起到使得主升降机架平稳运动的作用，即起到导向作用。证据5披露了通过滑车上的滚轮与垂直升降轨道上槽的配合而使得对应于本专利之主升降机架的托架4平稳升降，同时据此可得出其给出了通过滚轮为运动部件导向的这一技术启示。故虽然证据2未披露伸缩方缸6及7的导向机构，但是本领域的普通技术人员根据证据5所披露的内容以及所给出的技术启示完全可以想到通过设置导向轮而使得两级伸缩方缸均可平稳的升降，至于导向轮具体的设置位置则可根据具体的结构而具体确定。

综上所述，本领域的技术人员在证据2及证据5的基础上结合所属领域的常识技术得到本专利权利要求2所要求保护的技术方案无需付出创造性的劳动，本专利之权利要求相对于证据2及证据5的结合不具有实质性特点和进步，不符合专利法第二十二条第三款的规定，不具备创造性。

本专利权利要求3所要求保护的技术方案为：

液压举升式电动自行垃圾中转站，包括机坑、液压升降机及电动自行垃圾箱，电动自行垃圾箱设置在液压升降机的上部，液压升降机设置在机坑之中，其特征在于：电动自行垃圾箱是由箱体、行走轮、电机及减速机构成，电机的动力输出轴与减速机的动力输入轴相接，减速机的动力输出轴通过链轮链条与固定在行走轮上的链轮相接，行走轮与行走轮之间通过链轮、链条相连接。

将本专利权利要求3所要求保护的技术方案与证据5所披露的内容相比可知，两者的区别之处仅在于：垃圾箱的行走驱动方式及具体的驱动机构不同。本专利垃圾箱之所有行走轮均为动力驱动轮，通过链轮链条进行动力传动；而证据5中主动滚轮为动力驱动轮，被动滚轮为非动力驱动轮，通过联轴器直接连接而进行动力传动。对此，合议组认为，上述行走驱动方式的差异取决于对驱动力大小需求的不同，其中所采用的链轮链条传送机构则是机械领域最常用的动力传动方式之一。此外由本专利的说明书也无法看出上述区别特征能够带来意想不到的技术效果，即上述区别特征对于所属领域技术人员而言属常规设计范畴。故本专利之权利要求3所要求保护的技术方案相对于证据5不具备创造性。

**三、决定**

宣告00248877.9号实用新型专利权1～3全部无效。

一方当事人对本决定不服的，可以根据专利法第四十六条第二款的规定，在收到本决定之日起三个月内向北京市第一中级人民法院起诉。根据该款的规定，一方当事人起诉后，另一方当事人可以作为第三人参加诉讼。

# 一种深松犁具和采用该犁具的联合整地机案

## 无效宣告请求审查决定（第6844号）

**决　定　号**　第6844号
**决　定　日**　2005年2月17日
**发明创造名称**　一种深松犁具和采用该犁具的联合整地机
**国 际 分 类 号**　A01B 3/00
**无 效 请 求 人**　林尚彬
**专 利 权 人**　黑河市爱华农机研究制造有限公司
**专　利　号**　02237085.4
**申　请　日**　2002年6月13日
**授权公告日**　2003年5月7日
**合议组组长**　黄玉平
**主　审　员**　徐媛媛
**参　审　员**　魏　屹

**法 律 依 据**　专利法第二十二条第二款、第三款
**决 定 要 点**

根据“请求原则”的相关规定，合议组仅以请求人所提出的证据对比方式评述权利要求的新颖性和创造性。

虽然本专利之权利要求1与请求人提供的证据具有区别之处，但是区别之处均为所属领域的常规技术。同时，由本专利的说明书也无法看出区别之处具有意想不到的技术效果，故本专利之权利要求1所要求保护的技术方案相对于请求人提供的证据不具备创造性。

**一、案由**

本无效宣告请求案涉及国家知识产权局专利局2003年5月7日授权公告的、名称为“一种深松犁具和采用该犁具的联合整地机”的实用新型专利，其专利号为02237085.4，申请日为2002年6月13日，专利权人是黑河市爱华农机研究制造有限公司。

授权公告的权利要求书如下：

“1. 一种深松犁具，其特征在于：包括一个机架，一个犁柱可调节地与上述机架相联接，该犁柱的下部向行进方倾斜，并在犁柱的下部设有一个鹅掌式犁掌，上述犁掌为V字型，并可与地面成一夹角设置。

2. 根据权利要求1的深松犁具，其特征在于：所述鹅掌式犁掌的V字型张角$\gamma$可为80～130度，其两翼向下弯折形成犁刀，其前端设有一犁铲。

3. 根据权利要求1或2的深松犁具，其特征在于：所述鹅掌式V字型犁掌的弯折部设置的犁刀和V字型前端设置的犁铲均为可拆卸地装设，且犁铲迎土面与犁刀底部的夹角$\beta$为3～30度，且犁铲的迎土前端低于犁刀的底部。

4. 根据权利要求2的深松犁具，其特征在于：所述犁铲迎土面与犁刀底部的夹角β最好为11～24度，犁掌的V字型张角γ最佳可为90～120度。

5. 根据权利要求1的深松犁具，其特征在于：所述深松犁具的犁柱的下部前端与水平线的夹角α为大于90度，以95～110度为最佳。

6. 根据权利要求1的深松犁具，其特征在于：所述机架设有一个连接板，上述犁柱通过连接螺丝被固定到连接板上，其中一个连接螺孔为垂直方向可调整的长孔。

7. 根据权利要求6的深松犁具，其特征在于：在连接板和犁柱之间设有一个犁体入土角度调整螺栓。

8. 一种采用权利要求1中深松犁具的联合整地机，包括牵引悬挂架和机架，其特征在于：在上述的机架上设有一个以上的鹅掌式深松犁具，上述机架与牵引悬挂架联接，一对限深轮左右对称地设在机架上，在机架的后端杆设有可挂接的整地机具。

9. 根据权利要求8的联合整地机，其特征在于：上述机架呈V字型，在前端、后端及中部交错设置数个鹅掌式深松犁具。

10. 根据权利要求8的联合整地机，其特征在于：在机架的后端杆挂接的整地机具可分为两个环状碎土耙，上述环状碎土耙的轴心线与机架的后端杆成锐角地设置，每个环状碎土耙具有复数个平行的环状碎土器。

11. 根据权利要求8的联合整地机，其特征在于：在机架的后端杆上设有与环状碎土耙对应的连接支臂，连接支臂的一端与机架的后端杆活动连接，另一端联接环状碎土耙，在机架的后端杆与连接支臂中部之间设有连接支臂调整装置。

12. 根据权利要求11的联合整地机，其特征在于：上述连接支臂调整装置包括一个连接到连接支臂中部调整螺杆，一缓冲弹簧套在调整螺杆上，在调整螺杆的另一端设有一调整螺丝。

13. 根据权利要求8的联合整地机，其特征在于：上述限深轮轴与限深轮支臂的一端相联接，该限深轮支臂的另一端与固定在机架上的限深轮支臂轴相联接，一限深轮调整支臂的一端联接限深轮支臂轴，另一端通过一调整螺栓与机架相联接。”

针对上述专利权，林尚彬（下称请求人）于2004年2月23日向专利复审委员会提出了无效宣告请求，其理由是本实用新型专利的权利要求1、3、4、8及权利要求9不符合专利法第二十二条第二款、第三款有关新颖性和创造性的规定，故请求宣告本专利专利权部分无效。与此同时，请求人提供了如下证据：

证据1：《农业机械学》（上册）版权页及第111～115页的复印件，农业出版社1981年6月第1版、1992年6月第9次印刷；

证据2：中华人民共和国机械行业标准（JB/T 9788－1999）深松铲和深松铲柄复印件共3页；

证据3：《农业机械设计手册》（上册）版权页及第149页的复印件，机械工业出版社1988年4月第1版、1990年11月第2次印刷；

证据4：《八十年代国内外农机化新技术》版权页及第80页的复印件，农村读物出版社1984年10月第1版第1次印刷。

请求人认为：（1）证据1、证据2及4均披露了本专利之独立权利要求1所要求保护的技术方案，故该权利要求不具备新颖性和创造性。（2）权利要求3中“鹅掌式V字型犁掌的弯折部设置的犁刀和V字型前端设置的犁铲均为可拆卸地装设”、权利要求4中“β最好为11～24度”、权利要求8中“一对限深轮左右对称地设在机架上”以及权利要求9限定部分的技术特征在证据1～4中有所披露，属已有技术，故权利要求3、4、8以及权利要求9均不具备新颖性和创造性。

专利复审委员会经形式审查合格后，于2004年3月22日发出了无效宣告请求受理通知书，同时将宣告专利权无效请求书以及有关文件副本转给专利权人（下称被请求人），要求被请求人在指定期限进行意见陈述。同时成立合议组对本案进行审理。

2004年3月15日，请求人增加了无效宣告请求的范围，即在请求宣告权利要求1、3、4、8及权利要求9无效的同时，还要求宣告权利要求7无效。同时请求人还补充提交了如下证据：

证据5：《农业机械》增补修订第5版相关页复印件共4页以及中文译文共4页，莫斯科金穗出版社1983年；

证据6：《农业机械》修补增订后第6版相关页复印件共5页以及中文译文共3页，莫斯科农工出版社1989年版；

证据7：《农业机械》修订增补第3版相关页复印件共3页以及中文译文共2页，莫斯科金穗出版社1984年。

请求人认为，证据5~7足以说明本专利之部分权利要求不符合专利法第二十二条有关新颖性和创造性的规定，应当予以无效。

针对无效宣告请求受理通知书，被请求人于2004年5月10日进行了意见陈述，对权利要求书进行了修改，将原权利要求1、2、6及权利要求7合并构成新的独立权利要求1，同时对其他从属权利要求的引用关系进行了相应的变更。被请求人认为，本专利与请求人提供的证据相比，发明目的、效果和具体的技术方案完全不同，本专利经修改的权利要求符合专利法第二十二条的规定，具备新颖性和创造性。

修改后的权利要求书如下：

“1. 一种深松犁具，包括一个机架，一个犁柱可调节地与上述机架相联接，该犁柱的下部向行进方倾斜，并在犁柱的下部设有一个鹅掌式犁掌，上述犁掌为V字型，并可与地面成一夹角设置，其特征在于：所述鹅掌式犁掌的V字型张角$\gamma$可为80~130度，其两翼向下弯折形成犁刀，其前端设有一犁铲，所述机架设有一个连接板，上述犁柱通过连接螺丝被固定到连接板上，其中一个连接螺孔为垂直方向可调整的长孔，在连接板和犁柱之间设有一个犁体入土角度调整螺栓。

2. 根据权利要求1的深松犁具，其特征在于：所述鹅掌式V字型犁掌的弯折部设置的犁刀和V字型前端设置的犁铲均为可拆卸地装设，且犁铲迎土面与犁刀底部的夹角$\beta$为3~30度，且犁铲的迎土前端低于犁刀的底部。

3. 根据权利要求1的深松犁具，其特征在于：所述犁铲迎土面与犁刀底部的夹角$\beta$最好为11~24度，犁掌的V字型张角$\gamma$最佳可为90~120度。

4. 根据权利要求1的深松犁具，其特征在于：所述深松犁具的犁柱的下部前端与水平线的夹角$\alpha$为大于90度，以95~110度为最佳。

5. 一种采用权利要求1中深松犁具的联合整地机，包括牵引悬挂架和机架，其特征在于：在上述的机架上设有一个以上的鹅掌式深松犁具，上述机架与牵引悬挂架联接，一对限深轮左右对称地设在机架上，在机架的后端杆设有可挂接的整地机具。

6. 根据权利要求5的联合整地机，其特征在于：上述机架呈V字型，在前端、后端及中部交错设置数个鹅掌式深松犁具。

7. 根据权利要求5的联合整地机，其特征在于：在机架的后端杆挂接的整地机具可分为两个环状碎土耙，上述环状碎土耙的轴心线与机架的后端杆成锐角设置，每个环状碎土耙具有复数个平行的环状碎土器。

8. 根据权利要求5的联合整地机，其特征在于：在机架的后端杆上设有与环状碎土耙对应的连接支臂，连接支臂的一端与机架的后端杆活动连接，另一端联接环状碎土耙，在机架的后端杆与连接支臂中部之间设有连接支臂调整装置。

9. 根据权利要求8的联合整地机，其特征在于：上述连接支臂调整装置包括一个联接到连接支臂中部调整螺杆，一缓冲弹簧套在调整螺杆上，在调整螺杆的另一端设有一调整螺丝。

10. 根据权利要求5的联合整地机，其特征在于：上述限深轮轴与限深轮支臂的一端相联接，该限深轮支臂的另一端与固定在机架上的限深轮支臂轴相联接，一限深轮调整支臂的一端联接限深轮支臂轴，另一端通过一调整螺栓与机架相联接。"

专利复审委员会本案合议组于2004年9月22日将请求人补充提交的意见陈述书及相关证据转送被请求人，将被请求人的意见陈述转送请求人，要求双方当事人在指定的期限进行意见陈述。与此同时，合议组还向被请求人以及请求人发出了无效宣告请求口头审理通知书，定于2004年11月25日举行口头审理。

请求人于2004年10月13日进行了意见陈述，认为被请求人对授权公告之权利要求书所作的修改足以说明原权利要求1是现有技术，不具备新颖性和创造性。

口头审理如期举行，被请求人以及请求人对合议组成员无回避请求，对对方出庭人员身份和资格无异议。合议组当庭将请求人2004年10月13日的意见陈述转送被请求人。请求人认为被请求人2004年5月10日提交的权利要求书符合专利法及专利法实施细则的相关规定，并据此重新明确了其无效宣告请求的理由及范围，即本专利修改后的权利要求1、2、3、5及权利要求6不具备新颖性和创造性。请求人放弃了证据7，提交了证据1及证据6的原件。被请求人对证据1的真实性无异议，认为证据6属域外形成的证据，未按照最高人民法院关于行政诉讼证据若干问题的规定办理公证认证手续，故对该证据不予认可。依请求人的要求，合议组给请求人一个月的时间对证据6办理公证认证手续。另外，被请求人明确表示对当庭转送的文件不再进行书面意见陈述。

2004年11月25日，合议组再次向被请求人以及请求人发出了无效宣告请求口头审理通知书，定于2005年1月10日举行口头审理。

2004年11月30，专利复审委员会本案合议组收到了被请求人针对2004年9月22日的转送文件通知书所进行的意见陈述，被请求人认为：境外印刷品证据未经公证机关证明，故对其真实性提出异议。另外请求人所提供外文证据的译文不够准确，其中"深松犁"应为"深松平铲中耕机"；"鸭掌"应为"犁铲"；"鹅掌式犁掌"应为"平铲式中耕犁铲"。再者"深松犁"与"中耕机"在农业机械的分类中有本质的区别。即使考虑请求人提供的外文证据，其单独或结合仍未披露本专利权利要求1之全部技术特征，不足以破坏本专利权利要求1的新颖性和创造性。

口头审理如期举行，被请求人以及请求人对变更后的合议组成员无回避请求，对对方出庭人员身份和资格无异议。合议组当庭将2004年11月30日收到的被请求人的意见陈述转送请求人。请求人当庭出示了证据1~6的原件，其中证据5及证据6盖有北京图书馆馆藏章。被请求人对上述证据的真实性无异议。针对译文，被请求人认为除了应将"深松犁"改为"深松平铲中耕机"外，对译文其他部分无异议，请求人同意被请求人所提出的上述修改。另外，请求人重新明确了其无效宣告请求的理由、范围及对比方式。即本专利修改后的权利要求1~6不具备新颖性和创造性，其中证据5及其与证据6的组合破坏本专利权利要求1的新颖性、创造性；证据1及证据3披露了本专利权利要求2~4限定部分的技术特征，从而使得本专利权利要求2~4不具备创造性；证据1破坏本专利权利要求5的新颖性和创造性；证据4披露了本专利权利要求6限定部分的技术特征，从而使得本专利权利要求6不具备创造性。另外，请求人明确表示对当庭转送的被请求人的意见陈述不再进行书面意见陈述。

在上述工作的基础上，合议组认为本案事实已经清楚，可以依法作出审查决定。

**二、决定的理由**

1. 审查文本及无效理由、范围的确定

被请求人于2004年5月10日提交了经修改的权利要求书，将原权利要求1、2、6及权利要求7合并构成新的独立权利要求1，同时对其他从属权利要求的引用关系进行了相应的变更。请求人对被请求人就权利要求书所作的修改无异议。同时合议组经审查，上述修改符合专利法第三十三条、专利法实施细则第六十八条以及审查指南第四部分第三章第5.4节的相关规定，故下面将以被请求人于2004年5月10日提交的权利要求书的修改文本作为审查基础。

针对上述修改文本，请求人变更了其无效宣告请求的理由及范围，认为经修改的权利要求1~6不具备新颖性和创造性，请求宣告权利要求部分无效。根据审查指南第四部分第三章第5.4节的规定：以删除以外的方式修改权利要求的，合议组应当给予请求人针对这样修改的权利要求提出新的无效宣告理由、证据和意见的适当机会。故请求人变更无效宣告请求的理由及范围符合审查指南的相关规定。

2. 证据认定

证据1~6均属专利法意义上的公开出版物，请求人提交的上述证据符合法律规定的形式要件，被请求人对上述证据的真实性无异议。同时上述证据的印刷时间（实施时间）均早于本专利的申请日，故证据1~6构成本专利的现有技术，可以用于评价本专利的新颖性和创造性。此外，请求人提交了证据5及证据6所使用部分的中文译文，被请求人认为除了应将“深松犁”改为“深松平铲中耕机”外，对译文其他部分无异议，请求人同意被请求人所提出的上述修改。故合议组仅以请求人所提交的证据5及6之相应部分的中文译文加之请求人认可的上述修改评价本专利的新颖性和创造性。

3. 关于本专利权利要求的新颖性和创造性

根据审查指南第四部分第三章第3.1节请求原则的相关规定，下面合议组将仅以请求人所提出的证据对比方式评述权利要求的新颖性和创造性。

专利法第二十二条第二款规定：新颖性，是指在申请日以前没有同样的发明或实用新型在国内外出版物上公开发表过、在国内公开使用过或者以其他方式为公众所知，也没有同样的发明或实用新型由他人向国务院专利行政部门提出过申请并且记载在申请日以后公布的专利申请文件中。

该条第三款同时规定：创造性，是指同申请日以前已有的技术相比，该实用新型具有实质性特点和进步。

请求人认为证据5及其与证据6的组合破坏本专利权利要求1的新颖性和创造性。

证据5第84页第28~32行披露了如下内容：“犁架（对应于本专利的机架）与犁柱的角度可通过调整螺栓进行调整，犁柱上端固定在犁架上，旋转螺柱可改变鸭掌倾角。犁柱上的椭圆孔可使犁柱相对于前螺栓转动，从而改变鸭掌的入土角度”。

证据6第65页第40~44行以及附图11、12披露了以下内容：“所述深松平铲中耕机具有一犁架10（对应于本专利的机架），犁柱4可调节的与犁架10相连，犁柱4的下部设有一个鸭掌式犁掌（对应于本专利之鹅掌式犁掌），犁掌呈V字型，并与地面成一夹角，犁掌的两翼向下弯折形成犁刀7，犁掌的前端设有一犁铲6，犁柱与犁架螺栓连接，其中一个螺孔可相对于前螺栓转动以进行垂直方向的调节，在犁架10与犁柱4之间具有调整螺栓5，通过调整螺栓5，犁刀的倾角可得以改变”。

通过上述的描述可以看出，本专利权利要求1所要求保护的技术方案与证据6所披露的内容存在以下区别之处：（1）本专利中犁柱的下部向行进方倾斜，而由证据6无法看出犁柱下部的倾斜方向；（2）所述鹅掌式犁掌的V字型张角 $\gamma$ 为80~130度，而证据6则未披露张角 $\gamma$ 的具体角度；（3）机架与犁柱的连接方式不同，本专利中机架通过连接板与犁柱相连，而证据6中机架直接与犁柱相连。对于区别特征（1），虽然由证据6无法看出犁柱的下部向行进方向倾斜，但是由于犁柱下部与犁掌直接相连，故根据力学常识可知，犁柱下部向行进方向倾斜有助于减少行进阻力，即该区别技术特征对本领域技术人员而言是显而易见的。就犁掌之V字型张角 $\gamma$ 的具体角度以及机架与犁柱是直接相连抑或间接相连而言，其显然是本领域的普通技术人员根据具体情况、需求而可具体选择的，当属常规设计范畴。同时，由本专利的说明书也无法看出上述具体的角度能够带来意想不到的技术效果。

另外需要指出的是，被请求人认为证据6所涉及的是与本专利之“深松犁”不同的一种农机工具“深松平铲中耕机”，两者无可比性。对此，合议组认为，“深松犁”以及“深松平铲中耕机”均属农业作业所用工具，虽然其如被请求人在意见陈述书中所述在不同的环节使用，但是这种划分是基于最终所要取得的耕地效果而确定的，对两者属相同的技术领域无任何实质性的影响。故合议组对被请求人的这一主张不予支持。

综上所述，本领域的技术人员在证据6的基础上结合所属领域的常识技术得到本专利权利要求1所要求保护的技术方案无需付出创造性的劳动，本专利之权利要求1相对于证据6不具备创造性。

请求人认为权利要求2~4限定部分的技术特征为证据1~3所披露，从而使得权利要求2~4不具备创造性。

权利要求2限定部分的技术特征是：所述鹅掌式V字型犁掌的弯折部设置的犁刀和V字型前端设置的犁铲均为可拆卸地装设，且犁铲迎土面与犁刀底部的夹角 $\beta$ 为3~30度，且犁铲的迎土前端低于犁刀的底部。

证据1第114页第3行披露了下列内容：铲头（对应于本专利之犁掌）用螺栓固定于深松铲铲柱（对应于本专利之犁柱）的下端。证据2（参见证据2附图2.1-122）及证据3（参见附图3-9）也均披露了与证据1相同的技术内容。由此可见，证据1~3至少均未披露“所述鹅掌式V字型犁掌的弯折部设置的犁刀和V字型前端设置的犁铲均为可拆卸地装设”这一技术特征，同时也未就这一技术特征给出任何技术启示和教导，而由本专利的说明书可看出上述技术特征具有一定技术效果，即可减少维修费用，提高工作效率。故本专利之权利要求2相对于请求人提供的证据具备创造性。

权利要求3及权利要求4对权利要求1从犁铲迎土面与犁刀底部的夹角 $\beta$、犁掌的V字型张角 $\gamma$ 以及犁柱的下部前端与水平线的夹角 $\alpha$ 的具体数值作了进一步的限定。由证据1第113页附图2-109（b）可知，其中对犁铲迎土面与犁刀底部的夹角以及犁掌的V字型张角作了具体的限定。附图2-110对犁柱的下部前端与水平线的夹角作了具体的限定。在此基础上，本领域的技术人员完全可以根据不同的需要对上述角度作相应的选择，同时通过试验而针对一特定的需求得出最佳角度取值范围。即上述特征属常规设计范畴。此外，由本专利的说明书也无法看出上述技术特征能够带来意想不到的技术效果，故在权利要求1不具备创造性的情况下，权利要求3及4同样不具备创造性。

请求人认为本专利权利要求5所要求保护的技术方案为证据1第111页附图2-107所披露，从而使得本专利权利要求5不具备新颖性和创造性。

证据1第111页附图2-107披露了一种深松犁联合作业机，其中包括牵引悬挂架和机架，机架上设有一个以上的深松铲（对应于本专利的深松犁具），机架与牵挂架联接，一对限深轮位于机架左右。通过上述描述可以看出，证据1至少未披露本专利之权利要求5中“在机架的后端杆设有可挂接的整地机具”这一技术特征，同时也未就该技术特征给出任何技术启示或教导，而由本专利的说明书又可看出上述技术特征具有整平耙细播种的状态，提高工作效率的有益效果，故本专利之权利要求

5 相对于证据 1 具备新颖性和创造性。

权利要求 6 从属于权利要求 5，在权利要求 5 具备新颖性和创造性的情况下，权利要求 6 同样具备新颖性和创造性。

鉴于请求人在本次无效宣告请求程序中未要求宣告本专利之权利要求 7 ~ 10 无效，故合议组对权利要求 7 ~ 10 的新颖性及创造性不予评述。

**三、决定**

宣告 022370859.4 号实用新型专利权利要求 1、3 及权利要求 4 无效，维持权利要求 2 及权利要求 5 ~ 10 继续有效。

一方当事人对本决定不服的，可以根据专利法第四十六条第二款的规定，在收到本决定之日起三个月内向北京市第一中级人民法院起诉。根据该款的规定，一方当事人起诉后，另一方当事人可以作为第三人参加诉讼。

## 北京市第一中级人民法院
## 行政裁定书

（2005）一中行初字第 543 号

原告林尚彬，男，66 岁，汉族，黑龙江省钱河县红卫农场厂长，住黑龙江省钱河县红卫农场修造厂。

委托代理人赵剑，北京市汉华律师事务所律师。

被告国家知识产权局专利复审委员会，住所地北京市海淀区。

法定代表人王景川，主任。

委托代理人王立颖，国家知识产权局专利复审委员会行政诉讼处审查员。

委托代理人崔国振，国家知识产权局专利复审委员会行政诉讼处审查员。

第三人黑河市爱华农机研究制造有限公司，住所地黑河市环城西路 88 号。

原告林尚彬因专利行政裁决一案，不服被告国家知识产权局专利复审委员会 2005 年 2 月 17 日作出的第 6844 号无效宣告请求审查决定，向本院提起行政诉讼。本院受理后，依法组成合议庭。在诉讼期间，原告林尚彬向本院递交撤诉申请书，申请撤回起诉。

经审查，本院认为，原告有权在诉讼期间依法处分其诉讼权利。原告在诉讼期间自愿申请撤诉的行为，是其依法处分其诉权的真实意思表示。该行为未侵犯国家、集体和他人的合法权益，本院应予准许。据此，依照《中华人民共和国行政诉讼法》第五十一条的规定，裁定如下：

准许原告林尚彬撤回起诉。

案件受理费 1000 元，减半收取 500 元，由原告林尚彬负担（已交纳）。

审 判 长 张 杰<br>代理审判员 乔 军<br>代理审判员 齐 莹<br>二〇〇五年七月四日<br>书 记 员 贾志刚

# 柔性打磨轮案

## 无效宣告请求审查决定（第6846号）

**决　定　号**　第6846号
**决　定　日**　2005年2月18日
**发明创造名称**　柔性打磨轮
**国际分类号**　B24D 9/00
**无效请求人**　唐安玉
**专 利 权 人**　重庆谭木匠工艺品有限公司
**专　利　号**　98228847.6
**申　请　日**　1998年5月15日
**授权公告日**　1999年8月4日
**合议组组长**　陈海平
**主　审　员**　徐媛媛
**参　审　员**　陈　勇

**法 律 依 据**　专利法第二十二条第二款、第三款
**决 定 要 点**

请求人提供的证据虽然能够证明其中的产品样册证据的印刷时间，但是在无其他证明该产品样册证据属于定期出版物或者印刷后即公开的证据的情况下，不能将产品样册的印刷时间认定为公开时间。

### 一、案由

本无效宣告请求案涉及国家知识产权局专利局1999年8月4日授权公告的、名称为“柔性打磨轮”的实用新型专利，其专利号为98228847.6，申请日为1998年5月15日，变更后的专利权人是重庆谭木匠工艺品有限公司。

授权公告的权利要求书如下：

“1. 一种用于打磨异形物体的柔性打磨轮，包括轴芯（1）和砂轮（2），其特征在于：砂轮（2）为柔性材料制成，固定在圆柱形轴芯（1）上，轴芯直接卡在电机或抛光机上即可使用。

2. 如权利要求1所述的打磨轮，其特征在于：砂轮（2）为数层单面或双面砂布重叠，呈圆环状，内圆环紧密卡在轴芯（1）上。

3. 如权利要求1所述的打磨轮，其特征在于：砂轮（2）为表面粘有砂粒的软线（3）组成，软线径向向外辐射排列，软线根部固定在轴芯（1）上。

4. 如权利要求2所述的打磨轮，其特征在于：砂布的厚度可以为0.1～1.5 mm，即4～10层为宜，根据工件要求亦可数十层重叠。

5. 如权利要求3所述的打磨轮，其特征在于：软线为棉纱线、尼龙丝或其他具有柔性的软线。”

针对上述专利权，唐安玉（下称请求人）于2004年2月16日向专利复审委员会提出了无效宣告请求，其理由是本实用新型专利权利要求1、2及权利要求4不符合专利法第二十二条第二款、第三款有关新颖性和创造性的规定，故请求宣告本专利权利要求部分无效。与此同时，请求人提供了如下证据：

证据1：中国第二砂轮厂砂带公司白鸽牌涂附磨具产品样册复印件共3页；

证据2：据称为网上下载的“白鸽（集团）股份有限公司1997年度报告”复印件共5页；

证据3：《商界》杂志1996年第10期相关页复印件共3页；

证据4：《商界》杂志1997年第11期相关页复印件共3页。

请求人认为：（1）证据1虽未注明印制时间，但是根据其上所披露的电话号码的位数可知，该证据的印制时间为郑州市电话号码为6位时。而证据3及证据4可以证明郑州市电话号码由6位升至7位的时间早于1996年10月。另外，证据2第4页倒数第2行至倒数第7行披露的相关内容可证明证据1的可能印制时间在1993年12月8日前，即中国第二砂轮厂股份制改造前印刷。综上，证据2~4可证明证据1的印制出版时间在1996年10月之前。（2）证据1中“异形砂布片”之“片”字压住的异型涂附磨具与本专利之柔性打磨轮的原理、结构、工作目的均相同，故足以证明在本专利申请日前已有与本专利相同的产品生产销售，故本专利不具备新颖性。（3）所属领域技术人员只需将公知的技术方案用专业语言加以描述即可得到本专利权利要求所要求保护的技术方案，而无需付出创造性的劳动，故本专利不具备创造性。此外，请求人要求对本无效宣告请求案进行口头审理。

专利复审委员会经形式审查合格后，于2004年4月15日发出了无效宣告请求受理通知书，同时将宣告专利权无效请求书以及有关文件副本转给专利权人（下称被请求人），要求被请求人在指定期限进行意见陈述。同时成立合议组对本案进行审理。

对此，被请求人于2004年5月17日进行了意见陈述，被请求人认为，首先，证据1~4均为复印件。其次，请求人通过证据2~4间接推出证据1的印制时间，而这种推定不是必然的，只是一种可能性。这种可能性不符合证据链证明事实必须客观、真实、惟一这一基本要求。即使上述有关证据1之印制时间的推定是正确的，证据1所指的印制品也不是专利法意义上的公开出版物。

专利复审委员会本案合议组于2004年9月23日向被请求人以及请求人发出了无效宣告请求口头审理通知书，定于2004年12月17日进行口头审理。同时将被请求人的意见陈述转送请求人，要求其在一个月的期限内进行答复。

针对转送的被请求人的意见陈述，请求人于2004年11月13日进行答复，其观点如下：通过证据2~4推定证据1的出版印制时间是一种法律允许的合理推理。证据1符合审查指南有关专利法意义上公开出版物的定义。本专利相对于证据1不具备新颖性和创造性。

因此，口头审理时间由2004年12月17日上午改为2004年12月17日下午。合议组当庭将请求人2004年11月13日提交的意见陈述转送被请求人。请求人当庭仅提交了证据1、3及4的原件，而未提交（或出示）证据2的原件。被请求人对证据3及证据4的真实性无异议，但对证据1的真实性提出异议，认为该证据上无印制时间，不能证明其是在本专利申请日前印刷的，故不应予以采信。请求人以及被请求人结合证据就各自的观点进行了相应的意见陈述。另外，鉴于合议组当庭向被请求人转送了请求人的意见陈述，故合议组给被请求人一定的期限以进行相应的书面意见陈述。对此，被请求人在指定的期限未进行意见陈述。

在上述工作的基础上，合议组认为本案事实已经清楚，可以依法作出审查决定。

**二、决定的理由**

证据1为中国第二砂轮厂砂带公司白鸽牌涂附磨具产品样册，证据3是《商界》杂志1996年10

月号（总第34期），证据4是《商界》杂志1997年11月号。请求人以证据1、证据3及证据4为一组证据，其中证据3及证据4用以证明证据1的公开日期。被请求人对证据3及证据4的真实性无异议，但对证据1的真实性提出异议，认为该证据上无印制时间，不能证明其是在本专利申请日前印刷的，故不应予以采信。对此，合议组认为，首先，请求人提供了证据1的原件，由该证据本身看不出任何瑕疵，同时无任何证据证明该证据之制作者与被请求人以及请求人具有任何利害关系。另外被请求人仅对该证据的真实性提出异议，而未提出任何证据支持这一主张，故合议组认定证据1是真实的。其次，虽然根据证据3及证据4中所披露的有关郑州市电话号码由6位升至7位的时间信息（例如证据3封底所给出的“地址：郑州市南阳路322号邙山区政府办公楼四楼402室、电话：0371－3842722”），同时结合证据1最后一页所示电话号码“447290”仍为6位可以推定，证据1的印刷时间早于本专利的申请日。但是由证据1本身不能推定该证据属于定期出版的产品样册，同时请求人也未提供任何用以证明证据1定期出版或印刷后即公开的辅证，故证据1的印刷时间不能认定为公开时间，仅凭证据1、证据3及证据4尚不足以认定证据1为本专利申请日前的公开出版物。

证据2是据称为网上下载的“白鸽（集团）股份有限公司1997年度报告”。由于请求人未提交该证据的原件，而复印件本身不具有任何法律效力，不能证明该证据的真实可靠性，故合议组对该证据不予采信。

综上所述，请求人提供的证据不充分，不足以否定本专利权利要求1、2及权利要求4的新颖性和创造性。

**三、决定**

维持98228847.6号实用新型专利权1～5继续有效。

一方当事人对本决定不服的，可以根据专利法第四十六条第二款的规定，在收到本决定之日起三个月内向北京市第一中级人民法院起诉。根据该款的规定，一方当事人起诉后，另一方当事人可以作为第三人参加诉讼。

# 防碎缓冲装置案

## 无效宣告请求审查决定（第6852号）

决　定　号　第6852号
决　定　日　2005年2月22日
发明创造名称　防碎缓冲装置
国际分类号　B65G 69/16　B65G 11/06
无效请求人　阳泉煤业（集团）有限责任公司
专利权人　刘振东
专　利　号　98202195. X
申　请　日　1998年3月19日
授权公告日　1999年6月9日
合议组组长　黄玉平
主　审　员　崔　峥
参　审　员　陈海平

法律依据　专利法第二十二条第三款
决定要点

如果本案专利的一项权利要求与一份在该专利申请日之前公开的现有技术证据的区别技术特征为本领域的公知常识，则应当认为现有技术中已给出了将上述区别技术特征应用到上述现有技术证据中以解决其存在的技术问题的启示，故本案专利的该项权利要求不具备创造性。

### 一、案由

本无效宣告请求案涉及申请日为1998年3月19日、授权公告日为1999年6月9日、名称为“防碎缓冲装置”的98202195. X号实用新型专利，专利权人为刘振东（下称被请求人）。

授权公告的权利要求书如下：

“1. 一种防碎缓冲装置，包括输送装置和缓冲装置，其特征是螺旋滑槽形缓冲装置（3）装在输送装置的下方，缓冲装置（3）通过加固件（5）安置在物料仓（4）中。”

针对上述专利权，阳泉煤业（集团）有限责任公司（下称请求人）于2004年3月17日向专利复审委员会提出了无效宣告请求，同时提交了如下证据：

证据1：阳泉矿务局阳煤局发（1996）247号文件复印件；

证据2：“采区煤仓吊挂式螺旋滑道的研究与试验”计划任务书复印件；

证据3：国家知识产权局专利检索咨询中心的检索报告复印件；

证据4：CN2069073U实用新型专利申请说明书复印件（公告日为1991年1月9日）；

证据5：CN2120788U实用新型专利申请说明书复印件（公告日为1992年11月4日）。

请求人在无效请求书中认为，证据1印证了证据2的真实性，证据1和证据2构成本专利的现有技术，且证据 2 公开了本专利权利要求 1 的全部技术特征，因此本专利不具备新颖性和创造性。证据 3 是国家知识产权局专利检索咨询中心出具的本专利的检索报告，其依据的相关专利文献就是证据 4，该检索报告的结论为证据 4 结合公知常识已经公开了本专利权利要求 1 的技术方案，因此本专利不具备创造性。证据 5 公开了一种空心螺旋滑运道，其相当于本专利的螺旋滑槽形缓冲装置，另外，缓冲装置装在输送装置的下方是所属技术领域的公知常识，因此，本专利相对于证据 5 和上述公知常识的结合不具备创造性。

经形式审查合格，专利复审委员会于 2004 年 4 月 12 日受理了上述无效宣告请求并将无效宣告请求书及证据副本转给了被请求人，同时成立合议组对上述无效宣告请求进行审查。

被请求人针对请求人于 2004 年 3 月 17 日提出的无效请求于 2004 年 5 月 13 日提交了意见陈述书，并认为：证据 1 和证据 2 为企业内部文件，不是公开出版物，不能构成专利法意义上的公开，其上记载的内容不能构成已有技术，不能用于评价本专利的新颖性和创造性。证据 4 无论从技术领域、解决的技术问题，还是技术方案、技术效果与本专利完全不同，不能否定本专利的创造性，证据 3 实用新型专利检索报告的结论是错误的。证据 5 与本专利的技术领域不同，其所公开的技术方案完全不能适应煤矿生产中的块状煤炭输入仓内及运输储量的要求。因此，本专利相对于证据 5 也具备创造性。

专利复审委员会本案合议组于 2004 年 10 月 8 日向双方当事人发出了口头审理通知书，定于 2004 年 11 月 24 日举行口头审理，并将被请求人于 2004 年 5 月 13 日提交的意见陈述书转给了请求人。

请求人又于 2004 年 11 月 21 日向专利复审委员会提交了意见陈述书，进一步阐述了本实用新型专利权利要求 1 不具备新颖性和创造性的理由，同时提交了三份附件作为补充证据。

口头审理如期举行，双方当事人均出席了本次口头审理。请求人又当庭提交了意见陈述书和补充证据（同请求人于 2004 年 11 月 21 日提交的意见陈述书和补充证据），合议组当庭告知请求人，所提交的补充证据由于超过了法定期限，根据专利法实施细则第六十六条的规定不予考虑。同时，合议组又将该意见陈述书当庭转给了被请求人。在口头审理过程中，请求人当庭出示了证据 1、证据 2 和证据 3 的原件，被请求人承认证据 1、证据 2 和证据 3 的复印件与其原件相符，但对证据 1 和证据 2 内容的真实性有异议，并认为证据 1 和证据 2 为企业内部文件，不是公开出版物。被请求人对证据 4 和证据 5 的真实性无异议。

本案请求人又于 2004 年 12 月 8 日再次向专利复审委员会提出了无效宣告请求，同时提交了如下证据（证据编号续前）；

证据 6：1992 年第 9 期《煤炭科学技术》中封面、目录页及“井下螺旋煤仓的施工”一文的复印件；

证据 7：1992 年第 4 期《煤矿设计》中封面、目录页及“大直径筒仓内螺旋溜槽的设计与使用简介”一文的复印件；

证据 8：1996 年第 10 期《煤炭科学技术》中“螺旋煤仓煤流运动原理”一文的复印件。

请求人认为，证据 6、证据 7 和证据 8 均构成本专利的已有技术，并分别公开了本专利权利要求 1 的全部技术特征，因此，本专利权利要求 1 不具备新颖性；另外，证据 7 中所公开的用十字拉杆固联的立柱及横撑、斜撑即为本专利的加固件（5）。因此，本专利权利要求 1 相对于证据 6 和证据 7 的结合或证据 7 和证据 8 的结合不具备创造性。

经形式审查合格，专利复审委员会于 2004 年 12 月 23 日受理了请求人于 2004 年 12 月 8 日提出的上述无效宣告请求并将无效宣告请求书及证据副本转给了被请求人，并由本合议组将这两次无效宣告请求合案进行审理。对此，被请求人没有在规定的期限内陈述意见。

专利复审委员会本案合议组于2005年1月6日再次向双方当事人发出了口头审理通知书，定于2005年2月18日举行口头审理。

口头审理如期举行，请求人出席了本次口头审理，而被请求人未出席本次口头审理。在口头审理过程中，请求人当庭出示了由煤炭科学研究总院正式出版发行（ISBN：7－890025－77－6/T. 02）并载有"煤炭科学技术"杂志的光盘，经播放该光盘，确认证据6和证据8的复印件与光盘中所载相应文件的内容一致，由此可确认证据6和证据8的真实性。同时，请求人认为证据6和证据8均可单独地破坏本专利权利要求1的新颖性和创造性。

在上述程序的基础上，合议组认为本案事实已经清楚，作出了本决定。

**二、决定的理由**

1. 证据认定

请求人在口头审理过程中当庭出示了由煤炭科学研究总院正式出版发行（ISBN：7－890025－77－6/T. 02）并载有"煤炭科学技术"杂志的光盘，经播放该光盘，确认证据6的复印件与光盘中所载相应文件的内容一致，由此可确认证据6的真实性，故合议组对证据6予以采信。而且，证据6为本专利申请日前公开的公开出版物，因此可以作为本专利的现有技术来评价本专利权利要求1的新颖性和创造性。

2. 关于本专利的创造性

专利法第二十二条第三款规定：创造性，是指同申请日以前已有的技术相比，该发明有突出的实质性特点和显著的进步，该实用新型有实质性特点和进步。

本专利权利要求1保护一种防碎缓冲装置，其包括输送装置和缓冲装置，螺旋滑槽形缓冲装置（3）装在输送装置的下方，缓冲装置（3）通过加固件（5）安置在物料仓（4）中。

证据6公开了一种井下螺旋煤仓，在煤仓内布置有螺旋溜槽（7），在煤仓和螺旋溜槽上方的板式输送机巷（1）内设有板式输送机（3），煤流自板式输送机卸载后，可沿螺旋溜槽下滑，落入煤仓内的储煤平面上（参见证据6的图1及第2页第一自然段和第3页第二自然段的文字描述）。

显然，证据6与本专利均属于同一技术领域，其所公开的上述技术方案中的煤仓、螺旋溜槽和板式输送机分别相当于本专利权利要求1中的物料仓、螺旋滑槽形缓冲装置和输送装置。因此，权利要求1与证据6所公开的技术方案相比，其区别仅在于，证据6中未明确说明螺旋溜槽在煤仓内的具体固定方式，而本专利的缓冲装置（3）是通过加固件（5）固定在物料仓（4）内。显然，证据6中必然要对螺旋溜槽进行固定，而通过加固件来将某一物件固定于另一物件上，属于本领域的公知技术。因此应认为现有技术中已给出了利用加固件将螺旋溜槽固定在煤仓内的技术启示。在证据6中所公开的技术方案的教导下，为了将螺旋溜槽固定于煤仓内，本领域技术人员很容易想到可以借助于"加固件"来实现，进而得出本专利权利要求1所限定的技术方案，这并不需要付出创造性的劳动。因此，本专利权利要求1所要求保护的技术方案不具有实质性特点和进步，因而不具备创造性。

鉴于本专利权利要求1相对于证据6已不具备创造性，故合议组对其他证据不再进行评述。

**三、决定**

宣告98202195. X号实用新型专利权无效。

当事人对本决定不服的，可以根据专利法第四十六条第二款的规定，自收到本决定之日起三个月内向北京市第一中级人民法院起诉。根据该款的规定，一方当事人起诉后，另一方当事人应当作为第三人参加诉讼。

# 一种储存钻头的容器案

## 无效宣告请求审查决定（第6855号）

**决　定　号**　第6855号
**决　定　日**　2005年2月21日
**发明创造名称**　一种储存钻头的容器
**国际分类号**　B65D 85/20、81/107
**无效请求人**　杭州拓福工贸有限公司
**专利权人**　上海金堰金属制品厂
**专　利　号**　00249913.4
**申　请　日**　2000年11月3日
**授权公告日**　2001年10月3日
**合议组组长**　于　萍
**主　审　员**　陈海平
**参　审　员**　宋鸣镝

**法律依据**　专利法第二十二条第二款、第三款
**决定要点**

如果本案专利的权利要求所限定的技术方案相对于对比文件具有区别技术特征，同时所属技术领域的技术人员也不能从对比文件中获得该区别技术特征存在的技术启示，而在本专利中该区别技术特征的设置解决了在对比文件的技术方案中未曾涉及的技术问题，则该权利要求具备创造性。

**一、案由**

本无效宣告请求案涉及的是国家知识产权局专利局于2001年10月3日公告授权的其申请号为00249913.4、名称为“一种储存钻头的容器”的实用新型专利（下称本专利），其申请日为2000年11月3日，专利权人为上海金堰金属制品厂（下称被请求人）。

其授权公告的权利要求书如下：

“1. 一种储存钻头的容器，由盒体、盒盖和支架组成，其特征在于：所述的盒体内设置有填充体，盒体和盒盖之间以铰链连接，所述的支架上设有孔，支架的下端的两侧与盒体一端的两侧以铆钉连接，填充体设置在盒体内的另一端，其朝向支架的侧面与支架的上表面呈锐角。”

针对上述专利权，杭州拓福工贸有限公司（下称请求人）于2004年1月16日向专利复审委员会提出了无效宣告请求，其理由是本实用新型专利权利要求1不具备新颖性与创造性。请求人所提交的对比文件为专利号为95236523.5的中国实用新型专利（授权公告日为1996年7月10日）说明书复印件。

经形式审查合格，专利复审委员会于2004年5月31日受理了上述无效宣告请求，并将无效宣告请求书及对比文件副本转给了被请求人。

被请求人于2004年6月23日提交意见陈述书进行答辩。

专利复审委员会本案合议组于2004年10月26日将上述被请求人提交的意见陈述书转寄给请求人，并向被请求人寄送了合议组成员告知通知书。双方当事人均未在指定期限内进行答复。

在上述程序的基础上，合议组作出了本决定。

**二、决定的理由**

专利法第二十二条第二款规定：新颖性，是指在申请日以前没有同样的发明或者实用新型在国内外出版物上公开发表过、在国内公开使用过或者以其他方式为公众所知，也没有同样的发明或者实用新型由他人向国务院专利行政部门提出过申请并且记载在申请日以后公布的专利申请文件中。

专利法第二十二条第三款规定：创造性，是指同申请日以前已有的技术相比，该发明有突出的实质性特点和显著的进步，该实用新型有实质性特点和进步。

请求人所提交的对比文件即专利号为95236523.5号中国实用新型专利说明书复印件，属于公开出版物，经合议组核实其与原件无误，且其授权公告日为1996年7月10日，在本专利申请日之前，其中公开的内容构成了本专利的已有技术。该对比文件中所公开的“麻花钻头无轴铁盒”包括盒体1、盒盖2、钻头存放架3，盒体1内设有由金属薄板弯成的凸柱4，在钻头存放架3上钻有轴孔6，钻头存放架3装在盒体1内，并由凸柱4卡在轴孔6内。该对比文件与本专利的“储存钻头的容器”属于相同的技术领域并用于解决类似的技术问题（提供存放钻头的盒体），故该对比文件可以用于评判本专利的新颖性与创造性。

对本专利权利要求1的新颖性及创造性的评述如下：

（1）该权利要求1全文如下：

“1. 一种储存钻头的容器，由盒体、盒盖和支架组成，其特征在于：所述的盒体内设置有填充体，盒体和盒盖之间以铰链连接，所述的支架上设有孔，支架的下端的两侧与盒体一端的两侧以铆钉连接，填充体设置在盒体内的另一端，其朝向支架的侧面与支架的上表面呈锐角。”

（2）在请求人所提交的无效宣告请求书中，请求人认为：“本专利的权利要求所记载的技术特征内容均能在对比文件中一一找到，因而被请求人的专利不具备新颖性条件。

虽然填充体在图1中有明显的表示，而未能在说明书中有详细的说明，但作为专利申请文件的内容之一……说明书附图，它给我们一种技术上的启示，即普通技术人员在受到说明书及附图1所示内容的启示后，容易想到这是一块填充体，因而是显而易见的，所以被请求人的专利不具备创造性条件”。

在被请求人所提交的意见陈述书中，专利权人认为：“请求人不能证明其所称的对比文件说明书和附图中”盒体内的一端放置有一填充体，且斜向放置“的技术方案是存在的”。

（3）合议组的相应意见如下：

①在对比文件所公开的技术方案中没有公开相当于本专利权利要求1中所描述的“填充体”的结构；

②本技术领域的技术人员也不能够根据对比文件所公开的技术内容推论出其中存在有相当于上述“填充体”的结构；

③在本专利中由于设置上述“填充体”所解决的技术问题即“保护钻头的刃口”在对比文件中并未涉及。

综上所述，本专利的权利要求1具备专利法第二十二条第二款、第三款所规定的新颖性与创造性。

## 三、决定

维持 00249913.4 号实用新型专利权有效。

当事人对本决定不服的，可以根据专利法第四十六条第二款的规定，自收到本决定之日起三个月内向北京市第一中级人民法院起诉。根据该款的规定，一方当事人起诉后，另一方当事人应当作为第三人参加诉讼。

# 木工扁形钻案

## 无效宣告请求审查决定（第6873号）

**决　定　号**　第6873号
**决　定　日**　2005年2月24日
**发明创造名称**　木工扁形钻
**国际分类号**　B27G 15/02
**无效请求人**　陈昆镇
**专利权人**　唐亚风
**专　利　号**　02235704.1
**申　请　日**　2002年5月15日
**授权公告日**　2003年3月5日
**合议组组长**　杨克菲
**主　审　员**　徐媛媛
**参　审　员**　魏　屹

**法律依据**　专利法第二十二条第三款
**决定要点**

本专利之权利要求1所要求保护的技术方案与请求人提供的证据1虽然具有区别之处，但是区别之处为所属领域的常规设计手段，同时，由本专利的说明书也无法看出区别之处能够带来意想不到的技术效果。本领域的技术人员在证据1的基础上结合所属领域的常识技术得到本专利权利要求1所要求保护的技术方案无须付出创造性的劳动，本专利之权利要求1相对于证据1不具备创造性。

### 一、案由

本无效宣告请求案涉及国家知识产权局专利局于2003年3月5日授权公告、名称为“木工扁形钻”的实用新型专利，其专利号为02235704.1，申请日为2002年5月15日，专利权人是唐亚风。

授权公告的权利要求书如下：

“1. 一种木工扁形钻，主体结构为扁形钻头和钻柄，其特征在于：扁形钻头是具有三个尖的扁平铲形，三尖中间的定心尖较大，两切削刃尖端的长度较小，三尖具有后角，钻柄前端是圆柄，后部是横截面为等六边形的角柄，角柄上有凹环。

2. 根据权利要求1所述的木工扁形钻，其特征在于：所述定心尖长度范围为9～16.2mm，两切削刃5尖端的长度范围为1.3～1.5mm。

3. 根据权利要求1或2所述的木工扁形钻，其特征在于：所述三尖的后角大小范围为8°～20°。

4. 根据权利要求1所述的木工扁形钻，其特征在于：所述圆柄距柄部末端距离≤44.45mm，直径范围为Φ7.4±0.1mm或Φ9mm。

5. 根据权利要求1所述的木工扁形钻，其特征在于：所述角柄的横截面是等六边形或等六极圆弧形。

6. 根据权利要求1或5所述的木工扁形钻，其特征在于：所述角柄长度范围为20~30mm，等六边形的对角距离尺寸范围为6.35~11.12mm，即1/4英寸至7/16英寸，外接圆直径范围为Φ7.03~Φ12.15mm。

7. 根据权利要求1所述的木工扁形钻，其特征在于：所述是凹环的横截面为圆形，纵截面为弧形。

8. 根据权利要求1或7所述的木工扁形钻，其特征在于：所述凹环的内径为Φ4.5~Φ7mm，圆弧半径范围为R=3mm至R=6mm。”

针对本专利，陈昆镇（下称请求人）于2003年10月20日向专利复审委员会提出了无效宣告请求，其理由是本实用新型专利的权利要求1~8不符合专利法第二十二条第二款、第三款有关新颖性和创造性的规定，权利要求2、3、4、6及权利要求8不符合专利法实施细则第二条第二款的规定。与此同时，请求人提供了如下证据：

证据1：专利号为00234732.6的中国实用新型专利说明书复印件，授权公告日为2001年2月14日；

证据2：期刊“Hardware & Auto Accessories，Vol.2，No.7”相关页复印件共3页，公开日期为2001年2月；

证据3：手册“HARDWARE & BUILDING MATERIALS BUYERS' GUIDE 2001~2002”相关页复印件共3页；

证据4：台湾五金杂志“Hardware ”相关页复印件共2页，公开日期为2002年3月；

证据5：手册“TAIWAN HANDTOOLS BUYERS' GUIDE 2002”相关页复印件共2页。

请求人认为，证据1~5公开了本专利权利要求1~8所要求保护的技术方案，从而使得权利要求1~8不具备新颖性和创造性。同时权利要求2~4、权利要求6及权利要求8限定部分对相关尺寸所作的进一步限定对所属领域技术人员而言是现有技术，其明显不是专利法实施细则第二条第二款所称的实用新型。

专利复审委员会经形式审查合格，于2003年11月20日发出了无效宣告请求受理通知书，同时将宣告专利权无效请求书以及有关文件副本转送给专利权人（下称被请求人），要求被请求人在指定期限进行意见陈述。同时成立合议组对本案进行审理。

对此，被请求人于2004年1月19日进行了意见陈述，认为本专利权利要求1~8对钻柄与钻头的形状、钻尖及后角的技术参数等进行了限定，所有这些技术特征在证据1中均未体现，而这些特征相对于现有技术又具有实质性特点和进步，故本专利之权利要求1~8相对于证据1具备新颖性和创造性。同时对证据2~5的真实性和公开出版物的界定提出质疑，指出证据2~5属境外印刷品，要证明是专利法意义上的公开出版物，应经公证机关证明。

2004年8月31日，专利复审委员会将被请求人2004年1月19日提交的意见陈述书转送给请求人。同日，专利复审委员会还向请求人发出外文证据处理通知书，要求请求人提交证据2~5所使用部分的中文译文。

2004年10月8日，请求人提交了意见陈述书，坚持认为本专利权利要求1~8相对于证据1~5不具备新颖性和创造性以及权利要求2、3、4及权利要求6不符合专利法实施细则第二条第二款的规定。并随同意见陈述书提交了证据2所使用部分的中文译文。2004年10月15日，请求人补充提交了证据2~5所使用部分的中文译文。

2004年10月21日，专利复审委员会将请求人2004年10月8日及10月15日提交的意见陈述书及所附的证据2~5的中文译文转送给被请求人，要求请求人在指定期限进行意见陈述。

2004年11月5日，专利复审委员会向双方当事人发出无效宣告请求审查通知书，要求请求人依照最高人民法院《关于行政诉讼证据若干问题的规定》的相关规定对证据2~5办理证明手续。与此同时，专利复审委员会还向双方当事人发出无效宣告请求口头审理通知书，定于2005年1月7日在专利复审委员会进行口头审理。

2004年12月13日，请求人提交了证据3~5的公证书、认证书的复印件。

口头审理如期举行，被请求人缺席。请求人放弃了本专利不符合专利法实施细则第二条第二款的无效宣告请求的理由，明确了无效宣告请求的理由为本专利权利要求1~8不符合专利法第二十二条第二款、第三款有关新颖性和创造性的规定。请求人放弃了证据2，提交了证据3~5的原件以及公证书、认证书的原件，合议组对证据3~5的真实性当庭进行了核实。另外，请求人明确了证据对比方式，即证据1破坏本专利权利要求1的新颖性和创造性，破坏本专利权利要求2~8的创造性。

在上述工作的基础上，合议组认为本案事实已经清楚，可以作出审查决定。

**二、决定的理由**

证据1是专利文献，属于公开出版物，合议组对其真实性予以了核实。同时该证据的授权公告日早于本专利的申请日，故证据1可作为现有技术评价本专利的新颖性和创造性。

专利法第二十二条第二款规定：新颖性，是指在申请日以前没有同样的发明或实用新型在国内外出版物上公开发表过、在国内公开使用过或者以其他方式为公众所知，也没有同样的发明或实用新型由他人向国务院专利行政部门提出过申请并且记载在申请日以后公布的专利申请文件中。

专利法第二十二条第二款规定：创造性，是指同申请日以前已有的技术相比，该发明具有突出的实质性特点和显著的进步，该实用新型具有实质性特点和进步。

证据1涉及一种弧刃铲钻，并具体披露了以下内容（参见证据1说明书第2页第3~9行，附图2）：所述弧刃铲钻用于在木材上钻孔。其由扁形钻头和钻柄组成，其中扁形钻头为具有三个尖的铲形，定心1（对应于本专利之定心尖1）的长度较大，两弧形主切削刃7（对应于本专利之切削刃）的长度较小，钻柄前端为杆部4，后部为柄5，所述柄具有六个棱，柄上具有凹环。

通过上面的描述可知，本专利权利要求所要求保护的技术方案与证据1所披露的内容存在以下区别之处：（1）本专利钻柄前端为圆柄，而由证据1却无法看出与之对应的杆的横截面的形状；（2）本专利之角柄的截面为正六边，而由证据1则无法确认所述柄之截面的具体形状。

对此，合议组认为，区别特征（1）属领域的常识技术，对所属领域的技术人员而言是最常规的设计手段。就区别特征（2）而言，由证据1说明书第2页倒数第3行的描述可知，所述柄起到夹持及传递动力的作用，而对于本领域技术人员而言，具有六个棱且能起到上述作用之所述柄的横截面形状为正六边形是一种最常规的设计。同时由本专利的说明书也无法看出上述区别之处能够带来任何意想不到的技术效果。另外需指出的是，虽然证据1中未明确指出三尖具有后角，但是三尖具有后角是扁钻得以对木材加工所必须具备的特征。由此可见，本领域的技术人员在证据1的基础上结合所属领域的公知常识得到本专利权利要求1所要求保护的技术方案无需付出任何创造性的劳动，本专利之权利要求1相对于证据1不具备创造性。

权利要求2~4对其所引用的权利要求就定心尖、切削刃尖端的长度范围，三尖的后角以及圆柄距柄部末端的距离和直径作了进一步的限定。上述特征虽然在证据1中未予披露，但是其是所属领域的技术人员根据不同的使用条件及需求等而可具体选择的，同时由本专利的说明书也无法看出上述技术特征能够带来意想不到的技术效果，故在权利要求1不具备创造性的情形下，直接或间接引用权利要求1的权利要求2~4同样不具备创造性。

权利要求5对权利要求1就所述角柄横截面的形状作了进一步的限定。虽然由证据1中无法看出与所述角柄相对应之柄部5横截面的具体形状，而只能看出所述柄部具有六个棱。但是正如上所述，柄起到夹持及传递动力的作用，而这种作用是由棱的设置得以实现的。在此基础上，所述柄之横截面的形状是所属领域的技术人员根据实际需求而可任意选择的，只要不影响所述棱之功能的实现即可。如采用权利要求5中的等六边形或等六极圆弧形。同时由本专利的说明书也无法看出上述技术特征能够带来意想不到的技术效果，故在权利要求1不具备创造性的情形下，权利要求5同样不具备创造性。

权利要求6对其所引用的权利要求就角柄的长度范围、等六边形对角距离尺寸、外接圆直径范围作了进一步的限定。上述特征虽然在证据1中未予披露，但是其是所属领域的技术人员根据不同的使用条件及需求等而可具体选择的，同时由本专利的说明书也无法看出上述技术特征能够带来意想不到的技术效果，故在权利要求1及权利要求5不具备创造性的情形下，权利要求6同样不具备创造性。

权利要求7限定部分的技术特征为：所述是凹环的横截面为圆形，纵截面为弧形。由证据1附图2可以看出，所述是凹环的纵截面为弧形。至于所述是凹环的横截面为圆形则属公知常识。同时由本专利的说明书也无法看出上述技术特征能够带来意想不到的技术效果，故在权利要求1不具备创造性的情形下，权利要求7同样不具备创造性。

权利要求8对其所引用的权利要求就凹环的内径以及圆弧半径作了进一步的限定。上述特征虽然在证据1中未予披露，但是其是所属领域的技术人员根据不同的使用条件及需求等而可具体选择的，同时由本专利的说明书也无法看出上述技术特征能够带来意想不到的技术效果，故在权利要求1及权利要求7不具备创造性的情形下，权利要求8同样不具备创造性。

**三、决定**

宣告02235704.1号实用新型专利权1~8全部无效。

一方当事人对本决定不服的，可以根据专利法第四十六条第二款的规定，在收到本决定之日起三个月内向北京市第一中级人民法院起诉。根据该款的规定，一方当事人起诉后，另一方当事人可以作为第三人参加诉讼。

# 插销式防卸防松螺母案

## 无效宣告请求审查决定（第6879号）

**决　定　号**　第6879号
**决　定　日**　2005年2月24日
**发明创造名称**　插销式防卸防松螺母
**国际分类号**　F16B 39/28
**无效请求人**　温州信德电力配件有限公司
**专利权人**　韩安卓
**专　利　号**　02230502.5
**申　请　日**　2002年3月27日
**优先权日**　2002年2月9日
**授权公告日**　2003年12月24日
**合议组组长**　魏　屹
**主　审　员**　宋鸣镝
**参　审　员**　徐媛媛

**法律依据**　专利法第二十二条第三款
**决定要点**

所有证据或它们的组合中均未公开某个技术特征，并且也没有其他证据可以证明该技术特征属于本领域中的公知常识，那么这些证据中就没有给出将该区别技术特征应用到最接近现有技术中以解决所存在技术问题的启示。因此，可以认定包含该技术特征的技术方案相对于这些证据来说是非显而易见的，该技术方案具备创造性。

**一、案由**

本无效宣告请求案涉及申请日为2002年3月27日、优先权日为2002年2月9日、授权公告日为2003年12月24日、名称为“插销式防卸防松螺母”的实用新型专利（下称本专利），其专利号为02230502.5，专利权人为韩安卓（下称被请求人）。

授权公告的权利要求书如下：

“1. 一种插销式防卸防松螺母，其特征在于：在螺母1旋入螺栓7的那一端或另一端的孔内壁上纵向开一条或对称开两条沿螺纹旋入方向由浅而深不通的‘ ◡ ’形直槽2、且在‘ ◡ ’形直槽2端口一周上还开有一个垫圈凹槽3，销子5插在‘ ◡ ’形直槽2上，螺母1内孔内塞有一个塞子4，垫圈凹槽3上装有一个垫圈6，垫圈6的内径与螺母1的内径相等。

2. 根据权利要求1所述的一种插销式防卸防松螺母，其特征在于螺母1旋入螺栓7的另一端的端口为凸起圆柱10，且凸起圆柱10的边沿向内翻边9，使得原直角阶梯形垫圈凹槽3成为环形凹槽，垫圈6被翻边9包镶在环形凹槽3内。

3. 根据权利要求1或2所述的一种插销式防卸防松螺母，其特征在于：塞子4为圆筒形状或扁平筒形状。

4. 根据权利要求1或3所述的一种插销式防卸防松螺母，其特征在于：在塞子4柱体的一侧或对称两侧设有一个带小凹槽12的凸耳11，销子5卡放在小凹槽12上，且塞子4的凸耳11对应安装在‘ ◡ ’形直槽2上。”

针对上述实用新型专利权，温州信德电力配件有限公司（下称请求人）于2004年3月9日向专利复审委员会提出了无效宣告请求。请求宣告无效的理由是：本专利的权利要求1~4不符合专利法第二十二条第二款、第三款有关新颖性和创造性的规定。请求人同时提交了以下四份附件作为对比文件：

附件1（下称对比文件1）：中国实用新型专利ZL94229454.8专利说明书复印件，授权公告日为1995年5月24日；

附件2（下称对比文件2）：中国实用新型专利ZL99210915.9专利说明书复印件，授权公告日为2000年4月26日；

附件3（下称对比文件3）：中国实用新型专利ZL00250858.3专利说明书复印件，授权公告日为2001年7月11日；

附件4（下称对比文件4）：中国实用新型专利ZL98214025.8专利说明书复印件，授权公告日为2000年3月1日。

经形式审查合格后，专利复审委员会受理了上述无效宣告请求，向请求人和被请求人发出了无效宣告请求受理通知书，并将上述专利权无效宣告请求书及其附件清单中所列附件副本转送给被请求人，同时依法成立合议组对本案进行审查。

针对上述无效宣告请求，被请求人于2004年5月25日提交了意见陈述书，认为本专利保护的技术方案与请求人提交的对比文件的技术内容有着明显的区别，符合专利法第二十二条第二款、第三款规定的新颖性和创造性。

专利复审委员会于2004年10月15日向双方当事人发出口头审理通知书，定于2005年1月6日上午9时在专利复审委员会举行口头审理，同时将被请求人在2004年5月25日提交的意见陈述书副本转送给请求人。

口头审理如期举行，双方当事人均到庭，在口头审理过程中，请求人当庭声明放弃对比文件4以及本专利不符合专利法第二十二条第二款有关新颖性规定的无效理由，其以对比文件1作为最接近的现有技术，并明确了对比文件的组合方式，即对比文件1、对比文件1和对比文件3的结合以及对比文件2和对比文件3的结合来评价本专利权利要求1~4的创造性。

在上述程序的基础上，合议组认为本案事实已经清楚，可以依法作出如下审查决定。

**二、决定的理由**

1. 证据的认定

对比文件4被请求人放弃，故合议组不再予以考虑。对比文件1~3是专利文献，属于公开出版物，被请求人对它们的真实性无异议，它们的公开日均早于本专利的优先权日，故对比文件1~3可以作为评价本专利的新颖性和创造性的现有技术。

2. 关于新颖性

请求人在口头审理过程中当庭声明放弃本专利不符合专利法第二十二条第二款有关新颖性规定的无效理由，故合议组不再针对新颖性进行评述。

3. 关于创造性

专利法第二十二条第三款规定：创造性，是指同申请日以前已有的技术相比，该发明有突出的实质性特点和显著的进步，该实用新型有实质性特点和进步。

实用新型是否具有实质性特点，是指该实用新型相对于现有技术，对所属技术领域的技术人员来说，是否是非显而易见的；实用新型是否具有进步，是指该实用新型与最接近的现有技术相比是否能够产生有益的技术效果。

（1）关于权利要求 1 的创造性

请求人明确以对比文件 1 作为最接近的现有技术，该对比文件 1 公开了一种防盗螺母，其中具体披露了以下技术特征：防盗螺母一端面上绕中心加工有环形沉槽（参见对比文件 1 的附图标记 1，相当于本专利中的在端口一周上还开有一个垫圈凹槽），在沉槽底面上绕螺纹孔开有一个或一个以上（视螺母大小可加工二个、四个、六个，实施例为对称开有四个）弧形收缩豁槽（参见对比文件 1 的附图标记 2，相当于本专利中的在孔内壁上纵向开一条或对称开两条“ ◡ ”形直槽，而螺母沿螺纹轴线只有两个端面，该弧形收缩豁槽要么在螺母旋入螺栓的那一端上，要么在其另一端上），在弧形收缩豁槽内宽端放有钢珠（参见对比文件 1 的附图标记 3，相当于本专利中的销子，即销子插在“ ◡ ”形直槽上），在沉槽内压紧一个环垫（参见对比文件 1 的附图标记 4，相当于本专利中的垫圈，即垫圈凹槽上装有一个垫圈），在拧进时，钢珠处于弧形收缩豁槽最宽端，反拧时，弧形收缩豁槽由宽变窄（参见对比文件 1 说明书第 1 页第 21 ~ 23 行，本领域普通技术人员可以由此推定该弧形收缩豁槽是沿螺纹旋入方向由浅而深的）；此外，从对比文件 1 的说明书附图中可以看出：环垫的内径与螺母的内径相等（相当于本专利中的垫圈的内径与螺母的内径相等），环形沉槽和弧形收缩豁槽在螺母的同一端部上，且它们邻接设置（相当于本专利中的垫圈凹槽在“ ◡ ”形直槽端口上）；虽然从对比文件 1 的说明书附图中无法明确看出弧形收缩豁槽是不通的还是通透的，说明书中对此也没有明确说明，但是该弧形收缩豁槽既然称之为“槽”。这对于本领域的普通技术人员来说，从槽的一般性定义出发，可以认定其一端是开放的，而另一端是封闭的，从而可以导出该弧形收缩豁槽是不通的。

本专利的权利要求 1 所保护的插销式防卸防松螺母与对比文件 1 所公开的防盗螺母相比，具有以下区别技术特征：螺母内孔内塞有一个塞子。

对比文件 2 公开了一种双滚针对应式防盗螺拴（参见对比文件 2 的附图 1 ~ 3 和说明书第 2 页第 1 ~ 5 行），其中具体披露了以下的技术特征：该防盗螺栓由螺杆和防盗螺母组合而成，其中在防盗螺母上沿中心孔外侧对称开设有两个纵向半截楔型槽（参见对比文件 2 的附图标记 3，相当于本专利中的“ ◡ ”形直槽），在该半截楔型槽内装有滚针（参见对比文件 2 的附图标记 4，相当于本专利中的销子），在滚针上端，即半截楔型槽的端口塞入橡胶堵（参见对比文件 2 的附图标记 5，该橡胶堵位于滚针上端防盗螺母端口的一周上，相当于本专利中在垫圈凹槽中设置的垫圈）。此外，从对比文件 2 的附图 1 中还可以看出：该半截楔型槽是不通的，橡胶堵的内径与螺母的内径相等。

本专利的权利要求 1 所保护的插销式防卸防松螺母与对比文件 2 所公开的双滚针对应式防盗螺栓相比，具有以下区别技术特征：螺母内孔内塞有一个塞子。

对比文件 3 公开了一种防盗螺母（参见对比文件 3 的附图 1 ~ 4 和说明书第 2 页第 1 ~ 2 行），其中具体披露了以下技术特征：该防盗螺母包括螺母体及孔中的内螺纹，内螺纹处有逆向止动弧形斜槽（参见对比文件 3 的附图标记 1，相当于本专利中的“ ◡ ”形直槽），槽中有辊轴或钢球的止动件（参见对比文件 3 的附图标记 2，相当于本专利中的销子），包装时可在螺纹孔口处加装一次性塑料扣盖，防止止动件丢失（参见对比文件 3 的说明书第 2 页第 7 ~ 8 行。在该对比文件 3 中对塑料扣盖的描述仅有此处的一句话，而在说明书附图中也未示出该塑料扣盖，由此仅能得出该塑料扣盖位于螺母螺纹的孔口处，而无法明确得出该塑料扣盖的具体结构形状。为了达到防止止动件丢失的目的，一般情况下塑料扣盖在其中心位置上不可能开有中心孔，因此该塑料扣盖的圆形结构形状不同于本专利中位于螺纹端口一周上垫圈凹槽中垫圈的环形结构形状，该塑料扣盖在孔口处的安装位置不同于本专利中塞子在螺母内孔内的安装位置）。此外，从对比文件3的附图3和附图4中还可以看出：该槽弧形斜是不通的。

本专利的权利要求1所保护的插销式防卸防松螺母与对比文件3所公开的防盗螺母相比，具有以下区别技术特征：在“ ﹀ ”形直槽端口一周上还开有一个垫圈凹槽，螺母内孔内塞有一个塞子，垫圈凹槽上装有一个垫圈，垫圈的内径与螺母的内径相等。

本专利属于防松螺母紧固件领域，其所要解决的技术问题是：现有技术中的插销式防松防卸螺母在装配时，销子必须事先粘接在阶梯槽的直槽的凹槽底部，若销子粘接过牢，在螺母旋入螺栓时销子就会被挤压变形，若销子粘接不牢，装配好销子的螺母在运输过程中销子就会脱落（参见本专利说明书第1页第15~22行），本专利权利要求1中的技术特征“螺母内孔内塞有一个塞子”正是解决了上述现有技术中所存在的技术问题的技术特征，在螺母装配时，首先将塞子塞入螺母孔内，然后将销子插入直槽或将销子卡放在塞子的凸耳的小凹槽上，这样就将销子卡放在了塞子和螺母之间，塞子在径向上限制了销子的移动（参见本专利说明书第2页第39~42行和附图1-3、附图2-3），从而实现了销子无需采用胶粘剂粘接、装配方便、螺母在运输时销子不会脱落、螺母旋入螺栓时不会引起销子变形的技术效果（参见本专利说明书第1页第32~34行）。由此可见，包含该技术特征的权利要求1所保护的技术方案能够产生有益的技术效果。

对比文件1、对比文件1和对比文件3的结合以及对比文件2和对比文件3的结合均未公开“螺母内孔内塞有一个塞子”的技术特征，也未给出将上述区别特征应用到最接近现有技术中以解决所存在技术问题的启示，并且请求人也没有提供可以证明该技术特征属于本领域中公知常识的其他证据。本专利权利要求1所保护的技术方案相对于对比文件1、或对比文件1和对比文件3的结合、或对比文件2和对比文件3的结合均是非显而易见的，因此本专利权利要求1具有实质性特点和进步，具备创造性。

（2）关于权利要求2~4的创造性

权利要求2~4分别直接或间接从属于权利要求1，在权利要求1具备创造性的前提下，从属权利要求2~4同样具备创造性。

**三、决定**

维持02230502.5号实用新型专利权有效。

当事人对本决定不服的，可以根据专利法第四十六条第二款的规定，自收到本决定之日起三个月内向北京市第一中级人民法院起诉。根据该款的规定，一方当事人起诉后，另一方当事人应当作为第三人参加诉讼。

## 北京市第一中级人民法院<br>行政判决书

（2005）一中行初字第569号

原告温州信德电力配件有限公司，住所地浙江省苍南县灵溪镇工业区。

法定代表人谢秉誉，董事长。

委托代理人耿小强，男，北京北新智诚知识产权代理有限公司专利代理人。

被告国家知识产权局专利复审委员会，住所地北京市海淀区北四环西路9号银谷大厦。

法定代表人廖涛，副主任。

委托代理人宋鸣镝，男，国家知识产权局专利复审委员会机械申诉处审查员。

委托代理人崔国振，男，国家知识产权局专利复审委员会行政诉讼处审查员。

第三人韩安卓，男，汉族，1969年9月20日出生，温州爱德标准件有限公司经理，住浙江省苍南县宜山镇芙蓉村438号。

委托代理人吴继道，男，温州瓯越专利代理有限公司专利代理人。

原告温州信德电力配件有限公司不服被告国家知识产权局专利复审委员会作出的第6879号无效宣告请求审查决定（下称被诉决定），向本院提起行政诉讼。本院受理后，依法组成合议庭，依照《中华人民共和国专利法》（下称《专利法》）第四十六条第二款、《中华人民共和国行政诉讼法》第二十七条的规定，通知专利权人韩安卓作为本案第三人参加诉讼，并于2005年9月1日公开开庭审理了本案。原告的委托代理人耿小强，被告的委托代理人宋鸣镝、崔国振，第三人的委托代理人吴继道到庭参加了诉讼。现本案已审理终结。

2005年2月24日，被告根据原告针对名称为“插销式防卸防松螺母”、专利号为02230502.5的实用新型专利权（下称本专利）提出的无效宣告请求，依据《专利法》第二十二条第三款的规定，作出被诉决定，维持本专利有效。主要理由如下：

本专利的权利要求1与对比文件1（即中国实用新型专利ZL94229454.8专利说明书，授权公告日为1995年5月24日）、对比文件2（即中国实用新型专利ZL99210915.9专利说明书，授权公告日为2000年4月26日）相比后，具有螺母内孔内塞有一个塞子的区别技术特征，与对比文件3（即中国实用新型专利ZL00250858.3专利说明书，授权公告日为2001年7月11日）相比，具有在“╰╯”形直槽端口一周上还开有一个垫圈凹槽、螺母内孔内塞有一个塞子、垫圈凹槽上装有一个垫圈、垫圈内径与螺母内径相等的区别技术特征。

本专利权利要求1中的技术特征“螺母内孔内塞有一个塞子”解决了现有技术中存在的技术问题，由于塞子在径向上限制了销子的移动，从而实现了销子无需采用胶粘剂粘接、装配方便、螺母在运输时销子不会脱落、螺母旋入螺栓时不会引起销子变形的技术效果。由此可见，包含该技术特征的权利要求1所保护的技术方案能够产生有益的技术效果。

由于对比文件1、对比文件1和对比文件3的结合以及对比文件2和对比文件3的结合均未公开“螺母内孔内塞有一个塞子”的技术特征，也未给出将该区别特征应用到最接近现有技术中以解决所存在技术问题的启示，且原告也未提供可以证明该技术特征属于本领域中公知常识的证据。因此，本专利权利要求1具备创造性。在权利要求1具备创造性的前提下，从属权利要求2～4同样具备创造性。

原告诉称：对比文件1已给出了用沉槽加环垫防止钢珠脱落的现有技术，从对比文件2的附图1中可以看出，橡胶堵是有厚度和弹性的，将滚针限制在槽内，使得滚针在径向和轴向上均不能掉出。本领域普通技术人员据此不经过创造性劳动，完全可以想到通过“螺母内孔内塞有一个塞子”来防止销子在径向上脱落。被告认定橡胶堵相当于本专利的垫圈没有根据。对比文件3的说明书记载了“包装时可在螺纹口处加装一次性塑料扣盖，防止止动件丢失”，根据本领域的普通技术人员掌握的一般常识，这里的塑料扣盖只能是本专利中的塞子。三份对比文件或相应组合均可破坏本专利的创造性，故被诉决定认定事实错误，请求法院予以撤销。

被告辩称：我委根据对比文件记载的内容并结合本领域技术人员在通常情况下常规选择的技术特

征，与本专利进行比较分析，作出被诉决定，认定事实清楚，适用法律正确，审查程序合法，请求法院驳回原告的诉讼请求，维持被诉决定。

第三人陈述意见：对比文件3中的一次性塑料扣盖仅是包装时使用防止止动件丢失，而本专利的塞子是防止销子径向移动的结构功能件，二者不同。被诉决定正确，请求法院予以维持。

被告为证明被诉决定合法，在法定期限内向本院提供了本专利说明书、对比文件1～3。经庭审质证，原告、第三人对上述证据不持异议。本院认为，上述证据与本案具有关联性且真实、合法，本院予以确认。

根据上述证据及当事人庭审中无争议的陈述，本院认定事实如下：

本专利申请日为2002年3月27日，优先权日为2002年2月9日，授权公告日为2003年12月24日，专利权人为第三人。

授权公告的权利要求书如下：

"1. 一种插销式防卸防松螺母，其特征在于：在螺母旋入螺栓的那一端或另一端的孔内壁上纵向开一条或对称开两条沿螺纹旋入方向由浅而深不通的'◡'形直槽、且在'◡'形直槽端口一周上还开有一个垫圈凹槽，销子插在'◡'形直槽上，螺母内孔内塞有一个塞子，垫圈凹槽上装有一个垫圈，垫圈的内径与螺母的内径相等。

2. 根据权利要求1所述的一种插销式防卸防松螺母，其特征在于：螺母旋入螺栓的另一端的端口为凸起圆柱，且凸起圆柱的边沿向内翻边，使得原直角阶梯形垫圈凹槽成为环形凹槽，垫圈被翻边包镶在环形凹槽内。

3. 根据权利要求1或权利要求2所述的一种插销式防卸防松螺母，其特征在于：塞子为圆筒形状或扁平筒形状。

4. 根据权利要求1或权利要求3所述的一种插销式防卸防松螺母，其特征在于：在塞子柱体的一侧或对称两侧设有一个带小凹槽的凸耳，销子卡放在小凹槽上，且塞子的凸耳对应安装在'◡'形直槽上。"

2004年3月9日，原告以本专利不具备新颖性和创造性为由向被告提出无效宣告请求，并提交了对比文件1～3及对比文件4（即中国实用新型专利ZL98214025.8专利说明书复印件，授权公告日为2000年3月1日）。其中对比文件1公开了一种防盗螺母，披露了该螺母的一端面上绕中心加工有环形沉槽，在沉槽底面上绕螺纹孔开有一个或一个以上弧形收缩豁槽，在弧形收缩豁槽内宽端放有钢珠，在沉槽内压紧一个环垫等技术特征。对比文件2公开了的一种双滚针对应式防盗螺栓，披露了在防盗螺母上沿中心孔外侧对称开设有两个纵向半截楔形槽，槽内装有滚针，槽的端口塞入橡胶堵等技术特征。对比文件3公开了一种防盗螺母，包括螺母体及孔中的内螺纹，内螺纹处有逆向止动弧形斜槽，槽中有辊轴或钢球的止动件，说明书第2页第7～8行记载了"包装时可在螺纹孔口处加装一次性塑料扣盖，防止止动件丢失"。

被告经形式审查后予以受理，成立合议组对案件进行审查，并在审查过程中依法进行了文件转送。2005年1月6日，被告举行口头审理。在口头审理中，原告放弃对比文件4以及本专利不具备新颖性的无效理由，以对比文件1作为最接近的现有技术，并明确了用对比文件1、对比文件1和对比文件3的结合以及对比文件2和对比文件3的结合来评价本专利的创造性。被告经审查认为对比文件1～3可以作为评价本专利的新颖性和创造性的现有技术，并逐一与本专利进行对比，指出了相对应的技术特征。其中认定对比文件2中的橡胶堵相当于本专利权利要求1中的垫圈，对比文件3中的塑料扣盖在孔口处的安装位置不同于本专利中塞子在螺母内孔内的安装位置。一般情况下塑料扣盖在其中心位置上不可能开有中心孔，因此该塑料扣盖的圆形结构形状不同于本专利中垫圈的环形结构形状。在此基础上，被告于2005年2月24日作出被诉决定，同月28日向当事人邮寄送达。原告不服，在法定期限内向本院提起行政诉讼。

庭审中，原告、第三人对被告的审查程序、被诉决定中关于本专利权利要求1与对比文件1相比的区别特征以及本专利权利要求1能够产生有益的技术效果的认定不持异议。

本院认为：因原告及第三人对被告的审查程序不持异议，本院经书面审查，对被告审查程序的合法性予以确认。

对本专利的现有技术的认定，应当以对比文件中记载或能够直接唯一推出的内容为基础。被告根据对比文件1中公开的在半截楔型槽端口塞入橡胶堵这一特征，认定橡胶堵相当于本专利权利要求1中的垫圈正确。由于对比文件3中除说明书第2页第7~8行记载“包装时可在螺纹孔口处加装一次性塑料扣盖，防止止动件丢失”外，该对比文件对塑料扣盖没有其他的描述或图示，被告根据该塑料扣盖在螺纹孔口处的位置以及一般情况下的形状，认定其不是本专利权利要求1中的塞子和垫圈正确。故，被告认定对比文件1~3未公开本专利中“螺母内孔内塞有一个塞子”这一技术特征事实清楚。由于原告未能提供证据证明该区别特征属于公知常识，被告根据对比文件1~3公开的内容，认为对比文件1、对比文件1和对比文件3结合以及对比文件2和对比文件3结合未给出相应的技术启示并无不当。由于权利要求1所保护的技术方案能够产生有益的技术效果，被告认定权利要求1及其从属权利要求2~4具备创造性正确。

综上，被诉决定认定事实清楚，适用法律正确，审查程序合法，本院予以维持。原告的诉讼理由缺乏事实及法律依据，其诉讼请求本院不予支持。据此，依照《中华人民共和国行政诉讼法》第五十四条第（一）项的规定，判决如下：

维持国家知识产权局专利复审委员会于二〇〇五年二月二十四日作出的第6879号无效宣告请求审查决定。

案件受理费1000元，由原告温州信德电力配件有限公司负担（已交纳）。

如不服本判决，可在判决书送达之日起十五日内向本院递交上诉状，并按对方当事人的人数提出副本，上诉于北京市高级人民法院。

审　判　长　饶亚东
代理审判员　张靛卿
代理审判员　司品华
二〇〇五年十月二十日
书　记　员　李铁萌

# 包装盒盒盖案

## 无效宣告请求审查决定（第6881号）

**决　定　号**　第6881号
**决　定　日**　2005年2月24日
**发明创造名称**　包装盒盒盖
**国际分类号**　B65D 85/36
**无效请求人**　东莞市华美食品有限公司
**专利权人**　李　英
**申　请　号**　02217392.7
**申　请　日**　2002年5月15日
**授权公告日**　2003年8月27日
**合议组组长**　马　昊
**主　审　员**　刘剑波
**参　审　员**　熊　婷

**法律依据**　专利法第二十二条第三款、第四款　专利法实施细则第二十条第一款
**决定要点**

如果实用新型保护的产品在产业上能够制造，并能解决技术问题，则该实用新型符合专利法第二十二条第四款有关实用性的规定。

在没有可对比证据的情况下，无法对一项权利要求是否符合专利法第二十二条第三款有关创造性的规定作出评述。

**一、案由**

本无效宣告请求案涉及国家知识产权局专利局于2003年8月27日授权公告的、名称为“包装盒盒盖”的实用新型专利（下称本专利），其申请日为2002年5月15日、申请号为02217392.7、专利权人为李英。

本专利授权公告的权利要求书是：

“1. 包装盒盒盖，它主要包括盖体，其特征在于：在盖体内设有挂条，在挂条上设一挂孔。

2. 按权利要求1所述的包装盒盒盖，其特征在于：在盖体的外围设一框架。

3. 按权利要求2所述的包装盒盒盖，其特征在于：在框架的内四周设有阶梯平台，框架与盖体连为一体，在盖体的四周与框架之间形成凹槽。

4. 按权利要求2所述的包装盒盒盖，其特征在于：在框架内设有至少一根框条，在框架内设置的框条可横向、竖向或斜向设置。”

针对上述专利权，东莞市华美食品有限公司（下称请求人）于2003年11月3日向专利复审委员会提交了无效宣告请求书，理由是本专利不符合专利法第二十二条第三款、第四款的规定，不具备创造性和实用性，同时本专利不符合专利法第二十六条第四款、专利法实施细则第二十条第一款的规定。请求人同时提交以下附件：

附件1：本实用新型专利证书的复印件；

附件2：本实用新型专利说明书的复印件。

请求人认为，“根据专利法的有关规定，专利技术的创造性，是指同申请日以前已有的技术相比，该实用新型有实质性特点和进步”。从本专利的特征来看，“只是简单地在盖体内设有挂条、挂孔，然后在盖体设框架形成一个极其平常的盒盖，与一般的包装盒盒盖相比，其结构简单、普遍，该项设计并没有构成实质性特征，该包装盒盒盖制作只是通过对现有普通包装盒技术进行简单的分析、归纳、推理而获得的，并不是创造性思维活动的结果，该包装盒盒盖的制作方法无异于一般盒盖的制作，没有任何技术上的创新，更谈不上技术的显著进步，不符合创造性的实质性特点和显著的进步要件”。

请求人认为，所谓实用新型的实用性，是指实用新型能够制造或使用，并能够产生积极的效果。从本专利的权利要求书所述内容来看，它只是一个带框架的并可以悬挂的包装盒盒盖，根本不具有本专利说明书所载明的“可将盒盖作为一种挂饰来使用，可发挥宣传广告的作用或成为一种工艺品供人们欣赏保存”功能。它只有依附在其他富有美感的图案或文字才有可能产生积极良好的效果，也就是说，本专利说明书作出了不真实的说明。因此此包装盒盒盖不具备实用性，亦不能产生积极效果。

请求人同时还认为，本专利在其说明书和权利要求书中都没有说明要求本专利保护的范围，因此不符合专利法第二十六条第四款和专利法实施细则第二十条第一款的规定。

经形式审查合格，专利复审委员会受理了上述请求，并于2003年12月4日向双方当事人发出无效宣告请求受理通知书，并同时将上述请求书及其附件的副本转给了专利权人（下称被请求人）。

合议组于2004年4月23日向双方当事人发出口头审理通知书，定于2004年6月3日举行口头审理。

口头审理如期举行，双方当事人均出席口头审理并各自陈述了意见。请求人当庭明确了请求宣告本专利权无效的理由为：本专利的权利要求1~4不符合专利法第二十二条第三款有关创造性的规定，请求人并未提交可用于对比的任何证据；权利要求1~4不符合专利法第二十二条第四款有关实用性的规定；权利要求3和权利要求4不符合专利法实施细则第二十条第一款的有关规定。请求人当庭声明放弃以专利法第二十六条第四款作为无效宣告理由。

在上述工作的基础上，合议组认为双方当事人已充分发表了意见，本案事实已清楚，作出本决定。

**二、决定的理由**

1. 关于专利法第二十二条第四款

根据专利法第二十二条第四款的规定，实用性，是指该发明或者实用新型能够制造或者使用，并且能够产生积极效果。

对于仅保护产品的实用新型专利，如果其产品在产业中能够制造，并且能够解决技术问题，则具有实用性。

请求人认为，本专利所保护的产品，即包装盒盒盖，只有依附在其他富有美感的图案或者文字才有可能产生积极良好的效果，若没有包装盒盒盖上的图案或文字，人们不可能把一个空的框架当作挂饰或工艺品来欣赏，人们欣赏的只是包装盒盒盖上的图案或文字而非包装盒盒盖。因此，包装盒盒盖并不能产生积极效果，不具备实用性。

合议组认为，审查指南第二部分第5章第2节明确指出，“能够产生积极效果，是指发明或者实用新型申请在提出申请之日，其产生的经济、技术和社会的效果是所属技术领域的技术人员可以预料的。这些效果应当是积极的和有益的”。由于利用本专利制造出的包装盒盒盖已经进行销售和使用，并且盒盖也能够作为一种挂饰使用，因此本专利符合专利法第二十二条第四款的规定。

2. 关于专利法实施细则第二十条第一款

专利法实施细则第二十条第一款规定：权利要求书应当说明发明或者实用新型的技术特征，清楚、简要地表述请求保护的范围。

请求人认为，权利要求3和权利要求4分别引用权利要求2，导致权利要求的保护范围含糊不清；权利要求4中涉及的“至少一根框条”没有明确限定框条的数量，因此导致权利要求所保护的技术方案不清楚。

合议组认为，从属权利要求3和权利要求4分别对权利要求2作进一步限定，分别保护了两个并列的技术方案，其保护范围是清楚的，因此权利要求3和权利要求4符合专利法实施细则第二十条第一款的规定。

权利要求4中涉及的“至少一根框条”清楚地限定了框条的数量为大于或等于1，因此权利要求4符合专利法实施细则第二十条第一款的规定。

3. 关于专利法第二十二条第三款

根据该条规定，创造性，是指同申请日以前已有的技术相比，该发明有突出的实质性特点和显著的进步，该实用新型有实质性特点和进步。

请求人认为权利要求1~4相对于一般通常的盒盖没有本质的区别，没有任何技术上的创新，因此不具备创造性。请求人未提交任何用于对比的证据。

合议组认为，由于请求人没有提交在本专利的申请日以前已有的任何证据，因此无法对本专利是否符合专利法第二十二条第三款的规定作出评述，请求人的主张因无证据支持而不成立。

**三、决定**

维持02217392.7号实用新型专利权有效。

当事人对本决定不服的，可以根据专利法第四十六条第二款的规定，自收到本决定之日起三个月内向北京市第一中级法院起诉。根据该款的规定，一方当事人起诉后，另一方当事人应当作为第三人参加诉讼。

031

# 广告拉手案

## 无效宣告请求审查决定（第6893号）

**决　　定　　号**　第6893号
**决　　定　　日**　2005年2月24日
**发明创造名称**　广告拉手
**国 际 分 类 号**　B60N 3/02
**第一无效请求人**　上海芭拉芭拉广告传播有限公司
**第二无效请求人**　成都小喇叭广告有限责任公司
**专　利　权　人**　姜　豹
**专　　利　　号**　02263052. X
**申　　请　　日**　2002年7月10日
**授 权 公 告 日**　2003年4月9日
**合 议 组 组 长**　徐媛媛
**主　　审　　员**　杨克菲
**参　　审　　员**　魏　屹

**法 律 依 据**　专利法第二十二条第三款　专利法实施细则第二十一条第二款
**决 定 要 点**

本专利权利要求所限定的技术方案与对比文件相比具有区别技术特征，且该区别技术特征能够产生有益效果，则该权利要求具备创造性。

### 一、案由

本无效宣告请求案涉及的是专利号为02263052. X、名称为“广告拉手”的实用新型专利，该专利的申请日为2002年7月10日，授权公告日为2003年4月9日，专利权人为姜豹（下称被请求人）。

该专利授权公告的权利要求书如下：

“1. 广告拉手，其特征在于含有两块透明板（3），该两块透明板呈叠合状固定在一起；靠近其上边沿处有用于穿吊带（6）的穿带孔（1），其下边沿处有用于形成手柄的手抓孔（4）。

2. 根据权利要求1所述的广告拉手，其特征在于两透明板（3）间可以有中间板。”

上海芭拉芭拉广告传播有限公司（下称第一请求人）针对上述专利权（下称本专利）于2003年9月4日向专利复审委员会提出了无效宣告请求，其理由是本专利不符合专利法第二十二条第三款及专利法实施细则第二十一条第二款的规定，并同时提交了如下附件作为证据：

附件1：公告号为WO93/02891、公开日为1993年2月18日的PCT专利申请说明书复印件及其中文译文，共25页，其中中文译文8页（下称对比文件1）；

附件2：授权公告号为CN2217534Y、授权公告日为1996年1月17日的中国实用新型专利说明书复印件，共6页（下称对比文件2）；

附件3：公开号为特2001－0067579、公开日为2001年7月13日的韩国专利公开说明书复印件及其中文译文，共5页，其中中文译文2页（下称对比文件3）。

请求人1主张本专利权利要求1和权利要求2相对于上述对比文件不具备创造性。同时权利要求1没有确定广告载体所在位置这一必要技术特征，故不符合专利法实施细则第二十一条第二款的规定。

经审查，上述无效宣告请求符合专利法及其实施细则规定的形式要求，专利复审委员会予以受理，并将无效宣告请求书及附件副本转给了被请求人，同时成立合议组对此案进行审查。

被请求人于2003年12月11日针对上述无效宣告请求书及附件副本作出书面答复。在其提交的意见陈述书中，被请求人认为请求人提供的三份对比文件都是广告信息暴露在外面，本专利正是针对该问题作出的新的技术方案，本专利的权利要求1和权利要求2具备创造性，而且带有广告信息的广告单页不是本专利要解决问题的必要技术特征。此外，被请求人还对本专利的权利要求书进行了修改，提交了权利要求书的修改文本。

成都小喇叭广告有限责任公司（下称第二请求人）针对上述专利权（下称本专利）于2004年8月23日向专利复审委员会提出了无效宣告请求，其理由是本专利不符合专利法第二十二条第二款、第三款的规定，并提交了如下证据：

证据1：公告号为WO93/02891、公开日为1993年2月18日的PCT专利申请说明书复印件及其所使用部分的中文译文，共22页，其中中文译文6页；

请求人2主张本专利权利要求1的所有技术特征已被证据1公开或是公知的常用技术手段，权利要求2的附加技术特征已经在证据1中公开，因此本专利权利要求1和权利要求2相对于证据1不具备新颖性和创造性。

经审查，上述无效宣告请求符合专利法及其实施细则规定的形式要求，专利复审委员会予以受理，并将无效宣告请求书及附件副本转给了被请求人，并根据审查指南中的相关规定，将该无效宣告请求案与第一请求人提出的无效宣告请求案合案审理。

专利复审委员会本案合议组于2004年11月12日向第一请求人、第二请求人及被请求人发出了口头审理通知书，定于2004年12月20日在专利复审委员会举行口头审理，同时将被请求人于2003年12月11日提交的意见陈述书及其附件的副本转送给第一请求人。

第二请求人于2004年12月9日向本案合议组提交了意见陈述书，其中第二请求人重新提交了证据1的中文译文共7页。

口头审理如期举行，第一请求人和第二请求人及被请求人均出席了口头审理。口头审理中，第一请求人明确其无效理由为本专利权利要求1和权利要求2不具备创造性，本专利权利要求1不符合专利法实施细则第二十一条第二款的规定；第二请求人明确其无效理由为本专利权利要求1和权利要求2不具备创造性。合议组当庭告知被请求人，其于2003年12月11日提交的权利要求书的修改文本仅是对权利要求1的重新划界，保护范围没有任何改变，被请求人声明放弃该修改文本，合议组当庭告知三方当事人本案审理的基础为本专利授权公告的权利要求书。合议组将第一请求人提供的证据PCT专利申请说明书WO93/02891的中文译文当庭转送给第二请求人，第二请求人对该中文译文无异议，被请求人对第一请求人提供的三份证据的真实性及其中文译文无异议。第一请求人明确其所提供的对比文件的对比方式为对比文件1、2、3分别破坏本专利权利要求1、2的创造性，对比文件1和对比文件3结合破坏权利要求1、2的创造性。

本案合议组于2005年1月4日收到第二请求人提交的意见陈述书，其中针对其提出的本专利权利要求 1 中的技术特征“两块透明板叠合固定在一起”为公知常识作出了补充说明，第二请求人认为上述特征在本专利申请日之前已广泛用于广告，而且实现的技术目的和达到的技术效果与本专利完全相同，并给出了钥匙链、商品标价牌和路边广告的例子。

在上述工作的基础上，本案合议组经过合议，认为本案的事实已经清楚，可以作出审查决定。

**二、决定的理由**

1. 关于专利法实施细则第二十一条第二款

根据专利法实施细则第二十一条第二款的规定，独立权利要求应当从整体上反映发明或者实用新型的技术方案，记载解决技术问题的必要技术特征。

本专利针对现有技术中用于客运汽车等交通工具上的拉手表面积小、无承载广告信息之处的技术问题，提供一种表面积大、功能多的广告拉手，其解决上述技术问题所采取的具体技术手段就是将两块透明板呈叠合状固定在一起做成拉手本体，靠近其上边沿处形成有穿带孔，其下边沿处形成有手抓孔，本专利的权利要求 1 即给出了这样的技术方案。由于本专利的目的是提供一种可以承载广告的拉手，采用两块透明板叠合固定在一起就是为了在其间放置广告宣传单页，广告载体所在位置已经隐含在“含有两块透明板（3），该两块透明板呈叠合状固定在一起”这些技术特征之中，因此本专利权利要求 1 所限定的技术方案不缺少必要技术特征，第一请求人的主张不能成立。

2. 关于专利法第二十二条第三款

根据专利法第二十二条第三款的规定，创造性是指同申请日以前已有的技术相比，该发明有突出的实质性特点和显著的进步，该实用新型有实质性特点和进步。

3. 关于证据的认定

第一请求人提供的三份专利文件属于公开出版物，被请求人对这三份专利文件及其中文译文的真实性没有异议，且其公开日均在本专利的申请日之前，因此这三份专利文件可以用来评价本专利的权利要求 1 和权利要求 2 的创造性。

对比文件 1 涉及用在公共汽车等交通工具上的、包括有一个抓手和一个固定在交通工具建筑构件上的固定件的把手，出于拓展把手的功能的目的，该把手在抓手部分配有至少可用一个信息载体的接纳部分。在该对比文件的说明书附图 1 ~3 中给出的把手 10 的抓手 11 整块和接纳部分 12 连接在一起，接纳部分 12 的框 13 的左、右和下部有三个内槽 14，上部边界 15 有一个由内向外通行的缝隙 16，载有信息资料 27 的信息载体 17 可通过缝隙 16 插入开放部分 26，左、右两侧的内槽作为导轨和下部的内槽一起防止信息载体滑落，接纳部分 12 顶端的固定件 20 一方面将把手 10 固定到交通工具的悬吊杆上，一方面将信息载体 17 固定并保持在框 13 的上部边界 15 中；在该对比文件的说明书附图 4 和附图 5 给出的把手 10 中，框 13 的侧面有一个从内向外完全通行的缝隙 16，信息载体 17 是从框 13 的侧面插入开放部分 26 中的；而在附图 6 和附图 7 给出的把手 10 中，接纳部分 12 是由框 13 和整块安装的接纳面 25、29 组成，信息资料 27 可安装在上述接纳面上，参见该对比文件的中文译文及说明书附图 1 ~7。

将对比文件公开的上述技术内容与本专利权利要求 1 所限定的技术方案进行比较，可以看出，对比文件 1 没有公开本专利权利要求 1 中的“含有两块透明板（3），该两块透明板呈叠合状固定在一起”，而本专利正是通过采用两块透明板叠合固定在一起使广告宣传单页夹于其间的方式解决了对比文件 1 的信息载体或信息资料均暴露在外面易受损的问题，即本专利权利要求 1 相对于对比文件 1 具有实质性特点和进步，因此具备创造性。

对比文件 2 公开了一种公共汽车、地铁等的车厢内乘客用的安全把手，该把手具有位于下部的把手部和位于顶部的插入孔，在把手部和插入孔间具有随着向上延伸而逐渐向前方突出呈适当斜度的宣传面部分。通过背面粘贴方式可将宣传资料粘附在宣传面上，使该把手不仅具有保障安全的功能，还兼具宣传效果（参见该对比文件的说明书第2～3页及说明书附图1～3）。可见，该对比文件2同样没有公开本专利权利要求1中的“含有两块透明板（3），该两块透明板呈叠合状固定在一起”这些技术特征，因此本专利权利要求1相对于对比文件2也具备创造性。

对比文件3也公开了一种用于公共汽车等车辆上的、具有能供作广告用的拉手，该拉手由手抓孔、广告部位和穿带孔三部分构成，其中手抓孔位于拉手的下端，穿带孔位于拉手的顶端，广告部位位于手抓孔和穿带孔之间，对于该能登广告的部位，对比文件3仅指出确保有能贴广告文字、图案或者画的面积，没有给出其他的在该部位登广告的方法（参见该对比文件3的中文译文及附图）。可见，该对比文件3也没有公开本专利权利要求1中的“含有两块透明板（3），该两块透明板呈叠合状固定在一起”这些技术特征，因此本专利权利要求1相对于对比文件3也具备创造性。

由于对比文件1和对比文件3中均没有公开本专利权利要求1中的“含有两块透明板（3），该两块透明板呈叠合状固定在一起”这些技术特征，因此即使将对比文件1和对比文件3结合也无法得出本专利权利要求1的技术方案，即本专利权利要求1相对于对比文件1和对比文件3的结合也具备创造性。

本专利权利要求2从属于权利要求1，是对权利要求1的技术方案的进一步限定，在权利要求1具备创造性的前提下，本专利权利要求2相对于对比文件1、2、3及其结合也具备创造性。

由于请求人2提供的证据1与第一请求人提供的对比文件1相同，因此对第二请求人的无效理由不再评述。

在第二请求人于口审后提交的意见陈述书中，第二请求人用钥匙链、商品标价牌和路边广告的例子说明本专利权利要求1中的技术特征“两块透明板叠合固定在一起”为公知常识，在本专利申请日之前已广泛用于广告。合议组认为，第二请求人提供的上述例子均没有公开时间，无法证实它们为本专利申请日之前的现有技术，更不能确定其为公知常识。

综上所述，合议组认为本专利权利要求1符合专利法实施细则第二十一条第二款的规定，本专利权利要求1和权利要求2符合专利法第二十二条第三款的规定。

**三、决定**

维持02263052. X号实用新型专利权有效。

当事人对本决定不服的，可以根据专利法第四十六条第二款的规定，自收到本决定之日起三个月内向北京市第一中级人民法院起诉。根据该款的规定，一方当事人起诉后，另一方当事人应当作为第三人参加诉讼。

## 北京市第一中级人民法院
## 行政判决书

（2005）一中行初字第496号

原告成都小喇叭广告有限责任公司，住所地四川省成都市双庆路55号新12号。

法定代表人陈坤，总经理。

委托代理人申健，男，汉族，1969年11月11日出生，住河南省鹤壁市山城区新建街19号楼5号。

委托代理人张岱，男，汉族，1974年1月10日出生，住河南省鹤壁市山城区春雷路西二巷255号。

被告国家知识产权局专利复审委员会，住所地北京市海淀区北四环西路9号银谷大厦10～12层。

法定代表人廖涛，副主任。

委托代理人魏屹，国家知识产权局专利复审委员会审查员。

委托代理人郭健国，国家知识产权局专利复审委员会行政诉讼处审查员。

第三人姜豹，男，汉族，1975年8月9日出生，住江苏省无锡市胜利新村63－1号701室。

委托代理人方晓滨，江苏无锡居和信律师事务所律师。

原告成都小喇叭广告有限责任公司（下称小喇叭公司）不服被告国家知识产权局专利复审委员会（下称专利复审委员会）于2005年2月24日作出的第6893号无效宣告请求审查决定（下称第6893号决定），在法定期限内向本院提起行政诉讼。本院于2005年4月29日受理本案后，依法组成合议庭，并通知姜豹作为本案第三人参加诉讼，于2005年9月28日公开开庭进行了审理。原告小喇叭公司的委托代理人申健、张岱，被告专利复审委员会的委托代理人魏屹、郭健国，第三人姜豹的委托代理人方晓滨到庭参加了诉讼。本案现已审理终结。

第6893号决定系专利复审委员会就上海芭拉芭拉广告传播有限公司（下称芭拉芭拉公司）与小喇叭公司针对姜豹拥有的名称为“广告拉手”的实用新型专利（下称本专利）所提出的无效宣告请求作出的。专利复审委员会在该决定中认定：本专利符合专利法实施细则第二十一条第二款的规定。关于本专利是否符合专利法第二十二条第三款的问题。将对比文件1、对比文件2和对比文件3公开的技术内容与本专利权利要求1所限定的技术方案进行比较，对比文件1、对比文件2和对比文件3均没有公开本专利权利要求1中的“含有两块透明板（3），该两块透明板呈叠合状固定在一起”这些技术特征。而本专利正是通过采用两块透明板叠合固定在一起使广告宣传单页夹于其间的方式解决了对比文件1的信息载体或信息资料均暴露在外面易受损的问题，即本专利权利要求1相对于对比文件1具有实质性特点和进步，因此具备创造性。本专利权利要求1分别相对于对比文件2和对比文件3也具备创造性。由于对比文件1和对比文件3中均没有公开本专利权利要求1中的“含有两块透明板（3）该两块透明板呈叠合状固定在一起”这些技术特征，因此即使将对比文件1和对比文件3结合也无法得出本专利权利要求1的技术方案，即本专利权利要求1相对于对比文件1和对比文件3的结合也具备创造性。本专利权利要求2从属于权利要求1，是对权利要求1的技术方案的进一步限定，在权利要求1具备创造性的前提下，本专利权利要求2相对于对比文件1、2、3及其结合也具备创造性。

由于小喇叭公司提供的证据1与芭拉芭拉公司提供的对比文件1相同，因此对小喇叭公司的无效理由不再评述。

在小喇叭公司于口审后提交的意见陈述书中，其用钥匙链、商品标价牌和路边广告的例子说明本专利权利要求1中的技术特征“两块透明板叠合固定在一起”为公知常识，在本专利申请日之前已广泛用于广告。专利复审委员会认为，小喇叭公司提供的上述例子均没有公开时间，无法证实它们为本专利申请日之前的现有技术，更不能确定其为公知常识。综上，专利复审委员会作出第6893号决定，维持本专利权有效。

原告小喇叭公司不服第6893号决定，在法定期限内向本院提起行政诉讼，其诉称：

对比文件1与本专利权利要求1的区别仅在于：对比文件1的广告载体嵌入装置是框架形的，而本专利的广告载体嵌入装置是由两块透明板呈叠合状固定在一起。本专利“两块透明板呈叠合状固定在一起"的技术特征中，"透明"是非形状、构造特征；依据审查指南第六章第2.1节的相关规定，其在审查本专利的创造性时不应予以考虑。在不考虑"透明"这一非形状、构造特征的前提下，本专利不能达到使乘客观看、阅读广告拉手的两块板之间放置的广告宣传页的有益效果。此外，本专利权利要求2在不考虑"透明"这一非形状、构造特征的前提下，也不能达到使乘客观看、阅读广告宣传页的有益效果。综上，依据实用新型创造性的评价标准，在不考虑"透明"这一非形状、构造特征的前提下，本专利的权利要求1、2达不到发明目的，不能产生积极的有益效果，不具备创造性。请求人民法院判决撤销被告作出的第6893号决定，并判令被告重新作出无效宣告请求审查决定。

被告专利复审委员会坚持其在第6893号决定中的意见，并针对原告的起诉理由进一步辩称：

首先，本专利的权利要求与对比文件1的区别不仅仅在于"透明"，它不属于不该考虑之列；其次，"透明"在本专利的权利要求1中是用来限定"板"的特征，"透明板"则是一个很明确的实用新型的结构特征，原告将"透明"与"板"割裂开来，将"透明"从原技术方案中剔除，没有任何事实依据和法律依据，是错误的。第6893号决定认定事实清楚，适用法律正确，原告的诉讼理由不能成立，请求人民法院驳回原告的诉讼请求，维持该决定。

第三人姜豹没有提交书面的陈述意见，其在本案庭审过程中表示同意被告的意见，请求人民法院维持第6893号决定。

本院经审理查明：

本案涉及的本专利系名称为"广告拉手"的第02263052.X号实用新型专利，其申请日为2002年7月10日，授权公告日为2003年4月9日，专利权人为姜豹。

本专利授权公告的权利要求书如下：

"1. 广告拉手，其特征在于含有两块透明板（3），该两块透明板呈叠合状固定在一起；靠近其上边沿处有用于穿吊带（6）的穿带孔（1），其下边沿处有用于形成手柄的手抓孔（4）。

2. 根据权利要求1所述的广告拉手，其特征在于两透明板（3）间可以有中间板。"

2003年9月4日，芭拉芭拉公司以本专利不符合专利法第二十二条第三款及专利法实施细则第二十一条第二款的规定为由向专利复审委员会提出无效宣告请求，并提交了3份附件。其中：

附件1是公告号为WO93/02891、公开日为1993年2月18日的PCT专利申请说明书复印件及其中文译文共25页（即对比文件1）。对比文件1公开了一种使用在公共汽车等交通工具上的拉手，其包括有手柄和一个固定在交通工具吊杆上的固定装置。该拉手的手柄附带至少有一个广告信息载体的一个嵌入装置，嵌入装置由一个围成一个透明空间的框架构成，广告信息载体可以从外面插入两面透明的透明空间里，手柄与广告信息载体的嵌入装置连成一体。对比文件1的说明书附图1~3中给出的拉手10的手柄11和嵌入装置12连成一体，嵌入装置12的框架13内有三个导槽14，框架13的上缘15有一条从里向外贯通的缝16，载有信息资料27的信息载体17可通过缝16插入透明空间26。此时，侧导槽18、19用作导槽装置，与下导槽23一起防止广告信息载体的滑落。在嵌入装置12的上缘15里用一个固定装置20把广告信息载体17固定在所期望的最佳位置。固定装置20借助于固定杆31把拉手10固定在交通工具的吊杆上。在附图6和附图7中，拉手10的嵌入装置12由框架13与两个连成一体的嵌入表面25、29构成。框架13与嵌入表面25、29有一个厚度差异。广告介质27安装在嵌入表面25、29上。

2004年8月23日，小喇叭公司以本专利不符合专利法第二十二条第二款、第三款的规定为由向专利复审委员会提出无效宣告请求，并提交了对比文件1作为证据。小喇叭公司主张本专利权利要求1的所有技术特征已被对比文件1公开或是公知的常用技术手段，权利要求2的附加技术特征已经在对比文件1中公开，因此本专利权利要求1和权利要求2相对于对比文件1不具备新颖性和创造性。

2004年12月20日，专利复审委员会进行了口头审理，芭拉芭拉公司明确其无效理由为本专利权利要求1和权利要求2不具备创造性，本专利权利要求1不符合专利法实施细则第二十一条第二款的规定。小喇叭公司明确其无效理由为本专利权利要求1和权利要求2不具备创造性。小喇叭公司对芭拉芭拉公司提交的对比文件1的中文译文没有异议。

2005年1月4日，小喇叭公司向专利复审委员会提交了意见陈述书，针对其提出的本专利权利要求1中的技术特征“两块透明板叠合固定在一起”为公知常识作出了补充说明，其认为上述特征在本专利申请日之前已广泛用于广告，而且实现的技术目的和达到的技术效果与本专利完全相同，并给出了钥匙链、商品标价牌和路边广告的例子。

2005年2月24日，专利复审委员会作出第6893号决定，维持本专利权有效。

在本案审理过程中，原告为说明本专利权利要求中的“透明”在评价本专利的创造性不应当予以考虑，向本院提交了本院（2002）一中行初字第246号判决书和北京市高级人民法院（2003）高行终字第63号判决书。

在本案开庭审理过程中，原告认为透明属于材料特征，其如果没有带来产品形状、构造的变化，应当不予考虑。

上述事实，有本专利授权公告文本、对比文件1的译文、第6893号决定、（2002）一中行初字第246号判决书、北京市高级人民法院（2003）高行终字第63号判决书及当事人陈述等证据在案佐证。

本院认为：

一、本专利权利要求中的“透明”在评价本专利的创造性时是否应当予以考虑。

专利法实施细则第二条第二款规定：实用新型是对产品的形状、构造或者其结合所提出的适于实用的新的技术方案。审查指南第四部分第六章第2.1节规定：在进行实用新型创造性审查时，如果技术方案中的非形状、构造技术特征导致该产品的形状、构造或者其结合产生变化，则只考虑该技术特征所导致的产品形状、构造或者其结合的变化，而不考虑该非形状、构造技术特征本身。技术方案中不导致产品的形状、构造或者其结合产生变化的技术特征视为不存在。

就本案而言，首先，本专利权利要求中的“透明”是对“板”的物理属性的限定。如果不考虑板是“透明”的特征，则本专利的技术方案将会发生变化，评价本专利创造性的基础也就发生了变化；其次，将对比文件1公开的技术内容与本专利权利要求1的技术方案进行比较，对比文件1没有公开本专利权利要求1中“含有两块透明板（3），该两块透明板呈叠合状固定在一起”的技术特征，即本专利权利要求1的技术方案与对比文件1的技术方案的区别包括了形状、构造及其结合等方面的不同。这种区别是由本专利权利要求1技术方案中的“透明板”及其组合所导致的，而不是由“透明”本身所导致的。在这种情况下，由于透明板及其组合属于本专利权利要求1技术方案中的形状和构造技术特征，其导致了本专利权利要求1的产品相对于对比文件1的产品在形状、构造方面发生了变化。因此，在评价本专利权利要求1的创造性时必须予以考虑。被告在评价本专利的创造性时实际上考虑了透明板的特征符合法律的规定。原告关于“透明”是非形状、构造特征，在评价本专利创造性不应当考虑，故本专利不能达到使乘客观看、阅读广告的有益效果，因而不具备创造性的主张没有法律依据，本院不予支持。

二、由于原告在本案诉讼中对第6893号决定的其他内容没有提出异议，故本院在此不予评述。

综上所述，原告的诉讼理由不能成立，其诉讼请求本院不予支持。被告作出的第6893号决定认定事实清楚，适用法律正确，审理程序合法，依法应当予以维持。依照《中华人民共和国行政诉讼法》第五十四条第（一）项之规定，本院判决如下：

维持被告国家知识产权局专利复审委员会作出的第6893号无效宣告请求审查决定。

案件受理费1000元，由原告成都小喇叭广告有限责任公司负担（已交纳）。

如不服本判决，各方当事人可在本判决书送达之日起十五日内，向本院提交上诉状并交纳上诉案件受理费1000元（开户行：中国工商银行北京市分行黄楼支行，户名：北京市第一中级人民法院，账号：144537－48），上诉于北京市高级人民法院。

审 判 长 仪 军

代理审判员 江建中

人民陪审员 陈 源

二〇〇五年十二月十三日

书 记 员 陈 勇

# 包装箱案

## 无效宣告请求审查决定（第6908号）

**决　　定　　号**　第6908号
**决　　定　　日**　2005年3月2日
**发明创造名称**　包装箱
**国 际 分 类 号**　B65D 6/36
**第一无效请求人**　广州市路遥物流有限公司　陈　峰
**第二无效请求人**　从化江浦镇骏力木器加工厂　广州市路遥物流有限公司
**第三无效请求人**　广州市大阳摩托车有限公司
**专 利 权 人**　朱奇峰
**专　　利　　号**　02226141.9
**申　　请　　日**　2002年3月13日
**授 权 公 告 日**　2003年1月29日
**合 议 组 组 长**　马　昊
**主　　审　　员**　刘剑波
**参　　审　　员**　石　清

**法 律 依 据**　专利法第二十二条第二款、第三款
**决 定 要 点**

如果一份对比文件没有公开一项权利要求的全部技术特征，且其区别技术特征也不是本技术领域中惯用手段的直接置换，则该项权利要求相对于该对比文件具备专利法第二十二条第二款有关新颖性的规定。

如果一份对比文件没有公开一项权利要求的全部技术特征，但其区别技术特征是本领域技术人员常用的技术手段，则该项权利要求相对于该对比文件不具备专利法第二十二条第三款有关创造性的规定。

### 一、案由

本无效宣告请求案涉及国家知识产权局专利局于2003年1月29日授权公告的、名称为“包装箱”的实用新型专利（以下称本专利），其申请日为2002年3月13日、申请号为02226141.9、专利权人为朱奇峰。

本专利授权公告的权利要求书是：

“1. 包装箱，由木质包装板（1）组成包装箱的六个壁面，其特征在于：每相邻两个壁面的包装板（1）之间设有横截面为⌐形的金属连接条（2），相邻两壁面的包装板分别与金属连接条的两个相互垂直的壁面相对固定，连接成箱体。

2. 根据权利要求1所述的包装箱，其特征在于：金属连接条（2）与相邻两壁面包装板的连接结构为：横截面为┌形的金属连接条（2）的一个侧壁为固定壁（11），另一侧壁为穿片壁（12），固定壁上设有若干固定冲孔（6），冲孔周边的倒刺（8）嵌入一个壁面的包装板，金属连接条拐角边棱处设有若干穿片孔（5），金属连接片（3）后部设有固定冲孔（4），冲孔周边的倒刺（9）嵌入另一壁面的包装板，金属连接片前部的片耳（7）穿过金属连接条穿片壁（12）的内壁，并穿出穿片孔（5）折一角度压在金属连接条固定壁（11）的外壁上，将相邻两侧壁的包装板连为一体。

3. 根据权利要求2所述的包装箱，其特征在于：所述金属连接条的穿片壁（12）内壁上设有贯通穿片孔（5）至穿片壁边缘的向外凸出的插片槽（10）。"

针对上述专利权，广州市路遥物流有限公司与陈峰（以下称第一请求人）于2003年12月10日向专利复审委员会提交无效宣告请求书，理由是本专利的权利要求1~3不符合专利法第二十二条的规定，不具备新颖性。第一请求人同时提交以下附件作为证据：

附件1-1：山西华泰摩托车销售有限公司于2003年11月28日出具的证明材料；

附件1-2：江西省广昌县摩托车专卖店于2003年11月27日出具的证明材料；

附件1-3：花都市同心木器厂于2003年12月1日出具的证明材料；

附件1-4：声称为洛阳北方易出摩托车有限公司早在2000年度曾用包装箱照片的彩色复印件。

第一请求人认为，湖南株洲南方雅马哈摩托有限公司早在1998年12月已使用与本专利一样的包装箱，此后其经销商及国内摩托车生产同行相继抄袭，其公众知晓程度不言而喻。因此根据专利法第二十二条授予专利权的条件，本专利在授权时已失去新颖性。

经形式审查合格，专利复审委员会受理了上述请求，并于2003年12月10日向双方当事人发出无效宣告请求受理通知书，并同时将上述请求书及其附件的副本转给了专利权人（下称被请求人）。

针对第一请求人的无效宣告请求，被请求人于2004年1月12日提交了意见陈述书，被请求人认为第一请求人提交的附件1-1、附件1-2和附件1-3均为以单位名义出具的证明，不符合作为证据的形式要件；同时认为第一请求人提交的附件1-1、附件1-2和附件1-3仅仅是一种主观断言，没有其他的证据支持，其内容的真实性是不足以采信的；并且从第一请求人提交的附件1-4的照片本身看不出其所示产品具体的使用日期，从该照片不能够反映其所示产品与本实用新型专利相同，故附件1-4不能作为否定本专利新颖性的依据。

合议组于2004年5月10日发出口头审理通知书，定于2004年6月29日举行口头审理，同时将被请求人于2004年1月12日提交的意见陈述书一并转给请求人。

针对本专利，从化江浦镇骏力木器加工厂和广州市路遥物流有限公司（下称第二请求人）于2004年5月12日向专利复审委员会提交无效宣告请求书，理由是本专利的权利要求1~3不符合专利法第二十二条第二款和第三款的规定，不具备新颖性和创造性。第二请求人同时提交以下附件作为证据：

附件2-1：本专利说明书复印件；

附件2-2：无效宣告请求书；

附件2-3：申请号为95214291.0的实用新型专利说明书复印件，其公开日为1996年3月20日（以下称对比文件1）；

附件2-4：申请号为01217238.3的实用新型专利说明书复印件，其公开日为2001年12月26日（以下称对比文件2）。

第二请求人认为，对比文件1公开了本专利的权利要求1和权利要求2的全部技术特征，对比文件2公开了本专利的权利要求1~3的全部技术特征，因此权利要求1和权利要求2相对于对比文件1、权利要求1~3相对于对比文件2不具备新颖性。同时权利要求1~3分别相对于对比文件1和对比文件 2 均不具备创造性。

经形式审查合格，专利复审委员会受理了上述请求，并于 2004 年 5 月 13 日向双方当事人发出无效宣告请求受理通知书，并同时将上述请求书及其附件的副本转给了被请求人。

根据审查指南第四部分第三章第 3.5 节的规定，合议组决定将上述两个无效宣告请求案件合案审查。合议组于 2004 年 5 月 14 日发出口头审理通知书，同样定于 2004 年 6 月 29 日举行口头审理。

专利复审委员会于 2004 年 6 月 11 日收到被请求人针对第二请求人的无效宣告请求所提交的意见陈述书，被请求人将原权利要求进行了修改，删除了原权利要求 1 和权利要求 2，保留原权利要求 3。

修改后的权利要求如下：

"1. 包装箱，由木质包装板（1）组成包装箱的六个壁面，其特征在于：每相邻两个壁面的包装板（1）之间设有横截面为 ┌形的金属连接条（2），相邻两壁面的包装板分别与金属连接条的两个相互垂直的壁面相对固定，连接成箱体。金属连接条（2）与相邻两壁面包装板的连接结构为：横截面为 ┌形的金属连接条（2）的一个侧壁为固定壁（11），另一侧壁为穿片壁（12），固定壁上设有若干固定冲孔（6），冲孔周边的倒刺（8）嵌入一个壁面的包装板，金属连接条拐角边棱处设有若干穿片孔（5），金属连接片（3）后部设有固定冲孔（4），冲孔（4）周边的倒刺（9）嵌入另一壁面的包装板，金属连接片前部的片耳（7）穿过金属连接条穿片壁（12）的内壁，并穿出穿片孔（5）折一角度压在金属连接条固定壁（11）的外壁上，将相邻侧壁的包装板连为一体。所述金属连接条的穿片壁（12）内壁上设有贯通穿片孔（5）至穿片壁边缘的向外凸出的插片槽（10）。"

在此基础上，被请求人认为，对比文件 1 和对比文件 2 均没有公开本专利权利要求的技术方案，因此本专利具备新颖性。同时本实用新型的结构特征和对比文件不相同，效果也不相同，因此本专利具备创造性。

针对本专利，广州市大阳摩托车有限公司（下称第三请求人）于 2004 年 5 月 31 日向专利复审委员会提交无效宣告请求书，理由是本专利的权利要求 1~3 不符合专利法第二十二条第二款和第三款的规定，不具备新颖性和创造性，所提交的证据和理由与第二请求人所提交的证据和理由完全相同。

根据审查指南第四部分第三章第 3.5 节的规定，合议组决定将上述三个无效宣告请求案件合案审查。合议组电话通知了第三请求人和被请求人，双方均同意将该无效宣告请求案件与上述两个无效宣告请求案件合案审查。

口头审理如期举行，四方当事人均出席口头审理。第二请求人当庭取走被请求人于 2004 年 6 月 11 日向专利复审委员会提交的针对第二请求人的无效宣告请求所提交的意见陈述书及所附经修改的权利要求书。被请求人当庭将其修改后的权利要求书中间部分出现的两个句号更正为逗号。合议组注意到，被请求人当庭修改的权利要求中，删除了原权利要求 1 和权利要求 2，保留原权利要求 3。这种修改符合审查指南第四部分第三章第 5.4 节的有关规定，因此合议组予以认可，以下审理以修改后的权利要求为基础。在此基础上，各方当事人陈述了意见。被请求人的代理人顾润丰当庭提交被请求人同意进行合案口头审理的书面声明。

第一请求人当庭明确了请求宣告本专利权无效的理由为：本专利的权利要求 1 相对于附件 1-1 至 1-4 不符合专利法第二十二条第二款规定的新颖性。被请求人对附件 1-1 至 1-4 均有异议。第二、第三请求人当庭明确了请求宣告本专利权无效的理由为：本专利的权利要求 1 相对于对比文件 2 不符合专利法第二十二条第二款规定的新颖性、权利要求 1 相对于对比文件 2 或者对比文件 1 和对比文件 2 的结合不符合专利法第二十二条第三款规定的创造性。被请求人对对比文件 1 和对比文件 2 的真实性无异议。应请求人要求，合议组允许请求人在口头审理之日起 15 日内提交针对经修改的权利要求的意见陈述，合议组允许被请求人在口头审理之日起 15 日内针对第三请求人提交的无效宣告请求书的书面意见陈述提交意见陈述书。

第一请求人、第二请求人、第三请求人于2004年7月12日共同向专利复审委员会提交意见陈述书，明确本专利的权利要求1相对于对比文件2不具备新颖性；权利要求1相对于对比文件1结合对比文件2不具备创造性，其中对比文件1为最接近的现有技术。

在上述工作的基础上，合议组认为本案事实已清楚，作出本决定。

**二、决定的理由**

1. 审查文本认定

合议组认为，被请求人在对原权利要求进行修改的方式为：删除了原权利要求1和权利要求2，保留原权利要求3，这种修改符合审查指南第四部分第三章第5.4节的有关规定，因此合议组予以认可，并以该修改后的权利要求为基础进行审理。

2. 针对第一请求人

（1）关于证据

附件1－1、附件1－2和附件1－3均为单位出具的证明文书，根据民事诉讼法第六十五条的规定，由单位出具的证明文书，应当由单位负责人签名或者盖章，并加盖单位印章，才能满足其形式要件。被请求人在口头审理时也强调上述证据均没有具有感知能力的自然人的签名，第一请求人对此没有提出进一步的证据。因此，附件1－1、附件1－2和附件1－3不能作为有效证据予以采信。

附件1－4为第一请求人提交的一张包装箱照片的彩色复印件。合议组注意到，上述照片复印件既没有任何时间信息，也没有公开本专利保护的包装箱的任何结构特征，该证据不能被采信。因此附件1－4不能证明与本专利技术方案相同的产品在其申请日之前已公开使用的事实。

（2）关于专利法第二十二条第二款、第三款

由于第一请求人所提供的附件1－1、附件1－2和附件1－3不能作为有效证据予以采信，附件1－4也不能证明本专利产品在其申请日之前已公开使用的事实，因此第一请求人有关本专利的权利要求1相对于附件1－1至1－4不具备专利法第二十二条第二款规定的新颖性的无效宣告理由由于无证据支持，不能成立。

第一请求人于2004年7月12日向专利复审委员会提交意见陈述书，认为本专利的权利要求1相对于对比文件2不具备新颖性；权利要求1相对于对比文件1结合对比文件2不具备创造性。合议组注意到，对比文件1和对比文件2是第二请求人和第三请求人针对同一专利权所提出的无效证据，第一请求人在使用第二请求人和第三请求人所提出证据前并未向合议组提出请求，因此合议组对第一请求人提交的上述意见陈述不予考虑。

3. 针对第二、第三请求人

由于第二、第三请求人提出的无效宣告请求的理由及证据完全相同，因此合议组针对第二、第三请求人提出的理由和证据合并评述。

（1）关于证据

对比文件1和对比文件2的公开日均早于本专利的申请日，并且被请求人对其真实性未提出异议，因此对比文件1和对比文件2均构成了本专利的现有技术。

（2）关于专利法第二十二条第二款

请求人认为权利要求1相对于对比文件2不具备新颖性，因此合议组采用对比文件2来评述权利要求1是否具备新颖性。

根据专利法第二十二条第二款的规定，新颖性是指在申请日以前没有同样的发明或者实用新型在国内外出版物上公开发表过、在国内公开使用过或者以其他方式为公众所知，也没有同样的发明或者

实用新型由他人向国务院专利行政部门提出过申请并且记载在申请日以后公布的专利申请文件中。

对比文件2公开了一种组装式包装箱，并具体公开了以下技术特征（参见其说明书第2页第23行~第30行，第3页第17行~第28行，第4页第2行~第4行，附图1、2、6、7）：

包装箱包括边框、箱底1′与箱盖1，边框由前、后、左、右4块侧板5、5′、3′、3围成，每相邻两块侧板的边缘利用连接钢带6相互连接，每块侧板的上下边缘均匀地连接钢制舌片4，在箱底与箱盖的周边连接有钢边2，在钢边2上有允许钢制舌片4的头部11插入的沟槽，箱底1′、箱盖1与边框利用钢制舌片4与钢边2相互连接。钢边2由底板20与侧板17形成一断面呈L形的条状板，定位齿21呈扇形，并直接于底板20上利用冲压工具冲压而成，在底板20上留下扇形孔22。在靠近侧板17一侧的底板20上均匀贯通沟槽18。钢制舌片4由舌片的根部7、中部9及头部12组成，在根部冲压形成孔8，冲压形成的定位齿13与根部7的平面垂直。对应于沟槽18处的侧板17向外突出，形成一突出部19，在侧板17的内壁与突出部19的内壁间形成一间隙y，以便于钢制舌片的头部插入到沟槽18中。

由此可见，权利要求1与对比文件2相比，其区别在于：

①在权利要求1中，在包装箱的六个壁面中，任意两个相邻壁面间的连接方式均相同，即相邻两个壁面的包装板之间设有横截面为┌形的金属连接条；而在对比文件2中，四个相邻壁面间的连接方式与壁面和相邻的箱底或箱盖间的连接方式不同，包装箱的前、后、左、右4块侧板中相邻侧板的边缘利用连接钢带，仅在箱底与箱盖的周边连接有断面呈L形的条状板。

②在权利要求1中，金属连接片前部的耳片穿出穿片孔，并折一角度压在金属连接条固定壁的外壁上；而在对比文件2中，钢制舌片的头部12插入到沟槽18中，但是没有涉及钢制舌片的头部在穿过沟槽18后是否压折。

本领域技术人员可以了解，上述区别技术特征既没有被对比文件2所公开，也不是本领域惯用手段的直接置换，因此权利要求1相对于对比文件2具备专利法第二十二条第二款有关新颖性的规定。

(3) 关于专利法第二十二条第三款

依据专利法第二十二条第三款的规定，创造性是指同申请日以前已有的技术相比，该发明有突出的实质性特点和显著的进步，该实用新型有实质性特点和进步。

请求人认为权利要求1相对于对比文件2、或者对比文件1结合对比文件2不具备创造性，因此合议组将分别进行评述。

(a) 针对对比文件2

根据上述对权利要求1相对于对比文件2具备新颖性的评述，针对上述两点区别技术特征，本领域技术人员可以了解：

①在对比文件2所公开的包装箱中，将箱底、箱盖与侧板的连接方式应用于相邻侧板之间的连接，这是本领域技术人员常用的技术手段；

②在对比文件2所公开的包装箱中，将钢制舌片4的头部7穿过钢边2上的沟槽18后，将其弯折后靠近包装箱的侧板，这样一方面有助于将相邻的包装板连为一体，另一方面避免舌片划破操作者皮肤的问题，这也是本领域技术人员常用的技术手段。

被请求人认为，对比文件2中的沟槽18和本专利公开的插片槽10的效果不同，结构位置不同，所起的作用不同，不会给本领域普通技术人员带来本专利技术方案的任何教导或启示。

合议组认为，在对比文件2中，沟槽18位于钢边2的底板20上靠近侧板17的一侧，将钢制舌片4的头部7穿过钢边2上的沟槽18后，由于钢边2固定在箱底和箱盖上，钢制舌片4固定在侧板上，这样可以将箱底、箱盖和侧板连为一体。因此对比文件2中的沟槽18与本专利中的插片槽10所处的位置相同、所起的作用相同、达到的效果相同。因此，被请求人的上述意见合议组不予支持。

因此在对比文件 2 的基础上，结合本领域技术人员常用的技术手段以得到权利要求 1 所保护的技术方案，对本领域技术人员来说是容易的，因此权利要求 1 相对于对比文件 2 不具有突出的特点和进步，不具备专利法第二十二条第三款规定的创造性。

（b）针对对比文件 1 和对比文件 2 的结合

由于本专利的权利要求 1 相对于对比文件 2 不具备创造性，因此合议组不再针对对比文件 1 结合对比文件 2 来评述权利要求 1 的创造性。

**三、决定**

宣告 02226141.9 号实用新型专利权全部无效。

当事人对本决定不服的，可以根据专利法第四十六条第二款的规定，自收到本决定之日起三个月内向北京市第一中级人民法院起诉。根据该款的规定，一方当事人起诉后，另一方当事人应当作为第三人参加诉讼。

## 北京市第一中级人民法院<br>行政判决书

（2005）一中行初字第 414 号

原告朱奇峰，男，汉族，1975 年 6 月 8 日出生，住广东省南海市大沥区颜峰综合批发市场 J 座 16 号。

委托代理人刘洪勋，北京集佳知识产权代理有限公司专利代理人。

委托代理人顾润丰，北京集佳知识产权代理有限公司专利代理人。

被告国家知识产权局专利复审委员会，住所地北京市海淀区北四环西路 9 号银谷大厦 10～12 层。

法定代表人廖涛，副主任。

委托代理人刘剑波，国家知识产权局专利复审委员会电学申诉处复审员。

委托代理人高雪，国家知识产权局专利复审委员会行政诉讼处复审员。

第三人广州市路遥物流有限公司，住所地广东省广州市白云区沙太路白云山农产品综合批发市场综合楼八楼。

法定代表人谢诗礼，董事长。

第三人陈锋，男，汉族，1958 年 1 月 14 日出生，住广东省广州市番禺区大石镇广州碧桂园雅园 98 座 208。

第三人陈锋，从化江浦镇骏力木器加工厂（经营场所广东省从化市商贸城北区 2－1 幢首层）业主。

第三人广州市大阳摩托车有限公司，住所地广东省广州市花都区永发大道 12 号。

法定代表人李红记，总经理。

委托代理人李华，男，汉族，1967 年 10 月 5 日出生，广州市大阳摩托车有限公司办公室主任，住四川省西充县晋城镇鹤鸣路 7 号。

以上四位第三人之共同委托代理人张少君，广东华盈律师事务所律师。

原告朱奇峰不服被告国家知识产权局专利复审委员会（下称专利复审委员会）于 2005 年 3 月 2 日作出的第 6908 号无效宣告请求审查决定（下称第 6908 号决定），于法定期限内向本院提起行政诉讼。本院于2005年3月28日受理后，依法组成合议庭，并通知广州市路遥物流有限公司（下称路遥公司）、陈锋和广州市大阳摩托车有限公司（下称大阳公司）作为第三人参加本案诉讼，于2005年8月17日公开开庭进行了审理。原告朱奇峰的委托代理人刘洪勋，被告专利复审委员会的委托代理人刘剑波、高雪，第三人路遥公司、陈锋和大阳公司的共同委托代理人张少君到庭参加了诉讼。本案现已审理终结。

第6908号决定系专利复审委员会针对路遥公司、陈锋、从化江浦镇骏力木器加工厂（下称骏力厂）和大阳公司就朱奇峰所拥有的02226141.9号实用新型专利（下称本专利）所提出的无效宣告请求而作出的。专利复审委员会在第6908号决定中认定：

一、关于审查文本认定。朱奇峰删除了原权利要求1和权利要求2，保留原权利要求3的修改符合《审查指南》的有关规定，并以此为基础进行审理。

二、关于证据。附件1－1至附件1－4无证据支持不能成立，对比文件1、对比文件2构成本专利的现有技术。

三、关于本专利的新颖性和创造性问题。本专利权利要求1与对比文件2相比，其区别在于：1. 在权利要求1中，包装箱的六个壁面中，任意两个相邻壁面间的连接方式均相同，即相邻两个壁面的包装板之间设有横截面为“┌”形的金属连接条；而在对比文件2中，四个相邻壁面间的连接方式与壁面和相邻的箱底或箱盖间的连接方式不同，包装箱的前、后、左、右4块侧板中相邻侧板的边缘利用连接钢带，仅在箱底与箱盖的周边连接有断面呈L形的条状板。2. 在权利要求1中，金属连接片前部的耳片穿出穿片孔，并折一角度压在金属连接条固定壁的外壁上；而在对比文件2中，钢制舌片的头部12插入到沟槽18中，但是没有涉及钢制舌片的头部在穿过沟槽18后是否压折。

上述区别技术特征既没有被对比文件2公开，也不是本领域惯用手段的直接置换，故权利要求1相对于对比文件2具备新颖性。针对上述两点区别技术特征，本领域技术人员可以了解：1. 在对比文件2所公开的包装箱中，将箱底、箱盖与侧板的连接方式应用于相邻侧板之间的连接，是本领域技术人员常用的技术手段；2. 在对比文件2所公开的包装箱中，将钢制舌片4的头部7穿过钢边2上的沟槽18后，将其弯折后靠近包装箱的侧板，这样一方面有助于将相邻的包装板连为一体，另一方面避免舌片划破操作者皮肤，这也是本领域技术人员常用的技术手段。朱奇峰认为对比文件2中的沟槽18和本专利公开的插片槽10的效果不同，结构位置不同，所起的作用不同，不会给本领域普通技术人员带来本专利技术方案的任何教导或启示。在对比文件2中，沟槽18位于钢边2的底板20上靠近侧板17的一侧，将钢制舌片4的头部7穿过钢边2上的沟槽18后，由于钢边2固定在箱底和箱盖上，钢制舌片4固定在侧板上，这样可以将箱底、箱盖和侧板连为一体。因此对比文件2中的沟槽18与本专利中的插片槽10所处的位置相同、所起的作用相同、达到的效果相同，故朱奇峰的上述主张不能成立。

综上，本专利权利要求1相对于对比文件2不具备创造性，因此不再针对对比文件1结合对比文件2来评述本专利的创造性。基于上述理由，专利复审委员会作出第6908号决定，宣告本专利权全部无效。

原告朱奇峰不服，向本院提起行政诉讼，其诉称：

一、无效程序不符合有关规定。第三人指明对比文件1为最接近的现有技术，而第6908号决定却是依据对比文件2作出的，与第三人的主张不一致，因此违背了无效宣告请求审查程序中的请求原则，存在程序不当的问题。被告依对比文件2作出无效宣告请求决定违反了听证原则。

二、被告对事实认定不清。第6908号决定认为，本专利权利要求1与对比文件2相比存在两点区别技术特征，但被告却在没有任何对比文件作为证据的前提下将上述区别认定为本领域技术人员常用的技术手段，故而认为本专利没有创造性，被告的上述做法属于“事后诸葛亮”的行为。

三、第6908号决定自相矛盾。对于本专利权利要求1与对比文件2存在的两项区别技术特征，被告在评价新颖性时认为：“本领域技术人员可以了解，上述区别技术特征既没有被对比文件2所公开，也不是本领域惯用手段的直接置换”；而在评价本专利创造性时，又认为上述区别技术特征是“本领域技术人员常用的技术手段”，所以该决定相互矛盾。

综上所述，第6908号决定对事实认定不清，程序不当，请求法院依法予以撤销。

被告专利复审委员会辩称：一、本案第三人在口头审理时明确指出采用对比文件2来评述本专利的创造性，双方当事人就此已经进行了充分的意见陈述。因此第6908号决定并不存在如原告所述的违背请求原则的问题。二、对于创造性的认定，坚持第6908号决定中的意见。三、“惯用手段的直接置换”和“本领域技术人员常用的技术手段”不是同一概念，前者用于评价专利的新颖性，而后者用于评价创造性，因此并无自相矛盾之处。

综上，被告作出的第6908号决定认定事实清楚、适用法律正确、审查程序合法，原告的诉讼请求不能成立，请求人民法院维持第6908号决定。

四位第三人共同述称：第6908号决定认定事实清楚，适用法律正确，审查程序合法，原告起诉理由不能成立，请求人民法院驳回原告的诉讼请求，维持第6908号决定。

本院经审理查明：

本案涉及国家知识产权局专利局于2003年1月29日授权公告的名称为“包装箱”的实用新型专利，其申请日为2002年3月13日、专利号为02226141.9、专利权人为朱奇峰。

本专利授权公告的权利要求书是：

“1. 包装箱，由木质包装板（1）组成包装箱的六个壁面，其特征在于：每相邻两个壁面的包装板（1）之间设有横截面为 ┌形的金属连接条（2），相邻两壁面的包装板分别与金属连接条的两个相互垂直的壁面相对固定，连接成箱体。

2. 根据权利要求1所述的包装箱，其特征在于：金属连接条（2）与相邻两壁面包装板的连接结构为：横截面为 ┌形的金属连接条（2）的一个侧壁为固定壁（11），另一侧壁为穿片壁（12），固定壁上设有若干固定冲孔（6），冲孔周边的倒刺（8）嵌入一个壁面的包装板，金属连接条拐角边棱处设有若干穿片孔（5），金属连接片（3）后部设有固定冲孔（4），冲孔周边的倒刺（9）嵌入另一壁面的包装板，金属连接片前部的片耳（7）穿过金属连接条穿片壁（12）的内壁，并穿出穿片孔（5）折一角度压在金属连接条固定壁（11）的外壁上，将相邻两侧壁的包装板连为一体。

3. 根据权利要求2所述的包装箱，其特征在于：所述金属连接条的穿片壁（12）内壁上设有贯通穿片孔（5）至穿片壁边缘的向外凸出的插片槽（10）。”

本专利说明书记载：本实用新型要解决的技术问题是提供一种连接牢固，且节省木料的包装箱。本实用新型所采用的金属连接条可对箱体各边棱起到加固保护作用……而且金属连接条可以反复多次使用……将金属连接片连同与其连为一体的包装板插入金属连接片穿片壁12内侧的插片槽10内，使金属连接片前部的耳片穿过穿片孔5，再用工具将耳片7压下90度贴紧金属连接条固定壁11的外壁，即将箱体两侧相对固定连为一体。

针对本专利，路遥公司与陈锋于2003年12月10日向专利复审委员会提出无效宣告请求，理由是本专利的权利要求1～3不符合专利法第二十二条的规定，不具备新颖性。并提交附件1－1至附件1－4作为证据。

针对本专利，骏力厂和路遥公司于2004年5月12日向专利复审委员会提出无效宣告请求，理由是本专利的权利要求1～3不符合专利法第二十二条第二款和第三款的规定，不具备新颖性和创造性，并提交了四份附件作为对比文件，其中：

对比文件1：申请号为95214291.0的实用新型专利说明书复印件，其公开日为1996年3月20日；

对比文件2：申请号为01217238.3的实用新型专利说明书复印件，其公开日为2001年12月26日。

对比文件2公开了一种组装式包装箱，并具体公开了以下技术特征：包装箱包括边框、箱底1′与箱盖1，边框由前、后、左、右4块侧板5、5′、3′、3围成，每相邻两块侧板的边缘利用连接钢带6相互连接，每块侧板的上下边缘均匀地连接钢制舌片4，在箱底与箱盖的周边连接有钢边2，在钢边2上有允许钢制舌片4的头部11插入的沟槽，箱底1′、箱盖1与边框利用钢制舌片4与钢边2相互连接。钢边2由底板20与侧板17形成一断面呈“L”形的条状板。在靠近侧板17一侧的底板20上均匀贯通沟槽18。对应于沟槽18处的侧板17向外突出，形成一突出部19，在侧板17的内壁与突出部19的内壁间形成一间隙y，以便于钢制舌片的头部插入到沟槽18中。

2004年6月11日，朱奇峰向专利复审委员会提交了意见陈述书，将原权利要求进行了修改，删除了原权利要求1、权利要求2，保留了原权利要求3。

针对本专利，大阳公司于2004年5月31日向专利复审委员会提出无效宣告请求，理由是本专利不符合专利法第二十二条第二款和第三款的规定，不具备新颖性和创造性，所提交的证据与骏力厂和路遥公司所提交的证据完全相同。

2004年6月29日，专利复审委员会进行了口头审理。在口头审理过程中，路遥公司与陈锋当庭明确无效的理由为：本专利的权利要求1相对于附件1－1至1－4不符合专利法第二十二条第二款规定的新颖性。骏力厂、路遥公司和大阳公司当庭明确无效的理由为：本专利的权利要求1相对于对比文件2不符合专利法第二十二条第二款规定的新颖性，权利要求1相对于对比文件2或者对比文件1和对比文件2的结合不符合专利法第二十二条第三款规定的创造性。朱奇峰对对比文件1和对比文件2的真实性无异议。

骏力厂、路遥公司、大阳公司和陈锋于2004年7月12日共同向专利复审委员会提交意见陈述书，明确本专利的权利要求1相对于对比文件2不具备新颖性；权利要求1相对于对比文件1和对比文件2的结合不具备创造性，其中对比文件1为最接近的现有技术。

2005年3月20日，专利复审委员会作出第6908号决定。

在开庭审理过程中，朱奇峰表示对口头审理记录表的真实性无异议；对第6908号决定认定的本专利权利要求1与对比文件2的两点区别技术特征不持异议，但认为决定遗漏了一点区别技术特征，即对比文件2中的底板20相当于本专利的固定壁，本专利的插片槽10相当于对比文件2中沟槽18，本专利的插片槽10是在穿片壁12上，而对比文件2的沟槽18位于底板20上即相对于本专利的固定壁上，二者位置不同。

上述事实有本专利授权公告说明书、第6908号决定、对比文件1、对比文件2、口头审理记录表及当事人陈述等证据在案佐证。

本院认为：

一、关于本案审查程序是否合法

根据《审查指南》的规定，请求原则是指在无效宣告程序中，专利复审委员会通常仅针对当事人提出的无效宣告的范围、理由和提交的证据进行审查。

本案中，根据被告提交的口头审理记录表记载，骏力厂、路遥公司和大阳公司在口头审理时明确指出权利要求1相对于对比文件2或者对比文件1和对比文件2的结合不符合创造性的规定。虽然四位第三人在意见陈述中又主张以对比文件1作为最接近的现有技术，但是由于该主张系口头审理结束后提出的，未经原告充分发表意见，被告对该主张可以不予考虑，而且上述第三人并没有放弃以对比文件2来评价本专利权利要求1的创造性，原告对口头审理记录表的真实性亦不持异议，因此被告以对比文件2评价本专利权利要求1的创造性并无不妥，原告关于被告审查程序违反请求原则的主张不能成立，本院不予支持。

《审查指南》规定的听证原则是指，在作出审查决定之前，应当给予审查决定对其不利的当事人针对审查决定所采用的理由、证据和认定的事实陈述意见的机会。

由于骏力厂、路遥公司和大阳公司在口头审理时指出用对比文件2或者对比文件1和对比文件2的结合评价本专利权利要求1的创造性，因此原告对这一请求是了解的，且在口头审理中也有机会针对上述证据陈述意见，因此被告以对比文件2评价本专利的创造性并未违反听证原则。

综上，原告关于被告审查程序违反了请求原则及听证原则的主张均不能成立，本院不予支持。

二、关于本专利是否具备创造性

根据专利法第二十二条第三款的规定，实用新型的创造性是指同申请日以前已有的技术相比，该实用新型具有实质性特点和进步。

对于原告所述第6908号决定遗漏的本专利与对比文件2的区别技术特征即本专利的插片槽10与对比文件2中沟槽18的位置不同，本院认为，对比文件2中的钢边2对应于本专利的金属连接条2，且横截面均为“┌”形。对比文件2中的底板20、侧板17分别相当于本专利的固定壁11、穿片壁12，对比文件2中的钢制舌片相当于本专利的金属连接片。本专利中，金属连接条的拐角边棱处设有若干穿片孔5，金属连接条的穿片壁12内壁上设有贯通穿片孔5至穿片壁边缘的向外凸出的插片槽10，在穿片壁内壁与插片槽10的内壁间形成一间隙，其与穿片孔5相通，共同形成了一个可以容纳金属连接片穿过的空间。同样在对比文件2中，在靠近侧板17一侧的底板20上均匀贯通沟槽18，对应于沟槽18处的侧板17向外突出，形成一突出部19，在侧板17的内壁与突出部19的内壁间形成一间隙y，其与沟槽18相通，共同形成了一个空间并位于钢边2的拐角处，以便于钢制舌片头部的插入。因此，对比文件2中的沟槽18和间隙y形成的空间与本专利穿片孔5和插片槽10形成的空间位置相同，结构相同，效果相同，所起的作用相同，原告所称被告遗漏的本专利与对比文件2的区别技术特征并不存在。

针对被告认定的本专利的权利要求1与对比文件2的两点区别技术特征，本院认为，首先，对于区别特征1：对比文件2中存在两种连接方式，即前、后、左、右4块侧板中相邻侧板间利用钢带进行的连接，以及侧板与箱底或箱盖间利用钢边进行的连接。在现有的连接方式下，将箱体的六个面用同样的方式进行连接是常见的，并且为了实现连接牢固、节省木料同时可以反复使用的需要，将对比文件2中侧板与箱底或箱盖间的连接方式应用到本专利箱体的六个面中是本领域技术人员容易想到的，无需花费创造性的劳动；其次，对于区别特征2：在对比文件2中，箱体的侧板与箱底或箱盖间是通过钢制舌片与钢边进行连接的，钢制舌片的头部穿过钢边的沟槽后，为了使侧板与箱底或箱盖间形成牢固的连接，将钢制舌片的头部弯折一个角度是本领域技术人员容易想到的。综上，本领域技术人员在对比文件2的基础上得出本专利权利要求1的技术方案无需花费创造性的劳动，本专利相对于对比文件2不具有实质性特点和进步，不具备专利法第二十二条第三款规定的创造性。

被告在评价本专利创造性时认定对比文件2所公开的将箱底、箱盖与侧板的连接方式应用于相邻侧板之间的连接，以及将钢制舌片的头部进行弯折均是本领域“常用的技术手段”，由于“常用的技术手段”这一概念并不具有明确的法律含义，因此被告使用该概念评价本专利的创造性不妥，本院予以纠正。

综上，虽然被告作出的第6908号决定在评价创造性的措词上存在瑕疵，但审查程序合法，认定事实和适用法律并无不当，且结论正确，本院予以维持。原告请求撤销该决定的理由不能成立，本院不予支持。依照《中华人民共和国行政诉讼法》第五十四条第（一）项之规定，本院判决如下：

维持被告国家知识产权局专利复审委员会作出的第6908号无效宣告请求审查决定。

案件受理费1000元，由原告朱奇峰负担（已交纳）。

如不服本判决，各方当事人可于本判决送达之日起十五日内，向本院提交上诉状及其副本，并交纳上诉案件受理费1000元（开户行：中国工商银行北京分行黄楼支行，户名：北京市第一中级人民法院，账号：144537－48），上诉于北京市高级人民法院。

审 判 长 姜 颖
代理审判员 赵 明
代理审判员 江建中
二〇〇五年十月十四日
书 记 员 周云川

# 北京市高级人民法院
# 行政判决书

（2006）高行终字第83号

上诉人（原审原告）朱奇峰，男，汉族，1975年6月8日出生，住广东省南海市大沥区颜峰综合批发市场J座16号。

委托代理人侯金炳，广东海际明律师事务所东莞分所律师。

委托代理人张明芳，女，汉族，1978年7月24日出生，广东海际明律师事务所东莞分所律师助理，住广东省广州市番禺区洛溪新城芳华花园洛涛居三幢之五203房。

被上诉人（原审被告）国家知识产权局专利复审委员会，住所地北京市海淀区北四环西路9号银谷大厦10～12层。

法定代表人廖涛，副主任。

委托代理人王颖，国家知识产权局专利复审委员会审查员。

原审第三人广州市路遥物流有限公司，住所地广东省广州市白云区沙太路白云山农产品综合批发市场综合楼八楼。

法定代表人谢诗礼，董事长。

原审第三人陈锋，男，汉族，1958年1月14日出生，住广东省广州市番禺区大石镇广州碧桂园雅园98座208。

原审第三人陈锋，从化江浦镇骏力木器加工厂（经营场所广东省从化市商贸城北区2－1幢首层）业主。

原审第三人广州市大阳摩托车有限公司，住所地广东省广州市花都区永发大道12号。

法定代表人李红记，总经理。

委托代理人李华，男，汉族，1967年10月5日出生，广州市大阳摩托车有限公司办公室主任，住四川省西充县晋城镇鹤鸣路7号。

以上四原审第三人之共同委托代理人张少君，广东华盈律师事务所律师。

上诉人朱奇峰因专利权无效行政纠纷一案，不服北京市第一中级人民法院于2005年10月14日作出的（2005）一中行初字第414号行政判决，向本院提出上诉。本院于2006年2月21日受理本案后，依法组成合议庭，于2006年3月15日公开开庭进行了审理。上诉人朱奇峰及其委托代理人侯金炳、张明芳，被上诉人国家知识产权局专利复审委员会（下称专利复审委员会）的委托代理人王颖，原审第三人广州市路遥物流有限公司（下称路遥公司）、陈锋、从化江浦镇骏力木器加工厂（下称骏力厂）和广州市大阳摩托车有限公司（下称大阳公司）的共同委托代理人张少君到庭参加了诉讼。本案现已审理终结。

朱奇峰系名称为“包装箱”、专利号为02226141.9号的实用新型专利（下称本专利）的专利权人。2003年12月10日，路遥公司与陈锋向专利复审委员会提出无效宣告请求，理由是本专利的权利要求1~3不符合专利法第二十二条的规定，不具备新颖性；2004年5月12日，骏力厂和路遥公司向专利复审委员会提出无效宣告请求，理由是本专利权利要求1~3不符合专利法第二十二条第二款和第三款的规定，不具备新颖性和创造性；2004年5月31日，大阳公司向专利复审委员会提出无效宣告请求，理由是本专利不符合专利法第二十二条第二款和第三款的规定，不具备新颖性和创造性。

2005年3月20日，专利复审委员会作出第6908号无效宣告请求审查决定（下称第6908号决定），宣告本专利权全部无效。朱奇峰不服第6908号决定；在法定期限内向北京市第一中级人民法院提起诉讼。

北京市第一中级人民法院经审理认为：根据专利复审委员会提交的口头审理记录表记载，骏力厂、路遥公司和大阳公司在口头审理时明确指出本专利权利要求1相对于对比文件2或者对比文件1和对比文件2的结合不符合专利法第二十二条有关创造性的规定。由于上述第三人并没有放弃以对比文件2来评价本专利权利要求1的创造性，朱奇峰对口头审理记录表的真实性亦不持异议，因此，专利复审委员会以对比文件2评价本专利权利要求1的创造性并无不妥。由于骏力厂、路遥公司和大阳公司在口头审理时指出用对比文件2或者对比文件1和对比文件2的结合评价本专利权利要求1的创造性，朱奇峰对这一请求是了解的，且在口头审理中也有机会针对上述证据陈述意见，因此专利复审委员会以对比文件2评价本专利的创造性并未违反听证原则。

关于专利复审委员会认定的本专利的权利要求1与对比文件2的两点区别技术特征，首先，对于区别特征1：对比文件2中存在两种连接方式，即前、后、左、右4块侧板中相邻侧板间利用钢带进行连接，以及侧板与箱底或箱盖间利用钢边进行连接。在现有的连接方式中，将箱体的六个面用同样的方式进行连接是常见的，将对比文件2中侧板与箱底或箱盖间的连接方式应用到本专利箱体的六个面是本领域技术人员容易想到的，无需花费创造性的劳动；其次，对于区别特征2：在对比文件2中，箱体的侧板与箱底或箱盖间通过钢制舌片与钢边进行连接，钢制舌片的头部穿过钢边的沟槽后，为了使侧板与箱底或箱盖间形成牢固的连接，将钢制舌片的头部弯折一个角度是本领域技术人员容易想到的。综上，本领域技术人员在对比文件2的基础上得出本专利权利要求1的技术方案无需花费创造性的劳动，本专利相对于对比文件2不具有实质性特点和进步，不具备专利法第二十二条第三款规定的创造性。

综上，北京市第一中级人民法院依照《中华人民共和国行政诉讼法》第五十四条第（一）项之规定，判决：维持专利复审委员会作出的第6908号决定。

朱奇峰不服原审判决，向本院提起上诉，理由是：1. 第6908号决定及原审判决认为区别技术特征1、2“是本领域技术人员容易想到的，无需花费创造性劳动”的认定缺乏证据支持；2. 本专利中弯折后的金属连接片为“┌”形，对比文件2中钢制舌片4的头部弯折后靠近包装箱的侧板则使钢制舌片4成为倒“U”形，所以，两者的弯折方向和角度均不同，造成了其连接结构不同，故该区别技术特征2对于本领域技术人员来说是非显而易见的和不容易想到的。综上，朱奇峰请求撤销原审判决和第6908号决定。专利复审委员会、骏力厂、路遥公司、陈锋和大阳公司服从原审判决。

本院经审理查明：

本案涉及国家知识产权局专利局于2003年1月29日授权公告的名称为“包装箱”的实用新型专利，其申请日为2002年3月13日、专利号为02226141.9、专利权人为朱奇峰。

本专利授权公告的权利要求书是：

“1. 包装箱，由木质包装板（1）组成包装箱的六个壁面，其特征在于：每相邻两个壁面的包装板（1）之间设有横截面为⌐形的金属连接条（2），相邻两壁面的包装板分别与金属连接条的两个相互垂直的壁面相对固定，连接成箱体。

2. 根据权利要求1所述的包装箱，其特征在于：金属连接条（2）与相邻两壁面包装板的连接结构为：横截面为“⌐”形的金属连接条（2）的一个侧壁为固定壁（11），另一侧壁为穿片壁（12），固定壁上设有若干固定冲孔（6），冲孔周边的倒刺（8）嵌入一个壁面的包装板，金属连接条拐角边棱处设有若干穿片孔（5），金属连接片（3）后部设有固定冲孔（4），冲孔周边的倒刺（9）嵌入另一壁面的包装板，金属连接片前部的片耳（7）穿过金属连接条穿片壁（12）的内壁，并穿出穿片孔（5）折一角度压在金属连接条固定壁（11）的外壁上，将相邻两侧壁的包装板连为一体。

3. 根据权利要求2所述的包装箱，其特征在于：所述金属连接条的穿片壁（12）内壁上设有贯通穿片孔（5）至穿片壁边缘的向外凸出的插片槽（10）。”

本专利说明书记载：本实用新型要解决的技术问题是提供一种连接牢固，且节省木料的包装箱。本实用新型所采用的金属连接条可对箱体各边棱起到加固保护作用……而且金属连接条可以反复多次使用……将金属连接片连同与其连为一体的包装板插入金属连接片穿片壁12内侧的插片槽10内，使金属连接片前部的耳片穿过穿片孔5，再用工具将耳片7压下90度贴紧金属连接条固定壁11的外壁，即将箱体两侧相对固定连为一体。

针对本专利，路遥公司与陈锋于2003年12月10日向专利复审委员会提出无效宣告请求，理由是本专利的权利要求1~3不符合专利法第二十二条的规定，不具备新颖性。并提交附件1-1至附件1-4作为证据。

针对本专利，骏力厂和路遥公司于2004年5月12日向专利复审委员会提出无效宣告请求，理由是本专利的权利要求1~3不符合专利法第二十二条第二款和第三款的规定，不具备新颖性和创造性，并提交了四份附件作为对比文件，其中：

对比文件1：申请号为95214291.0的实用新型专利说明书复印件，其公开日为1996年3月20日；

对比文件2：申请号为01217238.3的实用新型专利说明书复印件，其公开日为2001年12月26日。

对比文件2公开了一种组装式包装箱，并具体公开了以下技术特征：包装箱包括边框、箱底1′与箱盖1，边框由前、后、左、右4块侧板5、5′、3′、3围成，每相邻两块侧板的边缘利用连接钢带6相互连接，每块侧板的上下边缘均匀地连接钢制舌片4，在箱底与箱盖的周边连接有钢边2，在钢边2上有允许钢制舌片4的头部11插入的沟槽，箱底1′、箱盖1与边框利用钢制舌片4与钢边2相互连接。钢边2由底板20与侧板17形成一断面呈“L”形的条状板。在靠近侧板17一侧的底板20上均匀贯通沟槽18。对应于沟槽18处的侧板17向外突出，形成一突出部19，在侧板17的内壁与突出部19的内壁间形成一间隙y，以便于钢制舌片的头部插入到沟槽18中。

2004 年 6 月 11 日，朱奇峰向专利复审委员会提交了意见陈述书，将原权利要求进行了修改，删除了原权利要求 1、2，保留了原权利要求 3。

针对本专利，大阳公司于 2004 年 5 月 31 日向专利复审委员会提出无效宣告请求，理由是本专利不符合专利法第二十二条第二款和第三款的规定，不具备新颖性和创造性，所提交的证据与骏力厂和路遥公司所提交的证据完全相同。

2004 年 6 月 29 日，专利复审委员会进行了口头审理。在口头审理过程中，路遥公司与陈锋当庭明确无效的理由为：本专利的权利要求 1 相对于附件 1－1 至 1－4 不符合专利法第二十二条第二款规定的新颖性。骏力厂、路遥公司和大阳公司当庭明确无效的理由为：本专利的权利要求 1 相对于对比文件 2 不符合专利法第二十二条第二款规定的新颖性，权利要求 1 相对于对比文件 2 或者对比文件 1 和对比文件 2 的结合不符合专利法第二十二条第三款规定的创造性。朱奇峰对对比文件 1 和对比文件 2 的真实性无异议。

骏力厂、路遥公司、大阳公司和陈锋于 2004 年 7 月 12 日共同向专利复审委员会提交意见陈述书，明确本专利的权利要求 1 相对于对比文件 2 不具备新颖性；权利要求 1 相对于对比文件 1 和对比文件 2 的结合不具备创造性，其中对比文件 1 为最接近的现有技术。

2005 年 3 月 20 日，专利复审委员会作出第 6908 号决定。

上述事实有本专利授权公告说明书、第 6908 号决定、对比文件 1、对比文件 2、口头审理记录表及当事人陈述等证据在案佐证。

本院认为，本案的焦点问题是本专利相对于对比文件 2 是否具备创造性。

根据专利法第二十二条第三款的规定，实用新型的创造性是指同申请日以前已有的技术相比，该实用新型具有实质性特点和进步。

将本专利权利要求 1 与对比文件 2 相比，其区别在于：1. 在本专利权利要求 1 所述包装箱的六个壁面中，任意两个相邻壁面间的连接方式均相同，即相邻两个壁面的包装板之间设有横截面为“┌”形的金属连接条；而在对比文件 2 中，四个相邻壁面间的连接方式与壁面和相邻的箱底或箱盖间的连接方式不同，包装箱的前、后、左、右 4 块侧板中相邻侧板的边缘利用连接钢带，仅在箱底与箱盖的周边连接有断面呈“L”形的条状板。2. 在本专利权利要求 1 中，金属连接片前部的耳片穿出穿片孔，并折一角度压在金属连接条固定壁的外壁上；而在对比文件 2 中，钢制舌片的头部 12 插入到沟槽 18 中，但是没有涉及钢制舌片的头部在穿过沟槽 18 后是否压折。

对于区别技术特征 1，对比文件 2 中存在两种连接方式，即前、后、左、右 4 块侧板中相邻侧板间利用钢带进行连接，以及侧板与箱底或箱盖间利用钢边进行连接。在现有连接方式下，将箱体的六个面用同样的方式进行连接是常见的，并且为了实现连接牢固、节省木料同时可以反复使用的需要，将对比文件 2 中侧板与箱底或箱盖间的连接方式应用到本专利箱体的六个面中是本领域技术人员容易想到的，无需花费创造性的劳动。对于区别技术特征 2，对比文件 2 中箱体的侧板与箱底或箱盖间是通过钢制舌片与钢边进行连接的，钢制舌片的头部穿过钢边的沟槽后，为了使侧板与箱底或箱盖间形成牢固的连接，将钢制舌片的头部弯折一个角度是本领域技术人员容易想到的。因此，原审法院对该两点区别技术特征的认定是正确的，应予维持。朱奇峰的上诉主张没有事实依据，本院予以驳回。

本专利中金属连接片前部的耳片穿出穿片孔，并折一角度压在金属连接条固定壁的外壁上；而对比文件 2 中钢制舌片的头部弯折后靠近包装箱的侧板亦折出一个角度，因此，两者在弯折方向和角度方面均无差别，连接结构亦实质相同。朱奇峰关于对比文件 2 中钢制舌片与本专利金属连接片弯折后的方向和角度不同的上诉主张没有事实根据，本院不予支持。

综上，原审判决认定事实清楚，适用法律正确，应予维持。朱奇峰的上诉理由不能成立，对其上诉请求，本院不予支持。依照《中华人民共和国行政诉讼法》第六十一条第（一）项之规定，本院判决如下：

驳回上诉，维持原判。

一审、二审案件受理费各1000元，均由朱奇峰负担（已交纳）。

本判决为终审判决。

审 判 长 刘继祥
审 判 员 孙苏理
代理审判员 焦 彦
二〇〇六年四月十三日
书 记 员 毕 怡

# 开启方便的易拉罐案

## 无效宣告请求审查决定（第6914号）

**决　定　号**　第6914号
**决　定　日**　2005年2月28日
**发明创造名称**　开启方便的易拉罐
**国际分类号**　B65D 17/34
**无效请求人**　天津可口可乐饮料有限公司
**专利权人**　李继承
**专　利　号**　99244588.4
**申　请　日**　1999年9月17日
**授权公告日**　2000年7月5日
**合议组组长**　于　萍
**主　审　员**　盛　昭
**参　审　员**　魏　屹

**法律依据**　专利法第二十二条第二款、第三款
**决定要点**

对本领域技术人员来说，将证据3中公开的特征用于证据1公开的另一种常用易开盖——拉环式易开盖，即获得本专利权利要求1所述的技术方案，其效果也是显而易见的，故该权利要求1不具有实质性特点和进步，不具备创造性。

**一、案由**

本无效宣告请求案涉及国家知识产权局专利局于2000年7月5日授权公告、名称为“开启方便的易拉罐”的实用新型专利（下称本专利），其申请日为1999年9月17日，申请号为99244588.4，专利权人是李继承（下称被请求人）。

本实用新型授权公告时的权利要求书如下：

“1. 一种开启方便的易拉罐，包括罐体顶盖和固定在顶盖上的拉环，其特征在于，在顶盖上且在拉环翘起部下部有一凹部。

2. 根据权利要求1的开启方便的易拉罐，其特征在于，所说的凹部可以是圆形的。

3. 根据权利要求1的开启方便的易拉罐，其特征在于，所说的凹部可以是椭圆形的。”

针对上述专利权，天津可口可乐饮料有限公司（下称请求人）于2004年3月10日向专利复审委员会提出无效宣告请求，其请求的理由是本专利不符合专利法第二十二条第二款、第三款的规定，请求宣告本专利全部无效。其依据证据如下：

证据1：1999年6月实施的中华人民共和国国家标准GB/T 17590－1998的复印件共10页；

证据2：专利号为US5129541的美国专利说明书复印件及其译文，其公开日期为1992年7月

14 日；

证据3：专利号为US4030631 的美国专利说明书复印件及其译文，其公开日期为 1977 年 6 月 21 日；

证据4：公开号为CN88100286A 的中国发明专利申请公开说明书的复印件，其公开日期为 1988 年9月8日；

证据5：专利号为US3301434 的美国专利说明书复印件及其译文，其公开日为1967 年1月31 日。

请求人认为：本专利的权利要求1包括下列技术特征，(1) 罐体顶盖，(2) 固定在顶盖上的拉环，(3) 顶盖上的凹部，(4) 所述凹部在拉环翘起部下部，请求人递交的证据1至证据5均公开了相同的结构，因此本专利的权利要求1不具备新颖性；

本专利权利要求2的附加技术特征为凹部是圆形的，证据3、4公开了相同的结构，因此本专利的权利要求2不具备新颖性；

本专利权利要求3的附加技术特征为凹部是椭圆形的，证据5公开了相同的结构，因此本专利的权利要求3不具备新颖性；

本发明实际解决的开启易拉罐不方便且容易损坏指甲的技术问题，请求人提交的全部证据均公开了本专利请求保护的区别技术特征，所述区别特征已成为解决本专利所欲解决技术问题的公知常识，因此本专利相对于现有技术不具有实质性特点和技术进步，不具备创造性。

经形式审查合格，专利复审委员会受理了上述无效宣告请求，并将无效宣告请求书及其附带的证据副本转送给被请求人，并成立合议组对此案进行审查。

请求人于2004 年3月17 日递交了补正书，补充了附件7至附件20：

附件7：国家知识产权局专利局检索咨询中心查新检索报告；

附件8：美国专利第5813811 号说明书复印件（公开日为1998 年9月29 日）；

附件9：美国专利第5653355 号说明书复印件（公开日为1997 年8月5日）；

附件10：美国专利第5065882 号说明书复印件（公开日为1991 年11 月19 日）；

附件11：美国专利第4596342 号说明书复印件（公开日为1986 年6月24 日）；

附件12：美国专利第4524879 号说明书复印件（公开日为1985 年6月25 日）；

附件13：美国专利第4367996 号说明书复印件（公开日为1983 年1月11 日）；

附件14：美国专利第4286728 号说明书复印件（公开日为1981 年9月1日）；

附件15：美国专利第4205760 号说明书复印件（公开日为1980 年6月3日）；

附件16：美国专利第4024981 号说明书复印件（公开日为1977 年5月24 日）；

附件17：美国专利第3795342 号说明书复印件（公开日为1974 年3月5日）；

附件18：美国专利第5217134 号说明书复印件及中译文（公开日为1993 年6月8日）；

附件19：中国实用新型专利ZL93233384.2说明书复印件（公开日为1993 年12 月15 日）；

附件20：附件8~17 的部分译文。

请求人于2004 年4月12 日提交了证据1的原件。

针对上述无效宣告请求，被请求人于2004 年4月27 日提交了书面陈述，要求对本无效宣告请求进行口头审理。

合议组于2004 年8月13 日向双方当事人发出口头审理通知书，定于2004 年10 月20 日14 时进行口头审理。

请求人于2004 年8月25 日递交了口头审理通知书回执，声明请求人不参加口头审理。被请求人没有递交口头审理通知书回执。

口头审理如期进行，被请求人出席了口头审理。合议组将请求人于2004年3月17日递交的补正书及补充附件7至附件20，以及请求人于2004年4月12日提交的证据1的原件当庭转送给被请求人，并告知被请求人可以在口头审理结束后一个月内提交书面意见陈述。

在口审过程中，被请求人对合议组无回避请求，对证据1至证据5的真实性及证据2、3、5译文的准确性没有提出异议，被请求人说明权利要求2、3所限定的凹部形状是凹部边缘和凹部底面的形状。

在口头审理中，被请求人认为：本专利请求保护的是拉环式易拉罐，在开启后拉环离开盖，请求人提交的证据1证明了易开盖分为拉环式、留片式和全开式三种，但证据1仅公开了俯视图，不能影响本专利的新颖性和创造性；证据2、3和证据5公开的是留片式，不能影响本专利的新颖性和创造性；证据4公开的是全开式，不能影响本专利的新颖性和创造性。

被请求人于2004年11月8日递交了书面陈述，其中被请求人再次重申了口头审理中陈述的意见，并陈述了补充附件7至附件20不影响本专利新颖性和创造性的理由。

在上述审查的基础上，合议组认为事实已经清楚，可以作出无效宣告请求审查决定。

**二、决定的理由**

1. 证据的认定

上述证据1至证据5均为公开出版物，且公开日均早于本专利的申请日，对其真实性被请求人没有提出异议，同时合议组也进行了核实，故证据1至证据5构成了本专利的现有技术。

2. 关于本专利的新颖性、创造性

专利法第二十二条第二款规定：新颖性，是指在申请日以前没有同样的发明或者实用新型在国内外出版物上公开发表过、在国内公开使用过或者以其他方式为公众所知，也没有同样的发明或者实用新型由他人向国务院专利行政部门提出过申请并且记载在申请日以后公布的专利申请文件中。

专利法第二十二条第三款规定：创造性，是指同申请日以前已有的技术相比，该发明具有突出的实质性特点和显著的技术进步，该实用新型具有实质性特点和进步。

本专利权利要求1为“一种开启方便的易拉罐，包括罐体顶盖和固定在顶盖上的拉环，其特征在于，在顶盖上且在拉环翘起部下部有一凹部”。

请求人认为：请求人递交的证据1至证据5均公开了本专利权利要求1的结构，因此本专利权利要求1不具备新颖性和创造性。

被请求人认为：本专利请求保护的是拉环式易拉罐，在开启后拉环离开盖，请求人提交的证据没有公开拉环式易拉罐，没有公开本专利权利要求1的特征。

合议组认为：易拉罐不是本领域的技术术语，而是一种俗称，证据1是国家标准，它证明该产品在本领域的技术术语为易开盖，是通过拉动拉环开启罐体的包装罐，易开盖分为拉环式、留片式和全开式三种，特别是证据1中的图2公开了这三种方式，因此这三种方式均是本领域常见的惯用的开启方式，对本领域技术人员来说是公知的常识。被请求人认为本专利请求保护的易拉罐在开启后拉环离开顶盖。即使按照被请求人的上述解释，将本专利的易拉罐理解成在开启后拉环离开盖，其技术方案是证据1中公开的拉环式易开盖。

证据3公开了一种易开盖，具有固定在顶盖上的拉环，顶盖上具有指窝，所述指窝在拉环翘起部下部，该易开盖是留片式易开盖（参见证据3图3、8及中文译文第9页第12~17行）。

在将本专利易拉罐理解成在开启后拉环离开盖的前提下，即拉环式易开盖，本专利权利要求1与证据3的不同之处仅在于用拉环式易开盖替代留片式易开盖，而拉环式易开盖和留片式易开盖均是本领域常用的易开盖，且开启方式具有如下共同特点，即均是通过手指钩住固定在盖上的拉环，借助于拉环施加作用力，使盖上预先已形成的刻痕线断开，从而在盖上形成开口。而证据3中公开了位于顶盖上、拉环翘起部下放的指窝，其作用与本专利完全相同，即，便于开启时手指尖的进入。对本领域技术人员来说，将证据3中公开的上述特征用于常用的另一种易开盖——拉环式易开盖，即获得本专利权利要求1所述的技术方案，其效果也是显而易见的。故本专利权利要求1相对于证据1、3不具有实质性特点和进步，不具备专利法第二十二条第三款规定的创造性。

本专利权利要求2进一步限定的技术特征为凹部是圆形的，被请求人解释圆形凹部指的是凹部边缘和凹部底面的形状为圆形。证据3公开了相同的技术特征，特别是证据3的附图3、8显示了指窝71的边缘和底面形状为圆形，因此在权利要求1不具备创造性的前提下，本专利权利要求2不具备专利法第二十二条第三款规定的创造性。

本专利权利要求3是对权利要求1的进一步限定，其附加技术特征为凹部是椭圆形的。证据3公开了凹部边缘为圆形的特征，而圆形凹部和椭圆形凹部均是常见的结构，在易开盖中这两种结构的互换是显而易见的，而技术效果也是相同的。因此，在权利要求1不具备创造性的前提下，其从属权利要求3不具备专利法第二十二条第三款规定的创造性。

因此，本专利不具备专利法第二十二条第三款规定的创造性。

**三、决定**

宣告ZL99244588.4号实用新型专利权全部无效。

当事人对本决定不服的，可以根据专利法第四十六条第二款的规定，自收到本决定之日起三个月内向北京市第一中级人民法院起诉。

根据该条款的规定，一方当事人起诉后，另一方当事人应当作为第三人参加诉讼。

# 大小滚珠式碟片自动平衡装置案

## 无效宣告请求审查决定（第6916号）

**决　定　号**　第6916号
**决　定　日**　2005年2月28日
**发明创造名称**　大小滚珠式碟片自动平衡装置
**国际分类号**　F16F 15/32
**无效请求人**　鸿富锦精密工业（深圳）有限公司
**专利权人**　建兴电子科技股份有限公司
**专　利　号**　00233310.4
**申　请　日**　2000年5月11日
**授权公告日**　2001年2月21日
**合议组组长**　杨克菲
**主　审　员**　徐媛媛
**参　审　员**　魏　屹

**法律依据**　专利法第二十二条第二款　专利法实施细则第二十条第一款
**决定要点**

证据1披露了与本专利权利要求1及权利要求2相同的技术方案，同时两者所属技术领域以及所要解决的技术问题相同，故本专利之权利要求1及权利要求2相对于证据1不具备新颖性。

在判断一项权利要求是否清楚地表述了请求保护的范围时，应当综合考虑在该权利要求中未予文字示出，而对本领域的技术人员而言暗含其中且属公知常识的技术特征。

**一、案由**

本无效宣告请求案涉及国家知识产权局专利局2001年2月21日授权公告的、名称为“大小滚珠式碟片自动平衡装置”的实用新型专利，其专利号为00233310.4，申请日为2000年5月11日，专利权人是建兴电子科技股份有限公司。

授权公告的权利要求书如下：

“1. 一种大小滚珠式碟片自动平衡装置，它包括磁石及数位于磁石外围的滚珠，其特征在于：所述的数滚珠为两种以上不同直径的大、小滚珠。

2. 根据权利要求1所述的大小滚珠式碟片自动平衡装置，其特征在于：所述的数滚珠为两种不同直径的大、小滚珠。

3. 根据权利要求1或2所述的大小滚珠式碟片自动平衡装置，其特征在于：所述的大、小滚珠的直径之和应大于转盘内侧壁与磁石外周之间的距离。

4. 根据权利要求1所述的大小滚珠式碟片自动平衡装置，其特征在于：所述的大、小滚珠的直径之和应大于夹持座内侧壁与磁石外周之间的距离。

5. 根据权利要求 3 所述的大小滚珠式碟片自动平衡装置，其特征在于：所述的转盘底部开口处盖设有封闭开口的盖体。

6. 根据权利要求 4 所述的大小滚珠式碟片自动平衡装置，其特征在于：所述的夹持座顶部开口处盖设有封闭开口的盖体。”

针对上述专利权，鸿富锦精密工业（深圳）有限公司（下称请求人）于 2004 年 8 月 24 日向专利复审委员会提出了无效宣告请求，其理由是本实用新型专利不符合专利法第二十二条第二款、第三款以及专利法实施细则第二十一条第二款的规定。与此同时，请求人提供了如下证据：

证据 1：专利号为 99214624. 0 的中国实用新型专利申请说明书复印件，申请日为 1999 年 6 月 28 日，授权公告日为 2000 年 5 月 31 日；

证据 2：申请号为 97120700. 3 的中国发明专利申请公开说明书复印件，公开日为 1998 年 4 月 15 日；

证据 3：申请号为 98126940. 0 的中国发明专利申请公开说明书复印件，公开日为 1999 年 8 月 4 日。

请求人认为：（1）仅靠本专利权利要求 1 所要求保护的技术方案尚不足以构成说明书所述的滚珠式碟片自动平衡装置，该技术方案未从整体上反映该实用新型的技术方案，故本专利之权利要求 1 不符合专利法实施细则第二十一条第二款的规定。（2）证据 1 构成本专利的抵触申请，其破坏本专利权利要求 1、2、5 及权利要求 6 的新颖性。（3）证据 2 及证据 3 组合对比破坏本专利权利要求 1 ~ 6 的创造性。

专利复审委员会经形式审查合格后，于 2004 年 9 月 17 日发出了无效宣告请求受理通知书，同时将宣告专利权无效请求书以及有关文件副本转给专利权人（下称被请求人），要求被请求人在指定期限进行意见陈述。同时成立合议组对本案进行审理。

对此，被请求人于 2004 年 10 月 21 日进行了答复并提交了经修改的权利要求书，同时就修改后的权利要求书相对于证据 1 具备新颖性、证据 2 及证据 3 的组合具备创造性进行了相应的意见陈述。

2004 年 12 月 13 日，专利复审委员会本案合议组将被请求人的意见陈述转送请求人。同时向被请求人以及请求人发出了无效宣告请求审查通知书，通知书中指出，新的权利要求 1 中的以下特征“所述磁石及数滚珠设于转盘或夹持座内，设有数滚珠的转盘的底部设置有开口，或设有数滚珠的夹持座的顶部设置有开口，所述设有数滚珠的转盘或夹持座的开口处盖设有封闭开口的盖体；所述转盘开口设置在转盘的底部”。未记载于授权公开的权利要求书中，被请求人所提交的权利要求书的修改文本不符合专利法实施细则第六十八条以及审查指南第四部分第三章第 5. 4 节的相关规定，不能被允许。同时告知被请求人，如不能在规定期限提交合法的权利要求书，合议组将以授权公告的权利要求书作为无效宣告请求审查的基础。

对此，被请求人以及请求人在指定期限均未进行相应的意见陈述。

2004 年 12 月 15 日，专利复审委员会本案合议组向被请求人以及请求人发出了无效宣告请求口头审理通知书，定于 2005 年 2 月 25 日举行口头审理。

口头审理如期举行，被请求人以及请求人对合议组成员无回避请求，对对方出庭人员身份和资格无异议。双方当事人均认可以授权公告文本作为本次无效宣告请求的审查基础。请求人放弃了本专利不符合专利法第二十二条第三款的无效宣告请求的理由，同时放弃了证据 2 及证据 3。增加了新的无效宣告请求的理由，即本专利不符合专利法实施细则第二十条第一款的规定。请求人主张本专利权利要求 1 不符合专利法实施细则第二十一条第二款的规定，权利要求 1 及权利要求 2 相对于证据 1 不具备新颖性，权利要求 3 ~ 6 不符合专利法实施细则第二十条第一款的规定。被请求人对证据 1 的真实性无异议。双方当事人就各自的观点进行了充分的意见陈述。另外，被请求人明确表示对请求人当庭新增加的无效宣告请求的理由不再进行书面意见陈述。

在上述工作的基础上，合议组认为本案事实已经清楚，可以依法作出审查决定。

**二、决定的理由**

1. 审查文本的确定

被请求人针对无效宣告请求受理通知书于2004年10月21日进行了答复并提交了经修改的权利要求书，合议组于2004年12月13日向被请求人以及请求人发出了无效宣告请求审查通知书，指出被请求人所提交的经修改的权利要求书不符合专利法实施细则第六十八条以及审查指南第四部分第三章第5.4节的相关规定，不能被允许。同时告知被请求人，如不能在一个月内提交合法的权利要求书，合议组将以授权公告的权利要求书作为无效宣告请求审查的基础。对此，被请求人在指定期限未进行任何意见陈述。另外被请求人在口头审理过程中也认可以授权公告的文本作为审查基础。鉴于此，合议组以授权公告的文本作为本次无效宣告请求的审查基础。

2. 关于本专利权利要求1及权利要求2的新颖性

专利法第二十二条第二款规定：新颖性，是指在申请日以前没有同样的发明或实用新型在国内外出版物上公开发表过、在国内公开使用过或者以其他方式为公众所知，也没有同样的发明或实用新型由他人向国务院专利行政部门提出过申请并且记载在申请日以后公布的专利申请文件中。

证据1是专利文献，属于公开出版物。其申请日为1999年6月28日，早于本专利的申请日，授权公告日2000年5月31日，晚于本专利的申请日。故根据专利法第二十二条第二款以及审查指南第二部分第三章第2.2节的规定，证据1只能用于评述本专利的新颖性。

请求人认为证据1破坏本专利权利要求1及权利要求2的新颖性。

证据1涉及一种具有自动平衡装置的光盘驱动器，并具体披露了以下技术特征：所述自动平衡装置包括磁铁28（对应于本专利权利要求1中的磁石）以及数个位于磁铁外围的平衡球25、26、27（对应于本专利权利要求1中的滚珠），平衡球27的球径较小，平衡球25的球径较大，25、26、27平衡球可以具有不同的球径（参见证据1说明书第3页第22行至第5页第5行，附图2及附图3）。通过上述的描述可以看出，证据1披露了本专利权利要求1及权利要求2所要求保护的技术方案，鉴于两者所属技术领域、技术方案实质相同，预期效果相同，故本专利权利要求1及权利要求2相对于证据1不具备新颖性。

3. 关于本专利权利要求3~6是否符合专利法实施细则第二十条第一款的规定

专利法实施细则第二十条第一款规定：权利要求书应当说明发明或实用新型的技术特征，清楚、完整地表述请求保护的范围。

请求人认为，权利要求3~6中的“转盘内侧壁”、“夹持座内侧壁”、“转盘底部开口处”以及“夹持座顶部开口处”是对其引用的权利要求中不存在的特征“转盘”及“夹持座”所作的进一步的限定，其导致本专利权利要求3~6未清楚地表述权利要求所要求保护的范围，故不符合专利法实施细则第二十条第一款的规定。

对此，合议组认为，本专利所要求保护的主题是一种碟片自动平衡装置。据此，本领域的普通技术人员能够毫无异议地确定该平衡装置是应用于光碟机等光盘读取装置上的。而对于这类装置而言，其上具有随电机转动的“转盘”以及固定碟片的“夹持座”显然是所属领域的公知常识。故虽然“转盘”以及“夹持座”两特征在权利要求3~6所直接或间接引用的权利要求1及权利要求2中未明确示出，但是可以认定上述特征是隐含于权利要求1及权利要求2中的。即上述两特征未在权利要求1及权利要求2中以文字形式明确予以示出尚不足以导致权利要求3~6未清楚地表述权利要求所要求保护的范围，合议组对请求人认为本专利之权利要求3～6不符合专利法实施细则第二十条第一款规定的主张不予支持。

**三、决定**

宣告00233310.4号实用新型专利权的权利要求1及权利要求2无效，在权利要求3～6的基础上维持专利权继续有效。

一方当事人对本决定不服的，可以根据专利法第四十六条第二款的规定，在收到本决定之日起三个月内向北京市第一中级人民法院起诉。根据该款的规定，一方当事人起诉后，另一方当事人可以作为第三人参加诉讼。

# 纱管绒案

## 无效宣告请求审查决定（第6919号）

**决　　定　　号**　第6919号
**决　　定　　日**　2005年3月9日
**发明创造名称**　纱管绒
**国 际 分 类 号**　D01H 9/00
**无 效 请 求 人**　刘希田
**专 利 权 人**　运城市地方国营长毛绒厂
**专　　利　　号**　94211348.9
**申　　请　　日**　1994年6月1日
**授 权 公 告 日**　1995年4月19日
**合 议 组 组 长**　黄玉平
**主　　审　　员**　崔　峥
**参　　审　　员**　陈海平

**法 律 依 据**　专利法第二十二条第三款
**决 定 要 点**

如果涉案专利的一项权利要求是从现有技术中公开的较大范围中有目的地选出现有技术中未提到的小范围或个体，而且所选择的技术解决方案产生了使本领域技术人员预料不到的技术效果，则该涉案专利的该项权利要求具备创造性。

**一、案由**

本无效宣告请求案涉及申请日为1994年6月1日、授权公告日为1995年4月19日、名称为“纱管绒”的94211348.9号实用新型专利，专利权人为运城市地方国营长毛绒厂（下称被请求人）。该专利授权公告后经过一次专利权无效宣告请求审查程序，专利复审委员会于2004年6月8日作出第6139号无效宣告请求审查决定书，宣告本专利的专利权部分无效。

本专利维持有效的权利要求书如下：

“1. 一种粗纱机纱管用绒，包括有底布和工作绒面，工作绒面以经丝布置并与底布棉经丝间隔排列织造，其特征是，工作绒面毛丛为直毛状且其倾倒定型的角度α为30°～45°。

2. 如权利要求1所述的粗纱机纱管用绒，其特征是，工作绒面毛经丝与底布棉经丝按一毛三棉加一毛一棉的间隔循环整经布置。”

针对上述专利权，刘希田（下称请求人）于2004年7月19日向专利复审委员会提出了无效宣告请求，其理由是本专利权利要求1和权利要求2不具备创造性，同时提交了如下证据：

证据1：1987年第3期《山西纺织》中封面、目录页、版权页和“毛纺翼锭粗纱机自动生头技术探讨”一文的复印件；

证据2：山西地方标准《纱管绒》DB/1400W57002－88复印件（发布日为1988年12月13日）；

证据3：中国纺织出版社出版发行的《织物结构与设计》1986年6月第2版封面、版权页和第153页的复印件；

证据4：中国纺织出版社出版发行的《毛纺织染整手册》第2版上册的封面、第2版前言、目录页和第1040～1041页的复印件。

请求人认为，本专利权利要求1区别于现有技术的两个技术特征为：一是“工作绒面毛丛为直毛状”；二是毛丛的“倾倒定型的角度α为30°～45°”。所有同类织物的毛丛形成原理和过程都与证据3第153页中图2－100的经起毛组织织物织造示意图相同，当纱线被剖开后，锦纶丝会自然散开成为直立的毛丛，而毛丛的每根毛则是直毛状的；证据1已公开了“毛丛统一朝一个方向倾倒一定角度”，而倾倒的角度在0°～90°之间以45°为中心，对于本领域技术人员来说是显而易见的；此外，本专利的有益效果也已由作为现有技术的证据1和证据2所达到，因此本专利权利要求1的两个区别技术特征均为现有技术，不具备创造性。由证据4第1041页图7－190可知，“二棉一毛循环整经排列”为现有技术，因此本专利权利要求2相对于该现有技术不具有实质性特点和进步，不具备创造性。

经形式审查合格，专利复审委员会于2004年9月9日受理了上述无效宣告请求并将无效宣告请求书及证据副本转给了被请求人，同时成立合议组对本案进行审查。对此，被请求人没有在规定的期限内陈述意见。

专利复审委员会本案合议组于2005年1月17日向双方当事人发出了口头审理通知书，定于2005年2月25日举行口头审理。

口头审理如期举行，请求人出席了本次口头审理，被请求人未出席本次口头审理。在口头审理过程中，请求人放弃了证据2作为证据使用，并当庭出示了证据1和证据3的原件，合议组经核对，确认证据1和证据3的原件与其复印件一致，但请求人未当庭出示证据4的原件，合议组当庭告知请求人证据4由于未出示原件，无法确认其真实性，故不予采信。请求人明确其无效宣告理由为本专利的权利要求1和权利要求2不具备创造性，并认为本专利权利要求1相对于证据1和证据3不具备创造性，权利要求2相对于证据1、证据3和证据4不具备创造性。

在上述程序的基础上，合议组认为本案事实已经清楚，可以依法作出本决定。

**二、决定的理由**

1. 证据认定

证据2已被请求人放弃，故合议组不再予以考虑。证据4由于口头审理时未出示原件，无法确认其真实性，故不予采信。证据1和证据3属于公开出版物，口头审理时请求人当庭出示了其原件，合议组经核实已确认其真实性。而且，其公开日均早于本专利的申请日，故而可以作为现有技术来评价本专利的创造性。

2. 关于本专利的创造性

专利法第二十二条第三款规定：创造性，是指同申请日以前已有的技术相比，该发明有突出的实质性特点和显著的进步，该实用新型有实质性特点和进步。

本专利权利要求1保护一种粗纱机纱管用绒，包括有底布和工作绒面，工作绒面以经丝布置并与底布棉经丝间隔排列织造，工作绒面毛丛为直毛状且其倾倒定型的角度α为30°～45°。根据本专利说明书第1页第8和第9行以及第16～18行的描述，本专利是对现有技术中工作绒面毛丛端头为钩状且倾角约为45°～60°的纱管绒进行改进，将纱管绒的工作绒面毛丛变为直毛状，并通过热压定型将其倾倒定型的角度α设定为30°～45°。由此可见，本专利的绒面毛丛的直毛形状和倾角是经过定型处理后获得的。

证据1公开了一种纱管绒，其毛丛统一朝一个方向倾倒一定的角度。该毛丛背面涂有胶质，表面光滑，具有结构牢固，弹性好等特点。而且“绒布毛丛的倾倒方向与筒管方向一致，压掌叶所带的须条头端便于被纱管上所贴绒布的毛丛所抓取。须条头端被绒布毛丛抓紧，越过压掌叶，从而达到一次性全车自动生头的目的。在下道工序（细纱）退绕时，当退至粗纱管最后两圈时，由于须条的退绕方向和筒管上所贴绒布表面毛丛倾倒方向相反，且毛丛表面光滑，在退绕力P的作用下须条很顺利地从绒布毛丛中分离出来而不产生拉毛现象”。

证据3公开了一种经起毛组织织物，该织物是由两个系统经纱（即地经与毛经），同一个系统纬纱交织而成。织成的织物经割绒工序将连接的毛经割断，形成两层独立的经起毛织物。显然，对于证据3的经起毛织物，其表面毛绒是通过将织物中连接的毛经割断而形成的，同时证据3中也未披露任何有关经割绒后进行定型处理的技术内容。因此，该毛绒的形状应理解为一种自然状态，并非是本专利经过定型处理后的直毛状。

因此，证据1和证据3均未公开本专利权利要求1中的“工作绒面毛丛为直毛状且其倾倒定型的角度α为30°~45°”这些技术特征。如本专利说明书所述，上述区别特征带来了干条自然附着100次抓取能力达100%，干条异位分离退绕达100%，并可承受较大的强力与拉伸负荷、简化了制作工艺和降低了成本的技术效果。很明显，其技术指标优于证据1所公开的技术方案。由此可见，本专利权利要求1所选择的技术解决方案产生了使本领域技术人员预料不到的技术效果。同时证据1和证据3中也未就上述技术方案给出任何技术启示和教导。即使将证据1和证据3所公开的技术内容进行组合，也不能获得本专利权利要求1所限定的技术方案，因此，本专利权利要求1具备创造性。

本专利权利要求2是权利要求1的从属权利要求，其进一步对权利要求1中的工作绒面毛经丝与底布棉经丝的具体布置方式进行了限定，在权利要求1具备创造性的情况下，该权利要求也具备专利法第二十二条第三款规定的创造性。

**三、决定**

维持94211348.9号实用新型专利权有效。

当事人对本决定不服的，可以根据专利法第四十六条第二款的规定，自收到本决定之日起三个月内向北京市第一中级人民法院起诉。根据该款的规定，一方当事人起诉后，另一方当事人应当作为第三人参加诉讼。

## 北京市第一中级人民法院
## 行政判决书

（2005）一中行初字第417号

原告刘希田，男，51岁，汉族，住山西省运城市望湖新村新二幢4单元201室

委托代理人任虎成，北京市优仕联律师事务所律师。

被告国家知识产权局专利复审委员会，住所地北京市海淀区蓟门桥西土城路6号。

法定代表人王景川，主任。

委托代理人崔峥，男，国家知识产权局专利复审委员会机械申诉处复审员。

委托代理人程强，男，国家知识产权局专利复审委员会行政诉讼处复审员。

第三人运城市地方国营长毛绒厂破产清算组，住所地山西省运城市南环东路171号。

负责人杨志杰，组长。

委托代理人廉强钊，男，原运城市地方国营长毛绒厂厂长。

委托代理人黄爱忠，女，原运城市地方国营长毛绒厂副厂长。

原告刘希田不服中华人民共和国国家知识产权局专利复审委员会作出的第6919号无效宣告请求审查决定（下称被诉决定），向本院提起行政诉讼。本院受理后，依法组成合议庭，并通知与本案有法律上利害关系的运城市地方国营长毛绒厂破产清算组作为第三人参加诉讼。2005年5月26日，本院依法公开开庭审理了本案，原告及其委托代理人任虎成，被告的委托代理人崔峥、程强，第三人的委托代理人廉强钊、黄爱忠到庭参加了诉讼。本案现已审理终结。

2005年3月9日，被告作出被诉决定，认定名称为“纱管绒”的94211348.9号实用新型专利权（下称本专利）具备创造性，依照《中华人民共和国专利法》（下称《专利法》）第二十二条第三款的规定，维持本专利权有效。主要理由如下：

证据3（即中国纺织出版社出版发行的《织物结构与设计》1986年6月第2版封面、版权页和第153页的复印件）的经起毛织物的表面毛绒是通过将织物中连接的毛经割断而形成的，该证据未披露任何有关经割绒后进行定型处理的技术内容。因此，该毛绒的形状应理解为一种自然状态，并非是本专利经过定型处理后的直毛状。

证据1（即1987年第3期《山西纺织》中封面、目录页、版权页和“毛纺翼锭粗纱机自动生头技术探讨”一文的复印件）和证据3均未公开本专利权利要求1中的“工作绒面毛丛为直毛状且其倾倒定型的角度α为30°~45°”这些技术特征，也未给出任何技术启示和教导。该区别特征带来了干条自然附着100次抓取能力达100%，干条异位分离退绕达100%，并可承受较大的强力与拉伸负荷、简化了制作工艺和降低了成本的技术效果。很明显，其技术指标优于证据1所公开的技术方案。本专利权利要求1所选择的技术方案产生了使本领域技术人员预料不到的技术效果。因此，本专利权利要求1具备创造性。

在权利要求1具备创造性的情况下，其从属权利要求2也具备创造性。

原告诉称：

1. 被诉决定对毛丛形状的认定错误。在纱管绒生产过程中，割绒后形成的毛丛本身就是直毛状，这是公知常识，且证据1也公开了“毛丛统一朝一个方向倾倒一定角度”，只有毛丛是直毛状的时候才能统一朝一个方向倾倒，故证据1的毛丛也是直毛状。本专利权利要求书和说明书中定型处理的均只是针对毛丛的倾角，并不包括将“自然状态”的毛丛处理定型为直毛状。所以，被诉决定认为证据3毛绒的形状应理解为一种自然状态，并非是本专利经过定型处理后的直毛状错误。

2. 被诉决定对本专利的技术效果的认定错误。证据1达到的技术效果是“抓取时能够达到一次性全车自动生头的目的、退绕时很顺利地从绒布毛丛中分离出来而不产生拉毛现象”，在纺纱机众多纱管中只要有一个不能抓取生头和不能顺利退绕就不是“一次性全车”和“很顺利”，所以证据1的抓取生头和退绕也就是本专利的“干条自然附着100次抓取能力达100%，干条异位分离退绕达100%”。而本专利的其他技术效果在证据1中也有记载。故被诉决定认定本专利权利要求1所选择的技术方案产生了使本领域技术人员预料不到的技术效果错误。

3. 被告合议组的组成违法。本专利已经历过一次撤销程序和一次无效程序，本次无效程序的合议组（下称本合议组）组长和参审员均参加过上述审查程序，虽然本合议组的组成符合《审查指南》第四部分第一章第6.1节的规定，但该节的规定因与《中华人民共和国民事诉讼法》（下称《民事诉讼法》）第四十五条、《中华人民共和国行政诉讼法》（下称《行政诉讼法》）第四十七条的规定相抵触而无效。原告有理由怀疑被告组成合议组的公正性。

综上，请求人民法院撤销被诉决定，责令被告重新作出正确的审查决定。

被告辩称：本合议组的组成完全符合《审查指南》第四部分第一章第6.1节的规定，且原告在本案审理过程中也从未对合议组的组成人员提出过回避请求，而被诉决定对本专利的毛丛形状和技术效果的认定是正确的。原告的诉讼理由不能成立，请求人民法院维持被诉决定。

第三人陈述意见同意被诉决定。

法定期限内，被告为证明被诉决定合法向本院提供了以下证据：本专利说明书、证据1、证据3、口头审理记录表及其附页。原告提供了本专利说明书、证据1、证据3以及其在口头审理中的发言要点，用以证明其观点在口头审理时都已明确表示了。第三人提供了山西省运城市盐湖区人民法院（2002）运盐民破字第1号民事裁定书，用以证明运城市地方国营长毛绒厂已依法被宣告破产。经庭审质证，各方当事人对上述证据均不持异议。本院经审查认为，上述证据与本案具有关联性且真实、合法，能够作为证明本案相关事实的依据，本院予以采信。

根据上述证据及各方当事人在庭审中无争议的陈述，本院认定事实如下：

本专利申请日为1994年6月1日，授权公告日为1995年4月19日，专利权人为运城市地方国营长毛绒厂（现已破产）。本专利授权公告后分别经过一次撤销程序和无效宣告程序，其中撤销程序的主审员是黄玉平，无效宣告程序的合议组组长是陈海平。

本专利被维持有效的权利要求书如下：

“1. 一种粗纱机纱管用绒，包括有底布和工作绒面，工作绒面以经丝布置并与底布棉经丝间隔排列织造，其特征是工作绒面毛丛为直毛状且其倾倒定型的角度α为30°~45°。

2. 如权利要求1所述的粗纱机纱管用绒，其特征是工作绒面毛经丝与底布棉经丝按一毛三棉加一毛一棉的间隔循环整经布置。”

本专利说明书第1页中记载的内容包括：现有技术中“工作绒面毛丛端头为钩状且倾角约为45°~60°”、本专利的“工作绒面毛丛为直毛状，为保证绒面的抓取能力，毛丛倾角α热压定型为30°~45°”、“经实际测定，干条自然附着100次抓取能力达100%，干条异位分离退绕达100%”等。

2004年7月19日，原告以本专利不具备创造性为由向被告提出无效宣告请求，提供证据1、证据2（即山西地方标准《纱管绒》DB/1400W57002-88复印件）、证据3、证据4（即中国纺织出版社出版发行的《毛纺织染整手册》第2版上册的封面、第2版前言、目录页和第1040和1041页的复印件）。

其中，证据1公开了一种纱管绒，其毛丛统一朝一个方向倾倒一定的角度。该毛丛背面涂有胶质，表面光滑，具有结构牢固、弹性好等特点。而且绒布毛丛的倾倒方向与筒管方向一致，压掌叶所带的须条头端便于被纱管上所贴绒布的毛丛所抓取。须条头端被绒布毛丛抓紧，越过压掌叶，从而达到一次性全车自动生头的目的。在下道工序（细纱）退绕时，当退至粗纱管最后两圈时，由于须条的退绕方向和筒管上所贴绒布表面毛丛倾倒方向相反，且毛丛表面光滑，在退绕力P的作用下须条很顺利地从绒布毛丛中分离出来而不产生拉毛现象。

证据3公开了一种经起毛组织织物，该织物是由两个系统经纱（即地经与毛经），同一个系统纬纱交织而成。织成的织物经割绒工序将连接的毛经割断，形成两层独立的经起毛织物。

被告于2004年9月9日受理后进行了文件转送，并组成合议组，由黄玉平担任合议组组长，崔峥主审，陈海平参审。2005年2月25日，被告举行口头审理。在口头审理中，原告对合议组成员未提出回避请求。原告当庭出示了证据1、证据3的原件，同时放弃证据2作为证据使用。由于原告未出示证据4的原件，被告当庭告知对该证据不予采信。

在无效程序中，专利权人未在被告规定的期限内陈述意见，也未出席口头审理。

被告经审查认为证据1、证据3可以作为现有技术评价本专利的创造性，并于2005年3月9日作出被诉决定，次日向双方当事人送达。

原告不服被诉决定，在法定期限内向本院提起诉讼。在开庭审理中，被告陈述由于本专利权利要求1的定型后的角度是指毛丛与绒面的角度，而定型只能是对毛丛进行定型，定型后的毛丛形状肯定会发生改变，且说明书中记载了现有技术的“毛丛端头为钩状”。所以，本专利毛丛的直毛状是指经过定型处理后的直毛状。此外，被告还陈述，“自然附着100次抓取能力”是本行业内的固定术语，根据惯用的统计方式，“自然附着100次抓取能力100%”是指纱管均只转一圈即能抓取。原告认为定型只是让毛丛统一向一个方向形成一个角度，而毛丛在定型前就已经是直毛状，并提出本专利说明书中的现有技术是杜撰的，但原告对被告关于“自然附着100次抓取能力100%”的相关陈述内容不持异议，只是认为这种技术是不可能达到的，同时原告还陈述纺纱机开动一次，纱管有可能在转若干圈之后才能抓取，但都是瞬间的动作，因此都属于“一次性全车”。此外，各方当事人还认可原告提供证据3仅是证明在割绒后的毛丛即是直毛状的事实，不存在与本专利进行技术效果比较的问题。

本院认为:《审查指南》第四部分第一章第6.1节是对被告审查复审和无效宣告案件的合议组的组成所作的专门规定，其中与本案相关的内容为“专利复审委员会作出维持专利权有效或者宣告专利权部分无效的审查决定以后，同一请求人针对该审查决定涉及的专利权以不同理由或者证据提出新的无效宣告请求的，作出原审查决定的主审员不再参加该无效宣告案件的审查工作”。本合议组的黄玉平和陈海平虽参加过涉及本专利的其他案件的审查工作，但均不属于上述规定中的情形。原告在无效宣告程序中未对合议组成员提出回避请求，且在本案诉讼中也未提出该合议组成员存在应当回避的情形，故被告组成的合议组不违法。《民事诉讼法》第四十五条、《行政诉讼法》第四十七条是针对人民法院的审判人员在审理案件时实行回避制度的相关规定，与《审查指南》的适用范围和约束对象不同，原告关于《审查指南》有关规定因与两部诉讼法相抵触而无效，合议组组成违法的主张缺乏事实及法律依据。

关于本专利权利要求1与证据1、证据3相比的区别特征问题。在证据1、证据3的文字描述和附图中，均未明确毛丛是直毛状和倾倒的角度的内容，被告认定两份证据均未公开本专利权利要求1的“工作绒面毛丛为直毛状且其倾倒定型的角度$\alpha$为30°~45°”的技术特征正确。虽然权利要求书和说明书中未直接描述“毛丛为直毛状”是定型后形成的，但由于定型是让毛丛统一向一个方向倾倒，与绒面形成一个角度，故被告根据定型只能是对毛丛进行定型，而定型后的毛丛形状会发生改变的事实，并结合说明书中关于现有技术的记载，认定本专利毛丛的直毛状是经过定型处理后形成的正确。由于证据3中未记载割绒后进行定型处理等内容的事实，被告认定该证据中的毛丛形状是自然状态，并非是本专利经过定型处理后的直毛状亦是正确的。原告认为证据1公开了“毛丛统一朝一个方向倾倒一定角度”即可认定其毛丛是直毛状，并认为本专利说明书中的现有技术是杜撰的，但其未能提供证据证明该主张，故本院不予支持。

关于本专利权利要求1的实质性特点和进步的问题。本专利说明书记载了权利要求1的技术效果之一是“经实际测定，干条自然附着100次抓取能力达100%，干条异位分离退绕达100%”，而证据1中关于“抓取”和“退绕”仅记载了“一次性全车”和“很顺利”。根据各方当事人在庭审中无争议的“自然附着100次抓取能力100%”和“一次性全车”的内容，可以认定“一次性全车自动生头”并非且也未达到“自然附着100次抓取能力100%”的技术指标，而“很顺利”只是对退绕状态的一种修饰词语，并无具体技术指标。故被告认定权利要求1的技术指标优于证据1所公开的技术方案，并产生了预料不到的技术效果，因此权利要求1具备创造性的结论正确。

在权利要求1具备创造性的情况下，被告认定其从属权利要求2也具备创造性亦是正确的。

综上，被诉决定认定事实清楚，适用法律正确，审查程序合法，本院予以维持。原告的诉讼理由缺乏事实及法律依据，其诉讼请求本院不予支持。据此，依照《中华人民共和国行政诉讼法》第五十四条第（一）项的规定，判决如下：

维持中华人民共和国国家知识产权局专利复审委员会于二〇〇五年三月九日作出的第6919号无效宣告请求审查决定。

案件受理费1000元，由原告刘希田负担（已交纳）。

如不服本判决，可在判决书送达之日起十五日内向本院递交上诉状，并按对方当事人的人数提出副本，上诉于北京市高级人民法院。

审 判 长　饶亚东
代理审判员　张靛卿
代理审判员　强刚华
二〇〇五年七月七日
书 记 员　司品华

## 北京市高级人民法院
## 行政判决书

（2006）高行终字第105号

上诉人（一审原告）刘希田，男，51岁，汉族，住山西省运城市望湖新村新二幢4单元201室。

委托代理人任虎成，北京市优仕联律师事务所律师。

被上诉人（一审被告）国家知识产权局专利复审委员会，住所地北京市海淀区北四环西路9号。

法定代表人廖涛，副主任。

委托代理人崔峥，男，国家知识产权局专利复审委员会机械申诉处复审员。

委托代理人崔国振，男，国家知识产权局专利复审委员会行政诉讼处复审员。

被上诉人（一审第三人）运城市地方国营长毛绒厂破产清算组，住所地山西省运城市南环东路171号。

负责人杨志杰，组长。

委托代理人廉强钊，男，原运城市地方国营长毛绒厂厂长。

上诉人刘希田因专利无效审查决定一案，不服北京市第一中级人民法院（2005）一中行初字第417号行政判决，向本院提起上诉。本院受理后，依法组成合议庭，公开开庭进行了审理。上诉人刘希田及其委托代理人任虎成，被上诉人国家知识产权局专利复审委员会（下称专利复审委）的委托代理人崔国振、崔峥，被上诉人运城市地方国营长毛绒厂破产清算组（下称运城长毛绒厂）的负责人杨志杰及其委托代理人廉强钊到庭参加了诉讼。本案现已审理终结。

北京市第一中级人民法院判决认为，根据《审查指南》第四部分第一章第6.1节的规定，本案合议组的黄玉平和陈海平虽参加过涉及本专利的其他案件的审查工作，但均不属于上述规定中的情形。刘希田在无效宣告程序中未对合议组成员提出回避请求，且在本案诉讼中也未提出该合议组成员存在应当回避的情形，故专利复审委就本案组成的合议组不违法。

关于本专利权利要求1与证据1、证据3相比的区别特征问题。在证据1、证据3的文字描述和附图中，均未明确毛丛是直毛状和倾倒的角度的内容，专利复审委认定两份证据均未公开本专利权利要求1的“工作绒面毛丛为直毛状且其倾倒定型的角度α为30°～45°”的技术特征正确。虽然权利要求书和说明书中未直接描述“毛丛为直毛状”是定型后形成的，但由于定型是让毛丛统一向一个方向倾倒，与绒面形成一个角度，故专利复审委根据定型只能是对毛丛进行定型，而定型后的毛丛形状会发生改变的事实，并结合说明书中关于现有技术的记载，认定本专利毛丛的直毛状是经过定型处理后形成的正确。由于证据3中未记载割绒后进行定型处理等内容的事实，专利复审委认定该证据中的毛丛形状是自然状态，并非是本专利经过定型处理后的直毛状亦是正确的。刘希田认为证据1公开了“毛丛统一朝一个方向倾倒一定角度”即可认定其毛丛是直毛状，并认为本专利说明书中的现有技术是杜撰的，但其未能提供证据证明该主张，故对该主张不予支持。

关于本专利权利要求1的实质性特点和进步的问题。本专利说明书记载了权利要求1的技术效果之一是“经实际测定，干条自然附着100次抓取能力达100%，千条异位分离退绕达100%”，而证据1中关于“抓取”和“退绕”仅记载了“一次性全车”和“很顺利”。根据各方当事人在庭审中无争议的“自然附着100次抓取能力100%”和“一次性全车”的内容，可以认定“一次性全车自动生头”并非且也未达到“自然附着100次抓取能力100%”的技术指标，而“很顺利”只是对退绕状态的一种修饰词语，并无具体技术指标。故专利复审委认定权利要求1的技术指标优于证据1所公开的技术方案，并产生了预料不到的技术效果，因此权利要求1具备创造性的结论正确。在权利要求1具备创造性的情况下，专利复审委认定其从属权利要求2也具备创造性亦是正确的。综上认为，专利复审委作出的第6919号无效宣告请求审查决定（下称第6919号决定）认定事实清楚，适用法律正确，审查程序合法，本院予以维持。刘希田的诉讼理由缺乏事实及法律依据，其诉讼请求不予支持。据此，依照《中华人民共和国行政诉讼法》第五十四条第（一）项的规定，判决维持了第6919号决定。

刘希田不服一审判决提起上诉。刘希田认为：1. 证据1虽然没有直接出现“绒面毛丛为直毛状”的表述，但记载了毛的高度只有2.5～3.5mm，又“统一朝一个方向倾倒一定角度”，其功能是利用倾斜的毛丛在自动生头时抓取须条，这样毛丛只能是直毛状而不可能是弯曲状或其他任何非直毛状的。证据1之所以使用“毛丛统一朝一个方向倾倒一定的角度”的表述，其原因一是表明对毛丛倾倒的角度要求并不很高，只要统一朝一个方向倾倒一定的角度就能够满足需要，“一定的角度”是一个较大的角度范围；二是本领域技术人员很容易确定这个角度范围。理所当然的会以45°为中心分别向两侧选择几个点进行试验，确定“一定的角度”范围。因此，证据1的“一定角度”是包括本专利30°～45°在内的一个较大的角度范围，本专利的30°～45°是在证据1的角度范围内选定的。

2. 根据本专利说明书的记载，本专利是将“端头为钩状”的毛丛“改进”为直毛状的毛丛，专利复审委根据这一记载想当然的认定“直毛状”这一技术特征是本专利经过“定型处理”后获得的。但说明书又记载，“工作绒面毛丛为直毛状，为保证绒面的抓取能力，毛丛倾角α以热压定型为30°～45°”显然，本专利“定型处理”的只是毛丛的倾角，并不包括将“自然状态”（或其他状态）的毛丛定型处理为直毛状，故专利复审委的认定不符合本专利的本意及说明书的记载。

3. 专利复审委认定本专利的技术效果是“干条自然附着100次抓取能力达100%，干条异位分离退绕达100%”。而证据1则记载，纺纱机开车之前，须条头端即与绒布毛丛处于“接触”状态，开车后压掌杆的惯性又将压掌叶向筒管，又由于绒布毛丛的倾倒方向与筒管的旋转方向一致，所以，须条头端就被绒布毛丛抓紧，达到一次性全车自动生头的目的。而“在下道工序退绕时，当退至粗纱管最后两圈时，由于须条的退绕方向和筒管上所贴绒布表面毛丛倾倒方向相反，且毛丛表面光滑，在退绕力P的作用下须条很顺利地从绒布毛中分离出来而不产生拉毛现象”。在这里，“须条能够很顺利的从毛丛中分离出来"，并且"不产生拉毛现象"。很显然，证据1的"一次性全车自动生头"、退绕"很顺利、不产生拉毛现象"与本专利的抓取100%、退绕100%并没有质的差异，二者只是表达方式不同，本领域技术人员不会对二者作出不同理解和判断。但一审判决却认为"一次性全车"并未达到"自然附着100次抓取能力达100%"的技术指标，"很顺利"只是修饰词，无具体指标。

4. 关于本专利技术的抓取时间。专利复审委在庭审时所称的"惯用统计方式"，实际来源于本人声明放弃的证据2，专利复审委在决定中已经表明对该证据"不再予以考虑"。因此，该证据已不能使用。同时，该标准中的抓取和退绕试验均是用"抓取分离仪"在手工操作方式下统计出来的，而实际生产中的抓取是在瞬间完成的，因此，证据1的"一次性全车"与本专利的"自然附着100次抓取能力达100%"是完全相同的技术指标，一审判决对此问题认定错误。

5. 认为本专利"杜撰"背景技术。根据本专利第二设计人的证言，纱管绒从研制、投入生产到申请专利后并无实质性改进。第三设计人表示未参与本专利申请文件及说明书的撰写。但运城长毛绒厂在一审期间向法庭提交的说明材料记载了该技术于1987年已获省技术进步三等奖，1994年申请专利，均说明该技术自研制生产后到申请专利并无改进。上述事实说明本专利权人杜撰了本专利的背景技术，直毛状是已有技术特征，证据1与本专利揭示的技术效果完全相同。

综上，要求撤销一审判决和被诉决定，同时表示就复审委合议组成员一节不再坚持异议。

专利复审委答辩坚持第6919号决定认定的事实，要求维持一审判决和被诉决定。同时强调，本专利权利要求1关于定型后的角度是指毛丛与绒面的角度，而定型是对毛丛进行定型，但经定型后的毛丛形状肯定会发生改变，使本专利说明书中记载的现有技术中"毛丛端头为钩状"得以改进。所以，本专利毛丛的直毛状是指经过定型处理后的直毛状。

运城长毛绒厂未提交书面答辩意见。

经审理查明，本专利名称为"纱管绒"的94211348.9号实用新型专利权，专利权人为运城长毛绒厂，1994年6月1日申请，1995年4月19日公告授权。本专利授权公告后分别经过一次撤销程序和无效宣告程序。专利复审委于2004年6月8日作出第6139号专利无效请求复审决定，维持本专利权利要求第1、第2项，撤销本专利权利要求3。

现本专利被维持有效的权利要求为：

"1. 一种粗纱机纱管用绒，包括有底布和工作绒面，工作绒面以经丝布置并与底布棉经丝间隔排列织造，其特征是工作绒面毛丛为直毛状且其倾倒定型角度α为30°~45°。

2. 如权利要求1所述的粗纱机纱管用绒，其特征是工作绒面毛经丝与底布棉经丝按一毛三棉加一毛一棉的间隔循环整经布置。"

本专利说明书第1页中记载的内容包括：现有技术中"工作绒面毛丛的倾角约为45°~60°，且其端头为钩状，不但制作工艺复杂，且其退绕性能不理想"。本专利的目的在于提供一种在保证抓取性能的前提下，使退绕也较为顺利，且制作工艺简化综合成本相对降低的纱管绒；其"工作绒面毛丛为直毛状，为保证绒面的抓取能力，毛丛倾角α热压定型为30°~45°"；"经实际测定，干条自然附着100次抓取能力达100%，干条异位分离退绕达100%"。

2004年7月19日，刘希田以本专利不具备创造性为由向专利复审委提出无效宣告请求，并提交了证据1《山西纺织》1987年第3期《毛纺翼锭粗纱自动生头技术探讨》；证据2山西地方标准《纱管绒》DB/1400W57002-88，后刘希田声明放弃；证据3中国纺织出版社《织物结构与设计》1986年6月第2期第153页；证据4中国纺织出版社《毛纺织染整手册》第2版上册的封面、第2版前言、目录页和第1040和第1041页。

其中，证据1记载了一种纱管绒，其毛丛统一朝一个方向倾倒一定的角度。该毛丛背面涂有胶质，表面光滑，具有结构牢固、弹性好等特点。而且绒布毛丛的倾倒方向与筒管方向一致，压掌叶所带的须条头端便于被纱管上所贴绒布的毛丛所抓取。须条头端被绒布毛丛抓紧，越过压掌叶，从而达到一次性全车自动生头的目的。在下道工序（细纱）退绕时，当退至粗纱管最后两圈时，由于须条的退绕方向和筒管上所贴绒布表面毛丛倾倒方向相反，且毛丛表面光滑，在退绕力 P 的作用下须条很顺利地从绒布毛丛中分离出来而不产生拉毛现象。

证据 3 公开了一种经起毛组织织物，该织物是由两个系统经纱（即地经与毛经），同一个系统纬纱交织而成。织成的织物经割绒工序将连接的毛经割断，形成两层独立的经起毛织物。

专利复审委于 2004 年 9 月 9 日受理后进行了文件转送，并组成合议组，由黄玉平担任合议组组长，崔峥主审，陈海平参审，于 2005 年 2 月 25 日进行了口头审理。口审中，刘希田未提出回避请求，并当庭出示了证据 1、证据 3 的原件。由于其未能出示证据 4 的版权页，专利复审委视为未提交原件，并告知对证据 4 不予采信。

无效程序中，本专利的专利权人运城长毛绒厂未在专利复审委规定的期限内陈述意见，也未出席口头审理。

2005 年 3 月 9 日，专利复审委经审查认为证据 1、证据 3 可以作为现有技术评价本专利的创造性，并认为，证据 1 和证据 3 均未公开本专利权利要求 1 中的“工作绒面毛丛为直毛状且其倾倒定型的角度 α 为 30°~45°”这些技术特征，也未给出任何技术启示和教导。该区别特征带来了干条自然附着 100 次抓取能力达 100%，干条异位分离退绕达 100%，并可承受较大的强力与拉伸负荷、简化了制作工艺和降低了成本的技术效果。很明显，其技术指标优于证据 1 所公开的技术方案。本专利权利要求 1 所选择的技术方案产生了使本领域技术人员预料不到的技术效果。因此，本专利权利要求 1 具备创造性。

在权利要求 1 具备创造性的情况下，其从属权利要求 2 也具备创造性。

综上，本委于 2005 年 3 月 9 日作出被诉决定，认定本专利具备创造性，依照《专利法》第二十二条第三款的规定，维持本专利权有效。

二审庭审中，刘希田表示放弃认为专利复审委合议组的组成违法的诉讼理由。

一审法院审理期间，专利复审委向法院提交了：本专利说明书、证据 1、证据 3、口头审理记录（要点）表及其附页。刘希田提供了本专利说明书、证据 1、证据 3 以及口审记录（要点）。运城长毛绒厂就该厂目前经营状态提供了山西省运城市盐湖区人民法院（2002）运盐民破字第 1 号民事裁定书。

上述证据随本案移送本院。

根据案情需要，本院审理期间调取了第 6139 号专利无效请求复审决定。

经庭审质证，各方当事人对上述证据均不持异议。本院经审查认为，上述证据与本案具有关联性且真实、合法，能够作为证明本案相关事实的依据，本院予以采信。

本院认为，依照《中华人民共和国行政诉讼法》的规定，本院首先对当事人无争议的法律适用及行政程序进行了审查，经审查，专利复审委第 6919 号决定适用法律准确，复审程序符合相关法律、法规、规章的规定。

综合刘希田在复审及诉讼期间提出的理由，其对第 6919 号决定的异议主要为证据 1 及证据 3 是否公开了本专利权利要求 1 的技术特征，该技术特征是否具有创造性。

经核对，本专利权利要求 1 记载的技术特征为“工作绒面毛丛为直毛状且其倾倒定型的角度 α 为 30°~45°”，其中三个技术要点为“直毛状”、“倾倒定型”、“30°~45°”；同时本专利说明书记载了“倾倒一定的角度”的方法为“以热压定型”。而证据 1 对“特殊工业用绒”的记载为“毛丛的高度为2.5～3.5mm，毛丛统一朝一个方向倾倒一定的角度”，其后的内容则就“倾倒一定的角度”的具体数值以及角度形成的方法未予涉及。证据3记载的是一种经起毛组织。该织物由两个系统经纱，同一个系统纬纱交织而成。可用单层起毛杆或用双层织制法织成。双层织制法其地经纱分成上下两部分，分别形成上下两层经纱的梭口，经纱依次与上下层经纱的梭口进行交织，形成两层地布。两层地布间隔一定距离，毛经位于两层地布中间，与上下层纬纱同时交织。两层地布中间的距离等于两层绒毛高度之和，织成的织物经割绒工序将连接的毛经割断，形成两层独立的经起毛织物。该证据对经起毛组织的毛丛状态也没有具体记载。显然，证据1和证据3均未公开本专利权利要求1包含“直毛状”、“倾倒定型”、“30°～45°”三个技术要点的技术特征。故，专利复审委在第6919号决定中就证据1、证据3未公开本专利“工作绒面毛丛为直毛状且其倾倒一定的角度α为30°～45°”技术特征、该技术特征为本专利与证据1和证据3的区别特征的确认正确。

关于本专利的创造性。根据本专利说明书记载，此前我国进口的“OKK”系列毛纺粗纱机，其工作绒面毛丛的倾角定型约为45°～60°，且其端头为钩状，不但制作工艺复杂，且其退绕性能不理想。本实用新型的目的在于提供一种在保证抓取性能的前提下，使退绕也较为顺利，且制作工艺简化综合成本相对降低的纱管绒。经实际测定，干条自然附着100次抓取能力达100%，干条异位分离退绕达100%，且其强力、延伸试验结果所得的数据远远大于工作中承受的强力与拉抻负荷，且其制作工艺有所简化，综合成本下降。上述记载表明本专利在将“工作绒面毛丛为直毛状且其倾倒一定的角度α为30°～45°”后，其技术效果与证据1公开的技术方案相比较具有实质性特点和进步。同时，由于证据1和证据3就本专利权利要求1的技术特征均未提及关于“毛丛定型”和“毛丛倾斜角度”与干条抓取能力、干条异位退绕之间的联系；无论是证据1还是证据1与证据3的技术的组合，均未能给出上述相关技术启示，需要本领域技术人员经过试验比对等创造性的劳动和研究。故专利复审委确认上述区别特征具有实质性特点和进步、本专利权利要求1具备创造性的结论依据明确，符合《审查指南》规定的审查原则。

刘希田关于本专利说明书“工作绒面毛丛为直毛状，为保证绒面的抓取能力，毛丛倾角α以热压定型为30°～45°”的记载，专利复审委“想当然”的认定“直毛状”这一技术特征是本专利经过“定型处理”后获得的问题。本院认为，综观本专利权利要求书、说明书以及第6919号决定对权利要求1技术特征的表述和解释均将定型作为使毛丛倾倒为“30°～45°”角的技术手段，并非如刘希田所述专利复审委“想当然”地认定直毛状是经定型处理所得。同时，专利复审委在诉讼期间关于“定型后的角度是指毛丛与绒面的角度，定型是对毛丛进行定型，定型后的毛丛形状肯定会发生改变”的陈述符合毛绒经热压定型的技术常理及本专利说明书记载的技术效果。故刘希田关于本专利“定型处理”的只是毛丛的倾角，并不包括将“自然状态”（或其他状态）的毛丛定型处理为直毛状的理由不能否定本专利的技术效果。

关于证据1的“一次性全车自动生头”、退绕“很顺利、不产生拉毛现象”与本专利的抓取100%、退绕100%是否有质的差异的问题。首先，本合议庭同意一审法院关于“一次性全车”与“自然附着100次抓取能力达100%”对技术指标表述的严谨程度不同，“很顺利”也未表明其具体指标的确认以及专利复审委关于本专利权利要求1与证据1的区别特征使得其技术指标优于证据1所公开的技术方案。

关于刘希田所述本专利“杜撰”背景技术一节。经审查专利复审委提交的口审记录及第6919号决定记载的刘希田关于申请宣告本专利无效的理由，刘希田在无效审查期间未提出该项主张，也未提交本专利技术与1987年曾获省技术进步三等奖的技术方案为同一技术的相关证据，故刘希田在诉讼期间提出的该项主张，本院不予支持。

综上所述，专利复审委作出的第6919号决定认定事实依据充分，适用法律正确，程序合法；一审法院判决维持符合法律规定。刘希田的上诉理由不能成立，本院不予支持。依据《中华人民共和国行政诉讼法》第六十一条第（一）项的规定，判决如下：

驳回上诉，维持一审判决。

二审案件受理费人民币1000元由上诉人刘希田负担（已交纳）。

本判决为终审判决。

审 判 长 郭 宜
审 判 员 张学磊
代理审判员 赵宇晖
二〇〇六年五月十九日
书 记 员 程钰玮

# 智能烟草异物剔除装置视频柜案

## 无效宣告请求审查决定（第6922号）

**决　定　号**　第6922号
**决　定　日**　2005年3月11日
**发明创造名称**　智能烟草异物剔除装置视频柜
**国际分类号**　A24B 3/18
**无效请求人**　云南昆船设计研究院
**专利权人**　王　军
**专　利　号**　02257785.8
**申　请　日**　2002年10月16日
**授权公告日**　2003年10月1日
**合议组组长**　黄玉平
**主　审　员**　徐媛媛
**参　审　员**　杨克菲

**法律依据**　专利法第二十二条第三款
**决定要点**

本专利之权利要求1所要求保护的技术方案相对于请求人提供的证据虽具有区别之处，但是区别之处属常规设计范畴，同时由本专利说明书所述内容也无法看出区别之处能够带来意想不到的技术效果，故本专利之权利要求1相对于请求人提供的证据不具备创造性。

**一、案由**

本无效宣告请求案涉及国家知识产权局2003年10月1日授权公告的、名称为“智能烟草异物剔除装置视频柜”的实用新型专利，其专利号为02257785.8，申请日为2002年10月16日，专利权人是王军。

授权公告的权利要求书如下：

“1. 一种智能烟草异物剔除装置视频柜，其特征是图像处理（1）装在固定托板上，固定托板与水平面成27°~30°位于视频柜上部，高速剔除装置（3）位于视频柜中部，照明装置（4）位于输送机的末端伸入视频柜之处。

2. 根据权利要求书1所述的智能烟草异物剔除装置视频柜，其特征是图像处理装置（1）由线阵CCD摄像机与反光镜组成。

3. 根据权利要求书1所述的智能烟草异物剔除装置视频柜，其特征是高速剔除装置（3）由128个高速剔除阀与一个空气储罐组成。”

针对上述专利权，云南昆船设计研究院（下称请求人）于2004年2月27日向专利复审委员会提出了无效宣告请求，其理由是本实用新型专利不符合专利法第二十二条第二款、第三款有关新颖性和创造性的规定。与此同时，请求人提供了如下证据：

证据1：US6003681 美国专利说明书复印件及其中文译文，授权公告日为1999年12月21日；

证据2：SRC VISION® Tobacco Sorter Ⅱ™ System 720 烟草杂物分选机验收测试表及 SRC VISION® 烟草杂物分选系统 TS720 调试及验收测试报告复印件共9页；

证据3：SRC VISION 烟草异物剔除系统设备维护手册相关章节复印件及中文译文共20页。

请求人的观点如下：证据1披露了本专利权利要求1所要求保护之技术方案中除了"固定托板与水平面成27°~30°"之外的所有技术特征，而未披露的技术特征对实现本专利的发明目的不起任何实质性的作用。另外证据3之第三章图3-2、图3-3、图3-18及图3-19披露了本专利权利要求1所要求保护的技术方案。故本专利之权利要求1相对于证据1和证据3均不具备新颖性。本专利权利要求2及权利要求3限定部分的技术特征均是所属领域的常规技术，故其不具备创造性。

专利复审委员会经形式审查合格后，于2004年4月12日发出了无效宣告请求受理通知书，同时将宣告专利权无效请求书以及有关文件副本转给专利权人（下称被请求人），要求被请求人在指定期限进行意见陈述。同时成立合议组对本案进行审理。

对此，被请求人在指定的期限未进行任何意见陈述。

专利复审委员会本案合议组于2004年9月22日向被请求人以及请求人发出了无效宣告请求口头审理通知书，定于2004年11月12日在专利复审委员会第一口审庭举行口头审理。因故，口头审理日期几经易期，合议组于2005年1月18日发出了无效宣告请求口头审理时间变更通知书，将口头审理的时间变更为2005年3月2日，地点变更为云南省知识产权局（昆明市北京路542号省科技大楼12层会议室）。

口头审理如期举行，被请求人缺席口头审理，请求人对合议组成员无回避请求。请求人当庭放弃了本专利不符合专利法第二十二条第二款的无效理由，明确其无效宣告请求的理由为本专利不符合专利法第二十二条第三款。同时增加了新的无效宣告请求的理由，即本专利不符合专利法第二十六条第三款的规定，请求人认为本专利不符合专利法第二十六条第三款的具体事实为：本专利说明书未详细说明诸如图像处理等部件之间的相互连接及作用关系，同时权利要求1未披露各部件的动态连接关系以及输送机与视频柜的相对位置关系，从而导致本领域技术人员根据说明书披露的内容无法实施权利要求1所要求保护的技术方案。权利要求3对高速剔除阀及空气储罐的位置、相对位置关系未予说明。

请求人提交了证据2的公证书，用以证明证据2的真实性。鉴于请求人未出示证据3的原件以及以其他方式证明证据3的真实性，合议组当庭告知请求人对证据3不予采信。请求人结合证据1就其认为本专利权利要求1~3不具备创造性充分阐述了意见。

在上述工作的基础上，合议组认为本案事实已经清楚，可以依法作出审查决定。

**二、决定的理由**

1. 关于本专利是否符合专利法第二十六条第三款的规定

专利法第二十六条第三款规定：说明书应当对发明或实用新型作出清楚、完整的说明，以所属技术领域的技术人员能够实现为准……

请求人认为本专利不符合专利法第二十六条第三款的理由如下：本专利说明书未详细示出诸如图像处理等部件之间的相互连接及作用关系，同时权利要求1未披露各部件的动态连接关系以及输送机与视频柜的相对位置关系，从而导致本领域技术人员根据说明书披露的内容无法实施权利要求1所要求保护的技术方案。权利要求3对高速剔除阀及空气储罐的设置、相对位置关系未予说明。

对此，合议组认为，根据说明书第1页第16~17行所述内容"照明装置4位于输送机的末端伸入视频柜之处”、说明书第 2 页第 2 ~ 10 行所述内容“被检烟叶由输送机的末端平抛进入视频柜……视频柜中安装了 128 个高速电磁阀，电磁阀控制约 4kg 压力的气体，用高压气流将异物剔除，异物通过回收箱 4 进入下一环节”并结合附图 1 可知，本专利对视频柜之各组件在工作过程中所起作用、功能予以了描述。据此，本领域的技术人员结合所属领域的常识技术可以知晓视频柜之各组件之间的相互连接（动态连接关系）及作用关系、输送机与视频柜的相对位置关系以及高速剔除阀及空气储罐的设置、相对位置关系，而无需付出创造性的劳动即可再现本专利权利要求 1 及权利要求 3 所要求保护的技术方案。说明书对本专利作出了清楚、完整的说明，符合专利法第二十六条第三款的规定。合议组对请求人主张本专利不符合专利法第二十六条第三款的无效宣告请求的理由不予支持。

2. 关于本专利的创造性

证据 1 是专利文献，属于公开出版物。合议组对该证据的真实性进行了核实，同时该证据的授权公告日早于本专利的申请日，故证据 1 构成本专利的现有技术，可以用于评价本专利的创造性。另外，鉴于被请求人对证据 1 的中文译文在指定的期限未提出异议，故合议组下面将依据请求人所提交的证据 1 的中文译文评述本专利的创造性。

根据专利法第二十二条规定，创造性是指同申请日以前已有的技术相比，该发明具有突出的实质性特点和显著的进步，该实用新型具有实质性特点和进步。

证据 1 涉及一种运用于轻型物料传送的离带稳定系统，并具体披露了以下内容（参见证据 1 中文译文说明书第 3 页第 7 ~ 10 行、第 4 页第 5、第 7 段以及附图 2、附图 5）：其中的大容量自动处理系统适合轻型物料的光学检测，诸如烟叶。所述系统包括带上系统以及离带系统。所述离带系统由一个机罩组成，所述机罩延伸到检测点 28（对应于本专利之视频柜）。所述检测点包括机架 82，机架内封装一对上下光源 84 和 86（对应于本专利之照明装置），上下光源位于输送机传送带 18 的末端。摄像机 88 和 90 通过可调节的反光镜 96 和 98（对应于本专利之图像处理）在各自的视线范围观察物料，同时摄像机和相应的反光镜固定在一支架（对应于本专利之托板）上，所述支架与水平面成一角度的位于检测点的上部。检测点 28 的中部设有一剔除点 30（对应于本专利之剔除装置），所述剔除点 30 利用横跨在传送带 18 上方的多个“喷嘴” X 产生出的压缩空气，通过末端机罩里的一个开放的小孔转向挑选出来的异物，所述异物由剔除点 30 打入废料槽 A。

通过上述的描述可知，本专利之权利要求 1 所要求保护的技术方案与证据 1 存在如下区别之处：(1) 在本专利中，固定托板与水平面倾斜的角度为 27° ~ 30°，而证据 1 却未对支架与水平面倾斜的角度作具体的限定。（2）本专利采用高速剔除装置，而证据 1 却未明确示出所述剔除装置为“高速”。对于区别特征（1），合议组认为，上述倾斜角度是本领域的技术人员根据实际情况而可具体选择的，其显然属于常规设计之列。同时由本专利说明书所述内容也无法看出所述具体的倾斜角度能够带来意想不到的技术效果。对于区别特征（2），本专利说明书中未对“高速”的含义作具体的限定，而按照所属领域的惯常理解，“高速”是在烟草异物剔除过程中为满足工业自动化高精度要求的一种必然的选择，即虽然证据 1 未明确示出所述剔除装置为“高速”，但是本领域技术人员在证据 1 所给出的技术启示的基础上采用“高速”剔除装置是一种必然且最佳的选择。本领域的技术人员在证据 1 的基础上得到本专利权利要求 1 所要求保护的技术方案无须付出任何创造性的劳动，本专利之权利要求 1 不符合专利法第二十二条第三款的规定，不具备创造性。

本专利之权利要求 2 所要求保护的技术方案与证据 1 的区别之处在于，本专利之摄像机采用线阵 CCD 摄像机，而证据 1 却未对所用摄像机的类型作具体的限定。对此，合议组认为，线阵 CCD 摄像机属常规备选之摄像机的一种，本领域的技术人员在证据 1 的基础上结合实际需要及各种摄像机的性能而选择本专利之线阵 CCD 摄像机无须付出创造性的劳动。同时本专利说明书也未就选择线阵 CCD

摄像机能够带来意想不到的技术效果予以说明。故在权利要求 1 不具备创造性的情况下，权利要求 2 不具备创造性。

本专利之权利要求 3 所要求保护的技术方案与证据 1 的区别之处在于，本专利对高速剔除装置的组成作了具体的限定，即由 128 个高速剔除阀与一个空气储罐组成，而证据 1 却未对此予以限定。对此，合议组认为，根据上述证据 1 披露的内容可知，证据 1 是利用横跨在传送带 18 上方的多个“喷嘴”X 产生出的压缩空气进行异物剔除的，故剔除装置必然应包括一空气储罐。另外，异物的剔除只有在检测到异物时才进行，故剔除装置也必然应包括一个控制压缩气流之提供的装置，而采用电磁阀控制气流的供给对所属领域的技术人员而言又是常规的技术手段。至于电磁阀的数量则是根据不同的需求而可具体选择的。同时由本专利的说明书也无法看出本专利之高速剔除装置的具体组成能够带来其他意想不到的技术效果，故在权利要求 1 不具备创造性的情况下，权利要求 3 不具备创造性。

**三、决定**

宣告 02257785.8 号实用新型专利权的权利要求 1 ~ 3 全部无效。

一方当事人对本决定不服的，可以根据专利法第四十六条第二款的规定，在收到本决定之日起三个月内向北京市第一中级人民法院起诉。根据该款的规定，一方当事人起诉后，另一方当事人可以作为第三人参加诉讼。

# 旋转式吸管瓶盖案

## 无效宣告请求审查决定（第6931号）

**决　定　号**　第6931号
**决　定　日**　2005年3月16日
**发明创造名称**　旋转式吸管瓶盖
**国际分类号**　B65D 47/06
**无效请求人**　陈银凤
**专利权人**　潘笃华
**专　利　号**　98201649.2
**申　请　日**　1998年3月3日
**授权公告日**　1999年3月31日
**合议组组长**　杨克菲
**主　审　员**　耿　博
**参　审　员**　魏　屹　黄玉平　徐媛媛

**法律依据**　专利法第二十二条第三款
**决定要点**

当请求人所提出具有相同事实的无效宣告理由已由我委在先作出并已生效的决定给出明确结论的情况下，根据“一事不再理”原则，本决定对该无效宣告理由不再予以评述。

当本领域的技术人员根据现有技术无需花费创造性劳动可以实现该专利所要求保护的技术方案，并且该技术方案与现有技术相比并未取得意想不到的效果时，该技术方案不具备创造性。

**一、案由**

本无效宣告请求案涉及国家知识产权局专利局于1999年3月31日授权公告的名称为“旋转式吸管瓶盖”的98201649.2号实用新型专利权，其申请日是1998年3月3日，专利权人是潘笃华。

授权公告的权利要求书如下：

“1. 一种旋转式吸管瓶盖，它主要由瓶（1）、封口膜（2）、瓶盖接头（3）、吸管（4）、护盖（5）组成，其特征在于：瓶（1）口上粘贴有封口膜（2），瓶（1）口上通过螺纹（6）旋拧有瓶盖接头（3），瓶盖接头（3）上通过螺纹（7）旋拧有吸管（4），吸管（4）上套插有护盖（5）。

2. 根据权利要求1所述的旋转式吸管瓶盖，其特征还在于：吸管（4）的内管上设有锥刺（8），吸管（4）的外管内设有螺纹（9），吸管（4）的外管外设有拨头（10）。

3. 根据权利要求1所述的旋转式吸管瓶盖，其特征还在于：护盖（5）内设有主拨头（11）。”

针对上述实用新型专利权（下称本专利），陈银凤（下称请求人）于2003年9月22日向专利复审委员会提出无效宣告请求，理由是本专利不符合专利法第二十二条第三款所规定的创造性。与此同时，请求人提交了由杭州市公证处出具的（2002）杭证民字第7068号公证书，公证书证明所附的公开号为 DE4323666A1 德国专利说明书中文译本与原本的内容相符。并将 DE4323666A1 德国专利申请公开说明书所公开的内容作为现有技术（下称证据 1），其公开日为 1994 年 1 月 27 日。

请求人认为：证据 1 与本专利权利要求 1 的区别技术特征仅在于“瓶盖接头上通过螺纹旋拧有吸管”，该区别特征在证据 1 的背景技术部分有直接记载。本领域的技术人员在证据 1 的明示下可直接得出本专利的权利要求 1 的技术方案，所以本专利的权利要求 1 不具备创造性；本专利的权利要求 2、3 的附加技术特征是本领域的惯用技术，在权利要求 1 不具备创造性的基础上，权利要求 2、3 也无创造性，故请求宣告本专利全部无效。

经形式审查合格后，专利复审委员会受理了上述无效宣告请求，并于 2003 年 10 月 17 日向请求人及专利权人（下称被请求人）发出了无效宣告请求受理通知书，并将无效宣告请求书及所附的附件副本转送给了被请求人，同时成立合议组对上述无效宣告请求进行审查。

被请求人于 2003 年 12 月 15 日向专利复审委员会提交了意见陈述书。被请求人认为：（1）请求人所提交的证据是在国外形成的，并没有经过形成国的公证和中国使领馆的认证，证据不符合形式要件；（2）对比文件 1 的发明目的、结构关系和功能效果与本案专利差别十分明显，不能影响本专利的新颖性及创造性；（3）由于两者在所采用的技术方案上有明显的差别，所以本专利相对于证据 1 具备创造性。本案合议组将被请求人的此次意见陈述于 2004 年 3 月 2 日转交给请求人，并要求请求人在指定的期限内进行意见陈述。

针对本专利，陈银凤（下称请求人）于 2003 年 10 月 22 日再次向专利复审委员会提出无效宣告请求，理由是：本专利不符合专利法第二十二条第二款、第三款所规定的新颖性和创造性。与此同时，请求人提交了如下 12 份证据：

证据 1：德国专利 DE4323666 A1（及译文），公开日为 1994 年 1 月 27 日；

证据 2：美国专利 US4884705；

证据 3：德国专利 DEG9116503. 2；

证据 4：中国专利 ZL93242000. 1；

证据 5：瑞士专利 CH621985A5；

证据 6：美国专利 US5228592；

证据 7：欧洲专利 EP0326641 A2；

证据 8：美国专利 US5427275；

证据 9：欧洲专利 EP0543119 A1；

证据 10：美国专利 US4722449；

证据 11：中国发明专利申请公开说明书，公开号为 CN1143936A，公开日为 1997 年 2 月 26 日；

证据 12：美国专利 US3940003。

请求人认为在证据 1 中已经公开了本专利权利要求 1 所要求保护的技术方案，证据 11 也公开了与本专利权利要求保护的技术方案实质相同的技术特征，所以这两份证据的结合已将本专利权利要求所要求保护的技术方案完全公开，本专利相对于这两份证据所公开的内容不具备新颖性和创造性。

经形式审查合格后，专利复审委员会受理了上述无效宣告请求，并于 2004 年 1 月 12 日向请求人及被请求人发出了无效宣告请求受理通知书，并将无效宣告请求书及所附的附件副本转送给了被请求人，同时成立合议组对上述无效宣告请求进行审查。专利复审委员会于 2004 年 3 月 29 日收到了被请求人针对该次无效宣告请求的意见陈述。

本案合议组根据审查指南的相应规定，将上述两无效宣告请求合案审理，并于 2004 年 3 月 2 日向双方当事人发出口头审理通知，定于 2004 年 5 月 12 日在专利复审委员会举行口头审理。

口头审理如期进行，双方当事人均参加了口头审理。合议组将于2004年3月29日收到的被请求人的意见陈述的副本当厅转交给请求人。请求人声明放弃了在第二次无效宣告请求中提交的证据2～10、证据12作为证据使用，只保留证据1、证据11。并声明证据1的译文以第一次无效请求时提交的为准，被请求人对这一译文的正确性表示认可。请求人明确向合议组表示本次无效宣告请求所依据的条款是专利法第二十二条第三款、专利法实施细则第二十条第一款、第二十一条第二款的规定。合议组当庭告知双方当事人，由于请求人在本次无效宣告请求中提出的本专利不符合专利法实施细则第二十条第一款、第二十一条第二款的问题，已经在我委生效的第4500号决定中作出了详细的阐述及明确的结论，根据审查指南第四部分第三章第3.3节规定的"一事不再理"的原则，在本次审理中合议组对此问题不再进行评述。本次审理的范围仅限于对请求人提出的本专利相对于证据1、11所公开的内容是否具备创造性。双方当事人结合请求人提交的证据就本专利是否符合创造性的规定向合议组阐述了意见。

口头审理结束后，请求人当庭向合议组提交了口头审理代理词；被请求人于2004年5月17日向合议组提交了口头审理代理词，双方当事人在口头审理代理词中陈述的意见与口头审理时口头陈述的意见相同。

后鉴于专利复审委员会得知该案涉及重大的经济利益，决定将审理该无效宣告请求的合议组成员扩大为五人。合议组为能充分听取双方当事人的意见，决定再次举行口头审理。第二次口头审理于2004年12月21日在专利复审委员会如期举行。双方当事人均参加了口头审理。双方当事人结合请求人提交的证据就本专利是否符合创造性的规定向合议组阐述了意见。

在口头审理后，双方当事人均向合议组提交了口头审理代理词，双方当事人在口头审理代理词中陈述的意见与口头审理时口头陈述的意见相同。

在上述工作的基础上，合议组认为事实已经清楚，可以作出审查决定。

**二、决定的理由**

1. 本案的审理范围

请求人在口头审理时明确向合议组表示本次无效宣告请求所依据的条款是专利法第二十二条第三款、专利法实施细则第二十条第一款、第二十一条第二款的规定。

合议组认为：由于请求人在本次无效宣告请求中提出的本专利不符合专利法实施细则第二十条第一款、第二十一条第二款的问题，已经在专利复审委生效的第4500号决定中作出了详细的阐述及明确的结论，根据审查指南第四部分第三章第3.3节规定的"一事不再理"的原则，在本次审理中合议组对此问题不再进行评述。本次审理的范围仅限于对请求人提出的本专利相对于证据1、11所公开的内容是否具备创造性。

2. 证据的认定

请求人提交的证据1、证据11分别是德国、中国的专利文献，均属于公开出版物。经合议组核对及被请求人的质证，均认为真实可靠，所以可以认定这两份证据的真实性。由于这两份证据的公开日期均在本专利的申请日之前，故构成评价本专利是否具备创造性的已有技术。

由于请求人在口头审理时声明证据1（即德国专利DE4323666A1）的译文以第一次无效请求时提交的为准，在请求人第一次无效宣告请求时所提交的（2002）杭证民字第7068号公证书中，该公证书证明所附的公开号为DE4323666A1德国专利说明书中文译本与原本的内容相符，被请求人当庭也对这一译文的正确性表示认可。所以合议组认定对证据1的译文以请求人第一次无效宣告请求时提交的译文为准。

由于请求人在口头审理时当厅表示不再将第二次无效宣告请求时提交的证据2～10、证据12作为证据使用，所以合议组对这些证据不再予以考虑。

3. 本专利所要求保护的技术方案是否具备创造性

我国专利法第二十二条规定：创造性，是指同申请日以前已有的技术相比，该发明有突出的实质性特点和显著的进步，该实用新型有实质性特点和进步。

证据11涉及一种用于盛装液体产品的纸包装盒的膜片刺穿件及壶嘴组件，并具体公开了以下内容：呈盒形的容器（10）【相当于本专利的瓶（1）】，其上有封口膜（24），盖帽（32）【相当于本专利的护盖（5）】，壶嘴件（34）【相当于本专利的瓶盖接头（3）】，刺穿件（36），在容器的出液口（22）上贴有封口膜的铝箔（24），壶嘴件（34）通过螺纹（43、64）与刺穿件（36）连接在一起，在壶嘴件（34）粘接在容器（10）上并通过外螺纹与盖帽（32）连接（见该证据的说明书2~4页及附图4~13）。

通过将证据11公开的内容与本专利的权利要求1所要求保护的技术方案相对比，合议组认为两者的区别为：第一，瓶盖接头和瓶体的连接关系不同，本专利的瓶（1）口和瓶盖接头（3）间为螺纹（6）连接，而证据11则用粘结剂将盖和壶嘴件粘结在其上；第二，刺穿件（36）与本专利的吸管（4）的形状略有不同。

合议组认为，上述第一点区别仅是本领域中容器与其口颈部分之间的常见连接方式。在证据1中事实上也提及了本专利的这种封口方式：“为了将壳体2配在瓶子4上，瓶体第一部分3中首先要有内螺纹3a，它与瓶子4上的外螺纹4b刚好匹配”（见译文说明书第2页第4自然段及附图1）。这也属于本领域中惯常的技术手段。对于第二点区别，合议组认为虽然证据11公开的刺穿件（36）和本专利的吸管（4）的形状有所不同，本专利的吸管的端部有一个锥刺，证据11中的刺穿件的端部有若干个锥刺。但是两者所起的作用均是能够在外力的带动下，向封口膜方向运动，最终刺破封口膜。由于本专利所要解决的技术问题是“针对现有的饮料瓶其瓶盖功能单一，只能起到封盖瓶口的作用，不具有吸管功能，而设计一种结构简单，使用方便，其上带有吸管的，能锥刺封口膜的饮料瓶盖”（见说明书第1页）。证据11所要解决的技术问题是“提供一种装在一壶嘴件内的新颖刺穿件，驱动它便可在一无菌包装的密封膜片中形成一出液口”（见说明书第1自然段）。在证据1中所要解决的技术问题是“发明一种封闭装置，该装置能够快速并且简单地将密封膜片除去或者刺破。”具体实施方式是“压下操纵块10，将滑阀9从第一种位置推到第二种位置，直到将经向突出部分16进入凹状的吸取器16a为止，这种操作方法只要将密封膜片7穿破，瓶子4内的产品就可以通过管状部分13取出（见译文说明书第2页倒数第1自然段及附图1）”。由此可见，证据1、证据11与本专利属于同一技术领域，所要解决的技术问题均是如何利用吸管（刺穿件）刺穿容器的封口膜，所以本领域的技术人员是很容易将两者所公开的内容结合起来的。由于在证据1中已经公开了使用一种驱动装置驱动吸管（设有锥刺）刺穿封口膜，使用者可以通过管状部分将容器内的产品取出；本领域的技术人员很容易能够想到将证据11中刺穿件替换为证据1中的吸管而得到本专利权利要求1所要求保护的技术方案。并且采用本专利的权利要求1所要求保护的技术方案后相对于现有技术也没有取得意想不到的效果和进步，即不具有实质性特点和进步，不具备创造性。

被请求人认为：本专利所要求保护的是“吸管”，作用是戳破封口膜，形状细长，使用时由此吸出饮料；而证据11所公开的是“刺穿件”，作用是切割封口膜，形状短粗，使用时由此倒出饮料，所以二者不同。合议组认为：根据本专利说明书及其附图的记载，吸管（4）在未使用时是含在护盖（5）中，在使用时由于旋转护盖（5）而使吸管（4）转动，使吸管设有锥刺的部分向瓶口方向移动，从而刺破封口膜。由此可见，本专利的吸管的主要作用是在护盖的带动下刺破封口膜，达到饮用时清洁卫生的目的，而由于其要含在护盖内，所以其长度不能设计得如普通吸管那样长，饮用时其作用也不会像普通吸管完全将饮料吮吸干净，使用者仍要倾斜饮料瓶，所以它在饮用时也只能起到一个通道的作用。而证据11的刺穿件的功能正是如此，它刺穿封口膜后，在人直接饮用或向外倒出时也起到一个通道的作用。所以两者只是称谓上的不同，所起的作用基本相同，并且在证据1中已经给出了本专利的“吸管既能刺穿封口膜，也能吸取容器内的内容物”技术启示，本领域的技术人员将证据1、11所公开的内容相结合而得出本专利权利要求1所要求保护的技术方案无需花费创造性劳动，所以合议组对请求人的以上主张不予支持。

权利要求2是权利要求1的从属权利要求，其附加技术特征为：“吸管（4）的内管上设有锥刺（8），吸管（4）的外管内设有螺纹（9），吸管（4）的外管外设有拨头（10）”。由于权利要求2所要求保护的技术方案中限定了吸管是由内管和外管构成的，在内管上设有锥刺，在外管上设有螺纹。在证据1、证据11中均没有公开这种结构的吸管，也不能使本领域的技术人员得到实现这种技术方案的启示，并且采用这种技术方案与现有技术相比具有结构简单，安装方便的特点，所以权利要求2所要求保护的技术方案相对于现有技术具有实质性特点和进步，因而具备创造性。

权利要求3是权利要求1的从属权利要求，其附加技术特征为：“护盖（5）内设有主拨头（11）”。在证据11中公开了在盖帽（32）中设有杆（50）（见附图6），其作用与本专利中护盖（5）内设有的主拨头（11）作用相同，均是在实现刺穿封口膜时，通过旋转护盖而使其与吸管或刺穿件的抵靠摩擦作用，使吸管旋转并向下运动以达到刺穿封口膜的目的。所以两者只是称谓上的不同，所要解决的技术问题和能够实现的技术效果完全相同，所以在权利要求1不具备创造性的基础上，其从属权利要求3也不具备创造性。

**三、决定**

维持98201649.2号实用新型专利的权利要求2有效，宣告其权利要求1和权利要求3无效。

当事人对本决定不服的，可以根据专利法第四十六条第二款的规定，自收到本决定之日起三个月内向北京市第一中级人民法院起诉。根据该款的规定，一方当事人起诉后，另一方当事人应当作为第三人参加诉讼。

## 北京市第一中级人民法院
## 行政判决书

（2005）一中行初字第453号

原告潘笃华，男，汉族，1965年11月11日出生，住浙江省乐清市大荆镇水涨西路68号。

委托代理人朱黎光，北京金之桥知识产权代理有限公司专利代理人。

被告国家知识产权局专利复审委员会，住所地北京市海淀区北四环西路9号银谷大厦10～12层。

法定代表人廖涛，副主任。

委托代理人耿博，国家知识产权局专利复审委员会行政诉讼处审查员。

委托代理人郭健国，国家知识产权局专利复审委员会行政诉讼处审查员。

第三人陈银凤，女，汉族，1951年4月12日出生，住浙江省桐庐县毕浦乡方吴村。

委托代理人徐国文，北京安博达知识产权代理有限公司专利代理人。

原告潘笃华不服被告国家知识产权局专利复审委员会（下称专利复审委员会）于2005年3月17日做出的第6931号无效宣告请求审查决定（下称第6931号决定），于法定期限内向本院提起行政诉讼。本院于2005年4月13日受理本案后，依法组成合议庭，并通知陈银凤作为第三人参加诉讼，于2005年9月1日公开开庭进行了审理。原告潘笃华的委托代理人朱黎光，被告专利复审委员会的委托代理人耿博、郭健国到庭参加了诉讼，第三人陈银凤经本院合法传唤无正当理由未到庭，本院依法缺席审理。本案现已审理终结。

专利复审委员会第6931号决定系就陈银凤对潘笃华享有的第98201649.2号实用新型专利（下称本专利）所提出的无效宣告请求做出的。专利复审委员会在该决定中认定：

由于陈银凤在本次无效宣告请求中提出的本专利不符合专利法实施细则第二十条第一款、第二十一条第二款的问题，在被告做出的已生效的第4500号无效宣告请求审查决定（下称第4500号决定），中作出了详细的阐述及明确的结论，故第6931号决定不再对此进行评述。第6931号决定审理的范围仅限于本专利相对于证据1和证据11所公开的内容是否具备创造性。证据1、证据11分别是德国、中国的专利文献，构成评价本专利是否具备创造性的现有技术。证据1的译文以陈银凤第一次提出无效宣告请求时提交的译文为准。

证据11涉及一种用于盛装液体产品的纸包装盒的膜片刺穿件及壶嘴组件。将证据11公开的内容与本专利的权利要求1所要求保护的技术方案相对比，两者的区别为：第一，瓶盖接头和瓶体的连接关系不同，本专利的瓶（1）口和瓶盖接头（3）间为螺纹（6）连接，而证据11则用粘结剂将盖和壶嘴件粘结在其上；第二，刺穿件（36）与本专利的吸管（4）的形状略有不同。其中第一点区别仅是本领域中容器与其口颈部分之间的常见连接方式，属于本领域惯常的技术手段，且证据1中也提及了本专利的这种封口方式。关于第二点区别，由于证据1、证据11与本专利属于同一技术领域，所要解决的技术问题均是如何利用吸管（刺穿件）刺穿容器的封口膜，所以本领域的技术人员很容易将两者所公开的内容结合起来。由于在证据1中已经公开了使用一种驱动装置驱动吸管（设有锥刺）刺穿封口膜，使用者可以通过管状部分将容器内的产品取出。本领域的技术人员能够很容易想到将证据11中刺穿件替换为证据1中的吸管而得到本专利权利要求1所要求保护的技术方案。并且采用本专利权利要求1所要求保护的技术方案相对于现有技术也没有取得意想不到的效果和进步，故本专利权利要求1不具有实质性特点和进步，不具备创造性。

权利要求2是权利要求1的从属权利要求，其技术方案相对于现有技术具有实质性特点和进步，具备创造性。

权利要求3是权利要求1的从属权利要求，证据11公开了在盖帽（32）中设有杆（50）（见附图6），其作用与本专利中护盖（5）内设有的主拨头（11）作用相同，均是在实现刺穿封口膜时，通过旋转护盖而使其与吸管或刺穿件的抵靠摩擦作用，使吸管旋转并向下运动以达到刺穿封口膜的目的。两者只是称谓上的不同，所要解决的技术问题和能够实现的技术效果完全相同。在权利要求1不具备创造性的基础上，其从属权利要求3也不具备创造性。

据此，专利复审委员会做出第6931号决定，维持本专利的权利要求2有效，宣告其权利要求1和权利要求3无效。

原告潘笃华不服该决定，在法定期限内向本院提起行政诉讼。其诉称：本专利涉及的是瓶，而证据11涉及的是纸包装盒，两者所属技术领域不同，被告并无证据认定盒上的技术方案能够显而易见地应用于瓶上。被告对本专利的区别特征认定有误，本专利相对于证据11具有六个区别特征：

1. 本专利的“瓶”不同于证据11中的“盒”，二者所属技术领域不同，被告并无证据认定盒上的技术方案能够显而易见地应用于瓶上。这是因为瓶是有瓶颈的，而瓶颈的设置往往用来与瓶盖、瓶塞等配合，而盒则没有瓶颈，这直接影响了后续技术方案的差别。

2. 本专利的瓶口上粘贴有封口膜这一技术特征未被对比文件公开：证据11中的铝箔膜片24是

封闭袋装物，不是封口膜，也不是粘贴在瓶口；证据1中的膜片7是设置在壳体2的覆盖面2a处，不是设置在瓶口，更不是粘贴在瓶口。

3. 证据11中的盖帽32与本专利的护盖5不同：证据11中的盖帽32与壶嘴件34是旋转连接，即盖帽带有螺纹；本专利的护盖5与瓶盖接头3是套插连接，没有螺纹，两者的结构不同。

4. 证据11中的壶嘴件34与本专利的瓶盖接头3不同：证据11中的壶嘴件34是粘在盒形容器10上的，是粘接固定的；而本专利是在瓶口上通过螺纹6旋拧有瓶盖接头3，是旋拧活动的；二者的连接关系、连接效果均不同。

5. 证据11中的刺穿件36与本专利的吸管4不同：证据11中的刺穿件36起到液体倒出通道的作用，粗而不能吸；本专利的吸管是一种中空的细长管子，可用于吸取流体（如饮料）。两者除了形状差异外，其功能、作用均不相同。

6. 本专利的护盖与吸管的“套插”这一技术特征在证据11和证据1中均未公开，证据11中的盖帽32和刺穿件36分别通过螺纹旋拧在壶嘴件34的内外，其壶嘴件固定粘接在盒状容器上，故不可能将证据1中活动连接的壳体2引入证据11并导出本专利的瓶盖接头。

综上，被告做出的第6931号决定认定事实错误，适用法律也有错误，漏审了原告在无效程序中主张的客观事实，漏审了本专利与证据间的功能、作用和技术方案的客观差别，程序有误。原告请求撤销第6931号决定，维持本专利全部有效。

被告专利复审委员会辩称：1. 证据11中的包装盒、证据1中的瓶子和本专利的饮料瓶均属于液体饮料的包装物，属于同一技术领域，所要解决的技术问题相同，本领域的技术人员将这三者进行结合无需花费创造性劳动。2. 本专利吸管的主要作用是在护盖的带动下刺破封口膜，达到饮用时清洁卫生的目的，而由于其包含在护盖内，其长度不能设计得如普通吸管那样长，饮用时其作用也不会像普通吸管那样完全将饮料吮吸干净，使用者仍要倾斜饮料瓶，所以它在饮用时也只能起到一个通道的作用，与证据11的中刺穿件的作用、功能基本相同。由于证据1中已经给出了本专利的“吸管既能刺穿封口膜，也能吸取容器内的内容物”的技术启示，所以本领域的技术人员将证据1、证据11所公开的内容相结合而得出本专利的权利要求1所要求保护的技术方案无需花费创造性劳动。3. 对于原告的其他主张，仍坚持第6931号决定中的观点。

综上，第6931号决定认定事实清楚、适用法律法规正确、审理程序合法，审查结论正确，原告的诉讼请求无事实及法律依据，请求人民法院依法予以驳回，并维持第6931号决定。

第三人陈银凤未提交书面意见陈述。

本院经审理查明：

名称为“旋转式吸管瓶盖”的实用新型专利于1998年3月3日向国家知识产权局提出申请，于1999年3月31日被授权公告，专利号为98201649.2，专利权人是潘笃华。

本专利授权公告的权利要求书为：

“1. 一种旋转式吸管瓶盖，它主要由瓶（1）、封口膜（2）、瓶盖接头（3）、吸管（4）、护盖（5）组成，其特征在于瓶（1）口上粘贴有封口膜（2），瓶（1）口上通过螺纹（6）旋拧有瓶盖接头（3），瓶盖接头（3）上通过螺纹（7）旋拧有吸管（4），吸管（4）上套插有护盖（5）。

2. 根据权利要求1所述的旋转式吸管瓶盖，其特征还在于吸管（4）的内管上设有锥刺（8），吸管（4）的外管内设有螺纹（9），吸管（4）的外管外设有拨头（10）。

3. 根据权利要求1所述的旋转式吸管瓶盖，其特征还在于护盖（5）内设有主拨头（11）。”

本专利说明书记载：现有饮料瓶的瓶盖功能单一，只能起到封盖瓶口的作用，不具有吸管的功能；本专利的目的在于设计一种结构简单，使用方便，其上设有带有吸管的，能锥刺封口膜的饮料瓶盖。

2003 年 9 月 22 日，陈银凤针对本专利向专利复审委员会提出无效宣告请求，理由是本专利不符合专利法第二十二条第三款所规定的创造性，并提交了（2002）杭证民字第 7068 号公证书，以证明其所附的公开号为 DE4323666A1 德国专利说明书的中文译本与原本的内容相符。

2003 年 10 月 22 日，陈银凤针对本专利再次向专利复审委员会提出无效宣告请求，其理由是本专利不符合专利法第二十二条第二款、第三款所规定的新颖性和创造性，同时提交了 12 份证据，其中：

证据 1 为德国专利 DE4323666A1（及译文），公开日为 1994 年 1 月 27 日，其公布文本的摘要部分载明“与壳体（2）的内部相连并且与瓶子（4）的开口（4a）的边缘密封的是一层密封膜片。”其说明书译文第 1 页记载所要解决的技术问题是“发明一种封闭装置……该装置能够快速并且简单地将密封膜片除去或者刺破”。其译文说明书第 2 页及附图 1 中载明：“为了将壳体 2 配在瓶子 4 上，瓶体第一部分 3 中首先要有内螺纹 3a，它与瓶子 4 上的外螺纹 4b 刚好匹配”，其具体实施方式是“压下操纵块 10，将滑阀 9 从第一种位置推到第二种位置，直到将经向突出部分 16 进入凹状的吸取器 16a 为止。这种操作方法只要将密封膜片 7 穿破，瓶子 4 内的产品就可以通过管状部分 13 取出。”

证据 11 为 CN1143936A 号中国发明专利申请公开说明书，其公开日为 1997 年 2 月 26 日，其说明书记载所要解决的技术问题是“提供一种装在一壶嘴件内的新颖刺穿件，驱动它便可在一无菌包装的密封膜片中形成一出液口”。其说明书第 2 ~ 4 页及附图 4 – 13 载明：该专利涉及一种用于盛装液体产品的纸包装盒的膜片刺穿件及壶嘴组件，并具体公开了以下内容：呈盒形的容器（10）其上有封口膜（24），盖帽（32），壶嘴件（34），刺穿件（36），在容器的出液口（22）上贴有封口膜的铝箔（24），壶嘴件（34）通过螺纹（43、64）与刺穿件（36）连接在一起，在壶嘴件（34）粘接在容器（10）上并通过外螺纹与盖帽（32）连接。

被告决定将两次无效宣告请求合案审理，并于 2004 年 5 月 12 日进行了口头审理。陈银凤当庭声明放弃在第二次无效宣告请求中提交的证据 2 ~ 10、证据 12 作为证据使用，只保留证据 1、证据 11，并声明证据 1 的译文以第一次无效请求时提交的为准，原告对此表示认可。陈银凤明确表示本次无效宣告请求的理由是专利法第二十二条第三款、专利法实施细则第二十条第一款、第二十一条第二款的规定。被告当庭告知双方当事人：由于本次无效宣告请求中有关本专利不符合专利法实施细则第二十条第一款、第二十一条第二款的问题，已在第 4500 号决定中作出了详细阐述及明确结论，本次审理不再对此问题进行评述，故本次审理的范围仅限于本专利相对于证据 1、证据 11 所公开的内容是否具备创造性。

后鉴于本专利涉及重大经济利益，被告决定将合议组成员扩大为五人，并于 2004 年 12 月 21 日再次举行口头审理。双方当事人均参加了此次口头审理，并结合有关证据就本专利是否符合创造性的规定阐述了意见。

2005 年 3 月 17 日，被告做出第 6931 号决定。

在本院庭审过程中，原告当庭陈述：1. 除在起诉状及开庭陈述中所述及的对第 6931 号决定不服的部分外，原告对第 6931 号决定的其他部分不持异议；2. 在本专利的权利要求 1 不具备创造性的前提下，对于被告关于本专利的权利要求 3 不具备创造性的认定不持异议。

上述事实有本专利授权公告文本、证据 1、证据 11、口头审理记录表、第 6931 号决定、第 4500 号决定及当事人陈述等证据在案佐证。

本院认为：

根据专利法第二十二条第三款的规定，实用新型专利的创造性是指，同申请日前已有的技术相比，该实用新型具有实质性特点和进步。

在判断实用新型是否具备创造性时，应首先确定最接近的现有技术。按照《审查指南》的规定，最接近的现有技术，是指现有技术中与要求保护的发明最密切相关的一个技术方案。最接近的现有技术，通常与要求保护的发明技术领域相同或相近。实用新型的技术领域是要求保护的实用新型技术方案所属或者直接应用的具体技术领域。本专利涉及的是一种结构简单、使用方便的饮料瓶盖，其上设有吸管并能锥刺封口膜，应用于液体包装瓶。证据 11 涉及的是一种用于盛装液体产品的纸包装盒的膜片刺穿件及壶嘴组件，应用于液体包装盒。无论是本专利的“瓶”，还是对比文件中的“盒”，均为盛装饮料的容器，属于同一技术领域，证据 11 中公开的技术方案可以作为本专利最接近的现有技术，原告有关本专利的“瓶”与证据 11 的“盒”属于不同技术领域的主张不能成立，本院不予支持。

原告主张本专利与证据 11 相比具有六个区别技术特征，因而具备创造性，故本院对其主张的六个区别技术特征逐一进行评述。

针对原告主张的区别特征 1 即“盒”与“瓶”的区别，本院认为，本专利的瓶与证据 11 中的盒均为饮料包装容器，在这一点上二者并无本质区别。实际上原告主张的区别特征 1 主要体现在其主张的其余五个区别特征上。如果原告主张的其余五个区别特征不能成立，则该区别特征 1 不能成立。因此，本院将先行评述原告主张的本专利的区别特征 2～6。

针对原告主张的区别特征 2 即封口膜的设置位置及与瓶口的连接关系的区别，本院认为，本专利的封口膜粘贴于瓶口外侧处，而证据 11 中的铝箔膜片是封闭袋状物的铝箔邻近和处于盒口的部分，并位于包装盒口的内侧，两者的位置不同，这种位置的不同构成本专利与证据 11 的区别技术特征，第 6931 号决定对此未予认定，本院予以纠正。证据 11 中的铝箔膜片与本专利权利要求 1 中的封口膜的作用、功能相同，都能起到封闭液体饮料并可被刺破倒出饮料的作用。证据 1 公开了膜片独立地位于壳体的覆盖面处的技术手段，而本专利的封口膜粘贴于瓶口处。这种位置的不同并没有为本专利带来意想不到的效果，且在证据 1 公开的膜片的启示下，在瓶口粘贴封口膜这一技术手段是本领域的普通技术人员易于想到的，且该区别特征不能使本专利具有实质性特点和进步，故原告的该项主张本院不予支持。

针对原告主张的区别特征 3 即本专利的护盖与瓶盖接头是套插连接关系的特征，本院认为，因该特征未记载于本专利的权利要求书，故不能构成本专利的技术特征，在评价本专利的权利要求 1 的创造性时不应予以考虑，本院亦不予评述。

针对原告主张的区别特征 4 即瓶盖接头通过螺纹旋拧于瓶口的特征，本院认为，通过螺纹的旋拧连接和通过粘接的固定连接均为本领域常见的连接方式，本领域的技术人员可以根据需要任意选择一种连接方式。无论是采用粘接的固定连接方式还是采用螺纹的旋拧连接方式，均是本领域的技术人员易于想到的，并不需要本领域的技术人员付出创造性劳动，且该区别特征 4 不能为本专利带来意想不到的技术效果，故原告的该项主张本院不予支持。

针对原告主张的区别特征 5 即吸管与刺穿件的区别，本院认为，从本专利的权利要求书及说明书附图中可看出，本专利的吸管包含在护盖内，其长度必然受到护盖及封口膜位置的制约，故吸管能够进入到本专利的瓶的内部的部分极为有限，这大大限制了吸管的“吸”的作为。因此，吸管主要起到的仍是饮料通道作用。证据 1 中公开了使用一种驱动装置驱动设有锥刺的管状部分刺穿封口膜，使用者可以通过管状部分将容器内的产品取出。由于证据 1、证据 11 与本专利属于同一技术领域，所要解决的技术问题均是如何利用吸管或刺穿件刺穿容器的封口膜，本领域的技术人员是很容易将两者所公开的内容结合起来的。因此，将证据 11 中刺穿件替换为证据 1 中的吸管而得到本专利权利要求 1 所要求保护的技术方案是本领域的技术人员很容易想到的，且本专利的吸管也没有为本专利带来意想不到的技术效果，不能使本专利具有实质性特点和进步，故原告的该项主张本院不予支持。

针对原告主张的区别特征6即护盖与吸管之间套插连接的特征，本院认为，本专利的护盖与吸管之间为套插连接，而证据11中的盖帽和刺穿件为螺纹连接，两者明显不同，故该特征构成本专利与证据11的区别技术特征，第6931号决定对此未予认定，本院予以纠正。本院认为，套插连接与螺纹连接均为常见的连接方式，无论是采用螺纹连接方式还是采用套插连接方式，均是本领域的技术人员易于想到的。本专利共有三组连接关系，即瓶口与瓶盖接头的连接、瓶盖接头与吸管的连接、吸管与护盖的连接。在前两组连接关系已经采用了螺纹连接的前提下，在吸管与护盖之间采用套插连接并不需要本领域的普通技术人员付出创造性的劳动，且采用“套插”连接技术并不能为本专利带来意想不到的技术效果，亦不能使本专利具备实质性特点和进步，故原告的该项主张本院不予支持。

由于原告主张的区别特征不能使本专利具有实质性特点和进步，故原告关于本专利权利要求1具备创造性的主张不能成立，本院不予支持。虽然被告在第6931号决定中对本专利的权利要求1与证据11的区别技术特征的认定不够全面，但其对本专利权利要求1不具备创造性的认定正确，对该结论本院予以维持。

鉴于本专利的权利要求1不具备创造性，且原告也认同在权利要求1不具备创造性的前提下，权利要求3也不具备创造性，故本院不再对本专利的权利要求3的创造性进行审查。

综上，原告潘笃华的诉讼请求均无事实及法律依据，本院不予支持。专利复审委员会做出的第6931号决定程序合法，认定事实比较清楚，适用法律、法规正确，应予维持。依照《中华人民共和国行政诉讼法》第五十四条第（一）项之规定，本院判决如下：

维持国家知识产权局专利复审委员会作出的第6931号无效宣告请求审查决定。

案件受理费1000元，由原告潘笃华负担（已交纳）。

如不服本判决，各方当事人可于本判决送达之日起十五日内向本院提交上诉状及其副本，并交纳上诉案件受理费1000元（开户行：中国工商银行北京市分行黄楼支行，户名：北京市第一中级人民法院，账号：144537－48），上诉于北京市高级人民法院。

审 判 长 姜 颖
代理审判员 刘晓军
代理审判员 赵 明
二〇〇五年九月二十日
书 记 员 周云川
书 记 员 乔 平

## 北京市第一中级人民法院
## 行政裁定书

（2005）一中行初字第535号

原告陈银凤，女，汉族，1951年4月12日出生，住所地浙江省桐庐县毕浦乡方吴村。

委托代理人徐国文，北京安博达知识产权代理有限公司专利代理人。

委托代理人刘宏，女，汉族，1979年4月16日出生，北京安博达知识产权代理有限公司职员，住天津市红桥区西青道161－4号。

被告国家知识产权局专利复审委员会，住所地北京市海淀区北四环西路9号。

法定代表人廖涛，副主任。

委托代理人耿博，该委员会审查员。

委托代理人郭健国，该委员会审查员。

第三人潘笃华，男，汉族，1965年11月11日出生，住浙江省乐清市大荆镇水涨西路68号。

委托代理人朱黎光，北京金之桥知识产权代理有限公司专利代理人。

原告陈银凤不服被告国家知识产权局专利复审委员会（下称专利复审委员会）于2005年3月17日作出的第6931号无效宣告请求审查决定（下称第6931号决定），于法定期限内向本院提起诉讼。本院于2005年5月23日受理本案后，依法组成合议庭对本案进行审理，并依法通知潘笃华作为第三人参加诉讼。在本案审理过程中，原告陈银凤于2005年8月22日向本院提出撤诉申请。

本院认为，原告陈银凤申请撤诉的行为系其真实意思表示，且未违反法律的相关规定，本院予以准许。依照《中华人民共和国行政诉讼法》第五十一条之规定，本院裁定如下：

准许原告陈银凤撤回对被告国家知识产权局专利复审委员会的起诉。

案件受理费1000元，减半收取500元，由原告陈银凤负担（已交纳）。

审 判 长 姜 颖
代理审判员 刘晓军
代理审判员 赵 明
二〇〇五年八月三十一日
书 记 员 乔 平

# 北京市高级人民法院
# 行政判决书

（2005）高行终字第464号

上诉人（原审原告）潘笃华，男，汉族，1965年11月11日出生，住浙江省乐清市大荆镇水涨西路68号。

委托代理人朱黎光，北京金之桥知识产权代理有限公司专利代理人。

被上诉人（原审被告）国家知识产权局专利复审委员会，住所地北京市海淀区北四环西路9号银谷大厦10～12层。

法定代表人廖涛，副主任。

委托代理人耿博，国家知识产权局专利复审委员会审查员。

委托代理人郭健国，国家知识产权局专利复审委员会审查员。

原审第三人陈银凤，女，汉族，1951年4月12日出生，住浙江省桐庐县毕浦乡方吴村。

上诉人潘笃华因专利无效行政纠纷一案，不服北京市第一中级人民法院于2005年9月20日作出的（2005）一中行初字第453号行政判决，向本院提起上诉。本院2005年11月23日受理本案后，依法组成合议庭，于2006年3月29日公开开庭进行了审理。上诉人潘笃华的委托代理人朱黎光，被上诉人国家知识产权局专利复审委员会（下称专利复审委员会）的委托代理人耿博到庭参加了诉讼。原审第三人陈银凤经本院公告送达开庭传票，无正当理由未参加诉讼，本院依法缺席审理。本案现已审理终结。

潘笃华系第98201649.2号，名称为“旋转式吸管瓶盖”的实用新型专利（下称本专利）的专利权人。2003年9月22日，陈银凤以本专利不具备创造性为由向专利复审委员会提出无效宣告请求，2003年10月22日，陈银凤再次向专利复审委员会提出无效宣告请求，其理由是本专利不符合专利法第二十二条第二款、第三款所规定的新颖性和创造性。2005年3月17日，专利复审委员会作出第6931号无效宣告请求审查决定（下称第6931号决定），维持本专利的权利要求2有效，宣告其权利要求1、3无效。潘笃华不服第6931号决定，在法定期限内向北京市第一中级人民法院提起诉讼。

北京市第一中级人民法院经审理认为：本专利涉及的是一种结构简单、使用方便的饮料瓶盖，其上设有吸管并能锥刺封口膜，应用于液体包装瓶。证据11涉及的是一种用于盛装液体产品的纸包装盒的膜片刺穿件及壶嘴组件，应用于液体包装盒。无论是本专利的“瓶”，还是对比文件中的“盒”，均为盛装饮料的容器，属于同一技术领域，证据11中公开的技术方案可以作为本专利最接近的现有技术，潘笃华有关本专利的“瓶”与证据11的“盒”属于不同技术领域的主张不能成立，不予支持。

潘笃华主张本专利与证据11相比具有六个区别技术特征，因而具备创造性，故对其主张的六个区别技术特征逐一进行评述。

针对潘笃华主张的区别特征1即“盒”与“瓶”的区别，一审法院认为，本专利的瓶与证据11中的盒均为饮料包装容器，在这一点上二者并无本质区别。实际上潘笃华主张的区别特征主要体现在其主张的其余五个区别特征上。如果潘笃华主张的其余五个区别特征不能成立，则该区别特征1不能成立。因此，将先行评述潘笃华主张的区别特征2~6。

针对潘笃华主张的区别特征2即封口膜的设置位置及与瓶口的连接关系的区别。本专利的封口膜粘贴于瓶口外侧处，而证据11中的铝箔膜片是封闭袋状物的铝箔邻近和处于盒口的部分，并位于包装盒口的内侧，两者的位置不同，这种位置的不同构成本专利与证据11的区别技术特征，第6931号决定对此未予认定，在此予以纠正。证据11中的铝箔膜片与本专利权利要求1中的封口膜的作用、功能相同，都能起到封闭液体饮料并可被刺破倒出饮料的作用。证据1公开了膜片独立地位于壳体的覆盖面处的技术手段，而本专利的封口膜粘贴于瓶口处。这种位置的不同并没有为本专利带来意想不到的效果，且在证据1公开的膜片的启示下，在瓶口粘贴封口膜这一技术手段是本领域的普通技术人员易于想到的，且该区别特征不能使本专利具有实质性特点和进步，故对潘笃华的该项主张不予支持。

针对潘笃华主张的区别特征3即本专利的护盖与瓶盖接头是套插连接关系的特征。因该特征未记载于本专利的权利要求书中，故不能构成本专利的技术特征，在评价本专利的权利要求1的创造性时不应予以考虑。

针对潘笃华主张的区别特征4即瓶盖接头通过螺纹旋拧于瓶口的特征。通过螺纹的旋拧连接和通过粘接的固定连接均为本领域常见的连接方式，本领域的技术人员可以根据需要任意选择一种连接方式。无论是采用粘接的固定连接方式还是采用螺纹的旋拧连接方式，均是本领域的技术人员易于想到的，并不需要本领域的技术人员付出创造性劳动，且该区别特征4不能为本专利带来意想不到的技术效果，故对潘笃华的该项主张不予支持。

针对潘笃华主张的区别特征5即吸管与刺穿件的区别。从本专利的权利要求书及说明书附图中可看出，本专利的吸管包含在护盖内，其长度必然受到护盖及封口膜位置的制约，故吸管能够进入到本专利的瓶的内部极为有限，这大大限制了吸管的“吸”的作为。因此，吸管主要起到的仍是饮料通道作用。证据 1 中公开了使用一种驱动装置驱动设有锥刺的管状部分刺穿封口膜，使用者可以通过管状部分将容器内的产品取出。由于证据 1、证据 11 与本专利属于同一技术领域，所要解决的技术问题均是如何利用吸管或刺穿件刺穿容器的封口膜，本领域的技术人员是很容易将两者所公开的内容结合起来的。因此，将证据 11 中刺穿件替换为证据 1 中的吸管而得到本专利权利要求 1 所要求保护的技术方案是本领域的技术人员很容易想到的，且本专利的吸管也没有为本专利带来意想不到的技术效果，不能使本专利具有实质性特点和进步。故对潘笃华的该项主张不予支持。

针对潘笃华主张的区别特征 6 即护盖与吸管之间套插连接的特征。本专利的护盖与吸管之间为套插连接，而证据 11 中的盖帽和刺穿件为螺纹连接，两者明显不同，故该特征构成本专利与证据 11 的区别技术特征，第 6931 号决定对此未予认定，予以纠正。套插连接与螺纹连接均为常见的连接方式，无论是采用螺纹连接方式还是采用套插连接方式，均是本领域的技术人员易于想到的。本专利共有三组连接关系，即瓶口与瓶盖接头的连接、瓶盖接头与吸管的连接、吸管与护盖的连接。在前两组连接关系已经采用了螺纹连接的前提下，在吸管与护盖之间采用套插连接并不需要本领域的普通技术人员付出创造性的劳动，且采用“套插”连接技术并不能为本专利带来意想不到的技术效果，亦不能使本专利具备实质性特点和进步。故对潘笃华的该项主张不予支持。

由于潘笃华主张的区别特征不能使本专利具有实质性特点和进步，故潘笃华关于本专利权利要求 1 具备创造性的主张不能成立，不予支持。虽然专利复审委员会在第 6931 号决定中对本专利的权利要求 1 与证据 11 的区别技术特征的认定不够全面，但其对本专利权利要求 1 不具备创造性的认定正确，对该结论予以维持。

鉴于本专利的权利要求 1 不具备创造性，且潘笃华也认同在权利要求 1 不具备创造性的前提下，权利要求 3 也不具备创造性，故不再对本专利的权利要求 3 的创造性进行审查。

综上，北京市第一中级人民法院依照《中华人民共和国行政诉讼法》第五十四条第（一）项之规定，判决：维持专利复审委员会作出的第 6931 号决定。

潘笃华不服一审判决，向本院提起上诉。潘笃华的上诉理由是：一审判决对事实认定错误，漏审了上诉人至关重要的主张和指出的客观事实，漏审了本专利与证据间存在的功能作用和技术方案的客观差别，特别是第 6931 号决定和一审判决均将各个技术特征割裂进行比较，忽略了证据之间在具体特征上是否有结合的启示，以及这样的结合是否已超出各自专利的发明目的和结合后的产品是否还有实用价值，忽略了各个相关技术特征的内在联系，实体和程序均有错误。1. 证据 11 涉及的是纸包装盒，而本专利涉及的是瓶，一审判决和第 6931 号决定将其作为最接近的对比文件进行比对，忽略了两种装置的不同，忽略了两者作为包装物上不属同一技术领域的差别，没有任何证据证明盒上的技术方案能够显而易见地应用于瓶上，亦没有依据将证据 1、证据 11 结合来评价本专利创造性。2. 纸包装盒的生产工艺和材料决定其无法形成“颈”部，在此情况下，如何将证据 1 与证据 11 相结合而在“盒”上形成一个“颈”，在“盒”上粘接“壶嘴件”的方式必然是固定连接，而“盒”领域的技术人员是否会设想设置一个活动连接的“带螺纹的颈”，即两篇对比文件的结合是否显而易见。3. 证据 1 和证据 11 的工作方式差别明显，证据 1 是下压运动，证据 11 是旋转运动，该差别导致其无法互换，也阻止了互相引用的设想可能，第 6931 号决定和一审判决将证据 1 和证据 11 的结合属“事后诸葛亮”的思考方式，未考虑两种技术方案的本质差别，未考虑这样结合的合理性及是否已包含了创造性劳动，更未考虑其结合的启示是否存在。4. 本专利的“封口膜”在证据 11 中未被公开，在“瓶口上粘贴有封口膜”的技术方案在证据 11 和证据 1 中均未公开，证据 11 的膜片是封闭体，没有理由再另设封口膜，第 6931 号决定漏审了这两个区别技术特征，而一审判决毫无根据地认为容易想到。

5. 证据 1 和证据 11 均未公开本专利的“吸管”，而且这样细的管子中还要套插护盖，绝非显而易见。6. 本专利中“护盖”是套插关系，不是螺纹连接关系，与证据 11 的连接关系不同。7. 本专利瓶盖接头与瓶口连接是螺纹旋拧连接，证据 11 的壶嘴件是粘接在容器上，一审判决认为这仅是两种常用的连接方式上的差别，实际上是一审判决明显脱离了整个技术方案而孤立地评估某一技术特征。证据 11 的固定粘接是受到整个技术方案限制的，在此不可能设想采用螺纹旋转连接。8. 本专利的护盖与吸管的“套插”这一技术特征在证据 11 和证据 1 中均未公开，而套插的方式简洁，在生产、使用上亦具有方便性。第 6931 号决定漏审了这一区别技术特征，一审判决错误认定套插和螺纹连接是常用的连接方式，忽略了套插带来的显著效果。

综上，第 6931 号决定和一审判决认定事实错误，忽略了权利要求 1 的整体技术方案带来的创造性，忽略了常用的技术手段的组合其创造性的价值，请求二审法院撤销第 6931 号决定和一审判决，维持本专利权全部有效。

专利复审委员会、陈银凤服从一审判决。

经审理查明：本案涉及名称为“旋转式吸管瓶盖”的实用新型专利（本专利），其申请日为 1998 年 3 月 3 日，授权公告日为 1999 年 3 月 31 日，专利号为 98201649.2，专利权人是潘笃华。

本专利授权公告的权利要求书为：

“1. 一种旋转式吸管瓶盖，它主要由瓶、封口膜、瓶盖接头、吸管、护盖组成，其特征在于瓶口上粘贴有封口膜，瓶口上通过螺纹旋拧有瓶盖接头，瓶盖接头上通过螺纹旋拧有吸管，吸管上套插有护盖。

2. 根据权利要求 1 所述的旋转式吸管瓶盖，其特征还在于吸管的内管上设有锥刺，吸管的外管内设有螺纹，吸管的外管外设有拨头。

3. 根据权利要求 1 所述的旋转式吸管瓶盖，其特征还在于护盖内设有主拨头。”

本专利说明书记载：现有饮料瓶的瓶盖功能单一，只能起到封盖瓶口的作用，不具有吸管的功能；本专利的目的在于设计一种结构简单，使用方便，其上设有带有吸管的，能锥刺封口膜的饮料瓶盖。本专利与现有技术相比，结构简单，清洁卫生，其上设有吸管，是一种引用方便的饮料瓶盖。在说明书中，未记载套插护盖的效果。

2003 年 9 月 22 日，陈银凤针对本专利向专利复审委员会提出无效宣告请求，理由是本专利不符合专利法第二十二条第三款所规定的创造性，并提交了（2002）杭证民字第 7068 号公证书，以证明其所附的公开号为 DE4323666A1 的德国专利说明书的中文译本与原本的内容相符。

2003 年 10 月 22 日，陈银凤再次向专利复审委员会提出无效宣告请求，其理由是本专利不符合专利法第二十二条第二款、第三款所规定的新颖性和创造性，同时提交了 12 份证据。

证据 1 为德国专利 DE4323666A1（及译文），公开日为 1994 年 1 月 27 日，其公布文本的摘要部分载明“瓶子或者类似产品自动破膜封闭装置，该用于瓶类或者类似容器的密封自动打孔封闭装置具有圆柱壳体，该壳体与瓶子的开口顶端相连，与壳体的内部相连并且与瓶子的开口的边缘密封的是一层密封膜片”。其说明书译文第 1 页记载所要解决的技术问题是“发明一种封闭装置……该装置能够快速并且简单地将密封膜片除去或者刺破”。其译文说明书第 2 页及附图 1 中载明：“为了将壳体配在瓶子上，瓶体第一部分中首先要有内螺纹，它与瓶子上的外螺纹刚好匹配”，其具体实施方式是“压下操纵块，将滑阀从第一种位置推到第二种位置，直到将经向突出部分 16 进入凹状的吸取器 160a 为止。这种操作方法只要将密封膜片穿破，瓶子内的产品就可以通过管状部分取出。”

证据 11 为 CN1143936A 号中国发明专利申请公开说明书，其公开日为 1997 年 2 月 26 日，发明名称为“膜片刺穿盖和壶嘴组件”，其说明书记载所要解决的技术问题是“提供一种装在一壶嘴件内的新颖刺穿件，驱动它便可在一无菌包装的密封膜片中形成一出液口”。其说明书第2～4页及附图4～13载明：“该专利涉及一种用于盛装液体产品的纸包装盒的膜片刺穿件及壶嘴组件，并具体公开了以下内容：呈盒形的容器其上有封口膜，盖帽，壶嘴件，刺穿件，在容器的出液口上贴有封口膜的铝箔，壶嘴件通过螺纹与刺穿件连接在一起，在壶嘴件粘接在容器上并通过外螺纹与盖帽连接。”

专利复审委员会决定将两次无效宣告请求合案审理，并于2004年5月12日进行了口头审理。陈银凤当庭声明放弃在第二次无效宣告请求中提交的证据2～10、证据12作为证据使用，只保留证据1、证据11，并声明证据1的译文以第一次无效请求时提交的为准，潘笃华对此表示认可。陈银凤明确表示本次无效宣告请求的理由是专利法第二十二条第三款、专利法实施细则第二十条第一款、第二十一条第二款的规定。专利复审委员会当庭告知双方当事人：由于本次无效宣告请求中有关本专利不符合专利法实施细则第二十条第一款、第二十一条第二款的问题，已在第4500号无效宣告请求审查决定（下称第4500号决定）中做出了详细阐述及明确结论，本次审理不再对此问题进行评述，故本次审理的范围仅限于本专利相对于证据1、证据11所公开的内容是否具备创造性。

后鉴于本专利涉及重大经济利益，专利复审委员会决定将合议组成员扩大为五人，并于2004年12月21日再次举行口头审理。双方当事人均参加了此次口头审理，并结合有关证据就本专利是否符合创造性的规定阐述了意见。

2005年3月17日，专利复审委员会作出第6931号决定。该决定认定：由于陈银凤在本次无效宣告请求中提出的本专利不符合专利法实施细则第二十条第一款、第二十一条第二款的问题，在专利复审委员会作出的已生效的第4500号决定中作出了详细的阐述及明确的结论，故第6931号决定不再对此进行评述。第6931号决定审理的范围仅限于本专利相对于证据1和证据11所公开的内容是否具备创造性。证据1、证据11分别是德国、中国的专利文献，构成评价本专利是否具备创造性的现有技术。证据1的译文以陈银凤第一次提出无效宣告请求时提交的译文为准。

证据11涉及一种用于盛装液体产品的纸包装盒的膜片刺穿件及壶嘴组件。将证据11公开的内容与本专利的权利要求1所要求保护的技术方案相对比，两者的区别为：第一，瓶盖接头和瓶体的连接关系不同，本专利的瓶口和瓶盖接头间为螺纹连接，而证据11则用粘结剂将盖和壶嘴件粘结在其上；第二，刺穿件与本专利的吸管的形状略有不同。其中第一点区别仅是本领域中容器与其口颈部分之间的常见连接方式，属于本领域惯常的技术手段，且证据1中也提及了本专利的这种封口方式。关于第二点区别，由于证据1、证据11与本专利属于同一技术领域，所要解决的技术问题均是如何利用吸管（刺穿件）刺穿容器的封口膜，所以本领域的技术人员很容易将两者所公开的内容结合起来。由于在证据1中已经公开了使用一种驱动装置驱动吸管（设有锥刺）刺穿封口膜，使用者可以通过管状部分将容器内的产品取出。本领域的技术人员能够很容易想到将证据11中刺穿件替换为证据1中的吸管而得到本专利权利要求1所要求保护的技术方案。并且采用本专利权利要求1所要求保护的技术方案相对于现有技术也没有取得意想不到的效果和进步，故本专利权利要求1不具有实质性特点和进步，不具备创造性。

权利要求2是权利要求1的从属权利要求，其技术方案相对于现有技术具有实质性特点和进步，具备创造性。

权利要求3是权利要求1的从属权利要求，证据11公开了在盖帽中设有杆，其作用与本专利中护盖内设有的主拨头作用相同，均是在实现刺穿封口膜时，通过旋转护盖而使其与吸管或刺穿件的抵靠摩擦作用，使吸管旋转并向下运动以达到刺穿封口膜的目的。两者只是称谓上的不同，所要解决的技术问题和能够实现的技术效果完全相同。在权利要求1不具备创造性的基础上，其从属权利要求3也不具备创造性。据此，专利复审委员会作出第6931号决定，维持本专利的权利要求2有效，宣告其权利要求1、3无效。

在本案庭审过程中，潘笃华当庭陈述：1. 对一审判决记载的证据1、证据11的技术特征不持异议；2. 在本专利的权利要求1不具备创造性的前提下，对于专利复审委员会关于本专利的权利要求3不具备创造性的认定不持异议。

上述事实有本专利授权公告文本、证据1、证据11、口头审理记录表、第6931号决定、第4500号决定及当事人陈述等证据在案佐证。

本院认为：根据潘笃华的上诉请求，本案二审的审理焦点为本专利权利要求1相对于证据1、证据11是否具备创造性。将潘笃华的八点上诉理由纳起来有以下项内容：本专利与证据1与证据11是否属于同一技术领域；本专利的封口膜的设置是否具备创造性；本专利的吸管的设置是否具备创造性；本专利的瓶盖接头与瓶口的连接方式否具备创造性；本专利的护盖与吸管之间的套插连接方式否具备创造性。

关于本专利与证据1与证据11是否属于同一技术领域。对此，本院认为，依据我国专利法第二十二条第三款的规定，实用新型专利的创造性是指同申请日前已有的技术相比，该实用新型具有实质性特点和进步。在判断实用新型是否具备创造性时，应首先确定其现有技术的领域，对于实用新型而言，现有技术的领域一般着重于考虑该实用新型所属的技术领域，同时考虑其类似、相近或相关的技术领域。本专利涉及的是一种结构简单、使用方便的饮料瓶盖，其上设有吸管并能锥刺封口膜，应用于液体包装瓶。证据1涉及的是“瓶子或者类似产品自动破膜封闭装置”，证据11涉及的是一种用于盛装液体产品的纸包装盒的膜片刺穿件及壶嘴组件，应用于液体包装盒。无论是本专利的“饮料瓶”，证据1的“瓶子或者类似产品”，还是证据11中的“液体包装盒”，均系用于盛装饮料的容器，其应属于同一技术领域，第6931号决定及一审判决将证据11中公开的技术方案可以作为本专利最接近的现有技术，用证据1、证据11评价本专利的创造性并无不妥。潘笃华有关本专利的“瓶”与证据11的“盒”属于不同技术领域的主张不能成立，本院不予支持。由于证据1与证据11与本专利均属于同一技术领域，为解决本专利所要实现的发明目的，本领域的技术人员将二者进行结合是显而易见的。潘笃华认为二者的生产工艺、材料特点决定不能将二者结合使用，不能成立，本院不予支持。

关于潘笃华主张的本专利的封口膜在证据1、证据11中未公开的问题。对此本院认为，本专利的封口膜粘贴于瓶口外侧处，用于封闭瓶体。而证据11中公开了在容器的出液口上贴有封口膜的铝箔，其作用、功能与本专利的封口膜相同，都起到封闭液体饮料并可被刺破的作用。证据1公开了膜片独立地位于壳体的覆盖面处的技术手段。而为了实现本专利封闭液体饮料并可被刺破倒出饮料的发明目的，将封口膜粘贴于瓶口处，这种位置的设置对于本领域的普通技术人员而言是易于想到的，并没有为本专利带来意想不到的效果，没有给本专利带来实质性特点和进步，故一审判决对此认定正确，潘笃华的此项上诉主张本院不予支持。

关于潘笃华主张的证据1、证据11未公开本专利的“吸管”，对此本院认为，从本专利的权利要求书及说明书附图中可看出，本专利的吸管包含在护盖内，其长度必然受到护盖及封口膜位置的制约，故吸管能够进入到本专利的瓶的内部的部分极为有限，这大大限制了吸管的“吸”的作用。因此，吸管主要起到的仍是饮料通道作用，并且本专利对于“吸管”的粗细程度并未进行限定。证据1中公开了使用一种驱动装置驱动设有锥刺的管状部分刺穿封口膜，使用者可以通过管状部分将容器内的产品取出，该管状部分是“吸管”的上位概念。由于证据1、证据11与本专利属于同一技术领域，所要解决的技术问题均是如何利用吸管或刺穿件刺穿容器的封口膜，本领域的技术人员是很容易将两者所公开的内容结合起来的。因此，将证据11中刺穿件替换为证据1中的吸管而得到本专利权利要求1所要求保护的技术方案是本领域的技术人员很容易想到的，一审判决对此认定并无不妥，潘笃华的此项主张本院不予支持。

关于潘笃华主张的瓶盖接头与瓶口的连接是螺纹旋拧连接，证据 11 的壶嘴件是粘接在容器上。对此本院认为，螺纹的旋拧连接和粘接的固定连接均为本领域常见的连接方式，本领域的技术人员可以根据需要任意选择一种连接方式。采用粘接的固定连接方式还是采用螺纹的旋拧连接方式，均是本领域的技术人员易于想到的，并不需要本领域的技术人员付出创造性劳动，且采用螺纹旋拧的连接方式并未给本专利带来意想不到的技术效果，一审判决对此认定并无不妥，潘笃华的此项主张本院不予支持。

关于潘笃华主张的本专利的护盖与吸管之间是套插连接，而证据 11 中的盖帽和刺穿件为螺纹连接，两者明显不同。对此本院认为，如上所述，套插连接与螺纹连接均为常见的连接方式，无论是采用螺纹连接方式还是采用套插连接方式，均是本领域的技术人员易于想到的。本专利共有三组连接关系，即瓶口与瓶盖接头的连接、瓶盖接头与吸管的连接、吸管与护盖的连接。在前两组连接关系已经采用了螺纹连接的前提下，在吸管与护盖之间采用套插连接并不需要本领域的普通技术人员付出创造性的劳动，且在本专利的说明书中亦未记载“套插”的连接方式为本专利带来意想不到的技术效果，故采用“套插”连接技术并不能为本专利带来实质性特点和进步，一审判决对此认定并无不妥，潘笃华的此项主张本院不予支持。

鉴于本专利的权利要求 1 不具备创造性，且潘笃华也认同在权利要求 1 不具备创造性的前提下，权利要求 3 也不具备创造性，故本院不再对本专利的权利要求 3 的创造性进行审查。

综上，一审判决认定事实清楚，适用法律正确，应予维持。潘笃华关于一审判决漏审重要事实和主张的上诉理由不能成立，对其上诉请求，本院不予支持。依照《中华人民共和国行政诉讼法》第六十一条第（一）项之规定，判决如下：

驳回上诉，维持原判。

本案一审、二审案件受理费各 1000 元，均由潘笃华负担（均已交纳）。

本判决为终审判决。

审 判 长 张 冰

代理审判员 李燕蓉

代理审判员 潘 伟

二OO六年四月四日

书 记 员 迟雅娜

038

# 一种带状料轮转印刷机案

## 无效宣告请求审查决定（第6936号）

**决 定 号** 第6936号
**决 定 日** 2005年3月15日
**发明创造名称** 一种带状料轮转印刷机
**国际分类号** B41F 17/38
**无效请求人** 崔泽源
**专 利 权 人** 上海新沪机械有限公司
**专 利 号** 99214780.8
**申 请 日** 1999年7月2日
**授权公告日** 2000年5月31日
**合议组组长** 陈海平
**主 审 员** 宋鸣镝
**参 审 员** 郭健国

**法 律 依 据** 专利法第二十六条第三款、第四款 专利法第二十二条第二款、第三款 专利法第九条 专利法实施细则第十三条第一款

**决 定 要 点**

如果涉案专利的权利要求相对于对比文件具有区别技术特征，同时所属技术领域的普通技术人员也不能从对比文件中推论出该区别技术特征，并且在对比文件中未涉及该区别技术特征所解决的技术问题，该对比文件中所公开之技术方案不能实现本专利中的技术效果，则该权利要求具备创造性。

**一、案由**

本无效宣告请求案涉及申请日为1999年7月2日、授权公告日为2000年5月31日、名称为“一种带状料轮转印刷机”的实用新型专利（下称本专利），其专利号为99214780.8，专利权人为上海新沪机械有限公司（下称被请求人）。

授权公告的权利要求书全文如下：

“1. 一种带状料轮转印刷机，主要由固定在墙板上的中心滚筒、至少2个版滚筒、压印滚筒、放料盘、收料盘、导带轮、传墨辊、匀墨辊、墨斗和干燥装置组成，版滚筒、压印滚筒安装在中心滚筒一侧，由放料盘引出的带料可通过所述中心滚筒与压印滚筒之间的压印处，经导带轮和干燥装置收于收料盘，其特征是：在其中的一个版滚筒的空间安装位置上可根据双面印刷的需要临时更换上一个第二中心滚筒，在所述第二中心滚筒的一侧还可临时安装上另一个可拆卸的、套在滚筒轴上的版滚筒和一个用于传墨的胶辊，在墙板上留有临时安装所述滚筒轴的位置；由放料盘引出的带料可通过所述两个中心滚筒之间的压印处，经干燥装置和导带轮收于收料盘；所述中心滚筒的直径与安装包衬材料和版材后的版滚筒直径基本相同，且所述中心滚筒和版滚筒经齿轮传动具有相同的表面线速度。

2. 根据权利要求1所述的带状料轮转印刷机，其特征在于：在所述墙板上可安装内置式收料机构或外置式收料机构。

3. 根据权利要求1所述的带状料轮转印刷机，其特征在于：在所述墙板上可安装内置式干燥机构或外置式干燥机构。

4. 根据权利要求1所述的带状料轮转印刷机，其特征在于：所述版滚筒为3个，其中2个为印正面版滚筒，其中1个为印反面版滚筒。"

针对上述实用新型专利权，崔泽源（下称请求人）于2004年4月12日向专利复审委员会提出了无效宣告请求，其理由是本实用新型专利权利要求1不具备专利法第二十二条第二款、第三款所规定的新颖性与创造性，不符合专利法第二十六条第三款、第四款的规定，以及不符合专利法第九条和专利法实施细则第十三条第一款的规定。请求人所提交的对比文件为：申请号为91226431.4号中国实用新型专利申请（公告日为1992年9月9日）说明书复印件。

经形式审查合格后，专利复审委员会于2004年6月17日受理了上述无效宣告请求，向请求人和被请求人发出了无效宣告请求受理通知书，并将上述专利权无效宣告请求书及其附件清单中所列附件副本转送给被请求人，同时依法成立合议组对本案进行审理。

针对上述无效宣告请求，被请求人于2004年7月26日提交了意见陈述书，认为本专利权利要求1所保护的技术方案具备专利法第二十二条第二款、第三款所规定的新颖性和创造性，并且符合专利法第二十六条第三款、第四款、专利法第九条以及专利法实施细则第十三条第一款的规定。

专利复审委员会于2005年1月19日向双方当事人发出口头审理通知书，定于2005年3月1日下午14时在专利复审委员会举行口头审理，同时将被请求人在2004年7月26日提交的意见陈述书副本转送给请求人。

口头审理如期举行，双方当事人均到庭。在口头审理中，双方当事人针对本专利权利要求1是否具备专利法第二十二条第二款、第三款所规定的新颖性与创造性、是否符合专利法第二十六条第三款、第四款、专利法第九条以及专利法实施细则第十三条第一款的规定充分陈述了意见。

在上述程序的基础上，合议组认为本案事实已经清楚，可以依法作出如下审查决定。

**二、决定的理由**

1. 关于专利法第二十六条第三款

专利法第二十六条第三款规定：说明书应当对发明或者实用新型作出清楚、完整的说明，以所属技术领域的技术人员能够实现为准；必要的时候，应当有附图。说明书摘要应当简要说明发明或者实用新型的技术要点。

本专利的说明书中记载了一种带状料轮转印刷机，该印刷机由中心滚筒、版滚筒、压印滚筒、放料盘、收料盘、导带轮和干燥装置等组成，由放料盘引出的带料通过中心滚筒与压印滚筒之间的压印处，经导带轮和干燥装置收于收料盘上，从而实现单面印刷；而将其中一个版滚筒更换为一个第二中心滚筒，并在该第二中心滚筒的一侧安装上一个版滚筒，由放料盘引出的带料通过上述两个中心滚筒之间的压印处，经干燥装置和导带轮收于收料盘上，从而实现双面印刷。

本专利的说明书已经清楚、完整地记载了该带状料轮转印刷机所具有的具体结构，并且记载了该印刷机在实现单面印刷和双面印刷时的转换操作以及带料的缠绕方式，本技术领域的技术人员按照说明书所记载的内容，不需花费创造性的劳动，即可再现本实用新型的技术方案。

在请求人所提交的无效宣告请求书中及口头审理时，请求人认为：从本专利的说明书中看不出权利要求1中所描述的"用于传墨的胶辊"是如何设置的，并且说明书附图中也未示出该"用于传墨的胶辊"，说明书没有对它作出清楚完整的说明。

合议组认为：本专利是在现有单面带料印刷机基础上作出的进一步改进，虽然说明书中没有描述"用于传墨的胶辊"是如何设置的，但对于本领域的普通技术人员来说，完全可以理解到原有单面带料印刷机必然也包含有这样的"用于传墨的胶辊"。因为，如果不包含这样的"用于传墨的胶辊"，原有单面带料印刷机将无法进行传墨，这样将无法实现印刷的目的。而本专利所作出的改进，即本专利的发明点也不在于该"用于传墨的胶辊"上，故即使省略了对该"用于传墨的胶辊"的描述，也不影响对本专利的理解。

因此，说明书对本专利作出了清楚、完整的说明，符合专利法第二十六条第三款的规定。

2. 关于专利法第二十六条第四款

专利法第二十六条第四款规定：权利要求书应当以说明书为依据，说明要求专利保护的范围。

本专利的说明书不仅在技术方案部分记载有权利要求 1 的技术内容，并且在具体实施方式部分中结合附图对权利要求 1 所保护的带状料轮转印刷机的具体结构作了进一步说明，本技术领域的技术人员完全可以从说明书中所公开的技术内容直接得到或概括得出权利要求 1 所保护的技术方案。

在请求人所提交的无效宣告请求书中及口头审理时，请求人认为：中心滚筒、第二中心滚筒、版滚筒、压印滚筒及干燥装置等部分关键部件的名称在权利要求书和说明书中前后不一致，权利要求书得不到说明书的支持。

合议组认为：本专利的权利要求书和说明书中虽然存在着部分关键部件名称在文字上前后不一致的现象，但是本领域的普通技术人员通过阅读权利要求书和说明书，完全可以理解到它们实质上是相同的部件，而仅从文字上的差别不能认定权利要求书得不到说明书的支持。

因此，权利要求 1 得到了说明书的支持，符合专利法第二十六条第四款的规定。

3. 关于证据

请求人所提交申请号为 91226431. 4 号中国实用新型专利申请说明书属于公开出版物，其公告日为 1992 年 9 月 9 日，早于本专利的申请日，可以用于评判本专利的新颖性和创造性。

4. 关于本专利权利要求 1 的新颖性

专利法第二十二条第二款规定：新颖性，是指在申请日以前没有同样的发明或者实用新型在国内外出版物上公开发表过、在国内公开使用过或者以其他方式为公众所知，也没有同样的发明或者实用新型由他人向国务院专利行政部门提出过申请并且记载在申请日以后公布的专利申请文件中。

对比文件（91226431. 4）公开了一种供带料用的间接式双面连续印刷设备，该设备包括带料放送器、带料张紧调校器、压辊、印刷胶版转筒以及配备在其周缘的印刷锌版转筒、多个导向辊和定位杆、主动齿轮和回卷器等装置，该设备具有两个印刷胶版转筒，这两个印刷胶版转筒通过离合装置相联结，在离合装置啮合时，两个印刷胶版转筒以及各自配备的五个印刷锌版转筒同速转动，带料从两个印刷胶版转筒的压印间隙中通过，以便将各印刷锌版转筒分别压印到两印刷胶版转筒的油墨转印到带料上，从而实现在带料上的双面印刷；在离合装置脱开时，其中一个印刷胶版转筒以及所配备的五个印刷锌版转筒转动，而另一个印刷胶版转筒以及所配备的五个印刷锌版转筒不转动，带料从压辊与印刷胶版转筒的间隙中通过，从而实现在带料上的单面印刷。

本专利的权利要求 1 所保护的带状料轮转印刷机与对比文件所公开的供带料用的间接式双面连续印刷设备相比，其区别在于：本专利中的带状料轮转印刷机是通过将其中一个版滚筒更换为一个第二中心滚筒、并在该第二中心滚筒的一侧安装上一个版滚筒的形式来实现单面印刷与双面印刷之间的转换，而对比文件中的间接式双面连续印刷设备是通过离合装置脱开与啮合的形式来实现单面印刷与双面印刷之间的转换，即对比文件所公开的技术方案中并不包含本专利权利要求 1 中的"在其中的一个版滚筒的空间安装位置上可根据双面印刷的需要临时更换上一个第二中心滚筒，在所述第二中心滚筒的一侧还可临时安装上另一个可拆卸的、套在滚筒轴上的版滚筒”这一技术特征，同时该对比文件中也未公开印刷胶版转筒与印刷锌版转筒之间尺寸相等的关系，即未公开本专利权利要求1中的“所述中心滚筒的直径与安装包衬材料和版材后的版滚筒直径基本相同”这一技术特征。可见，该权利要求1所保护的技术方案与对比文件所公开的技术方案是不同的技术方案。

因此，本专利权利要求1具备专利法第二十二条第二款规定的新颖性。

5. 关于专利法第九条和专利法实施细则第十三条第一款

专利法第九条规定：两个以上的申请人分别就同样的发明创造申请专利的，专利权授予最先申请的人。

专利法实施细则第十三条第一款规定：同样的发明创造只能被授予一项专利。

合议组认为：在本专利的权利要求1具备新颖性的前提下，应认为该权利要求1中的“一种带状料轮转印刷机”与对比文件中的“带料间接式双面连续印刷设备”所采取的是不同的技术方案，故它们不属于同样的发明创造。

因此，本专利权利要求1符合专利法第九条和专利法实施细则第十三条第一款的规定。

6. 关于本专利权利要求1的创造性

专利法第二十二条第三款规定：创造性，是指同申请日以前已有的技术相比，该发明有突出的实质性特点和显著的进步，该实用新型有实质性特点和进步。

实用新型是否具有实质性特点，是指该实用新型相对于现有技术，对所属技术领域的技术人员来说，是否是非显而易见的；实用新型是否具有进步，是指该实用新型与最接近的现有技术相比是否能够产生有益的技术效果。

本专利属于带状材料的印刷装置这一技术领域，其所要解决的技术问题是：单面印刷设备无法印刷有正反印刷要求的标签，而现有的双面印刷设备结构庞大，其结构布置形式实质是两个单面印刷设备的组合，使用双面印刷设备进行单面印刷时，设备能力存在着极大的浪费。由于本专利权利要求1所保护的技术方案中设置了上述区别技术特征，即“临时更换上的第二中心滚筒”、“临时安装上的版滚筒”和“中心滚筒与版滚筒直径基本相同”这些技术特征，从而解决了上述现有技术中存在的技术问题，由于中心滚筒与版滚筒直径基本相同，这样将便于在版滚筒的位置更换上第二中心滚筒，从而实现单面印刷与双面印刷之间的转换。可见，包含这些技术特征的权利要求1所保护的技术方案能够产生有益的技术效果。

在请求人所提交的无效宣告请求书中及口头审理时，请求人认为：本专利的发明目的与对比文件的发明目的相同，即既能同时对带料进行双面印刷，又能根据需要对带料进行单面印刷，并且可以对印刷后带料上的油墨进行干燥。

本专利实现发明创造目的的途径与对比文件相同，对比文件为由于采用两个印刷胶版转筒而能实现一次双面印刷，本专利为在单面印刷转换成双面印刷时，除增加一个中心辊筒和一支胶辊外，其他的装置都不需要增加或改变。本专利权利要求1中的全部技术特征已被对比文件所公开，对比文件所公开技术的技术效果远远超过本专利的技术效果。

合议组认为：

（1）对比文件与本专利所要解决的是不同的技术问题，本专利所要解决的技术问题是单面印刷设备无法印刷有正反印刷要求的标签，而现有的双面印刷设备结构庞大，其结构布置形式实质是两个单面印刷设备的组合，使用双面印刷设备进行单面印刷时，设备能力存在着极大的浪费；对比文件所要解决的技术问题是间接式单面连续印刷设备无法一次完成双面印刷功能。

（2）在对比文件所公开的技术方案中没有公开相当于本专利权利要求1中所描述的“临时更换

上的第二中心滚筒”和“临时安装上的版滚筒”的结构，也没有公开本专利权利要求1中所描述的“中心滚筒与版滚筒直径基本相同”这一技术特征，由于本专利设置了这些技术特征，从而解决了上述在对比文件中未曾涉及的技术问题。

（3）从对比文件的说明书附图中可以明显看出“带料间接式双面连续印刷设备的印刷胶版转筒与印刷锌版转筒的直径不相等”，虽然在其说明书最后一段中描述有“本实用新型的各种部件和零件的尺寸大小的变化属于本实用新型的保护范围”，但不能由此推导出本专利权利要求1中的“中心滚筒与版滚筒直径基本相同”这一技术特征。即本技术领域的技术人员也不能根据对比文件所公开的技术内容推论出其中存在有相当于可“临时更换上的第二中心滚筒”和“临时安装上的版滚筒”的结构，以及“中心滚筒与版滚筒直径基本相同”诸技术特征。

（4）对比文件中所公开的“带料间接式双面连续印刷设备”虽然既能同时对带料进行双面印刷，又能根据需要对带料进行单面印刷，但进行单面印刷时，有一半的印刷胶版转筒和印刷锌版转筒处于闲置状态，设备能力存在着极大的浪费。该对比文件中所公开的“带料间接式双面连续印刷设备”不能实现本专利中“通过简单地将版滚筒更换成第二中心滚筒，并附加上一个临时安装的版滚筒，而方便地实现单面印刷设备与双面印刷设备的相互转换，并且没有设备能力的极大浪费”的技术效果。

因此，本专利权利要求1具备专利法第二十二条第三款规定的创造性。

**三、决定**

维持99214780.8号实用新型专利权有效。

当事人对本决定不服的，可以根据专利法第四十六条第二款的规定，自收到本决定之日起三个月内向北京市第一中级人民法院起诉。根据该款的规定，一方当事人起诉后，另一方当事人应当作为第三人参加诉讼。

# 机械密封轴承保护器案

## 无效宣告请求审查决定（第6939号）

决　定　号　第6939号
决　定　日　2005年3月18日
发明创造名称　机械密封轴承保护器
国际分类号　F16C 33/72
无效请求人　许国涛
专利权人　艾志（南京）机械工业技术有限公司
专　利　号　99228092.3
申　请　日　1999年4月26日
授权公告日　2000年3月8日
合议组组长　张荣彦
主　审　员　盛　昭
参　审　员　杨克菲

**法律依据**　专利法第二十二条第二款、第三款　专利法第二十六条第三款、第四款
**决定要点**

创造性，是指同申请日以前已有的技术相比，该发明具有突出的实质性特点和显著的技术进步，该实用新型具有实质性特点和进步。

**一、案由**

本无效宣告请求案涉及国家知识产权局专利局于2000年3月8日授权公告、名称为“机械密封轴承保护器”的实用新型专利（下称本专利），其申请日为1999年4月26日，申请号为99228092.3，专利权人是艾志（南京）机械工业技术有限公司（下称被请求人）。

本实用新型授权公告时的权利要求书如下：

“1. 一种机械密封轴承保护器，包括动环、静环、密封圈和补偿机制，其中动环和静环接触摩擦，其特征是补偿机制（2）镶嵌在动环（4）或静环（7）中。

2. 根据权利要求1所述的机械密封轴承保护器，其特征是补偿机制（2）采用磁性材料。

3. 根据权利要求1所述的机械密封轴承保护器，其特征是补偿机制（2）为弹簧。”

针对上述专利权，许国涛（下称请求人）于2003年12月2日向专利复审委员会提出无效宣告请求，其请求的理由是本专利权利要求1、2不符合专利法第二十二条第二款、第三款的规定，和本专利权利要求3不符合专利法第二十六条第三款、第四款的规定，请求宣告本专利全部无效。

其依据的证据为：US5730447号美国专利说明书复印件及其翻译文本。

请求人认为：（1）证据中公开一种保护器，其技术特征包括动环、轴承座和静环、密封圈、密封环、位于动环和静环之间的磁性装置，磁性装置为固定在动环上的磁铁；（2）本专利权利要求1

包括两个技术方案，即第一个是补偿机制镶嵌在动环中，第二个是补偿机制镶嵌在静环中；（3）本专利权利要求1的第一个技术方案与证据相比较，其技术特征被公开，不具有新颖性；本专利权利要求1的第二个技术方案与证据相比较，仅是将该证据所公开的动环上的补偿机构设置在静环上，因而不具备创造性；（4）本专利权利要求2的附加特征被证据公开；（5）本专利权利要求3的附加特征为补偿机构是弹簧，但本专利说明书中没有记载其实施方式。

经形式审查合格，专利复审委员会受理了上述无效宣告请求，并将无效宣告请求书及其附带的证据副本转送给被请求人。

针对上述无效宣告请求，被请求人于2004年1月13日提交了意见陈述书，被请求人认为：（1）该证据与本专利的发明目的不同；（2）本专利使用了补偿机制，具有自动对中功能；（3）补偿机构设置在静环上与设置在动环上不等效；（4）用弹簧作为补偿机制是可行的。

专利复审委员会于2004年1月29日将被请求人的意见陈述转送给请求人。

专利复审委员会于2004年2月6日收到请求人针对上述转送文件所作的意见陈述书，其中请求人坚持宣告本专利无效。

合议组于2004年11月3日向双方当事人发出口头审理通知书，定于2004年12月14日9时进行口头审理。双方当事人均提交了无效宣告请求口头审理通知书回执。

口头审理如期进行，双方当事人均到庭。

在口审过程中，双方对合议组成员无回避请求，对对方到庭人员资格无异议，被请求人对请求人提交的证据及其译文无异议，请求人补充的无效请求理由为：（1）本专利权利要求1、2不符合专利法第二十六条第三款、第四款；（2）本专利权利要求3不符合专利法第二十二条第三款。

被请求人于2004年12月17日递交了意见陈述书，其中修改了权利要求书。修改的权利要求书为：

“1. 一种机械密封轴承保护器，包括动环、静环、密封圈和补偿机制，其中动环和静环接触摩擦，其特征是补偿机制（2）镶嵌在静环（7）中。

2. 根据权利要求1所述的机械密封轴承保护器，其特征是补偿机制（2）采用磁性材料。

3. 根据权利要求1所述的机械密封轴承保护器，其特征是补偿机制（2）为弹簧。”

与原权利要求书相比较，上述修改的实质是删除原权利要求1中补偿机制（2）镶嵌在动环（4）中的技术方案，该修改符合专利法、专利法实施细则及审查指南的有关规定，本无效审查决定以修改的权利要求书为基础作出。

在上述审查的基础上，合议组认为事实已经清楚，可以作出无效宣告请求审查决定。

**二、决定的理由**

1. 证据的认定

证据是US3730447号美国专利说明书，其公开日为1998年3月24日，被请求人对该证据及其译文无异议，故该证据可以作为本专利的已有技术。

2. 关于权利要求书以说明书为依据

专利法第二十六条第四款规定：权利要求书应当以说明书为依据，说明要求专利保护的范围。

合议组认为：权利要求1、2所限定的技术方案，已在说明书描述，权利要求3所限定的技术方案为补偿机制为弹簧，本领域技术人员可以从说明书的描述中理解弹簧补偿机制的技术方案。因此本专利权利要求1~3符合专利法第二十六条第四款的规定。

3. 关于新颖性

专利法第二十二条第二款规定：新颖性，是指在申请日以前没有同样的发明或者实用新型在国内外出版物上公开发表过、在国内公开使用过或者以其他方式为公众所知，也没有同样的发明或者实用新型由他人向国务院专利行政部门提出过申请并且记载在申请日以后公布的专利申请文件中。

请求人提供的证据公开了一种保护器，其技术特征包括动环、轴承座和静环、密封圈、密封环、位于动环和静环之间的磁性装置，磁性装置为固定在动环上的磁铁。

合议组认为：本专利权利要求 1 与上述技术特征不相同，因此本专利权利要求 1 具备新颖性。

从属权利要求 2、3 是以附加技术特征对其所直接引用的权利要求 1 的进一步限定，在权利要求 1 具备新颖性的前提下，同样具备新颖性。

4. 关于创造性

专利法第二十二条第三款规定：创造性，是指同申请日以前已有的技术相比，该发明具有突出的实质性特点和显著的技术进步，该实用新型具有实质性特点和进步。

合议组认为：证据中公开一种保护器，其技术特征包括动环、轴承座和静环、密封圈、密封环、位于动环和静环之间的磁性装置，磁性装置为固定在动环上的磁铁；与该证据相比较，本专利权利要求 1 以补偿机构设置在静环中替代补偿机制镶嵌在动环中，然而这种替代仅仅是补偿机制设置位置的改变，没有改变该补偿机制的功能和工作方式，并且没有改变动环与静环之间的工作关系。这种替代对本领域技术人员来讲是容易想到的，而且没有产生意想不到的技术效果，因此权利要求 1 不具备创造性。

权利要求 2 进一步限定的技术特征为补偿机制采用磁性材料，证据公开了相同的技术特征，因此在权利要求 1 不具备创造性的前提下，本专利权利要求 2 不具备创造性。

权利要求 3 进一步限定的技术特征为补偿机制为弹簧。在本专利中，弹簧补偿机制的作用同样是保证动环与静环之间的工作位置和工作关系，其效果与使用磁性补偿机制相同。无论就用弹簧替代磁性材料而言，还是就选择弹簧作为补偿机制而言，都没有实质性特点和进步，对本领域技术人员来讲是显而易见的，因此在权利要求 1 不具备创造性的前提下，本专利权利要求 3 不具备创造性。

因此，本专利权利要求 1 ~3 不具备专利法第二十二条第三款规定的创造性。

**三、决定**

宣告 99228092.3 号实用新型专利权全部无效。

当事人对本决定不服的，可以根据专利法第四十六条第二款的规定，自收到本决定之日起三个月内向北京市第一中级人民法院起诉。

根据该条款的规定，一方当事人起诉后，另一方当事人应当作为第三人参加诉讼。

040

# 摩托车后传动链轮的滑动轮装置案

## 无效宣告请求审查决定（第6944号）

**决　定　号**　第6944号
**决　定　日**　2004年12月10日
**发明创造名称**　摩托车后传动链轮的滑动轮装置
**国际分类号**　B62M 9/16
**无效请求人**　胡康生
**专利权人**　福建省晋江市宏鑫机械有限公司
**专　利　号**　98245334.5
**申　请　日**　1998年11月5日
**授权公告日**　2000年1月12日
**合议组组长**　石　竞
**主　审　员**　马红梅
**参　审　员**　张宗任

**法律依据**　专利法第二十二条第二款、第三款
**决定要点**

若一项专利的权利要求与一篇现有技术相比，其区别技术特征为本领域公知常识，这种公知常识与现有技术的结合也是本领域普通技术人员容易想到的，而且并未产生意想不到的技术效果，则该专利的权利要求所要求保护的技术方案不具备创造性。

### 一、案由

本无效宣告请求案涉及国家知识产权局专利局于2000年1月12日授权公告的98245334.5号实用新型专利权，名称为“摩托车后传动链轮的滑动轮装置”，申请日为1998年11月5日，专利权人为福建省晋江市宏鑫机械有限公司（下称被请求人）。

授权公告的权利要求书如下：

“1. 摩托车后传动链轮的滑动轮装置，包括后传动链轮，其特征在于：滑动转盘通过前、后压板装于后传动链轮中心孔内，该滑动转盘边缘有凹槽，凹槽沿滑动转盘的圆周均布，凹槽的一个端面有孔，弹簧、弹簧套置于孔内，弹簧套的一端压于弹簧上，另一端位于凹槽内并与滚动销接触，滚动销可在凹槽内滚动。

2. 根据权利要求1所述的滑动轮装置，其特征在于：所述的凹槽为3或4个。”

针对上述专利权（下称本专利），胡康生（下称请求人）于2003年10月12日向专利复审委员会提出无效宣告请求，无效宣告请求的理由是本专利相对于证据1~6不具备新颖性、创造性，不符合专利法第二十二条第二款、第三款的规定。请求人同时提交了下列证据：

证据1：第90200943.5号名称为“摩托车自动离合器”的实用新型专利说明书，其授权公告日

为1990年12月19日；

证据2：第91212934.4号名称为“摩托车节能两挡自动变速器”的实用新型专利说明书，其授权公告日为1993年12月1日；

证据3：第95234414.9号名称为“摩托车动力传递单向离合器”的实用新型专利说明书，其授权公告日为1997年3月26日；

证据4：第97203525.7号名称为“摩托车滑行节油装置”的实用新型专利说明书，其授权公告日为1998年9月2日；

证据5：《机械设计手册》（机械工业出版社1991年第1版）第4卷第29篇第10章第29～297页及版权页复印件；

证据6：中央电视台电视讲座教材——《摩托车的结构保养与检修》（人民邮电出版社1990年12月第1版，1995年2月第11次印刷）第141页及版权页复印件。

经形式审查合格，专利复审委员会受理了上述请求，向双方当事人发出了无效宣告请求受理通知书，并将专利权无效宣告请求书及其附件清单中所列附件的副本转送给了被请求人，要求其在指定的期限内答复。

被请求人未在指定的期限内作出任何答复。

2004年4月6日，专利复审委员会向双方当事人发出了口头审理通知书，定于2004年5月31日下午2时进行口头审理。

请求人于2004年4月15日寄交了口头审理回执，表示参加口头审理，而被请求人未提交口头审理回执。

口头审理如期举行，被请求人未出席口头审理。请求人对合议组成员无回避请求。请求人明确无效理由是：本专利权利要求1、2相对于证据1～4不符合专利法第二十二条第二款、第三款的规定。请求人未提交证据5、证据6的原件。

在上述工作的基础上，合议组认为，本案事实已经调查清楚，可以依法作出审查决定。

**二、决定的理由**

1. 关于证据

请求人请求宣告本专利无效的理由是本专利不具备新颖性、创造性，其提交的证据共6份，其中证据1～4为专利文献，其公开日均早于本专利的申请日，因此可以作为现有技术评价本专利的新颖性、创造性。此外，请求人未提交证据5、证据6的原件，因此合议组无法确认证据5、证据6的真实性，所以对证据5、证据6不予采信。

2. 关于新颖性、创造性

根据专利法第二十二条的规定，授予专利的发明和实用新型，应当具备新颖性、创造性和实用性。

新颖性，是指在申请日以前没有同样的发明或者实用新型在国内外出版物上公开发表过、在国内公开使用过或者以其他方式为公众所知，也没有同样的发明或者实用新型由他人向国务院专利行政部门提出过申请并且记载在申请日以后公布的专利申请文件中。

对实用新型来说，创造性是指同申请日以前已有技术相比，该实用新型有实质性特点和进步。

（1）本专利的权利要求1要求保护一种摩托车后传动链轮的滑动轮装置，包括后传动链轮，其特征在于：滑动转盘通过前、后压板装于后传动链轮中心孔内，该滑动转盘边缘有凹槽，凹槽沿滑动转盘的圆周均布，凹槽的一个端面有孔，弹簧、弹簧套置于孔内，弹簧套的一端压于弹簧上，另一端位于凹槽内并与滚动销接触，滚动销可在凹槽内滚动。

请求人认为最接近的现有技术为证据1，证据1涉及一种摩托车自动离合器（见证据1第4页第1~16行、第5页第4~10行，结合附图1、附图3），证据1的离合器包含：外毂2（相当于本专利之后传动链轮），星轮3（相当于本专利之滑动转盘）通过端盖9（相当于本专利之前、后压板）装于外毂2的中心孔内，星轮3的边缘周向均布有凹槽，其中较长一侧的凹槽侧面上设有垂直该面的圆柱槽孔，槽孔内置有一弹簧6以及顶销7，顶销7的一端压于弹簧6上，另一端位于凹槽内并与滚柱8（相当于本专利之滚动销）接触，该滚柱8可在凹槽内滚动。当摩托车处于运动状态时皮带带动各级齿轮旋转，而末级齿轮的外毂2也随之旋转，在摩擦力的作用下凹槽内的滚柱8被推向与弹簧6相反的一侧，使其自动楔紧，实现自动锁合，此时外毂2所在的末级齿轮与星轮3连为一体，将扭矩传递给驱动轮。当摩托车处于滑行状态时，在摩擦力的作用下凹槽内的滚柱8被推向弹簧6一侧压缩弹簧6，此时滚柱8就会脱离与外毂2内环面的接触，使得星轮3与驱动轮同步旋转，而外毂2所在的末级齿轮则静止不动，这样就可以减少阻力、增大滑行距离、节约油耗。

将证据1所公开的上述内容与本专利权利要求1进行对比可知，二者的区别特征在于：第一，本专利权利要求1的滑动轮装置用于链传动的摩托车，而证据1的自动离合器用于皮带传动的摩托车；第二，本专利权利要求1采用弹簧套，而证据1采用顶销。针对上述第一点区别：首先需要指出的是，本专利权利要求1所述的滑动轮装置即为离合器，并且，所属领域普通技术人员均知晓摩托车离合器的功能为实现旋转机械与驱动轮的结合或分离，其本身与摩托车所采用的传动方式并无任何必然联系。也就是说，链传动的摩托车与皮带传动的摩托车的离合器是通用的；针对上述第二点区别：本专利权利要求1所采用的弹簧套与证据1中所采用的顶销所起的作用是相同的，均用于传递弹簧的张力，而且二者均属于所属领域常用的机械连接技术。

综上所述，具有基本专业知识及常规实验能力的所属领域普通技术人员在证据1公开的技术内容的启示下，结合实际需要可容易地得出本专利权利要求1所要求保护的技术方案，不需创造性劳动。因此，权利要求1所要求保护的技术方案不具有实质性特点和进步，不具备专利法第二十二条第三款规定的创造性。

（2）本专利从属权利要求2的附加技术特征为：所述的凹槽为3个或4个。证据1第4页第1~2行中公开：星轮（相当于本专利之滑动转盘）周向均布的凹槽最好为四个。由此可见，该附加技术特征也已被证据1披露。本领域技术人员在证据1的启示下，可容易地实现权利要求2所述凹槽为3个或4个的技术方案。因此，当其引用的权利要求1相对于证据1不具备创造性时，权利要求2所要求保护的技术方案也不具备专利法第二十二条第三款规定的创造性。

**三、决定**

宣告第98245334.5号实用新型专利权全部无效。

当事人对本决定不服的，可以根据专利法第四十六条第二款的规定，自收到本决定之日起三个月内向北京市第一中级人民法院起诉。根据该款的规定，一方当事人起诉后，另一方当事人应当作为第三人参加诉讼。

# 三乙胺冷芯盒射芯机案

## 无效宣告请求审查决定（第6948号）

**决　　定　　号**　第6948号
**决　　定　　日**　2005年3月14日
**发明创造名称**　三乙胺冷芯盒射芯机
**国 际 分 类 号**　B22C 15/24
**无 效 请 求 人**　苏州明志铸造装备有限公司
**专 利 权 人**　北京兰佩铸造设备有限公司
**专　　利　　号**　01260456.9
**申　　请　　日**　2001年9月18日
**授 权 公 告 日**　2002年7月3日
**合 议 组 组 长**　杨克非
**主　　审　　员**　耿　博
**参　　审　　员**　王　颖

**法 律 依 据**　专利法第二十六条第三款
**决 定 要 点**

当本领域的技术人员对一专利的说明书所公开的内容不花费创造性劳动无法再现该技术方案时，应当认为该专利的说明书未能清楚完整的说明该技术方案。

**一、案由**

本无效宣告请求案涉及的是专利号为01260456.9、名称为“三乙胺冷芯盒射芯机”的实用新型专利，该专利的申请日为2001年9月18日，授权公告日为2002年7月3日，专利权人为北京兰佩铸造设备有限公司。

该专利授权的权利要求书如下：

“1. 一种三乙胺冷芯盒射芯机，其包括机架部分、射砂机构、芯盒夹紧定位机构和气体发生器及电液控制机构，其特征在于其还包括一个四立柱导杆机构，该四立柱导杆机构的四个立柱安装并支撑在带有射砂机构的上部机架和机器底座之间。

2. 按照权利要求1所述的三乙胺冷芯盒射芯机，其特征在于，其还在芯盒工装进出运动的小车体底部导轨耐磨板上开出气道和一系列的小孔。

3. 按照权利要求2所述的三乙胺冷芯盒射芯机，其特征在于，所开出的小孔的直径为0.5mm左右。

4. 按照权利要求1或2所述的三乙胺冷芯盒射芯机，其特征在于，其还包括一个可前后运动的集成吹气罩，该集成吹气罩位于上机架下方射头后部。

5. 按照权利要求1或2所述的三乙胺冷芯盒射芯机，其特征在于，其还包括一个集成气体发生器，该集成气体发生器框安装在支架立柱内。

6. 按照权利要求1所述的三乙胺冷芯盒射芯机，其特征在于，其芯盒夹紧定位机构是一种全液压锁紧加上真空吸附的机构。

7. 按照权利要求6所述的三乙胺冷芯盒射芯机，其特征在于，上述全液压锁紧加上真空吸附的机构包括真空吸口、液压锁紧机构、下楔块、弹簧复合锁、上楔块、连接头和液压缸，液压缸伸出，通过连接头带动下楔块运动，同时在弹簧复合锁的作用下带动上楔块运动。”

针对上述专利权（下称本专利），苏州明志铸造装备有限公司（下称请求人）于2003年12月16日向专利复审委员会提出了无效宣告请求，其理由是本专利的权利要求1、2、3、5不符合专利法第二十二条有关新颖性、创造性的规定，权利要求4不符合专利法第二十六条第四款的规定，权利要求6、7不符合专利法第二十二条第四款、专利法实施细则第二十条第一款的有关规定，说明书不符合专利法第二十六条第三款的规定。请求人同时提交了如下证据：

证据1：《中国铸造装备与技术》2000年第5期（总第209期）封面及第56页复印件；

证据2：兰佩公司LB和LFB系列射芯机样页复印件3页；

证据3：兰佩公司样本复印件1页；

证据4：兰佩公司LFB50工装手册复印件5页；

证据5：兰佩公司剪报复印件1页；

证据6：兰佩公司LB25工装手册复印件3页；

证据7：江苏增值税专用发票，NO. 00548378、NO. 00549377、NO. 00549376复印件；

证据8：苏州兰佩L40小车体装配图复印件1页。

请求人认为通过证据1、2、4可以证明与本专利权利要求1和权利要求2所要求保护技术方案相同的产品已经在本专利的申请日之前在国内公开销售；通过证据1、3、5可以证明德国兰佩公司的LB25射芯机和LFB25射芯机在本专利申请日之前已处于公众想要得知就能够得知的状态；权利要求3进一步限定的技术特征没有为本专利带来意料不到的技术效果，在权利要求2没有创造性的前提下，权利要求3所要求保护的技术方案也没有创造性；权利要求4中限定的可前后运动的集成吹气罩在说明书中没有记载，在附图中也没有显示，因此该权利要求得不到说明书的支持，不符合专利法第二十六条第四款的要求；权利要求5中限定的集成气体发生器在附件1封面产品中公开，其也是与射芯机机架集成一体的，因此在权利要求1、2没有新颖性和创造性的前提下，该权利要求所要求保护的技术方案也没有创造性；权利要求6、7所限定的芯盒夹紧定位机构只公开了各组成件以及功能性描述，没有公开各组件的位置连接关系，在说明书的相应部分也没有给出相应的具体描述，因此本领域的技术人员根据权利要求6和权利要求7以及说明书的记载无法实现所要求保护的技术方案，因此权利要求6和权利要求7所限定的技术方案不具备实用性，也不符合专利法实施细则第二十条第一款的规定。另外，本专利的说明书没有对全液压锁紧加上真空吸附的机构之间的连接关系和机构的工作原理充分公开，所以不符合专利法第二十六条第三款的规定。

经形式审查合格后，专利复审委员会受理了上述无效宣告请求，并将无效宣告请求书及证据副本转给了专利权人（下称被请求人），同时成立合议组对此案进行审查。

被请求人于2004年2月13日向专利复审委员会提交了意见陈述书。被请求人认为请求人提出的以上无效宣告理由均不能成立，同时提交了以下附件作为证据：

附件1：合同编号为2001LQCZA/12H－801DE的进口合同复印件5页。

被请求人认为证据2、3上面没有记载发表者或出版者的名称和公开发表或出版时间，其来源不明，也不是专利法意义上所称的出版物，因此不能作为证据使用。在证据2、3不能作为证据使用的前提下，证据1和证据4，证据1和证据6就不能结合起来，所以也就不能用作评价权利要求1的新颖性和创造性。证据1所刊登的与本专利有关的Laempe制芯设备在本专利的申请日之前在中国国内并未造成使用公开。通过所提交的附件1能够证明LB/LFB50制芯设备在本专利的申请日之前不可能销售到中国。证据4应为工程设计图或工程加工图，按照常规的商业习惯，该图纸应当属于商业秘密，一定范围之外的人是不能拥有或获知其技术内容的，所以其所记载的技术内容处于保密状态，其内容不能用于评价本专利的新颖性和创造性；证据6所记载的内容是2003年其间形成的，在本专利的申请日之后，其内容不能用于评价本专利的新颖性和创造性；所以在权利要求1具备新颖性和创造性的基础上，其从属权利要求2、3、5也具备新颖性和创造性。另外，说明书中的第2页第25、第26行，第3页第16~18行对集成吹气罩的安装位置和其他部件的关系、作用、效果进行了清楚完整的说明，因此权利要求4符合专利法第二十六条第四款的规定；在说明书的第3页第21~23行，第5页第4~9行结合附图8对全液压锁紧加上真空吸附的结构作出了清楚、完整的说明，本领域的技术人员可以根据说明书的描述实现这些技术方案，所以权利要求6、7符合专利法第二十二条第四款的规定，并且权利要求6、7能够以说明书所记载的内容为依据，清楚地表达请求保护的范围，所以也符合专利法第二十六条第四款、专利法实施细则第二十条第一款的规定。请求专利复审委员会驳回请求人的无效宣告请求，维持本专利有效。

合议组于2004年11月2日将被请求人的以上意见陈述及附件的副本转文给请求人，并向双方当事人发出口头审理通知书，定于2005年1月11日在专利复审委员会进行口头审理，

口头审理在专利复审委员会如期举行，双方当事人均出席了此次口头审理，请求人当庭出示了证据1~8的原件，被请求人核实后认定这八份证据的原件与复印件相符。双方当事人结合提交的证据充分向合议组阐述了自己的观点。被请求人当庭表示权利要求4中的集成吹气罩的结构属于现有技术，该发明只是对其安装位置作出的改进，并表示在口头审理十日内补充提交支持其观点的证据。

被请求人于2005年1月20日提交了意见陈述书，其陈述的意见与口头审理时陈述的意见基本相同，而并未提交任何证据。

至此，合议组认为本案的事实已经清楚，可以作出审查决定。

**二、决定的理由**

请求人认为本专利的说明书不符合专利法第二十六条第三款规定的理由是：第一，本专利的说明书没有对集成吹气罩的结构作出清楚完整的说明；第二，没有对全液压锁紧加上真空吸附的机构之间的连接关系和机构的工作原理充分公开。针对第二点理由，请求人进一步认为，本领域的技术人员一方面不知道该机构安装在射芯机的哪一位置，另一方面，这些内容仅给出该结构包括哪些部分，但各部分之间的连接关系和机构的工作原理没有充分公开，本领域技术人员按照说明书记载的内容，不能实现这一技术方案，故与这些技术特征相对应的权利要求4、6、7在实质上无法得到说明书的支持，进而也不符合专利法第二十六条第四款的规定。

专利法第二十六条第三款规定：说明书应当对发明或者实用新型作出清楚、完整的说明，以所属技术领域的技术人员能够实现为准；必要的时候，应当有附图。摘要应当简要说明发明或者实用新型的技术要点。

合议组认为：本专利的发明目的是针对现有技术存在的不足作出的技术上的改进，该专利的说明书应当对改进后的技术方案作出清楚、完整的说明以使本领域的技术人员无需花费创造性劳动即可实现。通过阅读本专利的说明书可知本专利的发明目的之一是“提供一种可减少吹气板和上顶芯板小车机构的三乙胺冷芯盒射芯机”，本专利为了实现该发明目的所采用的技术手段是“采用可前后运动的集成吹气罩，该集成吹气罩位于上机架下方射头后部”。但是本专利的说明书没有对“集成吹气罩

的具体结构”作出说明，并且对“该集成吹气罩与吹气板的结构相比有何不同，罩内如何带有上顶芯板，以及如何改变吹气板传统的左右运动方式而实现前后运动”均没有作出清楚完整的说明。由于集成吹气罩是本专利的为解决其技术问题所采用的技术方案中的必要部件，而本专利的说明书由于未对该部件的具体结构、如何实现其运动方式作出清楚完整的说明，从而导致本领域的技术人员根据该说明书的记载无法具体实施，不花费创造性劳动不能再现该技术方案。

本专利另外的一发明目的是“提供一种可使芯盒模具及射板拆装更加可靠方便的三乙胺冷芯盒射芯机”。本专利为了实现其发明目的所采用的技术手段是“其芯盒夹紧定位机构是一种全液压锁紧加上真空吸附的机构”。本专利的说明书虽然对这一机构的一些组成部件作出了说明，也说明了这些组成部件的连接关系，但是本领域的技术人员根据说明书的这些描述并不清楚是如何能够实现液压锁紧的，并且对如何实现真空吸附并没有作出公开，也没有公开真空吸附与液压锁紧之间如何结合一起工作，这一机构如何与芯盒相连接并能实现其拆装更加方便可靠的目的。更进一步讲，由于本专利所采用的“四立柱导杆”结构的三乙胺冷芯盒射芯机与现有技术中结构的不同则会导致其所选用的“芯盒夹紧定位机构和气体发生器及电液控制机构”的结构和现有技术中不同，其间的连接关系、作用关系也发生变化。由于本专利的说明书未能对本专利所采用的“集成吹气罩、全液压锁紧加上真空吸附的机构”作出清楚完整的说明，即导致本领域的技术人员不花费创造性劳动无法实现“芯盒夹紧定位机构和气体发生器及电液控制机构”的具体结构，所以致使本领域的技术人员不花费创造性劳动就无法实现本专利所要求保护的“四立柱导杆”结构的三乙胺冷芯盒射芯机一个完整的技术方案，更不能解决其技术问题、达到预期的技术效果，所以本专利的说明书不符合专利法第二十六条第三款的规定。

被请求人在口头审理时认为集成吹气罩的结构是现有技术，该发明是对其安装位置作出的改进，并表示在口头审理后十日内补充提交支持该观点的证据。被请求人在口头审理十日内提交了意见陈述书，但并未提交用以证明集成吹气罩的结构是现有技术的证据。被请求人在意见陈述书中认为：权利要求 4 中限定的吹气罩是相对于吹气板而言的，是在现有技术中吹气板的基础上，将吹气板的周缘向一侧成角度延伸而形成，这属于公知常识。而集成吹气罩是将现有技术的上顶芯板在吹气板的基础上改进而成的，吹气罩是将这将两种结构集成为一体，其集成方式例如可以是粘接、模制在一起、直接吸合、或者螺纹连接、铆接等机械连接方式等，这对于普通技术人员来说是显而易见的。对于“可前后运动”、“该集成吹气罩位于上机架下方射头后部”，只是在方向上、在现有技术中吹气板的左右运动的基础上改为集成吹气罩的前后运动，其运动原理、驱动方式都没有改变，但通过这种改进产生了上述技术效果，具有技术进步性。合议组认为：因为没有证据表明本专利的集成吹气罩是现有技术，被请求人对此问题的阐述是对说明书技术内容的进一步补充，在原始说明书中并没有公开，本领域的技术人员也不能从现有技术中直接、惟一地得出该内容。在本专利的说明书没有清楚完整公开的情况下，本领域的技术人员不花费创造性劳动不能再现实现该技术效果吹气罩的具体结构，也不能再现该吹气罩在四立柱导杆机构存在的情况下如何能够采用现有技术中吹气板的驱动方式、运动轨道而作出前后运动。所以被请求人的以上主张不能成立。

被请求人认为，在“说明书第 5 页第 4～9 行中，结合附图 8 记载了全液压锁紧加上真空吸附的结构的组成和各部件的动作关系；在说明书第 3 页第 21～23 行记载了采用全液压锁紧加上真空吸附的结构的技术效果；从附图 8 中不难看出，右面的视图为左面视图的侧视图，图中标出了组成该全液压锁紧加上真空吸附的结构的各个组成部件的名称以及这些部件的位置和连接关系。本领域的普通技术人员能够从说明书中对这些组成部件的动作关系的上述说明以及附图 8 所示出的这些部件的位置和连接关系中，结合权利要求 1 所限定的技术方案，理解并实施权利要求 6 和权利要求 7 所要求保护的技术方案。”

合议组认为：本专利的说明书虽然对这一机构的一些组成部件作出了说明，也说明了这些组成部件的连接关系，也作出了一些功能性的描述，但是本领域的技术人员根据说明书的这些描述并不清楚整个液压锁紧、解开的全过程，并且对其真空吸附并没有详细的公开，也没有公开真空吸附如何与液压锁紧相互配合工作，并且对这一机构如何与芯盒相连接并能实现其拆装更加方便可靠的目的也没有作出清楚完整的说明，所以被请求人的以上主张不能成立。

综上所述，本专利的说明书未对解决其技术问题的技术方案作出清楚完整的说明，本领域的技术人员不花费创造性劳动无法再现该技术方案，所以不符合专利法第二十六条第三款的规定。

鉴于可以得出以上有意义的审查结论，所以合议组对请求人提出的其他无效宣告请求的理由和提交的证据不再予以评述。

**三、决定**

宣告 01260456.9 号实用新型专利权全部无效。

当事人对本决定不服的，可以根据专利法第四十六条第二款的规定，自收到本决定之日起三个月内向北京市第一中级人民法院起诉。根据该款的规定，一方当事人起诉后，另一方当事人应当作为第三人参加诉讼。

042

# 一种汽车用离合器从动盘案

## 无效宣告请求审查决定（第6950号）

**决　定　号**　第6950号
**决　定　日**　2005年3月17日
**发明创造名称**　一种汽车用离合器从动盘
**国际分类号**　F16D 41/02
**无效请求人**　腾征仁
**专利权人**　李全海
**专　利　号**　02241019.8
**申　请　日**　2002年6月24日
**授权公告日**　2003年9月17日
**合议组组长**　杨克菲
**主　审　员**　黄玉平
**参　审　员**　郭健国

**法律依据**　专利法第二十二条第二款
**决定要点**

若一项专利的权利要求所要求保护的技术方案与请求人提供的对比文件相比具有区别技术特征，而该区别技术特征又起到了一定的作用，即带来了一定的技术效果，则该专利的技术方案与所述对比文件的技术方案实质上是不相同的，且两者所要解决的技术问题及所带来的技术效果也不同，故该专利与所述对比文件不属于同样的发明创造。因此，该专利的权利要求相对于所述对比文件具备新颖性。

### 一、案由

本无效宣告请求案涉及国家知识产权局专利局于2003年9月17日授权公告的、名称为“一种汽车用离合器从动盘”的实用新型专利，其专利号为02241019.8，申请日为2002年6月24日，专利权人是李全海。

该专利授权公告的权利要求书如下：

“1. 一种汽车用离合器从动盘，包括由花键套（41）和突缘（42）构成的花键突缘，位于突缘（42）两侧并相对固定的摩擦片（2）和压簧板（3），突缘（42）与压簧板（3）相对应的多个弹簧槽中共同装有缓冲弹簧（1），其特征在于：花键套（41）和突缘（42）之间通过并列的超越离合器和滚动轴承（6）相连接。

2. 根据权利要求1所述的一种汽车用离合器从动盘，其特征在于，超越离合器是由多个滚柱（51）和相对应的支撑弹簧（52）构成，与滚柱（51）相接触的突缘（42）的内缘表面是一个半径递增的曲面。”

针对上述实用新型专利权（下称本专利），腾征仁（下称请求人）于2004年4月21日向专利复审委员会提出了无效宣告请求，其理由是本专利不符合专利法第二十二条第二款有关新颖性的规定，请求宣告其专利权全部无效。请求人同时提交如下附件作为证据：

附件1：公开号为CN1274052A的中国发明专利申请公开说明书复印件，其申请日为2000年6月14日，公开日为2000年11月22日（下称对比文件1）。

请求人认为，对比文件1与本专利所属技术领域相同，且公开了一种单向逆止式离合器从动盘，并披露了本专利权利要求1中除“花键套（41）和突缘（42）之间通过并列的超越离合器和滚动轴承（6）相连接”之外的其他技术特征。就本专利的“花键套（41）和突缘（42）之间通过并列的超越离合器和滚动轴承（6）相连接”这一技术特征而言，结合说明书附图可以清楚地看出，实质是将“单向轴承的滚柱分成两段，再以花键套和突缘作为轴承的内、外套的单向轴承”结构表述为“超越离合器和滚动轴承”，其与对比文件1所属技术领域相同，所要解决的技术问题和技术方案实质相同，预期效果相同。故两者为同样的发明创造，因此本专利权利要求1相对于对比文件1不具备新颖性；对比文件1中也公开了本专利权利要求2的附加技术特征，因此，本专利权利要求2相对于对比文件1也不具备新颖性。

经形式审查合格后，专利复审委员会于2004年6月7日依法受理了该无效宣告请求，并于同日将无效宣告请求书以及相关文件副本转给了专利权人李全海（下称被请求人），要求被请求人在指定期限内进行意见陈述。同时依法成立合议组对本案进行审查。

针对上述无效宣告请求，被请求人于2004年7月1日提交了意见陈述书，其陈述了本专利具备新颖性的理由。被请求人的主要观点如下：

本专利权利要求1是在对比文件1的基础上进行的改进方案，在本专利的背景技术中已经明确指出对比文件1的缺点，即当不踩离合器，在松油门换挡欲降低或增加汽车行驶速度等情况下，依靠惯性作用高速行驶时，由于汽车的惯性和汽车发动机转速的突然减小，使花键套与突缘之间的相对转速差增大，这种结构的设计结果是让超越离合器的滚柱作为滚动支承，当滚柱在高速转动时，其与支撑弹簧之间将产生高速摩擦，支撑弹簧将很快被磨损，而作为超越离合器的滚柱如果没有支撑弹簧的支撑将失去单向轴承的灵活性等。本专利正是要克服所述缺陷，在对比文件1的基础上，即在超越离合器的套轴上并联一个滚动轴承，超越离合器先是在突缘的转速大于花键套的转速时起结合作用，在突缘转速小于花键套的转速时起分离作用，滚动轴承是超越离合器起分离作用时才承担突缘与花键相对转动的支承作用，此时超越离合器中的滚柱处于突缘与花键之间较大空间内而不承担突缘和花键套之间的转动支承作用，因此滚柱与支撑弹簧之间产生偶尔的滑动摩擦，而不会造成支撑弹簧的磨损，从而保证了超越离合器的工作灵活性，防止了因此造成的动力系统的冲击。上述的预期效果在对比文件1中是没有的。因此本专利权利要求1所述的技术方案明显与对比文件1不同，预期效果也不同，故具备新颖性。

专利复审委员会本案合议组于2004年10月21日向双方当事人发出了口头审理通知书，定于2004年12月8日在专利复审委员会举行本案的口头审理，同时，将被请求人于2004年7月1日提交的意见陈述书转给了请求人。

口头审理如期举行，双方当事人均参加了口头审理。在口头审理中，被请求人当庭表示对对比文件1的真实性无异议。请求人及被请求人就本专利相对于对比文件1是否具备新颖性充分陈述了意见，请求人坚持认为本专利的“滚动轴承（6）”在对比文件1虽未提及，但该部件不起作用，故对比文件的技术方案与本专利的技术方案实质相同。被请求人也坚持认为本专利正是对对比文件1中存在的问题而进行的改进，其能够减少滚柱与支撑弹簧之间的磨损。

口头审理之后，被请求人于2004年12月13日又进行了意见陈述，其重申了本专利具备新颖性的理由。

2004年12月15日，请求人再次提交了意见陈述书，并补充提交了含有一份检验报告的（2004）大中证民字第1790号公证书，用以进一步说明对比文件1的技术方案经大连市产品质量监督检验所检验并不存在本专利背景技术中所述缺点。

在上述工作的基础上，合议组认为本案事实已经清楚，可以依法作出审查决定。

**二、决定的理由**

1. 证据认定

对比文件1是专利文献，属于公开出版物，被请求人对该对比文件的真实性无异议。该对比文件的公告日早于本专利的申请日，故对比文件1可以作为评价本专利是否具备新颖性的现有技术。

对于请求人口头审理之后于2004年12月15日补充提交的证据，即（2004）大中证民字第1790号公证书，因其已超出提出无效宣告请求之日一个月的期限，根据专利法实施细则第六十六条的规定，合议组对该证据不予考虑。

2. 关于本专利的新颖性

专利法第二十二条第二款规定：新颖性，是指在申请日以前没有同样的发明或者实用新型在国内外出版物上公开发表过、在国内公开使用过或者以其他方式为公众所知，也没有同样的发明或者实用新型由他人向国务院专利行政部门提出过申请并且记载在申请日以后公布的专利申请文件中。

请求人主张：本专利权利要求1和2不符合专利法第二十二条第二款规定的新颖性。

对比文件1涉及一种单向轴承逆止式离合器从动盘，其中披露了以下技术特征（参见对比文件1的说明书第2页第4～8行，附图1、附图2）：花键突缘4上装缓冲弹簧1，两侧由摩擦片2和压簧板3固定一体，花键突缘凸台5（对应于本专利的突缘）和花键套6之间为单向轴承。单向轴承由滚柱7和弹簧8构成。从该对比文件1的附图1中可以清楚地看出，压簧板3上设有多个弹簧槽，缓冲弹簧1装于该弹簧槽中。由本专利的说明书可知，本专利的超越离合器是由多个滚柱51和相对应的支撑弹簧52构成，实际上，对比文件1中由滚柱7和弹簧8构成的单向轴承对应于本专利的超越离合器。

将本专利权利要求1所限定的技术方案与对比文件1所公开的内容相比，其区别在于：本专利中在超越离合器上并列一个滚动轴承（6），而对比文件1中没有此设置。即对比文件1未公开权利要求1中的“花键套（41）和突缘（42）之间通过并列的超越离合器和滚动轴承（6）相联接”这一技术特征。

请求人认为，本专利的“滚动轴承（6）”在对比文件1虽未提及，但该部件不起作用，对比文件的技术方案与本专利的技术方案实质相同，预期效果相同，故两者为同样的发明创造。

对此，合议组认为，通过阅读本专利的说明书，本专利基于现有技术中（也即对比文件1）花键套与突缘之间设有滚柱和支撑弹簧这种结构所产生的缺陷而进行了改进，提出了在超越离合器上并列一个滚动轴承6这样的技术方案，设置滚动轴承的作用是当超越离合器起分离作用时才承担突缘与花键套相对转动的支承作用，从而使超越离合器中的滚柱处于突缘与花键之间较大空间内而不承担突缘和花键套之间的转动轴承作用，使滚柱与支撑弹簧之间产生偶尔的滑动摩擦，而不会造成支撑弹簧的磨损，从而保证了超越离合器的工作灵活性。从理论上分析本专利设置滚动轴承是起到一定作用的，且带来了一定的技术效果。因此，对比文件的技术方案与本专利的技术方案实质上不相同，且两者所要解决的技术问题及所带来的技术效果也不同，故本专利与所述对比文件不属于同样的发明创造。因此，本专利的权利要求1相对于对比文件1具备新颖性。

在权利要求 1 具备新颖性的前提下，其从属权利要求 2 同样具备新颖性。

**三、决定**

维持 02241019. 8 号实用新型专利权有效。

当事人对本决定不服的，可以根据专利法第四十六条第二款的规定，自收到本决定通知书之日起三个月内向北京市第一中级人民法院起诉。根据该款的规定，一方当事人起诉后，另一方当事人应当作为第三人参加诉讼。

# 新型摩托车活塞案

## 无效宣告请求审查决定（第6953号）

**决　定　号**　第6953号
**决　定　日**　2005年3月15日
**发明创造名称**　新型摩托车活塞
**国际分类号**　F02F 3/00
**无效请求人**　常州光阳摩托车有限公司
**专利权人**　成都宗申热动力机械股份有限公司
**专　利　号**　00259845.0
**申　请　日**　2000年12月15日
**授权公告日**　2002年1月16日
**合议组组长**　魏　屹
**主　审　员**　崔　峥
**参　审　员**　徐媛媛

**法律依据**　专利法第二十二条第二款、第三款
**决定要点**

如果一项权利要求与一份在本专利申请日之前公开的现有技术证据的区别技术特征为本领域的公知常识，则应当认为现有技术中已给出了将上述区别技术特征应用到上述现有技术证据中以解决其存在的技术问题的启示，且该权利要求不具备创造性。

### 一、案由

本无效宣告请求案涉及申请日为2000年12月15日、授权公告日为2002年1月16日、名称为“新型摩托车活塞”的00259845.0号实用新型专利，授权公告时的专利权人为重庆宗申摩托车科技集团有限公司（下称专利权人Ⅰ）。

授权公告的权利要求书如下：

“1. 一种新型摩托车活塞，包括头部、裙部（3）、裙部的销孔（4）；其特征在于：头部具有凹弧形顶端（1），在裙部销孔（4）的下方分别各具有小槽（2）。

2. 根据权利要求1所述的新型摩托车活塞，其特征在于：活塞在轴向上的长度为42mm ±0.5mm。”

2003年8月5日国家知识产权局专利局应专利权人Ⅰ的请求并根据专利权人Ⅰ与成都宗申联益实业股份有限公司达成的专利权转让协议将本专利的专利权人Ⅰ变更为成都宗申联益实业股份有限公司（下称专利权人Ⅱ），随后在19卷41号专利公报上予以公告。

针对上述专利权，常州光阳摩托车有限公司（下称请求人）于2004年4月5日向专利复审委员会提出了无效宣告请求，但在其所提交的无效宣告请求书专利权人一栏中填写的专利权人为“重庆宗申摩托车科技集团有限公司”（专利权人Ⅰ）。其无效的理由是本专利权利要求1不具备新颖性和创造性，权利要求2不具备创造性。请求人同时提交了如下证据：

证据1：日本实用新型公报JP昭63－170556U及其中文译文复印件（公开日为1988年11月7日）；

证据2：日本专利公报JP昭61－277851A及其中文译文复印件（公开日为1986年12月8日）。

请求人认为：从证据1的图4中可以看出，活塞顶部具有凹弧形顶端，从图3、5、6中可以看出活塞在裙部销孔的下方分别具有小槽（40）。因此，证据1已公开了本专利权利要求1的全部技术特征，权利要求1不具备新颖性，当然也不具备创造性。权利要求2将活塞轴向长度限定为42mm±0.5mm。为减轻活塞重量和减小活塞与缸体的接触阻力而减小活塞的长度是本领域的公知常识，因此，权利要求2不具备创造性。

专利复审委员会于2004年4月29日受理了上述无效宣告请求并将无效宣告请求书及证据副本转给了专利权人Ⅱ，并成立合议组对本案进行审查。

针对上述无效宣告请求，专利权人Ⅱ于2004年6月14日和6月16日两次提交了意见陈述书，认为证据1和证据2都未揭示出本专利在活塞头部设置用于增大燃烧室空间的凹弧形顶端这一技术特征，并认为证据1中“凹部40”的位置与本专利“小槽”的位置不同，而证据2中“凹部11由上部的储油部12和下方的回油通路13两部分构成”，与本专利的“润滑油的回流方式上存在一定的差异”。本专利具备新颖性和创造性。

2004年7月24日专利权人Ⅱ以法人名称变更为由向国家知识产权局专利局提出专利权人变更请求，2004年9月17日国家知识产权局专利局将本专利的专利权人Ⅱ变更为成都宗申热动力机械股份有限公司（下称被请求人），随后在20卷44号专利公报上予以公告。

专利复审委员会本案合议组于2004年10月9日向请求人发出了无效宣告请求补正通知书，指出请求人于2004年4月5日提交的专利权无效宣告请求书第③栏专利权人与经合法变更后的专利权人不一致，要求请求人进行补正。

2004年10月15日请求人提交了补正后的专利权无效宣告请求书，将第③栏专利权人改为2004年4月5日提出无效宣告请求时的专利权人Ⅱ，即“成都宗申联益实业股份有限公司”。

专利复审委员会本案合议组于2004年11月26日向双方当事人发出了口头审理通知书，定于2005年1月18日举行口头审理，并将专利权人Ⅱ于2004年6月14日和6月16日提交的意见陈述书转给了请求人。

请求人于2004年12月14日针对专利权人Ⅱ于2004年6月14日和6月16日的意见陈述提交了意见陈述书，认为由“证据1的图4中可以清楚地看到活塞顶部12的顶面是呈凹弧形的”。另外，从证据1的图3、5、6和证据2的图3和图4也都可以看出在活塞“裙部销孔的下方分别各具有小槽”，因此本专利权利要求1不具备新颖性和创造性。

口头审理如期举行，双方当事人均出席了本次口头审理。合议组当庭将请求人于2004年12月14日提交的意见陈述书转给了被请求人。在口头审理过程中，请求人放弃了证据2，并明确其无效宣告理由为本专利的权利要求1不具备新颖性和创造性，权利要求2不具备创造性，同时认为本专利权利要求1中的“凹弧形顶端”不仅由证据1的图4公开，而且该特征亦为本领域的公知技术。被请求人对证据1和证据2的真实性无异议，且对证据1和证据2的中文译文无异议。同时被请求人认为在证据1中“凹部40位于裙部销孔32的下方”。

口头审理后，被请求人于2005年1月19日又提交了意见陈述书，进一步阐明了其观点，其认为：由证据1的图4中不能够直接且惟一地推断出图示的结构一定为“凹弧形顶端”，而且在证据1

中“沟槽位于活塞销轴心线方向的两侧”，且“共设置了四个沟槽；而本专利‘在裙部销孔的下方分别各具有小槽’。也就是说，本专利在活塞销轴的下方一周共设置了两个小槽”，而“设置数量过多，势必会削弱活塞裙部的强度，导致其易碎，因此槽体的开设位置和开设数量不同将导致不同的技术效果”。另外，本专利权利要求2减小了活塞的轴向长度，“能够使活塞重量减轻，在缸体内的阻力减小”。因此，本专利具备新颖性和创造性。

在上述程序的基础上，合议组认为事实已经清楚，作出了本决定。

**二、决定的理由**

1. 证据认定

证据2已被请求人放弃，故合议组不再予以考虑。

证据1为日本实用新型公报，属于公开出版物，被请求人对其真实性无异议。其公开日早于本专利的申请日，因此，可以作为现有技术来评价本专利的新颖性和创造性。

2. 关于本专利的新颖性和创造性

专利法第二十二条第二款规定：新颖性，是指在申请日以前没有同样的发明或者实用新型在国内外出版物上公开发表过、在国内公开使用过或者以其他方式为公众所知，也没有同样的发明或者实用新型由他人向国务院专利行政部门提出过申请并且记载在申请日以后公布的专利申请文件中。

专利法第二十二条第三款规定：创造性，是指同申请日以前已有的技术相比，该发明有突出的实质性特点和显著的进步，该实用新型有实质性特点和进步。

本专利权利要求1保护一种摩托车活塞，其包括头部、裙部（3）、裙部的销孔（4）；活塞头部具有凹弧形顶端（1），在裙部销孔（4）的下方分别各具有小槽（2）。

而证据1公开了一种内燃机活塞（10），其包括头部、裙部（30）、销座孔（32）（相当于本专利的裙部销孔），在销座孔（32）的下方设有油流下用凹部（40）（相当于本专利的小槽）（参见证据1的附图3－6及附图说明部分）。

对于被请求人的“在裙部销孔的下方分别各具有小槽”表示“在活塞销轴的下方一周共设置了两个小槽”的观点，合议组认为，本专利说明书和权利要求书均未对“小槽”的数目进行任何的说明。而且，本专利的附图为剖面图，从中也不能看出“小槽”的具体数目。由于活塞“裙部销孔”在活塞轴向中心线的左右两侧各具有一个（参见本专利的附图），因此，“在裙部销孔的下方分别各具有小槽”应理解为“分别在每一个裙部销孔的下方设有小槽”。因此，合议组对被请求人关于本专利在活塞裙部销孔下方一周共设有两个小槽并由此可带来较好的技术效果的主张不予支持。

对于请求人的“证据1的图4中可以清楚地看到活塞顶部12的顶面是呈凹弧形”的观点，合议组认为，证据1的图4仅仅是一个剖面图，另外，在证据1中也没有其他的附图及文字对该顶面的形状予以图示和说明，因此，不能惟一地导出活塞顶部的顶面呈凹弧形，故合议组对请求人的上述主张不予支持。

因此，权利要求1所限定的技术方案与证据1所公开的技术方案相比，存在以下的区别：第一，两者的技术领域略有不同，本专利涉及摩托车活塞，更准确地说是涉及摩托车汽油机活塞。而证据2涉及内燃机活塞。第二，在本专利权利要求1中，活塞头部具有凹弧形顶端。因此，本专利权利要求1相对于证据1具备新颖性。

对于上述第一点区别特征，虽然证据1与本专利技术领域略有不同，但两者非常相近，且汽油机属于内燃机中的一种，对于摩托车汽油机领域的技术人员来说，将涉及内燃机领域的技术转用于摩托车汽油机，并不需要付出创造性的劳动。

对于第二点区别特征，根据本专利说明书中的描述，其目的在于增大燃烧室的空间。然而，根据本领域技术人员所应知晓的本领域的普通技术常识可知，活塞头部顶端构成燃烧室的一部分，活塞头部顶端的形状主要取决于燃烧室的选择和设计。其形状可设计为平顶、凹顶和凸顶。当活塞头部采用凹顶设计时，必然会增大燃烧室的空间。鉴于此，为了增大燃烧室的空间，本领域技术人员显而易见地会将证据1所公开的活塞的头部的顶端设计为凹弧形，进而得出本专利权利要求1所限定的技术方案，并不需要付出创造性的劳动。因此，权利要求1不具有实质性特点和进步，因而不具备创造性。

从属权利要求2限定部分的附加技术特征为“活塞在轴向上的长度为42mm ±0.5mm”。显然，活塞轴向长度的选择属于本领域常规设计的范畴，本领域技术人员可根据缸体的规格以及活塞的实际工作需求来确定其数值，并不需要付出创造性的劳动。而且，减小活塞的轴向长度，自然会减轻活塞的重量并减小活塞在缸体内的阻力，这显然也是本领域技术人员完全可以预料到的技术效果。因此，在其引用的权利要求1不具备创造性的情况下，该权利要求也不具备创造性。

**三、决定**

宣告00259845.0号实用新型专利权无效。

当事人对本决定不服的，可以根据专利法第四十六条第二款的规定，自收到本决定之日起三个月内向北京市第一中级人民法院起诉。根据该款的规定，一方当事人起诉后，另一方当事人应当作为第三人参加诉讼。

# 单层喷雾装置案

## 无效宣告请求审查决定（第6961号）

**决　定　号**　第6961号
**决　定　日**　2005年3月16日
**发明创造名称**　单层喷雾装置
**国际分类号**　B05B 3/02
**无效请求人**　北京金航信诺科技发展有限责任公司
**专利权人**　武进市武南玻璃钢厂
**专　利　号**　98227620.6
**申　请　日**　1998年8月18日
**授权公告日**　1999年6月30日
**合议组组长**　徐媛媛
**主　审　员**　崔　峥
**参　审　员**　魏　屹

**法律依据**　专利法第二十二条第三款　专利法实施细则第二十条第一款
**决定要点**

如果本领域技术人员通过阅读涉案专利的说明书和附图对本专利的权利要求不存在任何理解上的障碍和困难，能够作出合理而且正确的理解和判断，则认为本专利的该项权利要求已清楚地表达了请求保护的范围，符合专利法实施细则第二十条第一款的规定。

本领域技术人员能够从证据的附图中明显看出的技术特征也属于该证据公开的内容。

如果一项权利要求与一份在本专利申请日之前公开的现有技术证据的区别技术特征为本领域的公知常识，则应当认为现有技术中已给出了将上述区别技术特征应用到上述现有技术证据中以解决其存在的技术问题的启示，且该权利要求不具备创造性。

**一、案由**

本无效宣告请求案涉及申请日为1998年8月18日、授权公告日为1999年6月30日、名称为“单层喷雾装置”的98227620.6号实用新型专利，专利权人为武进市武南玻璃钢厂（下称被请求人）。

授权公告的权利要求书如下：

“1. 一种单层喷雾装置，具有底座（1），底座（1）中间开有送水室（2），还具有喷头（3），其特征是：喷头（3）底部通过螺钉固定在圆盘（4）上，圆盘（4）固定在底座（1）上方并可随底座绕底座轴线转动，圆盘上还固定有风叶（5），喷头具有均匀布置的斜向外侧伸出的至少一个喷杆（31），喷杆（31）外端部设有喷嘴（311），喷嘴（311）与喷杆的轴线夹角α为从0°～90°，喷杆内的喷水道（312）将送水室（2）与喷嘴（311）联通。”

针对上述专利权，北京金航信诺科技发展有限责任公司（下称请求人）于2004年8月23日向专利复审委员会提出了无效宣告请求，其理由是本专利权利要求1不符合专利法实施细则第二十条第一款的规定以及专利法第二十二条第二款有关创造性的规定。请求人同时提交了如下证据：

证据1：CN1060979A发明专利申请公开说明书复印件（公开日为1992年5月13日）。

请求人认为，在本专利权利要求1中记载有“喷头具有均匀布置的斜向外侧伸出的至少一个喷杆”的技术特征，但对于只有一个喷杆的情况，如何在喷头上“均匀布置”？本领域技术人员无法清楚理解该特征。因此，该权利要求的技术方案不清楚，不符合专利法实施细则第二十条第一款的规定。另外，证据1公开了一种喷雾装置，本专利权利要求1与证据1相比，其结构基本相同，并无明显变化，因此不具备创造性。

经形式审查合格，专利复审委员会于2004年9月15日受理了上述无效宣告请求并将无效宣告请求书及证据副本转给了被请求人，同时成立合议组对上述无效宣告请求进行审查。

被请求人针对请求人于2004年8月23日提出的无效请求于2004年10月28日提交了意见陈述书，其认为：就本专利权利要求1中记载的“喷头具有均匀布置的斜向外侧伸出的至少一个喷杆”的技术特征而言，对于只有一个喷杆的情况，当然就不存在所谓“均匀”或不均匀的问题。本领域技术人员在阅读该技术特征后，能够作出上述惟一的判断和理解，因此本专利权利要求1的技术方案是清楚的。另外，本专利权利要求1与证据1相比，至少存在两点不同：其一是证据1的方案中未设置喷杆，同时也未公开本专利中喷嘴与喷杆的轴线夹角为0°~90°的技术特征；其二是在证据1中，水室与密封进液连接机构的转动件相连，叶片安装在水室上，而本专利是喷头固定在圆盘上，叶片也安装在圆盘上。因此，本专利相对于证据1具备创造性。

专利复审委员会本案合议组于2005年1月19日向双方当事人发出了口头审理通知书，定于2005年3月10日举行口头审理，并将被请求人于2004年10月28日提交的意见陈述书转给了请求人。

请求人针对被请求人于2004年10月28日提交的意见陈述书于2005年2月25日向专利复审委员会提交了意见陈述书，进一步阐述了本专利权利要求1不符合专利法实施细则第二十条第一款的理由，同时认为本专利权利要求1与证据1所公开的技术方案之间的区别仅仅是部件名称的不同而已，两者的技术方案并没有实质性的区别，既不具备新颖性，也不具备创造性。

口头审理如期举行，双方当事人均出席了本次口头审理。合议组当庭将请求人于2005年2月25日提交的意见陈述书转给了被请求人。在口头审理过程中，请求人明确其无效理由为本专利权利要求1不符合专利法实施细则第二十条第一款的规定以及相对于证据1不具备新颖性和创造性。被请求人对证据1的真实性无异议。双方围绕上述无效理由进行了充分的辩论。请求人认为本专利权利要求1不符合专利法实施细则第二十条第一款的规定的具体事实如下：其一为“圆盘（4）固定在底座（1）上方并可随底座绕底座轴线转动”，其二为“喷头具有均匀布置的斜向外侧伸出的至少一个喷杆（31）”。另外，双方均认为本专利中的“圆盘（4）”应当是与“底座（1）”内的套筒状物固定在一起，以便可进行转动。而且，被请求人认为本专利权利要求1与证据1所公开的技术方案之间存在三点区别：（1）证据1未公开有“喷杆”；（2）证据1也未公开“喷嘴”与“喷杆”的具体夹角；（3）证据1未公开“喷头底部”与“圆盘”的具体固定方式。此外，被请求人明确表示对当庭转送的文件不再进行书面意见陈述。

在上述程序的基础上，合议组认为本案事实已经清楚，可以依法作出本决定。

**二、决定的理由**

1. 关于本专利权利要求1是否符合专利法实施细则第二十条第一款的规定

专利法实施细则第二十条第一款规定：权利要求书应当说明发明或者实用新型的技术特征，清楚、简要地表达请求保护的范围。

专利法第五十六条第一款规定：发明或者实用新型专利权的保护范围以其权利要求的内容为准，说明书及附图可以用于解释权利要求。

请求人认为本专利权利要求1存在两点不清楚之处，其一为“圆盘（4）固定在底座（1）上方并可随底座绕底座轴线转动”，其二为“喷头具有均匀布置的斜向外侧伸出的至少一个喷杆（31）”。

首先，根据本专利说明书的描述，喷雾装置在工作时，“热水进入送水室后通过喷水道从喷嘴中喷出后成水雾，由于反作用力，使喷杆转动并带动风叶转动”，由于风叶是固定在圆盘上的。因此，圆盘也随其同时转动，而此时，圆盘和风叶必然应当是绕其中心线，也就是本专利附图中所示的底座轴线进行转动。虽然在权利要求1中记载的是“圆盘（4）固定在底座（1）上方并可随底座绕底座轴线转动”，但根据上述工作原理以及本专利说明书和附图所示的喷雾装置的结构，本领域技术人员应当理解到，圆盘（4）应当是在底座（1）的上方与底座（1）内的套筒状部件固定在一起，并可随底座（1）内的该套筒状部件一起绕底座轴线转动，而并不是圆盘（4）与整个底座（1）一起转动，否则，就会明显与上述工作原理相矛盾，并与本专利说明书和附图所示的结构不符。而且，以上的论点在口头审理时也得到了双方的共同认可。总之，对于本领域技术人员来说，根据本专利说明书和附图的描述，显然能够对权利要求1中“圆盘（4）固定在底座（1）上方并可随底座绕底座轴线转动”作出正确的理解和判断，而不会产生误解和歧义。

其次，“至少一个喷杆”应当理解为“一个或多个喷杆”，显然，对于“多个喷杆”而言，可以进行“均匀布置”或“不均匀布置”，而对于“一个喷杆”而言，自然就不存在“均匀布置”或“不均匀布置”的问题。因此，对于权利要求1中“喷头具有均匀布置的斜向外侧伸出的至少一个喷杆（31）”，本领域技术人员应当不存在任何理解上的障碍和困难，能够作出合理而且正确的理解和判断。

综上所述，本专利权利要求1清楚地表达了请求保护的范围，符合专利法实施细则第二十条第一款的规定。

2. 关于本专利的创造性

专利法第二十二条第三款规定：创造性，是指同申请日以前已有的技术相比，该发明有突出的实质性特点和显著的进步，该实用新型有实质性特点和进步。

证据1为专利文献，属于公开出版物，被请求人对其真实性无异议。其公开日早于本专利的申请日，因此，证据1可以作为现有技术来评价本专利的新颖性和创造性。

证据1公开了一种喷雾推进雾化装置，其包括进液连接机构（2）和水室（5），进液连接机构（2）内设有用于流水的转动件管式连接轴（$2_4$），转动件管式连接轴（$2_4$）的上方设有端面盘，且转动件管式连接轴（$2_4$）和端面盘可一起绕其轴线转动，水室（5）与端面盘相连接，端面盘外圆装有风扇叶片（3），水室（5）上表面端对称设有一组喷头（4、$4_1$……），液体可由进液管（1）经转动件管式连接轴（$2_4$）内孔进入水室（5），以雾状形式从喷头组喷出（参见证据1的图1和图2及第5页第5~16行的文字描述）。

虽然证据1中的进液连接机构（2）、端面盘、水室（5）和喷头（4、$4_1$……）在名称上分别与本专利权利要求1中的“底座（1）”、“圆盘（4）”、“喷头（3）”和“喷嘴（311）”不同，但其结构特点、功能和作用是相同的，因此，两者之间应当是相互对应的，也就是，证据1中的进液连接机构（2）、端面盘、水室（5）和喷头（4、$4_1$……）分别相当于本专利权利要求1中的“底座（1）”、“圆盘（4）”、“喷头（3）”和“喷嘴（311）”。另外，显然，证据1中的转动件管式连接轴（$2_4$）应相当于前面所论述的本专利中底座（1）内的套筒状部件。

另外，虽然证据1中未对其水室（5）与喷头（4、$4_1$……）的具体连接关系在文字上给以说明，但在作为其公开内容的一部分的附图1中已清楚而且毫无疑义地表示出喷头（4、$4_1$……）通过“杆形件”与水室（5）相连接，而且，该“杆形件”明显是伸出水室（5），当然，水流应从水室（5）通过该“杆形件”流到喷头（4、$4_1$……）中并由喷头（4、$4_1$……）喷出。因此，证据1中的上述“杆形件”应相当于本专利权利要求1中的“喷杆”。

通过上述对证据1所披露内容的描述并结合上述分析可知，权利要求1所限定的技术方案与证据1所公开的技术内容的区别仅在于，第一，证据1未明确说明水室（5）与端面盘的具体连接方式，而本专利的喷头通过螺钉固定在圆盘上；第二，证据1中未明确说明喷嘴与喷杆轴线的夹角，而本专利喷嘴与喷杆轴线的夹角为0°~90°。

对于区别特征第一，合议组认为，螺钉固定方式是本领域中惯常使用的一种可拆卸固定方式，在此教导下，为了便于更换喷头，本领域技术人员显而易见地会通过诸如螺钉固定方式这样的可拆卸固定方式将喷头固定在圆盘上，而这并不需要付出创造性的劳动。

对于区别特征第二，喷嘴与喷杆轴线的夹角的选择属于本领域常规设计的范畴，本领域技术人员可根据喷雾装置的实际工作需求来确定其数值，并不需要付出创造性的劳动。况且，证据1的附图1也明显地示出喷头（4、$4_4$……）与“杆形件”轴线基本上是垂直的。

综上所述，本专利权利要求1所要求保护的技术方案不具备实质性特点和进步，因而不具备创造性。

**三、决定**

宣告98227620.6号实用新型专利权无效。

当事人对本决定不服的，可以根据专利法第四十六条第二款的规定，自收到本决定之日起三个月内向北京市第一中级人民法院起诉。根据该款的规定，一方当事人起诉后，另一方当事人应当作为第三人参加诉讼。

# 一种汽轮机检修主轴用盘车装置案

## 无效宣告请求审查决定（第6962号）

**决 定 号** 第6962号
**决 定 日** 2005年3月18日
**发明创造名称** 一种汽轮机检修主轴用盘车装置
**国际分类号** F01D 25/34
**无效请求人** 连云港鑫欣电力机械厂
**专利权人** 桑有富
**专 利 号** 00240998.4
**申 请 日** 2000年11月11日
**授权公告日** 2001年8月29日
**合议组组长** 陈海平
**主 审 员** 崔 峥
**参 审 员** 徐媛媛

**法律依据** 专利法第二十二条第二款、第三款
**决定要点**

购销合同和销售发票中不能看出产品的结构特征，如果上述证据中的标的物与其他能够看出产品结构特征的证据之间不能构成一个完整的证明体系，则上述证据作为否定本专利的新颖性和创造性的证据是不充分的。

### 一、案由

本无效宣告请求案涉及申请日为2000年11月11日、授权公告日为2001年8月29日、名称为“一种汽轮机检修主轴用盘车装置”的00240998.4号实用新型专利，专利权人为桑有富（下称被请求人）。

授权公告的权利要求书如下：

“1. 一种汽轮机检修主轴用盘车装置，包括支架（4），固定安装于支架（4）上的电动机（6），固定安装于支架（4）上与电动机（6）输出轴连接的减速装置（5），以及连接在减速装置（5）输出轴（10）上的传动齿轮（3），其特征在于：装置设有承托支架（4）的与汽轮机中封面固定的滑道（1），滑道（1）上设有驱动支架（4）在滑道（1）上往复滑动的驱动装置（8、9）。

2. 根据权利要求1所述的汽轮机检修主轴用盘车装置，其特征在于：所述驱动装置（8、9）为丝杆（8）螺母（9）。

3. 根据权利要求2所述的汽轮机检修主轴用盘车装置，其特征在于：其驱动装置（8、9）设有锁定支架（4）在滑道（1）上的位置的锁紧装置（7）。

4. 根据权利要求1所述的汽轮机检修主轴用盘车装置，其特征在于：在减速装置（5）输出轴

（10）上传动齿轮（3）的两端设有固定在支架（4）上的支撑装置（2）。

5. 根据权利要求1所述的汽轮机检修主轴用盘车装置，其特征在于：所述的减速装置（5）为减速比为700—5600的二级谐波减速装置。

6. 根据权利要求5所述的汽轮机检修主轴用盘车装置，其特征在于：所述减速装置（5）为的减速比为2809的减速装置（5），其第一级传动齿数比为108/106，第二级传动齿数比为106/104。”

针对上述专利权，连云港鑫欣电力机械厂（下称请求人）于2004年7月26日向专利复审委员会提出了无效宣告请求，其理由是本专利不具备新颖性和创造性。请求人同时提交了如下证据：

证据1：申请号为92213173.2的专利申请受理通知书复印件；

证据2：照片（共计6张）；

证据3.1：江苏省连云港市工业企业通用发票复印件（开票日期1993年3月24日）；

证据3.2：江苏省增值税专用发票复印件（开票日期为1996年10月16日）；

证据3.3：江苏省增值税专用发票复印件（开票日期为1995年8月30日）；

证据3.4：江苏省增值税专用发票复印件（开票日期为1997年11月18日）；

证据3.5：江苏省增值税专用发票复印件（开票日期为1995年6月8日）；

证据3.6：江苏省增值税专用发票复印件（开票日期为1997年12月1日）；

证据3.7：江苏省增值税专用发票复印件（开票日期为1996年5月4日）；

证据3.8：江苏省增值税专用发票复印件（开票日期为1997年5月5日）；

证据3.9：江苏省增值税专用发票复印件（开票日期为1997年12月27日）；

证据4.1：工矿产品购销合同复印件（签订时间为1995年11月1日）；

证据4.2：工矿产品购销合同复印件；

证据4.3：工矿产品购销合同复印件（签订时间为1997年9月18日）；

证据4.4：工矿产品购销合同复印件（签订时间为1997年4月30日）；

证据4.5：工矿产品购销合同复印件（签订时间为1995年7月3日）；

证据4.6：工矿产品购销合同复印件；

证据4.7：工矿产品购销合同复印件（签订时间为2000年11月2日）；

证据4.8：工矿产品购销合同复印件（签订时间为1997年4月4日）；

证据4.9：工矿产品购销合同复印件（签订时间为1996年10月14日）；

证据4.10：工矿产品购销合同复印件；

证据5.1：名称为“齿轮”的PZ1－8图纸复印件1份；

证据5.2：名称为“上支座”的PZ1－7图纸复印件1份；

证据5.3：名称为“300MW汽轮机组（哈汽）检修盘转装置”的PZ3－0图纸复印件1份；

证据5.4：名称为“上机体”的PZ3.1图纸复印件1份；

证据5.5：名称为“汽轮机检修盘转装置总图”的PZ1－0图纸复印件1份；

证据5.6：名称为“100、125、200MW汽轮机检修盘转装置”的PZ5.0图纸复印件1份；

证据6.1：云南火电公司汽机安装处出具的检修盘车使用情况复印件；

证据6.2：黄台发电厂汽机分场出具的证明复印件；

证据6.3：上海汽轮机有限公司产品服务处出具的使用情况证明复印件；

证据6.4：德州电厂汽机分场出具的汽轮机检修盘车使用报告复印件；

证据6.5：铁岭发电厂生产技术处出具的检修盘车使用情况复印件；

证据6.6：淮北发电厂汽机分场出具的电动盘车使用情况复印件；

证据6.7：珲春发电厂供应科出具的证明复印件；

证据6.8：新海发电厂汽机检修公司出具的旁置式检修盘车使用报告复印件；

证据7：连云港市物价局文件复印件；

证据8：连云港市海州区计划经济委员会文件复印件。

经形式审查合格，专利复审委员会于2004年9月2日受理了上述无效宣告请求并将无效宣告请求书及证据副本转给了被请求人，同时成立合议组对上述无效宣告请求进行审查。

被请求人针对请求人于2004年7月26日提出的无效请求于2004年10月14日提交了意见陈述书，认为请求人提交的证据均不能作为评价本专利新颖性和创造性的有效证据，同时具体指出了请求人提交的证据6.1~6.8中所存在的疑点。

专利复审委员会本案合议组于2005年1月20日向双方当事人发出了口头审理通知书，定于2005年3月16日举行口头审理，并将被请求人于2004年10月14日提交的意见陈述书及其附件转给了请求人。

口头审理如期举行，双方当事人均出席了本次口头审理。在口头审理过程中，请求人明确其无效理由为本专利权利要求1~6不具备新颖性和创造性。请求人当庭未能出示证据4.2、4.3、4.5、4.7、5.1、6.1、6.4和证据6.6的原件，合议组当庭告知请求人对上述证据不予采信。请求人当庭出示了其他证据的原件，其中，在请求人当庭出示的证据4.1、5.3、5.4和证据5.5的原件中存在有明显的事后修改痕迹，合议组当庭告知请求人对这些证据不予采信；被请求人认定请求人当庭出示的证据1、3.1~3.9、4.4、4.6、4.8、4.9、4.10、5.2、5.6、6.2、6.3、6.5、6.7、6.8、7和证据8的原件与其复印件一致，其中，证据4.6、4.10和证据5.2上未记载有任何时间信息，证据5.6所记载的图纸设计日期为2001年11月22日。

在上述程序的基础上，合议组认为本案事实已经清楚，可以依法作出本决定。

**二、决定的理由**

专利法第二十二条第二款规定：新颖性，是指在申请日以前没有同样的发明或者实用新型在国内外出版物上公开发表过、在国内公开使用过或者以其他方式为公众所知，也没有同样的发明或者实用新型由他人向国务院专利行政部门提出过申请并且记载在申请日以后公布的专利申请文件中。

专利法第二十二条第三款规定：创造性，是指同申请日以前已有的技术相比，该发明有突出的实质性特点和显著的进步，该实用新型有实质性特点和进步。

由于口头审理时请求人当庭未能出示证据4.2、4.3、4.5、4.7、5.1、6.1、6.4和证据6.6的原件，而无法确认上述证据的真实性，故对上述证据不予采信。

由于请求人口头审理时当庭出示的证据4.1、5.3、5.4和证据5.5的原件中存在有明显的事后修改痕迹，合议组难以对上述证据的真实性作出判断，故而对上述证据不予采信。

证据5.6的图纸设计日期为2001年11月22日，位于本专利的申请日之后，不能作为评价本专利新颖性和创造性的有效证据使用。

证据1为申请号为92213173.2、名称为“旁式防逆转检修主轴盘车装置”的专利申请受理通知书复印件，虽然请求人在口头审理时当庭出示的原件与其复印件一致，但其上未记载有任何相关的技术信息，不能作为评价本专利新颖性和创造性的有效证据使用。

证据2为一组照片，由于照片上所打印的拍摄时间可以人为随意进行设置和调整，在缺少其他佐证的情况下，不能认定照片上所打印的拍摄时间即为照片的实际拍摄时间，也就无法确定照片中所示实物的实际公开使用时间。因此，证据2不能作为评价本专利新颖性和创造性的有效证据使用。

证据3.1～3.9为九张销售发票的复印件。证据4.4、4.8和证据4.9为三份产品购销合同的复印件。请求人在口头审理时当庭出示了其原件，且原件与其复印件一致，故上述证据可以采信。但是，在发票和合同中只记载了所销售和订购的产品的名称和型号，而没有记载任何相关的技术内容。因此，虽然证据3.1～3.9中的开票日期以及证据4.4、4.8和证据4.9中的合同签订日期早于本专利的申请日，但仅由其本身也不能证明本专利的汽轮机检修主轴用盘车装置已在本专利申请日之前公开销售和使用。而且，由于发票中所销售的和合同中所定购的产品的技术信息是未知的，当然也无法将发票中所销售的和合同中所定购的产品与本专利进行对比来评判本专利的新颖性和创造性。

对于证据4.6和证据4.10，作为两份单独的产品购销合同，没有记载合同的签订时间，因此不能作为评价本专利新颖性和创造性的有效证据使用。另外，根据上面的论述，即使可以证明其合同签订时间早于本专利的申请日，其本身也不能作为评价本专利新颖性和创造性的有效证据使用。

证据5.2是名称为“上支座”的PZ1－7图纸复印件，其为企业内部资料，不属于公开出版物。同时由于其本身未标识有任何时间信息，故仅靠其本身也不能证明其上所记载的技术内容在本专利申请日之前已在国内公开使用或者以其他的方式为公众所知。因此，其本身不能作为评价本专利新颖性和创造性的有效证据使用。另外，从其中所表明的内容看，亦不能表明它与其他证据之间可形成完整证据链来评判本专利的新颖性和创造性。

证据6.2、6.3、6.5、6.7和证据6.8为五份用户出具的证明文件的复印件，属于证人证言类证据，证人证言本身的客观性会受到知情者的感官能力、记忆力以及作证的主观动机等多方面因素的影响。在没有相关证人出庭接受质证及没有其他原始客观证据进行佐证的情况下，上述证据不能被采信。

证据7和证据8是两份政府文件，其本身未记载有任何相关的技术信息，不能作为评价本专利新颖性和创造性的有效证据使用。

综上所述，请求人所提供的证据不充分，尚不足以否定本专利的新颖性与创造性。

**三、决定**

维持00240998.4号实用新型专利权有效。

当事人对本决定不服的，可以根据专利法第四十六条第二款的规定，自收到本决定之日起三个月内向北京市第一中级人民法院起诉。根据该款的规定，一方当事人起诉后，另一方当事人应当作为第三人参加诉讼。

## 北京市第一中级人民法院<br>行政裁定书

（2005）一中行初字第605号

原告连云港鑫欣电力机械厂，住所地江苏省连云港市海州区江化南路72号。

法定代表人陈连启，厂长。

委托代理人李艳萍，女，汉族，1969年5月12日出生，连云港鑫欣电力机械厂职员，户籍所在地江苏省连云港市海州区江化北路63－7号。

被告国家知识产权局专利复审委员会，住所地北京市海淀区北四环西路9号银谷大厦10～12层。

法定代表人李政，副主任。

委托代理人崔峥，男，国家知识产权局专利复审委员会机械申诉处审查员。

委托代理人王颖，女，国家知识产权局专利复审委员会行政诉讼处审查员。

第三人桑有富，男，汉族，1950 年 7 月 23 日出生，江苏省连云港市新东街五金巷 1 号 3 - 1 - 301 室。

原告连云港鑫欣电力机械厂不服被告国家知识产权局专利复审委员会于 2005 年 3 月 18 日作出的第 6962 号《无效宣告请求审查决定》，向本院提起诉讼，本院已依法受理。在审理过程中，原告以其要对本案所涉专利重新请求无效宣告为由，申请撤回本案起诉。

经审查，本院认为，原告的撤诉申请系其真实意思表示，本院予以准许。依照《中华人民共和国行政诉讼法》第五十一条之规定，裁定如下：

准许原告连云港鑫欣电力机械厂撤回起诉。

案件受理费 1000 元，减半收取 500 元，由原告连云港鑫欣电力机械厂负担（已交纳）。

审　判　长　吴　月
审　判　员　刘景文
代理审判员　张靛卿
二〇〇五年九月十五日
书　记　员　刘井玉
书　记　员　毛天鹏

# 低地板机坪旅客车案

## 无效宣告请求审查决定（第6964号）

**决　定　号**　第6964号
**决　定　日**　2005年3月14日
**发明创造名称**　低地板机坪旅客车
**国际分类号**　B62D 21/18
**无效请求人**　北京捷新机场设备公司
**专利权人**　周吟吟
**专　利　号**　95221632.9
**申　请　日**　1995年9月15日
**授权公告日**　1996年8月3日
**合议组组长**　魏　屹
**主　审　员**　耿　博
**参　审　员**　陈海平

**法律依据**　专利法实施细则第六十四条、第六十五条第一款　审查指南第四部分第一章第10.6节

**决定要点**

经审查，对于不符合受理条件而已经受理的无效宣告请求案件，应当作出驳回其无效宣告请求的决定。

**一、案由**

本无效宣告请求案涉及国家知识产权局专利局于1996年8月3日授权公告的、名称为“低地板机坪旅客车”的实用新型专利，其专利号是95221632.9，申请日是1995年9月15日，专利权人是周吟吟（下称被请求人）。

授权公告的权利要求如下：

“1. 低地板机坪旅客车，其特征在于低地板机坪旅客车的后桥（1）的中间部位呈凹形，底盘（2）的最底面距离地平面在170毫米（mm）至350毫米（mm）之间，地板（3）的最顶面距离地平面小于500毫米（mm）或等于320毫米（mm）。”

针对上述专利权（下称本专利），北京捷新机场设备公司于2003年8月28日向专利复审委员会提出无效宣告请求，其理由是被请求人周吟吟在1995～1996年期间在请求人单位任科学技术研究人员，参与了机场摆渡车的研制开发工作，而她申报的车辆就是机场摆渡车。周吟吟的研发工作是一种职务行为，其专利权不属于她个人所有，依据专利法第六条第一款及专利法实施细则第十一条第一款的规定，请求宣告本专利无效。与此同时，请求人提交了如下证据：

附件1：科学技术成果鉴定证书鉴字（1996）第013号复印件共12页；

附件2：关于周吟吟在单位任职时间和工作内容的说明；

附件3：北京市第一中级人民法院民事应诉通知书（2003）一中民初字第9131号。

经形式审查后，专利复审委员会于2003年8月28日受理了上述无效宣告请求，并将无效宣告请求书及相关材料转送给被请求人，要求被请求人在指定期限内进行意见陈述。但由于被请求人的通信地址发生变更，专利复审委员会的受理通知书及其转送的其他文件被邮政部门退回，后专利复审委员会对这些文件和材料采用了公告送达的方式予以送达。

合议组经过合议后认为本案事实已经清楚，可以依法作出审查决定。

**二、决定的理由**

1. 相关法律规定

专利法实施细则第六十四条规定：依照专利法第四十五条的规定，请求宣告专利权无效或者部分无效的，应当向专利复审委员会提交专利权无效宣告请求书和必要的证据一式两份。无效宣告请求书应当结合提交的所有证据，具体说明无效宣告请求的理由，并指明每项理由所依据的证据。

前款所称无效宣告请求的理由，是指被授予专利的发明创造不符合专利法第二十二条、第二十三条、第二十六条第三款、第四款、第三十三条或者本细则第二条、第十三条第一款、第二十条第一款、第二十一条第二款的规定，或者属于专利法第五条、第二十五条的规定，或者依照专利法第九条规定不能取得专利权。

专利法实施细则第六十五条第一款规定：专利权无效宣告请求书不符合本细则第六十四条规定的，专利复审委员会不予受理。

审查指南第四部分第一章第10.6节规定：对于已经受理的复审或者无效宣告请求案件，经审查不符合受理条件的，经主任委员或者副主任委员批准后，作出驳回复审请求或者驳回无效宣告请求的决定。

2. 本无效宣告请求是否符合受理条件

合议组认为：本次无效宣告请求人提出的无效宣告请求的理由是"本专利不符合专利法第六条第一款及专利法实施细则第十一条第一款的规定"，请求人提出无效宣告请求所依据的条款不符合专利法实施细则第六十四条第二款的规定，根据专利法实施细则第六十五条第一款规定，该无效宣告请求不符合受理条件，即不应被受理。但专利复审委员会的受理部门由于疏忽而将此案予以受理，根据审查指南第四部分第一章第10.6节规定，对于本案不符合受理条件而予以受理的，应当对该案作出驳回无效宣告请求的决定。

**三、决定**

驳回请求人于2003年8月28日针对本专利提出的无效宣告请求。

当事人对本决定不服的，可以根据专利法第四十六条第二款的规定，自收到本决定之日起三个月内向北京市第一中级人民法院起诉。根据该款规定，一方当事人起诉后，另一方当事人应当作为第三人参加诉讼。

047

# 一种汽车防盗器案

## 无效宣告请求审查决定（第6971号）

**决　定　号**　第6971号
**决　定　日**　2005年3月18日
**发明创造名称**　一种汽车防盗器
**国际分类号**　B60R 25/02
**无效请求人**　陈　武
**专利权人**　陈柳焕
**专　利　号**　01257408.2
**申　请　日**　2001年11月26日
**授权公告日**　2002年8月14日
**合议组组长**　陈海平
**主　审　员**　崔　峥
**参　审　员**　徐媛媛

**法律依据**　专利法第二十二条第三款
**决定要点**

如果本专利权利要求所限定的技术方案是按常规方式对现有技术所公开的技术方案进行的具有预计效果的改变和/或等同替代，则该本专利的该项权利要求不具备创造性。

### 一、案由

本无效宣告请求案涉及申请日为2001年11月26日、授权公告日为2002年8月14日、名称为“一种汽车防盗器”的01257408.2号实用新型专利，专利权人为陈柳焕（下称被请求人）。

该专利授权公告的权利要求书如下：

“一种汽车防盗器，在结构上包括有可固定在汽车方向盘上的锁定端和设置在锁定端一端的限位杆，其特征是：锁定端与限位杆为同轴的垒球棒状，锁定端包括有锁舌和转筒；锁舌设置在转筒的内侧，锁舌的后端连接并径向固定在限位杆上，锁舌的前端设置有转筒的安装座，锁舌的中部设置有一相对于轴心呈弧形的扣舌；转筒的后端连接在限位杆上，转筒的前端安装在锁舌前端的安装座上，转筒可沿限位杆的轴心并相对于锁舌转动；在锁舌前端的安装座与转筒之间设置有一棘轮装置，棘轮装置是在锁舌前端的安装座上设置有一内棘轮，转筒的前端设置有与内棘轮相配合的锁芯，锁芯上设置有可由钥匙控制的棘轮止回装置，锁位为缺省状态，棘轮止回工作，转筒只能沿限位杆的轴线顺时针转动；开锁时棘轮止回取消，转筒可沿限位杆的轴线自由转动；转筒上设置有卡口，卡口与锁舌上的扣舌配合构成方向盘的锁定装置。”

针对上述专利权，陈武（下称请求人）于2004年8月12日向专利复审委员会提出了无效宣告请求，其理由是本专利权利要求1不具备新颖性和创造性。请求人同时提交了如下证据：

证据1：国家知识产权局专利检索咨询中心的检索报告复印件；

证据2：CA2317639A加拿大专利申请说明书复印件及其中文译文（公开日为2001年8月28日）。

经形式审查合格，专利复审委员会于2004年9月7日受理了上述无效宣告请求并将无效宣告请求书及证据副本转给了被请求人，同时成立合议组对本案进行审查。对此，被请求人在规定的期限内未进行意见陈述。

专利复审委员会本案合议组于2005年1月21日向双方当事人发出了合议组成员告知通知书。在指定的期限内，双方均未对本合议组成员提出回避请求。

在上述程序的基础上，合议组认为本案事实已经清楚，可以依法作出本决定。

**二、决定的理由**

1. 证据认定

证据2属于专利文献，为公开出版物，合议组经查证已确认其真实性。而且，其公开日早于本专利的申请日，故而可以作为现有技术来评价本专利的新颖性和创造性。

2. 关于本专利的创造性

专利法第二十二条第三款规定：创造性，是指同申请日以前已有的技术相比，该发明有突出的实质性特点和显著的进步，该实用新型有实质性特点和进步。

本专利权利要求1保护的汽车防盗器具有以下的技术特征：

（A）可固定在汽车方向盘上的锁定端；

（B）设置在锁定端一端的限位杆；

（C）锁定端与限位杆为同轴的垒球棒状；

（D）锁定端包括有锁舌和转筒，锁舌设置在转筒的内侧；

（E）锁舌的后端连接并径向固定在限位杆上，锁舌的前端设置有转筒的安装座，锁舌的中部设置有一相对于轴心呈弧形的扣舌；

（F）转筒的后端连接在限位杆上，转筒的前端安装在锁舌前端的安装座上，转筒可沿限位杆的轴心并相对于锁舌转动；

（G）在锁舌前端的安装座与转筒之间设置有一棘轮装置，棘轮装置是在锁舌前端的安装座上设置有一内棘轮，转筒的前端设置有与内棘轮相配合的锁芯，锁芯上设置有可由钥匙控制的棘轮止回装置，锁位为缺省状态，棘轮止回工作，转筒只能沿限位杆的轴线顺时针转动；开锁时棘轮止回取消，转筒可沿限位杆的轴线自由转动；

（H）转筒上设置有卡口，卡口与锁舌上的扣舌配合构成方向盘的锁定装置。

证据2公开了一种用于锁定汽车方向盘的垒球棒状的汽车防盗器（参见证据2的权利要求1、说明书第3~5页和附图1~6），其具有以下的技术特征：

（A）可固定在汽车方向盘上的头部100（相当于本专利的锁定端）；

（B）设置在头部100一端的转动轴10（相当于本专利的限位杆）；

（C）头部100与转动轴10通过转动轴固定总成9同轴连接，并呈垒球棒状；

（D）头部100包括有金属管（相当于本专利的转筒）和设置在金属管内侧的弧形板4（相当于本专利的锁舌）；

（E）该弧形板4的一端通过连接部件6的环形凸缘43连接并径向固定在转动轴10上，弧形板4的另一端设有用于固定金属管的锁定机构支承部件3（相当于本专利的安装座），弧形板4的中部设有一相对于轴心呈弧形并作为锁定阀件用于锁定方向盘的凸起41（相当于本专利的扣舌）；

（F）金属管的后端连接在转动轴 10 上，金属管的前端固定在锁定机构支承部件 3 上，弧形板 4 可沿转动轴 10 的轴心并相对于金属管转动；

（G）锁定机构支承部件 3 与金属管之间设有反向转动止动部件 5（相当于本专利的棘轮装置），反向转动止动部件 5 设置在弧形板 4 的所述另一端的环形凸缘 42 上，其内设有带齿部件（相当于本专利的内棘轮），锁定机构总成 2 插入穿过锁定机构支承部件 3，并设置在金属管的前端，该锁定机构总成 2 包括锁定轴（相当于本专利的锁芯）和从锁定轴伸出并可通过钥匙控制转动的凸轮状凸起 31（相当于本专利的棘轮止回装置），当凸轮状凸起 31 位于锁定轴槽 32 中，并且其一侧与反向转动止动部件 5 中的带齿部件相啮合时，弧形板 4 或金属管只能沿转动轴的轴线朝一个方向进行转动，而不能反向转动，在通过钥匙开锁时，凸轮状凸起 31 使锁定轴向后运动并脱离位于反向转动止动部件 5 中的带齿部件，从而使弧形板 4 或金属管可反向转动，也就是可以正向和反向自由转动；

（H）金属管上设有长槽 8（相当于本专利的卡口），该长槽 8 与弧形板 4 上的凸起 41 配合构成方向盘的锁定装置。

通过以上分析可知，权利要求 1 所限定的技术方案与证据 2 所公开的技术内容的区别仅在于：内棘轮的设置位置略有不同，在本专利权利要求 1 中，内棘轮设置在锁舌前端的安装座上；而在证据 2 中，相当于内棘轮的带齿部件和相当于安装座的锁定机构支承部件 3 均与弧形板 4 的环形凸缘 42 相连。但是，上述区别相对于本发明所要解决的技术问题来说是非本质性的，属于常规机械连接方式的简单替换，而且本专利说明书也未说明该区别可带来怎样的技术效果。因此，本专利权利要求 1 不具有实质性特点和进步，因而不具备创造性。

**三、决定**

宣告 01257408.2 号实用新型专利权无效。

当事人对本决定不服的，可以根据专利法第四十六条第二款的规定，自收到本决定之日起三个月内向北京市第一中级人民法院起诉。根据该款的规定，一方当事人起诉后，另一方当事人应当作为第三人参加诉讼。

# 多功能狗圈案

## 无效宣告请求审查决定（第6972号）

决　　定　　号　第6972号
决　　定　　日　2005年3月15日
发明创造名称　多功能狗圈
国际分类号　A01K 27/00
无效请求人　莫建平
专　利　权　人　张伟相
专　　利　　号　99215524. X
申　　请　　日　1999年6月22日
授权公告日　2000年6月21日
合议组组长　魏　屹
主　　审　　员　崔　峥
参　　审　　员　陈海平

**法律依据**　专利法第二十六条第三款

**决定要点**

如果涉案专利说明书采用了自定义的技术术语，但对其并未给出明确的定义或者说明，从而不能准确地表达发明或实用新型的技术内容，以使所属技术领域的技术人员不能清楚、正确地理解该发明或实用新型，则认为本专利的说明书不符合专利法第二十六条第三款的规定。

**一、案由**

本无效宣告请求案涉及申请日为1999年6月22日、授权公告日为2000年6月21日、名称为“多功能狗圈”的99215524. X号实用新型专利，专利权人为张伟相（下称被请求人）。

该专利授权公告的权利要求书如下：

“1. 一种多功能狗圈，其特征在于：

1）一个开有把手孔（8）的线轮壳（9）里呈轴式活动固定有一个线轮（10）；

2）活动端用扣具与狗项圈相连的狗链（12）通过线轮壳口与线轮相连并卷绕起来；

3）线轮壳与线轮之间设有线轮锁定装置。

2. 如权利要求1所述的多功能狗圈，其特征在于所述线轮锁定装置为：

1）线轮双侧圆周开有多个定位卡齿（11）；

2）线轮对应位置轴销式活动固定有一个可转动连接件（4），连接件双侧开有用来卡住线轮定位卡齿的卡脚（3），并且连接件卡脚之间轴通过开口轴套方式连接一个线轮壳上的推块（6）；

3）推块与安装推块的线轮壳壁之间顶有弹簧（5），并且下部有卡条可卡在线轮壳卡口上。

3. 如权利要求1或2所述的多功能狗圈，其特征在于所述线轮壳上还设置有手电筒照明装置。

4. 如权利要求3所述的多功能狗圈，其特征在于所述手电筒照明装置为线轮壳口位置外面设有透明盖（1），里面固定有一个电珠（2），通过电线与顶部位置电池腔中电池相连，并设有开关（7），开关安装在把手后部上。”

针对上述专利权，莫建平（下称请求人）于2004年9月17日向专利复审委员会提出了无效宣告请求，其理由是本专利权利要求1~4不具备新颖性和创造性，同时提交了如下证据：

证据1：CN2372908Y中国实用新型专利说明书复印件（申请日为1999年5月11日，授权公告日为2000年4月12日）；

证据2：CN2313375Y中国实用新型专利说明书复印件（授权公告日为1999年4月14日）；

证据3：CN86207778U中国实用新型专利申请说明书复印件（公告日为1987年9月9日）。

经形式审查合格，专利复审委员会于2004年9月20日受理了上述无效宣告请求并将无效宣告请求书及证据副本转给了被请求人，同时成立合议组对本案进行审查。

请求人又于2004年10月15日向专利复审委员会提交了意见陈述书，对上述无效宣告请求增加了无效理由，其增加的理由是本实用新型专利不符合专利法第二十六条第三款、第四款以及实施细则第二十条第一款和第二十一条第二款的规定。

请求人认为，本专利说明书中没有记载可以解决“使狗链收缩”这一技术问题的技术手段，同时，说明书中记载的“线轮锁定装置”的技术方案也不清楚、完整，其中的“连接件卡脚之间轴”和“通过开口轴套方式”用词不准确，本领域技术人员通过阅读说明书并参照其附图无法得知其确切的含义，更无法清楚连接件与推块之间的连接关系。因此，作为“线轮锁定装置”这一技术方案所属领域的技术人员是无法实现的，本专利说明书不符合专利法第二十六条第三款的规定。另外，本专利说明书中只是给出了一个“线轮锁定装置”的具体实施例，并且还不清楚、完整，因此权利要求1中的“线轮壳与线轮之间设有线轮锁定装置”这一上位概念，得不到说明书的支持，本专利权利要求1不符合专利法第二十六条第四款的规定。而且，权利要求1中记载的技术特征对解决“可随意调节系狗狗链长度”这一技术问题，缺少必要的技术特征，不符合专利法实施细则第二十一条第二款的规定。权利要求2中记载的技术方案缺乏零部件之间连接关系，用词不清楚，不符合实施细则第二十条第一款的规定。

被请求人针对请求人于2004年9月17日提出的无效请求于2004年10月19日提交了意见陈述书并修改了权利要求书，同时还随附有工商局的现场检查笔录和公安局的损伤检验报告。

其修改的权利要求书如下：

“1. 一种多功能狗圈，其有一个开有把手孔（8）的线轮壳（9）里呈轴式活动固定有一个线轮（10）；活动端用扣具与狗项圈相连的狗链（12）通过线轮壳口与线轮相连并卷绕起来；线轮壳与线轮之间设有线轮锁定装置；其特征在于，所述的线轮锁定装置为：

1）线轮双侧圆周开有多个定位卡齿（11）；

2）线轮对应位置轴销式活动固定有一个可转动连接件（4），连接件双侧开有用来卡住线轮定位卡齿的卡脚（3），并且连接件卡脚之间轴通过开口轴套方式连接一个线轮壳上的推块（6）；

3）推块与安装推块的线轮壳壁之间顶有弹簧（5），并且下部有卡条可卡在线轮壳卡口上。

2. 如权利要求1所述的多功能狗圈，其特征在于所述的线轮壳上还设置有手电筒照明装置。

3. 如权利要求2所述的多功能狗圈，其特征在于所述的手电筒照明装置为线轮壳口位置外面设有透明盖（1），里面固定有一个电珠（2），通过电线与顶部位置电池腔中电池相连，并设有开关（7），开关安装在把手后部上。”

被请求人认为，本专利修改后的权利要求1~3具备新颖性和创造性。

专利复审委员会本案合议组于2005年1月18日向双方当事人发出了口头审理通知书，定于2005年3月3日举行口头审理。并将请求人于2004年10月15日提交的意见陈述书转给了被请求人，同时将被请求人于2004年10月19日提交的意见陈述书及其附件转给了请求人。

被请求人又于2005年2月1日向专利复审委员会提交了意见陈述书并随附有宁波市中级人民法院的民事判决书。被请求人针对请求人于2004年10月15日提出的无效理由进行了相应的反驳。被请求人认为，本专利中“随意调节狗链长度”是相对于现有技术中固定长度的狗链而言，当达到需要长度时，用锁定装置锁定住，从而将狗链长度调节固定在自己所需要的长度，而不是通过伸缩来调节狗链的长度。另外，有关狗链如何缩回，早已是公知技术，在本专利中不必进行描述。而且，线轮锁定装置中“连接件卡脚之间轴”和“通过开口轴套方式”已在附图中清楚地表示出来。因此，本专利符合专利法第二十六条第三款和第四款的规定。此外，新修改的权利要求1已对线轮锁定装置进行了具体限定，因此也符合专利法实施细则第二十一条第二款的规定。而且，新修改的权利要求1~3也符合专利法实施细则第二十条第一款的规定。

口头审理如期举行，双方当事人均出席了本次口头审理。合议组当庭将被请求人于2005年2月1日提交的意见陈述书转给了请求人，同时，合议组当庭告知双方以修改后的权利要求书作为审查基础。

在口头审理过程中，请求人当庭放弃了证据1、2和证据3，并放弃以新颖性、创造性和专利法第二十六条第四款作为无效理由，同时明确其无效理由为本专利说明书不符合专利法第二十六条第三款的规定，权利要求1不符合专利法实施细则第二十一条第二款的规定以及权利要求1~3不符合专利法实施细则第二十条第一款的规定。

双方围绕上述无效理由进行了充分的辩论。双方均认为“开口轴套”为非标准技术术语。被请求人当庭出示了声称为本专利产品“多功能狗圈”的实物，以此说明“开口轴套”方式连接的具体含义，并认为难以找到恰当的术语来表达其具体的含义和结构，被请求人同时认为本专利说明书附图业已清楚地表示出了实物所示的结构。因此，本专利说明书符合专利法第二十六条第三款的规定。而请求人认为，本专利说明书中仅给出了一幅视图，无论其文字还是附图均未清楚地表达出实物所示的结构。

在上述程序的基础上，合议组认为事实已经清楚，作出了本决定。

**二、决定的理由**

1. 关于审查文本

在本案程序中，被请求人于2004年10月19日修改了权利要求书。经审查，上述修改的权利要求书符合专利法第三十三条、专利法实施细则第六十八条以及审查指南的相关规定，故合议组以被请求人于2004年10月19日提交的权利要求书、本专利授权公告时的说明书和附图作为本案的审查基础。

2. 关于本专利是否符合专利法第二十六条第三款的规定

专利法第二十六条第三款规定：说明书应当对发明或者实用新型作出清楚、完整的说明，以所属技术领域的技术人员能够实现为准。

根据本专利说明书的描述，本专利的目的是提供一种可随意调节系狗狗链长度，并且使用方便的多功能狗圈。上述狗圈在开有把手孔（8）的线轮壳（9）里活动固定有一个线轮（10），狗链（12）通过线轮壳口与线轮相连并卷绕在线轮上，线轮壳与线轮之间设有线轮锁定装置。当狗链达到需要的长度时，通过线轮锁定装置锁定线轮，从而将狗链长度调节固定在需要的长度上。显然，上述线轮锁定装置具有两个工作状态：一为锁定状态，处于该状态时，线轮锁定装置将线轮锁定，从而使线轮不能转动，以此将狗链固定在需要的长度上；二为解除锁定状态，处于该状态时，线轮锁定装置对线轮解除锁定，从而使线轮可进行转动，以此来调节狗链的长度。对于本领域技术人员来说，显然，应理解到线轮可朝两个方向转动，在一个方向上，线轮转动可放出卷绕在其上的狗链；而在相反方向上，线轮反向转动可收回狗链并将狗链重新卷绕在其上。具体到在线轮锁定装置处于解除锁定状态时如何使线轮反向转动而收回狗链。对于本领域技术人员来说，利用其所应知晓的所属技术领域的技术常识，采用所属技术领域的公知技术即可实现。因此，对于请求人所认为的本专利说明书由于没有记载可以解决“使狗链收缩”这一技术问题的技术手段而导致本领域技术人员无法实现本专利的技术方案的主张，合议组不予支持。

因此，本案是否符合专利法第二十六条第三款的规定之关键在于：说明书中是否对线轮锁定装置作出清楚、完整的说明，以使所属技术领域的技术人员能够实现。

根据本专利说明书的描述，线轮锁定装置包括位于线轮双侧圆周上的多个定位卡齿（11）、一个位于线轮对应位置并轴销式活动固定的可转动连接件（4）、位于连接件双侧用来卡住线轮定位卡齿的卡脚（3）、一个位于线轮壳上的推块（6）以及安装在推块与线轮壳壁之间的弹簧（5），“连接件卡脚之间轴通过开口轴套方式连接一个线轮壳上的推块”，并且推块的下部有卡条可卡在线轮壳卡口上。

由此可见，线轮锁定装置是通过线轮上的定位卡齿（11）和可转动连接件上的卡脚（3）的相互接合来进行锁定，并通过两者的相互脱开而解除锁定，而可转动连接件的动作是通过推块（6）来进行控制。因此，线轮锁定装置具体如何工作来进行锁定和解除锁定取决于推块与可转动连接件之间如何进行连接并如何进行动作。而根据本专利的说明书，“连接件卡脚之间轴通过开口轴套方式连接”位于线轮壳上的推块。

被请求人认为，虽然“开口轴套”为非标准技术术语，但难以找到恰当的术语来表达其具体的含义和结构，而且，在口头审理时当庭出示的“多功能狗圈”实物已说明了“开口轴套”方式连接的具体含义。

合议组认为，判断说明书是否对发明或实用新型作出清楚、完整的说明应以授权公告时的专利说明书和附图所记载的内容为基础，而不应以被请求人所出示的实物为基础。而且，说明书应当使用发明或实用新型所属技术领域的技术术语。如果没有统一术语的，必要时可以采用自定义词。在此情况下，对其应当给出明确的定义或者说明，以准确地表达发明或实用新型的技术内容，以使所属技术领域的技术人员清楚、正确地理解该发明或实用新型。

但是，本专利说明书仅仅说明“连接件卡脚之间轴通过开口轴套方式连接一个线轮壳上的推块”，也就是说，仅仅给出了一个自定义的技术术语“开口轴套”，而并未对该自定义的术语给出任何明确的定义或说明，而且本专利仅有一幅视图，本领域技术人员从附图中也不能清楚和毫无疑义地看出所谓“开口轴套”所应表达出的具体技术含义。因此，本领域技术人员根据本专利的说明书和附图所记载的技术内容无法获知“开口轴套”的具体技术含义，从而也无法获知推块与可转动连接件之间如何进行连接并如何进行动作，当然也无法获知线轮锁定装置具体如何工作来进行锁定和解除锁定并进而实现本实用新型。因此，本专利说明书没有对本实用新型作出清楚、完整的说明，致使所属技术领域的技术人员不能够实现本实用新型，因此不符合专利法第二十六条第三款的规定。

鉴于本专利说明书已不符合专利法第二十六条第三款的规定，故合议组对其他无效理由不再进行评述。

**三、决定**

宣告 99215524. X 号实用新型专利无效。

当事人对本决定不服的，可以根据专利法第四十六条第二款的规定，自收到本决定之日起三个月内向北京市第一中级人民法院起诉。根据该款的规定，一方当事人起诉后，另一方当事人应当作为第三人参加诉讼。

## 北京市第一中级人民法院
## 行政判决书

(2005) 一中行初字第562号

原告张伟相，男，汉族，1970年11月7日出生，住浙江省宁海县城关镇天寿东路外贸宿舍2－502室。

委托代理人陈代远，北京中恒高博知识产权代理有限公司专利代理人。

被告国家知识产权局专利复审委员会，住所地北京市海淀区北四环西路9号银谷大厦10～12层。

法定代表人廖涛，副主任。

委托代理人郭健国，国家知识产权局专利复审委员会行政诉讼处审查员。

第三人莫建平，男，汉族，1977年8月25日出生，住所地浙江省慈溪市杭州湾镇十丁潭村。

委托代理人赵海生，北京市贝格律师事务所律师。

原告张伟相不服被告国家知识产权局专利复审委员会（下称专利复审委员会）于2005年3月15日作出的第6972号无效宣告请求审查决定（下称第6972号决定），于法定期限内向本院提起行政诉讼。本院于2005年6月6日受理后，依法组成合议庭，并通知莫建平作为本案第三人参加诉讼，于2005年10月20日公开开庭进行了审理。原告张伟相的委托代理人陈代远，被告专利复审委员会的委托代理人郭健国，第三人莫建平的委托代理人赵海生到庭参加了诉讼。本案现已审理终结。

第6972号决定系专利复审委员会针对莫建平就张伟相所拥有的99215524. X号实用新型专利（下称本专利）所提出的无效宣告请求而做出的。专利复审委员会在第6972号决定中认定：一、关于审查文本。以张伟相于2004年10月19日提交的权利要求书、本专利授权公告时的说明书和附图作为本专利的审查基础。二、关于本专利是否符合专利法第二十六条第三款的规定。1. 对于本领域技术人员来说，利用其所应知晓的所属技术领域的技术常识，采用所属技术领域的公知技术即可实现“使狗链收缩”这一技术问题。2. 本专利说明书仅仅说明“连接件卡脚之间轴通过开口轴套方式连接一个线轮壳上的推块”，也就是说，仅仅给出了一个自定义的技术术语“开口轴套”，但并未对该自定义的术语给出任何明确的定义或说明，而且本专利仅有一幅视图，本领域技术人员从附图中也不能清楚和毫无疑义地看出所谓“开口轴套”所应表达出的具体技术含义。因此本领域技术人员根据本专利的说明书和附图所记载的技术内容无法获知“开口轴套”的具体技术含义，从而也无法获知推块与可转动连接件之间如何进行连接并如何进行动作，当然也无法获知线轮锁定装置具体如何工作来进行锁定和解除锁定并进而实现本实用新型。因此，本专利说明书没有对本实用新型作出清楚、完整的说明，致使所属技术领域的技术人员不能够实现本实用新型，因此不符合专利法第二十六条第三款的规定。据此，专利复审委员会作出第6972号决定，宣告本专利无效。

原告张伟相不服，在法定期限内向本院提起行政诉讼，其诉称：

一、根据2001年版《审查指南》的相关规定，对于国家没有规定的自然科学名词，可以采用“约定俗成的术语”等多种方式予以解决，第6972号决定主观地将非标准技术术语“开口轴套”认定为“自定义词”，没有任何证据支持，违背行政诉讼法第三十二条规定。

二、本案不适用2001年版《审查指南》。本专利是在1999年申请，在2000年6月授权，当时2001年版《审查指南》还没有颁布实施。因此本案应适用1993年版《审查指南》，而在1993年版《审查指南》中并没有“自定义”的说法和相关规定，对于在说明书中引用的技术术语只要是清楚的就可以，没有规定必须进行“自定义”。

三、第6972号决定认定事实不清。“开口轴套”是一种轴套类的部件，是一种在轴套上开口的部件。在本专利的申请日前，已经在大量的专利文件中公开了可以实现与其他部件的锁定和松开锁定的技术特征“开口轴套”，其原理相同，结构不完全一样。可见，“开口轴套”在本专利申请日前是一个公知的技术术语，对本领域的技术人员来说是一种公知技术。因此本专利中包含技术特征“开口轴套”的“多功能狗圈”的技术方案是清楚的，本领域技术人员能够依据说明书公开的内容实现本实用新型，因此本专利符合专利法第二十六条第三款的规定。

综上所述，第6972号决定认定事实不清，适用法律错误，请求人民法院依法撤销第6972号决定。

被告专利复审委员会辩称：

一、行政诉讼法第三十二条的目的是规范行政机关在行政诉讼阶段的举证责任，而第6972号决定是依据专利法等相关法律规定作出，故原告起诉的理由错误。另外，根据《审查指南》规定，对于非标准术语的“自定义”词则要求给出明确的定义或者说明。原告既然在无效程序中已经承认“开口轴套”为非标准技术术语，并认为难以找到恰当的术语来表示“实物”中的结构，在本专利中也没有对其含义的解释，同时原告亦未说明该术语出于何处，更未提供任何能够反映该术语所表示具体技术含义的相关证据。故第6972号决定中有关“开口轴套”的认定并无不当。

二、2001年10月18日颁布的第12号国家知识产权局局长令明确指出“根据中华人民共和国专利法实施细则，制定本专利审查指南。现将该审查指南予以公布，自公布之日起施行。1993年3月10日发布的审查指南及其后发布的审查指南公报同时废止”。因此，本专利无效案的审理应适用2001年版《审查指南》。

三、对于原告提交的8份专利文件，被告认为：1. 8份专利文件不属于所属技术领域中公知的常识性证据，其内容与本案无关；2. 这些证据并非被告作出第6972号决定时所使用的证据，其与本案的审理没有关联性；3. 上述证据也不能证明本专利说明书中的技术术语“开口轴套”为公知的技术特征。4. 另外，上述证据也都通过附图或文字描述的方式给出了各自不同的技术定义，而且不同的证据所给出的技术定义也是不同的，这也恰恰说明如果不通过附图或文字说明等方式给出定义，“开口轴套”这一术语并没有清楚、明确的技术含义，所属技术领域的技术人员根本无法仅通过“开口轴套”这四个字而清楚、明确地得知其所表达的具体技术含义和结构。因此，原告所提供的8份专利文献内容不具备证据的关联性和合法性的要求，在本案中不应考虑。

综上所述，被告认为第6972号决定认定事实清楚，适用法律正确，原告的诉讼理由不能成立，请求人民法院维持第6972号决定。

第三人莫建平没有提交书面意见陈述，其在庭审中述称：1. 被告审理无效宣告请求审查案件，适用的是专利法及其实施细则，《审查指南》是根据法律法规的授权而形成的规范性文件，具体对审查员在审理案件过程中起指导和规范的作用，不能作为法律予以适用的，第6972号决定并没有适用《审查指南》中的规定。2. “开口轴套”的自身结构不清楚，“开口轴套”与其他特征之间的连接关系不清楚，本专利所属技术领域的技术人员根据说明书的内容无法实现。3. 原告提供的8份专利文献与本专利相比，不属于相同的技术领域。每个专利文献中公开的所谓“开口轴套”的结构各不相同，和其他部件的连接关系也各不相同，这说明即使是在其他技术领域中，“开口轴套”也不是通用的标准性零件，而是根据技术方案的需要而进行自定义的技术特征。

综上所述，原告的主张没有事实依据和法律依据，请求人民法院依法驳回其诉讼请求，维持第6972号决定。

本院经审理查明：

本案涉及的是国家知识产权局专利局于2000年6月21日授权公告的99215524. X号实用新型专利（即本专利），其名称为“多功能狗圈”，申请日为1999年6月22日，专利权人为张伟相。本专利授权公告的权利要求书包括独立权利要求1及从属权利要求2~4。

其中权利要求1、2如下：

1. 一种多功能狗圈，其特征在于：

1）一个开有把手孔（8）的线轮壳（9）里呈轴式活动固定有一个线轮（10）；

2）活动端用扣具与狗项圈相连的狗链（12）通过线轮壳口与线轮相连并卷绕起来；

3）线轮壳与线轮之间设有线轮锁定装置。

2. 如权利要求1所述的多功能狗圈，其特征在于所述线轮锁定装置为：

1）线轮双侧圆周开有多个定位卡齿（11）；

2）线轮对应位置轴销式活动固定有一个可转动连接件（4），连接件双侧开有用来卡住线轮定位卡齿的卡脚（3），并且连接件卡脚之间轴通过开口轴套方式连接一个线轮壳上的推块（6）；

3）推块与安装推块的线轮壳壁之间顶有弹簧（5），并且下部有卡条可卡在线轮壳卡口上。

本专利说明书中没有对“开口轴套”进行定义，其附有一幅附图，结合附图对本专利实施例的说明如下……线轮壳与线轮之间设有线轮锁定装置，该装置可为线轮双侧圆周开有多个定位卡齿（11），线轮壳对应位置轴销式活动固定有一个可转动连接件，连接件双侧开有用来卡住线轮定位卡齿的卡脚（3），并且连接件卡脚之间轴通过开口轴套方式连接一个线轮壳上的推块，该推块与安装推块的线轮壳壁之间顶有弹簧（5），并且下部有卡条可卡在线轮壳卡口上。

2004年9月17日，莫建平以本专利不符合专利法第二十二条第二款、第三款的规定向专利复审委员会提出了无效宣告请求，并提交了相关证据。2004年10月15日，莫建平增加了无效理由，认为本专利不符合专利法第二十六条第三款、第四款以及实施细则第二十条第一款和第二十一条第二款的规定。

2004年10月19日，张伟相提交了意见陈述书并修改了权利要求书，其修改后的权利要求包括独立权利要求1及从属权利要求2、3，其中权利要求1如下：

“1. 一种多功能狗圈，其有一个开有把手孔（8）的线轮壳（9）里呈轴式活动固定有一个线轮（10）；活动端用扣具与狗项圈相连的狗链（12）通过线轮壳口与线轮相连并卷绕起来；线轮壳与线轮之间设有线轮锁定装置；其特征在于，所述的线轮锁定装置为：

1）线轮从侧圆周开有多个定位卡齿（11）；

2）线轮对应位置轴销式活动固定有一个可转动连接件（4），连接件双侧开有用来卡住线轮定位卡齿的卡脚（3），并且连接件卡脚之间轴通过开口轴套方式连接一个线轮壳上的推块（6）；

3）推块与安装推块的线轮壳壁之间顶有弹簧（5），弄且下部有卡条可卡在线轮壳卡口上。”

2005年3月3日，专利复审委员会主持了口头审理。在口头审理过程中，莫建平明确其无效理由为本专利说明书不符合专利法第二十六条第三款的规定，权利要求1不符合专利法实施细则第二十一条第二款的规定以及权利要求1~3不符合专利法实施细则第二十条第一款的规定。双方围绕上述无效理由进行了充分的辩论。双方均认为“开口轴套”为非标准技术术语。张伟相当庭出示了声称为本专利产品“多功能狗圈”的实物，以此说明“开口轴套”方式连接的具体含义，并认为难以找到恰当的术语来表达其具体的含义和结构，同时认为本专利说明书附图已清楚地表示出了实物所示的结构。因此，本专利说明书符合专利法第二十六条第三款的规定。而莫建平认为，本专利说明书中仅给出了一幅视图，无论其文字还是附图均未清楚地表达出实物所示的结构。

2005 年 3 月 15 日，专利复审委员会作出第 6972 号决定，宣告本专利权全部无效。

在本案诉讼中，为了证明在本专利申请日之前“开口轴套”是一个公知的技术术语，原告提交了 8 份专利文件：专利号分别为 ZL91213774.6、ZL91215779.8、ZL91213711.8、ZL89202310.4、ZL91215398.9、ZL95236858.7、ZL96232079.X 的中国实用新型专利申请说明书和专利号为 ZL93304939.0 的中国外观设计专利。经查，上述 8 项专利的公开日均在本专利申请日之前，其中在前七项专利的说明书中均提及“开口轴套”，从其对应附图来看，除 ZL91213774.6 和 ZL91213711.8 外，其他文献中所指向的“开口轴套”的结构及与其他部件的连接关系差别较大。

在庭审过程中，原告在本专利说明书附图 1 上先后三次指认“开口轴套”的位置、形状及与其他部件的连接关系，三次指认的结果均不同。

以上事实有本专利授权公告说明书、第 6972 号决定、8 份专利文件及当事人陈述等证据在案佐证。

本院认为：

一、关于《审查指南》适用版本

《审查指南》是专利法及其实施细则的具体化，对审查员审理案件起具体的指导和规范作用。2001 年版《审查指南》比 1993 年版《审查指南》更加完善，虽然在 1993 年版《审查指南》中没有“自定义”的说法和相关规定，但前后颁布的《审查指南》对于说明书公开充分的标准是一致的，即都规定说明书应当对发明或者实用新型作出清楚、完整的说明，以所属技术领域的技术人员能够实现为准。且根据 2001 年 10 月 18 日颁布的第 12 号国家知识产权局局长令，2001 年版《审查指南》自公布之日起施行。1993 年 3 月 10 日发布的《审查指南》及其后发布的审查指南公报同时废止。因此，第 6972 号决定适用 2001 年版《审查指南》符合规定，且未对本专利是否符合专利法第二十六条第三款的规定产生实质性影响。

二、“开口轴套”在本专利申请日前是否是一个公知的技术术语

判断是否是公知的技术术语，应当以本领域的技术人员为主体，主张某术语为公知的技术术语的一方当事人应当就其主张承担举证责任。原告为了证明“开口轴套”是公知的技术术语，在本案诉讼中提交了八份专利文件。对此，本院认为，在无效程序中当事人双方已经对“开口轴套”是否属于公知的技术术语产生争议，在无效程序中原告就应当针对其主张提交相应的证据，对于原告在行政程序中未提交而到诉讼中才提交的八份专利文件，由于其不是被告作出第 6972 号决定的依据，本院不予考虑。即便考虑上述专利文件，从查明的情况看，该八份专利文件本身并不属于技术词典、技术手册、教科书，不属于所属技术领域中公知的常识性证据。其次，在各专利文件中公开的技术特征“开口轴套”的结构和与其他部件的连接关系差别较大，这证明“开口轴套”不是一个明确的、具有惟一结构和连接关系的技术术语。因此，原告关于“开口轴套”在本专利申请日前是一个公知的技术术语的主张，本院不予支持。原告在无效程序中已经承认“开口轴套”为非标准技术术语，而在本专利中没有对其含义进行解释，同时原告亦未说明该术语出于何处，更未提供任何能够反映该术语所表示具体技术含义的相关证据。因此，被告在第 6972 号决定中将其认定为自定义词并无不当。

三、关于本专利是否充分公开

专利法第二十六条第三款规定：说明书应当对发明或者实用新型作出清楚、完整的说明，以所属

技术领域的技术人员能够实现为准。能够实现是指所属技术领域的技术人员按照说明书记载的内容，不需要创造性的劳动，就能够再现该实用新型的技术方案，解决其技术问题，并且产生预期的技术效果。

为了实现可随意调节系狗狗链长度的发明目的，本专利采用“连接件卡脚之间轴通过开口轴套方式连接一个线轮壳上的推块”的方式来实现线轮锁定装置锁定和解除锁定的功能，但正如前面所述，由于“开口轴套”并不是一个公知的技术术语，且本专利说明书中也未对“开口轴套”给出任何明确的定义或说明，本领域技术人员从本专利仅有的一幅附图中也不能清楚和毫无疑义地看出“开口轴套”所对应的具体结构及与其他部件的连接关系。原告在庭审过程中在本专利附图1先后指出三个不同位置和形状的“开口轴套”，也从一个侧面证明了“开口轴套”的结构和连接关系不清楚、不惟一。因此本领域技术人员根据本专利的说明书和附图所记载的技术内容，不经创造性的劳动，不能从中直接、惟一地得出本专利中“开口轴套”的结构及与其他部件的连接关系，无法通过推块与可转动连接件的动作来进行锁定和解除锁定，从而解决本专利所欲解决的技术问题，产生预期的技术效果。由此可见，本专利说明书没有对本实用新型作出清楚、完整的说明，致使所属技术领域的技术人员不能够实现本实用新型，因此不符合专利法第二十六条第三款的规定。

综上，被告作出的第6972号决定认定事实清楚，适用法律正确，审理程序合法，应予维持。原告请求撤销该决定的理由不能成立，本院不予支持。依照《中华人民共和国行政诉讼法》第五十四条第（一）项之规定，本院判决如下：

维持被告国家知识产权局专利复审委员会作出的第6972号无效宣告请求审查决定。

案件受理费1000元，由原告张伟相负担（已交纳）。

如不服本判决，各方当事人可于本判决送达之日起十五日内，向本院提交上诉状及其副本，并交纳上诉案件受理费1000元（开户行：中国工商银行北京市分行黄楼支行；户名：北京市第一中级人民法院；账号：144537－48），上诉于北京市高级人民法院。

审 判 长 姜 颖
代理审判员 周云川
人民陪审员 陈 源
二〇〇五年十二月六日
书 记 员 陈 勇

## 北京市高级人民法院
## 行政判决书

（2006）高行终字第99号

上诉人（原审原告）张伟相，男，汉族，1970年11月7日出生，住浙江省宁海县城关镇天寿东路外贸宿舍2－502室。

委托代理人徐平华，浙江正甬律师事务所律师。

被上诉人（原审被告）国家知识产权局专利复审委员会，住所地北京市海淀区北四环西路9号银谷大厦10～12层。

法定代表人廖涛，副主任。

委托代理人崔峥，国家知识产权局专利复审委员会审查员。

委托代理人郭健国，国家知识产权局专利复审委员会审查员。

原审第三人莫建平，男，汉族，1977 年 8 月 25 日出生，住所地浙江省慈溪市杭州湾镇十丁潭村。

委托代理人赵海生，北京市贝格律师事务所律师。

上诉人张伟相因专利无效行政纠纷一案，不服北京市第一中级人民法院于2005 年 12 月 6 日作出的（2005）一中行初字第 562 号行政判决，向本院提起上诉。本院 2006 年 2 月 21 日受理本案后，依法组成合议庭，于 2006 年 3 月 6 日公开开庭进行了审理。上诉人张伟相的委托代理人徐平华，被上诉人国家知识产权局专利复审委员会（下称专利复审委员会）的委托代理人崔峥、郭健国，原审第三人莫建平的委托代理人赵海生到庭参加了诉讼，本案现已审理终结。

张伟相系 99215524. X 号名称为“多功能狗圈”的实用新型专利（下称本专利）的专利权人。2004 年 9 月 17 日，莫建平以本专利不符合专利法第二十二条第二款、第三款的规定为由向专利复审委员会提出了无效宣告请求，并提交了相关证据。2004 年 10 月 15 日，莫建平增加了无效理由，认为本专利不符合专利法第二十六条第三款、第四款以及实施细则第二十条第一款和第二十一条第二款的规定。2005 年 3 月 15 日，专利复审委员会作出第 6972 号无效宣告请求审查决定（简称第 6972 号决定），宣告本专利权无效。张伟相不服第 6972 号无效决定，在法定期限内向北京市第一中级人民法院提起行政诉讼。

北京市第一中级人民法院经审理认为：

一、2001 年版《审查指南》比 1993 年版《审查指南》更加完善，虽然在 1993 年版《审查指南》中没有“自定义”的说法和相关规定，但前后颁布的《审查指南》对于说明书公开充分的标准是一致的，即都规定说明书应当对发明或者实用新型作出清楚、完整的说明，以所属技术领域的技术人员能够实现为准。根据 2001 年 10 月 18 日颁布的第 12 号国家知识产权局局长令，2001 年版《审查指南》自公布之日起施行，1993 年 3 月 10 日发布的《审查指南》及其后发布的审查指南公报同时废止。因此，第 6972 号决定适用 2001 年版《审查指南》符合规定，且未对本专利是否符合专利法第二十六条第三款的规定产生实质性影响。

二、判断是否是公知的技术术语，应当以本领域的技术人员为主体，主张某术语为公知的技术术语的一方当事人应当就其主张承担举证责任。张伟相为了证明“开口轴套”是公知的技术术语，在本案诉讼中提交了八份专利文件。在无效程序中当事人双方已经对“开口轴套”是否属于公知的技术术语产生争议，在无效程序中张伟相就应当针对其主张提交相应的证据，对于张伟相在行政程序中未提交而到诉讼中才提交的八份专利文件，由于其不是专利复审委员会作出第 6972 号决定的依据，故不予考虑。即便考虑上述专利文件，从查明的情况看，该 8 份专利文件本身并不属于技术词典、技术手册、教科书，不属于所属技术领域中公知的常识性证据。其次，在各专利文件中公开的技术特征“开口轴套”的结构和与其他部件的连接关系差别较大，这证明“开口轴套”不是一个明确的、具有惟一结构和连接关系的技术术语。因此，张伟相关于“开口轴套”在本专利申请日前是一个公知的技术术语的主张，不予支持。张伟相在无效程序中已经承认“开口轴套”为非标准技术术语，而在本专利中没有对其含义进行解释，同时张伟相亦未说明该术语出于何处，更未提供任何能够反映该术语所表示具体技术含义的相关证据。因此，第 6972 号决定将其认定为自定义词并无不当。

三、为了实现可随意调节系狗狗链长度的发明目的，本专利采用“连接件卡脚之间轴通过开口轴套方式连接一个线轮壳上的推块”的方式来实现线轮锁定装置锁定和解除锁定的功能，但正如前面所述，由于“开口轴套”并不是一个公知的技术术语，且本专利说明书中也未对“开口轴套”给出任何明确的定义或说明，本领域技术人员从本专利仅有的一幅附图中也不能清楚和毫无疑义地看出“开口轴套”所对应的具体结构及与其他部件的连接关系。张伟相在庭审过程中在本专利附图1先后指出三个不同位置和形状的“开口轴套”，也从一个侧面证明了“开口轴套”的结构和连接关系不清楚、不惟一。因此本领域技术人员根据本专利的说明书和附图所记载的技术内容，不经创造性的劳动，不能从中直接、惟一地得出本专利中“开口轴套”的结构及与其他部件的连接关系，无法通过推块与可转动连接件的动作来进行锁定和解除锁定，从而解决本专利所欲解决的技术问题，产生预期的技术效果。由此可见，本专利说明书没有对本实用新型作出清楚、完整的说明，致使所属技术领域的技术人员不能够实现本实用新型，因此不符合专利法第二十六条第三款的规定。

综上，北京市第一中级人民法院依照《中华人民共和国行政诉讼法》第五十四条第（一）项之规定，判决：维持专利复审委员会作出的第6972号决定。

张伟相不服一审判决，向本院提起上诉。理由是：

一、一审判决适用法律不当。1999年版《审查指南》中并没有“自定义”的说法和相关规定，2001年版《审查指南》才出现“自定义词”概念，而一审判决根据2001年版《审查指南》来审查1999年申请的专利，显然是不当的，本案应适用1993年版《审查指南》。

二、一审判决认定事实不清。“开口轴套”是一种轴套类的部件，是开了口的轴套，而轴套是专业术语。在本专利的申请日前，已经在大量的专利文件中公开了可以实现与其他部件的锁定和松开锁定的技术特征“开口轴套”，其结构、功能、原理均相同，故“开口轴套”在本专利申请日前是一个公知的技术术语，本领域的技术人员可以毫无疑义地知道为轴套类部件，上面开口而已，在附图中开口轴套的开口延伸到连接件中去，露出开口部分，开口轴套另一端连接在推块上，在标号4和6之间只有一个部件，是惟一对应的。因此本专利中包含技术特征“开口轴套”的“多功能狗圈”的技术方案是清楚的，公开是充分的，本领域技术人员能够依据说明书公开的内容实现本实用新型。因此本专利符合专利法第二十六条第三款的规定。

综上所述，一审判决认定事实不清，适用法律错误，请求二审法院依法撤销一审判决，维持本专利权有效。

专利复审委员会、莫建平服从一审判决。

经审理查明：本案涉及的是国家知识产权局专利局2000年6月21日授权公告的99215524. X号实用新型专利（即本专利），其名称为“多功能狗圈”，申请日为1999年6月22日，专利权人为张伟相。本专利授权公告的权利要求书包括独立权利要求1及从属权利要求2~4。其中权利要求1、2如下：

“1. 一种多功能狗圈，其特征在于：

1）一个开有把手孔的线轮壳里呈轴式活动固定有一个线轮；

2）活动端用扣具与狗项圈相连的狗链通过线轮壳口与线轮相连并卷绕起来；

3）线轮壳与线轮之间设有线轮锁定装置。

2. 如权利要求1所述的多功能狗圈，其特征在于所述线轮锁定装置为

1）线轮双侧圆周开有多个定位卡齿；

2）线轮对应位置轴销式活动固定有一个可转动连接件，连接件双侧开有用来卡住线轮定位卡齿的卡脚，并且连接件卡脚之间轴通过开口轴套方式连接一个线轮壳上的推块；

3）推块与安装推块的线轮壳壁之间顶有弹簧，并且下部有卡条可卡在线轮壳卡口上。”

本专利说明书中没有对“开口轴套”进行定义，其附有一幅附图，结合附图对本专利实施例的

说明如下……线轮壳与线轮之间设有线轮锁定装置，该装置可为线轮双侧圆周开有多个定位卡齿，线轮壳对应位置轴销式活动固定有一个可转动连接件，连接件双侧开有用来卡住线轮定位卡齿的卡脚，并且连接件卡脚之间轴通过开口轴套方式连接一个线轮壳上的推块，该推块与安装推块的线轮壳壁之间顶有弹簧，并且下部有卡条可卡在线轮壳卡口上。从附图中看不出连接件与推块之间的“开口轴套”的惟一对应关系。

2004年9月17日，莫建平以本专利不符合专利法第二十二条第二款、第三款的规定向专利复审委员会提出了无效宣告请求，并提交了相关证据。2004年10月15日，莫建平增加了无效理由，认为本专利不符合专利法第二十六条第三款、第四款以及实施细则第二十条第一款和第二十一条第二款的规定。

2004年10月19日，张伟相提交了意见陈述书并修改了权利要求书。其修改后的权利要求包括独立权利要求1及从属权利要求2、3，其中权利要求1如下：

“1. 一种多功能狗圈，其有一个开有把手孔的线轮壳里呈轴式活动固定有一个线轮；活动端用扣具与狗项圈相连的狗链通过线轮壳口与线轮相连并卷绕起来；线轮壳与线轮之间设有线轮锁定装置；

其特征在于，所述的线轮锁定装置为：

1）线轮双侧圆周开有多个定位卡齿；

2）线轮对应位置轴销式活动固定有一个可转动连接件，连接件双侧开有用来卡住线轮定位卡齿的卡脚，并且连接件卡脚之间轴通过开口轴套方式连接一个线轮壳上的推块；

3）推块与安装推块的线轮壳壁之间顶有弹簧，并且下部有卡条可卡在线轮壳卡口上。”

2005年3月3日，专利复审委员会主持了口头审理。在口头审理过程中，莫建平明确其无效理由为本专利说明书不符合专利法第二十六条第三款的规定，权利要求1不符合专利法实施细则第二十一条第二款的规定以及权利要求1~3不符合专利法实施细则第二十条第一款的规定。双方围绕上述无效理由进行了充分的辩论。双方均认为“开口轴套”为非标准技术术语。张伟相当庭出示了声称为本专利产品“多功能狗圈”的实物，以此说明“开口轴套”方式连接的具体含义，并认为难以找到恰当的术语来表达其具体的含义和结构，同时认为本专利说明书附图已清楚地表示出了实物所示的结构。因此，本专利说明书符合专利法第二十六条第三款的规定。而莫建平认为，本专利说明书中仅给出了一幅视图，无论其文字还是附图均未清楚地表达出实物所示的结构。

2005年3月15日，专利复审委员会作出第6972号决定。第6972号决定认定：

一、关于审查文本。以张伟相于2004年10月19日提交的权利要求书、本专利授权公告时的说明书和附图作为本专利的审查基础。

二、关于本专利是否符合专利法第二十六条第三款的规定。1. 对于本领域技术人员来说，利用其所应知晓的所属技术领域的技术常识，采用所属技术领域的公知技术即可实现“使狗链收缩”这一技术问题。2. 本专利说明书仅仅说明“连接件卡脚之间轴通过开口轴套方式连接一个线轮壳上的推块”，也就是仅仅给出了一个自定义的技术术语“开口轴套”，但并未对该自定义的术语给出任何明确的定义或说明，而且本专利仅有一幅视图，本领域技术人员从附图中也不能清楚和毫无疑义地看出所谓“开口轴套”所应表达出的具体技术含义。因此本领域技术人员根据本专利的说明书和附图所记载的技术内容无法获知“开口轴套”的具体技术含义，从而也无法获知推块与可转动连接件之间如何进行连接并如何进行动作，当然也无法获知线轮锁定装置具体如何工作来进行锁定和解除锁定并进而实现本实用新型。因此，本专利说明书没有对本实用新型作出清楚、完整的说明，致使所属技术领域的技术人员不能够实现本实用新型，因此不符合专利法第二十六条第三款的规定。据此，专利复审委员会作出第6972号决定，宣告本专利权无效。

在本案诉讼中，为了证明在本专利申请日之前“开口轴套”是一个公知的技术术语，张伟相提交了8份专利文件：专利号分别为ZL91213774.6、ZL91215779.8、ZL91213711.8、ZL89202310.4、ZL91215398.9、ZL95236858.7、ZL96232079.X的中国实用新型专利申请说明书和专利号为ZL93304939.0的中国外观设计专利，经查，上述八项专利的公开日均在本专利申请日之前，其中在前七项专利的说明书中均提及“开口轴套”，从其对应附图来看，除ZL91213774.6和ZL91213711.8外，其他文献中所指向的“开口轴套”的结构及与其他部件的连接关系差别较大。

在原审庭审过程中，张伟相的委托代理人在本专利说明书附图1上先后三次指认“开口轴套”的位置、形状及与其他部件的连接关系，三次指认的结果均不同。在二审庭审过程中，张伟相的委托代理人在本专利说明书附图1中指认了“开口轴套”的位置、形状及与其他部件的连接关系。

以上事实有本专利授权公告说明书、第6972号决定、八份专利文件及当事人陈述等证据在案佐证。

本院认为：根据上诉人张伟相的上诉请求，本案二审的审理焦点在于“开口轴套”在本专利申请日前是否是公知的技术术语，本专利是否符合专利法第二十六条第三款规定以及《审查指南》的适用版本问题。

一、“开口轴套”在本专利申请日前是否是公知的技术术语

判断是否是公知的技术术语，应当以本领域的技术人员为主体。在本案中，张伟相为证明“开口轴套”是公知的技术术语，提交了八份专利文件。这八份专利文件不属于技术词典、技术手册、教科书，也不属于所属技术领域中公知的常识性证据，并且在各专利文件中公开的“开口轴套”的结构及与其他部件的连接关系差别较大，故“开口轴套”不是一个明确的、具有惟一结构和连接关系的技术术语。因此，张伟相关于“开口轴套”在本专利申请日前是公知技术术语的主张不能成立，本院不予支持。

二、关于本专利是否符合专利法第二十六条第三款的规定

专利法第二十六条第三款规定：说明书应当对发明或者实用新型作出清楚、完整的说明，以所属技术领域的技术人员能够实现为准。能够实现是指所属技术领域的技术人员按照说明书记载的内容，不需要创造性的劳动，就能够再现该实用新型的技术方案，解决其技术问题，并且产生预期的技术效果。

本专利采用“连接件卡脚之间轴通过开口轴套方式连接一个线轮壳上的推块”的方式来实现线轮锁定装置锁定和解除锁定的功能，以实现可随意调节系狗狗链长度的发明目的，但由于“开口轴套”并不是公知的技术术语，本专利说明书中也未对“开口轴套”给出明确的定义或说明，说明书中亦未指明“开口轴套”部件的结构以及与其他部件之间的连接关系，本领域技术人员从本专利仅有的一幅附图中不能清楚和毫无疑义地看出“开口轴套”所对应的具体结构及与其他部件之间的连接关系。虽然张伟相的委托代理人在二审庭审过程中指认了本专利附图中“开口轴套”的位置和形状，但是，是否充分公开应以说明书记载的内容为依据，而不能以专利权人的指认为依据，如果需要通过专利权人指认才能得知本专利中“开口轴套”的结构及与其他部件之间的连接关系，则证明说明书所记载的内容是不清楚和不完整的，即本领域技术人员根据本专利的说明书和附图所记载的技术内容，不能从中直接、毫无疑义地得出本专利中“开口轴套”的结构及与其他部件之间的连接关系，其不经过创造性的劳动，无法获得“连接件卡脚之间轴通过开口轴套方式连接一个线轮壳上的推块”的技术方案，以解决本专利所欲解决的技术问题，并产生预期的技术效果。因此，本专利说明书没有对本实用新型作出清楚、完整的说明，所属技术领域的技术人员按照说明书记载的内容，不付出创造性的劳动，不能够再现本专利的技术方案，解决相关技术问题，并且产生预期的技术效果。因此，本

专利不符合专利法第二十六条第三款的规定。一审判决对此认定是正确的。

三、关于《审查指南》适用版本

《审查指南》是依据专利法及其实施细则制订的，是专利法及其实施细则对专利权申请、审查等相关规定的具体化，其作为部门规章，对审查员的审查行为起具体的指导和规范作用。根据2001年10月18日颁布的第12号国家知识产权局局长令，2001年版《审查指南》自公布之日起施行，1993年3月10日发布的《审查指南》及其后发布的审查指南公报同时废止。本案审理的焦点是本专利是否符合专利法第二十六条第三款的规定，由于专利法第二十六条第三款的规定在2000年专利法进行修改时并未有所改变，故2001年版《审查指南》与1993年版《审查指南》中对专利法第二十六条第三款的审查标准是相同的，即对于说明书公开充分的标准是一致的，都规定说明书应当对发明或者实用新型作出清楚、完整的说明，以所属技术领域的技术人员能够实现为准。因此，第6972号决定适用2001年版《审查指南》对本专利是否符合专利法第二十六条第三款的规定进行审查并无不妥，专利复审委员会是否使用“自定义词”的概念，不会对本专利是否符合专利法第二十六条第三款的规定所进行的审查产生实质性影响。因此，张伟相关于专利复审委员会适用2001年《审查指南》审查1999年授权的专利，是适用法律不当的主张不能成立，本院不予支持。

综上，一审判决认定事实清楚，适用法律正确，应予维持。张伟相的上诉理由不能成立，对其上诉请求，本院不予支持。依照《中华人民共和国行政诉讼法》第六十一条第（一）项之规定，判决如下：

驳回上诉，维持原判。

本案一审、二审案件受理费各1000元，均由张伟相负担（均已交纳）。

本判决为终审判决。

审 判 长 张 冰

审 判 员 魏湘玲

代理审判员 李燕蓉

二OO六年三月二十八日

书 记 员 迟雅娜

049

## 减压阀案

### 无效宣告请求审查决定（第6973号）

**决　　定　　号**　第6973号
**决　　定　　日**　2005年3月18日
**发明创造名称**　减压阀
**国 际 分 类 号**　F16K 17/04　G05D 16/06
**无效宣告请求人**　江门市蓬江区捷俊五金塑料厂有限公司
**专　利　权　人**　江门市永耀五金制品有限公司
**专　　利　　号**　03224466.5
**申　　请　　日**　2003年3月19日
**授 权 公 告 日**　2004年3月31日
**合 议 组 组 长**　黄玉平
**主　　审　　员**　陈　勇
**参　　审　　员**　陈海平

**法　律　依　据**　专利法第二十二条第二款、第三款
**决　定　要　点**

对比文件仅公开了一项专利的独立权利要求中的一部分技术特征，而另一部分技术特征没有被公开，且不能从现有技术中得到启示，由于这些特征的存在使得权利要求所限定的技术方案与现有技术的技术方案不同，故该现有技术不能否定该专利的创造性。

**一、案由**

本无效宣告请求案涉及国家知识产权局专利局2004年3月31日授权公告的第03224466.5号实用新型专利（下称本专利），其名称为“减压阀”，申请日为2003年3月19日，专利权人为江门市永耀五金制品有限公司（下称被请求人）。

授权公告的权利要求书内容如下：

“1. 减压阀，包括阀体（1），阀体（1）上安装有阀盖（2），阀体（1）与阀盖（2）之间有减压胶柏（7），减压胶柏（7）与阀体（1）之间是减压腔（18），减压胶柏（7）的外侧有压片（6），阀盖（2）上有制芯（3），制芯（3）的端部有弹簧压片（4），压片（6）与弹簧压片（4）之间有减压弹簧（5），阀体（1）上有进气口（16）、出气口（20），进气口（16）通过阀顶芯（4）与进气通道（17）连通，减压腔（18）通过出气通道（19）与出气口（20）连通，其特征在于进气通道（17）中有气门套（8），气门套（8）中有一沉孔（30），沉孔（30）内有弹簧（11），弹簧（11）的一端与阀体（1）接触，另一端与内气门芯（12）联接，内气门芯（12）上套有与沉孔（30）的壁面之间有间隙的气门胶圈（13），外气门芯（9）的一端联接内气门芯（12），另一端与减压胶柏（7）连接。

2. 根据权利要求1所述的减压阀，其特征在于所述的外气门芯（9）的端面与减压胶柏（7）的端面联接，压片（6）的端面与减压胶柏（7）的端面联接。

3. 根据权利要求1所述的减压阀，其特征在于所述的气门套（8）与阀体（1）之间有密封胶圈（10）。

4. 根据权利要求1、3所述的减压阀，其特征在于出气通道（19）与出气口（20）之间有控制两者之间通断的制芯（21），制芯（21）上安装有密封胶圈（22）。”

针对上述实用新型专利权，江门市蓬江区捷俊五金塑料厂有限公司（下称请求人）于2004年6月23日向专利复审委员会提出了宣告专利权无效的请求。请求宣告无效的理由是本专利不符合中国专利法第二十二条第二和第三款的规定。请求人同时提交了以下7份附件作为证据：

附件1（下称证据1）：《液压与气动设备维修问答》版权页和第315页的复印件以及第315页中“图12-6 小型减压阀”放大图一页，版权页显示其于2002年3月印刷出版，出版社为机械工业出版社；

附件2（下称证据2）：《燃气热水器》版权页和第16页的复印件以及第16页中的“图2.5 水-气联动装置（压差盘式）”进一步作出标注的图纸复印件一张，版权页显示其于2002年12月印刷出版，出版社为重庆大学出版社；

附件3（下称证据3）：《机械工业手册》第36篇“气压传动”版权页和第36-20页的复印件以及第36-20页中的“图36.4-1 直动式减压阀”进一步作出标注的图纸复印件一张，版权页显示其于1979年4月印刷出版，出版社为机械工业出版社；

附件4（下称证据4）：订单号为PE18966、型号为824938的燃气灯的订货单复印件及中文译文，合同号为cpu02DCN065A的购销合同以及票号为02429701的广东增值税专用发票的复印件；

附件5（下称证据5）：合同号为cpu02DCN526A、型号为824939的燃气灯的购销合同和票号为00556481的广东增值税专用发票的复印件；

附件6（下称证据6）：沃尔玛公司封存的型号为824938的燃气灯的一组照片复印件；

附件7（下称证据7）：沃尔玛公司封存的型号为824939的燃气灯的一组照片复印件。

请求人认为：证据1~3单独否定权利要求1~3的新颖性和创造性，证据4~7表明权利要求1~3所限定的产品已经在国内公开销售，成为公知技术。

经形式审查合格后，专利复审委员会受理了上述无效宣告请求，向请求人和被请求人发出了无效宣告请求受理通知书，并将上述无效宣告请求书及所附相关文件副本转送给被请求人，同时依法成立合议组对本案进行审查。

针对上述无效宣告请求，被请求人在规定期限内没有提交意见陈述书进行答复。

专利复审委员会于2004年10月22日向双方当事人发出口头审理通知书，定于2005年1月5日在专利复审委员会举行口头审理。

口头审理如期举行，仅请求人一方参加了口头审理。请求人对合议组成员无回避请求。在口头审理中，请求人当庭放弃了证据4和证据6作为证据使用。并且请求人认为证据1是最接近的对比文件，证据1~3可单独否定本专利权利要求1~3的新颖性和创造性。请求人当庭对证据1和证据3中的“气门套”这一部件作了标注，并当庭出示了美国沃尔玛公司提供给请求人作为加工样品的产品实物，其产品实物上未标注型号“824939”，而在产品的包装盒上标注有型号“824939”。请求人称该产品实物是证据7中所示的产品，但生产厂商的名字没有记载在包装盒上。

鉴于请求人在提出无效请求时所提交的证据1~3和证据5均为复印件，其上仅仅盖有江门市蓬江区公证处认为影印件与原件相符的印章或者该印章的复印标记，据此不足以认定这些证据的真实性。合议组在口头审理时要求请求人在口头审理结束后10日内提交证据1~3和证据5的公证文书。

其后，请求人于2005年1月15日提交了证据1~3和证据5的公证书，同时补充提交了附件8（下称证据8）：（2005）江蓬证字第57号公证书，它包括：合同号为cpu02DCC568A、型号为824939的燃气灯产品购销合同，型号为824939的燃气灯减压阀总装图，唛头，检验报告，银行存款收款凭证，转账货方凭证和发票的复印件。

在上述程序的基础上，合议组认为本案事实已经清楚，可以依法作出如下审查决定。

**二、决定的理由**

1. 关于证据

在口头审理中，请求人当庭放弃了附件4和附件6作为证据使用。此外，请求人2005年1月15日所提交的证据8为提出无效宣告请求之日起1个月之后补充的证据，且用来主张新的事实，根据实施细则第六十六条的规定，合议组对证据8不予考虑。

对于证据1~3和证据5来讲，由于请求人已经递交了相应的公证书，证明这些证据与原件相同，因此合议组认为这些证据是真实的。

请求人提供的证据1~3均为公开出版物，且公开日均早于本专利的申请日，其中所公开的内容构成了本专利的已有技术，可以用来评述本专利的新颖性和创造性。

2. 关于本专利的新颖性和创造性

专利法第二十二条第二款规定：新颖性，是指在申请日以前没有同样的发明或者实用新型在国内外出版物上公开发表过、在国内公开使用过或者以其他方式为公众所知，也没有同样的发明或者实用新型由他人向国务院专利行政部门提出过申请并且记载在申请日以后公布的专利申请文件中。

专利法第二十二条第三款规定：创造性，是指同申请日以前已有的技术相比，该发明有突出的实质性特点和显著的进步，该实用新型有实质性特点和进步。

本专利的权利要求1全文如下："减压阀，包括阀体（1），阀体（1）上安装有阀盖（2），阀体（1）与阀盖（2）之间有减压胶柏（7），减压胶柏（7）与阀体（1）之间是减压腔（18），减压胶柏（7）的外侧有压片（6），阀盖（2）上有制芯（3），制芯（3）的端部有弹簧压片（4），压片（6）与弹簧压片（4）之间有减压弹簧（5），阀体（1）上有进气口（16）、出气口（20），进气口（16）通过阀顶芯（4）与进气通道（17）连通，减压腔（18）通过出气通道（19）与出气口（20）连通，其特征在于进气通道（17）中有气门套（8），气门套（8）中有一沉孔（30），沉孔（30）内有弹簧（11），弹簧（11）的一端与阀体（1）接触，另一端与内气门芯（12）联接，内气门芯（12）上套有与沉孔（30）的壁面之间有间隙的气门胶圈（13），外气门芯（9）的一端联接内气门芯（12），另一端与减压胶柏（7）连接。"

请求人认为：证据1为最接近的对比文件，它已经公开了权利要求1的所有技术特征，因此权利要求1不具备新颖性和创造性。

合议组认为：请求人提供的证据1中的图12-6仅仅为小型减压阀的结构图，但是没有对应的文字说明，因此只能根据本领域技术人员阅读该图后明显得出且具有惟一性的信息来进行判断。另外请求人在口头审理中对证据1中的"气门套"这一部件进行了标注。从该图及其放大图来看，证据1公开了：（下面的标号为放大图中请求人自己标注的标号）"一种减压阀，它包括阀体（6），阀体（6）上安装有阀盖（3），阀体和阀盖之间有膜片（5），膜片（5）和阀体（6）之间是减压腔（15），膜片（5）的外侧有压片（4），阀盖（3）上有制芯，制芯上有弹簧压片（1），压片（4）与弹簧压片（1）之间有减压弹簧（2），阀体上有进气口和出气口，进气通道中有气门套"等技术特征。但是，在证据1中，却没有公开在本专利权利要求1中所记载的"在该气门套中有一沉孔，沉孔内有弹簧，内气门芯上的气门胶圈与沉孔的壁面之间有间隙”等技术特征，因此该权利要求相对于证据1具备新颖性。而且由于存在上述区别之处，本专利权利要求1所限定的减压阀是一种与证据1公开的减压阀结构不同的减压阀，因此该权利要求也具备专利法第二十二条第三款规定的创造性。

证据2和证据3为结构示意图，而没有相对应的文字说明，因此合议组认为也只能根据本领域技术人员阅读该图后明显得出且具有惟一性的信息来进行判断。

证据2的结构示意图明显可见公开了：（下面的标号为请求人自己标注的标号）“一种减压阀，它包括阀体（10），阀体（10）上安装有阀盖，阀体和阀盖之间有分隔膜片，分隔膜片和阀体（10）之间是减压腔，分隔膜片（10）的外侧有压片（7），阀盖上有制芯，阀体上有进气口和出气口”等技术特征，但是在证据2中，至少没有公开本专利权利要求1中记载的一部分技术特征，即“制芯的端部有弹簧压片，压片与弹簧压片之间有减压弹簧，进气通道中有气门套，气门套的沉孔内的弹簧的一端与阀体接触”。请求人认为“气门套就是阀体（10）”即阀体与气门套为一个部件，而合议组认为：阀体与气门套是一个部件的结构与本专利权利要求1中在阀体内另设气门套的结构是完全不同的结构，前者只有一个部件，而后者却有两个独立的部件，从加工工艺、各部件的功能以及拆卸修复的方便程度等多个方面来看，它们都是不相同的。

对于证据3的结构示意图及其放大图，请求人在口头审理中对“气门套”这一部件进行了标注。证据3的结构图明显可见公开了：（下面的标号为请求人自己标注的标号）“一种减压阀，它包括阀体（14），阀体（14）上安装有阀盖（3），阀体和阀盖之间有膜片（5），膜片（5）的外侧有压片（4），阀盖上有制芯（2），压片与弹簧压片之间有减压弹簧（17），阀体上有进气口和出气口，进气通道中有气门套”等技术特征，但是在证据3中，却没有公开在本专利权利要求1中所记载的“在该气门套中有一沉孔，沉孔内有弹簧，弹簧的一端与阀体接触，内气门芯上套有与沉孔的壁面之间有间隙的气门胶圈”等技术特征。

因此，分别与证据2或者证据3单独对比，本专利权利要求1与它们存在区别，所以具备专利法第二十二条第二款规定的新颖性。而且本专利权利要求1所限定的减压阀是一种与证据2或者证据3公开的减压阀结构不同的减压阀，即技术构思明显不同的技术方案，因此该权利要求具备专利法第二十二条第三款规定的创造性。

证据5为合同号为cpu02DCN526A、型号为824939的燃气灯的购销合同和票号为00556481的广东增值税专用发票。上述购销合同可以说明广州中包联外经贸实业有限公司和江门市蓬江区捷俊五金塑料厂有限公司之间于2002年9月28日签订了购买型号为824939燃气灯的产品购销合同。证据7为沃尔玛公司封存的型号为824939的燃气灯的照片，并且在口头审理时请求人当庭出示了美国沃尔玛公司提供给请求人作为加工样品的产品实物，并称该产品实物就是附件7中所示的产品，该产品实物上未标注“824939”的型号，产品的包装盒上标注有“824939”的型号，但生产厂商的名字没有出现在包装盒上。合议组认为：根据请求人提出无效宣告请求时陈述的事实“2002年2月21日和2002年9月28日中国外贸公司广州中包联外经贸实业有限公司根据美国的American Recreation Products，Inc. 发出的订单，与我公司（即江门市蓬江区捷俊五金塑料厂有限公司）分别签订购买型号为824938、824939的燃气灯的《产品购销合同》，最终的购买方是美国沃尔玛公司……最后由合同购货方出口”，由上述事实来看，广州中包联外经贸实业有限公司是国内外客户进行交易行为过程中的一个中介机构，其购买燃气灯的目的并不是为了在国内使用这些产品，而仅仅在于将产品销往国外，因此不能认为广州中包联外经贸实业有限公司是国内用户。广州中包联外经贸实业有限公司是根据美国的American Recreation Products，Inc. 发出的订单与江门市蓬江区捷俊五金塑料厂有限公司签订了购销合同。因此，该事实涉及的仅仅是向国外销售的事实，不属于专利法第二十二条规定的在国内公开使用的情形。故合议组对请求人关于在本专利申请日之前与本专利同样的产品已在国内公开销售的主张不予支持。

综上，合议组认为：本专利权利要求1具备新颖性和创造性。在此基础上，其从属权利要求2～4也具备新颖性和创造性。

**三、决定**

维持03224466.5号的实用新型专利权有效。

当事人对本决定不服的，可以根据专利法第四十六条第二款的规定，自收到本决定之日起三个月内向北京市第一中级人民法院起诉。根据该款的规定，一方当事人起诉后，另一方当事人应当作为第三人参加诉讼。

# 北京市第一中级人民法院<br>行政判决书

(2005) 一中行初字第685号

原告江门市蓬江区捷俊五金塑料厂有限公司，住所地广东省江门市白石金山工业开发区。

法定代表人胡桂森，经理。

委托代理人王德祥，男，1962年6月15日出生，汉族，广东省广州市东山区东皋大道一横路6号之一504房。

委托代理人黄哲扉，男，1980年4月11日出生，汉族，广东省广州市越秀区海珠中路218号502房。

被告国家知识产权局专利复审委员会，住所地北京市海淀区北四环西路9号银谷大厦10～12层。

法定代表人廖涛，副主任。

委托代理人陈勇，国家知识产权局专利复审委员会机械申诉处审查员。

委托代理人郭健国，国家知识产权局专利复审委员会行政诉讼处审查员。

第三人江门市永耀五金制品有限公司，住所地广东省江门市环市二路。

法定代表人张永权。

原告江门市蓬江区捷俊五金塑料厂有限公司（以下简称捷俊公司）不服专利无效宣告审查决定，向本院提起诉讼。本院受理后，依法组成合议庭并通知被诉具体行政行为的利害关系人江门市永耀五金制品有限公司（下称永耀公司）作为第三人参加诉讼，于2005年9月9日公开开庭审理了本案。原告捷俊公司的委托代理人王德祥，被告国家知识产权局专利复审委员会的委托代理人陈勇、郭健国到庭参加了诉讼，永耀公司经本院合法传唤未到庭。本案现已审理终结。

2005年3月18日，被告作出第6973号无效宣告审查决定（下称6973号决定）。该审查决定依据《中华人民共和国专利法》（下称《专利法》）第二十二条第二款、第三款，以“对比文件仅公开了一项专利的独立权利要求中的一部分技术特征，而另一部分技术特征没有被公开，且不能从现有技术中得到启示，由于这些特征的存在使得权利要求所限定的技术方案与现有技术的技术方案不同，故该现有技术不能否定该专利的创造性”为由，维持03224466.5号实用新型专利权（以下简称本专利）有效。被告在法定的举证期限内向本院提交并经庭审质证的证据有：1. 第6973号决定；2.《液压与气动设备维修问答》版权页和第315页的复印件以及第315页中“图12－6 小型减压阀”放大

图一页，版权页显示其于2002年3月印刷出版，出版社为机械工业出版社（即无效申请时原告提交的证据1，以下同）；3.《燃气热水器》版权页和第16页的复印件（即证据2）；4.《机械工业手册》第36篇“气压传动”中第36－20页及版权页的复印件，版权页显示其于1979年4月印刷出版，出版社为机械工业出版社（即证据3）；5. 合同号为cpu02DCN526A、型号为824939的燃气灯的购销合同和票号为00556481的广东增值税专用发票的复印件（即证据5）；6. 沃尔玛公司封存的型号为824939的燃气灯的一组照片复印件（即证据7）；7.（2005）江蓬证字第57号公证书，它包括：合同号为cpu02DCC568A、型号为824939的燃气灯产品购销合同（即证据8）。其中2～7为原告在行政程序中提交申请无效所使用的证据1、2、3、5、7、8。

原告诉称，被告作出的第6973号无效宣告请求审查决定认定事实不清，适用法律错误。具体理由如下：

第一，被告与原告之间就证据1所公开的小型减压阀与本专利权利要求1～3中所记载的减压阀的全部技术特征进行比对所存在的异议仅在于被告对“沉孔”的具体文字表述。证据1中减压阀的“沉孔”与本专利减压阀的“沉孔”的区别显然是形式上的，是惯用手段的直接置换。从本专利的说明书可知：两“沉孔”的作用方式、使用效果完全一样，无实质区别。本专利减压阀不仅不比证据1减压阀先进，反而后者明显更易制造、更可靠、更先进。本专利明显不具备新颖性，应宣告其无效。

第二，证据4、6，5、7，8是三组重复且关联的证据，每一组皆可单独证明本专利无新颖性。A. 证据5证明：广州中包联外经贸实业公司（以下简称广州中包公司）是中国法人，其在本专利申请日之前就已批量向原告购买了由原告制造的、与本专利权利要求1～3所要求保护的减压阀相同的产品（燃气灯上的减压阀），且双方已履行了货物交付、货款两清的相关合同义务，行使了独立经营权，构成了使用公开。可见，被告认为广州中包公司“不是国内用户，而是国内外客户交易过程的一个中介机构”没有任何事实及法律依据，被告据此认为的诉争专利技术未在国内公开使用过亦是错误的，应予纠正；B. 证据6、7是原告在国内生产的型号为824938、824939燃气灯的两套照片及实物（含包装物和说明书）。其减压阀与被请求宣告无效专利中权利要求1～3所要求保护的减压阀技术特征完全相同或等同，被告及第三人对此并无异议。C. 证据8进一步证明了原告不仅单方公开实施了图中减压阀的制造行为，还与广州中包公司进行了买卖交易（与沃尔玛公司无关联），单独构成了一个完整、客观、真实、合法、关联的证据链条，且与证据4、6，5、7及实物并列证明了同一个事实：早在该专利申请日以前已有同样的实用新型在国内公开制造、销售使用过”。D. 证据10是原告在复审时提交证据7中所附的《使用维护说明书》，其可证明用原告减压阀制造的产品，在该专利申请日之前已在国际互联网上公开销售，包括中国公众可随意买到。

第三，证据1及证据4～8的减压阀也可以结合起来评价该专利的创造性。证据6、7的实物或证据8的图纸中也公开了“沉孔”这一特征，这个“沉孔”与涉案专利的实施例及附图中所表示的具体“沉孔”完全相同。结合证据1及原告的减压阀产品（无论是实物还是图纸），专利权人不经过创造性的劳动就可获得该专利权利要求1～3所要求保护的客体，甚至可以制造出和其实施例1附图中所表示的减压阀形式上丝毫不差的产品。

综上所述，ZL03224466.5号实用新型专利之权利要求1～3所说减压阀的全部技术特征不但在公开出版物中公开过，并在原告组织的生产流程中公开制造过，还在国内、外公开销售过。因此不具备《专利法》第二十二条第二款、第三款所规定的新颖性和创造性，应依法宣告无效。恳请贵院依法撤销被告第6973号无效宣告请求审查决定，判决被告重新作出宣告该专利权利要求1～3无效（部分无效）的决定，本案诉讼费由被告承担。

被告坚持第6973号决定中关于本专利具备新颖性及创造性的意见及理由。并辩称，原告提供的证据1至少没有公开在本专利权利要求1中所记载的“在该气门套中有一沉孔，沉孔内有弹簧，内气门芯上的气门胶圈与沉孔的壁面之间有间隙”的技术特征，除此之外，权利要求1中还有一些技术特征也没有公开，例如权利要求1中的“制芯的端部有弹簧压片”、“进气口通过阀顶芯与进气通道连通”等技术特征。因此该权利要求相对于证据1具备新颖性。同时，作为机械设计尤其是阀门设计来讲，在气门套中有无沉孔、有无零部件这是完全不同的结构设计，由此可以形成技术构思完全不同的技术方案。对于本领域技术人员来讲，由证据1公开的技术内容得到权利要求1限定的技术方案并非显而易见，因此该权利要求具备创造性；原告有关在先公开销售的证据所涉及的仅仅是向国外销售的事实，不属于《专利法》第二十二条规定的在国内公开使用的情形。因此不能认为在本专利申请日之前与本专利相同的产品已在国内公开销售。证据8的提交日为2005年1月15日，为提出无效宣告请求之日（2004年6月23日）起一个月之后补充的证据，且是用来主张新的事实，根据《中华人民共和国专利法实施细则》（下称《实施细则》）第六十六条的规定，故对证据8不予考虑。

综上，第6973号决定审理程序合法、认定事实清楚、适用法律正确，原告的诉讼请求不能成立，请求法院驳回原告的诉讼请求，维持第6973号决定。

原告在法定的举证期限内向本院提交并经庭审质证的证据有：1. 第6973号决定；2. 证据1；3. 证据2；4. 证据3（含“图36.4－1直动式减压阀”附图）；证据1、2、3用以证明全面公开了本专利权利要求1～3所要求保护的减压阀的全部相同或相应的技术特征，本专利无新颖性、创造性；5. 证据5；6. 沃尔玛公司认可的型号为824938燃气灯的订货样品实物照片3份（即证据6）；7. 证据6实物1件（内含样品实物及英文版《使用维护说明书》），即沃尔玛公司认可的型号为824938燃气灯的订货样品实物1件；8. 证据7（实物照片）3份；9. 证据7实物1件（内含样品实物及英文版《使用维护说明书》）；10. 证据8；证据5、6、7、8用以证明早在涉案专利申请日之前，就有同样的产品在国内生产制造、在国内外销售。该专利无新颖性、创造性；11. 涉案专利设计人张永权的部分工资单（原告将其作为证据9，在本院庭审中提交），用以证明本专利权利要求1～3所要求保护的减压阀技术窃自原告，是原告的技术，该专利是非法申请，同时也无新颖性；12. 证据6、7《使用维护说明书》经公证的译文（原告将其作为证据10，在本院庭审中提交），用以证明早在本专利申请日之前，原告的产品就已在国内公开生产制造，不仅在中国销售，还通过因特网在全世界自由销售而构成使用公开；13. 永耀公司给捷俊公司的敬告函，用以证明专利权人承认原告减压阀产品与其专利要求保护的内容一样。

原告对被告提交证据的真实性、合法性及关联性均无异议。

被告对原告上述证据中已在行政程序提交的部分无异议，对其他证据认为，工资表、敬告函及沃尔玛外文介绍单均为新的证据，在无效宣告审理阶段并未提交过。其次，工资表、敬告函均与本案没有关系，因此不应考虑；原告主张沃尔玛外文介绍单可以说明其网上销售的事实在无效宣告审理阶段并未提及，该介绍单充分说明了原告生产的产品是销售给美国的沃尔玛公司的，而非在国内公开销售。

经庭审质证，本院对原、被告提交的证据认证如下：被告提交的上述证据与被诉第6973号决定具有关联性，且合法、真实，能够证明本案的事实，本院予以采纳；原告提交的证据中，证据2～10为在无效程序中已提交的证据1、2、3、5、6、7、8，与被诉第6973号决定具有关联性，且合法、真实，能够作为证明原告观点的证据，本院予以接受；证据11、证据13为在行政诉讼时提交证据，其关于在行政程序中未提交的理由不充分，本院不予接受；证据12虽为在行政程序中实物证据6、7中所附《使用维护说明书》经公证的译文，但未在行政程序中明确作为证据独立使用，而在行政诉讼中作为证据提交，即使本院接受，由于不能充分证明其公开的时间，故不能进一步证明本专利申请日之前，原告的产品就已在国内公开生产制造，且不仅在中国销售，还通过因特网在全世界自由销售，因而构成使用公开的事实，故本院不予采纳。同时，原告在无效宣告请求审理阶段中主张证据1~3单独破坏权利要求新颖性和创造性的事实，并未主张过与其他证据结合使用否定创造性的事实，故本院不予审查。

庭审中，本院向被告调取第03224466.5号中国专利（即本专利）公告文本。

根据上述有效证据及各方当事人在庭审中无争议的陈述，本院确认如下事实：

2003年3月19日，永耀公司向国家知识产权局专利局申请名称为“减压阀”的实用新型专利权，申请号为03224466.5号，该申请于2004年3月31日获得授权并予公告。授权公告时的权利要求书如下：

“1. 减压阀，包括阀体（1），阀体（1）上安装有阀盖（2），阀体（1）与阀盖（2）之间有减压胶柏（7），减压胶柏（7）与阀体（1）之间是减压腔（18），减压胶柏（7）的外侧有压片（6），阀盖（2）上有制芯（3），制芯（3）的端部有弹簧压片（4），压片（6）与弹簧压片（4）之间有减压弹簧（5），阀体（1）上有进气口（16）、出气口（20），进气口（16）通过阀顶芯（4）与进气通道（17）连通，减压腔（18）通过出气通道（19）与出气口（20）连通，其特征在于进气通道（17）中有气门套（8），气门套（8）中有一沉孔（30），沉孔（30）内有弹簧（11），弹簧（11）的一端与阀体（1）接触，另一端与内气门芯（12）联接，内气门芯（12）上套有与沉孔（30）的壁面之间有间隙的气门胶圈（13），外气门芯（9）的一端连接内气门芯（12），另一端与减压胶柏（7）连接。

2. 根据权利要求1所述的减压阀，其特征在于所述的外气门芯（9）的端面与减压胶柏（7）的端面联接，压片（6）的端面与减压胶柏（7）的端面连接。

3. 根据权利要求1所述的减压阀，其特征在于所述的气门套（8）与阀体（1）之间有密封胶圈（10）。

4. 根据权利要求1、3所述的减压阀，其特征在于出气通道（19）与出气口（20）之间有控制两者之间通断的制芯（21），制芯（21）上安装有密封胶圈（22）。”

针对本专利，捷俊公司作为申请人于2004年6月23日向被告提出无效宣告请求（案件编号为5W059656），理由是本专利不具备《专利法》第二十条第二款、第三款规定的新颖性和创造性。其同时提交了七份附件即证据1~7，认为证据1~3单独否定权利要求1~3的新颖性和创造性，证据4~7表明权利要求1~3所限定的产品已经在国内公开销售，成为公知技术。

经形式审查合格后，被告受理了上述无效宣告请求，向捷俊公司和被请求人永耀公司发出了无效宣告请求受理通知书，并将上述无效宣告请求书及所附相关文件副本转送给永耀公司。针对上述无效宣告请求，永耀公司在规定期限内没有提交意见陈述书进行答复。

被告于2005年1月5日举行口头审理，仅捷俊公司一方参加了口头审理。在口头审理中，捷俊公司明确放弃了证据4、6；提出证据1为最接近的现有技术，它已经公开了权利要求1的所有技术特征，因此权利要求1不具备新颖性和创造性；以证据5、7的组合评述本专利的新颖性。证据1~3可单独否定本专利权利要求1~3的新颖性和创造性。捷俊公司当庭对证据1和证据3中的“气门套”这一部件作了标注，并当庭出示了美国沃尔玛公司提供给捷俊公司作为加工样品的产品实物，其产品实物上未标注型号“824939”，而在产品的包装盒上标注有型号“824939”。捷俊公司称该产品实物是证据7中所示的产品，但生产厂商的名字没有记载在包装盒上。

鉴于捷俊公司在提出无效请求时所提交的证据1~3和证据5均为复印件，捷俊公司于2005年1月15日提交了证据1~3和证据5的公证书，同时补充提交了证据8。

被告经审查认为，捷俊公司提交的证据1～3均为公开出版物，且公开日均早于本专利的申请日，其中所公开的内容构成了本专利的已有技术，可以用来评述本专利的新颖性和创造性。捷俊公司2005年1月15日所提交的证据8为提出无效宣告请求之日起一个月之后补充的证据，且用来主张新的事实，根据《实施细则》第六十六条的规定，故对该证据不予考虑。

关于本专利的新颖性和创造性，捷俊公司提供的证据1中的图12－6仅仅为小型减压阀的结构图，但是没有对应的文字说明，因此只能根据本领域技术人员阅读该图后明显得出具有惟一性的信息来进行判断。从该图及其放大图来看，证据1公开了：（下面的标号为放大图中捷俊公司自己标注的标号）"一种减压阀，它包括阀体（6），阀体（6）上安装有阀盖（3），阀体和阀盖之间有膜片（5），膜片（5）和阀体（6）之间是减压腔（15），膜片（5）的外侧有压片（4），阀盖（3）上有制芯，制芯上有弹簧压片（1），压片（4）与弹簧压片（1）之间有减压弹簧（2），阀体上有进气口和出气口，进气通道中有气门套"等技术特征。在证据1中，没有公开在本专利权利要求1中所记载的"在该气门套中有一沉孔，沉孔内有弹簧，内气门芯上的气门胶圈与沉孔的壁面之间有间隙"等技术特征，因此该权利要求相对于证据1具备新颖性。而且由于存在上述区别之处，本专利权利要求1所限定的减压阀是一种与证据1公开的减压阀结构不同的减压阀，因此该权利要求也具备《专利法》第二十二条第三款规定的创造性。

证据2和证据3为结构示意图，没有相对应的文字说明，因此只能根据本领域技术人员阅读该图后明显得出且具有惟一性的信息来进行判断。证据2的结构示意图明显可见公开了：（下面的标号为捷俊公司自己标注的标号）"一种减压阀，它包括阀体（10），阀体（10）上安装有阀盖，阀体和阀盖之间有分隔膜片，分隔膜片和阀体（10）之间是减压腔，分隔膜片（10）的外侧有压片（7），阀盖上有制芯，阀体上有进气口和出气口"等技术特征。在证据2中，至少没有公开本专利权利要求1中记载的一部分技术特征，即"制芯的端部有弹簧压片，压片与弹簧压片之间有减压弹簧，进气通道中有气门套，气门套的沉孔内的弹簧的一端与阀体接触"。捷俊公司认为"气门套就是阀体（10）"即阀体与气门套为一个部件。但是阀体与气门套是一个部件的结构与本专利权利要求1中在阀体内另设气门套的结构是完全不同的结构，前者只有一个部件，而后者却有两个独立的部件，从加工工艺、各部件的功能以及拆卸修复的方便程度等多个方面来看，它们都是不相同的。对于证据3的结构示意图及其放大图，原告在口头审理中对"气门套"这一部件进行了标注。证据3的结构图明显可见公开了：（下面的标号为捷俊公司自己标注的标号）"一种减压阀，它包括阀体（14），阀体（14）上安装有阀盖（3），阀体和阀盖之间有膜片（5），膜片（5）的外侧有压片（4），阀盖上有制芯（2），压片与弹簧压片之间有减压弹簧（17），阀体上有进气口和出气口，进气通道中有气门套"等技术特征。但是在证据3中，却没有公开在本专利权利要求1中所记载的"在该气门套中有一沉孔，沉孔内有弹簧，弹簧的一端与阀体接触，内气门芯上套有与沉孔的壁面之间有间隙的气门胶圈"等技术特征。分别与证据2或者证据3单独对比，本专利权利要求1与它们存在区别，所以具有《专利法》第二十二条第二款规定的新颖性。而且本专利权利要求1所限定的减压阀是一种与证据2或者证据3公开的减压阀结构不同的减压阀，即技术构思明显不同的技术方案，因此该权利要求具备《专利法》第二十二条第三款规定的创造性。

证据5可以说明广州中包公司和原告之间于2002年9月28日签订了购买型号为824939燃气灯的产品购销合同的事实。证据7为沃尔玛公司封存的型号为824939的燃气灯的照片，并且在口头审理时原告当庭出示了美国沃尔玛公司提供给原告作为加工样品的产品实物，并称该产品实物就是附件7中所示的产品，根据捷俊公司提出无效宣告请求时陈述的事实"2002年2月21日和2002年9月28日中国外贸公司广州中包联外经贸实业有限公司根据美国的 American Recreation Products，Inc. 发出的订单，与我公司（即捷俊公司）分别签订购买型号为824938、824939的燃气灯的《产品购销合同》，最终的购买方是美国沃尔玛公司……最后由合同购货方出口”来看，广州中包公司是国内外客户进行交易行为过程中的一个中介机构，其购买燃气灯的目的并不是为了在国内使用这些产品，而仅仅在于将产品销往国外，因此不能认为广州中包公司是国内用户。广州中包公司是根据美国公司发出的订单与原告签订了购销合同。因此，该事实涉及的仅仅是向国外销售的事实，不属于《专利法》第二十二条规定的在国内公开使用的情形。故对捷俊公司关于在本专利申请日之前与本专利同样的产品已在国内公开销售的主张不予支持。

综上所述，被告认为，本专利权利要求1具备新颖性和创造性。在此基础上，其从属权利要求2~4也具备新颖性和创造性，故作出第6973号决定，根据《专利法》第二十二条第二款、第三款的规定，维持03224466.5号实用新型专利权有效。原告不服，向本院提起行政诉讼。

本院认为，根据《专利法》第二十二条规定，授予专利权的实用新型，应当具备新颖性、创造性。实用新型的新颖性是指在申请日以前没有同样的实用新型在国内外出版物上公开发表过、在国内公开使用过或者以其他方式为公众所知，也没有同样的实用新型由他人向国务院专利行政部门提出过申请并且记载在申请日以后公布的专利申请文件中；实用新型的创造性是指同申请日以前已有的技术相比，该实用新型有实质性特点和进步。《审查指南》进一步指出，专利法所称实用新型是指对产品的形状、构造或者其结合所提出的适于实用的新的技术方案。本案中，原告提交证据所证明的在先公开的现有技术与本专利存在明显的差异，故本专利的技术特征具备新颖性；同时，本专利权利要求所保护的技术特征，并非是惯用手段的直接置换，本领域普通技术人员结合现有技术不经过创造性劳动难以获得，并非显而易见，因而具备创造性；关于原告提交的在先销售的证据，本院同意被告的观点即上述证据涉及的仅仅是向国外销售的事实，不属于《专利法》第二十二条规定的在国内公开使用的情形，因原告不能充分证明在本专利申请日前有同样或相近似的实用新型在国内公开使用过或者以其他方式为公众所知，故不能作为原告否定本专利具备新颖性的证据。

综上所述，第6973号决定认定事实清楚，对证据的判断与使用适当，适用法律正确，符合法定程序，本院应予维持。原告提出的本专利不具有新颖性和创造性的观点，事实和法律依据不充分，其诉讼请求本院不予支持；依照《专利法》第二十二条第二款、第三款、《中华人民共和国行政诉讼法》第五十四条第（一）项，判决如下：

维持被告国家知识产权局专利复审委员会于二〇〇五年三月十八日作出的第6973号无效宣告请求审查决定。

案件受理费1000元，由原告江门市蓬江区捷俊五金塑料厂有限公司负担（已交纳）。

如不服本判决，可在判决书送达之日起十五日内，向本院递交上诉状，并按对方当事人的人数提出副本，预交上诉案件受理费1000元，上诉于北京市高级人民法院。

审　判　长　吴　月
审　判　员　刘景文
人民陪审员　付勇军
二〇〇五年十月十日
书　记　员　毛天鹏

# 带有龙骨的草支座案

## 无效宣告请求审查决定（第6991号）

**决　　定　　号**　第6991号
**决　　定　　日**　2005年3月24日
**发明创造名称**　带有龙骨的草支座
**国 际 分 类 号**　B65D 61/00　B65D 71/04
**第一无效请求人**　鞍钢附企冷轧经贸有限公司
**第二无效请求人**　赵宝贵
**专　利　权　人**　包头市安力物业有限公司草制品分公司
**专　　利　　号**　02236632.6
**申　　请　　日**　2002年5月31日
**授 权 公 告 日**　2003年4月30日
**合 议 组 组 长**　吴亚琼
**主　　审　　员**　魏　屹
**参　　审　　员**　杨克菲

**法　律　依　据**　专利法第二十二条第二款、第三款、第四款
**决　定　要　点**

请求人提供的所有证据均未公开本专利权利要求1所限定的技术方案，并且也没有给出在草支垫内设有钢栅龙骨以提高支座的强度、抗冲击性和抗拉伸性的技术启示，并且本专利权利要求1所限定的技术方案具有有益的技术效果，本专利权利要求1所限定的技术方案相对于请求人所提供的证据具有实质性特点和进步。因此请求人提供的所有证据不能破坏本专利权利要求1所限定的技术方案的新颖性和创造性。

**一、案由**

本无效宣告请求案涉及的是专利号为02236632.6、名称为“带有龙骨的草支座”的实用新型专利，该专利申请日为2002年5月31日，授权公告日为2003年4月30日，专利权人为包头市安力物业有限公司草制品分公司。

该专利授权时的权利要求如下：

“1. 一种带有龙骨的草支座，主要由农作物秸秆的压实体（1）和捆扎铁线（3）构成，其特征在于：在所述的支座内还设有钢栅龙骨（2），钢栅龙骨（2）的形状为凹槽形或半圆槽形，钢栅龙骨（2）由农作物秸秆的压实体（1）依照钢栅龙骨的形状所包容，内设有钢栅龙骨（2）的农作物秸秆压实体（1）由捆绑铁线捆扎加固，所述的支座形状为凹槽形或半圆槽形，与卷钢表面相吻合的支座表面，可以是凹形槽或半圆形槽。”

针对上述专利权（下称本专利），鞍钢附企冷轧经贸有限公司（下称第一请求人）于2003年7

月21日向专利复审委员会提出了无效宣告请求，其理由是本专利不符合专利法第二十二条第二款、第三款、第四款的规定；以及本专利不符合专利法实施细则第二条第二款的规定，故请求专利复审委员会宣告该实用新型专利权全部无效。第一请求人同时提交了以下附件作为证据：

附件2（下称证据1－1）：授权公告号为CN2321742Y的中国实用新型专利说明书的复印件，其授权公告日为1999年6月2日；

附件3（下称证据1－2）：授权公告号为CN2307744Y的中国实用新型专利说明书的复印件，其授权公告日为1999年2月17日；

附件4：授权公告号为CN 2331497Y的中国实用新型专利说明书的复印件，其授权公告日为1999年8月4日；

附件5：沈阳铁路局车务处于2002年8月12日印发的关于对铁道部批准试运方案执行情况的意见的车货（2002）16号文件的复印件共18页。

经审查，上述无效宣告请求符合专利法及其实施细则规定的形式要求，专利复审委员会于2003年8月20日予以受理并将第一请求人提交的无效宣告请求书及所附证据材料的副本转送给专利权人，并成立合议组对此案进行审查。

专利权人包头市安力物业有限公司草制品分公司（下称被请求人）于2003年9月19日针对第一请求人提出的无效宣告请求提交了意见陈述书，被请求人认为本专利符合专利法第二十二条第四款以及专利法实施细则第二条第二款的规定，第一请求人提供的证据不能破坏本专利的新颖性和创造性，要求专利复审委员会作出维持专利权有效的决定。

合议组于2004年3月8日向双方当事人发出口头审理通知书，定于2004年4月21日14时在专利复审委员会第六口审厅进行口头审理，并在发出口头审理通知书的同时将被请求人于2003年9月19日提交的意见陈述书转送给第一请求人。

口头审理如期进行，第一请求人和被请求人均参加了口头审理，在口头审理过程中，双方当事人对双方出庭人员的身份和资格无异议，双方当事人对合议组成员无回避请求，第一请求人当庭放弃其所提交的附件4和附件5，并当庭明确其请求宣告该实用新型专利权无效的理由为本专利不符合专利法第二十二条第二款、第三款、第四款的规定，并且认为证据1－1和证据1－2分别破坏本专利新颖性和创造性。被请求人对第一请求人提交的证据1－1和证据1－2的真实性无异议。在口审过程中，双方当事人对各自的观点进行了充分论述。

针对本专利，赵宝贵（下称第二请求人）于2004年6月16日向国家知识产权局专利复审委员会提出了无效宣告请求，其理由是本专利不符合专利法第二十二条第三款关于创造性的规定，请求专利复审委员会宣告该实用新型专利权全部无效。第二请求人同时提交了以下附件作为证据：

附件2（下称证据2－1）：授权公开号为CN2341909Y的中国实用新型专利说明书的复印件，其授权公告日为1999年10月6日；

附件3（下称证据2－2）：授权公开号为CN2321742Y的中国实用新型专利说明书的复印件，其授权公告日为1999年6月2日；

附件4（下称证据2－3）：大连理工大学出版社发行的1998年6月第3版、1999年5月第8次印刷的《机械工程材料》（第3版）的封面、版权页、第169页的复印件。

经审查，上述无效宣告请求符合专利法及其实施细则规定的形式要求，专利复审委员会于2004年6月28日予以受理并将第二请求人提交的专利权无效宣告请求书及所附证据材料的副本转送给被请求人，并成立合议组对此案进行审查。

被请求人于2004年8月11日针对第二请求人提出的上述无效宣告请求提交了意见陈述书，被请求人认为第二请求人提供的所有证据不能破坏本专利的创造性，要求专利复审委员会作出维持专利权有效的决定。

合议组于2004年10月14日向双方当事人发出口头审理通知书，定于2004年12月14日14时在专利复审委员会第五口审厅进行口头审理，并在发出口头审理通知书的同时将被请求人于2004年8月11日提交的意见陈述书转送给第二请求人。

口头审理如期进行，第二请求人和被请求人均参加了口头审理，在口头审理过程中，双方当事人对双方出庭人员的身份和资格无异议，双方当事人对合议组成员无回避请求，第二请求人认为其所提交的证据2-1能够破坏本专利的创造性，证据2-2与证据2-3结合能够破坏本专利的创造性，被请求人对证据2-1至证据2-3的真实性无异议，在口审过程中，双方当事人对各自的观点进行了充分论述。

至此，合议组经过合议，认为涉及本案的有关事实已经清楚，可以作出本审查决定。

**二、决定的理由**

合议组根据审查指南第四部分第三章第3.5节关于合案审查原则的规定对第一请求人和第二请求人针对本专利分别提出的无效宣告请求进行合案审查。

1. 关于证据的认定

被请求人对第一请求人提交的证据1-1和证据1-2以及第二请求人提交的证据2-1、2-2（同证据1-1）和证据2-3的真实性无异议，合议组对证据1-1、1-2、2-1、2-2（同证据1-1）和证据2-3的真实性予以认可。

2. 关于专利法第二十二条第四款

根据专利法第二十二条第四款的规定，实用性是指该发明或者实用新型能够制造或者使用，并且能够产生积极效果。

第一请求人认为，在草支垫中添加钢栅龙骨是没有必要的且对产品功能无任何改善和增加，故本专利没有实用性，本专利不符合专利法第二十二条第四款的规定。

合议组认为，本专利提供一种由农作物秸秆制成的内设钢栅龙骨的草支座，这种草支座能够制造或者使用，另外在草支座中内设钢栅龙骨可以提高支座的强度、抗冲击性和抗拉伸性，因此本专利能够产生积极效果，符合专利法第二十二条第四款关于实用性的规定。

3. 关于专利法第二十二条第二款和第三款

根据专利法第二十二条第二款的规定，新颖性是指在申请日以前没有同样的发明或实用新型在国内外出版物上公开发表过，在国内公开使用过或者以其他方式为公众所知，也没有同样的发明或者实用新型由他人向专利局提出过申请并且记载在申请日以后公布的专利申请文件中。

根据专利法第二十二条第三款，创造性是指同申请日以前已有的技术相比，该发明有突出的实质性特点和显著的进步，该实用新型有实质性特点和进步。

关于本专利的新颖性和创造性，第一请求人认为其所提交的证据1-1和证据1-2分别能够破坏本专利权利要求1的新颖性和创造性；第二请求人认为其所提交的证据2-1能够破坏本专利的创造性，证据2-2与证据2-3结合能够破坏本专利的创造性。

下面合议组针对第一请求人和第二请求人提出的上述主张进行评述。

证据1-1、1-2、2-1、2-2（同证据1-1）、2-3都是在本专利申请日之前公开的出版物，因此都可以作为用于评价本专利新颖性和创造性的已有技术。

证据1-1（同第二请求人提供的证据2-2）公开了一种由纤维质材料和捆扎在其上的捆带构成的货物储运支承垫，整个支垫呈凸凹结构，在支垫上设有固定带。

证据 1 – 2 公开了一种由草和捆扎在其上的钢丝构成的货物运载支承垫，整个支垫采用凸凹结构，在草支垫上设有钢带。

证据 2 – 1 公开了一种双台阶形草支垫，包括由稻草茎或者玉米杆密实制成的集束物及数根用于捆扎集束物的小金属箍，集束物的外缘被至少一根凹形加固定位箍箍住并一起被数根大金属箍密实箍紧。

证据 2 – 3 概述了复合材料的概念、性能特点和分类。

与本专利权利要求 1 所限定的技术方案相比，证据 1 – 1、1 – 2 和证据 2 – 1 所公开的技术方案中均没有披露本专利权利要求 1 中的“在所述的支座内还设有钢栅龙骨（2），钢栅龙骨（2）的形状为凹槽形或半圆槽形，钢栅龙骨（2）由农作物秸秆的压实体（1）依照钢栅龙骨的形状所包容”这些技术特征。因此可以看出证据 1 – 1、1 – 2 和证据 2 – 1 所公开的技术方案与本专利权利要求 1 所限定的技术方案是不同的，故本专利权利要求 1 所限定的技术方案相对于证据 1 – 1、1 – 2 和证据 2 – 1 所公开的技术方案具备新颖性。合议组对于请求人 1 提出的证据 1 – 1 和证据 1 – 2 分别能够破坏本专利权利要求 1 的新颖性的主张不予支持。

上述这些区别技术特征为本专利权利要求 1 所限定的技术方案带来了这样的技术效果，即“可以提高支座的强度、抗冲击性和抗拉伸性”，证据 1 – 1 和证据 1 – 2 所公开的技术方案中都没有给出为了实现上述技术效果而采用在草支垫内设有钢栅龙骨这种结构的技术启示，本专利权利要求 1 所限定的技术方案相对于第一请求人所提供的证据 1 – 1 和证据 1 – 2 所公开的技术内容具有实质性特点和进步，具备创造性，合议组对第一请求人提出的证据 1 – 1 和证据 1 – 2 分别破坏本专利的创造性的这一主张不予支持。

另外，证据 2 – 3 涉及复合材料这一功能性技术领域，证据 2 – 2（同证据 1 – 1）公开的支垫并不涉及复合材料，故证据 2 – 2 和证据 2 – 3 之间不存在相互结合的技术启示。对于本领域技术人员来说，在证据 2 – 2 和证据 2 – 3 所公开的技术内容的基础上得到本专利权利要求 1 所限定的技术方案是非显而易见的，故本专利权利要求 1 所限定的技术方案相对于第二请求人所提供的证据 2 – 2 和证据 2 – 3 所公开的技术内容具有实质性特点和进步，具有备创造性，合议组对第二请求人提出的证据 2 – 2 和证据 2 – 3 的结合破坏本专利的创造性的这一主张不予支持。

**三、决定**

维持 02236632.6 号实用新型专利权有效。

当事人对本决定不服的，可以根据专利法第四十六条第二款的规定，自收到本决定之日起三个月内向北京第一中级人民法院起诉。根据该款的规定，一方当事人起诉后，另一方当事人应当作为第三人参加起诉。

# 滚 轮 案

## 无效宣告请求审查决定（第6992号）

**决　定　号**　第6992号
**决　定　日**　2005年3月21日
**发明创造名称**　滚　轮
**国际分类号**　B60B 33/02
**无效请求人**　济宁市矿安机电有限责任公司
**专利权人**　孟繁英
**专　利　号**　00242382.0
**申　请　日**　2000年7月7日
**授权公告日**　2001年10月17日
**合议组组长**　魏　屹
**主　审　员**　郭健国
**参　审　员**　陈　勇

**法律依据**　专利法第二十二条第三款
**决定要点**

若本专利与最接近对比文件相比存在的区别技术特征已经被另一篇文献公开，其作用和在本专利中所起到的作用相同，则具有将该区别技术特征结合到最接近对比文件的技术启示，同时该技术特征的引入没有使权利要求的技术方案产生明显的技术效果，则该项权利要求不具备创造性。

**一、案由**

本无效宣告请求案涉及国家知识产权局专利局于2001年10月17日授权公告的00242382.0号实用新型专利权，名称为“滚轮”，申请日为2000年7月7日，专利权人为孟繁英。

授权公告的权利要求书如下：

“1. 一种矿山提升容器用滚轮，在弹性体滚轮上安装轴承和轴，轴的一端与一摆架固定，摆架一端与底座用销轴连接，另一端通过缓冲弹簧与底座用销轴连接，其特征在于：在弹性轮内加一钢圈。

2. 根据权利要求1的滚轮，其特征在于：钢圈上再开孔。

3. 根据权利要求1、2的滚轮，其特征在于：滚轮轴承用一圆螺母锁紧，在轴头部开一键槽，在键槽放一键，键两端与大圆螺母焊接。

4. 根据权利要求3的滚轮，其特征在于：圆螺母外沿能遮挡轴承外圈。

5. 根据权利要求1、2的滚轮，其特征在于：轴的一端与一摆架用一圆螺母锁紧固定。

6. 根据权利要求5的滚轮，其特征在于：圆螺母锁紧面为圆环锥面。

7. 根据权利要求1、2的滚轮，其特征在于：销轴与摆架之间安放耐磨套。

8. 根据权利要求7的滚轮，其特征在于：耐磨套用金属、合金、非金属等耐磨防腐性能好的材料制造。”

针对本专利权，济宁市矿安机电有限责任公司（下称请求人）于2004年12月2日向专利复审委员会提出无效宣告请求，其理由是本实用新型专利不具备创造性，不符合专利法第二十二条第三款的规定，请求专利复审委员会宣告该专利全部无效。请求人同时提交了下列证据：

证据1：第99203361.6号中国实用新型专利说明书，其授权公告日为2000年4月19日；

证据2：第97236239.8号中国实用新型专利说明书，其授权公告日为1999年1月13日；

证据3：德国第DE4104457 A1号专利文献英文检索著录项目、说明书摘要及附图，其公开日为1992年8月20日；

证据4：第WO 99 11475号国际专利文献英文检索著录项目、说明书摘要及附图，其公开日为1999年3月11日；

证据5：日本特开平6－156009号公开特许公报原文，其公开日为1994年6月3日；

证据6：第99227180.0号中国实用新型专利说明书，其授权公告日为1999年12月1日；

证据7：第95244690.1号中国实用新型专利说明书，其授权公告日为1996年10月2日；

证据8：机械工业出版社出版的《机械设计手册》第2版第3、第4卷有关轴的设计、销连接和滑动轴承的类型、选择和材料部分的复印件；化学工业出版社出版的《机械设计手册》上册标准规范第2版第687页复印件；

证据9：技术标准出版社出版的中华人民共和国国家标准——《机床夹具零件及部件》相关页复印件，其为1983年2月第1版；

经形式审查合格，专利复审委员会于2004年12月2日受理了上述请求，并于同日将宣告专利权无效请求书及其他有关文件副本转送给了专利权人孟繁英（下称被请求人），要求其在指定的期限内答复。

2004年12月28日，请求人向专利复审委员会寄交了意见陈述书，坚持认为本专利的权利要求1～8相对于附件1～8不具备创造性，并以补充提交的证据说明权利要求3～8的附加技术特征为公知常识，其中以证据10（第4060号无效决定）说明“液压缓冲器”与“缓冲弹簧”是机械领域常用的缓冲部件，属于惯用手段的直接置换。同时提交了证据3、4、5全文及中文译文及如下证据：

证据8：1991年9月机械工业出版社出版《机械设计手册》第1版第3、第4卷有关连接和紧固、无键连接、滚动轴承的组合设计、轴的设计、销连接和滑动轴承的类型、选择和材料部分的复印件；化学工业出版社出版《机械设计手册》标准规范第2版第687页复印件；

证据10：专利复审委员会第4060号无效决定；

证据11：ZBT31030.4－87号汽车车轮锥面螺母的专业标准，注明于1989年1月1日实施。

2005年1月31日，专利复审委员会向双方当事人发出了口头审理通知书，定于2005年3月14日进行口头审理，并将请求人于2004年12月28日寄交的意见陈述书副本和证据10、11和再次提交的证据8连同证据3、4、5全文及中文译文随口头审理通知书一起转送给了被请求人。

请求人寄交了口头审理回执，表示参加口头审理。

口头审理如期举行。请求人当庭指出最接近的对比文件为证据1、2，且分别与证据3、4、5、6、7结合来破坏本专利权利要求1的创造性；请求人认为权利要求2的附加技术特征在附件3中公开，其他从属权利要求的附加技术特征属于公知常识，并以证据8、9、11予以说明；请求人放弃于请求日提交的证据8，与公知常识的有关内容以2004年12月28日提交证据8的文本为准，并在口审中出示了证据8、9、11的原件，经合议组核实复印件与原件一致。

本案合议组在此基础上作出如下结论。

## 二、决定的理由

1. 关于证据

请求人请求宣告本实用新型专利无效的理由是本实用新型不具备创造性，其提交的证据共11份。

其中证据1~7为专利文献，其授权公告日或公开日均早于本专利的申请日，可以作为评价本专利创造性的对比文件；请求人出示了证据8、9、11的原件，经合议组核实，其复印件与原件相符，对此三份证据的真实性予以认可。

2. 关于创造性

请求人提出以证据1、2作为最接近的对比文件，并将证据3、4、5、6、7分别与最接近的对比文件结合来否定本专利权利要求1的创造性。

证据1公开了一种矿山提升容器用滚轮，在弹性体滚轮上安装轴承和轴，轴的一端与一摆架固定，摆架一端与底座用销轴连接，另一端通过缓冲弹簧与底座用销轴连接（参见该证据第1页第12~15行）。其没有公开权利要求1中特征部分的"在弹性轮内加一钢圈"这一技术特征。

证据3涉及一种由橡胶或者类似于橡胶的塑料制造的实心轮胎，其带有一个加强件4，该加强件可以由一金属环构成，能够增大轮胎和轮毂间的结合力，其作用与本专利钢圈的作用相同，本领域技术人员完全可以将此技术特征结合到本专利中形成权利要求1的技术方案，而无需付出创造性劳动，并且这种结合没有取得显著的技术效果，因此权利要求1不具有实质性特点和进步，不符合专利法第二十二条第三款规定的创造性。

权利要求2的附加特征"钢圈上再开孔"已经在证据3中权利要求5和说明书中第2页第22行予以公开，在权利要求1没有创造性的前提下，将此附加技术特征结合到权利要求1中的技术方案中是显而易见的，也没有取得明显的技术效果，因而权利要求2也不符合专利法第二十二条第三款规定的创造性。

权利要求3~6的附加技术特征分别是对滚轮轴承、轴与摆架间的固定方式的进一步限定，权利要求7、8的附加技术特征为"销轴与摆架之间安放耐磨套"及耐磨套的材质所作的限定，上述这些附加技术特征都属于机械领域的公知常识，这些公知常识的引入对于本领域技术人员而言是显而易见的，亦不会使这些技术方案产生明显的技术效果，所以权利要求3~8也不符合专利法第二十二条第三款规定的创造性。

## 三、决定

宣告第00242382.0号实用新型专利权全部无效。

当事人对本决定不服的，可以根据专利法第四十六条第二款的规定，自收到本决定之日起三个月内向北京市第一中级人民法院起诉。根据该款的规定，一方当事人起诉后，另一方当事人应当作为第三人参加诉讼。

# 壁画式水族箱案

## 无效宣告请求审查决定（第6998号）

**决 定 号** 第6998号
**决 定 日** 2005年3月23日
**发明创造名称** 壁画式水族箱
**国际分类号** A01K 63/00
**无效请求人** 卢亚峰
**专利权人** 任连根
**专 利 号** 02292979.7
**申 请 日** 2002年12月23日
**授权公告日** 2003年12月3日
**合议组组长** 陈海平
**主 审 员** 陈 勇
**参 审 员** 魏 屹

**法律依据** 专利法第二十二条第二款、第三款
**决定要点**

如果对比文件并未公开一项权利要求中的所有技术特征，那么该权利要求具备专利法第二十二条第二款规定的新颖性。

如果一项权利要求限定的技术方案与对比文件相比，其区别技术特征是显而易见的，则不具备专利法第二十二条第三款规定的创造性。

**一、案由**

本无效宣告请求案涉及申请日为2002年12月23日、授权公告日为2003年12月3日、名称为“壁画式水族箱”的02292979.7号实用新型专利（下称本案专利），专利权人为任连根（下称被请求人）。

授权公告的权利要求书如下：

“1. 一种壁画式水族箱，包括箱体及其用于固定在墙上的安装组件，所述的箱体在邻近其两侧板的位置各设置有一隔板，从而将箱体分割成三个部分：两个侧边的小箱体和中间用来放养鱼类和水草的大箱体，其特征在于：所述的两隔板上开有小孔将小箱体与大箱体相连通，并且所述的两个小箱体为暗箱。

2. 根据权利要求1所述的壁画式水族箱，其特征在于：所述的隔板上的小孔位于下部。

3. 根据权利要求1所述的壁画式水族箱，其特征在于：所述的侧箱内设置有潜水泵，并且其出水管经隔板上的出水孔通向中间箱体。

4. 根据权利要求3所述的壁画式水族箱，其特征在于：二隔板上的出水孔中，其中一个隔板上的出水孔位于其中部，而另一个隔板上的出水孔位于其上部。

5. 根据权利要求 1 ~4 中任一权利要求所述的壁画式水族箱，其特征在于：所述的隔板高度低于箱体的总高度。

6. 根据权利要求 5 所述的壁画式水族箱，其特征在于：所述的隔板在邻近其顶端的部位开有溢水孔。"

针对上述实用新型专利权，无效宣告请求人卢亚峰（下称请求人）于 2004 年 8 月 4 日向专利复审委员会提出了宣告专利权无效的请求。请求宣告无效的理由是本案专利不符合专利法第二十二条的规定。请求人同时提交了以下两份附件作为对比文件：

附件 1（下称对比文件 1）：专利号为 ZL98208546. X（授权公告号 CN2334175Y）的中国实用新型专利说明书的复印件，授权公告日为 1999 年 8 月 25 日。

附件 2：《实用新型专利检索报告》封面和结论页的复印件。

请求人认为：国家知识产权局专利局审查部门出具的实用新型专利检索报告结论页中认定本案专利的权利要求 1、2 和权利要求 5 不具备创造性；并且权利要求 3、4 和权利要求 6 相对于对比文件 1 没有实质性的特点和进步，因此权利要求 1 ~6 均不具备创造性。

经形式审查合格后，专利复审委员会受理了上述无效宣告请求，向请求人和被请求人发出了无效宣告请求受理通知书，并将上述无效宣告请求书及所附相关文件副本转送给被请求人，同时依法成立合议组对本案进行审查。

针对上述无效宣告请求，被请求人于 2004 年 9 月 4 日提交了意见陈述书，并且认为：请求人提供的"实用新型专利检索报告"只有一个结论，使用其来评价本案专利权利要求 1、2 和权利要求 5 的创造性显然是不正确的；而且本案专利权利要求 1 ~6 限定的技术方案与请求人提交的对比文件 1 中记载的技术方案有着明显的区别，并带来了相应的技术效果，因此具备新颖性和创造性。

专利复审委员会于 2004 年 10 月 18 日向双方当事人发出口头审理通知书，定于 2004 年 12 月 6 日在专利复审委员会举行口头审理，并将被请求人在 2004 年 9 月 4 日提交的意见陈述书副本转送给请求人。

口头审理如期举行，双方当事人均参加了口头审理，并且对对方出席口头审理人员的资格没有异议，对合议组成员无回避请求。在口头审理中，被请求人对请求人提交的对比文件 1 的真实性无异议。请求人当庭递交了针对被请求人于 2004 年 9 月 4 日提交的意见陈述书所作的意见陈述书，合议组当庭将其转交给了被请求人。无效宣告请求人明确其无效理由为：本案专利不符合专利法第二十二条第二款、第三款有关新颖性和创造性的规定。双方对此进行了充分的陈述。

在上述程序基础上，合议组认为本案事实已经清楚，可以依法作出如下审查决定。

**二、决定的理由**

1. 关于证据

请求人提交的对比文件 1 为公开出版物，其公开日早于本案专利的申请日，可以作为评价本案专利新颖性和创造性的现有技术。

附件 2 为《实用新型专利检索报告》封面和结论页的复印件，在该结论页上面仅仅记载有一个结论性的意见，但是根本没有记载该检索报告是针对哪一专利作出的，也没有记载任何相关对比文件的信息。因此，合议组认为，该附件不能被采信，不能作为评价本案专利新颖性和创造性的证据。

2. 关于权利要求 1 ~6 的新颖性和创造性

专利法第二十二条第二款规定：新颖性，是指在申请日以前没有同样的发明或者实用新型在国内外出版物上公开发表过、在国内公开使用过或者以其他方式为公众所知，也没有同样的发明或者实用新型由他人向专利局提出过申请并且记载在申请日以后公布的专利申请文件中。

专利法第二十二条第三款规定：创造性，是指同申请日以前已有的技术相比，该发明有突出的实质性特点和显著的进步，该实用新型有实质性特点和进步。

请求人在口头审理时当庭提交的意见陈述书中认为：权利要求1、2和权利要求5中记载的所有技术特征已经被对比文件1公开，因此权利要求1 、2和专利要求5不具备新颖性。从属权利要求3的附加技术特征中的“所述侧箱内设置有潜水泵”这一特征已经被对比文件1公开，而“出水管经隔板上的出水孔通向中间箱体”这一特征，是在潜水泵设在侧箱内而潜水泵的水出口一定要与水箱沟通的情况下本领域普通技术人员可以直接推导出来的，因此权利要求3不具备创造性。从属权利要求4进一步限定了两隔板上出水孔的位置，而这是普通技术人员可以直接推导的，因此该权利要求也不具备创造性。从属权利要求6中进一步限定的溢水孔没有实质性特点和进步，所以没有创造性。

被请求人在2004年9月4日提交的意见陈述书中认为：权利要求1中特征部分的技术特征并未被对比文件1公开，而且有利于使小箱体内暗环境下培养的有益菌经循环水输送到大箱体，从而有利于维持鱼类和水草的生存。因而该权利要求具备新颖性和创造性。在此基础上，其从属权利要求2～6自然具备新颖性和创造性。同时被请求人还论述了从属权利要求2～6的附加技术特征所带来的技术效果，进一步论证从属权利要求2～6具备创造性。其认为从属权利要求3中的“出水管经隔板上的出水孔通向中间箱体”这一特征可以使起潜水泵将水连同其中的有益菌从出水孔喷向中间箱体，主动地促进大箱体和小箱体之间的水流循环；从属权利要求4中附加技术特征可以使上下两股水流错开，促进水流循环。

合议组的意见如下：对比文件1公开了一种壁挂鱼缸，其中具体披露了本案专利权利要求1前序部分中的以下技术特征：“包括箱体（见对比文件1的附图标记4）及其用于固定在墙上的安装组件（见对比文件1的附图标记1和26），所述的箱体在邻近其两侧板的位置各设置有一隔板（见对比文件1的附图标记6和16），从而将箱体分割成三个部分：两个侧边的小箱体和中间用来放养鱼类和水草的大箱体。”

就本案专利权利要求1中记载的“两个小箱体为暗箱”这一特征来讲，关于“暗箱”这一概念在本案专利中并未给出具体的定义，根据说明书及其附图来看，由于在两块隔板上开有多个孔，所以光线必定会进入小箱体内，因此该小箱体并非是没有一丝亮光的黑箱，由此可知本专利中的“暗箱”应理解为其内光线相对较暗的箱体。根据对比文件1说明书第3页第2～3行的如下描述“为遮盖两块间隔板与相对缸体一面板之间安装的装置，在缸体正面板上安装有不透明装饰物”，可以得知，两侧小箱体内的光线势必比大箱体内的光线暗，故可以认为该小箱体为暗箱。故本专利中的该技术特征亦已为对比文件1所公开。

将权利要求1和对比文件1进行比较，可以发现：在权利要求1中记载有“二隔板上开有小孔将小箱体与大箱体相连通。”这一特征，在对比文件1中所公开的对应技术特征为“一块隔板上开有使水通过的小孔（见附图标记5）”，可见该权利要求所保护的技术方案和对比文件1中公开的技术方案存在区别，因此权利要求1具备新颖性。但是，对于本领域技术人员来讲，在对比文件1中公开了“一块隔板上开有小孔使水通过”这一技术特征的情况下，将两隔板上开有相同作用的小孔应该是显而易见的，所以该权利要求不具备专利法第二十二条第三款规定的创造性。

从属权利要求2的附加技术特征为“所述隔板上的小孔位于下部”，由于该权利要求引用权利要求1，在权利要求1中明确记载“二隔板上开有小孔”，因此在权利要求2中的“所述隔板上的小孔”应该为“两隔板上的小孔”，在对比文件1中公开了“在间隔板6的下端开有通孔5”这一特征，即在一块隔板的下部开有小孔，然而此处小孔的作用都是为了将中间箱体与侧箱内的水连通，至于在一块隔板还是两块隔板的下部开设小孔只是一种常规的选择，因此在本专利权利要求 1 不具备创造性的基础上，权利要求 2 也不具备创造性。

从属权利要求 3 的附加技术特征为“在所述侧箱内设置有潜水泵，并且其出水管经隔板上的出水孔通向中间箱体”，由于该权利要求引用权利要求 1，在权利要求 1 中明确记载有“两个侧边的小箱体”，因此在权利要求 3 中的“所述侧箱”应该理解为“两个侧箱”，而在对比文件 1 中公开了“一个侧箱内设置有潜水泵，潜水泵的出水管经过中间箱体的上部流入该箱体内”（见说明书第 2 页第 20 ~ 26 行及附图 2），将两者相比较，其区别在于：（1）权利要求 3 限定的技术方案中具有位于两个侧箱内的两个潜水泵；（2）潜水泵的出水管经隔板上的出水孔通向中间箱体。对于区别技术特征一来讲，这种差别仅仅是一种数量上的差别，属于一种常规的设计手段；至于区别技术特征二，在对比文件 1 中虽然没有公开“潜水泵的出水管经隔板上的出水孔通向中间箱体”这一特征，然而，作为该侧箱内的潜水泵来讲，为了实现其功能，将其与中间箱体连接起来是必然的，而将它们连接起来的形式无非是从中间箱体上面流入，或者从中间箱体隔板上开孔通入，至于具体采用哪种方式则是本领域技术人员根据实际需要所作出的一种普通选择，由于泵的存在它们均具有促进水流循环的效果，而被请求人认为的将水喷入中间箱体主动促进水的循环这一效果，则是在选择了在后一种循环方式之后，由该循环方式中的泵所自然带来的。因此，在其引用的权利要求 1 不具备创造性的基础上，该权利要求不具备实质性特点和进步，从而不具备专利法第二十二条第三款规定的创造性。

从属权利要求 4 的附加技术特征为“二隔板上的出水孔中，其中一个隔板上的出水孔位于其中部，而另一个隔板上的出水孔位于其上部”，与从属权利要求 3 相比较，这种出水孔的位置变化也属于本领域技术人员的一种惯常设计手段，其产生的效果也只是由这种设计本身所自然带来的。因此，在其引用的权利要求 3 不具备创造性的基础上，该权利要求也不具备专利法第二十二条第三款规定的创造性。

从属权利要求 5 的限定部分为“所述隔板的高度低于箱体的总高度”，由于该权利要求引用权利要求 1，在权利要求 1 中明确记载有“二隔板”，因此在权利要求 5 中的“所述隔板”应该理解为“两个隔板”，在对比文件 1 中公开了“一块隔板的高度低于箱体的总高度”这一特征（见说明书附图 2），两者相比较，区别仅在于隔板的数量存在差别，然而这种差别仅仅是一种常规设计手段。

从属权利要求 5 引用权利要求 1 ~ 4 中任一项，由于权利要求 1 ~ 4 均不具备创造性，因此权利要求 5 不具备创造性。

从属权利要求 6 的限定部分为“所述的隔板在邻近其顶端的部位开有溢水孔”，尽管这一特征在对比文件 1 中没有明确记载，但是作为水族箱来讲，由于多余的水总是要排出去的，所以在隔板上设置溢水装置是必然的一件事情，溢水孔就是常用的一种溢水装置，在对比文件 1 的附图 2 中，当进水孔被堵塞时，中间箱体水位升高，循环水会经过隔板流入侧箱，也是一种溢水装置。因此，“隔板在邻近其顶端的部位开有溢水孔”也属于本领域技术人员的常规设计手段，是显而易见的。

由于权利要求 6 引用权利要求 5，而权利要求 5 又引用了权利要求 1 ~ 4 中的任一权利要求，同时权利要求 1 ~ 4 均不具备创造性，因此权利要求 6 不具备专利法第二十二条第三款规定的创造性。

被请求人认为，在邻近隔板顶端的部位开有溢水孔的作用是：水位升高时，中间箱体内的水可以从该溢水孔流入侧箱内，避免水从隔板上溢流从而影响美观。但是由于水从溢水孔中溢出的水量不大，故中间箱体中的水通常也会从隔板上流过，故被请求人的上述观点不能成立。

综上所述，本实用新型专利的权利要求 1 ~ 6 不具备专利法第二十二条第三款所规定的创造性。

**三、决定**

宣告 02292979.7 号的实用新型专利全部无效。

当事人对本决定不服的，可以根据专利法第四十六条第二款的规定，自收到本决定之日起三个月内向北京市第一中级人民法院起诉。根据该款的规定，一方当事人起诉后，另一方当事人应当作为第三人参加诉讼。

## 北京市第一中级人民法院
## 行政判决书

（2005）一中行初字第666号

原告任连根，男，汉族，1955年11月13日出生，住浙江省湖州市凤凰街道龙溪苑14幢512室。

委托代理人庞正中，北京市金诚同达律师事务所律师。

委托代理人于志红，北京市金诚同达律师事务所律师。

被告国家知识产权局专利复审委员会，住所地北京市海淀区北四环西路9号银谷大厦10～12层。

法定代表人廖涛，副主任。

委托代理人陈勇，国家知识产权局专利复审委员会机械申诉处审查员。

委托代理人崔国振，国家知识产权局专利复审委员会行政诉讼处审查员。

第三人卢亚峰，男，汉族，1969年8月28日出生，住浙江省安吉县递铺镇递铺村。

委托代理人唐迅，杭州九洲专利事务所有限公司专利代理人。

委托代理人喻元平，男，汉族，1971年8月9日出生，住浙江省安吉县递铺镇老庄村上坞自然村13号。

原告任连根不服被告国家知识产权局专利复审委员会（下称专利复审委员会）于2005年3月23日作出的第6998号无效宣告请求审查决定（下称第6998号决定），于法定期限内向本院提起行政诉讼。本院于2005年6月24日受理后，依法组成合议庭，并通知卢亚峰作为本案第三人参加诉讼，于2005年10月28日公开开庭进行了审理。原告任连根及其委托代理人庞正中、于志红，被告专利复审委员会的委托代理人陈勇、崔国振，第三人卢亚峰的委托代理人唐迅、喻元平到庭参加了诉讼。本案现已审理终结。

第6998号决定系专利复审委员会针对卢亚峰就任连根所拥有的02292979.7号名称为“壁画式水族箱”的实用新型专利（下称本专利）所提出的无效宣告请求作出的。专利复审委员会在第6998号决定中认定：

（1）本专利权利要求1中记载的“暗箱”这一概念应理解为其内光线相对较暗的箱体。根据ZL98208546.X号中国实用新型专利说明书（简称对比文件1）中的描述“为遮盖两块间隔板与相对缸体一面板之间安装的装置，在缸体正面板上安装有不透明装饰物”可以得知，两侧小箱体内的光线势必比大箱体内的光线暗，故可以认为该小箱体为暗箱。故本专利中的“暗箱”已为对比文件1所公开。

（2）权利要求1和对比文件1的区别在于，在权利要求1中记载有“二隔板上开有小孔将小箱体与大箱体相连通”这一特征，在对比文件1中所公开的对应技术特征为“一块隔板上开有使水通过的小孔”，因此权利要求1具备新颖性。但是，对于本领域技术人员来讲，在对比文件1中公开了“一块隔板上开有小孔使水通过”这一技术特征的情况下，将两隔板上开有相同作用的小孔应该是显而易见的，所以权利要求1不具备专利法第二十二条第三款规定的创造性。

（3）从属权利要求 2 的附加技术特征为“所述隔板上的小孔位于下部”，在对比文件 1 中公开了“在间隔板 6 的下端开有通孔 5”这一技术特征，即在一块隔板的下部开有小孔，然而此处小孔的作用也是为了将中间箱体与侧箱内的水连通，至于在一块隔板还是两块隔板的下部开设小孔只是一种常规的选择，因此在本专利权利要求 1 不具备创造性的基础上，权利要求 2 也不具备创造性。

（4）权利要求 3 和对比文件 1 的区别特征一为权利要求 3 限定的技术方案中具有位于两个侧箱内的两个潜水泵，这种差别仅仅是一种数量上的差别，属于一种常规的设计手段；区别特征二在于潜水泵的出水管经隔板上的出水孔通向中间箱体。而为了实现其功能，将其与中间箱体连接起来的形式无非是从中间箱体上面流入，或者从中间箱体隔板上开孔通入，至于具体采用哪种方式则是本领域技术人员根据实际需要所作出的一种普通选择，在其引用的权利要求 1 不具备创造性的基础上，权利要求 3 也不具备创造性。

（5）从属权利要求 4 中记载的出水孔的位置变化也属于本领域技术人员的一种惯常设计手段，其产生的效果也只是由这种设计本身所自然带来的。因此，在其引用的权利要求 3 不具备创造性的基础上，权利要求 4 也不具备创造性。

（6）权利要求 5 与对比文件 1 的区别仅在于隔板的数量存在差别，然而这种差别仅仅是一种常规设计手段。从属权利要求 5 引用权利要求 1～4 中任一项，由于权利要求 1～4 均不具备创造性，因此权利要求 5 不具备创造性。

（7）从属权利要求 6 的限定部分为“所述的隔板在邻近其顶端的部位开有溢水孔”，尽管这一特征在对比文件 1 中没有明确记载，但是在对比文件 1 的附图 2 中，当进水孔被堵塞时，中间箱体水位升高，循环水会经过隔板流入侧箱，也是一种溢水装置。因此，“隔板在邻近其顶端的部位开有溢水孔”也属于本领域技术人员的常规设计手段，是显而易见的。由于权利要求 6 引用在先权利要求均不具备创造性，因此权利要求 6 不具备创造性。

据此，专利复审委员会作出第 6998 号决定，宣告本专利权全部无效。

原告任连根不服第 6998 号决定，在法定期限内向本院提起行政诉讼，其诉称：

一、对比文件 1 的缸体正面板上安装有不透明装饰物，目的在于美观，增强观赏效果，而不是形成一个有利于培养有益菌的暗箱环境，且只在正面安装不透明装饰物而侧面透光的情况下，根本不能形成暗箱，且装饰物的美观目的不能给本领域技术人员以技术上的启示，将两个小箱体作成暗箱，培养有益菌，因此权利要求 1 中的技术特征“暗箱”与现有技术中的不同，且非显而易见。

二、专利复审委员会在就对比文件 1 与本专利权利要求 3 的区别特征的评价中没有分析为什么区别技术特征作为常规设计可以代替对比文件 1 中的技术方案中的技术特征，权利要求 1 没有创造性并不能必然得出权利要求 3 也没有创造性的结论。

三、权利要求 4 与对比文件 1 的区别在于：（1）本专利的两个小箱体为暗箱，对比文件 1 缸体正面板上安装有不透明装饰物；（2）本专利两个侧箱内设置有潜水泵，对比文件 1 中一个侧箱内设置有潜水泵，另一个侧箱内设置有气泵；（3）本专利二隔板上开有小孔将小箱体与大箱体相连通，两个侧箱内都有水，对比文件 1 中只有一隔板上开有小孔将小箱体与大箱体相连通，一个侧箱进行水净化，另一个侧箱制造氧气；（4）本专利潜水泵出水管经隔板上的出水孔通向中间箱体，一个隔板上的出水孔位于其中部，而另一个隔板上的出水孔位于其上部，对比文件 1 潜水泵的出水管经中间箱体的上部流入中间箱体。本专利利用两个潜水泵将水从隔板不同的位置喷入中间箱体，水在箱体内形成类似自然态的水流环境，不但解决死水容易缺氧的问题，而且有利于有益细菌的繁殖，有害细菌不容易生存，改善了鱼的生存环境，具有实质性特点和进步。因此专利复审委员会认为二者之间的区别技术特征都是本领域技术人员的常规设计手段，不具备创造性，属于认定事实错误。在权利要求 4 具备创造性的情况下，权利要求5、6也具备创造性。

综上所述，专利复审委员会认定事实不清，适用法律错误，请求人民法院依法撤销第6998号决定。

被告专利复审委员会辩称：

一、关于“暗箱”这一概念在本专利中并未给出具体的定义，根据说明书及其附图来看，由于在两块隔板上开有多个孔，所以光线必定会进入小箱体内，因此该小箱体并非是没有一丝亮光的黑箱，由此可知本专利中的“暗箱”应理解为其内光线相对较暗的箱体。根据对比文件1中关于“为遮盖两块间隔板与相对缸体一面板之间安装的装置，在缸体正面板上安装有不透明装饰物”的描述可以得知，两侧小箱体内的光线势必比大箱体内的光线暗，权利要求1中也没有记载能够反映“暗箱”是为了培养有益菌的技术特征，故可以认为对比文件1中描述的小箱体为暗箱。

二、对于权利要求3与对比文件1技术内容的区别技术特征一来说，无论在本专利中，还是在对比文件1中，设置潜水泵的目的都是用泵来促进水流循环，至于在一个侧箱还是在两个侧箱内设置潜水泵，则是本领域技术人员根据实际情况所作出的常规选择，并不会带来意想不到的效果，所以这种差别仅仅是数量上的差别，属于常规的设计手段。对于区别技术特征二，在对比文件1中虽然没有公开“潜水泵的出水管经隔板上的出水孔通向中间箱体”这一特征，然而，作为该侧箱内的潜水泵来讲，为了实现其功能，将其与中间箱体连接起来是必然的，而将它们连接起来的形式无非是从中间箱体上面流入，或者从中间箱体隔板上开孔通入。至于具体采用哪种方式则是本领域技术人员根据实际需要所作出的一种普通选择。由于泵的存在均具有促进水流循环的效果，而将水喷入中间箱体主动促进水循环的效果，则是在选择了在后一种循环方式之后，由该循环方式中的泵自然带来的。因此，在权利要求1不具备创造性的基础上，权利要求3不具备实质性特点和进步，从而不具备创造性。关于对权利要求4~6的创造性评价，坚持在第6998号决定中表述的意见。

据此，专利复审委员会认为其在第6998号决定中认定事实清楚、适用法律正确，任连根的诉讼理由不能成立，请求人民法院维持该决定。

第三人卢亚峰述称：

一、在本专利权利要求1中限定的暗箱结构关系在说明书上并未作出任何说明，而且从说明书及其附图上都无法看出能通过隔板隔出暗箱，而只是与现有技术相同的小箱体。即使是暗箱，从对比文件1的图1中可看出，该“壁挂鱼缸”外表也对小箱体进行了遮闭，构成了暗箱。对比文件1已经公开了本专利权利要求1和权利要求2的技术特征。

二、权利要求3附加技术特征的目的是为了水循环，在对比文件1中潜水泵设在“间隔板与相对缸体的一面板之间”时，潜水泵的出水口一定要与水箱沟通，所以，从间隔板上打孔来沟通水箱是该专业普通技术人员可以直接推导的，不需要付出创造性劳动。

三、在权利要求3没有创造性的情况下，在隔板的不同位置设置出水孔以获得水的循环也是该专业的普通技术人员能够直接推导的。

四、权利要求6中溢水孔的设置对达到发明目的来说仍然没有实质性特点和进步，所以没有创造性。

总之，专利复审委员会作出第6998号决定的审理程序合法、认定事实清楚、适用法律法规正确，原告的诉讼请求不成立，请求人民法院维持该决定。

本院经审理查明：

本案涉及的是国家知识产权局专利局于2003年12月3日授权公告的名称为“壁画式水族箱”的实用新型专利，专利号为02292979.7，申请日为2002年12月23日，专利权人是任连根。

该专利授权公告的权利要求书如下：

“1. 一种壁画式水族箱，包括箱体及其用于固定在墙上的安装组件，所述的箱体在邻近其两侧板的位置各设置有一隔板，从而将箱体分割成三个部分：两个侧边的小箱体和中间用来放养鱼类和水草的大箱体，其特征在于所述的二隔板上开有小孔将小箱体与大箱体相连通，并且所述的两个小箱体为暗箱。

2. 根据权利要求1所述的壁画式水族箱，其特征在于：所述的隔板上的小孔位于下部。

3. 根据权利要求1所述的壁画式水族箱，其特征在于：在所述的侧箱内设置有潜水泵，并且其出水管经隔板上的出水孔通向中间箱体。

4. 根据权利要求3所述的壁画式水族箱，其特征在于：二隔板上的出水孔中，其中一个隔板上的出水孔位于其中部，而另一个隔板上的出水孔位于其上部。

5. 根据权利要求1～4中任一权利要求所述的壁画式水族箱，其特征在于：所述的隔板高度低于箱体的总高度。

6. 根据权利要求5所述的壁画式水族箱，其特征在于：所述的隔板在邻近其顶端的部位开有溢水孔。”

本专利说明书中记载：本实用新型由于在放养鱼类和水草的大箱体两侧设置了与其连通的作为暗箱的小箱体，因此，可以在小箱体内培养生活在暗环境的有益菌，中间箱体内的水连同其中的鱼类的废弃物通过进水孔进入侧箱内，作为侧箱内有益菌的养料，并被其分解，并通过隔板上的通孔将有益菌经循环水流输送至大水箱中，从而有利于维持鱼类和水草的生存。

针对本专利，卢亚峰于2004年8月4日向国家知识产权局专利复审委员会提出了无效宣告请求，其理由是本专利不符合专利法第二十二条的规定，并提交了相关证据，其中：

附件1（下称对比文件1）：专利号为ZL98208546. X（授权公告号CN2334175Y）的中国实用新型专利说明书的复印件，授权公告日为1999年8月25日。对比文件1提供了一种长期不用换倒水的壁挂鱼缸，其公开了在缸体4内固定安装两块间隔板6、16，在间隔板6的下端开有使水通过的通孔5；在间隔板16上超过缸体内水的上方位置开有通孔29。缸体背面的一面板上贴有观赏画23，在缸体内两块间隔板之间放置水、沙子20、观赏鱼、水草等，缸体内水的上方一面板上通过灯座14安有照明灯13，它能起到照射缸体内一切的作用，尤其在晚间增加观赏效果。间隔板6与相对缸体的一面板之间安装支撑网7，支撑网上放置淋水泵8，在缸体的上端口搭装支撑架11，在支撑架上放置净化过滤盒10。净化过滤盒上制有流水孔12，在盒内放置方形过滤块25，为更进一步过滤，在方形过滤块上再放置过滤棉24。上述装置通过在潜水泵上装有的水管9搭接在净化过滤盒上，使缸体内的水起到循环过滤的作用，达到长期不用换倒水的目的，既节水又省力。另外间隔板16与相对缸体的一面板之间安装支撑板18和控制开关19，在支撑板上放置气泵17，气泵上安装气管15，在气管上间隔一定距离制有气孔22，气管穿过间隔板16上的通孔29进入缸体并埋入沙子内，当控制开关接通后气泵工作，使气管上气孔产生连续气泡，在缸体内形成看似真景一般。在缸体上端口搭装支撑架后还安装装饰盖27，为遮盖两块间隔板与相对缸体一面板之间安装的装置，所以在缸体正面板上安装有不透明装饰物28，这样使本实用新型更增强观赏效果。在形成以上所述的缸体底面板上再安装带有定位销2的底板3，将托架1通过连接钉26固装在墙壁上，托架上相对底板上的定位销的位置制有销孔21，最后把缸体放置在托架上，并且通过缸体的底板的定位销定位于托架上的销孔中。

2004年12月6日，专利复审委员会进行了口头审理。在口头审理过程中，任连根对卢亚峰提交的对比文件1的真实性无异议。卢亚峰明确其无效理由为：本专利不符合专利法第二十二条第二款、第三款有关新颖性和创造性的规定。2005年3月23日，专利复审委员会作出第6998号决定。

在本案庭审过程中，任连根陈述：

一、本专利权利要求3与对比文件1的区别技术特征有三点：①权利要求3技术方案中暗箱与对比文件1中侧箱正面的不透明装饰物不同；②本专利具有位于两个侧箱内的两个潜水泵，省略了过滤盒和气泵系统；③潜水泵的出水管经隔板上的出水孔通向中间箱体，对比文件1出水管则设置于中间水箱上部，水从中间水箱上部注入水箱。专利复审委员会的决定只归纳了两个区别技术特征，没有全面揭示对比文件1与本专利权利要求3技术方案的区别之处。本领域技术人员通过阅读对比文件1不会选择省略气泵和过滤盒的设计。水循环过滤装置和气泵供氧装置是实现对比文件1发明目的不可缺少的技术特征，本专利缺省了上述技术特征后，通过增加潜水泵的数量和改变出水口的位置，使水循环和供氧系统合二为一，为鱼类提供一个更接近自然状态的生活环境，具有实质性的特点和进步。

二、在权利要求3的基础上，左右两个出水孔的错位使中间箱体内形成旋转水流，水循环更充分，更有利于水中菌种的均布与换氧，为实现水族箱内的鱼类和水草长期存活提供更优异的自然环境。在权利要求3具备创造性的基础上，权利要求4也具备创造性。

三、权利要求5和权利要求6的附加技术特征与对比文件1相比，本专利两块隔板的高度都低于箱体总高，当进水孔堵塞后，水流从隔板上溢出，侧箱与中间大箱体之间的水流循环和中间箱体内部的水流循环仍能继续。而对比文件1中，溢流位置与出水孔几乎平行，中间箱体内的水满后，从出水孔流出的水随即就从隔板上溢出，中间箱体内部的原有水几乎不流动，无法实现其说明书宣称的对鱼粪和水草进行过滤的功能，因此也就无法实现长期不换水的发明目的。

四、对专利复审委员会对本专利权利要求1和权利要求2不具备创造性的评价没有异议。

卢亚峰在本案审理过程中向本院提交了3份在无效程序中未提交过的新证据。

上述事实，有本专利授权公告说明书、第6998号决定、附件1及当事人陈述等证据在案佐证。

本院认为：

鉴于卢亚峰在本案审理过程中提交的三份新证据是在无效程序中未提交过的，不是专利复审委员会作出第6998号决定的依据，故在本案中不应予以审理。

根据专利法第二十二条第三款规定，实用新型创造性，是指同申请日以前已有的技术相比，该实用新型有实质性特点和进步。

结合本案事实，鉴于原告对专利复审委员会对本专利权利要求1和权利要求2的评价无异议，故本院只对原告就第6998号决定中对本专利权利要求3~6创造性的评价所提异议进行审理。

1. 关于本专利权利要求3的创造性

关于暗箱，首先，本专利说明书中载明：由于在放养鱼类和水草的大箱体两侧设置了与其连通的作为暗箱的小箱体，因此，在小箱体内可以培养生活在暗环境的有益菌。可见，本专利权利要求3中的“暗箱”是为培养生活在暗环境的有益菌而设置，而对比文件1中在缸体正面板侧箱位置安装有不透明装饰物则是为了遮挡侧箱中的潜水泵和气泵，因此，两者所要解决的技术问题是不同的。其次，从字面含义本身并结合上述要解决的技术问题来看，“暗箱”应当是尽量避免光线进入的立体空间，而对比文件1中的不透明装饰物不等于不透光装饰物，且对比文件1侧箱的侧部、下部均没有设置遮挡光线的遮挡物也充分说明了在对比文件1的技术方案中并未采用任何技术手段阻止光线的进入，不能形成本专利所述的暗箱，也没有给本领域普通技术人员将侧箱设置为暗箱的技术启示。因此，尽管本专利隔板上所设置的小孔会使部分有限的光线射入暗箱，但二者在技术手段上仍然具有本质的不同。第三，本专利在暗箱内可以培养生活在暗环境的有益菌，并分解鱼类的废弃物。而对比文件1用不透明装饰物遮挡侧箱则只是为了不使箱内的潜水泵和气泵被看见而影响美观，因此，二者在技术效果上亦不相同。根据以上分析，专利复审委员会关于“暗箱”在本专利中并没有给出具体定义以及本专利中的“暗箱”已被对比文件1公开的认定，理由尚不充分，本院不予支持。

关于权利要求3限定的其他结构特征。对比文件1公开的壁挂鱼缸，为实现在长期不换水的情况下鱼类能存活的目的，水应该在一定程度上保持洁净，故在一个侧箱内设置潜水泵并在缸体上部设置净化过滤盒组成净化过滤装置，水经净化过滤装置从中间箱体的上部注入中间箱体，通过水泵产生上、下水循环，使水经过净化过滤盒滤去其中的如鱼粪、水草残留物等。同时，作为鱼类存活的另一个重要条件是水中有一定含氧量，故在另一个侧箱内设置有气泵，通过气泵向水中补充氧。因此，水循环过滤装置和气泵供氧装置是实现对比文件1发明目的不可缺少的技术特征。

本专利权利要求3的技术方案与对比文件1不同，同样为实现在长期不换水的情况下鱼类能存活的目的，本专利权利要求3采用的技术方案则是设置双潜水泵，潜水泵的出水口由对比文件1的鱼缸上方移至隔板上并与暗箱结合替代了对比文件1中采用的水循环过滤装置和气泵供氧装置。针对上述不同，首先，本领域普通技术人员在看到对比文件1的技术方案后，不会很容易的想到以其他技术手段取代水循环过滤装置中的过滤盒和气泵，且专利复审委员会没有提交关于“水从隔板上开孔通入”是本领域技术人员可以进行的普通选择的证据。因此，专利复审委员会在第6998号决定中对本专利设置双潜水泵和“水从隔板上开孔通入”分别是本领域技术人员所做的常规选择和普通选择的认定缺乏事实依据。其次，本专利权利要求3的技术方案舍弃了过滤装置中的过滤盒和气泵，通过增加潜水泵的数量和改变出水口的位置，将气泵供氧改为水循环自然供氧，并使水循环和供氧两个系统合二为一，横向的水循环方式更接近于自然水流，加之在暗箱中培养的有益菌类，整个系统的结构共同作用，为鱼类提供一个更接近自然状态的生活环境。因此，本专利权利要求3的技术方案与对比文件1相比具有实质性的特点和进步，具备创造性，符合专利法第二十二条第三款的规定。专利复审委员会关于本专利权利要求3不具备创造性的评价缺乏事实和法律依据，本院在此予以纠正。

2. 关于本专利其他权利要求的创造性

本专利权利要求4是引用权利要求3的，在权利要求3有效的基础上，权利要求4也具备创造性。相应的，权利要求5和权利要求6中引用权利要求3或权利要求4的技术方案也具备创造性。

权利要求5中引用权利要求1和权利要求2部分的附加技术特征是隔板高度低于箱体的总高度，该技术特征已经被对比文件1所公开，不同之处在于隔板的数量，而这一点是由侧箱内的装置决定的，本领域普通技术人员完全可以根据侧箱内的装置作出选择，而无需付出创造性劳动，权利要求5引用权利要求1和权利要求2的部分不具备创造性。

权利要求6引用权利要求5，附加技术特征为“所述的隔板在邻近其顶端的部位开有溢水孔”。该特征在对比文件1中没有明确记载，但是在对比文件1的附图2中，当进水孔被堵塞时，中间箱体水位升高，由于隔板高度低于箱体的总高度，循环水会经过隔板流入侧箱，实质上也是一种溢水装置。在隔板邻近其顶端的部位开有溢水孔相对于对比文件1没有带来意想不到的技术效果，在权利要求5引用权利要求1和权利要求2的部分不具备创造性的基础上，权利要求6亦不具备创造性。

综上，由于被告作出的第6998号决定中关于本专利权利要求3~6不具备创造性的认定错误，依照《中华人民共和国行政诉讼法》第五十四条第（二）项第1目、第2目之规定，本院判决如下：

一、撤销国家知识产权局专利复审委员会第6998号无效宣告请求审查决定；

二、维持第02292979.7号“壁画式水族箱”实用新型专利权利要求3、权利要求4有效；该专利权利要求5引用权利要求3或权利要求4的部分有效；在该专利权利要求5引用权利要求3或权利要求4的部分有效的基础上，该专利权利要求6有效。

案件受理费1000元，由被告国家知识产权局专利复审委员会负担（于本判决生效之日起七日内交纳）。

如不服本判决，各方当事人可于本判决送达之日起十五日内，向本院提交上诉状及其副本，并交纳上诉案件受理费1000元（开户行：中国工商银行北京分行黄楼支行；户名：北京市第一中级人民法院；账号：144537－48），上诉于北京市高级人民法院。

审 判 长 仪 军
代理审判员 赵 明
人民陪审员 李 渤
二〇〇五年十二月十日
书 记 员 乔 平

# 北京市高级人民法院
# 行政判决书

（2006）高行终字第174号

上诉人（原审第三人）卢亚峰，男，汉族，1969年8月28日出生，住浙江省安吉县递铺镇递铺村。

委托代理人唐迅，杭州九洲专利事务所有限公司专利代理人。

委托代理人喻元平，男，汉族，1971年8月9日出生，住浙江省安吉县递铺镇老庄村。

上诉人（原审被告）国家知识产权局专利复审委员会，住所地北京市海淀区北四环西路9号银谷大厦10～12层。

法定代表人廖涛，副主任。

委托代理人陈勇，该委员会审查员。

委托代理人崔国振，该委员会审查员。

被上诉人（原审原告）任连根，男，汉族，1955年11月13日出生，住浙江省湖州市凤凰街道龙溪苑14幢512室。

委托代理人庞正中，北京市金诚同达律师事务所律师。

委托代理人于志红，北京市金诚同达律师事务所律师。

上诉人国家知识产权局专利复审委员会（简称专利复审委员会）、卢亚峰不服北京市第一中级人民法院（2005）一中行初字第666号行政判决，向本院提出上诉。本院2006年3月27日受理后，依法组成合议庭，于2006年5月9日公开开庭进行了审理。上诉人卢亚峰的委托代理人唐迅、喻元平，上诉人专利复审委员会的委托代理人陈勇、崔国振，被上诉人任连根的委托代理人庞正中、于志红到庭参加了诉讼。本案现已审理终结。

本案涉及国家知识产权局专利局于2003年12月3日授权的名称为“壁画式水族箱”的实用新型专利（下称本专利），专利号为02292979.7，专利权人是任连根。针对本专利，卢亚峰于2004年8月4日向专利复审委员会提出了无效宣告请求，其理由是本专利不符合专利法第二十二条的规定。2005年3月23日，专利复审委员会作出第6998号无效宣告请求审查决定（下称第6998号决定），宣告本专利权全部无效。任连根不服该决定，于法定期限内向北京市第一中级人民法院提起行政诉讼。2005年12月10日，北京市第一中级人民法院作出原审判决。

北京市第一中级人民法院判决认定，任连根是本专利的专利权人。本专利说明书中记载：本实用新型由于在放养鱼类和水草的大箱体两侧设置了与其连通的作为暗箱的小箱体，因此，可以在小箱体内培养生活在暗环境的有益菌。针对本专利，卢亚峰于2004年8月4日向专利复审委员会提出无效宣告请求，其理由是本专利不符合专利法第二十二条的规定，并提交了相关证据，其中：附件1（下称对比文件1）：专利号为ZL98208546.X的中国实用新型专利说明书复印件，授权公告日为1999年8月25日，该对比文件提供了一种长期不用换倒水的壁挂鱼缸。2004年12月6日，专利复审委员会进行了口头审理。在口头审理过程中，卢亚峰明确其无效理由为：本专利不符合专利法第二十二条第二款、第三款有关新颖性和创造性的规定。

北京市第一中级人民法院认为，鉴于任连根对专利复审委员会对本专利权利要求1和权利要求2的评价无异议，故法院只对任连根就第6998号决定中对本专利权利要求3~6创造性的评价所提异议进行审理。

1. 关于本专利权利要求3的创造性

首先，本专利权利要求3中的“暗箱”与对比文件1中在缸体正面板侧箱位置安装的不透明装饰物两者所要解决的技术问题是不同的。其次，二者在技术手段上具有本质的不同。第三，二者在技术效果上亦不相同。根据以上分析，专利复审委员会关于“暗箱”在本专利中并没有给出具体定义以及本专利中的“暗箱”已被对比文件1公开的认定，理由尚不充分。

水循环过滤装置和气泵供氧装置是实现对比文件1发明目的不可缺少的技术特征。本专利权利要求3的技术方案同样为实现在长期不换水的情况下鱼类能存活的目的采用的技术方案是设置双潜水泵，潜水泵的出水口由对比文件1的鱼缸上方移至隔板上并与暗箱结合替代了对比文件1中采用的水循环过滤装置和气泵供氧装置。针对上述不同，首先，本领域普通技术人员在看到对比文件1的技术方案后，不会很容易地想到以其他技术手段取代水循环过滤装置中的过滤盒和气泵，且专利复审委员会没有提交关于“水从隔板上开孔通入”是本领域技术人员可以进行的普通选择的证据。其次，本专利权利要求3的技术方案舍弃了过滤装置中的过滤盒和气泵，通过增加潜水泵的数量和改变出水口的位置将气泵供氧改为水循环自然供氧，并使水循环和供氧两个系统合二为一，横向的水循环方式更接近于自然水流，加之在暗箱中培养的有益菌类，整个系统的结构共同作用，为鱼类提供一个更接近自然状态的生活环境。因此，本专利权利要求3的技术方案与对比文件1相比具有实质性的特点和进步，具备创造性，符合专利法第二十二条第三款的规定。

2. 关于本专利其他权利要求的创造性

本专利权利要求4引用权利要求3，在权利要求3有效的基础上，权利要求4也具备创造性。相应的，本专利权利要求5和权利要求6中引用权利要求3或权利要求4的技术方案也具备创造性。

综上，依照《中华人民共和国行政诉讼法》第五十四条第（二）项第1目、第2目之规定，北京市第一中级人民法院判决：（一）撤销专利复审委员会作出的第6998号决定；（二）维持第02292979.7号“壁画式水族箱”实用新型专利权利要求3、权利要求4有效；该专利权利要求5引用权利要求3或权利要求4的部分有效；在该专利权利要求5引用权利要求3或权利要求4的部分有效的基础上，该专利权利要求6有效。

卢亚峰不服原审判决，向本院提出上诉，请求撤销原审判决，维持专利复审委员会作出的第6998号决定。具体理由为，原审判决是在维持专利复审委员会宣告本专利权利要求1和权利要求2不具备创造性的前提下来评价本专利权利要求3~6的创造性的，因此，权利要求3引用权利要求1是在一个达成不具备创造性共识的结构特征前提下进一步限定了一种水循环的实现方式。在本专利说明书中没有描述该技术特征的其他发明目的，更没有描述原审判决中评定的技术效果，其达到的效果仅仅实现了一种水的循环方式，而且水循环不外乎内循环、外循环及其结合，均为水循环的一种常规选择。所以，与对比文件 1 相比其目的相同，也没有产生意想不到的技术效果。本专利权利要求 4 中限定的出水孔的位置变化是本领域普通技术人员惯用的设计手段，在权利要求 3 不具备创造性的前提下，权利要求 4 也不具备创造性。在本专利权利要求 1 ~ 4 不具备创造性的前提下，权利要求 5 引用权利要求1 ~ 4的附加技术特征已经被对比文件 1 所公开，不同之处在于隔板的数量，而这一点是由侧箱内的装置决定的，本领域普通技术人员完全可以根据侧箱内的装置作出选择，无需付出创造性劳动，因此权利要求 5 不具备创造性。本专利权利要求 6 引用权利要求 5，限定的是在隔板邻近其顶端的部位开有溢水孔，其相对于对比文件 1 没有带来意想不到的技术效果，在权利要求 5 不具备创造性的前提下，权利要求 6 也不具备创造性。

专利复审委员会不服原审判决，向本院提出上诉，请求撤销原审判决。其理由为：

一、关于本专利权利要求 3 的创造性问题。“暗箱”一词限定了一种结构，根据说明书及其附图，“暗箱”应理解为其内光线相对于中间箱体较暗的箱体。而通过对比文件 1 的说明书可以得知，两侧小箱体内的光线势必比大箱体内的光线暗，故可以认为该小箱为暗箱。就暗箱本身反映的结构来讲，此处的“暗箱”的含义与本专利权利要求 1 中的“暗箱”含义相同。在水族箱内设置水循环过滤装置和气泵供氧装置是一种本领域公知的常规结构，在本专利权利要求 3 中，并未排除设置过滤装置和气泵装置。相反，权利要求 3 限定的技术方案中可以包括过滤装置和气泵装置。所以原审判决中关于“本专利权利要求 3 的技术方案舍弃了过滤装置中的过滤盒和气泵”的认定有误。对比文件 1 已经给出了用潜水泵来实现水循环这样的技术启示，至于是设置双潜水泵还是单独一个潜水泵抑或是还需要气泵属于一种普通常识。对比文件 1 中虽然没有公开“潜水泵的出水管经隔板上的出水孔通向中间箱体”这一特征，但为了实现潜水泵的功能，将其与中间箱体连接起来是必然的，至于具体采取哪种方式是本领域技术人员根据实际需要作出的一种普通选择。因此，权利要求 3 不具备创造性。

二、关于本专利权利要求 4 ~ 6 的创造性。在权利要求 3 不具备创造性的基础上，权利要求 4 ~ 6 也不具备创造性，具体仍坚持第 6998 号决定的意见。任连根服从原审判决。

本院经审理查明，本案涉及国家知识产权局专利局于 2003 年 12 月 3 日授权的名称为“壁画式水族箱”的实用新型专利，专利号为 02292979. 7，专利权人是任连根。

该专利授权公告的权利要求书如下：

“1. 一种壁画式水族箱，包括箱体及其用于固定在墙上的安装组件，所述的箱体在邻近其两侧板的位置各设置有一隔板，从而将箱体分割成三个部分：两个侧边的小箱体和中间用来放养鱼类和水草的大箱体，其特征在于所述的二隔板上开有小孔将小箱体与大箱体相连通，并且所述的两个小箱体为暗箱。

2. 根据权利要求 1 所述的壁画式水族箱，其特征在于所述的隔板上的小孔位于下部。

3. 根据权利要求 1 所述的壁画式水族箱，其特征在于在所述的侧箱内设置有潜水泵，并且其出水管经隔板上的出水孔通向中间箱体。

4. 根据权利要求 3 所述的壁画式水族箱，其特征在于二隔板上的出水孔中，其中一个隔板上的出水孔位于其中部，而另一个隔板上的出水孔位于其上部。

5. 根据权利要求 1 ~ 4 中任一权利要求所述的壁画式水族箱，其特征在于所述的隔板高度低于箱体的总高度。

6. 根据权利要求 5 所述的壁画式水族箱，其特征在于所述的隔板在邻近其顶端的部位开有溢水孔。”

该专利说明书中记载：本实用新型由于在放养鱼类和水草的大箱体两侧设置了与其连通的作为暗箱的小箱体，因此，可以在小箱体内培养生活在暗环境的有益菌，中间箱体内的水连同其中的鱼类的废弃物通过进水孔进入侧箱内，作为侧箱内有益菌的养料，并被其分解，并通过隔板上的通孔将有益菌经循环水流输送至大水箱中，从而有利于维持鱼类和水草的生存。该专利的附图2公开了左侧的隔板的高度低于箱体的总高度。

卢亚峰于2004年8月4日针对本专利向专利复审委员会提出了无效宣告请求，其理由是本专利不符合专利法第二十二条的规定，并提交了相关证据，其中：

附件1（即对比文件1）：专利号为ZL98208546. X的中国实用新型专利说明书复印件，授权日为1999年8月25日。对比文件1提供了一种长期不用换倒水的壁挂鱼缸，其公开了在缸体4内固定安装两块间隔板6、16，在间隔板6的下端开有使水通过的通孔5；在间隔板16上超过缸体内水的上方位置开有通孔29。缸体背面的一面板上贴有观赏画23，在缸体内两块间隔板之间放置水、沙子20、观赏鱼、水草等，缸体内水的上方一面板上通过灯座14安有照明灯13，它能起到照射缸体内一切的作用，尤其在晚间增加观赏效果。间隔板6与相对缸体的一面板之间安装支撑网7，支撑网上放置淋水泵8，在缸体的上端口搭装支撑架11，在支撑架上放置净化过滤盒10。净化过滤盒上制有流水孔12，在盒内放置方形过滤块25，为更进一步过滤，在方形过滤块上再放置过滤棉24。上述装置通过在潜水泵上装有的水管9搭接在净化过滤盒上，使缸体内的水起到循环过滤的作用，达到长期不用换倒水的目的，既节水又省力。另外间隔板16与相对缸体的一面板之间安装支撑板18和控制开关19，在支撑板上放置气泵17，气泵上安装气管15，在气管上间隔一定距离制有气孔22，气管穿过间隔板16上的通孔29进入缸体并埋入沙子内，当控制开关接通后气泵工作，使气管上气孔产生连续气泡，在缸体内形成看似真景一般。在缸体上端口搭装支撑架后还安装装饰盖27，为遮盖两块间隔板与相对缸体一面板之间安装的装置，所以在缸体正面板上安装有不透明装饰物28，这样使本实用新型更增强观赏效果。在形成以上所述的缸体底面板上再安装带有定位销2的底板3，将托架1通过连接钉26固装在墙壁上，托架上相对底板上的定位销的位置制有销孔21，最后把缸体放置在托架上，并且通过缸体的底板的定位销定位于托架上的销孔中。

2004年12月6日，专利复审委员会进行了口头审理。在口头审理过程中，任连根对卢亚峰提交的对比文件1的真实性无异议。卢亚峰明确其无效理由为：本专利不符合专利法第二十二条第二款、第三款有关新颖性和创造性的规定。2005年3月23日，专利复审委员会作出第6998号决定。

专利复审委员会在第6998号决定中认定：

（1）本专利权利要求1中记载的“暗箱”这一概念应理解为其内光线相对较暗的箱体。根据对比文件1中“为遮盖两块间隔板与相对缸体一面板之间安装的装置，在缸体正面板上安装有不透明装饰物”的描述可以得知，两侧小箱体内的光线势必比大箱体内的光线暗，故可以认为该小箱体为暗箱。故本专利中的“暗箱”已为对比文件1所公开。

（2）本专利权利要求1和对比文件1的区别在于，在权利要求1中记载有“二隔板上开有小孔将小箱体与大箱体相连通”这一特征，在对比文件1中所公开的对应技术特征为“一块隔板上开有使水通过的小孔”，因此，权利要求1具备新颖性。但是，对于本领域普通技术人员来讲，在对比文件1中公开了“一块隔板上开有小孔使水通过”这一技术特征的情况下，在两隔板上开有相同作用的小孔应该是显而易见的，所以权利要求1不具备专利法第二十二条第三款规定的创造性。

（3）从属权利要求2的附加技术特征为“所述隔板上的小孔位于下部”，在对比文件1中公开了“在间隔板6的下端开有通孔5”这一技术特征，即在一块隔板的下部开有小孔，然而此处小孔的作用也是为了将中间箱体与侧箱内的水连通，至于在一块隔板还是两块隔板的下部开设小孔只是一种常规的选择，因此，在本专利权利要求1不具备创造性的基础上，权利要求2也不具备创造性。

（4）本专利权利要求3和对比文件1的区别特征一为权利要求3限定的技术方案中具有位于两个侧箱内的两个潜水泵，这种差别仅仅是一种数量上的差别，属于一种常规的设计手段；区别特征二在于潜水泵的出水管经隔板上的出水孔通向中间箱体。而为了实现其功能，将其与中间箱体连接起来的形式无非是从中间箱体上面流入，或者从中间箱体隔板上开孔通入，至于具体采用哪种方式则是本领域普通技术人员根据实际需要所作出的一种普通选择，在其引用的权利要求1不具备创造性的基础上，权利要求3也不具备创造性。

（5）从属权利要求4中记载的出水孔的位置变化也属于本领域普通技术人员的一种惯常设计手段，其产生的效果也只是由这种设计本身所自然带来的。因此，在其引用的权利要求3不具备创造性的基础上，权利要求4也不具备创造性。

（6）本专利权利要求5与对比文件1的区别仅在于隔板的数量存在差别，这种差别仅仅是一种常规设计手段。从属权利要求5引用权利要求1~4中任一项，由于权利要求1~4均不具备创造性，因此，权利要求5不具备创造性。

（7）从属权利要求6的限定部分为“所述的隔板在邻近其顶端的部位开有溢水孔”，尽管这一特征在对比文件1中没有明确记载，但在对比文件1的附图2中，当进水孔被堵塞时，中间箱体水位升高，循环水会经过隔板流入侧箱，也是一种溢水装置。因此，“隔板在邻近其顶端的部位开有溢水孔”也属于本领域技术人员的常规设计手段，是显而易见的。由于权利要求6引用的在先权利要求均不具备创造性，因此权利要求6不具备创造性。据此，专利复审委员会宣告本专利权全部无效。

上述事实，有本专利授权公告说明书、第6998号决定、附件1及当事人陈述等证据在案佐证。

本院认为，根据专利法第二十二条第三款的规定，实用新型专利的创造性，是指同申请日之前已有的技术相比，该实用新型有实质性特点和进步。本案的核心问题是相对于对比文件1，本专利权利要求3~6是否具备创造性。

在专利权人任连根对专利复审委员会就本专利权利要求1、2的创造性评价没有异议的前提下，应当视为任连根已经认可权利要求1、2所限定的技术方案没有创造性，原审法院应当在此基础上继续评价权利要求3的创造性。“暗箱”这一技术特征是权利要求1中限定的技术特征，在权利要求1限定的技术方案不具有创造性以及权利要求3是引用本专利权利要求1的前提下，评价权利要求3限定的技术方案的创造性时不应再对该技术特征进行评价。原审法院在评价权利要求3的创造性时引入“暗箱”这一技术特征不妥，本院予以纠正。

由于实用新型专利保护的是产品的形状和构造，因此，即使在评价权利要求3的创造性时引入“暗箱”这一技术特征，比较的对象亦应当是该技术特征与对比文件1中相应技术特征的结构或形状。本专利权利要求1中记载的“暗箱”这一概念在本专利中并未给出具体的定义，根据说明书及附图，“暗箱”应理解为其内光线相对较暗的箱体结构。根据对比文件1中“为遮盖两块间隔板与相对缸体一面板之间安装的装置，在缸体正面板上安装有不透明装饰物”的描述可以得知，两侧小箱体内的光线势必比大箱体内的光线暗，可以认为该小箱体为暗箱。故本专利中的“暗箱”已为对比文件1所公开。因此，原审判决关于“暗箱”技术特征的认定错误。

本专利权利要求3引用权利要求1，进一步限定两个侧箱内各设置有潜水泵及其出水管的位置。经与对比文件1的对比，区别技术特征有两点：第一，本专利具有位于两个侧箱内的两个潜水泵，而对比文件1中仅设置一个潜水泵；第二，潜水泵的出水管经隔板上的出水孔通向中间箱体，对比文件1出水管则设置于中间水箱上部，水从中间水箱上部注入水箱。对于第一点区别技术特征而言，两者的差别仅仅是一种数量上的差别，本领域技术人员可以根据需要设置潜水泵的数量，因此，这种差别属于本领域普通技术人员的一种常规的设计手段；对于第二点区别技术而言，对比文件1中虽然没有公开“潜水泵的出水管经隔板上的出水孔通向中间箱体”这一特征，但作为该侧箱内的潜水泵，为了实现其功能，将其与中间箱体连接起来是必然的，而连接形式无非是从中间箱体上面流入或者从中间箱体隔板上的开孔通入，至于具体采用哪种方式则是本领域普通技术人员根据实际需要所作出的一种普通选择。因此，在本专利权利要求1不具备创造性的基础上，该权利要求不具有实质性特点和进步，也不具备创造性。

本专利从属权利要求4引用权利要求3，进一步限定了两个隔板的出水孔分别位于各自的中部和上部。这种出水孔的位置变化属于本领域技术人员的一种惯常设计手段，其产生的技术效果只是由这种设计本身所自然带来的。因此，在权利要求3不具备创造性的基础上，权利要求4也不具备创造性。

本专利从属权利要求5的限定部分为“所述隔板的高度低于箱体的总高度”。在对比文件1公开了“一块隔板的高度低于箱体的总高度”这一特征的情况下，两者的区别仅在于隔板的数量存在差别，而这种差别仅仅是本领域普通技术人员的一种常规设计手段。在权利要求1～4均不具备创造性的基础上，从属权利要求5引用权利要求1～4中任一项亦不具备创造性。

本专利从属权利要求6引用权利要求5，附加技术特征为“所述的隔板在邻近其顶端的部位开有溢水孔”，该特征在对比文件1中没有明确记载，但是在对比文件1的附图2中，当进水孔被堵塞时，中间箱体水位升高，由于隔板高度低于箱体的总高度，循环水会经过隔板流入侧箱，实质上也是一种溢水装置。在隔板邻近其顶端的部位开有溢水孔相对于对比文件1没有带来意想不到的技术效果。权利要求6引用权利要求5，而权利要求5又引用权利要求1～4中的任一权利要求，在权利要求1～4不具备创造性进而权利要求5不具备创造性的基础上，权利要求6亦不具备创造性。

综上，专利复审委员会作出的第6998号决定认定事实清楚，适用法律正确，应予维持。原审判决认定事实和适用法律均有错误，应予改判。专利复审委员会和卢亚峰的上诉主张有事实和法律依据，本院应予支持。据此，依据《中华人民共和国行政诉讼法》第六十一条第一款第（三）项之规定，本院判决如下：

一、撤销北京市第一中级人民法院（2005）一中行初字第666号行政判决；

二、维持国家知识产权局专利复审委员会第6998号无效宣告请求审查决定。

一审案件受理费1000元，由任连根负担（已交纳），二审案件受理费1000元，由任连根负担（于本判决生效之日起七日内交纳）。

本判决为终审判决。

审 判 长　刘继祥
审 判 员　孙苏理
代理审判员　焦　彦
二〇〇六年八月八日
书 记 员　毕　怡

# 智能烟草异物剔除装置输送机案

## 无效宣告请求审查决定（第7002号）

**决 定 号** 第7002号
**决 定 日** 2005年3月29日
**发明创造名称** 智能烟草异物剔除装置输送机
**国际分类号** B65G 15/00
**无效请求人** 云南昆船设计研究院
**专利权人** 王 军
**专 利 号** 02257784. X
**申 请 日** 2002年10月16日
**授权公告日** 2003年9月24日
**合议组组长** 杨克菲
**主 审 员** 徐媛媛
**参 审 员** 黄玉平

**法律依据** 专利法第二十六条第三款 专利法第二十二条第三款
**决定要点**

本专利之权利要求1所要求保护的技术方案相对于请求人提供的证据虽具有区别之处，但是区别之处属常规设计范畴，同时，由本专利说明书所述内容也无法看出区别之处能够带来意想不到的技术效果，故本专利之权利要求1相对于请求人提供的证据不具备创造性。

**一、案由**

本无效宣告请求案涉及国家知识产权局专利局2003年9月24日授权公告的、名称为“智能烟草异物剔除装置输送机”的实用新型专利，其专利号为02257784. X，申请日为2002年10月16日，专利权人是王军。

授权公告的权利要求书如下：

“1. 一种智能烟草异物剔除装置输送机，其特征是：高速皮带自动调校装置（2）位于高速皮带（4）托板下方，压风装置（3）位于高速皮带（4）上方，压风装置（3）的出风口位于高速皮带（4）小滚轮端部。

2. 根据权利要求书1所述的智能烟草异物剔除装置输送机，其特征是：压风装置（3）由风机、风道装置、压风罩组成。”

针对上述专利权，云南昆船设计研究院（下称请求人）于2004年2月27日向专利复审委员会提出了无效宣告请求，其理由是本实用新型专利不符合专利法第二十六条第三款以及专利法第二十二条第二款、第三款有关新颖性和创造性的规定。与此同时，请求人提供了如下证据：

证据1：US6003681美国专利说明书复印件及其中文译文，授权公告日为1999年12月21日；

证据2：SRC VISION烟草异物剔除系统设备维护手册相关章节复印件及中文译文共16页；

证据3：SRC VISION® Tobacco Sorter Ⅱ[TM] System 720烟草杂物分选机验收测试表及SRC VISION®烟草杂物分选系统TS720调试及验收测试报告复印件共9页。

请求人的观点如下：

（1）由本专利附图看，其中的高速皮带自动调校装置通过一复杂的机构工作，但是文字却未提及该装置的结构；另外对构成压风装置之各部件相应的连接关系也未予说明。本专利说明书没有清楚地说明各部件的相互连接、配置关系以及动作过程，本领域的普通技术人员不能根据说明书记载的内容直接实现该技术，故本专利不符合专利法第二十六条第三款的规定。

（2）证据2是云南红河卷烟厂2000年8月引进的“烟草杂物分选系统TS720”设备维护手册，其中的图2-2及图2-3披露了本专利权利要求1及权利要求2所记载的全部技术特征。证据1虽未就皮带自动调校予以说明，但两滚轮之间应当设置自动调校或张紧机构对所属领域技术人员而言是常识技术。故本专利不具备新颖性和创造性。

专利复审委员会经形式审查合格后，于2004年3月30日发出了无效宣告请求受理通知书，同时将宣告专利权无效请求书以及有关文件副本转给专利权人（下称被请求人），要求被请求人在指定期限进行意见陈述。同时成立合议组对本案进行审理。

对此，被请求人在指定的期限未进行任何意见陈述。

专利复审委员会本案合议组于2004年9月23日向被请求人以及请求人发出了无效宣告请求口头审理通知书，定于2004年12月16日在专利复审委员会第一口审厅举行口头审理。因故，口头审理日期几经易期，合议组于2005年1月18日发出了无效宣告请求口头审理时间变更通知书，将口头审理的时间变更为2005年3月2日，地点变更为云南省知识产权局（昆明市北京路542号省科技大楼12层会议室）。

口头审理如期举行，被请求人缺席口头审理，请求人对合议组成员无回避请求。请求人当庭明确其无效宣告请求的理由为本专利不符合专利法第二十六条第三款以及专利法第二十二条第二款、第三款的规定。请求人提交了证据3的公证书，用以证明证据3的真实性。鉴于请求人未出示证据2的原件以及以其他方式证明证据2的真实性，合议组当庭告知请求人对证据2不予采信。针对专利法第二十六条第三款的无效理由，请求人认为，为实现本专利的发明目的，高速调校装置必须采用特定的装置，才能适应高速的要求，而本专利对高速调校装置的结构及其与相关部件的连接却未予详细的说明。请求人认为证据1破坏本专利权利要求1及权利要求2的创造性，证据3破坏本专利权利要求1及权利要求2的新颖性。同时，请求人结合证据1就其认为本专利权利要求所要求保护的技术方案不具备创造性充分阐述了意见。

在上述工作的基础上，合议组认为本案事实已经清楚，可以依法作出审查决定。

**二、决定的理由**

1. 关于本专利是否符合专利法第二十六条第三款的规定

专利法第二十六条第三款规定：说明书应当对发明或实用新型作出清楚、完整的说明，以所属技术领域的技术人员能够实现为准……

请求人认为本专利不符合专利法第二十六条第三款的理由如下：由附图看，本专利中的高速皮带自动调校装置通过一复杂的机构工作，但是文字却未提及该装置的结构；另外对构成压风装置之各部件相应的连接关系也未予说明。本专利说明书没有清楚地说明各部件的相互连接、配置关系以及动作过程，本领域的普通技术人员不能根据说明书记载的内容直接实现该技术，故本专利不符合专利法第二十六条第三款的规定。

对此，合议组认为，根据说明书第1页第12~13行所述内容“……提供一种让烟叶以5~7米/秒运行的同时，平整地平铺在高速皮带上的智能烟草异物剔除装置输送机”、说明书第2页第1~8行所述内容“输送机的入口是料斗1。料斗分为两层，一层用于进烟叶，另一层用于进风装置3中的同步正压气流。烟叶和气流在输送机皮带的前端汇合……同步正压气流和烟叶同速运行，从而使得烟叶平整地平铺在高速皮带4上……输送机经过长时间运行后，皮带会松弛，使皮带产生偏移。高速皮带自动调校装置2采用气动电磁阀，自动控制汽缸，补偿皮带偏差。”并结合附图1可知，本专利对输送机之相应的组件，即高速皮带自动调校装置以及压风装置在工作过程中的功能、起作用的方式予以了描述。据此，本领域的技术人员结合所属领域的常识技术可以知晓构成压风装置之各部件相应的连接、配置关系及动作过程，以及高速皮带自动调校装置相应的结构，无需付出创造性的劳动即可再现本专利权利要求所要求保护的技术方案。

针对请求人所强调的，就本专利而言，所述高速调校装置必须采用特定的装置才能适应高速要求的观点。合议组认为需补充说明的是，皮带自动调校装置是皮带结构得以正常运行所必备的结构，例如最简单的调校装置——皮带张紧轮。合议组并不否认，针对高速运转之皮带，其相应的最佳调校装置理应适应皮带相应的参数。但是这并不意味着其他一般的调校装置不能予以采用，只是当采用一般的调校装置时，其调校效果、频率等方面会有所不同，但仅据此尚不足以造成本专利的技术人员无法实施本专利之技术方案。

综上所述，本专利说明书对本专利作出了清楚、完整的说明，符合专利法第二十六条第三款的规定。合议组对请求人主张本专利不符合专利法第二十六条第三款的无效宣告请求的理由不予支持。

2. 关于本专利的创造性

证据1是专利文献，属于公开出版物。合议组对该证据的真实性进行了核实，同时该证据的授权公告日早于本专利的申请日，故证据1构成本专利的现有技术，可以用于评价本专利的创造性。另外，鉴于被请求人对证据1的中文译文在指定的期限未提出异议，故合议组下面将依据请求人所提交的证据1的中文译文评述本专利的创造性。

专利法第二十二条第三款规定：创造性，是指同申请日以前已有的技术相比，该发明具有突出的实质性特点和显著的进步，该实用新型具有实质性特点和进步。

证据1涉及一种运用于轻型物料传送的离带稳定系统，并具体披露了以下内容（参见证据1中文译文说明书第3页第7~43行以及附图2、4、5）：其中的大容量自动处理系统适合轻型物料的光学检测，诸如烟叶。其中的输送机16（对应于本专利之输送机）包含任意一种所知的，在常用技术领域中使用的抗静电皮带18。所述带上稳定系统12（对应于本专利之压风装置）使用一个容器或者一个风室54在压力下接受从吹风机56（对应于本专利之风机）经过管道57（对应于本专利之风道装置）来的空气，同时所述带上稳定系统12还包括隧道70，所述隧道是由一个安装在皮带18上方并随皮带延伸的罩子79（对应于本专利之压风罩）形成。所述带上稳定系统位于皮带18的上方，其出风口位于皮带18小滚轮的端部。

通过上述的描述可知，本专利之权利要求1所要求保护的技术方案与证据1存在如下区别之处：(1) 本专利之皮带调校装置位于皮带托板的下方，而证据1却未示出皮带调校装置，相应地也未披露该装置所处的位置；(2) 本专利之皮带以及皮带调校装置均为“高速”，而证据1对此却未明确说明。

对于区别特征(1)，合议组认为，皮带调校装置是皮带输送机构必备的结构，即皮带输送机构中设置皮带调校装置是所属领域的公知常识，至于所述皮带调校装置采用自动或手动方式以及所述皮带调校装置的具体位置则是根据具体需求以及具体的结构而相应地可以予以选择的，即其属于常规设计范畴。

对于区别特征（2），本专利说明书中未对“高速”的含义作具体的限定，而按照所属领域的惯常理解，“高速”是在烟草异物剔除过程中为满足工业自动化高精度、高效率要求的一种必然的选择，即虽然证据1未明确示出所述剔除装置输送机中的皮带及相应的调校装置为“高速”，但是本领域技术人员在证据1所给出的技术启示的基础上采用“高速”皮带以及“高速”皮带调校装置是一种必然且最佳的选择。本领域的技术人员在证据1的基础上得到本专利权利要求1所要求保护的技术方案无须付出任何创造性的劳动，本专利之权利要求1不符合专利法第二十二条第三款的规定，不具备创造性。

本专利之权利要求2对权利要求1从压风装置的具体结构方面作了进一步的限定，即“压风装置（3）由风机、风道装置、压风罩组成”。通过上面的描述可以看出，上述技术特征已为证据1所披露，同时其在本专利以及证据1中所起作用相同，即使得烟叶稳定地平铺在皮带上。故在权利要求1不具备创造性的情况下，权利要求2不具备创造性。

**三、决定**

宣告02257784. X号实用新型专利权的权利要求1～2全部无效。

一方当事人对本决定不服的，可以根据专利法第四十六条第二款的规定，在收到本决定之日起三个月内向北京市第一中级人民法院起诉。根据该款的规定，一方当事人起诉后，另一方当事人可以作为第三人参加诉讼。

# 智能烟草异物剔除装置案

## 无效宣告请求审查决定（第7003号）

**决　定　号**　第7003号
**决　定　日**　2005年3月29日
**发明创造名称**　智能烟草异物剔除装置
**国际分类号**　A24B 3/18
**无效请求人**　云南昆船设计研究院
**专利权人**　王　军
**专　利　号**　02257783.1
**申　请　日**　2002年10月16日
**授权公告日**　2003年9月24日
**合议组组长**　杨克菲
**主　审　员**　徐媛媛
**参　审　员**　黄玉平

**法律依据**　专利法第二十二条第三款
**决定要点**

本专利之权利要求1所要求保护的技术方案相对于请求人提供的证据1具有区别之处，证据1未就该区别之处给出任何技术启示或教导，同时该区别之处又能够带来一定的有益效果，故本专利之权利要求1相对于请求人提供的证据1具备创造性。

**一、案由**

本无效宣告请求案涉及国家知识产权局专利局2003年9月24日授权公告的、名称为“智能烟草异物剔除装置”的实用新型专利，其专利号为02257783.1，申请日为2002年10月16日，专利权人是王军。

授权公告的权利要求书如下：

“1. 一种智能烟草异物剔除装置，包括摊薄机、输送机、视频柜、回收箱，其特征是摊薄机（1）中摊薄机构位于传送带上方，摊薄机构的出口与输送机（2）料斗连接，输送机（2）的压风装置出风口位于传送带小滚轮端部，且传送带小滚轮端部深入视频柜（3）内。

2. 根据权利要求1所述的智能烟草异物剔除装置，其特征是摊薄机构由7~10个正五边形滚轮组成。”

针对上述专利权，云南昆船设计研究院（下称请求人）于2004年2月27日向专利复审委员会提出了无效宣告请求，其理由是本实用新型专利不符合专利法第二十二条第三款有关创造性的规定。与此同时，请求人提供了如下证据：

证据1：US6003681美国专利说明书复印件及其中文译文，授权公告日为1999年12月21日；

证据2：SRC VISION烟草异物剔除系统设备维护手册相关章节复印件及中文译文共17页；

证据3：据称是云南省红河卷烟厂2000年8月使用的烟草异物剔除装置的相关照片共4张。

请求人认为，证据1及证据2均公开了本专利权利要求1中“摊薄机构的出口与输送机（2）料斗连接”以及“输送机（2）的压风装置出风口位于传送带小滚轮端部，且传送带小滚轮端部深入视频柜（3）内”两个技术特征。而权利要求1中“摊薄机（1）中摊薄机构位于传送带上方”这一技术特征属常规技术，早在2000年8月为云南省红河卷烟厂引进的SRC公司的“烟草杂物分拣系统”设备配套安装时，就在该系统的上游配套设计安装了摊薄机，同时这种布置也是保证烟草异物剔除设备有效工作所必需的。故本专利权利要求1相对于证据1或证据2不具备创造性。权利要求2对摊薄机构之具体结构作了进一步的限定，基于摊薄机构所起作用，从理论上讲，构成摊薄机构之滚轮的数量越多，摊薄效果越好，但是一般为7~10个。至于滚轮之截面的形状，为了提高摊薄效果，多采用多边形结构。另外，由证据3可以看出，2000年8月为云南省红河卷烟厂为SRC公司的“烟草杂物分拣系统”设备配套的摊薄机采用的即为五边形滚轮，故本专利之权利要求2同样不具备创造性。此外，请求人还提交了一份附件（向江苏省知识产权局局长信箱发出的信函）用以证明被请求人恶意申请本专利的事实。

专利复审委员会经形式审查合格后，于2004年4月12日发出了无效宣告请求受理通知书，同时将宣告专利权无效请求书以及有关文件副本转给专利权人（下称被请求人），要求被请求人在指定期限进行意见陈述。同时成立合议组对本案进行审理。

对此，被请求人在指定的期限未进行任何意见陈述。

专利复审委员会本案合议组于2004年9月22日向被请求人以及请求人发出了无效宣告请求口头审理通知书，定于2004年11月12日在专利复审委员会第一口审厅举行口头审理。因故，口头审理日期几经易期，合议组于2005年1月18日发出了无效宣告请求口头审理时间变更通知书，将口头审理的时间变更为2005年3月3日，地点变更为云南省知识产权局（昆明市北京路542号省科技大楼12层会议室）。

口头审理如期举行，被请求人缺席口头审理，请求人对合议组成员无回避请求。请求人当庭明确其无效宣告请求的理由为本专利不符合专利法第二十二条第三款。鉴于请求人未出示证据2的原件以及以其他方式证明证据2的真实性，合议组当庭告知请求人对证据2不予采信。请求人结合证据1及证据3就其认为本专利权利要求1及权利要求2不具备创造性充分阐述了意见。请求人认为，通过输送机及视频柜即可完成烟叶中异物的剔除，使用摊薄机构只是起到优化异物剔除效果的作用，该特征属所属领域的常规技术。另外，合议组要求请求人在合议组指定的期限内就其所主张的摊薄机构及其具体结构属所属领域的公知常识予以举证。对此，请求人在指定的期限未提交任何相关的证据以支持其主张。

在上述工作的基础上，合议组认为本案事实已经清楚，可以依法作出审查决定。

**二、决定的理由**

1. 证据认定

证据1是专利文献，属于公开出版物。合议组对该证据的真实性进行了核实，同时该证据的授权公告日早于本专利的申请日，故证据1构成本专利的现有技术，可以用于评价本专利的创造性。另外，鉴于被请求人对证据1的中文译文在指定的期限未提出异议，故合议组下面将依据请求人所提交的证据1的中文译文评述本专利的创造性。证据2是SRC VISION烟草异物剔除系统设备维护手册相关章节复印件及中文译文，请求人未提交证据2的原件或以其他方式证明证据2的真实性，而复印件本身不具有任何法律效力，故合议组对证据2不予采信。证据3据称是云南省红河卷烟厂2000年8

月使用的烟草异物剔除装置的相关照片，鉴于该照片上没有任何信息可以证明其中所涉及内容在本专利申请日前已为公众所知，同时请求人也未提交其他相关的辅证，故合议组对该证据不予采信。另外需指出的是，请求人在提出无效宣告请求时提交的一份附件所要证明的问题与本案无关，故合议组对该附件不予考虑。

综上所述，在请求人提交的所有证据及附件中，只有证据1能够用于评价本专利的创造性。

2. 关于本专利的创造性

专利法第二十二条第三款规定：创造性，是指同申请日以前已有的技术相比，该发明具有突出的实质性特点和显著的进步，该实用新型具有实质性特点和进步。

证据1涉及一种运用于轻型物料传送的离带稳定系统，并具体披露了以下内容（参见证据1中文译文说明书第3页第7行至第4页倒数第9行以及附图2、附图5）：其中的大容量自动处理系统适合轻型物料的光学检测，诸如烟叶。所述系统中具有输送机16、检测点28（对应于本专利之视频柜）以及接收异物的废料槽A（对应于本专利之回收箱）。所述带上稳定系统12（对应于本专利之压风装置）的出风口位于皮带18（对应于本专利之传送带）小滚轮的端部。同时皮带小滚轮的端部伸入检测点28中。

通过上述的描述可知，证据1未披露本专利之权利要求1中位于传送带上方、其出口与输送机料斗相连之摊薄机构，同时也未就上述区别特征给出任何技术启示和教导。而通过本专利说明书所述内容可以分析出，摊薄机构能够将堆叠的烟叶铺开，进而起到优化烟叶中异物剔除的有益效果，对此请求人也予以认可。故本专利之权利要求1相对于证据1具备创造性。虽然请求人认为该区别特征是所属领域的公知常识，但是其并未能够就此在规定的期限予以举证。故合议组对请求人的上述主张不予支持。

权利要求2从属于权利要求1，在权利要求1具备创造性的情况下，权利要求2同样具备创造性。

**三、决定**

维持02257783.1号实用新型专利权有效。

一方当事人对本决定不服的，可以根据专利法第四十六条第二款的规定，在收到本决定之日起三个月内向北京市第一中级人民法院起诉。根据该款的规定，一方当事人起诉后，另一方当事人可以作为第三人参加诉讼。

055

# 套塑料管链条案

## 无效宣告请求审查决定（第7019号）

**决　定　号**　第7019号
**决　定　日**　2005年4月6日
**发明创造名称**　套塑料管链条
**国际分类号**　B21L 15/00
**无效请求人**　叶金泉
**专利权人**　如东县铁链厂有限公司
**专　利　号**　02263579.3
**申　请　日**　2002年8月5日
**授权公告日**　2003年7月2日
**合议组组长**　陈海平
**主　审　员**　徐媛媛
**参　审　员**　宋鸣镝

**法律依据**　专利法第二十二条第三款
**决定要点**

本专利权利要求1所要求保护的技术方案相对于请求人提供证据的区别之处仅在于材料的不同，而这种材料的不同并未使得相应的产品在形状、构造或其结合上发生变化，故本专利权利要求1所要求保护的技术方案相对于请求人提供的证据不具备创造性。

**一、案由**

本无效宣告请求案涉及国家知识产权局专利局2003年7月2日授权公告的、名称为“套塑料管链条”的实用新型专利，其专利号为02263579.3，申请日为2002年8月5日，专利权人是如东县铁链厂有限公司。

授权公告的权利要求书如下：

“1. 一种套塑料管链条，有节节相扣的链环，其特征是：在链环构成的链条表面套有塑料管，塑料管为连续、完整的管状。

2. 根据权利要求1所述的套塑料管链条，其特征是：在塑料管内的链环表面有一镀锌层或油漆层。

3. 根据权利要求1或2所述的套塑料管链条，其特征是：链环为圆环链环。

4. 根据权利要求1或2所述的套塑料管链条，其特征是：链环为扭曲链环。

5. 根据权利要求1或2所述的套塑料管链条，其特征是：链环为编结链环。

6. 根据权利要求1或2所述的套塑料管链条，其特征是：塑料管为热缩塑料管。

7. 根据权利要求6所述的套塑料管链条，其特征是：热缩塑料管为PVC热缩塑料管。”

针对上述专利权，叶金泉（下称请求人）于2004年4月2日向专利复审委员会提出了无效宣告请求，其理由是本实用新型专利不符合专利法第二十二条第三款有关创造性的规定。与此同时，请求人提供了如下证据：

证据1：专利号为97237080.3的中国实用新型专利说明书复印件，授权公告日1998年10月28日；

证据2：专利号为95213279.6的中国实用新型专利说明书复印件，授权公告日1996年12月18日；

证据3：日本公开特许公报特开昭52-9066的复印件及其所使用部分的中文译文，公开日1977年1月24日。

请求人认为：证据1与本专利权利要求1所要求保护的技术方案的区别之处仅在于本专利为链表面外套塑料管，而证据1为链条加热后外粘塑料液浸塑以形成塑料保护层。证据2与本专利权利要求1所要求保护的技术方案的区别之处仅在于本专利在链条环形表面外套塑料管。而证据2是在销钩U形环表面外套塑料管。证据1和证据2结合得到本专利权利要求1所要求保护的技术方案是显而易见的。同时由附件3译文第1页披露的内容可知，权利要求1同样也不具备创造性。权利要求2~7限定部分的技术特征均是所属领域的公知常识，同时部分特征也在本专利之背景技术部分予以披露，故权利要求2~7同样不具备创造性。

专利复审委员会经形式审查合格后，于2004年4月19日发出了无效宣告请求受理通知书，同时将宣告专利权无效请求书以及有关文件副本转交给专利权人（下称被请求人），要求被请求人在指定期限进行意见陈述。同时成立合议组对本案进行审理。

针对无效宣告请求受理通知书，被请求人于2004年5月28日进行了意见陈述，其对权利要求书进行了修改，同时就修改后的权利要求书相对于证据1~3具备创造性进行了相应的论述。

合议组于2005年2月7日将被请求人的意见陈述转送请求人。同时向双方当事人发出了无效宣告请求审查通知书，通知书中指出，在被请求人提交的权利要求修改文本中，其中的权利要求2的引用部分“根据权利要求1或权利要求2所述的套塑料管链条”存在明显的引用关系的错误，故该修改文本不能被允许。被请求人应在指定期限提交合法的可以作为审查基础的文本。此外，合议组还向双方当事人发出了无效宣告请求口头审理通知书，定于2005年4月5日举行口头审理。

2005年2月22日，被请求人针对合议组2005年2月7日发出的无效宣告请求审查通知书进行了意见陈述，提交了如下经修改的权利要求书：

“1. 一种套塑料管链条，有节节相扣的链环，其特征是：在链环构成的链条表面套有塑料管，塑料管为连续、完整的管状，且塑料管为热缩塑料管。

2. 根据权利要求1所述的套塑料管链条，其特征是：在塑料管内的链环表面有一层镀锌层或油漆层。

3. 根据权利要求1或2所述的套塑料管链条，其特征是：链环为圆环链环。

4. 根据权利要求1或2所述的套塑料管链条，其特征是：链环为扭曲链环。

5. 根据权利要求1或2所述的套塑料管链条，其特征是：链环为编结链环。

6. 根据权利要求1所述的套塑料管链条，其特征是：热缩塑料管为PVC热缩塑料管。”

合议组于2005年3月7日将被请求人2005年2月22日的意见陈述转送请求人，同时要求请求人在指定期限进行意见陈述。

口头审理如期举行，被请求人以及请求人对合议组成员无回避请求，对对方出庭人员身份和资格无异议。请求人认为被请求人于2005年2月22日新提交的权利要求书符合专利法、专利法实施细则以及审查指南的相关规定，可以作为本次无效宣告请求的审查文本。请求人当庭放弃证据1及证据2，提交了加盖有“国家知识产权局专利检索咨询中心副本认证专用章”的证据3。请求人明确其无效宣告请求的理由为本专利不符合专利法第二十二条第二款、第三款有关新颖性和创造性的规定，同时认为本专利经修改的权利要求1相对于证据3不具备新颖性和创造性，权利要求2～6不具备创造性。被请求人对证据3及其中文译文的真实性无异议。双方当事人结合证据就其各自的观点进行了相应的意见陈述，被请求人认为，由于本专利所采用之“热缩”材料较证据3所采用之“热塑”材料两者材料本身特性不同，因此两者所产生的链条包覆结构有所不同，同时本专利所形成的链条包覆结构明显优于证据3所形成的链条包覆结构。此外，口头审理结束之后，请求人以及被请求人均明确表示不再提交任何书面意见。

在上述工作的基础上，合议组认为本案事实已经清楚，可以依法作出审查决定。

**二、决定的理由**

1. 审查文本的确定

被请求人于2005年2月22日提交了经修改的权利要求书，合议组经审查，该修改文本符合专利法第三十三条、专利法实施细则第六十八条以及审查指南第四部分第三章第5.4节的规定，同时请求人也对该文本予以认可，故合议组下面将以该文本作为本次无效宣告请求的审查文本。

2. 证据认定

证据3是专利文献，属于公开出版物，被请求人对上述证据的真实性无异议。同时该证据的公开日早于本专利的申请日，故证据3可作为现有技术评价本专利的创造性。另外，鉴于被请求人在口头审理时明确表示对证据3的中文译文无异议，故合议组下面将依据请求人所提交的证据3的中文译文并结合该证据的附图评述本专利的创造性。

3. 本专利的创造性

专利法第二十二条第三款规定：创造性，是指同申请日以前已有的技术相比，该实用新型具有实质性特点和进步。

权利要求1所要求保护的技术方案如下：一种套塑料管链条，有节节相扣的链环，在链环构成的链条表面套有塑料管，塑料管为连续、完整的管状，且塑料管为热缩塑料管。

证据3涉及一种金属链的塑料连续包覆加工方法，并具体公开了以下内容（参见证据3译文第1页最后一段以及附图）：加热熔融的热塑性树脂（1）沿主轴（2）向前方推进，从喷嘴（3）和塑模（4）间的空隙挤出，经溢料部（5）、（6）形成连续且完整的塑料管（7）。另一方面，有节节相扣之链环的金属链（8）（对应于本专利之链条）由导管（9）送入中部空隙（10），并向前方行进，在喷嘴（3）的出口插入在上述程序中成形的塑料管（7）中（对应于本专利之在链环构成的链条表面套有塑料管）。

通过上述的描述可以看出，本专利权利要求1所要求保护的技术方案与证据3所披露技术内容的区别之处仅在于，本专利包覆于链条外部的为热缩性塑料管，而证据3包覆于链条外部的为热塑性塑料管，即两者所用塑料管的材料有所不同。

被请求人认为，由于本专利所采用之“热缩”材料较证据3所采用之“热塑”材料两者材料本身特性不同，因此两者所产生的链条包覆结构有所不同，本专利之链条包覆结构具有缩紧贴合的有益效果。对此，合议组认为，审查指南第四部分第六章第2.1节（1）规定，技术方案中的材料特征与最接近的现有技术中的相应特征相比，其区别在于材料的不同，而材料的不同并未带来产品在形状、构造或者其结合上发生变化的，即使由于材料的不同使得包括材料特征在内的该技术方案的效果优于或不同于最接近的现有技术，该材料特征在实用新型的创造性审查中仍然不予考虑。就本专利和证据

3 而言，两者虽采用不同材质的塑料管（热塑塑料管、热缩塑料管），合议组也并不否认热缩塑料管较热塑塑料管在包覆效果上有所不同，但是从宏观的角度看，两者最终均是要形成一个连续完整的包覆于链条表面的塑料管，即上述区别之处当属实用新型创造性审查中不应予考虑的特征。另外，即使考虑上述区别特征，其也是所属领域的技术人员在证据 3 所给出之热塑性塑料管的基础上可以想到的，同时由材质的不同所造成的两者（热塑、热缩）之结构性能的差异也是所属领域技术人员应当知晓的。

综上所述，本专利之权利要求 1 所要求保护的技术方案相对于证据 3 不具备创造性。

权利要求 2 限定部分的技术特征是“在塑料管内的链环表面有一层镀锌层或油漆层”。该特征虽在证据 3 中未予披露，但是合议组认为上述特征是所属领域为保护金属链条通常所采用的一种技术手段，同时由本专利说明书也无法看出该特征能够带来其他意想不到的技术效果，故在权利要求 1 不具备创造性的情况下，权利要求 2 同样不具备创造性。

权利要求 3 ~ 5 对其引用的权利要求就链环的结构作了进一步的限定，即链环为圆环、扭曲、编结链环。其中圆环链环已为证据 3 附图所披露。至于扭曲、编结链环，其也是常用的链环结构。被请求人认为证据 3 未必适用扭曲、编结链环，但是合议组认为，被请求人的这种主张只是提出了一种“或然性”，而非“必然性”，被请求人也未提供相应的证据以支持其主张。同时由本专利之说明书也无法看出链环结构形式的不同对塑料管相应的要求。故在引用的权利要求 1 和权利要求 2 不具备创造性的情况下，权利要求 3 ~ 5 同样不具备创造性。

权利要求 6 对权利要求 1 就热缩性塑料管的材料作了具体的限定，即为 PVC 塑料管。对此，合议组认为，首先，根据上述对权利要求 1 创造性的评述可知，该材料特征属在实用新型之创造性的审查中不予考虑的特征。其次，PVC 塑料管属热缩性塑料管的一种是所属领域的公知常识，同时由本专利的说明书也无法看出当采用 PVC 塑料管包覆链条时能够带来意想不到的技术效果，故在权利要求 1 不具备创造性的情况下，权利要求 6 同样不具备创造性。

**三、决定**

宣告 02263579.3 号实用新型专利权 1 ~ 6 全部无效。

一方当事人对本决定不服的，可以根据专利法第四十六条第二款的规定，在收到本决定之日起三个月内向北京市第一中级人民法院起诉。根据该款的规定，一方当事人起诉后，另一方当事人可以作为第三人参加诉讼。

# 防伪包装袋案

## 无效宣告请求审查决定（第7022号）

**决　定　号**　第7022号
**决　定　日**　2005年4月1日
**发明创造名称**　防伪包装袋
**国际分类号**　B65D 33/34
**无效请求人**　成都市棒棒娃实业有限公司
　　　　　　　联合利华食品（中国）有限公司
**专利权人**　李永强
**专　利　号**　00209087.2
**申　请　日**　2000年4月12日
**授权公告日**　2001年5月23日
**合议组组长**　杨克菲
**主　审　员**　陈　勇
**参　审　员**　黄玉平

**法律依据**　专利法第二十二条第二款、第三款
**决定要点**

如果一项权利要求与最接近的对比文件相比，其区别技术特征已经被最接近对比文件的不同部分和相关的另一对比文件所公开，且将上述两篇对比文件结合起来以获得该权利要求所限定的技术方案是显而易见的，则该权利要求不具备专利法第二十二条第三款规定的创造性。

**一、案由**

本无效宣告请求案涉及申请日为2000年4月12日、授权公告日为2001年5月23日、名称为“防伪包装袋”的00209087.2号实用新型专利（下称本专利），专利权人为李永强（下称被请求人）。

该专利授权公告的权利要求书如下：

“1. 一种防伪包装袋，它由塑料袋膜（1）、凹槽封口层（3）和凸条封口层（7）组成，其特征在于：两层塑料袋膜（1）的一端口内分别热合有凹槽封口层（3）和凸条封口层（7），凹槽封口层（3）上设有凹槽（5），凸条封口层（7）上设有凸条（6），两层塑料袋膜（1）四周的边沿上热合有封边（2），凸条（6）端头上方的封边（2）上设有撕口（4）。”

针对上述实用新型专利权，成都市棒棒娃实业有限公司（下称第一请求人）于2004年6月9日向专利复审委员会提出了宣告本专利权无效的请求。请求宣告无效的理由是：本专利不具备专利法第二十二条第二款、第三款规定的新颖性和创造性。请求人同时提交了以下四份证据：

证据1－1：ZL99215715.3号中国实用新型专利说明书的复印件，授权公告日为2000年5月17日；

证据 1－2：ZL99246202.9 号中国实用新型专利说明书的复印件，授权公告日为 2000 年 7 月 26 日；

证据 1－3：ZL99237725.0 号中国实用新型专利说明书的复印件，授权公告日为 2000 年 5 月 24 日；

证据 1－4：ZL99243305.3 号中国实用新型专利说明书的复印件，授权公告日为 2000 年 7 月 26 日。

此外，针对本专利，联合利华食品（中国）有限公司（下称第二请求人）于 2004 年 6 月 25 日也向专利复审委员会提出了宣告专利权无效的请求。请求宣告无效的理由是：本专利不具备专利法第二十二条第二款、第三款规定的新颖性和创造性。请求人同时提交了以下六份证据：

证据 2－1：ZL99235678.4 号中国实用新型专利说明书的复印件，授权公告日为 2000 年 3 月 8 日；

证据 2－2：公开号为平 1－168446 的日本公开实用新型公报的复印件及其中文译文共 2 页，其中中文译文 1 页，公开日为 1989 年 11 月 28 日；

证据 2－3：US3980225 号美国专利说明书的复印件及其相关部分的中文译文共 12 页，其中中文译文 1 页，公开日为 1976 年 9 月 14 日；

证据 2－4：实公平 6－18898Y2 号日本实用新型公报的复印件，公开日为 1994 年 5 月 18 日；

证据 2－5：第 2836948B2 号日本专利公报的复印件，公开日为 1998 年 12 月 14 日；

证据 2－6：中国国家知识产权局撤销 ZL99235678.4 号专利权的审查决定的复印件。

经形式审查合格后，专利复审委员会受理了上述无效宣告请求，分别向上述第一和第二请求人和被请求人发出了无效宣告请求受理通知书，并将上述两份无效宣告请求书及所附相关文件副本转送给被请求人，同时依法成立合议组对本案进行审查。

针对上述两个无效宣告请求，被请求人均未提交意见陈述书。

根据审查指南规定的合案审查原则，合议组将上述两个无效宣告请求进行合案审理。

专利复审委员会于 2005 年 1 月 27 日向各方当事人发出口头审理通知书，定于 2005 年 3 月 29 日在专利复审委员会对上述两件无效宣告请求举行口头审理。并且鉴于第二请求人在提出无效请求时提交的证据 2－4 和证据 2－5 为外文证据，且没有相应的中文译文，合议组给第二请求人发出了外文证据处理通知书。

口头审理如期举行，第一和第二请求人出席了口头审理，被请求人未出庭，本案合议组进行了缺席审理。第一和第二请求人对合议组成员无回避请求。

在口头审理中，第二请求人声明放弃证据 2－4、2－5 和证据 2－6 作为证据使用，并且认为：证据 2－1 单独破坏本专利权利要求 1 的新颖性和创造性，证据 2－1 和证据 2－2 结合或者证据 2－2 和证据 2－3 结合可以否定本专利权利要求 1 的创造性。

在上述程序基础上，合议组认为本案事实已经清楚，可以依法作出如下审查决定。

**二、决定的理由**

专利法第二十二条第二款规定：新颖性，是指在申请日以前没有同样的发明或者实用新型在国内外出版物上公开发表过、在国内公开使用过或者以其他方式为公众所知，也没有同样的发明或者实用新型由他人向专利局提出过申请并且记载在申请日以后公布的专利申请文件中。

专利法第二十二条第三款规定：创造性，是指同申请日以前已有的技术相比，该发明具有突出的实质性特点和显著的进步，该实用新型具有实质性特点和进步。

第二请求人提交的证据 2－1 和证据 2－2 均为专利文献，它们的公开日均早于本专利的申请日，合议组已核实其真实性，且被请求人未在指定期限内对证据2-2中的中文译文提出异议，因此合议组认为证据2-1和证据2-2可以作为评价本案专利的新颖性和创造性的现有技术。

证据2-1公开了一种包装袋，其中具体披露了包括有袋体1、密封拉锁的拉锁凹槽8（相当于本专利中的凹槽封口层）和拉锁凸柱7（相当于本专利中的凸条封口层）的包装袋，袋体正面2和袋体背面3的一端口内分别装有拉锁凹槽8和拉锁凸柱7，拉锁凹槽8上设有凹槽，拉锁凸柱7上设有凸条，袋体正面2和袋体背面3在两侧和顶侧封合，凸条端头上方的封边上设有撕口9（参见该证据2-1的说明书第1页倒数第6行至第2页第2行及说明书附图1~3）。

在本专利的权利要求1中，其限定的技术方案的主题名称为“防伪包装袋”。根据本专利说明书的描述，“防伪”的含义就是一次性使用，即消费者一旦打开该包装袋之后就将其破坏，不能把其恢复成原来完好的形状，重新作为新的包装袋来使用。那么，在证据2-1公开的包装袋中，说明其设有撕口9用于首次使用时开启袋口，显然也具有这样的功能。因此合议组认为，证据2-1也已经公开了这一特征。

本专利的权利要求1与证据2-1公开的技术方案相比具有以下区别技术特征：a. 袋体为塑料袋膜；b. 凹槽封口层和凸条封口层分别与袋膜之间的封合方式以及两层袋膜之间的封合方式均为热合；c. 两层袋膜四周的边沿封合在一起。

鉴于本专利的权利要求1与证据2-1公开的技术方案存在上述区别技术特征，因此合议组认为权利要求1具备专利法第二十二条第二款所规定的新颖性。

然而，在第二请求人提交的证据2-2中，公开了“包装袋体为聚丙烯薄膜（参见证据2-2中原文第1栏第1行至第2栏第2行及相应的中文译文）”这一特征，因为聚丙烯薄膜本身就是一种塑料材料，因此合议组认为上述的区别技术特征a已经被证据2-2公开；在证据2-2中还公开了“两侧热封的包装袋本体”这一特征，也就是说公开了“在塑料包装袋上使用热封的方式进行封合”这样的技术特征。在这种启示下，本领域技术人员很容易想到将凹槽封口层和凸条封口层分别与袋膜之间热合以及将两层袋膜之间热合；至于区别技术特征c，在证据2-1的背景技术部分已经被公开（参见证据2-1的说明书第1页第2行），所以说这一特征只是本领域技术人员根据实际情况所作出的一种常规选择。证据2-1和证据2-2属于同一技术领域，在证据2-1的基础上结合证据2-2得出该权利要求所限定的技术方案，对所属技术领域的技术人员来说是显而易见的，而且它们的结合没有产生意想不到的技术效果，因此该权利要求不具有实质性特点和进步，因而不具备创造性。

鉴于证据2-1和证据2-2结合已经否定了本专利权利要求1的创造性，在此合议组不再就其他证据进行评述。

**三、决定**

宣告00209087.2号的实用新型专利权无效。

当事人对本决定不服的，可以根据专利法第四十六条第二款的规定，自收到本决定之日起三个月内向北京市第一中级人民法院起诉。根据该款的规定，一方当事人起诉后，另一方当事人应当作为第三人参加诉讼。

# 一种纺纱装置案

## 无效宣告请求审查决定（第7023号）

**决　定　号**　第7023号
**决　定　日**　2005年4月7日
**发明创造名称**　一种纺纱装置
**国际分类号**　D01H 5/22
**无效请求人**　王思芳
**专利权人**　江苏宏源纺机股份有限公司第三纺织机械厂
**专　利　号**　02264367.2
**申　请　日**　2002年9月12日
**授权公告日**　2003年8月6日
**合议组组长**　黄玉平
**主　审　员**　徐媛媛
**参　审　员**　崔　峥

**法律依据**　专利法第二十二条第三款
**决定要点**

本专利之权利要求1所要求保护的技术方案相对于请求人提供的证据虽然具有区别之处，但是区别之处是所属技术领域之公知常识，同时本专利之说明书也未指出区别之处能够带来其他意想不到的技术效果，故本专利之权利要求1相对于请求人提供的证据不具备创造性。

**一、案由**

本无效宣告请求案涉及国家知识产权局专利局2003年8月6日授权公告的、名称为“一种纺纱装置”的实用新型专利，其专利号为02264367.2，申请日为2002年9月12日，专利权人是江苏宏源纺机股份有限公司第三纺织机械厂。

授权公告的权利要求书如下：

“1. 一种纺纱装置，包括安装在机架上的牵伸后罗拉（6）、牵伸中罗拉（7）和牵伸前罗拉（8），其中的牵伸前罗拉（8）一端与电机的输出轴相接；牵伸中罗拉（7）和牵伸后罗拉（6）之上分别有用于压住纱线的牵伸中上皮辊（4）和牵伸后上皮辊（5）；其特征在于牵伸前罗拉（8）之前有异形负压吸管（9），该异形负压吸管与每个锭位的对应处均开有吸风口，在异形负压吸管（9）的每个吸风口处均套有纤维套（10）；牵伸前罗拉（8）和异形负压吸管（9）之上分别对应地设置有用于压住纱线的引出上皮辊（1）和牵伸前上皮辊（3），该两皮辊上均固定有齿轮，两齿轮间有传动齿轮（2），三个齿轮间相啮合。”

针对上述专利权，王思芳（下称请求人）于2004年4月21日向专利复审委员会提出了无效宣告请求，其理由是本实用新型专利不符合专利法第二十二条第二款、第三款有关新颖性和创造性的规定。与此同时，请求人提供了如下证据：

证据1：专利号为00260542.2的中国实用新型专利说明书复印件，授权公告日为2001年7月4日；

证据2：专利号为00260539.2的中国实用新型专利说明书复印件，授权公告日为2001年7月4日；

证据3：专利号为00260540.6的中国实用新型专利说明书复印件，授权公告日为2001年7月4日；

证据4：专利号为00260541.4的中国实用新型专利说明书复印件，授权公告日为2001年7月4日。

请求人认为：本领域的技术人员根据证据1~3所披露的相关技术内容并结合所属领域的公知常识即可得到本专利权利要求1所要求保护的技术方案，故本专利之权利要求1相对于证据1~3不具备创造性。同时本专利之权利要求1所要求保护的技术方案相对于证据4不具备新颖性。

专利复审委员会经形式审查合格后，于2004年5月31日发出了无效宣告请求受理通知书，同时将宣告专利权无效请求书以及有关文件副本转交给专利权人（下称被请求人），要求被请求人在指定期限进行意见陈述。同时成立合议组对本案进行审理。

对此，被请求人在指定期限未进行任何意见陈述。

专利复审委员会本案合议组于2005年2月7日向请求人以及被请求人发出了无效宣告请求口头审理通知书，定于2005年3月25日举行口头审理。

口头审理如期举行，被请求人缺席，请求人对合议组成员无回避请求。请求人放弃本专利不符合专利法第二十二条第二款有关新颖性的无效宣告请求的理由，明确其无效宣告请求的理由为本专利不符合专利法第二十二条第三款有关创造性的规定。此外，请求人还明确了证据对比方式，即证据1~3的结合以及证据4均破坏本专利权利要求1的创造性。请求人依据上述证据对比方式就其相应的观点进行了充分的意见陈述。

在上述工作的基础上，合议组认为本案事实已经清楚，可以依法作出审查决定。

**二、决定的理由**

证据4是专利文献，属于公开出版物，合议组核实了该证据的真实性。同时证据4的授权公告日早于本专利的申请日，故证据4可作为现有技术评价本专利的创造性。

专利法第二十二条第三款规定：创造性，是指同申请日以前已有的技术相比，该实用新型具有实质性特点和进步。

证据4涉及一种密集纺纱器，并具体披露了以下技术内容（参见证据4说明书第2页第13行至第3页最后一行，附图1、附图1b）：所述密集纺纱器包括位于前罗拉4（对应于本专利之牵伸前罗拉8）之前的吸气管1（对应于本专利之异形负压吸管9），套装在吸气管1上的微孔带2（对应于本专利之纤维套10）以及与微孔带2相抵压的至少一个传动机构3。所述吸气管之管体1-1上设有均匀布置的气槽1-2（对应于本专利之吸风口），吸气管利用管体内的负压通过气槽收拢毛羽。所述微孔带2设有小通孔2-2，其和吸气管共同吸附纤维束，其转动时，可以拉直纤维束，并和传动机构3挟持将其输出。吸气管2上所套的微孔带的个数取决于气槽1-2的个数（对应于本专利之每个吸风口处均套设纤维套）。所述传动机构3具有其上设有前皮辊齿轮3-2的前皮辊3-1-1（对应于本专利之牵伸前上皮辊3），其上具有输出齿轮3-5的输出皮辊3-8（对应于本专利之引出上皮辊1），两者之间具有过桥齿轮3-4（对应于本专利之传动齿轮2），前皮辊齿轮3-2、输出齿轮3-5以及过桥齿轮3-4相啮合。在纺纱设备工作时，在中罗拉机构7（对应于本专利之牵伸中罗拉7以及用于压住纱线的牵伸中上皮辊4）的动作下，由前罗拉带动传动机构3工作，进而由传动机构3带动与其相抵压的微孔带2工作。

通过上述的描述可以看出，本专利之权利要求1所要求保护的技术方案与证据4的区别之处在于：（1）本专利之纺纱设备中还包括牵伸后罗拉以及与之配合压住纱线的牵伸后上皮辊；而证据4中却无此相应的结构；（2）本专利异形负压吸管之吸风口依据锭位而设置，而证据4中却未对气槽的设置方式予以说明；（3）本专利之牵伸前罗拉的一端与电机输出轴相连，而证据4对此却未予说明。

对此，合议组认为，上述三个区别之处对于所属领域的技术人员而言当属公知常识性的技术，同时本专利之说明书也未指出上述区别之处能够带来其他意想不到的技术效果。本领域的技术人员在证据4所披露技术内容的基础上结合所属领域的公知常识得到本专利权利要求1所要求保护的技术方案无须付出创造性的劳动，本专利之权利要求1所要求保护的技术方案不具备实质性特点和进步，不具备创造性。

**三、决定**

宣告02264367.2号实用新型专利权全部无效。

一方当事人对本决定不服的，可以根据专利法第四十六条第二款的规定，在收到本决定之日起三个月内向北京市第一中级人民法院起诉。根据该款的规定，一方当事人起诉后，另一方当事人可以作为第三人参加诉讼。

# 风冷式摩托车发动机四气门汽缸头案

## 无效宣告请求审查决定（第7024号）

**决　定　号**　第7024号
**决　定　日**　2005年4月7日
**发明创造名称**　风冷式摩托车发动机四气门汽缸头
**国际分类号**　F02F 1/42
**无效请求人**　常州光阳摩托车有限公司
**专利权人**　李美娟
**专　利　号**　02265819. X
**申　请　日**　2002年7月24日
**授权公告日**　2003年6月11日
**合议组组长**　陈海平
**主　审　员**　陈　勇
**参　审　员**　杨克菲

**法律依据**　专利法第二十二条第二款、第三款
**决定要点**

对比文件公开的技术方案与本专利独立权利要求的技术方案实质相同，且两者的技术领域相同，并能解决同样的技术问题，达到相同的技术效果，故该权利要求不具备新颖性。

**一、案由**

本无效宣告请求案涉及国家知识产权局专利局2003年6月11日授权公告的第02265819. X号实用新型专利（下称本专利），其名称为“风冷式摩托车发动机四气门汽缸头”，申请日为2002年7月24日，专利权人为李美娟（下称被请求人）。

本专利授权公告的权利要求书内容如下：

“1. 一种风冷式摩托车发动机四气门汽缸头，在缸头本体（1）上制有进气导管（2）、排气导管（3）、进气门座（4）、排气门座（5），缸头本体（1）与其周围的散热片（8）制成一体，其特征在于进气门座（4）和排气门座（5）各有两个，并两两排列，火花塞孔（6）制在上述四气门的中心位置。”

针对本专利，常州光阳摩托车有限公司（下称请求人）于2004年7月30日向专利复审委员会提出了宣告专利权无效的请求。请求宣告无效的理由是本专利不符合专利法第二十二条第二款和第三款的规定。请求人同时提交了以下两份证据：

证据1：中国台湾申请案号为087214410、公告号为398574、公开日为2000年7月11日、名称为“四阀门式速可达机车引擎之汽缸头本体结构”的专利公报第1页复印件；

证据2：中国台湾案号为87214410、公告号为398574、公开日为2000年7月11日、名称为“四阀门式速可达机车引擎之汽缸头本体结构”的新型专利说明书复印件。

请求人认为：证据2的说明书文字和附图部分已经公开了本专利权利要求1的所有技术特征，因此本专利的权利要求1不具备新颖性，更不具备创造性。

经形式审查合格后，专利复审委员会受理了上述无效宣告请求，向请求人和被请求人发出了无效宣告请求受理通知书，并将上述无效宣告请求书及所附相关文件副本转送给被请求人，同时依法成立合议组对本案进行审查。

针对上述无效宣告请求，被请求人没有提交意见陈述书。

专利复审委员会于2005年1月31日向双方当事人发出口头审理通知书，定于2005年3月10日在专利复审委员会举行口头审理，同时将本案合议组成员告知了双方当事人。

口头审理如期举行，仅请求人一方参加了口头审理。请求人对合议组成员无回避请求。在口头审理时，请求人尚未办理证据2的中国台湾新型专利说明书的认证手续，但是其请求在口头审理结束后补交。鉴于上述情况，合议组限定其在口审结束后一个月内提交相应的手续。

请求人于2005年3月18日提交了经过国家知识产权局专利检索咨询中心确认与原件相同的证据2文本。

在上述程序的基础上，合议组认为本案事实已经清楚，可以依法作出如下审查决定。

**二、决定的理由**

1. 关于证据

对于证据2，由于国家知识产权局专利检索咨询中心已经证明其与原件相同，因此合议组认为该证据具有真实性。证据2公开日期为2000年7月11日，早于本专利的申请日，其中所公开的内容构成了本专利的已有技术，可以用来评述本专利的新颖性和创造性。

2. 关于新颖性和创造性

专利法第二十二条第二款规定：新颖性，是指在申请日以前没有同样的发明或者实用新型在国内外出版物上公开发表过、在国内公开使用过或者以其他方式为公众所知，也没有同样的发明或者实用新型由他人向国务院专利行政部门提出过申请并且记载在申请日以后公布的专利申请文件中。

专利法第二十二条第三款规定：创造性，是指同申请日以前已有的技术相比，该发明有突出的实质性特点和显著的进步，该实用新型有实质性特点和进步。

合议组认为：证据2也公开了一种风冷式摩托车发动机四气门汽缸头，并且在说明书第7页和附图2-3中具体公开了以下的技术特征：在缸头本体1上制有进气阀导管145（相当于本专利的进气导管2）、排气阀导管146（相当于本专利的排气导管3）、进气阀座122（相当于本专利的进气门座4）、排气阀座132（相当于本专利的排气门座5），缸头本体1与其周围的散热片制成一体，进气阀座122（相当于本专利的进气门座4）和排气阀座132（相当于本专利的排气门座5）各有两个且两两排列，火花塞座112（相当于本专利的火花塞孔6）位于上述四气阀的中心位置。该权利要求所保护的技术方案与该对比文件所公开的内容相比，所不同的仅仅是文字表达方式上略有差别，其技术方案实质上是相同的，且两者属于相同的技术领域，并能产生相同的技术效果。因此该权利要求不具备新颖性，当然更不具备创造性。

**三、决定**

宣告02265819.X号实用新型专利权全部无效。

当事人对本决定不服的，可以根据专利法第四十六条第二款的规定，自收到本决定之日起三个月内向北京市第一中级人民法院起诉。根据该款的规定，一方当事人起诉后，另一方当事人应当作为第三人参加诉讼。

# 注气采油不动井口阀门案

## 无效宣告请求审查决定（第7030号）

**决　定　号**　第7030号
**决　定　日**　2005年4月11日
**发明创造名称**　注气采油不动井口阀门
**国际分类号**　E21B 34/02
**无效请求人**　王英华
**专利权人**　鲍洪玉
**专　利　号**　03211111.8
**申　请　日**　2003年1月21日
**授权公告日**　2004年5月19日
**合议组组长**　徐媛媛
**主　审　员**　陈　勇
**参　审　员**　魏　屹

**法律依据**　专利法第二十二条第二款
**决定要点**

由于请求人提交的书证为复印件，而复印件本身不具有任何法律效力，所以无法判断该书证的真实性，故其不能作为评价本专利新颖性的有效证据。

**一、案由**

本无效宣告请求案涉及申请日为2003年1月21日、授权公告日为2004年5月19日、名称为"注气采油不动井口阀门"的03211111.8号实用新型专利（下称本专利），专利权人为鲍洪玉（下称被请求人）。

本专利授权公告的权利要求书如下：

"1. 一种油田注气采油不动井口阀门，其特征在于：将圆锥形的阀辨（2）套在圆柱形阀杆（3）的端部与阀体（1）丝扣连接，再将密封环（5）放入阀杆螺母（4）的圆槽中，把圆柱形压盖（6）放在阀杆螺母（4）的上部用调整螺钉（7）固定而构成直角式注气采油不动井口阀门。"

针对上述专利权，王英华（下称请求人）于2004年6月25向专利复审委员会提出了宣告专利权无效的请求。请求宣告无效的理由是：本专利不具备专利法第二十二条第二款规定的新颖性。请求人同时提交了以下一份证据：

证据1：北京市机械工业局的《机电产品样本》通用机械部分的相关内容复印件共5页。

请求人认为，证据1第256页所公开的J24W－25外螺纹角式截止阀与本专利产品结构相同，故本专利不具备新颖性。

经形式审查合格后，专利复审委员会受理了上述无效宣告请求，向请求人和被请求人发出了无效宣告请求受理通知书，并将上述无效宣告请求书及所附相关文件副本转送给被请求人，同时依法成立合议组对本案进行审查。

针对上述无效宣告请求受理通知书，被请求人在指定期限内未提交任何意见陈述。

专利复审委员会于2005年2月21日向双方当事人发出口头审理通知书，定于2005年4月6日在专利复审委员会举行口头审理。

请求人于2005年3月7日提交了口审回执，表示参加口头审理，被请求人未提交口审回执。

口头审理如期举行，双方当事人均未参加口头审理。

在上述程序基础上，合议组依法作出如下审查决定。

**二、决定的理由**

专利法第二十二条第二款规定：新颖性，是指在申请日以前没有同样的发明或者实用新型在国内外出版物上公开发表过、在国内公开使用过或者以其他方式为公众所知，也没有同样的发明或者实用新型由他人向专利局提出过申请并且记载在申请日以后公布的专利申请文件中。

合议组认为：请求人提出本专利不具备新颖性并提交了证据1作为证据，由于请求人提交的作为证据1的书证为复印件，而复印件本身不具有任何法律效力，不足以证明该证据的真实性，故合议组对该证据不予采信。由此可见，请求人提供的证据不充分，不足以否定本专利的新颖性。

**三、决定**

维持03211111.8号的实用新型专利权有效。

当事人对本决定不服的，可以根据专利法第四十六条第二款的规定，自收到本决定之日起三个月内向北京市第一中级人民法院起诉。根据该款的规定，一方当事人起诉后，另一方当事人应当作为第三人参加诉讼。

# 一种草支垫案

## 无效宣告请求审查决定（第7034号）

**决　定　号**　第7034号
**决　定　日**　2005年4月12日
**发明创造名称**　一种草支垫
**国际分类号**　B65D 61/00　B65D 65/38
**无效请求人**　马天明
**专利权人**　上海宝德联实业发展有限公司
**专　利　号**　03256190.3
**申　请　日**　2003年8月4日
**授权公告日**　2004年1月21日
**合议组组长**　黄玉平
**主　审　员**　徐媛媛
**参　审　员**　陈　勇

**法律依据**　专利法实施细则第二十条第一款、第二十一条第二款　专利法第二十二条第三款
**决定要点**

本专利之权利要求1所要求保护的技术方案相对于请求人提供的证据具有区别之处，而请求人提供的证据又未就该区别之处给出任何技术启示或教导，同时该区别之处又能够带来一定的有益效果，故本专利之权利要求1相对于请求人提供的证据具备创造性。

### 一、案由

本无效宣告请求案涉及国家知识产权局专利局2004年1月21日授权公告的、名称为“一种草支垫”的实用新型专利，其专利号为03256190.3，申请日为2003年8月4日，专利权人是上海宝德联实业发展有限公司。

授权公告的权利要求书如下：

“1. 一种草支垫，由钢丝（1）及其捆扎的草支垫（2）构成，所述草支垫（2）的中间为凹形结构，草支垫（2）用钢丝（1）纵向均匀捆扎，其凹侧的两边设有钢丝（1）斜向捆扎，其特征在于：所述草支垫（2）的两侧各捆扎一个扣环（3）。

2. 根据权利要求1所述的一种草支垫，其特征在于：所述扣环（3）由粗钢丝制作成矩形，其对应两侧至少一侧套有金属管（31）。

3. 根据权利要求1所述的一种草支垫，其特征在于：所述扣环（3）可采用双箍钢丝（4）穿过扣环（3）上的金属管（31）捆扎在草垫（2）的两端。

4. 根据权利要求1所述的一种草支垫，其特征在于：所述金属管（31）可以是扁形的。

5. 根据权利要求1所述的一种草支垫，其特征在于：所述扣环（3）可采用捆扎带穿过扣环

（3）上的扁形的金属管（31）捆扎在草垫（2）上。”

针对上述专利权，马天明（下称请求人）于2004年5月14日向专利复审委员会提出了无效宣告请求，其理由是本实用新型专利不符合专利法实施细则第二十条第一款、第二十一条第二款以及专利法第二十六条第四款、第二十二条第三款的规定。与此同时，请求人提供了如下证据：

证据1：专利号为98237354.6的中国实用新型专利说明书复印件，授权公告日为1999年2月17日；

证据2：专利号为98238452.1的中国实用新型专利说明书复印件，授权公告日为1999年6月2日。

请求人认为：（1）本专利之5个权利要求均缺少解决“不易捆绑”这一技术问题的必要技术特征“捆扎带”，故不符合专利法实施细则第二十一条第二款的规定。（2）本专利权利要求3~5采用了诸如“可采用”、“可以”一类不确定的词语，从而使其不符合专利法实施细则第二十条第一款的规定。（3）本专利说明书披露的两个实施例均具有捆扎带，而相应的权利要求所要求保护的技术方案却无捆扎带，故权利要求书得不到说明书的支持，不符合专利法第二十六条第四款的规定。（4）证据1给出了借助一环形部件将两个部件捆在一起的技术启示，故本专利权利要求中的技术特征“扣环”无实质性特点和进步，故本专利权利要求要求保护的技术方案不具备创造性。

专利复审委员会经形式审查合格后，于2004年5月24日发出了无效宣告请求受理通知书，同时将宣告专利权无效请求书以及有关文件副本转给专利权人（下称被请求人），要求被请求人在指定期限进行意见陈述。同时成立合议组对本案进行审理。

对此，被请求人在指定期限未进行任何意见陈述。

专利复审委员会本案合议组于2005年2月7日向被请求人以及请求人发出了无效宣告请求口头审理通知书，定于2005年4月7日举行口头审理。

口头审理如期举行，被请求人以及请求人对合议组成员无回避请求，对对方出庭人员身份和资格无异议。请求人明确其无效宣告请求的理由为本专利不符合专利法实施细则第二十条第一款、第二十一条第二款以及专利法第二十二条第三款的规定，放弃本专利不符合专利法第二十六条第四款的无效宣告请求的理由。与此同时，请求人明确证据的对比方式，即证据1及证据2分别破坏本专利的创造性。被请求人对证据1及证据2的真实性无异议。请求人认为本专利不符合专利法实施细则第二十一条第二款规定的具体事实为权利要求中缺少用于捆绑货物之“捆绑带”这一必要技术特征。请求人认为本专利不符合专利法实施细则第二十条第一款的具体事实为权利要求3~5中存在使得保护范围不清楚的用语“可”、“可以”，权利要求4的引用关系不清楚。另外，双方当事人还结合证据就本专利的创造性进行了充分的意见陈述。

2005年4月8日，请求人又补充提交了意见陈述，其主要观点与无效宣告请求书中的观点以及口头审理时所持的观点相同。基于此，合议组未将请求人的上述意见陈述转送被请求人。

在上述工作的基础上，合议组认为本案事实已经清楚，可以依法作出审查决定。

**二、决定的理由**

1. 关于本专利是否符合专利法实施细则第二十一条第二款的规定

专利法实施细则第二十一条第二款规定：独立权利要求应当从整体上反映发明或实用新型的技术方案，记载解决技术问题的必要技术特征。

请求人认为，“捆绑带”是实现本专利发明目的的必要技术特征，而权利要求1~5所要求保护的技术方案均缺少这一必要技术特征，故本专利之权利要求1~5不符合专利法实施细则第二十一条第二款的规定。

本专利是针对现有技术之草支垫在实际使用时，需用固定带（即捆绑带）将货物以及支垫一起捆绑，由于支垫的体积大，由此带来捆绑不易的缺陷而进行的改进。其相应的技术解决方案是在草支垫的两侧设置扣环，以此作为两个捆绑带之间的连接件，从而使得对货物以及支垫的捆绑以扣环为基础分别实施。通过阅读本专利说明书之发明内容以及具体实施方案部分以及权利要求书可知，本专利之独立权利要求1从整体上反映了本专利的技术方案，记载了解决技术问题的必要技术特征，故符合专利法实施细则第二十一条第二款的规定。请求人所强调的“捆绑带”并非实现本专利上述发明目的必不可少的技术特征，该特征是和现有技术共有的技术特征。该特征未写入权利要求书中尚不足以使得本专利之权利要求1~5不符合专利法实施细则第二十一条第二款的规定。故合议组对请求人的这一主张不予支持。

2. 关于本专利是否符合专利法实施细则第二十条第一款的规定

专利法实施细则第二十条第一款规定：权利要求书应当说明发明或实用新型的技术特征，清楚、简要地表述请求保护的范围。

请求人认为本专利不符合专利法实施细则第二十条第一款的具体事实有二。一是权利要求4从属于权利要求1，而其限定部分的技术特征“所述金属管”在权利要求1中未出现，故权利要求4的引用关系不清楚。二是本专利权利要求3~5中所使用的“可”以及“可以”导致权利要求的保护范围不清楚。

对此，合议组认为，权利要求4从属于权利要求1，其限定部分的技术特征为“所述金属管（31）可以是扁形的”。其中的“所述金属管（31）”在权利要求1中未出现，同时根据本专利说明书披露的内容可知，金属管是构成本发明必要技术特征之“扣环”所附带的结构特征，故该特征又不属于本领域公知结构。故权利要求4的引用关系存在不清楚之处，不符合专利法实施细则第二十条第一款的规定。

对于本专利之权利要求3及权利要求5，其分别对所引用的权利要求1从扣环与草垫的连接方式作了进一步的限定。在本专利说明书具体实施方式部分所披露的两个实施例中，所述扣环采用双箍钢丝或捆扎带穿过扣环上的金属管捆扎在草垫的两端，而权利要求3及权利要求5的限定部分的技术特征也正是基于说明书中的两个具体的实施例而对权利要求1作了进一步的限定。基于此，合议组认为，虽然权利要求3及权利要求5的撰写存在瑕疵之处，但是其中的用词“可”在此应理解为不起任何限定性的作用，即这种用词不会导致权利要求3及权利要求5限定出不同的保护范围，并进而导致所述两个权利要求不清楚。

综上所述，本专利之权利要求3及权利要求5符合专利法实施细则第二十条第一款的规定。

3. 关于本专利的创造性

专利法第二十二条第三款规定：创造性，是指同申请日以前已有的技术相比，该实用新型具有实质性特点和进步。

证据1及证据2是专利文献，属于公开出版物。被请求人对上述两份证据的真实性无异议。同时上述两份证据的授权公告日均早于本专利的申请日，故证据1及证据2可作为现有技术评价本专利的创造性。

请求人认为，证据1及证据2分别破坏本专利的创造性。依据审查指南第四部分第三章第3.1节关于请求原则的规定，合议组在下面将仅以请求人指明的证据对比方式评述本专利的创造性。

证据1涉及一种草支垫，并具体披露了以下技术内容（具体参见证据说明书第1页最后一段至第2页第2段以及附图1及附图2）：所述草支垫由草1以及沿纵向均匀捆扎在其上的钢丝2构成，整个草支垫采用凸凹结构，钢卷放置在支垫的凹槽中，所述草垫下凹部分的两侧分别设有斜拉加强钢丝

4，所述草垫上设有钢带3，所述钢带3 位于凹面的草1 与钢丝2 之间，与草垫形成一体，当钢卷放好后，可将钢卷用钢带3 系紧。

证据2 涉及一种支垫，并具体披露了以下技术内容（具体参见证据说明书第2 页第15 行~第25 行以及附图2 及附图9）：所述支垫由纤维质材料1 和沿纵向均匀捆扎在其上的捆带3 构成，整个支垫采用凸凹结构，钢卷放置在支垫的凹槽中，所述凹槽之凹面的两侧分别设有斜拉加强捆带，支垫上设有固定带6，在支垫的两个凸面2 的顶部至底部分别开有柱形孔5，固定带6 穿过柱形孔5 设置在支垫上。另外，固定带6 还可以设置在凹面的纤维质材料与捆带之间。

通过上述的描述可以看出，证据1 及证据2 均未披露本专利之捆扎于草支垫两侧的扣环，同时也未就上述区别特征给出任何技术启示和教导。而通过本专利说明书所述内容可知，扣环结构的使用可以解决现有技术之将货物和支垫一起捆绑所带来的强度大、捆绑不易的技术问题。本领域的技术人员在证据1 或证据2 的基础上得到本专利权利要求1 所要求保护的技术方案需付出创造性的劳动，本专利之权利要求1 相对于证据1 或证据2 具备创造性。

请求人认为，证据1 之附图2 中所示的用于将支垫和钢卷捆扎在一起的环状钢带给出了通过环状部件将两部件捆扎在一起的技术启示，同时附图2 中的钢带3 本身就是一个扣环，因此上述区别特征无实质性特点和进步。对此，合议组认为，证据1 中用于将支垫和钢卷捆扎在一起的钢带3 虽然在结构上呈环状，但是其所起作用只是为了将货物与支垫捆绑在一起。而如上所述，本专利之扣环用作两个捆绑带之间的连接件，从而避免了通过一捆绑带将货物与支垫捆扎在一起时所带来的缺陷。显然，两者之间不存在给出了相应的技术启示的连接点。即根据证据1 中的环状钢带不能认定其给出了本专利所采用之扣环结构的技术启示。故合议组对请求人的上述主张不予支持。

权利要求2、3 以及权利要求5 均从属于权利要求1，在权利要求1 具备创造性的情况下，权利要求2、3 及权利要求5 同样具备创造性。

**三、决定**

宣告03256190.3 号实用新型专利的权利要求4 无效，在权利要求1、2、3 及权利要求5 的基础上维持专利权继续有效。

一方当事人对本决定不服的，可以根据专利法第四十六条第二款的规定，在收到本决定之日起三个月内向北京市第一中级人民法院起诉。根据该款的规定，一方当事人起诉后，另一方当事人可以作为第三人参加诉讼。

061

# 瓷砖玻璃钻案

## 无效宣告请求审查决定（第7035号）

决　定　号　第7035号
决　定　日　2005年4月12日
发明创造名称　瓷砖玻璃钻
国际分类号　B23B 51/00
无效请求人　陈昆镇
专利权人　唐亚风
专　利　号　02235706.8
申　请　日　2002年5月15日
授权公告日　2003年2月19日
合议组组长　杨克菲
主　审　员　徐媛媛
参　审　员　陈　勇

**法律依据**　专利法第二十二条第二款、第三款　专利法实施细则第二十条第一款

**决定要点**

当请求人提供的证据属域外形成的证据时，如果请求人不能就该证据提供在国内馆藏的证明时，请求人则应按照相关规定办理公证认证手续，否则该证据不能作为定案的依据。

**一、案由**

本无效宣告请求案涉及国家知识产权局专利局2003年2月19日授权公告的、名称为“瓷砖玻璃钻”的实用新型专利，其专利号为02235706.8，申请日为2002年5月15日，专利权人是唐亚风。

授权公告的权利要求书如下：

“1. 一种瓷砖玻璃钻，钻尖直连钻柄，在钻尖的顶部镶焊硬制合金头，其特征在于：钻柄的前部是圆柄，后部是等六边形横截面的角柄，角柄中段呈凹环状，凹环的横截面为圆形、纵截面为弧形。

2. 根据权利要求1所述的瓷砖玻璃钻，其特征在于：所述钻尖直径范围为3~13mm。

3. 根据权利要求1所述的瓷砖玻璃钻，其特征在于：所述圆柄直径大于、等于或小于角柄六角边对边距离尺寸。

4. 根据权利要求1所述的瓷砖玻璃钻，其特征在于：所述角柄长度为20~40mm。

5. 根据权利要求1所述的瓷砖玻璃钻，其特征在于：所述六边形角柄的六角边是直边或圆弧边。

6. 根据权利要求1或权利要求5所述的瓷砖玻璃钻，其特征在于：所述角柄六角边对边距离尺寸范围为6.35~11.12mm，即1/4英寸至7/16英寸。

7. 根据权利要求1所述的瓷砖玻璃钻，其特征在于：所述凹环的弧形半径为R=4.78mm，内径为4.95~5.08mm。”

针对上述专利权，陈昆镇（下称请求人）于2004年4月21日向专利复审委员会提出了无效宣告请求，其理由是本实用新型专利不符合专利法第二十二条第二款、第三款以及专利法实施细则第二十条第一款的规定。与此同时，请求人提供了如下证据：

证据1：CRAFTSMAN Power and Hand Tools 2002~2003 相关页复印件及中文译文共5页；

证据2：PORTER×CABLE#29090 的1/8″瓷砖玻璃钻的实物及包装吊卡；

证据3：PORTER×CABLE#29091 的3/16″瓷砖玻璃钻的实物及包装吊卡；

证据4：PORTER×CABLE#29092 的1/4″瓷砖玻璃钻的实物及包装吊卡；

证据5：PORTER×CABLE#29093 的5/16″瓷砖玻璃钻的实物及包装吊卡。

请求人认为：（1）证据1第144页左下角所公开的产品结构和形状披露了本专利权利要求1所要求保护的技术方案，故本专利权利要求1相对于证据1不具备新颖性和创造性。权利要求2~7限定部分的技术特征是所属领域的已有技术和常规技术，是无需创造性的劳动即可得到的技术参数，故权利要求2~7相对于证据1不具备创造性。（2）权利要求3未清楚地表达请求保护的范围，故不符合专利法实施细则第二十条第一款的规定。（3）针对证据2~5，请求人表示将在口头审理时予以提交。同时指出，证据2~5是在中国制造，运往美国销售的。由包装吊卡背面的"©2001 Jore Corporation All Rights Reserved"字样可知证据2~5涉及的实物于2001年已制造并销售，故证据2~5可作为评价本专利是否具备新颖性和创造性的证据，同时上述证据也披露了本专利权利要求1~7所要求保护的技术方案。

专利复审委员会经形式审查合格后，于2004年5月18日发出了无效宣告请求受理通知书，同时将宣告专利权无效请求书以及有关文件副本转交给专利权人（下称被请求人），要求被请求人在指定期限进行意见陈述。同时成立合议组对本案进行审理。

对此，被请求人在指定期限未进行任何意见陈述。

专利复审委员会本案合议组于2005年2月7日向被请求人以及请求人发出了无效宣告请求口头审理通知书，定于2005年4月11日举行口头审理。

口头审理如期举行，被请求人缺席。请求人对合议组成员无回避请求。请求人明确其无效宣告请求的理由为本专利不符合专利法第二十二条第二款、第三款以及专利法实施细则第二十条第一款的规定。请求人向合议组提交了证据1的原件以及证据2~5所涉及的实物。同时请求人明确了证据对比方式，即证据1破坏本专利权利要求1~7的新颖性和创造性。证据2破坏本专利权利要求1~7的新颖性。请求人结合证据就其相应的观点进行了充分的意见陈述。

在上述工作的基础上，合议组认为本案事实已经清楚，可以依法作出审查决定。

**二、决定的理由**

1. 关于本专利权利要求3是否符合专利法实施细则第二十条第一款的规定

专利法实施细则第二十条第一款规定：权利要求书应当说明发明或实用新型的技术特征，清楚、简要地表述请求保护的范围。

请求人认为，本专利权利要求3限定部分的技术特征"所述圆柄直径大于、等于或小于角柄六角边对边距离尺寸"未清楚地表达请求保护的范围，故不符合专利法实施细则第二十条第一款的规定。

对此，合议组认为，说明书具体实施方式中披露了所述圆柄直径大于、等于或小于角柄六角边对边之距离的三个实施例，同时本专利之权利要求3也正是根据这三个实施例对其所要求保护的范围作了具体的限定，故合议组认为本专利权利要求3所确定的保护范围是清楚的，符合专利法实施细则第二十条第一款的规定。合议组对请求人认为本专利之权利要求3不符合专利法实施细则第二十条第一款的主张不予支持。

2. 关于本专利的新颖性和创造性

专利法第二十二条第二款规定：新颖性，是指在申请日以前没有同样的发明或实用新型在国内外出版物上公开发表过、在国内公开使用过或者以其他方式为公众所知，也没有同样的发明或实用新型由他人向国务院专利行政部门提出过申请并且记载在申请日以后公布的专利申请文件中。

专利法第二十二条第三款规定：创造性，是指同申请日以前已有的技术相比，该发明具有突出的实质性特点和显著的进步，该实用新型具有实质性特点和进步。

证据1是CRAFTSMAN Power and Hand Tools 2002~2003相关页复印件。虽然请求人在口头审理时提交了该证据的原件。但是，最高人民法院《关于行政诉讼证据若干问题规定》第十六条规定：当事人向人民法院提供的在中华人民共和国域外形成的证据，应当说明来源，经所在国公证机关证明，并经中华人民共和国驻该国使领馆认证，或者履行中华人民共和国与证据所在国订立的有关条约中规定的证明手续。其中"所在国"包括两层含义，一是证据的产生地，二是馆藏有所述证据的国家。请求人未就证据1提交相应的馆藏证明，故在此"所在地"只能是证据的产生地。由于证据1的产生地是美国。故证据1应经美国公证机关证明，并经中华人民共和国驻该国使领馆认证。而请求人未就该证据提交任何证明手续，故根据最高人民法院《关于行政诉讼证据若干问题规定》第五十七条（五）的规定，上述证据不能作为定案的依据，故合议组对证据1不予采信。

证据2~5是四种不同尺寸规格的PORTER×CABLE瓷砖玻璃钻的实物及包装吊卡。首先需要指出的是，虽然请求人在提出无效宣告请求时只是声称有四份实物证据（即证据2~5），但是并未提交任何证据以证实所述四份实物证据的存在。但是，根据口头审理时请求人提供的四份实物，合议组经核实，四份实物的商标名称、型号以及尺寸规格均与请求书中所列的相符，故合议组认为请求人在口头审理时提交证据2~5中所涉及的实物并不违背专利法实施细则第六十六条的规定。请求人认为，根据四份实物包装吊卡背面的"ⓒ2001 Jore Corporation All Rights Reserved"字样可知证据2~5涉及的实物于2001年已制造并销售。对此，合议组认为，上述字样只能证明吊卡背面的内容受到版权保护，而这种版权的保护和吊卡正面所装实物是否已制造、销售无必然的联系。在无其他辅证的情况下，仅据此尚不足以认定吊卡正面所装实物在本专利申请日前已制造、销售（为公众所知）的事实。另一方面，根据请求人在请求书中所述内容可知，证据2~5所涉及实物是销往美国的，而专利法第二十二条第二款所涉及的使用公开是指在国内公开使用过，故上述证据不属于新颖性中所称的使用公开之列。鉴于此，合议组对证据2~5也不予采信。

综上所述，请求人提供的证据不充分，不足以否定本专利的新颖性和创造性。

**三、决定**

维持02235706.8号实用新型专利权有效。

一方当事人对本决定不服的，可以根据专利法第四十六条第二款的规定，在收到本决定之日起三个月内向北京市第一中级人民法院起诉。根据该款的规定，一方当事人起诉后，另一方当事人可以作为第三人参加诉讼。

# 卷烟用热收缩包装复合膜案

## 无效宣告请求审查决定（第7044号）

**决　定　号**　第7044号
**决　定　日**　2005年4月7日
**发明创造名称**　卷烟用热收缩包装复合膜
**国际分类号**　B65D 65/40
**无效请求人**　海南现代企业股份有限公司
**专利权人**　河南塑胶股份有限公司
**专　利　号**　03204538.7
**专　利　日**　2003年2月21日
**授权公告日**　2003年12月17日
**合议组组长**　黄玉平
**主　审　员**　宋鸣镝
**参　审　员**　陈海平

**法律依据**　专利法第二十二条第三款
**决定要点**

虽然涉案专利的权利要求相对于最接近的证据具有区别技术特征，但这些区别技术特征要么被另一篇证据所披露，要么属于所属技术领域中的公知常识，同时这些区别之处也未带来任何意想不到的技术效果，所属技术领域的普通技术人员在上述证据所给出的技术启示或教导下，无需付出创造性的劳动即可实现权利要求所限定的技术方案，则该权利要求相对于所述证据不具备创造性。

**一、案由**

本无效宣告请求案涉及申请日为2003年2月21日、授权公告日为2003年12月17日、名称为“卷烟用热收缩包装复合膜”的实用新型专利（下称本专利），其申请号为03204538.7，专利权人为河南塑胶股份有限公司（下称被请求人）。

授权公告的权利要求书全文如下：

“1. 一种卷烟用热收缩包装复合膜，其特征在于：包括BOPP双向拉伸聚丙烯热收缩薄膜层、衔接层和透明乳液涂层；BOPP双向拉伸聚丙烯热收缩薄膜层为中心层，位于热收缩包装复合膜中间位置，透明乳液涂层为表层，位于热收缩包装复合膜的两侧，BOPP双向拉伸聚丙烯热收缩薄膜层与两侧透明乳液涂层之间为两个衔接层。

2. 按权利要求1所述的卷烟用热收缩包装复合膜，其特征在于：两个衔接层均是粘合剂层。

3. 按权利要求1所述的卷烟用热收缩包装复合膜，其特征在于：两个衔接层，一个是粘合剂层，另一个是印刷油墨层。

4. 按权利要求1所述的卷烟用热收缩包装复合膜，其特征在于：两侧透明乳液涂层可以是

PVDC 聚偏二氯乙烯乳液涂层或丙烯酸乳液涂层。”

针对上述实用新型专利权，海南现代企业股份有限公司（下称请求人）于2004年3月11日向专利复审委员会提出了无效宣告请求。请求宣告无效的理由是：本专利的权利要求1～4不具备专利法第二十二条第二款、第三款规定的新颖性和创造性，以及不符合专利法第九条、专利法实施细则第二条第二款和第十三条第一款的有关规定。请求人同时提交了以下三份附件作为证据：

附件1（下称证据1）：中国实用新型专利 ZL02243507.7 说明书复印件，其授权公告日为2003年3月26日。

附件2（下称证据2）：中国发明专利 ZL94107780.2 说明书复印件，其授权公告日为1999年12月8日。

附件3（下称证据3）：化学工业出版社出版《塑料制品印刷》一书的封面、版权页、第33、第298、第299、第306页等相关页的复印件（共8页），其出版日期为2002年3月。

经形式审查合格后，专利复审委员会受理了上述无效宣告请求，并于2004年3月22日向请求人和被请求人发出了无效宣告请求受理通知书，将上述专利权无效宣告请求书及其相关文件副本转送给被请求人，同时依法成立合议组对本案进行审理。

针对上述无效宣告请求，被请求人于2004年4月30日提交了意见陈述书，同时对权利要求书进行了修改。被请求人认为：本专利和证据1对比，本专利的 BOPP 双向拉伸聚丙烯热收缩薄膜中心层不同于证据1中的双向拉伸聚丙烯（BOPP）透明膜基材，本专利既具备新颖性，同时与其也不是同样的发明创造；本专利和证据2对比，本专利的 BOPP 双向拉伸聚丙烯热收缩薄膜中心层不同于证据2中的双向拉伸聚酯薄膜，因此本专利具备新颖性，同时由于本专利中心层所用的 BOPP 双向拉伸聚丙烯热收缩薄膜的热收缩率较大（参见国家标准 GB/T12026－2000 热封型双向拉伸聚丙烯薄膜的热收缩率为 >6%），而证据2中所用的双向拉伸聚酯薄膜的热收缩率较小（参见国家标准 GB/T16958－1997 包装用双向拉伸聚酯薄膜的热收缩率 <6%），故本专利能够实现证据2所不能实现的“保证整条香烟外观平整”的技术效果，因此本专利具备创造性；本专利与证据2和证据3的结合对比，由于证据3中没有给出“五层结构”的技术启示，因而得不到本专利的技术方案，本专利具备创造性；此外，由于本专利具有五层的结构特征，因此属于实用新型的保护范围。被请求人要求在此修改后的权利要求的基础上维持专利权有效。

其所提交的修改的权利要求书全文如下：

“1. 一种卷烟用热收缩包装复合膜，包括中心层、衔接层和透明乳液涂层；中心层位于热收缩包装复合膜中间位置，透明乳液涂层为表层，位于热收缩包装复合膜的两侧，中心层与两侧透明乳液涂层之间为两个衔接层，两个衔接层均是粘合剂层，其特征在于，中心层为 BOPP 双向拉伸聚丙烯热收缩薄膜层。

2. 按权利要求1所述的卷烟用热收缩包装复合膜，其特征在于：两个衔接层，一个是粘合剂层，另一个是印刷油墨层。”

针对被请求人于2004年4月30日提交意见陈述书和修改后的权利要求书，合议组经过合议后，于2004年10月13日向双方当事人发出了无效宣告请求审查通知书，同时将该被请求人所提交的意见陈述书及修改后的权利要求书副本转送给请求人。在上述审查通知书中，合议组认为修改后的权利要求2为新的技术方案，得不到原说明书的支持，不符合专利法第二十六条第四款的规定；同时还认为权利要求2与权利要求1存在矛盾之处，这样的矛盾将造成该权利要求所保护的范围不清楚，不符合专利法实施细则第二十条第一款的规定。

2004年10月26日，被请求人针对上述审查通知书提交了意见陈述书和经再次修改的权利要求书。修改后的权利要求书全文如下：

“1. 一种卷烟用热收缩包装复合膜，包括衔接层和透明乳液涂层，透明乳液涂层为表层，其特征在于，还包括位于中心层的 BOPP 双向拉伸聚丙烯热收缩薄膜层，BOPP 双向拉伸聚丙烯热收缩薄膜层与两侧表层透明乳液涂层之间为两个衔接层。

2. 按权利要求 1 所述的卷烟用热收缩包装复合膜，其特征在于，两个衔接层均是粘合剂层。

3. 按权利要求 1 所述的卷烟用热收缩包装复合膜，其特征在于，两个衔接层，一个是粘合剂层，另一个是印刷油墨层。”

专利复审委员会于 2004 年 10 月 28 日向双方当事人发出口头审理通知书，定于 2005 年 1 月 18 日上午 9 时在专利复审委员会举行口头审理，同时将被请求人在 2004 年 10 月 26 日提交的意见陈述书和修改后的权利要求书副本转送给请求人。

口头审理如期举行，双方当事人均到庭。在口头审理过程中，合议组当庭告知双方当事人审查的基础为：所针对的权利要求是被请求人于 2004 年 10 月 26 日提交的权利要求第 1 ~ 3 项。请求人当庭声明放弃以本专利不符合专利法第九条以及专利法实施细则第十三条第一款的有关规定作为无效理由，请求人当庭提交了证据 3 的原件，即《塑料制品印刷》一书的全文，被请求人对证据 1 ~ 3 的真实性无异议；同时合议组将《塑料制品印刷》一书的第 25 页的复印件（下称证据 4）作为公知常识证据当庭转送给被请求人，被请求人对此证据的真实性无异议；被请求人当庭还出示了 GB/T12026 - 2000 号热封型双向拉伸聚丙烯薄膜的国家标准和 GB/T16958 - 1997 号包装用双向拉伸聚酯薄膜的国家标准的复印件。同时，请求人还明确了证据的使用方式，即引用证据 2 来说明本专利不符合专利法实施细则第二条第二款的规定，引用证据 1、证据 2 来评价本专利权利要求 1 ~ 3 不具备新颖性，引用证据 2 以及证据 2 和证据 3 的结合来评价本专利权利要求 1 ~ 3 不具备创造性。被请求人对此也充分发表了意见，被请求人认为：本专利符合专利法实施细则第二条第二款的有关规定，本专利的权利要求 1 ~ 3 具备新颖性和创造性。对于合议组当庭引入的证据 4，双方当事人表示口审后不再提交书面意见陈述。

在上述程序的基础上，合议组认为本案事实已经清楚，可以依法作出如下审查决定。

**二、决定的理由**

请求人在口头审理过程中当庭声明放弃本专利不符合专利法第九条以及专利法实施细则第十三条第一款有关规定的无效理由，故合议组不再针对所述无效理由进行评述。

1. 审查的基础

本无效决定所针对的文本是：被请求人于 2004 年 10 月 26 日提交的权利要求第 1 ~ 3 项、国家知识产权局专利局于 2003 年 12 月 17 日公告授权的本专利说明书第 1 ~ 2 页和说明书附图第 1 页。

2. 关于专利法实施细则第二条第二款

专利法实施细则第二条第二款中对作为专利法保护对象的实用新型作出了规定：专利法所称的实用新型，是指对产品的形状、构造或者其结合所提出的适于实用的新的技术方案。

实用新型所保护的产品是经过工业方法制造出来的、并占据一定空间的实体。该产品应具有可以从外部观察到的确定空间形状，对产品形状所提出的技术方案可以是对产品的三维形态提出的技术方案，也可以是对产品的二维形态提出的技术方案；该产品还应具有能反映各个组成部分的安排、组织和相互关系的构造，产品的构造可以是机械构造，也可以是线路构造。是否能够构成技术方案，要看是否是对其所要解决的技术问题采取了利用自然规律的技术特征的集合。

本专利的权利要求 1 所保护的是一种卷烟用热收缩包装复合膜，该包装复合膜属于层状产品，其具有五层的基本结构，中心层为 BOPP 双向拉伸聚丙烯热收缩薄膜层，两侧的表层为透明乳液涂层，在中心层与两侧的表层之间为两个衔接层。本专利的权利要求 2 对所保护的卷烟用热收缩包装复合膜作出了进一步限定，将其中的两个衔接层均限定为粘合剂层。本专利的权利要求 3 对所保护的卷烟用热收缩包装复合膜也作出了进一步限定，将其中的一个衔接层限定为粘合剂层，而将另一个衔接层限定为印刷油墨层。由此可见，该卷烟用热收缩包装复合膜具有一定的几何形状（层状），并且具有五层的基本构造（表层透明乳液涂层 + 衔接层 + 中心层 BOPP 双向拉伸聚丙烯热收缩薄膜层 + 衔接层 + 表层透明乳液涂层），显然，其是对产品的构造作出的改进，其利用了自然规律的集合解决了一定的技术问题，属于专利法所称实用新型的保护对象的范畴。因此，本专利符合专利法实施细则第二条第二款的有关规定。

3. 本案证据的认定

证据 2 为中国专利文献，属于公开出版物，合议组已经核实了其真实性，其授权公告日为 1999 年 12 月 8 日，早于本专利的申请日，故证据 2 可以作为评价本专利创造性的现有技术。

证据 3 为《塑料制品印刷》一书的相关页，该书籍属于公开出版物，被请求人对它的真实性无异议，该书籍的出版日期为 2002 年 3 月，早于本专利的申请日，故证据 3 可以作为评价本专利创造性的现有技术。

证据 4 为《塑料制品印刷》一书的第 25 页，该书籍属于公开出版物，被请求人对它的真实性无异议，该书籍的出版日期为 2002 年 3 月，早于本专利的申请日，故证据 4 可以作为评价本专利创造性的现有技术。

4. 关于本专利的创造性

专利法第二十二条第三款规定：创造性，是指同申请日以前已有的技术相比，该发明具有突出的实质性特点和显著的进步，该实用新型具有实质性特点和进步。

(1) 关于本专利权利要求 1 的创造性

证据 2 涉及一种卷烟生产中应用的聚酯涂覆防皱烟用包装膜的生产方法（参见证据 2 的说明书第 1 页第 26 ~ 28 行），其中披露了以下的技术特征："该包装膜是在双向拉伸聚酯薄膜两侧涂以粘合剂，再在粘合剂上涂一层以聚偏二氯乙烯为基料的涂覆乳液而构成的"。通过阅读证据 2 可知，该包装膜是一种卷烟用包装复合膜，其具有五层的基本结构，作为基材的中心层为双向拉伸聚酯薄膜，中心层的两侧为粘合剂层（相当于本专利权利要求 1 中的衔接层），两侧的表层为以聚偏二氯乙烯为基料的乳液涂层。

证据 3 涉及塑料制品印刷技术，其中披露了以下的技术特征："BOPP 薄膜（即双向拉伸聚丙烯薄膜）广泛用作复合薄膜基材（参见证据 3 第 33 页第 13、第 27 行），PP（即聚丙烯）可制成热收缩薄膜，其热收缩率达 60% ~ 80%（参见证据 3 第 33 页倒数第 1 行），透明塑料膜的"里印"工艺（参见证据 3 第 306 页第 14 ~ 22 行）"。

证据 4 涉及塑料制品印刷技术，其中披露了以下的技术特征："收缩薄膜包装的优点是表面光滑、无皱纹、高度闪光、密封干净、富有吸引力，大量用于小商品、礼品、纺织品、食品和药品的包装（参见证据 4 第 25 页第 10 ~ 12 行）"。

在口头审理时，请求人明确了证据的使用方式，其引用证据 2 或证据 2 和证据 3 的结合来评述本专利权利要求 1 ~ 3 不具备创造性。

合议组认为，通过上述分析可知，证据 2 是与本专利最为接近的现有技术。将本专利权利要求 1 所保护的技术方案与证据 2 所公开的内容相比，其区别技术特征在于：(1) 本专利的中心层为 BOPP 双向拉伸聚丙烯热收缩薄膜层，证据 2 的中心层为双向拉伸聚酯薄膜层；(2) 本专利所保护的包装复合膜为热收缩的，证据 2 中未明确指出其包装膜是否为热收缩的；(3) 本专利的表层为透明乳液涂层，证据2中未明确指出以聚偏二氯乙烯为基料的表层乳液涂层是否为透明的。

对于上述区别技术特征（1），参见证据3第33页，其中披露了“BOPP薄膜广泛用作复合薄膜基材，PP可制成热收缩薄膜，其热收缩率达60%～80%”。可见，热收缩仅仅是聚丙烯的一种性质，而BOPP双向拉伸聚丙烯只是聚丙烯的一种形式，本技术领域的技术人员可根据具体需要将BOPP薄膜制成具有热收缩性能的薄膜，并将其用于需要之处，如复合薄膜的中心层，而无需付出创造性之劳动。对于上述区别技术特征（2），合议组认为：包装复合膜的热收缩性能是由其中心层的性能带来的，以具有热收缩性能的双向拉伸聚丙烯作为中心层的包装复合膜，必然使复合膜具有热收缩性能，这是本领域的公知常识，无需付出创造性的劳动。对于上述区别技术特征（3），合议组认为：表层聚偏二氯乙烯乳液涂层具有透明的特性是本领域公知常识，同时在本专利说明书第1页第21～22行对此亦有说明：“两侧透明乳液涂层可以是PVDC聚偏二氯乙烯乳液涂层或丙烯酸乳液涂层”，即被请求人亦承认聚偏二氯乙烯乳液涂层具有透明特性。由此可见，在证据2的基础上结合证据3，将双向拉伸聚酯薄膜的中心层替换为BOPP双向拉伸聚丙烯薄膜的中心层，并结合本技术领域中的常识性技术（即将BOPP薄膜制成具有热收缩性能的薄膜，并用于复合薄膜的中心层，以及乳液涂层所具有的透明特性），而得出本专利权利要求1所保护的技术方案，对于本技术领域的技术人员来说是显而易见的，并未产生意想不到的技术效果。因此，本专利权利要求1相对于证据2和证据3的结合，不具备专利法第二十二条第三款所规定的创造性。

在被请求人所提交的意见陈述书中及口头审理时，被请求人认为：本专利权利要求1所保护的卷烟用热收缩包装复合膜采用的是热封型双向拉伸聚丙烯薄膜（参见国家标准GB/T12026－2000），该薄膜的热收缩率大于6%，而证据2中所公开的卷烟用包装膜采用的是包装用双向拉伸聚酯薄膜（参见国家标准GB/T16958－1997），该薄膜的热收缩率小于6%，由于热封型双向拉伸聚丙烯薄的热收缩率大于包装用双向拉伸聚酯薄膜的热收缩率，因此本专利能够实现证据2所不能实现的“保证整条香烟外观平整”的技术效果，使得香烟条盒包装得很贴体。

对此，合议组认为：在本专利原始说明书和权利要求书中并未记载有“本专利所保护的卷烟用热收缩包装复合膜采用的是热封型双向拉伸聚丙烯薄膜（参见国家标准GB/T12026－2000）”，并且“热收缩”和“热封型”也不是相互等同的概念，“热收缩”是指该包装复合膜具有遇热产生收缩的性能，而“热封型”是指该双向拉伸聚丙烯薄膜具有能够在遇热情况下产生密封的技术效果。此外，收缩薄膜包装具有表面光滑、无皱纹的优点，这属于本领域中的公知常识，本技术领域的技术人员将该收缩薄膜用于包装整条香烟时，即可实现整条香烟外观平整的技术效果，同时在合议组当庭转交给被请求人的证据4中也佐证了这一点。

（2）关于本专利权利要求2和权利要求3的创造性

本专利的从属权利要求2引用权利要求1，其附加技术特征将两个衔接层均限定为粘合剂层。该附加技术特征也已经被证据2所公开（参见证据2的说明书第1页第26～27行）。因此，在权利要求1不具备创造性的情况下，权利要求2相对于证据2和权利要求3同样不具备创造性。

本专利的从属权利要求3引用权利要求1，其附加技术特征将两个衔接层分别限定为粘合剂层和印刷油墨层。“衔接层为粘合剂层”已经被证据2所公开（参见证据2的说明书第1页第26～27行）；对于“衔接层为印刷油墨层”这一技术特征，参见证据3第306页第14～22行，其中披露了“透明塑料膜的‘里印’工艺，里印印刷品比表面印刷品具有光亮美观、色泽鲜艳等优点，由于油墨印在薄膜内侧（经复合、墨层夹于两膜间），不会污染包装物品”。可见，证据3公开了印刷层夹于两膜之间的技术特征，本领域的技术人员可以根据需要在BOPP双向拉伸聚丙烯热收缩薄膜层与表层透明乳液涂层两膜之间设置印刷油墨层，无需付出创造性的劳动。因此，在权利要求1不具备创造性的情况下，权利要求 3 相对于证据 2 和证据 3 同样不具备创造性。

综上所述，本专利的全部权利要求证据 1 ~3 不具备创造性，不符合专利法第二十二条第三款的规定。

由于本专利的权利要求 1 ~3 相对于证据 2 和证据 3 的结合已经不具备创造性，所以对于请求人所主张的其他证据和理由，合议组不再评述。

**三、决定**

宣告 03204538. 7 号实用新型专利权全部无效。

当事人对本决定不服的，可以根据专利法第四十六条第二款的规定，自收到本决定通知书之日起三个月内向北京市第一中级人民法院起诉。根据该款的规定，一方当事人起诉后，另一方当事人应当作为第三人参加诉讼。

# 果蔬周转箱案

## 无效宣告请求审查决定（第7052号）

**决　定　号**　第7052号
**决　定　日**　2005年4月18日
**发明创造名称**　果蔬周转箱
**国际分类号**　B65D 85/34
**无效请求人**　黄岩创发塑业有限公司
**专利权人**　缪文华
**专　利　号**　99227895.3
**申　请　日**　1999年7月19日
**授权公告日**　2000年5月10日
**合议组组长**　于　萍
**主　审　员**　崔　峥
**参　审　员**　杨克菲

**法律依据**　专利法实施细则第二十一条第二款　专利法第二十二条第三款
**决定要点**

权利要求书中技术特征的具体技术含义应结合专利说明书及本领域的一般常识来进行理解。

如果发明或者实用新型为解决现有技术中存在的问题所必不可少的技术特征未记载在独立权利要求中，使得该权利要求所限定的技术方案不完整，则认为该权利要求缺乏必要技术特征，不符合专利法实施细则第二十一条第二款的规定。

### 一、案由

本无效宣告请求案涉及国家知识产权局专利局于2000年5月10日授权公告的、名称为“果蔬周转箱”的实用新型专利，其专利号为99227895.3，申请日为1999年7月19日，专利权人是缪文华（下称被请求人）。

授权公告的权利要求书如下：

“1. 一种果蔬周转箱，由四周筐壁和箱底组成周转箱，四周筐壁和箱底分布格子条和条之间的孔（7），在箱口和箱底部制有框筋（1、8、9），其特征在于所谓的格子条是主筋（4、4′）和辅筋（5、5′）所组成。

2. 如权利要求1所述的果蔬周转箱，其特征在于辅筋（5）宽（b）是2～4mm，厚（h）是0.3～0.8mm。

3. 如权利要求1所述的果蔬周转箱，其特征在于主筋（4）和辅筋（5）构成的格子条成斜向形布局，在斜向形格子条间制有纵向加强筋（10）和横向加强筋（3）。

4. 如权利要求1所述的果蔬周转箱，其特征在于周转箱的两头筐壁中制有提手（11）和提手孔

(12)。

5. 如权利要求1所述的果蔬周转箱，其特征在于周转箱的内口长是380～410mm，宽是300～320mm，箱内高是210～300mm。

6. 如权利要求1或5所述的果蔬周转箱，其特征在于周转箱的内口长是390～400mm，宽是310～320mm，箱内高是210～290mm。"

该专利授权公告后经过一次专利权无效宣告请求审查程序，专利复审委员会于2004年2月23日作出第5841号无效宣告请求审查决定书，宣告本专利的权利要求1、3和权利要求4无效，并在权利要求2、5和权利要求6的基础上维持本专利有效。针对该决定，该无效宣告请求的双方当事人在法定期限内均没有提起行政诉讼。该决定已生效。

针对上述专利权，黄岩创发塑业有限公司（下称请求人）于2004年12月13日向专利复审委员会提出了无效宣告请求，其理由是本专利权利要求1、3和权利要求4不具备专利法第二十二条第二款和第三款规定的新颖性和创造性，并且不符合专利法实施细则第二条第二款的规定，本专利权利要求2、5和权利要求6不具备创造性。请求人同时提交了如下证据：

证据1：中国实用新型专利申请说明书CN2080928U的复印件，公告日为1991年7月17日；

证据2：中国实用新型专利申请说明书CN2123508U的复印件，公告日为1992年12月2日；

证据3：《中国包装》杂志1990年第10卷第4期封面及广告页复印件（共计2页）；

证据4：中国外观设计公报CN3083309复印件，授权公告日为1998年8月26日。

请求人认为，证据1、2和证据4均已公开了本专利权利要求1的全部技术特征，故权利要求1不符合专利法第二十二条第二款、第三款和专利法实施细则第二条第二款的规定；本专利权利要求3的附加技术特征已被证据3所公开，并且该附加技术特征也属于公知技术，故权利要求3不符合专利法第二十二条第二款、第三款和专利法实施细则第二条第二款的规定；本专利权利要求2、5、6的附加技术特征为本领域的公知常识，因此不具备创造性。

经形式审查合格，专利复审委员会于2004年12月13日受理了上述无效宣告请求并将无效宣告请求书及证据副本转给了被请求人，同时成立合议组对上述无效宣告请求进行审查。

请求人于2005年1月12日向专利复审委员会提交了意见陈述书并补充了如下的证据：

证据5：杭州立新塑料厂产品样本的封面、封底及第3页的复印件（共计3页）；

证据6：杭州长城塑料厂产品样本的封面、封三及第4页的复印件（共计3页）；

证据7：杭州万里塑料制品总厂产品样本的封面、封底及第3页的复印件（共计3页）；

证据8：杭州日报关于杭州电话号码从五位升至六位的公告复印件。

被请求人针对请求人于2004年12月13日提出的无效请求于2005年1月20日提交了意见陈述书，指出请求人提出的无效宣告请求的证据与复审委员会已经审理结束并已作出的5841号无效决定所涉及的证据内容相同和相似，均不能否定本专利的新颖性和创造性。

专利复审委员会本案合议组于2005年2月1日向双方当事人发出了口头审理通知书，定于2005年4月6日举行口头审理，并将请求人于2005年1月12日提交的意见陈述书和补充证据的副本转给了被请求人，同时将被请求人于2005年1月20日提交的意见陈述书转送给了请求人。

被请求人又于2005年3月10日再次向专利复审委员会提交了与2005年1月20日所提交意见陈述书内容相同的意见陈述书。

请求人于2005年3月16日向专利复审委员会提交了意见陈述书，针对被请求人于2005年1月20日提交的意见陈述书提出了相应的反驳，认为"被请求人在第一次无效程序中针对权利要求5、6所作的'上、下箱以箱口对峙方式放置，而中间箱体以箱口朝前或朝后方式竖起后置于所述两对峙的箱内’答辩理由是不能成立的，因为在说明书中的发明目的和积极效果均未述及该理由”，权利要求5、6所限定的技术方案实际上是长、宽、高的比例关系，请求人所提交的证据中已包含了符合该比例关系的周转箱图片，故权利要求5、6不具备创造性。

口头审理如期举行，双方当事人均出席了本次口头审理。合议组当庭将被请求人于2005年3月10日提交的意见陈述书转送给了请求人，同时将请求人于2005年3月16日提交的意见陈述书转送给了被请求人。

在口头审理过程中，请求人放弃了证据3，并当庭出示了证据5和证据6的原件以及盖有“浙江图书馆”红色印章的证据8的复印件。且证据5和证据6的原件与其复印件一致。被请求人对证据1、2、4和证据7的真实性无异议，并明确表示对证据1、2、4和证据7的认定与在先的5841号无效决定中的认定相同。请求人放弃了以新颖性作为无效的理由，并明确其无效理由为本专利权利要求2、5和证据6不符合专利法实施细则第二十一条第二款的规定，并且不具备创造性。针对上述的无效理由，双方进行了充分的辩论。请求人明确指出证据1、2、4和证据7单独破坏权利要求2的创造性，证据1、2和证据4分别与证据7结合破坏权利要求5和权利要求6的创造性。另外，请求人还认为“周转箱的材料为弹性材料”是权利要求2的必要技术特征，而“周转箱的外口相关尺寸”应为权利要求5和权利要求6的必要技术特征。被请求人认为权利要求5和权利要求6所要解决的技术问题是，在空箱运输时，三个空箱相互套叠、卡合以便节省空间并使其放置稳固。

口头审理结束后，被请求人于2005年4月11日提交了意见陈述书。被请求人认为，本专利权利要求2中有关辅筋的宽度和厚度尺寸属于形状特征，而且辅筋薄而宽，具有柔软的弹性，可避免挤压和擦伤果蔬，因此具备创造性。权利要求5和权利要求6限定了周转箱的尺寸范围，使得在空箱运输时三个空箱能够相互套叠而不会滑落倒下，因而也具备创造性。

在上述工作的基础上，合议组认为本案事实已经清楚，可以依法作出审查决定。

**二、决定的理由**

1. 关于审查文本

根据专利复审委员会于2004年2月23日作出并已生效的第5841号无效宣告请求审查决定书，本专利的权利要求1、3和权利要求4已被宣告无效，本专利是在权利要求2、5和权利要求6的基础上予以维持有效的。因此，合议组以本专利继续维持有效的权利要求2、5和权利要求6、本专利授权公告时的说明书和附图作为本案的审查基础。

对于继续维持有效的权利要求2、5和权利要求6，其所限定的技术方案分别相当于如下的3项独立权利要求所限定的技术方案：

“2. 一种果蔬周转箱，由四周筐壁和箱底组成周转箱，四周筐壁和箱底分布格子条和条之间的孔（7），在箱口和箱底部制有框筋（1、8、9），所谓的格子条是由主筋（4、4′）和辅筋（5、5′）所组成，其特征在于辅筋（5）宽（b）是2~4mm，厚（h）是0.3~0.8mm。

5. 一种果蔬周转箱，由四周筐壁和箱底组成周转箱，四周筐壁和箱底分布格子条和条之间的孔（7），在箱口和箱底部制有框筋（1、8、9），所谓的格子条是由主筋（4、4′）和辅筋（5、5′）所组成，其特征在于周转箱的内口长是380~410mm，宽是300~320mm，箱内高是210~300mm。

6. 一种果蔬周转箱，由四周筐壁和箱底组成周转箱，四周筐壁和箱底分布格子条和条之间的孔（7），在箱口和箱底部制有框筋（1、8、9），所谓的格子条是由主筋（4、4′）和辅筋（5、5′）所组成，其特征在于周转箱的内口长是390~400mm，宽是310~320mm，箱内高是210~290mm。”

2. 关于本专利权利要求2、5和权利要求6是否符合专利法实施细则第二十一条第二款的规定

专利法实施细则第二十一条第二款规定：独立权利要求应当从整体上反映发明或实用新型的技术

方案，记载解决技术问题的必要技术特征。

（1）关于权利要求2

本专利权利要求2所要解决的技术问题是提供一种柔软并可避免果蔬外皮挤擦损伤的果蔬周转箱。

专利法第五十六条第一款规定：发明或者实用新型专利权的保护范围以其权利要求的内容为准，说明书及附图可以用于解释权利要求。

合议组认为，权利要求书中技术特征的具体技术含义应结合专利说明书及本领域的一般常识来进行理解。根据本专利说明书第1页背景技术部分的描述，“现有用于果蔬周转盛装的工具按其制作材料不同，可分为塑料箱、纸箱、木箱、竹筐和藤筐等”，而上述材质的周转箱都存在着一些相应的缺陷，“本实用新型的目的是克服已有技术的缺陷，提供一种箱的筋条构造形状适宜果蔬盛装，既保证刚性强度，又有柔软的弹性和良好的透气性，并且外形美观的果蔬周转箱”。由此可见，现有技术的果蔬周转箱采用的是塑料、纸、木、竹和藤等具有一定弹性的材料，而并没有考虑采用类似金属这样的刚性材料。另外，本专利说明书第2页第6行也明确说明“本实用新型是一种塑料制成的果蔬周转箱”，同时，在说明书第2页第20行中也有类似的描述，“本实用新型涉及果蔬周转箱，由注塑成型”。因此，在本专利中，果蔬周转箱的材质应当是塑料这样的弹性材料。对于权利要求2，虽然未明确限定周转箱以及辅筋的材料，但不言而喻，其必然应当是塑料这样的弹性材料。因此，合议组对请求人所认为的权利要求2由于缺少周转箱特别是辅筋由弹性材料制成这一必要技术特征而不符合专利法实施细则第二十一条第二款的规定的主张不予支持。

（2）关于权利要求5和权利要求6

权利要求5和权利要求6所要解决的技术问题是：在空箱运输时，三个空箱相互套叠、卡合以便节省空间并使其放置稳固。也就是，在空箱时将上、下空箱以箱口对峙方式放置，而中间箱体以箱口朝前或朝后的方式竖起并置于所述两对峙的箱内，从而使上、下空箱前后、左右挤住，以达到使空箱放置稳固的作用。对此也得到了双方的共同认可。

显然，周转箱的外口尺寸和内口尺寸对于权利要求5和权利要求6所要解决的技术问题而言起着至关重要的作用，它决定了三个空箱是否能够相互套叠、卡合在一起，也决定了这三个空箱是否能够相互配合恰当并放置稳固。因此，它们是解决上述技术问题所不可缺少的必要技术特征。在权利要求5和权利要求6均未对周转箱的外口尺寸进行限定的情况下，权利要求5和权利要求6所限定的技术方案不完整，不能解决空箱运输时使三个空箱相互套叠、卡合以便节省空间并使其放置稳固的技术问题，因此，权利要求5和权利要求6不符合专利法实施细则第二十一条第二款的规定。

3. 证据认定

证据3已被请求人放弃，故合议组不再予以考虑。

另外，在口头审理时，请求人对于其无效理由的阐述并未涉及和使用证据5、6和证据8，且请求人未能提出证据或理由说明证据5和证据6的公开方式及公开时间，而证据8并未涉及与本专利相关的技术信息，故合议组对证据5、6和证据8不再予以评述。

证据1、2、4和证据7分别是第5841号无效宣告请求审查决定书中所涉及的证据2、1、5和证据6，被请求人在口头审理时已明确表示对其认定与第5841号无效决定中的认定相同。因此，根据第5841号无效决定，证据1、2、4和证据7均构成了本专利申请日前的已有技术，故可以用来评价本专利的创造性。

4. 关于创造性

依据专利法第二十二条第三款的规定，创造性是指同申请日以前已有的技术相比，该发明有突出的实质性特点和显著的进步，该实用新型有实质性特点和进步。

由于权利要求5和权利要求6已不符合专利法实施细则第二十一条第二款之规定，因此，合议组对其创造性不再予以评述。

请求人认为，证据1、2、4和证据7均可单独破坏权利要求2的创造性。

而证据1、2、4和证据7分别是在先作出并已生效的第5841号无效宣告请求审查决定书中所涉及的证据2、1、5和证据6，在该无效审查决定中，专利复审委员会对于上述证据所公开的技术内容对本专利权利要求2的创造性的影响已作出了评述，根据一事不再理原则，合议组对此也不再予以评述。

请求人认为，本专利权利要求2可避免果蔬外皮挤擦损伤的技术效果是由"辅筋由弹性材料制成"这一非形状构造特征所产生的，而在进行实用新型创造性审查时，不应考虑非形状构造技术特征。

对此，合议组认为，可避免果蔬外皮挤擦损伤的技术效果并非只由上述材料特征产生，而是由于在权利要求2中具体限定了辅筋的宽度是2～4mm，厚度为0.3～0.8mm，从而使得本专利的辅筋厚度很薄，并较为柔软，因此不易损伤水果，显然上述特征属于形状构造特征，在进行实用新型创造性审查时应予考虑。

**三、决定**

宣告99227895.3号实用新型专利权利要求5和权利要求6无效，在权利要求2的基础上维持该实用新型专利权有效。

当事人对本决定不服的，可以根据专利法第四十六条第二款的规定，自收到本决定通知书之日起三个月内向北京市第一中级人民法院起诉。根据该款的规定，一方当事人起诉后，另一方当事人应当作为第三人参加诉讼。

## 北京市第一中级人民法院
## 行政判决书

(2005)一中行初字第698号

(2005)一中行初字第797号

原告缪文华，男，汉族，1958年11月2日出生，住浙江省台州市黄岩区西城下埭头村。

原告黄岩创发塑业有限公司，住所地浙江省黄岩区印山路428号。

法定代表人林昌法，经理。

委托代理人张岱，男，北京中博世达知识产权代理事务所专利代理人。

委托代理人蔡正保，男，台州市方圆专利事务所专利代理人。

被告国家知识产权局专利复审委员会，住所地北京市海淀区北四环西路9号银谷大厦10～12层。

法定代表人廖涛，副主任。

两案共同委托代理人耿博，男，国家知识产权局专利复审委员会行政诉讼审查员。

(2005)一中行初字第698号委托代理人崔铮，男，国家知识产权局专利复审委员会机械申诉处审查员。

(2005)一中行初字第797号委托代理人徐洁玲，女，国家知识产权局专利复审委员会行政诉讼审查员。

（2005）一中行初字第698号原告缪文华与（2005）一中行初字第797号原告黄岩创发塑业有限公司（下称创发公司）分别不服被告中华人民共和国国家知识产权局专利复审委员会作出的第7052号无效宣告请求审查决定（下称被诉决定）向本院提起行政诉讼。本院受理后，依法组成合议庭，将两案合并审理，并于2005年9月7日公开开庭审理了本案。原告缪文华，原告创发公司的委托代理人张岱、蔡正保，被告的委托代理人耿博到庭参加了诉讼。现本案已审理终结。

2005年4月18日，被告作出被诉决定，宣告99227895.3号实用新型专利（下称本专利）的权利要求5和权利要求6无效，在权利要求2的基础上维持该实用新型专利权有效。理由如下：

1. 根据生效的第5841号无效宣告请求审查决定（下称5841号决定），本专利的权利要求1、3和权利要求4已被宣告无效，应当以本专利继续维持有效的权利要求2、5和权利要求6以及本专利授权公告时的说明书和附图作为本案的审查基础。

2. 本专利权利要求2所要解决的技术问题是提供一种柔软并可避免果蔬外皮挤擦损伤的果蔬周转箱。根据《中华人民共和国专利法》（下称《专利法》）第五十六条第一款的规定，权利要求书中技术特征的具体技术含义应结合专利说明书及本领域的一般常识来进行理解。根据本专利说明书第1页背景技术部分的描述，“现有用于果蔬周转盛装的工具按其制作材料不同，可分为塑料箱、纸箱、木箱、竹筐和藤筐等”，而上述材质的周转箱都存在着一些相应的缺陷，“本实用新型的目的是克服已有技术的缺陷，提供一种箱的筋条构造形状适宜果蔬盛装，既保证刚性强度，又有柔软的弹性和良好的透气性，并且外形美观的果蔬周转箱”。由此可见，现有技术的果蔬周转箱采用的是塑料、纸、木、竹和藤等具有一定弹性的材料，而并没有考虑采用类似金属这样的刚性材料。另外，本专利说明书第2页第6行也明确说明“本实用新型是一种塑料制成的果蔬周转箱”，同时，在说明书第2页第20行中也有类似的描述，“本实用新型涉及果蔬周转箱，由注塑成型”。因此，在本专利中，果蔬周转箱的材质应当是塑料这样的弹性材料。对于权利要求2，虽然未明确限定周转箱以及辅筋的材料，但不言而喻，其必然应当是塑料这样的弹性材料。因此，创发公司认为权利要求2由于缺少周转箱特别是辅筋由弹性材料制成这一必要技术特征而不符合《中华人民共和国专利法实施细则》（下称《专利法实施细则》）第二十一条第二款的规定的主张不成立。

3. 权利要求5和权利要求6所要解决的技术问题是：在空箱运输时，三个空箱相互套叠、卡合以便节省空间并使其放置稳固。也就是，在空箱时将上、下空箱以箱口对峙方式放置，而中间箱体以箱口朝前或朝后的方式竖起并置于所述两对峙的箱内，从而使上、下空箱前后、左右挤住，以达到使空箱放置稳固的作用。对此也得到了双方的共同认可。显然，周转箱的外口尺寸和内口尺寸对于权利要求5和权利要求6所要解决的技术问题而言起着至关重要的作用，它决定了三个空箱是否能够相互套叠、卡合在一起，也决定了这三个空箱是否能够相互配合恰当并放置稳固。因此，它们是解决上述技术问题所不可缺少的必要技术特征。在权利要求5和权利要求6均未对周转箱的外口尺寸进行限定的情况下，权利要求5和权利要求6所限定的技术方案不完整，不能解决空箱运输时使三个空箱相互套叠、卡合以便节省空间并使其放置稳固的技术问题。因此，权利要求5和权利要求6不符合《专利法实施细则》第二十一条第二款的规定。

4. 由于权利要求5和权利要求6不符合《专利法实施细则》第二十一条第二款的规定，也不具备创造性。对于创发公司主张的用对比文件1（即中国实用新型专利申请说明书CN2080928U的复印件，公告日为1991年7月17日）；对比文件2（即中国实用新型专利申请说明书CN2123508U的复印件，公告日为1992年12月2日）；对比文件4（即中国外观设计公报CN3083309复印件，授权公告日为1998年8月26日）；对比文件7（即杭州万里塑料制品总厂产品样本的封面、封底及第3页的复印件）均可单独破坏权利要求2的创造性的问题，与5841号决定中的对比文件2、1、5和对比文件6相同。而且，该生效决定对于上述证据所公开的技术内容对本专利权利要求2的创造性的影响已作出了评述，根据“一事不再理”原则，不再评述。对于创发公司主张的本专利权利要求2可避免果蔬外皮挤擦损伤的技术效果是由“辅筋由弹性材料制成”这一非形状构造特征所产生的内容，在行政审查程序中对实用新型进行创造性审查时，不应考虑非形状构造技术特征。因此，可避免果蔬外皮挤擦损伤的技术效果并非只由上述材料特征产生，而是由于在权利要求2中具体限定了辅筋的宽度是2～4mm，厚度为0.3～0.8mm，从而使得本专利的辅筋厚度很薄，并较为柔软，因此不易损伤水果，显然上述特征属于形状构造特征，在进行实用新型创造性审查时应予考虑。

原告缪文华诉称：其不服被诉决定中关于宣告权利要求5和权利要求6无效的内容，认为被告对该部分的认定错误，请求法院依法撤销被诉决定中宣告权利要求5和权利要求6无效的结论。理由如下：

第一，该决定忽视了所属技术领域技术人员的实际技能。根据《专利法实施细则》第二十一条第二款、第二十条第一款的规定，权利要求5和权利要求6已经清楚、简要地写明了长、宽、高的尺寸，并在专利说明书及附图中作了清楚、完整的说明，足以从整体上反映出权利要求5和权利要求6的技术方案和解决技术问题的必要技术特征。被诉决定评定本专利权利要求5和权利要求6缺少必要技术特征、技术方案不完整的意见不符合《专利法》第二十六条第三款、第四款的规定。而且在其向法院提交的证据6（即创发公司的补充证据2）、证据7（即浙江宁海县海燕塑料厂的产品样本）中的周转箱都是所属技术领域的技术人员设计制造的产品，所标注的周转箱尺寸都是内部尺寸，和本专利权利要求5和权利要求6相同。这是因为周转箱都是用来盛装物品的，其内部尺寸对盛装什么物品，盛装多少物品起着直接和决定性的作用。因此，周转箱的内部尺寸是主要的基础尺寸，也就是必要的技术特征。所谓的外口尺寸，就是在内部尺寸的基础上再加上如本专利说明书及附图（1、8、9）所述的框筋，对于框筋的尺寸大小，是根据周转箱内部的尺寸来决定，都有通常性的范围。参见其提交的证据8（即创发公司的产品样本，该样本同时标注了周转箱的内径尺寸和外径尺寸、从所标注的尺寸上可以看出，周转箱的外部高度大部分是在内部高度的基础上加上10mm，只有极少数有所不同，外部尺寸的长度和宽度大部分也是在内径尺寸的基础上，加上30～40mm）；证据9（即浙江台州市益达汽车内饰件有限公司的产品样本，该样本也同时标注了周转箱的外部尺寸和内部尺寸，所标注的内部尺寸和外径尺寸相差的范围，基本上同附件8相同）。由此可见，周转箱的外口尺寸只是在内口尺寸的基础上加上通常性范围的框筋尺寸，所以外口尺寸不是必要的技术特征，无需在权利要求中记载，而解决这一技术问题，每一个所属技术领域的技术人员都能够实现，由此可见本专利权利要求5和权利要求6完全符合《专利法实施细则》第二十条第一款、第二款的规定。

第二，事实上，本专利已被人实施，证明权利要求5和权利要求6不存在不能解决技术问题的情况。

综上所述，本专利没有缺少必要技术特征，也不存在解决不了的技术问题，而是被告未考虑所属技术领域的现实技术情况，请求法院在重视实际科学技术的基础上，撤销被诉决定。

原告创发公司诉称：其不服被诉决定中关于宣告权利要求2有效的内容，认为被告对该部分的认定错误，请求法院依法撤销被诉决定中宣告权利要求2有效的内容，并判令被告重新作出无效宣告审查决定。理由如下：

第一，权利要求2所保护的技术方案不符合《专利法》第二十二条第三款的规定，不具备创造性，其提交的附件1、2、4和附件7均可单独破坏权利要求2的创造性。

第二，权利要求2不符合《专利法实施细则》第二十一条第二款的规定，缺少达到发明目的必要技术特征。具体到本专利，本专利的权利要求2的所要解决的技术问题是提供一种柔软并可避免果蔬外皮挤擦损伤的果蔬周转箱。所以，本公司认为避免果蔬外皮挤擦损伤这一技术效果是“辅筋由弹性材料制成”这一技术特征产生的，在缺少“辅筋由弹性材料制成”这一技术特征的前提下，上述技术方案不能达到避免果蔬外皮挤擦损伤的技术效果。依据《审查指南》第四部分第六章第2.1节“实用新型创造性审查中不予考虑的技术特征”规定的“在进行实用新型创造性审查时，只考虑产品形状、构造或者其结合的变化，而不考虑非形状构造技术特征本身”的内容。具体到权利要求2，在不考虑“辅筋由弹性材料制成”这一非形状、构造特征的情况下，权利要求2则不能带来柔软的弹性，避免果蔬外皮挤擦损伤这一技术效果。

第三，权利要求2不符合《专利法实施细则》第二十一条第二款的规定。被告在被诉决定中关于“现有技术的果蔬周转箱采用的是塑料、纸、木、竹和藤等具有一定弹性的材料，而并没有考虑采用类似金属这样的刚性材料”的内容与本公司主张的“柔软的弹性，避免果蔬外皮挤擦损伤这一技术效果是辅筋由弹性材料制成这一技术特征产生的”的观点。也与本专利说明书第2页第6行中的“本实用新型是一种塑料制成的果蔬周转箱”、第2页第20行“本实用新型涉及果蔬周转箱，由注塑成型”的内容一致。因此，在本专利中，果蔬周转箱的材质应当是塑料这样的弹性材料。从上述描述中，我们可以看出，权利要求2不符合《专利法实施细则》第二十一条第二款的规定，应当被宣告无效。被告在同意本公司关于“柔软的弹性，避免果蔬外皮挤擦损伤这一技术效果是辅筋由弹性材料制成这一技术特征产生”的观点，仍然认为这一技术特征已经在说明书中公开，对本公司主张的权利要求2由于缺少必要技术特征因而不符合《专利法实施细则》第二十一条第二款的规定的主张不予支持是错误的。

第四，权利要求2不具备创造性。基于5841号决定，权利要求1已被宣告无效，所以权利要求2相对于现有技术所作的贡献仅为“辅筋宽2～4mm，厚是0.3～0.8mm。”而作为本领域的一个普通技术人员来说，在制造周转箱时，根据需要对框筋、主筋以及辅筋宽度和厚度进行选择是惯常的，为了解决现有技术中的周转箱辅筋较厚（1.5mm），较硬，不利于运送果蔬的问题，通过逻辑分析、推理或者有限的试验，而将辅筋从1.5mm厚变至0.3～0.8mm，以使其较为柔软，而不易损伤果蔬是显而易见的；并且也没有因此而产生意想不到的效果。因此，本公司认为权利要求2不具有实质性的特点和进步，不符合《专利法》第二十二条第二款的规定，不具备创造性。

被告专利复审委辩称：被诉决定认定事实清楚，适用法律正确，审查程序合法，审查结论正确。两原告的诉讼理由分别不能成立，其仍然坚持被诉决定对两原告争议问题的认定结论，请求法院驳回两原告的诉讼请求，维持被诉决定。

被告在法定期限内提交了以下证据，用以证明被诉决定合法：

1. 本专利公告授权文本；
2. 口审记录表，共4页；
3. 5841号决定；
4. 被诉决定的发文页。

原告缪文华在开庭前提交了以下证据，用以支持其诉讼主张：

1. 本专利的检索报告；
2. 5841号决定书；
3. 本实用新型专利说明书资料三份；
4. 专利证书；
5. 创发公司的无效宣告请求补充证据2；

6. 浙江宁海县海燕塑料厂产品样本复印件；

7. 创发公司产品样本复印件；

8. 浙江台州市益达汽车内饰件有限公司产品样本第2、第3、第4页复印件三份；

9. 创发公司实施本专利的证据复印件；

10. 浙江黄岩金港塑业有限公司实施本专利的证据复印件；

11. 专利产品实物（开庭时出示）。

在开庭审理中，缪文华又提交两份补充证据，作为现有技术的依据：

12. 机械工业出版社出版的《塑料模设计手册》第10页、第11页和第13页；

13. 机械工业出版社出版的《塑料模设计手册》第28页。

原告创发公司在开庭审理前也提供了被告的证据1和证据2作为支持其诉讼主张的证据。

在开庭质证中，当事人的质证意见如下：原告缪文华和创发公司对被告的证据，没有争议。原告创发公司认为原告缪文华证据中箱子的外高不是公知常识。被告认为原告缪文华的证据6～10没有在无效程序中提交，不能作为本案的证据。但认为应该对箱子的外径尺寸有一个标度。原告缪文华和被告对原告创发公司的证据没有争议。

经审查，本院认为被告的证据、原告缪文华的证据1～5以及原告创发公司的证据均是在行政程序中提交并经确认有效的证据，能够作为认定事实的证据，本院予以确认；原告缪文华的证据6～13未在行政程序中提交，本院不予确认。

根据有效证据和当事人无争议的陈述，本院确认事实如下：本专利的授权公告日是2000年5月10日、名称为“果蔬周转箱”的实用新型专利，其专利号为99227895.3，申请日为1999年7月19日，专利权人是缪文华。其授权公告的权利要求书如下：

“1. 一种果蔬周转箱，由四周筐壁和箱底组成周转箱，四周筐壁和箱底分布格子条和条之间的孔（7），在箱口和箱底部制有框筋（1、8、9），其特征在于所谓的格子条是由主筋（4、4′）和辅筋（5、5′）所组成。

2. 如权利要求1所述的果蔬周转箱，其特征在于辅筋（5）宽（b）是2～4mm，厚（h）是0.3～0.8mm。

3. 如权利要求1所述的果蔬周转箱，其特征在于主筋（4）和辅筋（5）构成的格子条成斜向形布局，在斜向形格子条间制有纵向加强筋（10）和横向加强筋（3）。

4. 如权利要求1所述的果蔬周转箱，其特征在于周转箱的两头筐壁中制有提手（11）和提手孔（12）。

5. 如权利要求1所述的果蔬周转箱，其特征在于周转箱的内口长是380～410mm，宽是300～320mm，箱内高是210～300mm。

6. 如权利要求1或5所述的果蔬周转箱，其特征在于周转箱的内口长是390～400mm，宽是310～320mm，箱内高是210～290mm。”

2004年12月13日，创发公司向被告提出无效宣告请求，其理由是：本专利权利要求1、3和权利要求4不具备《专利法》第二十二条第二款和第三款规定的新颖性和创造性，并且不符合《专利法实施细则》第二条第二款的规定，本专利权利要求2、5和权利要求6不具备创造性，同时提交了附件1、2、3（即《中国包装》杂志1990年第10卷第4期封面及广告页复印件）、4（即中国外观设计公报CN3083309复印件，授权公告日为1998年8月26日）。创发公司认为附件1、2、4已公开了本专利权利要求1的全部技术特征，故权利要求1不符合《专利法》第二十二条第二款、第三款和《专利法实施细则》第二条第二款的规定；本专利权利要求3的附加技术特征已被附件3所公开，并且该附加技术特征也属于公知技术，故权利要求3不符合《专利法》第二十二条第二款、第三款和《专利法实施细则》第二条第二款的规定；本专利权利要求2、5、6的附加技术特征为本领域的形状常识，因此不具备创造性。

经形式审查合格，被告于2004年12月13日受理该请求，并将该请求书及证据副本向缪文华转文，并成立合议组对上述请求进行审查。之后，创发公司又向被告提交了意见陈述书并补充了附件5（即杭州立新塑料厂产品样本的封面、封底及第3页的复印件）、附件6（即杭州长城塑料厂产品样本的封面、封三及第4页的复印件）、附件7及附件8（即杭州日报关于杭州电话号码从五位升至六位的公告复印件）作为对比文件。缪文华针对上述内容于2005年1月20日向被告提交了意见陈述书，认为创发公司的证据均不能否定本专利的新颖性和创造性。

2005年4月6日，被告进行口头审理，缪文华和创发公司均出席口头审理。在口头审理中，创发公司放弃了附件3，并当庭出示了附件5、6的原件以及盖有“浙江图书馆”红色印章的证据8的复印件。且附件5、6的原件与其复印件一致。缪文华对附件1、2、4和附件7的真实性无异议，并明确表示对附件1、2、4和附件7的认定与在先的5841号决定中的认定相同。创发公司放弃了以新颖性作为无效的理由，并明确其无效理由为本专利权利要求2、5和权利要求6不符合《专利法实施细则》第二十一条第二款的规定，并且不具备创造性。针对上述的无效理由，双方进行了充分的辩论。创发公司明确指出附件1、2、4和附件7单独破坏权利要求2的创造性，附件1、2和附件4分别与附件7结合破坏权利要求5和权利要求6的创造性。另外，创发公司还认为“周转箱的材料为弹性材料”是权利要求2的必要技术特征，而“周转箱的外口相关尺寸”应为权利要求5和权利要求6的必要技术特征。缪文华认为权利要求5和权利要求6所要解决的技术问题是，在空箱运输时，三个空箱相互套叠、卡合以便节省空间并使其放置稳固。

被告另查明：在创发公司请求被告宣告本专利无效之前，曾经经过一次无效宣告审查程序，被告于2004年2月23日作出5841号决定，宣告本专利的权利要求1、3和权利要求4无效，在权利要求2、5和权利要求6的基础上维持本专利有效。因此，被告在上述工作的基础上，认为本案事实已经清楚，于2005年4月18日作出被诉决定。原告不服，在法定期限内向本院提起行政诉讼。

在开庭审理中，缪文华、创发公司对被告的行政程序和被诉决定中“案由”部分的内容没有异议。缪文华明确对被诉决定在权利要求2的基础上维持本专利有效的内容没有异议，但认为权利要求5和权利要求6符合《专利法实施细则》第二十一条第二款的规定；创发公司对被诉决定宣告本专利权利要求5和权利要求6无效的内容没有异议，但认为权利要求2不具备创造性。

本院认为：根据当事人无争议的内容，本院经书面审查，对被告的行政程序以及被诉决定的“案由”部分的内容予以确认。在此基础上，本院将围绕两原告争议的下列问题对被诉决定的合法性进行审查。

关于审查文本的确定问题。被告根据生效的5841号决定，以本专利权利要求2、5和权利要求6以及本专利授权公告时的说明书和附图作为本案的审查基础是正确的。

关于权利要求2是否符合《专利法实施细则》第二十一条第二款的规定。根据《专利法》第五十六条第一款的规定，权利要求书中技术特征的具体技术含义应结合专利说明书及本领域的一般常识来进行理解。被告根据本专利说明书记载的内容，在认为“现有技术的果蔬周转箱采用的是塑料、纸、木、竹和藤等具有一定弹性的材料，而并没有考虑采用类似金属这样的刚性材料”的内容的基础上，认定“果蔬周转箱的材质应当是塑料这样的内容”的主要证据充分。所以，被告对创发公司主张的“权利要求2由于缺少周转箱特别是辅筋由弹性材料制成这一必要技术特征而不符合《专利法实施细则》第二十一条第二款规定”的主张不予支持是正确的。

关于被诉决定认定权利要求5和权利要求6不符合《专利法实施细则》第二十一条第二款规定是否合法的问题。被告认定“权利要求5和权利要求6所要解决的技术问题是：在空箱运输时，三个空箱相互套叠、卡合以便节省空间并使其放置稳固。也就是，在空箱运输时，将上、下空箱以箱口对峙方式放置，而中间箱体以箱口朝前或朝后的方式竖起并置于所述两对峙的箱内，从而使上、下空箱前后、左右挤住，以达到使空箱放置稳固的作用。对此也得到了双方的共同认可。”但该内容在“口审记录表”中未记载有创发公司认可上述内容的意见，而且，上述内容在说明书或者附图中均没有记载。所以，被告在此基础上认定的“在权利要求5、6均未对周转箱的外口尺寸进行限定的情况下，权利要求5、6所限定的技术方案不完整，不能解决空箱运输时使三个空箱相互套叠、卡合以便节省空间并使其放置稳固的技术问题”的内容缺乏证据支持，其认定的权利要求5、6不符合《专利法实施细则》第二十一条第二款的结论缺乏法律依据，本院不予支持。

关于创造性的问题。5841号决定已经将创发公司提交的附件1、2、4和附件7所公开的技术内容对本专利权利要求2的创造性影响作出了评述，所以被告在被诉决定中不再予以评述没有违反法律规定，其结果是正确的。

综上，被诉决定关于宣告权利要求2有效的证据充分，应予维持；宣告权利要求5、6无效的内容缺乏证据，应予撤销。原告缪文华请求撤销被诉决定中宣告权利要求5、6无效的诉讼主张成立，本院予以支持；原告创发公司请求法院撤销被诉决定宣告权利要求2有效并判令被告作出宣告权利要求2无效的诉讼主张缺乏事实和法律依据，本院不予支持。

依照《中华人民共和国专利法》第二十二条第三款，《中华人民共和国专利法实施细则》第二十一条第二款，《中华人民共和国行政诉讼法》第五十四条第（二）项，判决如下：

一、撤销国家知识产权局专利复审委员会于二〇〇五年四月十八日作出的第7052号无效宣告请求审查决定中“宣告99227895.3号实用新型专利权利要求5和权利要求6无效”的结论；

二、维持国家知识产权局专利复审委员会于二〇〇五年四月十八日作出的第7052号无效宣告请求审查决定中“在权利要求2的基础上维持该实用新型专利权有效”的结论。

（2005）一中行初字第698号的案件受理费1000元，由被告国家知识产权局专利复审委员会负担（于本判决生效后七日内交纳）。

（2005）一中行初字第797号的案件受理费1000元，由原告黄岩创发塑业有限公司负担（已交纳）。

如不服本判决，当事人可在判决书送达之日起十五日内，向本院递交上诉状，并按对方当事人的人数提出副本，上诉于北京市高级人民法院。

审 判 长　饶亚东
代理审判员　张靛卿
人民陪审员　杨　旭
二〇〇五年十月十二日
书 记 员　王　丽

# 北京市高级人民法院
# 行政判决书

（2006）高行终字第43号

上诉人（一审原告）黄岩创发塑业有限公司，住所地浙江省台州市黄岩区印山路428号。

法定代表人林昌法，经理。

委托代理人张岱，男，北京中博世达专利商标代理有限公司专利代理人。

委托代理人申健，男，北京中博世达专利商标代理有限公司专利代理人。

被上诉人（一审被告）国家知识产权局专利复审委员会，住所地北京市海淀区北四环西路9号银谷大厦10～12层。

法定代表人廖涛，副主任。

委托代理人耿博，男，国家知识产权局专利复审委员会审查员。

委托代理人崔峥，男，国家知识产权局专利复审委员会审查员。

被上诉人（一审原告）缪文华，男，汉族，1958年11月22日出生，住浙江省台州市黄岩区西城下埭头村。

上诉人黄岩创发塑业有限公司（下称黄岩创发公司）因专利宣告无效请求审查决定一案，不服北京市第一中级人民法院（2005）一中行初字第797号行政判决书，向本院提起上诉。本院依法组成合议庭，于2006年2月26日公开开庭审理了本案。上诉人黄岩创发公司的委托代理人张岱、申健，被上诉人国家知识产权局专利复审委员会（下称专利复审委）的委托代理人耿博、崔峥，被上诉人缪文华到庭参加了诉讼。本案现已审理终结。

北京市第一中级人民法院判决认为：专利复审委根据生效的5841号决定，以本专利权利要求2、5和权利要求6以及本专利授权公告时的说明书和附图作为本案的审查基础是正确的。

根据《中华人民共和国专利法》（下称《专利法》）第五十六条第一款的规定，权利要求书中技术特征的具体技术含义应结合专利说明书及本领域的一般常识来进行理解。专利复审委根据本专利说明书记载的内容，在认为“现有技术的果蔬周转箱采用的是塑料、纸、木、竹和藤等具有一定弹性的材料，而并没有考虑采用类似金属这样的刚性材料”的内容的基础上，认定“果蔬周转箱的材质应当是塑料这样的内容”的主要证据充分。所以，专利复审委对黄岩创发公司主张的“权利要求2由于缺少周转箱特别是辅筋由弹性材料制成这一必要技术特征而不符合《专利法实施细则》第二十一条第二款规定”的主张不予支持是正确的。

专利复审委认定“权利要求5和权利要求6所要解决的技术问题是：在空箱运输时，三个空箱相互套叠、卡合以便节省空间并使其放置稳固。也就是在空箱运输时，将上、下空箱以箱口对峙方式放置，而中间箱体以箱口朝前或朝后的方式竖起并置于所述两对峙的箱内，从而使上、下空箱前后、左右挤住，以达到使空箱放置稳固的作用。对此也得到了双方的共同认可。”但该内容在“口审记录表”中未记载有黄岩创发公司认可上述内容的意见，而且，上述内容在说明书或者附图中均没有记载。所以，专利复审委在此基础上认定的“在权利要求5、6均未对周转箱的外口尺寸进行限定的情况下，权利要求5、6所限定的技术方案不完整，不能解决空箱运输时使三个空箱相互套叠、卡合以便节省空间并使其放置稳固的技术问题”的内容缺乏证据支持，其认定的权利要求5、6不符合《专利法实施细则》第二十一条第二款的结论缺乏法律依据，不予支持。

第5841号决定已经将黄岩创发公司提交的附件1、2、4和附件7所公开的技术内容对本专利权利要求2的创造性影响作出了评述，所以专利复审委在被诉决定中不再予以评述没有违反法律规定，其结果是正确的。

综上，被诉决定关于宣告权利要求2有效的证据充分，应予维持；宣告权利要求5、6无效的内容缺乏证据，应予撤销。原告缪文华请求撤销被诉决定中宣告权利要求5、6无效的诉讼主张成立，予以支持；原告黄岩创发公司请求法院撤销被诉决定宣告权利要求2有效并判令专利复审委作出宣告权利要求2无效的诉讼主张缺乏事实和法律依据，不予支持。

依据《专利法》第二十二条第三款，《专利法实施细则》第二十一条第二款，《中华人民共和国行政诉讼法》第五十四条第（二）项，作出如下判决：一、撤销专利复审委于2005年4月18日作出的第7052号无效宣告请求审查决定中“宣告99227895.3号实用新型专利权利要求5和权利要求6无效”的结论；二、维持专利复审委于2005年4月18日作出的第7052号无效宣告请求审查决定中“在权利要求2的基础上维持该实用新型专利权有效”的结论。

黄岩创发公司不服一审判决向本院提起上诉，请求撤销（2005）一中行初字第797号行政判决，撤销被上诉人于2005年4月18日作出的第7052号无效宣告请求审查决定，判决专利复审委重新作出新的无效宣告请求审查决定。主要理由是，一审判决认为上诉人不认可本专利权利要求5、6所要解决的技术问题与事实不符。首先，从口审记录表的上下文及整体含义看，上诉人认定的权利要求5、6缺乏必要的技术特征就是针对专利权人认为权利要求5、6要解决的技术问题是空箱运输时，三个空箱相互套叠、卡合、节省空间并放置稳固这一目的而提出的。其次，在无效宣告的口头审理过程中，上诉人当庭向复审委提交了口审代理词，并将该代理词当庭转交给了专利权人。口审代理词明确指出权利要求5、6的发明效果在于“在空箱时将上、下空箱以箱口对峙方式放置，而中间箱体以箱口朝前或朝后的方式竖起并置于所述两对峙的箱内，从而使上、下空箱前后、左右挤住，以达到使空箱放置稳固的作用”。这更说明上诉人认定了专利权人认为的权利要求5、6要解决的技术问题。

本专利权利要求2的发明目的是提供一种柔软的弹性，避免果蔬外皮挤擦损伤的果蔬周转箱。上诉人认为，柔软的弹性，避免果蔬外皮挤擦损伤这一技术效果是“辅筋由弹性材料制成”这一技术特征产生的，在缺乏这一技术特征的前提下，权利要求2不能达到避免果蔬外皮挤擦损伤的技术效果。《审查指南》第四部分第六章第2.1节关于“实用新型创造性审查中不予考虑的技术特征”规定：在进行实用新型创造性审查时，只考虑产品形状、构造或者结合的变化，而不考虑非形状构造技术特征本身。本专利权利要求2的技术效果是“辅筋由弹性材料制成”这一非形状、构造特征产生的，在不考虑这一非形状、构造特征的情况下，权利要求2不能带来柔软的弹性，避免果蔬外皮损伤这一技术效果，不具备创造性。

专利复审委辩称：关于我委生效决定认定事实的法律效力问题，一审判决对此适用法律错误。针对本专利在本次无效宣告请求前已经于2003年7月10日提出过无效宣告请求，专利复审委针对此请求于2004年2月23日作出的5841号审查决定已经生效。在该决定中已经认定了权利要求5、6的技术效果，在后的决定对这一问题的认定上也应与原决定相一致，而不应当有所抵触。该生效决定认定的事实在没有相反证据足以推翻的情况下，当事人应当免于举证。一审判决撤销我委的决定属于认定事实不清。事实上，在口审记录表中明确记载了“被请求人认为权利要求5、6所要解决的技术问题是空箱运输时，三个空箱相互套叠，卡合，节省空间，并放置稳固”。而请求人认为此次无效宣告请求的理由是权利要求2、5、6不符合《专利法实施细则》第二十一条第二款的规定，并认为权利要求5、6缺乏必要的技术特征为“周转箱的外口相关尺寸”。所以根据《专利法》的规定并结合在先决定第5841号的认定，可以认定请求人是在认定权利要求5、6所要解决的技术问题的基础上而认为缺少“外口尺寸”这一技术特征，从而不能实现这一技术效果，另外在请求人提交的口审代理词中也明确了这一点。可见，双方当事人在权利要求5、6所要解决的技术问题上是有统一认识的。同时坚持权利要求2的论述。请求二审法院在查明事实的基础上依法改判，或者发回一审法院重新审理。

被上诉人缪文华述称：上诉人没有有效证据和符合事实的理由来证明本专利不符合《专利法》第二十二条第三款和《专利法实施细则》第二十一条第二款的规定。请求驳回上诉人的请求，维持（2005）一中行初字第797号行政判决。

经审理查明，本专利的授权公告日是2000年5月10日，名称为“果蔬周转箱”的实用新型专利，其专利号为99227895.3，申请日为1999年7月19日，专利权人是缪文华。其授权公告的权利要求书如下：

“1. 一种果蔬周转箱，由四周筐壁和箱底组成周转箱，四周筐壁和箱底分布格子条和条之间的孔（7），在箱口和箱底部制有框筋（1、8、9），其特征在于所谓的格子条是由主筋（4、4′）和辅筋（5、5′）所组成。

2. 如权利要求1所述的果蔬周转箱，其特征在于辅筋（5）宽（b）是2～4mm，厚（h）是0.3～0.8mm。

3. 如权利要求1所述的果蔬周转箱，其特征在于主筋（4）和辅筋（5）构成的格子条成斜向形布局，在斜向形格子条间制有纵向加强筋（10）和横向加强筋（3）。

4. 如权利要求1所述的果蔬周转箱，其特征在于周转箱的两头筐壁中制有提手（11）和提手孔（12）。

5. 如权利要求1所述的果蔬周转箱，其特征在于周转箱的内口长是380～410mm，宽是30～320mm，箱内高是210～300mm。

6. 如权利要求1或权利要求5所述的果蔬周转箱，其特征在于周转箱的内口长是390～400mm，宽是310～320mm，箱内高是210～290mm。”

在黄岩创发公司请求专利复审委宣告本专利无效之前，本专利曾经经过一次无效宣告审查程序，专利复审委于2004年2月23日作出第5841号决定，宣告本专利的权利要求1、3和权利要求4无效，在权利要求2、5和权利要求6的基础上维持本专利有效。

2004年12月13日，黄岩创发公司向专利复审委提出无效宣告请求，其理由是：本专利权利要求1、3和权利要求4不具备《专利法》第二十二条第二款和第三款规定的新颖性和创造性，并且不符合《专利法实施细则》第二条第二款的规定，本专利权利要求2、5和权利要求6不具备创造性，同时提交了四份证据。专利复审委于2004年12月13日受理该请求，并将该请求书及证据副本向缪文华转文，之后，黄岩创发公司又向专利复审委提交了意见陈述书并补充了三份证据。缪文华针对上述内容于2005年1月20日向专利复审委提交了意见陈述书，认为黄岩创发公司的证据均不能否定本专利的新颖性和创造性。

2005年4月6日，专利复审委进行口头审理，缪文华和创发公司均出席口头审理。在口头审理中，缪文华对附件1、2、4和附件7的真实性无异议，并明确表示对附件1、2、4和附件7的认定与在先的第5841号决定中的认定相同。黄岩创发公司放弃了以新颖性作为无效的理由，并明确其无效理由为本专利权利要求2、5和权利要求6不符合《专利法实施细则》第二十一条第二款的规定，并且不具备创造性。针对上述的无效理由，双方进行了充分的辩论。另外，黄岩创发公司还认为“周转箱的材料为弹性材料”是权利要求2的必要技术特征，而“周转箱的外口相关尺寸”应为权利要求5和权利要求6的必要技术特征。缪文华认为权利要求5和权利要求6所要解决的技术问题是，在空箱运输时，三个空箱相互套叠、卡合以便节省空间并使其放置稳固。

专利复审委在上述工作的基础上，认为本案事实已经清楚，于2005年4月18日作出“宣告99227895.3号实用新型专利权利要求5和权利要求6无效，在权利要求2的基础上维持该实用新型专利权有效”的被诉决定。原告不服，在法定期限内向一审法院提起行政诉讼。

专利复审委在一审的法定举证期限内提交了本专利公告授权文本、第5841号无效宣告请求审查决定等证据。黄岩创发公司与缪文华均未提交证据。

上述证据已随案移送本院，经当庭质证及本院审查核实，一审法院对当事人提交的上述证据的审查认定无误，本院予以确认。

另查明，2005年7月11日缪文华不服第7052号无效审查决定，向一审法院提起行政诉讼，案号为（2005）一中行初字第698号。8月2日，创发公司不服第7052号无效审查决定亦向一审法院提起行政诉讼，案号为（2005）一中行初字第797号。8月4日，一审法院通知创发公司作为（2005）一中行初字第698号行政诉讼案件的第三人。一审法院经合并开庭审理审结了此二案。

本院认为：关于审查文本的确定问题。专利复审委根据生效的第5841号决定，以本专利权利要求2、5和权利要求6以及本专利授权公告时的说明书和附图作为本案的审查基础是正确的。

关于本专利权利要求2的创造性问题。上诉人在无效审查程序中提交的附件1、2、4、7分别是已生效第5841号决定认定的证据2、1、5、6，该无效决定已经将创发公司提交的附件1、2、4和附件7所公开的技术内容对本专利权利要求2的创造性的影响作出了评述，所以专利复审委在被诉决定中对权利要求2的创造性不再予以评述没有违反法律规定。

关于权利要求2是否符合《专利法实施细则》第二十一条第二款的问题。针对一项完整的技术方案而言，缺少了其必要的技术特征，该技术方案或发明目的将无法实现。本权利要求要解决的技术问题是提供一种柔软并可避免果蔬外皮挤擦损伤的果蔬周转箱。由于权利要求2限定了辅筋的宽度是2~4mm，厚度为0.3~0.8mm，从而使得本专利的辅筋厚度较薄，并较为柔软，达到了不易损伤果蔬外皮的技术效果。同时《专利法》第五十六条第一款规定，权利要求书中技术特征的具体技术含义应结合专利说明书及本领域的一般常识来理解。本专利说明书已明确说明“本实用新型是一种塑料制成的果蔬周转箱……本实用新型涉及果蔬周转箱，由注塑成型……”，因此专利复审委认定“果蔬周转箱的材质应当是塑料这样的弹性材料”证据充分，上诉人认为权利要求2缺少辅筋由弹性材料制成这一必要技术特征的观点缺乏证据支持。

关于权利要求5、6是否符合《专利法实施细则》第二十一条第一款的问题。已经发生法律效力的第5841号决定中认定，权利要求5、6的技术效果是：“在空箱时将上、下空箱以箱口对峙方式放置，而中间箱体以箱口朝前或朝后的方式竖起并置于所述两对峙的箱内，这样放置就能将上、下空箱前后、左右挤住，以达到使空箱放置稳固的作用”。由于周转箱的外口尺寸与内口尺寸的比例是固定的，而本专利权利要求5、6限定了周转箱的内口尺寸，本领域普通技术人员能够根据实际盛装的果蔬通过简单的计算得出周转箱的外口尺寸，进而解决三个箱子相互套叠、卡合、并放置稳固的问题。因此专利复审委认为：“在权利要求5和权利要求6均未对周转箱的外口尺寸进行限定的情况下，权利要求5、6所限定的技术方案不完整”的认定是错误的，应予撤销。

综上所述，被诉决定关于宣告权利要求2有效的证据充分，应予维持；宣告权利要求5、6无效的认定错误，应予撤销。上诉人的上诉请求依法不成立，本院不予支持。依照《中华人民共和国行政诉讼法》第六十一条第（一）项的规定，判决如下：

驳回上诉，维持一审判决。

本案二审案件受理费人民币1000元，由上诉人黄岩创发塑业有限公司负担（已交纳）。

本判决为终审判决。

审 判 长 景 滔
代理审判员 朱海宏
代理审判员 任全胜
二〇〇六年三月十六日
书 记 员 王 芳

# 改进的折叠式自行车案

## 无效宣告请求审查决定（第7055号）

**决　定　号**　第7055号
**决　定　日**　2005年4月19日
**发明创造名称**　改进的折叠式自行车
**国际分类号**　B62K 15/00
**无效请求人**　李　勤
**专利权人**　李梅祥
**专　利　号**　02219926.8
**申　请　日**　2002年4月10日
**授权公告日**　2003年1月29日
**合议组组长**　杨克菲
**主　审　员**　徐媛媛
**参　审　员**　宋鸣镝

**法律依据**　专利法实施细则第二十条第一款　专利法第二十二条第三款
**决定要点**

本专利之权利要求1所要求保护的技术方案与请求人提供的证据虽然具有区别之处，而所述区别之处一方面是所属领域的技术人员根据证据1所给出的技术启示无需创造性的劳动即可得到的，另一方面其对实现本专利的发明目的不起任何实质性的作用，故本专利之权利要求1所要求保护的技术方案相对于证据1不具备创造性。

### 一、案由

本无效宣告请求案涉及国家知识产权局专利局2003年1月29日授权公告的、名称为“改进的折叠式自行车”的实用新型专利，其专利号为02219926.8，申请日为2002年4月10日，专利权人是李梅祥。

授权公告的权利要求书如下：

“1. 一种改进的折叠式自行车，包括前叉、车把、车轮，链轮和由上、下梁、前、后柱及后叉构成的车架，其特征是：所述车架的上梁（4）两端固联短管，其前端短管分别与前叉（16）和前柱固联，其后端短管分别与车座和后柱（7）固联；短管与上梁（4）两端的联接处内分别设有轴套，由销轴（3、5）分别将其联接在上梁的两端内；前柱（15）的下端由销轴（14）与下梁（12）的前端联接，下梁的后端和中部分别由销轴（11）和（13）与后叉（9）的下端及后柱（7）的下端联接，后叉的上端与上梁（4）的后端由销轴（15）联接。

2. 如权利要求1所述的一种自行车，其特征是：所述的后叉（9）为上、下两段（9－1、9－2），其间由自锁器（8）联接。

3. 如权利要求2所述的一种自行车，其特征是：所述的自锁器（8）由矩形固定板、销轴和弹簧组成，矩形固定板（8－1）的两条宽边及相邻的一条长边分别向里弯边形成两个定位槽（8－4），固定板的面由销轴（8－2）贯穿的两条宽边的弯边端，销轴上套联弹簧（8－3）。

4. 如权利要求1所述的一种自行车，其特征是：所述的前叉（16）与车把（1）之间由快速锁紧扣（17）联接固定。

5. 如权利要求1所述的一种自行车，其特征是：所述的前叉（16）的叉体上设有弹簧（16－1）。"

针对上述专利权，李勤（下称请求人）于2004年4月29日向专利复审委员会提出了无效宣告请求，其理由是本实用新型专利不符合专利法第二十二条第二款、第三款有关新颖性和创造性的规定。与此同时，请求人提供了如下证据：

证据1：专利号为97218845.2的中国实用新型专利说明书复印件，授权公告日1999年2月10日。

请求人认为，本专利权利要求1～3所要求保护的技术方案已为证据1所披露，故不符合专利法第二十二条第二款、第三款有关新颖性和创造性的规定。权利要求4及权利要求5限定部分的技术特征是所属领域的公知常识，故在其所引用的权利要求1不具备创造性的前提下，权利要求4及权利要求5同样不具备创造性。

专利复审委员会经形式审查合格后，于2004年5月24日发出了无效宣告请求受理通知书，同时将宣告专利权无效请求书以及有关文件副本转给专利权人（下称被请求人），要求被请求人在指定期限进行意见陈述。同时成立合议组对本案进行审理。

针对上述无效宣告请求受理通知书，被请求人在指定期限未进行任何意见陈述。

专利复审委员会本案合议组于2005年2月7日向被请求人以及请求人发出了无效宣告请求口头审理通知书，定于2005年4月14日举行口头审理。

口头审理如期举行，被请求人缺席，请求人对合议组成员无回避请求。请求人明确其无效宣告请求的理由为本专利不符合专利法第二十二条第二款 、第三款有关新颖性和创造性的规定，并且增加了新的无效宣告请求的理由，即本专利不符合专利法实施细则第二十条第一款的规定。具体而言，权利要求1不符合专利法实施细则第二十条第一款的规定，权利要求1～3相对于证据1不具备新颖性和创造性，权利要求4及5相对于证据1不具备创造性。请求人结合证据就其相应的观点进行了充分的意见陈述。

在上述工作的基础上，合议组认为本案事实已经清楚，可以依法作出审查决定。

**二、决定的理由**

1. 关于本专利是否符合专利法实施细则第二十条第一款的规定

专利法实施细则第二十条第一款规定：权利要求书应当说明发明或者实用新型的技术特征，清楚、简要地表述请求保护的范围。

请求人认为本专利权利要求1不符合专利法实施细则第二十条第一款规定的具体事实为，按照权利要求1所述内容"所述车架的上梁两端固联短管，其前端短管分别与前叉（16）和前柱固联，其后端短管分别与车座和后柱（7）固联"，短管与上梁两端的固定连接以及短管与前柱、车座及后柱的固定连接如何实现自行车的折叠？"固联"的含义不清楚，故权利要求1不符合专利法实施细则第二十条第一款的规定。

对此，合议组认为，在对技术方案中的某一术语所代表的含义进行理解时，不能仅仅根据其字面进行判断，在存有歧义时则可结合说明书、附图以及所述领域的常识以正确理解该术语所指。就本专利的权利要求 1 而言，虽然由字面上看，“固联”表示固定不动的连接，但是根据说明书中所披露的“短管与上梁前后两端的联接处内分别设有轴套，轴套分别由销轴 3 和 5 将其联接在上梁的前后两端内”并结合附图 1、2 及附图 4 可知，上梁与前柱以及后柱之间的夹角可变，即上梁与前柱以及上梁与后柱可以绕各自的销轴发生相对转动。同时由于短管焊接于上梁之上，故上梁前端短管与前柱是通过轴套借助于销轴彼此相连的。上梁后端短管以及后柱之间同样也是通过轴套借助于销轴彼此相连的。即在此，“固联”应理解为只是体现了两个相应部件之间（上梁与前柱以及上梁与后柱）一种相互连接的关系，而不能简单的根据字面将其理解为一种固定不动的具体连接方式。

综上所述，合议组认为，虽然权利要求 1 中“固联”这一措词所表现的部件之间的连接关系确有不妥，但结合说明书的描述可知，上述缺陷并不足以导致权利要求 1 的保护范围不清楚，即本专利权利要求 1 清楚地表述了请求保护的范围，符合专利法实施细则第二十条第一款的规定。合议组对请求人认为本专利之权利要求 1 不符合专利法实施细则第二十条第一款的主张不予支持。

2. 关于本专利的创造性

证据 1 是专利文献，属于公开出版物，合议组核实了该证据的真实性，同时该证据的授权公告日早于本专利的申请日，故证据 1 可用作现有技术评价本专利的创造性。

专利法第二十二条第三款规定：创造性，是指同申请日以前已有的技术相比，该实用新型有实质性特点和进步。

证据 1 涉及一种折叠自行车，并具体公开了以下内容（参见说明书第 2 页第 15 行 ~ 第 3 页第 13 行以及附图 1 ~ 4）：所述自行车包括由前叉 16、车把 7、车轮 9，10、链轮链条 18、上梁 11、下梁 13、前柱 14、后柱 15 以及后叉 12 构成的车架。上梁 11 的前端焊接有短管 27，短管通过带销轴孔的联接套 19 与前柱 14 相连，同时前柱 14 与前叉 16 相连。上梁 11 的后端同样通过带销轴孔的联接套 19 与后柱 15 相连，车座 8 可在后柱 15 中滑移。前柱 14 的下端由销轴与下梁 13 在联接处 6 联接，下梁 13 的后端及中部由销轴与后叉 12 的下端以及后柱 15 的下端在联接处 4、5 处联接，后叉 12 的上端与上梁 11 的后端通过销轴在联接处 2 处联接。所述后叉 12 分为上段 25 以及下段 26，其间由弹簧自锁联接器 3（对应于本专利之自锁器）联接。所述自锁联接器 3 包括自锁固定板 23（对应于本专利之矩形固定板）、销轴 21 以及套接在销轴上的压簧 24（对应于本专利之弹簧）。自锁固定板 23 的左右两端（对应于本专利之两条宽边）以及相邻的一条长边向里弯边形成两个后叉定位槽 22，销轴 21 贯穿在左右两端的弯边端。

通过上面的描述并结合前面有关本专利权利要求 1 是否符合专利法实施细则第二十条第一款的评述可以看出，本专利权利要求 1 所要求保护的技术方案与上述证据 1 中所披露之相关内容的区别之处仅在于：在本专利中，上梁的后端具有短管，轴套将上梁后端的短管与后柱相连；而在证据 1 中上梁的后端未焊接有短管，对应于本专利之轴套的联接套直接将上梁后端与后柱相连。对此，合议组认为，首先，本领域技术人员在证据 1 上梁前端焊接有短管的技术启示下，完全可以想到在上梁后端同样焊接短管的这一技术方案；其次，上述区别特征对实现本专利之发明目的不起任何实质性的作用，短管存在与否不影响技术方案的实施。此外，由本专利之说明书也无法看出上述区别特征能够带来任何意想不到的技术效果。即本领域的技术人员在证据 1 的基础上得到本专利权利要求 1 所要求保护的技术方案无需付出创造性的劳动，本专利权利要求 1 所要求保护的技术方案不具有实质性特点和进步，不符合专利法第二十二条第三款的规定，不具备创造性。

通过上面的描述还可看出，证据 1 同时也披露了权利要求 2 及权利要求 3 限定部分的技术特征，同时由本专利之说明书所披露的内容也无法看出权利要求 2 及权利要求 3 限定部分的技术特征能够带来任何意想不到的技术效果。故在权利要求 1 不具备创造性的情况下，直接或间接从属于其的权利要求2及权利要求3同样不具备创造性。

权利要求4及权利要求5均从属于权利要求1，其限定部分的技术特征为“所述的前叉（16）与车把（1）之间由快速锁紧扣（17）联接固定”、“所述的前叉（16）的叉体上设有弹簧（16-1）”。虽然上述特征在证据1中未披露，但是，合议组认为，通过设置“锁紧扣”以便于调节车把的高度以及通过在前叉的叉体上设置弹簧以起到缓冲作用对所属领域的技术人员而言是公知常识。故在权利要求1不具备创造性的情况下，权利要求4及权利要求5同样不具备创造性。

**三、决定**

宣告02219926.8号实用新型专利权1~5全部无效。

一方当事人对本决定不服的，可以根据专利法第四十六条第二款的规定，在收到本决定之日起三个月内向北京市第一中级人民法院起诉。根据该款的规定，一方当事人起诉后，另一方当事人可以作为第三人参加诉讼。

# 多层聚对苯二甲酸乙二醇酯啤酒瓶案

## 无效宣告请求审查决定（第7073号）

**决 定 号** 第7073号
**决 定 日** 2005年4月19日
**发明创造名称** 多层聚对苯二甲酸乙二醇酯啤酒瓶
**国际分类号** B65D 85/72 B65D 8/06
**无效请求人** 曾颖娟
**专利权人** 上海紫江企业集团股份有限公司
**专 利 号** 01277197. X
**申 请 日** 2001年12月29日
**授权公告日** 2002年10月2日
**合议组组长** 于 萍
**主 审 员** 徐媛媛
**参 审 员** 魏 屹

**法律依据** 专利法第二十二条第三款 专利法实施细则第二条第二款
**决定要点**

本领域的普通技术人员在证据3所披露技术方案的基础上并结合其中所给出的技术启示而得到本专利权利要求1所要求保护的技术方案，无须付出创造性的劳动，本专利之权利要求1所要求保护的技术方案相对于现有技术不具有实质性特点和进步，不具备创造性。

**一、案由**

本无效宣告请求案涉及国家知识产权局专利局2002年10月2日授权公告的、名称为“多层聚对苯二甲酸乙二醇酯啤酒瓶”的实用新型专利，其专利号为01277197. X，申请日为2001年12月29日，专利权人是上海紫江企业集团股份有限公司。授权公告的权利要求书如下：

“1. 多层聚对苯二甲酸乙二醇酯啤酒瓶，其特征是：瓶体由三层构成，瓶体的内层与外层是聚对苯二甲酸乙二醇酯，内外层瓶体之间有隔氧材料层。

2. 根据权利要求1所述的多层聚对苯二甲酸乙二醇酯啤酒瓶，其特征是：隔氧材料为乙烯－乙烯醇共聚物（EVOH）。

3. 根据权利要求1所述的多层聚对苯二甲酸乙二醇酯啤酒瓶，其特征是：隔氧材料为结晶型芳香族新型尼龙（NMXD6）。”

针对上述专利权，曾颖娟（下称请求人）于2004年5月11日向专利复审委员会提出了无效宣告请求，其理由是本实用新型专利不符合专利法第二十二条第三款以及专利法实施细则第二条第二款的规定。与此同时，请求人提供了如下证据：

证据1：申请号为01105218. X的中国发明专利申请公开说明书复印件，公开日2001年8月

15 日；

证据 2：专利号为 97198151.5 的中国发明专利说明书复印件，申请日 1997 年 9 月 22 日，授权公告日 2002 年 5 月 29 日。

请求人认为：本专利权利要求 1 所要求保护的技术方案相对于证据 1 及证据 2 不具备创造性。本专利权利要求 2 及权利要求 3 之限定部分的技术特征是对所使用材料的限定，材料特征不属于实用新型专利的保护范围，故本专利权利要求 2 及权利要求 3 不符合专利法实施细则第二条第二款的规定。

专利复审委员会经形式审查合格后，于 2004 年 8 月 10 日发出了无效宣告请求受理通知书，同时将宣告专利权无效请求书以及有关文件副本转给专利权人（下称被请求人），要求被请求人在指定期限进行意见陈述。同时成立合议组对本案进行审理。

针对无效宣告请求受理通知书，被请求人于 2004 年 9 月 6 日进行了意见陈述，其认为，证据 1 在瓶盖上涂抹隔氧层的结构与本专利在整个瓶体的内外层之间设置隔氧层的结构完全不同，两者不具有可比性，故证据 1 不足以破坏本专利的创造性。证据 2 缺乏完整的瓶体形状的说明，同时其中所披露的隔氧材料存在成本高以及无法回收的问题，故证据 2 同样无法破坏本专利的创造性。

专利复审委员会本案合议组于 2005 年 2 月 7 日将被请求人的意见陈述转送请求人，要求请求人在指定的期限进行意见陈述。与此同时，合议组还向被请求人以及请求人发出了无效宣告请求口头审理通知书，定于 2005 年 3 月 23 日举行口头审理。

口头审理如期举行，被请求人以及请求人对合议组成员无回避请求，对对方出庭人员身份和资格无异议。请求人明确其无效宣告请求的理由为本专利不符合专利法第二十二条第三款以及专利法实施细则第二条第二款的规定。请求人当庭提交了证据 2 之公开文本（下称证据 3）相关页的复印件共 3 页。合议组当庭告知被请求人，请求人所提交的证据 3 属证据 2 的关联证据，故合议组对该证据予以接受。请求人以及被请求人结合证据 1 及证据 3 就本专利的创造性充分阐述了各自的观点。口头审理结束之后，合议组依职权要求被请求人在两日内提交证据 3 的全文。同时告知被请求人，合议组在收到证据 3 全文之后将以转送文件通知书的形式将其转送被请求人，被请求人应在自收到证据 3 之日起的十五日内进行意见陈述，否则视为无异议。

请求人于 2005 年 3 月 23 日提交了证据 3 全文，合议组于当日将其转送被请求人，被请求人于 2005 年 4 月 5 日进行了相应的意见陈述。被请求人坚持认为，请求人在口头审理时提交的证据 3 不符合专利法实施细则第六十六条的规定，该证据不应予以接受。证据 1 与本专利所述技术领域不同，不足以作为无效宣告的证据。证据 2 之授权公告日晚于本专利的申请日，不能作为评价本专利创造性的现有技术。

在上述工作的基础上，合议组认为本案事实已经清楚，可以依法作出审查决定。

**二、决定的理由**

首先，专利法实施细则第六十六条规定：在专利复审委员会受理无效宣告请求后，请求人可以在提出无效宣告请求之日起一个月内增加理由或补充证据。逾期增加理由或者补充证据的，专利复审委员会可以不予考虑。同时审查指南第四部分第三章第 3.1 节又对专利法实施细则第六十六条作了进一步的解释，即对请求人在无效宣告请求之日起一个月后提出的需要新的证据支持的无效宣告理由和提交的用于证明在提出无效宣告请求之日起一个月内未举证主张的具体事实的新证据，合议组不予考虑。请求人当庭提交的证据 3 为证据 2 的公开文本，两者当属关联证据，而不应受上述专利法实施细则和审查指南相关部分的限定，故合议组对证据 3 予以接受并无不当。

其次，审查指南第四部分第三章第 3.2 节依职权调查原则中规定：必要时，合议组可以依职权要求当事人针对其在规定的期限内主张的事实补充证据。鉴于此，请求人虽然提交的只是证据 3 相关页的复印件，但是合议组在口头审理结束之后要求请求人提交证据 3 全文同样符合专利法、专利法实施细则以及审查指南的相关规定。

证据 3 是专利文献，属于公开出版物，被请求人对该证据的真实性无异议。同时该证据的公开日为 1999 年 10 月 13 日，晚于本专利的申请日，故证据 3 可作为现有技术评价本专利的创造性。

专利法第二十二条规定：创造性，是指同申请日以前已有的技术相比，该实用新型具有实质性特点和进步。

证据 3 涉及一种用于啤酒和其他用途的零氧气渗透塑料瓶，并具体披露了以下技术内容（参见证据 3 说明书第 3 页第 3 ~ 13 行以及第 6 页最后一段）：本发明的瓶壁采用三层结构，与外部空气接触的最外层采用回收的聚对苯二甲酸乙二醇酯（PET），界定瓶腔的内层采用普通的聚对苯二甲酸乙二醇酯（PET），中间层为氧气清除剂层。通过中间层起到隔绝氧气以及消耗瓶腔中已有非所需氧气的能力。通过上述的描述可以看出，本专利权利要求 1 所要求保护的技术方案与证据 1 所披露内容的区别之处仅在于：两者主题名称有所不同，本专利为一种啤酒瓶，而证据 3 为塑料瓶。对此，合议组认为，虽然本专利权利要求 1 与证据 3 存在上述区别，但是由证据 3 背景技术部分的描述可知，其所要解决的技术问题是采用诸如 PET 塑料等等的啤酒容器中所存在的氧气渗透的问题，即合议组在证据 3 所给出的上述技术启示的情况下以啤酒瓶取代塑料瓶并进而实施证据 3 之上述技术方案无须付出创造性的劳动。鉴于此，本专利之权利要求 1 所要求保护的技术方案相对于证据 3 不具备创造性。

针对被请求人在意见陈述书中所提及的“证据 3（证据 2）中的隔氧材料存在成本高以及无法回收的问题”。合议组认为，首先，发明或实用新型专利权的保护范围以其权利要求的内容为准，而本专利之权利要求 1 并未对隔氧材料层所采用的材料作具体的限定，因此无从谈及其较证据 3 之氧气清除层所采用具体材料带来的效果上的差异。其次，根据专利法实施细则第二条第二款的规定，专利法所称实用新型，是指对产品的形状构造或其结合所提出的适于实用的新的技术方案，即材料特征本身不属实用新型保护的范围。故合议组对被请求人的上述主张不予支持。

权利要求 2 及权利要求 3 对权利要求 1 从隔氧材料的种类作了进一步的限定，即所述隔氧材料为乙烯 - 乙烯醇共聚物（EVOH）及结晶型芳香族新型尼龙（NMXD6）。首先，证据 3 给出了以乙烯 - 乙烯醇共聚物（EVOH）（具体参见证据 3 说明书第 2 页第 2 段）及聚酰胺（尼龙 MXD6）（具体参见证据 3 说明书第 6 页第 2 段）作为隔氧材料的技术启示。其次，根据专利法实施细则第二条第二款并结合审查指南第四部分第六章第 2. 1 节的规定可知，材料特征在实用新型的创造性审查中是不予考虑的特征。故在权利要求 1 不具备创造性的情况下，权利要求 2 及权利要求 3 同样不具备创造性。

**三、决定**

宣告 98220560. 0 号实用新型专利权 1 ~3 全部无效。

一方当事人对本决定不服的，可以根据专利法第四十六条第二款的规定，在收到本决定之日起三个月内向北京市第一中级人民法院起诉。根据该款的规定，一方当事人起诉后，另一方当事人可以作为第三人参加诉讼。

066

# 矿用提升绞车无级调速装置案

## 无效宣告请求审查决定（第7076号）

**决　定　号**　第7076号
**决　定　日**　2005年4月11日
**发明创造名称**　矿用提升绞车无级调速装置
**国际分类号**　B66D 1/24
**无效请求人**　莫　魁
**专利权人**　李本平
**专　利　号**　02224079.9
**申　请　日**　2002年5月21日
**授权公告日**　2003年4月9日
**合议组组长**　魏　屹
**主　审　员**　陈　勇
**参　审　员**　徐媛媛

**法律依据**　专利法第二十二条第二款、第三款
**决定要点**

对比文件仅公开了独立权利要求中的一部分技术特征，而另一部分技术特征没有被公开，且不能从现有技术中得到启示，由于这些特征的存在使得权利要求所限定的技术方案与现有技术的技术方案不同，且具备有益效果，故该现有技术不能否定本专利的创造性。

**一、案由**

本无效宣告请求案涉及申请日为2002年5月21日、授权公告日为2003年4月9日、名称为"矿用提升绞车无级调速装置"的02224079.9号实用新型专利（下称本专利），专利权人为李本平（下称被请求人）。授权公告的权利要求书如下：

"1. 一种矿用提升绞车无级调速装置，其特征在于，它具有一机架，一根输入轴用滚动轴承固定于该机架上，处在机架外的输入轴的一端通过平键与带制动轮的联轴器相连，处在机架内的输入轴的另一端则用滚动轴承固定于机架内的行星轮架之中，输入轴上具有与轴制成一体的太阳轮，行星轮架的一端用滚动轴承固定于机架上，另一端用滚动轴承固定于一调速轴上，行星轮架上绕圆一周均布有三组行星轮和行星轮轴，行星轮轴分别固定于行星轮架上的轴孔中，行星轮分别通过滚动轴承装在各自行星轮轴上而可绕行星轮轴旋转，行星轮还同时与太阳轮和一内齿轮相啮合，该内齿轮通过由环形卡板和螺栓构成的浮动装置联接调速轴，调速轴中部通过滚动轴承固定在机架上，调速轴另一端伸出在机架外并通过平键与一套装在调速轴轴端的调轮相连，调速轮的外圆凹槽内装有刹车带，行星轮架上还紧套装有一小齿轮，该小齿轮与一位于机架内且紧套装在输出轴上的大齿轮相啮合，输出轴用两个滚动轴承固定在机架上。"

针对上述实用新型专利权，莫魁（下称请求人）于2004年8月26日向专利复审委员会提出了宣告专利权无效的请求，请求宣告无效的理由是：本专利的权利要求1限定的技术方案与证据1相比，大部分技术特征相同，因此不具有专利法第二十二条第二款和第三款规定的新颖性和创造性，同时本专利不符合专利法第五条和专利法实施细则第二条的规定。与此同时，请求人提交了以下证据：

证据1：专利号为ZL98230544.3（授权公告号CN2331642Y）的中国实用新型专利说明书的复印件，授权公告日为1999年8月4日；

证据2：长沙市东岸机械有限公司出具的证明其公司生产过0.8m无级调速绞车的证明复印件；

证据3：长沙市东岸机械有限公司产品宣传图片的复印件；

证据4：传动装置的结构剖面图图纸的复印件；

证据5：专利号98230544.3的专利产品JTW－0.8型矿用无级调速绞车可行性论证报告的复印件；

证据6：专利号为98230544.3的专利技术转让协议书复印件一份。

经形式审查合格后，专利复审委员会受理了上述无效宣告请求，向请求人和被请求人发出了无效宣告请求受理通知书，并将上述无效宣告请求书及所附相关文件副本转送给被请求人，同时依法成立合议组对本案进行审查。

针对上述无效宣告请求，被请求人于2004年10月21日提交了意见陈述书，同时提交以下附件：

附件1：国家知识产权局专利局于2003年9月25日完成的实用新型专利检索报告的复印件；

附件2：《卷扬机及电控》中从第134页到第137页的复印件，其中包括JD型调度绞车技术性能表及生产厂家等内容；

附件3：《机械设计手册》第2版中册第七章“渐开线圆柱齿轮行星传动”这一页的复印件；

附件4：《矿山机械》第32页的复印件；

附件5：湖南涟源煤矿机械厂JT－0.8×0.6A型绞车机器总成图的复印件；

附件6：涟源市煤矿机械厂获得的JT－0.8×0.6A型绞车安全标志准用证的复印件；

附件7：涟源市煤矿机械厂获得的JT－0.6×0.5A型绞车安全标志准用证的复印件。

被请求人认为：本专利权利要求1保护的技术方案与证据1中公开的技术方案不同，具备专利法第二十二条第二款和第三款所规定的新颖性和创造性，同时符合专利法第五条和专利法实施细则第二条的有关规定。

专利复审委员会于2005年2月2日向双方当事人发出口头审理通知书，定于2005年3月18日在专利复审委员会举行口头审理，并将被请求人在2004年10月21日提交的意见陈述书及其相关附件副本转送给请求人，要求其在规定期限内进行意见陈述。

请求人于2005年3月15日向专利复审委员会提交了意见陈述书，针对被请求人2004年10月21日提交的意见陈述进行了答复，坚持认为本专利的权利要求1不具备新颖性和创造性。同时又提交了八份证据，鉴于这八份证据的举证期限不符合专利法实施细则第六十六条的规定，故合议组对这些证据不予考虑。

口头审理如期举行，双方当事人均参加了口头审理。双方当事人对合议组成员无回避请求，对对方出庭人员的身份资格无异议。被请求人对证据2和证据4的真实性有异议，对其他证据的真实性无异议。在口头审理中，请求人当庭放弃专利法第五条和专利法实施细则第二条作为无效宣告请求的理由，明确其无效理由为：本专利不符合专利法第二十二条第二款和第三款的规定。双方当事人结合证据就各自的观点进行了充分的论述。

在上述程序基础上，合议组认为本案事实已经清楚，可以依法作出如下审查决定。

**二、决定的理由**

1. 关于证据

请求人在无效过程中共提交了十四份证据，其中2005年3月15日提交的八份证据的举证期限不符合专利法实施细则第六十六条的规定，合议组对其不予考虑，下面仅对其余六份证据的有效性予以评述。

证据1为专利文献，属于公开出版物。合议组已核实其真实性，同时其公开日早于本专利的申请日，故证据1可以作为评价本案专利的新颖性和创造性的现有技术。证据2为长沙市东岸机械有限公司出具的证明的复印件，请求人在口头审理时出示了原件，被请求人对其真实性有异议。合议组认为：证据2属于证人证言，该单位证明没有相应的工作人员出庭接受询问，进行质证，所以其作为证据的真实性无法核实，故合议组对该证据不予采信。证据3为长沙市东岸机械有限公司产品宣传图片，其上没有记载任何时间信息，而且也看不出任何具体的机械传动结构，故合议组对该证据不予采信。证据4为传动装置的结构剖面图图纸复印件，该图纸本身为内部资料，不属于专利法意义上的公开出版物，在没有其他佐证的情况下，合议组对该证据不予采信。证据5为专利号98230544.3的专利产品JTW-0.8型矿用无级调速绞车可行性论证报告，证据6为专利号为98230544.3的专利技术转让协议书，证据5和证据6只是说明请求人自己专利的一些情况，然而证据5和证据6本身均没有反映出任何产品结构，故合议组对证据5和证据6不予考虑。

综上所述，在请求人提供的上述六份证据中，只有证据1可以作为现有技术来评述本专利的新颖性和创造性。

2. 关于权利要求1的新颖性和创造性

专利法第二十二条第二款规定：新颖性，是指在申请日以前没有同样的发明或者实用新型在国内外出版物上公开发表过、在国内公开使用过或者以其他方式为公众所知，也没有同样的发明或者实用新型由他人向专利局提出过申请并且记载在申请日以后公布的专利申请文件中。

专利法第二十二条第三款规定：创造性，是指同申请日以前已有的技术相比，该发明有突出的实质性特点和显著的进步，该实用新型有实质性特点和进步。

证据1公开了一种矿用提升绞车的无级调速装置，其中具体披露了以下技术特征："该装置具有一机架，太阳轮轴（参见证据1附图2中的标记2-4，该轴同时作为输入轴，也即相当于本专利中输入轴）用滚动轴承固定于该机架上，处在机架外的太阳轮轴的一端与带制动轮的联轴器（参见证据1附图2中的标记1-1）相连，处在机架内的太阳轮轴的另一端则用滚动轴承固定于机架内的行星轮架（参见证据1附图2中的标记2-3）之中，太阳轮轴上具有与轴制成一体的太阳轮，行星轮架的一端用滚动轴承固定于机架上，行星轮轴固定于行星轮架（参见证据1附图2中的标记2-3）上的轴孔中，行星轮分别通过滚动轴承装在行星轮轴上而可绕行星轮轴旋转，行星轮还同时与太阳轮和一内齿轮（参见证据1附图2中的标记2-5）相啮合，调速轴另一端伸出在机架外并通过平键与一套装在调速轴轴端的调速轮（参见证据1附图2中的标记4-1）相连，行星轮架上还紧套装有一小齿轮（参见证据1附图2中的标记2-9），卷筒主轴（参见证据1附图2中的标记3-1，相当于本专利中的输出轴）用两个滚动轴承固定在机架上。"

本专利的权利要求1与证据1公开的技术方案相比较，至少具有以下区别技术特征：a. 行星轮架的另一端用滚动轴承固定于调速轴上，而在证据1公开的技术方案中，行星轮架另一端通过轴承固定于机架上；b. 内齿轮通过浮动装置联接调速轴，调速轴中部通过滚动轴承固定在机架上，而在证据1公开的技术方案中，内齿轮通过浮动装置与齿轮2-2接合，然后通过齿轮2-2与齿轮2-1的啮合将动力传递给调速轴，并且调速轴的两端通过轴承固定于机架上；c. 行星轮架上套装的小齿轮与套装在输出轴上的大齿轮相啮合，而在证据1公开的技术方案中，行星轮架上套装的小齿轮2－9并非直接与输出轴上的大齿轮啮合，而是中间还要经过齿轮2－7和齿轮2－6的进一步传动。

鉴于本案专利的权利要求1与证据1公开的技术方案具有上述区别技术特征，合议组认为权利要求1的技术方案具备专利法第二十二条第二款所规定的新颖性。

而且，由于上述区别技术特征的存在，使得本专利权利要求1所限定的调速装置是一种与证据1公开的调速装置结构不同的装置，即技术构思明显不同的技术方案，并且权利要求1限定的技术方案中减少了齿轮和轴等零部件，相应地就会降低制造成本，同时使得整个结构更加紧凑。因此该权利要求也具有专利法第二十二条第三款规定的创造性。

综上，合议组认为本专利权利要求1具备新颖性和创造性。

**三、决定**

维持02224079.9号的实用新型专利权有效。

当事人对本决定不服的，可以根据专利法第四十六条第二款的规定，自收到本决定之日起三个月内向北京市第一中级人民法院起诉。根据该款的规定，一方当事人起诉后，另一方当事人应当作为第三人参加诉讼。

# 汽油发动机一体化点火器案

## 无效宣告请求审查决定（第7078号）

**决　定　号**　第7078号
**决　定　日**　2005年3月10日
**发明创造名称**　汽油发动机一体化点火器
**国际分类号**　F02P 3/02
**无效请求人**　重庆三力达电子有限公司
**专利权人**　胡云平
**专　利　号**　02275674.4
**申　请　日**　2002年7月9日
**授权公告日**　2003年5月28日
**合议组组长**　钱　芸
**主　审　员**　高海燕
**参　审　员**　张宗任

**法律依据**　专利法第二十六条第三款　专利法第二十二条第二款、第三款、第四款
**决定要点**

如果一项权利要求的某些技术特征未被现有技术披露，现有技术也未给出相关的技术教导，这些特征的存在使该项权利要求的技术方案具有现有技术达不到的技术效果，则该项权利要求具备新颖性和创造性。

**一、案由**

本无效宣告请求案涉及国家知识产权局专利局于2003年5月28日授权公告的、名称为“汽油发动机一体化点火器”的实用新型专利权（下称本专利），其申请日为2002年7月9日、申请号为02275674.4、专利权人为胡云平。本专利授权公告的权利要求书是：

“1. 一种汽油发动机一体化点火器，包括点火器外壳及其内部的点火控制电路，点火控制电路包括点火角度控制电路$F_1$和定子线圈$L_1$、$L_2$，其特征在于，该点火控制电路还包括一三管级联放大电路$F_2$，其由一个PNP三极管$T_2$和两个NPN三极管$T_1$、$T_2$连接而成，其中三极管$T_1$的集电极与三极管$T_2$的基极连接，三极管$T_2$的集电极与三极管$T_3$的基极连接，三极管$T_1$的发射极与三极管$T_3$的发射极连接，三极管$T_2$的发射极与三极管$T_3$的集电极连接。

2. 根据权利要求1所述的汽油发动机一体化点火器，其特征在于，在所述的三管级联放大电路$F_2$中，还有一电阻$R_2$跨接于三极管$T_2$的基极和发射极之间。”

针对上述专利权，重庆三力达电子有限公司（下称请求人）于2004年4月8日向专利复审委员会提出了无效宣告请求，理由是本专利不符合专利法第二十二条第二款、第三款、第四款的规定，不具备新颖性、创造性和实用性；同时本专利不符合专利法第二十六条第三款的规定。并提交以下附件作为证据：

附件1：91217824.8号实用新型专利说明书，公告日为1992年7月29日（下称对比文件1）；

附件5：高等教育出版社出版的《模拟电子技术基础》的封面、版权页和第112页的复印件，2001年1月第3版（下称对比文件2）；

附件6：高等教育出版社出版的《电子技术基础》模拟部分的封面、版权页和第111页的复印件，1999年6月第4版（下称对比文件3）。

请求人认为：（1）权利要求1和2不具备新颖性和创造性，不符合专利法第二十二条第二款、第三款的规定。具体理由为：对比文件1中的权利要求1完全公开了等同于本专利中的三管级联放大电路$F_2$的内容（结合对比文件2和对比文件3），本专利区别于最接近的现有技术的必要技术特征早已是公开的现有成熟技术。因此，本专利所公开的全部特征均是现有的成熟技术，不具备新颖性和创造性。权利要求2所描述的"跨接于三极管$T_2$基极与发射极之间的电阻$R_2$"完全等同于对比文件1中的电阻$R_4$。因此，权利要求2不具备新颖性和创造性。（2）本专利不具备实用性，不符合专利法第二十二条第四款的规定。具体理由为：本专利的权利要求所描述的内容是根本制造不出来其说明书所述的点火器的，尤其是按图1所制成的产品，三极管$T_2$、$T_3$、$T_4$、$T_5$均不能正常工作，不能实现点火的目的，因此不具备实用性。（3）说明书不清楚、不完整，不符合专利法第二十六条第三款的规定。具体理由为：权利要求1公开了本专利与最接近现有技术共有的必要技术特征：点火器外壳、点火控制电路及其内包括点火角度控制电路$F_1$和定子线圈$L_1$、$L_2$；也公开了本专利区别于最接近的现有技术的必要技术特征：三管级联放大电路$F_2$，该电路是由一个PNP三极管$T_2$和两个NPN三极管$T_1$、$T_2$连接而成，并描述了三极管$T_1$、$T_2$、$T_3$之间的连接关系，然而区别于最接近的现有技术的必要技术特征的三极管$T_1$、$T_2$、$T_3$与最接近的现有技术的必要技术特征之间的连接关系，在说明书和权利要求书中却没有描述，惟一能够公开所有必要技术特征的就是说明书附图中的图1和图2，但图1中的三极管$T_2$、$T_3$、$T_4$、$T_5$均不能正常工作，该电路图是无法实现其所述目的的错误的电路图。

经形式审查合格，专利复审委员会受理了上述请求，于2004年4月9日向双方当事人发出了无效宣告请求受理通知书，并将无效宣告请求书及其附件清单中所列附件副本转给了专利权人（下称被请求人）。

针对请求人的无效宣告请求，被请求人于2004年5月12日进行了意见陈述，被请求人认为：（1）本专利说明书符合专利法第二十六条第三款的规定。具体理由为：本专利说明书符合专利法实施细则第十八条的规定，本领域技术人员按照说明书记载的内容，不需要经过创造性劳动就能实施本专利的技术方案，解决其技术问题，达到预期的技术效果；本领域技术人员可明显看出本专利说明书附图1中$T_4$的发射极与电容C左端的连接线应与相应的电源端连接，以保证$T_2$～$T_5$的正常工作；附图1和图2也清楚地画出了三管级联放大电路$F_2$与点火角度控制电路$F_1$之间的连接关系，按照所述附图，所属领域的普通技术人员一定能够实现本专利所保护的技术方案。（2）本专利符合专利法第二十二条第四款的规定，具备实用性。具体理由为：本专利权利要求所限定的技术方案是符合自然法则、具有技术特征、能够解决技术问题、能够应用的产品技术方案，并且具有积极效果，因此具备实用性。（3）本专利权利要求1和权利要求2具备新颖性，符合专利法第二十二条第二款的规定。具体理由为：对比文件1中，汽车点火系统的断电器控制"白金"触点的通断，由此使晶体管开关电路发生通断，从而在点火线圈上产生高电压，而本专利权利要求1中$L_1$、$L_2$为定子线圈，由点火角度控制电路$F_1$控制三管级联放大电路$F_2$的通断，由此在$L_2$上感应高压电，因此，对比文件1没有揭示本专利权利要求1中的必要技术特征"所述点火控制电路包括点火角度控制电路$F_1$和定子线圈$L_1$、$L_2$"；对比文件1中没有揭示权利要求1中的必要技术特征"三极管$T_1$的发射极与三极管$T_3$的发射极连接”和其余的特征。基于上述理由，权利要求 1 具备新颖性，引用权利要求 1 的权利要求 2 也具备新颖性。（4）本专利权利要求 1 和权利要求 2 具备创造性，符合专利法第二十二条第三款的规定。本专利解决的技术问题在于，为带定子绕组 $L_1$ 和 $L_2$ 的汽油发动机提供一种一体化的点火器，该点火器应具有点火角度控制功能、较低的点火器最低发火转速和较低的生产成本。由于上述权利要求 1 与对比文件 1 的区别技术特征不是公知常识，也不是解决技术问题的惯用手段，从而权利要求 1 的技术方案具有实质性特点，并取得了进步。因此，权利要求 1 具备创造性，引用权利要求 1 的权利要求 2 也具备创造性。

被请求人另于 2004 年 5 月 13 日提交了更正错误请求书，该请求书提请更正的内容包括：将权利要求书第 4 行的“其由一个 PNP 三极管 $T_2$ 和两个 NPN 三极管 $T_1$、$T_2$ 连接而成”更正为“其由一个 PNP 三极管 $T_2$ 和两个 NPN 三极管 $T_1$、$T_3$ 连接而成”；将说明书第 1 页第 28 行的“PNP 三极管 $T_2$ 和两个 NPN 三极管 $T_1$、$T_2$ 连接而成”更正为“PNP 三极管 $T_2$ 和两个 NPN 三极管 $T_1$、$T_3$ 连接而成”；将说明书第 2 页第 28 行的“电路 $F_2$ 由一个 PNP 三极管 $T_2$ 和两个 NPN 三极管 $T_1$、$T_2$ 连接而成”更正为“电路 $F_2$ 由一个 PNP 三极管 $T_2$ 和两个 NPN 三极管 $T_1$、$T_3$ 连接而成”；将说明书第 3 页第 13 行的“电路 $F_2$ 由一个 PNP 三极管 $T_2$ 和两个 NPN 三极管 $T_1$、$T_2$ 连接而成”更正为“电路 $F_2$ 由一个 PNP 三极管 $T_2$ 和两个 NPN 三极管 $T_1$、$T_3$ 连接而成”。

合议组于 2004 年 11 月 29 日向双方当事人发出口头审理通知书，定于 2005 年 1 月 18 日举行口头审理，同时将被请求人于 2004 年 5 月 12 日提交的意见陈述书和 2004 年 5 月 13 日提交的更正错误请求书一并转给请求人。

口头审理如期举行，双方当事人均出席口头审理并各自陈述了意见。审理中，双方当事人对合议组成员的变更没有异议；对合议组成员没有回避请求；对对方出庭人员的身份没有异议；请求人对被请求人于 2004 年 5 月 13 日提交的权利要求书和说明书的更正没有异议；请求人出示了对比文件 2 和对比文件 3 的原件，被请求人对对比文件 2 和对比文件 3 的真实性和准确性无异议。

在上述工作的基础上，合议组认为本案事实已清楚，作出本决定。

## 二、决定的理由

### 1. 关于审查基础

被请求人于 2004 年 5 月 13 日提交的权利要求书的更正请求中，将权利要求书中权利要求 1 第 4 行的“其由一个 PNP 三极管 $T_2$ 和两个 NPN 三极管 $T_1$、$T_2$ 连接而成”修改为“其由一个 PNP 三极管 $T_2$ 和两个 NPN 三极管 $T_1$、$T_3$ 连接而成”，即仅仅将 NPN 三极管“$T_2$”改为“$T_3$”，结合本专利说明书附图可知，修改前的权利要求 1 中的该部分内容为明显笔误，这种修改没有扩大本专利的保护范围，因此符合审查指南的有关规定，请求人当庭对此修改也未提出异议，以下审理以更正后的权利要求书为基础。

### 2. 关于证据

对比文件 1 为专利文献，公告日为 1992 年 7 月 29 日，早于本专利的申请日，构成了本专利的现有技术；对比文件 2 和对比文件 3 为教科书，版次分别为 2001 年 1 月版和 1999 年 6 月版，均早于本专利的申请日，被请求人对它们的真实性和准确性无异议，因此对比文件 2 和对比文件 3 也构成了本专利的现有技术。

### 3. 关于专利法第二十六条第三款

专利法第二十六条第三款规定：说明书应当对发明或者实用新型作出清楚、完整的说明，以所属技术领域的技术人员能够实现为准。

请求人认为本专利不符合专利法第二十六条第三款的规定：具体是指：（1）本专利文字部分没有记载 $F_2$ 与 $F_1$、$L_1$、$L_2$ 之间的连接关系；（2）本专利说明书背景技术中“达林顿晶体管”的描述出现错误，发明目的无法实现；（3）本专利说明书附图 1 中 $T_1$ 发射极与 $T_4$ 发射极以及电容 C 左端未连，导致 $T_2$、$T_3$、$T_4$、$T_5$ 不能正常工作；附图 2 中 $T_{4a}$、$T_{4b}$ 的导通不能直接导致 $L_2$ 感应出更高的电压，只是通过 $C_2$ 的充放电作用点火。

对于第（1）点，合议组认为，本专利中的点火控制电路包括三部分：点火角度控制电路 $F_1$、定子线圈 $L_1$、$L_2$ 以及一三管级联放大电路 $F_2$，当定子线圈 $L_1$ 上感应出电动势时，该电动势经三管级联放大电路 $F_2$ 中的三极管 $T_1$、$T_2$、$T_3$ 以及点火角度控制电路 $F_1$ 建立电流通路，附图 1 和附图 2 分别为本专利汽油发动机一体化点火器内部的点火控制电路的具体结构的电路原理图，因此，点火控制电路的 $F_2$ 与 $F_1$、$L_1$、$L_2$ 之间的连接关系由附图 1 和附图 2 明显可见；对于第（2）点，合议组认为，本专利所要解决的技术问题是提供一种汽油发动机一体化点火器，其内部的点火控制电路中无须使用达林顿晶体三极管，而不会影响点火器点火控制电路的功能，并降低点火器的最低发火转速。由于本专利并未使用达林顿三极管，因此，背景技术中关于“达林顿晶体管”描述的正确与否并不直接影响本专利技术目的的实现；对于第（3）点，合议组认为，说明书具体实施方式之一结合附图 1 说明点火角度控制电路 $F_1$ 和三管级联放大电路 $F_2$ 串联在定子线圈 $L_1$ 两端之间时的工作过程，其中，发动机转子转动，在定子线圈 $L_1$ 上感应出电动势，三极管 $T_1$、$T_2$、$T_3$ 导通，电动势经三极管 $T_1$、$T_2$、$T_3$ 及点火角度控制电路 $F_1$ 建立电流通路。由此，本领域技术人员可明显得出附图 1 中 $T_1$ 的发射极和 $T_4$ 的发射极必然与电容 C 的左端连接在一起；说明书具体实施方式之二结合附图 2 说明点火角度控制电路 $F_1$ 和三管级联放大电路 $F_2$ 并联在定子线圈 $L_1$ 两端之间时的工作过程，图中 $T_{4a}$、$T_{4b}$ 的导通进一步使三极管 $T_1$ 截止，三极管 $T_2$、$T_3$ 随之截止，定子原线圈 $L_1$ 的电流被突然减小而感应出一个数百伏的电压，在定子副线圈 $L_2$ 上感应出更高的电压。因此，本领域技术人员结合说明书具体实施方式以及附图 1 和附图 2 是能够实现本专利的技术方案的，从而本专利符合专利法第二十六条第三款的规定。

4. 关于专利法第二十二条第四款规定的实用性

专利法第二十二条第四款规定：实用性是指该发明或者实用新型能够制造或者使用，并且能够产生积极效果。

请求人认为本专利不具备实用性，具体是指：本专利说明书附图 1 中 $T_1$ 发射极与 $T_4$ 发射极以及电容 C 左端未连，导致 $T_2$、$T_3$、$T_4$、$T_5$ 不能正常工作。

合议组认为，本专利涉及的是点火器，是一种产品，该产品在产业上能够制造出来，并且也实现了无须使用达林顿晶体三极管，而不会影响点火器点火控制电路的功能，并降低点火器的最低发火转速的积极效果。对本领域普通技术人员来说，请求人所认为的本专利说明书附图 1 中 $T_1$ 发射极与 $T_4$ 发射极以及电容 C 左端未连并不会影响本专利积极效果的实现。因此本专利具备实用性，符合专利法第二十二条第四款的规定。

5. 关于专利法第二十二条第二款规定的新颖性

对比文件 1 公开了一种汽油发动机汽车晶体管节油点火器（见对比文件 1 说明书第 3 页最后 1 行至第 4 页第 1 行，第 5 页第 7 行至第 6 页第 17 行，及附图 1 ~ 5），其所要解决的技术问题和所达到的技术效果是：消除白金的电蚀现象，并使火花塞产生的火花更强烈。为此，该点火器包括壳体以及壳体内的晶体管开关电路，该晶体管开关电路是由四个晶体三极管组成的三级晶体管开关电路。工作时，在原车电路的白金和点火线圈等零部件之间加入该点火器，由白金触点的通断来控制点火器晶体管开关电路的通断，从而在点火线圈上产生高电压，以避免由白金直接通断点火线圈带来的白金电蚀现象。

本专利公开了一种汽油发动机一体化点火器，其所要解决的技术问题以及所达到的技术效果是：提供一种一体化点火器，其无须使用达林顿晶体三极管，并降低汽油发动机点火器的最低发火转速。权利要求 1 所要保护的该一体化点火器包括点火器外壳及其内部的点火控制电路，点火控制电路包括

点火角度控制电路 $F_1$ 和定子线圈 $L_1$、$L_2$，该点火控制电路还包括一三管级联放大电路 $F_2$，其由一个 PNP 三极管 $T_2$ 和两个 NPN 三极管 $T_1$、$T_3$ 连接而成，其中三极管 $T_1$ 的集电极与三极管 $T_2$ 的基极连接，三极管 $T_2$ 的集电极与三极管 $T_3$ 的基极连接，三极管 $T_1$ 的发射极与三极管 $T_3$ 的发射极连接，三极管 $T_2$ 的发射极与三极管 $T_3$ 的集电极连接。

将对比文件 1 与本专利权利要求 1 相比较可知，对比文件 1 的点火器没有公开本专利权利要求 1 中的特征"点火控制电路包括点火角度控制电路 $F_1$ 和定子线圈 $L_1$、$L_2$"，对比文件 1 中的晶体管开关电路采用四个晶体管，其与权利要求 1 中的采用三个晶体管的放大电路不同，即对比文件 1 也没有公开本专利权利要求 1 中的特征"三管级联放大电路由一个 PNP 三极管 $T_2$ 和两个 NPN 三极管 $T_1$、$T_3$ 连接而成，其中，三极管 $T_1$ 的集电极与三极管 $T_2$ 的基极连接，三极管 $T_2$ 的集电极与三极管 $T_3$ 的基极连接，三极管 $T_1$ 的发射极与三极管 $T_3$ 的发射极连接，三极管 $T_2$ 的发射极与三极管 $T_3$ 的集电极连接"。由此可见，对比文件 1 与权利要求 1 解决的技术问题和达到的技术效果不同，采用的技术方案也不同。因此，权利要求 1 具备新颖性，引用权利要求 1 的权利要求 2 也具备新颖性。

6. 关于专利法第二十二条第三款规定的创造性

对比文件 2 说明了两个 NPN 型管可构成一只 NPN 型复合管，对比文件 3 说明了复合管又称为达林顿管，如上所述，对比文件 1 公开的点火器包括壳体及其内的晶体管开关电路，晶体管开关电路由四个晶体三极管组成，其包括一个 PNP 三极管 $BG_1$（相当于本专利权利要求 1 中的 $T_2$）、一个 NPN 三极管 $BG_2$（相当于本专利权利要求 1 中的 $T_1$）以及两个 NPN 三极管 $BG_3$ 和 $BG_4$，结合对比文件 2 和对比文件 3，两个 NPN 三极管 $BG_3$ 和 $BG_4$ 等效于一个 NPN 型复合管（相当于本专利权利要求 1 中的 $T_3$），如此，该晶体管开关电路各晶体管的连接关系可等效为：三极管 $BG_2$ 的集电极与三极管 $BG_1$ 的基极连接，三极管 $BG_1$ 的集电极与 NPN 型复合管的基极连接。

然而，即使进行如上等效后，对比文件 1 中的点火器仍然没有公开本专利权利要求 1 中的如下特征："点火控制电路包括点火角度控制电路 $F_1$ 和定子线圈 $L_1$、$L_2$"以及"三极管 $T_1$ 的发射极与三极管 $T_3$ 的发射极连接，三极管 $T_2$ 的发射极与三极管 $T_3$ 的集电极连接"。对上述区别技术特征也没有给出任何技术启示，本领域技术人员在现有技术的基础上得出权利要求 1 的技术方案需要付出创造性劳动。因此，权利要求 1 具有实质性特点，同时权利要求 1 的技术方案也具有提供一种一体化点火器，其无须使用达林顿晶体三极管，并降低汽油发动机点火器的最低发火转速的技术效果，可见权利要求 1 具备创造性。由于权利要求 1 具备创造性，引用权利要求 1 的权利要求 2 也具备创造性。

**三、决定**

维持 02275674.4 号实用新型专利权有效。

当事人对本决定不服的，可以根据专利法第四十六条第二款的规定，自收到本决定之日起三个月内向北京市第一中级人民法院起诉。根据该款的规定，一方当事人起诉后，另一方当事人应当作为第三人参加诉讼。

# 北京市第一中级人民法院
# 行政判决书

（2005）一中行初字第770号

原告重庆三力达电子有限公司，住所地重庆市南岸区四公里400号。

法定代表人杜厚堃，董事长。

委托代理人涂强，重庆市恒信专利代理有限公司专利代理人。

被告国家知识产权局专利复审委员会，住所地北京市海淀区北四环西路9号银谷大厦10～12层。

法定代表人廖涛，副主任。

委托代理人高海燕，国家知识产权局专利复审委员会第三申诉处审查员。

委托代理人高雪，国家知识产权局专利复审委员会行政诉讼处审查员。

第三人胡云平，男，汉族，1965年10月3日出生，住重庆市沙坪坝区柏林一村50号附3号。

委托代理人吴鸿维，北京华进专利事务所专利代理人。

委托代理人龚治俊，男，汉族，1973年5月1日出生，重庆瑜欣平瑞电子有限公司员工，住重庆市沙坪坝区小龙坎正街252号附8号7－1。

原告重庆三力达电子有限公司（下称三力达电子公司）不服被告国家知识产权局专利复审委员会（下称专利复审委员会）于2005年3月10日作出的第7078号无效宣告请求审查决定（下称第7078号决定），于法定期限内向本院提起行政诉讼。本院于2005年7月22日受理后，依法组成合议庭，并通知胡云平作为本案第三人参加诉讼，于2005年11月8日公开开庭进行了审理。原告三力达电子公司的委托代理人涂强，被告专利复审委员会的委托代理人高海燕、高雪，第三人胡云平的委托代理人吴鸿维到庭参加了诉讼。本案现已审理终结。

第7078号决定系专利复审委员会针对三力达电子公司就胡云平所拥有的第02275674．4号实用新型专利（下称本专利）所提出的无效宣告请求而作出的。专利复审委员会在第7078号决定中认定：

1. 关于审查基础

胡云平于2004年5月13日提交的权利要求书的更正请求中，将权利要求书中权利要求1第4行的“其由一个PNP三极管$T_2$和两个NPN三极管$T_1$、$T_2$连接而成”修改为“其由一个PNP三极管$T_2$和两个NPN三极管$T_1$、$T_3$连接而成”，这种修改没有扩大本专利的保护范围，无效审理以更正后的权利要求书为基础。

2. 关于证据

对比文件1为专利文献，公告日为1992年7月29日，早于本专利的申请日。对比文件2和对比文件3为教科书，分别为2001年1月和1999年6月出版，早于本专利的申请日，胡云平对它们的真实性和准确性无异议，因此对比文件1～3构成了本专利的现有技术。

3. 关于专利法第二十六条第三款

三力达电子公司认为本专利不符合专利法第二十六条第三款的规定，具体是指：（1）本专利文字部分没有记载$F_2$与$F_1$、$L_1$、$L_2$之间的连接关系；（2）本专利说明书背景技术中“达林顿晶体管”的描述出现错误，发明目的无法实现；（3）本专利说明书附图1中$T_1$发射极与$T_4$发射极以及电容C

左端未连，导致 $T_2$、$T_3$、$T_4$、$T_5$ 不能正常工作；附图 2 中 $T_{4a}$、$T_{4b}$ 的导通不能直接导致 $L_2$ 感应出更高的电压，只是通过 $C_2$ 的充放电作用点火。

（1）本专利中的点火控制电路包括三部分：点火角度控制电路 $F_1$、定子线圈 $L_1$、$L_2$ 以及一三管级联放大电路 $F_2$，当定子线圈 $L_1$ 上感应出电动势时，该电动势经三管级联放大电路 $F_2$ 中的三极管 $T_1$、$T_2$、$T_3$ 以及点火角度控制电路 $F_1$ 建立电流通路，附图 1 和附图 2 分别为本专利汽油发动机一体化点火器内部的点火控制电路 $F_2$ 的具体结构的电路原理图。因此，点火控制电路的 $F_2$ 与 $F_1$、$L_1$、$L_2$ 之间的连接关系由附图 1 和附图 2 明显可见。（2）本专利所要解决的技术问题是提供一种汽油发动机一体化点火器，其内部的点火控制电路中无须使用达林顿晶体三极管，而不会影响点火器点火控制电路的功能，并降低点火器的最低发火转速。由于本专利未使用达林顿三极管，因此，背景技术中关于“达林顿晶体管”描述的正确与否并不直接影响本专利技术目的的实现。（3）说明书具体实施方式之一结合附图 1 说明点火角度控制电路 $F_1$ 和三管级联放大电路 $F_2$ 串联在定子线圈 $L_1$ 两端之间时的工作过程，其中，发动机转子转动，在定子线圈 $L_1$ 上感应出电动势，三极管 $T_1$、$T_2$、$T_3$ 导通，电动势经三极管 $T_1$、$T_2$、$T_3$ 及点火角度控制电路 $F_1$ 建立电流通路，由此，本领域技术人员可明显得出附图 1 中 $T_1$ 的发射极和 $T_4$ 的发射极必然与电容 C 的左端连接在一起；说明书具体实施方式之二结合附图 2 说明点火角度控制电路 $F_1$ 和三管级联放大电路 $F_2$ 并联在定子线圈 $L_1$ 两端之间时的工作过程，图中 $T_{4a}$、$T_{4b}$ 的导通进一步使三极管 $T_1$ 截止，三极管 $T_2$、$T_3$ 随之截止，定子原线圈 $L_1$ 的电流被突然减小而感应出一个数百伏的电压，在定子副线圈 $L_2$ 上感应出更高的电压。因此，本领域技术人员结合说明书具体实施方式以及附图 1 和附图 2 能够实现本专利的技术方案，本专利符合专利法第二十六条第三款的规定。

4. 关于实用性

三力达电子公司认为本专利不具备实用性，具体是指：本专利说明书附图 1 中 $T_1$ 发射极与 $T_4$ 发射极以及电容 C 左端未连，导致 $T_2$、$T_3$、$T_4$、$T_5$ 不能正常工作。

专利复审委员会认为，本专利涉及的是点火器，是一种产品，该产品在产业上能够制造出来，并且也实现了无须使用达林顿晶体三极管，而不会影响点火器点火控制电路的功能，并降低点火器的最低发火转速的积极效果。对本领域普通技术人员来说，三力达电子公司所认为的本专利说明书附图 1 中 $T_1$ 发射极与 $T_4$ 发射极以及电容 C 左端未连并不会影响本专利积极效果的实现。因此本专利具备实用性，符合专利法第二十二条第四款的规定。

5. 关于新颖性

将对比文件 1 与本专利权利要求 1 相比较可知，对比文件 1 的点火器没有公开本专利权利要求 1 中的特征“点火控制电路包括点火角度控制电路 $F_1$ 和定子线圈 $L_1$、$L_2$”。对比文件 1 中的晶体管开关电路采用四个晶体管，其与权利要求 1 中的采用三个晶体管的放大电路不同，即对比文件 1 也没有公开本专利权利要求 1 中的特征“三管级联放大电路由一个 PNP 三极管 $T_2$ 和两个 NPN 三极管 $T_1$、$T_3$ 连接而成。其中，三极管 $T_1$ 的集电极与三极管 $T_2$ 的基极连接，三极管 $T_2$ 的集电极与三极管 $T_3$ 的基极连接，三极管 $T_1$ 的发射极与三极管 $T_3$ 的发射极连接，三极管 $T_2$ 的发射极与三极管 $T_3$ 的集电极连接”。由此可见，对比文件 1 与权利要求 1 解决的技术问题和达到的技术效果不同，采用的技术方案也不同。因此，权利要求 1 具备新颖性，引用权利要求 1 的权利要求 2 也具备新颖性。

6. 关于创造性

对比文件 2 说明了两个 NPN 型管可构成一只 NPN 型复合管，对比文件 3 说明了复合管又称为达林顿管，如上所述，对比文件 1 公开的点火器包括壳体及其内的晶体管开关电路，晶体管开关电路由四个晶体三极管组成，其包括一个 PNP 三极管 $BG_1$（相当于本专利权利要求 1 中的 $T_2$）、一个 NPN

三极管 $BG_2$（相当于本专利权利要求 1 中的 $T_1$）以及两个 NPN 三极管 $BG_3$ 和 $BG_4$，结合对比文件 2 和对比文件 3，两个 NPN 三极管 $BG_3$ 和 $BG_4$ 等效于一个 NPN 型复合管（相当于本专利权利要求 1 中的 $T_3$），如此，该晶体管开关电路各晶体管的连接关系可等效为：三极管 $BG_2$ 的集电极与三极管 $BG_1$ 的基极连接，三极管 $BG_1$ 的集电极与 NPN 型复合管的基极连接。但是，进行如上等效后，对比文件 1 中的点火器仍然没有公开本专利权利要求 1 中的如下特征：“点火控制电路包括点火角度控制电路 $F_1$ 和定子线圈 $L_1$、$L_2$” 以及 “三极管 $T_1$ 的发射极与三极管 $T_3$ 的发射极连接，三极管 $T_2$ 的发射极与三极管 $T_3$ 的集电极连接”。对上述区别技术特征也没有给出任何技术启示，本领域技术人员在现有技术的基础上得出权利要求 1 的技术方案需要付出创造性劳动，因此，权利要求 1 具有实质性特点，同时权利要求 1 的技术方案也具有提供一种一体化点火器，其无须使用达林顿晶体三极管，并降低汽油发动机点火器的最低发火转速的技术效果，可见权利要求 1 具备创造性。由于权利要求 1 具备创造性，引用权利要求 1 的权利要求 2 也具备创造性。

据此，专利复审委员会作出了第 7078 号决定，维持本专利权有效。

原告三力达电子公司不服第 7078 号决定，在法定期限内向本院提起行政诉讼，其诉称：

一、本专利的独立权利要求中缺少解决技术问题的必要技术特征，即没有记载 $F_2$ 与 $F_1$、$L_1$、$L_2$ 之间的连接关系，不符合专利法实施细则第二十一条第二款的规定。

二、本专利不符合专利法第二十六条第三款的规定

1. 本专利无法实现发明目的

（1）本专利要解决的技术问题是“提供一种汽油发动机一体化点火器，该点火器内部的点火控制电路中无须使用达林顿晶体三极管，而不会影响点火器点火控制电路的功能，并且降低汽油发动机点火器的最低发火转速。”事实上，本专利使用了达林顿晶体三极管。

（2）如果现有技术采用的是对比文件 3 所述的达林顿晶体三极管，它的基极和发射极间只有一个 PN 结，要使其正常工作，基极与发射极之间的电压 Ube≥0. 7V 就可以了。因此，本专利说明书中描述的“降低了点火器点火控制电路的最低工作电压，进而降低了汽油发动机点火器的最低发火转速”的技术效果就不存在了，即没有产生其所述的有益效果，也没有实现本专利所述的发明目的。故专利复审委员会认为“背景技术中关于达林顿晶体管描述的正确与否并不直接影响本专利技术目的的实现”是错误的。

2. 本专利说明书不清楚、不完整，附图 1 和附图 2 不是本专利的技术方案

在本专利所采用的技术方案中，缺少了“$F_2$ 与 $F_1$、$L_1$、$L_2$ 之间的连接关系”这个必要的技术特征，该技术特征无论是在权利要求书中，还是在说明书的文字中，均没有描述。因此，该说明书的技术方案是一个不完整、不清楚的技术方案。所属技术领域的技术人员根据其技术方案所描述的内容，不能制造出汽油发动机一体化点火器。能够公开“$F_2$ 与 $F_1$、$L_1$、$L_2$ 之间的连接关系”的就是说明书附图，但是，在说明书附图中，无论是图 1 还是图 2，均存在着如下的问题：

（1）说明书附图 1 存在如下错误：

①图 1 中所标示的 $F_2$ 根本就不是权利要求书和说明书中文字部分所记载的 $F_2$。在权利要求书和说明书文字部分所记载的 $F_2$ 中，清楚地说明了“三极管 $T_1$ 的发射极与三极管 $T_3$ 的发射极连接”，而在图 1 中，三极管 $T_1$ 的发射极根本没有与三极管 $T_3$ 的发射极连接，而是通过一个电阻与三极管 $T_3$ 的发射极连接，这个电阻在权利要求书和说明书文字部分根本没有提及，且在图 1 中也没有标记，它不是本专利技术方案的内容。因此，图 1 所表达的技术方案根本就不是权利要求书和说明书文字部分所记载的技术方案，它不能作为本专利的实施例。

②在图 1 中，所表述的 $F_2$ 与 $F_1$、$L_1$、$L_2$ 之间的连接关系存在明显的错误，该错误使得 $T_2$、$T_3$、

$T_4$、$T_5$ 均不能正常工作，其实质就是：三极管 $T_4$ 的发射极、电容 C 的左端均未与 $T_1$ 的发射极连接。

③在图 1 中，假设专利复审委员会在第 7078 号决定中的认定成立，即：三极管 $T_4$ 的发射极、电容 C 的左端均必然与 $T_1$ 的发射极连接，图 1 中的 $T_1$、$T_2$、$T_3$、$T_5$ 也不能正常工作，按照图 1 所制造的产品根本就不是一个汽油发动机一体化点火器。原因在于：与 $T_4$ 基极连接的两个相同的电阻 R 所构成的线路构造是一个分压电路，由于两个电阻 R 的阻值相同，因此，加在 $T_4$ 基极与发射极之间的电压是 $L_1$ 两端电压的一半，当发动机转子转动时，$L_1$ 上感应出电动势，该电动势的正向电压自然不会使点火控制电路工作，其负向电压必定使 $T_4$ 导通，$T_4$ 的导通，就必然导致 $T_1$、$T_2$、$T_3$ 的截止，$T_3$ 的截止必然导致 $T_5$ 的截止，自始至终，$T_1$、$T_2$、$T_3$、$T_4$、$T_5$ 都处于这样的工作状态，使得整个电路不能正常工作。因此，图 1 所示电路的工作原理与说明书实施方式一中所记载的工作原理根本不符，它根本不能按照说明书实施例一中所记载的工作原理进行工作，它不是本专利的技术方案。

（2）说明书附图 2 存在如下错误：

①图 2 所示的技术方案不是权利要求书和说明书文字部分所记载的技术方案。其原因是：图 2 中所示的是一个由 $F_1$、$F_2$ 必须借助 $R_{1a}$、$R_{1b}$、$C_2$ 之间的线路构造连接在一起所构成的技术方案，虽然 $F_1$、$F_2$ 在权利要求书和说明书文字部分的技术方案有记载，但 $R_{1a}$、$R_{1b}$、$C_2$ 根本没有描述，这就清楚地告诉我们，图 2 所示的技术方案不是权利要求书和说明书文字部分所记载的技术方案，或者说，权利要求书和说明书文字部分所记载的技术方案缺少必要的技术特征。

②根据图 2 所示的电路图，不可能使三极管 $T_{4a}$、$T_{4b}$同时导通，这与本专利实施方式二所记载的工作原理相矛盾。第 7078 号决定的第 5 页第 22～23 行中的“图中 $T_{4a}$、$T_{4b}$的导通进一步使三极管 $T_1$ 截止，三极管 $T_2$、$T_3$ 随之截止，定子原线圈 $L_1$ 的电流被突然减小”存在问题，三极管 $T_2$、$T_3$ 的截止，不能使 $L_1$ 的电流被突然减小，原因在于：虽然 $L_1$ 与 $T_1$、$T_2$、$T_3$ 构成的电流回路断开了，但 $L_1$ 仍然与 $T_{4a}$、$T_{4b}$构成电流回路，$L_1$ 上的电流不会突然减小。因此，如果本专利实施方式二记载的工作原理是正确的，则图 2 就必定存在着线路构造的错误。

3. 第 7078 决定的第 5 页第 17 行中的“结合附图 1 说明点火角控制电路 $F_1$ 和三管级联放大电路 $F_2$ 串联在定子线圈 $L_1$ 两端”和该页第 21 行中的“结合附图 2 说明点火角控制电路 $F_1$ 和三管级联放大电路 $F_2$ 并联在定子线圈 $L_1$ 两端”，含义不清楚。如果两个电路分别都有三个以上的接线端或控制端，则两个电路根本谈不上串联或并联。而一个电路去串联或并联在线圈 $L_1$ 的两端就是一个更不清楚的说法了。

三、本专利不符合专利法第二十二条第四款的规定

由于本专利的权利要求书和说明书文字部分所记载的是一个不清楚、不完整的技术方案，附图 1 和附图 2 也不是权利要求书和说明书文字部分记载的技术方案，甚至是错误的，因此，本技术领域的技术人员根据本专利的内容根本无法制造出其所述的汽油发动机一体化点火器，同时也不能产生积极效果，本专利不具备实用性。

四、本专利不符合专利法第二十二条第二款的规定

对比文件 1 完全公开了本专利权利要求 1 和权利要求 2 的全部技术特征，因此，本专利的权利要求 1 和权利要求 2 不具备新颖性，不符合专利法第二十二条第二款的规定。

五、本专利不符合专利法第二十二条第三款的规定

结合对比文件 1、2 和对比文件 3，本专利权利要求 1 中记载的技术特征分别与对比文件 1 公开的技术特征相对应，即：本专利权利要求 1 中的点火器外壳、点火角度控制电路 $F_1$、定子线圈 $L_1$ 及 $L_2$、三管级联放大电路 $F_2$、三极管 $T_1$、$T_2$ 和 $T_3$ 分别对应于对比文件 1 中的壳体、白金、点火线圈、点火器、三极管 $BG_2$、$BG_1$ 和 $BG_3$、$BG_4$ 一起构成的复合管，且对比文件 1 中的点火器中的 $BG_2$、$BG_1$

和 $BG_3$、$BG_4$ 一起构成的复合管的连接关系相当于本专利权利要求 1 中的三管级联放大电路 $F_2$ 中的三极管 $T_1$、$T_2$ 和 $T_3$ 的连接关系。对比文件 1 中的电阻 $R_4$ 相当于本专利权利要求 2 中的电阻 $R_2$。

据此，结合对比文件 1、2 和对比文件 3，对比文件 1 完全公开了等同于本专利权利要求 1 和权利要求 2 所记载的技术方案，本领域技术人员在现有技术的基础上得出权利要求 1 和权利要求 2 的技术方案不需要付出创造性劳动，因此，权利要求 1 和权利要求 2 不具有实质性特点。同时，本专利使用了达林顿晶体三极管，它不能降低汽油发动机点火器的最低发火转速，没有产生任何技术效果。故本专利的权利要求 1 和权利要求 2 不具备创造性。

综上所述，专利复审委员会认定事实不清，适用法律错误，请求人民法院依法撤销第 7078 号决定。

被告专利复审委员会辩称：

一、三力达电子公司在无效请求阶段未提出的主张包括：1. 本专利不符合专利法实施细则第二十一条第一款的规定；本专利使用达林顿晶体三极管；本专利有益效果存在实质性错误；2. 附图 1 不能作为本专利实施例；3. 附图 2 不是权利要求书和说明书文字部分所记载的技术方案。对于三力达电子公司的上述新主张请求人民法院不予接受。

二、关于说明书。1. $F_2$ 与 $F_1$、$L_1$、$L_2$ 之间的连接关系由附图 1 和附图 2 明显可见；2. 本领域技术人员可明显得出附图 1 中 $T_1$ 发射极与 $T_4$ 发射极以及电容 C 左端连接在一起；3. 第 7078 号决定中对附图 1 中电路模块 $F_1$、$F_2$ 串联在 $L_1$ 两端之间的描述并不影响本领域普通技术人员结合说明书具体实施方式之一对点火器工作原理的理解，并且本领域技术人员也可从附图 1 中直接得到电路模块 $F_1$、$F_2$ 串联在 $L_1$ 两端。同样，对附图 2 中电路模块 $F_1$、$F_2$ 并联在 $L_1$ 两端之间的描述与此相同。三、关于新颖性、创造性、实用性的评判坚持在第 7078 号决定中阐述的理由。据此，专利复审委员会认为其作出第 7078 号决定认定事实清楚、适用法律正确，审查程序合法，三力达电子公司的诉讼理由不能成立，请求人民法院维持该决定。

第三人胡云平述称：（1）三力达电子公司将本实用新型说明书图 1 和图 2 中的晶体管 $T_1$ ~ $T_3$ 看成是一个达林顿晶体三极管，这只是三力达电子公司自己采用的一种不同的电路分析方法而已；而在三力达电子公司所提交的对比文件 3 中并没有记载由三个或三个以上晶体三极管可构成所谓的达林顿晶体三极管的文字描述或图示。（2）附图是说明书的一个组成部分；本实用新型说明书图 1 和图 2 清楚地反映了发明的内容，其中包括 $F_2$ 与 $F_1$、$L_1$、$L_2$ 之间的连接关系。此外，所属领域的技术人员运用自己的基本知识可以判断，当发动机转子转动时，图 1 中的 $T_1$ 先于 $T_4$ 导通，并非如三力达电子公司所述使 $T_4$ 导通。（3）本专利的 $F_1$、$L_1$、$L_2$ 和 $F_2$ 并不对应于对比文件 1 中的白金、点火线圈和点火器，因为它们的结构有实质性差别。（4）现有技术整体上没有给出本专利实际所解决的技术问题——提供一种一体化点火器的任何技术启示，本专利具备创造性。总之，专利复审委员会作出第 7078 号决定的审理程序合法、证据充分、认定事实清楚、适用法律法规正确，请求人民法院驳回三力达电子公司的诉讼请求，维持第 7078 号决定。

本院经审理查明：

本案涉及的是国家知识产权局专利局于 2003 年 5 月 28 日授权公告的名称为“汽油发动机一体化点火器”的实用新型专利，专利号为 02275674．4，申请日为 2002 年 7 月 9 日，专利权人为胡云平。该专利授权公告的权利要求书如下：

“1. 一种汽油发动机一体化点火器，包括点火器外壳及其内部的点火控制电路，点火控制电路包括点火角度控制电路 $F_1$ 和定子线圈 $L_1$、$L_2$，其特征在于，该点火控制电路还包括一三管级联放大电路 $F_2$，其由一个 PNP 三极管 $T_2$ 和两个 NPN 三极管 $T_1$、$T_3$ 连接而成，其中三极管 $T_1$ 的集电极与三极

管 $T_2$ 的基极连接，三极管 $T_2$ 的集电极与三极管 $T_3$ 的基极连接，三极管 $T_1$ 的发射极与三极管 $T_3$ 的发射极连接，三极管 $T_2$ 的发射极与三极管 $T_3$ 的集电极连接。

2. 根据权利要求 1 所述的汽油发动机一体化点火器，其特征在于，在所述的三管级联放大电路 $F_2$ 中，还有一电阻 $R_2$ 跨接于三极管 $T_2$ 的基极和发射极之间。”

本专利说明书中记载有如下内容：

由于达林顿晶体三极管的基极和发射极间为两个 PN 结，因此必须使其基极和发射极间电压 Ube≥1.4V，这就使得定子原线圈上的感应电势必须使达林顿晶体三极管的基极和发射极间的电压 Ube≥1.4V，才能保证该点火器的点火控制电路工作，而定子原线圈上的感应电动势是随汽油发动机转子转速的增加而增大的，故达林顿晶体三极管在一定程度上限制了汽油发动机点火器的最低发火转速。并且国内生产的达林顿晶体三极管由于工艺技术原因达不到质量要求，故一般需从国外进口，但由于进口零件的供求矛盾常常影响企业的生产。

本实用新型所要解决的技术问题是提供一种汽油发动机一体化点火器，该点火器内部的点火控制电路中无须使用达林顿晶体三极管，而不会影响点火器点火控制电路的功能，并且降低汽油发动机点火器最低发火转速。

如图 1 所示，工作时，汽油发动机转子转动，定子线圈 $L_1$、$L_2$ 与转子上的磁钢作相对运动而切割磁力线，在定子原线圈 $L_1$ 上感应出电动势，此时由于电阻 $R_1$ 的作用使三极管 $T_1$ 导通，进而使三极管 $T_2$、$T_3$ 导通，电动势经三极管 $T_1$、$T_2$、$T_3$ 及点火角度控制电路 $F_1$ 建立电流通路，随着电流的增大，点火角度控制电路 $F_1$ 在适当的时候输出点火控制信号使三极管 $T_4$ 导通，进而使三极管 $T_1$ 截止，三极管 $T_2$、$T_3$ 随之截止，定子原线圈 $L_1$ 的电流被突然减少从而感应出一个数百伏的电压，同时定子副线圈 $L_2$ 上感应出更高的电压提供给发动机火花塞，以点燃发动机汽缸中的混合气体。

如图 2 所示，工作时，汽油发动机转子转动，定子线圈 $L_1$、$L_2$ 与转子上的磁钢作相对运动而切割磁力线，在定子原线圈 $L_1$ 上感应出电动势，此时由于电阻 $R_{1a}$ 和 $R_{1b}$ 的作用使三极管 $T_1$ 导通，进而使三极管 $T_2$、$T_3$ 导通，电动势经三极管 $T_1$、$T_2$、$T_3$ 及点火角度控制电路 $F_1$ 建立电流通路，随着电流的增大，点火角度控制电路 $F_1$ 在适当的时候输出点火控制信号使三极管 $T_{4a}$、$T_{4b}$ 导通，进而使三极管 $T_1$ 截止，三极管 $T_2$、$T_3$ 随之截止，定子原线圈 $L_1$ 的电流被突然减少从而感应出一个数百伏的电压，同时定子副线圈 $L_2$ 上感应出更高的电压提供给发动机火花塞，以点燃发动机汽缸中的混合气体。

针对上述专利权，三力达电子公司于 2004 年 4 月 8 日向专利复审委员会提出了无效宣告请求，理由是本专利不符合专利法第二十二条第二款、第三款、第四款的规定，不具备新颖性、创造性和实用性，不符合专利法第二十六条第三款的规定。并提交以下附件作为证据：

附件 1：91217824. 8 号实用新型专利说明书，公告日为 1992 年 7 月 29 日（简称对比文件 1）；对比文件 1 公开了一种汽油发动机汽车晶体管节油点火器，其所要解决的技术问题和所达到的技术效果是：消除白金的电蚀现象，并使火花塞产生的火花更强烈。为此，该点火器包括壳体以及壳体内的晶体管开关电路，该晶体管开关电路是由四个晶体三极管组成的三级晶体管开关电路，其中 $R_1$、$BG_2$ 组成开关电路的第一级，$R_2$、$R_4$、$BG_1$ 组成第二级，$R_3$、$BG_3$、$BG_4$ 组成第三级，$BG_1$ 的发射极通过点火线圈与 $BG_3$ 和 $BG_4$ 的集电极连接，$BG_2$ 的发射极通过白金接地，$BG_4$ 的发射极直接接地。工作时，在原车电路的白金和点火线圈等零部件之间加入该点火器，由白金触点的通断来控制点火器晶体管开关电路的通断，从而在点火线圈上产生高电压，以避免由白金直接通断点火线圈带来的白金电蚀现象。

附件 5：高等教育出版社 2001 年 1 月出版的《模拟电子技术基础》（第 3 版）的封面、版权页和第 112 页的复印件（下称对比文件 2）。对比文件 2 公开了两个 NPN 型管可构成一只 NPN 型复合管。

附件 6：高等教育出版社 1999 年 6 月出版的《电子技术基础》模拟部分（第 4 版）的封面、版权页和第111页的复印件（下称对比文件3）。对比文件3表明，复合管又称为达林顿管。

胡云平另于2004年5月13日提交了更正错误请求书，该请求书提请更正的内容包括：将权利要求书第4行的“其由一个PNP三极管$T_2$和两个NPN三极管$T_1$、$T_2$连接而成”更正为“其由一个PNP三极管$T_2$和两个NPN三极管$T_1$、$T_3$连接而成”；将说明书第1页第28行的“PNP三极管$T_2$和两个NPN三极管$T_1$、$T_2$连接而成”更正为“PNP三极管$T_2$和两个NPN三极管$T_1$、$T_3$连接而成”；将说明书第2页第28行的“电路$F_2$由一个PNP三极管$T_2$和两个NPN三极管$T_1$、$T_2$连接而成”更正为“电路$F_2$由一个PNP三极管$T_2$和两个NPN三极管$T_1$、$T_3$连接而成”；将说明书第3页第13行的“电路$F_2$由一个PNP三极管$T_2$和两个NPN三极管$T_1$、$T_2$连接而成”更正为“电路$F_2$由一个PNP三极管$T_2$和两个NPN三极管$T_1$、$T_3$连接而成”。

2005年1月18日，专利复审委员会进行了口头审理，在口头审理过程中，三力达电子公司对胡云平于2004年5月13日提交的权利要求书和说明书的更正没有异议。

2005年3月10日，专利复审委员会作出第7078号决定。

在本案庭审过程中，三力达电子公司放弃了独立权利要求1不符合专利法实施细则第二十一条第二款以及权利要求1和权利要求2不符合专利法第二十二条第二款的理由。

上述事实有本专利授权公告说明书，第7078号决定，附件1、附件5和附件6，口头审理记录表及当事人陈述等证据在案佐证。

本院认为：

一、关于三力达电子公司在无效程序没有提出的主张

鉴于：

1. 专利复审委员会在第7078号决定中评价本专利说明书是否公开充分时认为，“本专利说明书背景技术中关于‘达林顿晶体管’描述的正确与否并不直接影响本专利技术目的的实现”；评价本专利创造性时认为本专利具有无须使用达林顿晶体三极管的技术效果；

2. 专利复审委员会在第7078号决定中评价“本领域技术人员结合说明书具体实施方式以及附图1和附图2是能够实现本专利的技术方案的”。

因此，本院认为，即使三力达电子公司在无效程序中未就与“达林顿晶体三极管”、“附图1、附图2”和“有益技术效果”有关的问题提出异议，但由于上述有关问题已经被专利复审委员会认定作为本专利符合专利法规定的理由，故三力达电子公司在其起诉状中对上述认定提出异议并无不妥。专利复审委员会在答辩状中请求对三力达电子公司提出的3个“新主张”不予接受的主张，本院不予支持。

二、关于专利法第二十六条第三款

专利法第二十六条第三款规定：说明书应当对发明或者实用新型作出清楚、完整的说明，以所属技术领域的技术人员能够实现为准。结合本案而言：

1. 争议焦点一：本专利是否使用了达林顿晶体三极管

首先，对比文件3载明复合管又称达林顿管，据此，达林顿晶体三极管是基于同一块硅（锗）片上，制作两个以上三极管连续放大作用的晶体管，封装后外部呈现与普通三极管相同。本专利的三管级联放大电路$F_2$由三个分立的三极管连接而成，并非如达林顿晶体三极管一样封装在同一管壳内。实质上，本专利的三管级联放大电路$F_2$用三个分立的三极管替代了达林顿晶体三极管，在不使用达林顿晶体三极管的情况下不会影响点火器点火控制电路的功能。

其次，如果将本专利说明书介绍的背景技术理解为采用对比文件2的图2.6.1（a）和（b）示出的基极和发射极间电压等于1.4V的达林顿晶体三极管，则本专利可以实现降低了点火器点火控制电

路的最低工作电压，进而降低了汽油发动机点火器的最低发火转速的发明目的。

因此，本专利说明书中描述的本专利技术方案的技术效果“该点火器内部的点火控制电路中无须使用达林顿晶体三极管，而不会影响点火器点火控制电路的功能，并且降低汽油发动机点火器最低发火转速”至少可以在一定程度上得以实现，故三力达电子公司关于本专利使用了达林顿晶体三极管以及无法实现本专利说明书中所述的技术效果的主张缺乏事实依据，本院不予支持。

需要说明的是，如果现有技术采用对比文件3所示的基极和发射极间电压大于等于0.7V的达林顿晶体三极管，那么本专利的有益效果中所描述的“降低了点火器点火控制电路的最低工作电压，进而降低了汽油发动机点火器的最低发火转速”就根本不存在，没有实现本专利所述的目的。因此，被告对“背景技术中关于‘达林顿晶体管’描述的正确与否并不直接影响本专利技术目的的实现”的认定不妥，本院不予支持。

2. 争议焦点二：附图1能否实现本专利的发明目的

首先，在附图1中为了形成闭合的电流回路，三极管 $T_1$ 的发射极和三极管 $T_4$ 的发射极必然与电容C的左端连接在一起，这对本领域技术人员来说是显而易见的。其次，附图1示出三极管 $T_1$ 的发射极通过一个电阻与三极管 $T_3$ 发射极连接，而本专利说明书中仅仅记载了三极管 $T_1$ 的发射极与三极管 $T_3$ 的发射极连接，上述电阻在本专利权利要求书和说明书文字部分均没有记载。但是，本领域技术人员在看到本专利说明书文字部分之后，根据掌握的基本知识，容易理解说明书所述三极管 $T_1$ 的发射极与三极管 $T_3$ 的发射极的连接是通过附图1中显示的电阻来具体实现的。相反，如果不通过这一电阻连接，三极管 $T_1$ 的发射极直接与 $T_3$ 的发射极相连，那么三极管 $T_4$ 将始终不能导通，甚至造成定子线圈 $L_1$ 被烧坏的后果，从而无法使点火器内部的点火控制电路正常工作。第三，从说明书的文字部分及附图1可知，定子线圈 $L_1$ 是电磁发电机，其感生出交流电压，通过选择与三极管 $T_4$ 的基极连接的两个分压电阻R大小，可以使三极管 $T_4$ 截止，此时，在电阻 $R_1$ 的作用下，三极管 $T_1$ 先导通，然后三极管 $T_2$、$T_3$ 导通，由于三极管 $T_3$ 的发射极和三极管 $T_1$ 的发射极间连接有一个电阻，随着电流的增大，该电阻上压降增大，定子线圈 $L_1$ 两端的电压也增大，当定子线圈 $L_1$ 的电压经过三极管 $T_4$ 的两个分压电阻R分压，使三极管 $T_4$ 的基极和发射极间的电压大于0.7伏时，三极管 $T_4$ 导通，三极管 $T_1$、$T_2$、$T_3$ 截止，定子原线圈 $L_1$ 的电流被突然减少从而感应出一个高电压，同时定子副线圈 $L_2$ 上感应出更高的电压提供给发动机火花塞。基于上述理由，三力达电子公司关于三极管 $T_4$ 先于三极管 $T_1$ 导通，导致三极管 $T_1$、$T_2$、$T_3$、$T_5$ 始终截止，使整个电路不能正常工作，附图1不是本专利的技术方案，不能实现本专利发明目的的主张，理由尚不充分，本院不予支持。

3. 争议焦点三：附图2是否是本专利的技术方案

首先，本专利附图1中已经披露了三极管 $T_3$ 的发射极和 $T_1$ 的发射极间串有一电阻，本领域技术人员不需要付出创造性的劳动，就能判断附图2中三极管 $T_3$ 的发射极和 $T_1$ 的发射极间也应该串有一电阻，否则本专利点火器点火控制电路将无法正常工作，所以本领域技术人员可以判断出本专利附图2中遗漏了三极管 $T_3$ 的发射极和 $T_1$ 的发射极间的电阻。其次，附图2公开的 $F_1$ 通过 $R_{1a}$、$R_{1b}$、$C_2$ 与 $F_2$、$L_1$、$L_2$ 连接，但这些内容在权利要求书和说明书文字部分没有描述。本院认为，附图作为说明书的一部分，如同文字部分一样，其作用在于用工程语言对本专利技术方案进行描述，使本领域技术人员能够直观地、形象化地理解本专利的每个技术特征和整体技术方案。再者，附图2中的三管级联放大电路 $F_2$ 具有很高的电流放大系数，本领域技术人员容易选择点火控制电路中的各个电阻值，使定子线圈 $L_1$ 与三极管 $T_1$、$T_2$、$T_3$ 构成的回路电流远远大于定子线圈 $L_1$ 与三极管 $T_{4a}$、$T_{4b}$ 构成的回路电流，当 $T_{4a}$、$T_{4b}$ 导通时，三极管 $T_1$ 截止，三极管 $T_2$、$T_3$ 随之截止，通过定子原线圈 $L_1$ 的电流主要来自三管级联放大电路 $F_2$，当定子线圈 $L_1$ 与三极管 $T_1$、$T_2$、$T_3$ 构成的电流回路断开时，定子线圈 $L_1$

与三极管 $T_{4a}$、$T_{4b}$ 构成电流回路的电流非常小，不会影响定子原线圈 $L_1$ 的电流被突然减少，在定子原线圈 $L_1$ 中感应出高电压，同时定子副线圈 $L_2$ 上感应出更高的电压提供给发动机火花塞。这与说明书文字部分记载的技术方案内容并无区别。基于上述理由，三力达电子公司关于附图 2 公开的技术方案不是权利要求书和说明书文字部分所记载的技术方案的主张，本院不予支持。

4. 鉴于在前述第 2 和第 3 个问题中，已经对说明书附图 1 和附图 2 是否存在错误进行了论述，在此基础上，虽然在本专利说明书文字部分未对"$F_2$ 与 $F_1$、$L_1$、$L_2$ 之间的连接关系"进行描述，但从本专利说明书附图 1 和附图 2 中可以看出"$F_2$ 与 $F_1$、$L_1$、$L_2$ 之间的连接关系"，本领域技术人员根据说明书附图可以了解"$F_2$ 与 $F_1$、$L_1$、$L_2$ 之间的连接关系"，并能实现本专利的技术方案。三力达电子公司关于无法从说明书附图中看出"$F_2$ 与 $F_1$、$L_1$、$L_2$ 之间的连接关系"的主张，本院不予支持。

综上，本专利说明书对本专利技术方案作出了清楚、完整的说明，尽管说明书附图中存在一些疏漏，但不致阻碍本领域的技术人员实现本专利，三力达电子公司关于本专利不符合专利法第二十六条第三款规定的主张缺乏事实和法律依据，本院不予支持。

三、关于本专利是否符合专利法第二十二条第四款的规定

专利法第二十二条第四款规定，实用性是指该发明或者实用新型能够制造或者使用，并且能够产生积极效果。

鉴于前述分析，本技术领域的技术人员根据本专利说明书及附图 1 和附图 2，可以制造出本专利所述的汽油发动机一体化点火器，并且实现了无须使用达林顿晶体三极管，而不会影响点火器点火控制电路的功能，并降低点火器的最低发火转速的积极效果。因此，本专利具备实用性。三力达电子公司关于本专利不符合专利法第二十二条第四款规定的主张缺乏事实和法律依据，本院不予支持。

四、关于本专利是否符合专利法第二十二条第三款的规定

专利法第二十二条第三款规定：实用新型创造性，是指同申请日以前已有的技术相比，该实用新型有实质性特点和进步。结合本案事实：

关于本专利权利要求 1 中的技术特征"点火角度控制电路 $F_1$"、"定子线圈 $L_1$ 及 $L_2$"、"三管级联放大电路 $F_2$ 中的三极管 $T_1$、$T_2$ 和 $T_3$ 的连接关系"是否分别被对比文件 1 中的技术特征"白金"、"点火线圈"、"三极管 $BG_2$、$BG_1$ 和 $BG_3$、$BG_4$ 的连接关系"所公开。

1. 对比文件 1 中的白金是通过机械的方式进行自动控制晶体管开关电路中电流的通断，其位于点火器电路之外。而本专利中的点火角度控制电路 $F_1$ 是通过电路的方式进行自动控制三管级联放大电路 $F_2$ 中的电流通断，其位于点火器电路之内，二者结构和所处位置均不相同，因此，对比文件 1 的白金并未公开本专利的点火角度控制电路 $F_1$。

2. 对比文件 1 中的点火线圈自身不能产生感应电动势，只能从外界给点火线圈蓄能。而本专利的定子原线圈 $L_1$ 通过转子切割磁力线能够自身感应出电动势，它们的结构和功能都不相同，点火线圈也不等同于定子线圈 $L_1$ 和 $L_2$。

3. 对比文件 1 中的三极管 $BG_2$、$BG_1$ 和 $BG_3$、$BG_4$ 分别对应于本专利三极管 $T_1$、$T_2$ 和 $T_3$，对比文件 1 中 $BG_1$ 的发射极通过点火线圈与 $BG_3$、$BG_4$ 的集电极连接，而本专利中三极管 $T_2$ 的发射极直接与 $T_3$ 的集电极连接，二者连接关系不同，因而对比文件 1 没有公开本专利三管级联放大电路 $F_2$ 中的三极管 $T_1$、$T_2$ 和 $T_3$ 的连接关系。

本专利实际所要解决的技术问题是提供一种点火角度控制电路 $F_1$、三管级联放大电路 $F_2$ 和定子线圈 $L_1$、$L_2$ 的一体化的点火器，而对比文件 1 实际所要解决的技术问题是消除白金的电蚀现象，两者需要解决的技术问题不同。本专利权利要求 1 与对比文件 1 相比具有上述三个区别技术特征，而对

比文件1没有给出采用本专利中“点火角度控制电路 $F_1$”、“定子线圈 $L_1$ 及 $L_2$”、“三管级联放大电路 $F_2$ 中的三极管 $T_1$、$T_2$ 和 $T_3$ 的连接关系”的技术启示，更没有给出将这些区别技术特征与其他技术特征结合的教导，因此，权利要求1具有实质性的特点和进步，符合专利法第二十二条第三款规定的创造性。在权利要求1具备创造性的基础上，权利要求2也具备创造性。三力达电子公司关于本专利权利要求1和权利要求2不具备创造性的主张，缺乏事实和法律依据，本院不予支持。

基于上述理由，专利复审委员会作出的第7078号决定认定事实基本清楚，适用法律正确，程序合法，应予维持。依照《中华人民共和国行政诉讼法》第五十四条第（一）项之规定，本院判决如下：

维持被告国家知识产权局专利复审委员会作出的第7078号无效宣告请求审查决定；案件受理费1000元，由原告重庆三力达电子有限公司负担（已交纳）。

如不服本判决，各方当事人可于本判决送达之日起十五日内，向本院提交上诉状及其副本，并交纳上诉案件受理费1000元（开户行：中国工商银行北京分行黄楼支行；户名：北京市第一中级人民法院；账号：144537－48），上诉于北京市高级人民法院。

审 判 长 仪 军

代理审判员 江建中

人民陪审员 陈 源

二〇〇五年十二月三十日

书 记 员 乔 平

# 北京市高级人民法院
# 行政判决书

（2006）高行终字第190号

上诉人（原审原告）重庆三力达电子有限公司，住所地重庆市南岸区四公里400号。

法定代表人杜厚堃，董事长。

委托代理人涂强，男，汉族，1962年11月5日出生，重庆市恒信专利代理有限公司专利代理人，住重庆市渝中区北区路18号3－4。

被上诉人（原审被告）国家知识产权局专利复审委员会，住所地北京市海淀区北四环西路9号银谷大厦10～12层。

法定代表人廖涛，副主任。

委托代理人高海燕，国家知识产权局专利复审委员会第三申诉处审查员。

委托代理人崔国振，国家知识产权局专利复审委员会行政诉讼处审查员。

原审第三人胡云平，男，汉族，1965年10月3日出生，住重庆市沙坪坝区柏林一村50号附3号。

委托代理人吴鸿维，男，汉族，1936年4月1日出生，北京华进专利事务所专利代理人，住北京市西城区阜外大街3楼2门7号。

上诉人重庆三力达电子有限公司（下称三力达电子公司）因专利无效行政纠纷不服北京市第一中级人民法院（2005）一中行初字第770号行政判决，向本院提起上诉。本院2006年3月27日受理后，依法组成合议庭，并于2006年5月10日公开开庭进行了审理。上诉人三力达电子公司的委托代理人涂强，被上诉人国家知识产权局专利复审委员会（下称专利复审委员会）的委托代理人高海燕、崔国振，原审第三人胡云平的委托代理人吴鸿维到庭参加了诉讼。本案现已审理终结。

2004年4月8日，三力达电子公司针对胡云平的“汽油发动机一体化点火器”实用新型专利权向专利复审委员会提出无效宣告请求，其理由是本案专利不符合《中华人民共和国专利法》（下称专利法）第二十二条第二款、第三款、第四款的规定，不具备新颖性、创造性和实用性，不符合专利法第二十六条第三款的规定，本案专利权利要求书得不到说明书的支持。专利复审委员会经审查，于2005年3月10日作出第7078号无效宣告请求审查决定（下称第7078号决定），宣告本案实用新型专利权有效。三力达电子公司不服该决定，在法定期限内向北京市第一中级人民法院提起行政诉讼。北京市第一中级人民法院依法通知胡云平作为第三人参加本案诉讼。

北京市第一中级人民法院判决认定，对比文件3载明复合管又称达林顿管，达林顿晶体三极管是基于同一块硅（锗）片上，制作两个以上三极管连续放大作用的晶体管，封装后外部呈现与普通三极管相同。本案专利的三管级联放大电路 $F_2$ 由三个分立的三极管连接而成，并非如达林顿晶体三极管一样封装在同一管壳内。本案专利的三管级联放大电路 $F_2$ 用三个分立的三极管替代了达林顿晶体三极管，在不使用达林顿晶体三极管的情况下不会影响点火器点火控制电路的功能。如果将本案专利说明书介绍的背景技术理解为采用对比文件2的图2.6.1（a）和（b）示出的基极和发射极间电压等于1.4V的达林顿晶体三极管，则本案专利可以实现降低点火器点火控制电路的最低工作电压，进而降低汽油发动机点火器的最低发火转速的发明目的。因此，本案专利说明书中描述的本案专利技术方案的技术效果“该点火器内部的点火控制电路中无须使用达林顿晶体三极管，而不会影响点火器点火控制电路的功能，并且降低汽油发动机点火器最低发火转速”至少可以在一定程度上得以实现。但专利复审委员会对“背景技术中关于‘达林顿晶体管’描述的正确与否并不直接影响本案专利技术目的的实现”的认定不妥。本案专利说明书附图1中为了形成闭合的电流回路，三极管 $T_1$ 的发射极和三极管 $T_4$ 的发射极必然与电容C的左端连接在一起，这对本领域技术人员来说是显而易见的。附图1示出三极管 $T_1$ 的发射极通过一个电阻与三极管 $T_3$ 发射极连接，而本案专利说明书中仅仅记载了三极管 $T_1$ 的发射极与三极管 $T_3$ 的发射极连接，上述电阻在本案专利权利要求书和说明书文字部分均没有记载。但是，本领域技术人员在看到本案专利说明书文字部分之后，根据掌握的基本知识，容易理解说明书所述三极管 $T_1$ 的发射极与三极管 $T_3$ 的发射极的连接是通过附图1中显示的电阻来具体实现的。从说明书的文字部分及附图1可知，定子线圈 $L_1$ 是电磁发电机，其感生出交流电压，通过选择与三极管 $T_4$ 的基极连接的两个分压电阻R大小，可以使三极管 $T_4$ 截止，在电阻 $R_1$ 的作用下，三极管 $T_1$ 先导通，然后三极管 $T_2$、$T_3$ 导通，由于三极管 $T_3$ 的发射极和三极管 $T_1$ 的发射极间连接有一个电阻，随着电流的增大，该电阻上压降增大，定子线圈 $L_1$ 两端的电压也增大，当定子线圈 $L_1$ 的电压经过三极管 $T_4$ 的两个分压电阻R分压，使三极管 $T_4$ 的基极和发射极间的电压大于0.7伏时，三极管 $T_4$ 导通，三极管 $T_1$、$T_2$、$T_3$ 截止，定子原线圈 $L_1$ 的电流被突然减少从而感应出一个高电压，同时定子副线圈 $L_2$ 上感应出更高的电压提供给发动机火花塞。本案专利附图1中已经披露了三极管 $T_3$ 的发射极和 $T_1$ 的发射极间串有一电阻，本领域技术人员不需要付出创造性的劳动，就能判断出附图2中三极管 $T_3$ 的发射极和 $T_1$ 的发射极间也应该串有一电阻，否则本案专利点火器点火控制电路将无法正常工作，所以本领域技术人员可以判断出本案专利附图2中遗漏了三极管 $T_3$ 的发射极和 $T_1$ 的发射极间的电阻。附图2公开的 $F_1$ 通过 $R_{1a}$、$R_{1b}$、$C_2$ 与 $F_2$、$L_1$、$L_2$ 连接，但这些内容在权利要求书和说明书文字部分没有描述。附图2中的三管级联放大电路$F_2$具有很高的电流放大系数，本领域技术人员容易选择点火控制电路中的各个电阻值，使定子线圈$L_1$与三极管$T_1$、$T_2$、$T_3$构成的回路电流远远大于定子线圈$L_1$与三极管$T_{4a}$、$T_{4b}$构成的回路电流，当$T_{4a}$、$T_{4b}$导通时，三极管$T_1$截止，三极管$T_2$、$T_3$随之截止，通过定子原线圈$L_1$的电流主要来自三管级联放大电路$F_2$，当定子线圈$L_1$与三极管$T_1$、$T_2$、$T_3$构成的电流回路断开时，定子线圈$L_1$与三极管$T_{4a}$、$T_{4b}$构成电流回路的电流非常小，不会影响定子原线圈$L_1$的电流被突然减少，在定子原线圈$L_1$中感应出高电压，同时定子副线圈$L_2$上感应出更高的电压提供给发动机火花塞。虽然在本案专利说明书文字部分未对"$F_2$与$F_1$、$L_1$、$L_2$之间的连接关系"进行描述，但从本案专利说明书附图1和附图2中可以看出"$F_2$与$F_1$、$L_1$、$L_2$之间的连接关系"，本领域技术人员根据说明书附图可以了解"$F_2$与$F_1$、$L_1$、$L_2$之间的连接关系"，并能实现本案专利的技术方案。对比文件1中的白金是通过机械的方式进行自动控制晶体管开关电路中电流的通断，其位于点火器电路之外。而本案专利中的点火角度控制电路$F_1$是通过电路的方式进行自动控制三管级联放大电路$F_2$中的电流通断，其位于点火器电路之内，二者结构和所处位置均不相同，对比文件1的白金并未公开本案专利的点火角度控制电路$F_1$。对比文件1中的点火线圈自身不能产生感应电动势，只能从外界给点火线圈蓄能。本案专利的定子原线圈$L_1$通过转子切割磁力线能够自身感应出电动势，与对比文件1的结构和功能不同，点火线圈也不等同于定子线圈$L_1$和$L_2$。对比文件1中的三极管$BG_2$、$BG_1$和$BG_3$、$BG_4$分别对应于本案专利三极管$T_1$、$T_2$和$T_3$，对比文件1中$BG_1$的发射极通过点火线圈与$BG_3$、$BG_4$的集电极连接，而本案专利中三极管$T_2$的发射极直接与$T_3$的集电极连接，二者连接关系不同，对比文件1没有公开本案专利三管级联放大电路$F_2$中的三极管$T_1$、$T_2$和$T_3$的连接关系。本案专利权利要求1与对比文件l相比具有上述三个区别技术特征，对比文件l没有给出采用本案专利中"点火角度控制电路$F_1$"、"定子线圈$L_1$及$L_2$"、"三管级联放大电路$F_2$中的三极管$T_1$、$T_2$和$T_3$的连接关系"的技术启示，更没有给出将这些区别技术特征与其他技术特征结合的教导，因此，权利要求l具有实质性的特点和进步，符合专利法第二十二条第三款规定的创造性。在权利要求1具备创造性的基础上，权利要求2也具备创造性。北京市第一中级人民法院依照《中华人民共和国行政诉讼法》第五十四条第（一）项之规定判决：维持国家知识产权局专利复审委员会作出的第7078号无效宣告请求审查决定。

三力达电子公司不服一审判决，上诉至本院。其上诉理由是：一审判决认定事实错误，适用法律不当。一审法院将对比文件3中所述的达林顿管与达林顿晶体三极管所作的区分毫无根据，本案专利中的$T_1$、$T_2$和$T_3$构成的电路就是达林顿晶体三极管。一审判决对本案专利说明书和附图的工作原理所作的认定缺乏依据。本案专利缺少必要技术特征，说明书和附图对专利技术方案未作出清楚、完整的描述，本领域技术人员通过阅读专利说明书并参照附图无法实现本案专利发明目的。一审判决认定本案专利具有实用性和创造性也是错误的。请求二审法院依法改判。

专利复审委员会和第三人胡云平均服从一审判决。

经审理查明，本案专利名称为"汽油发动机一体化点火器"，由胡云平2002年7月9日向国家知识产权专利局提出申请，并于2003年5月28日公告授权，专利号为02275674.4。本案专利权利要求如下：

"1. 一种汽油发动机一体化点火器，包括点火哭器外壳及其内部的点火控制电路，点火控制电路包括点火角度控制电路$F_1$和定子线圈$L_1$、$L_2$，其特征在于，该点火控制电路还包括一三管级联放大电路$F_2$，其由一个PNP三极管$T_2$和两个NPN三极管$T_1$、$T_2$连接而成，其中三极管$T_1$的集电极与三极管$T_2$的基极连接，三极管$T_2$的集电极与三极管$T_3$的基极连接，三极管$T_1$的发射极与三极管$T_3$的发射极连接，三极管$T_2$的发射极与三极管的$T_3$的集电极连接。

2. 根据权利要求1所述的汽油发动机一体化点火器，其特征在于，在所述的三管级联放大电路

$F_2$ 中，还有一电阻 $R_2$ 跨接于三极管 $T_2$ 的基极和发射极之间。”

本案专利说明书载明：本实用新型所要解决的技术问题是提供一种汽油发动机一体化点火器，该点火器内部的点火控制电路中无须使用达林顿晶体三极管，而不会影响点火器点火控制电路的功能，并且降低汽油发动机点火器最低发火转速。如附图1所示，工作时，汽油发动机转子转动，定子线圈 $L_1$、$L_2$ 与转子上的磁钢作相对运动而切割磁力线，在定子原线圈 $L_1$ 上感应出电动势，此时由于电阻 $R_1$ 的作用使三极管 $T_1$ 导通，进而使三极管 $T_2$、$T_3$ 导通，电动势经三极管 $T_1$、$T_2$、$T_3$ 及点火角度控制电路 $F_1$ 建立电流通路，随着电流的增大，点火角度控制电路 $F_1$ 在适当的时候输出点火控制信号使三极管 $T_4$ 导通，进而三极管 $T_1$ 截止，三极管 $T_2$、$T_3$ 随之截止，定子原线圈 $L_1$ 的电流被突然减少从而感应出一个数百伏的电压，同时定子副线圈 $L_2$ 上感应出更高的电压提供给发动机火花塞，以点燃发动机汽缸中的混合气体。如附图2所示，工作时，汽油发动机转子转动，定子线圈 $L_1$、$L_2$ 与转子上的磁钢作相对运动而切割磁力线，在定子原线圈 $L_1$ 上感应出电动势，此时由于电阻 $R_{1a}$ 和 $R_{1b}$ 的作用使三极管 $T_1$ 导通，进而使三极管 $T_2$、$T_3$ 导通，电动势经三极管 $T_1$、$T_2$、$T_3$ 及点火角度控制电路 $F_1$ 建立电流通路，随着电流的增大，点火角度控制电路 $F_1$ 在适当的时候输出战火控制信号使三极管 $T_{4a}$、$T_{4b}$ 导通，进而使三极管 $T_1$ 截止，三极管 $T_2$、$T_3$ 随之截止，定子原线圈 $L_1$ 的电流被突然减少从而感应出一个数百伏的电压，同时定子副线圈 $L_2$ 上感应出更高的电压提供给发动机火花塞，以点燃发动机汽缸中的混合气体。

三力达公司在向专利复审委员会请求宣告本案专利无效时提交以下对比文件：

对比文件1：91217824.8号实用新型专利说明书，公告日为1992年7月29日。该对比文件公开了一种汽油发动机汽车晶体管节油点火器，其所要解决的技术问题和所达到的技术效果是消除白金的电蚀现象，使火花塞产生的火花更强烈。该点火器包括壳体以及壳体内的晶体管开关电路，晶体管开关电路是由四个晶体三极管组成的三级晶体管开关电路，其中 $R_1$、$BG_2$ 组成开关电路的第一级，$R_2$、$R_4$、$BG_1$ 组成第二级，$R_3$、$BG_3$、$BG_4$ 组成第三级，$BG_1$ 的发射极通过点火线圈与 $BG_3$ 和 $BG_4$ 的集电极连接，$BG_2$ 的发射极通过白金接地，$BG_4$ 的发射极直接接地。工作时，在原车电路的白金和点火线圈等零部件之间加入该点火器，由白金触点的通断来控制点火器晶体管开关电路的通断，从而在点火线圈上产生高电压，以避免由白金直接通断点火线圈带来的白金电蚀现象。

对比文件2：高等教育出版社2001年1月出版的《模拟电子技术基础》（第3版）的封面、版权页和第112页的复印件。该对比文件公开了两个NPN型管可构成一只NPN型复合管。

对比文件3：高等教育出版社1999年6月出版的《电子技术基础》模拟部分（第4版）的封面、版权页和第111页的复印件。该对比文件表明，复合管又称为达林顿管。

2004年5月13日，胡云平向专利复审委员会提交了更正错误请求书，该请求提请更正的内容包括：将本案专利权利要求书第4行的“其由一个NPN三极管 $T_2$ 和两个NPN三极管 $T_1$、$T_2$ 连接而成”更正为“其由一个PNP三极管 $T_2$ 和两个NPN三极管 $T_1$、$T_3$ 连接而成”；将说明书第1页第28行的PNP三级管 $T_2$ 和两个NPN三级管 $T_1$、$T_2$ 连接而成”更正为“PNP三极管 $T_2$ 和两个NPN三极管 $T_1$、$T_3$ 连接而成”；将说明书第2页第28行的“电路 $F_2$ 由一个PNP三极管 $T_2$ 和两个NPN三极管 $T_1$、$T_2$ 连接而成”更正为“电路 $F_2$ 由一个PNP三极管 $T_2$ 和两个NPN三极管 $T_1$、$T_3$ 连接而成”；将说明书第3页第13行的“电路 $F_2$ 由一个PNP三极管 $T_2$ 和两个NPN三极管 $T_1$、$T_2$ 连接而成”更正为“电路 $F_2$ 由一个PNP三极管 $T_2$ 和两个NPN三极管 $T_1$、$T_3$ 连接而成”。

三力达电子公司在专利复审委员会口头审理中表示对于胡云平提交的上述更正没有异议。专利复审委员会经过审理2005年3月10日作出第7078号决定，维持本案专利权有效。

专利复审委员会在第7078号决定中认定：胡云平对本案专利权利要求书的修改没有超出该专利

的保护范围，无效审理以更正后的权利要求书为基础。对比文件1为专利文献，早于本案专利的申请日，对比文件2和对比文件3为教科书，出版时间早于本案专利的申请日，胡云平对对比文件1~3的真实性和准确性无异议，对比文件1~3构成了本案专利的现有技术。本案专利的点火控制电路包括三部分：点火角度控制电路$F_1$、定子线圈$L_1$、$L_2$以及一个三管级联放大电路$F_2$，当定子线圈$L_1$上感应出电动势时，该电动势经三管级联放大电路$F_2$中的三极管$T_1$、$T_2$、$T_3$以及点火角度控制电路$F_1$建立电流通路，附图1和附图2分别为本案专利汽油发动机一体化点火器内部的点火控制电路$F_2$的具体结构的电路原理图，点火控制电路的$F_2$与$F_1$、$L_1$、$L_2$之间的连接关系由附图1和附图2明显可见。本案专利所要解决的技术问题是提供一种汽油发动机一体化点火器，其内部的点火控制电路中无须使用达林顿晶体三极管，而不会影响点火器点火控制电路的功能，并降低点火器的最低发火转速。由于本案专利未使用达林顿三极管，因此，背景技术中关于“达林顿晶体管”描述的正确与否并不直接影响本案专利技术目的的实现。说明书具体实施方式之一结合附图1说明点火角度控制电路$F_1$和三管级联放大电路$F_2$串联在定子线圈$L_1$两端之间时的工作过程，其中，发动机转子转动，在定子线圈$L_1$上感应出电动势，三极管$T_1$、$T_2$、$T_3$导通，电动势经三极管$T_1$、$T_2$、$T_3$及点火角度控制电路$F_1$建立电流通路，本领域技术人员可明显得出附图1中$T_1$的发射极和$T_4$的发极必然与电容C的左端连接在一起；说明书具体实施方式之二结合附图2说明点火角度控制电路$F_1$和三管级联放大电路$F_2$并联在定子线圈$L_1$两端之间时的工作过程，图中$T_{4a}$、$T_{4b}$的导通进一步使三极管$T_1$截止，三极管$T_2$、$T_3$随之截止，定子原线圈$L_1$的电流被突然减小而感应出一个数百伏的电压，在定子副线圈$L_2$上感应出更高的电压。本领域技术人员结合说明书具体实施方式以及附图1和附图2能够实现本案专利的技术方案，本案专利符合专利法第二十六条第三款的规定。本案专利涉及的是点火器，该产品在产业上能够制造出来，并且也实现了无须使用达林顿晶体三极管，而不会影响点火器点火控制电路的功能，并降低点火器的最低发火转速的积极效果。对本领域普通技术人员来说，三力达电子公司所认为的本案专利说明书附图1中$T_1$发射极与$T_4$发射极以及电容C左端未连并不会影响本案专利积极效果的实现。本案专利具备实用性，符合专利法第二十二条第四款的规定。对比文件1的点火器没有公开本案专利权利要求1中的特征“点火控制电路包括点火角度控制电路$F_1$和定子线圈$L_1$、$L_2$”。对比文件1中的晶体管开关电路采用四个晶体管，其与权利要求1中的采用三个晶体管的放大电路不同，即对比文件1也没有公开本案专利权利要求1中的特征“三管级联放大电路由一个PNP三极管$T_2$和两个NPN三极管$T_1$、$T_3$连接而成。三极管$T_1$的集电极与三极管$T_2$的基极连接，三极管$T_2$的集电极与三极管$T_3$的基极连接，三极管$T_1$的发射极与三极管$T_3$的发射极连接，三极管$T_2$的发射极与三极管$T_3$的集电极连接”。对比文件1与权利要求1解决的技术问题和达到的技术效果不同，采用的技术方案也不同，权利要求1具备新颖性，引用权利要求1的权利要求2也具备新颖性。对比文件2说明了两个NPN型管可构成一只NPN型复合管，对比文件3说明了复合管又称为达林顿管。对比文件1公开的点火器包括壳体及其内的晶体管开关电路，晶体管开关电路由四个晶体三极管组成，其包括一个PNP三极管$BG_1$（相当于本案专利权利要求1中的$T_2$）、一个NPN三极管$BG_2$（相当于本案专利权利要求1中的$T_1$）以及两个NPN三极管$BG_3$和$BG_4$，结合对比文件2和对比文件3，两个NPN三极管$BG_3$和$BG_4$等效于一个NPN型复合管（相当于本案专利权利要求1中的$T_3$），如此，该晶体管开关电路各晶体管的连接关系可等效为：三极管$BG_2$的集电极与三极管$BG_1$的基极连接，三极管$BG_1$的集电极与NPN型复合管的基极连接。但是，进行如上等效后，对比文件1后的点火器仍然没有公开本案专利权利要求1中的如下特征：“点火控制电路包括点火角度控制电路$F_1$和定子线圈$L_1$、$L_2$”以及“三极管$T_1$的发射极与三极管$T_3$的发射极连接，三极管$T_2$的发射极与三极管$T_3$的集电极连接”。对上述区别技术特征也没有给出任何技术启示，本领域技术人员在现有技术的基础上得出权利要求1的技术方案需要付出创造性劳动，因此，权利要求1具有实质性特点，同时权利要求1的技术方案也具有提供一种一体化点火器，其无须使用达林顿晶体三极管，并降低汽油发动机点火器的最低发火转速的技术效果，权利要求1具备创造性，引用权利要求1的权利要求2也具备创造性。

在一审审理过程中，三力达电子公司放弃了本案专利独立权利要求1不符合专利法实施细则第二十一条第二款以及权利要求1和权利要求2不符合专利法第二十二条第二款的无效理由。

上述事实，有本案专利授权公告说明书，专利复审委员会第7078号无效审查决定，三力达电子公司提交的附件1、附件5和附件6，专利复审委员会口头审理记录表及当事人陈述等证据在案佐证。

本院认为，本案专利说明书文字部分虽未记载$F_2$与$F_1$、$L_1$、$L_2$之间的连接关系，但由附图1和附图2明显可知其间的连接关系。本案专利中并未使用达林顿三极管，专利说明书所述的发明目的和效果能够实现。本案专利说明书附图1中$T_1$与$T_4$以及电容C左端虽未连接，但本领域技术人员依据说明书内容明显可知$T_1$、$T_4$与电容C左端必然连接。本领域技术人员结合说明书具体实施例能够实现本案专利技术方案，本案专利符合专利法第二十六条第三款之规定。本案专利说明书附图1中$T_1$与$T_4$以及电容C左端未连接，并不影响本案专利积极效果的实现，且本案专利系一产品，能够制造出来，其具有实用性，符合专利法第二十二条第四款之规定。对比文件1公开了一种汽油发动机汽车晶体管节油点火器，其所要解决的技术问题是消除白金的电蚀现象，并使火花塞产生的火花更加强烈。本案专利所要解决的技术问题是提供一种一体化点火器，其无须使用达林顿晶体三极管，并降低汽油发动机点火器的最低发火转速。且对比文件1并未公开本案专利权利要求1中的“点火控制电路包括点火角度控制电路$F_1$和定子线圈$L_1$、$L_2$”及“三管级联放大电路由一个PNP三极管$T_2$和两个NPN三极管$T_1$、$T_3$连接而成，其中$T_1$集电极与$T_2$的基极连接，$T_2$的集电极与$T_3$的基极连接，$T_1$的发射极与$T_3$的发射极连接，$T_2$的发射极与$T_3$的集电极连接。”故本案专利权利要求1和2具备新颖性，符合专利法第二十二条第二款之规定。结合对比文件2和对比文件3，对比文件1公开的晶体管开关电路各晶体管的连接关系可等效为：三极管$BG_2$的集电极与三极管的$BG_1$的集电极连接，三极管$BG_1$的集电极与NPN型复合管的基极连接，但对比文件1仍未公开本案专利权利要求1中的“点火控制电路包括点火角度控制电路$F_1$和定子线圈$L_1$、$L_2$”及“三极管$T_1$的发射极与三极管$T_2$的发射极连接，三极管$T_2$的发射极与三极管$T_3$的集电极连接”，现有技术中也未见对上述区别技术特征的技术启示，本领域技术人员得出权利要求1技术方案需要花费创造性劳动。故权利要求1具备创造性，同理权利要求2也具备创造性，均符合专利法第二十二条第三款之规定。

综上，三力达电子公司所提上诉理由缺乏事实和法律依据，不能成立，对其撤销专利复审委员会第7078号无效决定和一审判决之请求，不予支持。专利复审委员会第7078号无效决定审理程序合法，证据充分，适用法律正确。一审判决认定事实清楚，证据充分，适用法律并无不当，应当维持。依照《中华人民共和国行政诉讼法》第六十一条第（一）项之规定，判决如下：

驳回上诉，维持原判。

一审案件受理费一千元，二审案件受理费一千元，均由重庆三力达电子有限公司负担（已交纳）。

本判决为终审判决。

审　判　长　刘继祥

审　判　员　孙苏理

代理审判员　焦　彦

二〇〇六年十一月二十一日

书　记　员　刘　悠

# 空压机案

## 无效宣告请求审查决定（第7084号）

**决 定 号** 第7084号
**决 定 日** 2005年4月25日
**发明创造名称** 空压机
**国际分类号** F04B 35/04 F04B 49/10
**无效请求人** 东莞冠翔电机有限公司
**专利权人** 华广汇工业股份有限公司
**专 利 号** 03201108.3
**申 请 日** 2003年1月13日
**授权公告日** 2003年12月31日
**合议组组长** 杨克菲
**主 审 员** 徐媛媛
**参 审 员** 宋鸣镝

**法律依据** 专利法第二十二条第二款、第三款
**决定要点**

本专利之权利要求1所要求保护的技术方案相对于请求人提供的证据所披露的相关技术内容具有区别之处，同时请求人所提交的证据又未就区别之处给出任何技术启示或教导，而所述区别技术又能够带来有益的技术效果，故本专利之权利要求1相对于请求人提供的证据具备新颖性和创造性。

### 一、案由

本无效宣告请求案涉及国家知识产权局专利局2003年12月31日授权公告的、名称为"空压机"的实用新型专利，其专利号为03201108.3，申请日为2003年1月13日，专利权人是华广汇工业股份有限公司。授权公告的权利要求书如下：

"1. 一种空压机，主要包括一机座、一传动机构、一汽缸、一阀体、一自动泄压阀、一手动泄压阀，其特征在于：

一机座，该机座内设有容室，机座的上方设有穿孔贯通该容室，机座的一侧设有切槽，切槽的二侧壁设有轴孔，轴孔外设有凹室，凹室内设有轴承，切槽的上方设有通孔，该机座上设有马达座，马达座设有轴孔；

一传动机构，由马达、传动齿轮、从动齿轮、凸轮、偏心轴、连杆、活塞、盖片、活塞气环及垫圈等构件所组成，其中马达固设于机座的马达座上，马达的转轴上固设有传动齿轮，该传动齿轮设于机座的通孔上，而从动齿轮由一传动轴心穿设并设于机座的切槽内，从动齿轮与传动齿轮相啮合，凸轮固设于传动轴心的端部，凸轮的轴孔下方设有穿孔，该穿孔内固设有偏心轴，一轴承设于连杆的穿孔内并固设于偏心轴上，而活塞设于连杆的上方，活塞上设有气孔，盖片固设于活塞上，盖片上设有通孔，使其中间形成挡片盖合于活塞的气孔上，垫圈设于活塞气环内，活塞气环固设于活塞上部；

一汽缸，固设于机座上，汽缸顶部设有一气孔；

一阀体，固设于汽缸上，阀体内设有气道贯通至底部，阀体近底部一侧设有连接座供压力表接设，阀体的另一侧设有一自动泄压座及一出气口，于阀体上另设有一手动减压座；

一自动泄压阀，设于阀体的自动泄压座内，其由一塞体、一弹簧及一调整块等构件组成；

一手动泄压阀，设于阀体的手动泄压座内，其由一塞体、一弹簧、一顶针及一固定帽套等构件组成。”

针对上述专利权，东莞冠翔电机有限公司（下称请求人）于2004年4月30日向专利复审委员会提出了无效宣告请求，其理由是本实用新型专利不符合专利法第二十二条第二款、第三款有关新颖性和创造性的规定。与此同时，请求人提供了如下证据：

证据1：国际公开号为WO02/057630A1的PCT申请说明书复印件，公开日2002年7月25日；

证据2：专利号为02208204.2的中国实用新型专利说明书复印件，授权公告日2003年1月1日；

证据3：专利号为01264819.1的中国实用新型专利说明书复印件，授权公告日2002年11月20日；

证据4：专利号为01251096.3的中国实用新型专利说明书复印件，授权公告日2002年8月28日。

请求人就本专利权利要求1所要求保护的技术方案相对于证据1不具备新颖性进行了详细的对比描述。此外，请求人还认为证据1与证据2、3或证据4中的任一组合均破坏本专利权利要求1的创造性。

专利复审委员会经形式审查合格后，于2004年5月26日发出了无效宣告请求受理通知书，同时将宣告专利权无效请求书以及有关文件副本转给专利权人（下称被请求人），要求被请求人在指定期限进行意见陈述。同时成立合议组对本案进行审理。

对此，被请求人在指定期限未进行任何意见陈述。

2005年2月6日，合议组向请求人发出了外文证据处理通知书，告知请求人未就证据1提交所使用部分的中文译文，同时要求其在收到本通知之日起十日内就证据1补交所使用部分的中文译文。

2005年2月7日，合议组向被请求人以及请求人发出了无效宣告请求口头审理通知书，定于2005年3月18日举行口头审理。

2005年3月10日，请求人提交了证据1之中文译文。被请求人于2005年3月17日面取该中文译文。合议组要求被请求人在指定期限对面取之中文译文的真实性发表意见，否则视为无异议。对此，被请求人在指定的期限未就证据1之中文译文的真实性提出任何异议。

口头审理如期举行，被请求人缺席，请求人对合议组成员无回避请求。请求人明确其无效宣告请求的理由为本专利不符合专利法第二十二条第二款、第三款有关新颖性和创造性的规定。与此同时，请求人还明确了证据对比方式，即证据1破坏本专利的新颖性，其与证据2~4中任意一篇的结合破坏本专利的创造性。请求人结合上述对比方式就其相应的观点进行了充分的意见陈述。针对手动及自动泄压阀设置的问题，请求人认为，空压机中同时设置手动及自动泄压阀是所属领域的公知常识。

在上述工作的基础上，合议组认为本案事实已经清楚，可以依法作出审查决定。

**二、决定的理由**

1. 证据认定

证据1~4是专利文献，属于公开出版物。合议组核实了上述证据的真实性。同时上述证据的公开日（授权公告日）均早于本专利的申请日，故证据1~4构成本专利的现有技术，可用于评价本专利的新颖性和创造性。此外，鉴于被请求人在指定期限未就请求人所提交的证据1之中文译文提出异议，故合议组在此以请求人所提交的证据1之中文译文的内容评价本专利的新颖性和创造性。

2. 关于本专利的新颖性和创造性

专利法第二十二条规定：新颖性，是指在申请日以前没有同样的发明或实用新型在国内外出版物上公开发表过、在国内公开使用过或者以其他方式为公众所知，也没有同样的发明或实用新型由他人向国务院专利行政部门提出过申请并且记载在申请日以后公布的专利申请文件中。

专利法第二十二条规定：创造性，是指同申请日以前已有的技术相比，该实用新型有实质性特点和进步。

请求人认为证据1破坏本专利权利要求1的新颖性，证据1与证据2、证据1与证据3以及证据1与证据4的组合破坏本专利的创造性。根据审查指南第四部分第三章第3.1节请求原则的相关规定，合议组下面将仅以请求人提出的上述证据对比方式评述本专利的新颖性和创造性。

证据1涉及一种空压机，并具体披露了以下技术内容（参见证据1译文及附图1、2）：所述空压机包括一机架1（对应于本专利之机座）、一传动机构、一汽缸16、一阀体装置19。其中机架1包括连接马达凸缘2的颈圈5（相当于本专利之马达座），颈圈5设有供驱动轴7穿过的轴孔。机架1的一侧具有齿轮箱（对应于本专利之切槽），齿轮箱的两侧壁具有供轴10通过的轴孔，轴孔外的凹室中具有轴承12。传动机构由马达6、小齿8（对应于本专利之传动齿轮）、较大齿轮9（对应于本专利之从动齿轮）、平衡器17、偏心轴、连杆14、活塞等部件构成。马达设于颈圈5上，马达6之驱动轴7（对应于本专利之转轴）固设小齿8，从动齿轮由轴10（对应于本专利之传动轴心）穿设并位于齿轮箱3中，小齿8与大齿9啮合，平衡器17设于轴10的端部，平衡器10的下方设有穿孔，穿孔中安装偏心轴，一轴承设于连杆14的穿孔内并固设于偏心轴上。连杆上方具有活塞。一汽缸16固设于机架1一侧的曲柄箱4上，顶部具有一出气口18（对应于本专利之气孔）。汽缸上具有一阀体装置19，阀体装置包括一压力表26以及一压力开关。

通过上述的描述可以看出，本专利权利要求1所要求保护的技术方案与证据1披露的内容至少存在以上区别之处：（1）在本专利中偏心轴安装于凸轮上，而在证据1中，偏心轴安装于一平衡器17上；（2）本专利对活塞结构予以了具体的描述，而由证据1无法看出活塞具体的结构；（3）本专利对其阀体装置的组成进行了具体详细的描述，例如：包括自动以及手动泄压阀，自动泄压阀由……组成，手动泄压阀由……组成。而证据1只能看出阀体装置具有压力表以及泄压阀，但是无法得知压力表设置的位置以及泄压阀的设置方式（自动、手动抑或自动兼手动）以及相应的结构。鉴于此，本专利之权利要求1相对于证据1具备新颖性。

请求人认为，第一，证据1之平衡器与本专利之凸轮等同。第二，由证据1附图可明显看出阀体装置包括两个泄压装置，一个为自动泄压装置，另一个显然就是手动泄压装置。对此，合议组认为，在实际使用中，凸轮起平衡装置的作用对所属领域的技术人员而言并非公知常识，故合议组对请求人所持的凸轮与平衡器等同的主张不予支持。就请求人的第二个主张，合议组认为，本领域的普通技术人员仅凭附图1尚不足以得出两个泄压装置一个采用自动工作的方式，另一个采用手动工作的方式。故合议组对请求人的第二个主张同样不予支持。

证据2涉及一种直动式安全阀，并具体披露了以下技术内容（参见证据2说明书摘要以及附图1~5）：所述阀由阀体（1）、阀芯（2）、弹簧（3）和阀盖（5）构成，该阀用于容积式泵、液压系统或油品输送管线。同时根据证据2说明书第2页最后一段对安全阀工作过程中的描述可知，该安全阀为一自动安全阀。

证据3涉及一种风机安全阀，并具体披露了以下技术内容（参见证据3说明书第1页倒数第2行至第2页第7行以及附图1)：所述阀包括阀体1、阀座2、阀瓣3、反冲盘4、导向套5、阀盖9、阀杆8、弹簧6及其调节螺杆10。

证据4涉及一种压力气体安全阀，并具体披露了以下技术内容（参见证据4说明书摘要、说明书第2页倒数第2段以及附图1)：在所述安全阀中，由金属壳体内表面、橡胶密封圈和密封金属垫片、及防粘密封片形成密封活门。在压力达到阈值时，密封活门能得以开启，以确保阀门的安全。

通过上述的描述可以看出，即使将证据1与证据2~4中的任意一篇结合，其至少仍未披露本专利权利要求1中空压机之阀体上同时设置自动泄压阀以及手动泄压阀的这一技术特征，同时也未就该区别技术特征给出任何技术启示或教导，此外请求人也未就该技术特征是所属领域的公知常识予以举证。而由本专利的说明书又可看出，上述区别技术特征又具有一定的技术效果，即在自动泄压阀失效时，通过人工操作手动泄压阀将多余压力排出，从而确保空压机内部机件的使用寿命及轮胎的安全。故本专利权利要求1所要求保护的技术方案相对于证据1与证据2~4中任意一篇的组合具备创造性。

**三、决定**

维持03201108.3号实用新型专利权继续有效。

一方当事人对本决定不服的，可以根据专利法第四十六条第二款的规定，在收到本决定之日起三个月内向北京市第一中级人民法院起诉。根据该款的规定，一方当事人起诉后，另一方当事人可以作为第三人参加诉讼。

# 北京市第一中级人民法院
# 行政裁定书

(2005)一中行初字第860号

原告东莞冠翔电机有限公司，住所地广东省东莞市常平镇土塘村。

法定代表人洪英智，董事长。

委托代理人王玉双，隆天国际知识产权代理有限公司专利代理人。

委托代理人高龙鑫，隆天国际知识产权代理有限公司专利代理人。

被告国家知识产权局专利复审委员会，住所地北京市海淀区北四环西路9号银谷大厦10~12层。

法定代表人廖涛，副主任。

委托代理人王丽颖，专利复审委员会审查员。

委托代理人柴爱军，专利复审委员会审查员。

第三人华广汇工业股份有限公司。

原告东莞冠翔电机有限公司（下称冠翔电机公司）诉被告国家知识产权局专利复审委员会（下称专利复审委员会)，第三人华广汇工业股份有限公司专利无效行政纠纷一案，本院于2005年8月22日受理后依法组成合议庭进行了审理。在本案审理过程中，原告冠翔电机公司自愿向本院提出撤诉申请，请求撤回对被告专利复审委员会的起诉。

本院经审查认为，原告冠翔电机公司的撤诉申请系其真实意思表示，未违反法律规定，应予准许。依照《中华人民共和国民事诉讼法》第一百三十一条第一款、第一百四十条第一款第（五）项之规定，裁定如下：

准许原告东莞冠翔电机有限公司撤回对被告国家知识产权局专利复审委员会的起诉。

案件受理费1000元，减半收取500元，由原告东莞冠翔电机有限公司负担（已交纳）。

审 判 长 仪 军

代理审判员 江建中

人民陪审员 陈 源

二〇〇六年六月二十日

书 记 员 朱 平

# 柴油机起动齿轮轴坯案

## 无效宣告请求审查决定（第7085号）

决　定　号　第7085号
决　定　日　2005年4月22日
发明创造名称　柴油机起动齿轮轴坯
国际分类号　F02N 1/00
无效请求人　张顺昌
专利权人　王焕林
专　利　号　02286680.9
申　请　日　2002年12月6日
授权公告日　2003年12月3日
合议组组长　于　萍
主　审　员　陈　勇
参　审　员　徐媛媛

法律依据　专利法第二十二条第二款、第三款　专利法实施细则第二条第二款

决定要点

专利法实施细则第二条第二款有关实用新型的定义是针对权利要求整体所保护的客体而言的。只要从整体来看一项权利要求保护的是一种产品，从形状结构上对其加以限定，即使包含有个别的工艺方法特征，仍然认为该权利要求保护的客体符合专利法实施细则第二条第二款的规定。

发票本身仅能证明某产品在某时被销售的事实，但不能反映所售产品的结构。请求人试图以购货单位出具的证明及口审时出具的物证来证明所销售的产品与本专利相同。但由于该物证为本专利申请日后生产的产品，故不能用来证明发票上所售产品的结构；而出具证明单位为本案专利侵权诉讼中的被告，故在没有原始证据的情况下，仅根据该证明不足以认定发票上的产品即为本专利相同的产品。

**一、案由**

本无效宣告请求案涉及申请日为2002年12月6日、授权公告日为2003年12月3日、名称为“柴油机起动齿轮轴坯”的02286680.9号实用新型专利（下称本专利），专利权人为王焕林（下称被请求人）。授权公告的权利要求书如下：

“1. 一种柴油机起动齿轮轴坯，其特征在于：由第一坯体（1）和第二坯体（2）所组成，且第一坯体（1）与第二坯体（2）处在同一中心线上连结成一体，在第一坯体（1）的端面设有中心孔（3），在第二坯体（2）的端面设有与柴油机手工起动摇手柄相配装的盲孔（4）。

2. 根据权利要求1所述的柴油机起动齿轮轴坯，其特征在于：所说具有中心孔（3）的第一坯体（1）与具有盲孔（4）的第二坯体（2），是经由锻造而成型连结成一体的。

3. 根据权利要求1或2所述的柴油机起动齿轮轴坯，其特征在于：所说中心孔（3）与盲孔（4），两者处在同一中心线上。

4. 根据权利要求1或2所述的柴油机起动齿轮轴坯，其特征在于：所说盲孔（4）的形状和深度，与柴油机手工起动摇手柄工作段的形状和长度相匹配。”

针对上述专利权，张顺昌（下称请求人）于2004年7月26日向专利复审委员会提出了无效宣告请求，其理由是本专利不符合专利法第二十二条第二款、第三款以及专利法实施细则第二条第二款的规定。请求人同时提交了以下证据：

证据1：常州柴油机厂S195柴油机起动齿轮轴图纸的复印件1张；

证据2：无锡县柴油机厂S195柴油机起动齿轮轴技术图纸的复印件1张；

证据3：东台柴油机厂起动齿轮轴技术图纸的复印件1张；

证据4：株洲柴油机厂S195柴油机起动齿轮轴技术图纸的复印件1张；

证据5：山东时风集团起动齿轮轴技术图纸的复印件1张；

证据6：龙溪机器厂起动轴技术图纸的复印件1张；

证据7：安徽全椒柴油机厂起动齿轮轴技术图纸的复印件1张；

证据8a：票号为02500782的江苏增值税专用发票的复印件1张，开票日期为2001年5月26日，销货单位为锡山市顺达内燃机配件厂，购货单位为锡山市洛社盛巷柴油机配件厂；

证据8b：票号为03336909的江苏增值税专用发票的复印件1张，开票日期为2001年12月18日，销货单位为武进市洛阳红旗纺织配件厂，购货单位为武进市华昌农机配件厂；

证据9：武进市洛阳红旗纺织配件厂送货通知单复印件1页；

证据10：张顺昌送货单存根联复印件1页。

请求人认为：（1）证据1~7的图纸每一张均覆盖了本专利权利要求1的全部技术特征，因此权利要求1不具备新颖性和创造性。从属权利要求2中的附加技术特征为成型工艺，因此不符合专利法实施细则第二条第二款的规定。从属权利要求3的附加技术特征已经被证据1~7披露；从属权利要求4的附加技术特征为普通常识，因此权利要求3和权利要求4没有新颖性和创造性。（2）附件8~9说明本专利的产品在本专利申请日之前已经公开销售，因此本专利不具备新颖性。

经形式审查合格后，专利复审委员会受理了上述无效宣告请求，向请求人和被请求人发出了无效宣告请求受理通知书，并将上述无效宣告请求书及相关文件副本转送给被请求人，同时依法成立合议组对本案进行审查。

对此，被请求人在指定期限内未进行任何意见陈述。

之后，请求人于2004年8月26日向专利复审委员会提交了意见陈述书，同时补充提交了两份证据：

证据11：无锡市顺达内燃机厂的证明1份；

证据12：常州市武进华昌农机配件厂证明1份。

专利复审委员会本案合议组于2005年2月22日向双方当事人发出口头审理通知书，定于2005年4月12日在专利复审委员会举行口头审理，并将请求人在2004年8月26日提交的意见陈述书及相关文件副本转送给请求人。

2005年3月14日，请求人向专利复审委员会提交了口头审理通知书的回执，在该回执中，请求人要求在口头审理中派证人出庭并演示物证即起动轴毛坯。

口头审理如期举行，被请求人和请求人均出席了口头审理，双方对合议组成员无回避请求，对对方出庭人员的身份和资格无异议。请求人没有出示证据1~7和证据9的原件，被请求人对它们的真实性不予认可。请求人出示了证据8a、证据8b和证据10的原件，被请求人认可证据8a和证据8b的真实性，对于证据10，被请求人认为该证据是请求人自己出具的票据，对其真实性不予认可。请求人明确其无效理由为：本专利的权利要求1不具备专利法第二十二条第二款、第三款规定的新颖性和创造性，权利要求2不符合专利法实施细则第二条第二款的规定，权利要求3和权利要求4不具备创造性。与此同时，请求人当庭展示了其带来的物证——起动轴毛坯，请求人明确证据的对比方式，即：证据8b和证据12以及物证结合证明与本专利相同的产品已经在本专利的申请日之前公开销售；证据8a和物证以及证据11结合破坏本专利的新颖性，证人吴文华就证据12的内容出庭作证。被请求人指出，证人吴文华所在企业为本专利侵权诉讼中的被告，证人对此予以认可。证人和请求人均认可演示的物证为2003年的产品。

在上述程序基础上，合议组认为本案事实已经清楚，可以依法作出如下审查决定。

**二、决定的理由**

1. 关于证据

证据1~10和证据11~12是请求人在提出无效请求的同时或者其后一个月内提交的证据，因此符合专利法实施细则第六十六条的规定。

证据1~7为图纸复印件，证据9为送货通知的复印件，由于请求人在口头审理时没有出示上述证据的原件，因此无法核实它们的真实性，故合议组对证据1~7和证据9不予考虑。证据10为张顺昌送货单存根联复印件，尽管请求人在口头审理时出示了其原件，但是由于其本身没有记载任何有关产品结构的信息，故在无其他辅证的情况下，合议组对此证据不予考虑。

请求人出示了证据8a和证据8b的原件，被请求人认可证据8a和证据8b的真实性。因此证据8a和证据8b可以作为本案证据使用。证据11和证据12属于证人证言，请求人提交了原件，它们的具体评述见下文。

2. 关于新颖性和创造性

专利法第二十二条第二款规定：新颖性，是指在申请日以前没有同样的发明或者实用新型在国内外出版物上公开发表过、在国内公开使用过或者以其他方式为公众所知，也没有同样的发明或者实用新型由他人向专利局提出过申请并且记载在申请日以后公布的专利申请文件中。

专利法第二十二条第三款规定：创造性，是指同申请日以前已有的技术相比，该发明有突出的实质性特点和显著的进步，该实用新型有实质性特点和进步。

请求人认为：证据8b和证据12以及物证结合证明与本专利相同的产品已经在本专利的申请日之前公开销售。

合议组认为：证据8b为票号为03336909的江苏增值税专用发票，其上载有武进市华昌农机配件厂于2001年12月18日购进过起动轴锻件的事实，但是其上没有记载相应锻件的规格型号，无法得知该锻件的具体形状和结构。证据12为常州市武进华昌农机配件厂出具的证明，虽然在该证明上记载有“该厂2001年12月18日购买的起动轴锻件与本专利结构一致”的文字信息，并且还记载有“如需要开庭，我厂可派员并带实物作证”，但是口头审理时该单位的证人吴文华承认自己所在单位为本专利侵权诉讼中的被告，而且承认其演示的物证为2003年的产品，显然这一产品并非开票日期为2001年12月18日的03336909号发票上载明的锻件，因此仍然无法知道证据8a涉及的产品的具体结构，故对请求人的上述主张不予支持。

请求人认为，证据8a和物证以及证据11结合破坏本专利的新颖性。

由于证据11为单位证明，虽然其形式上为原件，但是其性质为证人证言，而该单位没有相应的工作人员出庭接受询问，进行质证，所以其作为证据的真实性无法核实，故合议组对证据11不予采信。而证据8a发票本身不能反映所销售产品的结构，口审时所出具的物证又为2003年的产品，即本专利申请日之后的产品，并非证据8a所购产品。基于此，上述三个证据之间无法形成一个完整的证据链，证明与本专利相同的产品在本专利申请日前已经公开销售，故合议组对其上述主张也不予支持。

综上所述，请求人提供的证据不充分，不足以否定本专利的新颖性和创造性。

3. 关于权利要求2是否符合专利法实施细则第二条第二款

专利法实施细则第二条第二款规定：专利法所称实用新型，是指对产品的形状、构造或者其结合所提出的适于实用的新的技术方案。

请求人认为：权利要求2的附加技术特征为“所说具有中心孔的第一坯体与具有盲孔的第二坯体，是经由锻造而成型连结成一体的”，这一特征为第一坯体和第二坯体的成型工艺，其不是对产品的形状或者构造进行限定的技术特征，因此不符合专利法实施细则第二条第二款的规定。

合议组认为，独立权利要求1限定的技术方案的主题名称为一种柴油机起动齿轮轴坯，并且该权利要求中记载的全部技术特征均为产品的结构特征，因此独立权利要求1属于实用新型专利的保护客体，符合专利法实施细则第二条第二款的规定。权利要求2为从属于独立权利要求1的从属权利要求，其所要求保护的技术方案实际上包含独立权利要求1的所有技术特征，它是对独立权利要求1的进一步限定，尽管该从属权利要求的附加技术特征为工艺方法特征，但是从整体上看，权利要求2仍然保护的是具有一定结构的产品，属于实用新型专利的保护客体，故权利要求2符合专利法实施细则第二条第二款的规定。

综上，合议组认为请求人提出的全部无效理由均不成立，本专利应予维持。

**三、决定**

维持02286680.9号的实用新型专利权有效。

当事人对本决定不服的，可以根据专利法第四十六条第二款的规定，自收到本决定之日起三个月内向北京市第一中级人民法院起诉。根据该款的规定，一方当事人起诉后，另一方当事人应当作为第三人参加诉讼。

## 北京市第一中级人民法院<br>行政判决书

（2005）一中行初字第1130号

原告张顺昌，男，汉族，1967年12月6日出生，住浙江省台州市椒江区章安镇谢张村。

委托代理人孙兹美，江苏无锡英特东华律师事务所律师。

被告国家知识产权局专利复审委员会，住所地北京市海淀区北四环西路9号银谷大厦10～12层。

法定代表人廖涛，副主任。

委托代理人陈勇，国家知识产权局专利复审委员会机械申诉处复审员。

委托代理人郭健国，国家知识产权局专利复审委员会行政诉讼处复审员。

第三人王焕林，男，汉族，1951年9月29日出生，住江苏省武进县湖塘镇聚湖村委小王家村。

委托代理人顾伯兴，南京众联专利代理有限公司专利代理人。

委托代理人顾晓宁，男，汉族，1971年10月22日出生，住江苏省南京市建邺区康福村45号13栋302室。

原告张顺昌不服被告国家知识产权局专利复审委员会（下称专利复审委员会）于2005年4月22日作出的第7085号无效宣告请求审查决定（下称第7085号决定），在法定期限内向本院提起行政诉讼。本院于2005年11月1日受理本案后，依法组成合议庭，并通知王焕林作为本案第三人参加诉讼，于2006年2月23日公开开庭进行了审理。原告张顺昌的委托代理人孙兹美，被告专利复审委员会的委托代理人陈勇、郭健国，第三人王焕林的委托代理人顾伯兴到庭参加了诉讼。本案现已审理终结。

第7085号决定系专利复审委员会就张顺昌针对王焕林拥有的名称为“柴油机起动齿轮轴坯”的实用新型专利（下称本专利）所提出的无效宣告请求作出的。专利复审委员会在该决定中认定：

一、关于本专利权利要求的新颖性和创造性

张顺昌主张证据8b和证据12以及物证结合证明与本专利相同的产品已经在本专利申请日之前公开销售。证据8b是票号为03336909的江苏增值税专用发票，其上载有武进市华昌农机配件厂于2001年12月18日购进过起动轴锻件的事实，但是其上没有记载相应锻件的规格型号，无法得知该锻件的具体形状和结构。证据12为常州市武进华昌农机配件厂出具的证明，虽然在该证明上记载有“该厂于2001年12月18日购买的起动轴锻件与本专利结构一致”的文字信息，并且还记载有“如需要开庭，我厂可派员并带实物作证”，但是口头审理时该单位的证人吴文华承认自己所在单位为本专利侵权诉讼中的被告，而且承认其演示的物证为2003年的产品，显然这一产品并非开票日期为2001年12月18日的03336909号发票上载明的锻件，因此仍然无法知道证据8a涉及的产品的具体结构，故对张顺昌的上述主张不予支持。

张顺昌还主张证据8a和物证以及证据11结合破坏本专利的新颖性。由于证据11为单位证明，虽然其形式上为原件，但其性质为证人证言，而该单位没有相应的工作人员出庭接受询问，进行质证，所以其作为证据的真实性无法核实，故对证据11不予采信。而证据8a本身不能反映所销售产品的结构，口审时所出具的物证又为2003年的产品，即本专利申请日之后的产品，而非证据8a所购产品。基于此，上述三个证据之间无法形成一个完整的证据链，证明与本专利相同的产品在本专利申请日前已经公开销售，故对张顺昌的上述主张也不予支持。综上，张顺昌提供的证据不充分，不足以否定本专利的新颖性和创造性。

二、关于本专利权利要求2是否符合专利法实施细则第二条第二款的规定

独立权利要求1限定的技术方案的主题名称为一种柴油机起动齿轮轴坯，并且该权利要求记载的全部技术特征均为产品的结构特征，因此独立权利要求1属于实用新型专利保护的客体，符合专利法实施细则第二条第二款的规定。权利要求2为从属于独立权利要求1的从属权利要求，其所要求保护的技术方案实际上包含独立权利要求1的所有技术特征，它是对独立权利要求1的进一步限定，尽管该从属权利要求的附加技术特征为工艺方法特征，但是从整体上看，权利要求2保护的仍然是具有一定结构的产品，属于实用新型专利保护的客体，故权利要求2符合专利法实施细则第二条第二款的规定。

综上，专利复审委员会作出第7085号决定，维持本专利权有效。

原告张顺昌不服第7085号决定，在法定期限内向本院提起行政诉讼，其诉称：一、本专利的权利要求1、3和权利要求4没有新颖性和创造性，属于本专业技术领域和普通机械工程工作人员的普

通常识，明显不是新的技术方案。被告未能客观履行审查职责，武断地认为本专利权利要求1、3和权利要求4构成了新的技术方案并具备专利性，是错误的。二、被告在第7085号决定中认为本专利权利要求2的附加技术特征为工艺方法特征，但又认为从整体上看，权利要求2保护的仍然是具有一定结构的产品，属于实用新型的保护客体，该认定不当。本专利权利要求2不符合专利法实施细则第二条第二款的规定。

被告专利复审委员会辩称：一、关于本专利权利要求1、3和权利要求4是否具备新颖性和创造性，被告坚持其在第7085号决定中的意见。原告在无效宣告请求审查程序中并没有提出本专利权利要求1、3和权利要求4所保护的技术方案属于本领域普通常识的主张，本案对此不应当予以考虑。而且原告也没有提交相应的证据支持其主张。二、关于本专利权利要求2是否符合专利法实施细则第二条第二款的规定，被告坚持其在第7085号决定中的意见。综上，被告认为第7085号决定认定事实清楚，适用法律正确，审理程序合法，审查结论正确，请求人民法院予以维持。

第三人王焕林没有向本院提交书面的意见陈述。其在开庭审理中口头表示同意被告的意见。

本院经审理查明：

本案涉及的专利系名称为“柴油机起动齿轮轴坯”的第02286680.9号实用新型专利（即本专利），其申请日为2002年12月6日，授权公告日为2003年12月3日，专利权人为王焕林。

本专利授权公告的权利要求书如下：

“1. 一种柴油机起动齿轮轴坯，其特征在于：由第一坯体（1）和第二坯体（2）所组成，且第一坯体（1）与第二坯体（2）处在同一中心线上连结成一体，在第一坯体（1）的端面设有中心孔（3），在第二坯体（2）的端面设有与柴油机手工起动摇手柄相配装的盲孔（4）。

2. 根据权利要求1所述的柴油机起动齿轮轴坯，其特征在于：所说具有中心孔（3）的第一坯体（1）与具有盲孔（4）的第二坯体（2），是经由锻造而成型连结成一体的。

3. 根据权利要求1或2所述的柴油机起动齿轮轴坯，其特征在于：所说中心孔（3）与盲孔（4），两者处在同一中心线上。

4. 根据权利要求1或2所述的柴油机起动齿轮轴坯，其特征在于：所说盲孔（4）的形状和深度，与柴油机手工起动摇手柄工作段的形状和长度相匹配。”

2004年7月26日，张顺昌以本专利不符合专利法第二十二条第二款、第三款以及专利法实施细则第二条第二款的规定为由向专利复审委员会提出无效宣告请求，并提交了十三份证据。其中：

证据8a是票号为02500782的江苏增值税专用发票的复印件。其开票日期为2001年5月26日，销货单位为锡山市顺达内燃机配件厂，购货单位为锡山市洛社盛巷柴油机配件厂，货物名称为起动轴毛坯。

证据8b是票号为03336909的江苏增值税专用发票的复印件。其开票日期为2001年12月18日，销货单位为武进市洛阳红旗纺织配件厂，购货单位为武进市华昌农机配件厂，货物名称为起动轴锻件。

证据11为无锡市顺达内燃机厂于2004年8月20日出具的证明。其上载明：我厂原厂名为锡山市顺达内燃机配件厂，因锡山市撤销划归无锡市，厂名变更为无锡市顺达内燃机配件厂。S195柴油机系五十多年前的传统产品，主要用于手扶拖拉机等，其起动轴及毛坯的结构形状十分简单，一直未变，此情况业内人士都清楚，该轴结构与王焕林的02286680.9的实用新型专利相同，我厂在该专利申请日前生产销售S195起动轴毛坯，我厂2001年5月26日开出的江苏增值税专用发票可作证，发票号码002500782，本厂可带证物或派员作证。

证据12是常州市武进华昌农机配件厂于2004年8月25日出具的证明。其上载明：武进市洛阳红旗纺织配件厂2001年12月18日开票销售给我厂的起动轴锻件用于S195柴油机起动轴。该产品结构与本专利的形状、结构完全一致。我厂同时收购张顺昌供应的同样形状、结构的起动轴锻件。S195柴油机早在五十多年前在我国农村的手扶拖拉机上使用。起动轴（亦名起动齿轮轴）的结构十分简单，一直无变化。如需要开庭，我厂可派员并带实物作证。

2005年4月12日，专利复审委员会举行了口头审理。在口头审理中，张顺昌出示了证据8a和证据8b的原件，王焕林认可证据8a和证据8b的真实性。张顺昌明确其无效理由为：本专利权利要求1不具备专利法第二十二条第二款、第三款规定的新颖性和创造性，权利要求2不符合专利法实施细则第二条第二款的规定，权利要求3和权利要求4的附加技术特征为普通常识，不具备创造性。张顺昌在口头审理时展示了其带来的物证——起动轴毛坯。同时，张顺昌明确了证据的结合方式，即：证据8b和证据12以及物证结合证明与本专利相同的产品已经在本专利的申请日之前公开销售。证据8a和物证以及证据11结合破坏本专利的新颖性。证人吴文华就证据12的内容在口头审理时作证。王焕林指出，吴文华所在企业为本专利侵权诉讼中的被告，吴文华对此予以认可。吴文华和张顺昌均认可演示的物证为2003年的产品。

2005年4月22日，专利复审委员会做出第7085号决定。

在本案开庭审理过程中，张顺昌对第7085号决定中关于证据8b和证据12及物证的认定没有异议，对该决定中关于证据8a和证据11及物证的认定没有异议。其认为本专利很简单，所以没有新颖性和创造性。

上述事实，有证据8a、证据8b、证据11、证据12、口头审理记录表、第7085号决定及当事人陈述等证据在案佐证。

本院认为：

一、本专利权利要求1是否具备新颖性和创造性，权利要求3和权利要求4是否具备创造性。

根据专利法第二十二条第二款的规定，实用新型的新颖性是指在申请日以前没有同样的实用新型在国内外出版物上公开发表过、在国内公开使用过或者以其他方式为公众所知，也没有同样的实用新型由他人向国务院专利行政部门提出过申请并且记载在申请日以后公布的专利申请文件中。

根据专利法第二十二条第三款的规定，实用新型的创造性是指同申请日以前已有的技术相比，该实用新型有实质性特点和进步。就本案而言：

1. 证据12的内容属于对该证据出证日期之前的事实的描述，其性质属于证人证言。该证据的出证单位常州市武进华昌农机配件厂系本专利侵权诉讼中的被告，与本无效宣告请求具有利害关系，且该证据的内容明显不利于王焕林，故本院对该证据内容的真实性不予确认。该单位的员工吴文华曾经在专利复审委员会举行的口头审理中作为证人作证，其承认演示的物证为2003年的产品，故该物证并非证据8b上载明的锻件，二者不存在对应关系，其无法证明证据8b上载明的锻件的形状及结构。因此，张顺昌关于证据8b和证据12以及物证结合证明与本专利相同的产品已经在本专利申请日之前公开销售的主张不能成立，本院对此不予支持。

2. 证据11的性质同样属于证人证言，但其上没有证人的签字，也没有证人出庭作证，其内容的真实性本院无法确认，故本院对该证据不予采信。如上所述，口头审理时演示的物证是2003年的产品，并非证据8a上载明的产品，因此二者不存在对应关系，无法形成完整的证据链证明权利要求1不具备新颖性。

综上，张顺昌提供的证据不足以否定本专利权利要求1的新颖性和创造性。在此情况下，亦不足以否定作为权利要求1的从属权利要求3和权利要求4的创造性。张顺昌关于本专利权利要求3和权利要求4的附加技术特征为普通常识，不具备创造性的主张缺乏事实及法律依据，本院不予支持。

二、本专利权利要求2是否符合专利法实施细则第二条第二款的规定。

本专利权利要求1限定的技术方案的主题名称为一种柴油机起动齿轮轴坯，并且该权利要求记载的全部技术特征均为产品的结构特征，因此独立权利要求1属于实用新型专利保护的客体，符合专利法实施细则第二条第二款的规定。权利要求2是独立权利要求1的从属权利要求，它是对独立权利要求1的进一步限定，其所要求保护的技术方案实际上包含了权利要求1的所有技术特征，即包含了产品的结构特征。尽管该从属权利要求的附加技术特征中限定的锻造成型为工艺方法特征，但该特征系对"连结成一体"的限定，而"连结成一体"仍然属于结构特征的范畴。该工艺方法特征不影响权利要求2整体上保护的仍然是具有一定结构的产品的实质。因此，权利要求2属于实用新型专利保护的客体，符合专利法实施细则第二条第二款的规定。张顺昌主张本专利权利要求2不符合专利法实施细则第二条第二款的规定没有法律依据，本院不予支持。

综上所述，专利复审委员会作出的第7085号决定认定事实清楚，适用法律正确，审理程序合法，依法应当予以维持。原告的诉讼理由不能成立，其诉讼请求本院不予支持。依照《中华人民共和国行政诉讼法》第五十四条第（一）项之规定，本院判决如下：

维持被告国家知识产权局专利复审委员会作出的第7085号无效宣告请求审查决定。

案件受理费1000元，由原告张顺昌负担（已交纳）。

如不服本判决，各方当事人可在本判决书送达之日起十五日内，向本院提交上诉状并交纳上诉案件受理费1000元（开户行：中国工商银行北京市分行黄楼支行，户名：北京市第一级人民法院，账号：144537－48），上诉于北京市高级人民法院。

审判长　姜　颖

代理审判员　江建中

人民陪审员　陈　源

二〇〇六年五月三十日

书记员　朱　平

## 北京市高级人民法院
## 行政判决书

（2006）高行终字第369号

上诉人（原审原告）张顺昌，男，汉族，1967年12月6日出生，住浙江省台州市椒江区章安镇谢张村。

委托代理人孙兹美，江苏无锡英特东华律师事务所律师。

被上诉人（原审被告）国家知识产权局专利复审委员会，住所地北京市海淀区北四环西路9号银谷大厦10～12层。

法定代表人廖涛，副主任。

委托代理人杨存吉，国家知识产权局专利复审委员会审查员。

委托代理人郭健国，国家知识产权局专利复审委员会审查员。

原审第三人王焕林，男，汉族，1951年9月29日出生，住江苏省武进县湖塘镇聚湖村委小王家村。

委托代理人顾晓宁，男，汉族，1971年10月22日出生，南京众联专利代理有限公司专利代理人，住江苏省南京市建邺区康福村45号13栋302室。

上诉人张顺昌不服北京市第一中级人民法院（2005）一中行初字第1130号行政判决，向本院提出上诉。本院2006年9月4日受理本案后，依法组成合议庭，于2006年10月18日公开开庭进行了审理。上诉人张顺昌的委托代理人孙兹美，被上诉人国家知识产权局专利复审委员会（下称专利复审委员会）的委托代理人杨存吉、郭健国，原审第三人王焕林的委托代理人顾晓宁到庭参加了诉讼。本案现已审理终结。

北京市第一中级人民法院认定，本案涉及的专利系名称为"柴油机起动齿轮轴坯"的第02286680.9号实用新型专利（下称本专利），其申请日为2002年12月6日，授权公告日为2003年12月3日，专利权人为王焕林。2004年7月26日，张顺昌以本专利不符合专利法第二十二条第二款、第三款以及专利法实施细则第二条第二款的规定为由向专利复审委员会提出无效宣告请求，并提交了证据。2005年4月12日，专利复审委员会举行了口头审理。2005年4月22日，专利复审委员会做出第7085号无效宣告请求审查决定（下称第7085号决定），维持本专利权有效。

北京市第一中级人民法院认为，张顺昌提供的证据不足以否定本专利权利要求1的新颖性和创造性。在此情况下，亦不足以否定作为权利要求1的从属权利要求3和权利要求4的创造性。张顺昌关于本专利权利要求3和权利要求4的附加技术特征为普通常识，不具备创造性的主张缺乏事实及法律依据，法院不予支持。本专利权利要求1限定的技术方案的主题名称为一种柴油机起动齿轮轴坯，并且该权利要求记载的全部技术特征均为产品的结构特征，因此独立权利要求1属于实用新型专利保护的客体，符合专利法实施细则第二条第二款的规定。权利要求2是独立权利要求1的从属权利要求，它是对独立权利要求1的进一步限定，其所要求保护的技术方案实际上包含了权利要求1的所有技术特征，即包含了产品的结构特征。尽管该从属权利要求的附加技术特征中限定的锻造成型为工艺方法特征，但该特征系对"连结成一体"的限定，而"连结成一体"仍然属于结构特征的范畴。该工艺方法特征不影响权利要求2整体上保护的仍然是具有一定结构的产品的实质。因此，权利要求2属于实用新型专利保护的客体，符合专利法实施细则第二条第二款的规定。专利复审委员会做出的第7085号决定认定事实清楚，适用法律正确，审理程序合法，依法应当予以维持。

北京市第一中级人民法院依照《中华人民共和国行政诉讼法》第五十四条第（一）项之规定，判决：维持专利复审委员会作出的第7085号决定。

张顺昌不服原审判决，向本院提出上诉，请求撤销原审判决，理由是：本专利的技术方案属于现有技术，本领域普通技术人员均了解，故不具有新颖性和创造性；本专利权利要求2不符合专利法实施细则第二条第二款的规定，不属于专利法保护的对象。专利复审委员会、王焕林服从原审判决。

经审理查明：王焕林于2002年12月6日向国家知识产权局专利局提出名称为"柴油机起动齿轮轴坯"的实用新型专利申请，2003年12月3日被公告授予专利权，专利号为02286680.9，专利权人为王焕林。本专利公告的权利要求书为：

"1. 一种柴油机起动齿轮轴坯，其特征在于：由第一坯体（1）和第二坯体（2）所组成，且第一坯体（1）与第二坯体（2）处在同一中心线上连结成一体，在第一坯体（1）的端面设有中心孔（3），在第二坯体（2）的端面设有与柴油机手工起动摇手柄相配装的盲孔（4）。

2. 根据权利要求1所述的柴油机起动齿轮轴坯，其特征在于：所说具有中心孔（3）的第一坯体

(1）与具有盲孔（4）的第二坯体（2)，是经由锻造而成型连结成一体的。

3. 根据权利要求1或2所述的柴油机起动齿轮轴坯，其特征在于：所说中心孔（3）与盲孔（4)，两者处在同一中心线上。

4. 根据权利要求1或2所述的柴油机起动齿轮轴坯，其特征在于：所说盲孔（4）的形状和深度，与柴油机手工起动摇手柄工作段的形状和长度相匹配。”

2004年7月26日，张顺昌以本专利不符合专利法第二十二条第二款、第三款以及专利法实施细则第二条第二款的规定为由向专利复审委员会提出无效宣告请求，并提交了十三份证据。其中：

证据8a是票号为02500782的江苏增值税专用发票的复印件。其开票日期为2001年5月26日，销货单位为锡山市顺达内燃机配件厂，购货单位为锡山市洛社盛巷柴油机配件厂，货物名称为起动轴毛坯。

证据8b是票号为03336909的江苏增值税专用发票的复印件。其开票日期为2001年12月18日，销货单位为武进市洛阳红旗纺织配件厂，购货单位为武进市华昌农机配件厂，货物名称为起动轴锻件。

证据11是无锡市顺达内燃机厂于2004年8月20日出具的证明。其上载明：我厂原厂名为锡山市顺达内燃机配件厂，因锡山市撤销划归无锡市，厂名变更为无锡市顺达内燃机配件厂。S195柴油机系五十多年前的传统产品，主要用于手扶拖拉机等，其起动轴及毛坯的结构形状十分简单，一直未变，此情况业内人士都清楚，该轴结构与王焕林的02286680.9的实用新型专利相同，我厂在该专利申请日前生产销售S195起动轴毛坯，我厂2001年5月26日开出的江苏增值税专用发票可作证，发票号码002500782，本厂可带证物或派员作证。

证据12是常州市武进华昌农机配件厂于2004年8月25日出具的证明。其上载明：武进市洛阳红旗纺织配件厂2001年12月18日开票销售给我厂的起动轴锻件用于S195柴油机起动轴。该产品结构与本专利的形状、结构完全一致。我厂同时收购张顺昌供应的同样形状、结构的起动轴锻件。S195柴油机早在五十多年前在我国农村的手扶拖拉机上使用。起动轴（亦名起动齿轮轴）的结构十分简单，一直无变化。如需要开庭，我厂可派员并带实物作证。

2005年4月12日，专利复审委员会举行了口头审理。在口头审理中，张顺昌出示了证据8a和证据8b的原件，王焕林认可证据8a和8b的真实性。张顺昌明确其无效理由为：本专利权利要求1不具有专利法第二十二条第二款、第三款规定的新颖性和创造性，权利要求2不符合专利法实施细则第二条第二款的规定，权利要求3和权利要求4的附加技术特征为普通常识，不具备创造性。张顺昌在口头审理时展示了其带来的物证——起动轴毛坯。同时，张顺昌明确了证据的结合方式，即：证据8b和证据12以及物证结合证明与本专利相同的产品已经在本专利的申请日之前公开销售。证据8a和物证以及证据11结合破坏本专利的新颖性。证人吴文华就证据12的内容在口头审理时作证。王焕林指出，吴文华所在企业为本专利侵权诉讼中的被告。吴文华对此予以认可。吴文华和张顺昌均认可演示的物证为2003年的产品。

2005年4月22日，专利复审委员会作出第7085号决定，维持本专利权有效。其理由是：

一、关于本专利权利要求的新颖性和创造性。张顺昌主张证据8b和证据12以及物证结合证明与本专利相同的产品已经在本专利申请日之前公开销售。证据8b是票号为03336909的江苏增值税专用发票，其上载有武进市华昌农机配件厂于2001年12月18日购进过起动轴锻件的事实，但是其上没有记载相应锻件的规格型号，无法得知该锻件的具体形状和结构。证据12为常州市武进华昌农机配件厂出具的证明，虽然在该证明上记载有“该厂于2001年12月18日购买的起动轴锻件与本专利结构一致”的文字信息，并且还记载有“如需要开庭，我厂可派员并带实物作证”，但是口头审理时该单位的证人吴文华承认自己所在单位为本专利侵权诉讼中的被告，而且承认其演示的物证为2003年的产品，显然这一产品并非开票日期为2001年12月18日的03336909号发票上载明的锻件，因此仍然无法知道证据8a涉及的产品的具体结构，故对张顺昌的上述主张不予支持。

张顺昌还主张证据8a和物证以及证据11结合破坏本专利的新颖性。由于证据11为单位证明，虽然其形式上为原件，但其性质为证人证言，而该单位没有相应的工作人员出庭接受询问，进行质证，所以其作为证据的真实性无法核实，故对证据11不予采信。而证据8a本身不能反映所销售产品的结构，口审时所出具的物证又为2003年的产品，即本专利申请日之后的产品，而非证据8a所购产品。基于此，上述三个证据之间无法形成一个完整的证据链，证明与本专利相同的产品在本专利申请日前已经公开销售，故对张顺昌的上述主张也不予支持。综上，张顺昌提供的证据不充分，不足以否定本专利的新颖性和创造性。

二、关于本专利权利要求2是否符合专利法实施细则第二条第二款的规定。独立权利要求1限定的技术方案的主题名称为一种柴油机起动齿轮轴坯，并且该权利要求记载的全部技术特征均为产品的结构特征，因此独立权利要求1属于实用新型专利保护的客体，符合专利法实施细则第二条第二款的规定。权利要求2为从属于独立权利要求1的从属权利要求，其所要求保护的技术方案实际上包含独立权利要求1的所有技术特征，它是对独立权利要求1的进一步限定，尽管该从属权利要求的附加技术特征为工艺方法特征，但是从整体上看，权利要求2保护的仍然是具有一定结构的产品，属于实用新型专利保护的客体，故权利要求2符合专利法实施细则第二条第二款的规定。

张顺昌对第7085号决定中关于证据8b和证据12及物证的认定没有异议，对该决定中关于证据8a和证据11及物证的认定没有异议。

以上事实有本专利文件、第7085号决定、证据8a、证据8b、证据11、证据12及当事人陈述等证据在案证明。

本院认为，实用新型的新颖性是指在申请日以前没有同样的实用新型在国内外出版物上公开发表过、在国内公开使用过或者以其他方式为公众所知，也没有同样的实用新型由他人向国务院专利行政部门提出过申请并且记载在申请日以后公布的专利申请文件中。实用新型的创造性是指同申请日以前已有的技术相比，该实用新型有实质性特点和进步。

张顺昌主张本专利权利要求1不具备新颖性和创造性，但是未提供相应的对比文件证明本专利权利要求1所保护的技术方案与现有技术相同，因此本专利权利要求1具备新颖性；张顺昌也没有提出任何对比文件证明现有技术给出了技术启示，使本领域普通技术人员能够不经过创造性劳动即得出本专利权利要求1的技术方案。因此张顺昌提交的证据不足以否定本专利权利要求1的创造性。张顺昌主张本专利权利要求3和权利要求4的附加技术特征为普通常识，但其所提交的证据不足以支持其主张，故不能否定本专利权利要求3、权利要求4的创造性。

本专利权利要求1的技术方案公开了一种柴油机起动齿轮轴坯，记载的全部技术特征均为产品的结构特征，符合专利法实施细则第二条第二款的规定。本专利权利要求2是独立权利要求1的从属权利要求，它是对独立权利要求1的进一步限定，附技术特征中限定的锻造成型虽然是工艺方法特征，但是对“连结成一体”这一产品结构的描述。本专利权利要求2作为一个完整的技术方案，要求保护的仍然为产品的结构。因此，本专利权利要求2属于实用新型专利保护的客体，符合专利法实施细则第二条第二款的规定。

综上所述，张顺昌的上诉请求缺乏事实和法律依据，本院不予支持。原审判决认定事实清楚，适用法律正确，应予维持。依照《中华人民共和国行政诉讼法》第六十一条第一款第（一）项之规定，判决如下：

驳回上诉，维持原判。

一、二审案件受理费各1000元，均由张顺昌负担（均已交纳）。

本判决为终审判决。

审 判 长 刘 辉
代理审判员 岑宏宇
代理审判员 张冬梅
二〇〇六年十月三十一日
书 记 员 耿巍巍

# 在网面的基材上直接打孔的装置案

## 无效宣告请求审查决定（第7090号）

**决　定　号**　第7090号
**决　定　日**　2005年4月22日
**发明创造名称**　在网面的基材上直接打孔的装置
**国际分类号**　B65H 35/08
**无效请求人**　张永顺
**专利权人**　卓德嘉薄膜（上海）有限公司
**专　利　号**　01253249.5
**申　请　日**　2001年8月22日
**授权公告日**　2002年6月12日
**合议组组长**　陈海平
**主　审　员**　白剑锋
**参　审　员**　魏　屹

**法律依据**　专利法第二十二条第二款、第三款
**决定要点**

如果涉案专利的权利要求限定的技术方案相对于证据所公开的方案具有实质性的差别，这些实质性差别又能带来技术上的相应效果，可以认为涉案专利的权利要求限定的技术方案相对于请求人提供的已有技术具有实质性特点和进步，即涉案专利的权利要求符合专利法第二十二条第三款的规定，具备创造性。

**一、案由**

本无效宣告请求案涉及国家知识产权局专利局于2002年6月12日授权公告、名称为“在网面的基材上直接打孔的装置”的实用新型专利，其申请日为2001年8月22日，申请号为01253249.5，专利权人为上海亚恒网面材料有限公司，上海亚恒网面材料有限公司于2004年7月27日将专利权转让给卓德嘉薄膜（上海）有限公司，并于2004年9月13日在国家知识产权局专利局作了著录项目变更，故现专利权人为卓德嘉薄膜（上海）有限公司。

本实用新型授权公告的权利要求书如下：

“1. 一种在网面的基材上直接打孔的装置，它包括一个机架和一个电动传动装置，其特征在于，在所述机架上设有一个金属热齿辊，该金属热齿辊是由多个第一金属齿环片叠加连接而成，相邻两个所述第一金属齿环片上的齿错位排列，所述第一金属齿环片上的齿均是微型尖齿，在该金属热齿辊内设有电加热器；

在所述机架上，位于所述金属热齿辊的下方设有一个金属冷齿辊，该金属冷齿辊是由多个第二金属齿环片叠加连接而成，相邻两个所述第二金属齿环片上的齿错位排列，所述第二金属齿环片上的齿均是微型平头齿，并且每一个所述的微型平头齿均可与每一个所述微型尖齿啮合，在该金属冷齿辊的辊体内设有冷却装置；

在所述机架上还设有至少一个表面光滑的金属冷辊。

2. 根据权利要求 1 所述的在网面的基材上直接打孔的装置，其特征在于，在每两个相邻的第一金属齿环片之间均可设有一个环形金属垫片。

3. 根据权利要求 1 所述的在网面的基材上直接打孔的装置，其特征在于，在每两个相邻的第二金属齿环片之间均可设有一个环形金属垫片。

4. 根据权利要求 1 所述的在网面的基材上直接打孔的装置，其特征在于，所述金属热齿辊和所述金属冷齿辊的线速度相等。

5. 根据权利要求 1 所述的在网面的基材上直接打孔的装置，其特征在于，所述金属热齿辊的直径可以是大于或等于所述金属冷齿辊的直径。

6. 根据权利要求 1 所述的在网面的基材上直接打孔的装置，其特征在于，所述第一金属齿环片可以由多个等分的弧形金属齿条连接而成，该弧形金属齿条上的每一个齿是微型尖齿。

7. 根据权利要求 1 所述的在网面的基材上直接打孔的装置，其特征在于，所述第二金属齿环片可以由多个等分的弧形金属齿条连接而成，该弧形金属齿条上的每一个齿是微型平头齿。

8. 根据权利要求 1 所述的在网面的基材上直接打孔的装置，其特征在于，所述电加热器可以是由多个电热管组成。

9. 根据权利要求 1 所述的在网面的基材上直接打孔的装置，其特征在于，所述冷却装置可以由多个通冷水或冰水的水管组成。

10. 根据权利要求 1 所述的在网面的基材上直接打孔的装置，其特征在于，所述金属冷辊内可以直接通冷水或冰水。”

针对上述专利权（下称本专利），张永顺（下称请求人）于 2004 年 7 月 31 日向专利复审委员会提出无效宣告请求，请求宣告本专利全部无效，请求的理由是本专利的权利要求 1 ~ 8 不具备新颖性和创造性，并提供如下证据：

证据 1：中国实用新型专利说明书 ZL01207285.0，授权公告日为 2001 年 12 月 19 日；

证据 2：中国发明申请公开说明书 CN1304867A，公开日为 2001 年 7 月 25 日。

请求人认为本专利相对于证据 1 不具备新颖性，相对于证据 2 不具备创造性。

经形式审查合格，专利复审委员会受理了上述无效宣告请求，并将该无效宣告请求书及其证据副本转送给专利权人为卓德嘉薄膜（上海）有限公司（下称被请求人），要求其在指定的期限内答复，并成立合议组对本案进行审查。

针对上述无效宣告请求，被请求人于 2004 年 11 月 8 日提交了意见陈述书，认为请求人提供的证据不能影响本专利的新颖性和创造性。被请求人还同时提供请求人于 2001 年 9 月 26 日申请的专利 CN1343618A（下称附件 1）用于反驳请求人“金属冷辊并未带来技术效果”的观点。

合议组于 2005 年 3 月 3 日向双方当事人发出口头审理通知书，拟定于 2005 年 4 月 11 日举行口头审理，同时将被请求人于 2004 年 11 月 8 日提交的意见陈述书副本转送给请求人。

口头审理如期举行。口审过程中，双方当事人代理人对于对方出席口头审理的人员的资格无异议；双方当事人代理人对本案合议组成员无回避请求；被请求方对请求方提供的两篇对比文件（即证据 1 和证据 2）的真实性无异议；请求方认为对比文件 2（即作为证据 2 的 CN1304867A）中说明书第 2 页第 6 行的“多个带针齿形模具 2 的环形连接”意味着多个直径相同的环形模具轴向连接而成。请求方明确无效的范围是本专利的权利要求 1 至权利要求 10，并结合其提供的证据，阐述了本专利的权利要求 1～10 不具备创造性的理由。被请求方认为本专利的技术方案与对比文件公开的技术方案存在较大差异，并且具有相应的技术效果，因此本专利具备新颖性和创造性。

至此，合议组经合议认为本案事实已经清楚，可以作出决定。

**二、决定的理由**

专利法第二十二条第二款规定：新颖性是指在申请日以前没有同样的发明或者实用新型在国内外出版物上公开发表过、在国内公开使用过或者以其他方式为公众所知，也没有同样的发明或者实用新型由他人向国务院专利行政部门提出过申请并且记载在申请日以后公布的专利申请文件中。

专利法第二十二条第三款规定：创造性是指同申请日以前已有的技术相比，该实用新型有实质性特点和进步。

1. 已有技术的认定

证据 1、2 均是专利文献，属于公开出版物；证据 1 与本专利相比属于他人申请在先、公开在后的对比文件，其仅能作为评价本专利新颖性的抵触申请；证据 2 的公开日早于本专利的申请日，因此证据 2 所公开的内容可以作为评价本专利新颖性和创造性的已有技术。

2. 本专利的新颖性

请求人认为证据 1 可以影响本专利的新颖性。证据 1 公开一种“卫生用品面料的机械打孔装置”，其主要特征是在进料机构（A）与导辊传输机构（C）之间装有上下两个在亲物面安装带各种几何形状的针齿形模具的圆柱体，所属针齿形模具用螺杆相互轴向连接在圆柱体上，所述上圆柱体设有冷却工质进出口，上圆柱体的直径大于下圆柱体（8）的直径，所述下圆柱体带针齿形模具圆环的中空部位装有电热管（9），且将带针齿状模具的环形壳体在上下圆柱体上安装时分别错开一个单元距离。

本专利权利要求 1 限定的技术方案与证据 1 公开的方案相比，区别特征在于：（1）金属热（冷）齿辊是由多个金属齿环片叠加连接而成；（2）相邻两个所述金属齿环片上的齿错位排列；（3）热齿辊上微型尖齿与冷齿辊上的微型平头齿相啮合；（4）机架上设有表面光滑的金属冷辊。在本专利权利要求 1 限定的技术方案中，上述区别技术特征均未在证据 1 中公开，显然本专利权利要求 1 相对于证据 1 具备新颖性。在此基础上，从属于权利要求 1 的从属权利要求 2～10 同样具备新颖性。

3. 本专利的创造性

请求人认为证据 2 可以影响本专利创造性。证据 2 公开一种“卫生用品面料的机械打孔装置以及该装置生产的产品”，其具体技术方案与证据 1 的基本相同。同样，本专利权利要求 1 限定的技术方案与证据 2 公开的方案相比，区别技术特征在于：（1）金属热（冷）齿辊是由多个金属齿环片叠加连接而成；（2）相邻两个所述金属齿环片上的齿错位排列；（3）热齿辊上微型尖齿与冷齿辊上的微型平头齿相啮合；（4）机架上设有表面光滑的金属冷辊。上述的区别技术特征（1）、（2）和（3）表明本专利和证据 1 两种打孔装置的齿辊结构不同，证据 1 采用将多个环状针齿形模具轴向连接在圆柱体上的方式形成齿辊，热齿辊与冷齿辊之间是错开设置，两者不存在啮合关系；而本专利是将多个金属齿环片相互叠加，而且热齿辊与冷齿辊之间存在啮合关系，其中热齿辊是尖齿，冷齿辊是平头齿。采用证据 1 的技术加工出来的被加工基材上会形成双向的漏斗状孔，而采用本专利技术加工出来的被加工基材上只会形成单向的漏斗状孔。另外，上述区别技术特征（4）会使被打过的孔及时冷却，不会使孔收缩，从而能在被加工基材上形成有效的单向孔。由上述分析可知，本专利权利要求 1 限定的技术方案相对于证据 1 所公开的方案具有实质性的差别，这些实质性差别又能带来技术上的相应效果，因此本专利权利要求 1 限定的技术方案相对于请求人提供的已有技术具有实质性特点和进步，即权利要求 1 符合专利法第二十二条第三款的规定，具备创造性。在此基础上，从属于权利要求

1 的从属权利要求 2 ~10 同样具备创造性。

综上所述，本专利的权利要求 1 ~10 具备专利法第二十二条第三款规定的创造性。

**三、决定**

维持 01253249.5 号实用新型专利权有效。

当事人对本决定不服的，可以根据专利法第四十六条第二款的规定，自收到本决定之日起三个月内向北京市第一中级人民法院起诉。根据该款的规定，一方当事人起诉后，另一方当事人应当作为第三人参加诉讼。

# 漏粪地板案

## 无效宣告请求审查决定（第7091号）

**决　定　号**　第7091号
**决　定　日**　2005年4月19日
**发明创造名称**　漏粪地板
**国际分类号**　A01K 31/04
**无效请求人**　宜兴市大鸿畜牧设备制造有限公司
**专利权人**　吴益军
**专　利　号**　00221687.6
**申　请　日**　2000年9月6日
**授权公告日**　2001年7月18日
**合议组组长**　陈海平
**主　审　员**　郭健国
**参　审　员**　杨克菲

**法律依据**　专利法第二十二条第二款、第三款　专利法第二十六条第三款
**决定要点**

若权利要求限定的技术方案与证据相比虽然存在区别技术特征，但这些区别技术特征是本领域普通技术人员所容易想到的，并且也没有带来明显的技术效果，则该权利要求不具备创造性。

**一、案由**

本无效宣告请求案涉及国家知识产权局专利局于2001年7月18日授权公告的00221687.6号实用新型专利权，名称为“漏粪地板”，申请日为2000年9月6日，专利权人为吴益军。授权公告的权利要求书如下：

“1. 一种漏粪地板，由钢骨架、耐腐蚀混凝土、环氧树脂粘接剂整体浇注而成，其特征在于地板呈‘Π’型，地板面上设置有长方形通孔槽。

2. 根据权利要求1所述的漏粪地板，其特征在于钢骨架呈‘Π’型，由双层网状钢丝和螺纹钢拉筋构成。”

针对本专利权，宜兴市大鸿畜牧设备制造有限公司（下称请求人）于2004年11月11日向专利复审委员会提出无效宣告请求，其理由是本实用新型专利不具备新颖性和创造性，不符合专利法第二十二条的规定。请求人同时提交了下列证据：

证据1：由国家技术监督局发布的1990年版《中小型集约化养猪场设备国家标准》的第9、第10页复印件；

证据2：1991年12月第1版《规模化养猪技术》第86~89页复印件；

证据3：乾地农牧机械有限公司养猪设备产品宣传页和照片复印件共3页；

经形式审查合格，专利复审委员会于2004年11月11日受理了上述请求，并于同日将宣告专利权无效请求书及其他有关文件副本转送给了专利权人吴益军（下称被请求人），要求其在指定的期限内答复，并成立合议组对上述无效宣告请求进行审查。

请求人于2004年12月9日向专利复审委员会寄交了意见陈述，仍然认为本专利不具备新颖性和创造性，并补充提交了证据：

证据4：中国农业出版社1999年6月第1版《规模化猪场用水与废水处理技术》第143、第144页复印件；

证据5：中国农业出版社2000年8月第1版《规模化养猪新技术》第330、第331页复印件；

证据6：四川科学技术出版社1998年第2版《养猪全书》第319页复印件。

被请求人于2004年12月24日向专利复审委员会寄交了意见陈述书和本专利说明书，认为请求人所提出的理由和证据不能成立，本专利具备新颖性和创造性。

2005年1月31日，专利复审委员会向双方当事人发出了口头审理通知书，定于2005年3月10日进行口头审理，同时将被请求人于2004年12月24日向专利复审委员会寄交的意见陈述书和本专利说明书随口审通知书转送给请求人，并将请求人于2004年12月9日向专利复审委员会寄交的意见陈述和补充证据随口审通知书转送给被请求人。

双方当事人都提交了口头审理回执，表示参加口头审理。

口头审理如期举行。在口审过程中，请求人当庭增加了以专利法第二十六条第三款作为无效理由，认为“耐腐蚀”和漏粪地板呈“Π”型不清楚，合议组当庭予以接受，并告知被请求人可在七日内对此提交书面意见；请求人出示了所有证据的原件，被请求人认可复印件与原件一致，并应合议组要求，请求人补交了所有证据的版权页复印件。被请求人当庭表示请求人的第二次补充的理由和证据已经超过专利法实施细则第六十六条规定的一个月期限，故而本案合议组不应当予以考虑。针对被请求人的意见合议组当庭告知其补充理由和证据在请求日起一个月内，不存在违反专利法实施细则第六十六条的情形，而在本案中将一并进行考虑。

针对请求人口头审理中新增加的无效理由，被请求人于2005年3月16日向专利复审委员会提交了答复意见，认为根据漏粪地板的使用环境本领域技术人员能够理解“耐腐蚀”的含义；至于“Π”型在说明书中写成了“TT”是由于文字输入造成的，应该以附图来解释。

本案合议组在此基础上，认为事实已经清楚，可以依法作出如下结论。

**二、决定的理由**

1. 关于证据

请求人请求宣告本实用新型专利无效的理由包括本实用新型不具备新颖性和创造性，其提交的证据共六份，其中证据1、2、4、5、6都属于国内公开出版物，这五份证据的出版日期均早于本专利的申请日，可以作为对比文件评价本专利的新颖性和创造性。

证据3为乾地农牧机械有限公司养猪设备产品宣传页和照片复印件，虽然请求人出示了原件，但该证据没有表明宣传页和照片的形成、散发的日期早于本专利的申请日，无法确认其与本案的关联性，合议组对此证据不予考虑。

2. 专利法第二十六条第三款

请求人认为“耐腐蚀”和漏粪地板呈“Π”型不清楚，不符合专利法对说明书要清楚完整的规定。合议组认为：“耐腐蚀”是根据漏粪地板所使用的环境所提出的要求，表明这种产品能够经受腐蚀，属于功能性限定，这种限定不会使本领域的普通技术人员对整体技术方案产生歧义，并能够正确理解。至于“Π”型也仅仅表明漏粪地板的外部形状而已，采用该符号对技术特征的描述并不会导致技术方案不清楚。所以本专利说明书符合专利法第二十六条第三款的规定。

2. 关于新颖性

根据专利法第二十二条第二款的规定，授予专利权的实用新型应当具备新颖性，新颖性是指在申请日以前没有同样的发明或实用新型在国内外出版物上公开发表过、在国内公开使用过或者以其他方式为公众所知，也没有同样的发明或实用新型由他人向国务院专利行政部门提出过申请并且记载在申请日以后公布的专利申请文件中。

证据2的第88页图3－39公开了一种钢筋混凝土缝隙地板，既然该地板的材料是钢筋混凝土，其结构就必然是由钢铁骨架和混凝土浇注而成，并且由该图可以看出这种缝隙地板为一整体，在这种整体地板面上有长形的通孔槽。至于加入何种粘接剂，则是根据用途而定，在说明书中也没有说明使用这种粘接剂会产生有别于使用其他粘接剂的技术效果，故而该技术特征属于惯用手段的直接置换，也就不能构成区别技术特征。但是证据2没有公开权利要求1中地板呈“Π”型，在其他证据中也没有公开这一技术特征，所以本专利权利要求1相对于证据1、2、4、5、6具备新颖性。

由于权利要求1具备新颖性，其从属权利要求2也必然具备新颖性。

3. 关于创造性

如前对新颖性分析可知：本专利权利要求1与证据2中的区别技术特征仅在于：证据2中没有公开地板呈“Π”型，也就是说证据2中没有公开漏粪地板侧边下部的支脚。由于证据2的地板是用于畜禽养殖，并保持畜禽养殖环境的干燥、卫生，为了畜禽的排泄物能够容易清除，该缝隙地板也要悬空布置，与本专利采用侧边具有支脚的作用相同，只是没有采取本专利中的支脚与地板整体成形而已，而这是本领域普通技术人员所容易想到的。另外，被请求人强调本专利产品的侧边支脚便于安装拆卸，合议组认为：证据2中缝隙地板也并不存在安装拆卸不方便的缺陷，故被请求人认为本专利相对于证据2具有的优点没有依据，对其观点不予支持。由于根据证据2得到本专利权利要求1的技术方案是显而易见的，同时也没有产生明显的技术效果，所以本专利权利要求1不符合专利法第二十二条第三款有关创造性的规定。

权利要求2的附加技术特征是钢骨架呈“Π”型，由双层网状钢丝和螺纹钢拉筋构成。合议组认为：为将混凝土制成特定的形状而把其骨架制成相应的形状是本领域的公知常识，由于权利要求1不具备创造性，故其从属的权利要求2也不符合专利法第二十二条第三款有关创造性的规定。

**三、决定**

宣告第00221687.6号实用新型专利权全部无效。

当事人对本决定不服的，可以根据专利法第四十六条第二款的规定，自收到本决定之日起三个月内向北京市第一中级人民法院起诉。根据该款的规定，一方当事人起诉后，另一方当事人应当作为第三人参加诉讼。

## 北京市第一中级人民法院<br>行政判决书

（2005）一中行初字第805号

原告吴益军，男，1967年5月27日出生，汉族，宜兴市云芳机电设备制造有限公司法定代表人，住宜兴市芳庄镇芳庄村。

委托代理人陆文京，男，1966年10月30日出生，汉族，住北京市海淀区中关村803楼304号。

被告国家知识产权局专利复审委员会，住所地北京市海淀区北四环西路9号银谷大厦10~12层。

法定代表人廖涛，副主任。

委托代理人郭建国，男，国家知识产权局专利复审委员会行政诉讼处审查员。

委托代理人王颖，女，国家知识产权局专利复审委员会行政诉讼处审查员。

第三人宜兴市大鸿畜牧设备制造有限公司，住所地江苏省宜兴市芳庄镇芳西村。

法定代表人吴燕君，经理。

委托代理人吴文军，男，汉族，1972年5月10日出生，住江苏省宜兴市省芙蓉茶场家属宿舍。

原告吴益军不服被告国家知识产权局专利复审委员会第7091号无效宣告请求审查决定（下称无效决定），向本院提起行政诉讼。本院于2005年8月5日受理后，依法组成合议庭，依照《中华人民共和国行政诉讼法》第二十七条、《中华人民共和国专利法》（下称《专利法》）第四十六条第二款的规定，通知宜兴市大鸿畜牧设备制造有限公司作为本案第三人参加诉讼，并于2005年9月27日公开开庭审理了本案。原告的委托代理人陆文京，被告的委托代理人王颖、郭建国，第三人的法定代表人吴燕君及其委托代理人吴文军到庭参加了诉讼。本案现已审理终结。

被告于2005年4月19日针对第三人提出的无效宣告请求作出无效决定：

本无效宣告请求案涉及国家知识产权局专利局（下称国知局）于2001年7月18日授权公告的00221687.6号实用新型专利权（以下简称本专利），名称为“漏粪地板”，申请日为2000年9月6日，专利权人为原告。授权公告的权利要求书如下：

“1. 一种漏粪地板，由钢骨架、耐腐蚀混凝土、环氧树脂粘接剂整体浇注而成，其特征在于地板呈‘Π’型，地板面上设置有长方形通孔槽。

2. 根据权利要求1所述的漏粪地板，其特征在于钢骨架呈‘Π’型，由双层网状钢丝和螺纹钢拉筋构成。”

针对本专利权，第三人于2004年11月11日向被告提出无效宣告请求，其理由是本实用新型专利不具备新颖性和创造性，不符合《专利法》第二十二条的规定。第三人同时提交了下列证据：

证据1：由国家技术监督局发布的1990年版《中小型集约化养猪场设备国家标准》的第9页、第10页复印件；

证据2：1991年12月第1版《规模化养猪技术》第86~89页复印件；

证据3：乾地农牧机械有限公司养猪设备产品宣传页和照片复印件共3页；

经形式审查合格，被告于2004年11月11日受理了上述请求，并于同日将宣告专利权无效请求书及其他有关文件副本转送给原告，要求其在指定的期限内答复，并成立合议组对上述无效宣告请求进行审查。

第三人于2004年12月9日向被告寄交了意见陈述，仍然认为本专利不具备新颖性和创造性，并补充提交了证据：

证据4：中国农业出版社1999年6月第1版《规模化猪场用水与废水处理技术》第143页、第144页复印件；

证据5：中国农业出版社2000年8月第1版《规模化养猪新技术》第330页、第331页复印件；

证据6：四川科学技术出版社1998年第2版《养猪全书》第319页复印件。

原告于2004年12月24日向被告寄交了意见陈述书和本专利说明书，认为第三人所提出的理由和证据不能成立，本专利具备新颖性和创造性。

2005年1月31日，被告向双方当事人发出了口头审理通知书，定于2005年3月10日进行口头审理，同时将原告于2004年12月24日寄交的意见陈述书和本专利说明书随口审通知书转送给第三人，并将第三人于2004年12月9日寄交的意见陈述和补充证据随口审通知书转送给原告。

双方当事人都提交了口头审理回执，表示参加口头审理。

口头审理如期举行。在口审过程中，第三人当庭增加了以《专利法》第二十六条第三款作为无效理由，认为“耐腐蚀”和漏粪地板呈“Π”型不清楚，被告当庭予以接受，并告知原告可在七日内对此提交书面意见；第三人出示了所有证据的原件，原告认可复印件与原件一致，并应被告要求，第三人补交了所有证据的版权页复印件。原告当庭表示第三人的第二次补充的理由和证据已经超过《中华人民共和国专利法实施细则》（下称《实施细则》）第六十六条规定的一个月期限，故而被告不应当予以考虑。针对原告的意见被告当庭告知其补充理由和证据在请求日起一个月内，不存在违反《实施细则》第六十六条的情形，而在本案中将一并进行考虑。

针对第三人口审中新增加的无效理由，原告于2005年3月16日向被告提交了答复意见，认为根据漏粪地板的使用环境本领域技术人员能够理解“耐腐蚀”的含义；至于“Π”型在说明书中写成了“TT”是由于文字输入造成的，应该以附图来解释。

被告在此基础上，认为事实已经清楚，可以依法做出如下结论。

1. 关于证据

第三人请求宣告本实用新型专利无效的理由包括本实用新型不具备新颖性和创造性，其提交的证据共六份，其中证据1、2、4、5、6都属于国内公开出版物，这五份证据的出版日期均早于本专利的申请日，可以作为对比文件评价本专利的新颖性和创造性。

证据3为乾地农牧机械有限公司养猪设备产品宣传页和照片复印件，虽然第三人出示了原件，但该证据没有表明宣传页和照片的形成、散发的日期早于本专利的申请日，无法确认其与本案的关联性，被告对此证据不予考虑。

2. 《专利法》第二十六条第三款

第三人认为“耐腐蚀”和漏粪地板呈“Π”型不清楚，不符合《专利法》对说明书要清楚完整的规定。被告认为：“耐腐蚀”是根据漏粪地板所使用的环境所提出的要求，表明这种产品能够经受腐蚀，属于功能性限定，这种限定不会使本领域的普通技术人员对整体技术方案产生歧义，并能够正确理解。至于“Π”型也仅仅表明漏粪地板的外部形状而已，采用该符号对技术特征的描述并不会导致技术方案不清楚。所以本专利说明书符合《专利法》第二十六条第三款的规定。

2. 关于新颖性

根据《专利法》第二十二条第二款的规定，授予专利权的实用新型应当具备新颖性，新颖性是指在申请日以前没有同样的发明或实用新型在国内外出版物上公开发表过、在国内公开使用过或者以其他方式为公众所知，也没有同样的发明或实用新型由他人向国务院专利行政部门提出过申请并且记载在申请日以后公布的专利申请文件中。

证据2的第88页图3－39公开了一种钢筋混凝土缝隙地板，既然该地板的材料是钢筋混凝土，其结构就必然是由钢铁骨架和混凝土浇注而成，并且由该图可以看出这种缝隙地板为一整体，在这种整体地板面上有长形的通孔槽。至于加入何种粘接剂，则是根据用途而定，在说明书中也没有说明使用这种粘接剂会产生有别于使用其他粘接剂的技术效果，故而该技术特征属于惯用手段的直接置换，也就不能构成区别技术特征。但是证据2没有公开权利要求1中地板呈“Π”型，在其他证据中也没有公开这一技术特征，所以本专利权利要求1相对于证据1、2、4、5、6具备新颖性。

由于权利要求1具备新颖性，其从属权利要求2也必然具备新颖性。

3. 关于创造性

如前对新颖性分析可知：本专利权利要求 1 与证据 2 中的区别技术特征仅在于：证据 2 中没有公开地板呈“Π”型，也就是说证据 2 中没有公开漏粪地板侧边下部的支脚。由于证据 2 的地板是用于畜禽养殖，并保持畜禽养殖环境的干燥、卫生，为了畜禽的排泄物能够容易清除，该缝隙地板也要悬空布置，与本专利采用侧边具有支脚的作用相同，只是没有采取本专利中的支脚与地板整体成形而已，而这是本领域普通技术人员所容易想到的。另外，原告强调本专利产品的侧边支脚便于安装拆卸，被告认为：证据 2 中缝隙地板也并不存在安装拆卸不方便的缺陷，故原告认为本专利相对于证据 2 具有的优点没有依据，对其观点不予支持。由于根据证据 2 得到本专利权利要求 1 的技术方案是显而易见的，同时也没有产生明显的技术效果，所以本专利权利要求 1 不符合《专利法》第二十二条第三款有关创造性的规定。

权利要求 2 的附加技术特征是钢骨架呈“Π”型，由双层网状钢丝和螺纹钢拉筋构成。被告认为：为将混凝土制成特定的形状而把其骨架制成相应的形状是本领域的公知常识，由于权利要求 1 不具备创造性，故其从属的权利要求 2 也不符合《专利法》第二十二条第三款有关创造性的规定。

综上，被告作出无效决定宣告本专利专利权全部无效。

被告在法定举证期限内向本院提交了以下证据：1. 第 00221687.6 号实用新型专利说明书（即本专利）；2. 1991 年 12 月第 1 版《规模化养猪技术》第 86 ~ 89 页及版权页复印件（即证据 2）；3. 无效决定。上述证据用以证明无效决定认定事实清楚、适用法律正确，审查程序合法。原告对被告提交的上述证据的真实性没有异议，但是认为上述证据不能支持被告的主张。第三人对被告提交的证据没有异议。

原告诉称：1. 被告将“漏粪地板”的梁定义为支脚错误；2. 本专利是本领域普通技术人员不容易想到的，技术方案并非显而易见，实践证明产生了明显的技术效果；3. 被告所指的公知常识是指建筑领域混凝土的制作方法，本专利产品的技术方案是混凝土公知技术在养殖领域的运用，且在评价实用新型创造性时，只考虑所述形状、构造或者其结合的变化，而不应考虑方法特征本身。综上，本专利应当全部有效，无效决定程序不合法、认定事实错误、适用法律不当，请求法院撤销被告作出的无效决定。

原告在诉讼期间向本院提交了以下证据：1. 无效决定；2. 专利权无效宣告请求书及附件；3. 无效宣告请求受理通知书复印件；4. 第 00221687.6 号实用新型专利说明书（即本专利）；5. 第三人在无效程序中向被告提交的增加理由和补充证据附件；6. 原告在无效程序中的意见陈述书复印件及附件；7. 产品图片《现代工厂化养猪设备》（蓝色封面）。上述证据用以证明本专利与其他产品的区别，本专利具备创造性。被告及第三人对原告提交的证据 1 ~ 6 的真实性没有异议，但是认为上述证据不能支持原告的主张，对原告提交的证据 7 认为其在无效程序中没有提交，与本案无关联性。

被告辩称：本专利权利要求 1 与证据 2 中的区别技术特征仅在于：证据 2 中没有公开地板呈“Π”型，也就是说证据 2 中没有公开漏粪地板侧边下部的支脚。支脚与地板整体成形是本领域普通技术人员所容易想到的，同时也没有产生明显的技术效果，所以本专利权利要求 1 不符合《专利法》第二十二条第三款有关创造性的规定。权利要求 2 的附加技术特征是本领域的公知常识，由于权利要求 1 不具备创造性，故其从属的权利要求 2 也不符合《专利法》第二十二条第三款有关创造性的规定。综上，无效决定认定事实清楚、适用法律正确、审查程序合法，请求法院驳回原告的诉讼请求，维持无效决定。

第三人述称，无效决定认定事实清楚、适用法律正确、审查程序合法，请求法院维持无效决定。第三人未在诉讼期间向本院提交证据。

经庭审质证及合议庭评议，本院对当事人提交的证据认证如下：被告提交的证据真实、合法，能够证明本专利、对比文件及被告作出无效决定的相关情况，本院予以确认。原告提交的证据1－6符合关联性、合法性、真实性的要求，能够证明本案的相关事实，本院予以确认。原告提交的证据7因在无效程序中没有提交，与本案无关联性，本院不予确认。

经审理查明，原告于2000年9月5日向国知局专利局申请名称为“漏粪地板”的实用新型专利权（即本专利），申请号为00221687.6，专利权人为原告，2001年7月18日授权公告。第三人于2004年11月11日向被告提出无效宣告请求，并向被告提交了相关证据。被告受理后，经转文和听取了原告的陈述意见，于2005年3月10日进行了口头审理。被告经审查后，于2005年4月19日作出无效决定。原告不服，向本院提起行政诉讼。

本院认为，根据《专利法》第四十六条第一款的规定，被告对宣告专利权无效的请求，具有审查和作出决定的法定职责。经各方当事人确认，本院认为本案争议焦点是本专利与证据2相比较是否具备创造性。

《专利法》第二十二条第三款规定，创造性是指同申请日以前已有的技术相比，该发明有突出的实质性特点和显著的进步，该实用新型有实质性特点和进步。

本案中，本专利权利要求1与证据2区别技术特征仅在于证据2中没有公开地板呈“Π”型。证据2的地板是用于畜禽养殖，并保持畜禽养殖环境的干燥、卫生的，为了畜禽的排泄物能够容易清除，该缝隙地板需要悬空布置，虽然证据2中没有公开支脚与地板整体成形的技术特征，但这是本领域普通技术人员所容易想到的。由证据2得到本专利权利要求1的技术方案是显而易见的，同时也没有产生明显的技术效果，本专利权利要求1不符合《专利法》第二十二条第三款有关创造性的规定。原告认为本专利产品因支脚与地板整体成形而比证据2中的缝隙地板便于安装拆卸的观点缺乏事实及法律依据，本院不予支持。

本专利权利要求2的附加技术特征是钢骨架呈“Π”型，由双层网状钢丝和螺纹钢拉筋构成。为将混凝土制成特定的形状而把其骨架制成相应的形状是本领域的公知常识，由于权利要求1不具备创造性，故其从属的权利要求2也不具备创造性。

综上所述，无效决定认定事实清楚，适用法律正确，程序合法，本院应予支持。原告的诉讼请求缺乏事实及法律依据，本院不予支持。据此，依据《中华人民共和国行政诉讼法》第五十四条第（一）项之规定，判决如下：

维持被告国家知识产权局专利复审委员会于二〇〇五年四月十九日作出的第7091号无效宣告请求审查决定。

案件受理费1000元，由原告吴益军负担（已交纳）。

如不服本判决，可在判决书送达之日起十五日内向本院递交上诉状，并按对方当事人人数提交副本，上诉于北京市高级人民法院。上诉人在接到人民法院预交诉讼费用通知后七日内未预交又不提出缓交申请的，按自动撤回上诉处理。

审　判　长　张　杰
代理审判员　齐　莹
代理审判员　乔　军
二〇〇五年十二月二十日
书　记　员　龙　非

# 一种饮水机水龙头案

## 无效宣告请求审查决定（第7113号）

**决 定 号** 第7113号
**决 定 日** 2005年4月29日
**发明创造名称** 一种饮水机水龙头
**国际分类号** B65D 50/02 B65D 85/72
**无效请求人** 深圳新世纪饮水科技有限公司
**专利权人** 广东美的集团股份有限公司
**专 利 号** 01265127.3
**申 请 日** 2001年9月30日
**授权公告日** 2002年6月19日
**合议组组长** 于 萍
**主 审 员** 宋鸣镝
**参 审 员** 黄玉平

**法律依据** 专利法第二十二条第二款
**决定要点**

如果证据所公开的技术内容与权利要求所保护的技术方案存在明显区别之处，则它们属于不同的技术方案，此证据不能破坏该权利要求的新颖性。

### 一、案由

本无效宣告请求案涉及申请日为2001年9月30日、授权公告日为2002年6月19日、名称为“一种饮水机水龙头”的实用新型专利（下称本专利），其专利号为01265127.3，专利权人为广东美的集团股份有限公司。授权公告的权利要求书如下：

“1. 一种饮水机水龙头，包括有水龙头本体（4）、出水按键（3），出水按键（3）与水龙头本体（4）连接，其特征在于出水按键（3）上设有滑槽（31），滑槽（31）上插装有可卡在饮水机壳体上、以避免出水按键（3）出现误动作的自锁滑键（1）。

2. 根据权利要求1所述的饮水机水龙头，其特征在于上述自锁滑键（1）的内侧设有可卡置在机壳上的锁柱（1b），自锁滑键（1）的前侧卡置在出水按键（1）所设滑槽（31）的前面两侧，自锁滑键（1）内侧的定位卡缘（1a、1a′）卡置在滑槽（31）的后面两侧。

3. 根据权利要求2所述的饮水机水龙头，其特征在于上述自锁滑键（1）还设有复位机构，其包括有自锁弹簧（6），自锁弹簧（6）的中部套装在出水按键（1）所设的凸柱（1c）上，且自锁弹簧（6）的一端卡在出水按键（1）内壁上，另一端穿设在自锁滑键（1）上。

4. 根据权利要求1或2或3所述的饮水机水龙头，其特征在于上述锁柱（1b）可设在自锁滑键（1）的内侧下部，也可设在自锁滑键（1）的内侧上部，或可设在自锁滑键（1）的内侧左端或右端，且向出水按键（1）的外端伸出。

5. 根据权利要求4所述的饮水机水龙头，其特征在于上述锁柱（1b）设在自锁滑键（1）的内侧下部，且垂直向下伸出。

6. 根据权利要求4所述的饮水机水龙头，其特征在于上述锁柱（1b）可直接与自锁滑键（1）做成一体，也可分开做出，再将锁柱（1b）固定在自锁滑键（1）上。

7. 根据权利要求6所述的饮水机水龙头，其特征在于上述自锁滑键（1）内侧的定位卡缘（1a、1a′）的截面形状为钩状。

8. 根据权利要求5所述的饮水机水龙头，其特征在于上述自锁滑键（1）的外表面形状与出水按键（3）的外表面形状相对应。

9. 根据权利要求5所述的饮水机水龙头，其特征在于上述自锁滑键（1）的外表面上还可做出有防滑的凹槽或凸缘（1d）。”

针对上述实用新型专利权，深圳新世纪饮水科技有限公司（下称请求人）于2004年3月19日向专利复审委员会提出了无效宣告请求。请求宣告无效的理由是：本专利的权利要求1、4和权利要求6不具备专利法第二十二条第二款规定的新颖性，请求人同时提交了以下一份证据：

证据1：中国实用新型专利ZL01225689.7说明书复印件，其授权公告日为2003年5月21日，申请日为2001年5月25日。

请求人认为：证据1中的扳手与抽杆结合构成的部分相当于本专利中的出水按键，其与水龙头本体相连接，证据1中抽杆上的环形槽相当于本专利中出水按键上的滑槽，证据1中的锁片相当于本专利中的滑键，锁片卡在饮水机壳体一部分的盖头上，以避免误动作，锁片在弹簧力的作用下可以自动复位，从而实现自锁功能，即证据1公开了本专利权利要求1的全部技术特征，该权利要求1不具备新颖性。同时，在权利要求1缺乏新颖性的情况下，权利要求4中引用权利要求1的技术方案和权利要求6也缺乏新颖性。

经形式审查合格后，专利复审委员会受理了上述无效宣告请求，并于2004年3月22日向请求人和专利权人（下称被请求人）发出了无效宣告请求受理通知书，将上述专利权无效宣告请求书及其相关文件副本转送给被请求人，要求被请求人在指定期限内进行意见陈述，同时依法成立合议组对本案进行审理。

针对上述无效宣告请求，被请求人于2004年4月30日和2004年5月8日提交了两份完全相同的意见陈述书和经过修改的权利要求书，被请求人认为：本专利权利要求1、4、6所分别保护的技术方案与证据1所公开的技术内容具有明显区别之处，本专利权利要求1、4、6具有专利法第二十二条第二款规定的新颖性。被请求人于2004年4月30日所提交的修改的权利要求书中将权利要求4对在前权利要求的引用由“1或2或3”改为“2或3”，另外将权利要求4中的“出水按键（1）”改为“出水按键（3）”，其具体内容如下：

“1. 一种饮水机水龙头，包括有水龙头本体（4）、出水按键（3），出水按键（3）与水龙头本体（4）连接，其特征在于出水按键（3）上设有滑槽（31），滑槽（31）上插装有可卡在饮水机壳体上、以避免出水按键（3）出现误动作的自锁滑键（1）。

2. 根据权利要求1所述的饮水机水龙头，其特征在于上述自锁滑键（1）的内侧设有可卡置在机壳上的锁柱（1b），自锁滑键（1）的前侧卡置在出水按键（1）所设滑槽（31）的前面两侧，自锁滑键（1）内侧的定位卡缘（1a、1a′）卡置在滑槽（31）的后面两侧。

3. 根据权利要求2所述的饮水机水龙头，其特征在于上述自锁滑键（1）还设有复位机构，其包括有自锁弹簧（6），自锁弹簧（6）的中部套装在出水按键（1）所设的凸柱（1c）上，且自锁弹簧

(6）的一端卡在出水按键（1）内壁上，另一端穿设在自锁滑键（1）上。

4. 根据权利要求2或3所述的饮水机水龙头，其特征在于上述锁柱（1b）可设在自锁滑键（1）的内侧下部，也可设在自锁滑键（1）的内侧上部，或可设在自锁滑键（1）的内侧左端或右端，且向出水按键（3）的外端伸出。

5. 根据权利要求4所述的饮水机水龙头，其特征在于上述锁柱（1b）设在自锁滑键（1）的内侧下部，且垂直向下伸出。

6. 根据权利要求4所述的饮水机水龙头，其特征在于上述锁柱（1b）可直接与自锁滑键（1）做成一体，也可分开做出，再将锁柱（1b）固定在自锁滑键（1）上。

7. 根据权利要求6所述的饮水机水龙头，其特征在于上述自锁滑键（1）内侧的定位卡缘（1a、1a′）的截面形状为钩状。

8. 根据权利要求5所述的饮水机水龙头，其特征在于上述自锁滑键（1）的外表面形状与出水按键（3）的外表面形状相对应。

9. 根据权利要求5所述的饮水机水龙头，其特征在于上述自锁滑键（1）的外表面上还可做出有防滑的凹槽或凸缘（1d）。”

2004年10月9日，合议组向双方当事人发出了合议组成员告知通知书，将合议组成员告知了双方当事人，同时将被请求人于2004年4月30日和2004年5月8日所提交的意见陈述书及修改后的权利要求书副本转送给请求人。

针对被请求人的意见陈述，请求人于2004年11月24日再次提交了意见陈述书，请求人认为：被请求人所声称的区别技术特征并未记载在权利要求1中，故权利要求1仍然不具备新颖性；由于被请求人对从属权利要求进行了修改，从而克服了无效请求人所提出的该部分无效理由，故请求人放弃权利要求4和权利要求6不具备新颖性的无效理由。

专利复审委员会于2005年1月18日向双方当事人发出口头审理通知书，定于2005年3月9日上午9时在专利复审委员会举行口头审理，同时将请求人在2004年11月24日提交的意见陈述书副本转送给被请求人。

针对请求人于2004年11月24日提交的意见陈述，被请求人于2005年3月1日再次提交了意见陈述书，被请求人仍然认为：本专利与证据1所要解决的技术问题以及解决该技术问题的技术方案均不相同，要求在2004年4与30日所提交的权利要求1~9的基础上维持专利权有效。

口头审理于2005年3月9日如期举行，双方当事人均到庭。在口头审理过程中，合议组当庭将被请求人于2005年3月1日所提交的意见陈述书转送给请求人。被请求人当庭表示对证据1的真实性无异议，并明确其于2004年4月30日和于2004年5月8日所提交的意见陈述书和经修改的权利要求书完全一致，合议组当庭告知双方当事人审查的基础为：所针对的权利要求是被请求人于2004年4月30日提交的权利要求第1~9项。同时，请求人还明确了其无效的理由：即本专利的权利要求1相对于证据1不具备专利法第二十二条第二款规定的新颖性，对此，被请求人也充分发表了意见，双方当事人表示口审后不再提交书面意见陈述。

在上述程序的基础上，合议组认为本案事实已经清楚，可以依法作出如下审查决定。

**二、决定的理由**

1. 本案审查的基础

本无效决定所针对的文本是：被请求人于2004年4月30日提交的权利要求第1~9项、国家知识产权局专利局于2002年6月19日公告授权的本专利说明书第1~3页和说明书附图第1~3页。

2. 关于本专利权利要求 1 的新颖性

专利法第二十二条第二款规定：新颖性，是指在申请日以前没有同样的发明或者实用新型在国内外出版物上公开发表过、在国内公开使用过或者以其他方式为公众所知，也没有同样的发明或者实用新型由他人向国务院专利行政部门提出过申请并且记载在申请日以后公布的专利申请文件中。

证据 1 为中国专利文献，属于公开出版物，被请求人对其真实性无异议，并且合议组也已经核实了其真实性，其申请日为 2001 年 5 月 25 日，早于本专利的申请日，其授权公告日为 2003 年 5 月 21 日，晚于本专利的申请日，根据专利法第二十二条第二款之上述规定，证据 1 可用来评价本专利的新颖性。

证据 1 涉及一种饮水机水龙头联锁保护装置（参见证据 1 的说明书第 2 页第 22 行到第 3 页第 15 行），其中披露了以下的技术特征：该装置包括笼头的盖头（1）、抽杆（3）、锥形弹簧（9）、橡皮（5）、扳手（7）、圆柱销（8）、锁片（2）、解除钮（4）和小弹簧（6）。在抽杆上开有一环形槽，盖头上开有一薄槽，薄片形状的锁片插装在盖头的薄槽内，厚度薄于抽杆环形槽宽度的锁片通过其上的圆孔套装在抽杆上，其可在小弹簧的作用下嵌入抽杆的环形槽中，解除钮将锁片限定为可相对盖头移动的保护状态和不可相对盖头移动的解除保护状态，抽杆的下端连接有橡皮，抽杆的上端穿过锥形弹簧、锁片的圆孔以及盖头的中心孔通过圆柱销与扳手相连接。

在口头审理时，请求人明确本专利权利要求 1 相对于证据 1 不具备新颖性。

合议组认为：通过上述分析可知，本专利权利要求 1 所保护的技术方案与证据 1 所公开的技术内容相比，其区别技术特征在于：（1）在本专利中出水按键与水龙头本体连接，该出水按键是操作者借助外力直接按压以实现出水目的的操作部件，而证据 1 中同样是借助外力直接按压以实现出水目的的操作部件的扳手则与盖头（相当于水龙头本体）相接触，并通过圆柱销与抽杆相连接，由此可见，本专利与证据 1 之操作部件连接关系不同。（2）在本专利中，出水按键上设有滑槽，滑槽上插装有自锁滑键，自锁滑键卡在饮水机壳体上，饮水机壳体是固定不动的，从而避免出水按键误操作；而在证据 1 中，抽杆上设有环形槽，锁片嵌入到环形槽中，锁片插入到盖头的薄槽内，盖头是固定不动的，从而限制通过圆柱销与抽杆相连接的扳手误操作，由此可见，本专利与证据 1 之限制对象不同，即本专利直接限制操作部件（出水按键），证据 1 间接限制操作部件（通过限制抽杆而间接限制与其相连接的扳手）。鉴于存在上述区别技术特征，即证据 1 至少并未公开权利要求 1 中的“出水按键（3）上设有滑槽（31），滑槽（31）上插装有可卡在饮水机壳体上、以避免出水按键（3）出现误动作的自锁滑键（1）”这一技术特征，故本专利权利要求 1 所保护的技术方案与证据 1 所公开的内容是不同的技术方案，证据 1 不能构成本专利的抵触申请，故该权利要求 1 相对于证据 1 具备专利法第二十二条第二款规定的新颖性。

**三、决定**

在被请求人于 2004 年 4 月 30 日提交的权利要求书基础上维持 01265127.3 号实用新型专利权有效。

当事人对本决定不服的，可以根据专利法第四十六条第二款的规定，自收到本决定之日起三个月内向北京市第一中级人民法院起诉。根据该款的规定，一方当事人起诉后，另一方当事人应当作为第三人参加诉讼。

073

# 精播锄草组合式多功能作业机案

## 无效宣告请求审查决定（第7124号）

决 定 号 第7124号
决 定 日 2005年4月27日
发明创造名称 精播锄草组合式多功能作业机
国际分类号 A01B 49/06
无效请求人 蔡金玉
专利权人 任宪武
专 利 号 98213950.0
申 请 日 1998年5月10日
授权公告日 1999年11月17日
合议组组长 黄玉平
主 审 员 陈海平
参 审 员 于 萍

法律依据 专利法第二十六条第三款 专利法实施细则第二十一条第二款 专利法第二十二条第三款

决定要点

如权利要求中所限定的技术方案相对于已有技术仅以本领域技术人员所熟知的常规技术手段进行了简单的置换，则该权利要求不具备创造性。

### 一、案由

本无效宣告请求案涉及任宪武（下称专利权人）于1998年5月10日向国家知识产权局专利局提出的名称为“精播锄草组合式多功能作业机”的实用新型专利申请，其申请号为98213950.0。该专利申请于1999年11月17日公告授权（下称本专利），其授权公告的权利要求书如下：

“1. 精播锄草组合式多功能作业机，主要由行走轮（1）、底盘（3）、播种箱（4）、震压器（11）、覆土器（12）等组成，其特征在于两个行走轮（1）上装有主动轴（2），在两个行走轮（1）中间的主动轴（2）上装有套轴，其套轴两端设有离合器，框架式底盘（3）装在行走轮（1）中间，扶手架（9）的前端固定在度盘（3）上，在扶手架（9）上装有离合器操纵杆（10），在底盘（3）的后下方设有被动轴（7），被动轴（7）由装在套轴上的小链轮经链条（5）和链轮（6）传动，在底盘（3）前下方装有开沟器（13），播种箱（4）装在底盘（3）上方，覆土器（12）固定在底盘（3）后部的方套（8）上，震压器（11）连接到覆土器（12）上。

2. 如权利要求1所述的精播锄草组合式多功能作业机，其特征在于所说的离合器操纵杆（10）的前端设有拨叉头。”

针对上述专利权，蔡金玉（下称请求人）于2004年10月29日向专利复审委员会提出了无效宣告请求，其理由是本实用新型专利不符合专利法第二十六条第三款，专利法实施细则第二十一条第二款，专利法第二十二条第三款的规定。针对本专利不符合专利法第二十二条第三款的规定这一理由，请求人提交了下述对比文件作为证据：

对比文件1：CN2214731Y号中国实用新型专利说明书复印件，公告日为1995年12月13日；

对比文件2：CN2109060U号中国实用新型专利申请说明书复印件，公告日为1992年7月8日。

经形式审查合格，专利复审委员会受理了上述无效宣告请求并将无效宣告请求书及对比文件副本转给了专利权人。

专利权人于2004年12月16日提交"意见陈述书"进行答辩。

专利复审委员会于2005年3月17日向双方当事人发出合议组成员告知通知书。

双方当事人没有在上述合议组成员告知通知书中所指定的期限内向专利复审委员会提出回避请求。

在上述程序的基础上，合议组作出了本决定。

**二、决定的理由**

1. 专利法第二十六条第三款规定：说明书应当对发明或者实用新型作出清楚、完整的说明，以所属技术领域的技术人员能够实现为准；必要的时候，应当有附图。摘要应当简要说明发明或者实用新型的技术要点。

请求人认为本专利的说明书不符合专利法第二十六条第三款的规定。

请求人相应的具体陈述的要点为：本专利的目的是设计"一种精播锄草组合式多功能作业机"，但是本专利说明书公开的技术方案仅仅是一种播种机的结构，并不能用于锄草。

合议组认为：由于在本专利说明书的最后一段中已依次描述了本专利产品的相关构件在"在精播作业时"、"在锄草作业时"和"在空行和作业转向时"的具体运行方式，本领域技术人员根据说明书的相应描述完全可以实现精播功能及锄草功能，所以请求人的上述观点不能成立。

2. 专利法实施细则第二十一条第二款规定：独立权利要求应当从整体上反映发明或者实用新型的技术方案，记载解决技术问题的必要技术特征。

请求人认为：本专利的权利要求1所述的技术方案只是一种播种机的结构，不具有锄草的技术特征，不能进行锄草，没有从整体上反映该实用新型的技术方案，记载解决技术问题的必要技术特征。故权利要求1不符合专利法实施细则第二十一条第二款的规定。

合议组认为：本专利权利要求1所限定的产品虽然未具体限定有关锄草的技术特征，但其限定了有关播种机的技术特征，其所限定的播种机是一个可以独立工作的完整机构，即其构成了一个完整的技术方案，对于该权利要求1所限定的技术方案应当对其整体进行理解。因此，该独立权利要求符合专利法实施细则第二十一条第二款规定。

3. 专利法第二十二条第三款规定：创造性，是指同申请日以前已有的技术相比，该发明有突出的实质性特点和显著的进步，该实用新型有实质性特点和进步。

请求人认为本专利的权利要求1、2均不具备专利法第二十二条第三款所规定的创造性。请求人所提交的用于评判本专利创造性的对比文件1、2经合议组核对其真实性无误，其公告日均位于本专利申请日之前，其所公开的技术方案与本专利均涉及可执行播种等功能的农田作业机械这一技术领域。因而，对比文件1、2可以用于作为评价本专利创造性的已有技术。

下文中合议组结合对比文件1、2对本专利的创造性加以评述。

本专利独立权利要求1的技术方案中包括如下技术特征：

a."精播锄草组合式多功能作业机，主要由行走轮（1）、底盘（3）、播种箱（4）、震压器

(11)、覆土器（12）等组成”；

b.“两个行走轮（1）上装有主动轴（2）……框架式底盘（3）装在行走轮（1）中间”；

c.“在两个行走轮（1）中间的主动轴（2）上装有套轴，其套轴两端设有离合器……扶手架（9）的前端固定在度盘（3）上，在扶手架（9）上装有离合器操纵杆（10）”；

d.“在底盘（3）的后下方设有被动轴（7）”；

e.“被动轴（7）由装在套轴上的小链轮经链条（5）和链轮（6）传动”；

f.“在底盘（3）前下方装有开沟器（13），播种箱（4）装在底盘（3）上方，覆土器（12）固定在底盘（3）后部的方套（8）上”；

g.“震压器（11）连接到覆土器（12）上”。

本专利独立权利要求1中所描述的上述技术方案中的大部分技术特征实质上已被对比文件1所公开，参见对比文件1说明书文字部分及附图中的描述：该对比文件1公开的“T字型脊柱梁式播种机”中包括了两个地轮2（相当于本专利权利要求1中的“两个行走轮”）、脊柱梁1（相当于本专利权利要求1中的“底盘”）、种箱5（相当于本专利权利要求1中的“播种箱”）；两个地轮2支承在一个地轮转轴（相当于本专利权利要求1中的“主动轴”）上；驱动排种器9（对应于本专利说明书中的“播种器”）的被动轴（相当于本专利权利要求1中的“被动轴”）位于脊柱梁1（相当于本专利权利要求1中的“底盘”）的后下方；脊柱梁1的后下方装有开沟器10（相当于本专利权利要求1中的“开沟器”）、后上方装有种箱5（相当于本专利权利要求1中的“播种箱”）、后部安装有复土器8（相当于本专利权利要求1中的“覆土器”）；镇压轮7（相当于本专利权利要求1中的“震压器”）连接在复土器8的上方。

通过对比可知，对比文件1公开了本专利权利要求1中除“c.”、“e.”两项技术特征（涉及控制地轮转轴与驱动排种器的被动轴之间传动连接关系以及控制传动连接的离合器及离合器操纵杆）以外的所有的具实质性的结构特征。

然而根据对比文件1所描述的用于“施肥、播种作业”的播种机的结构可知其驱动排种器的被动轴通过一个由传动链（或带）及传动轮构成的传动机构与地轮转轴相连，并且由于地轮转轴在播种机行进过程中会一直转动，而驱动排种器的被动轴只有在播种作业时才转动而不会总是随地轮一同转动，所以在上述传动机构中必然要安装有能控制传动机构结合与脱开的控制机构，且在对比文件2所公开的播种机中采用了基本相同的结构（参见对比文件2图1，其中所公开的播种机也包括行走轮9、机架7、排种装置1等播种机基本结构）来实现与本专利相同的功能。参见对比文件2图2（及对比文件2第7页第7~8行中的对应文字叙述），其中的轮轴21（对应于本专利的“主动轴”）上套装有一个连接套18（对应于本专利的“套轴”），在连接套18靠近行走轮9（对应于本专利的“行走轮”）的一端设有离合器；其“机架7为长方形平面结构”（对比文件2第6页第3行）；“机架（7）的两侧下边各有一根……轮轴（21），两根轮轴（21）上各装有一个……行走轮（9）。”（对比文件2第6页第15行~第18行）；在对比文件2图3中可见可操纵离合器10的手柄25。另外，从对比文件2图2可以看到：连接套18（相当于本专利的“套轴”）上装有一链轮17（相当于本专利的“小链轮”），支承两个地轮的主动轴通过链传动系统（连接套18、链轮17、链条11、被动轴上的链轮）将其转动传递到被动轴上。即对比文件实质上公开了上述权利要求1中的技术特征“c.”、“e.”。

综上所述，本专利权利要求1的技术方案的实质内容已被对比文件1、2所公开，本领域技术人员在对比文件1公开的技术方案的基础上结合对比文件2所公开的实现与对比文件1及本专利功能相同的具体连接机构即可获得与本专利权利要求1实质上相同的技术方案，该方案与本专利权利要求1相比虽然存在若干细部差异，如未设置“扶手架（9）”，但这些细部差异相对于本发明所要解决的技术问题来说是非实质性的，属于本专业普通技术人员可以根据装置应用时的具体需要而进行的常规设计，而从本专利说明书中也并不能看出这些细部差异的存在可以使得本专利相对于已有技术获得何种意想不到的技术效果。因此，权利要求 1 相对于已有技术不具有实质性的特点和进步。

故本专利的独立权利要求 1 不具备专利法第二十二条第三款所规定的创造性。

本专利从属权利要求 2 的全文如下：

“如权利要求 1 所述的精播锄草组合式多功能作业机，其特征在于所说的离合器操纵杆（10）的前端设有拨叉头。”

参见对比文件 2 附图：其中手柄 25（图 3）通过连接在拉绳 5（图 1、图 3）前端的离合器 10（图 1）上的拨叉 15（图 2）来控制离合器 10。

两者在结构上存在有细节上的差异，但该差异相对于本发明所要解决的技术问题来说是非实质性的，属于本专业普通技术人员可以根据装置应用时的具体需要而进行的常规设计，而从本专利说明书中也并不能看出这些差异的存在可以使得本专利相对于已有技术获得何种意想不到的技术效果。

故在其所引用的权利要求 1 不具备创造性的前提下，该从属权利要求 2 也不具备创造性。

**三、决定**

宣告 98213950. 0 号实用新型专利权无效。

当事人对本决定不服的，可以根据专利法第四十六条第二款的规定，自收到本决定之日起三个月内向北京市第一中级人民法院起诉。根据该款的规定，一方当事人起诉后，另一方当事人应当作为第三人参加诉讼。

## 北京市第一中级人民法院<br>行政判决书

（2005）一中行初字第 875 号

原告任宪武，男，汉族，64 岁，住黑龙江省穆棱市共和乡太平村。

委托代理人申健，男，北京中博世达知识产权代理事务所专利代理人。

委托代理人张岱，男，北京中博世达知识产权代理事务所专利代理人。

被告国家知识产权局专利复审委员会，住所地北京市海淀区北四环西路 9 号银谷大厦 10 ~ 12 层。

法定代表人廖涛，副主任。

委托代理人陈海平，男，国家知识产权局专利复审委员会行政诉讼处审查员。

委托代理人耿博，男，国家知识产权局专利复审委员会行政诉讼处审查员。

第三人蔡金玉，男，汉族，54 岁，住所地黑龙江省穆棱市共和乡金玉修理部。

委托代理人吴忠仁，男，北京市双收知识产权代理有限公司专利代理人。

原告任宪武不服被告国家知识产权局专利复审委员会作出的第 7124 号无效宣告请求审查决定（下称无效决定），向本院提起行政诉讼。本院于 2005 年 8 月 25 日受理后，依法组成合议庭，依照《中华人民共和国专利法》（下称《专利法》）第四十六条第二款、《中华人民共和国行政诉讼法》第二十七条的规定，通知利害关系人蔡金玉作为本案第三人参加诉讼，并于 2005 年 10 月 24 日公开开庭审理了本案。原告任宪武的委托代理人张岱，被告的委托代理人陈海平、耿博、第三人蔡金玉的委托代理人吴忠仁到庭参加了诉讼。本案现已审理终结。

被告于2005年4月27日针对第三人提出的无效宣告请求，作出无效决定：

原告于1998年5月10日向国家知识产权局专利局提出的名称为“精播锄草组合式多功能作业机”的实用新型专利申请，其申请号为98213950.0。该专利申请于1999年11月17日公告授权（下称本专利），其授权公告的权利要求书如下：

“1. 精播锄草组合式多功能作业机，主要由行走轮（1）、底盘（3）、播种箱（4）、震压器（11）、覆土器（12）等组成，其特征在于两个行走轮（1）上装有主动轴（2），在两个行走轮（1）中间的主动轴（2）上装有套轴，其套轴两端设有离合器，框架式底盘（3）装在行走轮（1）中间，扶手架（9）的前端固定在度盘（3）上，在扶手架（9）上装有离合器操纵杆（10），在底盘（3）的后下方设有被动轴（7），被动轴（7）由装在套轴上的小链轮经链条（5）和链轮（6）传动，在底盘（3）前下方装有开沟器（13），播种箱（4）装在底盘（3）上方，覆土器（12）固定在底盘（3）后部的方套（8）上，震压器（11）连接到覆土器（12）上。

2. 如权利要求1所述的精播锄草组合式多功能作业机，其特征在于所说的离合器操纵杆（10）的前端设有拨叉头。”

针对上述专利权，第三人于2004年10月29日向被告提出了无效宣告请求，其理由是本实用新型专利不符合《专利法》第二十六条第三款，《中华人民共和国专利法实施细则》（下称《实施细则》）第二十一条第二款，《专利法》第二十二条第三款的规定。同时提交了下述对比文件作为证据：

对比文件1：CS2214731Y号中国实用新型专利说明书复印件，公告日为1995年12月13日；

对比文件2：CN2109060U号中国实用新型专利申请说明书复印件，公告日为1992年7月8日。

被告受理后，依照法定程序进行了转文。在充分听取双方当事人的陈述意见后，被告作出无效决定。其决定理由如下：

1.《专利法》第二十六条第三款规定

说明书应当对发明或者实用新型作出清楚、完整的说明，以所属技术领域的技术人员能够实现为准；必要的时候，应当有附图。摘要应当简要说明发明或者实用新型的技术要点。

第三人认为本专利的说明书不符合上述法律规定，其具体陈述的要点为：本专利的目的是设计“一种精播锄草组合式多功能作业机”，但是本专利说明书公开的技术方案仅仅是一种播种机的结构，并不能用于锄草。

被告认为：由于在本专利说明书的最后一段中已依次描述了本专利产品的相关构件在“在精播作业时”、“在锄草作业时”和“在空行和作业转向时”的具体运行方式，本领域技术人员根据说明书的相应描述完全可以实现精播功能及锄草功能，所以第三人的上述观点不能成立。

2.《实施细则》第二十一条第二款规定

独立权利要求应当从整体上反映发明或者实用新型的技术方案，记载解决技术问题的必要技术特征。

第三人认为：本专利的权利要求1所述的技术方案只是一种播种机的结构，不具有锄草的技术特征，不能进行锄草，没有从整体上反映该实用新型的技术方案，记载解决技术问题的必要技术特征。故权利要求1不符合上述法律规定。

被告认为：本专利权利要求1所限定的产品虽然未具体限定有关锄草的技术特征，但其限定了有关播种机的技术特征，其所限定的播种机是一个可以独立工作的完整机构，即其构成了一个完整的技术方案，对于该权利要求1所限定的技术方案应当对其整体进行理解。因此，该独立权利要求符合《实施细则》第二十一条第二款规定。

3.《专利法》第二十二条第三款规定

创造性，是指同申请日以前已有的技术相比，该发明有突出的实质性特点和显著的进步，该实用新型有实质性特点和进步。

第三人认为本专利的权利要求1、2均不具备《专利法》第二十二条第三款所规定的创造性。其提交的用于评判本专利创造性的对比文件1、2经被告核对其真实性无误，其公告日均位于本专利申请日之前，其所公开的技术方案与本专利均涉及可执行播种等功能的农田作业机械这一技术领域。因而，对比文件1、2可以用于作为评价本专利创造性的已有技术。

本专利独立权利要求1的技术方案中包括如下技术特征：

a.“精播锄草组合式多功能作业机，主要由行走轮（1）、底盘（3）、播种箱（4）、震压器（11）、覆土器（12）等组成”；

b.“两个行走轮（1）上装有主动轴（2）……框架式底盘（3）装在行走轮（1）中间”；

c.“在两个行走轮（1）中间的主动轴（2）上装有套轴，其套轴两端设有离合器……扶手架（9）的前端固定在度盘（3）上，在扶手架（9）上装有离合器操纵杆（10）”；

d.“在底盘（3）的后下方设有被动轴（7）”；

e.“被动轴（7）由装在套轴上的小链轮经链条（5）和链轮（6）传动”；

f.“在底盘（3）前下方装有开沟器（13），播种箱（4）装在底盘（3）上方，覆土器（12）固定在底盘（3）后部的方套（8）上”；

g.“震压器（11）连接到覆土器（12）上”。

本专利独立权利要求1中所描述的上述技术方案中的大部分技术特征实质上已被对比文件1所公开，参见对比文件1说明书文字部分及附图中的描述：该对比文件1公开的“T字型脊柱梁式播种机”中包括了两个地轮2（相当于本专利权利要求1中的“两个行走轮”）、脊柱梁1（相当于本专利权利要求1中的“底盘”）、种箱5（相当于本专利权利要求1中的“播种箱”）；两个地轮2支承在一个地轮转轴（相当于本专利权利要求1中的“主动轴”）上；驱动排种器9（对应于本专利说明书中的“播种器”）的被动轴（相当于本专利权利要求1中的“被动轴”）位于脊柱梁1（相当于本专利权利要求1中的“底盘”）的后下方；脊柱梁1的后下方装有开沟器10（相当于本专利权利要求1中的“开沟器”）、后上方装有种箱5（相当于本专利权利要求1中的“播种箱”）、后部安装有复土器8（相当于本专利权利要求1中的“覆土器”）；镇压轮7（相当于本专利权利要求1中的“震压器”）连接在复土器8的上方。通过对比可知，对比文件1公开了本专利权利要求1中除“c.”、“e.”两项技术特征（涉及控制地轮转轴与驱动排种器的被动轴之间传动连接关系以及控制传动连接的离合器及离合器操纵杆）以外的所有的具实质性的结构特征。然而根据对比文件1所描述的用于“施肥、播种作业”的播种机的结构可知其驱动排种器的被动轴通过一个由传动链（或带）及传动轮构成的传动机构与地轮转轴相连，并且由于地轮转轴在播种机行进过程中会一直转动，而驱动排种器的被动轴只有在播种作业时才转动而不会总是随地轮一同转动，所以在上述传动机构中必然要安装有能控制传动机构结合与脱开的控制机构，且在对比文件2所公开的播种机中采用了基本相同的结构（参见对比文件2图1，其中所公开的播种机也包括行走轮9、机架7、排种装置1等播种机基本结构）来实现与本专利相同的功能。参见对比文件2图2（及对比文件2第7页第7~8行中的对应文字叙述），其中的轮轴21（对应于本专利的“主动轴”）上套装有一个连接套18（对应于本专利的“套轴”），在连接套18靠近行走轮9（对应于本专利的“行走轮”）的一端设有离合器；其“机架7为长方形平面结构”（对比文件2第6页第3行）；“机架（7）的两侧下边各有一根……轮轴（21），两根轮轴（21）上各装有一个……行走轮（9）。”（对比文件2第6页第15行~第18行）；在对比文件2图3中可见可操纵离合器10的手柄25。另外，从对比文件2图2可以看到：连接套18（相当于本专利的“套轴”）上装有一链轮17（相当于本专利的“小链轮”），支承两个地轮的主动轴通过链传动系统（连接套18、链轮17、链条11、被动轴上的链轮）将其转动传递到被动轴上。即对比文件实质上公开了上述权利要求1中的技术特征“c.”、“e.”。

综上所述，本专利权利要求1的技术方案的实质内容已被对比文件1、2所公开，本领域技术人员在对比文件1公开的技术方案的基础上结合对比文件2所公开的实现与对比文件1及本专利功能相同的具体连接机构即可获得与本专利权利要求1实质上相同的技术方案，该方案与本专利权利要求1相比虽然存在若干细部差异，如未设置“扶手架（9）”，但这些细部差异相对于本发明所要解决的技术问题来说是非实质性的，属于本专业普通技术人员可以根据装置应用时的具体需要而进行的常规设计，而从本专利说明书中也并不能看出这些细部差异的存在可以使得本专利相对于已有技术获得何种意想不到的技术效果。因此，权利要求1相对于已有技术不具有实质性的特点和进步。故本专利的独立权利要求1不具备《专利法》第二十二条第三款所规定的创造性。

本专利从属权利要求2的全文如下：

“如权利要求1所述的精播锄草组合式多功能作业机，其特征在于所说的离合器操纵杆（10）的前端设有拨叉头。”

参见对比文件2附图：其中手柄25（图3）通过连接在拉绳5（图1、图3）前端的离合器10（图1）上的拨叉15（图2）来控制离合器10。两者在结构上存在有细节上的差异，但该差异相对于本发明所要解决的技术问题来说是非实质性的，属于本专业普通技术人员可以根据装置应用时的具体需要而进行的常规设计，而从本专利说明书中也并不能看出这些差异的存在可以使得本专利相对于已有技术获得何种意想不到的技术效果。故在其所引用的权利要求1不具备创造性的前提下，该从属权利要求2也不具备创造性。据此，被告作出无效决定：宣告本专利无效。

被告在法定期限内向本院提交了无效决定的复印件及以下证据用以证明无效决定认定事实清楚，适用法律正确。证据1、对比文件1；证据2、对比文件2。

原告诉称，无效决定认定本专利不具备创造性错误。理由如下：1. 本专利权利要求1中c组特征中的“扶手架（9）的前端固定在度（底）盘（3）上，在扶手架（9）上装有离合器操纵杆”；与f组特征中的“覆土器（12）固定在底盘（3）后部的方套（8）上”的上述区别特征均未被对比文件1、2公开，现有的对比文件中未给出任何启示，因此，本专利权利要求1具备创造性。2. 如权利要求1所述的精播锄草组合式多功能作业机，其特征在于所说的离合器操纵杆（10）的前端设有拨叉头。本专利权利要求2与对比文件1、2相比有区别，不属于常规设计，权利要求2与对比文件2结构相比不相同，不相似，其区别特征在现有技术中也未给出任何启示，因此有实质性特点；因上述结构简单，成本低，损坏率低，具有有益的技术效果，因此，权利要求2具备创造性。综上，原告请求法院判决撤销被告作出的无效决定。

原告在诉讼期间向本院提交了无效决定的复印件及以下证据用以证明本专利与对比文件1、2相比具备创造性。证据1、对比文件1；证据2、对比文件2；证据3、本专利说明书。

被告辩称，专利复审委作出的无效决定证据充分、认定事实清楚、适用法律法规正确、审理程序合法，请求人民法院在查明事实的基础上，依法驳回原告的诉讼请求、维持无效决定。

第三人发表意见，认为被告作出的无效决定证据充分、认定事实清楚、适用法律法规正确、审理程序合法，请求人民法院在查明事实的基础上，依法驳回原告的诉讼请求、维持无效决定。第三人未提交证据。

经庭审质证，原告对被告提交的证据的关联性、合法性、真实性无异议，但认为不能支持被告的主张。第三人同意被告的举证。被告、第三人对原告提交的证据的关联性、合法性、真实性无异议，但认为不能支持原告的主张。

经庭审质证及合议庭评议，本院对以上双方当事人提交的证据认证如下：被告、原告提交的证据真实、合法，能够证明本案的相关事实，本院予以确认。

经审理查明，原告于1998年5月10日向国家知识产权局专利局提出本专利申请，1999年11月17日授权公告。第三人于2004年10月29日向被告提出无效宣告请求及相关证据。被告受理后，依照法定程序进行转文，在充分听取双方当事人的陈述意见后，于2005年4月27日作出无效决定。原告不服，向本院提起行政诉讼。

本院认为，根据《专利法》第二十二条第三款的规定，创造性，是指同申请日以前已有的技术相比，该实用新型有实质性特点和进步。本案第三人在无效程序中提交的对比文件1、2与本专利属于同一技术领域，其公开日期早于本专利的申请日期，可以作为评价本专利创造性的对比文件。本案的争议焦点是本专利与对比文件1、2相比是否具备创造性。

对比文件1公开了本专利权利要求1中的大部分技术特征，但未公开c组特征中的“扶手架(9)的前端固定在度（底）盘（3）上，在扶手架（9）上装有离合器操纵杆”；与f组特征中的“覆土器（12）固定在底盘（3）后部的方套（8）上”的两项技术特征。但是，覆土器的位置根据对比文件1所描述的用于“施肥、播种作业”的播种机的结构可知其驱动排种器的被动轴通过一个由传动链（或带）及传动轮构成的传动机构与地轮转轴相连，并且由于地轮转轴在播种机行进过程中会一直转动，而驱动排种器的被动轴只有在播种作业时才转动而不会总是随地轮一同转动，所以在上述传动机构中必然要安装有能控制传动机构结合与脱开的控制机构。在对比文件2所公开的播种机中也采用了基本相同的结构（参见对比文件2图1，其中所公开的播种机也包括行走轮9、机架7、排种装置1等播种机基本结构）来实现与本专利相同的功能；在对比文件2图3中可见可操纵离合器10的手柄25。另外，对比文件1的覆土器（8）也设置在底盘的后部。因此，本专利权利要求1的技术方案的实质内容已被对比文件1、2所公开，本领域技术人员在对比文件1公开的技术方案的基础上结合对比文件2所公开的实现与对比文件1及本专利功能相同的具体连接机构即可获得与本专利权利要求1实质上相同的技术方案，虽然对比文件1、2均未记载“扶手架（9）的前端固定在度（底）盘（3）上，在扶手架（9）上装有离合器操纵杆”及“覆土器（12）固定在底盘（3）后部的方套(8）上”的两项技术特征，但这些差异相对于本专利所要解决的技术问题来说是非实质性的，属于本专业普通技术人员可以根据装置应用时的具体需要而进行的常规设计，而从本专利说明书中也并不能看出这些差异的存在可以使得本专利相对于已有技术获得何种意想不到的技术效果。因此，权利要求1相对于已有技术不具有实质性的特点和进步。故本专利的独立权利要求1不具备《专利法》第二十二条第三款所规定的创造性。

本专利从属权利要求2如下：

“2. 如权利要求1所述的精播锄草组合式多功能作业机，其特征在于所说的离合器操纵杆（10）的前端设有拨叉头。”

参见对比文件2附图：其中手柄25（图3）通过连接在拉绳5（图1、图3）前端的离合器10（图1）上的拨叉15（图2）来控制离合器10。两者在结构上存在有细节上的差异，但该差异相对于本专利所要解决的技术问题来说是非实质性的，属于本专业普通技术人员可以根据装置应用时的具体需要而进行的常规设计，而从本专利说明书中也并不能看出这些差异的存在可以使得本专利相对于已有技术获得何种意想不到的技术效果。故在其所引用的权利要求1不具备创造性的前提下，该从属权利要求2也不具备创造性。原告认为本专利具备创造性的诉讼主张，因缺乏事实及法律依据，本院不予支持。

综上所述，被告作出的无效决定关于本专利不具备创造性的认定事实清楚，适用法律正确，程序合法，本院应予维持。原告要求撤销无效决定的诉讼请求，因缺乏事实及法律依据，本院不予支持。综上，依照《中华人民共和国行政诉讼法》第五十四条第（一）项之规定，判决如下：

维持被告国家知识产权局专利复审委员会于二〇〇五年四月二十七日作出的第7124号无效宣告请求审查决定。

案件受理费1000元，由原告任宪武负担（已交纳）。

如不服本判决，可在本判决书送达之日起十五日内，向本院提交上诉状，并按对方当事人人数提出副本，上诉于北京市高级人民法院。上诉人在接到人民法院预交诉讼费用通知后七日内未预交又不提出缓交申请的，按自动撤回上诉处理。

审　判　长　张　杰
审　判　员　李纪红
代理审判员　乔　军
二〇〇五年十二月二十日
书　记　员　郎莉萍

# 北京市高级人民法院
# 行政判决书

（2006）高行终字第151号

上诉人（一审原告）任宪武，男，汉族，1941年2月26日出生，住黑龙江省穆棱市共和乡太平村。

委托代理人申健，男，北京中博世达知识产权代理事务所专利代理人。

委托代理人张岱，男，北京中博世达知识产权代理事务所专利代理人。

被上诉人（一审被告）国家知识产权局专利复审委员会，住所地北京市海淀区北四环西路9号银谷大厦10～12层。

法定代表人廖涛，副主任。

委托代理人陈海平，男，国家知识产权局专利复审委员会行政诉讼处审查员。

委托代理人郭健国，男，国家知识产权局专利复审委员会行政诉讼处审查员。

被上诉人（一审第三人）蔡金玉，男，汉族，1951年2月20日出生，住所地黑龙江省穆棱市共和乡共和村。

委托代理人吴忠仁，男，北京市双收知识产权代理有限公司专利代理人。

上诉人任宪武因专利无效请求审查决定一案，不服北京市第一中级人民法院（2005）一中行初字第875号行政判决书，向本院提起上诉。本院依法组成合议庭，于2006年4月20日公开开庭审理了本案。上诉人任宪武及其委托代理人张岱，被上诉人国家知识产权局专利复审委员会（下称专利复审委）的委托代理人陈海平、郭健国，被上诉人蔡金玉的委托代理人吴忠仁到庭参加了诉讼。本案现已审理终结。

北京市第一中级人民法院判决认为，对比文件1公开了本专利权利要求1中的大部分技术特征，但未公开c组特征中的“扶手架（9）的前端固定在度（底）盘（3）上，在扶手架（9）上装有离合器操纵杆”；与f组特征中的“覆土器（12）固定在底盘（3）后部的方套（8）上”的两项技术特征。但是，覆土器的位置根据对比文件1所描述的用于“施肥、播种作业”的播种机的结构可知其驱动排种器的被动轴通过一个由传动链（或带）及传动轮构成的传动机构与地轮转轴相连，并且由于地轮转轴在播种机行进过程中会一直转动，而驱动排种器的被动轴只有在播种作业时才转动而不会总是随地轮一同转动，所以在上述传动机构中必然要安装有能控制传动机构结合与脱开的控制机构。在对比文件2所公开的播种机中也采用了基本相同的结构（参见对比文件2图1，其中所公开的播种机也包括行走轮9、机架7、排种装置1等播种机基本结构）来实现与本专利相同的功能；在对比文件1图3中可见可操纵离合器10的手柄25。另外，对比文件1的覆土器（8）也设置在底盘的后部。因此，本专利权利要求1的技术方案的实质内容已被对比文件1、2所公开，本领域技术人员在对比文件1公开的技术方案的基础上结合对比文件2所公开的实现与对比文件1及本专利功能相同的具体连接机构即可获得与本专利权利要求1实质上相同的技术方案，虽然对比文件1、2均未记载“扶手架（9）的前端固定在度（底）盘（3）上，在扶手架（9）上装有离合器操纵杆”及“覆土器（12）固定在底盘（3）后部的方套（8）上”的两项技术特征，但这些差异相对于本专利所要解决的技术问题来说是非实质性的，属于本专业普通技术人员可以根据装置应用时的具体需要而进行的常规设计，而从本专利说明书中也并不能看出这些差异的存在可以使得本专利相对于已有技术获得何种意想不到的技术效果。因此，权利要求1相对于已有技术不具有实质性的特点和进步。故本专利的独立权利要求1不具备《中华人民共和国专利法》（下称《专利法》）第二十二条第三款所规定的创造性。

参见对比文件2附图：其中手柄25（图3）通过连接在拉绳5（图1、图3）前端的离合器10（图1）上的拨叉15（图2）来控制离合器10。两者在结构上存在有细节上的差异，但该差异相对于本专利所要解决的技术问题来说是非实质性的，属于本专业普通技术人员可以根据装置应用时的具体需要而进行的常规设计，而从本专利说明书中也并不能看出这些差异的存在可以使得本专利相对于已有技术获得何种意想不到的技术效果。故在其所引用的权利要求1不具备创造性的前提下，该从属权利要求2也不具备创造性。

综上所述，专利复审委作出的无效决定关于本专利不具备创造性的认定事实清楚，适用法律正确，程序合法，本院应予维持。任宪武要求撤销无效决定的诉讼请求，因缺乏事实及法律依据，本院不予支持。综上，依照《中华人民共和国行政诉讼法》第五十四条第（一）项之规定，判决维持被告国家知识产权局专利复审委员会于二〇〇五年四月二十七日作出的第7124号无效宣告请求审查决定。

上诉人不服一审法院上述判决，向本院提起上诉称：一、本专利权利要求1与对比文件1和对比文件2相比具有如下区别特征：1. 本专利权利要求1中c组特征中的“扶手架（9）的前端固定在度（底）盘（3）上，在扶手架（9）上装有离合器操纵杆”；2. f组特征中的“覆土器（12）固定在底盘（3）后部的方套（8）上”。上述区别特征在两篇对比文件中均未公开。其中扶手架（9）的前端固定在底盘（3）上，便于农业播种时把握方向，特别是对于一些地面凹凸不平的土地或坡地；在扶手架（9）上装有离合器操纵杆（10）便于根据耕地情况随时控制是否播种、施肥，比较方便。覆土器（12）固定在底盘（3）后部的方套（8）上，可以用以调整覆上器的高低位置。现有的对比文件未给出任何启示，本专利权利要求1具有实质性的特点和有益的技术效果，因此，本专利权利要求1具备创造性。二、本专利权利要求2与对比文件1、2相比有区别，不属于常规设计。权利要求2与对比文件2结构相比不相同，不相似，且结构简单，成本低，损坏率低，具有有益的技术效果。因此，权利要求2具备创造性。请求撤销北京市第一中级人民法院（2005）一中行初字第875号行政判决，撤销专利复审委作出的7124号无效宣告请求审查决定。

被上诉人专利复审委辩称，我委作出的无效决定证据充分、认定事实清楚、适用法律法规正确、审理程序合法，请求人民法院在查明事实的基础上，依法驳回上诉人的诉讼请求，维持北京市第一中级人民法院（2005）一中行初字第875号行政判决，维持第7124号无效宣告请求审查决定。

被上诉人蔡金玉辩称，专利复审委作出的无效决定证据充分、认定事实清楚、适用法律法规正确、审理程序合法，请求人民法院在查明事实的基础上，依法驳回上诉人的上诉请求，维持北京市第一中级人民法院（2005）一中行初字第875号行政判决，维持第7124号无效宣告请求审查决定。

经审理查明，上诉人于1998年5月10日向国家知识产权局专利局提出了名称为“精播锄草组合式多功能作业机”的实用新型专利申请，其申请号为98213950.0。该专利申请于1999年11月17日公告授权（即本专利），其授权公告的权利要求书如下：

“1. 精播锄草组合式多功能作业机，主要由行走轮（1）、底盘（3）、播种箱（4）、震压器（11）、覆土器（12）等组成，其特征在于两个行走轮（1）上装有主动轴（2），在两个行走轮（1）中间的主动轴（2）上装有套轴，其套轴两端设有离合器，框架式底盘（3）装在行走轮（1）中间，扶手架（9）的前端固定在度盘（3）上，在扶手架（9）上装有离合器操纵杆（10），“在底盘（3）的后下方设有被动轴（7），被动轴（7）由装在套轴上的小链轮经链条（5）和链轮（6）传动，在底盘（3）前下方装有开沟器（13），播种箱（4）装在底盘（3）上方，覆土器（12）固定在底盘（3）后部的方套（8）上，震压器（11）连接到覆土器（12）上。

2. 如权利要求1所述的精播锄草组合式多功能作业机，其特征在于所说的离合器操纵杆（10）的前端设有拨叉头。”

针对上述专利权，被上诉人蔡金玉于2004年10月29日向专利复审委提出了无效宣告请求，其理由是本实用新型专利不符合《专利法》第二十六条第三款、第二十二条第三款、《中华人民共和国专利法实施细则》（下称《实施细则》）第二十一条第二款的规定。同时提交了下述对比文件作为证据：对比文件1：CN2214731Y号中国实用新型专利说明书复印件，公告日为1995年12月13日；对比文件2：CN2109060U号中国实用新型专利申请说明书复印件，公告日为1992年7月8日。

专利复审委受理后，依照法定程序进行了转文。在充分听取双方当事人的陈述意见后，作出第7124号无效宣告请求审查决定。其决定理由是：

1. 关于蔡金玉认为本专利不符合《专利法》第二十六条第三款规定的问题。由于在本专利说明书的最后一段中已依次描述了本专利产品的相关构件在“在精播作业时”、“在锄草作业时”和“在空行和作业转向时”的具体运行方式，本领域技术人员根据说明书的相应描述完全可以实现精播功能及锄苹功能，所以蔡金玉的上述观点不能成立。

2. 关于蔡金玉认为本专利不符合《实施细则》第二十一条第二款规定的问题。本专利权利要求1所限定的产品虽然未具体限定有关锄草的技术特征，但其限定了有关播种机的技术特征，其所限定的播种机是一个可以独立工作的完整机构，即其构成了一个完整的技术方案，对于该权利要求1所限定的技术方案应当对其整体进行理解。因此，该独立权利要求符合《实施细则》第二十一条第二款规定。

3. 关于蔡金玉认为本专利的权利要求1、2均不具备《专利法》第二十二条第三款所规定的创造性的问题。蔡金玉提交的用于评判本专利创造性的对比文件1、2经核对其真实性无误，其公告日均位于本专利申请日之前，其所公开的技术方案与本专利均涉及可执行播种等功能的农田作业机械这一技术领域。因而，对比文件1、2可以用于作为评价本专利创造性的已有技术。

本专利独立权利要求1的技术方案中包括如下技术特征：a. “精播锄草组合式多功能作业机，主要由行走轮（1）、底盘（3）、播种箱（4）、震压器（11）、覆土器（12）等组成”；b. “两个行走轮（1）上装有主动轴（2）……框架式底盘（3）装在行走轮（1）中间”；c. “在两个行走轮（1）中间的主动轴（2）上装有套轴，其套轴两端设有离合器……扶手架（9）的前端固定在度盘（3）上，在扶手架（9）上装有离合器操纵杆（10）”；d. “在底盘（3）的后下方设有被动轴（7）”；e. “被动轴（7）由装在套轴上的小链轮经链条（5）和链轮（6）传动”；f. “在底盘（3）前下方装有开沟器（13），播种箱（4）装在底盘（3）上方，覆上器（12）固定在底盘（3）后部的方套（8）上”；g. “震压器（11）连接到覆土器（12）上”。

本专利独立权利要求1中所描述的上述技术方案中的大部分技术特征实质上已被对比文件1所公开，参见对比文件1说明书文字部分及附图中的描述：该对比文件1公开的“T字型脊柱梁式播种机”中包括了两个地轮2（相当于本专利权利要求1中的“两个行走轮”）、脊柱梁1（相当于本专利权利要求1中的“底盘”）、种箱5（相当于本专利权利要求1中的“播种箱”）；两个地轮2支承在一个地轮转轴（相当于本专利权利要求1中的“主动轴”）上；驱动排种器9（对应于本专利说明书中的“播种器”）的被动轴（相当于本专利权利要求1中的“被动轴”）位于脊柱梁1（相当于本专利权利要求1中的“底盘”）的后下方；脊柱梁1的后下方装有开沟器10（相当于本专利权利要求1中的“开沟器”）、后上方装有种箱5（相当于本专利权利要求1中的“播种箱”）、后部安装有复土器8（相当于本专利权利要求1中的“覆土器”）；镇压轮7（相当于本专利权利要求1中的“震压器”）连接在复土器8的上方。通过对比可知，对比文件1公开了本专利权利要求1中除“c.”、“e.”两项技术特征（涉及控制地轮转轴与驱动排种器的被动轴之间传动连接关系以及控制传动连接的离合器及离合器操纵杆）以外的所有的具实质性的结构特征。然而根据对比文件1所描述的用于“施肥、播种作业”的播种机的结构可知其驱动排种器的被动轴通过一个由传动链（或带）及传动轮构成的传动机构与地轮转轴相连，并且由于地轮转轴在播种机行进过程中会一直转动，而驱动排种器的被动轴只有在播种作业时才转动而不会总是随地轮一同转动，所以在上述传动机构中必然要安装有能控制传动机构结合与脱开的控制机构，且在对比文件2所公开的播种机中采用了基本相同的结构（参见对比文件2图1，其中所公开的播种机也包括行走轮9、机架7、排种装置1等播种机基本结构）来实现与本专利相同的功能。参见对比文件2图2（及对比文件2第7页第7~8行中的对应文字叙述），其中的轮轴21（对应于本专利的“主动轴”）上套装有一个连接套18（对应于本专利的“套轴”），在连接套18靠近行走轮9（对应于本专利的“行走轮”）的一端设有离合器；其“机架7为长方形平面结构”（对比文件2第6页第3行）；“机架（7）的两一侧下各有一根……轮轴（21），两根轮轴（21）上各装有一个……行走轮（9）。”（对比文件2第6页第15~18行）；在对比文件2图3中可见可操纵离合器10的手柄25。另外，从对比文件2图2可以看到：连接套18（相当于本专利的“套轴”）上装有一链轮17（相当于本专利的“小链轮”），支承两个地轮的主动轴通过链传动系统（连接套18、链轮17、链条11、被动轴上的链轮）将其转动传递到被动轴上。即对比文件实质上公开了上述权利要求1中的技术特征“c.”、“e.”。

综上所述，本专利权利要求1的技术方案的实质内容已被对比文件1、2所公开，本领域技术人员在对比文件1公开的技术方案的基础上结合对比文件2所公开的实现与对比文件1及本专利功能相同的具体连接机构即可获得与本专利权利要求1实质上相同的技术方案，该方案与本专利权利要求1相比虽然存在若干细部差异，如未设置“扶手架（9）”，但这些细部差异相对于本发明所要解决的技术问题来说是非实质性的，属于本专业普通技术人员可以根据装置应用时的具体需要而进行的常规设计，而从本专利说明书中也并不能看出这些细部差异的存在可以使得本专利相对于已有技术获得何种意想不到的技术效果。因此，权利要求 1 相对于已有技术不具有实质性的特点和进步。故本专利的独立权利要求 1 不具备《专利法》第二十二条第三款所规定的创造性。

本专利从属权利要求 2 的全文如下："如权利要求 1 所述的精播锄草组合式多功能作业机，其特征在于所说的离合器操纵杆（10）的前端设有拨叉头。"参见对比文件 2 附图：其中手柄 25（图 3）通过连接在拉绳 5（图 1、图 3）前端的离合器 10（图 1）上的拨叉 15（图 2）来控制离合器 10。两者在结构上存在有细节上的差异，但该差异相对于本发明所要解决的技术问题来说是非实质性的，属于本专业普通技术人员可以根据装置应用时的具体需要而进行的常规设计，而从本专利说明书中也并不能看出这些差异的存在可以使得本专利相对于已有技术获得何种意想不到的技术效果。故在其所引用的权利要求 1 不具备创造性的前提下，该从属权利要求 2 也不具备创造性。

上诉人不服上述无效决定向一审法院提起行政诉讼，一审法院经审理判决维持专利复审委作出的第 7124 号无效决定。

被上诉人专利复审委在法定期限内向一审法院提交了两份证据；上诉人任宪武向一审法院提交了三份证据；被上诉人蔡金玉未提交证据。

上述证据已经随案移送本院，经当庭质证及本院审查核实认为，被上诉人、上诉人提交的上述证据真实、合法，能够证明本案的相关事实，一审法院对证据的审查认定正确，本院予以确认。

本院认为，根据《专利法》第二十二条第三款的规定，创造性，是指同申请日以前已有的技术相比，该实用新型有实质性特点和进步。本案争议的焦点是本专利与对比文件 1、2 相比是否具备创造性。

1. 关于本专利权利要求 1 是否具备创造性。

上诉人对专利复审委关于本专利权利要求 1 中 a 组、b 组、d 组、g 组的技术特征已被对比文件 1 公开的论述无异议，但认为对比文件 1 未公开本专利权利要求 1 中 c 组特征中的"扶手架（9）的前端固定在度（底）盘（3）上，在扶手架（9）上装有离合器操纵杆"、e 组特征"被动轴（7）由装在套轴上的小链轮经链条（5）和链轮（6）传动"和 f 组特征中的"覆土器（12）固定在底盘（3）后部的方套（8）上"。

本专利所要解决的技术问题是提供一种精播锄草组合式多功能作业机。对比文件虽然没有设置"扶手架"，但本领域普通技术人员可以根据机具工作时的状态，进行此种常规设计。本专利说明书中亦未表明设置"扶手架"可以使本专利达到何种意想不到的技术效果。在对比文件 2 图 3 中亦可见可操纵离合器 10 的手柄 25。通过对比文件 1 所描述的用于"施肥、播种作业"的播种机的结构可知其驱动排种器的被动轴通过一个由传动链（或带）及传动轮构成的传动机构与地轮转轴相连，并且由于地轮转轴在播种机行进过程中会一直转动，而驱动排种器的被动轴只有在播种作业时才转动而不会总是随地轮一同转动，所以在上述传动机构中必然要安装有能控制传动机构结合与脱开的控制机构，且在对比文件 2 所公开的播种机中采用了基本相同的结构来实现与本专利相同的功能。根据对比文件 1"复土器（8）安装在纵梁（13）的后端"的描述及其附图 1 可以看出，本专利"覆土器"的安装位置与对比文件 1"复土器"的安装位置相同，所起到的作用相同。因此，本专利权利要求 1 的技术方案的实质内容已被对比文件 1、2 所公开，本专利权利要求 1 相对于已有技术不具有实质性的特点和进步。故本专利的独立权利要求 1 不具备《专利法》第二十二条第三款所规定的创造性。

2. 关于本专利权利要求 2 是否具备创造性。

参见对比文件 2 附图：其中手柄 25（图 3）通过连接在拉绳 5（图 1、图 3）前端的离合器 10（图 1）上的拨叉 15（图 2）来控制离合器 10。其说明书中的"拉绳（5）一端固接于升降轴（26）

的一端，另一端与离合器（10）中拔叉（15）固接，使升降装置（1）和离合器（10）同步动作”中的描述进一步说明了上述结构。本专利权利要求 2 与对比文件 2 在结构上虽存在有细节上的差异，但该差异相对于本专利所要解决的技术问题来说是非实质性的，属于本专业普通技术人员可以根据装置应用时的具体需要而进行的常规设计，而从本专利说明书中也并不能看出这些差异的存在可以使得本专利相对于已有技术获得何种意想不到的技术效果。故在其所引用的权利要求 1 不具备创造性的前提下，该从属权利要求 2 也不具备创造性。

综上，专利复审委作出的第 7124 号无效宣告请求审查决定认定事实清楚、适用法律正确、程序合法。一审判决维持正确。上诉人的上诉请求依法不成立，本院不予支持。依据《中华人民共和国行政诉讼法》第六十一条第（一）项的规定，判决如下：

驳回上诉，维持原判。

二审案件受理费 1000 元，由上诉人任宪武负担（已交纳）。

本判决为终审判决。

审 判 长 景 滔

代理审判员 朱海宏

代理审判员 任全胜

二〇〇六年五月十九日

书 记 员 王 芳

# 立式装袋打孔机案

## 无效宣告请求审查决定（第7126号）

**决　定　号**　第7126号
**决　定　日**　2005年5月8日
**发明创造名称**　立式装袋打孔机
**国 际 分 类 号**　B65B 1/00　B65B 61/00　A01G 1/04
**无 效 请 求 人**　延边北方食用菌研究开发中心
**专 利 权 人**　及长城
**专　利　号**　03251479.4
**申　请　日**　2003年5月5日
**授权公告日**　2004年5月5日
**合议组组长**　于　萍
**主　审　员**　陈　勇
**参　审　员**　徐媛媛

**法 律 依 据**　专利法第二十二条第二款、第三款
**决 定 要 点**

书面证人证言在没有相关证人出庭接受质证的情况下不予采信。权利要求限定的技术方案与对比文件相比较存在区别技术特征，该区别技术特征又不能从现有技术中得到启示，且由此带来了有益效果，故该权利要求具备创造性。

### 一、案由

本无效宣告请求案涉及申请日为2003年5月5日、授权公告日为2004年5月5日、名称为“立式装袋打孔机”的03251479.4号实用新型专利（下称本专利），专利权人为及长城（下称被请求人）。授权公告的权利要求书如下：

“1. 一种立式装袋打孔机，包括机架（1）、电动机（2）、电动机支架（3）、传动装置（4）、搅拌进料器（11）、传动轴（14）、料输送管a（15）、料输送管b（17）、工作台（21）、打孔小轴（19），其特征在于，设有电动机（2）、支承杆（8）的电动机支架（3）垂直设置在机架（1）的上部，电动机（2）通过传动装置（4）与传动轴（14）相连，机架（1）上部设置有相连的搅拌进料器（11）和料输送管a（15），搅拌进料器（11）与料输送管a（15）相连处的适当位置设置有进料口（23），搅拌进料器（11）内设置有带有搅拌片（13）的搅拌轴（12），传动轴（14）通过传动装置（4）与搅拌轴（12）相连，与传动杆（5）相连的离合器（7）安置在传动装置（4）与搅拌轴（12）相连接的上部位置，料输送管a（15）通过固定在其适当位置的轴承套（10）套在传动轴（14）上，料输送管a（15）通过法兰（16）与料输送管b（17）相连，传动轴（14）从上到下依次是传动装置（4）、轴承套（10）、料输送管a（15）、法兰（16）、料输送管b（17），传动轴（14）下端设置有打孔小轴（19），打孔小轴（19）上部的传动轴（14）外围设置有螺线片（18），位于打孔小轴（19）下部的工作台（21）通过复位弹簧（20）与机架（1）上部相连，踏板（22）通过滑动导杆（9）与工作台（21）相连，踏板（22）通过传动杆（5）、支承杆（8）与离合器（7）相连。

2. 根据权利要求1所述的立式装袋打孔机，其特征在于，所述的传动杆（5）上设置调节螺杆（6）。”

针对上述专利权，延边北方食用菌研究开发中心（下称请求人）于2004年9月9日向专利复审委员会提出了无效宣告请求，其理由是本专利不符合专利法第二十二条第二款、第三款的规定。请求人同时提交了以下证据：

证据1：延边北方食用菌研究开发中心设计的立式装袋打孔机总图的图纸1张；

证据2：吉林省延边朝鲜族自治州科学技术协会2004年8月24日出具的证明材料1份；

证据3：吉林省蛟合市黄松甸镇居民河成道2004年8月26日出具的证明1份；

证据4：黄松甸镇居民河成道、李喜军2004年8月26日出具的证明1份；

证据5：专利号为01266831.1的中国实用新型专利说明书复印件，授权公告日为2002年7月24日；

证据6：专利号为00211668.5的中国实用新型专利说明书复印件，授权公告日为2001年5月2日。

请求人认为：（1）证据1~4说明在本专利的申请日之前已经制造、销售和使用与本专利相同的产品，因此权利要求1、2不具备新颖性。（2）证据5已经公开了本专利权利要求1的大部分技术特征，证据6公开了“料输送管由两段管通过法兰连接组成”这一特征，而踏板与离合器之间的连接结构已经被证据1~4证明为现有技术，因此证据5和证据6以及公知常识结合可以否定本专利权利要求1的创造性；从属权利要求2的附加技术特征也已经被证据1~4证明为现有技术，因此权利要求2也不具备创造性。

经形式审查合格后，专利复审委员会受理了上述无效宣告请求，向请求人和被请求人发出了无效宣告请求受理通知书，并将上述无效宣告请求书及相关文件副本转送给被请求人，同时依法成立合议组对本案进行审查。

对此，被请求人在2004年11月22日向专利复审委员会提交了意见陈述书，坚持认为本专利具备专利法第二十二条第二款、第三款规定的新颖性和创造性，同时提交了下列附件：

附件1：朴永植2004年11月15日出具的证明1份；

附件2：黄松甸镇居民李喜军2004年11月13日出具的证言1份；

附件3：梁库出具的证明1份；

附件4：延边北方食用菌研究开发中心立式装袋打孔机总图的局部图纸复印件1张。

被请求人认为：（1）请求人提交的证据1上的日期有明显人为改动的痕迹，该证据不真实；证据2为延边朝鲜族自治州科学技术协会出具的证明材料，作为地区级综合性的科学技术协会，出具非常具体的、涉及机器内部结构的证明材料，本身不够严肃，并且北方食用菌研究开发中心法人代表李永镇原来是延边朝鲜族自治州科学技术协会的副主席，因此该证据不能作为有效证据；证据3的出具人河成道与北方食用菌研究开发中心是生意上的合作伙伴，其证明材料的真实性值得怀疑；证据4的出具人之一李喜军否认了其签名，所以证据4为伪证。（2）本专利的权利要求1与证据5相比较，区别在于踏板与工作台和离合器的连接关系不同，这一区别特征既没有在证据6中披露，也非公知的已有常识，所以权利要求1具备创造性。在此基础上，权利要求2也具备创造性。

专利复审委员会本案合议组于2005年3月4日向双方当事人发出口头审理通知书，定于2005年

4月20日在专利复审委员会举行口头审理，并将被请求人在2004年11月22日提交的意见陈述书及相关文件副本转送给请求人，要求其在指定期限内进行意见陈述。

口头审理如期举行，请求人和被请求人均出席了口头审理，双方对合议组成员均无回避请求，对对方出庭人员的身份资格无异议。请求人认为：证据1~4破坏本专利权利要求1、2的新颖性，证据5、6结合公知常识破坏权利要求1、2的创造性，其中附件5为最接近的对比文件。被请求人对证据1~4的真实性有异议，对证据5~6的真实性无异议。请求人当庭又提交了四份新的补充证据，合议组当庭告知，该四份补充证据的提交时间超过了规定时限，根据专利法实施细则第六十六条的规定，对它们不予接受。请求人当庭提交了针对被请求人在2004年11月22日提交的意见陈述书所作的答辩书，坚持认为本专利不符合专利法第二十二条第二款、第三款的规定，合议组当庭将此转交被请求人，对此被请求人当庭已经充分陈述了意见。双方表示口头审理后不再提交新的书面意见。

在上述程序基础上，合议组认为本案事实已经清楚，可以依法作出如下审查决定。

**二、决定的理由**

1. 关于证据

请求人提交的符合专利法实施细则第六十六条规定的证据共6份，其中证据2~4为证明材料，属于证人证言，而其本身的真实性会受到出证人的感官能力、记忆力以及作证的主观动机等多方面因素的影响，在没有相关证人出庭接受质证及没有其他原始客观证据进行佐证的情况下，合议组对上述证据不予采信。证据1的图纸为企业内部资料，不属于公开出版物，在没有其他佐证的情况下，其本身不能作为评价本专利新颖性和创造性的有效证据使用。

证据5~6为本专利申请日前公开的专利文献，被请求人对它们的真实性无异议，因此可以作为评价本专利新颖性和创造性的有效证据使用。

2. 关于新颖性和创造性

专利法第二十二条第二款规定：新颖性，是指在申请日以前没有同样的发明或者实用新型在国内外出版物上公开发表过、在国内公开使用过或者以其他方式为公众所知，也没有同样的发明或者实用新型由他人向专利局提出过申请并且记载在申请日以后公布的专利申请文件中。

专利法第二十二条第三款规定：创造性，是指同申请日以前已有的技术相比，该发明有突出的实质性特点和显著的进步，该实用新型有实质性特点和进步。

请求人认为：证据1~4破坏本专利权利要求1、2的新颖性，证据5、6结合公知常识破坏权利要求1、2的创造性。

合议组认为：如上所述，证据1~4不能作为评价本专利的有效证据使用，因此就不存在一个完整的证据体系可以证明与本专利相同的产品在本专利申请日之间已经被公开使用，故对请求人认为证据1~4破坏本专利权利要求1、2的新颖性的主张不予支持。

证据5涉及一种立式装袋打孔机，具体披露了以下技术内容（参见该证据5的说明书第2页第18行至第3页结束及说明书附图1和附图2）：所述立式装袋打孔机包括机架1、电动机3、电动机支架2、传动装置4和8、搅拌进料器11、传动轴14、料输送管13、工作台17、打孔小轴16，设有电动机3、支承板6的电动机支架2垂直设置在机架1的上部，电动机3通过传动装置4与传动轴14相连，机架1上部设置有相连的搅拌进料器11和料输送管13，搅拌进料器11与料输送管13相连处的适当位置设置有进料口，搅拌进料器11内设置有带有搅拌片12的搅拌轴10，传动轴14通过传动装置8与搅拌轴10相连，与传动杆5相连的离合器7安置在传动装置8与搅拌轴10相连接的上部位置，传动轴14从上到下依次是传动装置4和8、主轴支承套9、料输送管13，传动轴14下端设置有打孔小轴16，打孔小轴16上部的传动轴14外围设置有螺线片15，位于打孔小轴16下部的工作台17

通过复位弹簧21与机架1上部相连。

本专利的权利要求1与证据5相比较，存在下面的区别技术特征：A. 料输送管分为料输送管a和料输送管b，它们之间通过法兰连接；B. 踏板通过滑动导杆与工作台相连的同时，踏板还通过传动杆、支撑杆与离合器相连。对于上述区别技术特征，双方当事人在口头审理时亦表示认可。

证据6涉及一种装袋机，其中具体披露了以下技术特征（参见该证据6的说明书第1页倒数第4行至倒数第3行及说明书附图1）：输送管18和出料管17通过法兰连接在一起。

通过上述分析可知，即使证据5和证据6结合，其仍然未披露区别技术特征B，同时也未给出任何相关的技术启示。并且，由于区别技术特征B的存在，使得本专利的权利要求1限定的技术方案成为一种结构不同的装袋机，这种装袋机减少了机器零部件，降低了成本，操作更加方便，生产效率得以提高。请求人认为区别技术特征B为公知的现有技术，但是没有相应的有效证据来加以证明。合议组认为，本领域的技术人员在证据5和证据6的基础上得到本专利权利要求1要求保护的技术方案需要付出创造性的劳动，因此该权利要求具备创造性。

在权利要求1具备创造性的基础上，其从属权利要求2也具备创造性。

**三、决定**

维持03251479.4号实用新型专利权有效。

当事人对本决定不服的，可以根据专利法第四十六条第二款的规定，自收到本决定之日起三个月内向北京市第一中级人民法院起诉。根据该款的规定，一方当事人起诉后，另一方当事人应当作为第三人参加诉讼。

# 熔体过滤器滤室上板的封浆装置案

## 无效宣告请求审查决定（第7127号）

**决 定 号** 第7127号

**决 定 日** 2005年4月25日

**发明创造名称** 熔体过滤器滤室上板的封浆装置

**国际分类号** D01D 1/10

**无效请求人** 温州市东海化纤设备厂

**专 利 权 人** 戚长星　戚洪涛

**专 利 号** 00237329.7

**申 请 日** 2000年6月5日

**授权公告日** 2001年3月28日

**合议组组长** 徐媛媛

**主 审 员** 陈　勇

**参 审 员** 魏　屹

**法律依据** 专利法第二十六条第三款　专利法第二十二条第三款

**决定要点**

说明书是否充分公开，应该站在本领域技术人员的角度来看，如果根据其具有的技术水平可以理解并且实施这一专利，则该专利符合专利法第二十六条第三款的规定。

对比文件仅公开了独立权利要求中的一部分技术特征，而另一部分技术特征没有被公开，且不能从现有技术中得到启示，由于这些特征的存在使得权利要求所限定的技术方案具备有益效果，故现有技术不能否定本专利的创造性。

**一、案由**

本无效宣告请求案涉及申请日为2000年6月5日、授权公告日为2001年3月28日、名称为“熔体过滤器滤室上板的封浆装置”的00237329.7号实用新型专利（下称本专利），专利权人为戚长星和戚洪涛（下称被请求人）。授权公告的权利要求书如下：

“1. 一种熔体过滤器滤室上板的封浆装置，含有压紧机构（1）、上密封圈（2）、上板（3）、滤室筒（6）、过滤网条（7），上板（3）的外壁配合滤室筒（6），上板的中部设有空腔（3-1）且与设在滤室筒上的侧壁孔（6-1）相勾通，压紧机构（1）的下部与上板（3）的上部之间装有上密封圈（2），其特征在于：上板（3）的下方装有下板（5），且上板中心空腔下方开设的上进浆槽（3-2）与下板上开设的下进浆孔（5-1）相对应，上板（3）与下板（5）之间设有下密封圈（4），过滤网条（7）通过螺纹固定在下板之下进浆孔（5-1）上。

2. 如权利要求1所述的熔体过滤器滤室上板的封浆装置，其特征在于：所述压紧机构（1）为一压紧螺圈，螺圈上的外螺纹与滤室筒（6）内壁上的内螺纹配合固定，螺圈的下端设有凸缘（1-1）。

3. 如权利要求1所述的熔体过滤器滤室上板的封浆装置，其特征在于：所述压紧机构（1）为一法兰，法兰通过固定螺栓与滤室筒（6）固定。”

针对上述专利权，温州市东海化纤设备厂（下称请求人）于2004年10月15日向专利复审委员会提出了无效宣告请求，其理由是本专利不符合专利法第二十二条第二款和第三款以及专利法实施细则第二条的规定。与此同时，请求人提交了以下证据：

证据1：纺织工业出版社1993年3月第1版第3次印刷的高等纺织院校教材《化纤设备》封面、版权页、第1~2页以及第116~118页的复印件共7页；

证据2：纺织工业出版社1991年5月第2版第2次印刷的《聚酯纤维手册》封面、版权页及第165~169页的复印件共7页；

证据3：1988年第1期《北京纺织》杂志上的文章“熔体预过滤器设计初探”复印件共3页；

证据4：1995年4月20日出版的1995年第2期《绝缘材料通讯》杂志上的文章“熔体树脂过滤器设计概论”复印件4页；

请求人认为：（1）证据1第118页图4-67（b）公开了本专利权利要求1中绝大部分技术特征，而“过滤砂加过滤网片”与“过滤网条”属于惯用手段的直接置换，故权利要求1不具备新颖性；证据2和证据3以及证据1结合可以否定权利要求1的创造性；（2）权利要求2的附加技术特征已经被证据1公开，因此不具备新颖性；（3）证据4公开了权利要求3的附加技术特征，因此权利要求3不具备新颖性。

专利复审委员会经形式审查合格后，于2004年10月15日向请求人和被请求人发出了无效宣告请求受理通知书，并将上述无效宣告请求书及所附相关文件副本转送给被请求人，同时依法成立合议组对本案进行审查。

2004年11月11日，请求人提交意见陈述书，对上述无效宣告请求补充理由和三份证据，补充的无效宣告请求理由为本专利不符合专利法第二十六条第三款的规定。请求人补充的证据为：

证据5：1982年3月第1版、1986年9月第3次印刷的《机械工程手册》封面、版权页及第23-19页至第23-21页的复印件共5页；

证据6：1986年9月第1版、1986年10月第1次印刷的《压力容器基础知识》封面、版权页及第1页、第41~43页的复印件共6页；

证据7：特开平11-350236号日本公开特许公报及其中文译文，其公开日为1999年12月21日。

请求人认为：（1）证据5公开了“上板与下板之间设有下密封圈”这一特征，证据5结合证据1以及公知常识可以否定权利要求1的创造性；证据7结合其他证据可以否定权利要求1的创造性。（2）在本专利说明书中未对“间隙h”作出任何解释和限定，因此本专利不符合专利法第二十六条第三款的规定。

针对上述无效宣告请求受理通知书，被请求人于2004年12月14日提交了意见陈述书，坚持认为本专利具备新颖性和创造性。

专利复审委员会于2005年2月24日向双方当事人发出口头审理通知书，定于2005年4月18日在专利复审委员会举行口头审理，并将请求人2004年11月11日提交的意见陈述书及其所附的补充证据副本转送给被请求人，将被请求人在2004年12月14日提交的意见陈述书转送给请求人，同时要求双方当事人在指定期限内进行意见陈述。

口头审理如期举行，双方当事人均参加了口头审理。双方当事人对合议组成员无回避请求，对对方出庭人员的身份资格无异议。请求人当庭放弃专利法实施细则第二条和专利法第二十二条第二款的无效理由，请求人认为：证据1为最接近的对比文件，证据1、证据4结合公知常识破坏本专利权利要求1~3的创造性，证据5和证据6证明“自紧密封装置”为公知常识。请求人还认为：一旦熔体进入过滤器，上板和下板同时向上运动，下密封圈不能发挥作用，不能实现发明目的；同时说明书中未对图2中的“h”作出清楚的说明，因此本专利不符合专利法第二十六条第三款的规定。被请求人对证据1、证据2以及证据5~7的真实性无异议，对证据3及证据4的真实性有异议，对证据7的中文译文有异议，但是没有提交相应的译文。请求人当庭提交了盖有“上海图书馆上海科学技术情报研究所文献服务部”红章的1988年第1期《北京纺织》杂志和1995年第2期《绝缘材料通讯》杂志中目录页及相关内容的复印件。合议组当庭告知：合议组仅以请求人当庭提出的上述证据结合方式来评述本专利权利要求1~3的创造性。双方当事人结合证据就各自的观点充分阐述了意见。

在上述程序基础上，合议组认为本案事实已经清楚，可以依法作出如下审查决定。

**二、决定的理由**

1. 关于本专利是否符合专利法第二十六条第三款

专利法第二十六条第三款规定：说明书应当对发明或者实用新型作出清楚、完整的说明，以所属技术领域的技术人员能够实现为准。

请求人认为：一旦熔体进入过滤器，上板和下板同时向上运动，下密封圈不能发挥作用，不能实现发明目的；同时说明书中未对图2中的“h”作出清楚的说明，因此本专利不符合专利法第二十六条第三款的规定。

合议组认为：判断一项专利是否符合专利法第二十六条第三款的规定，应该站在本领域普通技术人员的角度来看，而本领域普通技术人员应该知晓申请日前所属技术领域的所有普通技术知识，能够获知该领域的所有现有技术，并且具有应用常规实验的手段和能力。对于本专利来讲，首先，在工作状态下，熔体进入过滤器之后，虽然上板和下板会向上移动，但是由于压紧机构的限位作用，这种向上移动不是无限的，而是非常有限的，在移动到一定程度时，上板和压紧机构相互作用使得上密封圈变形，上板和下板相互作用使得下密封圈变形，从而实现密封的功能。由此分析可知，这种结构完全可以实现发明目的。其次，虽然说明书中未对图2中的“h”作出清楚的说明，但是对于本领域技术人员来讲，其根据自己具有的普通技术知识以及应用常规实验的手段，完全可以获得满足本专利以及其他需要的“h”的具体数值，所以尽管在说明书中没有详细描述“h”的数值，但是尚不足以会导致本领域技术人员无法实施本专利。因此，合议组认为本专利符合专利法第二十六条第三款的规定。

3. 关于创造性

专利法第二十二条第三款规定：创造性，是指同申请日以前已有的技术相比，该发明有突出的实质性特点和显著的进步，该实用新型有实质性特点和进步。

证据1、证据5及证据6均为本专利申请日前的公开出版物，被请求人对它们没有异议，故它们可以作为本案的有效证据。虽然请求人对证据4的真实性有异议，但其未提出相应证据支持其观点，同时请求人当庭提交了盖有“上海图书馆上海科学技术情报研究所文献服务部”红章的1995年第2期《绝缘材料通讯》杂志的目录页和第14~17页的复印件，用以证明其真实性，故合议组对该证据予以认可，且该公开出版物的出版日在本专利的申请日之前，因此合议组认为其可以作为本案的有效证据。

请求人认为：证据1、证据4结合公知常识破坏本专利权利要求1~3的创造性，证据5和证据6证明“自紧密封装置”为公知常识。

合议组已经依审查指南第四部分第三章第3.1节的规定，当庭告知双方当事人仅以口头审理时请求人提出的上述证据对比方式评述本专利的创造性，故合议组在下面仅以请求人提出的上述证据对比方式评述本专利的创造性。

证据1的第118页图4-67（b）为示意图，其涉及高压纺丝组件，图中明显可见公开了以下技术内容：该组件包括压盖1、喷丝板座3、上板以及分配板8，上板的外壁配合喷丝板座的内壁，上板设有空腔且与设在喷丝板座上的侧壁孔相通，在压盖1下部和上板之间装有O形密封圈4，上板的下方设有分配板8，分配板上开设有孔，分配板8下面为过滤砂。

本专利权利要求1与证据1相比，至少存在以下区别技术特征：a. 上板中心空腔下方开设的上进浆槽与下板上开设的下进浆孔相对应；b. 上板与下板之间设有下密封圈；c. 过滤网条通过螺纹固定在下板之下进浆孔上。

证据4的第16页图3涉及一种熔体树脂过滤器，其中公开了以下技术内容：上部法兰2通过螺栓4与筒体6连接在一起，滤管7与上部法兰2连接。

由此可见，证据1和证据4结合也至少未披露上述的区别技术特征a和b，同时也未就上述区别技术特征给出任何技术启示和教导。虽然在压力容器中采用自紧式密封件进行密封是一种公知常识，证据5和证据6中也公开了一些高压容器密封结构的具体形式且说明了自紧式密封的原理，但是像本专利这样，将下密封圈放置在上下板之间从而形成权利要求1所限定的具体结构，在证据5和证据6中并未给出相应启示，这一技术方案并非本领域技术人员不经创造性劳动就可以获得。而且，由于“上板与下板之间设有下密封圈”这一区别技术特征的存在，从而能够避免熔体从缝隙中渗漏出来，带来了有益效果。因此，权利要求1限定的技术方案具有实质性特点和进步，因而具备创造性。

在权利要求1具备创造性的基础上，从属权利要求2、3也具备创造性。

综上，合议组认为请求人提出的无效理由不成立。

**三、决定**

维持00237329.7号的实用新型专利权有效。

当事人对本决定不服的，可以根据专利法第四十六条第二款的规定，自收到本决定之日起三个月内向北京市第一中级人民法院起诉。根据该款的规定，一方当事人起诉后，另一方当事人应当作为第三人参加诉讼。

## 北京市第一中级人民法院
## 行政裁定书

（2005）一中行初字第818号

原告温州市东海化纤设备厂，住所地浙江省温州市龙湾区永中镇建中街237号。

法定代表人陈小玲，厂长。

委托代理人杜军，浙江天册律师事务所律师。

被告国家知识产权局专利复审委员会，住所地北京市海淀区北四环西路9号银谷大厦10~12层。

法定代表人廖涛，副主任。

委托代理人陈勇，国家知识产权局专利复审委员会机械申诉处审查员。

委托代理人耿博，国家知识产权局专利复审委员会行政诉讼处审查员。

第三人戚长星，男，汉族，1959年3月29日出生，住浙江省余姚市东南街道东园新村10幢203室。

第三人戚洪涛，男，汉族，1962年9月6日出生，住浙江省杭州市下城区盐卤缸巷8号105室。

上述第三人的共同委托代理人翁霁明，杭州九洲专利事务所有限公司专利代理人。

原告温州市东海化纤设备厂不服被告国家知识产权局专利复审委员会（下称专利复审委员会）于2005年4月25日作出的第7127号无效宣告请求审查决定，于法定期限内向本院提起行政诉讼。本院于2005年8月10日受理本案后，依法组成合议庭，并通知戚长星、戚洪涛作为第三人参加诉讼，对本案进行了审理。

在本案审理过程中，原告温州市东海化纤设备厂于2005年11月8日向本院提出撤诉申请，请求撤回对被告专利复审委员会的起诉。

本院经审查认为，原告温州市东海化纤设备厂的撤诉申请系其真实意思表示，未违反有关法律规定，应予准许。依照《中华人民共和国行政诉讼法》第五十一条之规定，本院裁定如下：

准许原告温州市东海化纤设备厂撤回对被告国家知识产权局专利复审委员会的起诉。

案件受理费1000元，减半收取500元，由原告温州市东海化纤设备厂负担（已交纳）。

审 判 长 姜 颖
代理审判员 赵 明
人民陪审员 李 渤
二〇〇五年十一月十日
书 记 员 陈 勇

# 带激光对准装置的电圆锯案

## 无效宣告请求审查决定（第7128号）

**决　定　号**　第7128号
**决　定　日**　2005年5月9日
**发明创造名称**　带激光对准装置的电圆锯
**国际分类号**　B27B 9/00
**无效请求人**　苏州宝时得电动工具有限公司
**专利权人**　南京泉峰国际贸易有限公司
**专　利　号**　02220541.1
**申　请　日**　2002年5月14日
**授权公告日**　2003年7月23日
**合议组组长**　徐媛媛
**主　审　员**　崔　峥
**参　审　员**　魏　屹

**法律依据**　专利法第三十三条　专利法实施细则第六十八条第一款
**决定要点**

1. 本专利原权利要求书中所出现的引用关系缺陷系明显笔误，从原权利要求书中可推断出其惟一正确的引用关系，而且，这也是可从说明书中所能得到的惟一正确合理的解释。由此可以确认，在本案程序中，被请求人是采用了删除的方式对原权利要求书进行修改，符合审查指南的相关规定。

2. 被请求人修改的权利要求书符合专利法第三十三条、专利法实施细则第六十八条和审查指南的相关规定。在此基础上，请求人不再坚持其无效理由和证据。故在该修改的权利要求书的基础上维持本专利继续有效。

**一、案由**

本无效宣告请求案涉及申请日为2002年5月14日、授权公告日为2003年7月23日、名称为“带激光对准装置的电圆锯”的02220541.1号实用新型专利，专利权人为南京泉峰国际贸易有限公司（下称被请求人）。该专利授权公告的权利要求书如下：

“1. 一种电圆锯，包括机身（1）、把手（2）、锯片（5）、底板（6）、电源开关（8），锯片（5）的固定防护罩（9），活动防护罩（10），其特征在于：在所述固定防护罩（9）的前部还装有一个激光对准装置（3），该激光对准装置（3）可以向被加工件上射出一条光线（12）用于指示被切割线，所述光线（12）与所述锯片（5）的面对齐。

2. 如权利要求1所述的电圆锯，其特征在于：所述的激光对准装置（3）包含支架（15）、外壳（41）、激光发射器（17）、激光对准装置的开关（7）及作为所述激光发射器（17）的电源的内置式电池（19）等，所述支架（15）的侧板（151）上有至少两个通孔（31），螺钉（32）穿过所述通孔

（31）将所述侧板（151）固定在所述固定防护罩（9）上，所述外壳（41）上开有一个窗口（28），对应于该窗口（28）有一个不用工具就可拆卸的盖板（42），拆下盖板（42）即可更换电池（19）。

3. 如权利要求3所述的电圆锯，其特征在于：所述外壳（41）是用螺钉固定在所述支架（15）上的，所述激光发射器（17）通过紧定螺钉（43）定位在固定块（18）上的定位圆筒（44）中，当所述激光发射器（17）发出的扇形光束（20）与水平面不垂直时，松开所述螺钉（43），旋转所述激光发射击器（17），从而使扇形光束面与水平面垂直。

4. 如权利要求4所述的电圆锯，其特征在于：所述固定块（18）的底座上有两个半腰形槽（26），螺钉（25）穿过所述半腰形槽（26）将所述固定块（18）固定在所述支架（15）上，松开所述螺钉（25），可以调节固定块（18）的左右位置，从而使所述光线（12）与锯片（5）的面对齐。

5. 如权利要求1至4所述的电圆锯，其特征在于：在所述固定防护罩（9）上有两个带弧形楔槽（53）的镶块（50），所述支架侧板（151）的内侧面上有与所述弧形楔槽（53）对应的楔形凸块（52），通过所述楔形凸块（52）在所述楔槽（53）中滑动，就可以移动激光对准装置（3）。

6. 如权利要求5所述的电圆锯，其特征在于：所述开关（7）装在激光对准装置（3）上，其操作独立于电圆锯的开关（8）。

7. 如权利要求5所述的电圆锯，其特征在于：所述开关（7）装在电圆锯的所述把手（2）中，与电源开关（8）共用一个触发按钮（81）。

8. 如权利要求6所述的电圆锯，其特征在于：在底板（6）的前缘（13）的外侧有一个槽口（14），该槽口（14）与锯片（5）对齐，而激光对准装置（3）所发出的光束（12）通过所述槽口（14），从而与锯片（5）对齐。

9. 如权利要求7所述的电圆锯，其特征在于：在底板（6）的前缘（13）的外侧有一个槽口（14），该槽口（14）与锯片（5）对齐，而激光对准装置（3）所发出的光束（12）通过所述槽口（14），从而与锯片（5）对齐。”

针对上述专利权，苏州宝时得电动工具有限公司（下称请求人）于2004年7月19日向专利复审委员会提出了无效宣告请求，其理由是本专利权利要求1不具备专利法第二十二条第二款规定的新颖性，权利要求2～9不符合专利法实施细则第二十条第一款的规定，权利要求2不具备专利法第二十二条第四款规定的实用性，权利要求3～9不符合专利法第二十六条第四款的规定，同时提交了如下证据：

证据1：US5461790美国专利说明书复印件（公开日为1995年10月31日）。

经形式审查合格，专利复审委员会于2004年8月18日受理了上述无效宣告请求并将无效宣告请求书及证据副本转给了被请求人，同时成立合议组对本案进行审查。

被请求人针对请求人于2004年7月19日提出的无效请求于2004年9月20日提交了意见陈述书并修改了权利要求书。其修改的权利要求书如下：

“1. 一种电圆锯，包括机身（1）、把手（2）、锯片（5）、底板（6）、电源开关（8），锯片（5）的固定防护罩（9），活动防护罩（10），在所述固定防护罩（9）的前部还装有一个激光对准装置（3），该激光对准装置（3）可以向被加工件上射出一条光线（12）用于指示被切割线，所述光线（12）与所述锯片（5）的面对齐，其特征在于：所述外壳（41）是用螺钉固定在所述支架（15）上的，所述激光发射器（17）通过紧定螺钉（43）定位在固定块（18）上的定位圆筒（44）中，所述固定块（18）的底座上有两个半腰形槽（26），螺钉（25）穿过所述半腰形槽（26）将所述固定块（18）固定在所述支架（15）上。

2. 如权利要求1所述的电圆锯，其特征在于：在所述固定防护罩（9）上有一个带弧形楔槽

(53) 的镶块 (50), 所述支架侧板 (151) 的内侧面上有与所述弧形楔槽 (53) 对应的楔形凸块 (52)。

3. 如权利要求1所述的电圆锯, 其特征在于: 所述开关 (7) 装在电圆锯的所述把手 (2) 中, 与电源开关 (8) 共用一个触发按钮 (81)。”

被请求人认为, 本专利修改后的权利要求1~3具备新颖性、创造性和实用性, 并符合专利法第二十六条第四款、专利法实施细则第二条第二款、第二十条第一款和第二十一条第二款的规定。

专利复审委员会本案合议组于2005年1月25日向双方当事人发出了无效宣告请求审查通知书, 同时以附件的形式将被请求人于2004年9月20日提交的意见陈述书和修改后的权利要求书转给了请求人。在该无效宣告请求审查通知书中, 合议组指出, 新修改的权利要求1和权利要求2的修改原则和方式不符合审查指南第四部分第三章第5.4节的有关规定。而且, 被请求人删除了原权利要求中的特征, 扩大了原专利的保护范围, 不符合专利法实施细则第六十八条的规定。

被请求人针对上述无效宣告请求审查通知书于2005年2月25日提交了意见陈述书并重新修改了权利要求书。其新修改的权利要求书如下:

“1. 一种电圆锯, 包括机身 (1)、把手 (2)、锯片 (5)、底板 (6)、电源开关 (8), 锯片 (5) 的固定防护罩 (9), 活动防护罩 (10), 其特征在于: 在所述固定防护罩 (9) 的前部还装有一个激光对准装置 (3), 该激光对准装置 (3) 可以向被加工件上射出一条光线 (12) 用于指示被切割线, 所述光线 (12) 与所述锯片 (5) 的面对齐, 所述的激光对准装置 (3) 包含支架 (15)、外壳 (41)、激光发射器 (17)、激光对准装置的开关 (7) 及作为所述激光发射器 (17) 的电源的内置式电池 (19) 等, 所述支架 (15) 的侧板 (151) 上有至少两个通孔 (31), 螺钉 (32) 穿过所述通孔 (31) 将所述侧板 (151) 固定在所述固定防护罩 (9) 上, 所述外壳 (41) 上开有一个窗口 (28), 对应于该窗口 (28) 有一个不用工具就可拆卸的盖板 (42), 拆下盖板 (42) 即可更换电池 (19), 所述外壳 (41) 是用螺钉固定在所述支架 (15) 上的, 所述激光发射器 (17) 通过紧定螺钉 (43) 定位在固定块 (18) 上的定位圆筒 (44) 中, 当所述激光发射器 (17) 发出的扇形光束 (20) 与水平面不垂直时, 松开所述螺钉 (43), 旋转所述激光发射击器 (17), 从而使扇形光束面与水平面垂直, 所述固定块 (18) 的底座上有两个半腰形槽 (26), 螺钉 (25) 穿过所述半腰形槽 (26) 将所述固定块 (18) 固定在所述支架 (15) 上, 松开所述螺钉 (25), 可以调节固定块 (18) 的左右位置, 从而使所述光线 (12) 与锯片 (5) 的面对齐。

2. 如权利要求1所述的电圆锯, 其特征在于: 在所述固定防护罩 (9) 上有两个带弧形楔槽 (53) 的镶块 (50), 所述支架侧板 (151) 的内侧面上有与所述弧形楔槽 (53) 对应的楔形凸块 (52), 通过所述楔形凸块 (52) 在所述楔槽 (53) 中滑动, 就可以移动激光对准装置 (3)。

3. 如权利要求2所述的电圆锯, 其特征在于: 所述开关 (7) 装在电圆锯的所述把手 (2) 中, 与电源开关 (8) 共用一个触发按钮 (81)。”

专利复审委员会本案合议组于2005年3月3日向双方当事人发出了口头审理通知书, 定于2005年4月26日举行口头审理, 并将被请求人于2005年2月25日提交的意见陈述书及修改后的权利要求书转给了请求人。

口头审理如期举行, 双方当事人均出席了本次口头审理。在口头审理过程中, 请求人认为本专利的原权利要求3、4和权利要求5存在引用缺陷, 故被请求人于2005年2月25日提交的权利要求书的修改方式仍不符合审查指南的相关规定。此外, 请求人指出, 如果合议组经审查确认该修改文本符合专利法、专利法实施细则及审查指南的相关规定, 则请求人不再坚持其提出无效请求时所提出的无效理由和证据。合议组当庭告知双方, 经审查, 被请求人于2005年2月25日提交的权利要求书符合专利法、专利法实施细则及审查指南的相关规定，故本次口头审理以该修改后的权利要求书作为审查基础。

在上述程序的基础上，合议组认为事实已经清楚，可以依法作出本决定。

**二、决定的理由**

专利法第三十三条规定：申请人可以对其专利申请文件进行修改，但是，对发明和实用新型专利申请文件的修改不得超出原说明书和权利要求书记载的范围，对外观设计专利申请文件的修改不得超出原图片或者照片表示的范围。

专利法实施细则第六十八条第一款规定：在无效宣告请求的审查过程中，发明或者实用新型专利的专利权人可以修改其权利要求书，但是不得扩大原专利的保护范围。

同时审查指南第四部分第三章第5.4节对无效宣告程序中权利要求书的修改的原则和具体修改方式做了相应的规定。其修改原则是：

（1）不得改变原权利要求的主题名称；

（2）与授予的权利要求书相比，不得扩大原专利的保护范围；

（3）不得超出原说明书和权利要求书记载的范围；

（4）一般不得增加未包含在授权的权利要求书中的技术特征。

而且，修改权利要求书的具体方式一般限于权利要求的删除、合并和技术方案的删除。

在本专利的原权利要求书中，权利要求3、4和权利要求5的引用关系明显存在缺陷。但是，根据权利要求3限定部分的描述，其中的技术特征“所述外壳（41）”和“所述激光发射器（17）”均首次出现在权利要求2中，因此，可以断定权利要求3中的“如权利要求3所述……”应为明显的笔误，其惟一正确的应当是引用在前的权利要求2，而且，这也是可从说明书中所能得到的惟一正确合理的解释。同理，权利要求4中的“如权利要求4所述……”亦为明显的笔误，其惟一正确的应当是引用在前的权利要求3。由此可见，在本案程序中，被请求人于2005年2月25日提交的权利要求书所采用的修改方式是删除了原权利要求1~3，而将原权利要求4作为新的独立权利要求1，并相应地删除了原权利要求5引用原权利要求1~3时所限定的技术方案，同时还删除了原权利要求6、8和权利要求9，将原权利要求5和权利要求7分别作为新的权利要求2和权利要求3。显然，上述修改方式符合审查指南的相关规定。而且，修改既没有超出本专利原说明书和权利要求书记载的范围，也没有扩大原专利的保护范围，因此符合专利法第三十三条和专利法实施细则第六十八条的相关规定，同时也遵循了审查指南的修改原则。故合议组以被请求人于2005年2月25日提交的权利要求书、本专利授权公告时的说明书和附图作为本案的审查基础。

鉴于在口头审理时请求人表示如果合议组经审查确认被请求人于2005年2月25日提交的修改文本符合专利法、专利法实施细则及审查指南的相关规定，则请求人不再坚持其提出无效请求时所提出的无效理由和证据。因此，合议组对请求人提出无效请求时所提出的无效理由和证据不再进行评述，作出如下决定。

**三、决定**

在被请求人于2005年2月25日提交的权利要求1~3的基础上维持本专利继续有效。

当事人对本决定不服的，可以根据专利法第四十六条第二款的规定，自收到本决定之日起三个月内向北京市第一中级人民法院起诉。根据该款的规定，一方当事人起诉后，另一方当事人应当作为第三人参加诉讼。

# 限位伸缩接头案

## 无效宣告请求审查决定（第7131号）

**决　定　号**　第7131号
**决　定　日**　2005年5月12日
**发明创造名称**　限位伸缩接头
**国际分类号**　F16L 27/087
**无效请求人**　天津塘沽瓦特斯阀门有限公司
**专利权人**　无锡市金羊管道附件有限公司
**专　利　号**　97216266.6
**申　请　日**　1997年6月2日
**授权公告日**　1998年6月24日
**合议组组长**　陈海平
**主　审　员**　崔　峥
**参　审　员**　魏　屹

**法律依据**　专利法第二十二条第二款
**决定要点**

作为证据的合同、发票以及反映该合同和发票所涉及产品的技术内容的产品说明书共同构成一个完整的证明体系，证明合同和发票所涉及的产品以在本专利申请日之前已在国内被公开销售和使用的方式而使其所反映出的技术内容成为本专利的现有技术，并导致本专利全部权利要求所限定的技术方案丧失新颖性。

### 一、案由

本无效宣告请求案涉及申请日为1997年6月2日、授权公告日为1998年6月24日、名称为“限位伸缩接头”的97216266.6号实用新型专利，授权时的专利权人为锡山市管道附件厂，后变更为无锡市金羊管道附件有限公司（下称被请求人）。授权公告的权利要求书如下：

“1. 限位伸缩接头，它由压盖、密封圈、压紧螺母、短管、限位法兰或限位块、长螺栓、限位螺母及连接体组成，连接体和短管同心，限位法兰固设于短管上，其特征是：于短管一端套设有密封圈及靠压密封圈的压盖；于压盖、限位法兰及连接体设有按圆周等分的相应的螺孔并穿入长螺栓，借压紧螺母及限位螺母分别压紧压盖和锁住连接体。

2. 如权利要求1所述的限位伸缩接头，其特征是：其中，连接体由套压体与设于另一短管及设于该短管上的限位法兰、压盖、密封圈组成，该压盖、密封圈与短管上的压盖、密封圈呈对向设置，而套压体位于其间。

3. 如权利要求2所述的限位伸缩接头，其特征是：其中，于两压盖上按圆周等分且与其上的长螺栓的螺孔成间隔设置有螺孔并穿设螺栓，且以压紧螺母压紧。

4. 如权利要求3所述的限位伸缩接头，其特征是：其中，长螺栓、螺栓及其压紧螺母为各四组。

5. 如权利要求1所述的限位伸缩接头，其特征是：其中，连接体由法兰及与法兰为一体的套压体组成。

6. 如权利要求5所述的限位伸缩接头，其特征是：其中，于法兰、压盖上按圆周等分且与其上的长螺栓的螺孔成间隔设置有螺孔并穿设螺栓，且以压紧螺母压紧。

7. 如权利要求6所述的限位伸缩接头，其特征是：其中，长螺栓、螺栓及其压紧螺母为各三组。"

针对上述专利权，天津塘沽瓦特斯阀门有限公司（下称请求人）于2004年8月30日向专利复审委员会提出了无效宣告请求，其理由是本专利权利要求1～7不具备新颖性和创造性，同时提交了如下证据：

证据1：签订于1993年10月20日的工矿产品购销合同复印件；

证据2－1：签订于1996年3月14日的工矿产品购销合同复印件；

证据2－2：江苏省无锡县工商企业统一发票复印件（开票日期为1996年5月15日）；

证据2－3：签订于1996年5月21日的工矿产品购销合同复印件；

证据2－4：江苏省增值税专用发票复印件（开票日期为1996年5月17日）；

证据2－5：签订于1996年6月10日的工矿产品购销合同复印件；

证据2－6：No. 07654388江苏省增值税专用发票复印件（开票日期为1996年7月24日）；

证据2－7：No. 07654387江苏省增值税专用发票复印件（开票日期为1996年7月24日）；

证据2－8：签订于1996年8月22日的工矿产品购销合同复印件；

证据2－9：No. 00000551江苏省增值税专用发票复印件（开票日期为1996年9月13日）；

证据2－10：签订于1996年11月8日的工矿产品购销合同复印件；

证据2－11：江苏省锡山市工商企业统一发票复印件（开票日期为1996年11月26日）；

证据2－12：签订于1997年2月19日的工矿产品购销合同复印件；

证据2－13：江苏省锡山市工商企业统一发票复印件（开票日期为1997年3月13日）；

证据3：江苏无锡县明富水电设备附件厂松套伸缩接头系列产品说明书的封面、封底及第2、第4和第7页的复印件（共计5页）；

证据4：江苏锡山市明富水电设备附件厂松套伸缩接头系列产品介绍的封面及相关页的复印件（共计4页）；

证据5：化学工业出版社出版发行的《管道安装工程》1986年12月第1版封面、版权页和第342、第343页的复印件；

证据6：CN2209752Y中国实用新型专利说明书复印件（授权公告日为1995年10月11日）。

请求人认为，证据2为江苏锡山市明富水电设备附件厂在1996年3月至1997年2月期间涉及相关伸缩接头产品的购销合同及相应的销售发票，其销售的伸缩接头的产品型号为SSJB－3和VSSJA－1，证据3和证据4分别是该厂印制的松套伸缩接头系列产品的说明书和产品介绍，其详细披露了SSJB－3和VSSJA－1两种型号的伸缩接头的具体结构，同时也充分公开了本专利权利要求1～7所述的技术方案，由此表明本专利权利要求1～7所述技术方案的产品已在本专利申请日之前在国内公开使用，故本专利权利要求1～7不具备专利法第二十二条第二款规定的新颖性。另外，本专利权利要求1、2、5所述技术方案是证据5和证据6所公开的技术方案的简单结合，是显而易见的，不具备专利法第二十二条第三款规定的创造性。权利要求3、4、6、7限定部分的附加技术特征为公知常识，因而也不具备创造性。

请求人又于2004年9月8日向专利复审委员会提交了意见陈述书并补充了如下证据：

证据7：无锡市金羊管道附件有限公司产品宣传册的封面及第2、第12、第23和第24页的复印件（共计5页）；

证据8：无锡市锡山工商行政管理局羊尖分局出具的证明、无锡县明富水电设备附件厂工商设立登记及工商变更登记档案资料复印件（共计3页）。

请求人认为，证据7是被请求人的产品宣传册，其中详细披露了SSJB－3和VSSJA－1两种型号的伸缩接头的具体结构，同时也充分公开了本专利权利要求1～7所述的技术方案。结合证据1充分证明被请求人已在1993年10月就公开销售了本专利产品，因此本专利权利要求1～7不具备新颖性。证据8可以证明无锡县明富水电设备附件厂与锡山市明富水电设备附件厂是同一企业法人主体，同时结合证据3可以证明无锡县明富水电设备附件厂在1995年8月7日更名换证之前印制了相关的产品说明书，即在本专利申请日之前以出版物方式公开了本专利的技术内容。

经形式审查合格，专利复审委员会于2004年9月16日受理了上述无效宣告请求并将无效宣告请求书及证据副本以及请求人于2004年9月8日提交的意见陈述书及补充证据的副本转给了被请求人，同时成立合议组对上述无效宣告请求进行审查。

被请求人于2004年10月28日提交了意见陈述书。被请求人认为，首先，证据1～4、证据7和证据8为复印件，其真实性尚未得到确认。其次，证据1没有记载SSJB－3和VSSJA－1两种产品的具体结构，也没有证据证明合同中的产品已交货，因此不能证明本专利的技术方案已被公开使用。同样，证据2的销售合同和发票也没有记载任何相关产品的具体结构，也不能破坏本专利的新颖性。证据3、4和证据7没有记载公开时间。证据8至多能证明无锡县明富水电设备附件厂的更名时间，但不能证明证据3和证据4是否公开以及具体的公开时间。因此本专利权利要求1～7具备新颖性。另外，本专利权利要求1～7相对于证据5和证据6的结合也具备创造性。

专利复审委员会本案合议组于2005年3月8日向双方当事人发出了口头审理通知书，定于2005年4月18日举行口头审理，并将被请求人于2004年10月28日提交的意见陈述书转给了请求人。

口头审理如期举行，双方当事人均出席了本次口头审理。在口头审理过程中，双方进行了充分的辩论。请求人当庭出示了证据1～4、证据7和证据8的原件，该原件与其复印件一致，被请求人也对此予以认可。且被请求人对证据5和证据6的真实性无异议。请求人认为，证据1与证据7构成证据链且证据2、3和证据4也构成证据链，证明本专利已公开使用而丧失新颖性；同时证据3和证据8也构成证据链以出版物公开的方式证明本专利丧失新颖性；另外，证据5和证据6结合破坏本专利权利要求1～7的创造性。

在上述程序的基础上，合议组认为事实已经清楚，故依法作出本决定。

**二、决定的理由**

1. 证据认定

请求人在口头审理时当庭出示了证据2－5至证据2－9、证据3、证据4以及证据8的原件，且该原件与其复印件一致，而被请求人也对此予以认可。故合议组予以采信。

被请求人认为，证据2－5销售合同上的结算金额与证据2－6和证据2－7发票上的金额不对应，并以此为由怀疑证据2－5、证据2－6和证据2－7的真实性。

对此，合议组认为，证据2－5是锡山市明富水电设备附件厂与宝钢十九冶指挥所材料处于1996年6月10日签订的产品销售合同，其中，共签订有四种不同规格型号的产品，即5个牌号为SSJB－3规格为DN1200的伸缩接头、6个牌号为SSJB－3规格为DN1000的伸缩接头、1个牌号为VSSJAF规格为DN900的伸缩接头和2个牌号为VSSJAF规格为DN500的伸缩接头，且四种伸缩接头的合同总金额分别为105 000、98 400、14 800和10 960元。而证据2－6和证据2－7是锡山市明富水电设备附件厂于1996年7月24日开具给宝钢十九冶指挥所材料处的增值税专用发票，其中，在证据2－6中，6个牌号为SSJB－3规格为DN1000的伸缩接头和1个牌号为VSSJAF规格为DN900的伸缩接头的发票总金额为113 200元（与销售合同中这两种产品的总金额一致）。在证据2－7中，5个牌号为SSJB－3规格为DN1200的伸缩接头的发票总金额为105 000元（与销售合同中该产品的金额一致）。由此可见，证据2－6和证据2－7的发票金额与证据2－5的合同金额并未出现不对应的事实。因此，被请求人以证据2－6和证据2－7的发票金额与证据2－5的合同金额不对应而否认证据2－5、证据2－6和证据2－7的真实性的理由不能成立。

2. 关于本专利的新颖性

专利法第二十二条第二款规定：新颖性，是指在申请日以前没有同样的发明或者实用新型在国内外出版物上公开发表过、在国内公开使用过或者以其他方式为公众所知，也没有同样的发明或者实用新型由他人向国务院专利行政部门提出过申请并且记载在申请日以后公布的专利申请文件中。

证据2－5是锡山市明富水电设备附件厂与宝钢十九冶指挥所材料处于1996年6月10日签订的产品销售合同，其中，双方签订销售和购买5个牌号为SSJB－3规格为DN1200的伸缩接头和6个牌号为SSJB－3规格为DN1000的伸缩接头。而证据2－6和证据2－7是锡山市明富水电设备附件厂于1996年7月24日开具给宝钢十九冶指挥所材料处的增值税专用发票。证据2－6表明双方分别销售和购买了6个牌号为SSJB－3规格为DN1000的伸缩接头。证据2－7表明双方分别销售和购买了5个牌号为SSJB－3规格为DN1200的伸缩接头。由此可见，在本专利申请日之前，由锡山市明富水电设备附件厂生产的牌号为SSJB－3的伸缩接头已在国内被公开销售和使用，并因此而使由锡山市明富水电设备附件厂生产的牌号为SSJB－3的伸缩接头成为本专利的现有技术。

证据2－8是锡山市明富水电设备附件厂与上海原水物质实业公司上海长川综合商社于1996年8月22日签订的产品销售合同，其中，双方签订销售和购买两种规格的产品各1台，并在产品名称栏中所标明的均为法兰式带限位VSSJA－1，金额分别为15 182元和10 733元，总金额为25 915元，其交货时间为1996年9月10日。根据一般的商业惯例可知，产品名称“法兰式带限位VSSJA－1”中的“法兰式带限位”应为所销售产品的名称简称，而“VSSJA－1”则应为所销售产品的牌号。而证据2－9是1996年9月13日开具给上海原水物质实业公司上海长川综合商社的增值税专用发票的存根联（第一联），其中，所销售的两种产品在货物或应税劳务名称栏中均标明为VSSJA－1，价税金额分别为15 182元和10 733元，总金额为25 915元。虽然证据2－9中未标明销货单位，但由口头审理时请求人所出示的整本发票中可看出，增值税专用发票共有四联，分别为存根联（第一联）、发票联（第二联）、抵扣联（第三联）和记账联（第四联）。由该整本发票中尚未开具出的发票和已标明作废而全部四联均留存于该整本发票中的发票可看出，只有发票联（第二联）和抵扣联（第三联）以印章的形式标明销货单位为“锡山市明富水电设备附件厂”，并盖有“锡山市明富水电设备附件厂”的发票专用章，而存根联（第一联）和记账联（第四联）两联则未标明销货单位，也未盖发票专用章。由此可推知证据2－9的销货单位也应为“锡山市明富水电设备附件厂”。另外，证据2－9货物或应税劳务名称栏中所标明的VSSJA－1，应当认为是所销售产品的牌号，而其产品名称被省略了。由于证据2－8和证据2－9的销售方和购买方相同，分别均为锡山市明富水电设备附件厂和上海原水物质实业公司上海长川综合商社，而且，证据2－8和证据2－9中所涉及产品的牌号相同，均为“VSSJA－1”，产品的数量和金额也完全相同，证据2－8合同约定的交货日期与证据2－9的发票开票日期也未出现不符合正常商业惯例的现象。因此，有理由相信证据2－8的合同与证据2－9的发票相互对应，锡山市明富水电设备附件厂与上海原水物质实业公司上海长川综合商社双方分别销售和购买了牌号为 VSSJA－1、名称简称为“法兰式带限位”的产品。由此可见，在本专利申请日之前，由锡山市明富水电设备附件厂生产的牌号为 VSSJA－1、名称简称为“法兰式带限位”的产品已在国内被公开销售和使用，并因此而使由锡山市明富水电设备附件厂生产的牌号为 VSSJA－1、名称简称为“法兰式带限位”的产品成为本专利的现有技术。

证据 3 和证据 4 分别为江苏无锡县明富水电设备附件厂松套伸缩接头系列产品说明书和江苏锡山市明富水电设备附件厂松套伸缩接头系列产品介绍。而根据证据 8 可知，江苏锡山市明富水电设备附件厂系由江苏无锡县明富水电设备附件厂更名而来，两者应为同一企业法人，也正是证据 2－5 至证据 2－9 合同或发票中的产品销售方。根据一般商业惯例，同一生产厂的同牌号产品应具有相同的结构特征，这一点也同样得到了证据 3 和证据 4 的印证。证据 3 所记载的 SSJB－3 压盖式限式伸缩接头和 VSSJA－1 法兰式限位伸缩接头分别与证据 4 所记载的 SSJB－3 压盖式限位伸缩接头和 VSSJA－1 法兰式限位伸缩接头具有相同的结构特征（参见证据 3 和证据 4 中有关这两种牌号伸缩接头的相关页的附图）。由此亦可得出，在本专利申请日之前已在国内被公开销售和使用的牌号为 SSJB－3 的伸缩接头以及牌号为 VSSJA－1、名称简称为“法兰式带限位”的产品分别就是证据 3 或证据 4 中的 SSJB－3 压盖式限位伸缩接头和 VSSJA－1 法兰式限位伸缩接头。故可以认定，证据 3 或证据 4 中的 SSJB－3 压盖式限位伸缩接头和 VSSJA－1 法兰式限位伸缩接头在本专利申请日之前已在国内被公开销售和使用，从而使其所反映出的技术信息成为本专利的现有技术。

证据 3 中的 SSJB－3 压盖式限位伸缩接头包括长螺栓（1）、套筒（2）（相当于本专利中的套压体 3）、螺栓（7）、位于一端的压盖（4）、密封圈（3）、压紧螺母、法兰头（5）（相当于本专利中的短管 5）、限位法兰和螺母（6）（相当于本专利中的限位螺母 8）以及位于另一端的压盖（4）、密封圈（3）、压紧螺母、法兰头（5）（相当于本专利中的另一短管 5′）、限位法兰和螺母（6）（相当于本专利中的限位螺母 8），其中，套筒（2）与位于另一端的压盖（4）、密封圈（3）、法兰头（5）和限位法兰共同构成一个相当于本专利中的连接体的组件，该组件与位于一端的法兰头同心，限位法兰分别固定在两个法兰头上，位于一端的密封圈及靠压该密封圈的压盖套设在位于该端的法兰头上，长螺栓（1）穿入位于一端的压盖、限位法兰和上述组件的相应螺孔中，通过压紧螺母和螺母（6）分别压紧压盖和锁住上述组件，另外，位于一端的压盖和密封圈与位于另一端的压盖和密封圈对向布置，套筒（2）设置在其之间，螺栓（7）以与长螺栓（1）间隔开的方式穿设在两压盖上，并通过压紧螺母压紧（参见证据 3 第 4 页的 SSJB－3 压盖式限位伸缩接头的附图及规格参数表）。

在证据 3 中虽未明确说明用于穿入长螺栓（1）的螺孔和用于穿设螺栓（7）的螺孔是按圆周等分布置，但作为一般的机械常识，在没有对螺孔的布置方式作出特殊说明的情况下，应当认为螺孔是按圆周等分布置的。而且，由证据 3 第 4 页的规格参数表可看出，长螺栓（1）、螺栓（7）及其压紧螺母针对不同的伸缩接头规格具有不同的组数，其中也包括四组。

由此可见，本专利权利要求 1～4 所分别限定的技术方案与作为本专利现有技术的 SSJB－3 压盖式限位伸缩接头所反映出的技术方案完全相同，因此，权利要求 1～4 不具备新颖性。

证据 3 中的 VSSJA－1 法兰式限位伸缩接头包括长螺栓、螺柱（7）（相当于本专利中的螺栓 19）、位于一端的压盖（3）、密封圈（2）、压紧螺母、短管（4）、法兰（5）（相当于本专利中的限位法兰 13）和螺母（6）（相当于本专利中的限位螺母 11）以及本体（1）（相当于本专利中的连接体），本体与位于一端的短管（4）同心，法兰（5）固定在短管（4）上，密封圈（2）及靠压该密封圈的压盖（3）套设在短管（4）上，长螺栓穿入压盖（3）、法兰（5）和本体（1）的相应螺孔中，通过压紧螺母和螺母（6）分别压紧压盖和锁住本体，其中，本体（1）由本体法兰和与该本体法兰为一体的套压体组成，螺栓（7）以与长螺栓间隔开的方式穿设在本体法兰和压盖上，并通过压紧螺母压紧（参见证据3第7页的VSSJA-1法兰式限位伸缩接头的附图及规格参数表）。

同样，在证据3中虽未明确说明用于穿入长螺栓的螺孔和用于穿设螺栓（7）的螺孔是按圆周等分布置，但作为一般的机械常识，在没有对螺孔的布置方式作出特殊说明的情况下，应当认为螺孔是按圆周等分布置的。而且，由证据3第7页的规格参数表可看出，长螺栓、螺栓（7）及其压紧螺母针对不同的伸缩接头规格具有不同的组数，其中也包括三组。

由此可见，本专利权利要求1、证据5~7所分别限定的技术方案与作为本专利现有技术的VSSJA-1法兰式限位伸缩接头所反映出的技术方案完全相同，因此，权利要求5~7也不具备新颖性。

**三、决定**

宣告97216266.6号实用新型专利权无效。

当事人对本决定不服的，可以根据专利法第四十六条第二款的规定，自收到本决定之日起三个月内向北京市第一中级人民法院起诉。根据该款的规定，一方当事人起诉后，另一方当事人应当作为第三人参加诉讼。

# 乘坐型水田作业机案

## 无效宣告请求审查决定（第7137号）

**决　定　号**　第7137号
**决　定　日**　2005年5月8日
**发明创造名称**　乘坐型水田作业机
**国际分类号**　A01B 33/00
**无效请求人**　大同工业株式会社
**被 请 求 人**　株式会社久保田
**专　利　号**　00104908.9
**申　请　日**　2000年3月30日
**授权公告日**　2003年1月1日
**合议组组长**　徐媛媛
**主　审　员**　宋鸣镝
**参　审　员**　杨克非

**法 律 依 据**　专利法第二十二条第二款、第三款　专利法实施细则第二十条第一款
**决 定 要 点**

与最接近的证据相比，涉案专利的权利要求省略了已知产品中的某个部件，但依然保持原有的全部功能，并且还带来了意想不到的技术效果，同时还克服了本领域中的某种技术偏见，因此，该权利要求具备创造性。

**一、案由**

本无效宣告请求案涉及申请日为2000年3月30日、授权公告日为2003年1月1日、最早的优先权日为1999年9月27日、名称为“乘坐型水田作业机”的发明专利（下称本专利），其专利号为00104908.9，专利权人为株式会社久保田。授权公告的权利要求书如下：

“1. 一种乘坐型水田作业机，将变速的动力传递给可转向的左右的前轮（1、1）与不能转向的后轮（2、2），其特征在于：在上述左右的后轮（2、2）上分别设置有摩擦式的侧部离合器（96、96），仅仅通过上述前轮（1、1）的转向操作，以及位于转弯内侧的其中一个侧部离合器（96）的分离操作，可使机体转向。

2. 根据权利要求1所述的乘坐型水田作业机，其特征在于：左右的前述前轮（1、1）可通过带差速锁止机构的差速传动装置（52）驱动。

3. 根据权利要求1所述的乘坐型水田作业机，其特征在于：左右的前述前轮（1、1）可通过动力转向联动装置（43）实现转向。

4. 根据权利要求1所述的乘坐型水田作业机，其特征在于：包括侧部离合器自动操作机构（106），该机构与通过转向连杆驾驶盘（14）进行的上述前轮（1）的转向联动，对转弯内侧的上述后轮（2）所对应侧部离合器（96）进行分离操作；当上述前轮（1）转向至预先设定的基准角度时，便开始进行使位于转弯内侧的后轮（2）所对应的上述侧部离合器（96）分离开的操作，保持该侧部离合器（96）的分离状态直至最大转向状态。

5. 根据权利要求1所述的乘坐型水田作业机，其特征在于：发动机（4）设置于机体的前部，并且在该发动机（4）的后方设置有变速箱体（10），该变速箱体（10）位于可转向的左右的上述前轮（1、1）之间，其横向宽度较小，静液压式无级变速装置（HST）（41）与该变速箱体（10）的横向一侧连接，该HST（41）以联动的方式与该发动机（4）连接；该作业机包括侧部离合器自动操作机构（106），该机构与通过转向连杆驾驶盘14进行的上述前轮（1）的转向联动，对转弯内侧的上述后轮（2）所对应的侧部离合器（96）进行分离操作。

6. 根据权利要求1所述的乘坐型水田作业机，其特征在于：在位于上述侧部离合器（96、96）的传动上游侧的后轮传动系统中设置有用于制动的单一的机体停止制动器（30），该机体停止制动器（30）以联动的方式与设置于驾驶部（13）中的单一的机体停止踏板（25）连接，该机体停止踏板（25）与主离合器（50）连接；仅仅通过踩下上述单一的机体停止踏板（25），便可对上述主离合器（50）进行分离操作，并且可对上述机体停止制动器（30）进行制动操作。”

针对上述专利权，大同工业株式会社（下称请求人）于2003年4月1日向专利复审委员会提出了无效宣告请求，其理由是本发明专利权利要求2和权利要求3不符合专利法实施细则第二十条第一款的规定，权利要求1和权利要求4不具备专利法第二十二条第二款、第三款规定的新颖性和创造性，权利要求2、3、5和权利要求6不具备专利法第二十二条第三款规定的创造性。请求人同时提交了以下十六份证据：

证据1：申请号为98126349.6的中国发明专利申请公开说明书复印件，其公开日为1999年6月30日；

证据2：日本专利申请公开文本特开平11－91615公开特许公报复印件及其相关部分（第3页第0026段）的中文译文，其公开日为1999年4月6日；

证据3：日本专利申请公开文本特开平6－312625公开特许公报复印件及其相关部分（第2页权利要求1和第0002段）的中文译文，其公开日为1994年11月8日；

证据4：日本专利申请公开文本特开平10－119810公开特许公报复印件及其相关部分（第2页权利要求1）的中文译文，其公开日为1998年5月12日；

证据5：日本专利申请公开文本特开平10－310079公开特许公报复印件，公开日为1998年11月24日；

证据6：日本专利申请公开文本特开平7－25351公开特许公报复印件，公开日为1995年1月27日；

证据7：日本专利申请公开文本特开平8－15公开特许公报复印件，公开日为1996年1月9日；

证据8：日本专利申请公开文本特开平9－109707公开特许公报复印件及其相关部分（第2页权利要求1、第0008段和第3页第0013段）的中文译文，其公开日为1997年4月28日；

证据9：日本专利申请公开文本特开平9－248024公开特许公报复印件及其相关部分（第2页第0005段）的中文译文，其公开日为1997年9月22日；

证据10：韩国实用新案公告1995－0006868说明书复印件，公开日为1995年10月20日；

证据11：韩国专利申请公开文本1993－0009492说明书复印件，公开日为1993年6月21日；

证据12：韩国专利授权文本0172667说明书复印件及其相关部分（第7页第3段中间）的中文译文，其授权公告日为1998年10月26日；

证据13：韩国专利授权文本1993－0010733说明书复印件及其相关部分（第5页第3～6段）的中文译文，其授权公告日为1993年11月10日；

证据14：日本专利申请公开文本特开平6－321129公开特许公报复印件及其相关部分（第1页摘要和第4页第0014段）的中文译文，其公开日为1994年11月22日；

证据15：日本专利申请公开文本特开平9－220946公开特许公报复印件及其相关部分（第2页权利要求1、第0002段和第3页第0008段）的中文译文，其公开日为1997年8月26日；

证据16：日本实用新型公开文本实开平6－79692公开实用新案公报复印件及其相关部分（第6页第0005段和第8页第0011段）的中文译文，其公开日为1994年11月8日。

请求人认为：本专利权利要求1中的技术特征“将变速的动力传递给可转向的左右的前轮与不能转向的后轮”和“分别设置在左右后轮上的摩擦式侧部离合器”均已被证据1所公开，而该权利要求1中的技术特征“仅仅通过前轮的转向操作和转弯内侧的侧部离合器的分离操作，可使机体转向”，与证据1中所谓的第2方式即“左右侧离合器内选择的侧离合器为半离合或传动断开状态，左右制动器为不工作状态”相同，本专利权利要求1的水田作业机只能实现证据1中所述的第1方式和第2方式，不能实现第3方式，即“在左右侧离合器内选择的离合器为传动断开状态，与上述选择的离合器相对应的制动器为工作状态”，很难实现小角度转弯，因此本专利的权利要求1不具备新颖性和创造性。本专利权利要求2～6的附加技术特征也均已被请求人所提交的证据所公开，在权利要求1不具备新颖性和创造性的前提下，权利要求4不具备新颖性和创造性，权利要求2、3、5和权利要求6不具备创造性。此外，本专利权利要求2和权利要求3中包含有含义不确定的措词“可”，导致该权利要求的保护范围不清楚，故不符合专利法实施细则第二十条第一款的规定。

经形式审查合格后，专利复审委员会受理了上述无效宣告请求，并于2003年4月21日向请求人和专利权人（下称被请求人）发出了无效宣告请求受理通知书，将上述专利权无效宣告请求书及其相关文件副本转送给被请求人，要求被请求人在指定期限内进行意见陈述，同时依法成立合议组对本案进行审理。

针对上述无效宣告请求，被请求人于2003年6月6日提交了意见陈述书，同时对权利要求书进行了修改，删除了原权利要求2和权利要求3中请求人所认为的含义不确定的措词“可”字，被请求人认为：修改后的权利要求2、3符合专利法实施细则第二十条第一款的有关规定，并且修改后的权利要求1～6具备专利法第二十二条第二款、第三款所规定的新颖性和创造性，要求在此基础上维持专利权有效。

专利复审委员会于2005年1月18日向双方当事人发出口头审理通知书，定于2005年2月25日下午14时在专利复审委员会举行口头审理，同时将被请求人在2003年6月6日提交的意见陈述书和修改后的权利要求书副本转送给请求人，要求请求人在指定期限内进行意见陈述。

口头审理如期举行，双方当事人均到庭。在口头审理过程中，合议组当庭告知双方当事人被请求人于2003年6月6日所提交的修改后的权利要求书不符合专利法第三十三条、专利法实施细则第六十八条以及审查指南第四部分第三章第5.4节的有关规定，这样的修改是不允许的，双方当事人均认可以授权公告的文本作为审查基础。请求人当庭声明放弃证据5～7、证据10和证据11，并补充提交了证据15第0015段至第0020段的中文译文，合议组当庭将该中文译文转送给被请求人。在口头审理过程中，请求人增加了本专利权利要求1和权利要求4～6不符合专利法实施细则第二十条第一款规定的无效理由，其认为权利要求1～6中还包含有功能性限定的文字表述“仅仅通过上述前轮（1、1）的转向操作，以及位于转弯内侧的其中一个侧部离合器（96）的分离操作，可使机体转向”、“当上述前轮（1）转向至预先设定的基准角度时，便开始进行使位于转弯内侧的后轮（2）所对应的上述侧部离合器（96）分离开的操作，保持该侧部离合器（96）的分离状态直至最大转向状态”、“其横向宽度较小”、“仅仅通过踩下上述单一的机体停止踏板（25），便可对上述主离合器（50）进行分离操作，并且可对上述机体停止制动器（30）进行制动操作”等，这导致它们所保护的范围不清楚，不符合专利法实施细则第二十条第一款的规定；申请人以证据1作为最接近的现有技术，并明确了证据的使用方式，即引用证据1来评价权利要求1和权利要求4的新颖性，引用证据1或证据1与证据15的结合来评价权利要求1和权利要求4的创造性，引用证据1与证据12的结合或证据1与证据13的结合来评价权利要求2的创造性，引用证据1与证据14的结合或证据1与证据8的结合或证据1与公知常识的结合来评价权利要求3的创造性，引用证据1与证据8的结合来评价权利要求5的创造性，引用证据1与证据16与公知常识的结合来评价权利要求6的创造性。被请求人以及请求人结合证据就各自的观点充分阐述意见。

2005年3月16日，被请求人针对在口头审理过程中双方争议的焦点，以及请求人在口头审理时补充提交的证据15的部分中文译文进行了意见陈述，在该意见陈述中被请求人的观点和论述与其在口头审理时所发表的意见基本相同。

在上述程序的基础上，合议组认为本案事实已经清楚，可以依法作出如下审查决定。

**二、决定的理由**

1. 审查的基础

鉴于在口头审理过程中双方当事人均认可以授权公告的文本作为审查基础，故本无效宣告审查决定所针对的文本是：中国国家知识产权局专利局于2003年1月1日公告授权的权利要求第1~6项、说明书第1~14页和说明书附图第1~10页。

2. 关于专利法实施细则第二十条第一款

专利法实施细则第二十条第一款规定：权利要求书应当说明发明或者实用新型的技术特征，清楚、简要地表述请求保护的范围。

审查指南第二部分第二章第3.2.2节中对如何判断权利要求是否清楚作出了规定。首先，每项权利要求的类型应当清楚，并且应当与发明要求保护的主题一致，对于产品发明应当使用产品权利要求的形式来保护，使用产品的结构特征来描述；其次，每项权利要求所确定的保护范围应当清楚，对于产品权利要求来说，应当尽量避免使用功能或者效果特征来限定发明，尤其不允许出现纯功能性的权利要求。

请求人认为本专利权利要求1~6不符合专利法实施细则第二十条第一款的具体事实如下：权利要求1、4、6中包含有功能性限定的文字表述“仅仅通过上述前轮（1、1）的转向操作，以及位于转弯内侧的其中一个侧部离合器（96）的分离操作，可使机体转向”、“当上述前轮（1）转向至预先设定的基准角度时，便开始进行使位于转弯内侧的后轮（2）所对应的上述侧部离合器（96）分离开的操作，保持该侧部离合器（96）的分离状态直至最大转向状态”、“仅仅通过踩下上述单一的机体停止踏板（25），便可对上述主离合器（50）进行分离操作，并且可对上述机体停止制动器（30）进行制动操作”，权利要求2和权利要求3中包含有含义不确定的措词“可”字，权利要求5中包含有功能性限定的文字表述“其横向宽度较小”。

对此合议组认为：权利要求1、4和权利要求6中所包含的文字表述“仅仅通过上述前轮（1、1）的转向操作，以及位于转弯内侧的其中一个侧部离合器（96）的分离操作，可使机体转向”、“当上述前轮（1）转向至预先设定的基准角度时，便开始进行使位于转弯内侧的后轮（2）所对应的上述侧部离合器（96）分离开的操作，保持该侧部离合器（96）的分离状态直至最大转向状态”和“仅仅通过踩下上述单一的机体停止踏板（25），便可对上述主离合器（50）进行分离操作，并且可对上述机体停止制动器（30）进行制动操作”均是对工作状态的一种描述，其虽然不是具体的结构特征，但是本领域的技术人员在结合相应权利要求中相关结构特征的情况下，完全可以理解具体的工作状态，这样由结构和功能组合起来的特征可以更清楚地反映乘坐型水田作业机的结构以及在工作中相互之间的关系。权利要求2和权利要求3中所分别包含的措词“可”字实质上是“能够”的意思，即在这两项权利要求中将驱动装置限定为能够通过带差速锁止机构的差速传动装置来驱动的驱动装置，以及将转向装置限定为能够通过动力转向联动装置来实现转向的转向装置，因此这两项权利要求所分别限定的技术方案是明确的，被请求人在此使用“可”字进行限定并无不妥之处，这样的限定是清楚的。对于权利要求5中所包含的文字表述“其横向宽度较小”，其中的“其”指的是变速箱体，虽然在该权利要求中没有给出其在宽度方向上的参照物，但是通过阅读说明书“由于该变速箱体的横向宽度较小，这样即使在转弯内侧的前轮的后部接近的情况下，该变速箱体仍然不会造成不利，可使前轮进行较大程度的转向”（参见说明书第4页第30~32行），本领域的技术人员可以理解出该变速箱体的宽度小到不影响前轮的转向即可，虽然单纯从该权利要求的文字上看其表述确有不妥之处，但是本领域技术人员通过阅读说明书可以理解其含义是惟一的，而不会产生歧义，因此，这样的表述实质上并不影响该权利要求的保护范围，该权利要求是清楚的。

综上所述，本专利权利要求1~6符合专利法实施细则第二十条第一款的规定，合议组对请求人的主张不予支持。

3. 证据的认定

请求人在口头审理过程中当庭声明放弃证据5~7、证据10和证据11，故合议组不再针对这些证据进行评述。

证据1为中国专利文献，它属于公开出版物，被请求人对它的真实性无异议，且其公开日早于本专利最早的优先权日，故证据1可以作为评价本专利新颖性和创造性的现有技术。

证据2~4、证据8~9和证据14~16为日本专利文献，证据12和证据13为韩国专利文献，这些证据均属于公开出版物，被请求人对证据2~4、证据8~9和证据12~16的真实性无异议，且它们的公开日均早于本专利最早的优先权日，故证据2~4、证据8~9和证据12~16可以作为评价本专利新颖性和创造性的现有技术。同时被请求人对证据2~4、证据8~9和证据12~16各相关部分的中文译文也无异议，故合议组下面将以证据2-4、证据8-9和证据12-16的附图以及各相关部分的中文译文作为依据来评价本专利的新颖性和创造性。

4. 关于新颖性和创造性

专利法第二十二条第二款规定：新颖性，是指在申请日以前没有同样的发明或者实用新型在国内外出版物上公开发表过、在国内公开使用过或者以其他方式为公众所知，也没有同样的发明或者实用新型由他人向国务院专利行政部门提出过申请并且记载在申请日以后公布的专利申请文件中。

专利法第二十二条第三款规定：创造性，是指同申请日以前已有的技术相比，该发明有突出的实质性特点和显著的进步，该实用新型有实质性特点和进步。

（1）关于本专利权利要求1的新颖性和创造性：

请求人认为证据1破坏本专利权利要求1的新颖性和创造性，其与证据15的结合破坏本专利权利要求1的创造性，其中证据1为最接近的对比文件。依据审查指南第四部分第三章第3.1节请求原则的规定，合议组将仅以请求人提出的上述证据对比方式评述本专利权利要求1的新颖性和创造性。

证据1涉及一种水田工程车，其中披露了以下的技术特征：该工程车包括左右一对的前轮（附图标记1）和左右一对的后轮（附图标记2）；在上述的左右一对后轮设置的离合制动机构（附图标记A1、A2），该机构包括与上述的左右一对后轮独立设置的左右侧离合器（附图标记21）和与上述的一对后轮独立作用的左右制动器（附图标记25）；操作上述离合制动机构的操作机构，其特征在于上述的离合制动机构包括上述的左右侧离合器为传递状态，上述的左右制动器为解除状态的第1方式；在上述的左右侧离合器内选择的侧离合器为半离合或传动断开状态，上述的左右制动器为不工作的第2方式；在上述的左右侧离合器内选择的离合器为传动断开状态，与上述选择的离合器相对应的制动器为工作状态的第3方式，上述的操作机构可对上述的离合制动机构在上述的第1，第2和第3方式之间进行操作。其中，在直行工作状态下为第1方式；在工程车行走时，通过操作离合制动机构到第2方式，使与转动内侧的后轮相对应的离合器为半离合，以减少驱动力，或使离合器处于非传动状态，而根本不传递驱动力，可使转动内侧的后轮缓慢移动；将离合制动方式操作到第3方式，使离合器对转动内侧的后轮处于非传动状态，进而使制动器工作，以更小的半径转动（参见证据1的附图1－19、权利要求1和说明书第1页第23行到第2页第11行）。

证据15涉及一种作业运行车，其中披露了以下的技术特征：该运行车具有通过操纵结构操纵的左右前轮（附图标记6）、传动驱动力的左右后轮（附图标记7）以及在左右后轮动力传动路线上插入各自设置的侧面离合器（附图标记18L、18R）；该运行车设置有侧面离合器连动结构，通过上述操纵结构的操纵角度超过设定角度来连动，使转弯内侧侧面离合器结构自动转动到切断侧。在该运行车中，左右后轮动力传动路线中分别插入设置可用踏板来操作的侧面离合器和侧面制动器（附图标记19L、19R），并且通过操纵结构的旋转操作和内轮侧的侧面离合器及侧面制动器的踏板操作，作业时运行车可旋转小圈。该运行车包含两种设定方式，在第1设定中，在转向盘（附图标记41）的操纵角超过第1设定角度时，内轮侧的侧部离合器自动地断开，而在操纵角超过第2设定角度时，内轮侧的侧部制动器自动地工作；在第2设定中，在转向盘的操纵角超过第1设定角度时，内轮侧的侧部离合器自动地断开，操纵角即使更大，内轮侧的侧部制动器也不自动地工作，利用踏板（附图标记36）间断运作侧部制动器，由此容易完成高转向操作（参见证据15的附图1－8和权利要求1第0002、第0016、第0017段的中文译文）。

将本专利权利要求1所保护的技术方案与证据1所公开的内容相比，其区别技术特征在于：本专利的乘坐型水田作业机仅仅通过前轮的转向操作，以及转弯内侧的侧部离合器分离操作，可使机体转向；而证据1中的水田工程车在转向时包含两种方式："左右侧离合器内选择的侧离合器为半离合或传动断开状态，左右制动器为不工作的第2方式"和"左右侧离合器内选择的离合器为传动断开状态，与上述选择的离合器相对应的制动器为工作状态的第3方式"。即证据1并未公开权利要求1中"仅仅通过上述前轮（1、1）的转向操作，以及位于转弯内侧的其中一个侧部离合器（96）的分离操作，可使机体转向"这一技术特征，由于存在上述区别之处，故本专利权利要求1相对于证据1具备专利法第二十二条第二款规定的新颖性。

本专利属于乘坐型水田作业机领域，其中记载了这样的现有技术："在驾驶部的踏板右侧，并列设置有左右一对的侧部离合制动器踏板，左右分别地对侧部离合制动器进行操作。对前轮进行转向操作，仅仅对位于转弯内侧的其中一个侧部离合制动器踏板进行踩下操作，将转弯内侧的侧部离合器分离开，对转弯内侧的侧部制动器进行制动操作，由此可使机体实现小角度转弯"（参见本专利说明书第1页第10～19行），并且指出了该现有技术所存在的不足之处，即"在经过田埂，使机体进行较大的U形转弯的场合，如果对侧部离合制动器踏板进行操作，使机体转弯，则由于转弯内侧的后轮由侧部制动器固定，这样便要强制拉拽不旋转的后轮。由此，会对田地造成较大程度的破坏，或发生行驶荷载增加的不利情况"（参见本专利说明书第1页第30行到第2页第1行），本专利是在上述现有技术的基础上针对该技术问题作出的改进，而本专利权利要求1中的上述区别技术特征"仅仅通过上述前轮（1、1）的转向操作，以及位于转弯内侧的其中一个侧部离合器（96）的分离操作，可使机体转向”正是解决上述现有技术中所存在的技术问题的技术特征，即在机体转向时，转弯内侧的侧部离合器分离，机体仅通过左右的前轮和转弯外侧的后轮的三个轮来驱动，而其转弯内侧的后轮空载，这样随着机体的转弯运动，该后轮在非强制的情况下实现同步旋转，包含该区别技术特征的权利要求1所保护的技术方案能够产生如下技术效果：“这样可抑制采用侧部离合制动器而转弯的已有结构中存在的问题，即抑制转弯内侧的固定后轮的强制拉拽造成的田地的破坏或行驶荷载的增加，从而可轻松地使机体顺利旋转。另外，还可获得因废弃左右的后轮的侧部制动器而使成本降低的效果”和“通过3个轮的驱动使机体轻快顺利地实现转弯，即使是经验较少的驾驶人员，仍可良好地在经过田埂时进行小角度转弯，该插秧机的操作性能优良”（参见本专利说明书第2页第24~28行和第3页第32行到第4页第2行）。然而，证据1或证据1与证据15的结合均未公开“仅仅通过上述前轮（1、1）的转向操作，以及位于转弯内侧的其中一个侧部离合器（96）的分离操作，可使机体转向”这一技术特征，也未给出将上述区别技术特征应用到最接近现有技术中以解决所存在技术问题的启示，本专利权利要求1所保护的技术方案相对于证据1、或证据1和证据15的结合均是非显而易见的，因此，本专利权利要求1具有突出的实质性特点和显著的进步，具备专利法第二十二条第三款规定的创造性。

针对请求人所持有的观点：权利要求1中的技术特征“仅仅通过上述前轮（1、1）的转向操作，以及位于转弯内侧的其中一个侧部离合器（96）的分离操作，可使机体转向”与证据1中所谓的第2方式即“左右侧离合器内选择的侧离合器为半离合或传动断开状态，左右制动器为不工作状态”相同，本专利权利要求1的水田作业机只能实现证据1中所述的第1方式和第2方式，不能实现第3方式，即“在左右侧离合器内选择的离合器为传动断开状态，与上述选择的离合器相对应的制动器为工作状态”，很难实现小角度转弯。合议组认为：本专利属于要素省略的发明，与最接近的现有技术证据1相比，本专利省略了对应于证据1中的“左右制动器”部件，但依然保持原有的全部功能，即对应于证据1中第2方式的“正常转弯状态”和第3方式的“小角度转弯状态”，并且还带来了意想不到的“抑制转弯内侧的固定后轮的强制拉拽造成的田地的破坏”的技术效果。同时，还克服了本领域中的只有使用“侧面离合器”与“侧面制动器”的相互配合才能实现小角度转弯的技术偏见，从而实现了仅仅通过侧面离合器的操作就能实现“正常转弯状态”和“小角度转弯状态”的两种工作方式。而对于请求人的“本专利权利要求1的水田作业机只能实现证据1中所述的第1方式和第2方式，不能实现第3方式”的主张，由于请求人未提供有证据表明本专利的水田作业机不能实现第3方式，因此，对于上述请求人的主张合议组不予支持。

（2）关于本专利权利要求2~6的新颖性和创造性

权利要求2~6分别直接或间接从属于权利要求1，在权利要求1具备新颖性和创造性的前提下，从属权利要求2~6同样具备新颖性和创造性。

**三、决定**

维持00104908.9号发明专利权有效。

当事人对本决定不服的，可以根据专利法第四十六条第二款的规定，自收到本决定之日起三个月内向北京市第一中级人民法院起诉。根据该款的规定，一方当事人起诉后，另一方当事人应当作为第三人参加诉讼。

079

# 单缸四冲程摩托车汽油发动机平衡减振机构案

## 无效宣告请求审查决定（第7139号）

**决　定　号**　第7139号
**决　定　日**　2005年5月12日
**发明创造名称**　单缸四冲程摩托车汽油发动机平衡减振机构
**国际分类号**　F02B 75/06
**无效请求人**　常州光阳摩托车有限公司
**专利权人**　重庆宗申技术开发研究有限公司
**专　利　号**　02253189.0
**申　请　日**　2002年9月24日
**授权公告日**　2003年9月10日
**合议组组长**　杨克菲
**主　审　员**　宋鸣镝
**参　审　员**　徐媛媛

**法律依据**　专利法第二十二条第三款
**决定要点**

虽然涉案专利的权利要求相对于证据来说具有区别技术特征，但是该区别技术特征属于所属技术领域中的公知常识，同时也未带来任何预料不到的技术效果，所属技术领域的技术人员在该证据所给出的技术启示教导下，无需付出创造性的劳动即可实现权利要求所保护的技术方案，则权利要求相对于该证据不具备创造性。

### 一、案由

本无效宣告请求案涉及申请日为2002年9月24日、授权公告日为2003年9月10日、名称为“单缸四冲程摩托车汽油发动机平衡减振机构”的实用新型专利（下称本专利），其专利号为02253189.0，专利权人为重庆宗申技术开发研究有限公司。授权公告的权利要求书如下：

“1. 一种单缸四冲程摩托车汽油发动机平衡减振机构，其与连杆相连接的左、右曲柄分别做在曲轴上，并置于由左、右曲轴箱体所组成的腔中，该曲轴的伸出右曲轴箱体一端装有离合器主动齿轮，其特征在于：曲轴（2）上装有随其转动的平衡轴主动齿轮（5）；平衡轴（18）上有平衡轴从动齿轮（9），该平衡轴从动齿轮（9）与前述平衡轴主动齿轮（5）啮合。

2. 根据权利要求1所述的单缸四冲程摩托车汽油发动机平衡减振机构，其特征在于：平衡轴（18）安装在前述左曲轴箱体（23）和右曲轴箱体（1）间，该平衡轴（18）两端用轴承支承，一端伸出右曲轴箱体（1），伸出端安装平衡轴从动齿轮（9）。

3. 根据权利要求1或2所述的单缸四冲程摩托车汽油发动机平衡减振机构，其特征在于：平衡轴从动齿轮（9）与平衡轴主动齿轮（5）的径向尺寸大小相等。”

针对上述实用新型专利权，常州光阳摩托车有限公司（下称请求人）于2004年9月28日向专利复审委员会提出了无效宣告请求。请求宣告无效的理由是：本专利的权利要求1~3不具备专利法第二十二条第三款规定的创造性。请求人同时提交了以下三份证据：

证据1：日本专利申请公开文本昭58－77950公开特许公报复印件及其中文译文，其公开日期为1983年5月11日，其中中文译文共3页；

证据2：安徽科学技术出版社出版的《汽车构造（上）》一书的封面、版权页、第17~20页等相关页的复印件共6页，其出版日期为2001年1月；

证据3：日本专利申请公开文本平2－275020公开特许公报复印件及其中文译文，其公开日期为1990年11月9日，其中中文译文共3页。

经形式审查合格后，专利复审委员会受理了上述无效宣告请求，并于2004年10月18日向请求人和专利权人（下称被请求人）发出了无效宣告请求受理通知书，将上述专利权无效宣告请求书及其相关文件副本转送给被请求人，要求被请求人在指定期限内进行意见陈述，同时依法成立合议组对本案进行审理。

针对上述无效宣告请求，被请求人于2004年11月16日提交了意见陈述书。被请求人认为：本专利所属的技术领域“一种单缸四冲程摩托车汽油发动机平衡减振机构”与证据1所属的技术领域“二冲程内燃发动机平衡机构”不是相同的技术领域，所有证据中均未公开本专利权利要求1中的“该曲轴的伸出右曲轴箱体一端装有离合器主动齿轮”这一技术特征，本专利中的技术特征“平衡轴从动齿轮（9）与平衡轴主动齿轮（5）的径向尺寸大小相等”与证据1中所公开的技术内容“第一齿轮32与第二齿轮35相互啮合，曲轴21旋转带动平衡轴31转动，使平衡轴31和曲轴21同步旋转”不同，并且无法从该证据1中直接导出，因此，本专利权利要求1~3具备专利法第二十二条第三款规定的创造性。

专利复审委员会于2005年2月18日向双方当事人发出口头审理通知书，定于2005年4月18日下午在专利复审委员会举行口头审理，同时将被请求人在2004年11月16日提交的意见陈述书副本转送给请求人，要求其在指定期限进行意见陈述。

针对被请求人的意见陈述，请求人于2005年3月22日再次提交了意见陈述书，并提交了以下一份证据作为公知常识证据：

证据4：武汉测绘科技大学出版社1991年1月第1版第1次印刷的《摩托车理论与结构设计》一书的封面、版权页、第128~129、第131~132页等相关页的复印件共6页。

口头审理如期举行，双方当事人均到庭。在口头审理过程中，合议组当庭将请求人在2005年3月22日提交的意见陈述书及其相关文件副本转送给被请求人，请求人当庭声明放弃证据2和证据3，并提交了经国家知识产权局专利检索咨询中心加盖有“经确认此副本与原件相同”的证据1副本，还补充提交了《摩托车理论与结构设计》一书的第86、第87页复印件（下称证据5），合议组将该证据5副本当庭也转送给被请求人，被请求人对证据1、证据4和证据5的真实性无异议，对证据1中文译文的正确性无异议，请求人明确其无效理由为本专利权利要求1~3相对于证据1不具备专利法第二十二条第二款、第三款规定的新颖性和创造性，并明确引用证据4和证据5作为公知常识证据，对此被请求人也充分发表了意见，针对被请求人当庭收到的相关文件以及请求人当庭所新增加的本专利权利要求1~3不具备新颖性的无效理由，被请求人表示要在口头审理后提交书面意见陈述，合议组要求其在口头审理后十日内提交该书面意见陈述。

2005年4月21日，被请求人再次提交了意见陈述书，并提交了以下一份证据作为反证：

反证1：机械工业出版社出版的《新型摩托车的结构与检修》一书的版权页、第108~110、第

119～120、第208～209页等相关页的复印件，其出版日期为2000年3月。

在上述意见陈述书中，被请求人的主要观点与在前意见陈述书中及口头审理中的观点基本相同，此外还认为：本专利用在单缸四冲程摩托车汽油发动机中的减振效果优于用在二冲程内燃发动机中的减振效果，离合器主动齿轮与平衡轴主动齿轮安装在曲轴箱的同一侧上，本专利的平衡轴与曲轴位于左右箱体间的一个腔体中，而证据1中的平衡轴与曲轴位于左右箱体间的空腔之外。

在上述程序的基础上，合议组认为本案事实已经清楚，可以依法作出如下审查决定。

**二、决定的理由**

1. 本案证据的认定

证据1为日本专利文献，属于公开出版物，被请求人对其的真实性无异议，其公开日期为1983年5月11日，早于本专利的申请日，故证据1可以作为评价本专利创造性的现有技术，并且被请求人对证据1中文译文的正确性无异议，故合议组下面将以证据1的附图1～4以及其中文译文第1～3页为依据来评述本专利的创造性。

证据4为《摩托车理论与结构设计》一书的相关页复印件，该书籍属于公开出版物，被请求人对其的真实性无异议，该书籍的公开日期为1991年1月，早于本专利的申请日，而且从该证据公开的内容看，该证据为摩托车领域的教科书、工具书，故证据4可以作为公知常识证据用于评价本专利的创造性。

2. 关于本专利的创造性

专利法第二十二条第三款规定：创造性，是指同申请日以前已有的技术相比，该发明有突出的实质性特点和显著的进步，该实用新型有实质性特点和进步。

(1) 关于本专利权利要求1的创造性

在口头审理中，请求人明确引用证据1来评价本专利权利要求1～3不具备创造性，故根据审查指南第四部分第三章第3.1节请求原则的规定，合议组将仅以证据1评述本专利权利要求的创造性。

证据1涉及一种二冲程内燃发动机平衡机构（参见证据1的附图1、4和说明书中文译文第2页第4～21行），其中具体披露了以下的技术特征：该发动机具有由左右一对箱体（附图标记11、12，相当于本发明中的左、右曲轴箱）构成的曲轴箱（附图标记10），曲轴（附图标记21，相当于本发明中的曲轴）和平衡机构（附图标记30A）构成的平衡轴（附图标记31，相当于本发明中的平衡轴）安装在两个箱体中，平衡轴被两个箱体上的轴承（附图标记15、16）支撑，曲轴和各曲轴配重（附图标记22、22，相当于本发明中的左、右曲柄）构成一体，在曲轴上和箱体（附图标记12）向外突出的如图中所示的右端部上有平衡驱动用的第一齿轮（附图标记32，相当于本发明中的平衡轴主动齿轮），平衡驱动的第二齿轮（附图标记35，相当于本发明中的平衡轴从动齿轮）通过键销安装在平衡轴的右端部上，第一齿轮和第二齿轮相互啮合。

将本专利权利要求1所保护的技术方案与证据1所公开的内容相比，其区别技术特征在于：(1) 本专利的平衡减振机构是使用在一种单缸四冲程摩托车汽油发动机上的，证据1的平衡机构是使用在一种二冲程内燃发动机上的；(2) 证据1中未明确记载有本专利权利要求1中的“该曲轴的伸出右曲轴箱体一端装有离合器主动齿轮”这一技术特征。

对于上述区别技术特征(1)，合议组认为，证据1的二冲程内燃发动机与本专利的单缸四冲程摩托车汽油发动机确实是不同类型的发动机，所谓二冲程发动机是指一个工作循环需要两个冲程来完成的发动机，而四冲程发动机是指一个工作循环需要四个冲程来完成的发动机，它们的区别在于工作循环的不同，而就本专利的主题平衡减振机构来说，虽然二冲程发动机的做功频率高于四冲程发动机，其所产生的振动也大于四冲程发动机所产生的振动，但是由于活塞的往复运动，四冲程发动机同样也存在着往复惯性力带来振动的问题，而证据 1 中的平衡机构也是解决往复运动部分的惯性力产生振动的问题（参见证据 1 说明书中文译文第 1 页倒数第 6 ~ 9 行），即证据 1 给出了解决惯性力产生振动问题的启示，本技术领域的技术人员在需要解决四冲程发动机往复惯性力带来振动问题的情况下，必然会从证据 1 所给出的启示中得到教导，将证据 1 中的平衡机构应用到单缸四冲程摩托车汽油发动机中，而无需付出创造性之劳动。对于上述区别技术特征（2），合议组认为，该曲轴伸出曲轴箱体的一端装有离合器主动齿轮是本领域公知常识，曲轴伸出箱体的一端为发动机的输出端，其经离合器、变速机构而将动力传送到车轮上，因此在曲轴伸出曲轴箱体的一端装有离合器主动齿轮是本领域所熟知的常规技术，同时证据 4（参见证据 4 第 128 页第 15 ~ 19 行）中也佐证了这一点；至于该离合器主动齿轮是安装在曲轴伸出右曲轴箱体的一端，还是安装在曲轴伸出左曲轴箱体的一端，本技术领域的技术人员可以根据发动机和离合器之间的相互位置关系具体进行选择，而将离合器主动齿轮安装在曲轴的伸出右曲轴箱体一端上仅仅是本领域中的一种常规选择，也无需付出创造性的劳动。由此可见，在证据 1 的基础上结合本技术领域中的常识性技术，而得出本专利权利要求 1 所保护的技术方案，对于本技术领域的技术人员来说是显而易见的，而且并未产生意想不到的技术效果。因此，本专利权利要求 1 相对于证据 1，不具备专利法第二十二条第三款规定的创造性。

（2）关于本专利权利要求 2 和权利要求 3 的创造性

本专利的从属权利要求 2 引用权利要求 1，其附加技术特征“平衡轴安装在前述左曲轴箱体和右曲轴箱体间，该平衡轴两端用轴承支承，一端伸出曲轴箱体，伸出端安装平衡轴从动齿轮”也已经被证据 1 所公开（参见证据 1 说明书中文译文第 2 页第 7 ~ 8、第 12 ~ 13、第 19 行），而其与证据 1 之区别技术特征，即本专利之平衡轴从动齿轮安装在平衡轴伸出右曲轴箱体（实际的右端，图示为左端）的一端上，而证据 1 之第二齿轮安装在平衡轴伸出右曲轴箱体（图示为右端）的端部上，该安装位置上的不同仅仅是本领域中的一种常规选择，无需付出创造性的劳动。因此，在权利要求 1 不具备创造性的情况下，权利要求 2 相对于证据 1 同样不具备创造性。

本专利的从属权利要求 3 引用权利要求 1 或权利要求 2，其附加技术特征为“平衡轴从动齿轮与平衡轴主动齿轮的径向尺寸大小相等”，虽然证据 1 中没有记载第一齿轮和第二齿轮在径向尺寸上的相互关系，但是本技术领域的技术人员可以根据实际需求来选择主动齿轮与从动齿轮之间的传动比例，从而计算出主动齿轮与从动齿轮在径向尺寸上的相互关系，而将平衡轴从动齿轮与平衡轴主动齿轮设置成径向尺寸大小相等仅仅是本领域中的一种常规选择，无需付出创造性的劳动。因此，在权利要求 1 和权利要求 2 均不具备创造性的情况下，权利要求 3 相对于证据 1 同样不具备创造性。

被请求人在所提交的意见陈述书及口头审理时认为：本专利用在单缸四冲程摩托车汽油发动机中的减振效果优于用在二冲程内燃发动机中的减振效果，本专利的平衡轴与曲轴位于左右箱体间的一个腔体中，而证据 1 中的平衡轴与曲轴位于左右箱体间的空腔之外。对此，合议组认为：由于四冲程发动机的做功频率低于二冲程发动机的做功频率，其所产生的振动也小于二冲程发动机所产生的振动，在采用相同的平衡减振机构的情况下，其所达到的减振效果必然会优于用在二冲程内燃发动机中的减振效果，这种减振效果上的差异是必然的，而并非是意想不到的；虽然证据 1 中的平衡轴与曲轴位于在左右箱体间所形成的两个不同的空腔之中，但是从证据 1 的附图 1、附图 4 及相应的文字说明（证据 1 说明书中文译文第 2 页第 7 行）中明显可以看出平衡轴位于两个箱体之间，即证据 1 公开了“平衡轴（18）安装在前述左曲轴箱体（23）和右曲轴箱体（1）间”这一技术特征，而被请求人所认定的“证据 1 中的平衡轴与曲轴位于左右箱体间的空腔之外”与事实不符，合议组不予支持；虽然本专利说明书所记载的平衡轴与曲轴位于左右箱体间所形成的同一个空腔之中，即平衡轴位于曲轴箱内，与证据 1 存在着差别，但是这一技术特征并未记载在任何一项权利要求中，因此，被请求人由此推定本专利权利要求1~3具备创造性的主张合议组也不予支持。

综上所述，本专利的全部权利要求1~3不具备创造性，不符合专利法第二十二条第三款的规定。

鉴于本专利权利要求1~3相对于证据1已经不具备创造性，所以对于请求人所主张的其他证据和理由，合议组不再评述。

**三、决定**

宣告02253189.0号实用新型专利权全部无效。

当事人对本决定不服的，可以根据专利法第四十六条第二款的规定，自收到本决定通知书之日起三个月内向北京市第一中级人民法院起诉。根据该款的规定，一方当事人起诉后，另一方当事人应当作为第三人参加诉讼。

# 多用快速棘爪扳手案

## 无效宣告请求审查决定（第7141号）

**决　定　号** 第7141号
**决　定　日** 2005年5月13日
**发明创造名称** 多用快速棘爪扳手
**国际分类号** B25B 13/46
**无效请求人** 姜堰市大华工具有限公司
**专利权人** 陈　伟
**专　利　号** 00244954.4
**申　请　日** 2000年11月11日
**授权公告日** 2001年9月19日
**合议组组长** 陈海平
**主　审　员** 崔　峥
**参　审　员** 杨克菲

**法律依据** 专利法第二十二条第三款
**决定要点**

本专利独立权利要求所限定的技术方案是通过将一般技术领域中所用的结构应用于特定的技术领域中，并结合该特定技术领域中的特定具体结构作出相应的设计，从而解决了该特定技术领域所存在的客观技术问题。对此，现有技术中也未给出任何技术启示或教导，因而该权利要求具备创造性。

**一、案由**

本无效宣告请求案涉及申请日为2000年11月11日、授权公告日为2001年9月19日、名称为“多用快速棘爪扳手”的00244954.4号实用新型专利，专利权人为陈伟（下称被请求人）。该专利授权公告的权利要求书如下：

“1.一种用于拧紧或松开各种螺母（栓）、水管和扭动异型工件的多用快速棘爪扳手，该扳手包括柄体（1）、扳口（2）和弹簧固定结构（3），其特征是柄体头部呈半圆状（4），半圆部分有防滑齿（5），半圆头部下方有一条状槽口（6）用于容纳插入的扳口后部（7），销钉（8）将扳口后部与柄体前部固定为一整体。

2. 根据权利要求1所述的扳手，其特征是条状槽口内有一由弹簧（9）和弹簧固定销（10）组成的弹簧固定结构（11），弹簧固定销横穿条状槽口，成为其弹簧一端足缠绕其上的固定支点（12），弹簧另一端足穿入勾状扳口的插入条孔部分形成另一支点（13），弹簧施行张力，将扳口向上顶住，使扳口头部与柄体半圆外边形成一开口（14），扳口背部和头部腹侧均有防滑齿（15）。

3. 根据权利要求1、2所述的扳手，其特征是扳口能作90度或大于90度的开口运动。”

针对上述专利权，姜堰市大华工具有限公司（下称请求人）于2004年8月10日向专利复审委员会提出了无效宣告请求，其理由是本专利权利要求1～3不具备新颖性和创造性，同时提交了如下证据：

证据1：CN2195412Y中国实用新型专利说明书复印件，授权公告日为1995年4月26日；

证据2：机械工业出版社出版发行的《机械设计手册》第3卷1991年9月第1版封面、版权页及相关两页的复印件。

请求人认为，证据1已公开了本专利权利要求1的全部技术特征，因此权利要求1所限定的技术方案不具备新颖性；本专利权利要求2限定部分的附加技术特征仅仅是将证据1所公开的技术方案中的弹簧固定方式限定为销固定方式，而这是一种公知的固定或连接方式，业已被证据2所公开。因此，权利要求2所限定的技术方案对本领域技术人员而言是显而易见的，不具备创造性。此外，本专利权利要求2所述弹簧固定结构早在本专利申请日之前就被广泛使用，因此权利要求2不具备新颖性；证据1也公开了本专利权利要求3限定部分的附加技术特征，因此，权利要求3也不具备新颖性和创造性。

经形式审查合格，专利复审委员会于2004年8月31日受理了上述无效宣告请求并将无效宣告请求书及证据副本转给了被请求人，同时成立合议组对本案进行审查。

请求人又于2004年8月30日向专利复审委员会提交了意见陈述书并补充了如下证据：

证据3：机械工业出版社出版发行的《弹簧手册》1997年8月第1版封面、版权页及第270页的复印件。

请求人认为，证据3披露了扭转弹簧的八种安装示例，其中（e）例披露了扭转弹簧的一端足缠绕固定在销或其他柱形物上，由此可见，本专利权利要求2限定部分的附加技术特征为本领域的公知技术，因此不具备创造性。

请求人又于2004年9月8日向专利复审委员会提交了意见陈述书，对2004年8月30日提交的补充证据进行了重新编号，将其列为附件3。

被请求人针对请求人于2004年8月10日提出的无效请求于2004年9月26日提交了意见陈述书并修改了权利要求书，同时还以附件的形式提交了无效宣告请求受理通知书、无效宣告请求书及证据副本以及本专利的检索报告。其修改后的权利要求书如下：

"1. 一种用于拧紧或松开各种螺母（栓）、水管和扭动异型工件的多用快速棘爪扳手，该扳手包括柄体（1）、扳口（2）和弹簧固定结构（3），其特征是柄体头部呈半圆状（4），半圆部分有防滑齿（5），半圆头部下方有一条状槽口（6）用于容纳插入的扳口后部（7），销钉（8）将扳口后部与柄体前部固定为一整体，条状槽口内有一由弹簧（9）和弹簧固定销（10）组成的弹簧固定结构（11），弹簧固定销横穿条状槽口，成为其弹簧一端足缠绕其上的固定支点（12），弹簧另一端足穿入勾状扳口的插入条孔部分形成另一支点（13），弹簧施行张力，将扳口向上顶住，使扳口头部与柄体半圆外边形成一开口（14），扳口背部和头部腹侧均有防滑齿（15）。

2. 根据权利要求1所述的扳手，其特征是扳口能作90度或大于90度的开口运动。"

被请求人认为，修改后的权利要求1所限定的技术方案是将公知的技术手段组合或移植到棘爪扳手中，以此构成全新的技术方案，从根本上解决了这类工具多年来在实际使用中所存在的技术问题，因此修改后的权利要求1和权利要求2具备新颖性和创造性。

专利复审委员会本案合议组于2005年2月25日向双方当事人发出了口头审理通知书，定于2005年4月21日举行口头审理，并将请求人于2004年8月30日提交的意见陈述书及补充证据的副本以及于2004年9月8日提交的意见陈述书转给了被请求人，同时将被请求人于2004年9月26日提交的意见陈述书、修改后的权利要求书及相关附件转给了请求人。

口头审理如期举行，双方均出席了本次口头审理。在口头审理过程中，合议组当庭告知双方以被请求人于2004年9月26日提交的修改后的权利要求书作为审查的基础。被请求人对证据1～3的真实性无异议。请求人明确其无效宣告理由为本专利修改后的权利要求1和权利要求2不具备创造性，并认为本专利修改后的权利要求1和权利要求2相对于证据1与证据2的结合或证据1与证据3的结合不具备创造性。另外，双方均认为修改后的权利要求1所限定的技术方案与证据1所公开的技术内容的区别在于弹簧与条状槽口的固定方式不同，本专利是通过固定销进行固定，且弹簧端足缠绕在固定销上。

在上述程序的基础上，合议组认为事实已经清楚，可以依法作出本决定。

**二、决定的理由**

1. 关于审查文本

在本案程序中，被请求人于2004年9月26日修改了权利要求书。经审查，上述修改的权利要求书符合专利法第三十三条、专利法实施细则第六十八条以及审查指南的相关规定，故合议组以被请求人于2004年9月26日提交的权利要求书、本专利授权公告时的说明书和附图作为本案的审查基础。

2. 证据认定

证据1～3属于公开出版物，被请求人对其真实性无异议。其公开日早于本专利的申请日，因此，可以作为现有技术来评价本专利的创造性。

3. 关于本专利的创造性

专利法第二十二条第三款规定：创造性，是指同申请日以前已有的技术相比，该发明有突出的实质性特点和显著的进步，该实用新型有实质性特点和进步。

证据1公开了一种用于拧紧或松开各种螺母（栓）、水管和扭动异型工件的棘爪扳手，该扳手包括柄体（1）和勾状棘爪（2）（相当于本专利中的扳口2），柄体头部呈半圆状（3），半圆部分有防滑齿（4），半圆头部下方有一条状槽口（5）用于容纳插入的棘爪尾部部分（6）（相当于本专利中的扳口后部7），销钉（7）将棘爪尾部与柄体前部固定为一整体，条状槽口内有一弹簧（8），该弹簧以槽口壁和棘爪尾部为支点，将棘爪向上顶住，使棘爪头部与柄体半圆外边形成一开口（10），棘爪背部和头部腹侧均有防滑齿（11）（参见证据1的附图1和说明书第1页最后1行至第2页的文字说明）。

权利要求1所限定的技术方案与证据1所公开的技术方案相比区别如下：弹簧与条状槽口的固定方式不同，在本专利权利要求1中，弹簧和弹簧固定销组成弹簧固定结构，弹簧固定销横穿条状槽口，成为其弹簧一端足缠绕其上的固定支点，这一点也得到了请求人和被请求人双方的共同认可。另外，相对于证据1所记载的现有技术而言，本专利权利要求1所限定的技术方案所要解决的技术问题是，防止出现棘爪扳手在工作时弹簧从条状槽口壁中脱落使扳手无法使用而影响工作效率的现象。

因此，权利要求1是否具备创造性的关键在于，现有技术中是否给出了将上述区别技术特征应用到现有技术证据1中以解决上述技术问题的技术启示。

证据2公开了一般机械领域中用于固定零件之间相对位置的销和用于压紧和储能的螺旋扭转弹簧，但其中并没有涉及任何有关固定销与螺旋扭转弹簧两者之间如何进行配合来实现螺旋扭转弹簧固定的相关技术内容，更没有涉及任何有关通过将螺旋扭转弹簧的端足缠绕在固定销上并以固定销作为固定支点来实现螺旋扭转弹簧的固定，并将其应用于棘爪扳手中来解决棘爪扳手工作时弹簧易脱落这一技术问题的相关技术内容，也没有给出有关于此的任何技术启示或教导。

证据3公开了一般机械领域中所用的螺旋扭转弹簧的八种安装示例，其中在（e）例中，螺旋扭转弹簧的一个端足缠绕在一个销杆状物件上。但是，证据3并没有说明该安装固定方式的具体技术特点和具体应用场合，更未涉及任何有关将其应用于棘爪扳手中使固定销横穿棘爪扳手的条状槽口进行设置并以固定销作为弹簧的固定支点来解决棘爪扳手工作时弹簧易脱落的技术问题的相关技术内容，同时也没有给出有关于此的任何技术启示或教导。

综上所述，证据2和证据3均未给出将上述区别技术特征即固定销横穿棘爪扳手的条状槽口并将弹簧一端足缠绕其上作为弹簧的固定支点应用到现有技术证据1的棘爪扳手中，以解决棘爪扳手在工作时出现弹簧从条状槽口壁中脱落而使扳手无法使用而影响工作效率的技术问题的任何技术启示或教导。另外，棘爪扳手作为一种手动工具，该技术领域相对较为古老，技术发展较为成熟，作出小的改进都非轻而易举。本专利权利要求1所限定的技术方案通过将一般机械领域中所用的螺旋扭转弹簧的安装固定方式应用于棘爪扳手中，并结合棘爪扳手的具体结构将弹簧和弹簧固定销组成弹簧固定结构，使弹簧固定销横穿条状槽口，成为其弹簧一端足缠绕其上的固定支点，从而解决了棘爪扳手在工作时所存在的弹簧易脱落而导致扳手无法使用并影响工作效率的技术问题，具有实质性特点和进步，因而具备创造性。

权利要求2是权利要求1的从属权利要求，在权利要求1具备创造性的情况下，该权利要求也具备创造性。

**三、决定**

在被请求人于2004年9月26日提交的权利要求1和权利要求2的基础上，维持00244954.4号实用新型专利权有效。

当事人对本决定不服的，可以根据专利法第四十六条第二款的规定，自收到本决定之日起三个月内向北京市第一中级人民法院起诉。根据该款的规定，一方当事人起诉后，另一方当事人应当作为第三人参加诉讼。

# 北京市第一中级人民法院<br>行政判决书

（2005）一中行初字第695号

原告姜堰市大华工具有限公司，住所地江苏省姜堰市民营经济开发区。

法定代表人徐宏根，总经理。

委托代理人汪旭东，南京知识律师事务所律师。

委托代理人陈静，南京知识律师事务所律师。

被告国家知识产权局专利复审委员会，住所地北京市海淀区北四环西路9号银谷大厦10～12层。

法定代表人廖涛，副主任。

委托代理人崔峥，国家知识产权局专利复审委员会审查员。

委托代理人崔国振，国家知识产权局专利复审委员会审查员。

第三人陈伟，男，汉族，1955年9月29日出生，住重庆市渝中区枇杷山正街72号附6－4。

原告姜堰市大华工具有限公司（下称大华公司）不服被告国家知识产权局专利复审委员会（下称专利复审委员会）于2005年5月13日作出的第7141号无效宣告请求审查决定（下称第7141号决定），于法定期限内向本院提起诉讼。本院于2005年7月7日受理本案后，依法组成合议庭，并按照有关法律规定通知陈伟作为第三人参加诉讼，于2005年10月26日公开开庭进行了审理。原告大华公司的委托代理人陈静，被告专利复审委员会的委托代理人崔国振，第三人陈伟到庭参加了诉讼。本案现已审理终结。

专利复审委员会第7141号决定系就大华公司针对陈伟享有的第00244954.4号实用新型专利（下称本专利）所提出的无效宣告请求作出的。专利复审委员会在该决定中认定：本专利修改后的权利要求1（下称权利要求1）所限定的技术方案与证据1所公开的技术方案相比区别如下：弹簧与条状槽口的固定方式不同，在本专利权利要求1中，弹簧和弹簧固定销组成弹簧固定结构，弹簧固定销横穿条状槽口，成为其弹簧一端足缠绕其上的固定支点。证据3公开了一般机械领域中所用的螺旋扭转弹簧的八种安装示例，其中在（e）例中，螺旋扭转弹簧的一个端足缠绕在一个销杆状物件上。但是，证据3并没有说明该安装固定方式的具体技术特点和具体应用场合，更未涉及任何有关将其应用于棘爪扳手中使固定销横穿棘爪扳手的条状槽口进行设置并以固定销作为弹簧的固定支点来解决棘爪扳手工作时弹簧易脱落的技术问题的相关技术内容，同时也没有给出有关于此的任何技术启示或教导。另外，棘爪扳手作为一种手动工具，该技术领域相对较为古老，技术发展较为成熟，作出小的改进都非轻而易举。本专利权利要求1所限定的技术方案通过将一般机械领域中所用的螺旋扭转弹簧的安装固定方式应用于棘爪扳手中，并结合棘爪扳手的具体结构将弹簧和弹簧固定销组成弹簧固定结构，使弹簧固定销横穿条状槽口，成为其弹簧一端足缠绕其上的固定支点，从而解决了棘爪扳手在工作时所存在的弹簧易脱落而导致扳手无法使用并影响工作效率的技术问题，具有实质性特点和进步，因而具备创造性。权利要求2是权利要求1的从属权利要求，在权利要求1具备创造性的情况下，该权利要求也具备创造性。因此，被告作出第7141号决定，维持本专利权有效。

原告大华公司不服第7141号决定，在法定期限内向本院提起行政诉讼，其诉称：1. 第7141号决定在明确本专利与证据1的区别特征仅为弹簧在槽口壁上的固定方式的情况下，在判断该区别特征是否存在技术启示时，却将其扩展为专利权人所强调的包括弹簧、销、槽口以及相互之间组合的“弹簧固定结构”。事实上，证据1已经公开了弹簧的使用及其固定位置，因此在探讨技术启示时应仅限于弹簧的固定方式。第7141号决定认为证据3“没有说明该安装固定方式的具体技术特点和具体应用场合，也没有给出任何技术启示和教导”的认定，显然与《审查指南》的判断方法相悖。2. 针对螺旋扭转弹簧的各种固定方式，都有各技术结构必然带来的技术作用和技术效果。技术人员根据证据1公开的技术方案，选择使用“将弹簧一端足缠绕在条状槽口壁的固定销上”的固定方式时，必然已经解决了弹簧脱落的问题。3. 证据3将通常采用的“将弹簧一端足穿入槽口壁”的固定方式与“将弹簧一端足缠绕在条状槽口壁的固定销上”的固定方式列示在一起，充分说明这两种固定手段均为惯用技术手段，两种固定方式的替换，不具有实质性特点和进步。第7141号决定以本专利所属领域“古老而成熟”、“作出小的改进都非轻而易举”为由，认定本专利具备创造性，显然违背了专利法及审查指南关于创造性的判断原则。综上，原告请求法院撤销第7141号决定，判令被告重新作出无效宣告请求审查决定。

被告专利复审委员会辩称：1. 本专利权利要求1与证据1的区别技术特征在于：弹簧与条状槽口的固定方式不同。在权利要求1所限定的技术方案中，通过固定销且弹簧端足缠绕在固定销上的方式进行固定，弹簧和弹簧固定销组成弹簧固定结构，弹簧固定销横穿条状槽口，成为其弹簧一端足缠绕其上的固定支点，这些特征在证据1中并未公开，而且这也得到了原告和第三人的认可。2. 关于证据3是否存在着技术启示。首先，证据3是一般机械领域中涉及的结构，其未公开将固定销横穿棘爪扳手的条状槽口进行设置这一技术特征。其次，证据3没有涉及任何在棘爪扳手这一特定技术领域中有关棘爪扳手弹簧的固定方式的相关技术内容。因此，证据3并未给出固定销横穿棘爪扳手的条状槽口并将弹簧一端足缠绕其上作为弹簧的固定支点应用到棘爪扳手中，以解决棘爪扳手在工作时出现弹簧从条状槽口壁中脱落而使扳手无法使用并影响工作效率的技术问题的任何技术启示或教导。3. 第7141号决定中关于棘爪扳手这一特定技术领域所具有的特点的相关论述，即棘爪扳手作为一种手动工具，该技术领域相对较为古老，技术发展较为成熟，作出小的改进都非轻而易举，就是根据审查指南的相关规定并考虑到本专利是一件实用新型专利而在判断本专利是否具备创造性时所进行的考量。综上所述，被告认为第7141号决定认定事实清楚、适用法律正确、审理程序合法，应予维持。

第三人陈伟述称：1. 本案争议的焦点在于“弹簧固定结构”，本专利的“弹簧固定结构”与证据1、2、3有明显本质区别，原告忽略了使用这些现有技术的领域、构成结构、所引导出的具体功能和产生出的具体结果以及发明创造的方式方法等问题。本专利虽然使用了证据1“螺旋扭转弹簧”的公开技术，但本专利没有单一地对这种弹簧提出保护，而是对由多个方面构成的“弹簧固定结构”提出保护。证据3中并没有具体说明带有固定销的螺旋扭转弹簧使用领域和使用方法及其技术效果，本专利的“弹簧固定结构”与现有技术“螺旋扭转弹簧”有着本质上的区别。2. 本专利属于“组合发明”、“移植发明”。本专利不是简单将“销联”、“螺旋扭转弹簧”技术组合，而是在工具这一领域对这些公开的技术手段提出了新的技术方案，这是一种实质性的革新，根本解决了在工具领域长期以来存在的弹簧在使用过程中由于承受挤压力而容易滑脱的缺陷。综上，本专利符合专利法第二十二条的规定，被告作出的第7141号决定正确，应予维持。

本院经审理查明：

2000年11月11日，陈伟向国家知识产权局专利局提出名称为“多用快速棘爪扳手”的实用新型专利申请，该申请于2001年9月19日被授权公告，专利号为00244954.4（即本专利），专利权人为陈伟。本专利授权公告的权利要求包括独立权利要求1和从属权利要求2、3。在本专利的说明书中记载有如下内容：93218174.0号专利在具体的实作中，由于该扳手的弹簧结构不合理而经常发生弹簧支点从条状槽口壁中脱落的现象，使该扳手无法使用，影响了工作效率……本实用新型的目的是要提供一种改进的多用快速棘爪扳手，它能有效克服上述缺陷，提高其工作效率……（本专利）由于使用了上述弹簧结构，克服了93218174.0号专利的弹簧端足以槽口壁孔为支点的缺陷，防止了弹簧脱落现象。

2004年8月10日，大华公司以本专利权利要求1~3不具备新颖性、创造性为由向专利复审委员会提出无效宣告请求，并提交了两份证据，其中：

证据1：93218174.0号中国实用新型专利授权说明书，其授权公告日为1995年4月26日，专利权人为陈伟。证据1公开了一种用于拧紧或松开各种螺母（栓）、水管和扭动异型工件的棘爪扳手，该扳手包括柄体（1）和勾状棘爪（2），柄体头部呈半圆状（3），半圆部分有防滑齿（4），半圆头部下方有一条状槽口（5）用于容纳插入的棘爪尾部部分（6），销钉（7）将棘爪尾部与柄体前部固定为一整体，条状槽口内有一弹簧（8），该弹簧以槽口壁和棘爪尾部为支点，将棘爪向上顶住，使棘爪头部与柄体半圆外边形成一开口（10），棘爪背部和头部腹侧均有防滑齿（11）。

2004年8月30日，大华公司又补充了证据3：机械工业出版社出版发行的《弹簧手册》1997年8月第1版封面、版权页及第270页的复印件。在第270页中公开了圆柱螺旋扭转弹簧的八种安装示例图，其中在（e）例中，螺旋扭转弹簧的一个端足缠绕在一个销杆状物件上。

针对上述无效宣告请求，陈伟于2004年9月26日提交了修改后的权利要求书，修改后的权利要求书为：

“1. 一种用于拧紧或松开各种螺母（栓）、水管和扭动异型工件的多用快速棘爪扳手，该扳手包括柄体（1）、扳口（2）和弹簧固定结构（3），其特征是柄体头部呈半圆状（4），半圆部分有防滑齿（5），半圆头部下方有一条状槽口（6）用于容纳插入的扳口后部（7），销钉（8）将扳口后部与柄体前部固定为一整体，条状槽口内有一由弹簧（9）和弹簧固定销（10）组成的弹簧固定结构（11），弹簧固定销横穿条状槽口，成为其弹簧一端足缠绕其上的固定支点（12），弹簧另一端足穿入勾状扳口的插入条孔部分形成另一支点（13），弹簧施行张力，将扳口向上顶住，使扳口头部与柄体半圆外边形成一开口（14），扳口背部和头部腹侧均有防滑齿（15）。

2. 根据权利要求1所述的扳手，其特征是扳口能作90度或大于90度的开口运动。”

2005年4月21日，专利复审委员会进行了口头审理。在口头审理中，专利复审委员会告知双方以修改后的权利要求书作为审查的基础，大华公司确认无效宣告请求的理由为修改后的权利要求1、2不具备创造性，双方均认为修改后的权利要求1所限定的技术方案与证据1所公开的技术内容的区别在于弹簧与条状槽口的固定方式不同，本专利是通过固定销进行固定，且弹簧端足缠绕在固定销上。

2005年5月13日，专利复审委员会作出第7141号决定。

在本案诉讼中，原告明确放弃使用证据2用于评价本专利的创造性。

以上事实，有证据1、证据3、第7141号决定、本专利授权说明书及当事人陈述等证据在案佐证。

本院认为：

实用新型的创造性，是指同申请日以前已有的技术相比，该实用新型有实质性特点和进步。

将本专利权利要求1与证据1进行对比，二者的区别特征在于弹簧与条状槽口的固定方式不同，本专利是通过固定销进行固定，且弹簧端足缠绕在固定销上。根据本专利说明书，上述区别特征所解决的技术问题在于克服证据1中弹簧端足以槽口壁孔为支点容易脱落的缺陷，防止弹簧脱落，提高工作效率。

在这种情况下，判断本专利权利要求1是否具备创造性，关键在于确定现有技术中是否给出将上述区别特征应用到证据1以解决弹簧脱落的技术问题的技术启示。如果存在该种启示，则本专利权利要求1对于本领域的技术人员来说就是显而易见的。

证据3《弹簧手册》为教科书，其公开日在本专利申请日之前，构成本专利的现有技术。对于本领域技术人员来说，为了解决证据1中棘爪扳手的弹簧容易脱落导致无法正常工作的技术问题，会从弹簧与条状槽口的固定方式入手，去寻找二者更好的连接关系。作为机械领域公知常识的证据3明确教导了螺旋扭转弹簧与其他部件连接的安装方式，其中（e）公开了一端通过销轴固定的安装方式，对于本领域的技术人员来说，在看到该种固定方式时，会想到该种固定方式具有有效防止弹簧脱落的技术效果，因此容易将其应用到证据1中，改进证据1中的固定方式，将其做成通过固定销进行固定，并将弹簧的一端足缠绕在固定销上，以解决弹簧容易脱落的问题。由于这种弹簧销轴固定方式具有的连接牢固、不易脱落的特点是客观存在的，将其应用于扳手上，也没有取得意料不到的技术效果。因此，本领域普通技术人员在证据1的基础上结合证据3得出权利要求1的技术方案无需付出创造性的劳动，本专利权利要求1不具备创造性。被告在第7141号决定中关于本专利权利要求1具备创造性的结论错误，本院予以纠正。

综上所述，被告作出的第7141号决定认定事实不清，适用法律错误，应予撤销。被告应当在本专利权利要求1不具备创造性的基础上，对本专利权利要求2的创造性重新进行审理。依照《中华人民共和国行政诉讼法》第五十四条第（二）项之规定，本院判决如下：

一、撤销被告国家知识产权局专利复审委员会作出的第7141号无效宣告请求审查决定；

二、被告国家知识产权局专利复审委员会重新就第00244954.4号“多用快速棘爪扳手”实用新型专利权作出无效宣告请求审查决定。

案件受理费1000元，由被告国家知识产权局专利复审委员会负担（本判决生效之日起七日内交纳）。

如不服本判决，各方当事人可于本判决送达之日起十五日内，向本院提交上诉状及其副本，并交纳上诉案件受理费1000元（开户行：中国工商银行北京分行黄楼支行，户名：北京市第一中级人民法院，账号：144537－48），上诉于北京市高级人民法院。

审 判 长 仪 军
代理审判员 周云川
人民陪审员 李 渤
二〇〇五年十二月二十日
书 记 员 周丽婷

# 北京市高级人民法院
# 行政判决书

（2006）高行终字第109号

上诉人（原审第三人）陈伟，男，汉族，1955年9月29日出生，住重庆市渝中区枇杷山正街72号6－4。

被上诉人（原审原告）姜堰市大华工具有限公司，住所地江苏省姜堰市民营经济开发区。

法定代表人徐宏根，总经理。

委托代理人汪旭东，南京知识律师事务所律师。

委托代理人陈静，南京知识律师事务所律师。

原审被告国家知识产权局专利复审委员会，住所地北京市海淀区北四环西路9号银谷大厦10～12层。

法定代表人廖涛，副主任。

委托代理人崔峥，国家知识产权局专利复审委员会审查员。

委托代理人杜微科，国家知识产权局专利复审委员会审查员。

上诉人陈伟因专利无效行政纠纷一案，不服北京市第一中级人民法院（2005）一中行初字第695号行政判决，向本院提起上诉。本院2006年3月6日受理后依法组成合议庭，于2006年3月27日公开开庭进行了审理。上诉人陈伟，被上诉人姜堰市大华工具有限公司（下称大华公司）的委托代理人陈静，原审被告国家知识产权局专利复审委员会（下称专利复审委员会）的委托代理人崔峥、杜微科到庭参加了诉讼。本案现已审理终结。

2004年8月10日，大华公司针对陈伟的"多用快速棘爪扳手"的实用新型专利权向专利复审委员会提出无效宣告请求，其理由是本案专利权利要求1～3不具备新颖性和创造性。专利复审委员会经审查，于2005年5月13日作出第7141号无效宣告请求审查决定（下称第7141号决定），宣告陈伟的"多用快速棘爪扳手"实用新型专利权有效。大华公司不服该决定，在法定期限内向北京市第一中级人民法院提起行政诉讼。北京市第一中级人民法院依法通知陈伟作为第三人参加本案诉讼。

北京市第一中级人民法院判决认定，将陈伟的"多用快速棘爪扳手"实用新型专利（下称本案专利）权利要求1与证据1进行对比，二者的区别特征在于弹簧与条状槽口的固定方式不同，本案专利是通过固定销进行固定，且弹簧端足缠绕在固定销上。根据本案专利说明书，上述区别特征所解决的技术问题在于克服证据1中弹簧端足以槽口壁孔为支点容易脱落的缺陷，防止弹簧脱落，提高工作效率。判断本案专利权利要求1是否具有创造性，关键在于确定现有技术中是否给出将上述区别特征应用到证据1以解决弹簧脱落这一技术问题的技术启示。证据3《弹簧手册》为教科书，其公开日在本案专利申请日之前，构成本案专利的现有技术。证据3明确教导了螺旋扭转弹簧与其他部件连接的安装方式，其中（e）公开了一端通过销轴固定的安装方式，对于本领域的技术人员来说，在看到该种固定方式时，会想到该种固定方式具有有效防止弹簧脱落的技术效果，因此容易将其应用到证据1中，改进证据1中的固定方式，将其做成通过固定销进行固定，并将弹簧的一端足缠绕在固定销上，以解决弹簧容易脱落的问题。本领域普通技术人员在证据1的基础上结合证据3得出权利要求1的技术方案无需付出创造性的劳动，本案专利权利要求1不具备创造性。专利复审委员会第7141号决定认定事实不清，适用法律错误，应予撤销。专利复审委员会应当在本案专利权利要求1不具备创造性的基础上，对本案专利权利要求2的创造性重新进行审理。北京市第一中级人民法院依照《中华人民共和国行政诉讼法》第五十四条第（二）项之规定判决：（一）撤销国家知识产权局专利复审委员会作出的第7141号无效宣告请求审查决定；（二）国家知识产权局专利复审委员会重新就第00244954.4号“多用快速棘爪扳手”实用新型专利权作出无效宣告请求审查决定。

陈伟不服一审判决，上诉至本院。其上诉理由是：本案专利修改后的权利要求保护范围中涉及的弹簧固定结构的部分没有被证据1与证据3的结合而公开，更不像一审判决中认定的本案专利权利要求1在证据1的基础上结合证据3是本领域普通技术人员无需创造性劳动就可以获得的。请求二审法院撤销一审判决，维持专利复审委员会第7141号无效决定。

专利复审委员会和大华公司均服从一审判决。

经审理查明：2000年11月11日，陈伟向国家知识产权局专利局提出名称为“多用快速棘爪扳手”的实用新型专利申请，该申请于2001年9月19日被授权公告，专利号为00244954.4，专利权人为陈伟。本案专利授权公告的权利要求包括独立权利要求1和从属权利要求2、3。在本案专利的说明书中记载有如下内容：93218174.0号专利在具体的操作中，由于该扳手的弹簧结构不合理而经常发生弹簧支点从条状槽口壁中脱落的现象，使该扳手无法使用，影响了工作效率……本实用新型的目的是要提供一种改进的多用快速棘爪扳手，它能有效克服上述缺陷，提高其工作效率……（本案专利）由于使用了上述弹簧结构，克服了93218174.0号专利的弹簧端足以槽口壁孔为支点的缺陷，防止了弹簧脱落现象。

大华公司向专利复审委员会提出无效宣告请求时提交了两份证据，其中：

证据1是93218174.0号实用新型专利说明书，其授权公告日为1995年4月26日，专利权人为陈伟。证据1公开了一种用于拧紧或松开各种螺母（栓）、水管和扭动异型工件的棘爪扳手，该扳手包括柄体（1）和勾状棘爪（2），柄体头部呈半圆状（3），半圆部分有防滑齿（4），半圆头部下方有一条状槽口（5）用于容纳插入的棘爪尾部部分（6），销钉（7）将棘爪尾部与柄体前部固定为一整体，条状槽口内有一弹簧（8），该弹簧以槽口壁和棘爪尾部为支点，将棘爪向上顶住，使棘爪头部与柄体半圆外边形成一开口（10），棘爪背部和头部腹侧均有防滑齿（11）。

2004年8月30日，大华公司又补充了证据3，即机械工业出版社1997年8月第1版出版发行的《弹簧手册》封面、版权页及第270页的复印件。在第270页中公开了圆柱螺旋扭转弹簧的八种安装示例图，其中在（e）例中，螺旋扭转弹簧的一个端足缠绕在一个销杆状物件上。

在无效宣告请求审查程序中，陈伟对本案专利权利要求书进行了修改。修改后的权利要求书为：

“1. 一种用于拧紧或松开各种螺母（栓）、水管和扭动异型工件的多用快速棘爪扳手，该扳手包括柄体（1）、扳口（2）和弹簧固定结构（3），其特征是柄体头部呈半圆状（4），半圆部分有防滑齿（5），半圆头部下方有一条状槽口（6）用于容纳插入的扳口后部（7），销钉（8）将扳口后部与柄体前部固定为一整体，条状槽口内有一由弹簧（9）和弹簧固定销（10）组成的弹簧固定结构（11），弹簧固定销横穿条状槽口，成为其弹簧一端足缠绕其上的固定支点（12），弹簧另一端足穿入勾状扳口的插入条孔部分形成另一支点（13），弹簧施行张力，将扳口向上顶住，使扳口头部与柄体半圆外边形成一开口（14），扳口背部和头部腹侧均有防滑齿（15）。

2. 根据权利要求1所述的扳手，其特征是扳口能作90度或大于90度的开口运动。”

2005年4月21日，专利复审委员会进行了口头审理。在口头审理中，专利复审委员会告知双方以修改后的权利要求书作为审查基础，大华公司确认无效宣告请求的理由为修改后的权利要求1、2不具备创造性，双方均认为修改后的权利要求1所限定的技术方案与证据1所公开的技术内容的区别在于弹簧与条状槽口的固定方式不同，本案专利是通过固定销进行固定，且弹簧端足缠绕在固定销上。

专利复审委员会经审查作出第7141号决定。该决定认定：本案专利修改后的权利要求1所限定的技术方案与证据1所公开的技术方案相比区别如下：弹簧与条状槽口的固定方式不同，在本案专利权利要求1中，弹簧和弹簧固定销组成弹簧固定结构，弹簧固定销横穿条状槽口，成为其弹簧一端足缠绕其上的固定支点。证据3公开了一般机械领域中所用的螺旋扭转弹簧的八种安装示例，其中在（e）例中，螺旋扭转弹簧的一个端足缠绕在一个销杆状物件上。但是，证据3并没有说明该安装固定方式的具体技术特点和具体应用场合，更未涉及任何有关将其应用于棘爪扳手中使固定销横穿棘爪扳手的条状槽口进行设置并以固定销作为弹簧的固定支点来解决棘爪扳手工作时弹簧易脱落的技术问题的相关技术内容，同时也没有给出有关于此的任何技术启示或教导。另外，棘爪扳手作为一种手动工具，该技术领域相对较为古老，技术发展较为成熟，作出小的改进都非轻而易举。本案专利权利要求1所限定的技术方案通过将一般机械领域中所用的螺旋扭转弹簧的安装固定方式应用于棘爪扳手中，并结合棘爪扳手的具体结构将弹簧和弹簧固定销组成弹簧固定结构，使弹簧固定销横穿条状槽口，成为其弹簧一端足缠绕其上的固定支点，从而解决了棘爪扳手在工作时所存在的弹簧易脱落而导致扳手无法使用并影响工作效率的技术问题，具有实质性特点和进步，因而具备创造性。权利要求2是权利要求1的从属权利要求，在权利要求1具备创造性的情况下，该权利要求也具备创造性。

在本案诉讼中，大华公司明确放弃使用用于评价本案专利创造性的证据2。

以上事实，有证据1、证据3、专利复审委员会第7141号决定、本案专利权利要求书、说明书及当事人陈述等证据在案佐证。

本院认为，我国专利法规定的创造性，是指同申请日以前已有的技术相比，该发明有突出的实质性特点和显著进步。根据陈伟在无效审查程序中修改后的本案专利权利要求和庭审中陈伟的确认，本案专利与证据1的区别技术特征为弹簧与条状槽口的固定方式不同，即本案专利采用了将弹簧和弹簧固定销组成弹簧固定结构。该弹簧固定结构对于证据1而言是个技术进步亦是不争的事实，应予确认。证据3公开了一般机械领域所用的螺旋扭转弹簧的八种安装示例中的（e）例，即螺旋扭转弹簧的一个端足缠绕在一个销杆状物件上这一弹簧固定结构，虽然其中未明确给出该固定结构能够用于棘爪扳手，但是，将此技术引入证据1的棘爪扳手中进而得出本案专利技术方案，对于本领域普通技术人员而言，并不需要付出创造性劳动。因此，本案专利权利要求1不具备创造性。鉴于专利复审委员会在对本案专利权利要求1的创造性作出错误认定的情况下认定本案专利权利要求2也具备创造性，一审法院判决撤销专利复审委员会第7141号决定，要求专利复申委员会对本案专利重新作出无效宣告审查决定，并无不当。

综上，陈伟所提上诉理由不能成立，其上诉请求不予支持。专利复审委员会所作第 7141 号决定缺乏事实和法律依据，应予撤销。一审判决认定事实清楚，证据充分，程序合法，适用法律正确，应当维持。依照《中华人民共和国行政诉讼法》第六十一条第（一）项之规定，判决如下：

驳回上诉，维持原判。

一审案件受理费 1000 元，由国家知识产权局专利复审委员会负担（本判决生效之日起七日内交纳）；二审案件受理费 1000 元，由陈伟负担（已交纳）。

本判决为终审判决。

审 判 长　刘继祥

审 判 员　孙苏理

代理审判员　焦　彦

二○○六年四月十八日

书 记 员　刘　悠

# 陀螺形挡渣塞案

## 无效宣告请求审查决定（第7142号）

**决　定　号**　第7142号
**决　定　日**　2005年5月12日
**发明创造名称**　陀螺形挡渣塞
**国际分类号**　B22D 41/00　B22D 41/14
**无效请求人**　包头新日立科贸发展有限公司
**专利权人**　武汉钢铁（集团）公司
**专　利　号**　95217019.1
**申　请　日**　1995年7月12日
**授权公告日**　1997年1月15日
**合议组组长**　杨克菲
**主　审　员**　崔　峥
**参　审　员**　魏　屹

**法律依据**　专利法第二十二条第三款　专利法实施细则第二十条第一款
**决定要点**

1. 如果涉案专利的权利要求已暗含地给出了相应零部件之间的连接关系和位置关系，而且，对于本领域技术人员来说，根据其说明书和附图的描述，也能够对该权利要求中的这些零部件的连接关系和位置关系作出正确的理解和判断，则应认为涉案专利的该项权利要求已清楚地界定了其保护范围，符合专利法实施细则第二十条第一款的规定。

2. 如果涉案专利之某项权利要求中的某技术特征没有被相关证据所公开，而且该技术特征也使得该权利要求所限定的技术方案产生了有益的技术效果，同时这些证据中也未就其给出任何技术启示和教导，即使将这些相关证据所公开的技术内容进行组合，也不能获得该权利要求所限定的技术方案，则该权利要求具备创造性。

### 一、案由

本无效宣告请求案涉及申请日为1995年7月12日、授权公告日为1997年1月15日、名称为“陀螺形挡渣塞”的95217019.1号实用新型专利，专利权人为武汉钢铁（集团）公司（下称被请求人）。授权公告的权利要求书如下：

“1. 一种陀螺形挡渣塞，具有钢芯和包裹在其外的耐火材料，其特征是钢芯由芯杆（1）、芯片底座（2）、芯片（3）、芯片盖板（4）和螺母（5）组成，钢芯外部耐火材料（6）所构成的形状为陀螺形，陀螺本体的上部直径大于出钢口直径，陀螺本体的下端直径小于出钢口直径，芯杆的上端可高出陀螺本体的上部平面，下端长于陀螺本体。”

针对上述专利权，包头新日立科贸发展有限公司（下称请求人）于2004年11月8日向专利复审委员会提出了无效宣告请求，其理由是本专利权利要求1不具备创造性，同时提交了如下证据：

证据1：CN2167801Y中国实用新型专利说明书复印件（公开日为1994年6月8日）；

证据2：US4799650美国专利说明书复印件（公开日为1989年1月24日）。

请求人认为，证据1公开了一种截顶倒圆锥形挡渣塞，本专利权利要求1与证据1相比，其区别在于：在本专利权利要求1中，挡渣塞为陀螺形，钢芯具有芯片（3）、芯片盖板（4）和螺母（5），芯杆下端长于陀螺本体。而在证据2公开的挡渣塞中，挡渣塞为陀螺形，且芯杆下端长于陀螺本体，该挡渣塞的比重通过加入钢球量、不锈钢、细矿石量的多少来进行调整，而本专利采用“钢芯由芯杆（1）、芯片底座（2）、芯片（3）、芯片盖板（4）和螺母（5）组成”的结构来调整挡渣塞的比重，两者没有实质性的区别，故本专利权利要求1相对于证据1和证据2的结合不具备创造性。

经形式审查合格，专利复审委员会于2004年11月9日受理了上述无效宣告请求并将无效宣告请求书及证据副本转给了被请求人，要求其在指定期限内答复，同时成立合议组对上述无效宣告请求进行审查。

请求人又于2004年12月7日向专利复审委员会提交了意见陈述书并补充了如下证据：

证据3：US4871148美国专利说明书复印件（公开日为1989年10月3日）；

证据4：US4725045美国专利说明书复印件（公开日为1988年2月16日）；

证据5：US4709903美国专利说明书复印件（公开日为1987年12月1日）；

证据6：US4494734美国专利说明书复印件（公开日为1985年1月22日）。

请求人认为，本专利权利要求1仅仅给出了构成钢芯的五个零部件，而未给出这些零部件的连接关系和位置关系，因此没有清楚地界定其保护范围，不符合专利法实施细则第二十条第一款和专利法实施细则第二十一条第二款的规定。另外，证据6公开了一种用于转炉出钢的炉渣控制装置，本专利权利要求1与证据6相比，其区别在于：在本专利权利要求1中，钢芯具有芯片（3）、芯片盖板（4）和螺母（5）。而在证据2公开的挡渣塞中，挡渣塞的比重通过加入钢球量、不锈钢、细矿石量的多少来进行调整。而本专利采用“钢芯由芯杆（1）、芯片底座（2）、芯片（3）、芯片盖板（4）和螺母（5）组成”的结构来调整挡渣塞的比重，两者没有实质性的区别。同样，证据3、4、5也公开了用于调整挡渣塞比重的技术特征。故本专利权利要求1相对于证据6与证据2或证据3或证据4或证据5的结合不具备创造性。

被请求人针对请求人于2004年11月8日提出的无效请求于2004年12月22日提交了意见陈述书，其认为：证据1和证据2均未公开本专利权利要求1中的任何一部分技术特征。因此，本专利相对于证据1和证据2的结合具备创造性。

专利复审委员会本案合议组于2005年1月17日向请求人发出了外文证据处理通知书，要求请求人在一个月内补交证据2～6的中文译文，期满未补交的，该外文证据视为未提交。

请求人于2005年2月28日向专利复审委员会提交了意见陈述书，同时提交了证据2、证据5和证据6使用部分的中文译文。

专利复审委员会本案合议组于2005年3月2日向双方当事人发出了口头审理通知书，定于2005年4月27日举行口头审理，并将请求人于2004年12月7日和2005年2月28日提交的意见陈述书及补充证据的副本以及证据的中文译文转给了被请求人，同时将被请求人于2004年12月22日提交的意见陈述书转给了请求人。

被请求人针对请求人于2004年12月7日和2005年2月28日提交的意见陈述书于2005年4月15日向专利复审委员会提交了意见陈述书并随附有国家知识产权局专利局为本专利所作的实用新型专利检索报告的复印件。被请求人认为，证据5和6所公开的挡渣塞的形状与本专利的陀螺形完全不同，而且也均未公开本专利“钢芯由芯杆（1）、芯片底座（2）、芯片（3）、芯片盖板（4）和螺母（5）组成”的技术特征。证据2和证据5中的挡渣塞的比重是通过混合物中所加入的钢珠、不锈钢丝纤维、细铁矿石等组分含量的多少来进行调整，与本专利是完全不同的。本专利具备创造性。另外，在本专利权利要求1中，耐火材料包裹在钢芯外部，钢芯由芯杆（1）、芯片底座（2）、芯片（3）、芯片盖板（4）和螺母（5）组成，钢芯外部耐火材料（6）所构成的形状为陀螺形，芯杆的上端高出陀螺本体的上部平面，下端长于陀螺本体。由此可见，“组成钢芯的芯杆（1）贯穿于陀螺本体，组成钢芯的芯片底座（2）、芯片（3）、芯片盖板（4）和螺母（5）依次相连并包裹在陀螺本体中”。同时本专利的说明书和附图也清楚地公开并支持权利要求1所限定的技术方案。故权利要求1符合专利法实施细则第二十条第一款和第二十一条第二款的规定。

口头审理如期举行，双方当事人均出席了本次口头审理。

被请求人当庭又提交了意见陈述书。被请求人认为，本专利权利要求1所记载的由芯杆（1）、芯片底座（2）、芯片（3）、芯片盖板（4）和螺母（5）构成的比重调节单元，其整体上被完全包裹在由耐火材料构成的陀螺体中，可以有效地与钢水隔离而不会被侵蚀或腐蚀，可以预先针对不同的钢种冶炼工艺方便地设定好芯片的重量和块数，从而方便地调节挡渣塞的比重。而证据1、证据2、证据5和证据6均未公开此技术特征，故本专利权利要求1具备创造性。另外，权利要求1业已清楚地界定了本专利的保护范围，同时本专利的说明书和附图也清楚地公开并支持权利要求1所限定的技术方案。故权利要求1也符合专利法实施细则第二十条第一款和第二十一条第二款的规定。

合议组当庭将被请求人提交的上述意见陈述书以及于2005年4月15日提交的意见陈述书转给了请求人。

在口头审理过程中，请求人放弃了证据3~5，并放弃以专利法实施细则第二十一条第二款作为无效理由，而且明确其无效理由为本专利权利要求1不符合专利法实施细则第二十条第一款的规定以及相对于证据6与证据1的结合或证据2与证据1的结合不具备创造性。被请求人对证据1、证据2和证据6的真实性无异议，对证据2和证据6的中文译文无异议。同时，双方围绕上述无效理由进行了充分的辩论。

口头审理结束后，请求人于2005年4月29日向专利复审委员会提交了意见陈述书，进一步阐明了本专利权利要求1不符合专利法实施细则第二十条第一款的规定以及相对于证据6与证据1的结合或证据2与证据1的结合不具备创造性的理由。

在上述程序的基础上，合议组认为本案事实已经清楚，可以依法作出本决定。

**二、决定的理由**

1. 关于本专利权利要求1是否符合专利法实施细则第二十条第一款的规定

专利法实施细则第二十条第一款规定：权利要求书应当说明发明或者实用新型的技术特征，清楚、简要地表达请求保护的范围。

专利法第五十六条第一款规定：发明或者实用新型专利权的保护范围以其权利要求的内容为准，说明书及附图可以用于解释权利要求。

请求人认为，在本专利权利要求1中，仅仅给出了构成钢芯的五个零部件，而未给出这些零部件的连接关系和位置关系，因此没有清楚地界定其保护范围，不符合专利法实施细则第二十条第一款的规定。

对此，合议组认为，权利要求书中技术特征的具体技术含义应结合专利说明书及本领域的一般常识进行理解。在本专利权利要求1中，已清楚地载明耐火材料包裹在钢芯外部，钢芯由芯杆（1）、芯片底座（2）、芯片（3）、芯片盖板（4）和螺母（5）组成，钢芯外部耐火材料（6）所构成的形状为陀螺形，芯杆的上端高出陀螺本体的上部平面，下端长于陀螺本体。由此可见，组成钢芯的芯杆（1）贯穿陀螺本体。而且，由构成钢芯的部件的名称可以看出，“芯片底座（2）”作为“芯片（3）”的底座对“芯片（3）”起支撑作用。“芯片盖板（4）”作为“芯片（3）”的盖板应当是覆盖在“芯片（3）”上。也就是说，芯片底座（2）、芯片（3）、芯片盖板（4）应当是依次叠置在一起。螺母是机械领域中常用的一种紧固零件，因此，其应当是起紧固作用，用于紧固芯片底座（2）、芯片（3）和芯片盖板（4）。另外，“芯杆（1）”其名称本身就包含有位于芯部之杆的含义。而且，在本专利权利要求1中，也明确说明挡渣塞为陀螺形，陀螺本身就是一种旋转对称的物体，其转轴位于陀螺本体的中心。另外，根据本领域的一般常识，挡渣塞的形状通常大致是旋转对称的，以保证其重心大致位于其中心轴线上，从而使挡渣塞在钢液中始终以大头向上、小头向下的状态飘浮于钢水和钢渣之间，并在出钢过程中，在钢液的流动牵引导向作用下到达出钢口位置，将钢水和钢渣隔开，从而达到挡渣的目的。因此，可以确定芯杆（1）应当大致位于陀螺本体的中心位置。而且，芯片底座（2）、芯片（3）、芯片盖板（4）和螺母（5）也必须布置成可使挡渣塞的重心位于其中心轴线上，以保证挡渣塞可正常工作。而根据本专利的说明书和附图，其所能得到的惟一解释是，芯杆（1）大致位于陀螺本体的中心位置并依次贯穿芯片底座（2）、芯片（3）、芯片盖板（4）和螺母（5）。

因此，合议组认为，本专利权利要求1已暗含地给出了构成钢芯的芯杆（1）、芯片底座（2）、芯片（3）、芯片盖板（4）和螺母（5）之间的连接关系和位置关系。而且，对于本领域技术人员来说，根据本专利说明书和附图的描述，显然也能够对权利要求1中上述零部件的连接关系和位置关系作出正确的理解和判断，而不会产生误解和歧义。因此，应当认为本专利权利要求1已清楚地界定了其保护范围，符合专利法实施细则第二十条第一款的规定。

2. 关于本专利的创造性

专利法第二十二条第三款规定：创造性，是指同申请日以前已有的技术相比，该发明有突出的实质性特点和显著的进步，该实用新型有实质性特点和进步。

证据1、证据2和证据6为专利文献，属于公开出版物，被请求人对其真实性无异议，其公开日早于本专利的申请日。因此，证据1、证据2和证据6可以作为现有技术来评价本专利的创造性。

证据1公开了一种截顶倒圆锥形挡渣塞，其由钢芯（1）和包在钢芯（1）四周和顶部的耐火材料（2）组成，其比重介于钢水和钢渣的比重之间，其大头的直径大于出钢口直径，小头的直径小于出钢口直径，挡渣塞的顶部装有提把（5），挡渣塞的合成重心低于其几何中心（参见证据1的附图1和附图2及说明书第4页第6~12行的文字说明）。

证据2公开了一种具有涡流抑制器的挡渣装置，其包括一个具有轴向通孔（11）的圆形封堵（10）和一个悬垂向下延伸并呈六面体形状的延伸部（12），一金属杆（14）穿过封堵（10）的通孔（11）并向下延伸进入呈六面体形状的延伸部（12）并通过铆钉（14′）固定，封堵（10）和六面体延伸部（12）都由耐火材料制成，且封堵表面设有在圆周方向上均布的圆槽（15）。该装置可由耐火的陶制粘合剂、铁矿石、钢球、不锈钢纤维和水的混合材料制成，且上述材料配比可形成密度为0.15~0.17磅/立方英寸的材料，其密度介于炉渣和钢水的密度之间（参见证据2的图1和图2及说明书第1栏第62行至第2栏第20行以及第3栏第5~15行的中文译文）。

证据6也公开了一种挡渣装置，其包括一个由耐火材料制成的圆锥形本体（10），该本体设置在一个钢杆（12）上，钢杆（12）位于本体（10）下面的部分包围在由耐火材料制成的套（13）中，且盖（14）包围着钢杆（12）的下端，钢杆（12）垂直向上穿过本体（10）并从其上部伸出（参见证据6的图1及说明书第2栏第8~29行的中文译文）。

因此，证据1、2和证据6均未公开本专利权利要求1中的“钢芯由芯杆（1）、芯片底座（2）、芯片（3）、芯片盖板（4）和螺母（5）组成”这些技术特征。正是由于具有上述技术特征，才使得本专利可根据冶炼工艺或不同钢种对挡渣塞整体比重的要求，只需通过调整芯片的块数就可方便地调节钢芯的重量，进而调节挡渣塞的整体比重，并使得其制作工艺简单、成本低且操作方便。同时证据1、证据2和证据6中也未就上述技术方案给出任何技术启示和教导。即使将证据2与证据1或证据6与证据1所公开的技术内容进行组合，也不能获得本专利权利要求1所限定的技术方案，因此，本专利权利要求1具备创造性。

**三、决定**

维持95217019.1号实用新型专利权有效。

当事人对本决定不服的，可以根据专利法第四十六条第二款的规定，自收到本决定之日起三个月内向北京市第一中级人民法院起诉。根据该款的规定，一方当事人起诉后，另一方当事人应当作为第三人参加诉讼。

# 大型载重卡车右前视镜案

## 无效宣告请求审查决定（第7143号）

决　定　号　第7143号
决　定　日　2005年5月17日
发明创造名称　大型载重卡车右前视镜
国际分类号　B60R 1/10
无效请求人　洛阳乐丰机电设备有限公司
专利权人　靳晓钟
专　利　号　01267723.X
申　请　日　2001年10月16日
授权公告日　2002年8月21日
合议组组长　徐媛媛
主　审　员　白剑锋
参　审　员　杨克菲

法律依据　专利法第二十二条第二款、第三款
决定要点

如果本领域普通技术人员借助于已有技术获得涉案专利权利要求所限定的技术方案是显而易见的，即涉案专利权利要求的技术方案相对于已有技术不具有实质性特点和进步，则该权利要求不具备创造性。

### 一、案由

本无效宣告请求案涉及申请日为2001年10月16日、授权公告日为2002年8月21日、名称为“大型载重卡车右前视镜”的01267723.X号实用新型专利，专利权人为靳晓钟。授权公告的权利要求书如下：

“1. 一种大型载重卡车右前视镜，其特征是：至少有一个平光镜或凸面镜安装在卡车驾驶室外的左前方、正前方或右前方的车身上，镜面是朝向车身右前侧并面向驾驶室，使在驾驶室能通过该镜面清楚看到该车右前方。

2. 根据权利要求1所述的大型载重卡车右前视镜，其特征是：所述右前视镜是设置在向前超出卡车前保险杠所在立面。

3. 根据权利要求1或2所述的大型载重卡车右前视镜，其特征是：所述右前视镜通过三角架固定在车身上。”

针对上述专利权，洛阳乐丰机电设备有限公司（下称请求人）于2004年9月17日向专利复审委员会提出了无效宣告请求，其理由是本专利权利要求1~3不具备新颖性，同时提交了如下证据：

证据1.1：试制协议书复印件（共计2页）；

证据1.2：重型卡车“视盲镜”技术要求复印件1页；

证据2：签订于2001年6月1日的加工定作合同复印件1页；

证据3：重型卡车“视盲镜”研制样品验收报告复印件（共计2页）；

证据4：安太堡露天煤矿重型卡车“视盲镜”研制样品现场安装照片复印件1页；

证据5：“视盲镜”验收报告复印件1页；

证据6：河南增值税专用发票复印件（共计5页）（开票日期为2001年10月23日）；

证据7：中国银行电子联行收付款通知复印件（共计2页）；

证据8：安太堡露天煤矿出具的研制安装重型卡车“视盲镜”情况的证明复印件（共计3页）；

证据9：安太堡露天煤矿申报科技进步奖的申报材料和证明复印件（共计7页）；

证据10：洛阳市卫星通信设备公司出具的关于企业更名的函复印件1页。

请求人在无效请求书中认为本专利在申请日之前已由请求人研制、生产和使用，因此不具备新颖性。

经形式审查合格，专利复审委员会于2004年9月17日受理了上述无效宣告请求并将无效宣告请求书及证据副本转给了被请求人，同时成立合议组对上述无效宣告请求进行审查。

请求人又于2004年10月16日向专利复审委员会提交了意见陈述书和如下补充证据：

证据11：机动车运行安全技术条件国家标准GB7258－1997复印件共24页（发布日为1997年4月9日）；

证据12：豫M03562机动车行驶证和车型图片复印件；

证据13：豫M03393机动车行驶证和车型图片复印件；

证据14：豫M22360机动车行驶证和车型图片复印件；

证据15：豫C25301机动车行驶证和车型图片复印件；

证据16：豫C25300机动车行驶证和车型图片复印件；

证据17：7089号卡车照片复印件；

证据18：安太堡露天煤矿出具的重型卡车“视盲镜”研制样品验收报告复印件1页；

证据19：安太堡露天煤矿出具的“视盲镜”验收报告复印件1页；

证据20：安太堡露天煤矿出具的证明复印件1页；

证据21：视盲镜试用协议复印件1页；

证据22：新华网网页复印件1页；

证据23：中国技术创新信息网网页复印件1页。

请求人认为，本专利相对于请求人提供的证据不具备新颖性和创造性。

针对请求人于2004年9月17日提出的无效请求，专利权人靳晓钟（下称被请求人）于2004年12月7日提交了意见陈述书，其认为本专利的申请日应为2000年10月16日，而不是2001年10月16日，本专利具备新颖性，请求人的无效宣告请求理由不能成立，并提交了如下的反证以支持其观点：

反证Ⅰ：计划任务书复印件；

反证Ⅱ：国家知识产权局发出的01200860.5实用新型专利申请“授予实用新型专利权及办理登记手续通知书”复印件；

反证Ⅲ：北京神真知识产权咨询中心的信封和收据。

专利复审委员会本案合议组于2005年1月20日向双方当事人发出了口头审理通知书，定于2005年3月31日举行口头审理，并将请求人于2004年10月16日提交的意见陈述书和补充证据的副本转给了被请求人，同时将被请求人于2004年12月7日提交的意见陈述书及相关证据的副本转给了请求人。

请求人于2005年2月23日向专利复审委员会提交了意见陈述书，针对被请求人于2004年12月7日提交的意见陈述书及相关证据进行了相应的反驳。

口头审理如期举行，双方当事人均出席了本次口头审理，双方当事人对变更后的合议组成员无回避请求。合议组当庭将请求人于2005年2月23日提交的意见陈述书转给被请求人。在口头审理过程中，双方进行了充分的辩论，被请求人当庭对请求人于2005年2月23日提交的意见陈述发表了意见并表示口头审理后不再提交书面意见。请求人明确宣告本专利无效的理由是本专利不符合专利法第二十二条第二款、第三款的规定，即认为本专利不具备新颖性和创造性；被请求人认为请求人提供的证据1至证据10、证据17至证据20以及证据22、证据23的复印件与原件相符，并认可证据6的真实性；被请求人认为请求人提供的证据11、证据14和证据21无原件，否认证据的真实性。合议组当庭告知双方当事人：因请求方不能提供原件，故合议组对证据12至证据16不予考虑；请求方在10日内提交证据11（国家标准）的原件或用于证明其真实性的公证件，被请求人表示不再对请求方将提交的该证据予以核实，由合议组核实证据11的真实性。

请求人于2005年4月11日向合议组提交了证据11（国家标准GB7258－1997）的公证件，其公证书中载明证据11的复印件与原件相符。

在上述审查的基础上，合议组认为事实已经清楚，故作出本决定。

**二、决定的理由**

经合议组核实，本专利的申请日确为2001年10月16日，而非被请求人所称的2000年10月16日；另外，被请求人提交的反证Ⅰ至反证Ⅲ与本案无关，合议组对其不予考虑。

1. 证据认定

合议组对请求人于2005年4月11日提交的证据11的公证件予以核实，确认了证据11的真实性，认为对于证据11应予采信。由于证据11是1997年4月9日公布、1998年1月1日实施的国家标准，其公布日早于本专利申请日，因此证据11披露的技术信息可以作为评价本专利新颖性和创造性的已有技术。

2. 关于本专利的新颖性和创造性

（1）关于新颖性

专利法第二十二条第二款规定：新颖性是指在申请日以前没有同样的发明或者实用新型在国内外出版物上公开发表过、在国内公开使用过或者以其他方式为公众所知，也没有同样的发明或者实用新型由他人向国务院专利行政部门提出过申请并且记载在申请日以后公布的专利申请文件中。

证据11的第14页第11条涉及安全防护装置，该条第11.2项涉及车外后视镜和前下视镜，其中披露如下技术信息：机动车（挂车除外）必须在左右各设置一后视镜，车长大于6m的平头客车、无轨电车和平头载货汽车前应设置一面下视镜；机动车车外后视镜的安装位置和角度应保证看清车身左右外侧、车后50m以内的交通情况。前下视镜应能看清风窗玻璃前下方长1.5m、宽3m范围内的情况；车外后视镜和前下视镜应易于调节，并能有效保持其位置；安装在外侧距地面1.8m以下的后视镜，当行人等接触该镜时，应具有能缓和冲击的功能。

将本专利权利要求1限定的技术方案与证据11披露的技术信息相比，两者的差别在于：前者具体限定“右前视镜”，即本专利权利要求1的方案中的前下视镜可“使在驾驶室能通过该镜面清楚看到该车右前方”。另外，前者（本专利权利要求1限定的方案）具体限定前下视镜为“平光镜或凸面镜”。由于权利要求1限定的技术方案与证据11披露的信息存在上述差异，所以本专利权利要求1相对于证据 11 具备新颖性，符合专利法第二十二条第二款的规定；在权利要求 1 具备新颖性的基础上，其从属权利要求 2、3 同样具备新颖性。

（2）关于创造性

专利法第二十二条第三款规定：创造性，是指同申请日以前已有的技术相比，该发明有突出的实质特点和显著的进步，该实用新型有实质性特点和进步。

本专利权利要求 1 的方案是为了消除大型载重卡车右前方视线盲区，避免发生右前方的行车交通事故而提出的，之所以要消除右前方视线盲区是因为司机驾驶室设置在卡车的左前上方，即左前盲区较小、右前方盲区较大。而证据 11 的相关内容表明前下视镜属于安全防护装置，即设置前下视镜也是为了尽量减小司机的视线盲区，避免交通事故；对于大型卡车而言，车辆前方的视线盲区自然应当处于远离司机驾驶位置的区域，我国车辆驾驶员位置处于车辆的左前侧明显属于公知常识，而大型卡车的前下视镜是为了“使在驾驶室能通过该镜面清楚看到该车右前方”对于本领域普通技术人员而言属于公知技术。而前下视镜采用平光镜和凸面镜对于本领域普通技术人员也属于公知技术，凸面镜可以加大反射区域，属于镜面基本的光学性能。另外，本专利权利要求 1 关于前下视镜安装位置的特征“安装在卡车驾驶室外的左前方、正前方或右前方的车身上”与证据 11 中披露的“车长大于 6m 的平头客车、无轨电车和平头载货汽车前应设置一面下视镜”特征是相同的。因此，本领域普通技术人员借助于证据 11 披露的技术信息和本领域的公知技术获得本专利权利要求 1 限定的技术方案是显而易见的，即本专利权利要求 1 的技术方案相对于证据 11 披露的技术信息不具有实质性特点和进步，故权利要求 1 不具备创造性，不符合专利法第二十二条第三款的规定。

本专利权利要求 2 的限定技术特征是“所述右前视镜是设置在向前超出卡车前保险杠所在立面”。根据光线是直线传播的、两点构成一条直线等最基本的公知常识，如果右前视镜设置在未超出前保险杠的立面的位置，则右前视镜不能反射到车辆保险杠下方的区域，也就不能解决消除视线盲区的问题。因此，本领域技术人员借助证据 11 披露的技术信息和公知常识来获得权利要求 2 限定的技术方案是显而易见的，即本专利权利要求 2 的技术方案相对于证据 11 披露的技术信息不具有实质性特点和进步，故权利要求 2 同样不具备创造性，不符合专利法第二十二条第三款的规定。

本专利权利要求 3 的限定技术特征是“所述右前视镜通过三角架固定在车身上”。三角架固定属于常规的固定方式，为了将右前视镜稳定、有效地固定于车身上，本领域技术人员借助于公知技术不难想到会采用权利要求 3 限定的技术方案，即本专利权利要求 3 的技术方案相对于证据 11 披露的技术信息不具有实质性特点和进步，故权利要求 3 同样不具备创造性，不符合专利法第二十二条第三款的规定。

综上所述，本专利的权利要求 1 至权利要求 3 均不具备创造性，不符合专利法第二十二条第三款的规定。

**三、决定**

宣告 01267723. X 号实用新型专利权全部无效。

当事人对本决定不服的，可以根据专利法第四十六条第二款的规定，自收到本决定之日起三个月内向北京市第一中级人民法院起诉。根据该款的规定，一方当事人起诉后，另一方当事人应当作为第三人参加诉讼。

# 表面带有图案的鞋带头束结胶套的加工方法案

## 无效宣告请求审查决定（第7144号）

**决　定　号**　第7144号
**决　定　日**　2005年5月17日
**发明创造名称**　表面带有图案的鞋带头束结胶套的加工方法
**国际分类号**　A43D 99/00
**无效请求人**　江门市杜阮裕昌织造企业有限公司
**专利权人**　台湾百和工业股份有限公司
**专　利　号**　98102312.6
**申　请　日**　1998年5月29日
**授权公告日**　2002年7月31日
**合议组组长**　杨克菲
**主　审　员**　徐媛媛
**参　审　员**　陈海平

**法律依据**　专利法第二十六条第三款、第二十二条第三款　专利法实施细则第二十条第一款、第二十一条第二款

**决定要点**

请求人提供的证据与本专利属不同的技术领域，同时其中也未就本专利所要求保护的技术方案给出任何相应的技术启示，而本专利所要求保护的技术方案又具有一定的技术效果，故请求人提供的证据不足以破坏本专利的创造性。

**一、案由**

本无效宣告请求案涉及国家知识产权局专利局2002年7月31日授权公告的、名称为“表面带有图案的鞋带头束结胶套的加工方法”的发明专利，其专利号为98102312.6，申请日为1998年5月29日，专利权人是台湾百和工业股份有限公司。授权公告的权利要求书如下：

“1. 一种表面带有图案的鞋带头束结胶套的加工方法，首先在卷状胶片的一个侧面使用普通油墨印刷出所需的图案，将鞋带的欲束结头段送至一具适当温度的固定模具上，向其外缘面喷洒化学粘合剂，另将运转的上述卷状胶片经由一夹持座送至该具适当温度的固定模具与活动模具之间的相对位置处，令活动模具向固定模具方向移动压合而将胶片切断成一适当长度的胶片段，并将鞋带的欲束结头段包裹束结，形成一鞋带头束结胶套，其特征是，在卷状胶片的一侧面印刷图案后，于该侧面上再覆印一层二液型透明油墨，形成对图案的保护膜。

2. 根据权利要求1所述的表面带有图案的鞋带头束结胶套的加工方法，其特征是：该胶片采用醋酸纤维经适当高温处理后，压延成透明状薄片，再绕成卷状胶片。

3. 根据权利要求1或2所述的表面带有图案的鞋带头束结胶套的加工方法，其特征是，胶片侧面印刷的图案是彩色图案。”

针对上述专利权，江门市杜阮裕昌织造企业有限公司（下称请求人）于2004年5月20日向专利复审委员会提出了无效宣告请求，其理由是本实用新型专利不符合专利法第二十六条第三款和第二十二条第三款、专利法实施细则第二十条第一款和第二十一条第二款的规定。与此同时，请求提供了如下证据：

证据1：申请号为91101744.5的中国发明专利申请公开说明书复印件，公开日为1991年12月18日。

请求人认为：（1）本专利说明书未就“二液型透明油墨”作出清楚、完整的说明，同时该特征也非本领域公知的技术术语，而通过“二液型透明油墨”形成图案保护膜是实现本专利发明目的的必要技术特征，本专利的说明书以及权利要求书中均未对油墨如何选择以达到保护膜的作用予以说明，故本领域的技术人员按照说明书记载的内容无法再现本专利的技术方案，故本专利之说明书不符合专利法第二十六条第三款的规定。同时本专利之权利要求1不符合专利法实施细则第二十条第一款、第二十一条第二款的规定。（2）本专利权利要求1前序部分的技术特征是由在鞋带头上加工束头胶套的已知的工艺方法结合在卷状胶片上进行印刷的已知技术的简单叠加，权利要求1特征部分的技术特征则为证据1所披露，故本专利之权利要求相对于证据1不具备创造性。权利要求2及权利要求3限定部分的技术特征是印刷领域的公知常识，故权利要求2及权利要求3同样不具备创造性。

专利复审委员会经形式审查合格后，于2004年5月20日发出了无效宣告请求受理通知书，同时将宣告专利权无效请求书以及有关文件副本转给专利权人（下称被请求人），要求被请求人在指定期限内进行意见陈述。同时成立合议组对本案进行审理。

对此，被请求人于2004年6月28日进行了意见陈述，其认为：（1）本专利对其要求保护的技术方案作出了清楚、完整的说明。“二液型透明油墨”的作用是对图案形成保护层，本领域技术人员据此对透明油墨所作的具体选择是无须付出创造性劳动的。同时本专利要求保护的是实现表面具有图案之鞋带的加工方法，而非这种保护膜组分的选择。（2）本专利与证据1属不同的技术领域，两者惟一的相同点是均使用透明油墨作为图案保护层，但是两者对图案的保护机理以及形成产品的应用领域均是不同的，两者不具有可比性，故不足以破坏本专利权利要求1~3的创造性。

专利复审委员会本案合议组于2005年2月7日将被请求人的意见陈述转送请求人，要求请求人在指定期限进行意见陈述。同时向被请求人以及请求人发出了无效宣告请求口头审理通知书，定于2005年4月13日举行口头审理。

口头审理如期举行，被请求人以及请求人对合议组成员无回避请求，对对方出庭人员身份和资格无异议。请求人明确其无效宣告请求的理由为本专利不符合专利法实施细则第二十条第一款、第二十一条第二款以及专利法第二十六条第三款、第二十二条第三款的规定。请求人当庭提交了一份作为公知常识类证据使用的新证据，即《印刷科技实用手册》相关页复印件共11页，印刷工业出版社1992年4月第1版第1次印刷（下称证据2），合议组当庭将该证据的副本转送被请求人。请求人认为本专利不符合专利法第二十六条第三款，专利法实施细则第二十条第一款、第二十一第二款的规定均基于如下相同的事实，即本专利未对二液型透明油墨的来源、配比组成等工艺调节作出清楚、完整的说明，即使将其理解为二液反应性油墨，而作为二液反应性油墨本身，其是一个非常上位的概念，本领域对其所作的具体选择需付出创造性的劳动。请求人明确其证据对比方式，即证据1及证据2组合破坏本专利权利要求1~3的创造性，同时证据1是最接近的对比文件。被请求人对证据1及证据2的真实性无异议。其当庭提交两份附件（附件1：《丝网印刷工艺》以及附件2：《塑料包装印刷与复合技术问答》），用以证明本专利中的“二液型透明油墨”符合专利法实施细则第二十条第一款、第二十一条第二款以及专利法第二十六条第三款的规定，合议组当庭将被请求人提供的上述两份附件的副本转送请求人。在口头审理过程中，双方当事人就其各自的观点进行了充分的意见陈述。其中，被请求人认为，本专利中涉及的二液型透明油墨就是二液型反应油墨，就二液型反应油墨而言，针对不同的承印材料，主剂和固化剂的配比是不同的，但是配比的选择是有教导的。请求人认为采用透明油墨作为保护膜是所属领域的公知常识。口头审理结束之后，合议组要求双方当事人 15 日内（4 月 28 日前）就其当庭提交的证据（附件）所起作用以及当庭收到的证据（附件）提交书面意见陈述。

请求人以及被请求人均依合议组的要求在指定的期限提交了意见陈述，鉴于双方当事人的意见陈述均是对口头审理所述内容的书面汇总，故合议组未进行相应的文件转送程序。

在上述工作的基础上，合议组认为本案事实已经清楚，可以依法作出审查决定。

**二、决定的理由**

1. 关于本专利是否符合专利法第二十六条第三款，专利法实施细则第二十条第一款、第二十一第二款的规定。

专利法第二十六条第三款规定：说明书应当对发明或实用新型作出清楚、完整的说明，以所属领域的技术人员能够实现为准……

专利法实施细则第二十条第一款规定：权利要求书应当说明发明或实用新型的技术特征，清楚、简要地表述请求保护的范围。

专利法实施细则第二十一条第二款规定：独立权利要求应当从整体上反映发明或实用新型的技术方案，记载解决技术问题的必要技术特征。

请求人认为本专利不符合专利法第二十六条第三款、专利法实施细则第二十条第一款以及专利法实施细则第二十一条第二款的规定均基于如下同一事实，即本专利未对“二液型透明油墨”的来源、配比组成等工艺调节作出清楚、完整的说明，即使将其理解为二液反应性油墨，而作为二液反应性油墨本身，其是一个非常上位的概念，本领域对其所作的具体选择需付出创造性的劳动。

对本领域的技术人员而言，当一种油墨起保护膜的作用时，其必然是透明的，对此，请求人也予以认可。因此，问题的关键在“二液型油墨”在此应如何理解？针对这一问题，合议组认为，油墨印刷于承印材料上之后，其同样也应当具有一个从液态到固态的干燥过程。油墨干燥的方法包括物理干燥和化学干燥。当采用化学干燥时，如果使用二液型油墨，对所属领域的技术人员而言，通常一种为主剂，一种为固化剂，两者化学性质完全不同，通过聚合反应产生固态高分子化合物而产生“干燥”的效果。故在此“二液型油墨”可以惟一地理解为“二液型反应油墨”。

就“二液型反应油墨”本身而言，合议组并不否认其是一个上位的概念，但是其相应的配比、干燥温度以及加热温度等的选择则是本领域的普通技术人员根据承印材料的种类、油墨本身所起作用等等通过有限次的试验即可选择的，这种具体的选择无须付出创造性的劳动。

综上所述，本专利中所使用的“二液型透明油墨”的描述符合专利法第二十六条第三款，专利法实施细则第二十条第一款、第二十一条第二款的规定，合议组对请求人所持相应的主张不予支持。

2. 关于本专利的创造性

专利法第二十二条规定：创造性，是指同申请日以前已有的技术相比，该发明具有突出的实质性特点和显著的进步，该实用新型具有实质性特点和进步。

证据 1 是专利文献，属于公开出版物，被请求人对该证据的真实性无异议，同时该证据的公开日早于本专利的申请日，故证据 1 可作为评价本专利创造性的现有技术。证据 2 是印刷工业出版社 1992 年 4 月第 1 版第 1 次印刷的《印刷科技实用手册》，请求人以该证据作为公知常识类的证据，故合议组对该证据予以采信。该证据属于专利法意义上的公开出版物，被请求人对该证据的真实性无异议，同时该证据的公开日早于本专利的申请日，故证据 2 同样可作为评价本专利创造性的现有技术。

请求人认为证据 1 及证据 2 组合破坏本专利权利要求 1～3 的创造性，故根据审查指南第四部分第三章第 3.1 节关于请求原则的相关规定，合议组将仅以请求人提出的上述证据对比方式评述本专利权利要求 1～3 的创造性。

通过阅读本专利的说明书可知，本专利针对现有鞋带头上束结胶套无法印制油墨图案的问题，其相应的技术解决方案是在形成有一定图案的卷状胶片的表面覆盖由二液型透明油墨形成的保护膜，从而使得在形成鞋带头束结胶套时，预先喷洒于鞋带上的化学粘合剂不会导致在所述胶片上形成一定图案之油墨的挥发。本专利之权利要求 1 据此对其所要求保护的技术方案进行了限定。

证据 1 涉及一种彩印丝网印刷与胶版印刷相结合的彩印装饰板方法，其中披露了在印有图案的装饰板表面涂布一层透明油墨作为保护层的相关技术内容（参见证据 1 说明书第 1 页最后一段～第 2 页第二段）。

请求人所提交的证据 2 的相关页仅涉及油墨的干燥、油墨的种类。

合议组认为，请求人所认为的本专利之最接近的对比文件，即证据 1，其与本专利所属技术领域不同。同时由其中披露的相关技术内容可知，其并未给出通过设置保护膜以确保鞋带头束结胶套的表面可形成一定图案的技术启示。即使将上述两份证据相结合，其仍未给出这一技术启示。同时由本专利之说明书又可看出，该区别技术特征又克服了这一技术领域中存在的技术困难，故本专利之权利要求 1 所要求保护的技术方案具有实质性特点和进步，符合专利法第二十二条第三款的规定，具备创造性。

权利要求 2 及权利要求 3 直接或间接从属于权利要求 1，故在权利要求 1 具备创造性的情况下，权利要求 2 及权利要求 3 同样具备创造性。

**三、决定**

维持 98102312.6 号发明专利专利权有效。

一方当事人对本决定不服的，可以根据专利法第四十六条第二款的规定，在收到本决定之日起三个月内向北京市第一中级人民法院起诉。根据该款的规定，一方当事人起诉后，另一方当事人可以作为第三人参加诉讼。

# 弹力棉案

## 无效宣告请求审查决定（第7149号）

**决　定　号**　第7149号
**决　定　日**　2005年5月19日
**发明创造名称**　弹力棉
**国际分类号**　D04H 1/02 D04H 1/70
**无效请求人**　新丽纤维制品（苏州）有限公司
**专利权人**　王耀亿
**专　利　号**　01230754.8
**申　请　日**　2001年7月25日
**授权公告日**　2002年4月17日
**合议组组长**　白剑锋
**主　审　员**　陈　勇
**参　审　员**　陈海平

**法律依据**　专利法第二十二条第二款
**决定要点**

对比文件公开了一项权利要求的所有技术特征，不同的仅仅是文字表达方式上略有差别，两者技术方案相同，且属于相同的技术领域，并能产生相同的技术效果，因此该项权利要求不具备新颖性。

### 一、案由

本无效宣告请求案涉及申请日为2001年7月25日、授权公告日为2002年4月17日、名称为"弹力棉"的01230754.8号实用新型专利（下称本专利），专利权人为王耀亿（下称被请求人）。本专利授权公告的权利要求书如下：

"1. 一种弹力棉，其特征是：它是由多层棉网（2）规则叠放，每层棉网（2）网面与弹力棉（1）的上、下表面相垂直。

2. 如权利要求1所述的弹力棉，其特征是：所述多层棉网（2）是由一块棉网折叠而成的。

3. 如权利要求1所述的弹力棉，其特征是：所述棉网（2）有多块，相互叠放成多层棉网。

4. 如权利要求1或2或3所述的弹力棉，其特征是：所述多层棉网（2）之间靠层间的渗透物（3）相互交织或粘着。"

针对上述专利权，新丽纤维制品（苏州）有限公司（下称请求人）于2004年9月5日向专利复审委员会提出了无效宣告请求，其理由是本专利不具备专利法第二十二条第二款、第三款规定的新颖性和创造性。请求人同时提交了以下两份证据：

证据1：ZL91110912.9号中国发明专利申请公开说明书的复印件，授权公告日为1999年4月28日；

证据2：ZL96213689.1号中国实用新型专利说明书的复印件，授权公告日为1998年1月14日。

请求人认为：（1）证据1或者证据2单独公开了本专利权利要求1~4的全部技术特征，因此权利要求1~4不具备新颖性；（2）"棉网层高温融合"为公知技术，再结合证据1和证据2公开的现有技术，可以否定本专利全部权利要求的创造性。

经形式审查合格后，专利复审委员会受理了上述无效宣告请求，分别向请求人和被请求人发出了无效宣告请求受理通知书，并将上述无效宣告请求书及所附相关文件副本转送给被请求人，要求其在指定期限内进行意见陈述。同时依法成立合议组对本案进行审查。

针对上述无效宣告请求受理通知书，被请求人于2004年11月16日提交了意见陈述书，认为：（1）请求人的主体不明确，在请求书中请求人为"新丽纤维制品（苏州）有限公司"，而在请求书正文中却为"东莞新丽纤维制品有限公司"。（2）本专利与证据1的技术领域、发明目的和技术方案不同，本专利与证据2的发明目的和技术方案不同，因此本专利具备新颖性和创造性。

专利复审委员会于2005年3月8日向双方当事人发出口头审理通知书，定于2005年4月28日在专利复审委员会举行口头审，并将被请求人于2004年11月16日提交的意见陈述书转送给请求人。

口头审理如期举行，请求人和被请求人均出席了口头审理，双方对合议组成员无回避请求，对对方出庭人员的身份和资格无异议。请求人明确无效宣告理由为本专利权利要求1~4不具备新颖性和创造性。请求人对请求书正文中的"东莞新丽纤维制品有限公司"作出了解释，认为其为笔误，实际上应该为"新丽纤维制品（苏州）有限公司"，被请求人对此解释无异议，并认可请求人的主体资格。被请求人认为：本专利权利要求4的附加技术特征中的"层间的渗透物"为"低熔点纤维"。双方结合证据就本专利的新颖性和创造性进行了充分的意见陈述。

在上述工作基础上，合议组认为本案事实已经清楚，可以依法作出如下审查决定。

**二、决定的理由**

专利法第二十二条第二款规定：新颖性，是指在申请日以前没有同样的发明或者实用新型在国内外出版物上公开发表过、在国内公开使用过或者以其他方式为公众所知，也没有同样的发明或者实用新型由他人向专利局提出过申请并且记载在申请日以后公布的专利申请文件中。

证据2为专利文献，其公开日早于本专利的申请日，合议组已核实其真实性，因此证据2可以作为评价本案专利的新颖性的现有技术。

被请求人认为：证据2的发明目的是提供一种表面柔软、中间耐压即在不同部位具有不同硬度的定型棉，而本专利的发明目的是解决树脂棉本身含有苯酚醛所带来的破坏环保的问题，提供弹性较好、无毒的弹力棉；证据2的技术方案是使棉网重复折叠形成棉网层，其具有上端折绉和下端折绉，而本专利的技术方案是以垂直方式有规律地叠放棉网从而形成弹力棉。

合议组认为，证据2涉及一种折绉定型棉，并具体披露了以下的技术内容（参见该证据权利要求1和说明书第5页第7行至倒数第3行以及附图1~2）：由纤维构成棉网10，棉网10经重复折叠构成折叠的多层棉网，且形成上端折绉面和下端折绉面（相当于本专利的上、下表面）。由此可知，该折绉定型棉也是由多层棉网规则叠放，每一层棉网的网面与定型棉的上、下表面相垂直。由于折绉定型棉也是一种弹力棉，因此可以认为证据2已经公开了权利要求1的所有技术特征，所不同的仅仅是文字表达方式上略有差别，其技术方案实质上相同，且两者属于相同的技术领域，并能产生相同的技术效果，因此该权利要求不具备新颖性。

至于被请求人认为本专利的发明目的之一是解决树脂棉本身含有苯酚醛所带来的破坏环保的问题，合议组认为，解决上述的问题实际上要依靠材料的性质，而在本专利的权利要求1中根本没有记载解决这一问题的相应技术特征，所以权利要求1限定的技术方案本身并不能直接解决请求人声称的这一技术问题。从权利要求1记载的技术方案本身来看，其解决的技术问题与证据2公开的技术方案要解决的问题相同。

在证据2中还披露了以下技术特征：(1) 所述多层棉网由一块棉网折叠而成（参见该证据权利要求1和说明书第5页第7行至倒数第3行以及附图1~2)；(2) 所述棉网有多块，相互叠放成多层棉网（参见该证据权利要求8、9和说明书第6页倒数第1段以及附图7)；(3) 所述多层棉网之间靠低熔点纤维相互粘着（参见该证据的说明书第9页第2~5行)。

从上面的分析可以看出，从属权利要求2、3和权利要求4的附加技术特征也已经在证据2中被公开，因此，在它们分别引用的在前权利要求不具备新颖性的基础上，权利要求2、3和权利要求4也不具备专利法第二十二条第二款规定的新颖性。

鉴于证据2已经否定了本专利权利要求1~4的新颖性，因此，合议组不再就其他证据进行评述。

**三、决定**

宣告01230754.8号的实用新型专利权无效。

当事人对本决定不服的，可以根据专利法第四十六条第二款的规定，自收到本决定之日起三个月内向北京市第一中级人民法院起诉。根据该款的规定，一方当事人起诉后，另一方当事人应当作为第三人参加诉讼。

# 短电弧切削设备用的阴极装置及电源电路案

## 无效宣告请求审查决定（第7152号）

**决　定　号**　第7152号
**决　定　日**　2005年5月17日
**发明创造名称**　短电弧切削设备用的阴极装置及电源电路
**国际分类号**　B23H 3/02
**无效请求人**　叶良才
**专利权人**　周碧胜　周碧海
**专　利　号**　02291891.4
**申　请　日**　2002年12月10日
**授权公告日**　2003年11月5日
**合议组组长**　杨克菲
**主　审　员**　于　萍
**参　审　员**　魏　屹

**法律依据**　专利法第二十二条第二款、第三款
**决定要点**

专利法第二十二条第三款对实用新型创造性的规定中所要求的“进步”并不是要求专利所要求保护的技术方案在各个方面的技术效果都优于已有技术。一项改进的技术方案在某一方面的技术效果优于已有技术的同时可能会在另一方面劣于已有技术，但并不能因此而否定该技术方案的进步性。

### 一、案由

本无效宣告请求案涉及国家知识产权局专利局于2003年11月5日授权公告的名称为“短电弧切削设备用的阴极装置及电源电路”的02291891.4号实用新型专利权，其申请日是2002年12月10日，专利权人是周碧胜、周碧海。授权公告的权利要求书如下：

“1. 一种短电弧切削设备用的阴极装置，包括与机床床鞍（29）上的导轨相配合的拖板（19），其特征是：拖板（19）上分别安装有电动机（17）、绝缘板（15）以及压力水管（5）和压力气管（6），绝缘板（15）上安装有主轴座（11），主轴（12）通过其端部设置的皮带轮（13）由电动机（17）通过皮带（14）带动旋转，主轴（12）的另一端分别安装有阴极集电环（4）和工具电极（2），分别与水泵和气泵相连通的压力水管（5）和气管（6）的开口均对准工具电极（2）参与切削加工的部位，主轴座（11）的端部设置有阴极集电板（10），阴极集电板（10）的外缘上均布设置有电刷架（9），电刷架（9）上安装的电刷（8）与集电环（4）的表面压紧配合。

2. 根据权利要求1所述的短电弧切削设备用的阴极装置，其特征是：所说的电动机（17）为调速电动机。

3. 根据权利要求1所述的短电弧切削设备用的阴极装置，其特征是：所说的绝缘板（15）与托板（19）之间还设置有垫高块（18）。

4. 根据权利要求1所述的短电弧切削设备用的阴极装置，其特征是：所说的工具电极（2）为由石墨或金属或其芯部为金属外缘为石墨构成的中空的圆盘。

5. 根据权利要求1所述的短电弧切削设备用的阴极装置，其特征是：所说的主轴座（11）的端部上还设置有位于工具电极（2）后方的用于防止切削液飞溅的防护罩（1）。

6. 根据权利要求5所述的电弧切削设备用的阴极装置，其特征是：所说的防护罩（1）上设置有用来固定压力水管（5）和压力气管（6）的固定座（7）。

7. 一种用于控制该短电弧切削设备的阴极装置工作的电源电路，包括主电路和与主电路电源线并联在一起的控制电路，控制电路上依次串联有停止按钮SB1、起动按钮SB2和交流接触器控制线圈KA，控制线圈KA的常开触点与起动按钮SB2并联在一起，其特征是：主电路的一端通过空气开关QF与交流动力电源线并联，主电路的另一端串联有变压器ZB，变压器ZB采用三角形接法的初级绕组的三个圈上均分别设置有动、静调压接线柱，每个初级绕组线圈上与交流接触器KA的常开触点相串联的导线的一端均与静调压接线柱固定连接，导线的另一端的触头分别和动调压接线柱动连接；变压器ZB次级线圈采用带引弧电抗器DK的双反星接法，变压器ZB次级绕组线圈双反星的两个点分别接引弧电抗器DK两端，引弧电抗器DK的输出端通过电缆与安装在短电弧切削设备用的阴极装置主轴座上的阴极集电板相连接，与变压器ZB的次级绕组线圈采用双反星接法连接的六个整流二极管的负极相互并联在一起并与分流器FL的一端连接，分流器FL的另一端通过电缆与被加工工件相连。”

针对上述实用新型专利权（下称本专利），叶良才（下称请求人）于2004年5月19日向专利复审委员会提出无效宣告请求，理由是：本专利不符合专利法第二十二条第二款、第三款规定的新颖性、创造性，并提出本专利不具备实用性，以及不符合专利法实施细则第三十条、专利法第五条、专利法实施细则第九条的规定。与此同时请求人提交了如下附件作为证据：

附件1：90108920.6号中国发明专利说明书，其公告日为1994年8月10日；

附件2：美国专利US5128010号专利说明书（译文见附件1）；其公开日为1992年7月7日；

附件3：公开号为CN87106421A的中国发明专利申请公开说明书，其公开日为1988年5月18日；

附件4：00234331.2号中国实用新型专利说明书，其公告日为2001年7月4日；

附件5：中国水利水电出版社1998年出版的《新编电气工程师实用手册》封面、版权页及第1390页复印件，共3页；

附件6：涉及90108920.6、00234331.2号两项专利在国内公开使用的产品购销合同、用户证明复印件，分别为：

附件6－1：合同编号为2002－011的工矿产品购销合同复印件；

附件6－2：合同编号为2002－002的工矿产品购销合同复印件；

附件6－3：电熔爆加工协议复印件1页，甲方为天山公司生产技术部，乙方为乌鲁木齐市叶氏电熔爆技术开发中心；

附件6－4：电熔爆（试验）机床订购协议书复印件1页，其中供方为南通电熔爆股份有限公司，需方为美国通用电器公司，所涉及的产品为DK97150型电熔爆（试验）机床一台，时间为2001年10月18日；

附件6－5：加工定作合同复印件1页；

附件6－6：用户意见复印件6页；

附件6－7：技术服务合同书及机床改装合同复印件11页；

附件7：涉及90108920.6、00234331.2号两项专利在国内新闻媒体报导及国内外展览的证明复印件16页；

附件8：国家检测报告、国家鉴定、验收材料复印件，包括：

附件8－1：机械工业部电加工机床产品质量监督检测中心“电床检（96）委字第010号”检验报告复印件7页；

附件8－2：01专题——电熔爆电源系列装置研究验收意见复印件2页；

附件8－3：产品照片4幅；

附件8－4：电熔爆动力头系列装置研究验收意见复印件2页；

附件8－5：新疆电熔爆技术研究所一九九六年，国家“八五”重点科技攻关项目［电熔爆技术研究及设备研制］整体验收意见复印件7页；

附件8－6：电熔爆机床及药芯焊丝国家重点工业性实验项目验收意见复印件4页，日期为2002年8月18日；

附件9：本专利的专利权人的论文及有关资料，包括：

附件9－1：昌吉市华胜机电零部件加工部编写的“短电弧切削技术介绍”复印件6页，其中最后一页印有“联系人：周碧胜、周碧海”，第1页有蓝色钢笔的手写体“2003年6月”字样；

附件9－2：2003年中国上海硬面技术学术交流会论文集复印件3页，日期为2003年9月13日～16日；

附件9－3：乌鲁木齐市叶氏电熔爆技术开发中心编写的“电熔爆加工技术介绍”复印件6页，其中没有时间信息；

附件10：其他证明材料，其中包括：

附件10－1：国家计划委员会、国家发展计划委员会、国家科委、国家经贸委办公厅相关文件复印件7页；

附件10－2：专题合同编号为“85－719－25－01”的国家重点科技项目（攻关）计划专题合同复印件10页，其中专题名称为“电熔爆电源系列装置研制”，承担单位为“乌鲁木齐科技咨询服务中心电熔爆技术研究所”，起止年限为一九九二年七月至一九九五年十二月。

附件10－3：质量体系认证证书复印件1页；

附件10－4：特种加工机床类种划分国家机械行业标准（送审稿）复印件4页；

请求人认为：

1. 附件4中的“中托板（74）下部分与螺栓固定的托板”、中托板（74）分别与本专利的床鞍（29）、托板（19）相对应；附件4中的电机（66）、绝缘套垫（78）、冷却液喷管（80）分别与本专利的电机（17）、绝缘板（15）、水管（5）相对应；附件4中的箱体（23）、主轴（19）、皮带轮（33）、皮带（62）分别与本专利的主轴座（11）、主轴（12）、皮带轮（13）、皮带（14）相对应；附件4中的铜套（50）、工具电极（2）、左右支板（45）、与电刷配套的部件、电刷（47）分别与本专利中的集电环（4）、工具电极（2）、阴极集电板（10）、电刷架（9）、电刷（8）相对应。而本专利中的气管（6）没有实质意义。故本专利权利要求1相对于附件4不具备创造性。

调速电机相对于普通电机价格昂贵，故本专利权利要求2的附加技术特征“电机采用调速电机”无实质意义。权利要求3的附加技术特征已被附件4公开，附件4中的垫高块（65）与本专利中的垫高块（18）相同。附件4已经公开了“工具电极可以由各种导电材料制成，最好是用铜或铜合金”，本专利权利要求4的进一步限定工具电极为石墨或其芯部为金属外缘为石墨构成的中空圆盘，由于石墨或金属都是导电材料，故权利要求4并不具有实质性特点。权利要求5的附加技术特征已被附件4

公开，参见附件4图1中的防护罩（1）。权利要求6进一步限定的防护罩上设置的固定水管（6）和气管（6）的固定座（7）已被附件4公开，参见附件4图4中的固定座（7）。

本专利权利要求7相对于附件5、附件1没有创造性。附件5公开的六相双反星形整流电路与本专利的主电路相同；附件1中公开的初级绕组三个线圈上设置有调压功能的接线柱。附件1、2、3均公开了工具电极接负极、工件接正极，故可以把工具电极和动力头统称为阴极装置。权利要求7中的停止按钮SB1、起动按钮SB2、交流接触器KA、空气开关QF、电抗器DK、分流器FL与变压器的联结方式等控制电路都是常规的已有技术。附件10表明，在本专利申请日前公开使用的电熔爆机床电源的控制电路与本专利相同。

2. 附件6、7表明，本专利申请日前相同的已有技术已在国内外广泛应用、媒体广泛宣传，已为公众所知。

经形式审查合格后，专利复审委员会于2004年8月17日受理了上述无效宣告请求，同时将无效请求书及所附的附件副本转送给了专利权人（下称被请求人），并成立合议组对本案进行审查。

被请求人于2004年10月1日向专利复审委员会提交了意见陈述书。被请求人认为：（1）附件1~5任意组合都不能覆盖本专利权利要求1~7，并且附件1~5记载的技术方案、实现的功能都与本专利不同，不能影响本专利的创造性；（2）附件6中的合同和用户证明，以及附件7中的新闻报道和内部文件均没有描述清楚、完整的技术方案，不能作为影响本专利创造性的对比文件；（3）附件8为非公开出版物，不能作为影响本专利创造性的对比文件；（4）附件9为本专利专利权人的论文，其时间均在本专利申请日之后，并且为非出版物，不能作为对比文件；（5）附件10为非公开出版物，且没有记载清楚、完整的技术方案，不能作为评价本专利创造性的对比文件。

复审委员会本案合议组于2005年2月1日将被请求人的上述意见转给了请求人，同时向双方当事人发出口头审理通知，定于2005年3月22日在国家知识产权局举行口头审理。

口头审理如期举行，双方当事人均参加了口头审理。请求人明确其无效宣告请求的理由是本专利不符合专利法第二十二条第二款、第三款的规定，放弃其在书面意见审查书中提出的实用性的无效理由。口头审理中，请求人仅出具了附件6中合同编号为2002-011，2002-002两份合同，即附件6-1、6-2的原件，以及附件10中编号为“85-719-25-01”的专题合同（附件10-2）的原件，对于没能出具原件的附件7、8，请求人明确予以放弃，另外请求人放弃了附件2、3。被请求人对附件1、4、5这几份公开出版物证据的真实性没有异议，对附件6-1、6-2两份购销合同，附件10-1专题合同的复印件与原件相符表示无异议，对附件9中附件9-1及附件9-2的真实性没有异议，但对附件9-3的真实性有异议。双方针对于附件1、4、5是否影响本专利的新颖性、创造性陈述了各自的观点。

在上述事实的基础上，合议组经合议作出审查决定。

**二、决定的理由**

请求人在无效请求书中提出本专利不符合专利法实施细则第三十条及专利法第二十二条规定的新颖性、创造性、实用性；不符合专利法第五条、专利法实施细则第九条。

由于请求人在口头审理中放弃了关于“实用性”的无效理由，故本决定对该理由不再予以审查。而实施细则第三十条是关于已有技术（现有技术）的定义，根据专利法实施细则第六十四条的规定，专利法实施细则第三十条不是提出无效宣告请求的理由，故本合议组对该理由不予评述。

请求人提出本专利不符合专利法第五条、专利法实施细则第九条规定的具体理由包括如下三方面。第一，认为本案专利权人自1993年至2003年5月一直在请求人任所长和总经理的新疆电熔爆技术研究所及乌鲁木齐电熔爆技术开发中心任技术科长和常务副总经理，因此没有权利申请本专利的非职务专利。第二，本专利仅是对请求人在先的 90108920、00234331 两项专利增加了没有实质意义的结构，以欺骗的手段获得本专利权。第三，本专利的实施侵犯了请求人在先的 90108920、00234331 两项专利。

关于上述第一点及第三点，即本专利的专利权人是否有权就本专利的技术内容申请非职务专利、作为本专利的专利权人，以及本专利的实施是否侵犯了请求人在先的 90108920、00234331 两项专利的问题，根据专利法实施细则第六十四条的规定，上述两问题不属于请求宣告专利权无效的内容，故对此本合议组不予审查。关于第二点其实质为新颖性、创造性的问题，即相对于 90108920、00234331（即请求人提供的附件 1、4）两项专利公开的已有技术本专利是否具备新颖性、创造性，对该问题本决定将在下文中具体评述。

以下针对请求人提出的本专利不具备新颖性、创造性的理由进行评述。

根据专利法第二十二条的规定，授予专利权的发明和实用新型应当具备新颖性、创造性和实用性。新颖性，是指在申请日以前没有同样的发明或者实用新型在国内外出版物上公开发表过、在国内公开使用过或者以其他方式为公众所知，也没有同样的发明或者实用新型由他人向国务院专利行政部门提出过申请并且记载在申请日以后公布的专利申请文件中；创造性，是指同申请日以前已有的技术相比，该发明有突出的实质性特点和显著的进步，该实用新型有实质性特点和进步。

请求人提出本专利不具备新颖性、创造性，并提供了附件 1 ~ 10 作为证据支持其无效请求的主张。

由于请求人在口头审理时已声明放弃附件 2、3、7、8，根据请求原则及当事人处置原则，本决定对上述附件不再进行审查。

附件 1、4、5 均为本专利申请日前公开的公开出版物，且被请求人对其真实性没有异议，故附件 1、4、5 公开的技术内容构成了本专利的已有技术，可以用来评价本专利的新颖性、创造性。

附件 6 包括多份产品购销合同及用户说明，由于请求人只提供了附件 6 - 1 及附件 6 - 2 两份产品购销合同的原件，而未提供附件 6 中的其他证据原件，且被请求人对其真实性提出质疑。根据《行政诉讼证据司法解释及相关法律规范》第五十七条的规定：当事人无正当理由拒不提供原件、原物，又无其他证据印证，且对方当事人不予认可的证据的复印件或复制品，不能作为定案依据。故合议组对于附件 6 中除附件 6 - 1、附件 6 - 2 两份合同以外的其他证据不予采信。而附件 6 - 1 产品购销合同中涉及的产品名称为“CW61100 改电熔爆机床”，合同签订日期为 2002 年 3 月 18 日，该合同所表明的事实是供方（乌鲁木齐市叶氏电熔爆技术开发中心）根据合同的要求为需方（上海宝山石洞口设备修造厂）进行机床改造。然而该合同不能反映所涉及的电熔爆机床的结构，且请求人也没有其他证据证明该机床的结构。另一份产品购销合同也存在同样的问题，即该附件 6 - 2 本身不能反应合同所涉及的“M131 改电熔爆机床”的结构，请求人也没有提供其他证据证明该机床的结构。故附件 6 - 1、6 - 2 不能作为本专利已有技术的有效证据。

附件 9 - 1 为昌吉市华胜机电零部件加工部编写的“短电弧切削技术介绍”复印件，被请求人对其真实性没有异议，但该介绍中没有任何公开发表的时间，且根据其第 1 页蓝色钢笔书写“2003 年 6 月”推知该附件 9 - 1 形成于本专利申请日之后；附件 9 - 2 为 2003 年中国上海硬面技术学术交流会论文集复印件，但根据该附件封面印制的“2003 年 9 月 13 日 ~ 16 日 · 上海”可知，该附件也形成于本专利申请日之后。故附件 9 - 1 及附件 9 - 2 均不能构成本专利的已有技术的有效证据。

附件 9 - 3 为乌鲁木齐市叶氏电熔爆技术开发中心编写的“电熔爆加工技术介绍”，该附件中没有显示出版发行日期，故不属于正规出版物，不能单独作为本专利的已有技术证据。与此同时，请求人也没有提供其他证据证明该附件在何时、以何种方式为公众所知，故该证据不能作为本专利的已有技术证据。

关于附件10，请求人在口头审理时仅出具了附件10-2专题合同的原件，而未出具其他证据的原件，根据《行政诉讼证据司法解释及相关法律规范》第五十七条的规定的规定，对附件10中除附件10-2专题合同以外的其他证据合议组不予采信。而附件10-2国家重点科技项目（攻关）计划专题合同，只能证明乌鲁木齐科技咨询服务中心电熔爆技术研究所于一九九二年六月承担了“电熔爆电源系列装置研制”项目，该项目的起止年限为一九九二年七月至一九九五年十二月。然而该合同并不能反映出攻关项目所涉及的电熔爆电源系列装置的技术构成，另外也不能证明所涉及的电源装置于何时、何地、何方式被公开。因此附件10-2不能构成本专利已有技术的有效证据。

综上所述，请求人提供的诸多证据中只有附件1、4、5可以构成本专利申请日前已有技术的证据，可以用来评价本专利的新颖性、创造性。

请求人提出本专利权利要求1相对于附件4公开的技术内容不具备新颖性、创造性。

附件4公开了一种电熔爆机床的动力头，包括与机床床鞍上的导轨相配合的中拖板（74），电动机（66）通过绝缘套垫（78）安装在中拖板（74）上，箱体（23）上安装有主轴座及主轴（19），主轴（19）通过设置其上的皮带轮（33）由电动机（66）通过皮带（62）带动旋转，主轴（19）的左端安装有铜套（50），该铜套（50）与固定在左右支板（45）上的电刷（47）电接触，主轴（19）的另一端安装有法兰盘（3）与法兰盘（4），法兰盘（3）、（4）周缘之间形成一凹槽，槽中装有工具电极（2），法兰盘（3）与法兰盘（4）用螺钉（5）固接成一体，冷却液喷管（80）对准工具电极（2）参与切削加工的部位。

将附件4公开的上述内容与本专利权利要求1的内容进行对比可知，附件4中的中拖板（74）、绝缘套垫（78）、冷却液喷管（80）、主轴（19）、皮带轮（33）及皮带（62）、电动机（66）分别与本专利权利要求1中的拖板（19）、绝缘板（15）、压力水管（5）、主轴（12）、皮带轮（13）及皮带（14）、电动机（17）相对应，附件4中的铜套（50）、电刷（47）、工具电极（2）分别与本专利中阴极集电环（4）、工具电极（2）、电刷（8）相对应。两者的区别在于：本专利中的阴极集电环（4）及电刷与工具电极（2）均装在主轴（12）的同一端，工作时主轴不处在电路回路中；而附件4中的电铜套（50）及电刷（47）与工具电极（2）分别装在主轴（19）的两端，工作时主轴处于电路中。另外，本专利中的压力水管（5）及气管（6）同时对准工具电极的工作位置，而附件4中只有一个冷却液喷管对准工具电极的工作位置。

由于本专利与附件4公开的技术内容存在上述区别，故相对于附件4具备新颖性。

另外，合议组认为：本专利中阴极集电环（4）与工具电极（2）均装在主轴（12）的同一端的结构可以避免主轴整体在加工过程中处于电路回路中，从而可以降低回路中的电阻，减少能量损耗，同时可以降低主轴的工作温度，具有有益的技术效果。而附件4中并没有给出本专利这种结构这一启示，请求人的其他证据也不能证明已有技术中给出了这一启示。故本专利权利要求1相对于附件4具有实质性特点和进步，具备创造性。

请求人提出，本专利的这一结构存在着电刷容易被加工碎屑等污染的问题，是请求人已经放弃的技术方案。对此合议组认为，首先，请求人的证据并不能证明已有技术中公开了本专利权利要求1的技术方案。另外，专利法第二十二条规定的创造性所要求的“进步”并不要求专利所要求保护的技术方案在各个方面的技术效果都优于已有技术。一项改进的技术方案在某一方面的技术效果优于已有技术的同时可能会在另一方面劣于已有技术，但并不能因此而否定该技术方案的进步性。

从属权利要求2~6是对权利要求1的进一步限定，在权利要求1具备创造性的情况下，从属权利要求2~6也具备创造性。

权利要求7为本专利的另一项独立权利要求。请求人提出权利要求7相对于附件1、5不具备创造性。

附件1公开了一种电加工设备，包括机床、电源装置和工作液系统，说明书附图2及说明书第3页第2自然段公开了其中的电源装置，图2为一个三相电源装置，说明书提到，六相电源装置也可以，该电源装置的整流部分为半波整流或全波整流，三相半波整流较好。由图2可知，变压器的初级绕组为三角形接法，且三个绕组上均分别设置有动、静调压接线柱，初级三个输入端均连接有按键开关。电源输出端正、负极分别与工件及工具相连。

附件5第1390页图15-4-3（C）公开了六相双反行星整流电路，该变压器有两个二次绕组，均接成星形，但接到二极管的同名端相反。两绕组中性点通过平衡电抗器连接在一起。

将附件1、证据5公开的上述内容与本专利权利要求7进行对比可知，附件1、5公开的内容仅涉及本专利主电路中的相关内容，而均未公开专利控制电路的技术特征。其中附件1公开的电源装置与本专利主电路，特别是其中的初级绕组部分相关，但该附件1未公开本专利中“每个初级绕组线圈上与交流接触器KA的常开触点相串联的导线的一端均与静调压接线柱固定连接，导线的另一端的触头分别和动调压接线柱动连接”；附件5公开了本专利次级线圈部分的相关特征，但附件5中两绕组之中性点通过“平衡电抗器”连接在一起，而本专利中次级绕组线圈双反星的两个点分别接“引弧电抗器DK”两端。

如上所述，由于上述附件1、5均没有公开本专利权利要求7中控制电路，即均未公开“控制电路上依次串联有停止按钮SB1、起动按钮SB2和交流接触器控制线圈KA，控制线圈KA的常开触点与起动按钮SB2并联在一起”这些特征，虽然附件1、5公开了本专利权利要求7主电路的相关特征，但仍未公开“每个初级绕组线圈上与交流接触器KA的常开触点相串联的导线的一端均与静调压接线柱固定连接，导线的另一端的触头分别和动调压接线柱动连接”，以及“次级绕组线圈双反星的两个点分别接引弧电抗器DK两端”这些特征。虽然请求人称上述特征均为本领域的公知常识，但未能提供证据证明这一点。故合议组认为根据请求人提供的附件1、5，本领域技术人员并不能显而易见地获得本专利权利要求7所述技术方案，且权利要求7所述的技术方案与附件1或附件5相比，可以通过其控制电路中的启动按钮及停止按钮安全并方便地控制初级线圈静接线柱与动接线柱的通与断，从而调整输出电压，即具有有益的技术效果。故本专利权利要求7相对于附件1、5具有实质性特点和进步，具备专利法第二十二条规定的创造性。请求人提供的附件1、5不足以证明本专利权利要求7不具备新颖性、创造性。

综上所述，请求人提供的证据不足以支持其提出的无效理由，故合议组作出如下决定。

**三、决定**

维持02291891.4号实用新型专利权有效。

当事人对本决定不服的，可以根据专利法第四十六条第二款的规定，自收到本决定之日起三个月内向北京市第一中级人民法院起诉。根据该款的规定，一方当事人起诉后，另一方当事人应当作为第三人参加诉讼。

# 活塞式油井抽气泵案

## 无效宣告请求审查决定（第 7157 号）

**决　定　号**　第 7157 号
**决　定　日**　2005 年 5 月 10 日
**发明创造名称**　活塞式油井抽气泵
**国 际 分 类 号**　F04B 47/02　E21B 43/00
**无 效 请 求 人**　大庆市巨峰机械制造有限公司
**专 利 权 人**　王学军
**专　利　号**　01230668.1
**申　请　日**　2001 年 7 月 18 日
**授 权 公 告 日**　2002 年 12 月 18 日
**合 议 组 组 长**　徐媛媛
**主　审　员**　杨克菲
**参　审　员**　黄玉平
**法 律 依 据**　专利法第二十二条第二款、第三款　专利法第二十六条第四款　专利法实施细则第二条第二款

**决 定 要 点**

本专利权利要求的技术方案与对比文件相比存在区别技术特征，如果对比文件不存在得出该区别技术特征的技术启示，且该区别技术特征能够带来好的效果，则本专利权利要求相对于该对比文件具备创造性。

**一、案由**

本无效宣告请求案涉及的是专利号为 01230668.1、名称为“活塞式油井抽气泵”的实用新型专利，该专利的申请日为 2001 年 7 月 18 日，授权公告日为 2002 年 12 月 18 日，专利权人为王学军。该专利授权公告的权利要求书如下：

“1. 一种活塞式油井抽气泵，其特征是：缸筒（4）下端侧面开有进气口（8）和排气口（9），进气口（8）通过阀（10、12）和管线与油井套管的环形空间连接，排气口（9）通过阀（11、12、13）和管线与进站管线连接，缸筒（4）的下端连接抽油机支架（5），活塞连杆（3）的上端连接抽油机游梁（7），活塞（2）与缸筒（4）之间的密封采用方口单向密封环密封。

2. 根据权利要求 1 所述的活塞式油井抽气泵，其特征是：缸筒（4）内径的设计范围在 210～300mm。”

大庆市巨峰机械制造有限公司（下称请求人）针对上述专利权（下称本专利）于 2004 年 4 月 14 日向专利复审委员会提出了无效宣告请求，其理由是本专利不符合专利法第二十二条第二款、第三款、第二十六条第四款以及专利法实施细则第二条第二款的规定，并同时提交了两份证据：

证据1：授权公告号为CN2283135Y、授权公告日为1998年6月3日的中国实用新型专利说明书复印件，共5页；

证据2：大庆市巨峰机械制造有限公司的公司简介《巨峰实业》。

请求人认为证据1和证据2公开了本专利权利要求1的技术特征，使该权利要求不具备新颖性和创造性；本专利权利要求1中的技术特征“活塞（2）与缸筒（4）之间的密封采用方口单向密封环密封”没有以说明书为依据，说明书和附图都没有提到环的形式、构造甚至装配关系，附图中没有指出其附图标记的代号，故权利要求1不符合专利法第二十六条第四款的规定；本专利权利要求2保护的数值范围是产品外型尺寸，其明显不是实用新型专利所保护的客体，不符合专利法实施细则第二条第二款的规定。

经审查，上述无效宣告请求符合专利法及其实施细则规定的形式要求，专利复审委员会予以受理，并将无效宣告请求书及附件副本转给了专利权人（下称被请求人），要求其在指定期限内答复，同时成立合议组对此案进行审查。

被请求人于2004年6月8日针对上述无效宣告请求书及附件副本作出答复，认为本专利的权利要求1和权利要求2符合专利法第二十二条第二款、第三款，第二十六条第四款及专利法实施细则第二条第二款的规定，并修改了权利要求书，被请求人提交的修改的权利要求书如下：

“1. 活塞式油井的抽气泵，其特征是：

a. 缸筒（4）是一体的而内径是滚压成形，下端两侧面开有进气口（8）和排气口（9），进气口（8）通过阀（10、12）和管线与油井套管的环形空间连接，排气口（9）通过阀（11、12、13）和管线与进站油管线连接，缸筒（4）的下端连接抽油机支架（5）活塞连杆（3）的上端连接抽油机游梁（7），活塞（2）与缸筒（4）之间的密封采用方口单向OK型密封环密封，克服了缸套与活塞间有2～3mm的空隙影响了吸、排气的流量等缺陷。”

本案合议组于2005年2月17日向双方当事人发出无效宣告请求审查通知书，合议组在通知书中指出，被请求人于2004年6月8日提交的修改的权利要求书中增加了原权利要求1中没有的技术特征“缸筒（4）是一体的而内径是滚压成形”、“活塞（2）与缸筒（4）之间的密封采用方口单向OK型密封环密封，克服了缸套与活塞间有2～3mm的空隙影响了吸、排气的流量等缺陷”，这样的修改方式不符合审查指南第四部分第三章第5.4节中的相应规定，不能被接受。合议组要求被请求人在指定期限内对该通知书作出答复。合议组还于同日将被请求人于2004年6月8日提交的意见陈述书及附件的副本转送给请求人，并向双方当事人发出口头审理通知书，定于2005年4月25日在专利复审委员会举行口头审理。

被请求人未在指定期限内就上述审查通知书作出答复。

口头审理如期举行，被请求人缺席。请求人当庭明确其无效理由是本专利权利要求1不符合专利法第二十二条第二款、第三款和第二十六条第四款的规定，本专利权利要求2不符合专利法实施细则第二条第二款的规定。合议组当庭告知请求人合议组审查的基础是本专利授权公告的权利要求书，并告知请求人其提交的证据2因没有公开日期，不能证明其是申请日之前公开的，不能作为评价本专利的新颖性、创造性的有效证据使用，合议组对该证据不予采信。请求人结合证据就其提出的无效理由充分陈述了意见。

本案合议组经过合议，认为本案的事实已经清楚，可以作出审查决定。

**二、决定的理由**

1. 关于审查的基础

在无效程序中，被请求人于2004年6月8日提交了修改的权利要求书，其中增加了原权利要求1

中没有的技术特征“缸筒（4）是一体的而内径是滚压成形”、“活塞（2）与缸筒（4）之间的密封采用方口单向 OK 型密封环密封，克服了缸套与活塞间有 2~3mm 的空隙影响了吸、排气的流量等缺陷”。这样的修改方式不符合审查指南第四部分第三章第 5.4 节中的相应规定，不能被接受。因此，合议组审查的基础是本专利授权公告的文本。

2. 关于专利法第二十六条第四款

专利法第二十六条第四款规定：权利要求书应当以说明书为依据，说明要求专利保护的范围。

请求人主张本专利权利要求 1 中存在技术特征——“活塞（2）与缸筒（4）之间的密封采用方口单向密封环密封”，而说明书和附图中都没有提到环的形式、构造甚至装配关系，附图中没有指出其附图标记的代号，因此权利要求 1 没有以说明书为依据。

合议组认为，从本专利的附图 3 中可以看出，在缸筒 4 和活塞 2 之间具有横截面为方形的空间，在说明书文字部分第 1 页倒数第 5 行有“为不使活塞上行程时增加抽油机的悬点负荷，活塞与缸筒的密封采用方口单向密封环密封”，根据说明书中的上述文字描述及附图所示，可以清楚地得出附图中缸筒 4 和活塞 2 之间的横截面为方形的空间即为放置方口密封环的位置，而且该密封环为单向密封环。可见，本专利权利要求 1 中的上述特征“活塞（2）与缸筒（4）之间的密封采用方口单向密封环密封”已经得到了说明书的充分支持，说明书中对密封环的形式、构造及其与其他部件的装配关系都给出了清楚的描述，因此对请求人主张的权利要求 1 没有以说明书为依据、不符合专利法第二十六条第四款的无效理由，合议组不予支持。

3. 关于专利法实施细则第二条第二款

专利法实施细则第二条第二款规定：专利法所称实用新型，是指对产品的形状、构造或者其结合所提出的适于实用的新的技术方案。

请求人主张本专利权利要求 2 保护的数值范围是产品外型尺寸，其明显不是实用新型专利所保护的客体。

合议组认为，本专利权利要求 2 作为权利要求 1 的从属权利要求，其附加技术特征“缸筒（4）内径的设计范围在 210~300mm”是对权利要求 1 中的结构部件缸筒的进一步限定，该技术特征是对产品形状尺寸的描述，加之权利要求 1 中的所有技术特征，本专利权利要求 2 是由产品的结构特征、形状特征限定出的活塞式油井抽气泵的技术方案，符合专利法实施细则第二条第二款的规定，属于实用新型的保护客体。请求人认为对产品的外型尺寸的限定既不是实用新型的保护客体，也没有法律依据，合议组不予支持。

4. 关于证据的认定

请求人提供的证据 1 为专利文件，属于公开出版物，合议组已经对其真实性予以核实，且其公开日在本专利的申请日之前，为本专利申请日之前的现有技术，可以用来评价本专利权利要求 1 的新颖性和创造性。

根据专利法第二十二条第二款、第三款的规定，新颖性，是指在申请日以前没有同样的发明或者实用新型在国内外出版物上公开发表过、在国内公开使用过或者以其他方式为公众所知，也没有同样的发明或者实用新型由他人向国务院专利行政部门提出过申请并且记载在申请日以后公布的专利申请文件中。创造性，是指同申请日以前已有的技术相比，该发明有突出的实质性特点和显著的进步，该实用新型有实质性特点和进步。

证据 1 公开了一种油井柱塞式抽气泵，与本专利权利要求 1 限定的活塞式油井抽气泵，属于相同的技术领域。证据 1 中具体公开了如下技术内容：抽气泵包括有柱塞 3、缸筒 12 和缸座 16 组成的缸体 4、缸体 4 中的导套 13、导套 13 下端的密封装置 15、进气阀 5 和出气阀 6，其中进气阀 5 与油井 7

相连接，出气阀 6 与天然气站 8 相连接，而且进气阀 5 和出气阀 6 分别通过卡夹 18 与缸体 4 下端两侧面的开口相连，柱塞 3 上端与抽油机的游梁 1 相连，缸座 16 与抽油机架相连接，参见该证据 1 说明书第 1 页第 13 ~29 行及附图 1、附图 2 所示。

将证据 1 公开的上述内容与本专利权利要求 1 的技术方案相比较可以看出，证据 1 中的缸筒 12 和缸座 16 组成的缸体 4 及缸体 4 中的导套 13 与本专利的缸筒 4 相当，证据 1 的柱塞与本专利中的活塞不同，而且证据 1 中没有公开本专利权利要求 1 中的技术特征“活塞（2）与缸筒（4）之间的密封采用方口单向密封环密封”。鉴于此，本专利权利要求 1 相对于证据 1 具备新颖性。

如上所述，本专利权利要求 1 采用了与证据 1 中的柱塞不同的活塞，还因此产生了区别技术特征“活塞（2）与缸筒（4）之间的密封采用方口单向密封环密封”，虽然在证据 1 说明书第 1 页第 19 行有“为了防止漏气，在柱塞 3 上可以装有阻气环，还可以在缸体中装有密封环装置”，但在该证据 1 中并没有就此给出如何设置阻气环及密封环装置及其结构形式的技术启示，证据 1 也没有就实施例中的密封装置 15 的密封作用给出具体说明，而从附图 2 可看出它是实现缸筒与缸座连接处的密封的，即证据 1 中不仅没有公开上述区别，而且不存在得出上述区别的技术启示。而上述区别使本专利权利要求 1 限定的技术方案克服了柱塞式抽气泵存在的缸套与柱塞之间的空隙影响吸气、排气流量的缺陷，而且方口单向密封环的设置不仅能保证密封效果还不会使活塞上行程时抽油机的悬点负荷增加，有利于提高工作效率，因此本专利权利要求 1 相对于证据 1 具有实质性特点和进步，具备创造性。

综上所述，合议组认为本专利符合专利法第二十二条第二款、第三款，第二十六条第四款及专利法实施细则第二条第二款的规定。

**三、决定**

在授权公告的权利要求书的基础上维持 01230668. 1 号实用新型专利权有效。

当事人对本决定不服的，可以根据专利法第四十六条第二款的规定，自收到本决定之日起三个月内向北京市第一中级人民法院起诉。根据该款的规定，一方当事人起诉后，另一方当事人应当作为第三人参加诉讼。

# 蚕桑树的培管方法案

## 无效宣告请求审查决定（第7185号）

决　定　号　第7185号
决　定　日　2005年5月29日
发明创造名称　蚕桑树的培管方法
国际分类号　A01G 7/00
无效请求人　如东县蚕桑指导站
专利权人　刘家炘
专　利　号　99114009.5
申　请　日　1999年1月7日
授权公告日　2003年6月11日
合议组组长　徐媛媛
主　审　员　杨克菲
参　审　员　魏　屹

**法律依据**　专利法第二十二条第三款　专利法第二十六条第三款、第四款
**决定要点**

一专利说明书是否公开充分是针对就该专利所要解决的技术问题而提出的技术方案而言的，如果请求人主张的该专利说明书公开不充分的事实与该专利所要解决的技术问题及解决该技术问题所采取的技术方案无关，则该主张不能使该专利不符合专利法第二十六条第三款的规定。

请求人提供的对比文件1和对比文件2均没有公开本专利权利要求1所限定的方法的技术方案，即使将两者结合也无法得出该权利要求1的技术方案，本专利权利要求1相对于对比文件1和对比文件2的结合具备创造性。

### 一、案由

本无效宣告请求案涉及的是专利号为99114009.5、名称为“蚕桑树的培管方法”的发明专利，该专利的申请日为1999年1月7日，授权公告日为2003年6月11日，专利权人为刘家炘。该专利授权公告的权利要求书如下：

“1. 蚕桑树的培管方法，其特征是：

A：每亩地栽桑树700～800株，每株留树枝条9～12根，并按已有常规方法培管；

B：养春蚕采摘桑叶时，将每根树枝条新长出的2～3根梢留下，每梢留一叶一芯；

C：在春蚕大眠中，给桑田抢补追肥一次；

D：在春蚕后接着养的续春蚕不再用桑叶时，进行蚕桑树培管的伐条、治虫、除草、追肥和清理排水沟。

2. 按照权利要求1所述的蚕桑树的培管方法，其特征是：给桑田抢补追肥时，每亩尿素用量为

15～25kg。”

如东县蚕桑指导站（下称请求人）针对上述专利权（下称本专利）于2004年1月21日向专利复审委员会提出了无效宣告请求，其理由是本专利不符合专利法第二十二条第三款及第二十六条第三款、第四款的规定，并同时提交了如下两份证据：

证据1：中华人民共和国江苏省如东县公证处出具的（2004）如东证民内字第9号公证书复印件，共3页；

证据2：中国农业出版社出版、新华书店北京发行所发行的《桑树栽培及育种学》封面、第4页、第75～77页、第96页、第110页及版权页的复印件，公开日为1999年5月。

请求人认为，本专利说明书没有使用标准技术术语，说明书披露的技术方案是否能够适应全国范围内的各种地理环境和气候条件，如何针对各种不同条件实施，说明书中没有提供具体的实施例支持，令人难以相信本领域普通技术人员可以根据本专利技术方案在全国范围内实现说明书记载的内容，本专利权利要求中的上位概念得不到说明书足够实施例及进一步说明的支持，因此本专利不符合专利法第二十六条第三款、第四款的规定；且相对于证据1和证据2的结合，本专利权利要求1和权利要求2不具备创造性。

经审查，上述无效宣告请求符合专利法及其实施细则规定的形式要求，专利复审委员会予以受理，并将无效宣告请求书及附件副本转给了专利权人（下称被请求人），要求其在指定的期限内答复，同时成立合议组对此案进行审查。

被请求人于2004年3月25日针对上述无效宣告请求书进行了意见陈述，认为本专利与请求人提供的证据相比具备新颖性和创造性。

复审委员会本案合议组于2005年2月16日向双方当事人发出了口头审理通知书，定于2005年4月12日在专利复审委员会举行口头审理，同时将被请求人的上述意见陈述书的副本转送给请求人，要求其在指定期限内进行意见陈述。

口头审理如期举行，被请求人未出席口头审理。请求人当庭提交了证据1和证据2的原件，经合议组核实，请求人提出无效宣告请求时提交的证据1和证据2的内容与上述原件中的相应内容一致，请求人还当庭补充提交了证据2原件中的第84页和第134页复印件作为证据使用。请求人当庭充分陈述了本专利不符合专利法第二十六条第三款、第四款及以证据1为最接近的对比文件，相对于证据1和证据2的结合本专利权利要求1和权利要求2不具备创造性的理由。

本案合议组经过合议，认为本案的事实已经清楚，可以作出审查决定。

**二、决定的理由**

1. 关于专利法第二十六条第三款、第四款

根据专利法二十六条第三款的规定，说明书应当对发明或者实用新型作出清楚、完整的说明，以所属技术领域的技术人员能够实现为准；必要的时候，应当有附图。摘要应当简要说明发明或者实用新型的技术要点。

根据专利法二十六条第四款的规定，权利要求书应当以说明书为依据，说明要求专利保护的范围。

请求人认为，本专利说明书没有使用标准技术术语，没有对所使用的术语进行定义，如“蚕桑树”、“培管方法”、“续春蚕”，说明书披露的技术方案是否能够适应全国范围内的各种地理环境和气候条件，如何针对各种不同条件实施，说明书中没有提供具体的实施例支持，令人难以相信本领域普通技术人员可以根据本专利技术方案在全国范围内实现说明书记载的内容，因此本专利说明书没有对发明作出清楚、完整的说明。另外，本专利权利要求中存在上文指出的上位概念得不到说明书足够

实施例及进一步说明的支持。

专利法第二十六条第三款要求说明书应当充分公开以本领域技术人员能够实现为准，即只要本领域技术人员根据说明书的描述能够实现专利的技术方案则该专利就符合专利法第二十六条第三款的规定。

本专利是针对现有技术的桑树培管方法中春蚕和夏蚕之间最适宜桑蚕生长的时间不能养蚕而且夏蚕的产量低、质量不好等缺陷而提出一种桑树培管方法，能在养春蚕后继续提供桑叶增养续春蚕，将现有技术中养夏蚕的时间改用来进行桑树的培管，以克服上述现有技术中的缺陷。合议组认为本专利说明书已经对本专利的蚕桑树的培管方法的技术方案作出了清楚、完整的说明，本领域普通技术人员根据说明书的描述完全可以实现本专利在说明书中描述的及权利要求书中要求保护的蚕桑树的培管方法的技术方案。

针对请求人的观点，合议组认为，一方面，本领域普通技术人员根据本专利说明书所述，可以清楚确切地理解“蚕桑树”、“培管方法”、“续春蚕”等术语的具体含义，换言之，本专利说明书没有使用标准技术术语或没有对所使用的术语进行定义并没有导致本领域技术人员根据本专利的说明书无法理解这些术语的含义，进而导致无法实现本专利的技术方案，因此在这一方面，本专利说明书是符合专利法第二十六条第三款的规定的。

另一方面，本专利要解决的技术问题并不是要使一种蚕桑树的培管方法适合全国范围内的应用，因此说明书中无须就不同的地理环境和气候条件给出具体实施例，针对本专利所要解决的技术问题，本领域普通技术人员根据说明书中的描述能够实现本专利所给出的技术方案并解决本专利所要解决的技术问题，本专利说明书已经对本发明作出了清楚、完整的说明。同样的理由，本专利权利要求中不存在请求人所说的上位概念，本专利的权利要求书也符合专利法第二十六条第四款的规定。

2. 关于证据的认定

请求人在口审时当庭提交了证据 1 和证据 2 的原件，合议组已经核实了证据 1 和证据 2 的真实性，其中证据 1 中的经公证的 1998 年 12 月 14 日《如东报》（第 3 版）（下称对比文件 1）和证据 2（下称对比文件 2）为公开出版物，且其公开日均在本专利的申请日之前，为本专利申请日之前的现有技术，可以用来评价本专利的权利要求 1 和权利要求 2 的创造性。

3. 关于专利法第二十二条第三款

根据专利法第二十二条第三款，创造性，是指同申请日以前已有的技术相比，该发明有突出的实质性特点和显著的进步，该实用新型有实质性特点和进步。

请求人在口审时明确其证据对比方式即证据 1 和证据 2 结合破坏权利要求 1 的创造性，故依据审查指南第四部分第三章第 3.1 节请求原则的规定，合议组将仅以请求人提出的上述证据对比方式评述本专利的创造性。

本专利权利要求 1 要求保护一种蚕桑树的培管方法，对比文件 1“栽桑养蚕的好把式”一文第 4 栏第 11 行至第 5 栏第 32 行公开了如下内容：将原来普遍采用的春、夏、中秋、晚秋四期养殖布局改为春、续春、中秋、晚秋新布局，春蚕大眠中补施尿素，每亩 15～25kg，利用春蚕留下的新梢长出的叶子，追施肥后摘喂，取消夏蚕改喂续春蚕，养此期蚕，6 月底才伐条，整个夏秋期间桑苗的生长就推迟了。对比文件 2《桑树栽培及育种学》第 75 页至第 77 页公开了桑树栽植密度及桑叶产量与桑树栽植密度、单株枝条数和条长的关系；第 84 页在栽后管理中公开了“清除杂草”和“注意灌水和排水”；第 96 页公开了只剪梢不伐条的剪梢采收法；第 110 页涉及磷酸肥料的介绍；第 134 页中介绍了桑园排水的重要性及如何排水。

对于本专利权利要求 1 限定的方法的技术方案，对比文件 1 和 2 中均没有公开。将本专利权利要求 1 的技术方案与对比文件 1 相比较，可以看出对比文件 1 仅公开了本专利权利要求 1 中的“C：在春蚕大眠中，给桑田抢补追肥一次”，且存在着得出“D：在春蚕后接着养的续春蚕不再用桑叶时，进行蚕桑树培管的伐条、治虫、除草、追肥和清理排水沟”的技术启示，而对比文件 2 中没有具体公开本专利权利要求 1 中的任一具体技术特征，因此即使将对比文件 1 与对比文件 2 相结合也没有公开本专利权利要求 1 中的“A：每亩地栽桑树 700 ~ 800 株，每株留树枝条 9 ~ 12 根，并按已有常规方法培管；B：养春蚕采摘桑叶时，将每根树枝条新长出的 2 ~ 3 根梢留下，每梢留一叶一芯”这些技术特征。而本专利权利要求 1 所给出的蚕桑树的培管方法的技术方案可实现将原来养春蚕和夏蚕之间一个月左右适宜桑树生长的时间用来养续春蚕，将原来养夏蚕的时间用来进行桑田的伐条、除草等培管工作，解决了现有技术中存在的最适宜桑蚕生长的时间不能养蚕而且夏蚕的产量低、质量不好等缺陷，有利于提高桑叶和桑蚕的产量，增加经济效益，所以，合议组认为相对于对比文件 1 和对比文件 2 的结合，本专利权利要求 1 所限定的技术方案具有突出的实质性特点和显著的进步，具备创造性。

本专利权利要求 2 是权利要求 1 的从属权利要求，在其引用的权利要求 1 具备创造性的前提下，该权利要求 2 也具备创造性。

综上所述，合议组认为本专利权利要求 1 和权利要求 2 符合专利法第二十二条第三款、第二十六条第四款的规定，本专利说明书符合专利法第二十六条第三款的规定。

**三、决定**

维持 99114009. 5 号发明专利权有效。

当事人对本决定不服的，可以根据专利法第四十六条第二款的规定，自收到本决定之日起三个月内向北京市第一中级人民法院起诉。根据该款的规定，一方当事人起诉后，另一方当事人应当作为第三人参加诉讼。

# 限矩离心耦合器花键套案

## 无效宣告请求审查决定（第7188号）

**决　定　号**　第7188号
**决　定　日**　2005年5月25日
**发明创造名称**　限矩离心耦合器花键套
**国际分类号**　F16D 33/18
**无效请求人**　新乡市矿益煤机有限公司
**专利权人**　高晓明
**专　利　号**　00242808.3
**申　请　日**　2000年7月15日
**授权公告日**　2001年6月6日
**合议组组长**　陈海平
**主　审　员**　陈　勇
**参　审　员**　杨克菲

**法律依据**　专利法第二十二条第三款
**决定要点**

如果一项权利要求与现有技术相比，其区别仅在于该权利要求所限定的产品应用的具体场合不同，而该不同的具体场合又属于本领域技术人员认为类似的技术领域，并且未产生预料不到的效果，则该权利要求不具备创造性。

### 一、案由

本无效宣告请求案涉及申请日为2000年7月15日、授权公告日为2001年6月6日、名称为“限矩离心耦合器花键套”的00242808.3号实用新型专利（下称本专利），专利权人为高晓明（下称被请求人）。该专利授权公告的权利要求书如下：

“1. 限矩离心耦合器花键套，它包括有一个限矩离心耦合器花键套，其特征在于：限矩离心耦合器花键套的花键轴端有一个密封堵头。”

针对本专利权，新乡市矿益煤机有限公司（下称请求人）于2004年10月15日向专利复审委员会提出了宣告专利权无效的请求。请求宣告无效的理由是：本专利不具备专利法第二十二条第二款规定的新颖性。请求人同时提交了以下1份证据：

证据1：河南省新乡市长垣煤机配件厂的水介质耦合器的分离图纸复印件共3张。

请求人认为：证据1表明与本专利相同的产品已经在本专利申请日前公开销售，因此本专利不具备新颖性。

专利复审委员会经形式审查合格后，于2004年10月15日发出了无效宣告请求受理通知书，同时将上述无效宣告请求书以及有关文件副本转给被请求人，要求其在指定期限内进行意见陈述。同时成立合议组对本案进行审理。

2004年11月15日，请求人再次提交意见陈述书，仍然认为与本专利相同的产品已经在本专利申请日前公开销售，并且同时补充提交了二十一份证据来证明该事实，这些证据为：

证据2：新乡市长垣煤机配件厂开具的增值税发票复印件；

证据3：新乡市长垣煤机配件厂与潞安矿务局签订的购销合同复印件；

证据4：新乡市长垣煤机配件厂的水介质耦合器生产图纸复印件；

证据5：长垣矿山起重配件厂的花键筒生产图纸复印件；

证据6：新乡市蒲城起重煤机厂开具的0054127号增值税发票复印件；

证据7：新乡蒲城起重煤机厂与大同矿务局四老沟矿机电科配件组签订的购销合同复印件；

证据8：新乡市蒲城起重煤机厂开具的增值税发票复印件；

证据9：新乡市蒲城起重煤机厂与大同矿务局挖金湾矿机电科配件组签订的购销合同复印件；

证据10：新乡市蒲城起重煤机厂开具的证明复印件；

证据11：大同矿务局四老沟矿机电科的证明复印件；

证据12：大同矿务局挖金湾矿机电科的证明复印件；

证据13：张家口煤矿机械有限公司郝玉喜的证言复印件；

证据14：原河南省长垣矿山起重配件厂技术员傅伟忠的证言复印件；

证据15：新乡市长垣煤机配件厂副厂长王志岗的证言复印件；

证据16：新乡市蒲城起重煤机厂装配车间刘国庆的证言复印件；

证据17：葛店矿机修厂党支部书记侯迎义的证言复印件；

证据18：新乡市长垣煤机配件厂王轩的证言复印件；

证据19：证据13~18中证人的身份证复印件；

证据20：长垣县公证处制作的公证书（2004）长证民字第64号复印件；

证据21：长垣县公证处制作的公证书（2004）长证民字第65号复印件；

证据22：长垣县公证处制作的公证书（2004）长证民字第66号复印件。

2004年11月22日，被请求人针对2004年10月15日专利复审委员会作出的无效宣告请求受理通知书提交了意见陈述书，其中认为：（1）证据1为内部图纸，不属于公开出版物，且对图纸上的设计时间有异议；（2）证据1为液力耦合器，而本专利为离心耦合器，两者属于不同的产品，两种离合器上使用的堵板作用不同，因此，本专利符合专利法第二十二条的规定。

专利复审委员会本案合议组于2005年2月7日向双方当事人发出口头审理通知书，定于2005年3月31日在专利复审委员会举行口头审理，并将请求人2004年11月15日提交的意见陈述书及相关文件副本转给被请求人，将被请求人2004年11月22日提交的意见陈述书及有关文件转给请求人。

之后，2005年3月7日上述请求人针对本专利再次向专利复审委员会提出了宣告专利权无效的请求。请求宣告无效的理由是：本专利不具备专利法第二十二条第二款、第三款规定的新颖性和创造性。请求人同时提交了以下六份证据：

证据23：张家口煤矿机械厂YL型液力耦合器产品销售指南的复印件，其上日期为1985年；

证据24：张家口煤矿机械厂矿用液力联轴器汇集的复印件，其上日期为1975年；

证据25：张家口煤矿机械厂原总工程师陈宏中的书面证人证言复印件；

证据26：陈宏中获得的第019259号国家科技成果完成者证书复印件；

证据27：陈宏中获得的第机-2-003-01号国家科学技术进步奖证书复印件；

证据28：陈宏中获得的第9451678号政府特殊津贴证书复印件。

请求人认为：（1）证据23和证据24分别公开了轴端带有密封堵头的花键轴套，花键套应用于液力耦合器或者应用于离心耦合器只是应用上的微小差别，因此本专利不符合专利法第二十二条有关新颖性和创造性的规定；（2）证据25的证言证明与本专利相同的产品在本专利申请日之前已经公开使用，因此本专利不具备新颖性。

专利复审委员会经形式审查合格后，于2005年3月7日发出了无效宣告请求受理通知书，同时将上述无效宣告请求书以及有关文件副本转给被请求人，要求其在指定期限内进行意见陈述。同时成立合议组对本案进行审理。

对此，被请求人在指定期限内未进行任何意见陈述。

此后，请求人于2005年4月7日再次提交了意见陈述书，同时补充提交了以下五份证据：

证据29：西南交通大学出版社1991年9月出版的《液压传动与液力传动》封面页、版权页及相关内容复印件共10页；

证据30：中国铁道出版社1986年8月出版的《液力传动》封面页、版权页及相关内容复印件共7页；

证据31：化学工业出版社2000年5月出版的《机械设计图册》第1卷封面页、版权页及相关内容复印件共11页；

证据32：煤炭工业出版社1987年2月出版的《煤矿机械液力传动》封面页、版权页及相关内容复印件共11页；

证据33：国防工业出版社2000年5月出版的《液力调速与节能》封面页、版权页及相关内容复印件共5页。

请求人认为：证据29~32分别公开了本专利的花键套的结构，区别之处只是该花键套应用场合的微小差别，因此本专利不具备新颖性和创造性。

根据审查指南第四部分第三章第3.5节规定的合案审查原则，且鉴于两份无效宣告请求的双方当事人均相同，合议组将上述两个无效宣告请求进行合案审理。

针对请求人于2004年10月15日所提出的无效宣告请求，专利复审委员会于2005年3月10日向双方当事人发出口头审理撤销通知书。后又于2005年3月24日向双方当事人发出口头审理通知书，定于2005年5月10日在专利复审委员会对上述无效宣告请求举行口头审理。

针对请求人于2005年3月7日所提出的无效宣告请求，专利复审委员会于2005年4月11日向双方当事人发出口头审理通知书，告知双方将本无效宣告请求与请求人于2004年10月15日所提出的无效宣告请求一并进行口头审理，于2005年5月10日在专利复审委员会举行口头审理。2005年4月13日，本案合议组将请求人2005年4月7日提交的意见陈述书及有关文件副本转给被请求人。

口头审理如期举行，双方当事人对合议组成员无回避请求，对对方出庭人员的身份和资格无异议。请求人当庭放弃证据1~22。请求人当庭出示了证据23、24和证据31的原件，被请求人对它们的真实性无异议，但是对证据23、24单独作为公开出版物有异议。证人陈宏中出庭就其提供的证人证言的内容接受双方当事人以及合议组的询问，并提供了证据26~28的原件，还提供了其本人签字的书面证人证言。请求人未提交证据29、30、32和证据33的原件，被请求人对这些证据的真实性有异议。双方当事人均认可，在证据31的第402页图1-3-140中公开了一种限矩液力耦合器，该耦合器中装有花键套，在花键套的花键轴端有一个密封堵头。双方当事人就本专利是否具备创造性充分陈述了各自的意见。

专利复审委员会本案合议组于2005年5月20日收到被请求人针对2005年5月10日口头审理提交的口头审理答辩词，被请求人仍然认为液力耦合器与离心耦合器工作原理不同，结构不同，它们使用的花键套不等同、作用不同。

在上述程序基础上，合议组认为本案事实已经清楚，可以依法作出如下审查决定。

**二、决定的理由**

专利法第二十二条第三款规定：创造性，是指同申请日以前已有的技术相比，该发明有突出的实质性特点和显著的进步，该实用新型有实质性特点和进步。

证据31为请求人提出无效宣告请求后一个月内补充的证据，符合专利法实施细则第六十六条及审查指南的相应规定。且它是本专利申请日前的公开出版物，被请求人对其真实性无异议，因此合议组认为其可以作为评价本专利创造性的有效证据。

在证据31的第402页图1－3－140中公开了一种限矩液力耦合器，该耦合器中装有花键套，在花键套的花键轴端有一个密封堵头。关于这一点，双方当事人在口头审理时也已经认可。

本专利权利要求1与证据31相比较，区别在于：在证据31中，花键套用在液力耦合器上，而在本专利中，花键套用在离心耦合器上。

被请求人认为：液力耦合器与离心耦合器工作原理不同，结构不同，它们使用的花键套中花键盘的位置不同，因此两者不等同，作用也不同。在限矩液力耦合器中，密封堵头用来保证液体不会外泄；而在限矩离心耦合器中，密封堵头用来防止粉尘和气体进入高速运转的机芯。因此密封堵头的作用不同。

合议组认为：对于本领域技术人员来讲，在阅读证据31中的图1－3－140后，可以知道其中花键套的密封堵头具有密封的作用，也就是说其不但可以防止液体从一端进入到另一端，也可以防止气体或者粉尘从一端进入到另一端。也即该密封堵头在证据31中和在本专利中具有完全相同的功能。对于其用于不同类型的耦合器上这一点，合议组认为，尽管限矩液力耦合器和限矩离心耦合器的结构和工作原理不尽相同，但是它们均属于过载保护型耦合器，属于相同的技术领域，将相同的带有密封堵头的花键套从一种限矩耦合器上用到另一种限矩耦合器上，仍然发挥其原来的功能，并不需要付出创造性的劳动。至于被请求人认为在液力耦合器和离心耦合器上花键套的花键盘位置有所不同这一点，合议组认为，有关花键套上花键盘位置的技术特征并未记载在本专利权利要求1中，故合议组对此不予考虑。因此，本专利权利要求1相对于证据31不具备专利法第二十二条第三款规定的创造性。

鉴于证据31已经否定了本专利权利要求1的创造性，在此合议组不再就其他证据进行评述。

**三、决定**

宣告00242808.3号的实用新型专利权无效。

当事人对本决定不服的，可以根据专利法第四十六条第二款的规定，自收到本决定之日起三个月内向北京市第一中级人民法院起诉。根据该款的规定，一方当事人起诉后，另一方当事人应当作为第三人参加诉讼。

## 北京市第一中级人民法院
## 行政裁定书

（2005）一中行初字第838号

原告高晓明，男，汉族，1984年4月30日出生，住河南省长垣县建设路456号。

委托代理人田小伍，郑州联科专利事务所专利代理人。

委托代理人时立新，郑州联科专利事务所专利代理人。

被告国家知识产权局专利复审委员会，住所地北京市海淀区北四环西路9号银谷大厦10~12层。

法定代表人廖涛，副主任。

委托代理人陈勇，男，国家知识产权局专利复审委员会机械申诉处审查员。

委托代理人王颖，女，国家知识产权局专利复审委员会行政诉讼处审查员。

第三人新乡市矿益煤机有限公司，住所地新乡市长垣县位庄工业区。

法定代表人董富海，总经理。

委托代理人刘建芳，河南国基律师事务所律师。

委托代理人魏杭周，河南国基律师事务所律师。

原告高晓明因专利行政裁决一案，不服被告国家知识产权局专利复审委员会2005年5月25日作出的第7188号无效宣告请求审查决定，向本院提起行政诉讼。本院受理后，依法组成合议庭。在诉讼期间，原告高晓明向本院递交撤诉申请书，申请撤回起诉。

经审查，本院认为，原告有权在诉讼期间依法处分其诉讼权利。原告在诉讼期间自愿申请撤诉的行为，是其依法处分其诉权的真实意思表示。该行为未侵犯国家、集体和他人的合法权益，本院应予准许。据此，依照《中华人民共和国行政诉讼法》第五十一条的规定，裁定如下：

准许原告高晓明撤回起诉。

案件受理费1000元，减半收取500元，由原告高晓明负担（已交纳）。

审 判 长 张 杰<br>
代理审判员 齐 莹<br>
代理审判员 乔 军<br>
二〇〇五年十月九日<br>
书 记 员 龙 非

# 机车引擎的汽缸头及摇臂固定承座改良构造案

## 无效宣告请求审查决定（第7193号）

**决　定　号**　第7193号
**决　定　日**　2005年5月27日
**发明创造名称**　机车引擎的汽缸头及摇臂固定承座改良构造
**国际分类号**　F01L 1/18
**无效请求人**　浙江泰龙摩托车有限公司
**专利权人**　庄平柱
**专　利　号**　01208042. X
**申　请　日**　2001年3月21日
**授权公告日**　2002年1月30日
**合议组组长**　于　萍
**主　审　员**　宋鸣镝
**参　审　员**　白剑锋

**法律依据**　专利法第二十二条第三款
**决定要点**

虽然已有技术的证据公开的技术内容所解决的技术问题与本专利类似，但它们所采取的是不同的技术方案，即本专利给出了解决类似技术问题的不同技术方案，并且所属技术领域的技术人员也不能从该证据中推论出本专利的权利要求相对于该证据所具有的区别技术特征，则该权利要求具备创造性。

### 一、案由

本无效宣告请求案涉及申请日为2001年3月21日、授权公告日为2002年1月30日、名称为“机车引擎的汽缸头及摇臂固定承座改良构造”的实用新型专利（下称本专利），其专利号为01208042. X，专利权人为庄平柱。授权公告的权利要求书如下：

“1. 一种机车引擎的汽缸头及摇臂固定承座改良构造，汽缸头上侧顶面设一上接合面，又于该上接合面内设一向下凹的平面及汽缸头的汽门座、贯穿的汽门顶杆孔，该汽门座设一汽门孔螺锁汽门导套；其主要特征是：该平面低于汽缸头的上接合面以供装设一摇臂固定承座；该摇臂固定承座是一不规则片状体，其设至少二个的凹口、摇臂螺锁孔及向下垂设多个导引柱；该平面设多个垂直的汽缸头贯穿孔以供装设该摇臂固定承座的导引柱，该摇臂螺锁孔供螺锁摇臂。

2. 如权利要求1所述机车引擎的汽缸头及摇臂固定承座改良构造，其特征在于：该导引柱上设一贯穿的贯穿孔；该汽缸头贯穿孔低于汽缸头的上接合面。”

针对上述实用新型专利权，浙江泰龙摩托车有限公司（下称请求人）于2004年9月13日向专利复审委员会提出了无效宣告请求。请求宣告无效的理由是：本专利的权利要求1、2不具备专利法第二十二条第二款、第三款规定的新颖性和创造性，请求人同时提交了以下两份证据：

证据1：中国实用新型专利ZL95208432.5说明书复印件，其授权公告日为1996年12月4日；

证据2：德国专利DE3531727A1说明书原文复印件，其公开日期为1986年4月3日。

请求人认为：证据1和证据2的说明书和附图中均已公开了本专利的技术方案，因此本专利不符合专利法第二十二条第二款、第三款有关新颖性和创造性的规定。

经形式审查合格后，专利复审委员会受理了上述无效宣告请求，并于2004年9月13日向请求人和专利权人庄平柱（下称被请求人）发出了无效宣告请求受理通知书，将上述专利权无效宣告请求书及其相关文件副本转送给被请求人，要求被请求人在指定期限内进行意见陈述，同时依法成立合议组对本案进行审理。

2004年9月18日，请求人补充提交了证据2相关部分的中文译文共8页。

针对请求人的无效宣告请求，被请求人于2005年2月3日提交了意见陈述书。被请求人认为：本专利的权利要求1、2所保护的技术方案与证据1、证据2所公开的技术内容具有明显的差别，该权利要求1、2具备新颖性和创造性，故符合专利法第二十二条第二款、第三款的有关规定，要求维持专利权有效。

专利复审委员会于2005年2月18日向双方当事人发出口头审理通知书，定于2005年4月5日在专利复审委员会举行口头审理，同时将请求人在2004年9月18日提交的证据2相关部分中文译文的副本转送给被请求人，将被请求人在2005年2月3日提交的意见陈述书副本转送给请求人。

口头审理如期举行，双方当事人均到庭。在口头审理过程中，请求人当庭声明放弃证据1以及放弃本专利权利要求1、2不具备新颖性的无效理由，被请求人表示对证据2的真实性有异议，合议组要求请求人在口头审理后两日内提交经国家知识产权局专利检索咨询中心确认的证据2副本，被请求人表示请求合议组核实证据2的真实性，并表示该证据2经合议组核实无误后，即对该证据2的真实性无异议，被请求人同时还表示对证据2中文译文的正确性无异议。口头审理中，请求人以及被请求人结合证据就各自的观点充分阐述意见。

2005年4月6日，请求人提交了盖有经国家知识产权局专利检索咨询中心确认此副本与原件相同的副本认证专用章的证据2副本。

在上述程序的基础上，合议组认为本案事实已经清楚，可以依法作出如下审查决定。

**二、决定的理由**

1. 本案审查的基础

本无效宣告审查决定所针对的文本是：国家知识产权局专利局于2002年1月30日公告授权的权利要求第1~2项、说明书第1~3页和说明书附图第1~4页。

2. 关于本专利的创造性

专利法第二十二条第三款规定：创造性，是指同申请日以前已有的技术相比，该发明有突出的实质性特点和显著的进步，该实用新型有实质性特点和进步。

鉴于请求人在口头审理中放弃了证据1，故对该证据1本合议组不予考虑。

证据2为德国专利文献，属于公开出版物，该证据经合议组核实与原件相符，鉴于被请求人在口头审理过程中的观点，即被请求人对证据2的真实性无异议，并且该证据2的公开日期早于本专利的申请日，故证据2可以作为评价本专利创造性的现有技术。同时被请求人对证据2相关部分的中文译文无异议，故合议组下面将以证据2的附图1~2以及相关部分的中文译文为依据来评述本专利的创造性。

（1）关于本专利权利要求 1 的创造性

证据 2 涉及一种空冷发动机的缸体（参见证据 2 的附图 1、附图 2 和说明书中文译文第 6 页第 7 行到第 8 页第 6 行），其中具体披露了以下技术特征：该汽缸体中汽缸单元包括一个上部通过隔板（1a）封闭的汽缸套（1），轻金属护套（2）与汽缸盖（12）制成一体，活塞顶的上部隔板（1a）具有一个外部垂直轴肩（5），套管（6）位于该汽缸轴肩（5）的端面上并且它的凸缘环绕着轴肩（5），气门座的进气口和排气口位于轴肩侧面的活塞顶部隔板（1a）上，汽缸盖（12）通过垂直的间隙（16）中由低膨胀次重金属制成的曲柄支撑（7）连接位于在轴肩（5）上方，间隙（16）下方的缩径部分与套管（6）具有相同的内径，曲柄支撑（7）的底端连接在轴肩的套管（6）中，并且抵靠在轴肩（5）的端面上，曲柄支撑（7）大部分的外径小于间隙（16）的内径，从而在曲柄支撑（7）和汽缸盖（12）之间形成一环形间隔，曲柄支撑（7）上部所具有的凸缘（8）与间隙（16）相互配合以固定该曲柄支撑和用于密封该间隙（16），曲柄支撑（7）在汽缸盖（12）端面的上方具有侧面凸缘，止动销（10）压入该曲柄支撑侧面凸缘的通孔中以将其固定在汽缸盖上，夹紧螺钉（11）穿过曲柄支撑（7）的中心孔而紧固在轴肩（5）的螺纹孔中，用于操作阀门（4）的曲柄（14）通过塞子（13）安装在曲柄支撑（7）前端部的上方，防止曲柄机构朝外运动的端盖固定在汽缸盖上并罩住曲柄机构。

将本专利权利要求 1 所保护的技术方案与证据 2 所公开的内容相比，其区别技术特征在于：本专利中的摇臂固定在形状为不规则片状体的摇臂固定承座上，该摇臂固定承座装设于低于汽缸头上接合面的一个平面上，摇臂固定承座上向下垂设的多个导引柱插入所述平面上的多个垂直汽缸头贯穿孔中；证据 2 中的曲柄（相当于本专利中的摇臂）通过塞子安装在曲柄支撑上，曲柄支撑插入在汽缸盖的间隙中，并通过夹紧螺钉固定于活塞顶上部隔板的轴肩上。通过上述对比可知，证据 2 中曲柄支撑的大体为圆柱形的形状（参见证据 2 的附图 1、附图 2）不同于本专利中摇臂固定承座的不规则片状体的形状，虽然从证据 2 的附图中可以看出其也具有一个低于汽缸盖上接合面的平面，但是曲柄支撑与该平面之间并没有紧密的接触关系，即曲柄支撑并未装设于该平面上，故证据 2 中的曲柄支撑并不能相当于本专利中的摇臂固定承座。由此可见，证据 2 并未公开权利要求 1 中“该平面低于汽缸头的上接合面以供装设一摇臂固定承座；该摇臂固定承座是一不规则片状体，其设至少二个的凹口、摇臂螺锁孔及向下垂设多个导引柱；该平面设多个垂直的汽缸头贯穿孔以供装设该摇臂固定承座的导引柱，该摇臂螺锁孔供螺锁摇臂”这一技术特征。

本专利属于机车引擎汽缸头技术领域，由于上述区别技术特征的存在，权利要求 1 所保护的技术方案解决了现有技术中“由于摇臂、汽门阀杆及汽缸固定螺丝等部件与汽缸头采用不同的材质，其热膨胀量的不同导致汽门间隙变大”的技术问题，并且能够产生如下的技术效果：“汽缸头的热膨胀对引擎固定螺丝的影响较小，汽门间隙就能维持稳定，引擎热效率、汽门振动及噪声就可以加以改善”。证据 2 所公开的技术内容虽然是解决类似的技术问题，但其采取的是不同的技术方案，并且在证据 2 中也未给出将上述区别技术特征应用到现有技术中以得到本专利权利要求 1 技术方案的启示，同时上述区别技术特征也不是本领域中的公知常识，本专利权利要求 1 所保护的技术方案相对于证据 2 是非显而易见的，因此，本专利权利要求 1 具有实质性特点和进步，具备专利法第二十二条第三款规定的创造性。

（2）关于本专利权利要求 2 的创造性

权利要求 2 从属于权利要求 1，在权利要求 1 具备创造性的前提下，从属权利要求 2 同样具备创造性。

**三、决定**

维持 01208042. X 号实用新型专利权有效。

当事人对本决定不服的，可以根据专利法第四十六条第二款的规定，自收到本决定之日起三个月内向北京市第一中级人民法院起诉。根据该款的规定，一方当事人起诉后，另一方当事人应当作为第三人参加诉讼。